世界奶业发展报告

World Dairy Report

◎ 李胜利 王 锋 主编

中国农业大学出版社
CHINA AGRICULTURAL UNIVERSITY PRESS

内 容 简 介

本书由国家奶牛产业技术体系奶业资深专家通过实地调研、查阅大量文献，历时2年编著而成。该书围绕中国、印度、俄罗斯、以色列、韩国、日本、美国、加拿大、荷兰、德国、法国、英国、意大利、丹麦、瑞典、挪威、新西兰、澳大利亚、巴西、阿根廷、乌拉圭各国1961—2011年的奶业发展史展开，内容涵盖了各国奶业发展基本情况、乳制品发展、原料奶计价体系、科技推广体系、奶业发展政策以及对于我国奶业发展的可借鉴经验。

本书为读者呈现了世界各国近50年的奶业发展史，内容丰富，涉及面广，信息量大，数据充实，资料新颖、翔实，可作为业内了解世界奶业发展历史的重要参考资料。

图书在版编目(CIP)数据

世界奶业发展报告/李胜利，王锋主编. —北京：中国农业大学出版社，2014.5
ISBN 978-7-5655-0876-9

Ⅰ.①世… Ⅱ.①李…②王… Ⅲ.①乳品工业-经济发展-研究报告-世界 Ⅳ.①F416.82

中国版本图书馆CIP数据核字(2013)第296839号

书　名 世界奶业发展报告
作　者 李胜利　王锋　主编

策划编辑 宋俊果　孙　勇
责任编辑 孙　勇
封面设计 郑　川
责任校对 王晓凤　陈　莹
出版发行 中国农业大学出版社
社　址 北京市海淀区圆明园西路2号
邮政编码 100193
电　话 发行部 010-62731190，2620
编辑部 010-62732617，2618
读者服务部 010-62732336
出　版　部 010-62733440
网　址 http://www.cau.edu.cn/caup
e-mail cbsszs@cau.edu.cn
经　销 新华书店
印　刷 涿州市星河印刷有限公司
版　次 2014年5月第1版　2014年5月第1次印刷
规　格 889×1194　16开本　46.5印张　1 430千字
定　价 350.00元

农业部和财政部现代农业（奶牛）产业技术体系建设项目
农业部奶业管理办公室生鲜乳质量安全监管项目
联合资助出版

世界奶业发展报告

编写人员

主　　编　李胜利　王　锋

副 主 编　曹志军　姚　琨

编写人员　（按姓氏笔画排序）

王中华　王玉庭　王加启　王志亮　王志耕　王根林　王淑娟　王雅春
王　锋　亓宝华　毛华明　申军士　毕研亮　朱化彬　乔光华　仲跻峰
刘书杰　刘玉满　刘建新　刘　琳　安永福　孙海洲　杜富林　李　红
李建国　李建斌　李　栋　李胜利　李竞前　李　静　杨志强　杨利国
杨秀文　杨敦启　豆　明　肖鉴鑫　何洪彬　余　雄　宋玲玲　张书义
张永根　张和平　张胜利　张晓明　邵明君　陈绍祜　周振峰　林雪彦
金　龙　郝海生　施正香　姚　琨　徐硕烁　柴彤涛　高　民　高艳霞
高腾云　郭利亚　郭凯军　萨日娜　曹志军　淡新刚　董常生　董雅娟
温　万　路永强　廉红霞

序

奶业是我国的新兴产业和朝阳产业，也是畜牧业中最有活力和潜力的产业。新一届中央领导高度重视奶业发展，把婴幼儿配方奶粉质量安全作为重大民生问题和重大经济社会问题来加以解决。去年以来，习近平总书记、李克强总理和汪洋副总理都对奶业发展做出重要批示，国务院第10次常务会议专题研究了婴幼儿配方奶粉质量安全工作。中央领导的高度重视，既是难得机遇，更是沉甸甸的责任。我们要认真贯彻落实中央领导的批示精神，切实增强工作责任感和紧迫感，出实招、出新招，下大力气提高乳品质量安全水平，推动奶业振兴。

目前，我国肉类、禽蛋和奶类的人均占有量分别为61.9 kg、21.1 kg和32.4 kg，肉类和禽蛋人均占有量已经达到中等发达国家水平，奶类不足世界平均水平的1/3，发展潜力巨大。2008年婴幼儿奶粉事件发生后，我国奶业经过持续整顿和振兴，奶业生产水平明显提升，生鲜乳质量安全水平持续提升，奶业发展进入转型升级的关键阶段，正在从数量扩张型向质量效益型加快转变，从传统奶业向现代奶业转变。

质量安全是奶业的生命线。推进奶业发展振兴，要从我国自然条件和资源禀赋出发，以质量安全为核心，以奶源基地建设为重点，按照“保安全、保供给、严监管、促转型”的思路，一手抓质量安全，一手抓生产发展，不断提高奶业发展的优质化、规模化、标准化、机械化、合作化和一体化水平，加快建设现代奶业。

“他山之石，可以攻玉”。从世界范围看，美国、加拿大等奶业发达国家经过上百年的发展，奶业已进入有序、健康、可持续的轨道。我国奶业是“舶来品”，产业化发展不过数十年，奶业发展基础仍然薄弱，面临许多亟待解决的问题和多方面严峻挑战。了解和学习国外奶业发展经验，对于科学判断我国奶业发展所处的阶段，探索奶业现代化道路，具有重要借鉴意义。部奶业管理办公室和国家奶牛产业技术体系，组织有关科学、教学、管理机构专家撰写的《世界奶业发展报告》一书，对世界奶业发展情况进行了系统全面的梳理，深入分析和总结了主要国家奶业发展过程、模式、特点，内容翔实，重点突出，可读性强，为奶业战线的广大“牛人”学习、研究世界奶业及其发展经验提供了宝贵资料，对于帮助我们进一步开阔视野、拓宽思路，促进我国奶业持续健康发展具有重要意义。

2014年5月

前　　言

奶业是我国的朝阳产业，是畜牧业中最具潜力和活力的产业，但也是发展转型过程中面临挑战最多的产业。新中国成立60多年来，中国奶业既经历了跨越式的快速发展，也经历了2008年三聚氰胺婴幼儿奶粉事件的重大挫折，此后中国奶业进行了结构调整，历经凤凰涅槃，浴火重生，逐步摆脱了婴幼儿奶粉事件的影响，正在恢复中稳步发展，当前我国奶业发展处于建国以来最好的时期，2012年中国奶牛存栏1 440万头，牛奶产量达到3 774万t，已成为世界第三奶牛养殖大国，但仍面临着单产低、乳蛋白率低、饲料转化率低和营养素环境排放量高的“三低一高”产业问题，与奶业发达国家相比还有很大的差距，尤其是2014年1月1日开始施行的《畜禽规模养殖污染防治条例》对防治我国奶牛养殖业污染，推进奶牛养殖废弃物的综合利用和无害化处理，保护和改善环境，保障公众身体健康，促进奶业持续健康发展提出了更高的要求。中国奶业在摸索中不断前行，一方面需要结合我国实际情况，另一方面更需要学习并借鉴发达奶业国家的先进经验，洋为中用、取其精华、弃其糟粕，避免走弯路。但是目前国内缺乏系统研究发达国家奶业发展史的文献材料，虽然不乏一些奶业考察报告，但多数局限于考察者对该国某一关注点的描述，缺乏全产业链的横向比较与纵向剖析。基于以上原因，国家奶牛产业技术体系（以下简称“奶牛体系”）组织岗位专家和团队成员开展了《世界奶业发展报告》的撰写工作，旨在向读者呈现一个系统全面的世界主要奶业国家奶牛产业和技术发展历程。

本书力争全面性和典型性，选取了亚洲、欧洲、北美洲、南美洲、大洋洲等具有代表性的21个主要奶业国家，内容涵盖了各国从1961—2011年的奶牛养殖业发展（饲养方式、养殖规模、单产水平等）、乳制品业发展（加工、贸易、消费等）、奶业科技进展（育种与繁殖、饲料与营养、疫病控制、粪污处理与环境保护等）、原料奶质量控制与计价体系、科技推广体系、促进奶业发展的主要政策以及中国可借鉴学习的经验。本书内容全面、数据详实，信息量大，是奶业行业主管部门、奶业协会、奶业科研工作者以及奶业养殖者了解各国奶业发展的重要案头材料，另外每章后附有从FAO引证的各国1961—2011年的奶牛养殖业（单产、存栏、总产）、乳品业（加工、贸易、消费）等统计数据，便于读者查阅。囿于部分国家语言不通、数据无法查证、篇幅限制等原因，部分内容未能涉及；同时书中疏漏错误在所难免，敬请读者谅解！

本书由奶牛体系岗位专家及团队成员通过实地调研、查阅大量文献和数据记载，历时近3年编著而成。编著期间各位专家倾注了大量的精力，不厌其烦地反复推敲、修订，数易其稿，使书稿日臻完善。在此我们谨向这些专家致以衷心的感谢！书稿的编著过程中，奶牛体系其他专家以及部分企业专家提出了宝贵的修改建议和意见，在此一并表示感谢！

编　者

2014年4月

目　　录

亚　洲

北　美　洲

欧　洲

大 洋 洲

南　美　洲

亚 洲

中国奶业发展报告

摘要：本文主要从养殖生产、加工、消费、贸易等方面阐述我国自建国以来奶业60多年的发展情况，并且介绍了我国奶业的科研进展、原料奶质量控制与计价体系、科研推广体系及相关政策制度。

中国位于亚洲大陆的东部、太平洋西岸，陆地面积约960万km^2，其中农业用地占全国土地总面积的比率不足59%。我国是世界上人口最多的发展中国家，2011年总人口达13.47亿人，其中乡村人口为6.57亿人，占总人口的48.73%。我国是世界上重要的农业大国也是畜产品生产大国，2011年畜牧业总产值占农林牧渔业总产值的比重为31.7%，其中奶业总产值1 249.9亿元，约占畜牧业总产值的4.9%，牛奶产量3 657.8万t，占世界牛奶总产量的5.9%，居世界第三位。经过60多年的发展，我国奶牛存栏量由建国初期的12万头增至2012年的1 450.0万头，生鲜乳产量由20万t增至3 743.6万t，奶牛数量和牛奶产量增长明显。

从地理区域看，我国原料奶生产的传统区域一直集中在内蒙古、黑龙江、河北、新疆、山东、河南等"三北"地区(东北、华北、西北)。我国奶牛存栏量、牛奶产量前十位的省区全部在我国"三北"地区，其中奶牛存栏量占全国存栏量的82.72%，牛奶产量占全国牛奶产量的85.35%，其中，内蒙古是我国奶业生产的第一大省，奶牛存栏量占全国存栏量19.37%，牛奶产量占全国总量的25.40%。我国奶牛的养殖模式主要分为散养户、养殖小区、家庭牧场、规模化牧场四种类型。近几年，我国奶牛标准化规模养殖进程加快，尤其是三聚氰胺事件以后，国家出台了一系列优惠政策推进奶牛标准化规模养殖，提高奶牛的养殖水平。2012年底，全国存栏百头以上的奶牛规模养殖比例为35.0%，比2008年提高15.5个百分点。

我国乳制品加工业具有悠久的历史，但我国乳制品加工业真正兴起是在1978年改革开放以后，乳制品加工业进入稳定、快速发展时期，特别是1999年以来，随着学生奶计划的实施以及"一杯牛奶强壮一个民族"的口号深入人心，饮奶利于健康已逐渐成为人们的共识，乳制品加工业在整个食品加工业中的地位日益突出。在新中国成立初期，由于技术力量和生产水平的限制，乳制品加工厂仅生产巴氏杀菌奶、奶粉和炼乳，奶粉和炼乳的产量总共只有0.1万t，液态奶的产量更少。进入90年代后期，我国乳制品不但产量迅速增加，而且种类日益丰富，液态奶有巴氏杀菌奶、超高温灭菌奶、酸牛奶、乳酸饮料和各种强化乳。干乳制品有全脂奶粉、脱脂奶粉、婴幼儿配方奶粉系列、中老年奶粉和强化奶粉等，还有干酪、奶油和炼乳等。进入21世纪以来，我国乳制品产量飞速增长，乳制品总产量由2000年的217.0万t增长到2011年的2 387.5万t，其中液态奶增速最快，由134.1万t增长到2 060.8万t，11年间增长了14.4倍。在干乳制品产量中，奶粉占的比例最大，2011年奶粉占干乳制品产量42.4%。

近几十年来，随着人们生活水平的提高和对乳制品营养认识的深入，我国乳制品消费量增长比较明显。1990—2011年，我国居民乳制品消费量从1990年的483.8万t增长2011年到4 414.5万t，21年间增长8.1倍。虽然我国乳制品消费总量增长明显，但人均乳制品消费量较低，2011年人均乳制品消费量只有32.8 kg，与世界乳制品消费平均水平差距仍十分明显。在乳制品消费结构上，以液态奶和奶粉的消费比例最大，其他乳制品消费量较少，在液态奶中以超高温灭菌奶的数量最多。

长期以来，我国是乳制品的净进口国，乳制品进口贸易一直大于出口。2012 年，我国乳制品进口额达到 32.13 亿美元，出口额只有 0.82 亿美元，乳制品贸易逆差巨大。我国乳制品进口一直以干乳制品进口为主，2010 年以前，乳清粉是我国乳制品进口量最多的产品，从 2010 年开始，奶粉成为我国进口量最多的乳制品，2012 年我国进口奶粉 57.3 万 t，占乳制品进口总量的 45.9%。我国乳制品进口的集中度很高，新西兰、美国、欧盟和澳大利亚是我国乳制品进口的主要来源国。目前新西兰是我国最大的乳制品进口国，2012 年我国进口乳制品中有 59.0 万 t 来自新西兰，占乳制品进口总量的 51.5%。我国乳制品的出口数量整体上远远低于进口数量，从乳制品出口结构来看，鲜奶、奶粉、炼乳和奶油是我国主要的乳制品产品，出口国家和地区主要集中在中国香港、尼日利亚和东南亚地区。

科学技术是奶业发展的推动力，先进科学技术的应用极大地推动着奶业的发展。在奶牛繁殖育种方面，奶牛发情控制技术、人工授精技术、早期妊娠诊断、胚胎移植、生产性能测定及选种选配等技术已在我国奶牛场广泛应用。奶牛育种前沿技术如遗传标记辅助育种技术、基因组选择技术、转基因克隆技术、性别控制技术等领域的研究也取得突破性进展。在饲养管理上，我国奶牛场越来越重视奶牛饲料组成和日粮配方，规模化牧场大都采用 TMR 饲喂方式。在疾病防治上，结核病、布氏杆菌病、口蹄疫、乳房炎等得到了有效的控制和净化，营养代谢病、繁殖疾病、肢蹄病等由于饲养管理水平的提高，发病率也逐渐降低。在奶牛场粪污处理与环境保护技术方面，在传统的堆肥发酵的基础上，也逐渐与世界接轨，固液分离技术、沼气处理技术等先进技术已经在我国的规模化牧场应用。

近年来，我国原料奶质量有了明显提升，尤其是三聚氰胺事件后，国家加强了乳制品质量管理和监管，相继出台和完善了一系列政策措施和法律法规及相应的实施细则，从饲料原料、奶牛养殖、储存运输、乳品加工等各个环节保障原料奶质量，使我国奶牛养殖、乳品加工等走向了法制化管理的轨道。与此同时，我国原料奶的计价体系也不断完善，逐步形成了从我国国情出发、与世界接轨的按质论价体系和检测体系。

在我国，高等院校、国家及地方性研究所、畜牧兽医技术服务和推广机构及协会组织是主要的科学技术研究和推广机构，这些机构从不同方面促进科学技术在奶业中推广应用，为奶业的发展做出了巨大的贡献。为了促进奶业的生产、加工、消费及贸易，我国从建国初期就开始实施各种扶持和补贴政策，目前已经形成了相对成熟的奶业政策，保护和促进奶业发展。

关键词：中国　奶业　发展

回顾我国奶业发展过程，的确很不平凡，既有大发展，又有大震荡。从发展看，1978 年改革开放以来，我国奶业高速发展，连续跨越了 3 个阶段。第一个阶段是 1978—2001 年，我国牛奶产量超过 1 000 万 t，达到 1 025 万 t，奶牛存栏 566 万头，牛奶产量和奶牛存栏都增加了 10 倍，这个阶段用了 23 年时间。第二个阶段是 2002—2004 年，我国牛奶产量超过 2 000 万 t，达到 2 260 万 t，奶牛存栏 1 100 万头，牛奶产量和奶牛存栏分别增加了 1.2 倍和 1 倍，这个阶段用了 3 年时间。第三个阶段是 2005—2006 年，我国牛奶产量超过 3 000 万 t，达到 3 193 万 t，奶牛存栏 1 068 万头，这个阶段用了 2 年时间。目前，我国牛奶产量正在向 4 000 万 t 的目标迈进。

在发展的同时，奶业也经受了 2008 年婴幼儿奶粉事件的重大挫折，随后的三年，中央相继出台了一系列政策措施，帮助奶农和企业渡过难关，促进奶业的恢复和振兴，使我国奶业凤凰涅槃，浴火重生。目前，奶业发展形势总体良好，生产加快恢复，奶牛养殖结构开始调整，养殖散户加快退出奶牛养殖业，规模化养殖比例达到 35%，生鲜乳价格持续回升，养牛效益不断好转，乳制品企业利润明显增加，奶业在恢复中发展，在整顿中提高。

1　农业发展基本情况

中国位于亚洲大陆的东部、太平洋西岸，陆地面积约 960 万 km^2，其中农业用地占全国土地总面积的比率不足59%(图1)。中国是世界上人口最多的发展中国家,根据国家统计局的数据,2011年中国总人口达13.47亿人,其中乡村人口为6.57亿人,占总人口的48.73%。气候为显著的大陆性季风气候,冬季自南向北气温逐渐降低,南北温差较大,1月份平均气温为−28～16 ℃,夏季除青藏高原外,全国普遍高温,南北温差不大,7月份平均气温为16～28 ℃。全国平均年降水量为630 mm左右,降水量空间分布不均,呈现自东南沿海向西北内陆递减的特点,东南沿海地区年降水量可达1 500～2 000 mm,而新疆塔里木盆地、吐鲁番盆地和柴达木盆地却不足50 mm,盆地中心不足20 mm。

图1　中国各省分布地图

中国是世界上重要的农业大国也是畜产品生产大国,畜牧业在国民经济增长中发挥了重要作用,近年来,随着中国农业农村经济结构的战略性调整,畜牧业快速发展,综合生产能力不断提高,产业素质稳步提升,畜牧业占农业产值的比重逐渐增大(附表1)。据国家统计局统计数据显示,2011年全年肉类总产量为7 957.8万t,占世界肉类总产量的26.8%,连续22年居世界第一;禽蛋产量2 811.4万t,占世界禽蛋总产量的43.1%,连续27年居世界第一;牛奶产量3 657.8万t,占世界牛奶总产量的5.9%,居世界第三位。2011年全年畜牧业总产值达25 770.7亿元,是1952年的498倍,1978年的123倍(图2);畜牧业总产值占农林牧

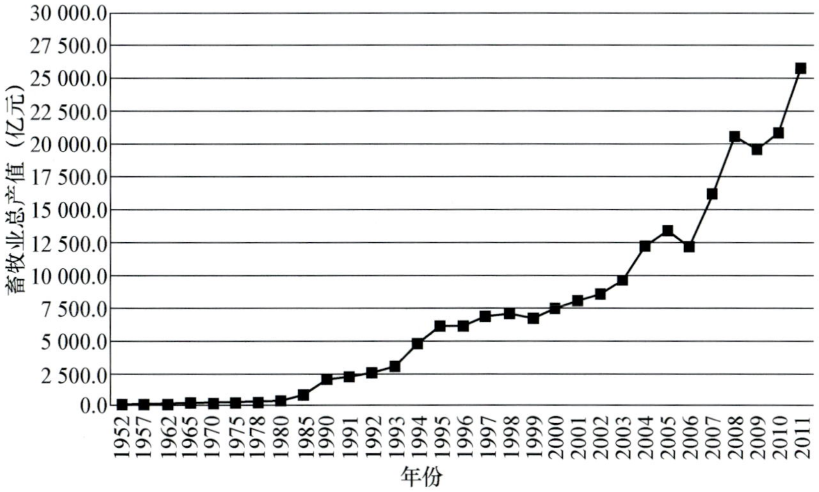

图2　1952—2011年我国畜牧业总产值变化情况

资料来源:国家统计局。

渔业总产值的比重为31.7%，而1952年和1978年畜牧业占农林牧渔业总产值的比重仅为11.2%和15.0%（图3）。2011年我国奶业总产值1 249.9亿元，约占全国畜牧业总产值的4.9%（《中国畜牧业年鉴2012》）。

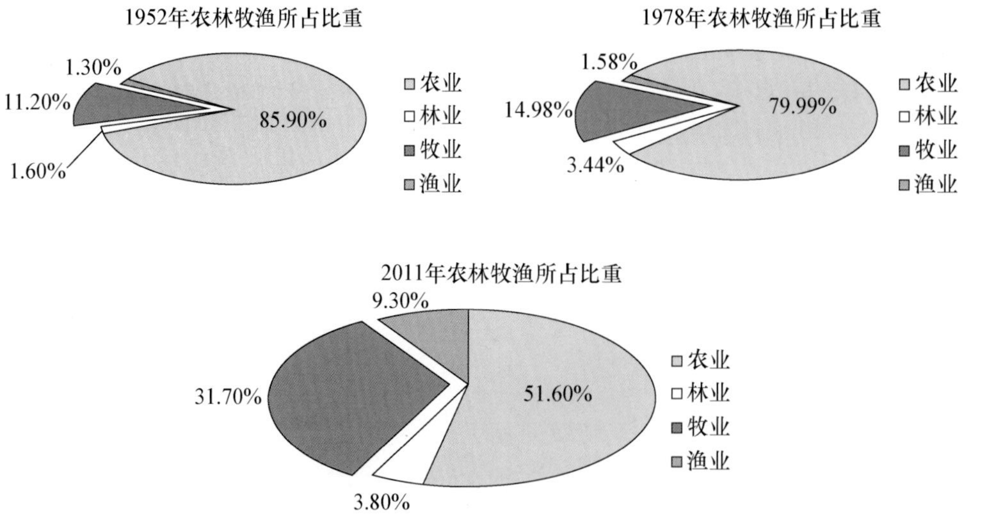

图3　1952年、1978年、2011年畜牧业在农林牧渔业中所占比重

资料来源：国家统计局。

1.1　奶牛养殖业发展

中华民族饮用牛奶的历史悠久，早在5 000年以前，北部和西部牧民就有利用牛挤奶、食用奶制品的习惯。但是长期以来，除了以放牧为生的少数民族地区外，大多数城市和农村居民均缺乏消费乳制品的习惯。新中国成立以后，随着国民经济的发展、人们生活水平的不断提高和奶牛养殖技术的进步，奶牛养殖成为一项新的产业在全国各地逐渐发展起来。

1.1.1　奶牛存栏量及总产奶量变化

从奶牛存栏量和总产奶量（附表2）来看，新中国成立后，奶牛养殖业的发展可大体分为5个发展阶段。

1949—1978年，为我国奶牛养殖业的缓慢发展阶段。奶牛存栏头数由12万头增至49.3万头，增加了37.3万头，年平均增加1.3万头（图4）。这段时期奶牛主要归国家和集体所有，1978年末，国营奶牛场饲养

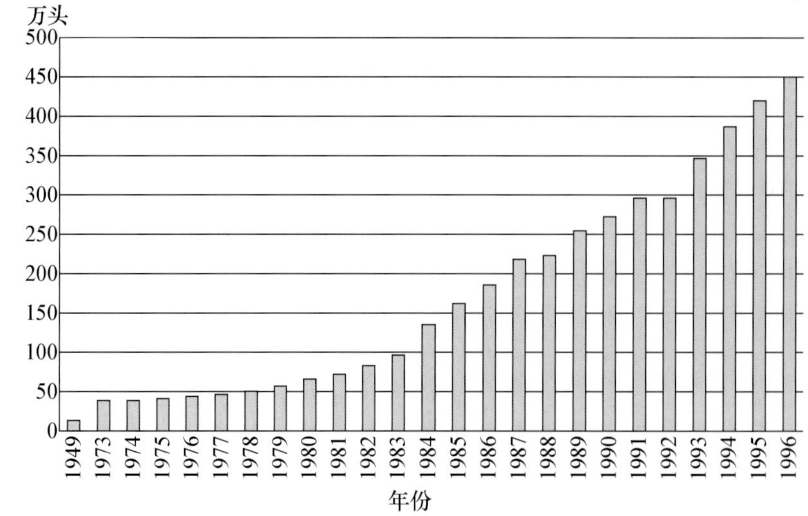

图4　1949—1996年我国奶牛存栏量变化情况

资料来源：《中国奶业年鉴2011》。

37 万头奶牛(农垦系统 27 万头),占总存栏数的 75.1%;集体饲养 8 万头,占总存栏数的 16.2%;个体饲养 3 万头,仅占 6.1%。生鲜乳总产量由 20 万 t 增到 88.3 万 t,年平均增长 2.4 万 t(图 5)。这段时期,牛奶被视为保健食品,供应十分紧张,小孩、老人和高级知识分子都要凭票限量供应。

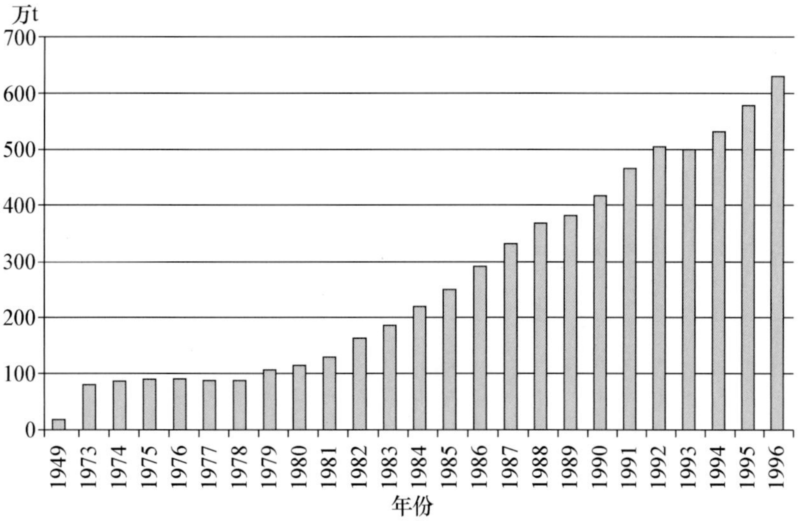

图 5 1949—1996 年我国牛奶总产量变化情况

资料来源:《中国奶业年鉴 2011》。

1979—1996 年,为我国奶牛养殖业的稳步发展阶段。1979 年后,伴随着改革开放,国民经济的发展,人们生活水平的提高,市场需求的拉动,中国奶牛养殖业进入稳步发展时期。奶牛饲养头数和生鲜乳产量稳步增长,奶牛饲养头数由 1978 年末的 49.3 万头,增至 1996 年 447 万头,增长了 8.1 倍;生鲜乳总产量由 88.3 万 t 增至 629.4 万 t,增长了 6.1 倍。1979 年经济体制改革,奶业领域的单一公有制局面被打破,打破了人民公社时期不准"私人"或"个体"饲养奶牛和经营乳制品的禁令,以国营奶牛场为主,适当发展集体奶牛场,鼓励奶农组织起来,成立乳业合作组织,采取生产、加工、销售一体化的经营模式。国家和地方陆续出台了一系列鼓励奶业发展的政策,奶业投资主体多元化,要素投入全方位和急剧高速扩张,产出总量高速增长。奶业基本完成了从卖方市场向买方市场转变的历史性跨越。

1997—2005 年,为我国奶牛养殖业的快速发展阶段。由于受到欧洲疯牛病的影响,在 1997 年和 1998 年我国奶业连续两年出现负增长,1999 年农业部明确提出了"稳定发展生猪和禽蛋生产、加快发展食草家畜生产的同时,突出发展乳制品生产"的发展方针。特别是随着我国国民经济在这些年的快速发展以及居民收入的大幅度提升,对牛奶的需求量增加,我国奶业进入了快速发展阶段。由于乳制品市场空前繁荣,国内外投资者看好奶牛养殖业,纷纷从国外大量进口奶牛,同时受到各级政府的大力支持,奶业受到空前的重视和关注,国内奶业持续快速发展,牧场和奶牛养殖小区发展迅速,奶牛存栏量和产奶量高速增长。奶牛存栏量从 1997 年的 442.5 万头增加到 2005 年的 1 216.1 万头,增长了 1.7 倍(图 6)。牛奶产量也实现了较快速的增长,先后突破了 1 000 万 t(2001 年)和 2 000 万 t(2004 年)的大关,牛奶产量由 1997 年的 601 万 t 增加到 2005 年 2 753 万 t,增长了 3.6 倍(图 7)。成母牛年单产从 1997 年的 2.3 t 增加到 2005 年的 3.8 t,提高了 1.5 t。

2006—2008 年,是我国奶牛养殖业的调整阶段。2006 年,国家统计局根据普查结果对我国奶牛存栏量进行了修改,奶牛存栏量大幅度下降,2006 年我国奶牛存栏数年增长率为−12%,尽管奶牛存栏数减少,但我国牛奶产量在这一年超过了德国和巴基斯坦,成为仅次于印度和美国的第三大产奶国。2007 年奶牛存栏头数增加了 17.5%,存栏头数与 2005 年持平。2008 年前三季度,奶牛养殖总体效益较好,生产保持快速发展,但在 9 月份之后受到婴幼儿奶粉事件的严重冲击,使我国奶业发展陷入严重的危机,不仅给行业带来严重的经济损失,更重要的是使民族奶业形象受损,消费者信心严重受挫,致使乳制品销量大幅度下滑,库存积压剧增,企业经营陷入困境,继而影响奶源生产环节,使养殖效益大幅下滑,奶农养殖积极性受到沉重打击,

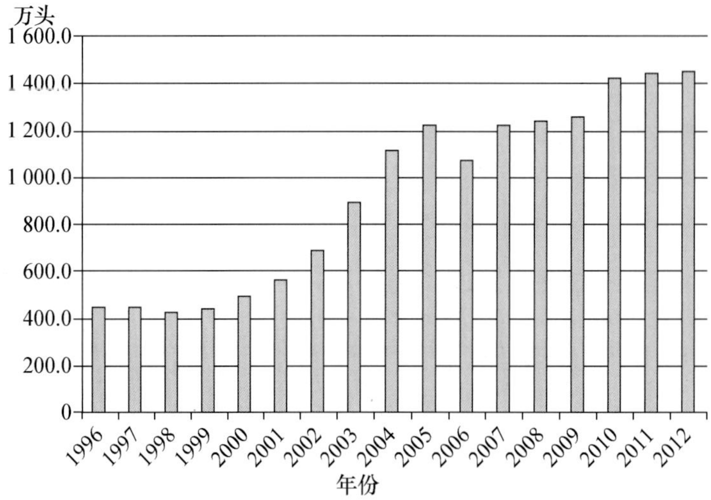

图 6　1996—2012 年我国奶牛存栏量变化情况

资料来源:《中国奶业年鉴 2012》、《2013 中国奶业统计资料》。

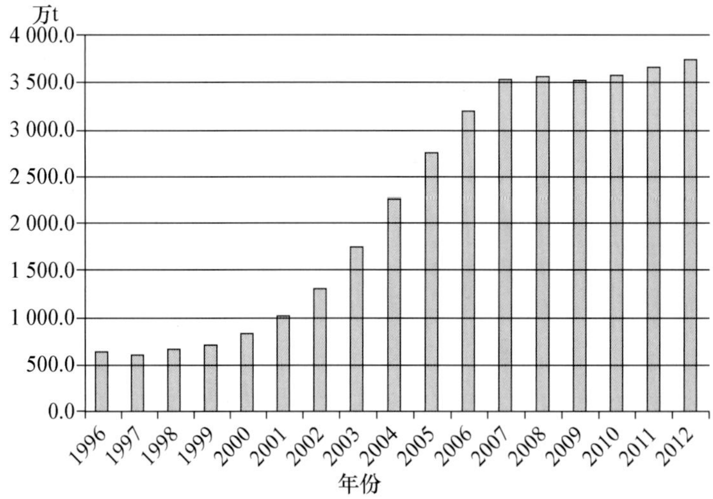

图 7　1996—2012 年我国牛奶总产量变化情况

资料来源:《中国奶业年鉴 2012》、《2013 中国奶业统计资料》。

倒奶、卖牛、杀牛现象频发。据农业部统计,仅 2008 年 9 月 21 日至 10 月 22 日我国 13 个奶牛优势产区共计倒奶 11.4 万 t。面对严峻形势,各地坚决贯彻党中央、国务院的决策和农业部的部署,迅速行动、紧急应对,年底婴幼儿奶粉事件造成的被动局面逐步扭转,倒奶、杀牛现象得到有效遏制,奶业生产力得到保护。2008 年末奶牛存栏 1 233.5 万头,比 2007 年增长 1.2%;牛奶产量 3 553.8 万 t,比 2007 年增长 0.8%。

2009—2011 年,是我国奶牛养殖业的恢复发展阶段。受 2008 年婴幼儿奶粉事件和金融危机的严重影响,2009 年我国奶业处于空前困难的发展时期,饲料和生鲜乳质量安全受到国家、消费者和媒体的高度重视。2008 年婴幼儿奶粉事件后,国家开始实施了饲料行业违法添加整治和奶站清理整顿工作,2009 年底全国共有生鲜乳收购站 13 503 个,比清理整理前减少了 6 890 个,减幅达 34%;生鲜乳收购站机械化挤奶率达到 87%,比清理整顿前提高 36 个百分点,奶站规范化建设和标准化管理水平迈上新台阶。同时为深入推进饲料和生鲜乳质量安全专项整治,2009 年国务院在全国开展为期两年的食品安全整顿工作,由农业部牵头组织农产品质量安全专项整治行动,饲料和生鲜乳生产经营秩序明显规范,质量安全水平显著提高。2009 年我国奶牛存栏 1 260.3 万头,比 2008 年增加 26.8 万头,牛奶产量 3 520.9 万 t,比 2008 年减少 34.9 万 t,

同时奶牛生产结构进一步优化，2009年底100头以上奶牛规模养殖比例达到23.1%，比2008年提高3.3个百分点。

2010年，我国奶业遇到了原料奶供应不足、饲料价格上涨、低温、暴雪以及高温高湿极端天气等多种不利因素的影响，但我国奶业仍然取得了恢复性的发展，实现了全面复苏。2010年我国奶牛存栏1 420.1万头，牛奶产量达到3 575.6万t，同比增加1.6%，存栏100头以上的奶牛场和养殖小区已经占到总存栏的30.6%。2010年是我国奶业发展至关重要的一年，在这一年里，奶业逐渐走出“三聚氰胺”事件的影响，走上复苏之路，积极因素在不断积累，同时经过政府主导之下的大刀阔斧的整改，整个奶业的格局呈现出诸多积极的变化和新的发展趋势。

2011年以来我国奶业发展的一个显著特点就是由过去两年的“恢复性增长”转入平稳增长，我国奶业告别了跌宕起伏的发展阶段，进入一个“平稳增长”时期。2011年我国奶业在平稳中发展，彻底摆脱“三聚氰胺”事件的影响，奶业生产全面复苏，奶牛存栏和牛奶产量都比2010年有所增长，2011年我国奶牛存栏1 440.2万头，牛奶产量3 657.8万t，分别比2010年增加1.4%和2.3%，特别是奶牛规模化养殖进程加快，存栏100头以上的奶牛场和养殖小区已经占到总存栏的32.9%。2012年我国奶牛存栏1 450.0万头，牛奶产量3 743.6万t，分别比2011年增加0.7%和2.3%，存栏100头以上的奶牛场和养殖小区占到总存栏的35.0%。

1.1.2 奶业区域布局基本形成

在全国奶业快速发展的同时，2003年农业部组织制定并实施奶牛产业优势区域发展规划(2003—2007年)，经过几年的建设发展，我国奶牛养殖业的区域化格局基本形成。从地理区域看，中国原料奶生产主要集中在内蒙古、黑龙江、河北、新疆、山东、河南等“三北”地区(东北、华北、西北)。根据《2013中国奶业统计资料》的统计数据，2011年内蒙古(275.14万头)、黑龙江(192.66万头)、河北(188.66万头)、新疆(150.72万头)、山东(125.70万头)和河南(96.07万头)的奶牛存栏量占全国存栏量的比重已经达到71.44%(附表3)。2011年我国奶牛存栏量、牛奶产量前十位的省区全部在我国“三北”地区，其中奶牛存栏量占全国存栏量的82.72%，牛奶产量占全国牛奶产量的85.35%(图8和图9)，其中，内蒙古是我国奶业生产的第一大省，奶牛存栏量占全国存栏量19.37%，牛奶产量占全国总量的25.40%。因此，从地理分布的角度看，原料奶生产的典型特征是以北方为主，虽然2000年以后稍有转变，南方各省奶牛饲养量开始上升，但由于气候环境、饲养条件和成本限制，我国奶牛(尤其是荷斯坦奶牛)分布区域将仍以北方为主的特点不会有大的改变(图10和图11)。

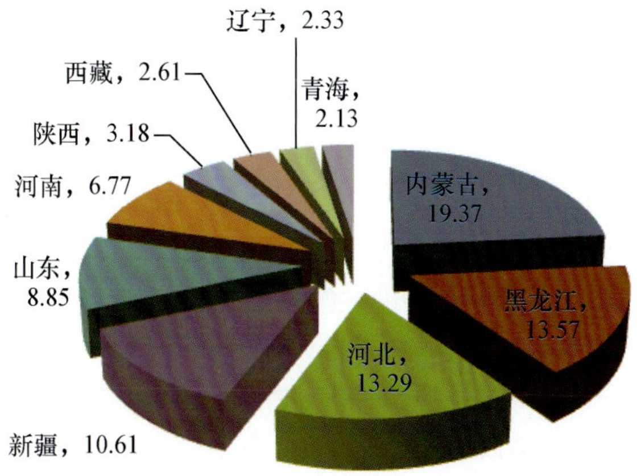

图8 2011年奶牛存栏前十位的省占全国总存栏的比重(%)

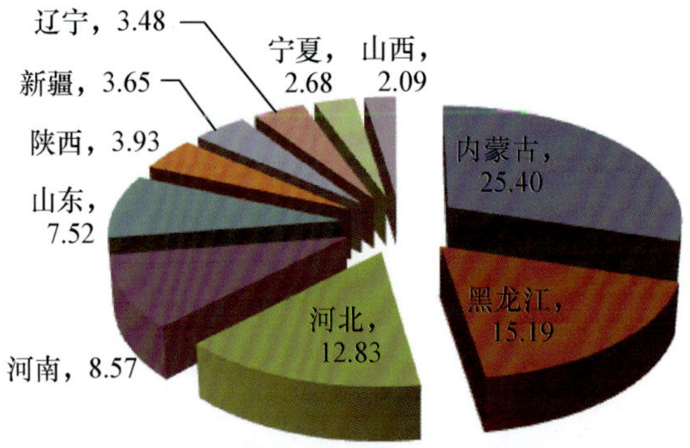

图 9　2011 年牛奶产量前十位的省占全国牛奶总产量的比重(%)

资料来源:《2013 中国奶业统计资料》。

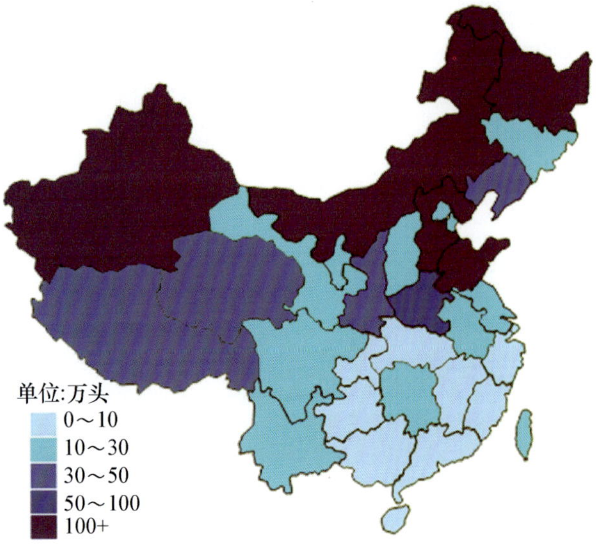

图 10　2011 年中国奶牛存栏量分布状况

资料来源:《2013 中国奶业统计资料》。

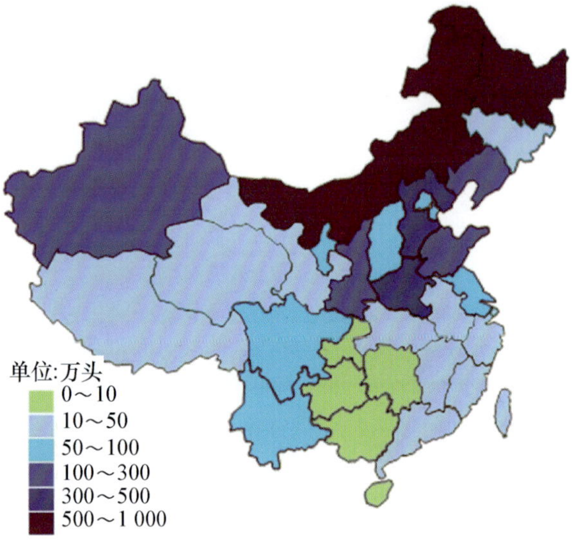

图 11　2011 年中国牛奶产量分布状况

资料来源:《2013 中国奶业统计资料》。

中国牛奶总产量的这种区域分配不平衡性,与奶牛自身的生物特性及各地的自然资源和气候条件密切相关。一是奶牛是喜凉怕热的动物,我国北方的气候条件适宜奶牛的生长,南方各省由于气候炎热、多雨,奶牛发病率高,成母牛产奶量远低于北方各省。二是由于奶牛是草食大牲畜,要满足如此庞大的饲料需求就必须有丰富的饲草饲料资源。这在以种植水稻为主、人均耕地资源相对紧张的南方是很难满足的。而北方地域辽阔,有大面积的草原和草地,又是主要饲料作物玉米和大豆的主产区,因此有低成本生产牛奶的比较优势。南方饲养奶牛所需精饲料和优质牧草主要从北方购入,饲养成本过高,从而导致南方饲养奶牛的成本过高。三是由于加工业生产技术进步,超高温灭菌奶的出现,实现了牛奶的长期保鲜和远距离运输,以北方为基地的牛奶加工企业,完全可以实现在全国范围内的全年均衡销售。此外,在各原料奶主产区,原料奶的增长点又以农区为主。因为农区以舍饲奶牛为主,具有较高的生产管理水平和技术水平,奶农的组织化程度相对高一些,在地理位置上距离消费地近,运输成本小,因此农区生产者获得利润较大,扩大再生产的积极性也很高。而中国的牧区饲养多以放牧为主,况且目前牧区载畜量已经过高,增加原料奶生产的能力已受到限制。

1.1.3　奶牛养殖模式变化

我国的奶牛养殖模式可以分为如下几种类型:散养户、养殖小区、家庭牧场、规模化牧场。散养户是奶牛养殖的初级阶段，是传统的养殖模式；养殖小区是在奶牛养殖过程中由传统生产方式向现代生产方式过渡的一种养殖模式；家庭牧场是以家庭成员为养殖单元，规模化和机械化程度较高现代养殖模式；规模化牧场则在饲养技术和管理方面都发生了质的变化，是现代奶业发展的必由之路，是现代畜牧业生产方式的最终形式。推进奶牛标准化规模养殖，有利于疫病防治、粪污处理、提高生产水平和效率，从源头上保障乳制品质量安全，增加奶农收入，实现奶业的可持续发展。中央一号文件明确提出“加快畜禽水产养殖规模化，支持建设奶牛规模牧场和小区”。《奶业整顿和振兴规划纲要》也明确要推进奶牛规模化和标准化养殖，要求到2011年10月底前，100头以上奶牛规模化养殖场和小区的比重提高到30%左右。当前我国奶牛主要养殖模式已经开始从散养向着规模饲养转变，国家从2008年开始实施奶牛标准化规模养殖项目，每年投入5亿元，对存栏300头以上的养殖场给予补贴，按不同规模每个奶牛场分别补贴80、130和170万元，用于建设水电路、粪污处理、防疫、挤奶设施及建设饲草料基地等。到2012年底，累计补贴了3 000多个奶牛场和养殖小区，带动了全国奶牛标准化规模养殖水平的提高，2012年末，全国存栏百头以上的奶牛规模养殖比例为35.0%，比2009年提高8.2个百分点，比2008年提高15.5个百分点(图13、附表4)。

图12 规模化牧场

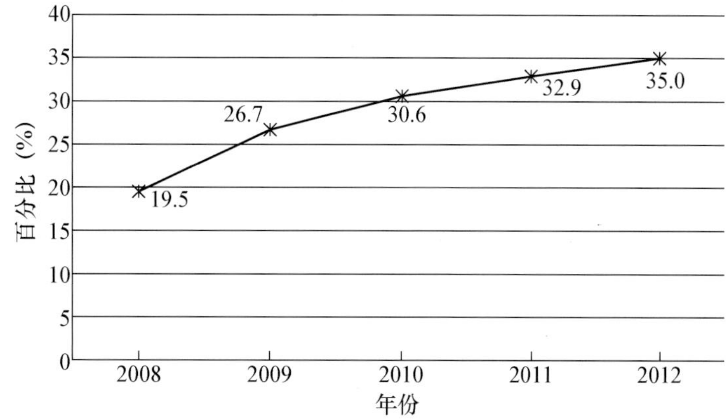

图13 2008—2012年全国奶牛规模养殖情况(存栏比重%)

资料来源：《中国奶业年鉴2008—2011》、《2013中国奶业统计摘要》。

1.2 乳制品加工业发展

乳及乳制品在我国具有悠久的历史，据史料记载，2 000多年前就有“奶子酒”的生产。后魏贾思勰著的《齐民要术》里已收集奶酪、干酪、马酪等的制作方法。至于以牧业为主要生产活动的少数民族，对乳制品的利用历史更为悠久。但在漫长的封建社会，中国的乳制品工业几乎没有发展。新中国成立以前国内虽然有少数生产奶粉、炼乳等的小乳制品加工厂，但由于受到发达国家的倾销，极少数的民族乳制品加工企业也处于奄奄一息的状态。因此，中国乳制品加工业的真正兴起是在新中国成立以后。新中国成立以后到改革开放前，是我国乳制品加工业的起步阶段，发展比较缓慢；从 1978 年以后，中国的乳制品加工业进入稳定、快速发展时期，特别是 1999 年以来，随着学生奶计划的实施以及"一杯牛奶强壮一个民族"的口号深入人心，"饮奶利于健康"已逐渐成为人们的共识，同时随着生产技术水平的提高，乳制品加工业在整个食品加工业中的地位日益重要，逐渐成为国民经济发展中的热点之一。

1.2.1 乳制品生产加工发展情况

乳制品生产加工的发展伴随着奶牛养殖业的发展，同样经历了如下五个发展阶段。

缓慢发展期(1949—1978)：1949 年全国刚解放时，仅在京、津、沪、渝和部分沿海城市及东北中东铁路沿线草原地区有少数规模很小的奶牛养殖和手工操作的乳制品加工企业，此时中国的乳制品加工处于萌芽状态。新中国成立后，国家开始有计划的建立乳制品加工厂，一直到 1978 年我国的乳制品加工规模和技术仍处于比较落后的状态。在此期间，生鲜乳产量由 1949 年的 20.0 万 t 增长到 1978 年的 88.3 万 t，增长了 3.4 倍；干乳制品产量由 0.1 万 t 增至 4.7 万 t，增长了 46 倍(图 14 和附表 5)。

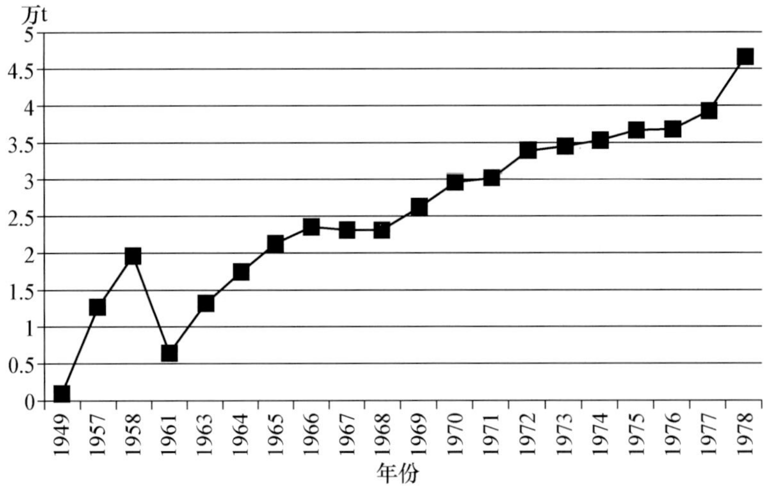

图 14 1949—1978 年我国干乳制品产量变化情况

资料来源：《中国奶业年鉴 2011》、《中国乳业指南》。

快速增长期(1979—1992 年)：1978 年以后，随着改革开放及城乡居民收入水平大幅度提高，对乳制品产生了很大的需求，我国乳制品加工业进入快速发展的黄金时期。在此期间，生鲜乳总产量由 88.3 万 t 增至 503.1 万 t，增加了 4.7 倍；干乳制品由 4.7 万 t 增至 41.3 万 t，增加了 7.8 倍(图 15 和附表 5)。短短 13 年，有如此持续高速的增长，主要有三个原因：一是国家一系列农村改革政策，使农村、牧区个体饲养数量迅猛增长；二是 1988 年开始实施"菜篮子工程"，明确指出"大中城市实现牛奶自给 70%，建立东北、河北东部、江苏北部等十片奶牛基地"的要求和部署。各地都加大了对"菜篮子工程"的投入和加强了基础设施建设，促进了奶业的发展；三是科学技术积极应用于奶牛生产，使奶业逐步走向科学化和现代化。

调整期(1993—1997 年)：在计划经济向市场经济的转变中，相继取消了实行多年的供应奶平价精饲料和牛奶收购价格补贴的办法，以致生产成本过高，奶牛生产曾一度出现滑坡；同时改革开放使中外合资及外商独资乳制品企业快速发展，以瑞士雀巢公司为代表的实力雄厚的跨国公司等纷纷拥入，外资和技术的引进，对提高我国乳制品技术与管理总体水平的提升、丰富市场供应起到了积极作用，但对乳制品特别是奶粉市场造成了巨大冲击，一些资金不足、技术相对落后的乳制品企业被挤垮。这种影响对乳制品消费量大、供求关系反应敏感的东部经济发达地区和大中城市的奶牛养殖业尤为明显。在此期间，我国生鲜乳总产量由

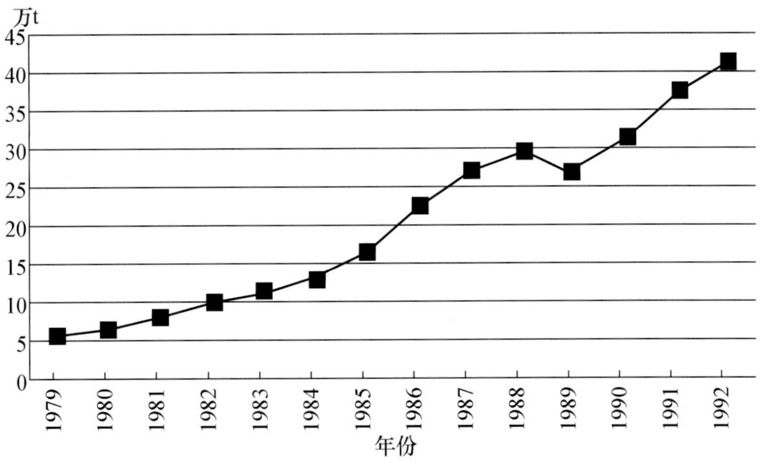

图 15　1979—1992 年我国干乳制品产量变化情况

资料来源:《中国奶业年鉴 2011》。

498.6 万 t 增至 601.1 万 t,增加了 20.6%,年平均增长率仅为 4.8%;干乳制品产量由 41.7 万 t 增至 56.5 万 t,增加了 35.5%,年平均增长率为 7.9%(附表 5);奶粉产量由 29.4 万 t 增至 39.1 万 t,增加了 33.0%,年平均增长率为 7.4%(附表 6)。

产业整合期(1998—2008 年):经过几年的调整,在消费增长的拉动下,我国乳制品加工业逐步进入快速发展的轨道。其特征是乳制品业向一体化、集团化发展,乳制品加工业产业化进程加速,一批集产前、产中、产后为一体的新型乳制品企业在发展中壮大,并开始创出自己的品牌,光明、伊利、蒙牛、三元、三鹿、完达山、长富等乳业集团及其品牌影响越来越大,市场占有率逐年提高,逐渐成为全国性品牌。雀巢、帕玛拉特、达能等国际知名品牌在中国影响也逐步扩大,乳制品加工市场竞争日趋激烈,这种激烈的竞争促进了我国乳制品加工业的发展和技术进步。在竞争中,一批中、小型企业开始分化、加盟大的乳业集团,我国乳制品加工业开始进入整合的新阶段。在整合中,一批老的企业集团发展迅速,同时蒙牛、长富、新希望、维维以及娃哈哈、乐百氏等新的乳制品企业,凭借雄厚的资金和灵活的机制介入乳制品加工业,加速了整合过程。在此期间,我国生鲜乳总产量由 662.9 万 t 增至 3 555.8 万 t,增加了 4.4 倍;乳制品总产量由 128.6 万 t 增至 18 10.5 万 t,增加了 13.1 倍,其中液态奶产量由 68.0 万 t 增至 1525.2 万 t,增加了 21.4 倍;干乳制品产量由 60.6 万 t 增至 285.3 万 t,增加了 3.7 倍(图 16);奶粉产量由 42.0 万 t 增至 100.5 万 t,增加了 1.4 倍(附表 6)。

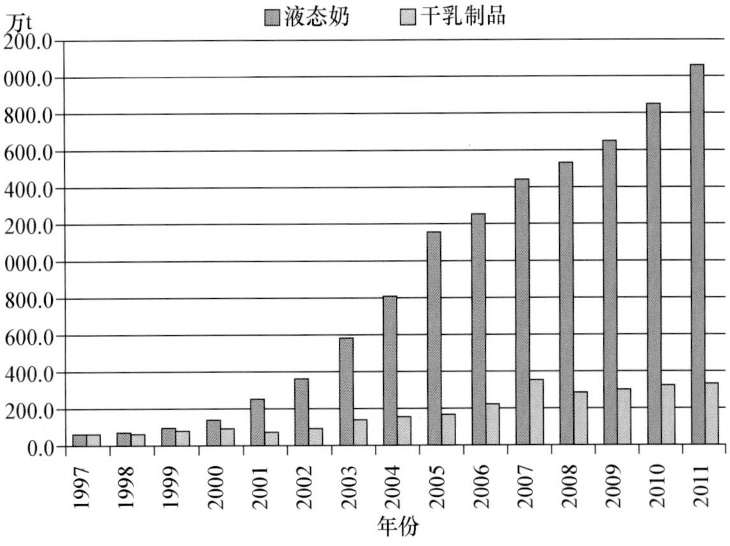

图 16　1997—2011 年我国液态奶和干乳制品产量变化情况

资料来源:《中国奶业年鉴 2011》、《中国乳业指南》、《2013 年中国奶业统计摘要》。

恢复发展期(2009—2011年):2008年,"三聚氰胺"事件给我国乳制品加工业造成重创,随着《奶业整顿和振兴规划纲要》、《乳制品工业产业政策》、《企业生产乳制品许可条件审查细则》等政府出台的一系列新政策的实施,我国乳制品加工企业开始了一系列的资产重组、兼容收购。我国奶业集团化、集约化进程迅速加快,企业间的兼并重组和奶源的争夺日益白热化。在此过程中,一些中小乳制品企业受到清理整顿,甚至被淘汰,我国乳制品加工企业从2008年的815家减少到2011年的644家。受2008年"三聚氰胺事件"的影响,国内婴幼儿奶粉市场空出了巨大的奶粉市场份额,国内外各大奶企纷纷争夺国内奶粉市场。国内奶企为了提高经营效率、降低产业链风险,加强了对整个奶业上下游的控制,在上游控制原料奶的供给,建设自己的奶源基地,在下游控制销售渠道,降低销售成本,并构建企业自己的原料奶生产到加工再到销售的完整产业链。国外奶企借"三聚氰胺"事件对国内奶粉企业的影响,大力扩展在中国的奶粉业务,美赞臣、雅培、惠氏、雀巢、多美滋等少数洋品牌的销售量已经占据整个中国婴幼儿配方奶粉的半壁江山。在此期间,我国生鲜乳总产量由3 520.9万t增至3 657.8万t,增加了3.9%;乳制品总产量由1 935.1万t增至2 387.5万t,增加了23.4%,其中液态奶的产量由1 641.6万t增至2 060.8万t,增加了25.5%;干乳制品的产量由293.5万t增至326.7万t,增加了11.3%(图16);奶粉的产量由111.7万t增至138.6万t,增加了24.1%(附表6)。

1.2.2　乳制品结构分析

随着乳制品加工业的发展,我国乳制品结构也有较大变化。在新中国成立初期,由于技术力量和生产水平的限制,乳制品加工厂仅生产巴氏杀菌奶、奶粉和炼乳。20世纪80年代,乳制品加工业有了一定的发展,但远远不能满足人们的需要,不但产量低,花色品种单调,包装也很落后。1982年干乳制品中普通奶粉占58%,炼乳占38%,而奶油、奶酪、干酪素和乳糖仅占1%。进入90年代后期,我国乳制品不但产量迅速增加,而且种类日益丰富,液态奶有:巴氏杀菌奶、超高温灭菌奶、酸牛奶、乳酸饮料和各种强化乳。干乳制品有全脂奶粉、脱脂奶粉、婴幼儿配方奶粉系列、中老年奶粉和强化奶粉,还有干酪、奶油和炼乳等。

在乳制品发展中以液态奶增速最快,每年平均以两位数的增幅递增,特别是进入21世纪以来,液态奶的增长率平均在30%以上,其产销量已经远远超过干乳制品中的奶粉,成为乳制品市场中的第一大品牌。以1997年为起点一直到2011年,液态奶14年内增加了33.9倍,其发展速度在世界上是少见的,在我国液态奶产品中,主要是以巴氏杀菌奶和超高温灭菌奶为主,进入21世纪后,液态奶中超高温灭菌奶发展速度超过了巴氏杀菌奶。2002年液态奶产量355.1万t,在产品结构上,超高温灭菌奶占主体,达153.9万t,约占液态奶产量的46%,巴氏灭菌奶104.8万t,占液态奶产量的31%,酸奶44.7万t,占液态奶产量的13.4%。2011年我国液态奶产量2 060.8万t,其中巴氏杀菌奶约占11.8%,超高温灭菌奶约占60.4%,调制乳约占8.8%,发酵乳约占19%。与2002年比较,巴氏杀菌奶下降19.2个百分点,而超高温灭菌奶上升14.4个百分点,酸牛奶上升5.6个百分点。

干乳制品产量的增长率虽不及液态奶,但除个别年份外,仍呈增长趋势。从干乳制品市场变化情况来看,虽然其总产量有所增加,但增幅较低,以1997年为起点一直到2011年,14年间净增加4.8倍,远远低于液态奶净增加33.9倍的增幅。在干乳制品产品结构中,以奶粉为主导产品,而其他的干酪、炼乳、奶油等产量均很低。2002年全国干乳制品产量为93.2万t,其中奶粉占80%比例,在奶粉产品构成中全脂奶粉占23.4%,加糖全脂奶粉占16.4%,婴幼儿配方奶粉占25.8%,其他奶粉占25.4%。2011年全国干乳制品产量为326.7万t,其中奶粉产量138.6万t,占干乳制品产量42.4%,奶油产量6万t,干酪产量1.5万t,炼乳产量17.8万t。在奶粉产品构成中全脂奶粉占30.1%,加糖全脂奶粉占4.2%,脱脂奶粉占2.5%,婴幼儿配方奶粉占45.3%,中老年奶粉占5.8%,调味奶粉占3.5%,其他奶粉占8.7%。与2002年比较,全脂奶粉上升6.7个百分点,婴幼儿配方奶粉上升19.5个百分点,加糖全脂奶粉下降12.2个百分点。

由于酸奶的特有风味,营养价值高,有利于肠道菌群的平衡和抑制腐败菌群,并可避免和减轻亚洲人群的乳糖不耐症,加上研究证明酸奶可增强人体免疫功能等诸多效果,酸奶的消费量呈直线上升。酸奶商业化生产从20世纪80年代开始,1982年发酵乳产量不足2 000 t,到1999年,产量已达11.37万t,特别是2002年酸奶产量达44.7万t,比2001年增长82.9%;2011年酸奶产量达391.6万t,占液态奶产量的19%,

比 2002 年增长 7.8 倍。

1997—2011 年,我国乳制品产量持续增长,2011 年全国规模以上乳制品企业共生产乳制品 2 389.5 万 t,比 1997 年(115.5 万 t)增长了 19.7 倍,其中液态奶产量为 2 060.8 万 t,比 1997 年(59 万 t)增长 33.9 倍;干乳制品产量为 326.7 万 t,比 1997 年(56.5 万 t)增长 4.8 倍;奶粉产量为 138.6 万 t,比 1997 年(39.1 万 t)增长 2.5 倍(图 17)。

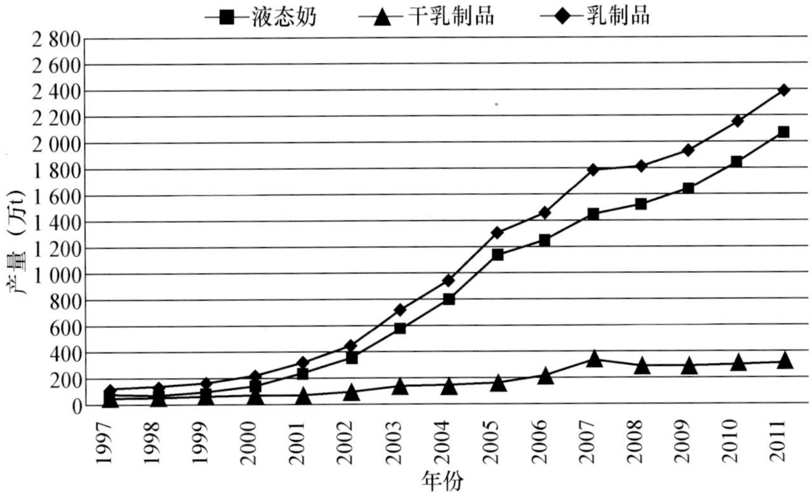

图 17 1997—2011 年我国乳制品产量变化情况

资料来源:《中国奶业年鉴 2011》、《中国乳业指南》、《2013 年中国奶业统计摘要》。

1.2.3 乳制品加工企业变化情况

从乳制品加工企业的数量和规模变化看,2000 年我国规模以上乳制品加工企业(统计口径是全国国有及年销售收入 500 万元以上的非国有企业)有 377 家,其中大型企业有 33 家,中型企业有 39 家,小型企业有 305 家。2000—2008 年我国乳制品加工企业的数量不断增加,2008 年达到 815 家,8 年时间增加了 1.2 倍,在这期间,我国大型乳制品企业数量不断减少,2008 年减少到只有 9 家;中型企业的数量有所增长,2008 年达到 137 家,增加了 98 家;小型企业的数量增长迅速,2008 年达到 669 家,增加了 364 家。由此可以看出,在此期间中小型企业数量的增加带动了整个行业企业数量的迅速攀升。2008 年"三聚氰胺"事件以后,国家对奶业进行整顿,一部分生产水平较低的乳制品加工企业被取缔,同时"三聚氰胺"事件对我国奶业造成巨大的冲击,一些资金不足、技术相对落后的乳制品企业被迫退出乳制品加工行业。2008—2011 年我国乳制品加工企业逐年减少,从 2008 年的 815 家减少到 2011 年的 644 家,而大中型乳制品企业却呈增长的势头,大型企业从 9 家增长到 15 家,中型企业从 137 家增长到 145 家,与大中型企业数量增加形成鲜明对比的是,小型企业数量逐年减少,从 2008 年的 669 家减少到 2011 年的 484 家(图 18 和图 19)。由此可以看出,在此期间乳制品加工企业的减少主要是小型企业数量的减少。

从乳制品加工企业集中度上看,近年来,我国乳制品加工业中的大中型企业发展迅速,企业规模不断扩大,集中度有所提高。首先,龙头乳制品企业规模迅速扩大,在 20 世纪 90 年代,日处理 200 t 生鲜乳的企业都比较少见,2007 年我国乳制品企业日处理能力 1 000 t 以上的就有 16 家,而如今伊利、蒙牛等大企业日处理生鲜乳能力达到 10 000 t 以上,技术装备达到国际先进水平。其次,龙头企业规模的扩大有力提高了产业集中度水平。1995 年,全国十大乳制品企业干乳制品产量为 5.6 万 t,占全国总产量的 10.6%;1998 年,全国 10 大乳制品企业干乳制品产量为 14.9 万 t,占全国总产量的 24.9%;2006 年,全国十大乳制品企业干乳制品产量为 709.9 万 t,占全国总产量的比重提高到 65.4%。从 2002 年到 2011 年,排名前 10 位的乳制品企业市场销售额占有率在 44.75%~61.32%之间。实际上,我国销售额前 10 名的乳制品企业除前 2 名的企业(蒙牛、伊利)一直保持领先外,其他 8 名的乳制品企业位次变动较大(表 1)。可见,奶业市场竞争非常激烈,随着奶业市场竞争的加剧,乳制品企业将面临更加严峻的生存竞争,未来奶业市场竞争格局随时可能发生改变。

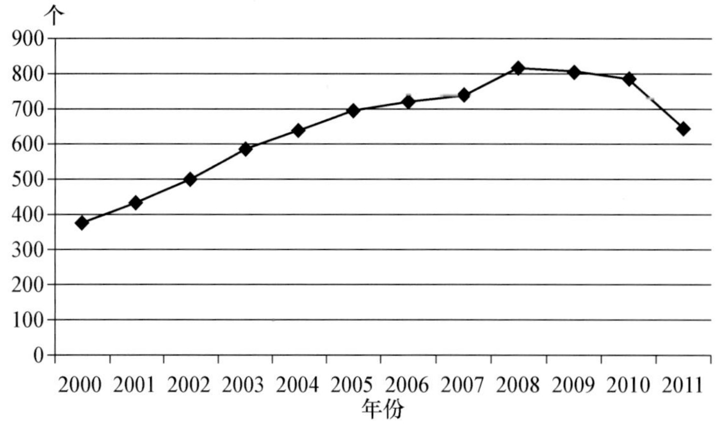

图 18　2000—2011 年我国乳制品加工企业的数量变化情况

资料来源：历年《中国奶业年鉴》。

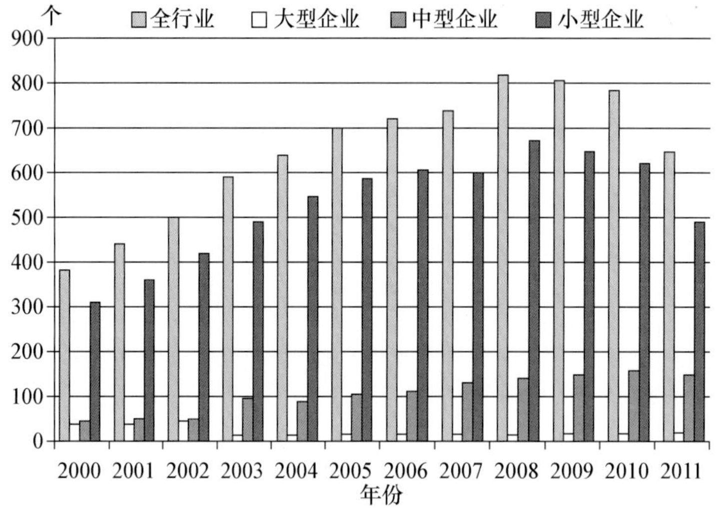

图 19　2000—2011 年我国乳制品加工企业的数量和规模变化情况

资料来源：历年《中国奶业年鉴》。

表 1　2002—2011 年我国销售额排名前十名的乳品企业

2002 年	2003 年	2004 年	2005 年	2006 年	2007 年	2008 年	2009 年	2010 年	2011 年
光明	伊利	伊利	伊利	伊利	伊利	蒙牛	蒙牛	蒙牛	伊利
伊利	三鹿	蒙牛	蒙牛	蒙牛	蒙牛	伊利	伊利	伊利	蒙牛
三鹿	蒙牛	光明	三鹿	三鹿	三鹿	光明	光明	光明	娃哈哈
三元	光明	三鹿	光明	光明	光明	完达山	完达山	贝因美	光明
完达山	完达山	雀巢	雀巢	黑乳	完达山	圣元	三元	完达山	雀巢
娃哈哈	三元	娃哈哈	佳宝	雀巢	圣元	佳宝	圣元	雅士利	美赞臣
黑乳	古城	龙丹	银桥	银桥	黑乳	三元	飞鹤	三元	完达山
蒙牛	黑乳	银桥	古城	佳宝	雅士利	飞鹤	银桥	银桥	多美滋
维维	银桥	佳宝	完达山	完达山	银桥	银桥	新希望	飞鹤	贝因美
新希望	佳宝	完达山	美赞臣	美赞臣	佳宝	新希望	南京奶业	圣元	新希望

资料来源：历年《中国奶业年鉴》。

从企业经营情况看(附表 8)，2001 年我国规模以上乳制品加工企业销售收入是 271.9 亿元，其中排名前 10 的乳制品企业共完成销售收入 128.5 亿元，占全行业收入的 47.3%；排名前 10 位企业的液态奶市场份额约占全国产量的 62%，奶粉销售量约占全国总产量的 33%。2011 年我国规模以上乳制品加工企业销售收入是 2 315.6 亿元，是 2001 年的 8.5 倍，2011 年排名前 10 的乳制品企业共完成销售收入 1 419.9 亿元，占全行业收入的 61.3%。大企业销售收入从 2001 年到 2007 年销售收入均呈增长的势头，2008 年受"三聚氰胺"的影响销售收入暴跌 29.1%，2008 年后销售收入逐步回升，直到 2011 年销售收入才恢复的 2007 年的水平。中小型企业由于产量少，灵活性强，2001—2011 年销售收入均呈增长的态势。尽管我国奶业的市场销售总额高速增长，但是行业的销售利税率并不呈现相同趋势（如图 20）。如下图所示，整个行业的销售利税率呈现先降低后升高后降低的趋势，销售利税率从 2001 年的 11.76%逐渐降低到 2006 年的 9.13%，然后逐渐升到 2010 年的 13.46%，2011 年又降低到 6.92%。其中大型企业的销售利税率波动较大，中型企业销售利税率波动较小并且始终保持在较高水平，小型企业销售利税率最低。这与小企业不合理的组织结构有密切关系，因为这种产业格局必然会影响到奶业市场的竞争秩序，并带来诸多方面竞争的不公平化。

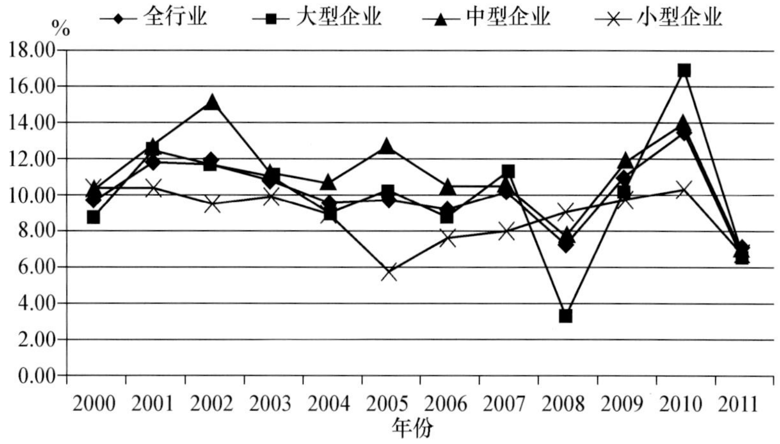

图 20　2000—2011 年不同规模乳品企业销售利税率变化情况

资料来源：历年《中国奶业年鉴》。

1.3　乳制品消费发展

我国奶业虽然历史悠久，但乳制品消费状况却一直处于相对滞后的局面。在我国历史上，除了牧区一些少数民族有食用乳制品的习惯外，汉族的大部分人口都没有这一习惯。近几十年来，随着人们生活水平的逐步提高和对乳制品营养的深入认识，乳制品消费量开始呈现增加的趋势。

1.3.1　乳制品消费总量的变化

1990—2011 年，我国居民乳制品消费量从 1990 年的 483.8 万 t 增长 2011 年到 4 414.5 万 t，21 年间增长 8.1 倍，其间除了 1993 年和 1998 年出现消费量下降外，其他 19 年中有 10 年的增长速度均在 10%以上，其中 1998—2006 年连续 8 年增长率都在 10%以上，年平均增长率达到 20.3%，呈现出一种较快的增长势头（图 21 和附表 10）。这种快速增长的原因有三个：一是随着居民收入的持续增加促进了乳制品消费及潜在消费者的购买能力，使乳制品的消费量增加，同时随着收入水平的提高，人们受教育程度也会提高，将使人们接受更多的营养知识，转变消费观念与习惯，从而把乳制品作为一种必不可少的食品来源；二是从 1998 年以来，政府部门、乳制品加工行业、营养专家、医学工作者通过各种宣传媒体，采取多种形式开展了乳制品对改善人们营养健康状况、提高国民素质的作用和乳制品科学知识的宣传，积极引导消费，产生了明显的效果；三是乳制品加工业的发展，为市场提供了更营养、更美味、更卫生、更方便的奶制品，并针对不同的消费群体，提供了更多的品种；此外，乳制品企业的大规模营销活动和逐步完善的城市营销配送系统，也使得购买更为方便，进一步刺激了消费者的购买欲望。

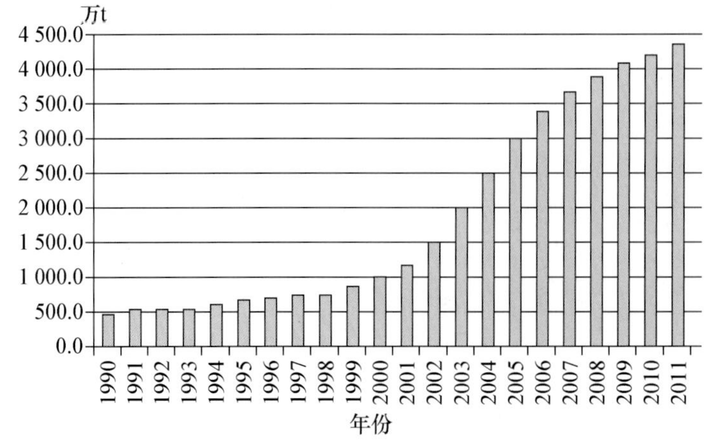

图 21　1990—2011 年我国乳制品消费总量情况

资料来源：历年《中国奶业年鉴》、《中国乳制品业的效率和绩效研究》。消费总量计算公式为：国内总产量＋净进口量×7。其中净进口量＝进口量－出口量，奶类净进口量中液态奶所占比例很小，因此统一按 1∶7 比例折合成液态奶等值。未考虑库存变动。

1.3.2　乳制品人均消费量的变化

由于占全国总人口 70％的农村居民乳制品消费量低且增长缓慢，使得以全国人口计算的平均消费量低，且增长速度较慢。1990 年我国居民乳制品人均消费量只有 4.2 kg，经过 21 年发展，到 2011 年人均消费量达到 32.8 kg（图 22），增长了 6.8 倍，但与世界乳制品消费平均水平的差距仍十分明显。2011 年我国液态奶人均消费量为 9.4 kg，仅为欧盟的 14.5％，美国的 12.0％，德国的 17.6％，澳大利亚的 8.6％，日本的 29.6％，韩国的 28.3％（图 23）。我国城乡居民消费不平衡，农村居民乳制品消费量远远低于城镇居民乳制品的消费量，我国城镇居民仍然是乳制品消费的主要群体（附表 11）。与农村居民相比，我国城镇居民乳制品人均消费量增长比较明显（图 24）。2011 年，我国城镇居民人均酸奶、奶粉、鲜奶购买量是 1992 年的 9.9 倍、1.2 倍和 2.5 倍。

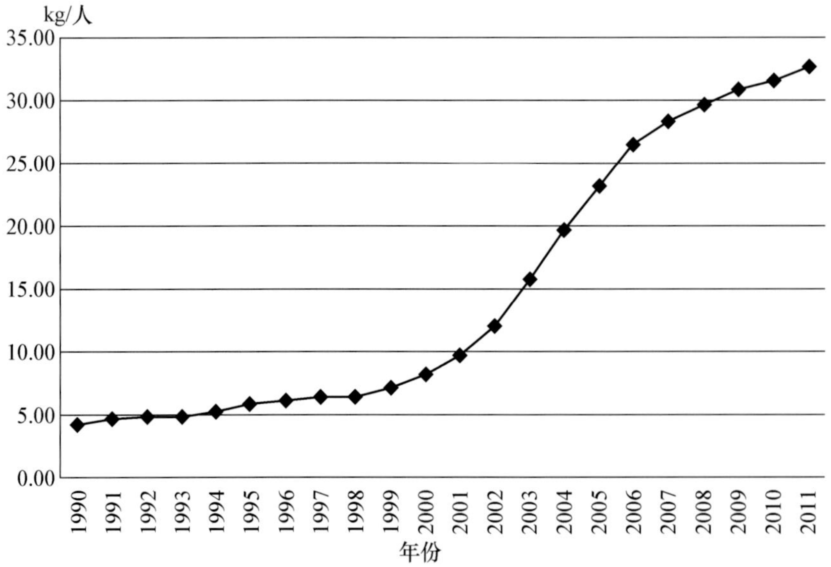

图 22　1990—2011 年我国乳制品人均消费量情况

资料来源：历年《中国奶业年鉴》、《中国统计年鉴 2012》、《中国乳制品业的效率和绩效研究》。人均消费量计算公式为：年消费总量÷年底总人口，其中总人口数量源于《中国统计年鉴 2012》。消费总量计算公式为：国内总产量＋净进口量×7，其中净进口量＝进口量－出口量，奶类净进口量中液态奶所占比例很小，因此统一按 1:7 比例折合成液态奶等值。未考虑库存变动。

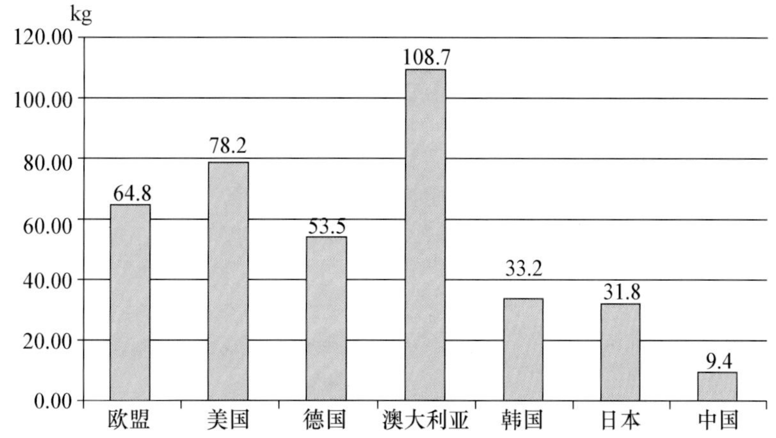

图 23　2011 年世界部分国家和地区人均液态奶消费量

资料来源:《2013 中国奶业统计资料》。

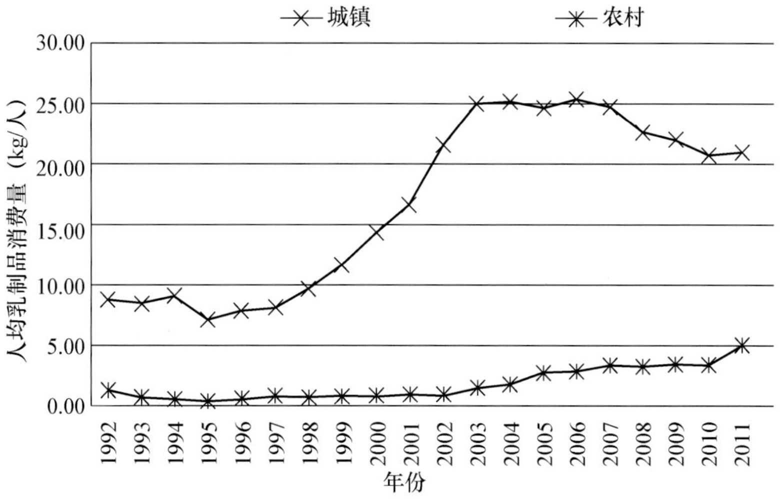

图 24　我国城镇居民和农村居民人均乳制品消费量

资料来源:《中国奶业年鉴 2012》。

1.3.3　乳制品消费结构变化

近年来,我国乳制品消费总体上呈持续、快速增长的趋势,但不同品种间增长情况不同。自从 1997 年我国引进 UHT 奶技术以来,液态奶的增长带动我国乳制品行业进入快速增长期,乳制品的传统产品奶粉的人均消费量占乳制品消费的比重呈现先升高后下降的趋势,而以巴氏奶、UHT 奶、酸奶等为主的液态奶的人均消费量近几年保持强劲的增长势头(见图 25)。

1995—2004 年,我国城镇居民人均鲜奶消费量逐渐升高,从 4.6 kg 增长到 18.8 kg,9 年间增长了 3.1 倍,2004—2007 年消费量趋于平衡,从 2008 年开始,由于受到“三聚氰胺”的影响,鲜奶的消费量开始下降,到 2011 年我国城镇居民人均鲜奶消费量为 13.7 kg。我国城镇居民酸奶消费量从 1995—2007 年连续 13 年保持增长,从 0.3 kg 增长到 4.0 kg,增长了 14.3 倍,在乳制品消费中所占比例从 3.6%增长到 16.0%,2008 年以后消费量稍有降低,一直到 2011 年均保持在比较稳定的水平,2011 年我国城镇居民人均酸奶消费量为 3.7 kg。我国城镇居民消费的奶粉包括全脂奶粉和脱脂奶粉,除 2007 年和 2010 年外,自 2001 年以来人均消费量都保持在 3.5 kg 以上,2002 年人均消费量 4.2 kg,为历年最高,2007 年和 2010 年人均奶粉消费量为 3.2 kg,为近年最低,2011 年,我国城镇居民消费的奶粉 3.7 kg。

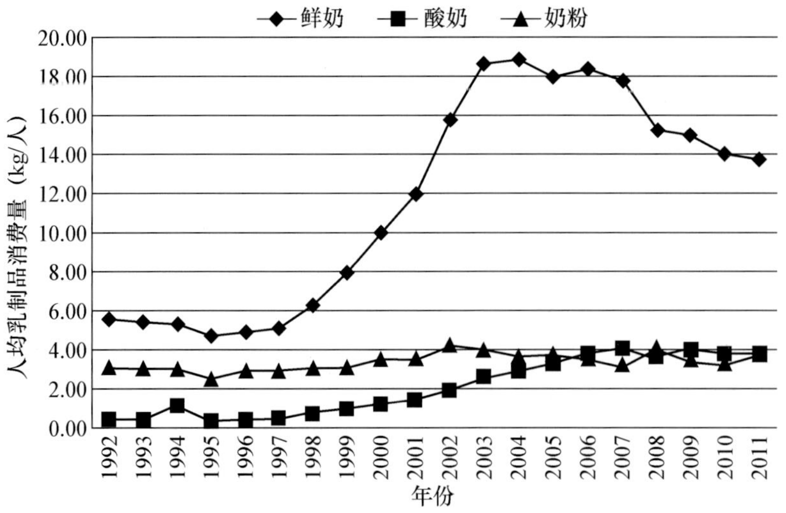

图 25　1992—2011 年我国城镇居民人均消费不同乳制品量变化情况

资料来源：《中国奶业年鉴 2012》。

除了这 3 种主要乳制品品种外，随着我国乳制品工业发展步伐的加快，出现了越来越多的乳制品品种。一些大城市如北京、上海等地出现了各种配方奶粉、花色奶、奶酪等新产品，并且品牌也较多，各个品牌又都有自己的系列，再加上雪糕、冰淇淋等冷冻产品的花色、风味也大大增加，乳制品市场越来越丰富，使广大消费者的选择余地越来越大。

1.3.4　消费群体和消费行为的变化

随着人们收入水平、生活质量、受教育程度的提高及营养知识的普及推广，消费观念也逐渐改变，无论是从年龄结构还是从职业结构上看，乳制品消费群体都在扩大，并且不同群体间的消费差异也日益缩小。从消费群体的年龄结构来看，20 世纪 80 年代以前，乳制品主要是供给婴儿和老人消费(3 岁以下婴儿占 60%，老人占 20%)。2000 年对北京市的抽样调查表明，经常消费乳制品的人群中，20 岁以下的只占 27%，60 岁以上的只占 14%，其他年龄段的占 59%；天津市调查的 1 000 户消费乳制品的比例为 2 岁以下占 7%，2～10 岁占 18%，11～60 岁占 55%，60 岁以上占 20%。因此，从年龄结构上看，消费群体的“断层”现象已经消失。另外，从职业结构上看，以前除老、幼、弱、病、孕外，乳制品主要为高级知识分子和外宾所消费，现在各种文化程度和职业的群体都食用乳制品，并且除了农民和失业人口受收入限制而消费量较低外，其他职业的群体间消费量差异并不显著。

随着乳制品加工技术的进步，乳制品加工企业针对不同群体的需要开发了不同饮用方式的乳制品，促进了居民乳制品消费行为的变化。以前乳制品种类以鲜奶和奶粉为主，居民主要是订奶煮沸后饮用或是用开水冲奶粉饮用，消费时间大多是在清晨和晚上。现在乳制品加工业为广大消费者开发了各种即买即饮或直接食用的乳制品，乳制品的消费更加便利，时间限制已不成问题。据哈尔滨工业大学对哈尔滨居民的乳制品消费调查显示，在受访者中，56%的人在早餐时食用乳制品，多为食用鲜奶、巴氏奶、保鲜奶等乳制品，消费人群多为学生和年轻人；19%的人晚上食用乳制品，且多为奶粉；33%的人随时都可能消费乳制品，且多消费那些购买便利且可即买即饮或直接食用的乳制品，主要是冰淇淋、活性乳、酸奶、风味奶等产品。此前人们把乳制品当作补品来消费，现在则把它当作促进健康的大众营养食品来看待，主要关心乳制品的营养成分、口味和食用方便性。北京市的调查显示，把乳制品营养价值放在首要位置的消费者占受访人群的 72%，把消费便利性(购买、饮用、储存)放在其次的消费者占 35%。

1.4　乳制品贸易发展

20 世纪 90 年代以前，由于我国对乳制品工业实行保护政策，乳制品进口量不多。90 年代以来，随着国内政策逐渐放宽及乳制品消费量的增加，国内生产量不能完全满足消费需求，我国乳制品贸易迅速发展。我国每年从新西兰、美国、澳大利亚、法国等乳制品生产大国进口奶粉、乳清等乳制品，虽然每年也有乳制品出口到周边国家和港澳地区，但远远抵不上进口数量。从整体上看，我国乳制品贸易一直是进口贸易大于出口贸易，我国长期以来是乳制品的净进口国(附表 12 至附表 14)。入世以后，随着乳制品关税下降，进口乳制品大量增加，在未来几年，中国仍将是乳制品的净进口国。

1.4.1 乳制品进出口量和进出口额变化情况

1999 年以前，我国乳制品进口量不多，每年保持在 10 万 t 左右。1999 年以后增长较快，1999—2008 年，我国乳制品进口量从 16.3 万 t 增长到 35.1 万 t，增长了 1.2 倍，年均增长率为 8.9%。2009—2012 年，我国乳制品进口量迅速增加，2009 年乳制品进口量达到 59.7 万 t，同比增长 70.1%；2010 年乳制品进口量达到 74.5 万 t，同比增长 24.8%；2011 年乳制品进口量达到 90.6 万 t，同比增长 21.6%；2012 年乳制品进口量达到 114.6 万 t，同比增长 26.5%，4 年间年均增长率为 33.8%。1995—2012 年我国乳制品进口额呈增长的趋势，乳制品进口额从 1995 年的 0.58 亿美元增长到 2012 年的 32.13 亿美元，17 年间增长了 54.4 倍(如图 26)。

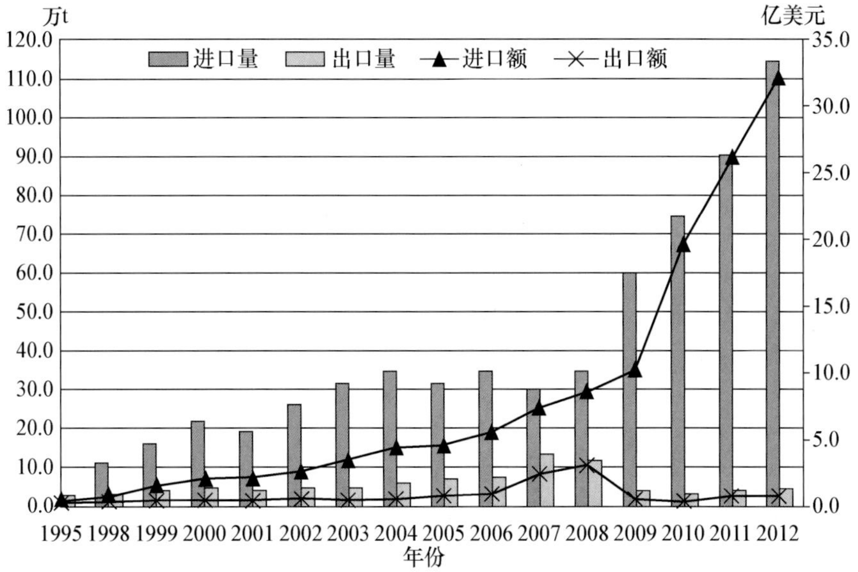

图 26 1995—2012 年我国乳制品进出口变化情况

资料来源：《中国奶业年鉴 2005、2012》、《2013 中国奶业统计摘要》。

同期，我国乳制品出口量和出口额却增长缓慢，有些年份甚至出现负增长的状况。1995—2007 年，我国乳制品出口量和出口额大体上呈增长的趋势，乳制品出口量 2007 年达到最高，为 13.5 万 t，年均增长率为 13.2%，乳制品出口额 2008 年达到最高，为 3.02 亿美元，年均增长率为 20.3%。2008 年"三聚氰胺"事件以后，我国乳制品出口量和出口额大幅下降，2009 年我国乳制品出口量和出口额分别下降了 69.4%和 81.1%，2012 年我国乳制品出口量恢复到 2001 年的水平，乳制品出口额恢复到 2005 年的水平。1995—2012 年我国乳制品的出口量，只增加了 1.5 万 t；出口额从 0.27 亿美元增长到 0.82 亿美元，11 年间仅增长了 1.7 倍。

1995—2012 年，我国乳制品进口额从 0.58 亿美元增长到 32.13 亿美元，年平均增长率为 26.6%；同期，出口额从 0.27 亿美元增长到 0.82 亿美元，年平均增长率仅为 6.8%。乳制品贸易逆差不断扩大，从 1995 年的 0.31 亿美元扩大到 2012 年 31.31 亿美元(图 27)，从这些数据可以看出我国长期以来是乳制品的净进口国。

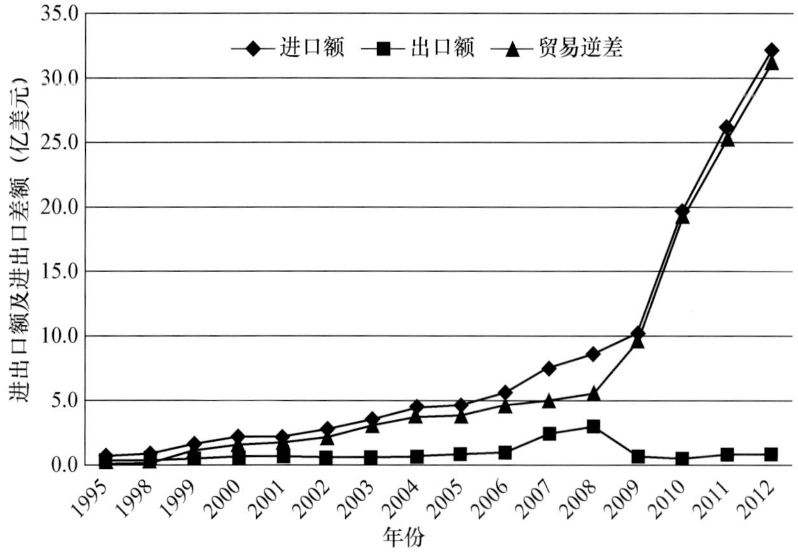

图 27　1995—2012 年我国乳制品进出口贸易逆差情况

资料来源:《中国奶业年鉴 2005、2012》、《2013 中国奶业统计摘要》。

1.4.2　贸易结构的变化情况

在我国乳制品进出口贸易中进口占很大的比重。我国乳制品进口种类主要分为液态奶和干乳制品两大类,其中液态奶包括鲜奶和酸奶,干乳制品包括奶粉、乳清、奶油、炼乳和奶酪。我国乳制品进口一直以干乳制品进口为主(图 28),1995—2012 年我国干乳制品进口量呈现先升高后下降的趋势,1995—2004 年我国干乳制品进口量所占乳制品进口量比例从 88.0%上升到最高的 99.0%,从 2004 年以后开始下降,到 2012 年干乳制品进口量占的比例为 83.69%,在干乳制品进口中以乳清和奶粉为主。乳制品进口中液态奶的进口量较少,1995—2012 年液态奶进口量呈现先下降后升高的趋势,1995 年液态奶进口量占乳制品进口量的 12.0%,之后几年逐渐降低,到 2004 年降到最低的 1.0%,从 2005 年后液态奶进口量逐渐升高,尤其是近几年液态奶的进口量上升得比较快,2012 年液态奶进口量占的比例为 7.5%,在液态奶中又以鲜奶的进口量居多。

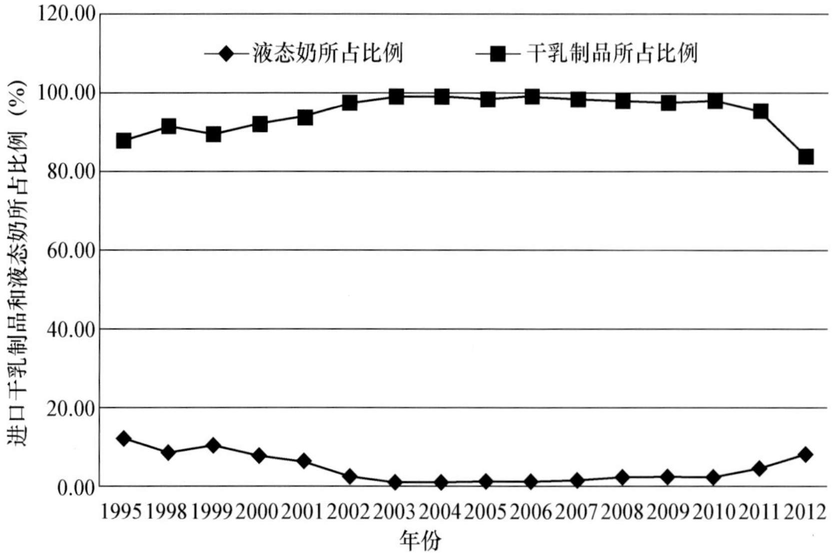

图 28　1995—2012 年我国干乳制品和液态奶进口比例情况

资料来源:《中国奶业年鉴 2005、2012》、《2013 中国奶业统计摘要》。

1995—2009年，乳清粉一直是我国乳制品进口量最多的产品，每年进口量保持在6.5万～28.9万t之间，占总进口量的47.9%～62.4%，奶粉居于第二位，每年进口量在2.5万～24.7万t之间，占总进口量的28.0%～42.5%。2010年以来，这种情况发生了变化，2010年，我国进口奶粉41.1万t，占乳制品进口总量的55.6%，同比增长67.6%，首次超过乳清粉(2010年进口26.4万t)成为进口量最多的乳制品。2011年，我国进口奶粉45.0万t，同比增长9.5%，占乳制品进口总量的49.2%；2012年，我国进口奶粉57.3万t，同比增长27.3%，占乳制品进口总量的45.9%。其他品种的干乳制品进口量则相对较少，1995—2012年，奶油、炼乳和奶酪三者占乳制品进口量的比例在1.1%～9.4%之间。2012年奶油进口量为4.8万t，占乳制品进口总量的3.8%，奶酪进口量为3.9万t，占乳制品进口量的3.1%，炼乳进口量为0.6万t，在干乳制品进口中所占的比例最少仅为0.4%。液态奶由于运输和储存等方面的限制，进口量较少，2012年液态奶进口量为10.2万t，仅占乳制品进口量的8.2%，其中鲜奶进口9.4万t，占乳制品进口量7.5%，酸奶进口0.8万t，占乳制品进口量0.6%(图29、附表15)。

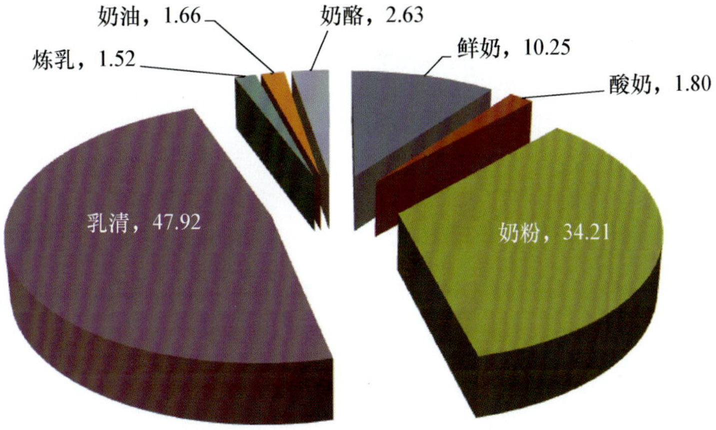

1995年

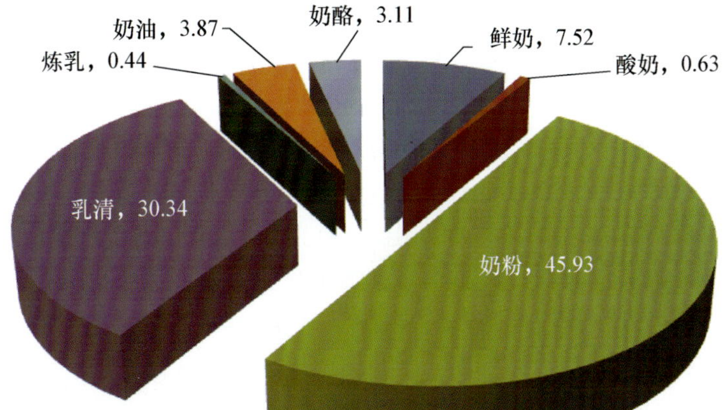

2012年

图29 1995年和2012年我国进口不同乳制品所占的比例(%)

资料来源：《中国奶业年鉴2005、2012》、《2013中国奶业统计摘要》。

1.4.3 贸易伙伴变化情况

长期以来，新西兰、美国、欧盟和澳大利亚是我国乳制品进口的主要来源国，目前新西兰已成为我国最主要的乳制品进口国。1998年以前，美国和荷兰是我国最大的乳制品进口国，从1998年开始到2012年(除2008年)，新西兰成为我国最大的乳制品进口国，其次是美国，从2003年开始，法国超过澳大利亚成为我国第三大乳制品进口国。2012 年我国进口乳制品中有 59.0 万 t 来自新西兰，占乳制品进口总量的 51.5%，排在我国乳制品进口国的首位；其次是美国，从美国进口乳制品 20.4 万 t，占乳制品进口量的 17.8%；再次是法国，从法国进口乳制品 7.9 万 t，占乳制品进口量的 6.9%；从德国和澳大利亚分别进口乳制品 7.6 万 t 和 4.6 万 t，分别占乳制品进口量的 6.3%和 4.1%（如图 30）。由此可见，我国乳制品进口的集中度很高，新西兰、美国、法国、德国和澳大利亚是我国主要的乳制品进口来源国，2012 年从五国进口的乳制品占我国乳制品进口总量的 86.9%。其中，新西兰一直是我国乳制品的主要进口国，美国的乳制品进口势头逐步上升，从澳大利亚等国家的进口量却呈下降的趋势。

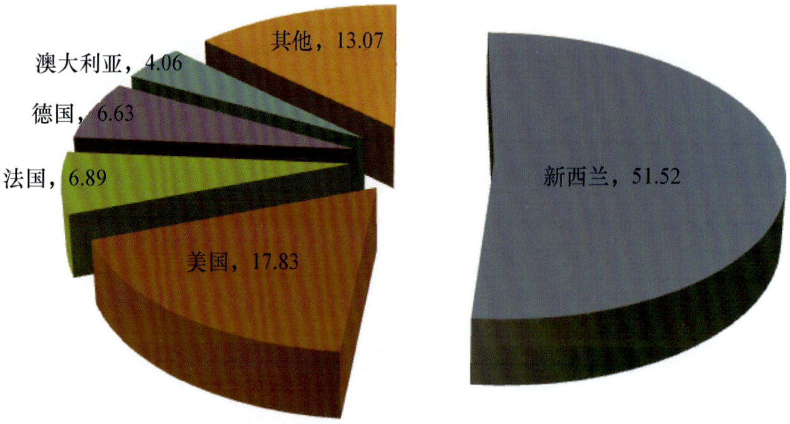

图 30　2012 年我国乳制品进口量前五位的国家占我国乳制品进口总量的比重（%）

资料来源：《2013 中国奶业统计资料》。

奶粉在我国乳制品进出口贸易中都占有很高的比例，多年来我国一直是奶粉进口大国。我国奶粉进口来源国比较集中（图 31），主要来自新西兰、澳大利亚、美国和欧盟等国，其中新西兰是我国目前第一大奶粉进口来源国。1995 年，荷兰是我国最大的奶粉进口国，从荷兰进口奶粉占全部进口量的 31.6%，从新西兰进口奶粉占全部进口量的 13.4%（图 32）。2000—2012 年新西兰是我国最大的奶粉进口国，除个别年份外，从新西兰进口的奶粉占我国奶粉进口量的比重均呈增长的趋势（附表 16 和图 32）。2000 年，我国从新西兰进口的奶粉为 5.0 万 t，占我国奶粉进口量的 68.0%；2008 年从新西兰进口的奶粉占我国奶粉进口量比重最低，为 50.1%；2012 年我国从新西兰进口的奶粉达到 49.5 万 t，占我国奶粉进口量的 86.5%。澳大利亚一直以来是我国第二大奶粉进口来源国，其奶粉进口量在 2002 年达到最大值，为 3.4 万 t，之后呈逐年下降的趋势，所占市场份额由 2002 年的 30.7%下降到 2012 年的 2.9%。我国从美国进口的奶粉份额在 2002 年时最低，为 1.2%，在 2008 年时最高达到 16.3%，之后逐渐下降，2012 年我国从美国进口奶粉的量为 1.7 万 t，占我国奶粉进口量的 3.3%，2012 年美国超过澳大利亚成为我国第二大奶粉进口国。我国从欧盟的奶粉进口量，尤其是从德国和法国的进口量，近几年增长很快，2012 分别达到 1.2 万 t 和 1.1 万 t，成为我国第四和第五大奶粉进口国，但就目前而言我国从法国等北欧国家进口的奶粉所占的份额较小，市场份额还有上升的趋势，这将有利于降低我国奶粉的进口来源国的集中度。

1995—2012 年，我国液态奶进口来源国排名前几位的国家变化不大，在各个进口来源国中，新西兰和澳大利亚一直是我国液态奶进口的主要来源国（附表 17）。我国从新西兰进口的液态奶总体上呈增加的趋势，从 1995 年的 0.05 万 t 增长到 2012 年的 2.89 万 t。从澳大利亚进口的液态奶呈现先降低后升高的趋势，2000 年从澳大利亚进口液态奶 1.08 万 t，之后逐渐下降，2007 年进口量最低位 0.08 万 t，之后逐渐回升，2012 年我国从澳大利亚进口 1.32 万 t 液态奶。从 2001 年起，从法国进口液态奶的数量逐渐增加，已经成为我国液态奶进口量排名第四的国家。近几年从德国进口液态奶的数量迅速增长，2011 年从德国进口液态奶 1.37 万 t，2012 年从德国进口液态奶 3.89 万 t，超越新西兰成为我国最大的液态奶进口国（图 33）。目前，我国从新西兰、澳大利亚、德国、法国等国进口液态奶量增加，从中国香港和荷兰等国液态奶进口量下降。

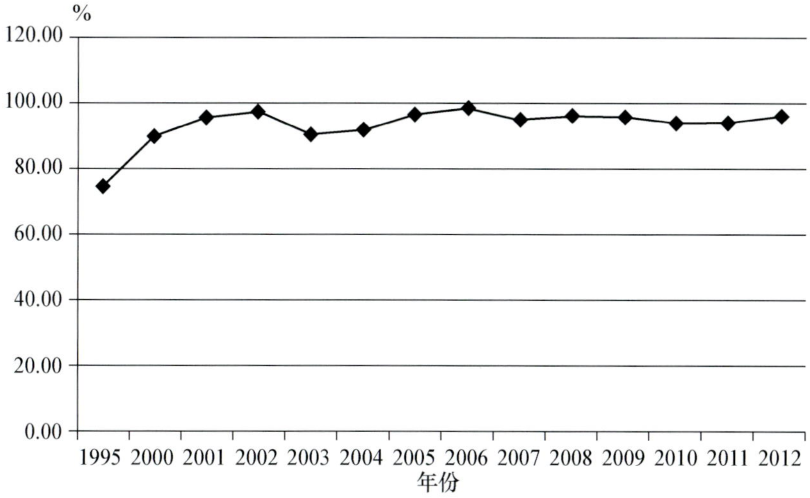

图 31　1995—2012 年我国奶粉进口量(前五位国家之和)所占比例

资料来源:历年《中国奶业年鉴》、《2013 中国奶业统计资料》。

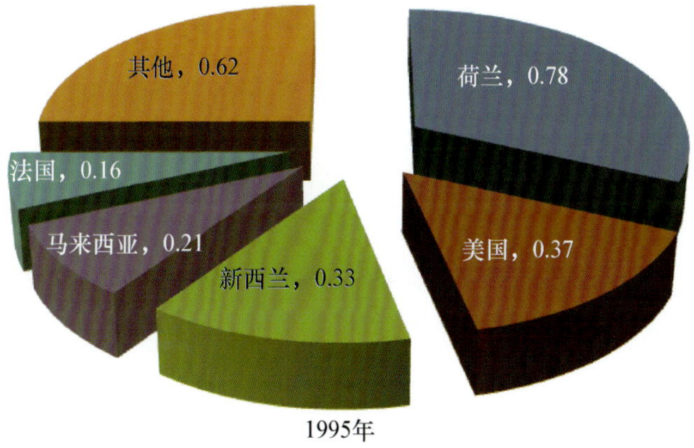

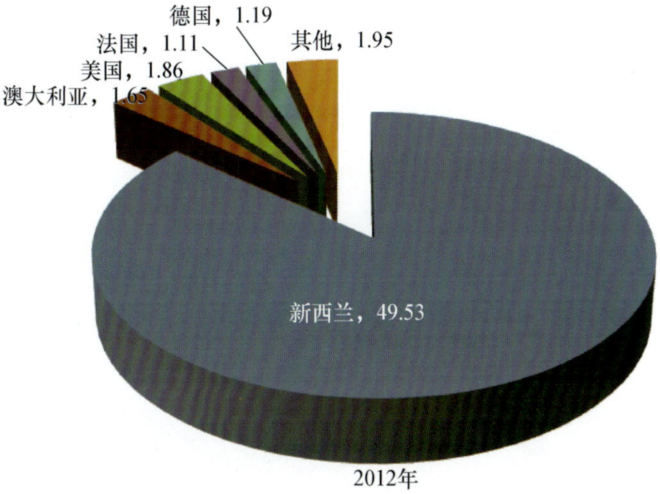

图 32　1995 年和 2012 年我国奶粉进口量前五位的国家进口奶粉数量(万 t)

资料来源:《中国奶业年鉴 2005》、《2013 中国奶业统计资料》。

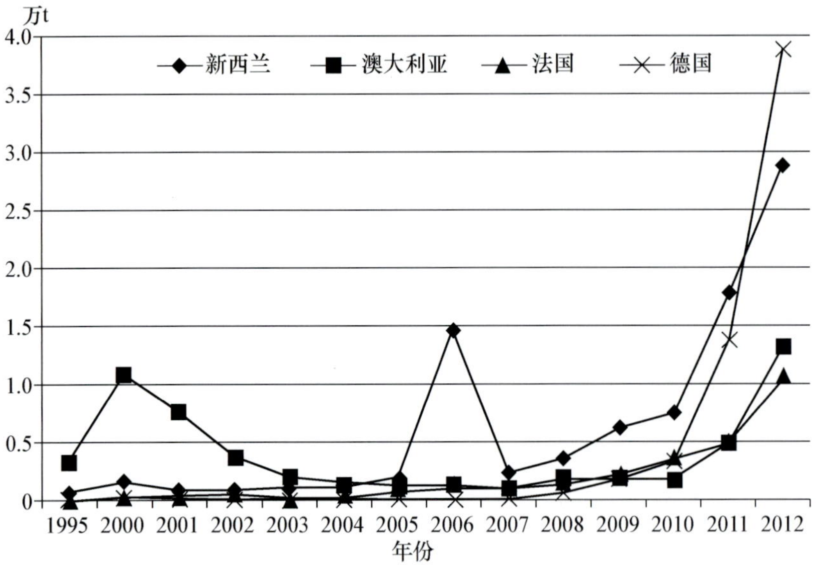

图 33　1995—2012 年我国液态奶主要进口国液态奶进口量

资料来源：历年《中国奶业年鉴》、《2013 中国奶业统计资料》。

我国乳制品的出口数量整体上远远低于进口数量，从乳制品出口结构来看，鲜奶、奶粉、炼乳和奶油是我国乳制品出口量的前四名，2012 年这四种乳制品占到我国乳制品出口总量的 96.4%，乳清、酸奶和奶酪的出口量都非常低(图 34)。我国乳制品主要出口国家和地区集中在中国香港、尼日利亚和东南亚地区。受到鲜奶存储条件的限制，我国鲜奶出口一直以亚洲等周边国家和地区为主，其中以中国香港作为主要的出口目的地，另外我国对中国澳门也有少量的鲜奶出口，同时增加了对韩国和新加坡等国家的鲜奶出口。我国奶粉的主要出口目的地是中国香港和缅甸，近几年随着我国和拉丁美洲、非洲等地区的贸易往来的加大，尼日利亚、孟加拉国等国已经成为我国奶粉出口的新兴国家，2012 年我国对尼日利亚奶粉的出口量为 4 760.0 t，占总出口量的 49.1%；而对中国香港和缅甸的出口量分别为 2 514.9 t 和 1 271.0 t，占出口总量的 25.9%和 13.1%。这一出口格局的改变对于增强我国乳制品竞争力，拓展新兴市场，减少乳制品市场风险有很大作用。此外，我国奶油主要出口到埃及、韩国和中国香港；酸奶、奶酪和炼乳的出口主要集中在中国香港和新加坡；乳清的出口集中在多哥、阿尔巴尼亚和越南等国。

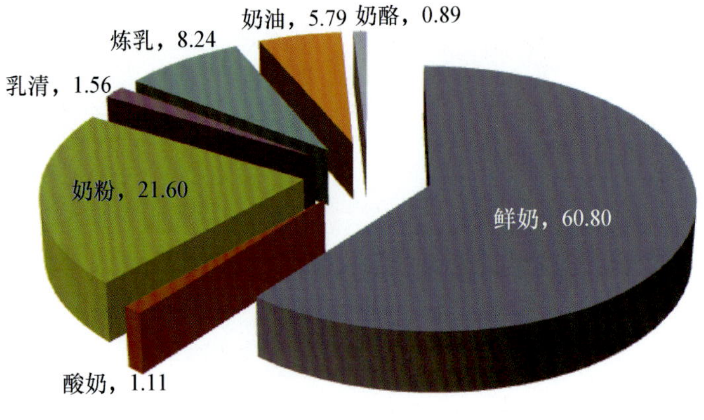

图 34　2012 年我国出口不同乳制品所占的比例(%)

资料来源：《2013 中国奶业统计资料》。

2 奶业科技进展

2.1 奶牛育种与繁殖技术进展

2.1.1 奶牛品种培育

中国荷斯坦奶牛品种的培育可追溯到19世纪60年代。自20世纪50年代开始有计划地杂交和横交固定，对当时长期处于品种混杂的黑白花杂种牛群进行整顿，有计划地使用经过选育的杂种公牛在牛群中配种，以期达到横交固定的目的。有的地区为迅速扩大奶牛群的规模，也直接引进和使用纯种荷斯坦公牛与当地黄牛进行级进杂交，逐渐开展有计划的奶牛选育和品种培育工作。

20世纪70年代开始了选育提高和品种育成阶段。1972年和1974年先后成立了北方奶牛育种协作组和南方奶牛育种协作组，1984年在两个育种协作组的基础上成立了中国奶牛协会。这一时期制定了切实可行的育种措施和规程，重点在高代黑白花杂种牛群中开展较系统的选育工作，有计划地培育和选择种公牛，建立种公牛站、推广冷冻精液人工授精技术、开展品种登记工作，开展对产奶量、乳脂率、体高、体重等性状遗传参数估计的研究，并根据需要，有计划地引入国外优秀荷斯坦公牛和冷冻精液，对牛群进行改良杂交，以提高产奶性能和体型结构。经过多年的系统育种工作，使牛群的遗传性能稳定、适应性强，各项生产性能显著提高，显著改良了牛群中斜尻、乳房下垂、肢蹄不良等缺陷。据1985年统计的96 499头中国黑白花奶牛，每头牛年平均产奶量为6 027 kg，其中21 095头良种登记成年母牛，305 d平均产奶量达到7 152 kg，乳脂率为3.56%，体型结构明显改善，特征一致性良好，达到了品种标准要求，经审定，1985年被农业部正式命名为"中国黑白花奶牛"。

"中国黑白花奶牛"品种是新中国成立以来，我国培育的第一个奶牛品种，1988年获国家科技进步一等奖，为了与国际接轨，1992年经农业部批准更名为"中国荷斯坦牛"。目前我国饲养的奶牛80%以上为中国荷斯坦牛及其杂交改良牛。

经过多年的培育，我国育成了多个乳肉兼用牛品种。1986年三河牛经过农业部专家组的验收鉴定，内蒙古自治区人民政府将该新品种命名为"内蒙古三河牛"，验收时存栏8.5万头。1983年，全疆新疆褐牛及其改良牛存栏约24万头，通过鉴定，命名为"新疆褐牛"；1985年，农牧渔业部组织验收并正式命名了"中国草原红牛"。经过多年的改良，西门塔尔牛经过国家畜禽品种资源审定委员会牛品种审定委员会的审定，于2002年正式命名为"中国西门塔尔牛"，据2011年统计，中国西门塔尔牛杂交后代存栏约602万头。

2.1.2 奶牛群体遗传改良技术

中国荷斯坦牛品种育成后，我国持续地开展了系统的奶牛群体遗传改良工作，尤其在开展后裔测定选择优秀种公牛、改进种牛遗传评定方法、选育高产核心母牛群、推广应用人工授精技术等方面进行了大量的工作。特别是近20年来，新的奶牛育种技术在遗传改良中不断应用，使中国荷斯坦牛在群体数量和生产性能上都有了很大提高，对我国奶业的发展起到了决定性作用。

2.1.2.1 *种公牛站建设*

20世纪70年代中期，各省市、地区纷纷建立种公牛站或家畜冷冻精液站，种公牛站是奶牛良种繁育体系的重要组成部分，是推广应用优秀种公牛冷冻精液人工授精技术、加快奶牛遗传改良和提高奶牛生产水平的有效措施。通过种公牛站建设，使制备冷冻精液的工艺水平不断成熟和完善，冷冻精液质量不断提高。截至2011年底，全国有种公牛站43家，存栏种公牛3 944头，涉及26个品种，采精种公牛存栏2 908头，其中荷斯坦奶牛1 384头，年生产优质冻精5 336万剂，其中荷斯坦奶牛生产冻精2 792万剂。种公牛站建设和人工授精技术的应用，为我国奶牛业快速发展做出了积极贡献。

2.1.2.2 青年公牛后裔测定

我国自1983年由中国奶牛协会组织开展了青年种公牛联合后裔测定工作，经过20多年的发展，为我国培育了许多优秀验证公牛。1998年，中国奶牛协会对从已获结果的前7批后裔测定公牛中选出的优秀种公牛在全国的使用效果进行抽样调查分析，说明通过实施后裔测定评定出的优秀公牛是可靠的。

为了进一步加快我国独立自主培育中国荷斯坦优秀种公牛的进程及规范，全国联合后裔测定操作流程，中国奶业协会于2007年制定并发布了《中国荷斯坦青年公牛联合后裔测定规程》。《规程》规定，全国青年公牛联合后裔测定工作是在农业部畜牧行政主管部门领导下，由中国奶业协会育种专业委员会负责组织相关单位实施。2007年"农业部关于加强种公牛站生产经营管理的意见"中，明确要求自2012年没有后裔测定成绩的奶用种公牛冻精不得上市销售。近几年，每年参加测定的青年公牛头数不断增加。截至2012年4月，共组织了47批(从1994年开始每年进行两次测定)，累计参加测定的公牛1 566头，2007年以前出生的共705头，有551头得到验证成绩，占参测牛的78%。预计2013年全国参加后裔测定的青年公牛有200头左右。开展全国乳用青年公牛联合后裔测定，对全国牛群的遗传改良起到一定作用。

2.1.2.3 奶牛遗传评定

随着奶牛育种方法和计算技术的发展，我国奶牛育种中使用的育种值估计方法也经历了一个发展过程。20世纪五六十年代，由于受前苏联米丘林学派影响，我国种牛的选择主要依据体型外貌的主观印象；到了70年代，我国科技工作者开始应用欧美国家的遗传评定方法对种牛进行遗传评定。到80年代中期，BLUP法在我国奶牛遗传评定中得到应用，1988年开始用公畜模型BLUP对全国联合后裔测定的青年公牛进行遗传评定，1996年北京奶牛中心在国内首先使用动物模型BLUP法，充分利用多年的历史数据对所有有关的公牛和母牛进行统一遗传评定，为中国荷斯坦牛应用动物模型BLUP进行遗传评定做了十分有意义的尝试。2006年开始，中国奶业协会的中国奶牛数据中心开始利用从加拿大引进测定日模型奶牛遗传评估系统软件，对中国荷斯坦牛进行统一的遗传评定，进一步提高了我国奶牛遗传评定的技术水平和准确性。仅就奶牛遗传评定方法和计算技术而言，目前我国与国际先进水平基本同步。

2.1.2.4 生产性能测定(DHI)和体型线性评定

奶牛生产性能测定是对奶牛产奶性能和乳成分测定的一项技术，是奶牛群体遗传改良中最基础最重要的工作。我国开展奶牛DHI工作起步较晚，1992年的"中日技术合作天津奶业发展项目"和1994年的"中国—加拿大奶牛育种综合项目"，分别在天津、西安、上海、杭州等项目参加单位逐步开展奶牛生产性能测定工作，建立了较完备的DHI实验室，制定了相关操作技术规程。1996年中加项目实施第二期计划时，又将北京等13个省市区纳入合作计划，重点推行DHI测定工作。1999年5月，中国奶业协会成立了"中国荷斯坦奶牛全国生产性能测定工作委员会"，进一步健全了推广DHI的体制和机制。

到2011年底，全国已建立了22个经过国家农业部认定的"DHI测定中心"，年接受DHI测定的奶牛头数已超过30万头，中国奶业协会奶牛育种数据处理中心数据库已经存储了来自1 300余个奶牛养殖场，近100万头次的生产性能记录。自2008年起，应用DHI数据，已经连续4年进行了全国公牛联合后裔测定的育种值估计和遗传评定，为国家奶牛良种冻精补贴计划顺利实施，做出了贡献。与此同时，各地DHI测定中心通过"DHI报告解读"，为牛群的科学、健康饲养管理进行咨询和建议，为提高奶牛养殖效益发挥了积极作用，使养殖者从中得到实惠。

我国自20世纪80年代中期开展奶牛体型外貌线性评定法的研究和推广工作。奶牛育种科技工作者依据欧美国家现行的评分系统，建立了我国的体型线性评分体系，在各地培训了一批体型鉴定员。2000年以后，逐步采用加拿大的9分制体型线性评定体系，并开展了一系列的科研工作。2006年制定了中国荷斯坦牛体型外貌线性鉴定规程，规定了中国荷斯坦牛的体型鉴定主要方法、鉴定性状和评分标准。目前我国种牛遗传评定中使用的体型外貌资料均是来自线性评定方法的结果，线性评分系统的应用与推广也促进了奶牛群体整体的改进与提高。

2.1.2.5 品种登记与高产奶牛核心群的选育

为了建立健全和完善中国荷斯坦牛品种登记制度，农业部授权中国奶业协会的中国奶牛数据中心，负责实施我国奶牛品种登记工作，重新制订了全国统一的牛只登记编号系统，并制定了《中国荷斯坦牛品种登记实施方案》，该实施方案是根据国际上现行的登记办法，结合我国当前实际而制定的。为了具体实施奶牛品种登记工作，中国奶牛数据处理中心从荷兰引进了 IRIS(国际牲畜信息系统)奶牛信息化管理平台，包括了奶牛品种登记、良种登记和生产性能测定三大功能，覆盖了从奶牛饲养管理到良种选育的各个方面；中国奶牛数据中心也开发了奶牛数据信息的收集和上报软件，正在落实确定各省市相关的奶牛品种登记和数据收集机构，逐步开展工作，推动我国奶牛品种登记工作逐步走向规范和成熟。

中国黑白花奶牛品种育成后，1986—1990 年期间，全国 13 个省市和多个教学、科研和奶牛育种组织参加，执行了国家"七五"科技攻关专题"中国黑白花牛高产核心群选育"，使得项目区牛群的数量和质量均有了较大程度提高。特别是到 1990 年底，全国纯种黑白花奶牛总数达 150 万头，据统计，全国有 627 个集约化奶牛场年平均产奶量超过 5 000 kg，攻关专题选育的高产核心群 13 950 头母牛，在牧区平均产奶量超过 7 000 kg、乳脂率高于 3.6%，在农区产奶量超过 8 000 kg、乳脂率高于 3.5%，项目选育的这一批高产核心母牛群，为培育优秀种公牛和开展奶牛全群的遗传改进工作打下了良好的基础。"十五"和"十一五"国家科技部实施了奶业科技重大专项，对奶牛选育和高产奶牛核心群建立给与了大力支持，使我国奶牛遗传改良工作取得了显著成效和进展。

2.1.3 育种新技术的应用

当前国外奶牛育种前沿技术的研究热点领域主要包括：遗传标记辅助育种技术、基因组选择技术、转基因克隆技术、性别控制技术等，各个领域的研究都已经取得突破性进展。

目前我国在奶牛遗传标记辅助育种领域的研究正处于追赶国外先进水平的阶段，就血清中代谢物浓度与产奶量的关系、有关激素与产奶量的关系、血液和乳中蛋白多态性与产奶性能的关系，以及血液白细胞与产奶性能和抗病力间的关系等进行的研究已取得了有价值的结果。我国从 20 世纪 80 年代末开始了哺乳动物胚胎细胞克隆和转基因研究。可以预见，转基因技术与常规育种方法的紧密结合，将大大加快家畜新品种的培育过程，提高育种效率。

中国农业大学利用基因标记和 QTL 定位进行辅助选择的研究也取得了较大进展；2005 年开始，中国农业大学、北京奶牛中心等单位开展了对种公牛携带一些隐性有害基因的分子检测技术研究，已经应用于种公牛的选择和奶牛育种中，大大降低了种公牛携带和扩散隐性有害基因的风险。中国农业大学奶牛全基因组课题组(张胜利教授、张沅教授等)在广泛分析美国、加拿大、德国等奶牛育种发达国家近年来在全基因组选择应用的育种实践经验，在大力开展奶牛生产性能测定，推行后裔测定技术规范和全国奶牛群体遗传改良的计算机网络技术的基础上，结合中国奶牛育种的实际现状，为青年公牛选择制定了包括产奶量性状($GEBV_{Milk}$)、乳脂率性状($GEBV_{Fatpct}$)、乳蛋白率性状($GEBV_{Propct}$)、体细胞评分性状($GEBV_{SCS}$)；以及体型总分($GEBV_{Type}$)、乳房性状($GEBV_{MS}$)、肢蹄性状($GEBV_{FL}$)的中国奶牛基因组性能指数(GCPI)。2012 年共对 821 头青年公牛进行了基因组检测和遗传评估，从中选出 362 头优秀青年公牛参加了 2012 年国家奶牛良种补贴项目，与往年相比，显著提高了青年公牛的遗传质量，在全国奶牛遗传改良中发挥了重要作用。

奶牛 XY 精子分离和性别控制技术可以按照生产需求控制出生后代的性别，快速繁育良种高产奶牛，提高奶牛养殖经济效益，加速奶牛育种进展。奶牛产业技术体系繁殖育种功能实验室在对奶牛生殖生理机制充分研究基础上提出了动物"授精推流理论"，完善奶牛 XY 精子分离技术体系，进行了分离精子回收和技术流程两项改进，提高了分离效果和速度及分离准确率，提高了生产效率。该技术对于充分利用种公牛资源，扩大奶牛性控冷冻精液的推广应用有重要意义。

2.1.4 奶牛人工授精技术应用

我国奶牛繁殖技术经历了由自然交配向人工授精、胚胎移植、胚胎工程发展的四个时期。我国奶牛在繁殖上应用人工授精技术始于 1952 年，北京市双桥农场首先应用人工授精技术给奶牛配种成功。1952 年 10 月至 1953 年 9 月，广西王丕建等用奶用种公牛新鲜精液改良黄牛 361 头，受胎率达 74.05%。此时采用的是开膣器阴道输精法。1954 年北京市双桥农场最先用直肠把握子宫颈深部输精法获得成功。1963 年在北京举办了直肠把握深部输精法培训班，1966 年后在全国推广，结果表明此法比阴道输精法受胎率高 10%～15%，促进了人工授精技术向深度、广度发展。

1963 年北京市北郊农场在原中央畜牧所(即现在中国农科院北京畜牧兽医研究所)的协助下，用干冰作冷源研制颗粒冻精成功。1965 年上海市成立种公牛站并开展以干冰作冷源的冻精生产和人工授精。1965 年原农垦部从荷兰引进第一台液氮发生器，在北京市北郊农场建立了奶用种公牛试验点，开展以液氮为冷源的颗粒冻精的研究，1966 年研制成功，用于人工授精取得了比较满意的效果。1972 年用液氮为冷源生产的颗粒冻精情期受胎率达 55.6%，与同期常温新鲜精液相当。1974 年全国已有 14 个省市开展牛冷冻精液的试制和推广工作，建输精点 139 处。到 1981 年我国奶牛颗粒冻精的普及率已达 85%。据当年对 33 万头奶牛的统计，用颗粒冻精配种的母牛情期受胎率，南方为 47.6%，北方为 54.2%。1981 年北京市种公牛站从法国引进了细管冻精的全套设备，细管冻精得到广泛推广。1982 年全国约 64 万头奶牛，几乎全部实行了人工授精。为了保证冻精质量，促进这项技术的推广应用，我国于 1984 年颁布了牛冷冻精液标准(GB 4143-84)。据 1996 年对我国北方 25 个种公牛站统计，细管冻精的生产量和推广量分别占到 55.17%和 55.04%，目前 100%为细管冻精。截至 2011 年底，全国有 43 个种公牛站，共存栏种公牛 3 944 头，年产冻精 5 336 万剂。

我国奶牛性控精液的试验研究工作起步较晚，但近年来发展迅速。目前国内年生产性控精液的能力可达 100 万个剂量，我国奶牛性控精液生产能力居世界第一。近年来，内蒙、河北、黑龙江、新疆等大部分省(区)在奶牛上推广使用性控精液人工授精技术。目前全国每年用性控精液人工授精母牛 10 万头以上。性控精液人工授精情期受胎率青年牛 55%左右，与常规精液相当，经产牛情期受胎率比常规精液约低 10%。母犊率均在 90%以上。

奶牛发情鉴定技术随养牛规模的扩大而在不断发展，早期和饲养规模较小的牛场，发情鉴定常采用外部观察法、试情法、阴道检查法和直肠检查法。21 世纪初期开始，饲养规模较大的牛场，则开始采用超声波诊断法和计步器法。

诱导发情和同期发情是人工授精的辅助技术之一，20 世纪 60 年代开始受到重视，但在生产中应用很少。同期发情方面的研究始于 1976 年，原北京农业大学畜牧系董伟教授等，开始研究进口和国产激素控制母牛同期发情技术，此后各地的畜牧科学工作者对同期发情的方法和效果进行了大量的试验研究。80 年代开始，国产激素种类增多，进口激素相对便宜，诱导发情和同期发情技术开始用于生产实践。进入 21 世纪，这项技术更加成熟，一些程序化的诱导发情、排卵的方法开始出现，并很快被制药厂家开发成商业化产品。目前同期发情主要有以下三种方法：延长黄体期的孕激素法、缩短黄体期的前列腺素(PG)法、孕激素＋PG 法。利用诱导发情和同期发情技术，能够规模化组织人工授精，并可实现定时输精，因此大大促进了人工授精更广泛的应用。同时，同期发情也是胚胎移植中供体与受体实现同期化的一项必不可少的技术。

妊娠诊断是奶牛人工授精的辅助技术之一。国内多数牧场特别是小牧场一直沿用直肠检查法，该法的主观性较强，需要操作者长期学习才能掌握。进入 21 世纪，大型牧场开始采用 B 型超声波诊断技术(B 超)进行妊娠诊断，该法不但易学，而且科学、客观、可靠。1996 年，我国从加拿大批量引进了兽用 B 超仪，以后又引进和生产了便携式兽用 B 超仪。妊娠诊断技术可以及早检查出空怀牛和妊娠母牛，以提高繁殖力。

人工授精技术的推广应用，不仅大幅度提高了优秀公牛的利用率，使良种奶牛得到快速扩繁，而且使奶牛产奶量也得到迅速提高。以北京市为例，20 世纪 50 年代初，采用自然交配时，奶牛年单产 4 500 kg，60 年代中期应用新鲜精液人工授精技术后，达到 5 000 kg，70 年代应用冷冻精液人工授精后达到 5 798 kg，90 年代提高到 7 000 kg，2010 年达到 10 000 kg，2012 年达到 11 800 kg。

2.1.5 胚胎移植技术

我国牛的胚胎移植始于 20 世纪 70 年代，与发达国家相比虽然起步较晚，但进展较快。40 年来，我国牛胚胎移植经过试验研究、发展提高、推广应用三个阶段，缩小了与发达国家的差距，目前牛的胚胎移植已经成为一项常规技术。

我国奶牛胚胎移植，首先由中国科学院遗传所和上海市牛奶公司于1978年获得成功，此后有10多个单位开展了牛胚胎移植的试验研究工作。根据我国奶牛少、黄牛多的特点自20世纪80年代，开始进行把奶牛胚胎移植给黄牛，让黄牛借腹怀胎生产奶牛的研究工作。目前该技术已经向胚胎工程延伸。农业部于2002年在北京、河北、内蒙古、黑龙江、山西、陕西、宁夏、山东和新疆九个省（区、市）组织实施了“万枚高产奶牛胚胎富民工程”项目，带动全国完成胚胎移植25 000枚，获得5 000头左右的高产母牛。“十五”期间，利用胚胎移植技术培育高产核心奶牛数万头。胚胎移植技术在奶牛扩繁中发挥了重要作用。

随着超数排卵（MO）、胚胎移植（ET）水平的提高，20世纪90年代我国开始应用MOET育种体系培育高产奶牛。目前MOET选育并作为主配公牛在北京市乃至全国的奶牛育种中发挥了重要作用。

2.1.6 其他繁殖技术

20世纪70年代，在动物胚胎移植技术迅速发展的同时，人们把注意力又转到对胚胎进行加工改造，以期进一步提高胚胎的利用价值，因而兴起了胚胎生物技术——胚胎工程。主要包括胚胎冷冻、体外受精、胚胎性别鉴定、核移植、克隆、胎干细胞、转基因技术等。

我国近年来在此方面取得的进展有：成功进行奶牛胚胎（常规）冷冻和玻璃化冷冻；牛体外受精胚胎玻璃化冷冻保存移植产犊；对牛胚胎性别鉴定后移植产犊，准确率达到100%；分割牛胚胎产犊；胚胎细胞核和体细胞核移植克隆牛成功，2004年中国农业大学李宁等对由加拿大政府赠送给中国人民的世界顶尖种公牛——“龙”进行体细胞克隆成功，产下“大隆”和“二隆”；将牛原始生殖细胞的类胚胎干细胞最高传至15代。

将有重要育种和经济价值的基因（如表达重要人乳成分基因，人乳铁蛋白、人α-乳清白蛋白，）构建表达载体。通过转基因技术，转移进入稳定的体细胞系（胎儿成纤维细胞、颗粒细胞为主），筛选稳定表达的转基因体细胞系。结合体细胞克隆技术，生产转基因克隆奶牛，然后通过再克隆及常规繁育技术扩大转基因牛群体。中国农业大学李宁等截至2012年已获得600头有重要育种和经济价值转基因牛，现存栏转基因牛400头。

2.2 奶牛饲料与营养技术进展

2.2.1 奶牛饲养标准、管理规范的建立与修订

从1949年到1978年，我国奶牛营养需要主要是借鉴前苏联等国家的标准，还没有形成自己的奶牛饲养标准。1979年以后我国奶牛饲养标准共发布了三版。第一版于1986年作为国家标准发布（ZB B 43007-86），其主要起草人是冯仰廉教授和李永禄教授，研究提出了我国奶牛以产奶净能为基础的奶牛能量单位（NND）体系。为便于应用，于1989年出版了《奶牛饲养标准和典型日粮配方》。2000年发布《奶牛营养需要和饲养标准》（第二版），重点修订的内容是小肠蛋白质体系，新蛋白质体系考虑了日粮蛋白质在瘤胃中降解和非降解部分，补充了日粮降解蛋白质转化为瘤胃微生物蛋白质的效率以及微生物蛋白质的合成量等重要参数，从而能反映出进入小肠的日粮非降解蛋白质和微生物蛋白质的量。自2000年以来，我国对瘤胃微生物氨基酸、饲料氨基酸瘤胃降解率和小肠消化率进行了一系列研究，提出了以小肠可消化粗蛋白为基础的赖氨酸和蛋氨酸营养平衡的建议。修订的《奶牛营养需要和饲养标准》（第三版）于2004年作为行业标准（NY/T34-2004）发布。为便于应用，在2007年出版了《奶牛营养需要和饲料成分》，在饲料营养价值表中，除常规成分外，还列出了我国实测的瘤胃降解蛋白质、瘤胃可发酵有机物、瘤胃微生物蛋白质产生量、瘤胃能氮给量平衡、小肠可消化粗蛋白及赖氨酸和蛋氨酸含量等参数。1985年《高产奶牛饲养管理规范》作为行业标准正式颁布。奶牛饲养标准和规范经过多年在全国各地养殖企业和科研部门的应用，已取得了显著的经济效益和社会效益。

为了适应我国奶牛养殖业快速发展的需要，中国农业大学李胜利等又开展了第三版标准的修订工作。

主要增加小肠可消化粗蛋白质的赖氨酸和蛋氨酸平衡，以及后备牛、高产奶牛和干奶牛营养需要量研究，补充完善了奶牛饲养标准中粗饲料的 NDF、ADF 含量以及降解率缺失的不足，同时还将增加奶牛常用饲料营养价值和生物学效价评定。

2.2.2　奶牛营养需要研究进展

多年以来，我国的科研工作者在奶牛的营养需要方面进行着持续不断的研究，在各个领域都取得显著进展，推动了我国研究水平的提高，对生产的发展具有极大的促进作用。

能量需要研究确定了维持、泌乳、生长发育、行走运动、环境温度影响等能量需要量。采用相当于 1 kg 含脂 4%的标准乳能量，即 3 138 kJ(750 kcal)产奶净能作为一个奶牛能量单位，建立了奶牛能量单位 NND 体系。中国农业大学李胜利等确定了奶牛围产期日粮适宜能量水平，产前低能饲喂奶牛产后食欲恢复快，产奶量高，体重损失少；而产前中能饲喂奶牛产后脂肪动员少，能量平衡状况较好。

蛋白质营养方面，冯仰廉等根据多年的研究，建立了小肠可消化粗蛋白质及赖氨酸和蛋氨酸平衡体系的总体模式，并给出小肠可消化氨基酸、赖氨酸和蛋氨酸的需要。提出了“瘤胃能氮平衡(RENB)的原理和应用方法，并提出了尿素有效用量(ESU)的计算模式。近年来在奶牛过瘤胃氨基酸和保护性小肽的机理和应用方面的研究，发现过瘤胃氨基酸和保护性小肽对提高饲料利用率、提高生产性能和降低粪污排泄具有积极意义。

脂肪需要的研究给出了日粮中油脂不宜超过的推荐剂量，日粮中的脂类超过 5%～7%(DM)就会抑制瘤胃微生物特别是纤维素分解菌和甲烷合成菌的活动。发现高饱和度脂肪酸、低饱和度脂肪酸的应用可以提高产奶性能，添加复合脂肪酸使奶牛甲烷释放量减少，粪尿中 N 和 P 的排泄量降低，乳脂率提高，添加过瘤胃脂肪可以提高产奶量和乳脂率的作用。

矿物元素的研究主要集中在降低磷的供给量和锌、硒、铜、碘等微量元素方面。根据李胜利、李建国和刘建新的研究结论得出，0.32%～0.37%(DM)的日粮磷水平可以满足日产 25～30 kg 泌乳奶牛的营养需要，比生产中的使用量低 50%左右。

在奶牛基础日粮中添加锌，日均产奶量显著提高，血清锌和乳锌含量明显升高，对降低体细胞数也有明显作用。添加有机锌比无机锌效果更好。认为蛋白锌是生产高锌牛奶的理想添加剂。黄玉德等(1995)推荐蛋氨酸锌的添加量为 20 mg/kg 日粮干物质。

奶牛饲料添加有机硒的生物学效应明显高于无机硒，富硒酵母改善奶牛的抗氧化能力和免疫功能的效果比无机硒好，添加有机硒比无机硒显著提高了谷胱甘肽过氧化物酶和超氧化物歧化酶的活性，有机硒较无机硒显著提高奶牛繁殖性能。张馨心等(2009)认为在奶牛日粮中添加硒，当全血中谷胱甘肽过氧化物酶活力最高时为硒的最适添加量。

研究表明添加碘能显著提高产奶量和乳碘含量。富铜酵母较硫酸铜显著提高奶牛产奶量、乳脂、乳蛋白质和乳干物质含量。

赵国琦等(2008)的研究表明荷斯坦泌乳期奶牛 VA 的适宜添加量是 125 万 IU/d。VD 能预防及治疗高产奶牛产后 24～48 h 内产生的乳热症。在围产期奶牛日粮中添加 VD_3 10 万 IU/(d·头)，缓解了围产期奶牛免疫球蛋白和免疫细胞下降的现象。给奶牛注射 VD 提高了情期受胎率。1985 年我国开始应用亚硒酸钠和维生素 E 进行预防奶牛胎衣不下，研究认为亚硒酸钠加维生素 E 预防奶牛胎衣不下效果明显，硒 E 粉对奶牛隐性乳房炎治疗有较好的效果。采用肌肉注射维生素 E 对一系列的繁殖障碍疾病都有一定的治疗作用。

有研究在奶牛日粮中添加烟酸、保护胆碱和生物素，提高了奶产量，同时降低了奶牛蹄病的发生率。在夏季热应激条件下，添加烟酸和烟酸铬使奶牛的粗饲料采食量和产奶量都有所增加。给产后 5 d 内诊断为脂肪肝的奶牛投服烟酸、胆碱和纤维素酶，奶牛血浆孕酮含量在产后 20 d 明显提高，子宫复旧时间、产后首次排卵时间、产后首次发情时间和分娩至受孕的间隔时间都明显提早了。在高产奶牛产犊前 2 周及犊牛阶段添加适量的烟酸可补充其对烟酸的缺乏。

2.2.3 营养价值评定方法研究

在饲料瘤胃降解率的评定方面，冯仰廉等(1984)建议使用 35～50 μm 的尼龙布或涤纶布制作尼龙袋，冯仰廉(1989)提出了瘤胃尼龙袋法评定饲料蛋白质降解率的建议方案，粗饲料测定的时间点为 6、12、24、36、48、72 h，精饲料为 2、6、12、24、36、48 h。常用的测定小肠消化率的方法有体内法、半体内法和体外法，我国科研工作者对运动尼龙袋法、小肠冻干粉法等进行了一系列研究，取得了很多有意义的试验结论。卢德勋(2001)根据我国粗饲料的利用现状，在广泛吸取 RFV 等粗饲料评定指数的优点的基础上，结合我国粗饲料品种较多、品质参差不齐的实际情况，提出了评定粗饲料品质的粗饲料分级指数(简称 GI 或 G 指数)。GI 不仅可以用于粗饲料的品质分级，还可用于指导粗饲料在配置日粮中的合理搭配。以上饲料营养价值评定方法的研究和应用，丰富了奶牛营养研究的方法，促进了奶牛营养研究的发展。

2.2.4 青贮饲料和氨化秸秆技术应用

新中国成立前，我国科研工作者便开始了青贮的研究。我国在 20 世纪 50 年代就开始推广应用青贮饲料，1951 年，上海第一牧场首次制作玉米秸秆青贮成功，1953 年，华北农业科学研究所将收获后的玉米秸秆青贮技术列为科研规划，但当时仅有少数国有奶牛场加以应用。青贮真正开始推广是在 20 世纪七八十年代，一些国营、集体、个体牛场开始大量使用，农村奶牛专业户也开始制作青贮。进入新世纪后，在继续改善玉米青贮饲料的基础上，重点推广了全株玉米青贮饲料的种植、调制和应用(图 35)。

图 35 青贮制作

2002 年，除一些新兴奶牛产区开始试验和推广玉米青贮饲料外，全国其他绝大多数奶牛主产区已全面开始了青贮玉米的种植和应用。通过推广玉米青贮饲料，有效的提高了奶牛的生产性能。1999—2001 年，黑龙江省奶牛年单产一直徘徊在 3.5～4 t 之间，使用几年青贮之后，年单产提高到 4.5 t；山东省饲喂全株玉米青贮的奶牛产奶量提高 5%～8%；石家庄地区饲喂全株玉米青贮奶牛产奶量提高 10%～15%；在一些条件比较差的地区，奶牛产奶量甚至提高了 15%～20%。在青贮技术快速发展的同时，也促进了青贮形式的多样性开发。

尽管全株玉米青贮在奶牛主产区得到了发展，但在全国还很不平衡，全株玉米占青贮饲料的比例还很低，2002 年山东省全株青贮占青贮的 38%，河北省全株玉米的种植只占青贮玉米种植面积的 12.5%。2012 年我国存栏 300 头以上规模化牧场 95%都使用了全株玉米青贮，2013 年开始，苜蓿青贮也开始在宁夏、北京、河北、山东、安徽、内蒙古等地区开始推广使用。

我国 20 世纪 50 年代便开始了粗饲料氨化技术的研究。1986 年我国成功研制出第一套秸秆氨化设备。

1985 年底，全国累计氨化秸秆 3150 t，1986 年共氨化秸秆 4.3 万 t。秸秆氨化后可提高消化率 10～15 个单位，含氮量增加 1～2 倍，并明显降低饲料成本。进入 90 年代后，由于青贮技术的推广和普及以及微生物青贮（简称微贮）的推广，氨化秸秆在全国的推广面积下降，国内的规模化牧场和养殖小区基本上不使用氨化秸秆，只有个别肉牛饲养场使用氨化技术。

2.2.5　全混合日粮(TMR)技术应用

TMR 饲养技术始于 20 世纪 60 年代，首先在英、美、以色列等国推广应用。20 世纪 80 年代 TMR 饲喂技术引入中国。我国最早的 TMR 使用是在广州的香满楼牛场，80 年代中期从美国引进骑士 TMR 饲喂设备，以及中加项目加方赠送的 4 台。从 90 年代中后期到 2000 年初的 10 年是我国奶业快速发展的阶段，这段时间，TMR 饲喂设备在国内开始得到推广与普及，到 2003 年底，北京三元绿荷已在中以示范牛场、金银岛牧场、永乐店新牛场等 17 个牛场率先实施了 TMR 饲养工艺，均收到良好效果。我国北京、上海、辽宁、福建、内蒙古等地的许多大型现代化奶牛场中也得到了广泛应用，并都取得了良好的效果。2007 年以后，随着我国奶业主产省和国家农机补贴政策的实施，TMR 饲喂设备在我国的普及大大加快。截至 2012 年底，全国共有 TMR 饲喂设备 4 800 多台，4 400 多个牧场和 400 多个小区在使用，约 300 万头奶牛（按每个牧场存栏 800 头牛计算）采食 TMR 饲料，占全国奶牛总头数的 20.8%（数据来自司达特畜牧设备有限公司），尤其是黑龙江省、内蒙古自治区、北京、上海、山东、河北等省市都加大了对 TMR 饲喂设备的补贴力度。

TMR 饲喂模式可以降低奶牛挑食行为，奶牛瘤胃 pH 也更稳定，TMR 饲喂方式可降低饲喂成本、提高工作效率、提高饲料利用率、提高产奶性能。有研究可明显降低体细胞数，提高采食量。周吉清(2008)试验结果表明：泌乳牛应用 TMR 饲喂技术后，奶牛产奶量较对照组提高了 30.5%；乳脂率、乳蛋白率和乳干物质率分别提高了 0.05、0.02 和 0.01 个百分点。

2.2.6　苜蓿饲料应用

给奶牛饲喂优质苜蓿干草，不但可以明显改善奶牛的瘤胃环境，提高奶牛的产奶量和牛奶中的乳蛋白等各项营养指标，而且可以改善牛奶的风味和口感，提高奶牛的繁殖能力和使用寿命，减少了奶牛疾病和兽药投入。

我国奶牛养殖业使用苜蓿饲料的时间较晚，1999 年，光明集团开始在 11 600 头成母牛中推广饲喂苜蓿，2000 年每头成母牛苜蓿干草日喂量 2.33 kg，成母牛头年单产 8 027 kg，比 1998 年提高了 861 kg。北京市从 2001 年开始推广苜蓿饲喂奶牛，三元集团 16 900 头成母牛，2001 年头牛单产 7 556 kg，比 1998 年提高了 402 kg。苜蓿的使用是奶牛单产提高的重要因素之一。

随着我国对优质粗饲料认识的普遍提高和奶牛标准化养殖的加快，优质苜蓿在奶牛养殖中得到更加广泛的使用。特别是“三鹿奶粉事件”后，我国奶牛集约化和规模化养殖水平明显提高，对优质粗饲料的需求日益增加，国内苜蓿草的产量不能满足我国奶牛养殖业的需求，给美国苜蓿进入中国市场带来了商机。近几年，我国进口苜蓿量不断增加，2010 年我国进口苜蓿 21.81 万 t，2011 年进口 27.56 万 t，2012 年我国进口苜蓿的量达到 44.00 万 t，同比增加 59.65%，苜蓿进口量是 2000 年的 488.9 倍（2000 年我国进口苜蓿 0.09 万 t）。由于进入中国的美国苜蓿主要是一级苜蓿和特级苜蓿，质好价高，使国产苜蓿产业面临巨大的挑战和发展机遇。

2012 年，我国苜蓿草种植面积 2 400 万亩，干草产量 1 000 万 t，加工苜蓿草产品 140 万 t，流通商品草 60 万 t。从 2012 年起，农业部和财政部启动实施“振兴奶业苜蓿发展行动”，中央财政每年安排 5.25 亿元，在苜蓿优势产区和奶牛主产区，建设高产优质苜蓿示范生产基地，对苜蓿良种、标准化生产技术以及收获加工设施给予扶持。“十二五”期间，将累计投入资金 21 亿元，建设 200 万亩高产优质苜蓿生产基地，提高苜蓿生产专业化、规模化、标准化和集约化水平，促进草畜配套，提高奶牛生产效率，从根本上提升生鲜乳质量安全水平。

2.2.7 工业配合饲料等应用

2001年以来,反刍动物生产的快速发展和饲料业结构的优化,双向拉动了反刍动物用工业饲料的生产,奶牛养殖有了真正意义上的工业配合饲料。2001年反刍动物配合饲料产量122.99万t,经过几年的发展,2011年反刍动物配合饲料总产量达到15 304.19万t,比2001年增长了123.4倍。配合饲料的应用,对奶牛的生产水平特别是小规模养殖户的生产水平有很大提高作用。

中国农业大学在"七五"和"八五"期间利用农业部科技攻关项目,冯仰廉教授与上海理工大学合作成功开发出尿素缓释剂,把它加入到玉米、尿素中,显著的降低了尿素在瘤胃中的释放速率,研制成功糊化淀粉尿素。目前很多饲料公司把它作为一种高蛋白补充饲料原料添加到奶牛、肉牛、肉羊饲料中。添加量一般占精饲料量的3%~5%左右,可以提高精饲料蛋白含量2.3~3.8个百分点。

同时,对添加剂在奶牛饲料中的应用效果有了明确的认识,饲料添加剂使用也越来越普遍,主要有矿物质添加剂、维生素添加剂、过瘤胃蛋白质和过瘤胃脂肪、阴离子盐、生物活性物质、抗应激添加剂等。对新型饲料添加剂如青贮添加剂、酶制剂、酵母培养物、瘤胃素(莫能菌素)等的应用效果进行了研究,取得了较明显的研究成果,这些添加剂具有改善饲料品质,提高饲料利用率,改善奶牛适应性,提高奶牛的生产性能的作用,对奶牛生产起到很大的促进作用。

我国生产燃料乙醇的时间较短,但是产量上升速度却很快。玉米酒精糟营养价值高,特别是蛋白质含量较高。其他饲料如桑叶、银合欢、甜高粱、苹果渣、柿子皮、枣渣、花生秧和甘薯秧等,这些饲料原料不但在一定程度上降低了我国人畜争粮的压力,而且在生产上取得了不错的饲喂效果。

2.3 奶牛疫病控制技术进展

2.3.1 奶牛疫病的净化

建国初期,我国奶牛养殖业疫病蔓延,牛群健康状况极差,其中以牛瘟、牛肺疫、结核病和布氏杆菌病在牛群中的流行十分严重。据不完全统计,奶牛牛肺疫发病率约73%,死亡率为50%~60%,结核病阳性率占80%,布氏杆菌病阳性率占80%。1949—1980年,我国对奶牛牛瘟、牛肺疫、结核病、布氏杆菌病进行净化,取得了巨大的成果。

2.3.1.1 牛瘟

牛瘟是家畜中古老的传染病之一,曾给世界养牛业带来毁灭性的打击。1949年陈凌风从华北农业科学所家畜防疫系取得中村Ⅲ系牛瘟兔化弱毒种毒,交给哈尔滨家畜防疫所进行继代研究并试验。1950年东北地区和内蒙古消灭了牛瘟。1952年牛瘟绵羊化兔化弱毒疫苗研制成功,成为中国防治和消灭牛瘟的有力武器。通过全面连续接种牛瘟兔化弱毒疫苗(如广东省自1950年连续使用3年,牛瘟疫苗注射密度高达95%以上),使牛群获得免疫力,对控制消灭牛瘟起到关键性作用。从1949—1952年,全国累计注射牛瘟疫苗1 807多万头。1955年消灭青藏高原地区牛瘟疫情,完成了中国消灭牛瘟的最后一个战役。到1956年,用了8年时间消灭了全国范围内牛瘟疫情,在我国近代兽医史上写下了光辉的一页。之后仍坚持注射疫苗数年,部分边界地区坚持注射的时间更长,对巩固扑灭牛瘟的成果起到关键性保证作用。

2.3.1.2 牛肺疫

牛肺疫也称牛传染性胸肺膜炎。20世纪50年代,牛肺疫在内蒙古、辽宁、新疆等12个省377个县流行,累计发病27万多头,死亡9.3万多头,60年代在内蒙古、山西、西藏等11个省、自治区36个县发生,累计病牛17万多头,死亡6.2万多头。由于该病的不断传播,致使生产蒙受巨大损失。1953—1959年以后,哈尔滨兽医研究所研制三种菌苗:牛肺疫培养物弱毒菌苗、牛肺疫兔化弱毒菌苗、牛肺疫兔化-绵羊适应菌苗,在疫区进行普遍预防接种。1958年以前,对牛肺疫采用血清学检验作为分群的方法,扑杀病牛,对部分阴性牛做预防接种,但收获不大,1958年以后采用对临床型病牛屠宰,其余牛一律用牛肺疫兔化疫苗预防接种，这样使隐性感染牛症状明显而及时屠杀，未感染牛得到免疫，加速了该病的净化过程。70 年代发病牛仅有 5 516 头，以后在全国范围内再未见有本病的发生。

2.3.1.3　布氏杆菌病

布氏杆菌病是一种危害极大的慢性人畜共患病，20 世纪 50 年代至 70 年代，流行呈上升趋势，70 年代为高峰期，以陕西、吉林、四川、新疆、西藏等 5 个省（自治区）较严重。80 年代，基本查清了我国奶牛布氏杆菌的分布、流行规律和特点，制定预防措施，大力开展防治工作，取得了显著成绩。但 90 年代中后期，奶牛布病又有一定程度的增加，这与世界疫情相似。

1957 年根据布氏杆菌病流行状况，农业部成立了布氏杆菌病研究调查组，开始了系统的调查和防治工作，对布氏杆菌病采取以菌苗免疫为主的综合防治措施。具体做法是：定期地对牛群进行血清试管凝集试验，及时将阳性病牛隔离、集中，定为布病牛场；加强饲养管理和兽医防疫消毒，减少感染机会；对临床流产牛隔离饲养，取胎儿真胃内容物进行细菌培养，阳性者一律屠杀；犊牛隔离饲养，用消毒乳人工哺养；在布氏杆菌病流行区进行免疫接种，常用的菌苗有牛种布氏杆菌 19 号菌苗，猪种布氏杆菌 2 号菌苗和羊种布氏杆菌 5 号菌苗。根据以上措施，极大地降低了布氏杆菌病发病率。目前，酶联免疫、荧光偏振、补体结合酶联免疫等抗体检测技术、聚合酶链式反应（PCR）等病原检测技术都已进入临床应用阶段，标记疫苗的研究也在广泛展开。

2.3.1.4　结核病

家畜结核病在我国流行已久，与人的结核呈平行关系。20 世纪 50 至 60 年代，结核病呈蔓延趋势。70 年代，随着养牛业的不断发展，结核病的流行也达到了历史高峰期。根据农业部 1957 年公布的结核菌素检疫办法，开始了对结核病牛的防治与净化工作。采用结核菌素皮内试验诊断和综合防治相结合的措施：坚持防疫消毒，定期检疫；培育无结核健康牛群；建立结核阳性、阴性牛中间站；健康牛场坚持每年两次结核检疫等。1982 年，中国奶牛协会成立后，开展了对全国奶牛结核病普查，继续进行结核病的净化工作。2011 年，王志亮等引进牛结核病 γ-干扰素 ELISA 诊断试剂盒，更准确地进行结核病检测，加快了结核病净化，减少疫病损失。目前，我国不少地区如北京、上海等，基本消灭了结核病，其他地区结核病也得到了控制。

2.3.1.5　口蹄疫

2009 年 1 月 21 日，武汉市首先发生奶牛 A 型口蹄疫疫情，随后启动了突发重大动物疫情Ⅱ级应急响应，严密封锁疫区，扑杀了 9858 头牛，并进行了无害化处理。同年 2 月 3 日，上海市奉贤区一奶牛场发生疑似口蹄疫疫情，41 头奶牛发病，未出现死亡病例，经国家口蹄疫参考实验室确诊为 A 型口蹄疫，对感染病牲畜和同群牲畜实行了封锁、扑杀。

目前，口蹄疫疫情在我国呈阶段性、地区性多发趋势，防疫形势严峻。我国第一个口蹄疫灭活苗由兰州兽医研究所于 1987 年研制成功，在此基础上，1997 年兰州兽医研究所又发明了不增加工艺环节的疫苗抗原浓缩技术，大幅度提高了疫苗的免疫效力。我国口蹄疫灭活疫苗的生产工艺已十分成熟，产品符合国际标准。针对我国多发的血清型，目前已研制出 O 型、亚洲Ⅰ型、A 型的疫苗。口蹄疫诊断检测试剂于 2005 年全面完成了技术换代，实现了与国际接轨，达到世界动物卫生组织标准。2011 年，何洪彬等采用转基因体细胞克隆技术在国内外率先培育出了第一头抗口蹄疫病毒（FMDV）的 RNAi 转基因克隆奶牛，在奶牛抗病转基因研究道路上迈出了坚实的一步，为 FMD 的防控提供了新的模式。

2.3.2　乳房炎防治技术

自有资料记载以来，我国奶牛乳房炎的发病情况就一直很严重。20 世纪 70 年代中期，我国奶牛亚临床乳房炎的发病率为 20%以上，80 年代有 60%以上的奶牛都感染有亚临床型乳房炎，机械挤奶的奶牛场可高达 79.7%。进入 21 世纪，我国奶牛乳房炎发病率持续走高，每年造成的直接经济损失约为 30 亿元，是我国奶牛的第一大疾病。其中每头奶牛每年由乳房炎引起的产奶量下降所造成的损失为 1 200～3 600 元以上。

我国对乳房炎的大规模调查开始于 1982 年，一些学者率先对乳房炎进行研究，开发了诊断液。80 年代初，北京、上海、浙江等地开展了奶牛乳房炎的综合防治研究。在乳房炎的防治上总结出了乳房卫生保健措施，加强挤奶卫生，推行标准化“前后药浴、纸巾擦干”的挤奶流程，对于乳房炎的预防起到很大作用。奶牛隐形乳房炎诊断方法有 BMT 法、LMT 法、ZMT 法等，我国对隐形乳房炎不采用抗生素治疗，而是提倡综合防治，降低其阳性率。杨志强等结合我国传统中兽医药学在疾病防治中的有效性、以及合理使用原则指导下无抗、无残留和不产生耐药性等优点，开展了奶牛乳房炎预防结合治疗性中兽药的研发。2010 年农业部印发《奶牛乳房炎防治技术指南(试行)》(农医发[2010]29 号)，规定了奶牛乳房炎的诊断、检测、报告、预防、治疗和应急处置的操作规程、技术标准和保障措施，进一步规范了乳房炎的防治工作。

2.3.3 蹄病的防治技术

蹄病是奶牛的主要疾病之一，1981 年报道了“北京黑白花奶牛蹄变形的发生及其对生产的影响”后，又对北京成年母牛进行了 3 年(1984 年、1989 年、1990 年)统计，蹄病占总发病率分别为 9.9%、6%和 8.4%。据资料显示，我国一些奶牛场的奶牛蹄病发病率居高不下，如：唐山市奶牛养殖小区蹄病占全部患病牛的 29.1%；武汉地区各养殖场奶牛蹄病发病率均在 25%左右；乌鲁木齐地区的调查显示奶牛蹄病发病率为 38.4%；湖北宜昌地区的奶牛蹄病调查显示该地区奶牛蹄病发病率为 40%；哈尔滨市奶牛蹄病发生情况调查显示，随着奶牛集约化饲养程度的提高，奶牛蹄病的发病率在 5%～10%之间，其中主要以蹄叶炎、腐蹄病病例居多。

在奶牛蹄病频发的态势下，奶牛蹄病防治技术也得到了相应的提高和发展。二磷酸组织胺诱发奶牛蹄叶炎病态的病理学等研究，对蹄病治病机理进行了探索，用硫酸铜、甲醛浴蹄，改善饲养环境，定期检查蹄部、修蹄，控制精饲料比例，保证瘤胃内环境稳定等蹄病防治技术逐步完善，同时，火烙法、喷雾治疗法、饲料添加锌制剂法等新方法在奶牛蹄病防治上也取得了一定的效果。

2.3.4 营养代谢病防治技术

2.3.4.1 *酮病*

在我国高产奶牛中，临床酮病的发病率一般占产后母牛的 2%～20%，而亚临床型酮病的发病率一般占产后母牛的 10%～30%，且酮病的发病率有逐年升高的趋势。我国在奶牛酮病发病机理，检测方法等方面进行了大量的研究和应用，取得了良好的效果。

酮病不仅是奶牛泌乳期常见的一种代谢性疾病，同时也属于一种管理性疾病。疾病的发生与否取决于干奶后期和泌乳早期为追求高的奶产量而向高营养日粮过渡时奶牛的饲养和管理。加强饲养管理，供应平衡日粮，重视饲料质量，根据奶牛不同生理阶段将奶牛分群管理，饲养奶牛既不要过肥也不要过瘦；调整日粮结构，增加饲料中的生糖物质，如产后灌服丙二醇等；建立奶牛群的酮病监测制度，定期检测酮病，及时发现患酮病牛。对于奶牛酮病的治疗，主要原则是提高血糖和饲料中的生糖先质浓度，减少体脂动员。

2.3.4.2 *瘤胃酸中毒*

瘤胃酸中毒是反刍动物短时间内采食大量富含可溶性糖类物质饲料，导致瘤胃内急剧产生、积聚并吸收大量有机酸物质所致的一种急性消化性酸中毒。加强饲养管理，合理搭配日粮，提高日粮中优质粗饲料的比例以及日粮中添加缓冲剂可以达到预防瘤胃酸中毒的目的。本病的治疗原则是调制日粮结构，制止乳酸产生，解除酸中毒和脱水。

2005 年奶牛营养代谢病防治技术规程(DB13/T 694—2005)颁布，标志奶牛常见营养代谢病防治进入标准化防治技术规程，使养殖者有了可以借鉴的技术规范。

2.3.5 繁殖疾病防治技术

据统计，我国奶牛繁殖障碍发生率可达 15%～25%，是以妊娠母牛发生流产、死胎、木乃伊胎、无活力的弱仔、畸形胎和公母牛不育症的一类疾病。

随着我国奶牛业的发展，奶牛繁殖障碍类传染病严重制约繁殖牛群的数量和质量。此外，子宫颈炎、卵巢炎等均是引起奶牛不孕的直接原因。为此国家加大了科研投入，通过技术集成或创新，建立了繁殖障碍的传染病诊断检测技术手段，研制相关疫苗制品和治疗药物，利用技术推广应用体系摸清流行规模，提高了奶牛繁殖障碍相关疾病的防控能力。在药物治疗方面，1986 年首次报道了催产素对持久黄体和黄体囊肿的治疗效果。2011 年研发了聚维酮碘泡腾片，主要用于治疗奶牛阴道炎和预防子宫内膜炎等生殖道疾病，并能促进子宫复原，提高产后母牛受配率。中兽医疗法也丰富了奶牛繁殖障碍防治手段。新世纪现代科技不断应用到奶牛繁殖障碍防治工作中。诊断方法除了采用通常的临床症状诊断法以外，还可采用血浆或乳中孕酮测定诊断法、免疫性不孕症诊断法、超生影像技术诊断法。临床上治疗方法主要有生物疗法、激素疗法、子宫冲洗灌注法、针灸疗法、中药疗法、手术疗法，加强饲养管理和产后牛的监控，对繁殖疾病的预防起到了关键作用。

2.3.6 寄生虫病的防治技术

目前奶牛场寄生虫病防控存在 3 个问题：一是忽视寄生虫病对奶牛生产性能和经济效益的影响；二是担心药物残留而不驱虫；三是滥用或不规范使用驱虫药物，不按药物使用规定执行弃奶期。汪明等开展了大量关于奶牛寄生虫病防控的研究，在实验室进行了乙酰氨基阿维菌素口服膏剂的制备，并进行了口服膏剂组分筛选、急性毒性实验、奶牛耐受性试验，经过了长期的研制，制备完成了乙酰氨基阿维菌素注射剂和乙酰氨基阿维菌素浇泼剂，有效地预防牛场寄生虫病。

2.3.7 奶牛保健的实施

在研究奶牛疾病的过程中，人们逐渐掌握了奶牛发病的原因与防治办法；同时也认识到只习惯于个体治疗，已远远不能适应当今规模化、集约化和高产的发展需求。因此，保证奶牛健康，减少隐性、临床型疾病的发生及其所造成的经济损失，加强奶牛疾病的早期监测，做到预防为主，提早预报，及时控制，则是现代养牛的重要工作。于是传染病预防、蹄保健、乳房保健及营养代谢病监控等防治措施相继出现。1995 年中国奶业协会疾病防治组召开了《全国奶牛乳腺炎防治规范》实施总结会；1998 年农业部农垦局颁发了农垦系统《奶牛场技术管理规范（草案）》，先后在北京、上海等奶牛场使用，收到了明显效果，充分显示出预防医学在疾病防治中的重要性。

2000 年以后，我国奶牛饲养又出现了前所未有的发展形势。奶牛村、奶牛小区不断涌现，奶牛饲养数量、养殖区域不断增加。为了促进奶业持续健康发展，2003 年 7 月，国家学生饮用奶计划部际协调小组办公室启动了“学生奶源示范基地升级计划”，2005 年农业部启动“奶牛科技入户”项目，2007 年中国奶业协会启动了“奶农培训计划”，2008 年农业部启动了“现代奶牛产业技术体系”，中国奶业协会、全国畜牧总站启动“国家奶牛生产性能测定补贴项目”，全国畜牧总站启动“全国奶牛标准化规模养殖技术师资培训班”。通过上述的一系列举措的实施和深入现场调查研究，解决实际问题，及开展奶牛科普知识培训，加速了饲养管理的科学化和奶牛保健技术的推广。

2.4 奶牛场粪污处理与环境保护技术进展

2.4.1 堆肥发酵技术

堆肥发酵是传统的处理技术，实用性很强，投入少，可靠性强，效果好。在新中国成立初期（1949—1957 年），即开始利用清扫消除养殖现场粪污，采用高温堆肥降低粪污的危害，最后通过还田实现了粪污的资源再利用。这种方式在计划经济和改革开放时期都较实用和常见，随着大规模牛场的建立，牛场在设计中必须考虑粪污的排放、清理、收集和处理，主要的措施有牛舍、挤奶厅、运动场等设计了污道，实施了污水与雨水的分离，污水设置暗道，避免不良气味污染周围空气等。有的牛场在牛场内或牛场周边设计了粪污沉淀池和固态粪污堆积发酵池等。

堆肥技术是将含水量 65%左右的牛粪堆肥发酵，该发酵为有氧过程，本身产生大量热量，使温度达到 49～60 ℃，经过 42 d 进行 6 次翻抛，固体含水率可以降至 30%以下，有机物分解为植物能吸收利用的无机物和腐殖质，灭菌率达到 90%以上，可以作为有机肥或牛床垫料。常用的堆肥方法有垛式堆肥系统、槽式堆肥系统、发酵仓堆肥系统和动态好氧堆肥系统。此技术比较成熟，国内应用较多。传统的堆肥为自然堆肥法，无需设备和耗能，但占地面积大、腐熟慢、效率低；现代堆肥法是根据堆肥原理，利用发酵设备为微生物发酵提供必要条件，可提高效率 10 倍以上，时间最快可缩短到 6 d。

我国有机固体废弃物处理率总体上较低，因此通过堆肥处理有机固体废弃物存在很大的发展空间。2011 年我国有机肥料生产企业有 1 600 多家，实际生产能力为 1 000 万 t 以上，按照农业部发展规划，有机肥施用比例占 40%～50%，年产有机肥能力将达到 5 000 万 t。目前我国的堆肥工艺和设备水平比较低，因此堆肥工艺有很大的产业发展空间。

2.4.2 粪污固液分离技术

固液分离是利用固液分离机将粪便与废水分开处理和处置，方便后续处理，分离后的污水间歇性的进入沼气池，最大程度的回收可以加工成有机肥的固体物质。20 世纪 80 年代，我国从国外引进了几种分离设备，如斜板筛、转动筛、挤出式分离机和带式压滤机。固液分离通常采用机械、格栅以及重力的方式。机械分离采用的固液分离设备大部分是从国外引进，每小时处理量可以达到 200 t 以上，且功率较低，分离后的粪便含水率可以降至 70%以下，国内的固液分离设备处理量较少。如果奶牛场场地足够大，可以考虑建设固液分离池对粪污进行分离，目前该项技术已经在国内规模化牛场得到应用，现代牧业大型牧场、天津海林奶牛养殖场以及嘉立荷集团等牧场使用了该处理方式。固液分离池体积较大，一般设计 3 个月以上的粪污储存量，是集分离和存储于一体的构筑物，该系统简单实用，维修率低，同时可以节省处理粪污的劳动成本。

2.4.3 沼气处理技术

沼气处理是用固液分离技术把粪渣和污水分开，粪液用于发酵沼气。奶牛场沼气工程的核心部分沼气池主要有 3 种形式：全混式罐体式、地下或半地下推流式以及覆膜式沼气池。全混式罐体式占地少、不易渗漏，比较适合土地紧张和地下水位较高的地区，需要周期性的混合搅拌，运行成本较高，投资相对较高。地下或半地下推流式维护较少，物料发酵完全，在各种气候条件下均可利用，池内设加热保温管，使发酵池受外界温度的影响较小，大型奶牛场配套发酵池体积较大，发酵池造价较高。

我国早期的中小型奶牛场沼气工程是在户用水压式沼气池技术的基础上发展的，地埋式、50～200 m^3，由数个单池组合而成，无单独的储气柜。如绵阳市农科所农场沼气工程（1980 年），以牛粪为原料，12 个单池总容积 1 519 m^3，常温发酵，沼气以集中供气方式，解决了近百户职工的生活燃料。1982 年建成的成都凤凰山畜牧园艺场沼气工程是我国最早的农场大型沼气工程，该工程可以说是我国畜牧粪便处理工程的开端，工程的综合技术水平较高。由农业部沼气科学研究所设计，采用射流搅拌的全混合发酵工艺。20 世纪 80 年代中期开始，上海农垦系统建设了一批我国数量最多的牛场沼气工程，多数采用全混合发酵工艺。由于上海工业微生物研究所和上海交通大学等单位的介入，也研发了一些新的发酵工艺和设备。1991 年建成的上海星火农场大型奶牛场沼气工程是 20 世纪 90 年代国内最大的畜禽场沼气工程，由上海市工业微生物研究所和上海城乡建筑设计院共同设计。2005 年建立的黑龙江农垦牡丹江管局海林农场绿源沼气站容积 1 900 m^3，日处理牛粪 80 m^3，日产沼气 2 000 m^3。2007 年海林农场新建沼气站 1 处，年产沼气 21.9 万 m^3，沼渣肥 400 t，沼液肥 7 000 t，沼气用于燃气和发电，所产肥料用于蔬菜和有机水稻的种植，目前已初步形成循环经济发展新模式的雏形，以清洁能源沼气工程为纽带，连接了畜牧业、种植业、职工生活用气的循环经济链条。

近年来在国家的大力支持下，我国的沼气工程发展迅速。据农业部 2009 年统计，自 2003 年起，中央累计投入 190 亿元资金用于 1.3 万处养殖小区和 1 776 处大中型养殖场沼气工程等的建设。牛场沼气处理技术的应用，可以较好的解决粪污无害化处理问题，实现牛场粪污资源多元化利用。

3 原料奶质量控制与计价体系

3.1 提高原料奶质量的主要技术措施

我国奶业的发展，是应用科学技术逐步改造和装备奶业，使传统奶业走向现代奶业的过程。新中国成立前，我国实际上没有真正意义上的奶业。50 年代以来，随着农垦事业和集体农牧业的发展以及国有乳品工业的建立，奠定了现代奶业的基础。但受科技水平低下和资本短缺的约束，无论是奶牛养殖业还是加工运销业，科学研究及其成果推广应用和技术改造工作进展都很缓慢。近 20 年来，我国奶业进行了包括育种繁殖、饲养管理、疾病防治、新设备应用等各领域的革命性变革，将我国奶业提升到一个较高的水平，奶牛产奶量和原料奶质量大幅提升。原料奶质量是提高乳品质量和市场竞争力的关键之一，是保障奶业健康发展的首要环节。因此，扩大奶牛养殖规模，推广应用奶牛育种繁殖和饲养新技术，广泛使用机械作业，提高奶牛生产率和劳动生产率，加强奶牛标准化规模养殖，是所有奶业先进国家和地区所走过的道路，也是我国奶业必须走的道路。

3.1.1 奶牛场的环境控制

奶牛饲养环境直接影响牛奶质量，若奶牛运动场、挤奶车间、圈舍场地地面及走道长期潮湿，圈舍通风不好，特别是粪便清理不充分、牛只拥挤时，奶牛牛体由于起卧，其后部、腹部和乳房容易粘上泥土和粪便，再加上乳房未剪毛，这样牛体和牛舍卫生就很难保持清洁，同时也会增加奶牛乳房炎、肢蹄病、不孕症、难产等疾病的发生而影响奶牛利用年限，进一步加大原料奶中细菌数和体细胞数而影响原料奶的卫生指标。

给奶牛提供一个清洁、舒适的环境是生产优质原料奶的重要环境保证，也是控制病原体生长、繁殖的主要途径之一，经常刷拭牛体，保持牛舍、挤奶厅空气流通及地面清洁均可大大降低病原微生物对牛奶的污染。在进出场区的门口设置消毒池、消毒间，严防细菌、病毒从外界传入。及时清除牛体的粪污，经常清扫饲养奶牛的牛舍，保持空气流通，定期对牛舍喷洒消毒药液和灭杀蚊蝇的药物，做好卫生防疫工作。奶牛所饮用的水质也要达到国家的相关卫生标准，每天都要对水槽进行清洗。畜粪要进行无害化处理，处理后的牛粪应符合国家环保总局、国家质监局联合颁布的《畜禽养殖业污染物排放标准》的规定。

3.1.2 提高奶牛健康技术

奶牛的健康是生产优质原料奶的基础，只有健康的奶牛，才能产出优质的原料奶。目前，奶牛饲养中普遍存在重治疗、轻预防的饲养误区，防疫问题突出，发病率高。患病或亚健康状态的牛抵抗力弱，生产的牛奶也难以达到质量要求，而且原料奶的质量安全构成风险。

在奶牛疫病防治中，注重从预防抓起，抓好隔离消毒工作，防止病原体的传入和繁殖，进出生产区的入口设立防疫专用的消毒池、消毒室以及消毒通道，对出入牛舍的人员和车辆必须消毒。保持牛舍干净，及时清除粪尿，并作无害化处理，定期对牛场周围的环境及道路、牛舍、运动场、牛体、饲喂用具等进行消毒，为奶牛创造良好的生活环境，以减少疫病发生。

严格做好奶牛场的防疫工作，根据当地疫病的种类、发生季节、流行规律制定合理的免疫程序，做好牛群免疫和检疫工作。定期对结核、布鲁氏菌病等进行检疫，检测呈阳性的牛应及时进行无害化处理。定期对奶牛进行隐性乳房炎、肢蹄疾病、繁殖障碍疾病、代谢性疾病的检测和诊疗，对病牛实施隔离饲养、治疗，以保持牛群处于良好健康状态。疾病治疗期间及停药一定时间内应注意将原料奶单独处理，并注意病牛的隔离和消毒，以保证牛奶的安全。尽量采用无污染、无残留、无毒副作用的生物制剂及药品，严格遵守停药期规定，把药物残留量控制在最低水平。坚持“自繁自养”原则。引进奶牛必须从非疫区购入，并做好产地检疫，入群前应隔离观察，确认健康方可混群饲养。

乳房炎是影响原料奶质量最常见的奶牛疾病，是由病原菌感染或物理的、化学的原因引起的一种最常见的乳腺炎症，其最明显的特征是乳腺组织出现病理变化，乳汁中体细胞数升高。患有乳房炎的奶牛所产的乳汁中，其脂肪、蛋白质、乳糖等主要营养成分都低于健康奶牛所产奶的正常水平。患乳房炎的奶牛所生产的牛奶一旦用于加工，其味道及稠度也不理想。因此必须对奶牛乳房炎进行监控。如采用加州乳房炎试验(CMT)对奶牛头把奶体细胞数进行检测，也可通过间接测定乳中体细胞数(SCC)来诊断隐性乳房炎的方法。干奶期和临产前奶牛隐性乳房炎的监察检测和防治工作十分重要，治疗效果和治疗价值明显好于泌乳期，因此应抓住这一时机。奶牛进入干奶期时，要给乳房注射干奶药，如长效抗菌素，这是牧场控制乳房炎措施中的重要环节。

人畜共患病如结核病、布氏杆菌病等，会通过携带病原的乳制品传播给人类，对消费者的健康造成威胁。结核病是人畜共患的一种慢性传染病。该病还会诱发奶牛内源性乳房炎，乳汁明显变稀，甚至停止泌乳。结核病还通过牛奶传播，危害人体健康。结核病人不得饲养、管理牛群，以防相互感染。布病是由布氏杆菌引起的人畜共患传染病，主要侵害生殖系统和关节，引起流产或不育，给畜牧业和人类健康造成严重危害。

3.1.3 挤奶操作、挤奶设备清洗保养以及原料奶贮存运输技术

原料奶生产中，在挤奶、贮存、运输等管理过程中很容易被污染，导致原料奶卫生质量下降，乳品加工企业无法生产出优质安全的乳制品。健康奶牛的乳汁基本是无菌的。在挤奶过程及挤奶后的贮存、运输过程中，由于操作不当或挤奶机、贮奶罐、运奶车清洗消毒不严格，挤奶员不注意卫生操作等因素，会使大量细菌进入原料奶，对原料奶造成不同程度的污染，严重的导致原料奶酸败、变质。

3.1.3.1 采用正确的挤奶操作

良好的挤奶操作程序可以有效提高奶牛的排乳速度和产奶量，保护奶牛乳房健康，是生产安全、优质原料奶的关键环节。挤奶操作有三要素，即人、牛和挤奶机。挤奶过程就是这3者有机配合的过程。

挤奶员要定期进行健康检查，养成良好的卫生习惯，经常修剪指甲，穿清洁的工作服，戴工作帽、高筒靴和手套等，手套最好戴乳胶手套。挤奶前清洗双手并用适宜的消毒液进行消毒。挤奶期间要经常洗手，手套上的粪便必须及时清洗。挤奶人员的工作服等也应该经常清洗、消毒，保持干净卫生。

奶牛乳头表面很容易被粪便、土壤、青贮饲料、粗饲料、垫料等污染，使得乳头表面附着大量细菌及芽孢，若挤奶前没有清洗掉乳头表面的污染物或未彻底清洗干净，则污染物上附着的细菌及芽孢就会随挤出的牛奶进入挤奶机或奶桶中最后到达贮奶罐，奶中的芽孢主要就是从这里进入的。受污染的乳头细菌总数可达每毫升10万个。乳头是原料奶被污染的第一环节，乳头清洗方式不同会直接影响奶中的细菌及芽孢数量。

挤奶前要检查奶槽、制冷罐等收奶设备是否清洗干净，保证收奶设备的清洁和无水残留。确保挤奶间地面、墙壁干净卫生，通风良好。奶站人员对刚进站的奶牛进行确认检查，对于正在使用抗菌药物治疗及不到规定的停药期、产犊7 d及干乳期前14 d、患有结核病等传染病、检出有乳房炎的奶牛禁止进站挤奶。赶牛要小心，尽量减少对奶牛的应激。每天的挤奶时间确定后，必须严格遵守，不可随意改变。挤奶间隔合理分配有利于获得最高产奶量。

在挤奶过程中，要杜绝过度挤奶，并严格执行“两次药浴，纸巾干擦”。具体过程是：挤奶员戴上手套，首先挤掉奶牛的头三把奶，检查原料奶中是否有凝块或水样奶，及时发现临床乳房炎和异常乳，然后进行预药浴。药浴时，浸泡乳头的2/3，反应20～30 s，然后用一次性纸巾擦干，套上奶杯挤奶。挤奶后迅速进行后药浴，药浴后，有一滴药浴液在乳头上似滴未滴，效果最为理想。

3.1.3.2 挤奶设备清洗与保养

为了保持挤奶设备的干净卫生，减少挤奶过程中的污染，提高原料奶卫生质量，每次挤奶结束后，都应

立刻清洗挤奶设备。

清洗程序包括预清洗、碱洗、酸洗与后冲洗等过程。清洗的具体步骤是：首先用 35～40 ℃的温水预冲洗，直到冲出的水澄清为止，再用 pH 值为 11～12 的碱性溶液、pH 值为 3～5 的酸性溶液清洗，循环清洗，起始温度为 60～85 ℃，回水温度为 40 ℃，循环 5～15 min，最后，再用清水清洗 5 min。挤奶设备的清洗要严格控制时间、温度、流速、清洗液浓度，防止温度过低，时间过短，流速过慢。同时要保证使用合适浓度的清洗液，浓度过高易导致设备使用寿命降低，过低则导致清洗效果不佳。

储奶罐的清洗也十分重要，清洗程度不佳时，牛奶会在这个环节严重污染，细菌在低温条件下也可生长，从而导致乳品质量低劣。清洁方法依奶罐的类型而定，一般分人工刷洗、半自动和全自动清洗三种。奶罐及奶车表面光滑，虽比挤奶机易清洗，但手工清洗效果不佳，建议采用如下程序：用温水冲洗 3 min；0.5%～1.5%碱液在 75 ℃条件下循环 10 min；用温水冲洗 3 min；用热水（90～95 ℃）清毒 5 min；每星期用 70 ℃，0.8%～1.0%的酸液循环 10 min。

挤奶设备的检修以及挤奶设备部件的更换对原料奶的质量有着重要的作用，挤奶设备必须进行良好的维护保养才能保证正常挤奶。不正确操作或不正常运转就会影响挤奶，伤害奶牛的乳房和乳头，影响原料奶的质量。挤奶设备除了日常保养外，每年都应当由专业工程师全面维护保养 1～2 次，这对确保设备正常运转十分重要。

3.1.3.3 *原料奶贮存运输*

保证原料奶在低温下贮存及运输并尽量缩短贮存时间，避免温度过高及在低温下长时间贮存。刚挤出的原料奶为 36 ℃左右，原料奶挤出后要进行过滤并迅速冷却，对大的规模化牧场，最好的方法就是瞬间冰水拉冷降温，即牛奶挤出后立即经过冷排，把牛奶温度迅速降至 1～4 ℃，再输送到直冷式奶缸内进行贮存，在挤奶一开始就必须打开制冷机，在挤奶结束后 1～2 h 内原料奶必须冷却到 4 ℃以下。

原料奶在挤奶结束后 1～2 h 内冷却到 4 ℃以下是抑制乳中微生物生长一个很必要的手段。原料奶在加工之前，需在低温下存储一段时间。一般情况下，原料奶在奶缸中贮藏不能超过 24 h，一般当天挤的奶当天必须运输到乳品厂进行加工处理，否则就会影响到产品的风味。如果时间过长或原料奶微生物指标不是很好，嗜冷菌在此条件下仍可生长繁殖，繁殖代谢产生了脂肪酶及蛋白酶，在生产过程的杀菌过程中，嗜冷菌可以被杀死，但其产生的脂肪酶及蛋白酶可耐受较高温度，在产品储存期间复活，分解蛋白和脂肪而产生一系列非微生物性的质量缺陷，如凝块、脂肪上浮、味苦等。

贮存的温度是影响原料奶微生物数量增殖的最主要因素之一。冷却后的原料奶应尽可能保持低温，以防止温度升高保存性降低。因此，储存原料奶的设备要有良好的绝热保温措施并配有适当的搅拌机械，定时搅拌乳液以防止乳脂肪上浮而造成分布不均匀。贮奶设备一般采用不锈钢材料制成，配有不同容量的贮奶缸，保证贮奶时每一缸都能尽量装满，如果装半罐，会加快奶温上升，不利于原料奶的储存。贮奶罐使用前应彻底清洗、杀菌，待冷却后贮入原料奶。贮奶罐外面有绝缘层（保温层）或冷却夹层，以防止罐内温度上升。贮奶罐要求保温性能良好，一般原料奶经过 24 h 储存后，奶温上升不得超过 2～3 ℃。

原料奶的运输是乳品生产上重要的一环，运输不妥，往往造成很大的损失。原料奶运输过程中的温度一定要适度，使用有隔热或制冷设施的奶罐车进行运输，防止原料奶在途中升温，特别是在夏季，运输最好在夜间或早晨，或用隔热材料盖好，这样可以使温度保持在允许的范围内，基本保持原料奶在运输中不升温或慢升温。为保证到达加工厂的原料奶质量，把原料奶的温度维持在＜10 ℃的条件是关键因素之一。运输原料奶必须及时装卸，防止奶温升高，避免将微生物数量级不同的原料奶混和。夏季必须装满盖严，以防震荡；冬季不得装得太满，避免因冻结而使容器破裂。奶槽车运输途中应尽可能避免剧烈颠簸震荡，牛奶的振荡就相当于通气和搅拌的作用，加速微生物的繁殖，剧烈颠簸震荡也会加速脂肪球膜破损，解脂酶分解脂肪。

运输时奶罐车如果消毒不彻底，易造成原料奶的二次污染，奶罐车或运输容器应实行一拉一洗一消毒的原则，保证清洁卫生。贮奶罐内无奶后必须及时清洗消毒后才可再次贮奶，并注意贮奶罐各个管道死角的清洗。未能打入车罐的残留原料奶不得与新打入贮奶罐原料奶混和。避免多次挤奶混和，原则上要求每次挤奶后及时运输，避免混合。防止交奶时污染，对奶泵及输奶管进行消毒后使用，可与贮奶罐一并清洗消毒。

3.2 提高原料奶的主要政策措施

3.2.1 推进“四化”建设，加快奶牛养殖方式转变

在奶牛养殖环节上，必须推进奶牛养殖业的“四化”建设，即规模化、集约化、标准化、一体化。这是奶牛养殖业发展的主要方向，也是发展现代奶业的必由之路。国内外实践证明，推进“四化”是发展现代奶业的必由之路。规模化是基础，只有推行奶牛养殖规模化，才能广泛运用先进技术，实际上规模化奶牛场(小区)是推广先进技术的载体。集约化是核心，其本质就是提高科技含量，在规模化的基础上，集成各项先进实用技术，开展集约化经营。标准化是关键，通过标准化生产，把集成的科学技术落在实处。一体化是根本举措，其实质是奶业产、加、销的利益联结，形成风险共担、利益共享的经济联合体，实现各方利益的均衡化。

2007 年 9 月，《国务院关于促进奶业持续健康发展的意见》(国发[2007]31 号)，文件指出：“通过发展规模化养殖小区(场)等方式，加快推进养殖环节的规模化、集约化、标准化，逐步解决奶牛养殖规模小而散问题。农业部门要抓紧制定奶牛规模化养殖标准和规范，到 2012 年，奶牛规模养殖的比重要有较大幅度提高。”2008 年 11 月，《奶业整顿和振兴规划纲要》发布，要求推进规模化、标准化养殖：“中央在现有奶牛规模化养殖建设投资规模的基础上，进一步加大中央预算内投资支持力度，支持奶牛主产区加快现有养殖场(小区)标准化改造和新建标准化规模养殖场(小区)。”《纲要》明确要求：“到 2011 年 10 月底前，在推进养殖规模化、100 头以上规模化养殖场(小区)奶牛比重由目前的不足 20%提高到 30%左右。”我国从 2008 年开始实施奶牛标准化规模养殖项目，每年安排 5 亿元，对存栏 300 头以上的养殖场给予补贴，按不同规模每个奶牛场分别补贴 80 万元、130 万元和 170 万元，用于建设水电路、粪污处理、防疫、挤奶设施及饲草料基地等。截至 2012 年底，已累计补贴 3 000 多个奶牛场和养殖小区，带动了全国奶牛标准化规模养殖水平的提高。

2009 年 7 月，国家发展改革委员会和工业及信息部联合发布《乳制品工业产业政策》以及相关的政策明确支持乳制品加工企业加强自有奶源基地建设，鼓励自建、参股建设规模化奶牛场、奶牛养殖小区。

在国家相关扶持政策的推动下，我国奶牛养殖的规模化程度逐步提升。2012 年末，全国存栏百头以上的奶牛规模养殖比例为 35%，比 2009 年提高 8.2 个百分点，比 2008 年提高 15.5 个百分点。把握国家扶持政策，积极配套相关政策，各地也都加快发展规模化养殖的进程，奶牛规模养殖比重不断提高。

3.2.2 实施“振兴奶业苜蓿发展行动”

随着奶牛养殖规模化、集约化、标准化的不断推进，对优质牧草，特别是对为奶牛提供优质蛋白的苜蓿需求更加迫切，用苜蓿饲喂奶牛，是植物蛋白转化为牛奶蛋白的最理想的技术途径，不仅蛋白质转化效率高、质量好，而且从源头上保证牛奶的质量和数量安全，大力发展苜蓿产业已成为奶牛养殖业安全高效的必由之路。

在实施“振兴奶业苜蓿发展行动”之前，我国苜蓿种植面积少，产量不高，满足不了奶牛养殖业的需要，近几年，国外苜蓿进口量快速增长，据统计，2007—2012 年，我国从国外进口苜蓿量从 0.21 万 t 增长到 44.22 万 t，2012 年苜蓿干草进口金额累计 17 394.27 万美元，月平均到岸口价 393.38 美元/吨，对我国奶牛养殖业发展起到了积极作用，同时也为国内苜蓿产业的发展提供了可以参考的先进标准。

2011 年，我国农业方面 14 位专家院士联合献言上策，建议加大对我国苜蓿产业的支持力度，得到温家宝总理的高度重视。从 2012 年起，农业部和财政部启动实施“振兴奶业苜蓿发展行动”，中央财政每年安排 5.25 亿元，在苜蓿优势产区和奶牛主产区，建设高产优质苜蓿示范生产基地，对苜蓿良种、标准化生产技术以及收获加工设施给予扶持。“十二五”期间，将累计投入资金 21 亿元，建设 200 万亩高产优质苜蓿生产基地，提高苜蓿生产专业化、规模化、标准化和集约化水平，促进草畜配套，提高奶牛生产效率，从根本上提升

生鲜乳质量安全水平。

3.2.3　国务院31号文件提出了扶持奶牛养殖的八项措施

2007年9月27日，国务院发布《国务院关于促进奶业持续健康发展的意见》(国发[2007]31号)(以下简称《意见》)。《意见》明确了促进奶业持续健康发展应遵循的4条原则，并提出扶持奶业发展的“八条”政策，用一句话概括为“五补贴两支持一准入”。

《意见》的主要扶持政策包括以下几点：一是加大奶牛良种补贴力度。从2005年开始，国家实施奶牛良种补贴，2005年安排资金1 500万元，2007年安排资金1亿元，2008年增至2.4亿元，2009年及以后每年安排2.6亿元。重点对荷斯坦奶牛、娟姗牛、奶水牛、乳用西门塔尔牛等品种进行冻精补贴，截至2011年，累计改良奶牛4 300万头。二是实施后备母牛补贴政策。对享受奶牛良种补贴改良后的优质后备母牛每头一次性补贴500元，中央财政对中西部地区给予补助，其中中央财政负担60%，地方财政负担40%，东部地区补贴由地方财政负担。2007年全国后备牛补贴资金共4.302亿元。三是实施牧业机械购置补贴。将牧业机械和挤奶机械购置纳入财政农机具购置补贴范围，国家对奶牛养殖农户购置牧业机械和挤奶机械给予补贴。根据各地具体情况，中央财政补贴购机款的比例在30%以内，购机者负担70%以上。四是完善奶牛重大疫病防治和扑杀政策。将患布氏杆菌病、结核病而强制扑杀的奶牛，列入畜禽疫病扑杀补贴范围，具体办法比照口蹄疫扑杀补助办法执行。五是建立奶牛政策保险制度。2008年开始，政府对参保奶农给予一定的保费补贴。财政部提供保费补贴的地区为中西部地区、新疆建设兵团和中央直属垦区。六是支持奶牛标准化规模养殖。从2008年开始，国家对奶牛养殖场(小区)水电路、粪污处理、防疫、挤奶设施及饲草料基地建设等给予适当投资补助。2008年当年安排2亿元中央基本建设资金支持奶牛标准化规模养殖。七是加强对奶牛养殖农户的信贷支持。要求金融机构对奶牛养殖户、奶农合作社等提供信贷支持，开发适应奶业的金融产品，搞好金融服务，地方人民政府要给予适当贴息补助。八是完善奶业产业政策。

《意见》立足于解决当时奶业面临的困难，又着眼于现代奶业的长远发展，提出了一系列政策措施，对于恢复奶农信心，稳定奶牛存栏，防止奶业大起大落，促进奶业增长方式的转变，全面提升我国奶业的质量、效益和竞争力具有重要意义。《意见》在我国奶业发展的关键时期出台，对我国奶业的发展起到了积极地稳定、鼓舞和促进作用。该文件是我国奶业史上国务院发布的第一个文件，具有里程碑的意义。

3.2.4　三鹿婴幼儿奶粉事件后出台的提高原料奶质量的政策

3.2.4.1　奶业整顿和振兴规划纲要

2008年11月19日，国务院办公厅转发发展改革委、农业部、工业和信息化部、商务部、卫生部、质检总局、工商总局、财政部、人民银行、银监会、保监会、中央宣传部、监察部等部门制定的《奶业整顿和振兴规划纲要》(国办发[2008]122号)。

《纲要》是针对三鹿婴幼儿奶粉事件所造成的负面影响而出台的。这起事件的发生，暴露了我国乳品质量管理和监管方面存在的突出问题，深入分析了我国奶业发展中长期积累的矛盾和问题。一是在奶业快速发展过程中，存在只求数量，忽视质量的倾向；二是对乳品质量监管存在严重缺失，标准体系不完善，监测和管理制度不健全，对生产全过程的质量控制存在漏洞；三是乳制品生产企业盲目发展，产能过剩，争抢奶源，无序竞争，缺乏社会责任感；四是对奶站的监管缺失，对掺杂使假、压级压价等行为打击不力，致使奶站运营管理混乱；五是奶牛养殖方式落后，规模化、标准化水平低，奶农与乳制品生产企业的利益关系不合理；六是法制建设滞后，行业指导不适应形势发展需要。

《纲要》制定了三鹿婴幼儿奶粉事件后的工作目标。一是到2008年底前，对乳品生产、收购、加工、销售等各环节进行全面整改，加大扶持力度，使各环节基本恢复到正常状态。二是到2009年10月底前，健全相关法律法规，完善乳品质量标准，推广生鲜乳生产技术规程，加强奶站规范化建设和管理，推进乳制品生产企业建立良好生产规范，使奶业发展在制度化、规范化建设上迈出重要步伐。三是到2011年10月底前，在推进养殖规模化、产销一体化，加工布局优化、全行业标准化，以及规范市场竞争、完善质量标准体系等方面取得实质进展。奶业的质量标准体系、检测监管体系、质量管理体系基本建立，乳制品质量安全水平显著提升，奶业的整体素质和效益达到新水平，现代奶业基础格局初步形成。

奶业整顿和振兴的任务与措施中涉及原料奶质量的有以下几方面。一是全国加强质量监管，完善标准体系，强化监测能力建设，健全质量管理制度，完善乳制品检验制度，建立产品质量可追溯制度、乳制品生产企业质量管理制度、生鲜乳质量监管制度。二是强化生鲜乳收购管理。由农业部牵头整顿和规范奶站，逐步建立生鲜乳收购管理的长效机制。提高并明确奶站准入门槛，实行奶站生鲜乳收购许可证管理制度。三是提高养殖水平。继续落实相关扶持政策，对重点地区特别是困难奶农实施临时救助政策，保护奶农积极性。推进规模化、标准化养殖，所有奶牛养殖小区（场）要限期执行奶牛场卫生规范，力争三年内达标，达不到标准的必须停产整顿。四是加强行业指导和法制建设。

3.2.4.2 全国奶业发展规划

2010 年 6 月 8 日，为促进奶业恢复和振兴，推进现代奶业建设，农业部、国家发展改革委、工业和信息化部、商务部共同研究制订并印发了《全国奶业发展规划（2009—2013 年）》。

《规划》确定了 2013 年奶业发展的基本目标。一是生鲜乳生产能力稳定增长。全国奶牛存栏达到 1 500 万头，奶类产量达到 4 800 万 t，成母牛平均单产水平提高到 5.7 t；100 头以上奶牛规模养殖比例达到 35％。二是乳品质量安全水平显著提高。三是生鲜乳收购站 100％实现持证收购和标准化管理，偏远牧区、山区的牛奶和山羊奶收购点 100％纳入监管范围。四是乳制品企业稳定可控奶源达到 70％以上，初步建立生鲜乳质量第三方检测体系。五是生产经营低温产品的乳制品企业拥有完善冷链体系比例达 90％以上，配送网络覆盖全部中小城市和 90％以上乡村。六是乳品消费群体不断壮大。

《规划》制定了保障奶业持续健康发展的主要任务和建设重点。一是优化奶业区域布局。二是加强良种繁殖及推广。构建高产奶牛核心群，提升种公牛站生产经营能力，健全生产性能测定体系，完善优质冻精推广体系。三是发展奶源生产基地。增强奶牛养殖大县综合生产能力，发展奶牛标准化规模养殖场（小区），建立优质饲草料生产基地，发展奶农专业合作社。四是完善乳品质量安全监管体系。建设标准化生鲜乳收购站，完善生鲜乳质量监测体系，提高乳制品企业质量安全管理水平，完善乳制品质量安全监管制度。五是提升乳制品加工与流通能力。有序发展乳制品工业，提升技术与装备水平，优化乳制品产品结构，改善乳制品冷链流通条件。

《规划》中保障奶业持续健康发展主要政策和措施，主要包括：加大对奶业发展的投入，加快奶业科技研发与推广应用，切实加强奶牛疫病防控，强化奶业监管能力，做好奶业发展的调控和引导服务，提高消费信心、扩大乳品消费等方面。

3.3 监控原料奶质量的主要方法

新中国成立后，特别是改革开放以来，我国奶业取得了巨大成就，奶业作为一个产业已经形成。但是，在我国奶业快速发展的同时，也积累了诸多深层次的矛盾和问题，特别是在奶牛养殖环节。2008 年发生的三鹿婴幼儿事件使我国奶业发展陷入了危机。该事件不但危害了婴幼儿健康和生命安全，而且对我国奶业造成了重大伤害，该事件暴露了我国乳品质量管理和监管及法制化管理方面存在的突出问题。随着我国法制化建设的不断推进，为规范和调整奶业养殖行为，国家相继出台和完善了一系列政策措施和法律法规及其相应的实施细则，使我国奶牛养殖、乳品加工等走向了法制化管理的轨道。

在我国，分散饲养奶牛所占比重很大，造成原料奶质量相对较低，同时，监管执法机构力量不足，现有的法规、标准、管理办法不配套，有法不依，执法不严，监管不力等现象也影响了原料奶质量的提高，有的甚至掺杂使假严重影响了乳品质量的安全。为保障公众身体健康和生命安全，必须将对原料奶质量安全的管理措施上升为法律。《中华人民共和国农产品质量安全法》的出台，体现了全过程控制的理念，坚持了源头管理、过程控制、市场准入相结合的原则，规定了农产品质量安全检测、救济、事故报告、责任追溯等制度，同时《中华人民共和国畜牧法》、《中华人民共和国动物防疫法》、《国务院关于加强食品等产品安全监督管理的特别规定》、《中华人民共和国食品安全法》出台也为原料奶全程质量控制的实施提供了法律支持。2007 年 9 月，国务院出台了《关于促进奶业持续健康发展的意见》，加大了对奶业发展的政策扶持力度，并要求推进养殖方式转变，提高原料奶质量。

为保证乳品质量安全，更好地保障公众身体健康和生命安全，国务院颁布了《乳品质量安全监督管理条例》，它是我国第一部奶业法规。2008 年 10 月 6 日，《乳品质量安全监督管理条例》经国务院第 28 次常务会议通过。2008 年 10 月 9 日予以公布，自公布之日起施行（中华人民共和国国务院令第 536 号）。《条例》主要内容：明确责任，协调管理；严格限制开办主体；强化许可制度；规范生产、收购行为；强化监督管理手段；扶持奶业健康发展。

《条例》是在我国处理三鹿婴幼儿奶粉重大食品安全事故、国务院启动重大食品安全事故应急预案 1 级响应的重要时刻发布实施的，也是在借鉴和吸取以往食品安全经验教训的基础上形成的，充分体现了国家对食品安全工作的重视和对广大人民群众健康安全的关心，体系了党和国家做好食品安全工作的决心。《条例》明确了乳品质量安全监管部门的职责分工，对各监管部门的监督检查职责提出严格要求，赋予了县级以上人民政府卫生行政部门依照职权负责乳品质量安全监督管理的综合协调、组织查处食品安全重大事故的职责。

《条例》明确了各部门监管职责，规定县级以上人民政府畜牧兽医部门负责奶畜饲养以及生鲜乳生产环节、收购环节的监管，县级以上人民政府负责乳制品销售环节的监督，县级以上食品药品监督部门负责乳制品餐饮服务环节的监管，监督检查部门之间，监督检查部门与其他有关部门之间，应当及时通报乳品质量安全监督管理信息。同时，还将发挥社会监督、舆论监督、群众监督的作用，从而实现对奶业全过程、全方位的监督管理。这将有利于我国奶业走上健康持续发展之路。

在加强监管方面，国务院办公厅发布了《奶业整顿和振兴规划纲要》，下发了《关于进一步加强乳品质量安全工作的通知》，对乳品生产经营许可、检验检测、质量追溯、打击非法经营行为、落实质量安全责任等方面做了明确的规定和要求。

《纲要》对部门监管职责进行了分工。农业部要加强对奶畜饲养以及生鲜乳生产环节、收购环节的监督管理；质检总局要加强对乳制品生产环节和乳制品进出口环节的监管；工商行政部门负责乳制品销售环节的监管；卫生部负责乳制品质量安全监管的综合协调，统一发布乳品质量安全重大事故信息；工业和信息化部要加强行业整顿和规范工作，会同有关部门协调促进奶业发展的各项支持政策；人民银行、银监会要及时做好奶业贷款发放情况的监测、分析和指导工作；保监会要监督保险公司开展奶牛保险业务。监察部门要按照有关法律法规和问责制的要求，加强对部门落实职责情况的协调、监督和检查，对由于责任不到位、渎职、失职等原因造成严重后果的，要依法依纪追究相关人员的责任。

三鹿婴幼儿事件以后，农业部门根据国务院的要求，全面开展奶站清理整顿，依法加强奶站监管，连续 4 年开展生鲜乳专项治理，通过自查、省间互查、重点抽查等方法，不断强化奶站监管，坚决取缔不合格奶站，清理非法收购营运黑窝点，规范生鲜乳生产、收购、运输的市场秩序。同时，大力推进奶站标准化建设和管理。2012 年，全国有 1.3 万多个奶站，比 2008 年减少 6 890 个，减幅达 34%。奶站由乳制品生产企业、奶畜养殖场和奶农合作社三类合法主体开办，全部持证经营，纳入监管。全国近 8 000 辆生鲜乳运输车也全部持证运输，规范运营。与 2008 年以前相比，奶站的设施设备、卫生条件、检测手段等明显改善。

从 2009 年开始，农业部门连续 4 年实施生鲜乳质量安全监测计划，通过专项监测、飞行抽查、异地抽检、隐患排查等手段，以奶站和运输车为重点，逐年扩大抽检范围，提高抽检频次，坚决打击各种违法添加行为。全国已实现奶站监管和生鲜乳监测两个全覆盖，即监测计划覆盖全国所有奶站，覆盖国家公布的所有违禁添加物。截至 2012 年底，累计抽检生鲜乳样品 7.7 万批次，三聚氰胺监测值全部符合国家管理限量值规定，未检出皮革水解蛋白、碱类物质等违禁添加物，全国生鲜乳质量安全水平比 2008 年以前有了大幅提高。

在标准建设方面，公布了《生乳》等 66 项新标准，基本解决了乳制品标准重复、交叉、矛盾和指标设置不科学等问题，完善了我国乳品质量标准体系。农业部印发了《全国奶业发展规划》，出台了《生鲜乳生产收购管理办法》和《生鲜乳收购站质量安全“黑名单”制度》等5项新制度。这些法规规章的陆续出台,使我国奶业发展逐步走上有法可依和规范化管理的轨道。

3.4 原料奶计价体系

3.4.1 改革开放前牛奶实行购销价格的“单一行政定价”

从新中国成立到20世纪50年代中期,奶业经济是市场经济,牛奶的购销价格“完全由市场决定”。新中国成立初期,粮食市场上多种经济成分并存,实行自由贸易,私营粮食流通组织占绝大多数,这为奶业私有经济提供了生存条件。当时的中国奶业经济是以私营奶牛场、个体养殖户及乳品加工作坊为主的市场经济,国家当时无力顾及奶业这个对社会经济生活影响不大的领域,对牛奶的购销价格和流通渠道没有控制,通过市场形成的自由市场价格成为奶价的主要表现形式。

20世纪50年代后期,国家对牛奶的购销价格实行“单一行政定价”。1953年起,我国实施第一个五年计划,开始了大规模的经济建设,对商品粮需求日益增长,国家在全国范围内对粮食等主要农产品实行统购统销。由于奶业生产滞后,且居民收入水平不高,奶在当时是作为特殊营养品保健食品,对鲜奶的消费需求相当有限,牛奶不在第一批统购统销农产品之列。50年代后期,为了促进消费,国家从宏观经济考虑,对奶价实行了严格控制,统一由各级政府物价部门制定价格,并长期以固定价格形式冻结。

政府对奶价实行统一管理之后的一段时期内,为了照顾消费者利益,不少城市实行了“购销奶价低价政策”。由于当时城郊奶牛场绝大多数为国营,盈亏统一报账,且政府采取了供应饲料、给予基建投资拨款、免征税收等一系列政策以维持再生产,50年代初至60年代末的近20年里,北京、天津、西安、武汉等不少城市为了照顾消费者利益,适应婴儿和特殊供应的需要,先后多次调低原料奶收购价格和鲜奶销售价格。1950年北京市原料奶收购价格为0.57元/kg,1951—1963年为0.48元/kg,1964—1966年为0.40元/kg,1967—1969年降至最低点0.35元/kg。

20世纪70年代,政府对奶价的管理延续了50年代后期至60年代末的低价政策。70年代中期,随着人们生活水平的提高,牛奶消费需求逐渐增加,但国家对奶价在较长时间内没有作相应调整,仍然实行较低的原料奶收购价格和鲜奶销售价格。低奶价制度的长期实施,虽然很大程度上维护了当时消费者的利益,减少了消费者支出,但奶牛场盈利少,效益低,不仅给国家财政造成了巨大的负担,也导致了该时期的奶业发展缓慢。

1978年以来,我国政府实行改革开放政策,重视人民生活的改善,提倡农业经营的多样化。首先允许和积极支持私人饲养奶牛,因而个体饲养奶牛的头数快速增长。奶业生产实行“国营、集体、个体一起上”的发展方针,有力地激活了劳动要素,解放了生产力。

3.4.2 80年代牛奶实行政府统一定价和市场自由价格

奶价政策在20世纪80年代初发生了新变化,商品奶购销价格突破了过去30年的固定价格形式,政府定价、市场自由价格及两种价格并存的情况同时存在。北京、上海、天津等大城市,奶的价格仍由地方政府统一定价,政府以多种形式实行价格补贴,从而保证生产者、消费者的利益;一些中小城市,奶农小量生产,自由上市,根据市场情况,实行浮动价格。成都、西安、福州等由国家提供平价饲料或以奶换料的城市,奶价按国家统一价格;饲料由市场购买,鲜奶直接卖给消费者,实行自由价格。就全国范围而言,奶的价格基本实行以国家控制价格为主,国家控制价格与市场价格相结合的价格体系。

1980年以后,国家实行“逐渐上调奶价政策”。随着经济的发展和经济结构的调整,80年代中后期,各地方政府逐渐上调原料奶收购价格和鲜奶销售价格。1988年全国原料奶平均收购价格0.702元/kg,消毒奶的平均售价1.081元/kg,与1980年相比,分别增长了51.0%和81.1%。由于工业发展速度过快、通货膨胀,以及粮食生产徘徊、饲料供应紧张,市场价格变化加剧,奶的价格调控变得更为复杂。各地政府对奶价加强宏观调控，继续适度提高奶的购销价格。价格的适度调整对奶业发展起了积极的促进作用，1980—1987年全国奶类总产量从136.7万t增加到378.8万t，增长了177.10%。

1988年5月，中央确定了价格改革的总方向：保留少数重要商品和劳务价格由国家管理，绝大多数商品价格放开，由市场调节。提出用五年左右的时间，初步理顺价格关系。8月中旬，中共中央政治局会议通过了价格、工资改革方案。当时我国的物价指数已出现通胀态势，在1987年消费价格指数上涨7.3%的基础上，1988年又连月上涨，7月份达到19.3%。1988年消费价格指数上涨了18.8%，1989年又继续上涨18%。在当时，饲料价格放开，取消了"以奶换料"的平价饲料供应政策，而乳品属于需要保留价格管制的"少数重要商品"，因此其价格没有完全放开。结果是饲料价格上升，而牛奶销售价格由于受国家管制而基本原地不动，这种情况对于奶农和奶业造成了沉重打击，致使牛奶生产成本提高，养牛效益开始下降，奶类总产量第一次出现负增长。从经济角度看，我国在80年代末至90年代初出现的奶业负增长，究其根源就是来自奶业产业链上各个环节的价格改革不能同步协调的结果。饲料和涉奶物质的价格都放开，只把牛奶的价格管着，出现了"一头活一头死"的情况。

3.4.3　90年代开始实行"以市场调节为主，国家指导价为辅"的奶价政策

20世纪90年代初，中国实行更加开放的政策，国内的奶业政策也发生了重大变化，奶业进行了市场化改革，彻底放开牛奶购销价格，取消牛奶政策性补贴，实行市场竞争，原料奶价格由市场决定。实行了"以市场调节为主，国家指导价为辅"的奶价政策，奶的价格与市场供求关系日益紧密。放开奶价后，各地奶牛业下滑情况得到一定程度的控制，奶业生产逐步走出低谷。表面上看，奶业已经完全实行了市场竞争，并且产生了积极效果。但是，原料奶价格由乳品加工企业单方面确定的定价方式，并没有形成合理的原料奶价格形成机制，奶农很少甚至没有发言权，奶农利益得不到合理保护，损害奶农的利益，不利于整个产业的持续健康发展。

目前，我国的生鲜乳收购价格体系的定价基础是2010年6月施行的新版《生鲜乳收购标准》，在计价体系上考虑了乳脂率、乳蛋白率、体细胞数和总细菌数等指标。同时，实行优质优价，如上海对体细胞数低于40万/mL的原料奶实行奖励，每千克奖励0.1元；同时对乳蛋白率和乳脂率实行不同的加权系数，乳蛋白率每提高0.1个百分点，价格提升0.55元，而乳脂率每提高0.1个百分点，价格提升0.45元，体现出对提高乳蛋白率的价格倾斜。

近年来，我国原料奶质量上取得了可喜成绩，其中，价格杠杆对牧场的引导作用不可低估。我国在原料奶定价机制上逐渐摸索出了一系列从国情出发，逐步与国际接轨，体现中国特色，切合实际的牛奶收购按质论价办法。牛奶收购按质论价政策的出台离不开物价部门等部门高度重视和大力支持。我国的原料奶收购体系、按质论价办法和检测体系已经基本上与国际接轨，我国原料奶的计价体系将更加成熟。

4　科技推广体系

我国奶业的发展，是应用科学技术逐步改造和装备奶业，使传统奶业走向现代奶业的过程。新中国成立前，我国实际上没有真正意义上的奶业。

4.1　研究机构

新中国成立后，为了更好的促进奶业发展，奶业科研机构从无到有、从小到大、从弱到强。经过60年的发展，我国奶业科研工作涉及到了奶业产业发展的各个环节，科研力量得到空前壮大。

4.1.1 高等院校

高校是我国奶业研究的主力军，承担着培养奶业人才以及科研和技术推广工作。

中国农业大学动物科技学院成立于1993年，它的前身是北京农业大学畜牧学系，至今已有90多年的历史。从70年代开始，以冯仰廉教授、张沅教授为带头人的研究团队，围绕奶牛饲料、营养以及中国奶牛饲养标准的制定，种公牛培育、MOET育种体系、全基因组选择开展了卓有成效的研究工作，取得了丰富的科研成果，是国内奶牛养殖的领军专家。1987年中国农业大学成立了农业生物技术国家重点实验室，主要在转基因克隆动物新品种培育及生物反应器展开探索。以李宁教授为主的研究团队在奶牛克隆、转基因奶牛、无过敏源基因敲除等方面的研究水平达到了国际先进水平。2007年农业部和财政部建立了现代奶牛产业技术体系，李胜利教授作为首席科学家，带领全国奶业科研力量，围绕制约我国奶业发展的重大技术瓶颈开展研究。

西北农林科技大学在1936年即设有畜牧科，1939年设置畜牧兽医系，1998年初合并成立动物科学与动物医学学院，以邱怀教授为代表的老一代专家围绕秦川牛的培育作了大量的基础科研工作，年轻一代专家在昝林森教授的带领下，围绕肉牛育种与新品系选育、奶牛养殖和饲料资源开发取得了显著的科研进展。内蒙古农业大学、山东农业大学、河北农业大学、河南农业大学、华南农业大学、东北农业大学、新疆农业大学也是我国在反刍动物营养和奶牛养殖科研与人才培养的重要省部级农业高校。

2004年2月27日，以原东北农业大学乳品科学重点实验室为基础上建立的“乳品科学教育部重点实验室”，是我国建立的第一个乳品科学重点实验室。实验室重点开展泌乳生物学及乳腺微生物功能调控、乳成分功能特性、乳业生物技术与乳品微生物、乳品工艺及新产品开发、乳品安全质量控制与快速检测技术等方面的研究。这些都是成立较早的从事奶业技术研发的高校科研机构。

4.1.2 国家级研究所及地方性研究所

主要国家级研究所包括中国农业科学院北京畜牧兽医研究所、哈尔滨兽医研究所、兰州兽医研究所和上海兽医研究所。

奶牛饲养和疾病防治国家级研究所主要包括中国农业科学院北京畜牧兽医研究所、哈尔滨兽医研究所、兰州兽医研究所和上海兽医研究所。中国农业科学院北京畜牧兽医研究所成立于1957年，隶属于农业部，是全国综合性畜牧科学研究机构。中国农业科学院哈尔滨兽医研究所始建于1948年6月，隶属于中国农业科学院，是新中国建立最早的兽医科研单位。中国农业科学院兰州兽医研究所成立于1957年，是我国著名的从事动物传染病、寄生虫病研究为主的国家级专业科研机构。中国农业科学院上海兽医研究所的前身为中国农业科学院家畜血吸虫病研究室，成立于1964年10月，2004年在此基础上组建了国家防治动物血吸虫病专业实验室和动物传染病防治研究室。

1973年成立北京种公牛站，是国内第一个种公牛性能测定中心，并首批被农业部命名为“国家级重点种公牛站”。1976年与1980年分别成立北京市奶牛研究所、上海市奶牛研究所。广西水牛研究所于1958年成立，作为全国唯一专门对水牛进行研究的单位，在水牛饲养、繁殖，尤其是试管繁殖等方面的研究工作走在了世界前列。2005年1月科技部批准依托北京奶牛中心组建国家奶牛胚胎工程技术研究中心，该中心在良种奶牛胚胎生产、冷冻、分割、鉴定、性别控制、活体采卵和体外受精、干细胞克隆、分子标记和遗传标记辅助选择、繁育体系建设等领域科研水平居国内领先，部分技术达到国际先进。经过几十年的发展，这些科研机构在奶牛品种选育、冷冻精液控制技术等方面取得了突破性进展，极大地推动了优秀奶牛品种培育工作。

乳制品加工与质量控制方面的研究主体以地方性科研机构为主。呼和浩特市在1956年成立了“内蒙古自治区轻工研究所乳品研究室”，这是我国较早的牛奶科研单位之一。1966年，黑龙江省乳品工业研究所宣告成立。1982年，北京市牛奶公司组建乳品研究所。1984年，天津市乳品监测中心成立，后在1990年被农业部命名为“农业部乳品质量监督检验测试中心”，现名为天津市乳品食品监测中心。1984年国家科技委批准成立黑龙江省乳品工业技术开发中心，后在1996年以此为依托组建了国家乳品工程技术研究中心，这是当时国内乳品行业唯一的国家级工程技术研究中心。1985年内蒙古轻工业科学研究所建立了全国乳酸菌发酵剂研究中心，该中心利用从比利时引进的先进技术，生产干粉状的乳酸菌发酵剂。这些科研机构自建立以来积极开展工作，对我国乳制品工业的发展提供了必要的技术支持。

随着政府和人民对乳品质量关注的不断增加，对检验检测技术需求更加迫切，一些国家级质量检测、质量标准控制方面的科研机构应运而生。1983年，全国乳品行业唯一的乳制品标准化中心—全国乳品标准化中心成立，主要负责承担乳制品国家标准和行业标准的制修订及标准化相关工作。国家乳制品质量监督检验中心也于1991年成立，它是国家质量监督检验检疫总局授权的，经中国实验室国家认可委员会认证认可的国家级质量监督检验机构，是具有第三方公正地位的国家乳制品质量监督检验机构。

4.1.3 企业自建或合建的科研机构

以企业为主体，大专院校为技术依托，针对产业发展开展科学研究与新产品开发，增强企业的自主创新能力是国家科研发展的重要战略举措。

2000年7月上海真元乳业与上海生物工程科研单位合作组建了奶牛胚胎生物中心；2005年6月伊利实业集团联手内蒙古自治区科技厅合作发起成立“内蒙古乳业研究院”；2006年5月蒙牛集团与中国农业大学联手建立“功能乳品实验室”，同年，蒙牛集团公司投资2亿元，建立了蒙牛高科技乳品研究院；2005年中国农业大学与美国威斯康辛大学成立了中美奶业研究与发展中心；2013年中国农业大学与荷兰瓦赫宁根大学和弗里斯兰卡皮纳公司成立了中荷奶业发展中心。这些校企共建的科研平台，进一步促进了科研与生产的结合，促进了科学技术的转化，促进了国际奶业科技的交流与合作，为中国奶业的科技进步和创新，服务产业发展有着重要的推动作用。

4.2 技术服务与推广机构

长期以来，畜牧兽医机构等技术服务和推广机构根据奶业发展的需要，广泛开展了饲养、配种、疾病防治等技术支持和推广工作。全国畜牧总站及下属的各级畜牧兽医工作站组织开展了奶畜养殖技术服务工作，中国兽医药品监察所承担兽药的评审和监察工作，中国动物卫生与流行病学中心承担了全国重大动物疫病的调查、诊断和监测工作，给奶业发展提供了有力的支持。

4.2.1 全国畜牧总站及下属的各级畜牧兽医工作站

1956年，中共中央发布了《全国农业发展纲要》，提出了建立各级畜牧兽医工作站的要求，农业部也发出了《关于建立畜牧兽医工作站的通知》，要求建立县（区）级畜牧兽医工作站，各级畜牧兽医工作站开始广泛建立。

1982年4月23日，经国务院批准，农业部设立了全国畜牧兽医总站，负责指导全国各级畜牧兽医站、配种站、改良站、冻精站、防疫站、草原站的业务和经营管理。全国畜牧兽医总站成立后，为了适应畜牧业的快速发展，管理职责逐渐扩展到协助农业部畜牧兽医机构开展动物疫病防治、畜产品质量标准和检测检验、技术服务与推广、信息宣传等方面。

2006年，根据《农业部关于调整部属畜牧兽医单位机构编制的决定》，在全国畜牧兽医总站的基础上，农业部设立了全国畜牧总站和中国动物疾病预防控制中心，分别为农业部畜牧业司和兽医局的工作提供辅助和技术支持。

全国畜牧总站2006年在全国畜牧兽医总站基础上设立，主要承担畜牧技术推广，家禽、牧草品种资源保护和利用管理，畜牧业质量管理与认证等技术服务工作，业务归畜牧业司管理。其主要职能是协助畜牧行政主管部门，受委托承担全国畜牧业管理的具体工作，指导全国畜牧业技术推广体系建设及推广机构、饲料工业协会的业务工作。组织实施奶畜相关品种的审定、登记、引进、繁育、推广工作。开展畜牧业产品质量安全管理和认证及相关标准和技术规范的拟订，开展养殖环境监测与监督管理工作，开展畜牧业市场体系建设和畜产品加工业务指导工作。

4.2.2 中国动物疫病预防控制中心

中国动物疫病预防控制中心2006年在全国畜牧兽医总站基础上设立，中国动物疫病预防控制中心继承了原全国畜牧兽医总站疾病预防控制方面的主要职责，主要提供奶畜疾病预防控制服务，业务归农业部兽医局管理。其主要职责是协助兽医行政主管部门拟定有关法律、法规和政策建议，协助开展重大动物卫生违法案件的调查，研究提出重大动物疫病预防控制规划、扑灭计划、应急预案建议，指导、监督重大动物疫病预防、控制和扑灭工作；负责全国动物疫情收集、汇总、分析及重大动物疫情预报预警工作，研究提出动物疫病防治技术规范建议，指导全国动物疫情监测体系建设；承担全国动物卫生监督的业务指导工作，组织实施动物及动物产品检疫等。

4.2.3 中国兽医药品监督所

中国兽医药品监督所是我国负责兽药监督的机构，其前身是建立于1952年的中央人民政府农业部兽医生物药品监察所。2006年，中国兽医药品监督所加挂农业部兽药评审中心的牌子，为农业部直属事业单位，承担兽药评审，兽药、兽医器械质量监督检验和兽药残留监控，兽用菌(毒、虫)种保藏，兽药国家标准的制修订，标准物质制备与定值等工作的国家级兽药评审检验监督机构。

4.2.4 中国动物卫生与流行病学中心

中国动物卫生与流行病学中心是我国动物卫生行业管理的技术依托单位，其前身是成立于1979年农业部动物检疫所。2005年，根据《国务院关于加快推进兽医体制改革若干意见》，农业部对部属畜牧兽医单位的机构编制进行了调整，农业部动物检疫所更名为中国动物卫生与流行病学中心，同时在中国农业科学院北京畜牧兽医研究所、哈尔滨兽医研究所、兰州兽医研究所和上海兽医研究所，分别加挂中国动物卫生与流行病学中心的四个牌子。中国动物卫生与流行病学中心为承担重大动物疫病流行病学调查、诊断、检测，动物和动物产品兽医卫生评估，动物卫生法规标准和重大外来动物疫病防控技术措施研究等工作的国家级动物卫生机构。

4.2.5 国家奶牛产业技术体系

2007年，经农业部批准，国家奶牛产业技术体系成立，建设依托单位中国农业大学，中国农业大学反刍动物营养与饲料科学研究室李胜利教授任首席科学家，体系下设首席科学家办公室、6个功能研究室和23个综合试验站，包括26名岗位科学家和23名综合试验站站长，共261人的研究团队。

国家奶牛产业技术体系自成立以来有效整合了国家和地方大专院校、科研单位、奶牛养殖企业、协会和农民合作组织的各种优势资源，以产业为主线、产品为单元，紧紧围绕制约我国奶业发展的重大技术瓶颈，以奶业生产急需的技术为突破口，不断提升我国奶业科技创新能力，加快奶业技术示范与推广，为我国奶业的可持续稳定发展提供技术支撑。

国家奶牛产业技术体系工作紧紧围绕奶牛体系重点工作任务、基础性工作、前瞻性研究及应急性工作开展，在奶牛良种扩繁、奶牛饲料营养价值评定与营养需要量研究、奶牛饲料资源高效利用与健康养殖关键技术、奶牛场标准化规模饲养关键技术、奶牛疫病防控和净化关键技术研究、乳成分前体物理想平衡模式研究、奶业相关数据库建设等方面取得了重大进展。为农业决策和区域产业化提供了技术与智力支撑，形成了农科教、产学研的相结合的框架，初步形成了系统、全面、深刻的研发思路，并实现技术研发、使用和推广、市场、组织管理和文化建设等一体化的配套模式，建立起与市场中产业形态相一致的运行机制。

4.3 协会组织

协会组织主要是指与奶牛养殖、乳制品加工、销售有关的行业协会组织。20 世纪 60 年代以后，为适应奶业的发展需求，我国先后成立了相关奶业协会组织，经过不断整合与改革，目前全国性奶业协会组织以中国奶业协会、中国乳制品工业协会最具有代表性，地方性组织主要是地方奶业协会。

4.3.1 中国奶业协会

中国奶业协会是全国奶牛养殖和乳制品加工以及为其服务的相关企业、事业单位和个体经营者自愿组成的非盈利性的行业组织，是具有独立法人地位的民间社会团体。前身是 1982 年成立的中国奶牛协会，在 1999 年将中国乳业协会注销后与中国奶牛协会合并更名为中国奶业协会。

20 世纪 70 年代，由原农垦部牵头，我国先后成立了中国黑白花奶牛育种科研协作组北方组和南方组，重点在奶牛育种方面展开联合攻关。后来为更好地解决当时奶牛饲养发展过程中出现的问题，在王震同志的关怀下，于 1982 年 12 月 10 日以南北协作组为基础，成立跨地区跨部门的经济技术协作组织—中国奶牛协会。协会成立初期重点在我国奶牛选育方案、奶牛饲养等方面做了大量工作，特别是在中国黑白花奶牛的培育方面做了突出贡献，该成果获得 1988 年度国家科技进步奖一等奖。

1990 年 5 月，在全国大中城市重点垦区奶业经济技术发展研讨会上，成立了“全国大中城市乳业协会”，并与 1992 年 4 月 3 日，正式更名为“中国乳业协会”。中国乳业协会成立后开展了富有成效的工作，力促我国乳制品加工业发展。同期，中国奶牛协会除继续在奶牛后裔测定、良种登记、性能测定等奶牛培育与奶牛疾病防疫、国际合作方面外，积极在奶牛养殖区域合理布局、资源合理配置、奶价检测等方面开展工作，努力突破政府部门在组织、调配资源方面的局限，直接参与到行业内的科研、生产、行政等各类资源的整合中，为政府当好参谋。中国乳业协会在促进中国乳制品加工工艺水平提高及乳制品供需区域均衡方面也做出了积极贡献。两个协会共同推进了我国奶业健康发展与奶业现代化水平的提高，并积极加强自身建设，为日后中国奶业协会的成立打下了坚实基础。

1999 年，农业部根据我国奶业产业化发展需要，将中国奶牛协会和中国乳业协会合并，成立中国奶业协会。协会成立后不断加强自身机构建设，充分发挥协会在协调、服务和管理方面的作用，在加快奶业增长方式转变、危机事件处理等方面显示了重要作用。中国奶业协会围绕现代奶业建设，为支持行业应对挑战、振兴民族乳业开展了多方面的实际工作。

4.3.2 中国乳制品工业协会

中国乳制品工业协会是经原轻工业部批准，在乳品工业技术协作组的基础上，于 1995 年 6 月 6 日正式成立的行业性社会团体，业务上接受国家发展与改革委员会、中国轻工业联合会的指导。协会以推动中国乳制品工业发展为宗旨，在政府与企业之间发挥桥梁纽带作用，接受政府委托做好行业管理工作。协会每年召开一次年会和不定期的专业会议，为企业提供新技术、新产品和信息交流机会。

在 20 世纪 60 年代初，为进一步促进行业技术进步和企业间技术合作，轻工业部组建了中国乳制品工业协会前身—全国乳品工业技术协作组，该协作组由乳制品生产企业以及科研、教育、机械制造、工程设计等单位参加，通过技术合作，技术交流促进行业技术进步，加强政府部门与企业的联系。

1988 年，轻工业部根据国务院要求，提出行业管理新模式，组建若干行业协会的要求。乳品行业提出了在全国乳品工业技术协作组基础上组建中国乳制品工业协会的方案，并与 1992 年成立中国乳制品工业协会筹备组。1994 年获准成立中国乳制品工业协会。1995 年 6 月 6 日，中国乳制品工业协会在北京正式宣告成立。作为跨地区、跨部门、不含经济性质的全国性行业组织，中国乳制品工业成立后积极开展工作，重点放在组织行业内新技术、新工艺、新设备、新产品的推广和应用，开展工程技术咨询服务，组织国内外乳品行业经济、技术、管理等方面的交流、培训等方面。协会在自身发展的同时，为我国乳制品工业的健康、快速发展起到了积极地推动作用。

5 促进奶业发展的主要政策

5.1 促进奶业生产政策

新中国成立初期，畜牧业生产方针以恢复为主，政府对奶牛等畜牧业生产实施“保护现有，奖励繁殖”的政策。1949年新中国成立时，奶业生产力水平极其低下，奶牛仅有12.0万头，奶类总产量21.7万t。1949年12月，农业部在北京召开了第一次全国农业生产会议，会议根据《共同纲领》和中央人民政府恢复工农业生产的总方针，确定1950年的农业生产方针：以恢复为主，对奶牛等畜牧业经济实行保护现有，奖励繁殖的政策。各地人民政府通过发放巨额的畜牧贷款和救济款，对保护和奖励繁殖牲畜起了极大推动作用。

20世纪50年代初期，为了加快生产恢复，政府对奶牛养殖主体实行“支持并引导私营养殖发展，同时鼓励建立国营养殖场”的政策。该时期，各大城市的私营奶牛场和个体养牛户不断增加，这段时期被个体养殖户称为养牛业的“黄金时代”。与此同时，各地区的国营农场奶牛养殖也同步发展。整个奶业随着国民经济的恢复而重新发展，呈现百废待兴的良好势头。

1956年，由于农产品实行统购统销制度，国家对奶牛业实行“公私合营”的政策。私营奶牛加入国营农场后，集中饲养，科学管理。同时国家为扶持奶牛生产发展，保证市场鲜奶和奶制品的计划供应，对城镇、郊区饲养奶牛所需的饲料粮、糠麸、豆粕等纳入计划供应，并组织发挥国营奶牛场的优势，指导社、队奶牛场采用优良种公牛配种，提高奶牛质量，使社、队集体奶牛的饲养条件得到完善，全国奶牛数量不断壮大，1957年我国奶牛发展到15.98万头。

20世纪50年代中后期开始，“发展城市郊区畜牧业，解决大中城市肉、奶等副食品需要”逐渐列入中央部委议事日程。1955年12月，全国农业工作会议上指出：“城市郊区的农业生产应该以蔬菜、奶、肉、鸡、鸭、蛋等副食品生产为主”。1957年5月，农业部召开城市、工矿区副食品生产供应座谈会，刘瑞龙副部长作了《关于城市副食品生产问题》的报告，对城市肉、奶、禽、蛋的生产供应作了具体安排。1959年11月，国务院副总理李先念在第二次全国大中城市副食品生产会议对大中城市的副食品生产作了具体部署，指出大中城市的副食品生产应当继续贯彻执行“自力更生为主，力争外援为辅”的方针。1975年，邓小平副总理主持国务院工作时，要求在大中城市、工矿区建设一批机械化养猪场、养鸡场和养牛场。这些决议和指示，促进了城市郊区畜牧业的兴起，一批城郊国营牛场应运而生。

从1958年“大跃进”时期到1978年改革开放的20年间，国家在奶牛饲养上制定了“以国营为主，限制私营发展”的错误提法，严重影响了我国奶业的发展。这一时期，政府不仅限制私人养牛，也不允许私人投资奶牛业，奶牛生产者只限于国营或集体奶牛场。20世纪60年代，在黑龙江等奶业主产大省，甚至出现了对个体户交售的牛奶采取累进税制，即个体奶户交售的牛奶越多税率越高，严重抑制了个体户养奶牛的积极性。1966年文化大革命开始，多数地区对家庭饲养业采取了禁养限养的政策，个体户养奶牛被当作“资本主义尾巴”横加批判。由于长期受“左”的指导思想干扰和十年“文化大革命”，这一阶段中国的奶牛饲养数量增长缓慢，年均增速仅为4.86%，到1978年仅为47.50万头。

党的十一届三中全会后，我国政府对奶业生产提出了“以国营为依托，国营、集体、个体一齐上”的发展方针。1978年实行的改革开放政策带动了奶业发展，取消了禁止私营养牛的禁令，实行以国营农场为基础，集体和个体牛场共同发展，并实行免税政策，极大的调动了农户养牛的积极性，奶牛、奶羊个体饲养户迅速增加，在许多大中城市和农牧区占据重要份额。为了鼓励个体奶牛饲养，一些地方还出台了购买奶牛的优惠贷款政策，并为集体和个体牛场提供牛源和技术服务。

与“国营、集体、个体一齐上”的宏观政策配套，1979年10月1日起，全国实行“以奶换料”的奶牛生产微观发展政策，进一步刺激了养牛的积极性。为了鼓励奶牛饲养，在北京、上海、天津、武汉、广州等大多数城市，对国营、集体奶牛场和个体奶牛户，一视同仁实施“平价料、平价奶”，即个体养殖户和集体奶牛场以议价购买精料，但生产鲜奶全部或大部分都以平价交售给国营乳品厂。当时奶类援助项目的城市中，进入这两种奶价体系的鲜奶约占上市量的 80%～85%。20 世纪 80 年代，“平价料、评价奶”和“议价料、平价奶”这两种保护性的补贴政策一直在全国范围内推广实施。同期，奶业加工利润返还、减免税收、低息或无息贷款等一系列奶业生产相关政策不断发展。在这些政策的激励下，这一时期奶业生产快速发展，1990 年，全国奶牛存栏 269.10 万头，是 1980 年的 4.2 倍。

进入 90 年代，各项生产优惠政策取消，农业部要求促进奶业产业结构调整。1993 年，随着饲料价格的放开，原来养奶牛享受的饲料价格补贴、以奶换平价饲料的优惠政策取消，而奶价仍受监控，导致养奶牛严重亏损，奶牛生产出现小幅滑坡。同时，由于一些奶农购牛优惠贷款措施不存在，建牛舍给予贷款或建筑材料上的优惠、农户养奶牛划给饲料地等优惠政策的逐渐取消，1997—1999 年全国奶牛生产出现停滞徘徊，1998 年奶牛存栏 426.50 万头，比 1996 年减少了 20.50 万头。1999 年，农业部印发《关于加快调整畜牧业生产结构的意见》，明确将加快奶业发展作为畜牧业结构调整的重要内容，并组织实施了一系列促进牛羊等草食家畜发展的项目，这些项目的实施有力地促进了奶业产业结构的优化。

2003 年 1 月，农业部印发了《优势农产品区域布局规划（2003—2007 年）》（农计发[2003]1 号）（以下简称《规划》）。牛奶的优势区域是：重点发展东北、华北及京津沪 3 个牛奶优势产区。2008 年 9 月 3 日，农业部发布了《全国优势农产品区域布局规划（2008—2015 年）》（农计发[2008]20 号）。奶牛是新《规划》确定的 16 个优势产品与优势区域之一。奶牛的区域布局是：着力建设京津沪郊区、东北、内蒙古、中原、西北 4 个奶牛优势区。

2005 年，农业部发布了《全国奶业“十一五”发展规划和 2020 年远景目标规划》（以下简称《规划》）。《规划》包括奶业发展现状，“十一五”发展成就、主要经验、主要问题，“十一五”至 2020 年我国奶业发展的有利条件和不利因素，奶业发展的指导思想、原则和目标，奶业发展的主攻方向，奶业发展的区域布局和重大项目，奶业发展的保障措施等主要内容。2009 年 1 月 24 日，在第一轮《奶牛优势区域发展规划》的基础上，农业部印发《全国优势区域布局规划（2008—2015 年）》（农牧发[2009]2 号）（以下简称《规划》）。《规划》包括优势区域发展成效、主要制约因素和发展前景、发展思路、区域布局、建设重点和主推技术和保障措施等主要内容。

2007 年 9 月 27 日，国务院发布《国务院关于促进奶业持续健康发展的意见》（国发[2007]31 号）（以下简称《意见》）。改革开放以来，我国奶业发展大体经历了两个阶段，20 世纪 80 年代到 1999 年，我国奶业开始起步并得到较快发展，进入新世纪后，我国奶业发展进入了高速增长阶段。2006 年以后，受多种因素影响，我国奶牛养殖效益大幅下降，部分奶牛养殖户亏损，个别地区出现宰杀母牛犊现象，已严重影响奶业的正常发展及奶业基础。2007 年 9 月 19 日，温家宝总理主持召开国务院第 192 次常务会议讨论通过了国家发展改革委上报的《关于促进奶业持续健康发展的意见》，回良玉副总理对文件也给予高度评价：“此文件为建国以来最完整的奶业文件”。2007 年 9 月 27 日，国务院发布《国务院关于促进奶业持续健康发展的意见》（国发[2007]31 号，亦简称 31 号文件）。

《意见》的主要扶持政策包括以下几点：一是加大奶牛良种补贴力度。二是实施后备母牛补贴政策。三是实施牧业机械购置补贴。四是完善奶牛重大疫病防治和扑杀政策。五是建立奶牛政策保险制度。六是支持奶牛标准化规模养殖。七是加强对奶牛养殖农户的信贷支持。八是完善奶业产业政策。2007 年中央财政资金安排了奶牛冻精补贴 1 亿元。2008 年奶牛冻精补贴覆盖全部荷斯坦奶牛，补贴金额增至 2.4 亿元，此后，维持在每年 2.4 亿～2.6 亿元的水平。2008 年，31 号文件提出的各项扶持政策均得到落实。一是国家实施奶牛保险保费补贴政策，补贴比例为 60%，中央、地方各补贴 30%，当年中央财政补贴 11.7 亿元。二是中央启动奶牛规模化养殖小区建设项目，当年安排中央投资 2 亿元。自 2009 年起，中央投资规模提高至每年 5 亿元。截至 2012 年，共安排中央补助资金 22 亿元，扶持奶牛规模化养殖小区（场）2 999 个，其中年存栏规模在 1 000 头以上的 158 个。2012 年，我国年存栏 200 头以上的奶牛养殖小区（场）的奶牛饲养数量已达到全国奶牛存栏量的 26%以上。三是由农业部牵头，会同有关部门编制《全国奶业发展规划(2009—2013年)》,并于2010年6月8日由农业部、国家发改委、工业与信息化部、商务部联合印发。

2008年11月19日,国务院办公厅转发发展改革委等部门制定的《奶业整顿和振兴规划纲要》(国办发[2008]122号)。《纲要》是针对三鹿牌婴幼儿奶粉事件所造成的负面影响而出台的。《纲要》制定了三鹿牌婴幼儿奶粉事件后的工作目标。一是到2008年底前,对乳品生产、收购、加工、销售等各环节进行全面整改,加大扶持力度,使各环节基本恢复到正常状态。二是到2009年10月底前,健全相关法律法规,完善乳品质量标准,推广生鲜乳生产技术规程,加强奶站规范化建设和管理,推进乳制品生产企业建立良好生产规范,使奶业发展在制度化、规范化建设上迈出重要步伐。三是到2011年10月底前,在推进养殖规模化、产销一体化,加工布局优化、全行业标准化,以及规范市场竞争、完善质量标准体系等方面取得实质进展。力争奶牛良种覆盖率提高到60%,奶牛平均单产水平接近5.5 t,100头以上规模化养殖场(小区)奶牛比重达到30%左右;乳制品生产企业完成良好生产规范改造,基地自产生鲜乳与加工能力的比例达到70以上;乳制品加工行业的集中度进一步提高。

《纲要》制定了具体扶持政策。一是对乳制品生产企业的金融和财政支持政策。对诚信守法经营的乳制品生产企业符合信贷条件的贷款要求,金融机构要给予足额贷款支持;对因受婴幼儿奶粉事件影响、资金暂时周转困难的企业,金融机构要按规定给予流动资金贷款支持,对经金融机构同意展期的逾期贷款,免收罚息。中央财政对企业生鲜乳收购贷款,按照半年期银行贷款基准利率的一半,给予三个月贴息,地方财政也可给予贴息支持。拓宽奶业直接融资渠道,对符合条件的企业发行债券和通过股票市场融资给予积极支持。二是国家对重点地区,特别是困难奶农实施临时救助政策。中央财政补贴资金采取一次性下达,由地方根据实际情况,结合地方财政补贴资金统筹安排使用。地方政府也要安排资金,加强对困难奶农的扶持。

2010年6月8日,为促进奶业恢复和振兴,推进现代奶业建设,农业部、国家发展改革委、工业和信息化部、商务部共同研究制订并印发了《全国奶业发展规划(2009—2013年)》。

《规划》确定了2013年奶业发展的基本目标。一是生鲜乳生产能力稳定增长。全国奶牛存栏达到1 500万头,奶类产量达到4 800万t,成母牛平均单产水平提高到5.7 t;100头以上奶牛规模养殖比例达到35%。二是乳品质量安全水平显著提高。三是生鲜乳收购站100%实现持证收购和标准化管理,偏远牧区、山区的牛奶和山羊奶收购点100%纳入监管范围。四是乳制品企业稳定可控奶源达到70%以上,初步建立生鲜乳质量第三方检测体系。五是生产经营低温产品的乳制品企业拥有完善冷链体系比例达90%以上,配送网络覆盖全部中小城市和90%以上乡村。六是乳品消费群体不断壮大。

《规划》制定了保障奶业持续健康发展的主要任务和建设重点。一是优化奶业区域布局。二是加强良种繁殖及推广。构建高产奶牛核心群,提升种公牛站生产经营能力,健全生产性能测定体系,完善优质冻精推广体系。三是发展奶源生产基地。增强奶牛养殖大县综合生产能力,发展奶牛标准化规模养殖场(小区),建立优质饲草料生产基地,发展奶农专业合作社。四是完善乳品质量安全监管体系。建设标准化生鲜乳收购站,完善生鲜乳质量监测体系,提高乳制品企业质量安全管理水平,完善乳制品质量安全监管制度。五是提升乳制品加工与流通能力。有序发展乳制品工业,提升技术与装备水平,优化乳制品产品结构,改善乳制品冷链流通条件。

《规划》中保障奶业持续健康发展主要政策和措施,主要包括:加大对奶业发展的投入,加快奶业科技研发与推广应用,切实加强奶牛疫病防控,强化奶业监管能力,做好奶业发展的调控和引导服务,提高消费信心、扩大乳品消费等方面。

5.2 促进奶业加工政策

解放前的旧中国一穷二白,民不聊生,奶资源十分匮乏,各地虽存有少数乳品生产企业,但只能说是乳制品工业的萌芽,并承受着“洋货”的倾销打击,导致有些被迫停产。

新中国成立后，党和国家为解决民生问题，立即实施三年国民经济恢复建设，国家对资本主义工商业实行利用和限制并重的政策，旨在保护民族工商业，制定了扶持奶业发展的一系列方针，鼓励与恢复乳品生产，竭力维持城市居民和日常饮奶需要。因此，我国乳制品加工业与其他经济部门一样得到了较快恢复。按当时的政策，无论是外国人投资经营的乳品企业，还是名族资本投资管理的乳品厂，政策上均允许合法运营，维持了乳品企业多元化，全国乳品生产得以恢复，乳品开始供应市场。截止到 1952 年，经过三年国民经济恢复，我国奶业得到了发展，奶量开始增加，乳品生产得到了初步恢复，全国乳制品总产量达到了 624 t，生产呈现复苏。

1953—1958 年，我国实施发展国民经济第一个五年计划，乳制品工业是轻工业建设的重点之一。1956 年 9 月召开中国共产党第八次全国代表大会，进一步确立了全国人民主要任务是集中力量发展社会生产力，实现国家工业化，极大地促进了全国乳制品加工业的迅速发展。1958 年全国乳制品产量达到 19 688 t，近 2 万 t，比 1952 年的 624 t 增长 30.6 倍，平均年递增率 99.5%。

1958 年以后，由于受到“大跃进”和人民公社化运动，浮夸风和“共产风”，及农业自然灾害等因素的影响，直至“文革”十年动乱，我国的乳制品工业在企业数量、生产产能、产品品种等诸多方面都发展的比较缓慢，呈现了大起大落的局面，经历了下跌、复苏、停滞的徘徊曲折发展过程。1976 年粉碎“四人帮”后，随着工农业生产恢复和发展，乳制品加工业迎来了加快发展的机遇。

1978 年改革开放以来，党和国家领导人非常关心我国乳制品工业，1978 年中央和国务院领导同志多次作出重要指示，要求加快发展乳制品生产，政府有关部门多次对乳制品生产作出部署和要求。长期关心中国奶业的王震将军指出“牛乳制品加工极为重要，是婴儿及特军兵种、重工业工人急需的”。党中央在农业方面制定和贯彻了一系列正确方针，不仅全面发展了国营、集体和个体的奶牛生产，而且随着农村家庭承包制的推广，发展了大批奶牛饲养专业户和专业村，奶源生产进入了一个快速发展期，使我国商品奶的产量大幅度增加。1979—1990 年，随着奶源生产的好转与供应量的不断增加，人民生活水平持续提高，市场消费的拉动，乳制品产量成倍增加。

20 世纪最后十年，我国改革开放事业经历了初始、探索、试验等阶段，经济体制已基本转轨，市场对资源配置发挥了基础性作用。这一阶段，中国实行更加开放的政策，鼓励和吸引外资到中国以独资或合资方式经营乳业，奶业市场完全放开。国家相继取消了对原料奶和消毒牛奶的价格管制，也取消了其他优惠政策。这一时期，国有奶业改革的任务主要是以建立现代企业制度为重点，实行规范的公司制改革，转化企业经营机制，探索公有制的多种有效实现形式。同时，新的加工企业继续增加，国外有实力的乳品大企业纷纷进入我国市场，市场竞争加剧。这标志着我国奶业开始全面走向市场化。

2002 年 3 月 15 日，国家计委、国家经贸委、农业部联合颁布实施《全国食品工业“十五”发展规划》(2001—2005 年)。该《规划》第四部分“食品工业发展的重点及主要方向”中的“食品工业发展的重点”，第四条为“乳品加工业”。

乳品加工业“十五”期间的重点是：调整企业结构，优化产品结构，提高产品质量，从总体上降低奶粉生产比例，增加液体奶产量。城市型的乳品企业要着重发展杀菌奶、酸奶、花色奶、含乳饮料等液体奶的生产。基地型乳品企业仍以奶粉生产为主，适当调整产品结构，重点发展配方奶粉、功能性奶粉，以及作为食品工业配料的全脂奶粉、脱脂奶粉等，适当发展灭菌奶、干酪、奶油等。“十五”期间要重点抓好东北、华北、西北乳品加工业的发展，到“十五”末，乳制品产量年递增速度争取达到 10%左右，达到 130 万 t；液体奶产量力争递增速度在 20%左右，达到 450 万 t。

为确保我国奶业持续健康发展，2007 年 9 月国务院下发了《国务院关于促进奶业持续健康发展的意见》(以下简称《意见》)。《意见》对建设现代乳制品工业明确了基本原则。建设现代乳制品工业应规范企业行为，维护市场秩序。引导乳制品加工企业合理布局，壮大实力，有序发展。规范企业收购、加工、经营行为，防止恶性竞争。建立健全质量标准，完善检验检测手段，落实产品标识制度，加强市场监管，确保质量安全。加强乳制品进口调控与管理，对乳品进口设立符合国际惯例的特别保障措施。

2008 年 6 月 4 日，国家发展和改革委员会发布《乳制品加工业产业政策》(以下简称《政策》)。这是建国以来我国发布的第一部系统的乳制品工业产业政策。该《政策》是针对我国乳制品工业在快速发展中出现的一些新情况、新问题而制定的，如重复建设严重、产业布局不合理、加工能力严重过剩，市场竞争失序；企业与奶农关系不协调，行业整体效益下降，亏损面增加等，影响了乳制品工业的健康发展。同时，也是为贯彻《国务院关于促进奶业持续健康发展的意见》，促进乳制品工业合理布局、有序发展，建设有中国特色的现代乳制品工业，保障国家食物安全而制定的。

2008 年 3 月 18 日，国家发展和改革委员会发布 2008 年第 26 号公告，《乳制品加工行业准入条件》自 2008 年 4 月 1 日起实施。2009 年 6 月 26 日，工业和信息部、国家发展和改革委员会发布工联产业[2009]第 48 号公告。对原《乳制品工业产业政策》、《乳制品加工行业准入条件》进行整合修订，并发布《乳制品工业产业政策(2009 年修订)》。这是自 2008 年"三聚氰胺事件"发生后，我国首次就乳业的发展规范等问题做出重大调整。《政策》着眼于全面构建竞争有序、发展协调、增长持续、循环节约的现代乳制品工业，保障我国乳制品安全，提升我国乳制品工业在国际市场的地位和竞争能力。

《政策》在产业布局方面，将全面分为五大产业区，力求形成以市场为导向、特色鲜明、布局合理、协调发展的乳制品工业新格局。在准入门槛方面，严格控制乳制品加工项目的盲目投资和重复建设，提高乳制品加工能力利用率。在产业发展方面，鼓励重组融资以提升水平。在质量安全方面，乳制品生产加工企业须具备先进的生产设备及完善的检测手段和检测设备，对乳制品生产实施从原料进厂到成品出厂全过程的标准化管理和质量控制。乳制品生产企业应当符合良好生产规范要求。

2008 年 11 月 19 日，国务院办公厅转发发展改革委等部门制定的《奶业整顿和振兴规划纲要》(国办发[2008]122 号)。《纲要》是针对三鹿牌婴幼儿奶粉事件所造成的负面影响而出台的。《纲要》提出在 2008 年底前，对乳品生产、收购、加工、销售等各环节进行全面整改，加大扶持力度，使各环节基本恢复到正常状态。到 2009 年 10 月底前，健全相关法律法规，完善乳品质量标准，推广生鲜乳生产技术规程，加强奶站规范化建设和管理，推进乳制品生产企业建立良好生产规范，使奶业发展在制度化、规范化建设上迈出重要步伐。到 2011 年 10 月底前，在产销一体化，加工布局优化、全行业标准化，以及规范市场竞争、完善质量标准体系等方面取得实质进展。

《纲要》制定了对乳制品生产企业的金融和财政支持政策。对诚信守法经营的乳制品生产企业符合信贷条件的贷款要求，金融机构要给予足额贷款支持；对因受婴幼儿奶粉事件影响、资金暂时周转困难的企业，金融机构要按规定给予流动资金贷款支持，对经金融机构同意展期的逾期贷款，免收罚息。中央财政对企业生鲜乳收购贷款，按照半年期银行贷款基准利率的一半，给予三个月贴息，地方财政也可给予贴息支持。拓宽奶业直接融资渠道，对符合条件的企业发行债券和通过股票市场融资给予积极支持。

2010 年 6 月 8 日，为促进奶业恢复和振兴，推进现代奶业建设，农业部、国家发展改革委、工业和信息化部、商务部共同研究制订并印发了《全国奶业发展规划(2009—2013 年)》。《规划》在 2013 年奶业发展的基本目标中提出乳制品企业稳定可控奶源达到 70%以上，初步建立生鲜乳质量第三方检测体系。生产经营低温产品的乳制品企业拥有完善冷链体系比例达 90%以上，配送网络覆盖全部中小城市和 90%以上乡村。不断壮大乳品消费群体，提高消费信心，扩大乳品消费等。《规划》在保障奶业持续健康发展的主要任务和建设重点中提出完善乳品质量安全监管体系，提高乳制品企业质量安全管理水平，完善乳制品质量安全监管制度。提升乳制品加工与流通能力，有序发展乳制品工业，提升技术与装备水平，优化乳制品产品结构，改善乳制品冷链流通条件。

5.3 促进奶业贸易政策

新中国成立前，国产乳制品寥寥无几，生产落后，国内乳制品供应基本被外国品牌所垄断。据民国海关统计，1946—1948 年间，中国从 23 个国家进口乳粉、炼乳、奶油共计 1.26 万 t，耗外汇 740 多万美元。

新中国成立后的相当一段时间内，由于受大环境的影响，国内的乳制品贸易量很少。1978 年经济体制改革，首先打破了奶业领域的单一公有制局面，取消了人民公社时期不准“私人”或“个体”饲养奶牛和经营奶业的禁令。中央和地方政府陆续出台了一系列鼓励奶业发展的政策，形成了奶业投资主体多元化的格局。同时国家也实行“开放”的对外改革政策，包括开放奶业的国际合作，开放乳品进出口经营，开放奶业的外资外企的经营权等。

1979 年 7 月，党中央、国务院决定，对广东、福建两省的对外经济活动实行特殊政策和优惠措施，将深圳、珠海、汕头、厦门设为“经济特区”，作为吸收外资、学习国外先进技术和经营管理方法的视窗。1984 年 4 月，又进一步开放 14 个港口城市。1985 年 2 月，把长江三角洲、珠江三角洲、闽南三角区列为“经济开放区”。

在推进奶业改革开放过程中，奶业系统通过开放国际合作，借助外资、外援和引进先进技术，提升了我国奶业的整体素质，改善了城乡鲜奶供应情况。国外的资金、资源、技术、人才进入奶业系统，开通了奶业现代化建设的国际通道，第一次以全方位开放的姿态，引领中国奶业与国际先进技术接轨，使世界奶业的先进文明成果能够为开放的社会主义中国利用。最早向我国提供奶业项目援助的有世界粮食计划署（WFP）以及欧盟（EU，过去称欧共体 EEC）的“奶类援助项目”等。作为改革开放后第一批国际合作项目，国际接受世界粮食计划署和欧盟的无偿援助，这样大规模的资金投入在我国奶业史上是前所未有的，它为项目地区奶业的发展奠定了物质基础和技术及管理基础。这也是我国农业领域内援助规模最大、地区最广泛、时间最长的开发性项目。通过项目地区各级人民政府的共同努力和中外双方密切配合，项目取得了成功，为项目地区以及全国奶业的发展做出了应有的贡献。

20 世纪 90 年代以前，由于政策上对乳品工业的保护，乳制品的进口量不多且增长缓慢。20 世纪 90 年代初期，国内奶业政策发生了重大变化，一是彻底放开牛奶购销价格，二是取消牛奶政策性补贴，三是原料奶价格基本上由乳品加工企业确定，也取消了其他优惠政策。

随着政策的放宽，我国乳制品进出口完全放开，乳制品进口量增长很快。据海关统计，1991—1995 年我国共进口乳制品 29.8 万 t，平均每年 6 万 t，用汇 6 370.8 万美元。1996 年进口数量为 7.75 万 t，1999 年出现乳制品的进口高峰，进口乳制品达到 16.3 万 t，比 1998 年增长 47%。进口乳制品主要来自欧洲、大洋洲和北美洲等发达国家。从进口乳制品品种看，数量最大的是奶粉和乳清粉，约占总进口量的 80%以上，奶油和干酪等所占比例较小。

进入 20 世纪 90 年代以来，国外乳制品的大量进口，对于我国乳业发展是一把双刃剑。它一方面丰富了国内乳品市场，满足不同消费者的需求，带动我国乳品加工业技术水平、管理水平的提高以及新产品的开放。另一方面却冲击了国产乳制品尤其是奶粉的销售，造成国产奶粉滞销，库存增加。由于部分乳制品进口价格低于国内售价，加上关税的降低，使得大量外国奶粉进入国内市场。

同时，这一时期中国鼓励和吸引外资到中国以独资或合资方式经营乳业，新的加工企业继续增加，国外有实力的乳品大企业纷纷进军我国市场，市场竞争加剧。据 90 年代中期对京、津、沪等 7 个城市及广东、黑龙江两省的不完全统计，合资、独资乳制品企业 42 家，其中，独资企业 6 家。另据 1994 年对北京大商场的抽样调查，在其所经销的 100 种乳制品中，国产的有 42 种，进口的达 40 种，中外合资或外商独资品牌大约有 18 种，国产与进口乳制品几乎平分秋色。这标志着我国奶业开始全面走向市场化。

2001 年 12 月 11 日，中国正式获准加入世界贸易组织（WTO），这标志着中国经济与世界经济体系正式接轨，中国汇入了经济全球化的发展洪流中。加入 WTO 对我国奶业的影响是显而易见的。在入世之前，我国在奶业生产和贸易领域，基本上不存在政府补贴保护和国家垄断贸易，此外，我国是奶制品贸易的净进口国，不存在出口补贴，因此“入世”对奶业的影响，集中体现在奶制品进口关税降低这一点上。新世纪之初，我国乳制品行业尚属于幼稚型行业，其规模、技术和产品质量同发达国家相比差距甚远。随着关税的降低，国内乳制品价格优势不复存在。根据我国同新西兰、美国、欧盟达成的 WTO 双边及多边协议，所有乳制品类关税自 2001 年开始逐年递减，5 年内降到 15%～10%，这对我国乳品行业形成强大冲击。

2008 年 10 月 1 日，《中国—新西兰自由贸易协定》开始生效。中国—新西兰自贸区是中国与发达国家建成的第一个自由贸易区。其中，乳制品的降税安排及特殊保障机制是协定的重要内容之一。该协定的签署对中国农业主要是乳制品市场开放和奶业未来发展产生了重大影响。新西兰是世界上乳制品第一出口强国，其奶业生产规模大、增产潜力大、国际竞争优势明显，通过自贸区建设扩大了对中国的乳制品出口，中国已是新西兰乳制品第一大出口市场。中国和新西兰乳制品贸易通过自贸区的建立实现了零关税，使新西兰乳制品对中国出口成本平均降低 13.4%，这进一步促使新西兰扩大出口，加剧对中国乳制品市场供需平衡的影响。

我国奶业在入世后受到的最大冲击不是某类乳产品，而是来自外资乳品企业对本土企业的综合竞争压力。入世后，随着关税壁垒消除，中国市场开放程度加大，更多的外国乳业集团抢滩中国市场，国外金融等服务业的进入，使他们更容易得到来自国际金融、物流等方面的支持，从而形成更完整的现代产业体系和竞争价值链。第二，随着三资乳业度过了“水土不服”的困难时期，他们逐渐开始推进“驻在地本土化”的进程，大量雇用中国本地员工，人力成本逐渐下降，更加适应了中国本土以及企业所在地区的人文环境。第三，随着国际零售巨头不断进入中国，市场乳品流通逐渐向外企擅长的连锁商场超市、大卖场等方面过渡，不少人将更习惯于一次性从市场购回整箱的牛奶，对本土企业以送奶到户，网络垄断液态奶市场形成了营销方式的挑战。第四，本土乳品企业更习惯于靠价格、口味和广告来抢夺市场份额，而随着市场的逐步规范和消费者的不断成熟，三资乳品的品牌和质量优势日益不断凸显。

入世虽然对我国乳品业造成了一定的冲击，但也有其有利的一面。如促进乳品行业的技术、装备、质量、生产效率的提高；加快行业改造，促进大企业集团和知名品牌的形成；关税降低，减少了乳品走私，规范了进口乳制品市场；增加了出口机会等等。实践证明，我国加入世界贸易组织对我国奶业的发展，确实利大于弊。

5.4 促进奶业消费政策

1949 年至 20 世纪 50 年代中期，牛奶消费基本上不受政府干预。新中国成立初期，我国居民乳品消费区域性差异明显，除边疆牧区和一些少数民族地区具有食用鲜奶及乳制品的历史和习惯外，多数地区的居民基本没有消费乳品的习惯，相当一部分中国人尤其是农村人从来没有喝过牛奶，人均乳品消费量非常低。1949 年，我国人均年奶类占有量仅 0.40 kg，其中牛奶占有量 0.37 kg。奶品消费群体也相对单一，主要是老人、婴幼儿、病人等。

1958 年后，全国普遍出现乳粉脱销，毛泽东主席要求增加奶品供应。“大跃进”时期，越来越多的妇女参加社会主义生产建设和农业劳作，我国乳品工业发展速度远不及急骤增长的社会需求，特别是婴儿食品的需要，这种情况导致在全国普遍发生了乳粉严重脱销的情况。1958 年秋，毛泽东主席收到 20 多封人民来信，反应“吃奶难”问题，毛泽东主席把信转批给当时的农垦部部长王震，要求国有农场重视发展奶牛生产，增加奶品供应。但是由于国有农场受土地少、投资大、资金不足、饲草饲料紧张、管理费用高等因素制约，加之鲜奶价格低，经营鲜奶无利可图，奶和奶制品的供应仍十分不足。1959 年我国乳品人均消费量 1.8 kg，人均年奶类占有量仅 0.44 kg，供需矛盾突出。

1960 年开始直至 1978 年改革开放，国家对牛奶实行“凭票限量供应”。1960 年开始，全国除奶农自食外，商品奶几乎全部采用票证供应方式供给，婴儿凭出生证、户口本，重症病人凭医院证明，保证牛奶消费。最初，一般消费者持奶票到居委会领取，一些特殊人群由牛奶公司送奶上户。随着城市和奶业的发展，牛奶公司逐步建立供奶点，由居民凭奶票(奶证)到供奶点取奶。

20 世纪 70 年代末至 80 年代初，奶的供应再次趋于紧张，部分城市恢复“凭票供应”。随着人们生活水平不断提高，加之这一时期新生婴儿进入高峰期，鲜奶需求量成倍增长，而全国人均占有奶量仅为 1.5 kg，供给和需求矛盾突出，市场上再次出现了“吃奶难”的局面。大中城市不得不又采取严格的定时、定量、定人的供应办法，优先满足婴幼儿、病人、儿童、老人、特种劳动者的需求。

1979 年开始，北京、上海等地对牛奶销售采取“保证重点和限量供应”政策。北京市对两周岁以下婴儿每日供奶 1 斤半；两周岁以上的每日供奶 1 斤；病人和老人每日供应半斤奶。新生婴儿凭出生证、病人凭医院证明订奶；停止供应生产冷饮和糕点的牛奶；为解决排长队，采取定点取奶和部分恢复送奶到户的办法。根据当时订奶户的实际情况，1980 年北京市政府决定牛奶供应实行“三保一代”办法，即鲜牛奶订户只保证 3 周岁以下婴儿、重病人、外宾及特殊用户，一般订户用强化奶粉代替，并试用部分豆奶代替鲜奶。

1987 年和 1988 年两年中城市肉、蛋、奶供应趋于紧张，为缓解供需矛盾，1988 年，农业部向国务院提出《关于发展副食品生产保障城市供应(简称“菜篮子工程”)的建议》。建议总目标之一是到 1992 年奶类产量增加 240 万 t，人均奶占有量由 1987 年的 3 kg 增加到 1992 年的 4.9 kg；大中城市 70% 的牛奶实现自给，建立东北、河北东部、江苏北部等十片奶牛基地。该工程的实施极大地促进了我国奶业发展，1992 年全国奶类总产量达到 563.9 万 t，基本保证了奶的城乡供应。

进入 90 年代，快速提升居民奶类消费水平的政策相继出台。随着乳品供应逐渐充足，凭证供应鲜奶的限量消费政策成为历史，乳业基本实现了由卖方市场向买方市场的转变，政府开始把更多的注意力放在如何提高居民消费水平，改善居民营养膳食结构等方面。为了促进我国在 20 世纪末实现小康目标的基本要求，1993 年 2 月，国务院第 220 次总理办公室会议审议通过了《九十年代中国食物结构改革与发展纲要》，纲要提出要加快发展耗粮少、转化率高的畜禽和蛋奶生产，加快发展肉牛、奶牛和羊草等草食动物生产，并提出到 2000 年奶类产量 910 万 t，人均消费奶类 6 kg 的目标。1997 年 12 月，国务院批准在全国实施《中国营养改善行动计划》，提出进一步加强奶的生产和加工，完善国家对奶业价格的宏观调控，稳定市场，保证低收入人群的基本供给。这些文件的出台，一定程度上促进了我国乳品消费的增长。

2001 年 11 月 3 日，国务院办公厅印发了《中国食物与营养发展纲要(2001—2010 年)》(国办发[2001]86 号)。根据《纲要》，2001—2010 年是我国居民食物结构迅速变化和营养水平不断提高的重要时期。加快食物发展，改善食物结构，提高全民营养水平，增进人民身体健康，是国民整体素质提高的迫切需要，也是我国社会主义现代化建设的重大任务。

《纲要》制定了 2010 年食物与营养发展总体目标：保障合理的食物摄入量，其中人均每年奶类摄入量为 16 kg；保障充足的食物供给，其中全国奶类生产总量的安全保障目标为 2 600 万 t。2010 年，城市、农村居民人均每年奶类摄入量目标分别是 32 kg、7 kg。《纲要》颁布以后，我国农产品综合生产能力稳步提高，食物总量供需实现了基本平衡，全民营养健康状况得到了改善。据统计，到 2009 年，我国奶类产量到达 3 732.6 万 t，全国居民家庭人均消费奶类 19.3 kg，实现了《纲要》所确定的目标。

为改善我国中小学生的营养状况，保证青少年的健康成长，经国务院领导批准，决定在全国分步实施“学生饮用奶计划”。采取政府引导、政策扶持的方式，通过专项计划向在校中小学生提供由定点企业按照国家标准生产的学生饮用奶。国家“学生饮用奶计划”于 2000 年 8 月 29 日由农业部、国家发展计划委员会、教育部、财政部、卫生部、国家质检总局、国家轻工业局等七部委局共同倡议开始实施的。七部委局对“学生饮用奶计划”提出了具体要求，并制定了国家“学生饮用奶计划”实施方案。国家“学生饮用奶”计划的实施与推广对改善营养状况，增强饮奶知识发挥了重要作用。

党和国家领导人非常关注“学生饮用奶计划”。2003 年 1 月 2 日，胡锦涛总书记在内蒙古视察时强调：“牛奶是温饱之后小康来临时的健康食品，不仅小孩喝，老人喝，最重要的是中小学生都要喝上牛奶，提升整个中华民族的身体素质。实施学生奶饮用计划，是世界上许多国家为改善学生营养和健康状况，而采取的一项通用有效的措施。”2006 年 4 月 23 日，温家宝总理在重庆视察时留言：“我有一个梦，让每一个中国人，首先是孩子，每天都能喝上 1 斤奶，希望你们能让我梦想成真。”2011 年，《国家学生饮用奶计划运行模式与扶植政策调研总报告》显示，国家“学生饮用奶计划”自 2000 年启动以来，已在全国 170 多个城市和地区、1 万多所中小学及幼儿园中展开，受惠学生达 500 多万人。

参考文献

[1]刘成果.中国奶业史[M].北京:中国农业出版社,2013

[2]刘成果.中国奶业年鉴(2005—2012)[M].北京:中国农业出版社,2005—2012

[3]中国畜牧业年鉴编辑委员会.中国畜牧业年鉴[M].北京:中国农业出版社,2008—2012

[4]高鸿宾.转变奶业发展方式保障乳品质量安全.农业部副部长、中国奶业协会会长高鸿宾于2011年6月11日,在第二届中国奶业大会暨第九届中国国际奶业展览会上的讲话

[5]李胜利.中国学生饮用奶奶源基地建设探索与实践[M].北京:中国农业大学出版社,2011

[6]李胜利,范学珊.奶牛饲料与全混合日粮饲养技术[M].北京:中国农业出版社,2011

[7]中国奶业协会.中国奶业发展战略研究[M].北京:中国农业出版社,2005

[8]王怀宝.中国乳业指南[M].北京:中国农业出版社,2002

[9]张利庠,孔祥智,等.中国奶业发展报告[M].北京:中国经济出版社,2009—2011

[10]荷斯坦.2013中国奶业统计资料[M].北京:荷斯坦杂志,东方戴瑞咨询,2013

[11]农业部奶业管理办公室,中国奶业协会.2013中国奶业统计摘要[M].2013

[12]齐长明.奶牛疾病学[M].北京:中国农业科学技术出版社,2006

[13]何玉成.中国乳品产业发展研究[M].北京:科学出版社,2010

[14]贺燕丽,宋昆冈,等.我国乳制品工业发展与展望[M].北京:经济科学出版社,2011

[15]张莉侠.中国乳制品业的效率与绩效研究[M].北京:中国农业出版社,2010

[16]李胜利,杨茁萌,等.苜蓿产业如何满足我国奶牛养殖业发展的需求[J].中国畜牧杂志,2010,46(8):43-46

[17]卢欣石.关于建立首借—奶业安全体系的思考[J].第四届中国苜蓿发展大会,2011:16-21

[18]刘成果.乳品质量安全是奶业发展的生命线[J].中国奶牛,2004(6):3-6

[19]刘成果.推进奶牛养殖标准化发展现代奶牛养殖业[J].中国乳业,2008(4):11-14

[20]李胜利.我国原料奶质量现状、影响因素及其控制措施[J].中国畜牧杂志,2008,44(16):32-37

[21]李胜利.从美国奶业发展看中国奶业[J].中国畜牧杂志,2007,43(4):2-9

[22]昝林森,等.中国奶业生产现状、问题及发展趋势与对策[J].畜牧兽医科学,2005,21(8):19-22

[23]马燕芬.保障原料奶质量安全的对策与措施[J].乳业科学与技术,2009,4:195-198

[24]乔绿.奶牛乳房健康与原料奶质量控制要点[J].中国乳业,2012,122:44-47

[25]张永根.奶牛饲养过程中的物理性投入品对奶牛健康和原料奶质量的风险[J].中国乳业,2011,110:32-35

[26]王加启,等.我国牛奶质量安全的现状、问题和对策[J].中国奶牛,2009(11):3-7

[27]李胜利,等.中国60年奶牛营养与饲料研究进展及饲养工艺的改进[J].中国奶牛,2009,S1:30-42

[28]张胜利.中国奶牛遗传改良与技术发展[J].中国奶牛,2009,S1:16-24

[29]桑润滋.我国奶牛繁殖技术研究进展我国奶牛繁殖60年回顾[J].中国奶牛,2009,S1:25-29

[30]肖定汉.我国奶牛保健的历程[J].中国奶牛,2009,S1:44-48

[31]张东.畜禽粪便沼气工程处理技术[J].浙江农业科学,2012(2):223-226

[32]程瑞鑫.我国畜禽养殖污染防治现状与对策.中国环境科学学会学术年会论文集,2012,3272-3275

执笔 中国农业大学:李胜利 毕研亮 夏建民 曹志军 姚琨

附　表

附表 1　1952—2011 年全国农林牧渔业总产值及比重

年份	农林牧渔业总产值	农业（亿元）	比重（%）	林业（亿元）	比重（%）	牧业（亿元）	比重（%）	渔业（亿元）	比重（%）
1952	461.0	396.0	85.9	7.3	1.6	51.7	11.2	6.1	0.0
1957	537.0	443.9	82.7	17.5	3.3	65.4	12.2	10.2	1.9
1962	584.0	494.7	84.7	13.0	2.2	63.8	10.9	12.6	2.2
1965	833.0	684.3	82.1	22.3	2.7	111.5	13.4	14.8	1.8
1970	1 021.0	838.4	82.1	28.6	2.8	136.6	13.4	17.4	1.7
1975	1 260.0	1 020.5	81.0	39.2	3.1	178.4	14.2	21.9	1.7
1978	1 397.0	1 117.6	80.0	48.1	3.4	209.3	15.0	22.1	1.6
1980	1 922.6	1 454.1	75.6	81.4	4.2	354.2	18.4	32.9	1.7
1985	3 619.5	2 506.4	69.2	188.7	5.2	798.3	22.1	126.1	3.5
1990	7 662.1	4 954.3	64.7	330.3	4.3	1 967.0	25.7	410.6	5.4
1991	8 157.0	5 146.4	63.1	367.9	4.5	2 159.2	26.5	483.5	5.9
1992	9 084.7	5 588.0	61.5	422.6	4.7	2 460.5	27.1	613.5	6.8
1993	10 995.5	6 605.1	60.1	494.0	4.5	3 014.4	27.4	882.0	8.0
1994	15 750.5	9 169.2	58.2	611.1	3.9	4 672.0	29.7	1 298.2	8.2
1995	20 340.9	11 884.6	58.4	709.9	3.5	6 045.0	29.7	1 701.3	8.4
1996	22 353.7	13 539.8	60.6	778.0	3.5	6 015.5	26.9	2 020.4	9.0
1997	23 788.4	13 852.5	58.2	817.8	3.4	6 835.4	28.7	2 282.7	9.6
1998	24 541.9	14 241.9	58.0	851.3	3.5	7 025.8	28.6	2 422.9	9.9
1999	24 519.1	14 106.2	57.5	886.3	3.6	6 697.6	28.5	2 529.0	10.3
2000	24 915.8	13 874.0	55.7	936.5	3.8	7 393.1	29.7	2 712.6	10.9
2001	26 179.6	14 462.8	55.2	938.8	3.6	7 963.1	30.4	2 815.0	10.8
2002	27 390.8	14 931.6	54.5	1 033.5	3.8	8 454.7	30.9	2 971.1	10.8
2003	29 691.8	14 870.1	50.1	1 239.9	4.2	9 538.8	32.1	3 137.6	10.6
2004	36 239.0	18 138.4	50.1	1 327.1	3.7	12 173.8	33.6	3 605.6	9.9
2005	39 450.9	19 613.4	49.7	1 425.5	3.6	13 310.8	33.7	4 016.1	10.2
2006	40 810.8	21 522.3	52.7	1 610.8	3.9	12 083.9	29.6	3 970.5	9.7
2007	48 893.0	24 658.1	50.4	1 861.6	3.8	16 124.9	33.0	4 457.5	9.1
2008	58 002.2	28 044.2	48.4	2 153.0	3.7	20 583.6	35.5	5 203.4	9.0
2009	60 361.0	30 611.1	50.7	2 359.4	3.9	19 468.4	32.3	5 626.4	9.3
2010	69 319.8	36 941.1	53.3	2 595.5	3.7	20 825.7	30.0	6 422.4	9.3
2011	81 303.9	41 988.6	51.6	3 120.7	3.8	25 770.7	31.7	7 568	9.3

资料来源：国家统计局。

附表 2　1949—2012 年我国奶牛存栏量、总产奶量和单产水平年度变化表

时间	奶牛头数（万头）	牛奶总产量（万 t）	成母牛平均单产（kg/头）	时间	奶牛头数（万头）	牛奶总产量（万 t）	成母牛平均单产（kg/头）
1949	12.0	20.0	2 564	1992	294.2	503.1	2 631
1959	19.0	27.0	2 368	1993	345.1	498.6	2 223
1969	26.8	51.0	3 172	1994	384.3	528.8	2 117
1973	36.8	80.6	3 374	1995	417.2	576.4	2 126
1974	36.6	86.6	3 640	1996	447.0	629.4	2 166
1975	40.6	88.8	3 369	1997	442.5	601.1	2 090
1976	42.5	88.5	3 204	1998	426.5	662.9	2 391
1977	44.7	87.7	3 018	1999	443.2	717.6	2 491
1978	47.5	88.3	2 860	2000	488.7	827.4	2 605
1979	55.7	106.5	2 942	2001	566.2	1 025.5	2 786
1980	64.1	114.1	2 739	2002	687.5	1 299.8	2 909
1981	69.8	129.1	2 845	2003	893.2	1 746.3	3 008
1982	81.7	161.8	3 047	2004	1 108.0	2 260.6	3 437
1983	95.1	184.5	2 985	2005	1 216.1	2 753.4	3 891
1984	133.6	218.6	2 517	2006	1 068.9	3 193.4	3 903
1985	162.7	249.9	2 363	2007	1 218.9	3 525.2	4 140
1986	184.6	289.9	2 416	2008	1 233.5	3 555.8	4 575
1987	216.4	330.1	2 347	2009	1 260.3	3 520.9	4 800
1988	222.2	366.0	2 534	2010	1 420.1	3 575.6	4 760
1989	252.6	381.3	2 322	2011	1 440.2	3 657.8	5 400
1990	269.1	415.7	2 377	2012	1 450.0	3 743.6	5 500
1991	294.6	464.6	2 426				

资料来源：《中国奶业年鉴 2011、2012》、《中国乳业指南》、《2013 中国奶业统计资料》。

附表 3　2011 年奶牛存栏、牛奶产量前十位的省区

位次	省区	奶牛存栏（万头）	占全国总存栏比重（%）	省区	牛奶产量（万 t）	占全国总产奶量比重（%）
1	内蒙古	275.1	19.37	内蒙古	908.2	25.40
2	黑龙江	192.7	13.57	黑龙江	543.1	15.19
3	河北	188.7	13.29	河北	458.9	12.83
4	新疆	150.7	10.61	河南	306.6	8.57
5	河南	125.7	8.85	山东	268.9	7.52
6	山东	96.1	6.77	陕西	140.5	3.93
7	陕西	45.2	3.18	新疆	130.5	3.65
8	西藏	37.1	2.61	辽宁	124.5	3.48
9	辽宁	33.1	2.33	宁夏	96.0	2.68
10	甘肃	30.3	2.13	山西	74.6	2.09
合计		1 174.7	82.72		3 051.8	85.35

资料来源：《2013 中国奶业统计资料》。

附表 4　2008—2011 年全国奶牛养殖规模化情况(存栏比重%)

规模(头)	2008 年	2009 年	2010 年	2011 年	2011 年比 2008 年增加
1～4	32.4	28.2	26.4	26.1	−6.3
5～9	18.2	16.7	14.8	14	−4.2
10～19	13.3	12.7	12.3	12.8	−0.5
20～49	10.4	9.8	9.6	11.4	1
50～99	6.1	6	6.3	8.3	2.2
100～199	4	4	4.1	4.9	0.9
200～499	5.5	6.8	7.1	8.2	2.7
500～999	4.5	7.7	9	9.5	5
1 000 以上	5.5	8.3	10.5	13.1	7.6
100 头以上	19.5	26.7	30.6	32.9	13.4

资料来源:《中国奶业年鉴 2008—2011》、《2013 中国奶业统计摘要》。

附表 5　1949—2012 年我国干乳制品产量　万 t

年度	产量	年度	产量	年度	产量
1949	0.1	1979	5.36	1999	69.1
1957	1.27	1980	6.32	2000	82.92
1958	1.97	1981	7.91	2001	74.29
1961	0.65	1982	9.97	2002	93.23
1963	1.33	1983	11.22	2003	140.45
1964	1.76	1984	13.02	2004	142.44
1965	2.12	1985	16.37	2005	164.63
1966	2.35	1986	22.58	2006	215.53
1967	2.31	1987	27.22	2007	346.45
1968	2.31	1988	29.53	2008	285.34
1969	2.62	1989	26.68	2009	293.47
1970	2.96	1990	31.37	2010	313.8
1971	3.03	1991	37.66	2011	326.7
1972	3.4	1992	41.29	2012	398.6
1973	3.45	1993	41.73		
1974	3.53	1994	42.46		
1975	3.66	1995	52.57		
1976	3.67	1996	50.41		
1977	3.92	1997	56.48		
1978	4.65	1998	54.86		

资料来源:《中国奶业年鉴 2011》、《中国乳业指南》、《2013 中国奶业统计资料》。

附表 6　1990—2012 年我国乳制品产量　万 t,%

年份	乳制品		其中					
			液态奶		干乳制品		奶粉	
	产量	同比	产量	同比	产量	同比	产量	同比
1990	—	—	—	—	31.4	—	24.2	—
1991	—	—	—	—	37.7	20.1	29.4	21.5
1992	—	—	—	—	41.3	9.5	33.7	14.6
1993	—	—	—	—	41.7	1.0	29.4	−12.8
1994	—	—	—	—	42.5	1.9	29.9	1.7

续表

年份	乳制品		其中					
			液态奶		干乳制品		奶粉	
	产量	同比	产量	同比	产量	同比	产量	同比
1995	—	—	—	—	52.6	23.8	31.4	5.0
1996	—	—	—	—	50.4	−4.2	35	11.5
1997	115.5	—	59.0	—	56.5	12.1	39.1	11.7
1998	128.6	11.3	68.0	15.3	60.6	7.3	42	7.4
1999	164.1	27.6	95.0	39.7	69.1	14.0	50	19.0
2000	217.0	32.2	134.1	41.2	82.9	20.0	54.3	8.6
2001	320.4	47.6	246.1	83.5	74.3	−10.4	57.5	5.9
2002	448.5	40.0	355.1	44.3	93.2	25.4	—	—
2003	723.5	61.3	582.9	64.2	140.6	50.9	—	—
2004	949.1	31.2	806.7	38.4	142.4	1.3	—	—
2005	1 310.4	38.1	1 145.8	42.0	164.6	15.6	—	—
2006	1 459.5	11.4	1 244.0	8.6	215.5	30.9	—	—
2007	1 787.5	22.5	1 441.0	15.8	346.5	60.8	—	—
2008	1 810.5	1.3	1 525.2	5.8	285.3	−17.7	100.5	—
2009	1 935.1	6.9	1 641.6	7.6	293.5	2.9	111.7	11.1
2010	2 159.4	11.6	1 845.6	12.4	313.8	6.9	140.3	25.6
2011	2 387.5	10.6	2 060.8	11.7	326.7	4.1	138.6	−1.2
2012	2 545.2	6.6	2 146.6	8.1	398.6	22.0	136.5	−1.5

资料来源:《中国奶业年鉴 2011》、《中国乳业指南》、《2013 年中国奶业统计摘要》。

附表 7　1961—2011 年我国不同种类乳制品产量　　万 t

年份	奶油	脱脂奶酪	全脂奶酪	脱脂牛奶	全脂炼乳	全脂奶粉	乳清粉
1961	1.34	1.22		25.18		0.96	0.43
1962	1.40	1.28		26.60		0.99	0.43
1963	1.46	1.34		28.03		1.16	0.45
1964	1.48	1.38		28.50		1.29	0.45
1965	1.53	1.41		29.45		1.32	0.46
1966	1.54	1.42		29.55		1.16	0.48
1967	1.49	1.36		28.50		1.16	0.48
1968	1.48	1.36		28.22		1.09	0.39
1969	1.52	1.39		29.07		1.12	0.39
1970	1.66	1.55		32.30		1.32	0.42
1971	1.83	1.74		36.10		1.32	0.44
1972	1.96	1.87		38.95		1.52	0.46
1973	2.04	1.97		40.85		1.65	0.47
1974	2.22	2.18		44.65		1.65	0.50
1975	2.40	2.34		48.74		1.88	0.53
1976	2.59	2.59		53.01		2.05	0.57
1977	2.71	2.67		55.58		2.24	0.59
1978	2.84	2.82		58.14		2.24	0.61
1979	2.92	2.88		59.85		2.31	0.64
1980	3.25	3.20		67.26		2.61	0.61
1981	3.49	3.49		72.77		2.84	0.71

续表

年份	奶油	脱脂奶酪	全脂奶酪	脱脂牛奶	全脂炼乳	全脂奶粉	乳清粉
1982	3.98	4.00		84.27		3.27	0.77
1983	4.05	4.27		85.50		3.30	0.87
1984	4.79	4.91		102.60		3.96	0.97
1985	4.89	5.12		104.50		4.29	0.98
1986	5.31	5.28		114.00		4.62	1.03
1987	5.74	5.60		123.50		4.95	1.13
1988	5.96	5.84		128.25		4.95	1.19
1989	6.32	6.24		136.80		5.28	1.24
1990	6.37	6.40		137.75		5.61	1.32
1991	6.71	6.59		145.35		5.91	1.34
1992	7.00	6.78	0.09	152.00	0.08	6.11	1.37
1993	7.29	7.14	0.08	158.65	0.11	6.27	1.46
1994	7.43	7.36	0.06	161.50	0.15	6.60	1.63
1995	7.46	7.36	0.15	161.50	0.23	6.60	1.51
1996	7.49	7.36	0.12	161.50	0.30	6.60	1.52
1997	7.74	7.36	0.18	166.25	0.46	6.77	1.55
1998	7.87	7.60	0.23	169.10	0.38	7.10	1.43
1999	7.98	7.68	0.30	171.00	0.46	7.33	1.52
2000	8.20	8.96	0.38	175.75	0.57	7.59	1.68
2001	8.40	9.60	0.39	180.41	0.57	7.92	1.78
2002	8.81	9.92	0.42	189.91	0.80	8.25	1.84
2003	9.23	9.80	0.45	199.41	0.95	8.58	1.97
2004	9.86	13.60	0.45	208.81	1.33	8.75	2.23
2005	10.04	14.40	0.53	218.22	1.52	8.91	2.29
2006	10.26	14.40	0.53	222.97	1.52	8.91	2.29
2007	10.47	13.00	0.53	227.72	1.52	8.91	2.44
2008	10.69	14.40	0.53	232.47	1.52	9.24	2.26
2009	10.50	14.30	0.53	227.76	1.52	9.57	2.18
2010	10.73	14.60	0.53	232.51	1.52	9.74	2.21
2011	10.73	13.28	0.53	232.51	1.52	9.74	2.21

资料来源:FAO。

附表 8　2000—2011 年全国不同规模乳制品企业基本情况

个,亿元,%

类型	指标	2000 年	2001 年	2002 年	2003 年	2004 年	2005 年	2006 年	2007 年	2008 年	2009 年	2010 年	2011 年
全行业	企业个数	377.0	434.0	499.0	584.0	636.0	698.0	717.0	736.0	815.0	803.0	784.0	644.0
	销售总额	193.5	271.9	347.5	498.1	625.2	861.8	1 041.4	1 309.7	1 431.0	1 623.2	1 939.8	2 315.6
	同比增加		40.5	27.8	43.3	25.5	37.9	20.8	25.8	9.3	13.4	19.5	19.4
	利税总额	18.8	32.0	40.9	53.2	59.5	84.7	95.1	132.5	103.9	177.0	261.1	160.3
	销售利税率	9.7	11.8	11.8	10.7	9.5	9.8	9.1	10.1	7.3	10.9	13.5	6.9
大型企业	企业个数	33.0	33.0	36.0	9.0	8.0	9.0	9.0	12.0	9.0	13.0	13.0	15.0
	销售总额	72.6	97.6	121.4	188.1	216.7	293.0	338.6	409.3	290.4	351.1	383.7	462.8
	利税总额	6.4	12.1	14.1	20.6	19.4	29.9	29.5	46.3	9.3	35.6	64.8	30.1
	销售利税率	8.8	12.4	11.6	11.0	9.0	10.2	8.7	11.3	3.2	10.1	16.9	6.5

续表

类型	指标	2000年	2001年	2002年	2003年	2004年	2005年	2006年	2007年	2008年	2009年	2010年	2011年
中型企业	企业个数	39.0	46.0	46.0	88.0	85.0	99.0	107.0	126.0	137.0	144.0	154.0	145.0
	销售总额	41.2	74.0	91.4	183.4	212.9	315.3	415.9	561.9	723.1	824.6	1 019.0	1 157.2
	利税总额	4.3	9.3	13.9	20.1	22.7	40.2	43.6	59.1	57.0	98.0	141.4	82.3
	销售利税率	10.4	12.5	15.2	10.9	10.6	12.8	10.5	10.5	7.9	11.9	13.9	7.1
小型企业	企业个数	305.0	355.0	417.0	487.0	543.0	582.0	601.0	598.0	669.0	646.0	617.0	484.0
	销售总额	79.6	100.4	134.6	126.7	195.5	254.3	286.9	338.5	417.6	447.5	537.1	695.5
	利税总额	8.2	10.4	12.9	12.5	17.4	14.6	22.0	27.1	37.6	43.5	55.0	47.9
	销售利税率	10.2	10.4	9.6	9.9	8.9	5.7	7.7	8.0	9.0	9.7	10.2	6.9

资料来源：历年《中国奶业年鉴》、《2013中国奶业统计资料》。大、中、小型企业划分标准：1.大型企业：从业人员≥2 000人，销售额≥3亿元，资产总额≥4亿元；2.中型企业：300人≤从业人员<2 000人，3 000万元≤销售额<3亿元，4 000万元≤资产总额<4亿元；3.小型企业：从业人员<300人，销售额<3 000万元，资产总额<4 000万元；4.大、中型企业必须同时满足所列各项条件的下限指标，否则归下档。

附表9　2002—2011年我国销售额排名前十名的乳品企业　　亿元，%

年份	2002	2003	2004	2005	2006	2007	2008	2009	2010	2011
销售额前十名的乳品企业	光明	伊利	伊利	伊利	伊利	伊利	蒙牛	蒙牛	蒙牛	伊利
	伊利	三鹿	蒙牛	蒙牛	蒙牛	蒙牛	伊利	伊利	伊利	蒙牛
	三鹿	蒙牛	光明	三鹿	三鹿	三鹿	光明	光明	光明	娃哈哈
	三元	光明	三鹿	光明	光明	光明	完达山	完达山	贝因美	光明
	完达山	完达山	雀巢	雀巢	黑龙江	完达山	圣元	三元	完达山	雀巢
	娃哈哈	三元	娃哈哈	佳宝	雀巢	圣元	佳宝	圣元	雅士利	美赞臣
	黑龙江	古城	龙丹	银桥	银桥	黑龙江	三元	飞鹤	三元	完达山
	蒙牛	黑龙江	银桥	古城	佳宝	雅士利	飞鹤	银桥	银桥	多美滋
	维维	银桥	佳宝	完达山	完达山	银桥	银桥	新希望	飞鹤	贝因美
	新希望	佳宝	完达山	美赞臣	美赞臣	佳宝	新希望	南京奶业	圣元	新希望
销售总额	210.7		398.7		590.1	720.6	654.0	719.3	868.1	1 419.9
全行业销售总额	347.5	498.1	625.2	861.8	1 041.4	1 309.7	1 431.0	1 623.2	1 939.8	2 315.6
所占市场份额	60.6		63.8		56.7	55.0	45.7	44.3	44.7	61.3

资料来源：历年《中国奶业年鉴》。

附表10　1990—2011年中国乳制品消费总量及人均消费量

年份	奶类总产量（万t）	消费总量（万t）	人口总数（万人）	人均消费量（kg）	消费总量增长率（%）	人均消费增长率（%）
1990	475.1	483.8	114 333	4.23		
1991	524.3	532.8	115 823	4.60	10.13	8.71
1992	563.9	571.1	117 171	4.87	7.19	5.96
1993	563.7	568.0	118 517	4.79	−0.54	−1.67
1994	608.9	635.3	119 850	5.30	11.85	10.60
1995	672.8	702.1	121 121	5.80	10.51	9.35
1996	735.8	744.4	122 389	6.08	6.03	4.93
1997	681.1	784.8	123 626	6.35	5.43	4.37
1998	745.4	796.9	124 761	6.39	1.54	0.62
1999	806.7	892.8	125 786	7.10	12.03	11.12
2000	918.9	1 038.5	126 743	8.19	16.32	15.44
2001	1 122.6	1 229.1	127 627	9.63	18.35	17.53
2002	1 400.4	1 549.4	128 453	12.06	26.06	25.25

续表

年份	奶类总产量（万 t）	消费总量（万 t）	人口总数（万人）	人均消费量（kg）	消费总量增长率（%）	人均消费增长率（%）
2003	1 848.6	2 034.9	129 227	15.75	31.33	30.55
2004	2 368.4	2 569.3	129 988	19.77	26.26	25.52
2005	2 864.8	3 039.9	130 756	23.25	18.32	17.62
2006	3 302.5	3 493.7	131 448	26.58	14.93	14.32
2007	3 633.4	3 748.1	132 129	28.37	7.28	6.73
2008	3 781.5	3 942.5	132 802	29.69	5.19	4.65
2009	3 734.6	4 126.8	133 450	30.92	4.67	4.17
2010	3 748.0	4 246.1	134 091	31.67	2.89	2.40
2011	3 810.7	4 414.5	134 735	32.76	3.97	3.47

资料来源：历年《中国奶业年鉴》、《中国统计年鉴 2012》、《中国乳制品业的效率和绩效研究》。消费总量计算公式为：国内总产量＋净进口量×7，其中净进口量＝进口量－出口量，奶类净进口量中液态奶所占比例很小，因此统一按 1∶7 比例折合成液态奶等值。未考虑库存变动。人均消费量计算公式为：年消费总量÷年底总人口，其中总人口数量源于《中国统计年鉴 2012》。

附表 11　1992—2011 年我国城镇居民和农村居民人均乳制品消费量　　kg

年份	城镇居民				农村居民乳制品消费量
	鲜奶消费量	酸奶消费量	奶粉（折合）消费量	合计消费量	
1992	5.52	0.37	3.01	8.90	1.5
1993	5.38	0.32	2.94	8.64	0.9
1994	5.25	1.04	2.94	9.23	0.7
1995	4.62	0.26	2.45	7.33	0.6
1996	4.83	0.32	2.87	8.02	0.8
1997	5.07	0.44	2.87	8.38	1.0
1998	6.18	0.64	3.01	9.83	0.9
1999	7.88	0.87	3.08	11.83	1.0
2000	9.94	1.12	3.43	14.49	1.1
2001	11.90	1.36	3.50	16.76	1.2
2002	15.72	1.80	4.20	21.72	1.2
2003	18.62	2.53	3.92	25.07	1.7
2004	18.83	2.85	3.57	25.25	2.0
2005	17.92	3.23	3.64	24.79	2.9
2006	18.32	3.72	3.50	25.54	3.1
2007	17.75	3.97	3.15	24.87	3.5
2008	15.19	3.54	3.99	22.72	3.4
2009	14.91	3.88	3.36	22.15	3.6
2010	13.98	3.67	3.15	20.80	3.6
2011	13.70	3.67	3.71	21.08	5.2

资料来源：《中国奶业年鉴 2012》。

附表 12　1995—2012 年我国乳制品进口情况　　万 t，万美元

年份	产品类型	乳制品	鲜奶	酸奶	奶粉	乳清	炼乳	奶油	奶酪
1995	进口量	7.22	0.74	0.13	2.47	3.46	0.11	0.12	0.19
	进口额	5 804.5	544.9	92.0	2 808.6	1 936.1	92.1	125.6	205.2
1998	进口量	11.11	0.89	0.06	3.11	6.93	0.02	0.05	0.05
	进口额	8 484.4	326.9	46.8	3 909.3	3 969.5	13.4	94.1	124.5

续表

年份	产品类型	乳制品	鲜奶	酸奶	奶粉	乳清	炼乳	奶油	奶酪
1999	进口量	16.34	1.49	0.24	5.66	8.32	0.18	0.33	0.12
	进口额	15 893.0	850.2	116.9	8 008.3	5 806.5	231.5	567.5	312.0
2000	进口量	21.89	1.49	0.26	7.28	12.29	0.06	0.31	0.20
	进口额	21 470.0	887.1	151.9	11 532.0	7 996.4	36.0	474.9	391.7
2001	进口量	19.56	0.96	0.29	5.85	11.98	0.13	0.15	0.20
	进口额	21 610.5	487.5	170.3	11 439.9	8 806.7	106.3	202.3	397.5
2002	进口量	26.39	0.48	0.17	11.08	13.80	0.09	0.52	0.25
	进口额	26 818.3	266.7	115.5	16 066.0	9036.0	87.2	673.7	573.3
2003	进口量	31.50	0.30	0.03	13.37	16.12	0.10	1.12	0.46
	进口额	34 650.2	240.0	60.3	21 587.3	9 955.3	148.6	1 638.4	975.3
2004	进口量	34.71	0.30	0.05	14.49	17.80	0.11	1.24	0.72
	进口额	44 436.3	384.2	114.6	27 113.7	11 984.8	237.5	2 437.6	2 163.8
2005	进口量	32.00	0.38	0.05	10.69	18.76	0.12	1.28	0.72
	进口额	45 877.1	578.4	143.7	23 275.0	15 763.5	298.5	3 176.1	2 641.9
2006	进口量	34.79	0.38	0.08	13.49	18.46	0.11	1.28	0.99
	进口额	55 820.0	516.9	172.4	28 941.5	19 455.3	204.8	2 716.4	3 813.1
2007	进口量	29.85	0.41	0.07	9.82	16.74	0.09	1.40	1.32
	进口额	74 401.3	666.3	210.0	32 384.0	31 883.5	192.9	3 679.6	5 384.9
2008	进口量	35.07	0.74	0.08	10.10	21.31	0.09	1.36	1.39
	进口额	86 165.0	1 252.8	287.0	39 811.8	31 213.3	313.0	5 904.4	7 382.7
2009	进口量	59.69	1.27	0.15	24.68	28.88	0.17	2.84	1.70
	进口额	102 799.2	1 970.2	436.1	58 040.9	28 422.0	397.5	6 566.5	6 966.0
2010	进口量	74.52	1.59	0.12	41.40	26.45	0.33	2.34	2.29
	进口额	196 952.4	2 818.9	419.3	138 810.0	34 481.0	739.2	9 140.6	10 543.4
2011	进口量	90.59	4.05	0.25	44.95	34.42	0.49	3.57	2.86
	进口额	262 019.5	6049.0	892.5	164 544.5	57 102.2	1 155.4	18 368.4	13 907.5
2012	进口量	114.56	9.38	0.79	57.29	37.84	0.55	4.83	3.88
	进口额	321 306.3	11 874.9	2 488.3	192 738.6	74 723.7	1 259.6	19 566.2	18 655.1

资料来源:《中国奶业年鉴 2005、2012》、《2013 中国奶业统计摘要》。

附表 13　1995—2012 年我国乳制品出口情况

万 t,万美元

年份	产品类型	乳制品	鲜奶	酸奶	奶粉	乳清	炼乳	奶油	奶酪
1995	出口量	3.04	2.53	0.02	0.45	0.01	0.01	0.01	0.01
	出口额	2 727.9	1 709.9	38.1	898.7	19.3	15.6	18.8	27.5
1998	出口量	3.75	2.45	0.02	0.84	0.08	0.25	0.02	0.08
	出口额	3 932.8	1 820.4	31.0	1 364.7	127.2	360.5	34.0	195.1
1999	出口量	4.04	2.52	0.03	1.00	0.04	0.42	0.00	0.03
	出口额	4 388.8	1 816.2	38.2	1 948.3	38.4	445.5	0.0	102.1
2000	出口量	4.80	2.94	0.02	1.02	0.03	0.73	0.02	0.04
	出口额	5 007.4	2 012.0	20.0	2 088.0	30.0	704.6	35.3	117.5
2001	出口量	4.34	2.64	0.01	0.50	0.03	1.03	0.08	0.05
	出口额	3 961.7	1 906.7	6.2	1 036.1	23.4	858.7	0.0	130.7
2002	出口量	5.10	2.78	0.02	1.03	0.03	1.13	0.05	0.06
	出口额	5 524.4	2 076.0	11.1	2 373.3	22.3	822.6	58.6	160.4

续表

年份	产品类型	乳制品	鲜奶	酸奶	奶粉	乳清	炼乳	奶油	奶酪
2003	出口量	4.88	2.72	0.02	0.77	0.02	1.30	0.00	0.05
	出口额	4 620.2	1 835.0	37.9	1706.7	16.8	873.4	0.8	149.5
2004	出口量	6.01	3.06	0.08	0.93	0.14	1.74	0.00	0.06
	出口额	5 627.9	2 012.4	65.1	2 087.4	128.1	1 180.9	2.8	151.2
2005	出口量	6.98	3.35	0.10	1.78	0.06	1.61	0.01	0.07
	出口额	8 177.1	2 261.9	73.8	4 392.4	52.3	1 198.1	9.7	189.0
2006	出口量	7.48	3.86	0.11	2.06	0.05	1.34	0.01	0.05
	出口额	9 416.3	2 386.5	81.6	5 278.5	46.8	1 440.5	19.7	162.7
2007	出口量	13.46	4.56	0.17	6.20	0.41	1.48	0.59	0.05
	出口额	24 225.9	2 949.5	182.2	17 391.2	394.0	1 823.4	1 334.7	150.9
2008	出口量	12.07	3.84	0.11	6.38	0.43	0.81	0.50	0.00
	出口额	30 170.3	2 958.5	172.5	23 669.3	483.9	1 171.0	1 715.2	0.0
2009	出口量	3.66	2.00	0.08	0.97	0.03	0.37	0.20	0.01
	出口额	5 689.0	1 334.3	115.0	3 086.0	33.9	571.1	501.0	47.7
2010	出口量	3.37	2.25	0.12	0.30	0.04	0.34	0.30	0.02
	出口额	4 394.2	1 599.6	114.4	942.9	80.1	590.3	972.3	94.7
2011	出口量	4.33	2.52	0.09	0.93	0.11	0.31	0.34	0.03
	出口额	7 966.2	2 061.0	79.2	3 710.9	145.9	599.3	1 192.9	177.0
2012	出口量	4.49	2.73	0.05	0.97	0.07	0.37	0.26	0.04
	出口额	8 236.0	2 312.5	49.7	3 983.6	143.1	720.1	801.0	225.9

资料来源:《中国奶业年鉴 2005、2012》、《2013 中国奶业统计摘要》。

附表 14　1995—2012 年我国乳制品进出口价格　　美元/t

年份	产品类型	鲜奶	酸奶	奶粉	乳清	炼乳	奶油	奶酪
1995	进口价格	736.3	707.7	1 137.1	559.6	836.8	1 046.9	1 080.2
	出口价格	675.3	1 643.5	1 988.8	2 328.9	1 442.5	1 512.1	4 162.1
1998	进口价格	367.3	779.7	1257.0	572.8	671.5	1 881.0	2 489.7
	出口价格	743.0	1 551.8	1 624.6	1 589.5	1 442.0	1 701.5	2 438.3
1999	进口价格	570.6	487.2	1 414.9	697.9	1 285.9	1 719.8	2 599.8
	出口价格	720.7	1 274.9	1 948.3	960.6	1 060.7	1 938.2	3 404.2
2000	进口价格	594.9	594.7	1 584.7	650.6	557.4	1 537.9	1 990.3
	出口价格	684.0	1 234.3	2 054.9	898.3	971.4	1 584.3	2 883.0
2001	进口价格	507.8	596.4	1 955.3	735.2	789.0	1 392.7	1 958.6
	出口价格	721.3	839.8	2 054.6	692.8	833.4	180.7	2 543.9
2002	进口价格	551.5	694.3	1 450.0	655.0	982.5	1 306.9	2 263.6
	出口价格	747.1	732.3	2 304.3	650.2	725.4	1 160.2	2 647.9
2003	进口价格	793.8	1 873.0	1 614.7	617.6	1 545.3	1 499.2	2 114.0
	出口价格	674.5	1 539.8	2 222.8	738.4	674.2	2 221.9	2 734.6
2004	进口价格	1 278.1	2 330.1	1 870.8	673.3	2 120.6	1 969.1	2 986.9
	出口价格	656.8	832.9	2 254.4	888.8	677.4	1 193.4	2 740.2
2005	进口价格	1 529.3	2 890.0	2 177.8	840.1	2 436.1	2 474.6	3 680.7
	出口价格	674.5	715.2	2 472.6	823.5	742.5	1 507.6	2 870.6
2006	进口价格	1 372.2	2 200.0	2 145.1	1 054.2	1 899.8	2 117.0	3 854.8
	出口价格	617.6	769.4	2 565.3	898.1	1 076.6	1 416.8	3 011.1

续表

年份	产品类型	鲜奶	酸奶	奶粉	乳清	炼乳	奶油	奶酪
2007	进口价格	1 614.2	2 871.5	3 297.9	1 904.3	2 085.8	2 631.3	4 082.5
	出口价格	647.4	1 094.3	2 803.3	968.9	1 229.0	2 251.3	3 198.8
2008	进口价格	1 685.0	3 656.8	3 940.7	1 464.5	3 671.4	4 356.4	5 309.6
	出口价格	769.9	1 562.4	3 711.6	1 122.7	1 454.0	3 453.4	0.0
2009	进口价格	1 541.7	2 858.0	2 351.9	984.3	2 294.7	2 308.6	4 103.3
	出口价格	666.1	1 363.4	3 169.2	1 071.9	1 546.9	2 449.1	4 160.7
2010	进口价格	1 774.0	3 411.6	3 352.6	1 303.6	2 263.2	3 898.1	4 599.9
	出口价格	711.2	973.9	3 175.0	1 796.8	1 714.2	3 199.6	4 820.2
2011	进口价格	1 492.1	3 505.4	3 660.3	1 658.8	2 351.5	5 148.8	4 862.3
	出口价格	818.9	930.6	3 978.6	1 269.3	1 914.7	3 551.3	5 223.5
2012	进口价格	1 266.0	3 149.7	3 364.3	1 974.7	2 290.2	4 051.0	4 808.0
	出口价格	847.1	994.0	4 106.8	2 044.6	1 946.2	3 080.8	5 648.0

资料来源:《中国奶业年鉴 2005、2012》、《2013 中国奶业统计摘要》。

附表 15 1995—2012 年我国不同乳制品进口情况 万 t,%

年份	乳制品	鲜奶	鲜奶所占比例	酸奶	酸奶所占比例	液态奶所占比例	奶粉	奶粉所占比例	乳清	乳清所占比例	炼乳	炼乳所占比例	奶油	奶油所占比例	奶酪	奶酪所占比例	干乳制品所占比例
1995	7.22	0.74	10.25	0.13	1.80	12.05	2.47	34.21	3.46	47.92	0.11	1.52	0.12	1.66	0.19	2.63	87.95
1998	11.11	0.89	8.01	0.06	0.54	8.55	3.11	27.99	6.93	62.38	0.02	0.18	0.05	0.45	0.05	0.45	91.45
1999	16.34	1.49	9.12	0.24	1.47	10.59	5.66	34.64	8.32	50.92	0.18	1.10	0.33	2.02	0.12	0.73	89.41
2000	21.89	1.49	6.81	0.26	1.19	7.99	7.28	33.26	12.29	56.14	0.06	0.27	0.31	1.42	0.20	0.91	92.01
2001	19.56	0.96	4.91	0.29	1.48	6.39	5.85	29.91	11.98	61.25	0.13	0.66	0.15	0.77	0.20	1.02	93.61
2002	26.39	0.48	1.82	0.17	0.64	2.46	11.08	41.99	13.80	52.29	0.09	0.34	0.52	1.97	0.25	0.95	97.54
2003	31.50	0.30	0.95	0.03	0.10	1.05	13.37	42.44	16.12	51.17	0.10	0.32	1.12	3.56	0.46	1.46	98.95
2004	34.71	0.30	0.86	0.05	0.14	1.01	14.49	41.75	17.80	51.28	0.11	0.32	1.24	3.57	0.72	2.07	98.99
2005	32.00	0.38	1.19	0.05	0.16	1.34	10.69	33.41	18.76	58.63	0.12	0.38	1.28	4.00	0.72	2.25	98.66
2006	34.79	0.38	1.09	0.08	0.23	1.32	13.49	38.78	18.46	53.06	0.11	0.32	1.28	3.68	0.99	2.85	98.68
2007	29.85	0.41	1.37	0.07	0.23	1.61	9.82	32.90	16.74	56.08	0.09	0.30	1.40	4.69	1.32	4.42	98.39
2008	35.07	0.74	2.11	0.08	0.23	2.34	10.10	28.80	21.31	60.76	0.09	0.26	1.36	3.88	1.39	3.96	97.66
2009	59.69	1.27	2.13	0.15	0.25	2.38	24.68	41.35	28.88	48.38	0.17	0.28	2.84	4.76	1.70	2.85	97.62
2010	74.52	1.59	2.13	0.12	0.16	2.29	41.40	55.56	26.45	35.49	0.33	0.44	2.34	3.14	2.29	3.07	97.71
2011	90.59	4.05	4.47	0.25	0.28	4.75	44.95	49.62	34.42	38.00	0.49	0.54	3.57	3.94	2.86	3.16	95.25
2012	124.73	9.38	7.52	0.79	0.63	8.15	57.29	45.93	37.84	30.34	0.55	0.44	4.83	3.87	3.88	3.11	83.69

资料来源:《中国奶业年鉴 2005、2012》、《2013 中国奶业统计摘要》。

附表 16 1995—2012 年我国奶粉进口量前五位国家奶粉进口情况 万 t,%

年份	1995	2000	2001	2002	2003	2004	2005	2006	2007	2008	2009	2010	2011	2012
新西兰	0.33	4.95	4.01	7.01	9.32	10.86	8.23	10.41	7.15	5.06	20.39	33.65	36.7	49.53
澳大利亚		0.76	1.23	3.40	1.93	1.55	1.22	1.12	1.25	2.45	1.81	2.48	2.14	1.65
美国	0.37		0.24	0.13	0.26	0.47	0.59	1.39	0.65	1.65	0.61	1.45	2.14	1.86
法国	0.16	0.25	0.07	0.17	0.33				0.18	0.33	0.70	0.52	0.73	1.11
德国													0.81	1.19
丹麦											0.24	0.85		
加拿大									0.12					
乌克兰								0.29						
印度							0.17	0.12		0.27				
荷兰	0.78													
英国		0.3												

续表

年份	1995	2000	2001	2002	2003	2004	2005	2006	2007	2008	2009	2010	2011	2012
爱尔兰		0.3					0.13							
捷克			0.07											
芬兰				0.11	0.32	0.25								
比利时						0.25								
马来西亚	0.21													
前五位进口量	1.85	6.56	5.62	10.82	12.16	13.38	10.34	0.41	9.35	9.76	23.75	38.95	42.52	55.34
总进口量	2.47	7.28	5.85	11.08	13.37	14.49	10.69	13.49	9.82	10.1	24.68	41.4	44.95	57.29
前五位占总进口量比例	74.90	90.11	96.07	97.65	90.95	92.34	96.73	3.04	95.21	96.63	96.23	94.08	94.59	96.60

资料来源：历年《中国奶业年鉴》、《2013 中国奶业统计资料》。

附表 17　1995—2012 年我国液态奶进口量前五位的国家　　万 t，%

国家	1995	2000	2001	2002	2003	2004	2005	2006	2007	2008	2009	2010	2011	2012
德国							0.01		0.02	0.05	0.18	0.32	1.37	3.89
新西兰	0.05	0.15	0.09	0.08	0.09	0.11	0.18	0.15	0.23	0.36	0.62	0.75	1.78	2.89
澳大利亚	0.32	1.08	0.76	0.36	0.2	0.12	0.11	0.12	0.08	0.18	0.18	0.16	0.48	1.32
法国			0.03	0.04	0.01	0.04	0.06	0.08	0.08	0.14	0.22	0.36	0.47	1.07
美国	0.1													0.28
中国香港	0.09	0.24	0.26	0.13										
荷兰	0.19	0.04												
马来西亚		0.13	0.02			0.02								
西班牙				0.02	0.01		0.01							
比利时						0.02								
俄罗斯								0.03						
英国								0.02				0.02		
日本									0.02	0.03				
韩国											0.12			
中国台湾													0.04	
前五位进口量	0.75	1.65	1.15	0.62	0.32	0.31	0.39	0.4	0.44	0.75	1.31	1.61	4.15	9.45
进口总量	0.87	1.75	1.25	0.65	0.33	0.35	0.43	0.46	0.48	0.82	1.42	1.71	4.3	10.17
前五位占进口总量比例	86.21	94.29	92.00	95.38	96.97	88.57	90.70	86.96	91.67	91.46	92.25	94.15	96.51	92.92

资料来源：历年《中国奶业年鉴》、《2013 中国奶业统计资料》。

附表 18　1995—2012 年我国干乳制品进口量前五位的国家　　万 t，%

年份	1995	2000	2001	2002	2003	2004	2005	2006	2007	2008	2009	2010	2011	2012
新西兰	0.56	5.47		7.72	10.53	12.18	9.65	12.21	9.26	7.49	24.12	37.33	41.64	56.12
美国	2.31	3.72		5.26	6.38	7.45	8.31	8.09	5.75	10.91	14.80	15.92	19.10	20.15
法国		3.91		4.09	5.33	4.61	4.59	4.84	4.99	5.47	5.77	4.22	5.67	6.82
德国												2.07	3.01	3.70
澳大利亚	0.36	1.79		5.06	4.19	3.73	2.83	2.66	2.51	3.77	3.38	3.84	3.54	3.32
加拿大		1.36		1.11										
荷兰	1.02					1.60	1.41			1.42	1.81			
芬兰	0.43				1.32			1.18	1.25					
前五位进口量	4.67	16.25	0.00	23.25	27.76	29.57	26.79	28.97	23.76	29.06	49.88	63.39	72.97	90.11
进口总量	6.35	20.14	18.31	25.74	31.17	34.36	31.57	34.33	29.37	34.25	58.27	72.81	86.29	104.39
前五位占进口总量比例	73.58	80.66	0.00	90.32	89.05	86.07	84.85	84.39	80.91	84.85	85.60	87.06	84.56	86.32

资料来源：历年《中国奶业年鉴》、《2013 中国奶业统计资料》。

附表 19　1986—2011 年我国不同种类乳制品进口量和进口额变化情况

t，千美元

年份	黄油		全脂奶酪		鲜奶油		脱脂牛奶		脱脂酸牛奶		全脂鲜牛奶		脱脂奶粉		全脂奶粉		全脂炼乳	
	进口量	进口额	进口量	进口额	进口量	进口额	进口量	进口额	进口量	进口额	进口量	进口额	进口量	进口额	进口量	进口额	进口量	进口额
1986	3 354	8 604	85	412							1 651	2 667	20 760	18 218	9 864	13 819		
1987	2 439	5 649	126	678	493	762					346	270	11 427	10 937	17 867	24 353		
1988	8 025	17 932	134	706	422	672					598	532	19 215	23 852	10 456	19 897		
1989	9 100	21 246	139	649	141	315					524	516	13 330	22 656	5 595	14 804		
1990	4 960	9 682	177	800	118	277					1 719	817	15 207	29 410	11 523	25 813		
1991	3 424	6 024	222	1 016	286	491					451	411	15 823	25 787	10 099	17 390		
1992	1 548	2 988	445	1 531	273	255	1 865	3 452	218	224	1 865	2 873	6 263	10 477	9 268	22 289	551	518
1993	1 736	1 983	471	1 363	896	709	1 585	1 489	429	447	2 399	1 679	6 444	9 216	9 300	18 735	1 147	746
1994	2 195	2 059	1 581	2 544	1 705	1 158	1 900	1101	1196	779	1753	1 707	20 377	20 073	22 420	25 788	1 023	1 080
1995	1 181	1 256	1 859	2 052	2 674	1 667	2 299	2 733	1 062	753	2 467	1 049	9 490	13 776	15 236	14 310	649	555
1996	781	1 634	345	836	2 759	1 305	2 405	1 463	290	312	2 112	869	5 556	5 835	13 751	12 755	556	396
1997	354	1 012	190	400	4 130	1 453	902	480	196	257	5 052	1 986	7 759	6 434	20 150	12 721	200	125
1998	485	912	414	870	3 147	1 116	869	558	369	374	4 868	1 588	10 916	15 215	20 137	23 819	141	88
1999	3 275	5 633	1 066	2 333	7 349	3 908	1 911	2 110	301	296	5 683	2 507	16 096	25 443	40 520	54 660	280	215
2000	3 088	4 749	1 661	2 837	8 280	4 177	1 889	2 948	200	411	4 741	1 745	21 879	33 869	50 890	81 450	496	270
2001	1 452	2 023	1 889	3 512	4 832	2 271	456	630	227	488	4 311	1 973	17 941	36 851	40 566	77 549	466	303
2002	5 155	6 737	2 056	4 435	1 529	1 210	464	393	108	216	2 843	1 490	35 022	51 339	75 774	109 314	379	349
2003	11 228	16 834	3 186	6 241	807	1 298	223	127	98	191	1 993	975	44 585	71 375	89 104	144 491	44	80
2004	12 379	24 376	3 847	11 174	1 282	2 500	240	205	191	439	1 484	1 136	55 387	105 617	89 514	165 510	30	154
2005	12 835	31 760	4 324	15 109	2 314	4 837	141	92	171	480	1 328	855	42 646	94 563	64 229	137 832	35	123
2006	12 832	27 131	6 868	25 531	1 696	3 733	287	202	48	224	1 784	1 234	62 386	134 672	72 532	154 743	37	68
2007	13 984	36 796	8 951	34 970	2 141	5 103	283	211	155	661	1 704	1 349	40 476	142 597	57 679	181 021	80	237
2008	13 597	59 222	8 993	45 952	3 122	8 393	606	673	203	971	3 674	3 310	54 965	215 009	46 076	183 300	152	511
2009	28 444	65 665	12 973	48 751	5 469	13 196	965	847	776	1 806	6 346	5 659	70 443	156 012	176 345	424 397	442	1 040
2010	14 902	57 551	18 833	82 447	7 220	20 292	1 525	1 311	287	1 020	7 145	6 586	88 544	274 023	325 496	1 114 403	901	2 247
2011	18 366	87 779	23 573	110 087	10 504	32 395	4 220	3 587	1 143	3 771	25 815	24 507	129 780	455 550	319 751	1 189 875	925	2 246

资料来源:FAO。

附表 20　1990—2011 年我国不同种类乳制品出口量和出口额变化情况

t，千美元

年份	黄油		全脂奶酪		鲜奶油		脱脂牛奶		脱脂酸牛奶		全脂鲜牛奶		脱脂奶粉		全脂奶粉		全脂炼乳	
	出口量	出口额	出口量	出口额	出口量	出口额	出口量	出口额	出口量	出口额	出口量	出口额	出口量	出口额	出口量	出口额	出口量	出口额
1990	51	161	5	16							19 290	10 626	75	140	913	1 858	0	0
1991	136	400	6	17							21 885	12 837	54	191	688	1 623	0	0
1992	57	126	22	57	0		21	10	34	37	24 880	15 685	213	687	2 400	4 872	603	322
1993	0	0	15	39	0		7	7	55	43	26 698	17 021	519	801	4 770	7 965	1 030	699
1994	2	1	92	236	9	7	88	45	16	9	25 755	16 714	46	92	3 090	4 542	365	484
1995	124	187	66	275	275	209	122	77	9	39	24 925	16 813	442	1 053	4 077	7 934	106	152
1996	170	342	18	18	7	6	210	135	12	22	24 980	18 891	257	406	4 139	7 076	703	1 210
1997	1	2	408	347	249	90	184	93	146	160	25 695	18 968	1 095	2 185	6 749	12 745	3 340	4 848
1998	218	371	698	1 639	625	476	142	109	139	232	23 729	17 616	3 257	4 943	5 151	8 716	2 412	3 445
1999	47	91	306	1 035	27	20	6	2	253	347	25 162	18 136	650	1 191	9 358	18 306	2 561	3 104
2000	223	353	406	1168	21	21			136	180	29 396	20 099	132	299	10 029	20 581	3 486	3 887
2001			509	1 293	11	9			36	29	26 432	19 058	506	1 906	4 537	8 455	4 819	4 580
2002	505	586	606	1 604					58	36	27 786	20 366	324	944	9 976	22 789	6 482	5 828
2003	4	8	543	1 468	36	63	1	1	201	338	27 169	18 286	483	1 643	7 195	15 424	7 556	6 227
2004	24	28	552	1 512	18	20	0	0	733	503	30 583	20 082	1 529	4 191	7 709	16 653	10 615	8 799
2005	65	97	657	1 869	318	628	0	0	971	628	33 216	21 991	1 520	4 358	16 244	39 566	9 452	8 671
2006	139	197	540	1 627	423	844	0	0	914	605	38 219	23 021	968	3 023	19 608	49 761	7 908	8 058
2007	5 929	13 347	472	1 509	378	880			1 453	1 425	45 181	28 545	4 409	15 081	57 573	2E+05	8 745	9 923
2008	4 967	17 152	0	0	293	544	0	0	932	1 350	38 135	29 042	1 384	5 975	62 387	2E+05	5 266	7 702
2009	2 046	5 010	46	247	230	306	0	0	814	1 126	19 801	13 037		1	9 737	30 859	2 170	3 726
2010	3 00	9 545	110	584	477	1 149	0	0	977	991	22 015	14 847	189	690	2 780	8 739	2 226	4 102
2011	3 261	11 490	180	993	628	2 171	0	0	573	567	24 542	18 439	199	911	9 128	36 199	2 167	4 364

资料来源：FAO。

印度奶业发展报告

摘要:印度作为传统的畜牧大国,畜牧业在印度国民经济中占有重要的地位。其反刍动物养殖业尤为发达,奶牛和肉牛的存栏总量超过2.6亿头。牛奶总产量早在1999年达到7 400万t,成为世界第一牛奶及奶产品生产大国。由于宗教的原因,印度教徒本身不允许吃牛肉,其动物蛋白摄入来源主要是牛奶。因此印度消费者对牛奶及乳制品有着十分旺盛而稳定的需求。在印度,大约7 000万农户饲养着9 800万头奶牛,其中超过一半是水奶牛,平均每户奶农有1.2头奶牛。无地或少地的边际农户是印度奶业的核心力量,农户平均收入的22.5%来自于出售牛奶所得。

印度奶业消费在整个食物采购中常年占约10%的比例,甚至超过肉、蛋和鱼的消费总和。而且随着经济发展,鲜奶和乳制品的消费在广大农村地区和城市都出现了几何式增长。印度人均奶占有量在2006年达到250 g/d,超过世界平均水平。印度牛奶消费主要是鲜奶消费,其余用于乳制品加工,印度的传统乳制品种类繁多,形状风味各异。目前,印度乳品市场值达到476亿美元。印度鲜奶及乳制品的出口在过去10年稳定增长,种类包括不同类型的奶粉及乳蛋白和乳脂副产品。进口量在逐年下降。其中鲜奶在近10年的出口量远高于进口数量,是名副其实的乳制品出口大国。2006年,印度最大的乳业公司Amul的销售额达到了6亿美元,牛奶收购量居亚洲之首。并且成功进军欧美市场。

印度水牛的存栏量,已占世界的55.7%。水牛奶业是印度政府和奶农的最佳选择。印度通过改良地方水牛来发展水奶牛事业,经多年培育的摩拉水牛已经是世界上最好的水奶牛品种之一。在印度北部地区建有良种水牛冷冻精液制作中心和良种水牛纯繁场。研究机构开发水奶牛饲料资源,通过利用营养调控技术,提高水奶牛生产性能,以最大限度地充分发挥水奶牛泌乳能力。作为典型的发展中国家,印度处理粪便的方式还极为有限。粪便最主要的处理方式包括直接用作有机肥料或者晒干后农户用作燃料。2005年,家畜粪便处理中产生的甲烷气体相当于2.3×10^8万t二氧化碳排放量。其中,非产奶牛和产奶牛占甲烷排放量的各20%。受到印度奶牛单产水平不高的限制,单位奶产量对环境造成的影响要高于发达国家。

印度对提高原料奶质量的主要政策体现在对奶业合作社的支持上,同时政府给予合作社最大的市场自由度。除了监督作用,政府还通过制定奶业运输政策,增加铁路和公路运输对奶业发展的支持。由于广大奶农本身就是合作社的主人,全部的利益需要合作社来实现,另外,广大农户手中的鲜奶有一定比例留为自用,因此出于对经济利益和自身食品安全考虑,极少有故意添加违规饲料添加剂或化学制剂的情况发生。印度食品残留法的条款规定任何企业和个人如查出违规使用食品添加剂或超量使用抗生素等都将受到严厉惩罚。

印度政府在全国有奶业教学和科研单位267个,分布于全国28个地区。奶业研究中心通过与大学和研究所合作来解决农户在实际生产中遇到的营养,繁殖,疾病等各类问题。印度的奶业发展离不开政府的支持。20世纪70年代,印度政府以发展奶业为目的发起“白色革命”采取了一系列以政府为主导、以市场为依托并整合印度自身特点的政策和法令。同时,世界上最大的奶业发展计划“洪流计划”开始实施，其目的是通过建立现代化的奶业体系以最快的时间满足印度快速增长的鲜奶及乳制品需要。在“白色革命”计划的推动下，印度建立起一套完善的乳业机构，包括采集、加工和销售。在此期间，设立了10万多个村级合作社，成员包括约1 100万农户，奶牛和水奶牛的产奶量都得到了很大的提升。印度的奶业合作社实行三级组织体系，把牛奶生产产前、产中和产后的各个环节联系在一起，即奶农控制着牛奶生产、加工和销售三个层次的所有环节。这是印度奶业合作社最大特点，是运营机制上的创新。

现阶段，中国可以借鉴印度的经验，引导和扶持奶农组建奶牛生产合作社来提高奶农的组织化程度，并通过资金和政策扶持奶牛生产合作社来增强奶农在购买生产资料和销售产品时讨价还价的地位，为奶农提供无偿或低价的技术指导和兽医服务等。

关键词：印度　奶业　发展

1　奶业发展基本情况

印度位于南亚次大陆的印度半岛上，面积330万 km^2，人口10.2亿，位居世界第二。印度北部高山区海拔在5 500 m以上，中部是平原区，西部是印度沙漠，南部是高原区，大部分地区属于热带季风气候。年降水量各地差别很大，从200 mm到4 000 mm不等。森林覆盖率20%。印度是一个农业大国，农业是印度经济的基础产业，畜牧业在印度国民经济中占有重要的地位，仅次于种植业，占农业生产总值的20%。印度畜牧资源丰富，牛存栏量大约为2.6亿头，绵羊约为5 000万只，山羊约为9 940万只，猪约为1 076万头，家禽约为2.58亿只。

印度人视牛为神，因而印度奶业有着神秘而深厚的宗教背景和历史背景。印度奶业迅速发展有一个不可忽视的原因就是印度人的消费习惯——牛奶及乳制品是印度人饮食中一个重要的组成部分。由于宗教的原因，印度人吃肉较少，其动物蛋白摄入来源主要是牛奶，因而消费者对牛奶及乳制品有着十分旺盛而稳定的需求。20世纪40年代，印度的奶业被一些牛奶公司和中间商控制。奶农付出大量的劳动同时投入大量的资金却只得到相对较少的利润，因此，奶农生产的积极性降低。奶农为了改变这种被动地位，古吉拉特邦凯拉区的奶农在1946年建立奶业合作社，以合作社的形式向大城市供应牛奶。此后，相似的奶业合作社在印度不同邦建立起来。1964年，印度总理夏斯特里在古吉拉特邦参观完奶业合作社后做出决定，印度奶业的发展要以古吉拉特邦阿兰德的合作社经营模式为主。自此之后，印度的奶产量进入了一个新的台阶。以此模式发展起来的印度奶业产奶量最终从1961年的1 984万 t，发展到1999年7 400万 t，并一跃成为世界第一奶产品生产大国。

1.1　奶牛养殖业发展

在印度，养牛业占有重要地位，2010年牛存栏量达到2亿头(图1)，大约7 000万农户饲养养着9 800万头奶牛。印度各邦总产奶量差异较大，其中北方各邦的产奶量要高于南方，中部沙漠地区各邦的产奶量较全印度平均水平要低很多(图2)。尽管印度政府提倡集约化和标准化饲养，但大型标准化的奶牛场数量依然相对较少。虽然产能较高，但绝对值无法与广大小型农户比较(图3)。其中80%以上的水奶牛或奶牛为舍饲，每头年均产奶量大约是美国的1/10，新西兰的1/5。至2007年，印度全境非家庭作坊式注册小型奶牛场有295个，中型奶牛场202个，大型奶牛场60个，其中各邦之间奶牛场差异较大，个别邦如阿萨姆邦没有中到大型奶牛场(附表11)。

与发达国家不同，印度的奶牛饲养方式以散户饲养为主，养殖规模多为分布在印度各乡村地区的小型农户，主要以无土地或少地的边际农户为主，同时散户饲养的奶牛品种多以水奶牛为主，全印度境内拥有1～2头奶牛的农户养殖场占全印度养殖场数量的78.5%，产奶量占印度总产奶量的50%以上。奶牛生产不仅为这些农户提供了充足的营养，在帮助这些贫困人口脱贫上也做出了很大的贡献。统计发现，一些牛奶产区中，57%的农户生活在贫困线以下或缺少耕地。这种情况也表明：在这些农户手中牛奶的收集、储存、运输和销售是非常困难的。他们人数多，提供的却是单一同质的产品，其市场结构是典型的完全竞争，奶农只是价格的被动接受者，而且同质的产品无法获得产品差异化所带来的较高收益。因此，奶农个体和市场整体之间就存在着很大的矛盾。具体体现为分散的奶农在面对牛奶加工和销售企业，甚至还有一些中间商时显得势单力薄，任由他们宰割。有限的资源禀赋和低素质的奶业生产者使得印度奶业的发展具有相当程度的弱质性。

20 世纪 60 年代，由于奶农的消极生产，印度的奶业基本上未发展，甚至个别年代，牛奶总产量出现倒退。70 年代，印度政府以发展奶业为目的发起“白色革命”（因牛奶是白色的而得名），采取了一系列以政府为主导以市场为依托并整合印度自身特点的政策和法令。印度地处热带，气候潮湿而炎热，限制了不适应高热气候条件的荷斯坦奶牛的引进和培育。因此，印度政府根据其环境特点，从很早就重视开发利用其丰富的水奶牛资源，决定大力发展水牛奶业。如附表 1 所示：印度奶牛和水牛的单产和总产量稳步提高，鲜奶总产量由 1961 年的 1 984 万 t 提高到 2011 年的 12 254 万 t。至 20 世纪末，印度农户平均收入的 22.5%来自于出售牛奶所得。从 1970 年开始，印度水奶牛和奶牛产量得到大幅度提高（图 4、图 5 和表 1）。

70 年代中期，由于白色革命的影响以及合作社模式的成功，印度农民大量养殖水奶牛。印度水牛的存栏量，已占世界的 55.7%，远多于排名第二的巴基斯坦（2 816.5 万头）和第三的中国（2 272.2 万头），是名副其实的水牛大国。经多年的培育，其摩拉水牛已经是名副其实的最好的水奶牛品种之一。不仅如此，印度的能繁殖母水牛几乎全部挤奶，除少量自用外，其余全部用作商品奶销售。通过附表 1 可以看出，目前，超过 53%的印度牛奶是由水奶牛提供的，这与奶业发达国家以荷斯坦奶牛为主要奶源的情况完全不同，因此可以说印度奶业的发展离不开水奶牛的培育，饲养和管理。

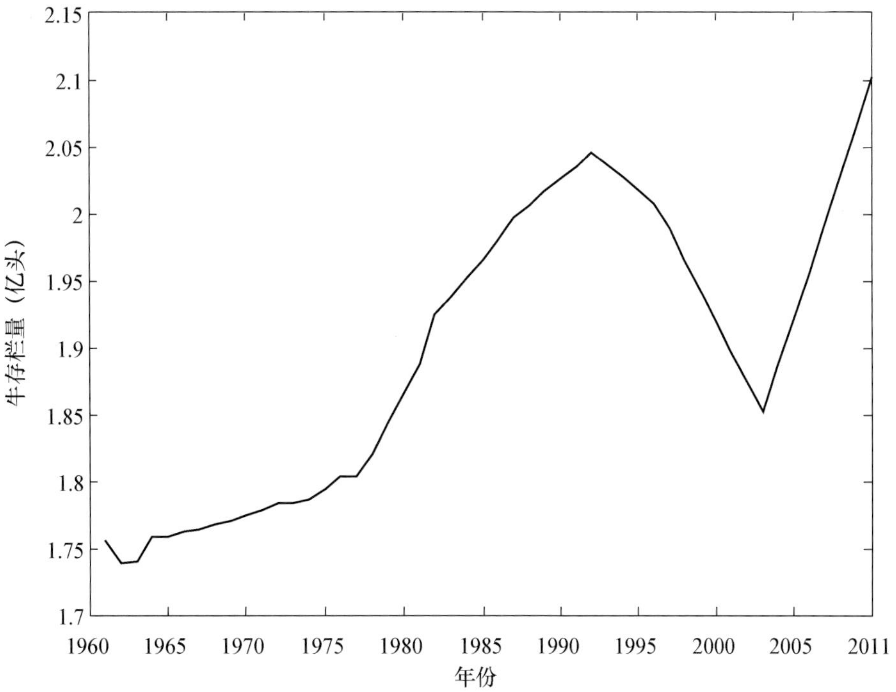

图 1　印度牛存栏数

资料来源：印度奶业发展委员会（National Dairy Development Board，NDDB）。

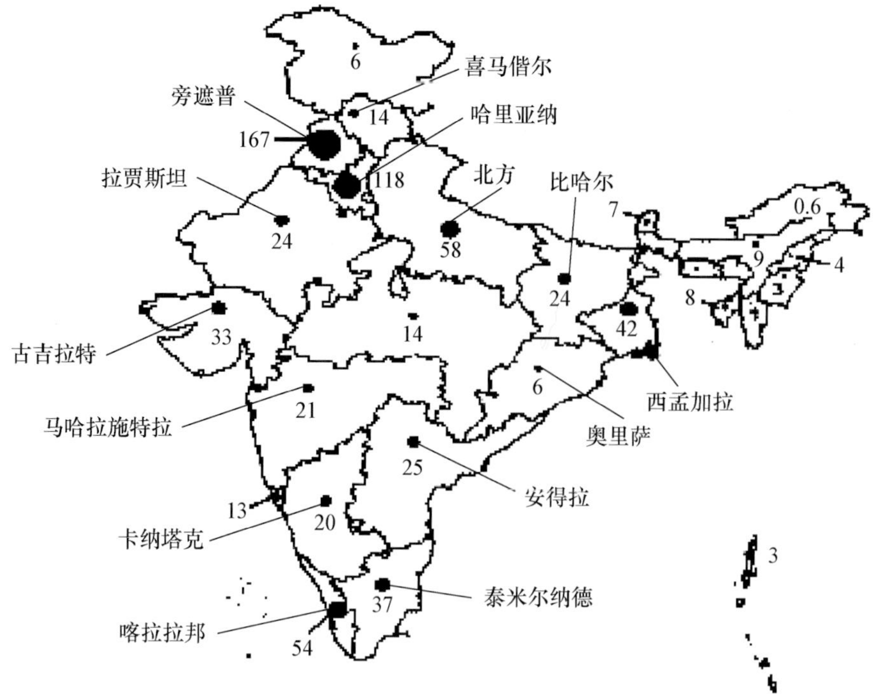

图 2　印度各主要邦奶产量分布图(t/km^2,2003)

图片来源:www. Indiaagristat. com。

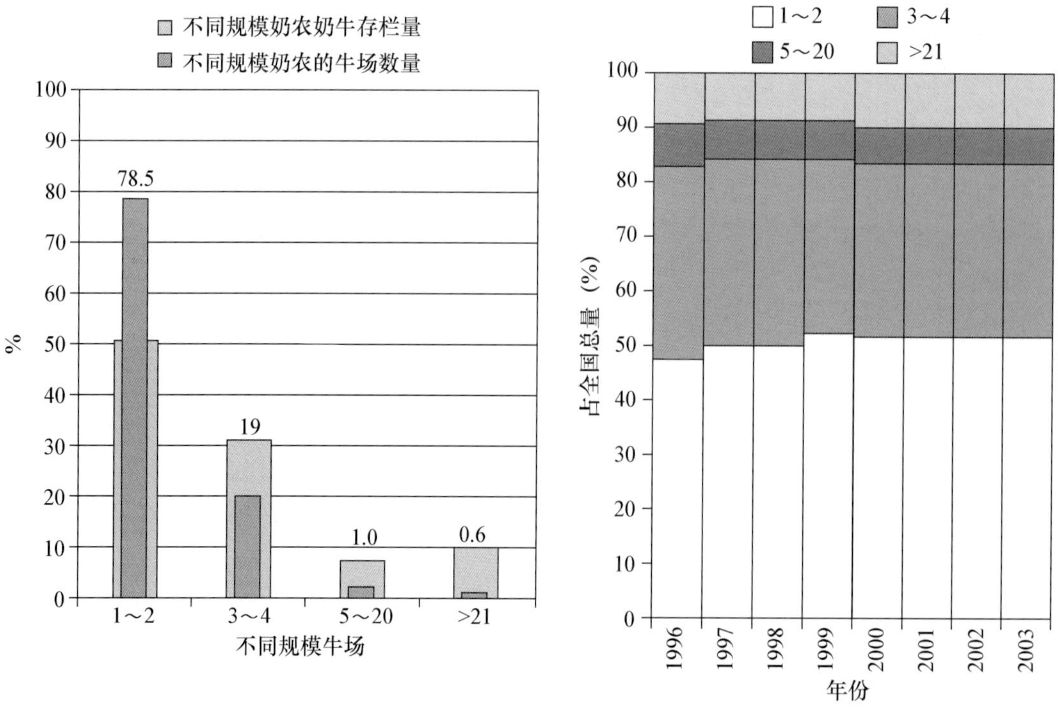

图 3　印度不同规模奶农奶牛存栏量以及牛场数量(左图)和奶产量(右图)

资料来源:NSSO 17th,26th,38th rounds and technical committee report on livestock statistics of GDI;AHRD,2002. FAO.

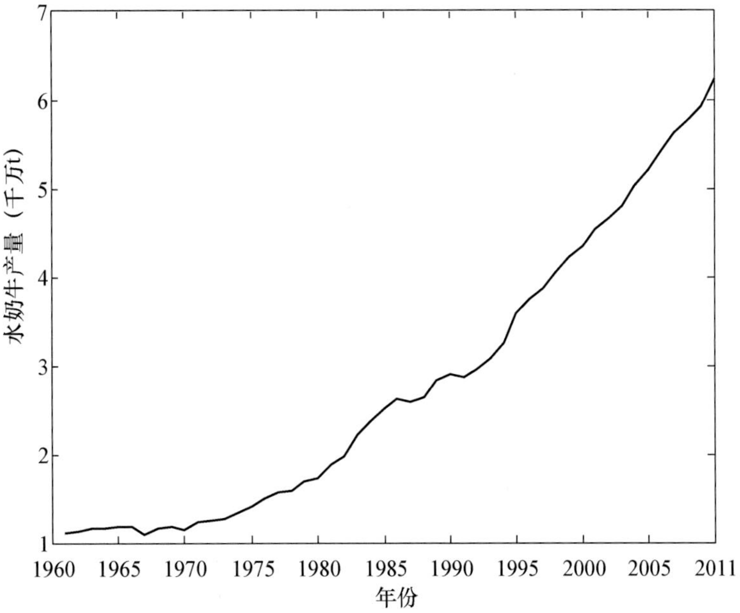

图 4 印度水牛产量

资料来源：印度奶业发展委员会数据来源，FAOSTAT，2013。

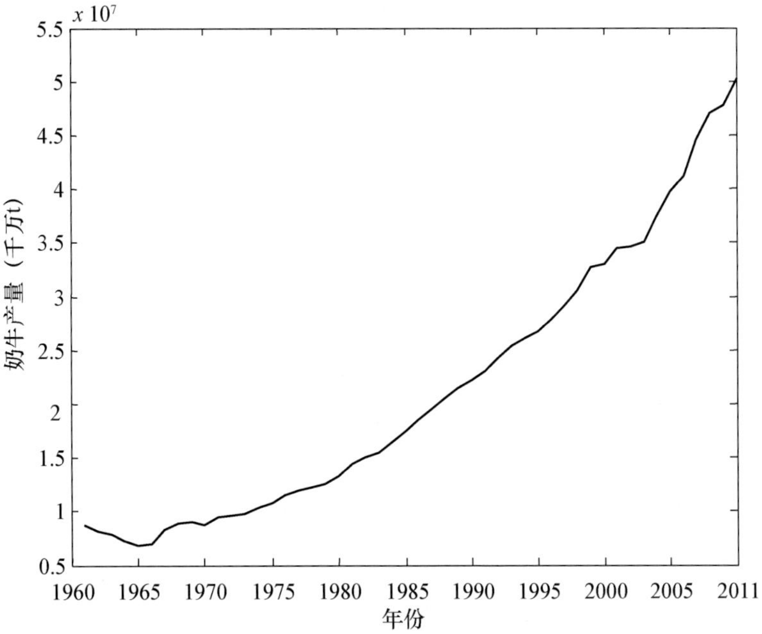

图 5 印度奶牛产量

资料来源：印度奶业发展委员会数据来源，FAOSTAT，2013。

表 1 印度水牛，奶牛和山羊产奶量及增长趋势 千 t

	1980	1990	2000	2004	2008
水牛产奶量	17 358	29 057	43 428	50 178	60 900
奶牛产奶量	13 255	22 240	32 967	37 344	44 100
山羊产奶量	947	2 381	3 266	3 537	4 000
总计	31 560	53 678	79 661	91 059	109 000

资料来源：FAOSTAT，2010。

1.2 乳品加工业发展

通过附表 2 可以看出，印度乳制品的生产能力在近几十年得到了显著提升，脱脂牛奶的产量从 1985 的 0.27 万 t 到 2010 年的 180 万 t。脱脂奶粉由 1990 年的不足 3 万 t 到 2010 年的 14.0 万 t。尽管印度乳品加工能力有了显著提高，但印度乳制品需求在各邦之间具有不平衡性，如旁遮普邦虽然总产奶量不是最高，人均奶消耗量却远高于其他邦(附表 9)。1970 年开始，随着白色革命后奶产量及印度对水牛奶加工技术的完善，印度乳制品趋于多样性，其中酸乳黄油、水牛酪脂、黄油以及酥油的产量大幅增加，至 2011 年黄油和酥油的总产量达到 338 万 t(附表 3)。在印度，加工企业对水牛奶的加工尤为重视，水牛奶中锌、铁、钙的含量分别是中国荷斯坦牛奶的 12.3 倍、79 倍、1.3 倍。正是由于水奶牛数量以及水牛奶产量的增加，1970 年后，印度乳品结构发生明显变化，水牛奶的鲜奶以及加工产品超过传统牛奶。目前，印度境内已成为全世界水牛奶最大的加工和消费市场。2000 年，牛奶合作组织控制了印度全国液态奶的大部分市场份额。他们牛奶的生产和销售是通过 170 个奶农合作联合会完成，这些合作联合会又联合成 22 个邦级牛奶销售联盟。经过数年的努力，牛奶合作组织创造的品牌几乎是高品质和高附加值的代名词，诸如 Amul(古吉拉特邦)、Verka(旁遮普邦)、Saras(拉贾斯坦邦)、Nandini(卡纳塔克邦)、Milma(喀拉拉邦)和 Gokul(戈尔哈布尔)等品牌颇受消费者青睐。

水牛奶由于乳脂含量和酪蛋白分子大小与黄牛奶和进口牛奶的不同，并不适合所有的乳制品加工。因此，印度乳品专家通过改进加工工艺和方法，使得水牛奶能够加工出更多更好的乳制品，提高了水牛奶的附加值。据统计，印度乳品市场值达到 476 亿美元(约 20 000 亿卢比)。

印度各地区乳品加工厂的加工能力并不一致。总体来看，印度乳品加工厂的数量较少，印度全境乳品加工厂不超过 500 个，但加工能力较强，其中中型加工厂(日处理鲜奶小于 10 万 t 大于 1 万 t)较多，数量达到 316 个，而小型加工厂(日处理鲜奶小于 1 万 t)和大型加工厂(日处理鲜奶产大于 10 万 t)分别为 42 个和 163 个。

印度乳品加工厂多集中在奶产量较大的省份，如马哈特拉施特拉邦境内就有 84 个中型和 39 个大型乳品加工厂，超过印度全境乳品加工厂的 20%(附表 12)。由于印度奶业合作社的发展，印度乳品加工企业中，合作社的生产能力超过私人乳品加工厂(表 2，附表 10)。

表 2　印度各部门牛奶加工能力(2003)

部门	企业数	生产能力(10^6 L/d)
合作社	218	32.47
私人	366	30.26
政府部门	39	3.87
总计	623	66.6

资料来源：FAO，2003b。

1.3 乳品消费发展

在印度，有大约 7 000 万农户饲养着 9 800 万头奶牛，平均每户奶农有 1.2 头奶牛，印度水牛奶 38% 由生产者自己消费，62% 用于贸易。印度农户平均收入的 22.5% 来自于出售的牛奶所得，如附表 7 所示，印度奶业消费在整个食物采购中常年占约 10% 的比例，甚至超过肉蛋和鱼的消费总和。随着经济发展，鲜奶和乳制品的消费在广大农村地区和城市都出现了几何式增长。从 20 世纪 70 年代开始，印度奶业就一直处于快速增长状态，奶类产量从 1970 年的 2 018 万 t 增长到 1999 年的 7 490 万 t，并成为世界第一牛奶大国。进入 21 世纪以来，印度奶业更是空前发展，2010 年印度的牛奶产量已经达到 11 725 万 t，较 1999 年提高 4 235 万 t。

1970 年,印度的奶消费已鲜奶为主,印度酥油,黄油,凝乳,脱水炼乳的消费很少。但随着消费者习惯的改变,印度的液态奶消费量逐年递减,而以印度酥油为代表的乳产品比例不断增加(表 3)。到 2011 年,印度非液态奶的消费量已超过液态奶。

表 3 印度乳制品消费种类及比例(2009—2011)

种类	比例(%)
液体奶 Fluid milk	46
印度酥油 Ghee	27.5
黄油 Butter	6.5
凝乳 Curd	7.0
脱水炼乳 Khoa	6.5
奶粉 Milk Powders	3.5
印度奶酪和松软干酪 Paneer & Chhana(cottage Cheese)	2.0
其他,包括奶油和冰激凌等,Others,including Cream,Ice Cream	1.0

资料来源:www.Indianmirrow.com。

但印度乳品消费在各邦间差异极大,旁遮普邦的人均奶消费量在 2000 年达到了 917 g/d,而特里普拉邦只有 44 g/d。同时乡村和城市之间对鲜奶及乳制品消费由 1970 年开始快速增长,其中乡村对乳制品的支出由 1970 年的 3 卢比/月增加到 2010 年的 42 卢比/月,而城市由 1970 年的 5 卢比/月增加到 2000 年的 74 卢比/月(附表 7)。根据世界银行的报告,2005—2006 年度印度的牛奶和乳制品的产量达到了 9 510 万 t。人均奶占有量由 1961 年的 124 g/d,增加到 2011 年的 291 g/d(表 4)。

表 4 印度奶产量及人均奶占有量:1951—2010 年

年份	奶产量(百万吨计)*	人均奶占有量(g/d)
1951	17.0	124
1961	20.0	124
1971	22.0	112
1981	33.3	128
1991	51.7	176
2001	79.9	220
2002	81.1	224
2003	82.9	225
2004	87.5	233
2005	91.8	241
2006	96.4	251
2007	103.4	260
2008	106.9	266
2009	111.4	273
2010	117.2	281
2011	122.5	291

资料来源:www.nddb.org/statistics/milkrpodcution.html.(NDDB)。

* 水牛加奶牛鲜奶总产量(百万 t 计)。

1.4 乳品贸易发展

印度牛奶的销售渠道主要有以下两种:正式渠道和非正式渠道。正式渠道一般被认为是通过合作社或其他有资质的私人或政府部门销售的渠道。非正式渠道则是通过中间小贩,或者直接销售到终端的销售渠道。在通过正式渠道销售，有 3 种方式：有资质的政府、私人、奶业合作社渠道。通过奶业合作社销售牛奶是最重要的方式。合作社的运行效率很好，几乎能完全保证奶牛的统一、标准饲养。由于合作社的品牌优势，通过合作社出售的原奶价格正常情况下略高于政府和私人。通过非正式的渠道销售牛奶。通常也有 3 种模式：一般情况下，城市郊区，养殖具有一定规模的奶户会直接将原奶销售给城市里的终端；而偏远农村里的贫穷农户往往会选择把牛奶卖给小贩，部分经销商在市场需求比较大的时候，为了抢到奶源，也会到村子里派收奶员收奶。通过合作社销售的奶占了所有销售渠道的 42%，其次是私人部门 31%。通过非正式渠道销售的牛奶量虽然不大(20%左右)，但对乳品市场的影响很大。这也是印度乳品市场需要完善的地方。

迄今为止，印度已经建立了 22 个邦级销售联盟，170 个县级合作联合会，117 575 个村级奶业合作社，吸收了 1 240 万个奶农会员。2003 年，奶业合作社组织控制了印度全国液态奶的大部分市场份额。

如表 5 所示，印度鲜奶及乳制品的出口在过去十年稳定增长，种类包括不同类型的奶粉及乳蛋白和乳脂副产品。进口量在逐年下降，其中对脱脂奶粉的进口量不足出口量的百分之一。通过附表 4 可知，印度已经成为名副其实的乳制品出口大国。白色革命开始后，印度鲜奶由 1979 年开始首次出口，到 2011 年，鲜奶出口量达到 9 469 t(541.1 万美元)，而鲜奶进口却只有 195 t(58.3 万美元)，同时脱脂奶粉也由 70 年代的纯进口到 2010 年的进出口平衡。印度乳制品传统的进出口贸易国包括德国，荷兰，法国，意大利，比利时，以及其他欧盟国家。但印度的乳制品进出口也受到一定程度的限制。出口方面，一些进口奶粉国家，特别是发达国家对乳制品的要求较高，导致部分印度乳制品难出口到此类国家；由于进口国家缺少储存液态奶的设备和基础设施，导致印度液态奶的出口艰难；一些进口国贸易法规的改变也容易导致印度乳制品出口困难。进口方面，印度对于一些有毒或有害物质的担心导致乳制品进口减少；另外，由于缺少对进口乳制品的检测和监控，可能导致进口奶粉中可能出现被禁止的食品添加剂。

表 5　近年印度乳制品进出口贸易额　　10 万卢比

进出口		年份		
		2006—2007	2007—2008	2009—2010
总出口	脱脂奶粉	268.66	449.04	279.81
	全脂奶粉	12.41	23.69	52.14
	其他奶粉	60.45	94.47	80.83
	黄油，酥油	46.99	131.05	174.08
	全部乳制品＋酪蛋白及乳糖	647.07	1 375.85	905.29
总进口	脱脂奶粉	N. A	2.68	1.15
	黄油，酥油	64.06	8.61	4.63
	全部乳制品＋酪蛋白及乳糖	176.23	166.22	110.64

资料来源：商业信息统计总署(Directorate General of Commercial Intelligence and Statistics，DGCIS)。

印度牛奶及乳制品有着十分旺盛而稳定的需求。印度牛奶消费主要是鲜奶消费，其余用于乳制品加工。印度的传统乳制品种类繁多，有几十种，形状风味各异。

目前，印度已经开始大量出口乳制品。印度最大的乳业公司 Amul 乳业宣布，将在印度乳制品企业中率先进军欧美市场。在美国建立生产基地，这将是 Amul 乳业发展史上迈出的重大一步，也是印度第一个海外合作奶业项目。2006 年，Amul 的销售额达到 6 亿美元，牛奶收购量居亚洲之首。Amul 在美国的新生产基地最初将只生产印度人喜爱的印度酥油和干酪产品。目前在美国生活着 400 多万的印度裔人和 600 多万亚洲裔人，这对 Amul 的产品来说是一个潜在的巨大市场。

印度经过多年的政策支持，乳制品产量和质量均得到长足的发展。同时印度每年有 11%的水牛被屠宰，年产水牛肉 149.83 万 t，占印度肉类总量的 30%左右。由于宗教信仰的原因，印度人吃肉较少，吃牛肉就更少。印度水牛肉主要用于出口，主要销往马来西亚、菲律宾、越南、沙特阿拉伯、阿联酋、阿曼、也门等亚洲国家，也有部分销往非洲和欧美。印度肉牛的产量在过去的50年间一直稳步增长。

2 奶业科技进展

2.1 奶牛育种与繁殖技术进展

印度在加强水牛繁殖机理研究的基础上，应用繁殖生物技术集成（如超数排卵、活体采卵、体外生产胚胎、克隆等）加快良种扩繁的速度，以提高供种能力，促进印度水牛杂交改良的进展，快速增加水奶牛的数量。

印度是全世界唯一一个以水奶牛为主要产奶牛，并利用水奶牛解决国内鲜奶需求并实现出口的国家。印度的水牛品种主要为摩拉水牛，由印度政府1970年开始大力培育，是世界著名的河流型乳用水牛品种。与其他国家的荷斯坦奶牛不同，印度摩拉水奶牛在世界其他国家并不多见。乳用摩拉水牛的特点是：尾帚为白色，体质坚实；体躯深厚，体高而长；成年公、母牛分别为888 kg和622.4 kg。公牛头粗重，母牛头较小而清秀，角短，向后向上向内弯曲呈螺旋状。公牛体躯前重后轻；母牛前躯轻狭，后躯厚重，背腰平直，肋骨开张，斜尻，尾细长而柔软，四肢强健，肢势良好，蹄质坚硬（图6）。母牛乳房发达，乳头大小适中，距离宽，乳静脉弯曲明显。与荷斯坦奶牛相比，摩拉水牛性成熟较晚，在良好的饲养管理条件下24～36月龄可以开始采精配种，大多数情况下要到40月龄以上。

图6 典型乳用摩拉水牛

摩拉水牛产奶量比我国一般黄牛的产奶量高，平均泌乳期产奶量为1 900 kg，平均乳脂率6.37%。水牛奶品质较高，被誉为“奶中之王”。印度最新培育的水奶牛日单产超过23 kg，产奶性能提高的同时抗逆性也较好。正是由于摩拉水牛产奶量高，抗逆性好的特点，才使得印度的奶业得到了快速发展。

在印度，水牛产奶量提高的同时，水牛奶的高附加值也得到了充分的体现。水牛奶的钙和蛋白质含量比普通牛奶高58%和40%，而胆固醇含量则低43%。铁、磷、维生素A及维生素E等的含量也非常丰富。水牛奶中锌、铁、钙的含量远高于普通牛奶，这三种微量元素对促进骨骼的生长具有极佳的作用，且易于吸收。在乳制品市场，水牛奶的价格要远高于普通牛奶。印度通过改良地方水牛来发展水奶牛事业。近些年印度通过引用欧洲牛的品种与印度牛的品种进行杂交，不断提高地方水牛的泌乳性能，已将相当数量的水牛培育成以乳用为主的水奶牛。目前印度对奶牛和水牛产奶性能的改良已经取得成效。

一方面通过改良国产品种进行繁育；一方面引进了如荷斯坦、娟姗牛、瑞士褐牛、丹麦红牛等优秀品种；同时通过遴选种牛提高本地奶牛（如：沙希华牛、吉尔牛、Rathi和古吉拉特牛）和水牛（如：摩拉水牛、MehsarIa和Jaffarbadi水牛）的产奶量。为确保达到奶农的需求，国家乳品发展委员会已经制定并启动一些先进的项目，如奶牛后裔测定、胚胎移植和开放式集中饲养等方案，并为印度全国的奶牛饲养提供技术支持。但总体来讲，印度的奶牛后裔测定和饲养技术整体落后于欧洲及美国、加拿大等奶业发达国家。

印度地方水牛的良种繁育及推广体系组织机构比较健全，全国设有国家水牛育种协会和国家水牛精液质量监测中心，在印度北部地区还建有良种水牛冷冻精液制作中心和良种水牛纯繁场。印度水牛饲养户所用的种公牛及人工授精的精液必须是经过全国水牛育种协会登记注册的，这些精液由冷冻精液制作中心生产后，由水牛冻精技术服务公司或销售商直接向农户推广和销售，其价格根据公牛测定的等级分为不同档次。

为了选择优秀的公牛，印度水牛育种协会将农户组织起来，加强对优秀育成公牛的选种。一般选择在12～15月龄左右，其母亲产奶量在4 000 kg以上、体型外貌符合品种标准、生长发育良好的优秀育成公牛个体，集中在印度水牛育种协会的隔离场进行疫病检测，达到标准的优秀育成公牛才能送到良种水牛冷冻精液制作中心进行采精生产，一般良种水牛纯繁场只有1%的公牛有可能被评为优秀公牛。如表6所示，为了改良遗传潜力，印度联合60个冷冻精液站和约63 000家授精中心一起设立了人工授精服务站，主要由政府部门和机构进行管理，在部分地区一些非政府机构也参与其中。在政府洪流计划的资金投入下，人工授精中心和移动兽医服务站得以快速增加。在2003—2004年，印度生产了390万剂冷冻精液，对大约2 800万头母牛实施了人工授精。

表6　阿兰德合作社资助的奶业服务机构（1950—1951至2004—2005）

年份	1950—1951	1960—1961	1970—1971	1980—1981	1990—1991	1996—1997	2004—2005
人工授精中心	5	26	523	735	809	846	936
移动兽医服务站	0	4	16	23	16	53	69
平衡日量销售（千t）	0	0	36.86	82.33	132.9	136.97	154

资料来源：Annual Reports of Kaira District Cooperative Milk Producers' Union Ltd. AMUL，Anand。

为不断增加奶牛存栏数并提高其抗病力和生产性能，印度中央和各邦政府相继在全国成立一批畜牧科技服务站。贮存国外优良品种公牛精液的人工授精站大大增加，并在各邦分别成立种畜饲养场和畜繁农场和研究单位，都广泛使用妊娠诊断仪，通过先进仪器的使用，可尽早得知母牛是否妊娠，给牛群管理带来了许多便利。此外，牛场中犊牛的血缘关系确定也是采用DNA测定分析。

2.2 奶牛饲料与营养技术进展

水奶牛饲料与营养是研究中的薄弱环节之一，并且远远落后于其他畜种。因此，印度很早就开展了不同生长阶段水奶牛的营养需要研究。深入研究水奶牛瘤胃微生物区系组成以及瘤胃代谢规律，提高粗饲料的消化利用效率。开发水奶牛饲料资源，利用营养调控技术，提高水奶牛生产性能，以最大限度地发挥水奶牛泌乳能力。随着政府资金的不断支持，印度对水奶牛的研究已经达到了世界较高水平。

如表7所示，印度不同类型的奶牛场对饲料的需求和消耗不同，同时由于气候条件和地理条件不同，印度北部和西部饲料来源差异性很大，北部地区稻草和小麦的使用要远高于西部地区。印度用于饲养的饲料原料资源约为4 400万t，其中也包括副产品，如糠、油渣饼等。印度饲料生产的总量预计为8.8亿t左右，而用于种植饲料作物的田地仅有940万hm^2。印度土地资源稀少，对于10亿居民来说养殖生产能力较高的牲畜始终是个挑战。为了把这个冲突最小化，印度政府慎重考虑了乳业的发展，同时尽量不让畜牧业的发展与国民口粮发生矛盾并最小化畜牧用耕地，把粮食残渣和副产品作为饲养牲畜主要的营养来源。根据各地的实际情况采用适当的优质饲料以提高奶牛的产奶量，采用新鲜饲料和青贮饲料进行喂养以提高产奶率，鼓励合作联盟、非政府组织和合作社等机构将公共土地改造成牧场和饲料林地。

表 7 不同类型印度奶牛场日粮的对比

饲料	小型	中型	大型	商业化	平均
西部地区(%)					
稻草	11.29	15.14	16.55	25.89	17.05
小麦	19.25	18.78	20.17	17.68	18.96
御谷	20.12	15.26	11.53	8.61	13.88
芥菜	3.62	2.54	1.59	0.81	2.15
草料	26.32	29.28	31.38	36.66	30.8
克力伏作物	9.98	10.11	11.76	13.97	11.31
拟南芥	8.70	8.83	10.55	10.84	9.64
其他	19.40	19.00	18.78	10.35	17.16
北部地区(%)					
稻草	40.40	42.30	37.80	34.80	38.90
小麦	41.30	43.00	38.20	35.40	39.50
草料	8.70	9.00	14.80	20.40	13.40
克力伏作物	5.80	6.40	9.60	11.50	8.60
拟南芥	160	0.10	2.40	0.00	1.30
车轴草+芥菜	6.20	5.40	7.40	9.40	7.00
其他	3.40	0.30	1.80	0.00	1.20

资料来源：国际粮食政策研究所(IIM/IFPRI India Dairy Field Survey，2002—2003)。

从 1985 年开始国家乳品发展委员会通过牛奶合作组织推广其先进的饲养方法，在全国范围内扩大推广范围和影响力，使奶农直接获益。拉贾斯坦邦本地的奶牛品种 Rathi 的日产奶量平均可达 8～10 L，还具有抗疾病、易繁殖等特点，而且全邦适合这种奶牛的饲料很多。为了推广这一优良品种，国家乳品发展委员会已经在拉贾斯坦邦的比卡内尔和甘加纳加启动了 Rathi 奶牛品种繁育项目。

2.3 奶牛疫病控制技术进展

印度兽医研究中心(Indian Veterinary Research Institute，IVRI)一直致力于改善动物疾病控制与治疗。印度作为畜牧业大国，在一些传染病的预防和治疗方面有一些独到的经验。多年来地处热带潮湿环境下的印度虽然产奶量居世界第一，但畜牧业也一直饱受细菌，病毒，真菌及寄生虫的困扰。特别是扁虱(ticks)及扁虱传染病(tick-borne disease)的危害尤甚。疾病不仅严重降低了牛奶产量(扁虱传染病能够降低泌乳奶牛 14%的产奶量)，同时大量杀虫剂的使用也对环境造成了破坏。仅 1971—1995 年间，杀虫剂的消耗由 22 013 t 激增到 61 357 t。据报道，仅 2003 年左右，扁虱传染病对畜牧业造成的经济损失高达 49 亿美元，严重威胁印度奶牛和肉牛业发展。

因此，印度国内多名科学家致力于研究控制扁虱及扁虱传染病的有效方法。现阶段，提高宿主自身抵抗能力同时加大疫苗的培养认为是比较可行的办法。由于扁虱的种类多样，发明出单一治疗扁虱传染病的疫苗较为困难。早在 1992 年印度科学家 Manohar 就设计并利用动物自身的免疫系统来对抗扁虱，不过并未推广使用。最终，印度兽医研究中心成功利用毕赤酵母表达系统(Pichia pastoris system)提取、克隆并表达了抑制扁虱传染病的 Bm86 蛋白。到目前为止，疫苗应正在检测过程中。通过不断的资金和科技投入，印度对扁虱及扁虱传染病的研究已经达到了世界先进水平。

在印度，较严重的扁虱传染病多发生在雨季。无论是本地品种或杂交品种的牛都有可能被传染，但相对来讲，水牛对该传染病的抵抗能力要强得多。早在 20 世纪 70 年代印度政府就大力培育水奶牛，一方面水牛比较适合印度的环境。另外，水奶牛对多种疾病包括对扁虱传染病的抵抗能力较强也是选择水奶牛为发展方向的原因。水奶牛皮肤密实并有摩擦皮肤的习惯使其很少受到扁虱传染病的侵害。同时，利用另外一种对扁虱传染病抵抗能力强的内洛尔牛(Nellore)与水牛杂交产生的后代对扁虱传染病的抵抗能力较强，产奶量却不受影响。通过疫苗和抗扁虱牛品种的改良，印度能够有效控制扁虱传染病的大面积暴发。

但是，由于治疗扁虱传染病的费用较高，在多数小型农户和小型牧场仍然采用传统的方法治疗(包括用手来检)。不同类型的扁虱传染病所表现的传染形式不同。因此，目前印度政府非常迫切能够找到一种方式来应对不同地区不同类型的扁虱传染病。印度兽医研究中心未来可能制定的策略包括：

1)利用扁虱疫苗同时辅助以植物类杀虫剂并尽量减少化学剎虫剂的使用。由于混合感染的情况较常见，未来扁虱疫苗的开发应具有多重效果以避免反复传染的发生。

2)利用印度本土品种如印度瘤牛(*B. indicus*)杂交以改善宿主对扁虱传染病的抵抗能力。同时，利用分子技术对印度本土牛抗扁虱传染病的基因进行筛选，找到抗性基因后利用转基因技术生产出高抵抗能力的动物种群。

2.4　奶牛场粪污处理与环境保护技术进展

印度现已成为世界上最大的乳品生产基地。在 2010—2011 年，印度全境的总产奶量超过 1.2 亿 t。但作为典型的发展中国家，印度对于处理奶牛和水牛粪污的方式还极为有限，同时全印度的奶牛饲养方式多以散养为主，粪污最主要的处理方式包括直接用作有机肥料或者晒干后农户用作燃料。2005 年，印度全境家畜粪便处理中产生的甲烷相当于 2.3 亿 t 二氧化碳气体，其中，非产奶牛和产奶牛占甲烷排放量的各 20%。超过 35%的鲜奶在印度境内进行深加工，已注册的鲜奶加工企业多数已经安装污水处理设备并能够达到中心污染处理委员会的标准(Central Pollution Control Board，CPCB)。由于鲜奶加工企业逐步实现标准化和现代化，牛奶加工对环境造成的污染已大为减少。

表 8　印度处理粪污的方式(按农场大小划分)

地区	农场大小	粪污处理方式(农场百分率)		处理地点(农场百分率)	
		有机化肥	燃烧	开放式大田	集中处理
北部地区	小型	30	70	90	10
	中型	55	45	87	13
	大型	68	32	84	16
	商业农场	84	16	78	22
	总计	72	28	86	14
西部地区	小型	82	18	85	15
	中型	85	15	80	20
	大型	87	13	78	22
	商业农场	95	5	76	24
	总计	86	14	81	19

资料来源：FAO，2003b。

如表 8 所示，印度小型农户处理动物粪污主要以作为燃料和直接还原大田的方式，中型或大型农场能够把较多的牛粪用作有机肥料。特别是在一些商业农场，他们会把多数粪便集中处理并转化为有机肥料。北部地区和西部小型农户对粪便的处理差异较大，西部地区更倾向于把动物粪便还原成有机肥进一步利用。印度全境处理粪便的地点主要以开放式大田为主，集中处理的程度很低。有趣的是，印度人还可利用一部分牛粪制成牛粪牙膏，牛粪生发灵，或牛粪减肥灵。但总体看来，印度全境对处理动物粪便的方式较为单一，这与其以小型农户作为原料奶生产单位密不可分。由于缺少发酵粪便的地点和设备，印度全境把粪便转化成甲烷并加以利用的单位不多。另外受到印度奶牛单产的水平不高的限制，单位奶产量对环境造成的影响要高于发达国家。

3 原料奶质量控制与计价体系

3.1 提高原料奶质量的主要技术措施

有别于其他奶业发达国家，印度乳制品的生产主要集中在拥有1～2头奶牛的奶农，而非大型奶牛饲养场。同时广大奶农多参与村、乡、邦等奶业合作社。另外，与原料奶生产密切相关的奶牛饲料也通过奶业合作社提供，因此可以说，印度原料奶质量的好坏，与合作社的运营和管理是分不开的。在印度，广大奶农分散进行牛奶生产，村级合作社每天早晚各一次用卡车到各个村社收集牛奶，每个村社配备一台测量牛奶质量的电子设备。牛奶的收集、脂肪含量的检测、饲料的销售等都由合作社的专业雇员来完成。每个奶农的牛奶都要测量脂肪比例，并根据牛奶的质量按相应的价格支付给奶农。各个地区合作社联合会将其加工处理后的品牌产品进行销售。这样，在牛奶收集和处理阶段所产生的附加值便通过销售而得到实现。印度国家奶业发展委员会(NDDB)采用系统的方法对生鲜乳的生产，处理和加工进行质量控制，推动奶农合作社组织通过ISO—9000和HACCP认证，并使合作社所属加工企业保持认证标准所要求的生产条件。为了构建乳品质量安全保障体系，NDDB制定了牛奶清洁生产计划，对奶牛的健康卫生，牛舍管理，合作社管理，村级散装牛奶冷藏，生鲜乳运输和售奶站的受奶速度等方面进行了重点关注。投入建立了村级生鲜乳冷藏系统，作为将生鲜乳运送到加工和消费的冷链系统的第一环。

3.2 提高原料奶质量的主要政策措施

NDDB把阿兰德合作社作为印度奶业发展的首选形式，通过民主方式，使奶农们可以控制牛奶生产、加工和销售的全过程。NDDB通过提供各种服务和措施把奶农的小生产与大市场连接起来，形成一个生产、加工、消费的链条。奶农既是整个链条的原料提供者，又是合作社的成员，是整个过程的主人。奶农的利益通过牛奶收购价得到保护，并通过年底分红，与合作社结成十分紧密的利益共同体。印度的奶业合作社实行三级组织体系，把牛奶生产产前、产中和产后的各个环节联系在一起，即奶农控制着牛奶生产、加工和销售三个层次的所有环节，这是印度奶业合作社最大特点，是运营机制上的创新。由于全印度超过一半以上的乳制品是在农业合作社的基础上实现的，因此印度对提高原料奶质量的主要政策体现在对奶业合作社的支持上，同时政府给予合作社最大的市场自由度，政府除提供监督和服务外，不参与任何合作社的经营和规划，充分发挥市场调节作用。除了监督作用，政府还通过向交通部门制定奶业运输政策，增加奶业铁路和公路对奶业发展的支持，通过减税或免税，减少合作社在奶产品运输上的费用。同时政府允许奶业合作社建立自主品牌，通过与国内外大品牌乳品企业竞争，提升自身的经营模式。

为了减少政府对奶业服务系统的支出，政府允许合作社向奶农提供各种服务。如奶牛疾病的预防和治疗，并提高奶农技术和相关知识，从而保证奶牛的健康，提高产奶量和牛奶质量。在饲料供给上，合作社也提供重要的服务。政府节省的开支多用于科研和检测。政府支持合作社兴建和拥有饲料企业的自主经营权，这样，饲料原料在质量和价格上有了双重保证，饲料污染奶源的事件较少。由于广大奶农本身就是合作社的主人，全部的利益也需要合作社来实现，另外，广大农户手中的生鲜乳有一定比例留为自用，因此处于对经济利益和自身食品安全考虑，极少有故意添加违规饲料添加剂或化学制剂的情况发生，因此印度牛奶的质量有一定保证。

3.3　监控原料奶质量的主要方法及惩罚措施

印度乳品质量安全管理体系大体可以分为 3 个部分。如图 7 所示，奶农生产合作社组织负责生鲜乳的生产、检测、加工和销售，是保障乳品质量安全的第一道关口。在政府层面，指导和扶持各级奶农生产合作社组织发展的是 NDDB。NDDB 负责制定和实施国家乳业发展规划，推动合作社组织及其所属企业通过 ISO—9000 质量控制体系和安全管理体系(HACCP)认证，不断提高印度乳业质量安全水平，增强其在国际市场中的竞争力。

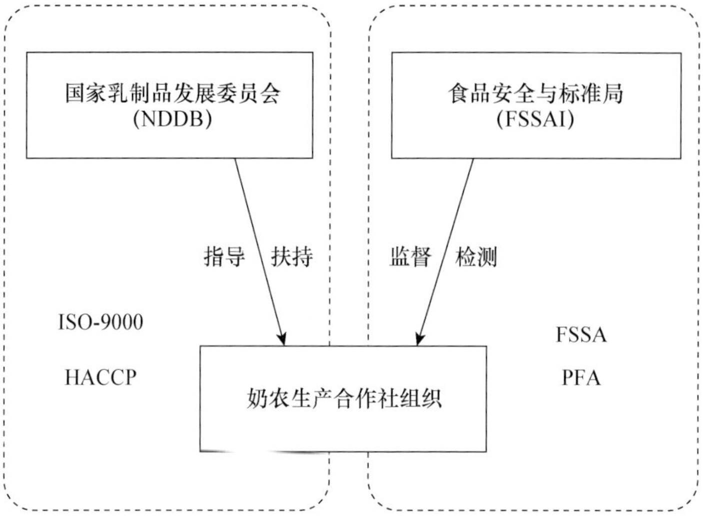

图 7　印度乳品质量安全管理体系

同时，为了加强对乳品质量安全的监管，印度政府于 2006 年 8 月 24 日正式颁布实施了新的食品安全法，即《食品安全和标准法》。依据该法案，印度政府组建了印度食品安全与标准局(FSSAI)，负责按照《食品安全和标准法》(FSSA，2006)、《反食品掺假法》(PFA，1954)等法律标的要求制定科学的食品标准，管理食品生产、储存、批发和销售，保障人类消费食品的安全和健康，以及处理其他与食品相关的突发事件。根据法律规定，FSSAI 包括 1 名主席和 22 名成员。其中 7 名成员的职务不得低于印度政府联合秘书，由中央政府任命，分别代表农业、商业、消费者事务、食品加工、卫生、司法、小规模企业的中央政府部门；另外 15 名成员中 2 名成员来自食品企业，2 名成员来自消费者组织，3 名成员为杰出的食品技术专家或科学家，5 名成员来自各州和联邦政府，2 名成员来自农民组织，1 名成员来自零售商组织。

监管过程主要遵循以下 3 个原则：

1)公开透明的原则。法律明确指出，政策制定必须建立在维护人类生命安全和身体健康、保护消费者利益、设定适合的安全水平、促进公平贸易的基础上制定食品质量安全政策。FSSAI 的机构设置和成员组成均充分考虑到各利益的攸关方，具有广泛的代表性。

2)权责分明的原则。法律明确规定，政府食品安全官员在行使法律赋予的职权时，若发生数次在没有任何理由的情况下查封食品或掺杂物，以及无正当理由行使职权，造成他人伤害并按本法案规定构成犯罪的，或对食品安全官员执法的投诉证明属实的，都将得到相应的法律惩罚。

3)量刑惩罚的原则。乳品安全涉及的范围广，不法行为千差万别，违法情形错综复杂。印度政府为加大对食品违法行为的处罚，采用了量刑惩罚的方式，规定了法庭起诉的刑事犯罪和进行行政罚款的不同情形。

根据 2010 年的食品安全保障计划，奶业合作社的生产到加工直到消费者手的整个过程都会受到监督。并且印度奶业发展委员会以低息贷款或奖励的形式鼓励 43 000 个乡村级合作社及 175 个牛奶生产者联合会(cooperative milk producer's unions)。

3.4 原料奶计价体系

印度原料奶定价的核心思想是“按质论价”，原料奶的质量，特别是乳脂率越高价格越高。这就意味着对于原料奶的品质，不仅有严格的底线要求（基本的参数），更有品质提高的激励（直接反映在奶农的收益上）。印度奶农通过合作社的方式享有对牛奶价格发言权，奶农负责向合作社运输牛奶，合作社进行统一销售。在印度，乳品价格受合作社控制。一方面，奶农在加入合作社后就可得到有保障的稳定的价格，尤其是在牛奶生产的旺季；另一方面，合作社的专业管理人员通过各种措施来保证获得最大效益，合作社将这些收益再分配给奶农作为一种辅助性收入。在合作社的运营机制下，奶农在合作社的帮助下收益不断增加，而奶牛饲养的成本却逐渐下降。

4 科技推广体系

4.1 主要研究与推广机构

印度政府在全国各地区设立了国家奶业研究所、兽医研究院等各种形式的科研机构，从科学研究和技术推广方面对奶业发展进行扶持。全国有奶业教学和科研单位 267 个，分布于全国 28 个地区。国家奶业研究院（National Dairy Research institution，NDRI）是印度奶业科研教育的最中心。其主校区位于哈里亚纳邦的卡尔纳尔，自 1966 年开始归印度农业研究委员会管理。农业研究委员会下面建立了“印度水牛研究所”和“印度奶业研究中心”等科研机构，全国各邦和地县绝大部分都建立了水牛研究所。由于科研机构健全，技术力量雄厚，印度水牛通过不断纯繁选育，提纯复壮，产奶性能不断提高。现阶段，印度培育出日单产 23 kg 的高产水奶牛。同时为了使高产荷斯坦奶牛在印度适应高温高湿环境，印度的荷斯坦奶牛场与水牛场采用不同的牛舍设计以及散热系统。印度政府设立了国家奶业研究院、农村管理学院等研究和教育机构，为从业人员提供技术培训，范围包括兽医科学、动物的科学饲养管理、奶业技术和农业科学。印度各级政府经常组织技术人员下乡，普及养牛技术，规范挤奶操作程序。印度政府还拥有一个庞大的兽医服务和动物健康护理机构网络，并通过这个网络对奶牛等牲畜疫病进行预防和治疗。此外，印度政府还通过选用外来奶牛品种改良国产奶牛品种等措施，使国内奶牛和水牛产奶量获得提高。

NDDB 是一个性质介乎于政府机构和民间行业协会之间的团体组织。1987 年，NDDB 经国会议案通过上升为法定团体，正式成为国家的一个重要机构，并被赋予了在全国范围内制定和实施乳业发展计划，以促进乳业及相关产业的发展。NDDB 涉及从原料奶原料生产加工的各个环节，在科技推广上的作用包括以下几点：

1）构建良种繁育体系。为了推进地方水牛的良种繁育及技术推广工作，NDDB 组建了国家水牛育种协会和水牛精液质量检测中心，并在印度北部地区建立良种水牛冷冻精液制作中心和良种水牛繁育场。同时，为了改良遗传潜力 NDDB 还联合 60 个冷冻精液站和 6.3 万家授精中心设立人工授精服务站。除引进世界优秀品种对本国奶牛和水牛进行改良外，NDDB 还制定一些先进项目，如良种推广、奶牛后裔测定，胚胎移植和集中饲养等方案。

2）构建疫病防治体系。1979 年，NDDB 在亚兰德建立了动物疾病诊断实验室，用于开展家畜疫病方面的科研工作，并建立奶牛乳房炎和布鲁氏杆菌的防控体系。建立了全国性的奶牛生产性能和健康信息系统，在全国范围内建立奶牛无疾病区。

3）构建质量安全保障体系。

4.2 运作模式

印度科技成果的推广主要通过印度奶业科研机构，印度奶业发展委员会以及合作社来完成。由于合作社向奶农提供各种服务，如奶牛疾病的预防和治疗，提高奶农技术和相关知识。因此，印度水牛研究所和印度奶业中心等科研机构的成果通常需要奶业合作社检验，从而推广到广大奶农中。合作社与印度奶业研究中心有较好的合作方式，合作社为奶业中心提供实际生产中遇到的各类问题，而奶业研究中心通过与大学和研究所合作来解决农户在实际生产中遇到的营养、繁殖、疾病等各类问题。

5 促进奶业发展的主要政策

5.1 促进奶业生产政策

1970 年，"白色革命"开始后，印度政府出台一系列宏观和微观的政策引导奶牛养殖业健康发展。国家农业政策中包含了关于畜牧和乳业的政策。其目标是：在农业中达到 4%的平均增长率；有效利用资源以保护水土资源和生物多样性；在不同地域间和农户间实行公平政策；在追求出口利益最大的同时，满足国内市场的需求。2002—2007 年的第十个五年计划优先发展包括乳品在内的畜牧业，从整体上有以下几个重点：

1)为小规模生产的农户建立集体经营的合作机构，使他们与畜牧业加工厂和投资商建立直接联系，营造一种氛围，使奶农愿意加大投资来提高畜牧业的生产力。

2)建立有效的调节机制来应对畜牧业造成的环境威胁和健康危机。乳业也被看作是农业经营多样化的重要组成部分。

3)印度政府不会为某些特定的农产品提供资金或为乳业提供出口补助金。付给农户的牛奶价格和消费者支付的牛奶价格都是由市场因素决定的。

4)在一些偏远地区和落后的丘陵地区，印度政府筹措资金实施一项乳业综合发展计划(IDDP)，以成立农户合作组织，开设加工厂，提高生产能力和质量，该项目也为繁育奶牛和水牛的国家项目筹措资金。这个国家项目旨在认可并改善奶牛繁育的基础结构和服务，以便在加强使用合格精液和公牛进行繁育的情况下大大提高可繁育牲畜的比例。印度政府做的其他尝试和行动包括筹措资金实施疾病控制项目、收集国家畜牧业统计数据、管理繁育农场，监测和报告疾病状况以及实施检疫制度。

自 1965 年以来，印度政府只通过合作社形式来发展乳业。阿兰德模式合作组织包括村级奶业合作社(Dairy Cooperative Society，DCS)，在村合作社的基础上设立区级合作社联合会，地区牛奶联合会的上一级是邦的牛奶销售联盟。1970 年之前，水奶牛业一直处于自发性的生产阶段，没有建立行之有效的管理体制，产销脱节，一般每个农户饲养 1～2 头水奶牛自用。少量余奶出售，商品率极低，致使大中城市乳品供应十分紧张，需要以进口奶粉做成还原奶来填补缺口。1970 年，NDDB 通过洪流计划的实施，在印度全国大面积复制阿兰德模式合作组织。它的业务流程包括：奶农分散进行牛奶生产，村级合作社收取奶农的牛奶，区级牛奶联合会对牛奶进行集中处理，最后由邦的牛奶联盟负责牛奶和乳制品的销售。合作组织由奶农们进行民主管理，以确保上一级合作组织能很好地为下级合作组织服务。合作组织从各个环节得到的利润，有相当一部分返还给奶农。阿兰德合作组织模式的特点是奶农们控制着三级组织的运行，即控制着牛奶的收集、加工以及牛奶和乳制品的销售。牛奶收集和处理阶段的附加值只有通过对销售环节的控制才能体现，因此对销售环节的控制是整个合作组织取得成功的最根本、最关键的工作。相比之下，世界范围内许多乳制品合作组织最终瓦解，是由于奶农们没有控制销售环节。他们只是向私营乳制品公司供应牛奶，而这些公司使用自己的品牌销售牛奶。同时奶农为了对自己负责，牛奶质量得以控制。

洪流计划(Operation Flood，OF)可以认为是世界上最大的奶业发展计划。洪流计划的目的是通过建立现代化的奶业体系以最快的时间满足印度快速增长的鲜奶及乳制品需要。可以说没有洪流计划的实施，就没有今天印度鲜奶和乳制品世界第一的局面。特别是摆脱牛奶进口，提高自我供给的能力。整个计划以世界食品计划(World Food Programme，WFP)为资金来源对奶业生产，加工和牛奶市场升级和现代化。同时能够实现乡村与城市乃消费者之间的联系。

洪流计划第一步(1970—1981 年)，主要目标是以阿兰德模式为基础的乡村合作社的广泛建立，并以合作社为基础提供基本的养殖技术支持。1970 年洪流计划开始实施，政府通过与世界食品组织谈判得到 12.6 万 t 脱脂奶粉和 4.2 万 t 黄油作为资金支持。开始建立乡村一级的奶业合作社，政府出资金建立基础设施，包括奶站、鲜奶加工企业以及完善市场体系。主要以德里，孟买等大城市辐射带建立起乡村一级合作社，从而使牛奶从农户手中直接输送到城市消费者手中。洪流计划的第一步的最终目的是建立起现代化奶业的基础以满足未来随着经济增长而出现的鲜奶及乳制品需求高峰。第一阶段的投资为 11 亿 6 千万卢比。第一阶段完成时，有 13 300 个奶业合作社建立起来，同时建设了 39 个奶站，吸收了超过 180 万的乡村会员。奶业合作社最多一天收购超过 340 万 L 鲜奶并销售 280 万 L。

如表 9 所示，洪流计划第二步(1981—1985 年)，以政府为主导，建立并完善以阿兰德奶业合作社为模板的具有印度特色的奶业合作中心，并建立三级合作社。洪流计划第二步建立在第一步基础上并建立印度奶业协会。帮助卡纳塔克邦，拉贾斯坦邦和中央邦奶业系统的建立。整个洪流计划第二步政府投资 27 亿 3 千万卢比，约 1 亿 5 千万美元由世界银行和欧洲经济体(European Economic Community，EEC)提供。洪流计划第二步带动 148 个城市和乡村涉及 1 500 万奶农，并把 136 个乡村和城市相连。最终，计划扩展到 34 500 个乡村的奶业合作社，涵盖了 360 万奶业合作社的会员。最高峰时，奶业合作社最多收购超过 790 万 L 鲜奶并销售 500 万 L。

表 9 印度奶业发展计划的执行时间及涵盖范围(洪流计划)

参数	1971 年	1981 年	1985 年	1990 年	1994 年	1995 年	1996 年	2012 年	年增长率(%)
奶站	5	39	136	170	170	170	170	170	3 400.00
奶业合作社(千个)	1.6	13.3	34.5	60.8	67.32	69.6	72.74	75.24	4 700.25
成员	2.8	17.5	36.3	70	86.9	90	93.14	95.24	3 401.42
平均收奶量(10 万 L)	5.2	25.6	57.8	98.1	111.4	102	109.4	107	2 057.69
最高峰奶量(10 万 L)	6.5	34	79	120	130	116	140	151	2 323.07
乡村奶产量(10 万 L)	6.8	35.9	87.8	140.3	167.5	172	193.7	185.3	2 724.26
城市奶产量(10 万 L)	10	29	35	37.9	38.3	52.3	72.4	86.5	765.00
奶粉产量(千 t/年)	22.4	76.5	102	165	185	195	195.5	250	1 016.07
人工授精中心(千个)	N.A	4.9	7.5	10.9	15.12	16.28	16.5	15.25	211.22
饲料产能(千 t/d)	N.A	1.7	3.3	4.3	4.7	4.9	5	5	294.11
政府投资(10 万卢比)	N.A	116.5	277.2	411.6	690.6	896.2	1 303	151.6	130.08

资料来源：Gupta，P. R.，Operational Flood-Third phase，Dairy India Year Book，5th Edition New Delhi，Rekha Printers，1997，p. 148，Inida Year Book，2002 p. 47。

洪流计划第三步(1985—2002)，第三步计划主要是巩固前两步的成果。主要集中在扩张奶业经济规模，以及全印度境内推广阿兰德奶业合作社模式。第三步资金来源为世界银行贷款 3 亿 6 千 500 万美元，以及由欧洲经济体提供的 22 亿 2 千万卢比。计划涵盖了 7 万个奶业合作社。如附表 8 和附表 9 所示，在洪流计划后期印度全境内各邦的奶产量和人均奶占有量快速增长。从表 9 中可以看出，政府对奶业合作社基础投资(如人工授精中心和饲料中心)决定了洪流计划的有效实施。

政府对乳业的发展是以农民增收为目标，建立健全适合国情的奶业发展模式和体制。政府只通过合作社形式发展乳业，这是一种最有益于广大奶农的机制。印度的生产实践证明，没有哪个更好的经济组织形式能比得上它带给生产者的回报大，比如单一的国营或个人经营都比不上这种形式。实际上印度实行的是市场经济，建立一种重视小生产者发展的体制结构就变得尤其必要，否则经济增长就建立在了一个日益脆弱的基础上。有发展潜力的合作社组织形式在响应全球经济发展的议程中发挥了关键的作用。合作能够使小生产者参与到市场中，用他们的投资赢得公平的回报，为印度经济的持续发展贡献了力量。印度政府认识到许多合作社已经发展为大型的商业企业，他们需要一个公平竞争的环境，在市场中与数量不断增长的个体经营者竞争。印度政府为之制定了灵活的政策，根据公司法案，合作社可以注册为生产者联合公司。

5.2 促进奶业加工政策

奶业合作社作为印度全国性的制度安排，对印度乳品市场影响很大。国家为了扶持合作社的发展，曾一度对私人企业和其他大型企业进行严格的市场进入管制。为了鼓励合作社发展，让合作社更好地完善服务，政府鼓励合作社兴办加工企业，并承认其市场地位。印度乳业经营者大致以合作社和个体经营者为主。例如，2004 年 3 月注册的乳品加工厂大约有 750 家，其中约有 470 家是个体经营者，230 家是合作社经营，其余的为国营。如附表 11 和附表 12 所示，目前，合作社的加工能力占了全国加工能力的 48%。虽然在数量上私人拥有比合作社更多的加工企业，但合作社的加工能力却略高于私人。所注册的总生产能力为每天约 8.13 亿 L，合作社经营的加工厂和个体经营的加工厂加起来约 7 亿 L，大致各占一半。北部地区注册的加工厂和生产能力最高的，其次是西部和南部。政府只是在一些过于贫困、合作成本太高的地区有少量的加工企业，加工能力也非常有限，约仅有合作社加工能力的 10%。如附表 11 和附表 12 所示，印度全境奶业生产在不包括家庭式作坊的情况下，小型奶牛场和中型奶牛场仍然占绝大多数，但牛奶加工厂却以大中型为主，这也与奶业合作社的作用密不可分。

5.3 促进奶业贸易政策

目前，印度已把乳脂和奶粉进口的基本关税分别控制在 40%和 60%。对于其他乳制品，进口关税则为 30%。2002 年，印度政府进一步取消了对大型公司参与奶业竞争的限制，把竞争机制引入国内奶品市场，促进了奶业合作社的进一步发展和服务水平的不断提供。政府还制定政策，规定银行向奶农协会企业提供一年期贷款利息为 8%，比向私人企业贷款低 2 个百分点，而奶农协会企业在租赁土地等方面也享有政策优惠。此外，政府还把奶业作为一个关系到国计民生的支柱产业，对牛奶的加工和销售实行税收优惠，使这些部门将盈利的大部分返还牛奶生产者。铁路运输部门对使用大型奶罐车运送鲜奶在费用上也给予一定程度的优惠。不仅如此，印度政府还成功地利用国际组织的援助建立了奶业发展基金。印度政府还拨出数千万美元专款向奶业合作社提供财政支持。除了资金支持外，技术支持也是奶业合作社发展的重要保证。

5.4 促进奶业消费政策

生产者联合公司的立法为新一代合作社注册成为公司提供了法律依据，它把合作社的机制和发展优势与公司制度的灵活相结合。自主和规范结合在一起，从而为合作社形式的商业企业提供了一个公平竞争的环境。印度把培育和促进乳业市场发展的立足点放在了农民增收上。农业发展集中于中低收入人群，这是非常重要的。富足的农业生产者将促进全球经济的发展，而不仅仅是本地的经济，同时富足的农业生产者本身就是乳制品消费的主力群体。印度乳业经营者的额外收入（假定 50%的牛奶产量用于销售，那么这项收入应在 1 200 万美元左右），其中只要部分是当地消费，就会大大推动农村地区经济的发展，这对农村地区经济的发展具有重大意义。印度儿童和青少年在人口结构中的比例近年来不断提高，政府推广的学生奶计划进一步促进印度乳品消费。由于乳业能够在资源匮乏和边缘的地区为没有田地的小农户带来收益，印度选择把重点放在中小生产而不是大规模生产。虽然这引发了一些问题，但事实证明它确实是行之有效的。逐渐积累的经验证明，国家经济的增长在很大程度上依靠农业的发展，尤其是在发展中国家。

6 值得借鉴的主要经验

6.1 经营模式方面的经验

奶业合作社的迅速发展大大促进了印度奶业的不断发展和壮大。印度的牛奶和乳制品不仅自给自足，而且还有一定量的出口。继绿色革命之后，印度的白色革命也取得了举世瞩目的巨大成就。印度奶业合作社之所以能够有如此生命力，在于其制度的柔韧性。印度奶业合作社的发展过程中，几经制度变革，这些变革虽然体现在国家层面，但完全尊重并迎合市场。具体体现在以下方面：

1)有一个高效、民主和专业化的组织管理体系和一个生产、加工、销售高度一体化的运作模式，并且在这个过程中最终培育并形成了自己的品牌，使合作社机制与发展优势与公司制度的灵活、自主和规范结合在一起，因而印度合作社的规模能不断扩大。

2)为了规范和促进合作社的建立和发展，为合作社形式的企业提供一个公平竞争的环境，印度制定并多次修订了合作社法，而且根据印度公司法案，合作社还可以注册为生产者联合公司。合作社法从法律上对合作社的地位加以肯定。

6.2 科技创新方面的经验

尽管我国在水牛克隆、性别控制、活体采卵等高新生物技术领域取得了世界领先的成果。但是，与印度相比，我国从事水牛科研的团队偏少，水牛基础研究较薄弱，需要进一步加强水牛生理生化、饲料营养、分子遗传育种相关研究，为水牛科研提供理论依据和实验手段，从而进一步研究提高水牛育种和生产效率。可以通过与印度政府合作研究的方式进一步提高我国水牛营养、遗传和兽医的队伍建设水平。印度在水牛奶业发展方面有许多经验和做法值得我们学习和借鉴。比如，研究机构健全、研究基础牢固、研究团队强、种牛质量好、乳制品加工水平高、农作物秸秆的开发利用充分等等。建议进一步加强两国间水牛奶业发展的合作与交流，开展高层互访、学术合作交流、种质引进等多种方式，促进我国水牛奶业的发展。我国可以通过提高南方水稻秸秆的利用方式，缓解南方饲料不足的情况。另外，引进印度高产水奶牛进行繁育也是目前我国发展水牛奶业较为理想的方式。

6.3 产生政策方面的经验

我国南方一些省区地处亚热带，不利于荷斯坦奶牛在当地的生存和发展，因此南方奶业发展一直受到制约。印度的气候条件与我国的南方基本接近，印度在水牛奶业发展上的成功模式非常值得我们借鉴。我国南方正好饲养有大量的水牛(2 000 多万头)，而且饲草资源丰富，可以借鉴印度的经验，在我国南方大力发展水牛奶业。水奶牛产业是周期长，资金投入大，发展潜力巨大的新兴产业。因此，要加大对水奶牛的投入，促进水奶牛业健康，持续，快速发展。可以组建专门的队伍对南方的牧草进行深入研究，在不影响耕地面积的情况下，最大化牧草的产量。同时，政府可以对南方水牛养殖提供资金帮助，如通过低息贷款或无息贷款帮助以建立乡村一级的兽医站和奶站。另外，也可以借鉴印度的经验，引导和扶持奶农组建奶牛生产合作社来提高奶农的组织化程度，并通过扶持奶牛生产合作社来增强奶农在购买生产资料和销售产品时讨价还价的地位，为奶农提供无偿或低价的技术指导和兽医服务等。不仅如此，印度政府将奶业作为一个关系国计民生的支柱产业，而不是一个盈利的产业，给予了很多的优惠政策：对牛奶的加工和销售实行免税，从而使这些部门可将盈利的大部分返还于牛奶生产者；铁路运输部门对使用大型奶罐车运送鲜奶减半收费；成立了技术经济实力雄厚的印度国家奶业发展协会，在奶业项目的计划、实施、人员培训、信息交流、工程设计及应用技术的研究和推广等方面进行了卓有成效的工作。

6.4 其他方面的经验

目前中国奶业正处于发展振兴的初期，基础薄弱、有效需求不足、生产水平和生产效率都很低，市场经济体制发育尚不成熟。在这个时期，我们尤其需要充分发挥政府在奶业发展中的引导和扶持作用。现阶段，中国应首先改变目前奶业生产、加工、流通、贸易等分属不同部门主管、管理效率低下的局面，组建一个统一的强有力的全国奶业管理部门，通过该部门对中国奶业的发展进行统一协调的管理，并赋予它对奶业生产者不法的市场行为监督执法的权力。不仅如此，政府还应该通过这个统一的全国奶业管理部门组织专业人员进行中外奶业发展的调查和比较研究(所有由政府资助的奶业经济研究应由全国奶业管理部门统一布置和资助，以避免简单的重复研究)，制定出一整套相互协调的、立意长远的发展振兴中国奶业的方针政策及行动计划或发展工程等等。并且要真正负责地加以有效的落实和监督检查。

参考文献

[1]孙健，王蕾，王建丽，等. 印度奶业发展现状. 中国奶牛，2007(11)：57－60

[2]周俊玲. 印度奶业缘何成功. 江苏农村经济，2004(2)：38－39

[3]闵贞，刘玉满. 印度的奶业合作社与乳品市场. 看世界，2011，8：51－54

[4]李亚利，陈自强. 印度农村合作社及其对中国的启示. 安徽农学通报，2008，14(6)：4－5

[5]任大鹏. 印度的农业和农村发展政策. 世界农业，2002，11(283)：30－32

[6]亦戈. 印度乳业发展状况. 农业经济，2006，12：58－61

[7]黄加祥，关意寅，罗军等. 印度水牛奶业产业化管理与运行机制的考察报告. 广西畜牧兽医，2010，26(3)：142－145

[8]Manitra Rakotoarisoa；Ashok Gulati. Competitiveness and trade potential of India′ s dairy industry [J]. Food Policy，2006(31)：216－227. DOI：10. 1016/j. foodpol. 2006. 03. 003

[9]周俊玲. 印度奶业发展的经验及启示. 世界农业，2003(12)：30－32

[10]黄正多. 浅析印度的奶业合作社. 生产力研究，2008(12)：101－102，135

[11]闵贞，刘玉满. 印度的奶农类型划分及其经济评价. 中国乳业，2009(12)：74－76

[12]印度乳制品欲进军欧美. 河南畜牧兽医：市场版，2011，32(7)：38－38

[13]Bansal GC. (2005). Bovine theileriosis in India：an overview. Proc Nat Acad Sci India 75(B)-special issue：134－143

[14]Jongejan F，Uilenberg G. (2004). The global importance of ticks. Parasitology 129：S1－S12

[15]Minjauw B，Mc Leod A(2003). Tick-borne disease and poverty. The impact of ticks and tick-borne diseases on the livelihood of small scale and marginal live stock owners in India and eastern and southern Africa. Research report，DFID Animal Health Programme，Centre for Tropical Veterinary Medicine，University of Edinburgh，UK

[16]Manohar GS，Banerjee DP. (1992a). Effects of immunization of rabbits on establishment，survival and reproductive biology of the tick *Hyalomma anatolicum anatolicum*. J Parasitol 78：77－81

[17]Manohar GS, Banerjee DP. (1992b). Immune response in rabbits immunized against*Hyalomma anatolicum anatolicum*. Indian J Anim Sci 62:505-512

[18]Sangwan AK, Banerjee DP, Sangwan N. (1998). Immunization of cattle with nymphal*Hyalomma anatolicum anatolicum* extracts: Effects on tick biology. Trop Anim Hlth Prod 30:97-106

[19]S. Ghosh, P. Azhahianambi, José de la Fuente(2006). Control of ticks of ruminants, with special emphasis on livestock farming systems in India: present and future possibilities for integrated control-a review. Exp Appl Acarol. 40:49-66

[20]武志霞,赵家明,黄艾祥,等.水奶牛研究开发进展.食品研究与开发,2006,27(3):139-141

[21]韩高举.中国奶业发展问题研究.华中农业大学博士论文,2005

[22]杨炳壮,梁贤威,曾庆坤,等.借鉴国外经验促进水牛奶业发展.广西畜牧兽医,2007,23(3):99-102

[23]钟真,郑力文,印度乳品质量安全管理体系的经验.世界农业,2013,4:109-114

执笔 东北农业大学动物科技学院:张永根 金 龙

附 表

附表 1 近 50 年印度奶牛和水牛数量,平均产奶量及总产量(1961—2011)

年份	奶牛			水牛			奶牛+水牛总产量(千 t)
	数量(千头)	平均产奶量(kg)	产量(千 t)	数量(千头)	平均产奶量(kg)	产量(千 t)	
1961	20 667	423.5	8 753	12 463	889.6	11 087	19 840
1962	18 200	450.5	8 200	12 600	900.8	11 350	19 550
1963	17 350	449.6	7 800	12 700	913.4	11 600	19 400
1964	16 200	450.6	7 300	12 750	917.6	11 700	19 000
1965	15 300	451.0	6 900	12 850	918.3	11 800	18 700
1966	20 974	329.8	6 918	12 924	919.1	11 879	18 797
1967	18 444	452.5	8 345	12 446	878.1	10 929	19 274
1968	19 787	450.0	8 904	13 000	896.9	11 660	20 564
1969	20 150	450.2	9 072	13 200	900.0	11 880	20 952
1970	18 575	470.3	8 736	13 500	847.4	11 440	20 176
1971	20 106	470.0	9 450	14 900	830.5	12 375	21 825
1972	22 034	434.6	9 576	15 070	832.1	12 540	22 116
1973	19 490	499.9	9 744	15 100	845.0	12 760	22 504
1974	20 600	499.5	10 290	15 200	886.5	13 475	23 765
1975	21 100	509.6	10 752	15 300	920.3	14 080	24 832
1976	22 300	514.2	11 466	16 200	926.9	15 015	26 481
1977	23 188	516.2	11 970	16 959	924.3	15 675	27 645
1978	23 500	518.3	12 180	16 000	996.9	15 950	28 130
1979	25 200	500.0	12 600	17 000	994.1	16 900	29 500
1980	25 300	523.9	13 255	18 000	964.3	17 358	30 613
1981	25 500	564.9	14 406	18 900	998.1	18 865	33 271
1982	25 600	587.3	15 036	19 260	1022.3	19 690	34 726

续表

年份	奶牛			水牛			奶牛+水牛总产量（千 t）
	数量（千头）	平均产奶量（kg）	产量（千 t）	数量（千头）	平均产奶量（kg）	产量（千 t）	
1983	26 800	578.4	15 500	19 750	1 120.8	22 135	37 635
1984	27 800	593.5	16 500	21 500	1 103.5	23 725	40 225
1985	27 700	631.8	17 500	22 500	1 120.0	25 200	42 700
1986	28 400	651.4	18 500	23 000	1 140.5	26 232	44 732
1987	29 818	654.0	19 500	23 150	1 115.5	25 823	45 323
1988	30 000	683.3	20 500	24 000	1 101.6	26 439	46 939
1989	30 200	711.9	21 500	25 800	1 101.6	28 420	49 920
1990	30 400	731.6	22 240	25 900	1 121.9	29 057	51 297
1991	30 700	750.4	23 038	26 156	1 096.3	28 675	51 713
1992	31 562	769.6	24 291	25 892	1 143.2	29 600	53 891
1993	31 700	799.7	25 351	26 100	1 181.8	30 846	56 197
1994	32 354	807.4	26 122	27 049	1 202.5	32 527	58 649
1995	32 789	814.8	26 715	27 658	1 296.9	35 870	62 585
1996	33 246	839.7	27 916	28 280	1 327.5	37 541	65 457
1997	33 291	875.0	29 128	28 410	1 362.5	38 708	67 836
1998	33 410	911.5	30 454	29 600	1 365.3	40 413	70 867
1999	33 424	976.4	32 636	29 159	1 449.6	42 268	74 904
2000	32 883	1 002.6	32 967	29 371	1 478.6	43 428	76 395
2001	34 108	1 012.0	34 516	30 386	1 494.2	45 402	79 918
2002	34 640	999.2	34 612	30 886	1 505.9	46 512	81 124
2003	35 803	976.8	34 973	30 998	1 547.8	47 979	82 952
2004	36 027	1 036.6	37 344	32 179	1 559.3	50 178	87 522
2005	36 586	1 086.7	39 759	33 173	1 569.7	52 070	91 829
2006	36 478	1 153.2	42 066	33 907	1 603.9	54 382	96 448
2007	39 729	1 178.5	46 822	35 108	1 613.0	56 630	103 452
2008	40 522	1 229.2	49 810	35 380	1 614.8	57 132	106 942
2009	41 461	1 259.0	52 200	36 166	1 636.9	59 201	111 401
2010	42 755	1 284.1	54 903	37 131	1 679.2	62 350	117 253
2011	44 900	1 278.4	57 400	38 300	1 700.8	65 140	122 540

资料来源：FAOSTAT，2013。

附表 2　印度主要乳制品生产情况(1985—2011)

年份	脱脂牛奶（千 t）	全脂炼乳（t）	全脂奶粉（t）	脱脂奶粉（千 t）
1985	2.7	—	—	—
1986	2.7	400	—	—
1987	90	400	—	—
1988	144	400	—	—
1989	207	400	—	—
1990	315	400	65	30.0
1991	405	400	1 040	40.0
1992	504	400	13	50.0

续表

年份	脱脂牛奶（千 t）	全脂炼乳（t）	全脂奶粉（t）	脱脂奶粉（千 t）
1993	603	400	312	60.0
1994	711	400	1 560	70.0
1995	810	400	13	80.0
1996	1 080	400	130	98.4
1997	990	400	156	94.4
1998	1 440	400	13	132.9
1999	1 980	400	403	165.9
2000	1 710	400	1 170	143.9
2001	1 440	400	2 860	128.6
2002	1 800	400	494	155.1
2003	1 890	400	13	147.4
2004	1 800	400	4 420	147.0
2005	1 890	400	14 950	148.1
2006	1 800	400	3 250	150.8
2007	2 115	400	2 600	162.2
2008	1 800	400	8 450	163.0
2009	1 800	400	1 365	141.9
2010	1 800	400	13	140.4
2011	1 800	400	13	132.6

资料来源：FAOSTAT，2013。
—数据为缺失值。

附表 3 印度主要乳制品生产总量(1961—2011) 千 t

年份	酸乳黄油	水牛酪脂	黄油＋酥油
1961	86.0	347.0	433.0
1962	85.5	345.6	431.1
1963	83.5	344.0	427.5
1964	81.5	342.4	423.9
1965	80.9	363.1	444.0
1966	80.4	366.6	447.0
1967	85.0	364.0	449.0
1968	90.0	360.0	450.0
1969	65.0	360.0	425.0
1970	70.0	358.0	428.0
1971	72.0	360.0	432.0
1972	70.0	368.0	438.0
1973	73.0	365.0	438.0
1974	74.0	365.0	439.0
1975	101.0	450.0	551.0
1976	105.0	450.0	555.0
1977	108.3	449.6	557.9
1978	114.2	474.2	588.3
1979	118.1	490.5	608.6
1980	124.1	515.5	639.7

续表　千 t

年份	酸乳黄油	水牛酪脂	黄油+酥油
1981	130.1	540.2	670.3
1982	110.0	540.0	650.0
1983	120.0	550.0	670.0
1984	140.0	550.0	690.0
1985	150.0	550.0	700.2
1986	160.0	560.0	720.2
1987	160.0	590.0	755.1
1988	170.0	680.0	858.1
1989	130.0	750.0	891.6
1990	130.0	890.0	1 037.6
1991	130.0	920.0	1 072.6
1992	110.0	950.0	1 088.1
1993	110.0	1 000.0	1 143.6
1994	120.0	1 080.0	1 239.6
1995	130.0	1 170.0	1 345.1
1996	140.0	1 260.0	1 460.1
1997	147.0	1 323.0	1 525.1
1998	250.0	1 350.0	1 680.1
1999	296.0	1 464.0	1 870.1
2000	330.0	1 630.0	2 055.1
2001	500.0	1 750.0	2 330.1
2002	530.0	1 870.0	2 500.1
2003	540.0	1 910.0	2 555.1
2004	570.0	2 030.0	2 700.1
2005	600.0	2 150.0	2 855.1
2006	615.0	2 210.0	2 925.1
2007	636.0	2 283.0	3 036.7
2008	652.0	2 338.0	3 100.0
2009	670.0	2 405.0	3 175.0
2010	715.0	2 568.0	3 383.0
2011	715.0	2 568.0	3 383.0

资料来源:FAOSTAT,2013。

附表 4　近 50 年印度鲜奶及脱脂奶粉进出口总量(1961—2011)

年份	鲜奶				脱脂奶粉			
	出口		进口		出口		进口	
	t	美元(千)	t	美元(千)	t	美元(千)	t	美元(千)
1961	0	0	0	0	0	0	41 890	13 644
1962	0	0	0	0	0	0	55 960	18 283
1963	0	0	0	0	0	0	46 820	16 926
1964	0	0	0	0	0	0	42 540	13 643
1965	0	0	0	0	5	3	36 510	12 680
1966	0	0	0	0	0	0	49 805	20 198
1967	0	0	0	0	0	0	37 820	17 323

续表

年份	鲜奶				脱脂奶粉			
	出口		进口		出口		进口	
	t	美元(千)	t	美元(千)	t	美元(千)	t	美元(千)
1968	0	0	0	0	0	0	35 266	12 217
1969	0	0	0	0	0	0	36 477	12 330
1970	0	0	0	0	0	0	25 866	7 836
1971	0	0	0	0	0	0	37 515	14 595
1972	0	0	0	0	0	0	39 882	22 080
1973	0	0	0	0	0	0	28 607	15 843
1974	0	0	0	0	0	0	32 472	26 083
1975	0	0	0	0	23	16	29 290	10 440
1976	0	0	0	0	52	39	17 623	17 347
1977	1	1	191	34	408	465	28 525	28 566
1978	0	0	0	0	263	283	27 140	32 445
1979	51	87	1	1	0	0	25 553	31 993
1980	0	0	0	0	27	70	23 293	43 234
1981	0	0	0	0	0	0	46 251	71 100
1982	0	0	0	0	0	0	63 512	111 520
1983	0	0	15	16	0	0	11 726	18 561
1984	0	0	297	389	0	0	38 001	53 369
1985	0	0	0	0	0	0	31 000	40 000
1986	0	0	8	5	0	0	10 997	18 120
1987	0	0	5 939	6 206	431	1 138	26 639	40 012
1988	0	0	119	101	95	229	32 913	51 971
1989	0	0	0	0	177	218	17 974	28 779
1990	0	0	0	0	195	267	522	1 206
1991	0	0	259	23	809	1 264	310	525
1992	0	0	1 826	227	461	1 094	6 557	14 352
1993	0	0	0	0	902	1 375	2 254	4 629
1994	0	0	0	0	6 533	8 110	575	1 205
1995	2	7	0	0	3 011	5 154	1 131	2 605
1996	14	47	0	0	536	1 008	267	550
1997	0	0	20	46	1 390	2 202	675	1 132
1998	20	12	12	7	793	1 211	1 634	2 201
1999	91	135	1126	232	3 386	4 979	16 884	22 985
2000	9	13	368	87	7 665	13 360	547	813
2001	0	0	10	18	17 628	29 574	50	50
2002	120	120	4	4	13 083	17 793	32	60
2003	103	164	231	99	5 700	10 332	4 313	7 700
2004	531	627	48	77	30 628	52 514	234	432
2005	2 356	1 305	62	89	47 334	94 915	244	476
2006	4 908	2 351	134	226	29 660	67 756	198	588
2007	7 405	4 564	162	393	38 515	131 305	405	1 434
2008	8 367	5 396	1 183	798	30 580	108 432	370	1 632
2009	5 410	3 384	314	503	18 735	43 625	3 754	8 418
2010	3 538	2 483	187	456	18 092	50 814	19 164	55 359
2011	9 469	5 411	195	583	3 005	9 152	32 445	123 683

资料来源：FAOSTAT，2013。

附表 5　不同省份间奶牛和水牛间的产奶量(kg/per animal per day,1996—1997)

各邦	奶牛		水牛
	本地奶牛	杂交奶牛	
安得拉邦	1.34	5.07	2.89
比哈尔邦	1.63	4.81	3.50
古吉拉特邦	2.84	7.96	3.80
哈里亚纳邦	4.11	6.52	5.64
喜马偕尔邦	1.69	3.32	3.02
卡纳塔克邦	1.82	5.57	2.40
喀拉拉邦	2.22	5.63	4.83
中央邦	1.18	5.56	2.98
马哈拉施特拉邦	1.50	6.79	3.56
奥里萨邦	0.48	3.93	1.84
旁遮普邦	2.88	8.36	5.62
拉贾斯坦邦	2.79	5.31	4.01
泰米尔纳德邦	2.39	5.55	3.58
北方邦	2.04	5.80	3.74
西孟加拉邦	2.15	7.82	6.26
印度全境	1.84	6.16	3.94

资料来源:GOI,Basic Animal Husbandry Statistics 1999,Department of Animal Husbandry and Dairying,Ministry of Agriculture,Government of India.

附表 6　动物群体在不同面积土地拥有者的数量(2000)　　千头

类别	牛		水牛		绵羊	山羊
	雄性	雌性	雄性	雌性		
1986—1987 年						
无土地者	45.8	37.4	11.7	23.0	15.2	38.5
小型	29.9	21.5	6.1	14.2	9.5	19.4
中小型	26.8	20.7	6.1	14.6	8.7	15.3
中型	20.0	16.2	4.6	13.3	7.6	10.0
大型	5.9	5.7	1.3	4.0	4.6	4.3
总量	128.4	101.5	29.7	69.2	45.5	87.4
1991—1992 年						
无土地者	38.2	36.6	8.7	24.4	13.8	36.2
小型	28.3	23.1	5.3	16.2	8.7	18.8
中小型	24.2	20.7	5.1	15.6	7.1	14.2
中型	17.4	15.1	3.8	12.2	5.6	9.3
大型	4.7	4.7	1.1	3.7	2.5	3.8
总量	112.8	100.3	24.0	72.0	37.7	82.3

资料来源:GOI,Basic Animal Husbandry Statistics 2002,Department of Animal Husbandry and Dairying,Ministry of Agriculture,Government of India.

附表 7　乡村和城市地区平均 30 d 对鲜奶及乳制品的消费支出(1970—2000)　　卢比

年份	牛奶及乳制品	肉蛋鱼	总食物支出	总支出	平均家庭人数
1970—1971					
乡村	3.03	1.02	25.98	35.91	—
城市	5.01	1.90	34.04	52.85	—
1972—1973					
乡村	3.22	1.09	32.16	44.17	5.22
城市	5.91	2.07	40.84	63.33	4.72

续表

年份	牛奶及乳制品	肉蛋鱼	总食物支出	总支出	平均家庭人数
1977—1978					
乡村	5.29	1.84	44.33	68.89	5.22
城市	9.16	3.33	57.67	96.15	4.89
1982—1983					
乡村	8.45	3.40	73.73	112.45	5.20
城市	15.15	5.92	96.97	164.03	4.85
1986—1987					
乡村	13.48	5.25	92.55	140.93	5.26
城市	23.32	9.25	128.99	222.65	4.79
1987—1988					
乡村	13.63	5.11	100.82	158.10	5.08
城市	23.83	8.85	139.75	249.93	4.71
1988—1989					
乡村	15.65	6.12	111.80	175.10	5.17
城市	26.74	10.59	152.49	266.85	4.87
1989—1990					
乡村	18.35	6.84	121.78	189.46	4.96
城市	29.53	11.42	165.46	298.00	4.66
1990—1991					
乡村	19.04	7.08	133.34	202.12	4.81
城市	32.37	12.27	185.77	326.75	4.55
1991(7—12月份)					
乡村	21.90	8.20	153.50	243.50	5.00
城市	37.21	13.49	207.77	370.34	4.73
1992(1—12月份)					
乡村	23.00	8.00	161.00	247.00	5.20
城市	42.00	14.00	224.00	399.00	4.80
1993(1—6月份)					
乡村	23.00	9.00	159.00	244.00	5.10
城市	41.00	14.00	221.00	382.00	4.60
1993年6月份至1994年6月份					
乡村	27.00	9.40	178.00	281.00	4.90
城市	45.00	15.50	250.00	458.00	4.50
1994年7月份至1995年6月份					
乡村	27.00	10.00	189.00	309.00	4.90
城市	49.00	17.00	271.00	508.00	4.60
1995年7月份至1996年6月份					
乡村	32.38	10.94	207.75	344.29	5.00
城市	56.45	19.11	299.98	599.26	4.60
1997年(1—12月份)					
乡村	39.31	11.79	231.99	395.01	5.00
城市	62.75	19.58	320.26	645.44	4.60
1998年(1—6月份)					
乡村	36.54	12.65	232.40	382.07	5.00
城市	64.63	21.94	339.71	684.27	4.70
1999年7月份至2000年6月份					
乡村	42.56	16.14	288.80	486.07	5.00
城市	74.18	26.77	410.86	854.96	5.00

资料来源:NSSO,2001。

附表 8　印度各邦之间牛奶生产能力以及趋势(2003)　千 t

各邦	1991—1992 年	1992—1993 年	1993—1994 年	1994—1995 年	1995—1996 年	1996—1997 年	1997—1998 年	1998—1999 年	1999—2000 年	2000—2001 年	2001—2002 年
安得拉邦	2 943	3 103	3 766	4 221	4 261	4 471	4 473	4 842	4 730	4 904	5145
阿鲁纳恰尔	7	21	21	22	42	44	43	45	45	45.5	55
阿萨姆邦	639	658	676	698	699	714	719	725	822	852	894
比哈尔邦	3 210	3 195	3 215	3 250	3 321	3 410	3 420	3 440	3 740	3 878	4068
曼迪加尔邦	34	37	38	39	41	42	43	43	42	44	46
哈维利邦	3	10	7	8	5	4	4	8	10	10	1
达曼-第乌		1	1	1	0	1	1	1	1	1	11
德里	227	235	252	257	261	264	267	290	295	306	321
果阿邦	28	30	33	36	37	37	38	41	43	45	47
古吉拉特邦	3 591	3 795	3 935	4 459	4 608	4 831	4 913	5 059	5 124	5 313	5 573
哈里亚纳邦	3 565	3 715	3 850	4 062	4 055	4 204	4 373	4 527	4 673	4 845	4 976
喜马偕尔邦	597	610	654	663	676	698	714	724	745	772	810
查谟-克什米尔	515	937	780	641	869	992	979	990	1 000	1 037	1 088
卡纳塔克邦	2 475	2 590	2 736	3 003	3 190	3 460	3 970	4 231	4 925	5 106	5 357
喀拉拉邦	1 785	1 889	2 001	2 118	2 192	2 258	2 343	2 420	4 673	2 771	2907
拉克沙群岛	1	1	1	1	1	1	1	1	1	1	1
中央邦	4 806	4 879	4 975	5 047	5 125	5 224	5 377	5 442	5 600	5 806	6 091
马哈特拉施特拉邦	3 955	4 102	4 250	4 812	4 991	5 127	5 193	5 609	5 810	5 850	6 024
曼尼普尔邦	83	83	84	64	57	61	62	65	67	69	73
梅加拉亚邦	50	52	53	54	57	58	59	61	65	67	71
米佐拉姆邦	8	9	9	9	9	9	17	20	10	10	11
那加兰邦	43	44	45	43	44	46	46	47.5	49.5	51	54
奥里萨邦	505	542	565	584	648	687	672	733	795	824	865
本地治里邦	27	27	32	33	33	38	36	36	35	36	38
旁遮普邦	5 382	5 583	5 970	6 215	6 424	6 755	7 165	7 394	7 700	7 984	8375
拉贾斯坦邦	4 474	4 586	4 958	5 103	5 449	5 874	6 487	6 923	5 820	6 034	6 330
锡金邦	29	30	30	32	33	34	35	34.5	43	44	46
泰米尔纳德	3 357	3 468	3 524	3 695	3 791	3 976	4 061	4 273	4 256	4 413	4629
特里普拉邦	32	34	35	38	39	44	57	76	49	51	53
北方邦	10 206	10 649	10 991	11 321	11 878	12 387	12 934	13 618	15 176	15 735	16 506
西孟加拉邦	3 019	3 023	3 095	3 250	3 341	3 376	3 415	3 441	3 750	3 888	4 079
印度全境	55 620	57 962	60 607	63 804	66 198	69 147	71 940	75 182	78 117	80 817	84 570

资料来源:NDDB,2003。

附表 9　印度各邦之间人均牛奶消耗量(1991—2001)　g/d

各邦	1991—1992 年	1992—1993 年	1993—1994 年	1994—1995 年	1995—1996 年	1996—1997 年	1997—1998 年	1998—2000 年	1999—1900 年	2000—2001 年
安得拉邦	121	126	151	167	167	173	170	182	186	189
阿鲁纳恰尔	22	65	64	65	121	124	119	121	118	117
阿萨姆邦	78	79	80	81	80	80	79	79	88	89
比哈尔邦	102	99	97	96	96	96	94	92	98	99
曼迪加尔邦	145	153	152	150	153	151	150	145	137	138
哈维利邦	59	189	126	138	82	63	60	114	136	130
达曼-第乌	0	26	25	24	0	22	21	20	19	18

续表

各邦	1991—1992年	1992—1993年	1993—1994年	1994—1995年	1995—1996年	1996—1997年	1997—1998年	1998—2000年	1999—1900年	2000—2001年
德里	66	66	68	67	65	63	62	65	63	63
果阿邦	66	69	75	81	82	81	82	87	90	93
古吉拉特邦	238	247	251	278	282	290	289	291	289	294
哈里亚纳邦	593	603	610	628	611	618	627	634	638	645
喜马偕尔邦	316	318	335	335	336	341	343	343	347	354
查谟-克什米尔	183	324	263	210	277	308	296	292	287	290
卡纳塔克邦	151	155	161	174	182	195	220	231	264	270
喀拉拉邦	168	176	185	194	199	203	209	214	234	241
拉克沙群岛	53	52	51	51	50	49	48	47	47	46
中央邦	199	198	198	197	196	195	197	195	197	200
马哈特拉施特拉邦	139	140	142	157	160	161	160	169	171	169
曼尼普尔邦	124	121	119	88	77	80	79	81	81	81
梅加拉亚邦	77	78	78	77	79	79	78	79	81	82
米佐拉姆邦	32	35	34	33	32	31	58	66	32	32
那加兰邦	97	95	92	84	82	81	77	76	75	74
奥里萨邦	44	46	47	48	53	55	53	57	61	62
本地治里邦	92	90	105	106	104	117	109	107	102	103
旁遮普邦	727	741	779	795	807	834	869	880	900	917
拉贾斯坦邦	279	278	294	295	307	323	348	362	297	300
锡金邦	195	197	191	198	198	199	199	190	225	229
泰米尔纳德	165	168	169	176	178	185	187	195	192	197
特里普拉邦	32	33	34	36	37	41	52	68	43	44
北方邦	201	205	207	208	214	218	222	229	249	253
西孟加拉邦	121	120	121	125	126	125	125	123	132	135
印度全境	180	184	189	195	198	203	207	213	217	220

资料来源：NDDB，2003。

附表 10 印度全境已注册的牛奶及牛奶加工场的数量及生产能力(2002) 千 L/d

各邦及区域	合作社		私人		其他		总量	
	数量	产量	数量	产量	数量	产量	数量	产量
国家级机构								
安得拉邦	13	2 905	6	855	1	200	20	3 960
比哈尔邦	6	485	1	120	0	0	7	605
德里	0	0	0	0	8	6 500	8	6 500
果阿邦	1	30	0	0	0	0	1	30
古吉拉特邦	14	6 170	2	300	6	640	22	7 110
哈里亚纳邦	5	400	14	3 390	0	0	19	3 790
喜马偕尔邦	3	44	2	345	0	0	5	389
卡纳塔克邦	12	1 833	5	495	1	400	18	2 728
喀拉拉邦	4	400	3	125	0	0	7	525
中央邦	7	1 200	4	1 100	0	0	11	2 300
马哈特拉施特拉	17	3 570	18	3 900	15	2 700	50	10 170
奥里萨邦	7	182	0	0	0	0	7	182
本地治里邦	1	50	0	0	0	0	1	50
旁遮普邦	12	1 570	12	3 050	0	0	24	4 620

续表

各邦及区域	合作社		私人		其他		总量	
	数量	产量	数量	产量	数量	产量	数量	产量
拉贾斯坦邦	12	1 290	9	1 050	0	0	21	2 340
锡金邦	1	15	0	0	0	0	1	15
泰米尔纳德	13	3 880	4	526	0	0	17	4 406
特里普拉邦	1	10	0	0	0	0	1	10
北方邦	7	1 540	33	6 664	0	0	40	8 204
西孟加拉邦	2	216	0	0	2	820	4	1 036
印度全境	138	25 790	113	21 920	33	11 260	284	58 970
地方机构								
安得拉邦	0	0	9	588	0	0	9	588
比哈尔邦	0	0	0	0	0	0	0	0
德里	0	0	0	0	0	0	0	0
果阿邦	0	0	0	0	0	0	0	0
古吉拉特邦	3	110	1	390	1	30	5	530
哈里亚纳邦	0	0	23	1 200	2	130	25	1 330
喜马偕尔邦	0	0	0	0	0	0	0	0
卡纳塔克邦	2	75	14	615	0	0	16	690
喀拉拉邦	7	365	4	113	2	35	13	513
中央邦	3	50	0	0	2	20	5	70
马哈特拉施特拉	18	636	50	1 675	23	695	91	3 006
奥里萨邦	1	30	0	0	0	0	1	30
本地治里邦	0	0	0	0	0	0	0	0
旁遮普邦	1	60	19	755	0	0	20	815
拉贾斯坦邦	2	47	8	547	0	0	10	594
锡金邦	0	0	0	0	0	0	0	0
泰米尔纳德	12	485	12	345	0	0	24	830
特里普拉邦	0	0	0	0	0	0	0	0
北方邦	25	746	147	4 177	0	0	172	4 923
西孟加拉邦	0	0	3	90	0	0	3	90
印度全境	74	2 604	290	10 495	30	910	394	14 009
印度(中央＋地方)	212	28 394	403	32 415	63	12 170	678	72 979

资料来源:GOI,2002。

附表 11　印度已注册奶牛场的分布(不包括家庭作坊式,2007)　个

各邦	小型	中型	大型
安得拉邦	18	17	4
阿萨姆邦	2	—	—
比哈尔邦	4	1	—
曼迪加尔邦	—	1	—
恰蒂斯加尔邦	1	3	3
德里	2	8	1
果阿邦	7	2	—
古吉拉特邦	23	15	2
哈里亚纳邦	40	10	2
查谟－克什米尔	3	4	2

续表

各邦	小型	中型	大型
卡纳塔克邦	42	16	1
喀拉拉邦	4	4	2
中央邦	3	7	0
马哈特拉施特拉邦	42	49	25
曼尼普尔邦	2	—	1
旁遮普邦	25	22	1
拉贾斯坦邦	11	4	3
泰米尔纳德	27	10	1
北方邦	26	23	7
北阿坎德邦	9	2	4
西孟加拉邦	4	1	1
印度全境	295	202	60

资料来源:Dairy India,2007。

附表 12 印度乳品加工厂的加工能力及区域划分 个

各邦	小型 (日处理鲜奶小于 1 万 t)	中型 (日处理鲜奶小于 10 万 t 大于 1 万 t)	大型 (日处理鲜奶产大于 10 万 t)
尼科巴群岛	1	0	—
安得拉邦	7	20	7
阿鲁纳恰尔邦	—	0	0
阿萨姆邦	—	2	0
比哈尔邦	2	7	4
曼迪加尔邦	—	1	1
恰蒂斯加尔邦	2	1	—
德里	—	0	5
果阿邦	—	2	0
古吉拉特邦	1	17	16
哈里亚纳邦	1	10	7
喜马偕尔邦	—	2	1
查谟-克什米尔	—	4	—
卡纳塔克邦	—	3	—
贾坎德邦	—	8	4
喀拉拉邦	—	9	1
中央邦	2	3	4
马哈特拉施特拉邦	12	84	39
旁遮普邦	1	17	15
拉贾斯坦邦	1	21	6
锡金邦	2	0	—
泰米尔纳德	4	12	17
特里普拉邦	—	1	—
北方邦	5	82	30
北阿坎德邦	—	2	—
西孟加拉邦	—	7	6
印度全境	42	316	163

资料来源:Dairy India,2007。

以色列奶业发展报告

摘要:以色列是当今世界奶业最发达国家之一。奶业是以色列农业的主要产业之一,其产值占农业总产值的16.5%。近年来,以色列奶产品除满足有限的国内消费市场外,一些较大的乳品加工企业把目标指向了国际市场,大量出口周边国家及欧洲和美国,主要销往美国市场,尤其是犹太教徒消费群体。以色列消费人群对于液态奶的需求比例大大降低,而对于固态乳制品的需求量增加。2011年鲜奶制品仅占25%,硬奶酪占30%,软奶酪占28%,酸奶和点心占15%,黄油占2%。以色列全国饲养产奶母牛绝大部分为荷斯坦奶牛品种,近年来奶牛存栏数量有所下降,但奶的产量却稳步上升,单产水平与饲养技术名列世界第一,以色列奶牛生产奶牛单产水平、脂肪含量和蛋白含量高。2011年,以色列拥有984个奶牛场,13万头以色列荷斯坦泌乳奶牛,年产奶量为13.2亿t,平均年单产11.76t,其中,乳蛋白占3.24%(381.5t)、乳脂肪占3.66%(430.6t)。而且,细菌总数低和体细胞数低,89%以上的牛奶细菌总数在10万以下,93.7%的牛奶体细胞数在29万以下。另外,高产增效、节本增效、优质增效、环保控制有效。

以色列养牛生产模式大体可以分为两类。一类称基布兹(Kibbuts)即合作社,另一类称莫沙夫(Moshav)即私人牧场。以色列奶牛业无论是集体牛场,还是个体牛场,管理相当精细,全部实行计算机联网管理,70%以上的奶牛场采用了阿菲金(Afimilk)等公司生产的数字化养殖系统。以色列奶牛生产实行配额制,其奶牛生产体系由以色列奶牛场、以色列奶牛育种协会(Israel Cattle Breeders Association,ICBA)、Hachaklait兽医服务组织、国家乳房健康与牛奶质量检测服务中心和牛奶加工厂组成,形成了完备的奶业社会化服务和保障体系,各组织各司其职,又相互协调,为以色列农场主提供从生产到销售各环节的服务,包括种源、饲养技术、产品销售、计算机管理和经营指导等。

以色列现代奶牛育种工作始于1926年,主要由以ICBA负责全国奶牛改良、选育和提高。此外,以色列严格的奶牛生产性能测定(DHI)工作,有力保证了育种工作的准确性和奶牛群体生产水平的提高。以色列奶牛饲喂采用全混合日粮(TMR)技术起始于20世纪70年代,现已全面普及。针对以色列耕地面积很小且自然条件不利于农作物、缺乏粗饲料而依赖进口的国情,以色列的奶牛营养专家充分利用多种工业原料辅料配制奶牛的TMR饲料,取得了不错的效果。另外,以色列奶牛业生产有专门的饲料加工中心,负责加工和配送。不仅保证了奶牛饲料的适口性和营养全价水平,也可以多方利用饲料资源,降低饲料成本和奶牛场的运营成本。在疫病控制方面,以色列有专门的兽医服务组织以及国家乳房健康与牛奶质量检测服务中心。它们都是非盈利组织,95%的奶牛群疾控工作由兽医服务组织承担,与各农场长期合作,制定工作计划,承担疾病预防、控制以及兽药的经营管理。后者的主要目的是控制乳房炎的发生率、检测和改善奶牛、绵羊、山羊的乳房健康和奶质量。

以色列实行奶价定额化,这样既保护了广大养殖者的利益,也有利于加工企业获得合理的利润,防止奶牛业剧烈波动,大起大落。以色列还实行奶牛养殖协会实验室承担原奶第三方检测制度。以色列制定了原料奶收购标准,主要按照牛奶中体细胞和细菌数的级别来划分牛奶品质的好坏,并给以不同的奶价,对于劣质奶还具有适当的惩罚措施。而且在原料奶的药物残留、掺假等方面积极引进高灵敏度的检测设备,做到了上下一致的高度重视。

以色列奶业的成功也得益于国家对奶业进行的宏观调控，有利于奶业的持续、稳定、健康发展。2008 年以色列议会还通过了一项法律草案——“乳业规划法—2008”，进一步通过法律来精细规范奶业生产的各个环节。

以色列成功的奶业生产可以在经营模式、科技创新、产业政策等方面为我国的奶业生产提供重要的借鉴和指导作用。

关键词：以色列　奶业　发展

1　奶业发展基本情况

以色列国(The State of Israel，代码 IL)位于亚洲西部，东接约旦，东北部与叙利亚为邻，南连亚喀巴湾，西南部与埃及为邻，西濒地中海，北与黎巴嫩接壤，是亚洲、非洲和欧洲的交汇处。西部沿海为狭长平原，东部有山地和高原，东西最大宽度 135 km，南北纵长 471 km。属地中海型气候，夏季炎热干燥，最高气温 39 ℃；冬季温和湿润，最低气温 4 ℃左右。国土面积约为 2.5 万 km^2。人口 680 万，其中犹太人 545 万，占 76%，阿拉伯人、德鲁兹人及其他人占 24%。以色列可以分为四个不同的区域：海岸平原、中部丘陵、约旦大裂谷、以及内盖夫沙漠。其中，内盖夫沙漠约 12 000 km^2，占以色列约一半土地面积。地中海沿岸的海岸平原从北部的黎巴嫩边界一直延伸至南部的加沙，该地区土壤肥沃而潮湿，是农业和水果栽种的重要地带。以色列交通主要以公路为主，从东部的耶路撒冷驱车到西海岸的特拉维夫仅需 1 h 左右。

自 1947 年联合国发布巴勒斯坦分治决议后的 50 多年来，土地贫瘠、资源短缺的以色列，坚持走科技强国之路，重视教育和人才的培养，经济得以较快发展。2010 年，以色列国内生产总值约 2 179.51 亿美元，人均国内生产总值约 2.86 万美元。以色列高新技术产业发展举世瞩目，在电子、通讯、计算机软件、医疗器械、生物技术工程、农业以及航空等方面拥有先进的技术和优势。以色列地处沙漠地带边缘，水资源匮乏(水面积不足 1%)，农业方面形成了特有的节水滴灌技术，将大片沙漠变成了绿洲。占总劳动力不足总 5%的农民创造了 10%的国民生产总值，农民年均收入 1.8 万美元，大量出口优质水果、蔬菜、花卉和棉花等。

以色列国在西伯来语中是“流着奶和蜜的地方”的意思，是当今世界奶业最发达国家之一。奶业是以色列农业的主要产业之一，在农业中占领先地位，其产值占农业总产值的 16.5%。以色列地理位置和奶业产区分布见图 1。以色列气候炎热干旱，缺乏水源和饲料资源，饲养奶牛条件比较差，但是他们依靠自主创新、

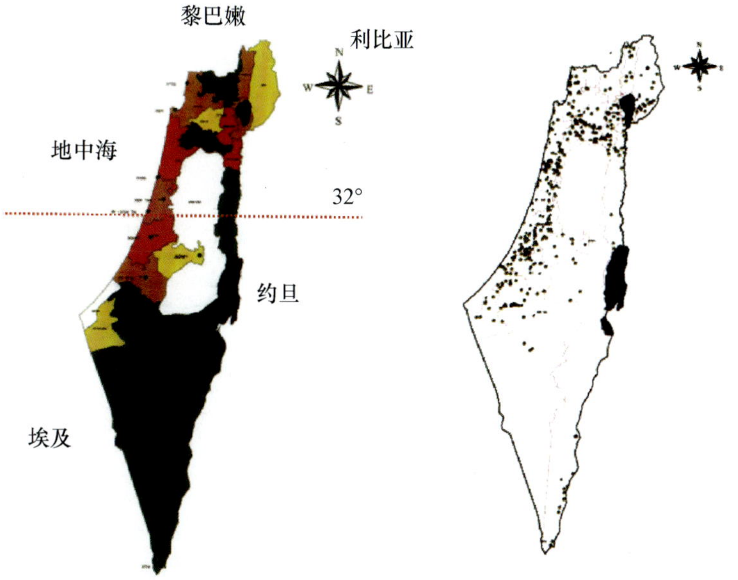

图 1　以色列所处地理位置和奶业产区分布示意图

科技进步和奶业行业的有效协调,使以色列成为世界著名的袖珍奶业国,奶牛产奶性能世界最高。以色列奶牛牛产可用“三高”、“两低”和“四效”描述。“三高”即奶牛单产高、含脂肪高、含蛋白高。2011 年,以色列拥有 984 个奶牛场,11.9 万头以色列荷斯坦泌乳奶牛,年产奶量为 13.56 亿 t,平均年单产 11.39 t,其中,乳蛋白占 3.24%(381.5 t)、乳脂肪占 3.66%(430.6 t)(但不同的季节,乳蛋白率和乳脂率也呈现出不同程度的波动,见图 2)。“两低”是细菌总数低和体细胞数低,89%以上的牛奶细菌总数在 10 万以下,93.7%的牛奶体细胞数在 29 万以下。“四效”是高产增效、节本增效、优质增效、环保控制有效。

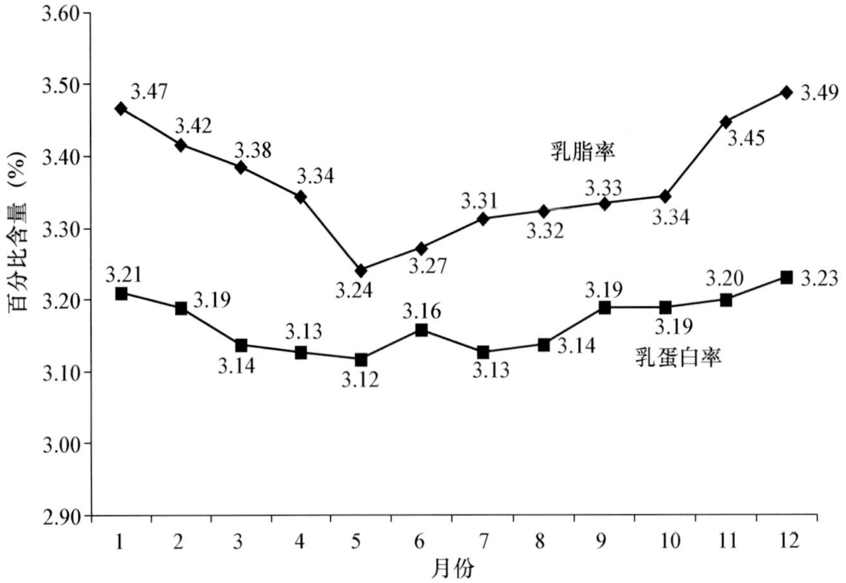

图 2　以色列奶牛随季节变化而呈现波动的乳蛋白率和乳脂率

1.1　奶牛养殖业发展

以色列第一个奶牛场建于 1880 年。现代奶牛业起始于 20 世纪 20 年代,当时全国奶牛存栏只有 1 000 多头,奶牛平均单产 2.5 t。随着以色列人们对奶业消费量的增加,奶牛业也逐步发展起来,1948 年建国之初,仅有奶牛场 88 个,奶牛存栏 8 700 头,奶牛平均单产 4 t。建国后,政府高度重视奶业生产,加大了对奶牛业良种繁育、基础设施和科技推广等方面的投入,奶牛业获得了快速发展。到 2006 年奶牛存栏达到 12 万头,平均单产 11 t,从乳品进口国发展成为出口国。

以色列奶牛存栏数量近 50 年变化趋势见图 3。

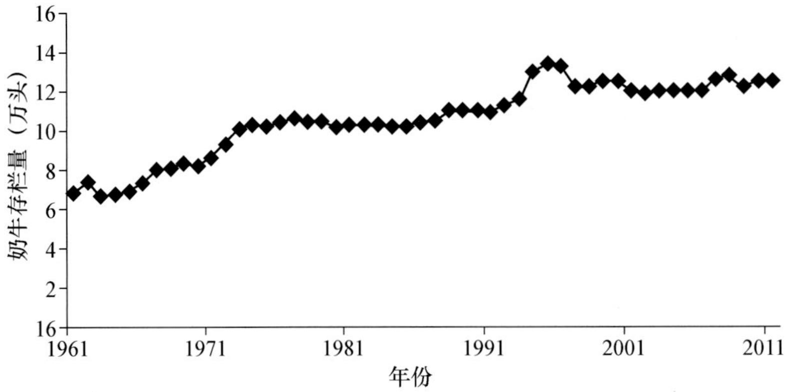

图 3　以色列奶牛存栏数量近 50 年变化曲线

以色列养牛生产模式大体可以分为两类:一类称基布兹(Kibbuts)即合作社,基布兹是一个集体所有制生产单位，组织内实行民主管理，社员各尽所能按需分配。基布兹奶牛场一般规模较大，机械化程度比较高，生产条件比较完善，奶牛牛群规模较大，成母牛存栏在200头以上，一般配套建有乳品加工厂。另一类称莫沙夫(Moshav)即私人牧场，这种生产形式近年来发展很快，但一般规模较小，成母牛存栏在10～100头，牛群规模占全国奶牛的30%。规模较小的奶牛场一般没有配套的生产条件，饲料供给等靠社会化服务解决，以色列有完备的奶牛生产服务保障体系。表1中概述了以色列2000年时养牛生产的模式统计情况。2006年统计资料显示：全国共有奶牛场1 025家，其中Moshav经营的奶牛场843家，Kibbuts经营的奶牛场167家，农业学校经营的奶牛场15家。Moshav经营奶牛场平均年生产原料奶56.4万L/个，Kibbuts经营奶牛场平均385.1万L/个，农校经营奶牛场平均78.4万L/个。2011年，以色列拥有984个奶牛场，11.9万头以色列荷斯坦泌乳奶牛，年产奶量为13.56亿t，平均年单产11.39 t，其中，乳蛋白占3.24%(381.5 t)、乳脂肪占3.66%(430.6 t)。

表1　以色列两种不同生产模式下奶牛生产

指标	KIBBUTZ	MOSHAV
农场数(个)	220	1 000
平均存栏量(头)	280	45
占全国存栏量(百分比)	62	37
占全国产奶量(百分比)	57	41
奶牛单产(t)	11 475	9 670
单产乳脂量(kg)	366	306
单产乳蛋白量(kg)	344	290
日挤奶次数(次)	3～4	2～3

以色列奶牛淘汰率很高，主要由于以色列饲草饲料资源缺乏，饲料成本高，奶牛单产的盈亏平衡点在6 t左右，提高单产是增加奶牛养殖效益的主要措施。近年来以色列奶牛存栏是稳中有降，每年出生的后备牛中仅有一半成为后备生产群体。牛场对老龄牛、病牛及时淘汰，奶牛利用年限一般仅为3～5个产奶胎次，正是高强度选择和高淘汰率，才保证了高质量生产群体。

由于以色列人口少，劳动力成本高，加之机械化、设施化程度较高，因此生产效率比较高，规模化、现代化程度较高，奶牛场平均每人可饲养100头奶牛。主要体现在以下几个方面：

(1)牛舍设计。以色列特别重视高科技的应用，奶牛场建设在基础设施方面投资很少，牛舍、通道等设施都比较简单，但科学、合理，现代化程度高。以色列全部采用钟楼式敞篷式牛舍，棚顶为石棉瓦或复合铁皮瓦(图4)。舍饲散栏饲养，对头或单列式布置。为给奶牛营造舒适的生产环境，防止热应激，奶牛舍和休息区全部配有喷淋—风机降温设施(图5)，每年4—10月份使用，每天喷淋3～5次，然后用大功率风机加速水分蒸发。牛舍环境由电脑自动调控，可以让奶牛"住"得舒服。值得一提的是，以色列奶业协会设有专项对牛舍改造的补贴，大大提高了奶牛的舒适度，保证了奶产量的稳定性。

图4　以色列典型牛舍

图5　牛舍喷淋设施

(2)牛场规划布局。大型牛场主要分为4大区，即母牛分娩区、小牛饲养和成长区、奶牛生活和产奶区，以及牛奶加工处理车间。在牛场中央建有中央控制室，专门负责本区牛群监管工作。工作人员通过电脑监控器，及时发现问题，并加以解决。

(3)运动场管理。为了更好地监测奶牛运动场的舒适性，以色列牧场开始使用一种新型计步器，以监测奶牛卧地的次数、每次卧地的时间、全天卧地总时间和站立总时间。正常情况下，奶牛每天卧地时间为8.2～14.1 h，每次卧地时长为0.9～1.4 h。基于这些数据就能轻松地找到卧地时间不足的奶牛，进一步监测是否健康出现问题。如果全群所有牛的卧地时间都很短，说明运动场环境出现了问题。

(4)饲喂。全部采用饲喂搅拌车，该车装有自动取草料设备，可以按设定的比率定量索取，混合搅拌后，直接送到饲喂棚。牛场没有专职管理人员和一切后勤服务人员，只有饲养工和挤奶工两个工种。

(5)牛场粪污收集处理。牛场全程是自动刮板机清理牛场粪便，方便、快捷地切断污染环节，而且通过分级处理实现了水资源的重复利用。

(6)挤奶。全部为电脑控制自动化挤奶台挤奶，挤奶台分并列式和转盘式两种，在挤奶台的牛位上装有个体计量设施，挤奶杯为自动脱落式。当奶牛挤奶时，如果发现牛正在生病，从它身上挤出的奶，将立即被机器倒掉，这头牛也将被安排接受治疗。另外，电脑可以监控每头牛的出奶情况，如果发现那些挤奶时间不长又回到挤奶机前，企图以挤奶之名寻找好食物的牛，就会立即将之赶出挤奶位置。根据这些数据，可以科学、合理地选择出哪头牛可以接受人工授精，哪头牛因为年龄等原因，产奶量减少需要淘汰等。以色列奶牛场多数为每天24 h 3次挤奶，间隔8 h，分别是早上4点、中午12点和晚上8点，每次挤奶时间大约150 min。这也是奶牛场工作人员所承当的主要工作。奶牛挤奶前在待挤间用水冲洗乳房，待挤间设有低位喷头，并有风干设备。挤奶机自动计量个体产奶，挤完后自动脱落，进行乳头药浴。采用翻转牛栏，不是排队走出，加快了挤奶速度。

(7)运奶。牛场只要挤完奶，加工厂的大型运奶槽车会及时将奶集运回厂，每个槽车有自动计量装置和采样设施，功能非常齐全和先进。运奶人员现场采集两份奶样，一份供加工厂化验确定价格，另一份留给养殖场。工厂根据奶样测定出各个牛场蛋白质的含量输入计算机，各个养殖场可通过电脑网络查询生鲜奶质量和应得款项。如果没有异议，加工厂会在第一时间将奶款直接存入各养殖场账户。以色列牛奶运输采用国际最高标准来制定，以保证牛奶运输过程中的质量，车间生产线利用清洗工艺保持牛奶质量，而且乳产品配送车辆也具有完全制冷功能。

(8)数字化管理。在以色列无论是集体牛场还是个体牛场，管理相当精细，全部实行计算机联网管理，70%以上的奶牛场采用了阿菲金(Afimilk)等公司生产的数字化养殖系统，该系统软件设计的针对性强，是奶牛场管理和分析的强大工具，不但可以用于日常管理，还能进行牧场长期生产规划。系统自动在线收集各种实时数据适时传输到系统软件进行记录和分析，生成各种实用的总结性报表。系统自动在线收集的数据包括奶牛的产奶量、乳成分(乳脂、乳蛋白、乳糖、体细胞数、血液含量、乳尿素氮等)、电导率、运动量、体重等，分析这些数据的变化可以发现多种问题，如电导率、体细胞数可用于乳房炎的在线检测，牛只运动量的变化可用于发情诊断，乳成分的异常变化可用于代谢病(如酮血病)诊断、饲养问题的及时发现等。对于诊断发情、出现健康问题的牛只，系统软件可以自动生成列表，用户向系统输入指令后，系统可以自动控制分群装置将特定列表中的牛只从牛群中分离出来，轻松进行牛只调动，节省劳动力，减少奶牛应激，提高工作效率。在系统的支持下可以实现真正意义上的精细饲养，系统通过对奶牛产奶量、乳成分、体重等数据的分析得出每头牛营养需要的变化，计算出补料量，实现因牛而异的定量补料。系统可以在计算机屏幕上直观显示每头牛的运动量、产奶量、体细胞含量、乳脂肪、乳蛋白、乳糖、体重变化等各种曲线。通过多方面的数据分析，系统可以及时地显示每头牛生产状态及健康状况，对生产监督、指导、评价、提高等起到了不可估量的作用。这些庞大的数据，在奶牛挤奶时通过腿部个体身份识别装置，由阿菲牧(Afimilk)软件自动传输到计算机数据库，不需要人工输入，极大地减少了劳动量，确保了数据的真实性、准确性。

1.2 乳品加工业发展

以色列奶业由国家统一调控，采取配额生产的办法，原料奶价格由国家统一规定，饲养环节与加工环节均等利润。以色列乳制品加工以中小规模为主，几乎看不到像我国的伊利、蒙牛这样跨地区的大型乳品加工企业。乳制品主要为巴氏消毒奶和奶酪、奶油等，除满足国内需求之外，还大量出口周边国家及欧洲和美国。

以色列最大的乳品加工企业 Tnuva 成立于 1926 年，Tnuva 每年可收购和加工 8.5 亿 L 鲜奶，2006 年最大处理原料奶量达到 11.3 亿 L。冬季里过剩的原料奶就加工成奶粉和奶油，其中 2006 年生产的奶粉量为 4 550 t。此外，Tara 和 Strauss 公司每年分别收购和加工 1 200 万 L 和 115 万 L 原料奶。除此之外，54 个小型乳品厂每年还可以加工 400 万 L 原料奶。

在 2001 年至 2006 年中，以色列乳品加工行业也进行了广泛的改革。乳品厂对加工车间进行了专业化改革，利用世界上最先进的 Alon Tavor 设备，提高自动化程度。Tnuva 公司关闭了 Tel-Aviv 和 Haifa 加工车间，引进了 Rehovot 装置生产乳和乳饮料，同时也调整了硬奶酪和咸奶酪的专业化生产线，以作为犹太教规食物。Strauss 公司在 Ashdod 和 Netivot 的等地建立了乳品加工设备，撤掉了 Yotveta 车间。Tara 被可口可乐公司收购，建立了新的乳品车间。很多小乳品加工企业也进行着加工设备的革新。另外所有的加工厂都是实行了污水循环利用，注重生态上的友好发展，并且在牛奶精细加工方面取得较大经济效益。例如，一家叫 Ba'emek 的加工厂，专门收集所有加工厂的乳清转而加工各种乳蛋白和乳糖。由于质量控制严格，以色列加工厂消除了任何不利于健康的因素。加工的全脂牛奶符合国际质量标准，牛奶运输标准是根据国际最高标准来制定，以色列乳品行业在乳品储藏和销售方面有许多先进经验，从小的贮藏间转运到大的自动化中心，各种商品调配有条理地发往全国各地。

以色列各乳品加工企业之间存在极大的竞争，不断革新的包装、乳产品的不断多样化，都极大地保护了消费者的福利。"消费者的满意才是以色列乳品加工企业的最终目的"。近年来，有限的以色列消费市场促使一些大的乳品加工企业把目标指向了国际市场，主要销往美国市场，尤其是犹太教徒消费群体。

1.3 乳品消费发展

2011 年以色列共生产牛奶 13.56 亿 t，绵羊奶 880 万 t，山羊奶 1 140 万 t。尽管饲料成本、人口增长、乳制品价格有所变化，但以色列的乳制品人均消费这几年变化不大，略有增长。2011 年的乳品消费较 2010 年增长 2.2%，人均乳品消费增长 0.4%。以色列市场上的乳制品品种丰富，不仅有液态奶（高温消毒奶）。2006 年以色列的乳制品消费结构中（见图 6），鲜牛奶和软奶酪分别占 33%和 32%，其他的硬奶酪、发酵乳、

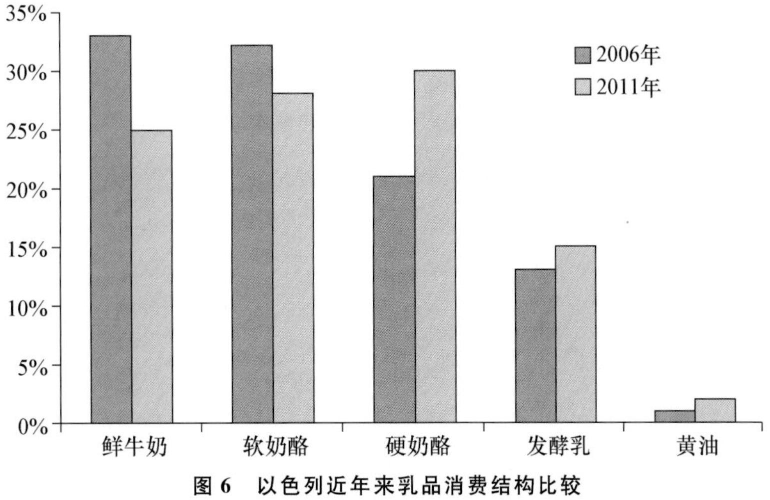

图 6　以色列近年来乳品消费结构比较

黄油的比例各占 21%、13%和 1%。近年来以色列对于液态奶的消费比例大大降低，而人们对于固态乳制品的需求量增加。2011 年鲜奶制品仅占 25%，硬奶酪占 30%，软奶酪占 28%，酸奶和点心占 15%，黄油占 2%。近年来可涂抹奶牛乳酪日益受到以色列人的喜爱，年消费量达 5.3 万 t。

1.4　乳制品贸易发展

以色列乳制品的进口贸易没有平稳态势，尤其在近十几年来时有起伏（附表 3 和附表 4）。出口贸易量总体呈现一定的增长趋势，但仅限于部分乳制品，如干奶酪、脱脂奶粉等（见图 7）。

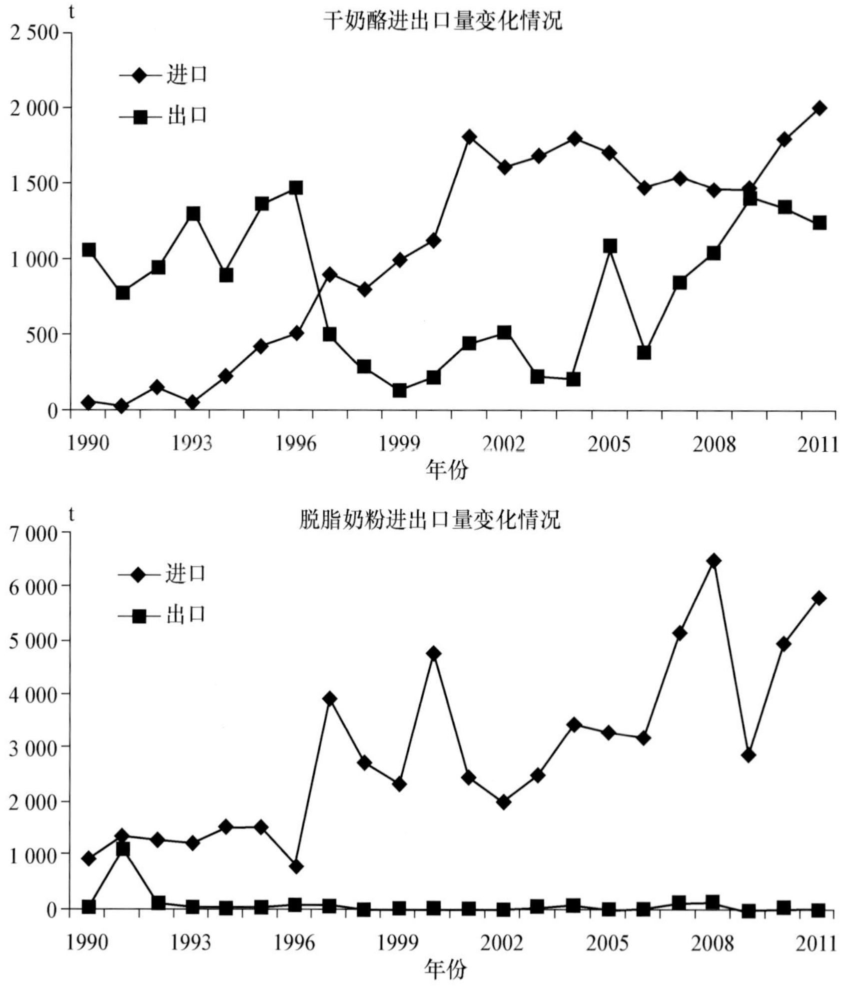

图 7　以色列干奶酪和全脂奶粉的进出口变化情况

2000 年，以色列进口农产品 19.6 亿美元，占进口总额的 6.1%，其中乳制品主要从美国、德国和荷兰进口，其中干奶酪、脱脂奶粉的进口比重较大。农产品的出口额约为 9.4 亿美元，占总出口额的 3.7%，但乳制品的出口额很少，主要出口的乳产品是干奶酪。2009—2011 年，以色列乳制品贸易出现上升的趋势，包括奶酪、全脂奶粉、脱脂奶粉的出口量有上升的趋势。这主要归因于 2008 年世界粮食价格上涨的影响，以色列牛奶等乳制品的价格平均上调 3.8%。以色列《国土报》报道，从 2006 年 1 月至 2007 年 6 月，全球小麦价格上涨了 75%，玉米价格涨幅达 55%。这直接导致以色列奶业的饲料成本增加，因此原料奶价格每升增加了 0.69 谢克尔（1 美元约合 4.3 谢克尔），即涨幅为 4%。黄油价格上涨了 33%，而奶粉价格上涨了 150%。近年来美国对以色列乳制品需求持续增加，且对以色列乳酪、酸奶及奶油需求高，2007 年以色列对美国出口乳制品金额约 600 万美元。

由于宗教的原因，以色列的一些乳品贸易需要符合 Kosher 认证，（又称犹太洁食认证，Kosher certificate），表明食品符合犹太教教规。认证机构主要有 AKO（Kosher 组织协会）成员，所颁发证书为全球犹太组织认可。非 AKO 成员的机构，所颁发证书国际认可程度不高。SKS Kosher 认证是比较著名的认证公司，在中国设有分支机构。Kosher 认证的基本程序为：向认证机构提交 Kosher 认证申请表；犹太 Rabbi（拉比，犹太教教长）审查申请表，通过审查后，犹太 Rabbi 检查工厂；检查合格，Kosher 总部颁发 Kosher 证书。证书有效期一年，续证程序与认证程序相同。

2 奶业科技进展

2.1 奶牛育种与繁殖技术进展

以色列全国饲养奶牛绝大部分为荷斯坦牛，奶牛饲养主要集中在中北部气候较好的地区，南部沙漠地区很少从事养牛及其他农业生产。2007 年，因奶牛总产量超过国家下达的配额数量，政府开始淘汰年产 8 t 以下的低产奶牛，因此，近两年奶牛存栏数量有所下降，但奶产量却稳步上升，到 2011 年，奶牛平均单产达到 11.39 t，表现出了良种与良法的完美结合，单产水平与饲养技术名列世界第一。

以色列现代奶牛育种工作始于 1926 年，当时部分饲养奶牛牧场主发起成立了“奶牛饲养者联盟（Dairymens Union）”，该组织后来发展成为 ICBA，负责全国奶牛改良、选育和提高。由于独特的气候地理条件，以色列非常重视引进遗传资源与本地牛杂交，培育具有高生产性能和适应能力强的生产群。

在 1930 年至 1940 年间，引进了部分荷兰种公牛与本地 Ballad 牛和 Syrian 牛杂交。以色列奶牛改良主要方式是级进杂交，运用引进公牛与当地母牛杂交，产生的一代杂交母牛继续用引进公牛杂交，杂交三代母牛转入奶牛群，五代以后形成典型的以色列荷斯坦奶牛。

早期改良数量有限，真正大范围改良是 20 世纪 40 年代，人工授精技术引进后，对奶牛进行广泛而大面积改良。以色列建有北部和南部两个公牛站，这两个公牛站最初从北美引进种公牛，制定严格的选种选育计划，育种目标明确，而且不断加以完善。1947 年，从加拿大进口 10 头荷斯坦公牛。其后这 10 头公牛及其后代通过人工授精技术而得以大量使用。1950 年第一次计算当地公牛奶产量的评定值。1963 年以来，几乎所有的以色列乳用母牛都与当地培育的公牛交配。1965 年使用“同龄比较法”计算公牛育种值，并第一次实现了计算机化，公牛选择是根据经济校正脂肪奶（ECM）。1965 年开始记录难产和犊牛死亡率。1980 年开始记录个体牛的授精结果。1987 年第一次计算繁殖力的育种值。1983 年，使用“最佳线性无偏估测法（BLUP）”代替“同龄比较法”估测公牛的奶和脂肪产量及难产和犊牛死亡率的育种值。1991 年，选择指数由 ECM 改为 PD91＝－0.274（千克奶）＋6.41（千克脂肪）＋34.85（千克蛋白）。按照欧洲荷斯坦—绅里森协会推荐的方法，开始对 17 项结构性状进行评分。1992 年首次计算个体牛动物模型评定值，开始计算体细胞浓度和母牛繁殖力动物模型评定值。1993 年用这种方法代替了 BLUP 法对所有奶牛的奶、脂肪和蛋白产量的常规性遗传评定。1996 年开始将体细胞加入选择指数中，进一步关注牛的健康状况。2002 年增加了奶牛繁殖率、持续力、长寿性和产犊难易性指标，以进一步提高荷斯坦牛的质量。总体上看，1996 年前育种改良工作着重于提高奶牛单产和脂肪、蛋白质含量为主，1996 年后又进一步提高牛群的健康程度和利用年限。经过 80 年的不懈努力，最终培育出质量居世界首位的以色列荷斯坦奶牛品种。

优秀的品系培育和以色列奶牛（DHI）工作是分不开的。奶牛生产性能测定工作，有力保证了育种工作的准确性和奶牛群体生产水平的提高。1985 年建立了产奶记录中心实验室，配置了最先进的红外检测设备，对以色列母牛进行逐月测定脂肪、蛋白质、乳糖和体细胞数。在 DHI 的实际工作中，严格控制采样环节。采样员接受统一培训并获得资格证书，按照片区来有效实施，一般同一采样员除了负责采样还负责运输等工作。

以色列奶牛业生产有健全的数据管理分析体系，从 20 世纪 30 年代起奶牛的生产数据采集管理就没有间断过。每头牛都建立完整的系谱档案，记录生产繁殖详细数据。全部数据由ICBA分析管理并在网上公布。奶牛每月进行一次DHI分析，依据测定结果指导生产。

此外，近年来以色列将生物技术方法纳入育种计划中已经取得了初步成效。超数排卵和胚胎移植技术正在被用来增加来自优良母牛的公犊潜在数量。在瑞哈物特的农业研究机构已经建立了一个遗传标记物实验室。使用遗传标记能验证所有年青公牛的父系，并能确定所有公牛的乳蛋白基因位点和与遗传疾病有关的基因位点。在胚胎移植之前确定胚胎的基因型和性别的技术也得到发展。一项发现和绘制影响经济性状的个别基因，并将他们“连锁”到根据其女儿表现水平设计的DNA遗传标记物上的计划已经启动。影响奶和蛋白产量，影响脂肪和蛋白浓度的特殊基因位点，在以色列和美国的奶牛群体中时有发现，正在开发把个别数量性状位点的信息并入全国育种计划的方法。使用这些新技术，有可能将遗传进展率提高到25%。

2.2 奶牛饲料与营养技术进展

以色列奶牛饲喂采用TMR技术起始于20世纪70年代，现已全面普及。各奶牛场饲喂的精饲料以配合颗粒饲料为主，同时饲喂玉米粉、小麦麸皮和全棉籽。精饲料全部由饲料厂提供。泌乳牛日采食量干物质水平一般不低于21 kg，最高可达23～24 kg。日粮粗蛋白、粗纤维分别占干物质的17%和42%，含水量一般在50%以下。全部采用饲喂搅拌车，草料按设定的比率定量索取，然后直接送到饲喂棚。各牛场自备青贮饲料，种类有玉米、高粱和燕麦；干草几乎全部用灌浆期小麦调制。依据奶牛年龄、泌乳量和妊娠阶段不同进行分群饲养，饲料给量和营养结构各不相同，以更好发挥生产潜力。泌乳期奶牛自由采食，干物质采食量可达到体重的3.5%以上，高产奶牛甚至达到体重的4%。干奶期奶牛干物质采食量控制在体重的2%以下。夏季采食量一般下降10%～15%，在此期间主要通过增加饲喂次数提高能量含量加以弥补。

针对以色列耕地面积很小且自然条件不利于农作物生长、牧场普遍使用的小麦青贮，苜蓿干草等粗饲料则需要进口的国情，以色列的奶牛营养专家充分利用多种工业原料辅料配置奶牛的TMR饲料，取得了不错的效果。例如，日粮物质采食量为20 kg的泌乳牛TMR(数值是湿物质)的一种配方示例：粗饲料占日粮的30～50%、饼粕(1～3 kg)、含水副产品(3～8 kg)和干燥的玉米工业副产品(1.5～2.5 kg)(见表2)。

表2 泌乳牛的TMR(日干物质量为20 kg)的配方示例

粗饲料占日粮的30%～50%(6～10 kg)	湿物质(%)	谷物占日粮的30%～40%(6～8 kg)	湿物质(%)
小麦青贮	8～10	玉米	3～4
玉米/高粱青贮	3～5	大麦	2～3
麦秸	1～2	黑麦/小麦/燕麦	1～1.5
高粱秸	1～2	高粱	0～0.5
饼粕(1～3 kg)		高纤维副产品(kg)	
豆粕	1～2.5	全棉籽	0.5～1.5
葵花籽、油菜籽	0～1	麦麸	1～2
含水副产品(3～8kg)		矿物质、纤维素和其他微量饲料(kg)	
橘子皮	5～8	石灰	0～0.25
含水玉米蛋白粉	2～4	盐	0.1
啤酒糟	2～3	尿素	0～0.1
大豆皮+糖蜜混合；含水大豆纤维	2～3	缓冲剂	0～0.2
干燥的玉米工业副产品(1.5～2.5kg)		维生素和微量元素混合物	0.01～0.05
玉米蛋白粉	1～1.5	其他(kg)	
干酒糟	1～1.5	脂肪酸钙盐(过瘤胃脂肪)	0～0.35
胚芽粕	0～0.5	饲料添加剂(酵母、有机矿物质…)	0～0.1

以色列奶牛业生产专业化程度很高，有专门的饲料加工中心，把干草、青贮和精料混合加工后，用专用车辆配送到每个奶牛场和农户，饲养场及农户不用自己生产加工饲料(图 8)。由于饲料统一加工配送，饲料成本也相对较低。奶牛场饲料供应也有其组织体系，现主要分两种形式，规模较大的奶牛场如 Kibbutz 场，一般场内配备饲料供应中心，而小规模的奶牛场如 Moshav 场，根据其饲养规模大小一般每 10～15 个场附近设立饲料配送中心，负责各场 TMR 的供应，距离较近的牛场，一般自己用小型饲料运输车到饲料配送中心购买，对那些距离较远的牛场，则由配送中心用大型运输车负责运输，以节约成本。饲料中心的工作主要有：按市价收购并及时收获全株小麦、玉米青贮作物，采取大窖方式青贮；统一购买玉米、糠麸、棉籽饼和饲料添加剂；发掘和收购可作饲料的其他饲料资源；根据奶牛场的要求，设计奶牛 TMR 配方；利用饲料搅拌机制作奶牛 TMR；利用运料车将 TMR 送往奶牛场，或者奶牛场直接到饲料中心取料自己饲喂。这样做的好处：一是保证奶牛饲料质量；二是多方利用饲料资源，降低饲料成本；三是减少了小规模农户购置设备和加工调制的困难；四是饲料中心实行微利经营，利润率控制在 2%，奶牛场得到了实惠。

图 8　饲料加工中心

2.3　奶牛疫病控制技术进展

Hachaklait 兽医服务组织成立于 1919 年，是一个非盈利组织，该组织与各农场长期合作，制定工作计划，承担疾病预防、控制兽药经营管理，以色列 95%的奶牛群疾控工作由其承担，其利益与奶牛场直接相连，针对奶牛场具体做的工作是：兽医每周为牛场定期服务 1～2 次，负责牛场的 90%兽医服务，以及食品安全、动物福利、流行病的检疫等项目。每隔 6～12 d 对所有牛群进行定期健康循环检查和体况测定，发现病牛给予重点治疗，完成疫苗注射工作，人工授精 42 d 后检查受胎情况。

国家乳房健康与牛奶质量检测服务中心成立于 1997 年，也是一个非盈利组织，其运作费用来源于奶业协会，作用是检测、改善奶牛、绵羊、山羊的乳房健康和奶质量，乳房炎测控主要由乳房炎控制实验室(由北部 Caeseria、南部 Masmya 组成)和 Kimron 兽医学院乳房炎分析中心负责，实验室具有 ISO17025 的质量管理证书。主要测定奶牛体细胞和乳房炎奶，实验室根据检测情况，提供临床兽医检测报告，及时告知奶牛场，并提出应对措施和治疗方案，而且作跟踪服务。并向社会提供针对实验室设备的使用和检查、乳品厂或是奶牛场的小型培训，出版技术文章、研发课题、牛场现场培训学习。

2008 年，部分以色列牧场使用了一种新型设备——乳成分在线分析仪(“魔盒”，见图 9)。在挤奶的同时，能在线检测每头牛原奶的各种成分，包含乳脂、乳蛋白、乳糖、总固体、尿素、血、体细胞。其中体细胞又可分成四个类别：a)体细胞<20 万个/mL；b)体细胞在 20～40 万个/mL；c)体细胞在 40～80 万个/mL；d)体细胞>80 万个/mL。它能够每天 3 次检测每头牛产奶的乳成分，通过软件分析，找出存在健康问题的牛。

图 9　安装在鱼骨挤奶机上的“魔盒”(蓝色小盒)

此外，在这里还想提到近年来在以色列发现的一些奶牛疫病，以便对我国奶牛的疫病控制提供一点借鉴。2011 年，在以色列 Bustan 和 Ashdot 地区分别发现 24 例和 82 例蓝舌病牛(各 4 例和 8 例死亡牛)，之后几乎遍及各个地区。这也是以色列奶业史上第一次发生这种疾病，具体发病原因不详。此外，2011 年在 Tarshiha、Acco 和 Hazafon 发现 15 例口蹄疫牛，此后又发生了 4 起，据悉是由于引进牛只而引发的。

2.4　奶牛场粪污处理与环境保护技术进展

以色列将奶牛场粪便污染处理作为产业化可持续发展的重要一环。通常，牛场运动场的粪污不作处理，主要通过翻耕、晾晒直接用于铺垫运动场(见图 10)。而牛舍、挤奶厅和待挤间的粪污，采用自动刮板机清理，非常方便、快捷，无需人工。该系统将粪污推到粪污管道后输送到处理中心进行固液分离。固体部分烘干后作为肥料出售，液体部分净化后，供牛场循环使用，很好地节约了水资源。

图 10　运动场垫料

3 原料奶质量控制与计价体系

为控制牛奶质量，以色列对于整个产业链的各个环节，如奶牛的品种、饲喂(饲料)、挤奶以及药物使用(抗生素)等整个生产过程都加以严格的监管。以色列在奶业生产中实行标准化后，原料奶脂肪和蛋白质含量分别为3.52%～3.66%和3.14%～3.24%，89%以上的原料奶细菌总数在10万个/mL以下。

3.1 提高原料奶质量的主要技术措施

牛奶中药物残留日益受到国际社会的关注。其中最重要的部分是兽药残留。兽药残留主要有抗生素、磺胺药类、呋喃药类、抗球虫药、激素药类和驱虫药类。β-内酰胺类(β-lactam)抗生素作为发现最早、用量最多的一类抗生素，在以色列原料奶质量检测中依然占有重要的位置。从每一个奶牛场送去加工的奶样第一步首先通过免疫学方法检测是否有β-lactam，然后接着利用其他的生物学进一步筛查其他的抗生素。目前他们可以检测出其他特异的兽药残留成分以至一些非抗生素的化学成分。并且整个检测过程以及对于检测数据的显著性分析都有严格的监管和督查程序。

2012年6月，在以色列Tel Aviv刚刚结束的IDF/ISO(国际乳业联盟和国际标准组织)关于保障奶产品安全的研讨会上获悉，准备启用一种叫傅立叶变换红外质谱仪(FTIR)的系统来进行监测原料奶的掺假问题。这一系统不仅可以检测已知掺假成分的牛奶(例如：对于三聚氰胺，可以灵敏到75～100 ppm的浓度)，而且可以通过分析和计算掺假奶与已有的正常奶成分之间的变异鉴别出掺假奶。这一技术不仅可以更快捷地对原料奶的质量问题作出反馈，而且也是在预防原料奶掺假问题上迈出的关键一步。

以色列的牛奶运输标准根据国际最高标准来制定，以保证牛奶运输过程中的质量。

3.2 提高原料奶质量的主要政策措施

以色列国家层面上对于原料奶质量安全问题高度重视并给予经济支持。奶业协会不仅要负责乳品配额生产中原料奶的供应，而且负责保障消费者享有安全的乳产品。原料奶收购标准是促进奶业健康发展的重中之重。以色列除了制定出良种繁育标准、饲料营养标准和饲养管理标准外，还制定了备受关注的牛奶收购标准。将牛奶的细菌总数和体细胞数作为重要指标，还包括抗生素、色泽和感官的评价参数，设置不同级别，定出不同的奶价(详见3.4小节)。此外，以色列奶业协会大多数的研究都指向奶的质量和安全问题。

3.3 监控原料奶质量的主要方法及惩罚措施

目前，以色列收购原料奶的标准是检测牛奶的细菌总数和体细胞数含量，按照体细胞和细菌数的级别来划分牛奶品质的好坏，标准的1 L牛奶包含：3.67%的乳脂，3.23%的乳蛋白，其中1 kg乳蛋白的价格是1 kg乳脂价格的2.6倍。

体细胞数分为优质+、优质、A、B、C和D级共六级。“优质+”是体细胞数小于14万个/mL、“优质”体细胞数在14万～22.5万个/mL之间，“A级”体细胞数在22.5万～30万个/mL之间，“B级”是30万～37.5万个/mL之间，“C级”是37.5万～45万个/mL之间，“D级”是45.1万～70万个/mL之间。对体细胞数达到“优质+”和“优质”的牛奶，政府按原料奶价格给予不同比例的奖励：“优质+”奖励1.6%，“优质”奖励0.6%；“A级”是正常收购价格；“B级”、“C级”、“D级”则按原料奶价格分别给予不同比例的罚款(见表3)，体细胞高于70万则予以拒收。

表 3　以色列按体细胞数的多少确定牛奶的等级并给予奶农奖惩的标准

等级	体细胞数(万个/ml)	奖惩政策
优质+	小于 14	奖励 1.6%
优质	14～22.5	奖励 0.6%
A 级	22.5～30	正常价格
B 级	30～37.5	惩罚 2%
C 级	37.5～45	惩罚 7%
D 级	45.1～70	惩罚 8%

细菌数分为优质、A 级、B 级、C 级共四级。"优质是"细菌数小于 3 万;"A 级"3.1 万～10 万;"B 级"10.1 万～15 万;"C 级"大于 15 万。细菌数达到"优质",按原料奶价格给予 0.5%的奖励,"A 级"是正常收购价格,"B 级"以下给予罚款(见表 4)。

表 4　以色列按细菌数的多少确定牛奶的等级并给予奶农奖惩的标准

等级	细菌数含量(万个/ml)	奖惩政策
优质	小于 3	奖励 0.5%
A 级	3.1～10	正常价格
B 级	10.1～15	惩罚 3%
C 级	大于 15	第一次惩罚 6% 第二次惩罚 8% 第三次惩罚 10%

3.4　原料奶计价体系

以色列实行奶价定额化。以色列奶牛协会委托权威中介机构,每两年开展一次对不同规模奶牛场的全成本核算,核算奶牛场有 150 家,约占总奶牛场数的 15%。中介机构定期提出成本分析报告,经协会和政府先定出一个价格,再加上适当的利润,制定出标准牛奶的收购价,全国统一实行。这样既保护了广大养殖者的利益,也有利于加工企业获得合理的利润,防止奶业剧烈波动,大起大落。为了保证城乡居民对奶的基本消费,政府和乳品加工企业制定鲜牛奶(占 33%)和稀奶酪(占 32%)销售价格,这部分乳制品约占全国乳制品的 65%,其他乳制品(发酵乳 13%、硬奶酪 21%、黄油 1%)采取市场价格。

以色列还实行原料奶第三方检测制度,以保证牛奶按质论价。奶牛养殖协会实验室承担第三方检测工作,每年做 150 万份奶样测定,其中 70%为生产性能测定,25%为原料奶计价测定,其他为 5%。奶样计价测定结果每天上午送达乳品加工企业,并保留检测奶样。乳品加工企业依据检验结果计价,向奶牛场支付奶款,如有争议对留样进行复检,并作出仲裁。

4　科技推广体系

以色列建有完备的奶业社会化服务和保障体系,主要由 ICBA、Hachaklait 兽医服务组织、国家乳房健康与牛奶质量检测服务中心、牛奶加工厂等组成,各组织各司其职,相互协调,为以色列农场主提供从生产到销售各环节的服务,包括种源、饲养技术、产品销售、计算机管理和经营指导等。国家农业科研机构承担农业科研工作(现 70%～75%的技术研究由其承担),牛奶的销售价格由政府根据市场行情每年制定一次,牛场场主每年每头奶牛上交 1.5 谢克尔(约 0.34 美元)即可得到政府科研机构和各组织提供的各项服务。

奶牛育种协会负责对各奶牛场的奶牛自出生到产奶各生产环节生产性能的记录和检测分析，包括犊牛生长发育情况、后备母牛体况评分、母牛人工授精受胎率、305 d 奶产量、乳脂率、乳蛋白等，具体由 Sion 建立种公牛站，负责冻精液供应和人工授精，并将从各场后裔测定来的数据分析后对每头种公牛基因进行评估，及对每头奶牛产奶量与经济效益作详细的分析与评估，并将结果通过网络时告知各奶牛场场主。

Hachaklait 兽医服务组织每年必须收支平衡。全部农场主都参与该组织，农民为每头奶牛每月交 2.5 美元，可以享受免费兽医服务和奶牛保险服务。兽医服务采取按区域包干的方式，有 38 名兽医分别负责各个地区的服务工作，另有 8 名兽医作为这些地区的临时代理兽医。服务的领域包括关注奶牛群体健康和疫病防治，同时还关注饲料安全、动物福利和临床试验。兽医每周到每个奶牛场检查和就诊 2～3 次，为每个奶牛场出具周期报告，向奶牛场主提供关于如何改善奶牛健康状况，如何提高生产及繁殖性能的建议。兽医服务有效地克服了周围国家疫情复杂困难局面，控制了奶牛疫病发生，最大程度降低奶牛饲养风险，促进了奶牛业生产高效发展。在以色列，每头奶牛从出生后第一次免疫接种之日起，就获得了一个在全国惟一的注册登记号码。国家注册兽医将特定电子号牌加固在奶牛耳部和右后肢上，并在奶牛场及时将注册信息输入全国奶牛管理系统内。此后，兽医对每头奶牛免疫接种、治疗、产奶进行跟踪管理和品质检测，并分析奶质和判断奶牛健康状况，确定牛奶等级和收购价格。奶牛死亡后统一焚化，其注册号被注销。

国家乳房健康与牛奶质量检测服务中心的作用是检测、改善奶牛乳房健康和牛奶质量，乳房炎测控主要由乳房炎控制实验室和 Kimron 兽医学院乳房炎分析中心负责，每个奶牛场每隔 10 d 抽样一次，有专人将样品送到实验室检测，主要测定奶牛体细胞和乳房炎奶，实验室根据检测情况及时告知奶牛场，并提出应对措施。

5 促进奶业发展的主要政策

5.1 促进奶业生产政策

以色列的牛奶生产采取配额限量生产的办法，牛奶生产由奶农、乳制品企业和政府协议组织进行，配额按年分配给奶农，下一年再协商分配，这有利于将奶业控制于社会需求的框架下合理发展，兼顾各方面的利益。

以色列奶业协会对牛舍改造予以专项补贴，补贴比例达 40%，对缓解奶牛的热应激取得了良好的效果（见表 5），基本保证了牛奶的稳定生产。

表 5 有效避免热应激可以明显提高奶牛日产奶量 kg/d

季节	高产奶牛		低产奶牛	
	加强降温	日常降温	加强降温	日常降温
冬季	42.0	39.1	37.1	35.3
春季	42.3	39.2	39.1	36.2
夏季	42.0	35.7	38.0	32.0
秋季	42.1	36.9	38.1	34.1

5.2 促进奶业加工政策

根据以色列法律，无论是集体奶牛场还是家庭奶牛场只可养牛，不允许生产和销售未经加工的牛奶，牛奶由乳品加工厂统一收购，这种做法有助于在保持供应与需求平衡的同时，使本行业得以持续发展并获得合理的经济效益。

5.3 促进奶业贸易政策

以色列的牛奶价格由国家统一规定，具体是由政府、奶业董事会(IDB)、牛奶加工企业和奶农协议确定，每两年成立一个特别委员会，通过对奶农的随机核查确定牛奶的生产成本，再加上适当的利润制定出标准牛奶的收购价，全国统一实行，并在每个季度根据饲料价格的变化情况对牛奶收购价格做适当调整，牛奶按不同的质量等级定价，每个级别价格差为 2 美分。

5.4 促进奶业消费政策

为了保证对城乡居民乳制品的基本消费，以色列政府有关部门协同乳品加工企业制定鲜牛奶和稀奶酪销售价格，其他乳制品采取市场价格。

2008 年以色列议会还通过了一项法律草案——“乳业规划法—2008”，这一法案是以色列政府首次将组织乳品行业的各个角色(原料奶生产方、乳品加工企业以及消费者)全面纳入法制化轨道，进一步做好配额生产的严密计划，最根本的是针对奶价制定过程中以往自愿协商的模式和奶价制定相对滞后于市场运作进行调整，这也为以色列乳业协会建立了法律支持。这样做的目的是增强乳业生产效率，进一步巩固整个乳品行业，确保乳用产品的质量和安全，保证原料奶和乳制品之间的稳定的供需关系，并制定更合理和规范的价格以保证生产者和消费者之间的效益。

6 值得借鉴的主要经验

6.1 经营模式方面的经验

实施科学化、信息化管理。以色列奶业之所以雄踞世界顶端，除了有优良品种外，另一个重要原因就是管理的科学化、信息化、精细化。以色列奶牛饲养全部实行微机化管理，70%以上的奶牛场应用阿菲金(Afimilk)软件。

中国多数奶牛养殖场依然固守传统养殖观念，沿用落后养殖方式，管理粗放、效率低下，不断提高奶牛饲养的信息化、科学化水平是奶业发展的必由之路。尤其是在经过乳业地震后，很多问题呈现在我们面前，很多环节需要控制。中国 80%的奶源控制在散户手中，20%的奶源才来源于规模化牧场，加上乳业的超速发展，难免会出现问题。关键是问题出现后，如何避免问题的重现，如何有条不紊地利用科技、利用现代化的管理模式来让中国乳业健康有序地发展，让奶农不喊冤，奶站不叫屈，让越来越多现代化规模场的盈利能力逐步提升。这就需要现代化的牧场管理系统。魔盒(在线乳成分测试仪)就是现代化牧场管理系统的一个元素。牛只在挤奶的同时进行奶成分的检测，测出的数据将自动显示并保存在电脑中，系统不允许任何修改，保证了数据的真实性。这也对于奶牛育种改良、体况监测以及奶源控制等方面都具有极为重要的保障价值。

推进奶牛精细化、设施化管理。当前，我国奶业亟须加强的是管理设施建设和养殖理念的转变。首先要用先进的数字化管理手段武装畜牧业，大力推行计算机应用，实现奶牛生产在线管理与质量控制。其次是提高挤奶机械化、自动化程度，以色列奶牛机械化挤奶接近 100%。机械挤奶不但提高生产效率，而且减少奶的污染，提高乳制品质量。第三，饲喂机械化，包括饲料投给、青贮收割机械化、秸秆和垫草粉碎等，积极推广 TMR 饲喂。

6.2 科技创新方面的经验

加快奶牛良种繁育体系建设。良种是现代奶业的基础，良种改良是一项长期工作，高产牛群来源于长期不懈的育种工作，非一朝一夕所为。以色列优良奶牛品种是经过80多年，几代畜牧人与社会各界共同努力的结果。建立奶牛良种繁育体系是政府、行业协会、相关企业共同的责任，仅靠市场机制或单个企业是做不好、也做不到。长期以来，我国存在着重引进、轻培育，重使用、轻管理，重硬件、轻软件的现象，奶牛主要依靠进口，包括引进种母牛、公牛和冻精，进口母牛经过几年的使用就被淘汰，所繁殖后代没有经过细致选育，优良性能不是梯次上升，而是逐步退化。建立奶牛良种繁育体系，培育适合中国生产环境、具有自主知识产权的奶牛品种十分紧迫。

大力推行奶牛标准化饲养。促进奶牛业生产主体向企业化转变，引导小规模饲养户运用市场规则转让、联合、兼并，形成有一定规模生产场，以规模保证效益，增大规模降低管理成本，提高科技含量，降低单位产品资源消耗量。

开发因地制宜的饲料资源。以色列是世界上公认的资源贫乏的国家，包括其饲料资源，除依靠进口解决奶牛饲料供应外，充分利用农副产品下脚料是以色列奶牛业的一大特点，如橘子皮、棉花秸秆等经青贮发酵后均作奶牛饲料，还有啤酒糟、干酒糟等经过奶牛营养专家充分利用多种工业原料辅料配制成奶牛的TMR饲料，也取得了不错的效果。我国各地都有一些各具特色的企业，有大量农副产品下脚料至今还未被开发利用，充分利用现有的资源，因地制宜也是发展之路。

6.3 产业政策方面的经验

继续实施奶牛良种补贴政策。改善奶牛品质，提高奶牛质量，公牛是关键，公牛对女儿牛的遗传贡献是母牛的9倍，优秀公牛培育对生产的影响是决定性的。公牛引进培育的核心是增加投入，引进培育种公牛，生产冷冻精液，利用人工授精技术仍是我国奶牛业应用良种的主要技术手段。以色列这样发达国家也每年从国外引进活牛和遗传产品，丰富自己的遗传资源。奶牛良种补贴政策是现阶段我国加快奶牛改良步伐，提高奶牛单产的有效方式，要不断加大补贴力度，认真抓好落实。同时，要加强良种繁育体系建设，有计划、分步骤地做好重点种奶牛场的改扩建，不断完善基础设施和防疫设施。加快奶牛DHI测定站建设，建立专业化的奶牛登记、鉴定机构，搞好奶牛品种质量鉴定。允许引进世界上最优秀的种公牛和冻精，对现有奶牛进行改良。

以色列奶业协会对于牛舍的建设和改造，设有专项资金用以补贴，而且补贴力度达到40%，这对于以色列奶业整体水平上稳定奶产量，保证均衡生产、牛群健康、提高奶源质量等都有重要的意义。

6.4 其他方面的经验

切实发挥合作组织的作用。以色列ICBA相当于中国的奶协会，其主要职能为：①为政府部门管理奶业和制定政策提供咨询；②受政府的委托管理牛奶生产配额，收集、整理原料奶生产、加工、销售信息，检查禁止原料奶上市的执行情况；③制定原料奶收购价格，检查原料奶按质论价的情况，协调牛奶生产者、乳品加工者的利益；④管理牛奶生产的顺差、逆差和乳品的库存，拟定奶业标准；⑤开展培训和推广服务，提高奶业的专业化标准化水平；⑥促进乳品消费和出口；⑦发展国际交流与合作。业务范围包括育种、生产性能测定、饲料兽医服务和生产配额等方面，该协会对以色列奶业发展发挥了重要作用。大力加强宏观调控，对奶牛生产的各个环节能有战略性的指导作用，培育优良品种、协调各方资源、制定和完善生存标准或模式、调配各地的生产水平、稳定奶价、保护各方利益。

建立健全社会化服务体系。以色列所有牧场都能享受到专业机构的全面服务。专家技术队伍强大，让奶农在生产实践中获益匪浅。他们生产的高效率更多地依靠社会化、专业化的体系的支持。在以色列全国平均泌乳牛单产达到13t,也不是每个牧场主的水平都很高,也存在不称职的牧场主,但他们的最低单产也达到了8.5t。原因很简单,每个牧场都能享受到专业的技术服务,TMR都是饲料中心统一配料送货,配种也是使用优质冻精,疾病有专业的兽医来提供服务,配种根据数据系统的发情记录由种公牛站的配种员完成。奶牛的生产性能由DHI生产中心提供在线报告。以色列牧场场长更多的是在牧场解决实际生产中各个方面的问题,他们可以迅速地做出判断,找到应该求助的部门,不存在盲目性,更不会找不到可以依赖的技术服务支持。

积极创新组织形式。以色列的基布兹即合作社模式值得我们认真学习。我国奶牛业养殖模式多种,有加工企业自办的养殖场、有养殖小区,还有大量散养。目前,我国已有一部分养殖场,还经营自己的产业(如鲜奶吧),并形成连锁的经营模式,这样养殖场与加工企业的利益合并,形成有效的牵制和连接机制,确保各自的利益。

另一个值得提的方面是牧场管理者的职责问题。以色列的牧场管理者都在牧场第一线指挥生产,并直接参与生产的各个环节,自己干活,衣着很脏(这与中国的牧场管理者存在天壤之别)。每天在牧场每个时间段里都知道自己要做哪些工作;特别是以色列的牧场都有数字化的管理系统,根据数据就会告诉管理者存在什么问题如何去处理,并且在第一时间亲自去解决。其次以色列牧场管理者都具备专业背景和牧场工作经验,态度很谦和,业务知识专业到位。他们在牧场的核心工作主要是时刻关心奶牛的健康,同时,管理者要教育牧场的每个工作人员都要热爱奶牛,尊重奶牛,只有这样才能让奶牛发挥它的最大产奶性能。以色列牧场主管理的目标是提高奶牛的舒适度,在牧场实行牛性化管理,“以牛为本”。

参考文献

[1]周俊玲.以色列奶业发展的经验与启示.世界农业,2009(8)

[2]刘焕营,以色列奶牛养殖经验介绍.中国乳业,2010(3):68-69

[3]孙健等,以色列奶业的发展现状.中国奶牛 2009(4):52-53

[4]娄立华,柴国群.以色列奶牛饲养业的考察.中国乳业,2002(3):36-38

[5]中国商品—商品报告—西亚非地区行业报告 http://ccn.mofcom.gov.cn/spbg/show.php?id=7089

[6]中国荷斯坦网—国际奶业资讯 http://www.hesitan.com/nnyw_gjny/2011-04-20/28985.chtml

[7]中国荷斯坦网—国际奶业资讯 http://www.hesitan.com/kxyn_ncjy/2009-11-09/2877.chtml

[8]IDF/ISO Analytical Week 2012 documents, http://izbamleka.pl/wp-content/uploads/2012/07/Workshop-PG-S03-5-June-2012-announcement-2.pdf http://www.idf-iso-analytical-week.org/AgendaEvent.php?siteID=995&ID=1082

[9]Moshe Mirsky.,The dairy industry in Israel 2006. Israel cattle breeders association and Israel dairy board

[10]I. Hlachmi. Designing the automatic milking farm in a hot climate. Journal of Dairy Science. 2004, 87:764-775

执笔 山东农业大学奶牛研究团队:师科荣 苏鹏程 林雪彦 王中华

附 表

附表 1 以色列奶牛头数、单产水平和总产奶量(1961—2011)

年份	奶牛头数(头)	总产奶量(万 t)	平均单产(kg/每头)
1961	68 000	29.200	42 941
1962	73 500	32.550	44 286
1963	66 700	30.590	45 862
1964	67 500	31.390	46 504
1965	68 300	33.230	48 653
1966	73 600	35.910	48 791
1967	79 600	39.160	49 196
1968	80 700	40.560	50 260
1969	83 500	42.050	50 359
1970	82 000	45.370	55 329
1971	86 000	46.560	54 140
1972	93 000	49.030	52 720
1973	101 000	53.920	53 386
1974	102 800	56.150	54 621
1975	101 900	59.970	58 852
1976	104 400	67.540	64 693
1977	106 200	69.150	65 113
1978	103 700	69.000	66 538
1979	104 300	71.210	68 274
1980	101 500	69.040	68 020
1981	103 000	70.250	68 204
1982	103 000	74.250	72 087
1983	103 000	77.590	75 330
1984	102 000	82.130	80 520
1985	102 500	81.170	79 190
1986	103 850	87.040	83 813
1987	105 000	90.640	86 324
1988	110 000	96.410	87 645
1989	110 000	94.190	85 627
1990	110 550	94.160	86 079
1991	108 750	99.810	91 779
1992	112 700	101.670	90 213
1993	116 300	105.505	90 718
1994	129 814	110.660	85 245
1995	134 047	117.150	87 395
1996	132 224	116.000	87 730
1997	122 000	115.860	94 967
1998	122 000	119.712	98 125
1999	125 000	119.400	95 520
2000	125 000	118.520	94 816

续表

年份	奶牛头数(头)	总产奶量(万 t)	平均单产(kg/每头)
2001	120 000	119.170	99 308
2002	118 537	121.260	102 297
2003	120 000	114.256	95 213
2004	120 000	113.809	97 341
2005	120 000	117.867	98 223
2006	120 000	115.000	95 833
2007	126 000	122.292	97 057
2008	128 000	133.518	104 311
2009	122 000	127.672	104 649
2010	125 000	129.206	103 365
2011	125 000	129.206	103 365

资料来源:根据 FAO 数据统计。

附表 2　主要乳制品产量(1961—2011)　t

年份	液态奶	奶油和奶酪	奶酪(所有种类)	炼乳	全脂奶粉	脱脂奶粉和干乳酪
1961	292 000	8 170	15 629	7 585	—	—
1962	325 500	10 110	17 659	8 197	—	—
1963	305 900	9 600	16 585	8 721	—	—
1964	313 900	13 300	20 147	9 600	—	—
1965	332 300	15 013	21 883	10 127	—	—
1966	359 100	15 878	22 621	10 088	—	683
1967	391 600	17 481	24 097	9 602	—	1 507
1968	405 600	18 724	25 633	10 247	—	1 060
1969	420 500	19 939	26 790	10 660	—	775
1970	453 700	21 994	29 757	10 716	—	783
1971	465 600	23 495	31 801	10 689	—	412
1972	490 300	26 496	35 626	11 174	—	233
1973	539 200	29 567	39 623	12 341	—	341
1974	561 500	32 330	41 961	11 684	—	470
1975	599 700	33 299	42 357	10 385	—	1 392
1976	675 400	37 148	46 241	10 800	—	2 870
1977	691 500	39 733	48 761	10 852	—	2 300
1978	690 000	43 370	53 756	12 051	—	1 650
1979	712 100	45 000	56 556	13 037	—	1 950
1980	690 400	39 447	51 654	10 208	—	4 660
1981	702 500	42 331	56 181	12 299	—	2 880
1982	742 500	44 775	60 163	14 200	—	2 260
1983	775 900	46 566	62 875	15 388	—	2 075
1984	821 300	47 866	63 463	15 468	—	2 735
1985	811 700	50 031	65 274	16 426	—	2 400
1986	870 400	51 774	66 985	17 764	—	5 025
1987	906 400	55 671	71 153	18 280	—	6 125
1988	964 100	58 649	74 037	18 720	—	6 950
1989	941 900	60 174	74 216	16 636	—	8 600

续表

年份	液态奶	奶油和奶酪	奶酪（所有种类）	炼乳	全脂奶粉	脱脂奶粉和干乳酪
1990	951 600	60 209	75 621	16 672	—	7 175
1991	998 100	60 890	76 703	18 536		11 300
1992	1 016 700	64 771	81 723	21 464	—	8 550
1993	1 055 050	66 454	84 870	23 162	—	11 100
1994	1 106 600	69 535	89 008	25 120	—	11 616
1995	1 171 500	72 289	92 034	26 040	—	14 039
1996	1 160 000	74 186	94 334	25 520	—	12 800
1997	1 158 600	74 918	94 870	25 520	—	10 720
1998	1 197 120	74 400	95 128	26 320	—	11 100
1999	1 194 000	75 800	96 729	26 000	—	10 600
2000	1 185 200	78 100	99 651	27 000	—	9 200
2001	1 191 700	80 000	99 051	27 000	—	3 500
2002	1 212 600	82 000	101 252	27 000	—	4 000
2003	1 142 560	82 302	104 554	27 000	—	4 000
2004	1 168 090	102 000	124 252	27 000	—	5 200
2005	1 178 670	104 000	126 252	27 000	—	5 450
2006	1 150 000	106 000	128 252	27 000	—	5 450
2007	1 222 920	108 260	130 512	27 000	—	5 450
2008	1 335 180	109 660	131 912	27 000	—	5 450
2009	1 276 720	104 252	126 504	27 000	—	5 450
2010	1 292 060	104 252	126 504	27 000	—	5 450
2011	1 292 060	104 300	126 522	27 000	—	5 450

注：奶油和奶酪：cheese of whole milk；奶酪：cheese(all kinds)；炼乳：evaporated and condensed milk；全脂奶粉：milk whole dried；脱脂奶粉和干乳酪：skim milk and buttermilk, dry；“—”表示 FAO 没有统计数据。

资料来源：根据 FAO 数据统计。

附表 3　主要乳制品进出口贸易额(1961—2011)　　千美元

年份	进口数额					出口数额				
	奶油	干酪乳	鲜乳	脱脂奶粉	全脂奶粉	奶油	干酪乳	鲜乳	脱脂奶粉	全脂奶粉
1961	0	6	0	1 514	0	—	13	0	0	0
1962	0	12	5	1 375	0	—	0	0	0	0
1963	0	4	6	1 477	0	—	1	0	0	0
1964	0	255	9	2 163	0	—	1	0	0	0
1965	0	423	0	3 925	0	—	21	0	0	0
1966	0	0	0	1 990	0	—	0	0	0	0
1967	0	0	0	1 918	0	—	0	0	0	0
1968	0	86	0	1 923	0	—	71	0	4	0
1969	0	109	0	2 893	0	—	125	0	16	0
1970	0	55	1	4 059	0	—	173	0	14	0
1971	0	330	73	6 087	0	—	353	0	15	0
1972	0	173	46	9 440	0	—	207	0	27	0
1973	0	311	98	8 575	0	—	105	0	96	0

续表

年份	进口数额					出口数额				
	奶油	干酪乳	鲜乳	脱脂奶粉	全脂奶粉	奶油	干酪乳	鲜乳	脱脂奶粉	全脂奶粉
1974	0	398	192	12 562	0	—	325	0	29	0
1975	0	80	0	10 640	0	—	185	0	22	0
1976	0	171	0	5 399	0	—	699	0	0	0
1977	0	10	25	5 903	158	—	963	0	32	0
1978	0	87	4	7 215	180	—	1 421	0	0	0
1979	0	55	34	8 587	156	—	2 015	0	0	0
1980	0	66	134	4 461	167	—	1 948	0	423	0
1981	0	156	66	8 678	149	—	2 249	39	216	0
1982	0	506	2	10 178	194	—	1 877	54	6	0
1983	0	350	0	9 048	155	—	1 006	149	3	0
1984		922	0	4 909	107	—	1 732	231	430	0
1985	0	818	0	7 502	71	—	1 489	115	564	0
1986	0	841	0	5 513	115	—	1 831	49	531	0
1987	0	557	0	6 740	220	—	1 602	124	458	0
1988	0	473	0	8 307	212	—	259	204	208	0
1989	176	68	0	5 404	48	—	2 973	227	13	0
1990	158	102	23	1 695	68	—	2 630	565	24	14
1991	248	90	0	2 061	97	—	1 832	396	1347	13
1992	342	684	0	2 307	210		2 285	494	79	1
1993	391	233	0	2 234	238	—	3 291	520	34	92
1994	75	829	0	2 518	365	—	2 334	398	14	0
1995	31	1 859	0	2 260	280	—	4 028	625	0	24
1996	0	2 175	0	1 744	421	—	4 340	542	73	0
1997	0	4 060	0	7 679	515	—	1 284	347	42	56
1998	0	3 159	0	5 675	317	—	969	384	0	21
1999	0	3 190	0	5 606	327	—	405	313	12	69
2000	0	3 925	1	10 993	281	—	656	370	1	1
2001	0	5 581	2	6 304	1 100	—	1 625	36	15	1 390
2002	0	5 320	4	5 091	3 000	—	1 553	1	0	3 437
2003	0	5 353	0	5 720	700	—	608	1	18	960
2004	0	6 776	0	7 856	383	—	697	0	24	14
2005	0	7 766	0	8 962	2 400	—	4 301	11	15	2 759
2006	0	8 076	0	8 753	259	—	1 906	3	46	2 752
2007	0	8 860	0	23 927	390	—	3 158	5	516	159
2008	0	10 620	0	28 006	485	—	5 783	0	545	71
2009	0	9 480	0	9 645	358	—	7 346	0	0	84
2010	0	12 786	0	18 703	12 430	—	6 975	—	—	—
2011	0	15 025	0	26 767	14 386	0	8 182	0	0	4

注：奶油，cream fresh；干乳酪，cheese of whole cow milk；脱脂奶粉，milk skimmed dry；全脂奶粉，milk whole dried；“—”表示 FAO 没有统计数据。

资料来源：根据 FAO 数据统计。

附表 4 主要乳制品进出口贸易量(1961—2011) t

年份	进口					出口				
	奶油	干酪乳	鲜乳	脱脂奶粉	全脂奶粉	奶油	干酪乳	鲜乳	脱脂奶粉	全脂奶粉
1961	0	20	0	6 360	0	—	12	0	0	0
1962	0	21	25	5 630	0	—	0	0	0	0
1963	0	12	10	6 150	0	—	1	0	0	0
1964	0	324	15	7 540	0	—	1	0	0	0
1965	0	568	0	10 833	0	—	126	0	0	0
1966	0	0	0	5 688	0	—	0	0	0	0
1967	0	0	0	4 587	0	—	0	0	0	0
1968	0	141	0	7 258	0	—	75	0	8	0
1969	0	110	0	10 929	0	—	90	0	42	0
1970	0	164	2	12 110	0	—	154	0	49	0
1971	0	444	176	11 619	0	—	281	0	32	0
1972	0	158	40	8 251	0	—	152	0	60	0
1973	0	281	93	8 329	0	—	69	0	141	0
1974	0	350	59	10 000	0	—	175	0	23	0
1975	0	65	0	11 000	0	—	113	0	25	0
1976	0	106	0	4 500	0	—	420	0	0	0
1977	0	6	20	6 814	150	—	542	0	23	0
1978	0	92	3	11 902	47	—	896	0	0	0
1979	0	31	42	12 395	64	—	1 024	0	0	0
1980	0	37	176	2 730	26	—	957	0	504	0
1981	0	75	0	7 689	30	—	1 094	55	240	0
1982	0	240	2	9 850	50	—	1 042	80	6	0
1983	0	175	0	6 581	35	—	522	220	0	0
1984	0	600	0	6 394	20	—	979	360	400	0
1985	0	480	0	9 224	20	—	807	180	500	0
1986	0	430	0	5 740	20	—	1032	70	450	0
1987	0	330	0	5 987	100	—	852	170	400	0
1988	0	253	0	5 062	80	—	203	270	170	0
1989	64	35	0	2 800	25	—	1 340	250	10	0
1990	60	50	15	947	50	—	1 065	600	20	10
1991	89	30	0	1 362	60	—	775	484	1 122	10
1992	330	150	0	1 271	150	—	950	550	65	1
1993	120	55	0	1 239	200	—	1 300	570	30	90
1994	25	220	0	1 500	290	—	900	430	12	0
1995	10	430	0	1 500	200	—	1 370	630	0	22
1996	0	510	0	770	300	—	1 475	550	63	0
1997	0	900	0	3 900	360	—	500	350	30	50
1998	0	800	0	2 700	230	—	290	400	0	20
1999	0	1 000	0	2 325	230	—	140	400	10	70
2000	0	1 127	2	4 739	420	—	220	473	1	1
2001	0	1 819	4	2 448	1 500	—	445	57	4	1 411
2002	0	1 614	8	1 959	3 800	—	519	1	0	3 489

续表

年份	进口					出口				
	奶油	干酪乳	鲜乳	脱脂奶粉	全脂奶粉	奶油	干酪乳	鲜乳	脱脂奶粉	全脂奶粉
2003	0	1 691	0	2 459	1 000	—	231	1	18	975
2004	0	1 814	0	3 416	589	—	204	0	20	14
2005	0	1 710	0	3 277	3 500	—	1094	15	8	3 150
2006	0	1 480	0	3 185	287	—	383	2	16	1 835
2007	0	1 536	0	5 123	279	—	851	4	132	99
2008	0	1 461	0	6 462	352	—	1 042	0	109	44
2009	0	1 481	0	2 864	242	—	1 411	0	0	37
2010	0	1 810	0	4 944	2 741		1 350	0	0	0
2011	0	2 016	0	5 814	2 616	0	1 249	0	0	1

注：奶油，cream fresh；干乳酪，cheese of whole cow milk；脱脂奶粉，milk skimmed dry；全脂奶粉，milk whole dried；“—”表示 FAO 没有统计数据。

资料来源：根据 FAO 数据统计。

韩国奶业发展报告

摘要：本文主要从韩国奶业生产、加工、消费及贸易四个方面阐述韩国奶业近50年的变化情况，并且介绍了韩国奶业的主要机构体系、技术措施及相关政策制度，在此基础上结合我国奶业的发展现状及不足之处，提出了我国应当如何借鉴韩国奶业发展的经验。

韩国奶牛业发展从无到有，逐渐壮大，现已经进入了规模化、高质化阶段。由于它的发展空间受土地和饲料的制约，近两年的发展速度出现减缓态势，奶牛数量和奶产量下降，对国外乳制品表现出更强的依赖性，已显现发展奶业的巨大局限性。近50年来，韩国生产的脱脂奶粉、全脂奶粉、炼乳、奶油和奶酪等主要乳制品产量逐年递增，牛奶消费呈现快速增长的趋势。同一些发达国家相比，韩国的奶牛业生产条件较差，而且允许进口价格便宜的产品，所以前景不容乐观。韩国政府大力支持奶业的发展，为解决奶农资金上的困难，实施了由政府和银行向农民借款的做法。政府还非常注重对奶农的技术培训，并在全国奶牛养殖业推广人工授精技术，开展品种改良。同时，还根据各个时期牛奶生产的状况及时扩建乳品加工厂，以解决生鲜奶增加后的奶源出路。一直以来，对乳制品的进出口贸易实施严格的管理，关税高，配额少，保护国内乳业。

韩国的奶牛饲养业在引进的同时，进行系谱登记、生产性能测定(DHI)、人工授精技术的推广、配种计划的制定、引进奶牛遗传资源的确认、后裔测定等工作，除了这些基础工作外，育种改良协会还和有关院校与科研机构进行合作，进行胚胎移植等多项研究工作。韩国进行了经营方式和饲养管理的革新；现代化奶业发展更加科学化、系统化；重视科学研究，推广234饲喂技术；掌握了精确估计干物质采食量的方法；重视生产粗饲料，对粗饲料进行适度氨化加工处理，可以提高奶牛对粗饲料的消化利用率；注重科学研究，提高奶牛产奶量，改善乳品质量；犊牛饲养技术日趋完善。韩国十分注重畜牧业环保问题，所有的畜禽养殖场绝对不能向周围环境排放任何废渣和废水，韩国《饲料管理法》和《畜产品卫生处理法》对废弃物和污物的处理都有严格的限定。韩国非常重视沼气生产，尽管一些少数沼气厂管理非常成功，但缺乏操作技能，技术的局限性仍然存在。韩国一般采用工业化处理模式处理畜禽粪便。

在原料奶质量控制方面。推广TMR饲喂技术；开发新型添加剂，提高饲料利用率，提高原料奶质量；注重奶牛的育种和改良；提高牛奶品质检测水平。韩国为了提高生鲜奶的产量，还提出了一系列主要政策措施，并采取一些监控原料奶质量的主要方法及惩罚措施。目前韩国乳品协会制定的原料奶价格评价体系如下：牛奶价格影响因素；根据季节和配额调整价格；卫生因素；牛奶质量等，而未来需要考虑的因素是根据消费者的口感，非脂固形物需要作为价格的因素，从目前的乳脂率为核心的价格体系中进行调整。

在科技推广体系方面。介绍了主要的研究与推广机构及其运作模式。提出了促进奶业发展的主要政策，包括促进奶业生产政策、促进奶业加工政策、促进奶业贸易政策和促进奶业消费政策等。

介绍了一些值得借鉴的主要经验：包括养殖规模适度，注重提高单产，降低生产成本等经营模式方面的经验；注重奶牛的育种和改良，增加良种奶牛数量，提高奶牛的总体效益，并注重饲料的开发和研究等科技创新方面的经验；发展和推广“学生奶计划”，严格实行养殖场建设审批制度，资金支持和生产补贴，严格执行“零排放’政策，保证畜牧业持续健康发展等产业政策方面的经验；以及其他方面的经验。

关键词：韩国　奶业　发展

1　奶业发展基本情况

朝鲜半岛地处亚洲大陆的东北部，自北向南延伸，全长 1 100 km。韩国位于朝鲜半岛南部，以北纬 38 线为休战线，北部与朝鲜接壤。韩国的总面积为 99 600 km^2。韩国的领海与太平洋最西部的海域交汇。朝鲜半岛北部与中国和俄罗斯接壤，东部濒临韩国东海，与邻国日本隔海相望。除与大陆相连的半岛之外，韩国还拥有 3 200 个大小岛屿。山地占朝鲜半岛面积的 2/3 左右，地形具多样性，低山、丘陵和平原交错分布。低山和丘陵主要分布在中部和东部，海拔多在 500 m 以下。太白山脉纵贯东海岸，构成半岛南部地形的脊梁；其向黄海侧伸出的几条平行山脉组成低山丘陵地带。平原主要分布于南部和西部，海拔多在 200 m 以下。北部属温带季风气候，南部属亚热带气候，海洋性特征显著。冬季漫长寒冷，夏季炎热潮湿，春秋两季相当短。

韩国的经济比较发达，虽山多地少，饲料缺乏，但奶业获得了成功发展。

1.1　奶牛养殖业发展

1.1.1　韩国奶牛养殖规模及产奶量变化

韩国的奶业起步于 20 世纪 60 年代初，1962 年韩国在开展新农村运动的旗帜下制定了“综合奶业开发计划”。该计划通过给农民一定的经济补助来鼓励农民养牛，同时允许从美国等国引进奶牛。在奶业发展的初始阶段，韩国就从美国等国多批引进了共 68 473 头优良奶牛。

韩国奶牛业发展从无到有，逐渐壮大，现已经进入了规模化、高质化阶段，这些与实施奶牛群体改良有很大的关系。1968—1985 年期间，每年都引进奶牛千头以上。1985 年以后，每年引进奶牛的数量大幅度减少，仅为了遗传、改良需要每年引进十几头。在引进奶牛的同时，韩国的育种改良协会即开始进行系谱登记、生产性能测定、人工授精技术的推广、配种计划的制定、引进奶牛遗传资源的确认、后裔测定等奶牛群体遗传改良工作。除此之外，育种改良协会还和有关院校与科研机构进行合作，进行有关胚胎移植等多项研究工作。牛群数量得到快速提高。奶牛群体遗传改良的实施对韩国奶牛的质量、产量的提高做出了贡献。20 世纪 90 年代韩国奶牛存栏在 29 万～30 万头之间，奶总产量平均在 200 万 t 以上(附表 1)，奶牛饲养头数和饲养农户保持增加，但 90 年代之后，农户的数量逐渐减少，而每个牧场的存栏头数呈增加的趋势。现在韩国奶牛单产经过不断进行良种选育，改善饲养方法，已达到世界先进的水平。尤其是进入 21 世纪之后，韩国基本上不再从国外引进奶牛，发展奶牛业完全是建立在自己本国自繁自育的基础上。经过近 50 年的发展，奶牛的平均单产从 1 715 kg，提高至 10 048 kg，韩国奶牛单产的提升得益于科技的进步和养殖水平的改善。韩国的奶业经历了两个快速发展时期，但由于它的发展空间受土地和饲料的制约，近两年其发展速度已缓慢下来，甚至已出现了饱和的迹象；再加上来自政府的环境污染的压力，2010 年后总产奶量和存栏数都呈下降的趋势。韩国奶牛饲养中奶农户数在减少，而饲养规模增大的趋势，奶农户数由 1986 年的 4 万户下降到目前的 6 472 户，每户存栏头数 1986 年 10 头提高到 68 头。目前饲养场平均饲养规模是 1995 年场均饲养规模的 2 倍。每个农户一天产奶量平均达 850 kg。在韩国日产原料奶总量为约 5 700 t，仍然供不应求，无法满足乳制品加工的需求，以进口奶粉和奶酪充当其需求量。因此，受土地等资源的限制，韩国的奶业前景并不远大，并已显示出很大的局限性。

韩国奶牛饲养规模、牛奶产量和奶牛头数见表 1 和图 1。

表 1 韩国奶牛饲养规模和牛奶产量

年度	存栏总数(头)	农户总数(户)	原料奶总产量(t)	每户存栏头数(头)	每户产奶量(kg/天)	单产量(kg/年)
1970	23 624	3 126	51 888	9	46	4 300
1974	73 195	7 378	126 901	10	47	4 500
1978	135 803	16 387	324 328	8	54	5 084
1980	179 841	17 666	457 580	10	71	5 279
1982	228 248	22 536	580 124	10	71	5 620
1984	334 352	37 646	844 299	9	62	5 728
1986	437 333	42 728	1 159 358	10	74	5 744
1988	480 239	35 713	1 634 682	13	125	6 134
1990	503 947	33 277	1 754 964	15	144	6 372
1992	508 241	27 965	1 817 422	18	178	6 643
1994	552 139	25 667	1 918 590	22	205	6 731
1996	551 493	21 129	2 036 458	26	263	6 958
1998	538 913	15 671	2 028 374	34	355	7 212
2000	543 708	13 348	2 253 635	41	461	7 594
2002	543 587	11 716	2 537 917	46	593	8 017
2004	497 261	9 612	2 256 428	52	641	8 586
2006	464 056	8 260	2 177 177	56	722	8 846
2008	445 754	7 000	2 139 835	64	804	9 220
2010	429 547	6 472	2 072 694	68	854	9 480
2011	186 000		1 869 000			10 048

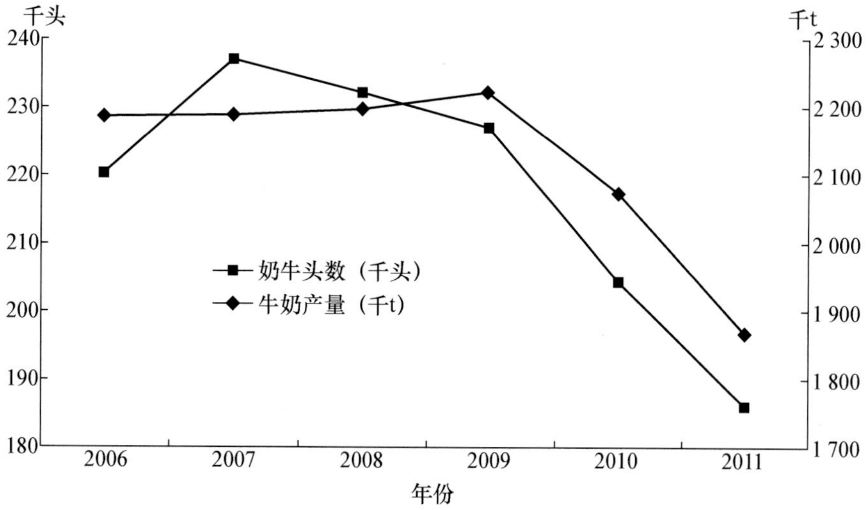

图 1 近年韩国牛奶产量和产奶牛头数

资料来源：http://faostat.fao.org。

1.1.2 韩国奶牛养殖地区和养殖结构变化

韩国的农业原本是以种植业为中心，畜牧业规模小以副业的身份存在，为种植业提供畜力和厩肥。随着 20 世纪 60 年代经济开发计划的实施，国民收入增长，食品消费结构发生了变化，畜牧业从量到质出现了巨变。韩国的奶牛饲养业一开始就呈现了城郊型的特点，将近一半的饲养户和奶牛集中在以首尔和仁川为中心的京畿道地区。为此，政府于1969年制订了“草地法”，加快草地建设，将奶牛适当向丘陵、半山区分散，把山地奶牛生产基地与都市消费相结合。随着奶业的进一步发展，韩国的奶牛养殖向全国扩散，奶牛存栏主要集中在京畿道、江原道、忠清北道、忠清南道、全罗北道、全罗南道、庆尚北道和庆尚南道，其中京畿道、忠清南道奶牛存栏分别占全国存栏的39.7%和19%(见图2、图3和表2)。

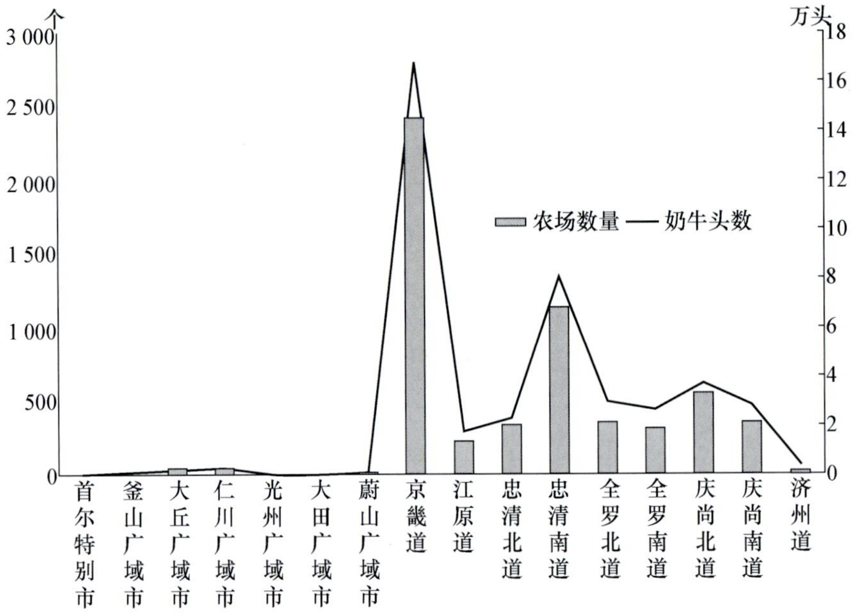

图2　韩国奶牛养殖场及奶牛存栏区域分布图

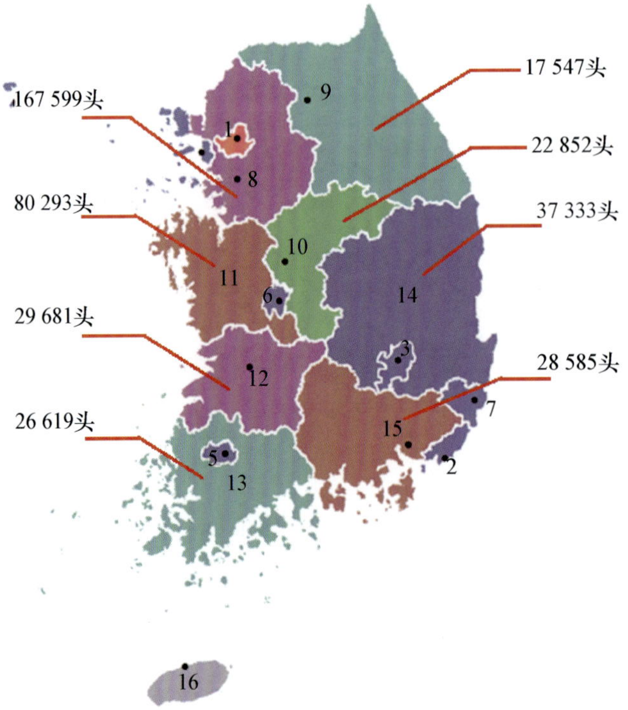

图3　韩国奶牛存栏分布图

注：1为首尔特别市(서울특별시)，为韩国的首都；2为釜山广域市(부산광역시)；3为大丘广域市(대구광역시)；4为仁川广域市(인천광역시)；5为光州广域市(광주광역시)；6为大田广域市(대전광역시)；7为蔚山广域市(울산광역시)；8为京畿道(경기도)；9为江原道(강원도)；10为忠清北道(충청북도)；11为忠清南道(충청남도)；12为全罗北道(전라북도)；13为全罗南道(전라남도)；14为庆尚北道(경상북도)；15为庆尚南道(경상남도)；16济州道(제주도)。

表 2 韩国各省市的牛群规模和牛场数量(截止到 2013. 4. 3)

省份	饲养规模	农场数量	奶牛头数	省份	饲养规模	农场数量	奶牛头数
全国	总计	5 863	422 033	江原道	总计	230	17 547
	<20 头	319	2 733		<20 头	10	122
	20～50 头	1 621	63 169		20～50 头	50	2 046
	50～100 头	2 781	201 369		50～100 头	120	8 646
	≥100	1 142	154 762		≥100	50	6 733
首尔特别市	总计	4	129	忠清北道	总计	334	22 852
	<20 头	3	44		<20 头	12	96
	20～50 头	0	0		20～50 头	91	3 561
	50～100 头	1	85		50～100 头	186	13 246
	≥100	0	0		≥100	45	5 949
釜山广域市	总计	11	792	忠清南道	总计	1 142	80 293
	<20 头	0	0		<20 头	54	576
	20～50 头	2	63		20～50 头	323	12 435
	50～100 头	7	500		50～100 头	561	39 368
	≥100	2	229		≥100	204	27 914
大丘广域市	总计	24	1 664	全罗北道	总计	363	29 681
	<20 头	2	21		<20 头	34	207
	20～50 头	4	156		20～50 头	55	2 057
	50～100 头	14	949		50～100 头	172	13 007
	≥100	4	538		≥100	102	14 410
仁川广域市	总计	53	2 915	全罗南道	总计	317	26 619
	<20 头	2	6		<20 头	6	50
	20～50 头	22	760		20～50 头	55	2 002
	50～100 头	26	1 758		50～100 头	170	12 657
	≥100	3	391		≥100	86	11 910
光州广域市	总计	6	497	庆尚北道	总计	554	37 333
	<20 头	0	0		<20 头	41	341
	20～50 头	1	37		20～50 头	158	6 147
	50～100 头	4	348		50～100 头	266	19 130
	≥100	1	112		≥100	89	11 715
大田广域市	总计	0	0	庆尚南道	总计	358	28 585
	<20 头	0	0		<20 头	9	177
	20～50 头	0	0		20～50 头	59	2 237
	50～100 头	0	0		50～100 头	203	14 574
	≥100	0	0		≥100	87	11 597
蔚山广域市	总计	15	1 102	济州道	总计	37	4 425
	<20 头	1	3		<20 头	2	30
	20～50 头	5	189		20～50 头	4	176
	50～100 头	5	411		50～100 头	17	1 335
	≥100	4	499		≥100	14	2 884
京畿道	总计	2 415	167 599				
	<20 头	143	1 060				
	20～50 头	792	31 303				
	50～100 头	1 029	75 355				
	≥100	451	59 881				

目前，韩国奶牛养殖规模以 50～100 头为主，占养殖场数的 47%，其次为 20～50 头的养殖场占 28%，养殖规模在 100 头以上的占 20%左右，存栏数低于 20 头的约占 5%。

由图 4 和图 5 可见，韩国奶牛存栏的 48%集中在 50～100 头规模的养殖场中，超过 100 头存栏的奶牛场饲养的奶牛头数约占 37%，存栏 20～50 头养殖场饲养奶牛约占总量的 15%左右，存栏低于 20 头的养殖场饲养的奶牛头数不足总量的 1%。因此，韩国的奶牛养殖高度发展适度规模。

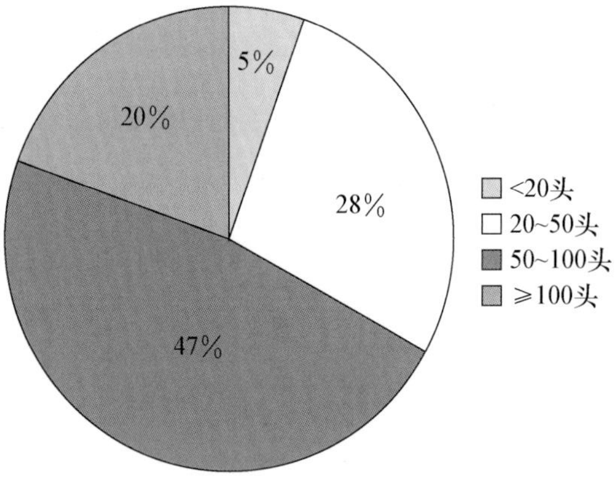

图 4　韩国奶牛养殖场养殖规模图

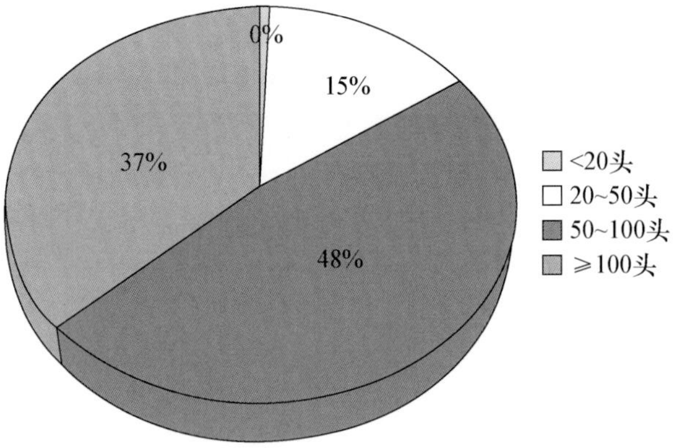

图 5　韩国不同规模养殖场奶牛存栏分布图

1.1.3　韩国奶牛饲养费用

韩国粗饲料基础脆弱，对精饲料过分依赖，近两年来，韩国的奶牛饲料供应商，从中国购进奶牛饲料的频次与数量明显增加。韩国的饲料约 65%需要进口，这给牛奶的生产成本带来很大的成本压力，竞争力下降，甚至干草、粗料也依赖输入。据调查，平均精饲料的消耗占总饲料量的 70%，而且饲养规模越大消耗的精料越多。把泌乳牛饲养和育成牛饲养分离，寻找各生产阶段的比较优势，策划奶牛饲养业的专门化，建设出具有韩国特色的奶牛饲养经营模式：在地价低，有粗饲料资源的半山区建设育成牛专业牛场，建成以饲养优良育成牛为主业的家庭奶牛场，向城市近郊的以挤奶为主业的奶牛场提供育成牛。专业化生产既提高了生产技术水平，又降低了生产费用。他们已认识到，适当扩大饲养规模，采用科技提高单产，奶牛向生产费用较低、饲草丰富的山地转移，以提高竞争力，才是奶业健康发展的出路。由于韩国的奶牛饲养与管理的技术与经验都比较成熟和到位，讲究奶牛营养的合理和均衡供给，因此，目前每千克牛奶的饲料成本可控制在奶价的 43%范围内。以韩国目前的收奶价为 5 元/kg 计算，即 1 kg 牛奶的饲料成本约为 2.15 元。目前韩国的奶牛配合饲料每千克售价约为 2 400 元/t，TMR 的混合饲料约为 2 000 元/t。据悉，韩国在近期接连有上百的奶牛饲养者结队组团进入中国进行奶业考察，他们已萌发出准备把奶牛牵入中国境内饲养的意向和想法。

1.1.4　韩国原料奶质量及价格

韩国原料奶的品质已提升到世界最高水平。原料奶的细菌数与品质有密切的关系，原料奶从挤奶到冷却储藏的过程当中为了避免二次污染，应该彻底谨慎处理。就 1970 年一般牧场牛奶的品质而言，当时根本没有细菌管理的概念，因而其细菌数是远超过我们想象的。但从 1980 年后半期开始各牛奶企业和牧场纷纷出现提高原料奶质量的要求，随后原料奶的品质逐渐提高，细菌数也急剧降低。控制细菌数卫生分级制度，从 1993 年开始施行，迄今坚持努力的结果，目前维持细菌数 3 万个/mL 以下的农户占全国 89%，此水平是在世界任何国家也可以认可的最高品质（见表 3）。

表 3　按细菌数分级的各年度农户分布情况表　%

年份	一等级 A 3 万个/mL 以下	一等级 B 10 万个以下/mL	二等级 25 万个以下/mL	三等级 50 万个以下/mL	四等级 50 万～500 万个/mL
1993	—	44.6	20.5	13.1	21.8
1995	—	66.1	17.7	7.8	8.4
1997	47.3	28.8	13.3	5.5	5.1
1999	68.2	20.0	6.9	2.6	2.3
2001	75.1	17.5	4.7	1.5	1.2
2003	79.4	14.9	3.8	1.1	0.8
2005	84.7	12.0	2.4	0.6	0.3
2007	88.5	9.2	1.8	0.4	0.1
2009	89.3	8.8	1.5	0.3	0.1
2011	88.8	9.3	1.5	0.3	0.1

现行的体细胞分级制度是从 2002 年开始施行，韩国一等级指标 20 万个/mL 是比起世界各国平均 30 万个/mL 还要严格的标准。将体细胞数控制在 20 万个/mL 以下，确实不容易达成，其前提为从奶牛的饲养到挤奶整个过程，包括对奶牛、工作人员、设备等各环节不断施行严格的卫生管理。一般而言，维持体细胞数 35 万个/mL 以下，仍属于良好等级，目前韩国 35 万个/mL 以下的农户占全国的 86%，已属于优秀的群体（见表 4）。

表 4　按体细胞数分级变化的各年度农户分布情况表　%

<table>
<tr><th>年份</th><th>一等级
20 万个/mL 以下</th><th>二等级
35 万个/mL 以下</th><th>三等级
50 万个/mL 以下</th><th>四等级
75 万个/mL 以下</th><th>五等级
75 万个/mL 以上</th></tr>
<tr><td>1993</td><td>26.9</td><td colspan="2">32.2</td><td>19.1</td><td>21.8</td></tr>
<tr><td>1995</td><td>23.3</td><td colspan="2">33.8</td><td>25.2</td><td>17.7</td></tr>
<tr><td>1997</td><td>24.4</td><td colspan="2">46.7</td><td colspan="2">28.9</td></tr>
<tr><td>1999</td><td>17.8</td><td colspan="2">53.7</td><td colspan="2">28.5</td></tr>
<tr><td>2001</td><td>21.7</td><td colspan="2">48.7</td><td colspan="2">29.6</td></tr>
<tr><td>2003</td><td>31.7</td><td>32.2</td><td>17.4</td><td>11.5</td><td>7.2</td></tr>
<tr><td>2005</td><td>42.9</td><td>36.1</td><td>13.6</td><td>6.0</td><td>1.4</td></tr>
<tr><td>2007</td><td>58.0</td><td>30.3</td><td>8.4</td><td>2.8</td><td>0.5</td></tr>
<tr><td>2009</td><td>57.7</td><td>31.1</td><td>8.3</td><td>2.6</td><td>0.3</td></tr>
<tr><td>2011</td><td>49.1</td><td>36.6</td><td>10.5</td><td>3.3</td><td>0.4</td></tr>
</table>

1.2　乳品加工业发展

近 50 年来，韩国生产的脱脂奶粉、全脂奶粉、炼乳、奶油和奶酪等主要乳制品产量逐年递增。20 世纪 60 年代，主要是从牛奶市场中扩大开发出加糖炼乳、无糖炼乳、加盐奶油、调制粉、天然干酪、全脂奶粉等。70 年代开始推出脱脂奶粉、液态酸奶、再制干酪、布丁产品等。80 年代开发出了糊状酸奶、饮用酸奶、有糖分解乳、低脂肪乳等，开发并试销片状干酪、混合果汁饮料等。到了 90 年代，开始出现功能性的高质量产品，以满足不同消费者的需求；通过加速产品的差异化，扩大乳制品的消费并促进企业的发展，以开发产品为基础，推出了健康性新产品。进入 21 世纪，考虑到消费者的安全和健康，大规模推出了环境友好、有机无污染的产品。目前，具有减肥功能的乳制品在韩国市场上很受欢迎。每日(Maeil)乳业、首尔乳业、南阳乳业、东远乳业已经成为韩国国内四大奶业企业。

截至 2011 年，韩国奶类总产量由 1961 年的 1 543 t 上升为 186.9 万 t。从图 6 可明显看到各类乳制品加工量在这 50 年间总体呈上扬趋势。2002 年后，因为韩国地域和政府原因，国内存牛数目减少导致的牛奶产量减产，从而呈现下降趋势，但是较 20 世纪仍呈上升趋势。虽然国内生产量有所增加，但韩国国内的需求量与此同时也在增加，国内乳制品产量还未能自给自足，仍需要从国外进口。目前韩国每日原料奶总产量约 5 700 t，首尔乳业处理约 25%，每日乳业和南阳乳业各处理 9%左右，宾格瑞占 8%。国内生产的奶酪产品市场，主要由四大奶业占据，其中首尔乳业占 46%，Sangha 公司(前身 Maeil 乳业)占 23%，每日乳业占 13%，南阳乳业占 5%。

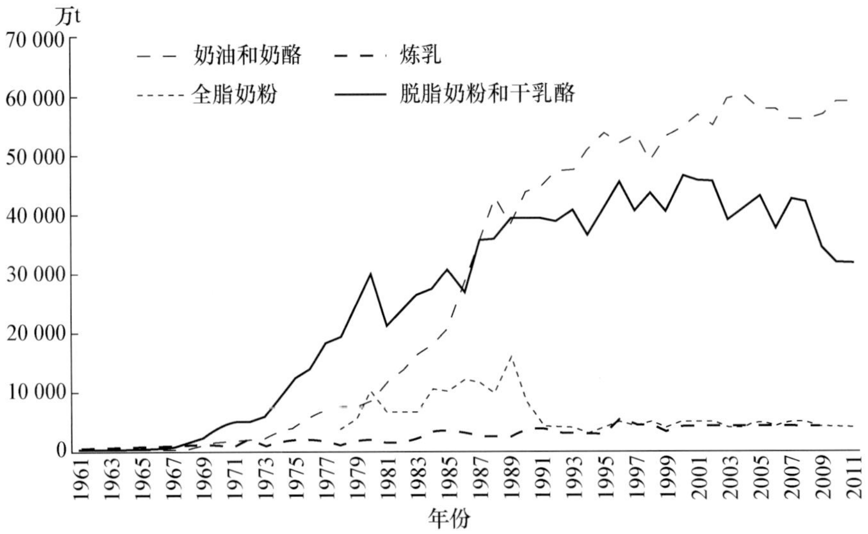

图 6　主要乳制品产量

资料来源：http://faostat.fao.org。

1.3　乳品消费发展

以促进奶业发展为目的，1970 年开始发展学生饮用奶，最初只在首都周边的初级学校供应，1977 年，由于和牛奶一起供应的面包出了问题，学生奶供应于同年 10 月份停止。1980 年，为了确保奶业的稳定发展，解决牛奶过剩问题，同时为了增强青少年体质提高国民生活水平，在全国又开始实施了初级学校的学生奶供应，并于 1986 年扩大实施到中、高等学校。据 2003 年统计，韩国中小学生总数为 779.2 万人，饮奶人数占 50.09%：其中小学生 416.4 万人，饮用牛奶人数 329.4 万人，占 79.1%；中学生 185.9 万人，饮奶人数 39.5 万人，占 21.2%；高等学校 174.6 万人，饮奶人数 26.4 万人，占 15.1%，韩国的学生奶全部都是纯牛奶，没有其他调味奶，每份容量为 180～200 mL。19 世纪 90 年代，液态奶的生产和消费增长迅速，到 2006 年后稍有下降，但是由于消费者从液态奶转到其他乳制品消费，如酸奶和风味乳饮料，牛奶消费整体上维持在相当稳定的水平。

牛奶消费在韩国呈现快速增长的趋势(图 7)。1980—2009 年间，乳制品产量增加 4.7 倍，但乳制品总消费量增长了近 7.6 倍，其后一直稳定在 30 万 t 以上，国内乳制品生产不能满足国民的需要。到 20 世纪 90 年代，人均消费量也由 4.6 kg 上升到 64.2 kg，其中 70%以上为液态奶。其后，非液态奶快速增长，到 2003 年，两种奶的消费量大致相当。液态奶大多来自国内，非液态奶有 1/2 左右来自进口。由于西方食品在韩国已经很流行，尤其是对奶酪的需求增长迅速，奶酪大多数是在饭店和速食销售店消费的。经过快速增长期后，到达了人均年奶酪消费 1.6 kg(2012 年)。近几年韩国居民乳及乳制品生产消费情况见表 5。目前人均消费鲜奶总量 33 kg，发酵乳总量 10 kg。

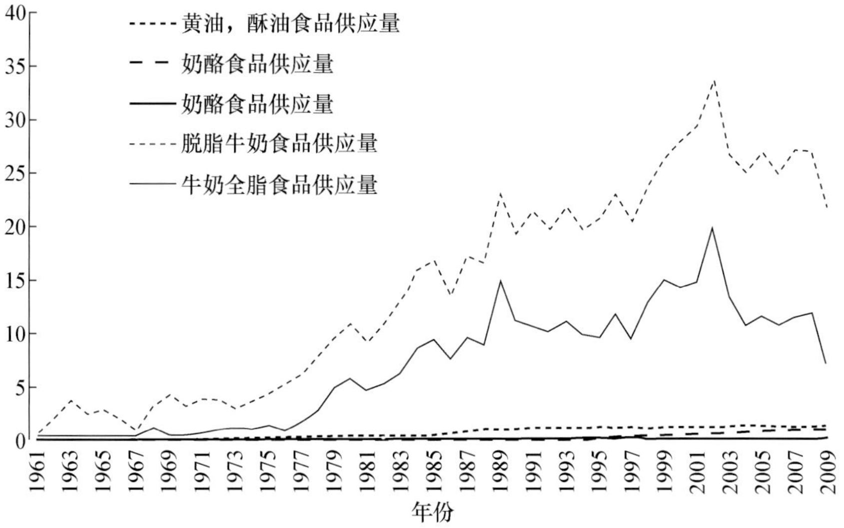

图 7　人均奶制品日消费量[kg/(人·d)]

资料来源：http://faostat.fao.org。

表 5　2008—2012 年韩国奶和乳制品生产、消费情况　　千 t

项目	2008 年	2009 年	2010 年	2011 年	2012 年
牛奶生产量	2 139.0	2 110.0	2 103.0	1 869.0	1 900.0
液态奶消费量	1 702.0	1 702.0	1 541.0	1 308.0	1 373.4
黄油生产量	56.1	56.1	56.1	57.0	54.1
黄油消费量	64.0	63.0	61.5	62.2	62.9
奶酪生产量	25.0	23.0	22.0	32.0	33.0
奶酪消费量	73.0	73.0	88.0	100.0	110.0
全奶粉生产量	2.9	2.4	2.1	1.8	1.6
全奶粉销售量	6.3	8.0	8.6	8.8	9.1

说明：BMI(Business Monitor International)预测。数据来源：USDA，FAPRI，BMI.

1.4　乳制品贸易发展

同一些发达国家相比，韩国的奶牛业生产条件较差，而且允许进口价格便宜的产品，所以前景不容乐观。韩国的奶农习惯于靠出售犊牛、卖母牛和售奶获得收入。据统计，2000 年韩国牛奶及乳制品的生产成本和价格均高于美国、意大利、英国等国家韩国奶生产的总成本是美国的 1.73 倍。随着市场开放，2001 年税率降至 40%，国外低价的乳品大量进入韩国市场。在韩国国内，尽管价格同国外鲜奶竞争没有优势，如果市场上销售的乳制品中 70%是鲜饮用奶，那么奶农将仍会有机遇，韩国人仍会选择国产鲜奶。所以韩国奶牛业虽然条件简陋，但仍需保持一定量的数量，以满足鲜奶的供应。

自 1961—1978 年，韩国的乳制品进口较多，其中脱脂奶粉的进口量最大。1978 年，韩国开始向国外出口少量的乳制品，主要包括脱脂奶粉和全脂奶粉，但出口量远低于进口量。尤其是 19 世纪 90 年代，随着韩国国内乳制品需要量增加，进口的数量迅速增长，尤其是脱脂奶粉、干酪乳、鲜奶的进口。2008 年后，脱脂奶粉、干酪乳等奶制品出口量显著提高，韩国主要乳制品进出口贸易额和进出口数量见附表 3、附表 4 和图 8。

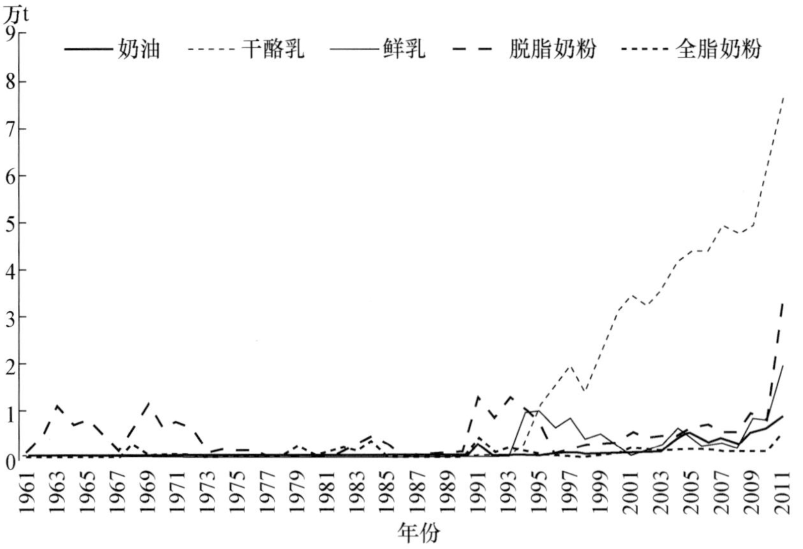

图 8　韩国主要乳制品进口数量

近年来，韩国奶牛数量和奶产量呈现下降趋势，因此，对国外乳制品表现出更强的依赖性。2010 年，新西兰是韩国奶酪的主要出口商，其次为美国，澳大利亚和欧盟。随着人们对奶酪的接受，其在市场上越来越受到消费者的欢迎，其需求量会在短期或中期内出现需求增加的现象。

2011 年开始，韩国和美国的 FTA 开始实施，韩国从美国进口奶酪、乳清粉等将降低关税。如进口奶酪的关税降低 36%，并且自 2011 年每年降低 2.5%，消费者对价格低廉的美国奶酪更加钟爱，因此，美国乳制品会大量涌入韩国市场。

1985 年，韩国全脂奶粉的出口量创历史最高。20 世纪 90 年代前，韩国出口的乳制品以脱脂奶粉为主；90 年代后，出口产品种类和数量都大幅增加，鲜奶和脱脂奶粉的出口量近年来急剧增加（见图 9）。

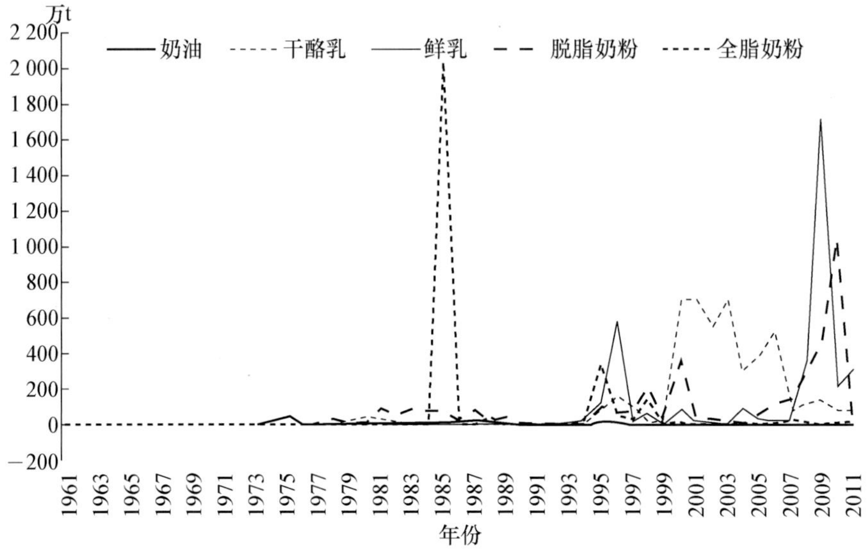

图 9　韩国主要乳制品出口数量

2 奶业科技进展

2.1 奶牛育种与繁殖技术进展

2.1.1 奶牛育种发展历程

1962 年，韩国成立了奶牛改良中心(Dairy Cattle Improvement Center，DCIC)，是国家农业合作协会联盟(National Agricultural Cooperative Federation，NACF)下设单位。DCIC 成为了韩国唯一的人工授精中心，主要是生产和分发奶牛精液，同时也进行小公牛的选择和后裔测定以满足农场主的需要。1965 年有 1 275 头奶牛接受了人工授精。1975 年达到 10.6 万头，1996 年增至 143.6 万头。目前，韩国生产的精液具有较高的受胎率，基于 20 万头次人工授精数据分析，DCIC 精液受胎率高于其他国外奶牛精液，包括北美进口的精液。1979 年 9 月，国家奶牛群改良计划(National Dairy Herd Improvement Program，NDHI)计划开始实施。NDHI 是 NACF 控制的有效的奶牛场管理计划。从 4 000 多个奶牛场定期收集准确的奶牛个体记录，如牛奶生产量、乳脂和乳蛋白含量、乳中尿素氮水平(MUN)、采食量和育种数据等。1995 年 3 月，DCIC 选择了第一头韩国已经测定的公牛(Proven Bulls)。2000 年 5 月，发起互联网 DHI 服务。2004 年，开始了手机 DHI 服务，农场主通过手机就可以获得实时育种和繁殖信息。2008 年 3 月，开展 HACCP 认证。2011 年 9 月，开始生产性控精液。

1969 年，韩国动物改良协会成立，主要工作是奶牛的登记注册管理。1969 年初，农业部举办年度家畜质量竞赛(Korean Rural Economics Institute and Korea Animal Improvement Association)，通过精液测试和外貌测试，选择和奖励优质公牛，以激励农场主饲养优质家畜。同年，韩国举办第一个牛展销会(Korean Cattle Fair)，第二年实行牛登记制度。1970 年有 379 头韩国牛登记用于收集基础数据，1972 年在 Koryungji 试验站进行了第一次性能测试和后裔测定，成为目前性能和后裔测定的基础。1984 年，提供精液的公牛共有 198 头，1998 年降至 49 头。公牛分两类：登记注册公牛和已经测定的公牛。登记的公牛是通过外貌和精液测试选择的，已经测定的公牛是通过性能测试和后裔测定选择的。有 100 843 头牛进行了登记注册。从 1994 年开始，人工授精的精液都来自于已经测定的公牛，而且数量逐渐减少。

1997 年接受人工授精的农场数量比之前时有所减少，农场主更喜欢奶牛自然交配，这是因为：自然交配受胎率高；人工授精成本高；由于农场位置偏远，农场主不能及时找到人工授精专家。虽然韩国政府机构一直致力于对农场主开展人工授精技术的培训，但是当时的受胎率没有提高。1998 年全国共有 1 870 个人工授精站，人工授精专业人员 1 956 名(Ministry of Agriculture and Forestry，National Livestock Research Institute，and National Livestock Cooperative Federation，1999a)。

1995 年国家家畜研究所(National Livestock Research Institute，NLRI)开始实行国家遗传评定(national genetic evaluation)，主要目标是选择公牛和优秀的母牛。每年进行 4 次，3 月和 9 月由官方公布选择的优良公牛和母牛。结果和用于评价的数据来自于 DCIC、DHI 及其 27 个分支机构、KAIA 和育种协会等。1995 年之前，韩国所用的精液全部从国外进口，到 2000 年市场上的精液大部分是韩国生产的。公牛选择的后裔测定开始于 1987 年。

1997 年 4 月—1998 年 9 月：ABIS System(Animal Breeding Information and Service System)系统建立，包括动物育种信息的完整数据库和网络系统，该网络把国家机构、大学、家畜协会、民间协会、家畜养殖场联为一体。

在 2000 年，DHI(Dairy Herd Improvement)计划开始实施，大约 110 000 头荷斯坦奶牛参加，所有的奶牛场都要记录单产、乳脂率和乳蛋白率、营养水平、体细胞数和繁殖数据等，国家网络系统对数据进行收集和分析，用于动物记录和育种以及农场管理和动物健康控制。产奶记录按照政府明确规定的严格的 DHI 规定进行，所有的DHI监察人员每月对记录调查1次。

2.1.2 奶牛群改良计划(DHI)的实施

自1979年，全国家畜合作社联合会的分支机构——奶牛改良中心(DCIC)率先提出全国奶牛群改良计划(DHI)，并在一些奶牛场实施，以促进奶牛的生产性能。该项目后来被多次更新，以改善农场管理系统，旨在提供关于奶牛产奶力、饲料条件和遗传育种方面的重要信息。应用DHI测定技术，准确记录了奶牛场奶牛个体产奶量、脂肪和蛋白质成分、营养水平，体细胞数和繁殖等方面的数据，全国家畜合作社联合会对这些数据和进行搜集和分析后，每月利用网络技术向使用该项技术的奶牛场提供重要信息。通过加入共有的奶业管理咨询服务机构，拥有会员资格的奶农就能够获得新技能和新技术的支撑，并对奶牛场的经营管理进行合理改进，以达到提高经济效益的目的。2003年，全国60%以上的奶牛场加入了这个项目。DCIC乳制品网络系统已与韩国多个乳品相关行业所办的网络系统进行链接，如国家家畜研究所(NLRI)、国家兽医研究与检疫服务机构(NVRQS)、农业院校、畜牧协会、私营机构和奶牛场与等。韩国DCIC与其他组织如32所DHI中心和饲养协会(KAIA)对牛场普通奶牛进行了终身的ID登记，独特的ID系统能与奶业相关组织利用网络技术达到有效共享，这对提高奶牛场的饲养管理水平和牛群生产水平具有重要意义。奶业振兴会认为：体细胞数的改善，可以使过早被淘汰的奶牛延长饲养时间，这样会降低饲养费用，增加产奶量。推迟奶牛的淘汰周期可以缓解生鲜奶供给的紧缺状况，还可以支持农场与乳品公司之间的经营安全。

2.1.3 奶牛育种和繁殖技术成就

Sun-Ho CHOI首次报道了韩国的胚胎移植，他对67枚奶牛和679枚肉牛冲洗的胚胎进行移植。2010年，韩国大约有9 000枚体内获得的(in vivo derived，IVD)胚胎进行了移植，体外生产(in vitro produced，IVP)了48 000多枚牛的胚胎。

2011年6月，新华网报道，采用新的冷冻技术韩国成功的克隆了一头黑牛。Jeju国立大学的研究小组，从一头死亡的奶牛获得体细胞核并移植到卵细胞中，通过体外受精获得胚胎。−196 ℃冷冻胚胎3年后，解冻胚胎移植到受体牛子宫内，并于2010年10月成功的自然生产了一头克隆奶牛。

2.2 奶牛饲料与营养技术进展

2.2.1 经营方式和饲养管理的革新

1962年在开展新农村的旗帜下制定了“综合奶业开发计划”后，每户饲养头数从7.6头大大增加，而且几乎都是专业化。这是因为奶牛单产提高，生乳的价格相对下降，养牛户若不饲养高经济价值的奶牛，则会被市场所淘汰，因此开始提出养奶牛必须达到规模化的要求。并且政府开始采取了对规模化、专业化奶牛养殖的支持政策。该政策实施后，韩国饲养奶牛户数逐渐减少，总饲养头数增加，专业性的奶牛户养殖户数增加，使得奶牛的饲养水平得以迅速提升。饲养规模的变化和奶牛养殖户数的变化给牧场的运营和牧场相关的许多方面带来了变化。使养殖者从副业型经营方法向专业型经营方法、企业型经营方法的专业形式的转变，出现了挤奶设备的自动化、饲养管理的机械化、饲料作物栽培的委托化、挤奶的专业化、犊牛培育的专业化等多种形态的牧场运营方法。

2.2.2 新技术开发与TMR饲喂技术的推广

由于韩国国内多山和丘陵，饲料资源比较缺乏，多数依靠进口，所以在饲料技术推广和研究方面特别重视。韩国从事奶牛行业的专家开展的一系列科研项目，对科学高效奶牛养殖起着重要作用。奶牛研究中心旨在提高牛奶质量，减少牛奶生产成本，增加奶农的收入，为消费者生产安全和功能牛奶及其奶制品，并为了动物福利制定更好的奶牛管理系统。13个研究小组(育种与繁殖,营养管理及饲养和动物卫生等)的研究人员正在从事基础和应用研究,营养管理和饲养研究小组侧重于饲养管理设备的开发和饲料添加剂研制,以提高奶牛的健康和生产性能,减少奶牛代谢异常和体细胞计数。自动化奶业管理和饲养设施也已开发,以减少蹄病和乳房疾病,提高奶牛的生产力。这些技术已实施得到应用和产业化。该奶牛研究中心所涉及的工作主要包括:各种饲料添加剂和精确的营养调控,以提高奶牛的生产力;韩国奶牛饲养标准修订研究;建立一个关于有机奶牛的标准模型,筛选和利用有益的微生物;为提高牛奶质量而开发先进的设备等。

韩国还非常注重奶牛饲料添加剂方面的研究和开发,同时诞生了一些著名的饲料公司,如大韩饲料公司、INNOBID公司、韩国农协饲料公司等。INNOBID公司生产的奶牛用饲料添加剂,已在中国进行试验,并着手进行注册。IB公司研究开发的有机肽添加剂,能够平衡和中和饲料中的微量元素,减少原料奶中的体细胞数,对于降低和预防蹄叶炎、乳房炎有良好的效果,这种添加剂已在韩国奶牛业全面进行推广。

2.2.3 干物质采食量的预测

要想使奶牛达到最佳的生产性能,必须根据其营养需要进行饲喂。然而,由于许多复杂因素,给奶牛提供适宜的能量和蛋白水平是一项艰巨的任务。精确估计干物质采食量(DMI)是改善奶牛生产性能的重要指标,尤其是可以提高营养物质的利用率,减少环境污染。过去,大多数的采食量预测方程主要依赖动物的活体重及其生产水平,这些方法令人担忧,因其未考虑所饲喂粗料的组成或精料的性质。后来的研究中考虑到环境和饲料成分等因素。随着计算机模型的发展,对采食量预测的精确度逐渐提高,考虑到诸如所提供饲料的类型、饲喂水平,日粮构成,饲料质量,机体状况,泌乳阶段,繁殖性能和气候等因素(Mazumder and Kumagai,2006)。韩国奶牛饲养标准(农业和林业部,2002)指出,为了提高经济生产力的整体效率,60%以上的奶牛日粮组成依赖于进口精料和农业副产品。为此,Rim J. S.(2008)对已经存在的模型进行了评估,对饲喂包含农副产品的高精料基础日粮的泌乳奶牛的采食量进行预测。通过对商业奶牛场的调查表明,测定实际平均采食量,Fuentes-Pila等(2003)提出了较为精确的预测公式,该模型不仅考虑了动物因素、产奶性能及乳成分的影响,而且考虑了日粮因素,尤其是纤维,这些因素在其他模型中未加考虑,该模型还适用于NRC不适宜的情况。而康奈尔净碳水化合物和蛋白质系统(CNCPS)的预测公式中平均预测值和平均观测值之间的差异较大。Moon等(2004)研究了日粮NDF浓度和粒度对奶牛咀嚼能力的影响,发现咀嚼能力与NDF的浓度呈正相关,但不受日粮粒度的影响。与NDF的浓度相比,日粮粒度对单位DM或NDF的采食时间影响显著。

2.2.4 粗饲料的生产与加工

韩国人口密集,耕地面积小,很难做到利用有限的土地种植饲料作物而非粮食作物。因此,韩国奶牛场主要依赖于精饲料而非粗饲料。

韩国奶牛的大部分精料主要依赖从国外进口(如玉米、高粱、小麦、木薯和大豆等)。奶牛日粮中的精料比例高达60%。奶牛场使用的粗料主要是稻草(占总数的66%),其次是收割的绿色牧草(约占25%),而青贮料约占9%(以干物质基础计算)。用于生产奶牛粗饲料的土地,包括饲料作物和草地,仅为0.1 hm^2/头。由于奶牛对粗饲料摄入量较低,容易导致生理功能紊乱,不孕不育,经济年限缩短等问题的出现。为了解决这些问题,许多奶牛场尽一切努力,以获得更多的粗饲料。韩国的饲料作物主要是青贮玉米,高粱,黑麦,燕麦和油菜,这些饲料作物被青刈或用来做青贮饲料。通过对奶牛场的研究调查表明,提高粗饲料的生产是有利可图的,韩国奶牛饲养成功与否主要取决于优质粗饲料的充分供应量。通过改善奶牛日粮可以提高生产力,如产奶量、乳脂含量和繁殖率等,但提高粗饲料的供给量是非常关键的。对于没有足够土地生产粗饲料的奶农,租用冬闲土地,联合使用昂贵的农具用来播种、收割和制作青贮饲料,效率很高。对粗饲料进行适度加工处理,可以提高奶牛对粗饲料的消化利用率。如Dr. Kimt博士指出,经过氨化处理的秸秆能值比未氨化秸秆提高9~13个百分点。氨化处理有两个优点:增加奶牛采食量,并增加了秸秆的能量。此外,把奶牛粪便应用到种植饲料作物的农田中可以减少化肥用量，改善土壤质量，并减少因饲养奶牛导致的环境污染。

2.2.5 注重科学研究，提高奶牛产奶量，改善乳品质量

为了提高奶牛产奶量，改善乳品质量，提高奶牛场经济效益，Choi 提出可以在传统饲粮基础上添加一定比例的酒精发酵饲料。Myung（1990）给自由采食 TMR 泌乳中期荷斯坦奶牛皮下注射牛重组生长激素（25 mg/d），显著提高 4%脂肪校正乳产量，对主要的乳成分和采食量无显著影响。Lee 等（2004）给奶牛添加非离子表面活性剂能够显著促进蛋白酶、淀粉酶、CMCase 和木聚糖酶的活性，稻草秸秆在瘤胃的降解率、瘤胃液 VFA 和 NH_3-N 的浓度以及瘤胃厌氧微生物的生长速率也得到明显改善。Yoon 研究了产奶量、胎次、泌乳阶段、泌乳季节和乳成分对乳尿素氮的浓度和其他乳成分的影响，结果证实，产奶量与乳脂肪、蛋白含量和体细胞数（SCC）显著负相关（$p<0.01$）；乳尿素氮（MUN）的浓度与产奶量和脂肪含量呈正相关关系。体细胞数增加，产奶量降低，MUN 水平升高。MUN 的浓度与生产效率和产奶量密切相关。然而，也存在一些非营养因素（如胎次、健康状况、泌乳阶段和泌乳季节）也是一些重要因素调节着 MUN 和产奶量。因此，测定 MUN 值对于营养管理和奶牛的生产性能或繁殖性能非常实用，但是非营养因素也应该被考虑在内。

2.2.6 犊牛饲养技术日趋完善

韩国奶农及学者对犊牛的饲养技术非常重视。使犊牛从简单的肠胃消化尽早过渡到瘤胃消化对犊牛的健康和生长意义重大，这种转变包括瘤胃的一些解剖和生理变化。而断奶前这些变化和瘤胃发育状况受犊牛对固体饲料的摄入量及饲料组成的影响显著，特别是谷物或碳水化合物刺激瘤胃微生物的增殖和 VFA 的产量及瘤胃的发育。谷物是奶牛最主要的淀粉来源。在所有动物饲料来源，特别是犊牛开食料中，玉米、水稻、大麦、小麦、燕麦和高粱是各国常用的淀粉来源。淀粉来源不同，淀粉含量各异。事实上，淀粉的物理形式、与蛋白质的关系以及所富含淀粉的细胞完整性直接影响着瘤胃微生物对谷物的利用率和对营养物质的消化。谷物的质地和结构在奶牛对淀粉的消化速度和位置中发挥了重要作用。小麦、大麦或燕麦等粒度小的谷物比玉米和高粱更易发酵。淀粉颗粒结构和谷物种类之间的差异可能是造成消化模式不同的原因。较慢的消化率可以提高过瘤胃淀粉数量。在小肠消化的淀粉能产生高达 42%以上的发酵能，因为消化终产物（葡萄糖与 VFA）能够得到更有效的利用。因此，淀粉在胃肠道的消化位点对奶牛的生产性能和饲料转化效率有重要影响。而这些变化可能又会影响到固体饲料消耗、VFA 的数量和比例，进而影响断奶前和早期断奶时期犊牛的生长和发育。

近年来，许多试验研究了犊牛开食料的物理形态、类型和干草水平及谷物加工对奶犊牛采食量、生长性能、瘤胃发育的影响。然而，评价开食料中不同淀粉来源对固体饲料消耗量、犊牛骨骼生长、代谢反应的影响研究有限。韩国乳品科学部门国家动物科学研究所还就荷斯坦奶犊牛饲喂不同来源的淀粉对瘤胃参数，瘤胃发育，营养消化率和氮利用率的影响作了具体研究。

饲喂犊牛牛奶的数量和喂养方法对犊牛的生理、免疫、行为和经济性状等也都有重要影响。在断奶前给奶犊牛饲喂牛奶是否适宜，不仅影响其干物质采食量、生长发育和健康状况，还影响其肠道发育、乳腺增长和产奶潜力。在传统饲喂方法中，犊牛出生后与母牛分开饲养，对犊牛饲喂初乳时使用水桶或奶瓶乳头进行限制饲喂，推荐饲喂奶量一般为体重的 10%。这种方法因供应的养分含量较低而使犊牛生长较慢，同时还会造成犊牛精神沉郁，体况下降和生产性能降低。Khan 等（2007）提出犊牛分段饲喂法，犊牛饲喂初乳后的前 25 d，牛奶饲喂量为体重的 20%，在 26～30 d 随后的 15 d 内牛奶饲喂量为体重的 10%。两种饲喂方法的犊牛均在 46～50 d 逐步断奶。避免了因自由吮奶造成的固体饲料采食量降低问题，同时也避免因传统饲喂造成的体重减轻现象。使犊牛消耗的牛奶量和干物质采食量显著增加，饲料效率和日增重显著提高。

2.3 奶牛疫病控制技术进展

疫病防治工作事关畜牧业发展的全局和安危，发展畜牧业有许多制约因素，但疫病是一个最大的危险因素。在畜牧业中，疫病风险大于市场风险。如果一些严重的疫病暴发流行，不但会造成畜牧的覆没，而且会失去已有的市场。所以韩国奶牛业的高速发展也必定离不开疫病的防治，尤其是人畜共患病更引起了一定的重视。

口蹄疫是致偶蹄动物的一种急性、高度接触性、发热性传染病，国际兽疫局(OIE)将其列为A类传染病之首。韩国于2000年、2002年及2010年相继发现口蹄疫疫情。针对口蹄疫传播迅速、感染率高，危害性大的特点，韩国针对疫情采用计算机模拟评估技术控制疫情并接种环疫苗以便减少受感染牧场数量。近期韩国进行并且配合对口蹄疫A-O 7种口蹄疫病毒进行基因序列和基因相关性测定，这对此疾病的预防和治疗起到推进作用。

1913年牛结核病首次在韩国报道，在20世纪40年代，其发病率已经减少约15%～0.15%。在2005年，使用结核菌素皮肤试验已将牛结核病消灭，到了2007年结核病发病率又上升至0.25%。尽管每年都进行全国性的检查，但每年仍有1 000头牛死于结核病(图10)。有效的诊断和消灭结核病变得更加迫切，2007年提出可使用MPB70血清学诊断对结核杆菌进行诊断，并被广泛应用。不久又发现将MPB70 ELISA使用于牛奶样本比MPB70 ELISA作用血清样本更方便。所以，韩国在未来将使用牛奶或血清样本的ELISA和IFN-γ化验分枝杆菌抗原，并根据细菌培养以及结核菌素皮肤试验作为参考测试。这样的组合会更有利于检测和消除牛结核病。

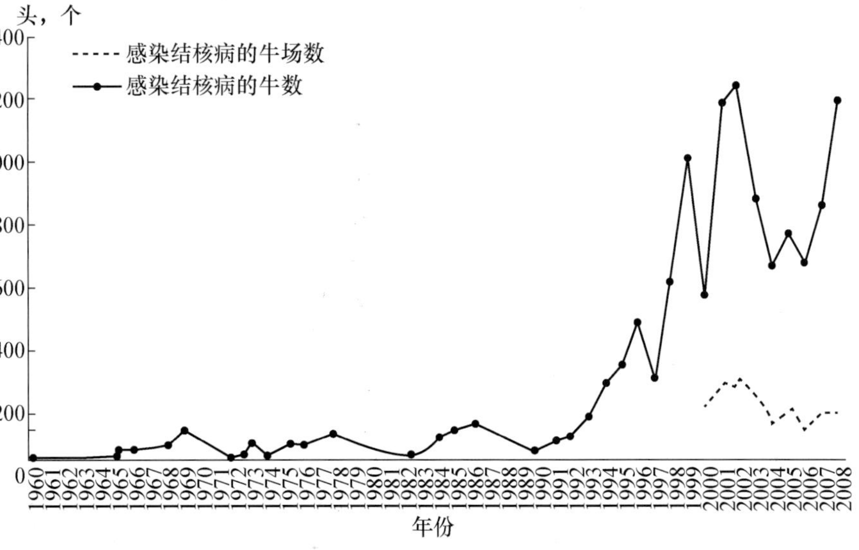

图10 韩国每年感染结核病的牛数(1960—2008年)和牛场数(2000—2008年)

另一种和人密切相关，并且发病率高的疾病——牛白血病，韩国也做过相关研究。2011年首次建立牛白血病牛群，在此基础上得出在自然状态下，牛体之间的感染几率很少，所以提出监视昆虫等传播媒介，进行注射时要注意避免注射器之间的混用问题，这样便可有效减少牛白血病的传播几率。

在1955年韩国首次检测到布氏杆菌病。此病不但是影响韩国奶业发展的一个主要问题，还容易在人之间传染，所以为了清除布氏杆菌病，2004年，韩国监视新发病、控制病畜、定量分析制定屠宰计划。随着计划的实施，即进行集中的测试和屠宰，2006年检测出的受感染农场和动物比2003年高出61倍。自2006年以后，再对受感染的农场和动物进行检测时，其发病率一直呈下降趋势。

在寄生虫方面，如泰勒虫、日本血吸虫、弓形虫，还有一些营养代谢病，肠道疾病等韩国都进行了较为深入的研究。

2.4　奶牛场粪污处理与环境保护技术进展

在城市近郊，奶牛养殖过程中所产生的环境污染问题引起社会的广泛关注。因为粪便和废水的处理设施所需的高昂费用给生产经营者带来很大的困难，政府对奶牛饲养户提供低息贷款，以支援奶农设置粪便和废水净化设施，加快治理环境污染，使奶业能正常地经营。

奶牛养殖专业化与规模化集中饲养方式有利于提高饲养技术、防疫能力和管理水平。与传统方式即农户分散饲养相比，规模化饲养可大大提高生产效率和饲料转换率，降低生产成本，增加经济效益。但奶牛规模化饲养也造成粪尿过度集中和冲洗水大量增加，给生态环境带来极大压力。

奶牛场面临的主要环境问题是水、空气污染和生物多样性。水的污染来源于粪便的不恰当处理和饲料生产中用于肥料的化肥。氮和磷是污染表面水和地下水的主要污染物，通过减少其再利用和富营养化而破坏生态系统。水体还会被尿中的有机废水和病原菌污染。

在韩国整体养分平衡很高，但来自奶牛业的氮污染所占比例小于10%。韩国随着奶牛产奶量的提高，粪尿中排泄的氮含量也明显升高。奶牛场也是一个温室气体(GHG)排放的来源，而温室气体的产生主要来自于肠道发酵(甲烷)和粪尿的排放(甲烷和一氧化二氮)。甲烷在周围环境中无处不在。据估计，每年由农业资源中释放的甲烷约为20 500万～24 500万t(Duxbury和Mosier，1993)。在全球范围内，畜牧业可能造成18%的总温室气体排放(FAOSTAT，2006)。虽然在导致全球变暖的所有因素中，甲烷的贡献低于2%(Johnson和Johnson，1995)，但它起着重要作用，因为甲烷的排放量约是二氧化碳的21倍(Johnson等，1996)。甲烷由瘤胃微生物发酵产生，尤其是产甲烷菌对氢的利用而促使甲烷的产生。由于其排放到大气造成摄入总能量2%～15%的能量损失(Van Nevel和Demeyer，1996)，因此，减少甲烷的排放，既有利于奶牛生产又能减缓环境污染(Moss等，2000)，获得环境和经济的双重收益。

因此，如何降低奶牛甲烷的生成和排放，一直是韩国学者研究的重点。牲畜粪便一直被视为废弃物，使环境恶化，现已被用来做土壤肥料，在韩国，部分粪便已经成为可再生能源之一。从粪便产生沼气具有很大优势，因为既可以缓解环境危机，又可以解决能源短缺问题。动物粪便中的有机固体部分如蛋白质、碳水化合物和脂肪是厌氧微生物生长的营养和能量来源。最大的收益是产生沼气可以获得能源。Fulhage(1993)等估计，奶牛(545 kg)和肉牛(450 kg)粪便产生的沼气分别为692 m^3/d、946 m^3/d，由此产生的能量效率分别为598 kJ/(h·头)、815 kJ/(h·头)。进一步推测每天2 h用于厨房的能源大致需要14头奶牛排出的粪便。Song(2010，未发表)利用体外试验，评估了牛粪便所生产的沼气量。4头牛每天饲喂8 kg饲料(6 kg精料和2 kg黑麦草干草，DM基础)。日粮的化学成分CP、EE和NDF分别为13.2%、3.8%和45.1%(DM)。全消化道DM的消化率是65.3%。牛粪包含CP 15.5%、EE 2.8%、NDF 61.5% (DM)。牛粪48 h DM，CP和NDF的体外降解率分别为48.4%、61.4%和36.1%。CO_2和CH_4的48 h产量分别为29.2 mL和13.7 mL(图11)。自2003年到2008年的6年中，韩国所饲养牲畜产生的年粪便产量约4 000万～4 200万t(以鲜样基础计)(NIAS，2008)。因此，利用体外法可以间接估计每头动物的粪便产量。

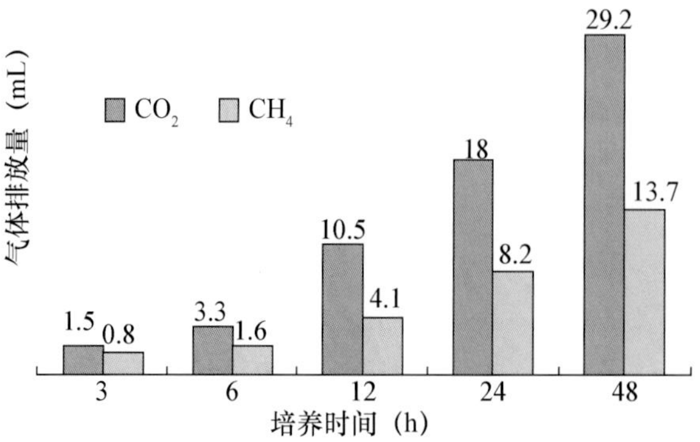

图11　奶牛粪便48h体外产气量

韩国由于国土面积较小，土地紧张无足够农田消纳粪便污水或进行自然处理，一般采用工业化处理模式处理畜禽粪便，工业化处理模式包括厌氧处理、好氧处理、以及厌氧-好氧处理等不同处理组合系统。该模式主要优点是：①占地少；②适应性广，不受地理位置限制；③季节性温度变化的影响较小；主要缺点有：投资大，每万头猪场粪便污水处理投资约 120 万～150 万元；能耗高，每处理 1 m^3 污水耗电约 2～4 kW · h；运转费用高，每处理 1 m^3 污水需运转费 2.0 元左右；机械设备多，维护管理量大；需专门技术人员。

目前普遍采用的粪污处理模式还有“还田模式”和“自然处理模式”，还田模式是一种传统而经济有效的处置方法，可使奶牛粪尿不排往外界环境达到污染物零排放。既可有效处置污染物，又能将其中有用的营养成分循环于土壤—植物生态系统中，家庭分散户养牛粪便污水处理均采用该法。该模式适用于远离城市、土地宽广且有足够农田消纳粪便污水的经济落后地区，特别是种植常年需施肥作物的地区，要求养殖场规模较小；自然处理模式主要采用氧化塘、土地处理系统或人工湿地等自然处理系统对养殖场粪便污水进行处理，该模式适用于距城市较远、气温较高且土地宽广有滩涂、荒地、林地或低洼地可作污水自然处理系统、经济欠发达的地区，要求养殖场规模中等。

韩国十分注重畜牧业环保问题，所有的畜禽养殖场绝对不能向周围环境排放任何废渣和废水，韩国《饲料管理法》和《畜产品卫生处理法》对废弃物和污物的处理都有严格的限定，随意排放即可视为违法，将受到法律的制裁。韩国政府宣布，低碳绿色是一种新的动态增长的引擎，东京草案有望将从 2013 开始在韩国实施，以降低温室气体的排放。畜禽粪便和食物废弃物将作为肥料或沼气能源的来源。尤其是通过粪尿产生的环保能量为减少温室气体的排放提供了一个解决方案。为此，韩国政府和私营部门共同携手合作，把沼气项目作为公共事业。

在韩国沼气工程自 1979 年起已开始发展，但 13 个沼气厂中大部分容量较小(10～20 t)。这部分沼气厂由于经济价值较低和操作技能的缺乏，电流量低而被关张或停工。政府支持沼气厂的建设而不是发展技术。可再生能源生产的电力仅占韩国总电量的 1%。进行商业运作的沼气厂不是很多。韩国政府和当地企业越来越关注这个项目(Hyun，2010)。政府资金将一些支持试点工厂，这将会导致粪尿生产的沼气量逐步增加。然而，粪便的经济价值较低的现象仍然存在，主要是由于与其他能源相比，沼气能源生产的电价格不高所致。在韩国一个典型的沼气位于 Chang Nyung，成立于 2008 年，由便利生物系统——一家私营公司运行(图 12)。

图 12　韩国 Chang Nyung 沼气厂(Easy Bio System)

2008 年 10 月沼气厂已经开始运作，从粪便和食物废弃物中生产电力。日生产电量计划从 4 800 m^3 的沼气中生产 9 600 kW 电力(见表 6)。2009 年 2 月，该公司已经生产出 785 970 kW 的电量，然后把电力出售给韩国的 KEPCO，在此期间获利 98 582 美元。该公司对每日的产气量做了评估，发现沼气中甲烷的浓度大约为 60%～70%，效率相当高(图 13)。尽管韩国一些少数沼气厂管理非常成功，但缺乏操作技能，技术的局限性仍然存在。而且，因气味问题，人们对粪便处理设施包括沼气厂还抱有错误的偏见。因此，为了减少温室气体和从牲畜肥料中生产能源，人们对生产沼气设施的正面理解以及政府和企业的合作关系是非常必要的。

表 6　韩国 Chang Nyung 沼气厂的产气量和产电量

项目	日产量	月产量	年产量
沼气(m^3)	4 800	144 000	1 728 000
产电量(kW · h)	9 600	288 000	3 504 000

资料来源：Easy Bio System，Korea，2010。

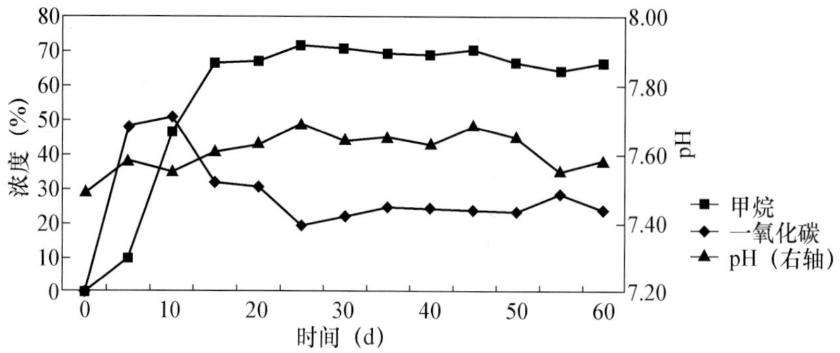

图 13　对甲烷发酵的数据分析(Easy Bio System，Korea，2010)

3　原料奶质量控制与计价体系

3.1　提高原料奶质量的主要技术措施

3.1.1　推广 TMR 技术

注重饲料的开发与研究。由于饲料资源贫乏，多数依靠进口，所以韩国特别重视饲料技术推广和研究。饲养技术主要推广 TMR 饲喂技术，根据奶牛饲料配方，将切短的粗料与精料、以及矿物质、维生素等各种添加剂在饲料搅拌设备内充分混合，制定能够满足牛群需要的营养平衡日粮。从 1986 年开始推广。目前这项技术在韩国养牛业已得到普及。

3.1.2　注重奶牛的育种和改良

20 世纪 60 年代，在引进奶牛的同时，韩国的育种改良协会即开始进行系谱登记、生产性能测定、后裔测定等育种工作，全面掌握奶牛的生产性能。同时育种协会还在全国范围内开展人工授精和胚胎移植技术的推广，这些工作对培育韩国荷斯坦奶牛、提高奶牛单产及其品质发挥了特别重要的作用。由于基础工作好，进入 20 世纪 90 年代，主要依靠本国的黑白花奶牛进行自繁自育。进入新世纪，由于韩国奶业市场已基本饱和，而牛肉市场行情不断上涨，所以韩国育种改良协会把工作重点已转移到肉牛的胚胎移植方面，目前正在尝试用肉牛做供体，奶牛做受体，进行胚胎移植，增加肉牛数量。

3.1.3　提高牛奶品质检测水平

韩国有 12 家政府性的检测机构对奶农上交的原料奶进行检测，其原料奶卫生品质按细菌总数和体细胞数分为 5 个等级，第 1 等级要求接近欧盟国家标准。原料奶收购按质定价，以细菌总数和体细胞数为标准进行分级定价。原料乳每日必须检测的项目抗生素残留也列其中。

韩国还成功研发出"牛奶品质即时分析装置",此装置能在 5～7 s 内分析出原奶的脂肪、蛋白质、糖分等成分,同时也能检测体细胞数和抗生素。它是将现有的牛奶成分分析仪器、体细胞分析仪器、抗生素分析仪器等结合而成的,该装置放弃过去常用的管状试验管测验方式,采用了注射近红外线,以光线检测仪器进行分析的方式。

3.2 提高原料奶质量的主要政策措施

韩国政府于 1969 年制订了"草地法",加快草地建设,奶牛适当向丘陵、半山区分散,把山地奶牛生产基地与都市消费相结合。把挤奶和育成分离,寻找各生产阶段的比较优势,策划奶牛饲养业的专门化,建设具有韩国特色的奶牛饲养经营模式。

20 世纪 60 年代,韩国奶业从零起步,政府开始制定各种法律法规。1969 年,制定了综合乳业开发事业,建立了韩国乳品加工(KDBC)。1971 年发布了第 1 次综合乳业开发计划,1972—1975 年完成了第 1 次综合乳业开发计划;1976 年制定了第 2 次综合乳业开发计划,1976—1978 年执行第 2 次综合乳业开发计划;1978—1980 年发布第 3 次综合乳业开发计划,引进了一些奶牛和贷款,1981 年完成了第 3 次综合乳业开发事业报告书。综合乳业开发的事业由 3 个部分组成:构建生产基础,构建加工设备,扩大乳制品消费,三者之间相互促进。综合乳业开发事业能够达到构建乳品产业的基础,有效利用国土,增加农民收入,促进国民健康的目标。

韩国奶业协会于 2002 年制定了差价的生鲜奶价格收购体系,鼓励提高奶牛的单产水平,降低奶牛饲养头数,优质优价鼓励措施,降低养殖成本,进一步促进了生鲜奶的质量。

3.3 监控原料奶质量的主要方法及惩罚措施

对农户的管理主要是对农户的饲养管理进行指导,并对原料奶的酒精含量、温度、比重等进行检测。对原料奶的运输管理主要是对冷链系统进行管理,包括对奶罐车自动温度、CIP 及记录管理等。对原料奶的质量的检测还包括乳脂含量、细菌总数、体细胞数、抗生素含量等的检测。所有的原料奶要达到最高等级才可以使用。

1990 年开始,采用私人制定的牛奶价格体系,根据牛奶生产成本,变化 5%左右。基础价格咨询韩国乳品协会。2002 年,根据牛奶生产的供需变化,制定了现行的牛奶收购价格体系。总产奶量超过生产者允许的量,采用半价收购。目前,约 90%的生鲜奶按照正常价格收购,10%的按照差价收购。

3.4 原料奶计价体系

韩国乳品企业的运行按照正在运行的以 GMP、SSOP 为基础的 HACCP 和 ISO 基本品质管理程序,生产出的产品不仅符合国内相关法规,更符合国外法规,如 FAO/WHO(CODEX Alimentariux)、AOAC、JAS、PMO 等。目前韩国乳品协会制定的原料奶价格评价体系中包括以下 5 个因素。

3.4.1 牛奶价格影响因素

牛奶的价格包括在基础价格上下浮动,受体细胞数(卫生因素)、细菌数及乳脂率等乳成分指标的影响。实际价格根据乳脂分类等级低价,在此基础上有增有减。由政府指定的第三方检测机构进行乳品质检测和管理。

3.4.2　根据季节和配额调整价格

季节因素不影响原料奶价格。不像欧盟或澳大利亚生产者，韩国奶牛生产者养殖规模较小，因此，生鲜奶产量的季节性弱。但是，友好的配额系统，也称作分化的价格体系，是必须要执行的。根据此系统，根据原料奶测定结果制定配额内牛奶的单位收购价格。超过配额的限制，实行低价收购。

3.4.3　卫生因素

卫生等级评定根据细菌数和体细胞数进行，分为 5 级。第 1 级的质量和欧盟国家的无差异。

3.4.4　牛奶质量

第 1 级原料奶要低于细菌数基数的 98%（低于 100 000 个/mL）和体细胞数（低于 200 000 个/mL）的 58%，显示了韩国生鲜奶质量和欧盟国家的标准一致。

2009 年原料奶细菌平均数为 20 000 个/mL，体细胞数为 20 400 个/mL，平均乳脂率为 4.01%。

3.4.5　未来需要考虑

根据消费者的口感，非脂固形物需要作为价格的因素，从目前的乳脂率为核心的价格体系中进行调整。

4　科技推广体系

4.1　主要研究与推广机构

韩国农业技术研究和推广工作由农村振兴厅具体负责，设有计划和管理办公室、研究管理局、技术支援局、农场管理信息办公室、审计检查办公室、通讯与媒体中心、日常事务科，在各地设有 6 个国家级粮食、园艺、畜牧、农业机械研究试验场。其中，科研管理局具体负责农业科研工作，下设农业科学技术院、作物科学院、农业工学研究所和园艺研究所等部门。技术支援局具体负责农业技术推广普及工作，下设支援企划科、生活改善科、亲环境技术科和园艺畜产科，9 个道政府均设有农业技术院，实行院长负责制，一般下设实验研究部、技术普及部和多个区域作物试验场，试验研究部由作物研究科、园艺研究科、农业环境科组成；技术普及部由农业振兴科、环境技术科和生活技术科组成。各道根据当地农作物种植情况，分别设有相应的作物试验站，如忠清北道设有沃川葡萄试验场、丹阳大蒜试验场和阴城设施农业试验场等，9 个道共有各种农业实验场所 35 个。157 个市、郡均设有农业技术中心，技术普及科分为粮食作物组和经济作物组，负责当地的农业技术普及和推广工作。

韩国的农业技术研究推广体系共有 1 万余人，全部为政府公职人员，其中研究人员 1 886 名，占 19%，推广人员 5 032 名，占 50%，管理人员 3 092 名，占 31%，中央和各级地方政府亲农思想十分浓厚，从韩国弄讯振兴厅到各道农业技术院及大多市郡农技中心均设有农业生产宣传将于陈列馆，向国民宣传农业生产的历史、现状和未来，灌输以农为本的思想。为保证农业科研和推广工作的正常运转与持续发展，在确保公职人员工资、津贴的前提下，中央和地方政府对农业技术研究和推广实行项目管理，经费较为充足，如 2004 年技术支援局亲环境技术科列入国家财政预算的项目和事业经费达 346.66 亿韩元，忠清北道青州市农技中心 2004 年获得韩国农村振兴厅、当地政府拨给的项目和事业经费达 100 亿韩元。

4.2　运作模式

韩国的农业推广与农业科研、农民教育紧密结合，三位一体，自下而上形成完整的国家、道、市郡农业科研、推广、教育体系,以科技报国、农业指导、发展生产力和提高农民生活水平为宗旨,实现了农业技术快速普及和应用,推动了农业生产的健康、持续发展。

韩国是一个新兴工业化强国,农业产值在整个国民经济总产值中比重仅占 7.7%,但由于政府重视,通过国家政策保护和财政扶持,加强农业科学技术研究和推广,以农民教育为基础服务,以高投入为保障,以高新科技为引导,立足本国、面向世界,大力发展高效设施农业、环保农业、信息农业和质量品牌农业,不断提升农产品的品质和国际竞争力。

在乳品加工方面,韩国以其雄厚的经济实力作支撑,在加工设备、检测设备、生产工艺、新产品研发、质量保证产品国际市场竞争力等方面,都具有一定的优势和扎实的基础。特别在发酵乳、添加 DHA 和胆碱的高端婴幼儿奶粉、可食性纤维减肥牛奶等具备提高免疫力和保健功能强的产品开发方面,已走在世界的前列并达到了先进国家的标准。

韩国奶业在近些年的发展中,形成了一套较为完善的乳制品质量管理体系。首先,对农户的饲养管理进行指导,并对原料奶的酒精含量、温度、比重等进行检测。对冷链系统进行管理,包括对奶罐车自动温度、CIP 及记录管理等。对原料奶的乳脂含量、细菌总数、体细胞数、抗生素含量等进行检测,所有的原料奶要达标才可以使用。其次,从工厂生产到入库过程的进行全程管理,确保所供应原材料的品质。对生产中使用的产品工艺及检查重点进行选择和管理,从而构建完善的品质管理体系。工程管理由自主检查和循环抽查两部分组成。再次,对最终产品进行抽样调查,利用最新的分析设备对产品的微量成分、危害成分等进行综合品质监察,从而确保其质量。分析的项目包括残留农药、GMO 等 100 多个项目。加工过程的质量控制,从杀菌到包装到出货全部采用自动化的技术,并采用最高水平的安全管理系统,以确保其安全性。

韩国乳业在 1961 年至今的 50 年中,克服了自然条件的不足,取得了长足的发展,为本国人民提供了丰富的奶制品。随着韩国国内市场的开放,乳制品进口政策的放宽,其也面临着来自国际乳业巨头的竞争。同为亚洲国家,我国的乳业发展与韩国乳业的发展,有着许多许多相似之处,韩国乳业发展为我们提供了许多可借鉴的经验和教训。

5 促进奶业发展的主要政策

5.1 促进奶业生产政策

韩国的奶业,起步于 20 世纪 60 年代初,并得到了政府强有力的支持。

1962 年韩国制定了"综合奶业开发计划"。从 1971 年至 80 年代中期,韩国政府贯彻执行综合奶业发展计划。该计划旨在通过给予农场主资金的支持扩大生产和建立奶业加工系统。政府的支持也包括各种高关税、税率配额和国内的支持措施。以高于竞争的市场价从农场主购买原料奶,以保证奶牛生产商净盈利。从 90 年代末期开始,基于价格保护的措施有了一些变化,政府在管理国内奶业政策、引进正式的市场配额、降低高于配额产品的价格等方面的作用有所转变,但政府制定价格体系在本质上没有明显的改变。综合乳业发展计划的总事业期是 12 年,共投入资金 3 300 万美元,引进约 2 万头奶牛,该计划的执行建立了韩国乳业发展的基础,提高了产品的质量,增加了农户的收入。

除了高关税和高关税配额外,政府也提供了各种家畜支持措施,最重要的是,政府规定:以特殊的价格定量配给各种饲料;从农场主购买的原料奶价格高于市场竞争价,收购价参考生产成本制定,保证了农场主的净盈利。1999 年成立奶业行业委员会,政府给予奶业委员会财政补贴策,奶业委员会代表生产者把剩余的液态奶通过招标或签订合同以低于保护价出售给奶加工商以生产黄油和奶粉等。在实行定额制度的第一年,政府财政补贴高达 1.18 亿美元,随后逐渐降低。随着财政负担的加重,2002 年底,奶业委员会开始试实行双重价格政策,超过政府规定生产量(根据前一年度规定)的原奶,以低于政府制定的基准价收购。2008 年原奶成本价是每升 585 韩元,基准收购价是每升 722 韩元,超过定额的原奶价格仅为基准价的 50%。

目前 2002 年制定的原奶收购政策仍在实行，90%的原奶以正常价收购，只有 10%的奶区别计价。

2005—2007 年，由于液态奶消费的负增长，政府出台了抑制过度生产的政策，韩国乳生产下降，此后缓慢增长。预测 2011/2012 年生产年增长率 1.7%，至 1.8 百万 t，奶酪产品的增长率为 5.9%。韩国消费的奶酪大约有 2/3 是进口的。2012 奶酪消费量将增至 12.74 万 t，2016 年将高达 17.02 万 t。从 2011—2016 年，预测液态奶消费最终增长 7.6%，至 190 百万 t。韩国的低出生率导致奶粉的消费量降低。

为了应对与欧盟的自由贸易协定，繁荣韩国的奶业，农业部发行了一系列支持措施以保证生鲜奶的生产每年超过 200 万 t。政府将从每年预算中拿出 26.45 百万美元(300 亿韩元)从农场主购买牛奶以稳定价格，其中一部分奶将用于扩大免费的学生奶计划。政府还将计划年预算的 11.13 百万美元(126 亿韩元)帮助农场主设施现代化。新的生鲜奶价格将每升提高 130 韩元，即从现在的 704 韩元提高至 834 韩元。除了价格支持机制外，政府正致力于改革分配牛奶生产的定额方法，这将有助于防止过量生产。

为了防止自然灾害对农场收入造成的影响，继 2001 年政府对苹果和梨推行作物保险机制后，2002 年对牛、猪、鸡、马四种家畜也实行了家畜保险机制以避免疾病暴发和自然灾害对农场主收入造成的影响，2006 年保险范围扩大到 9 种畜禽(鹿、鸭、雉、鹌鹑和火鸡)。个人承担的保险费由 2002 年的 41%降至 2006 年的 31%。

5.2 促进奶业加工政策

1997 年引入危害分析关键控制点(Hazard Analysis Critical Control Point)系统，目前已广泛应用于家畜和奶业，以保证食品安全。目前有 12 家政府原奶检测机构，每日检测抗生素，每月检测 2 次体细胞数并对乳脂进行分类。

2009 年有 21 个乳品公司，目前(2012)有 45 家企业运营，主要产品有鲜奶、发酵奶、奶酪和奶粉。2010 年，76%的原料奶饮用，仅 34%的原料奶用于加工市场，政府对奶业加工的支持较少。

5.3 促进奶业贸易政策

韩国的贸易政策集中在加工的奶产品上。直到 1994 年，韩国仍然对大多数奶制品保持着严格的进口配额。随着乌拉圭一轮世贸组织协议(With the Uruguay Round WTO agreement)，韩国逐渐开放了奶业市场，在最低限度存取配额下，实行相对低的配额关税率(tariff rate quotas，TRQ)和很高的超配额关税率。进出口由加入世贸组织前的国内总消费的 4%～9%急剧增加到 1996 年的 19%。当时进口增长较慢(到 2002 年达到国内总消费的 21%)。快速增长的进口产品有奶酪和配方婴儿奶粉。从 1995 年，奶酪进口年增长率为 19%。到 2004 年奶酪进口占总乳品进口值的 40%。

所有进口奶制品实行单一关税税率或双重关税税率配额系统。在第一个乌拉圭一轮世贸组织协议 10 年执行期(1994—2005 年)，超配额关税税率逐年降低，但是较低的配额关税没有降低。不同产品税率变化很大，例如，全脂奶粉配额紧张，税率为 40%，而超配额关税适用 176%(2004)，但是黄油的超配额关税为 89%。另一方面，配方黄油(大约 70%乳脂)为 8%单一税率，进口奶酪为 36%的单一税率。

韩国在发展多边和双边自由贸易协定方面并不像其他国家一样积极。韩国的第一个双边自由贸易协定是和智利签订的，于 2004 年 4 月 1 日生效。

5.4 促进奶业消费政策

在韩国，传统的饮食中并不包括乳制品。随着人们收入的增加和西方文化的影响，更加偏爱西方风格食品的年轻人越来越多。1980 年，政府在学校开始实施财政支持以刺激消费，1982 年在军队中推行。学生奶计划占年度液态奶总消费量的 13%，直至 2003 年的这 20 年中，这种需求对牛奶的生产和消费起到重要的作用。从1975—2002年,牛奶的消费得到了快速增长,乳制品的总消费量增加了将近20倍,从16.2万t增至3.06百万t(原料奶量)。由于人们对健康和肥胖的关注,更加偏爱低脂奶产品如脱脂乳。同时政府也大力鼓励宣传,乳制品是有益健康的日常饮食。

2006年初,奶农合作社成立了奶业自我发展基金协会(Association of Self-Dependence Fund for Dairy, ASDFD),旨在通过电视、电台和其他广告媒体促进牛奶消费。生产者每生产1 L奶缴纳2韩元,作为基金来源,同时政府匹配相同金额。

6 值得借鉴的主要经验

6.1 经营模式方面的经验

养殖规模适度,注重提高单产,降低生产成本。韩国奶业自1970年进入了一个快速发展时期,奶牛数量快速增长至20世纪90年代初,之后奶牛的单产以每年2%的速度增加。到2005年,人均原料奶消费量由原来的1.4 kg增长到62.7 kg。在这个过程中,奶牛总头数2000年达到高峰后因牛奶生产过剩压缩稳定到目前的50万头左右;饲养户数1990年达到高峰后由于推行规模化养殖由3.3万户调整到2012年的6 007户,几乎比2000年减少了50%多;养殖户减少的同时,规模较大养殖户的数量有所增加。每个饲养户的平均奶牛头数由1970年户均7.6头增至2012年的70头。每头牛的年产奶量直线上升,从1970年的4 024 kg攀升到2011年的10 048 kg。总体呈现养殖规模适度发展,单产水平不断提高。

6.2 科技创新方面的经验

注重奶牛的育种和改良,增加良种奶牛数量,提高奶牛的总体效益。在20世纪60年代引进奶牛的同时,韩国的育种改良协会即开始进行系谱登记、DHI、人工授精技术的推广,制定配种计划、引进奶牛遗传资源的确认、后裔测定等工作,全面掌握引进奶牛的生产性能。从90年代开始,除奶牛育种工作的需要外,不再从国外大批进口奶牛,主要依靠本国的黑白花奶牛进行自繁自育。

注重饲料的开发和研究。由于韩国饲料资源的匮乏,非常注重饲料技术推广和研究。从1986年开始即推广TMR饲喂技术。韩国还非常注重奶牛饲料添加剂的研究和开发。

6.3 产业政策方面的经验

通过"学生奶计划"的发展和推广,提高鲜奶消费量。韩国发展学生奶始于1970年,当时以促进奶业发展、解决牛奶过剩问题为目的,后来发展到促进奶业发展和提高青少年营养健康水平为目的。最初只在首都周边的初级学校供应,于1986年扩大实施到中、高等学校。据2003年统计,韩国中小学生总数为779.2万人,饮奶学生数占50.09%;高等学校174.6万人,饮奶人数26.4万人,占15.1%。

严格实行养殖场建设审批制度,使奶牛养殖数量相对稳定。20世纪90年代,韩国奶牛业已经逐渐步入规模化发展阶段,全国奶牛饲养户平均饲养头数达46头,多数饲养规模在100头以下。韩国政府鼓励中小型畜禽养殖场的发展,限制养殖规模的扩大。鼓励在远离城市、人口密度低的农村发展规模化养殖,并给予一定的经济补助。

资金支持和生产补贴。政府对奶牛场扩大生产提供贷款和鲜奶销售的补贴,政府和养殖户共同投入,促进了奶业稳定持续发展。

严格执行"零排放"政策,保证畜牧业持续健康发展。为了构建粪便处理系统的设施及设备,1991—2005年间,提供给畜禽农场主1万亿韩元(10亿美元)多。在政府的资助下,到2002年,98%的畜禽农场主都配备了粪便处理系统。在韩国,所有畜禽养殖场绝对不可以向周围环境排放废水和废渣,十分注重畜牧业环保问题,对废弃物和污物的处理有严格的规定。2004 年,制定了有效管理和利用粪便的综合计划。

6.4 其他方面的经验

成立奶农协会,对农户和乳品加工商进行管理,并提供切实有效的技术指导。韩国的奶农协会作为原奶供应商和乳品加工商的纽带,负责以合理的价格收购原奶并向奶农发放补贴,然后将原奶出售给乳品加工商,保证了乳品市场的有序稳定发展,能更有效的代替政府监管乳品市场。

招募年轻的农场主,提升专业化水平。从 1984 年开始,政府每年给经过挑选的低于 35 岁以下的年轻人提供特殊的贷款,对牛场规模的扩大和新设备购买给予经济支持,并指定有经验的农场主、专家和教授为其监护人。通过提高从业人员准入门槛,给予技术指导和资金使用监管,使新技术在奶牛业中得到广泛推广应用,从而更快的提升奶牛养殖效益。

增强政府和企业的国家使命感。政府和企业之间相互信任,共同努力,互惠互利,促进奶业发展(图 15)。

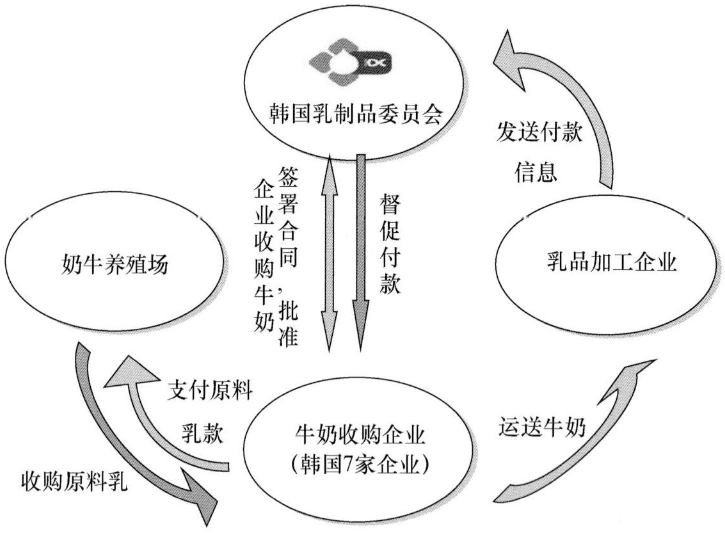

图 14 政府、企业、牧场组织关系图

参考文献

[1]刘太宇,史素荣,殷国良.韩国的奶牛业.中国奶牛,2000(1):51−53

[2]殷成文.韩国奶业进入稳定期.中国牧业通讯,2004(12):18−19

[3]王建强,孔丽萍.韩国农技推广体系的现状及启示,世界农业,2005(2):33−35

[4]林永俊.韩国乳制品的发展现状.中国乳业,2006(7):6−7

[5]Choi J. K. ,Kim B. W. ,and Shin J. S. Effects of alcohol-fermented feedstuff on the feed intake,feed efficiency,milk quality and profitability of Holstein cows. J. Anim. Sci. Vol. 86,E-Suppl. 2/J. Dairy Sci. Vol. 91,E-Suppl. 1 W220

[6]Fuentes-Pila,J. ,Ibanez,M. ,De Miguel,J. M. ,Beede,D. K. Predicting average feed intake of lactating Holstein cows fed totally mixed rations. J. Dairy Sci. 2003,86(1):309−323

[7]Guk Hyun Suh,Jeong Chi Lee,Chai Yong Lee,Tai Young Hur,Dong Soo Son,Byeong Seog Ahn,

Nam Chul Kim, Chung Gil Lee . National Livestock Research Institute, Rural Development Administration, Cheonan 330-800, Korea

[8]Hachung Yoona, Oun-Kyong Moona, Moon Herb, Tim E. Carpenterc, Youn-Ju Kima, Sukchan Jungb, Sang-Jin Leea . Short communication

[9]IETS 2011 Statistics and Data Retrieval Committee Report: The year 2010 worldwide statistics of embryo transfer in domestic farm animals. Prepared by Brad Stroud, DVM-Chairperson

[10]Jung J. K.. Animal agriculture in Korea. Ministry of Agriculture & Forestry (MAF): National Livestock Cooperative Federation (NLCF): World Association for Animal Production (WAAP), 1998

[11]Khan M. A. , Lee H. J. , Lee W. S. , Kim H. S. , Kim S. B, Ki . K. S. , Ha J. K. , Lee H. G, Choi Y. J. Pre-and postweaning performance of Holstein female calves fed milk through step-down and conventional methods . J. Dairy Sci. , 2007, 90: 876-885

[12]Khan MA, Lee HJ, Lee WS, Kim HS, Ki KS, Hur TY, Suh GH, Kang SJ, Choi YJ. Structural growth, rumen development, and metabolic and immune responses of Holstein male calves fed milk through step-down and conventional methods, J. Dairy Sci. 2007, 90(7): 3376-3387

[13]Khan MA, Lee HJ, Lee WS, Kim HS, Kim SB, Ki KS, Park SJ, Ha JK, Choi YJ. Starch source evaluation in calf starter: I. Feed consumption, body weight gain, structural growth, and blood metabolites in Holstein calves. J Dairy Sci. 2007, 90(11): 5259-5268

[14]Livestock in korea, National Livestock Cooperative Federation (NLCF): World Association for Animal Production (WAAP). 1998, 22-55

[15]Man K. Song, Xiang Z. Li, Young K. Oh. Ha Chang-kyu Lee and Y. Hyun. Control of Methane Emission in Ruminants and Industrial Application of Biogas from Livestock Manure in Korea. Asian-Aust. J. Anim. Sci. 2011, 24(1): 130-136

[16]Moon, Y. H. Lee S. C. , Lee S. S. Effects of Neutral Detergent Fiber Concentration and Particle Size of the Diet on Chewing Activities of Dairy Cows. Asian-Aust. J. Anim. Sci. 2004. 17(11): 1535-1540

[17]Myung K. H. Effect of recombinant bovine somatotropin on milk production and milk composition in dairy cows. Asian-Aust. J. Anim. Sci. , 1990, 3(3)247-252

[18]Rim J. S, Lee S. R. , Cho Y. S. , Kim E. J. Kim J. S. , Ha J K. Prediction of Dry Matter Intake in Lactating Holstein Dairy Cows Offered High Levels of Concentrate. Asian-Aust. J. Anim. Sci. , 2008, 21(5) 677-684

[19]Sook Hee Yoon. Kwang-Nyeong Lee. Jong-Hyeon Park. Heebal Kim Arch Virol (2011) 156: 817-826 DOI 10.1007/s00705-011-0921-3

[20]SOUTH KOREA AGRIBUSINESS REPORT(Q1 2013)INCLUDES 5-YEAR FORECASTS TO 2017, Part of BMI's Industry Report & Forecasts Series. Published by: Business Monitor International

[21]SOUTH KOREA AGRIBUSINESS REPORT Q4 2012 INCLUDES 5-YEAR FORECASTS TO 2016. Part of BMI's Industry Report & Forecasts Series. Published by: Business Monitor International

[22]Yoon J. T. , Lee J. H. , Kim C. K. , Chung Y. C. and Kim C. H. Effects of milk production, season, parity and lactation period on variations of milk urea nitrogen concentration and milk components of Holstein dairy cows. Asian-Aust. J. Anim. Sci. 2004, 17(4): 479-484

[23]Yoona H. , S. -H. Weea, M. A. Stevensonb, B. D. O'Learyb, R. S. Morrisb, I. -J. Hwanga, C. -K. Parka, M. W. Sternb Veterinary Epidemiology Division, 480 Anyang 6-dong, Anyang, Gyeonggi-do 430-824, Republic of Korea

执笔　河北农业大学：李建国　高艳霞　冯志华　崔亚利　薛　倩

附　表

附表 1　奶牛头数、单产水平和总产奶量(1961—2011)

年度	奶牛头数(头)	总产奶量(万 t)	平均单产(kg/每头)
1961	900 *	0.154 3	1 714.4
1962	1 300*	0.328 4	2 526.2
1963	2 400*	0.468 2	1 950.8
1964	3 000	0.857 7	2 859.0
1965	3 433	1.074 0	3 128.5
1966	5 457	1.460 0	2 675.5
1967	6 515	1.918 8	2 945.2
1968	8 272	2.436 0	2 944.9
1969	11 032	3.547 0	3 215.2
1970	12 892	5.188 5	4 024.6
1971	17 257	6.530 7	3 784.4
1972	20 342	7.985 2	3 925.5
1973	28 977	10.408 2	3 591.9
1974	38 886	12.690 1	3 263.4
1975	45 402	16.033 8	3 531.5
1976	50 166	19.733 4	3 933.6
1977	61 329	26.057 4	4 248.8
1978	75 843	32.086 7	4 230.7
1979	88 905	38.073 0	4 282.4
1980	114 337	45.232 8	3 956.1
1981	111 821	51.287 7	4 586.6
1982	134 365	57.623 8	4 288.6
1983	159 818	71.220 7	4 456.4
1984	196 205	84.054 4	4 284.0
1985	230 620	100.610 0	4 362.6
1986	248 930	115.446 0	4 637.7
1987	266 546	141.313 0	5 301.6
1988	276 183	163.190 0	5 908.8
1989	298 417	176.180 0	5 903.8
1990	291 603	175.176 0	6 007.3
1991	294 006	174.100 0	5 921.6
1992	301 913	181.612 0	6 015.4
1993	320 000	185.787 0	5 805.8
1994	316 000	191.740 0	6 067.7
1995	318 000	199.845 0	6 284.4
1996	316 000	203.374 0	6 435.9
1997	281 109	198.402 0	7 057.8
1998	280 983	202.700 0	7 214.0
1999	305 980	224.394 0	7 333.6
2000	255 053	225.280 0	8 832.7

续表

年度	奶牛头数(头)	总产奶量(万 t)	平均单产(kg/每头)
2001	258 040	233.886 0	9 063.9
2002	252 253	253.700 0	10 057.4
2003	241 000	236.600 0	9 817.4
2004	236 511	225.500 0	9 534.4
2005	227 111	222.882 0	9 813.8
2006	220 170	218.400 0	9 919.6
2007	237 000	218.800 0	9 232.1
2008	232 000	220.000 0	9 482.8
2009	227 000	222.200 0	9 788.5
2010	204 000	210.300 0*	10 161.8
2011	186 000	186.900 0	10 048.4

来源：http://faostat.fao.org。

附表 2 主要乳制品产量(1961—2011) t

年度	奶油和奶酪	炼乳	全脂奶粉	脱脂奶粉和干乳酪
1961	18	200		45
1962	18	400		45
1963	35	400		90
1964	70	400		190
1965	105	600		280
1966	158	800		420
1967	263	802		701
1968	490	930		1 311
1969	840	1 328		2 271
1970	1 474	1 000		4 000
1971	1 855	1 000		5 000
1972	1 855	2 000		5 000
1973	2 223	1 000		6 000
1974	3 273	1 558		8 859
1975	4 064	1 880		12 137
1976	5 781	2 030		13 785
1977	7 076	1 630		18 238
1978	7 695	1 117	3 863	19 168
1979	7 383	1 655	5 507	24 823
1980	8 323	2 002	10 105	30 063
1981	11 633	1 551	6 614	20 561
1982	13 501	1 639	6 738	23 487
1983	16 365	2 000	6 510	26 500
1984	17 762	3 200	10 420	27 210
1985	20 560	3 500	10 000	30 716
1986	28 981	3 000	12 000	26 524
1987	34 574	2 441	11 636	35 601
1988	42 922	2 048	9 583	35 611
1989	38 309	2 317	15 816	39 252

续表

年度	奶油和奶酪	炼乳	全脂奶粉	脱脂奶粉和干乳酪
1990	43 532	3 448	8 551	39 181
1991	44 733	3 982	4 136	39 180
1992	47 117	3 069	4 000	38 717
1993	47 390	2 855	4 000	40 946
1994	50 949	3 295	3 000	36 149
1995	53 778	2 937	4 000	40 850
1996	51 653	5 582	5 000	45 435
1997	53 498	4 459	4 000	40 589
1998	48 948	4 400	5 000	43 796
1999	53 117	3 228	4 000	40 266
2000	54 506	4 130	5 000	46 653
2001	56 715	4 122	5 000	45 562
2002	55 178	4 100	5 000	45 576
2003	59 640	4 300	4 000	38 518
2004	60 137	4 200	4 000	40 938
2005	57 750	4 200	5 000	43 260
2006	57 740	4 200	4 000	37 534
2007	56 158	4 200	5 000	42 490
2008	56 023	4 200	5 000	42 055
2009	56 882	4 200	4 000	34 107
2010	59 007	4 200	4 000	31 484
2011	59 007	4 200	4 000	31 484

来源：http://faostat.fao.org。

附表 3　主要乳制品进出口贸易量(1961—2011)　t

年度	进口数量					出口数量				
	奶油	干酪乳	鲜乳	脱脂奶粉	全脂奶粉	奶油	干酪乳	鲜乳	脱脂奶粉	全脂奶粉
1961	0	0	1	800	0	0	0	0	0	0
1962	0	65	9	4 730	0	0	0	0	0	0
1963	3	3	34	10 480	0	0	0	0	0	0
1964	88	7	312	6 585	0	0	0	0	0	0
1965	109	5	0	7 820	0	0	0	0	0	0
1966	5	6	0	4 644	0	0	0	0	0	0
1967	16	26	0	888	0	0	0	0	0	0
1968	106	17	2	6 130	2 915	0	0	0	0	0
1969	161	15	1	11 442	341	0	0	0	0	0
1970	29	14	1	5 993	335	0	0	0	0	0
1971	7	15	1	7 445	663	0	0	0	0	0
1972	10	17	653	6 107	439	0	0	0	0	0
1973	0	25	23	971	39	0	0	0	0	0
1974	0	25	21	1 688	55	0	0	0	0	0
1975	6	29	0	1 129	92	50	0	0	0	0
1976	8	19	0	1 456	150	0	0	0	0	0
1977	26	34	0	211	145	0	1	0	0	0

续表

年度	进口数量					出口数量				
	奶油	干酪乳	鲜乳	脱脂奶粉	全脂奶粉	奶油	干酪乳	鲜乳	脱脂奶粉	全脂奶粉
1978	34	40	0	542	497	0	0	0	28	5
1979	50	59	0	178	2 190	0	0	0	1	5
1980	32	51	0	416	888	0	39	0	3	0
1981	26	49	0	305	859	0	28	0	84	1
1982	66	62	0	1 563	2 104	0	20	0	53	0
1983	39	65	0	3 024	1 512	0	0	0	84	0
1984	33	67	0	4 562	3 018	1	0	0	70	0
1985	34	92	0	3 027	207	3	0	0	71	2 030
1986	32	113	0	376	121	14	8	0	19	0
1987	44	151	0	547	205	25	4	4	80	1
1988	155	124	0	702	304	15	0	0	8	41
1989	486	131	0	566	227	44	0	0	38	0
1990	110	122	0	595	84	0	2	0	1	0
1991	2 508	121	0	12 944	4 156	1	0	7	1	1
1992	371	200	0	7 950	880	0	0	0	0	0
1993	514	265	691	12 660	2 183	0	2	0	0	0
1994	515	3 121	9 552	10 254	1 327	0	2	30	7	27
1995	498	11 074	9 907	7 044	532	18	84	117	92	336
1996	535	15 023	6 191	1 397	221	10	149	584	63	47
1997	1 153	19 199	8 259	1 927	441	2	96	16	74	28
1998	499	13 263	3 259	2 648	194	7	0	59	217	146
1999	896	21 285	5 164	2 842	461	6	56	1	12	4
2000	947	30 535	3 060	3 004	692	0	708	76	371	10
2001	1 094	34 453	398	5 156	1 642	28	706	21	31	3
2002	1 081	31 983	1 620	4 150	1 074	13	546	24	28	1
2003	1 380	35 782	2 034	4 552	1 660	4	698	6	2	0
2004	4 055	41 351	6 002	4 388	1 512	0	293	83	1	14
2005	5 047	44 033	3 819	6 147	1 743	0	388	31	69	0
2006	3 206	44 033	2 160	6 711	1 992	21	510	0	114	6
2007	4 096	49 471	2 602	4 928	1 136	4	73	9	140	20
2008	3 092	47 384	1 691	4 915	1 261	0	110	348	269	12
2009	5 092	49 025	8 086	9 638	1 159	0	130	1 716	469	2
2010	6 396	60 967	7 584	7 875	1 357	0	81	204	1043	2
2011	8 579	76 221	19 495	33 503	5284	1	80	305	5	15

来源：http://faostat.fao.org。

附表 4 主要乳制品进出口贸易额(1961—2011)

美元

年度	主要进口额					主要出口额				
	奶油	干酪乳	鲜乳	脱脂奶粉	全脂奶粉	奶油	干酪乳	鲜乳	脱脂奶粉	全脂奶粉
1961	0	0	1	724	0	0	0	0	0	0
1962	0	18	7	2 011	0	0	0	0	0	0
1963	4	2	104	2 765	0	0	0	0	0	0
1964	68	8	85	1 605	0	0	0	0	0	0

续表

年度	主要进口额					主要出口额				
	奶油	干酪乳	鲜乳	脱脂奶粉	全脂奶粉	奶油	干酪乳	鲜乳	脱脂奶粉	全脂奶粉
1965	53	6	0	3 048	0	0	0	0	0	0
1966	7	8	0	2 095	0	0	0	0	0	0
1967	25	18	0	462	0	0	0	0	0	0
1968	156	22	1	2 518	4 117	0	0	0	0	0
1969	214	26	4	3 202	196	0	0	0	0	0
1970	41	24	1	6 417	228	0	0	0	0	0
1971	12	34	0	7 972	379*	0	0	0	0	0
1972	17	32	215	3 250	251	0	0	0	0	0
1973	0	57	45	572	60	0	0	0	0	0
1974	0	57	34	1 222	116	0	0	0	0	0
1975	11	80	0	1 306	131	31	0	0	0	0
1976	14	57	0	1 316	140	0	0	0	0	0
1977	60	110	0	209	267	0	5	0	0	2
1978	90	139	0	406	929	0	0	0	174	39
1979	117	207	0	186	2 026	0	0	0	10	35
1980	86	209	0	425	1 888	0	46	0	13	1
1981	131	217	0	491	2 123	0	38	0	200	7
1982	268	309	0	1 725	4 000	0	10	0	128	0
1983	162	295	0	2 757	2 480	0	0	0	457	0
1984	107	315	0	3 460	3 716	2	0	0	342	0
1985	121	435	0	2 205	463	10	0	0	315	1 548
1986	86	490	0	286	221	40	66	0	112	0
1987	107	598	0	507	306	71	28	4	356	7
1988	352	786	0	1 074	531	25	0	0	51	69
1989	1 008	606	0	1 224	415	59	0	0	90	0
1990	314	785	0	1 077	156	0	27	0	3	0
1991	4 266	709	0	17 452	5 967	2	0	14	2	4
1992	795	957	0	13 256	1 492	0	0	0	0*	0*
1993	1 050	1 278	792	22 016	3 621	0	9	0	0	0
1994	1 079	8 563	9 155	15 482	2 224	0	7	34	23	94
1995	1 146	33 943	11 605	14 860	1 194	42	303	172	127	483
1996	1 487	50 471	8 478	2 896	521	20	504	798	136	81
1997	2 297	59 545	9 258	3 897	850	10	378	11	132	47
1998	1 213	35 905	4 365	4 243	369	38	0	36	395	260
1999	1 965	55 157	6 277	4 247	728	8	206	2	22	42
2000	1 997	70 638	3 552	4 939	1 309	0	2 145	70	523	52
2001	2 196	88 057	398	11 291	3 478	22	2 193	64	53	9
2002	2 230	85 124	1 647	6 926	1 749	69	1 710	69	84	2
2003	3 003	93 829	2 116	7 845	2 972	3	2 089	7	3	0*
2004	8 774	120 197	7 527	8 720	3 190	0	1 117	71	3	16
2005	12 807	143 572	5 725	14 568	4 342	0	1 659	27	143	0*
2006	8 346	146 261	3 154	15 374	4 784	48	1 161	0	454	12
2007	11 298	178 993	3 888	17 334	3 366	20	431	18	773	70
2008	13 390	238 877	3 605	19 629	5 955	0	508	422	1 886	44

续表

年度	主要进口额					主要出口额				
	奶油	干酪乳	鲜乳	脱脂奶粉	全脂奶粉	奶油	干酪乳	鲜乳	脱脂奶粉	全脂奶粉
2009	13 271	189 918	13 339	23 187	3 533	1	611	2 128	3 323	10
2010	2 4402	258 735	16 912	24 344	4 409	0	475	639	7 715	7
2011	37 487	322 136	55 519	111 081	20 610	14	567	559	26	174

来源：http://faostat.fao.org。

附表 5　人均奶制品日消费量　kg/(人·d)

年度	黄油，酥油食品供应量	奶酪食品供应量	奶油食品供应量	脱脂牛奶食品供应量	牛奶全脂食品供应量
1961	0	0	0	0.6	0.3
1962	0	0	0	2	0.4
1963	0	0	0	3.8	0.3
1964	0	0	0	2.4	0.4
1965	0	0	0	2.8	0.4
1966	0	0	0	1.9	0.4
1967	0	0	0	0.9	0.5
1968	0	0	0	3.2	1.1
1969	0	0	0	4.3	0.5
1970	0	0	0	3.1	0.5
1971	0.1	0	0	3.9	0.7
1972	0.1	0	0	3.8	1
1973	0.1	0	0	3	1.2
1974	0.1	0	0	3.6	1
1975	0.1	0	0	4.2	1.3
1976	0.2	0	0	5.1	0.9
1977	0.2	0	0	6.2	1.6
1978	0.2	0	0	7.8	2.8
1979	0.2	0	0	9.6	5
1980	0.2	0	0	10.9	5.8
1981	0.3	0	0	9.1	4.7
1982	0.3	0	0	10.7	5.2
1983	0.4	0	0	13	6.3
1984	0.4	0	0	15.9	8.7
1985	0.5	0	0	16.9	9.4
1986	0.7	0	0	13.4	7.5
1987	0.8	0	0	17.3	9.6
1988	1	0	0	16.6	8.9
1989	0.9	0	0	23	14.9
1990	1	0	0	19.3	11.1
1991	1.1	0	0	21.4	10.7
1992	1.1	0	0	19.7	10.2
1993	1.1	0	0	21.9	11.1
1994	1.1	0.1	0.2	19.6	9.9
1995	1.2	0.2	0.2	20.7	9.6

续表

年度	黄油，酥油食品供应量	奶酪食品供应量	奶油食品供应量	脱脂牛奶食品供应量	牛奶全脂食品供应量
1996	1.1	0.3	0.1	23	11.7
1997	1.2	0.4	0.2	20.4	9.4
1998	1.1	0.3	0.1	23.9	13
1999	1.2	0.5	0.1	26.4	15
2000	1.2	0.6	0.1	28	14.3
2001	1.2	0.7	0	29.3	14.8
2002	1.2	0.7	0	33.7	19.8
2003	1.3	0.7	0	26.6	13.4
2004	1.4	0.9	0.1	25.1	10.7
2005	1.3	0.9	0.1	27	11.6
2006	1.3	0.9	0	24.9	10.7
2007	1.3	1	0.1	27.2	11.5
2008	1.2	1	0	27.1	12
2009	1.4	1	0.2	21.9	7.3

来源：http://faostat.fao.org。

日本奶业发展报告

摘要:20世纪60年代后,随着日本经济快速增长和人民生活水平的不断提高,加之饮食习惯的西洋化及多样化,日本国内对牛奶和乳制品需求量不断扩大。在市场需求拉动下,奶牛产业逐步得到发展壮大。奶牛单产水平以及乳品质量在不断提高,这体现了日本奶牛饲养在各个环节上科技水平的不断提高。经过半个多世纪的努力,如今日本已经进入奶业发达国家的行列。

本报告共分6个部分,分别阐述了日本奶业的发展历程及各主要环节。第一部分介绍了日本地理位置、气候、水文、社会经济等概况。在此基础上,阐述和分析近50年来日本奶业发生的具体变化情况,包括奶牛饲养方式、养殖规模、养殖模式等变化情况;乳品加工企业数量、经营规模、产品结构、产业组织等变化情况;人均乳品消费量及消费结构变化情况;乳品贸易量、贸易额、贸易结构、贸易伙伴、贸易政策等变化情况;奶牛养殖、乳品加工业、乳品消费、乳品贸易等方面的政策法规及演变情况。第二部分阐述和分析了近50年来日本奶业科技进展概况,概述了奶牛育种与繁殖技术、奶牛饲料与营养技术、奶牛疫病控制技术、粪污治理技术等方面近50年来取得的创新及重大突破,以及对奶业生产带来的巨大影响。第三部分简要介绍了日本近50年来为提高原料乳质量所采取的主要政策、监控原料乳质量的主要方法及惩罚措施以及原料乳计价体系。第四部分简要介绍了日本的科技推广体系,包括主要研究机构、奶农农协机构及其运作模式等。第五部分简要介绍了日本促进奶业发展的生产、加工、贸易、消费等各个环节的主要政策。第六部分概述了日本奶业近50年来在经营模式、科技创新、产业政策的特点以及目前日本奶业发展的趋势。通过回顾日本奶业发展历史,提出我国奶业发展在经营模式、科技创新、产业政策等方面可借鉴的经验及政策建议。

关键词:日本　奶业　发展

1　奶业发展基本情况

日本是位于亚洲大陆东岸外的太平洋岛国。西、北隔东海、日本海、鄂霍次克海与中国、朝鲜、韩国、俄罗斯相望,东濒太平洋。其领土由北海道、本州、四国、九州4个大岛和3 900多个小岛组成,国土面积为37.8万km^2,首都设在东京。其行政区划分由1都(东京都)、1道(北海道)、2府(大阪府、京都府)、43个县等47个地区组成。其国土狭长,自东北向西南呈弧状延伸,纵贯寒带、温带和热带3个气候带。气候由于受大陆性气候和海洋性气候的双重影响,变化较大,四季分明,南北差异较大,年平均气温10～20℃,降雨量1 000～2 500 mm。日本的国家理念为立宪主义、国民主权、基本人权的尊重、和平主义,实行以君主天皇作为日本国家与国民的象征君主立宪政体。

第二次世界大战后，日本经济从 20 世纪 60 年代年均以 10%的速度迅猛发展，进入高速增长时期。20 世纪七八十年代，以年均 5%增长速度进入稳定增长期，迅速发展并跨入世界先进国家行列，一跃成为世界第二大经济强国。80 年代末至 90 年代初，日本经济由于出现“泡沫经济”而开始进入持续衰退期。1999 年后日本经济以 0.5%的增长，近年来日本经济正处在缓慢恢复过程当中。2010 年日本 GDP 约为 10 万亿美元，居世界第 3 位。在日本的 GDP 中，农业比重为 1%；在农业中，畜牧业占 31%；在畜牧业中，奶业占 9.5%。奶牛生产主要分布，按 2011 年排列前五位的养殖户数为北海道、岩手县、栃木县、千叶县、宫城县。养殖头数前五位的是北海道、栃木县、岩手县、熊本县、群马县。

1.1 奶牛养殖业发展

日本的奶牛养殖最早可追溯到明治时期(1863 年)，前田留吉在横滨开始养牛。1945 年以前，奶牛养殖是以都市与近郊的一般以家庭为单位进行经营，这种方式至今还延续着，即所谓的家庭经营为主的奶业生产模式。起初，奶牛饲养规模和技术水准都比较低。二战后的两年间(1945—1947 年)，日本奶业处于极度混乱状态。由于粮食形势的恶化、饲料缺乏、通货膨胀等，相继出现出售、屠宰奶牛的现象，一时间出现了种畜难以存留的状况。奶牛饲养头数和牛奶产量分别减少到战前的 60%和 40%的水平。更为严重的是，在混乱时期政府没有能力制订和实施具体的政策。此时的日本奶业被视为是空白时期。

战乱平息后，1947 年政府宣布了“振兴畜产五年计划”。这项计划的目的是大幅增加奶牛饲养头数，为发展奶业奠定基础。直到 20 世纪 60 年代初，随着日本经济高速增长和人民生活水平不断提高，日本国内对牛奶和乳制品需求量也不断扩大，在市场需求的拉动下，奶牛饲养头数与饲养户数不断增加，直到 1963 年饲养头数还在增加。

以 1961 年制定的“农业基本法”为基础，日本奶业开始规模化饲养(图 1)。1965 年制定的加工原料乳生产者补给金等暂定措施法，即“不足支付法”对振兴日本的奶业生产起到了重要作用。在 20 世纪 70 年代导入了大型机械，使奶牛饲养经营管理程序化、系统化和规模化。因此，日本的奶牛存栏头数由 1961 年的 48.6 万头增到 2011 年的 148.4 万头，增加了约 3 倍。按养奶牛户均数来计算，每户饲养奶牛头数从 1961 年的2.1 头增到 2011 年的 69.9 头，增加了约 33 倍。饲养户数却从 1961 年的 41 万户减到 2011 年的 2.1 万户，约减少了近 95%。从图 2 和图 3 可以看出，奶牛饲养户数在逐渐减少，而饲养规模在不断扩大。

奶牛头数在 1984 年达到 132 万头，而后开始放慢了增长速度。增加头数已不再是日本奶牛产业瞄准的方向，开始由追求数量转型提高生产性能。由于这一转型，日本奶牛的单产迅速上升，到 2009 年奶牛单产水平为 8.0 t，达到了近 50 年的峰值。因此，牛奶总产量从 1961 年的 211.0 万 t 增加到 2010 年的 763.1 万 t。在此期间，日本奶牛产业的饲养管理自动化程度得到显著提高，计算机应用进入农户，并开始重视畜牧业环境整治。

图 1　日本牛舍

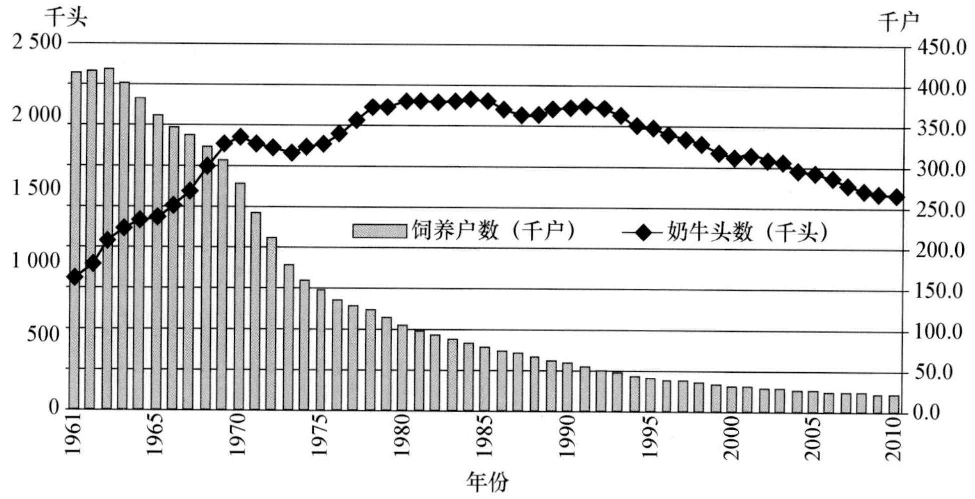

图 2 奶牛头数与饲养户数

数据来源：农林水产省（农林渔业部）"畜牧统计"和"牛乳乳制品统计"农林水产省统计信息部

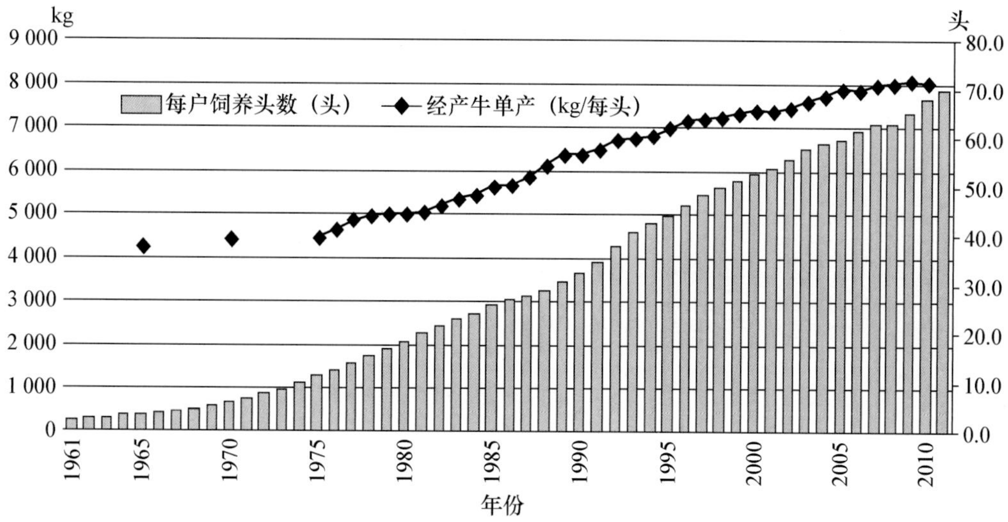

图 3 单产与每户饲养头数

1.2 乳品加工业发展

1947—1950 年间，日本对乳品企业（乳业资本）进行了重新调整，其中最主要的措施是 1947 年实行了"过度经济力集中消除法（收集排除法）"。执行此法之后，乳品企业（如明治、森永、雪印、北海道黄油四个主要乳品企业）之间自然形成平均分割市场局面，可享受独自垄断自控自属社区的奶业。政府发布的"收集排除法"为乳品企业（乳业资本）垄断市场和奶业生产创造了稳定和平发展的环境。此后，全国各个地区迅速建立起很多的小规模的乳品加工厂。随着 20 世纪 50 年代初开始的技术与设备的创新，这些小规模乳品企业进行了现代化、合理化的改造，并扩大了经营规模。直到现在，全国还有 324 个小规模乳品企业，占全国乳品企业总数的 54%。但是，总体来看，在发展过程中有很多乳品企业被淘汰，乳品企业总数从 1965 年的 2 358 个减少到 2011 年的 628 个。

1949 年日本废除了对饮用奶和乳制品的战时管制，乳业开始自由竞争，给乳业发展创造了条件。这时的乳品企业规模小，但是需求量在增加。各个乳品企业为了满足原料乳需求，各自引进奶牛、种牛或者请兽医到农家指导奶牛饲养，进行人工授精及治疗服务来扩大原料乳生产。日本此时的乳业在“奶农白书”中称之为摇篮期。伴随行业竞争步伐的加快，日本开始从国外引进技术和设备。1952年，明治乳业建立高温短时间杀菌(HTST)方式的新式乳品工厂，被称之为乳业迈向现代化的第一步。

1954—1963年在“奶农白书”中被称之不稳定成长期。这一时期发生了两件重要事件：一是1954年制定了“奶农振兴法”，二是1963年奶户数达到顶峰。奶农振兴法规范了乳业设备，为奶农的未来发展奠定了基础。在此期间，日本发生了原料乳产量与需求量间的不平衡，造成原料乳供给过剩与不足现象交替发生。因此，乳制品价格波动剧烈，难以控制，影响了奶价，奶农与乳品企业之间常常发生纠纷。为了稳定牛奶价格，日本于1961年制定了“畜产品价格稳定法”。此法力图稳定牛奶、乳制品的价格，把1958年设定的奶农振兴基金改组成农畜产振兴事业团，实行乳制品的买入、保管、销售一体化的管制。从而乳品企业得到急速发展，继而实现大型化、机械化、合理化、自动化。1964—1971年在“奶农白书”中被称之为稳定成长期。在此期间，奶农户数开始减少，但每户的饲养头数增加。1965年，日本制定了“不足支付法”，此法已成为现今政府对奶农管理的行政基础。

1965年以前，日本的原料乳买卖是代生乳交易，即由生产者团体(农协、奶农协、经济联、任意的组合、个人等)和乳品企业之间直接按契约交易。1966年以后，由于实行不足支付法，原则上各都、道、府、县要接受知事(都、道、府、县的行政长官，相当于省长)的认可，并由知事指定生乳生产者团体与乳品企业直接进行原料乳交易，但是同时也允许没有加入指定团体的奶农与乳品企业进行直接契约交易。

在日本乳制品制造业中，饮用奶所占份额最大，约占总销售额的占60%，奶油类占20%，剩余的20%为冰淇淋类。大约60%的乳制品是由生鲜奶制成的，而其余的40%则是由其他乳制品加工而成，如乳酪，奶油，奶粉等等。北海道生产的生鲜奶有75%被加工成其他乳制品，而其他地区超过80%的生鲜奶直接以液态奶的形式供应给消费者，只有不到20%用于加工。

1.3 乳品消费发展

日本的乳品消费是从公元645年的孝德天皇时代开始的，由高丽归国的善那(人名)把牛奶等奶制品献给孝德天皇。二战后，因国内劳动力短缺、经济实力下降、城市的损毁以及日本农业生产的荒废等因素，导致粮食供应不足，蛋白摄入量急剧减少。日本不得不从美国进口乳制品来改善饮食，并开始了食物多元化的饮食模式。1950—1955年间，日本政府通过政策调节食品分配，增加食品供应，扩大粮食储备。同时，接受外国食品援助，以满足维持身体所需的最低热量水平。随着经济高速发展，日本人的饮食趋于多元化和西方化，牛奶、奶油、奶酪、肉类等消费迅速提高。1958年，日本政府开始实施学生奶计划，国家对学童喝牛奶给予补助金(即每1盒奶补助4日元)，同时开展上门服务。因此，小学生无论在学校还是在家喝牛奶的量都大大增加。随着饮食结构发生变化，1970年的统计数字显示大米的消费量从二战时的60%下降到34%。在日本居民饮食中，牛奶和其他乳制品消费也迅速增加，例如居民对于比萨、奶酪等产品需求不断提高。到1973年，牛奶和乳制品消费达到饱和状态。为了刺激牛奶和乳制品消费，日本实施学校午餐工程、集团工作场供给配送、农村实地消费等措施。1965年开始超市兴起，1975年起又出现了便利店，给牛奶销售提供了更加便捷的条件。到1999年各销售场所销售的牛奶量比例为：超市和便利店70.2%，学校9%，小型商店2%。

为了满足消费者欲望，日本的牛奶生产者开发出花样众多的有针对性的饮用奶和乳制品，开发生产乳制品。绝大多数家庭对于牛奶的消费非常积极，无论男女老少，都热衷于食用乳制品。从幼儿园到小学，牛奶是孩子们午餐的必需品。70岁以上老人们也是日本乳制品消费的主要人群，老年人普遍意识到牛奶对于健康的重要性。据有关资料统计，日本的乳制品人均消费量已达90 kg以上。日本的人均乳制品消费量如图4所示，2007年人均消费量高达93 kg，与1960年的22 kg相比增长了3倍多。

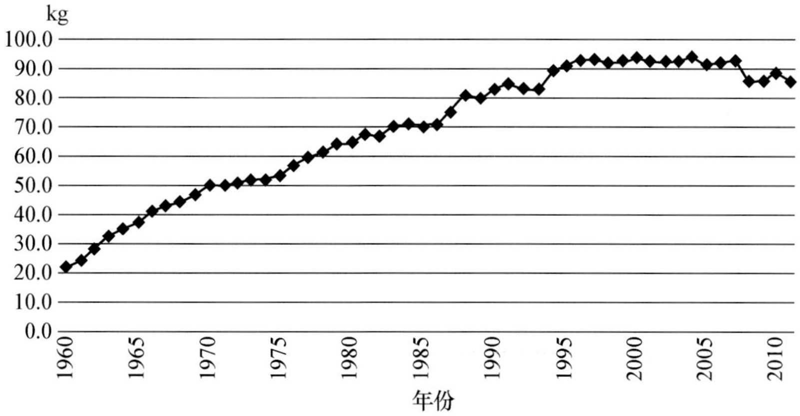

图 4 人均乳品制品消费量

数据来源:农林水产省"食粮需求共给表"农林水产省统计信息部及日本统计年鉴。

1.4 乳制品贸易发展

50 年代是日本经济高速发展时期。日本于 1955 年加入关税及贸易总协定(GATT)。从此,日本贸易、资本开始自由化。乳制品交易也不例外,随着乳制品的需求量增加,进口关税税率下降,以及 70 年代中期以后日元汇率居高等原因,乳制品进口量也增大,主要是进口奶油、奶酪、奶粉等乳制品。乳制品进口量按原奶换算,1960 年 24 万 t、1970 年 56 万 t、1980 年 141 万 t、1990 年 224 万 t、2007 年达到了 396 万 t。在此期间,日本的乳制品自给率从 1960 年的 89%下降到 2007 年的 66%,约下降了 30%。受 1995 年的 WTO 体制影响,所有的乳制品都要实行新的关税政策。在 1995—2001 年的 6 年间,日本实行了减少关税措施,平均减少幅度为 36%,最少也减少 15%。农畜产振兴事业团从 1995—2001 年的 6 年间,每年要完成进口 13.7 万 t 的任务,主要是脱脂奶粉、乳清、奶油、奶酪等指定乳制品。日本的乳制品贸易伙伴较为广泛,主要有澳洲、新西兰、欧盟、美国等,因为这些国家的奶业规模比较大,乳制品成本低。另外,乳制品的出口量一直极少,其中大多是(90%以上)婴儿奶粉。不过,现今大多数的乳品企业着手直接在海外生产。

1961—2009 年近 50 年来,日本进口乳制品量一直处于上升趋势。在进口的乳制品当中,脱脂乳粉、奶酪和奶油的进口量比例相对较大;进口乳制品的金额逐年上扬,2008 年达到 134 512.2 万英镑。而乳制品出口的金额近年来也迅速攀升,2009 年达到了 4 051.2 万英镑。这是由世界贸易的经济危机和通货膨胀以及贸易的边境政策等诸多环境所造成的。1961—2009 年,日本进口乳制品量远远大于出口量(图 5),说明日本是一个乳制品消量较大的国家。

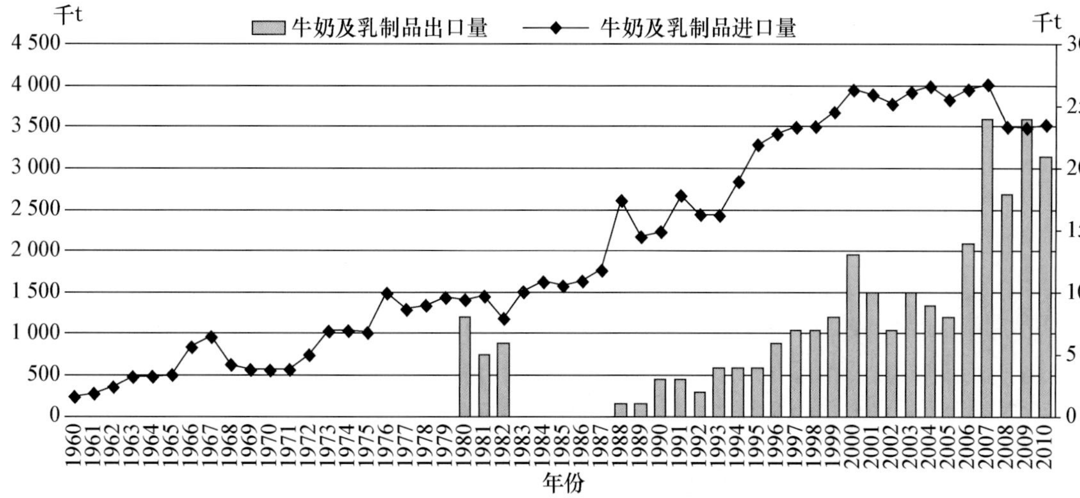

图 5 乳制品进出口贸易量

数据来源:农林水产省(农林渔业部)"牛乳乳制品统计"和"食粮需求供给表"农林水产省统计信息部。

近些年来，随着日本饮用奶市场由奶粉转向鲜奶，新鲜液态奶的需求量逐年增大。日本奶粉和黄油的使用量出现了持续下降，脱脂奶粉供过于求，导致脱脂奶粉的进口急剧下降。

2　奶业科技进展

2.1　奶牛育种与繁殖技术进展

日本奶业从20世纪70年代开始由数量型转变为生产力型，即从规模化养殖转变为追求单产水平的提高，由增加繁殖转向了培育良种。1974年开始对牛群进行检测作业，择优育种成为日本奶牛产业的新目标。

"家畜改良增殖法"是1951年制定的法律，其总体改良目标：一是在一定时期内提高家畜的生产力、改良体型和增加头数；二是保持和普及优良种畜的遗传性能；三是提高饲养农户的经济收益。根据上述总体改良目标，对不同畜种又制定出具体的目标。日本的"家畜改良增殖法"颁布之后，对奶牛进行了一系列的技术改良。1950年人工授精、1961年冻精、1982年体外受精、1983年胚胎移植等繁殖技术逐渐应用，这些技术一直沿用至今。目前，日本约99%的母牛利用冻精进行人工授精，约1%的母牛实施了胚胎移植。现在，在日本通过自然交配而生产的奶牛极其稀少。"家畜改良增殖法"于1951年5月颁布实施到2011年8月，几十年期间根据家畜改良工作的实际需要，先后进行了多达20次的修改、补充和完善。

日本于1928年开始奶牛的人工授精技术，1945年以后普及。1954年开始开发冻精的相关技术，1965年设置了"家畜改良事业团"，调整了牛冻精的生产、分配体制，在日本国内迅速普及了冻精技术。应用进口精液和性控冻精的应用，使得奶牛的头数与奶产量急速增加。性别控制技术的基础是采用流式细胞仪分离"x"与"y"染色体精子，再利用显微授精技术将分离的精子注入到卵子中。性别鉴定技术大大提高了奶牛的生产效率。性别鉴定对于日本奶牛产业有着十分重要的意义，因为只有母犊才有产奶的潜能。

体外受精技术是从1985年开始的，花田章等人从屠宰母牛的卵巢获取体外受精胚胎，在国家畜牧研究所成功地产下1头试管牛犊。自从利用这项技术之后受胎率稳步上升，当时日本的体外受精技术处于世界领先水平。体外受精胚胎技术现已普及到奶农。利用这项技术的优点是成本低、效率高。胚胎移植技术于1964年在日本国家畜牧研究所首例牛获得成功。从此，在国家家畜改良育种站（国家家畜改良育种中心）一直进行着旨在简化该项技术的一系列研究工作，并得到稳步成果。基于这一研究成果，日本政府从1982年开始实施一项全国范围的"加速胚胎移植技术在农民中推广普及计划"。采用这一技术产下的牛数量在各地逐年增加。1992年以来产下的胚移犊牛数全国每年都超过1万头。此项技术的实施，除了改良牛群之外，更重要的是在于生产出更优秀的种公牛，牛奶的质量也不断得到提高。在日本，胚胎移植作为肉牛繁殖手段也得到了普及。但是，由于日本农户饲养规模一般较小，新鲜胚胎的移植有一定的局限性。随着移植头数的增加，冷冻胚胎的比例快速增长，冷冻胚胎占总移植头数很大的比重。性别鉴定在牛性别预测中可实现最有效的生产管理。对奶牛而言，性别预测能确保高产奶牛生产母犊。在日本已建立起性别鉴定技术规范，即可以在胚胎移植前从胚胎上吸取小部分细胞，检测雄性特异DNA，以此鉴定该胚胎的性别。

2.2　奶牛饲料与营养技术进展

奶牛饲料配制最早可追溯至1924年，当时神户市"日本家畜饲料株式会社"正式成立，并制造各种配合饲料（精饲料）。尽管如此，当时主要还是依靠进口饲料。1947年，日本制定了第一个"畜产振兴五年计划"。1942—1949年间，由于统制饲料停止了饲料进口，1950年重新恢复了饲料进口。1951年设立日本科学饲料协会，来讨论抗生素、维他命发酵残渣饲料化。1954年，日本又开始了"畜产振兴十年计划"。此时，已开始了饲料添加剂的使用。1961年颁布农业基本法之后，正式开始生产精饲料，1964年开始了饲料的散装运送，1966年开始使用饲料添加剂的标识，1973年开始了精饲料的原料标识。1976年饲料安全法施行，对饲料开始进行安全性的检查。同时，开始了饲料添加剂的指定制度和抗生素的检测。1977 年日本制定了饲料添加剂的评价标准，并明确了允许使用饲料添加剂种类。1984 年开始对饲料中的铜、锌含量作出规定。1990 年指定酶为饲料添加剂之一，1995 年指定活菌制剂为饲料添加剂等。

随着日本奶牛的规模化饲养与单产水平的提高，尤为注重奶牛的干物质采食量(DMI)。干物质采食量对于高产奶牛来说，尤其是对泌乳初期的高产奶牛是一项重要指标。研究表明，提高分娩前的能量和蛋白质的给食量和分娩后干物质的给食量与奶产量的提高有很大关系，即使此时的饲料成本有所上升，但获得的经济效益也是可观的。为了提高牛奶脂肪含量，要饲喂品质好的粗饲料，最大限度满足粗饲料的摄取量并提高可消化性。

日本的奶牛养殖 90%的精饲料靠海外进口。然而，近年随着世界饲料价格的上涨，奶农的养殖成本也大幅度增加，其结果是收入不断减少。这在日本被认为是平成年间(1989 年 1 月 8 日至今)的畜产危机。

2.3 奶牛疫病控制技术进展

在日本明治以前宽永年间就出现牛疫(称宽永牛疫)，导致西日本 50 多万头牛死亡。1871 年制定了"家畜传染病预防法"，是日本最早的传染病预防法。此法陆续修改，直到 1922 年才得以定型。到 2004 年受疯牛病(BSE)暴发的影响，又对大部分内容进行了修改。

1904 年初，东京大学的教授从德国学习牛疫的预防法，使用免疫血清来预防传染病。1918 年蠣崎千晴博士研发了在牛疫感染牛的脾脏乳剂里加之甘油做病毒的灭活疫苗，也是世界上最早使用的疫苗。1950 年中村博士又研发了用细胞培养小儿麻痹、麻疹等的疫苗，此后由英国根据此疫苗原理在牛身上进行培养，研发出了弱毒牛疫苗，同年由山内一也教授研发了耐热性牛疫疫苗，从此进入了近代牛疫疫苗的时代。

养殖奶牛应该注重疫病预防工作，加强牛群健康管理，做好牛群健康试验，防止奶牛发病和死亡。牛群健康试验主要有以下 4 个方面的内容：一是代谢抽样检测，即对牛群进行血液检查，争取在奶牛发病前采取预防措施，防止奶牛代谢疾病的发生。二是奶牛繁殖障碍疾病的防治，在奶牛的繁殖技术方面，要想做到同期发情、同期排卵，就要定时实施人工授精或胚胎移植，并且要早期发现有繁殖障碍的奶牛，及早治疗或淘汰。三是牛群鉴定，在日本大约有 35%的农户进行了牛群鉴定，经过牛群鉴定的奶牛的平均产奶量为 8 776 kg，达到加拿大的水平，比没有经过鉴定的奶牛多产 2 000 kg。根据牛群鉴定的结果，对饲料进行配方设计。四是生产风味好且安全的牛奶，奶牛乳房炎与繁殖障碍一样是一个长期困扰奶农的问题。在日本，有的奶农把产过一胎的、产奶量高的奶牛集中在一起，到第二胎挤奶时如果发现挤出的牛奶有问题，就把这种奶牛处理掉。花费高额成本养殖的奶牛，两三岁就被处理掉，这种损失是非常大的。

2.4 奶牛场粪污处理与环境保护技术进展

1965 年以后，日本畜牧业随着经济发展逐步实现规模化、集约化和现代化。也就是说，把奶牛等家畜高密度的饲养到建筑物内。其结果，一方面是造成对奶牛等家畜本身的伤害，另一方面是产生大量粪便，引起环境污染问题。为了解决环境污染问题，1976 年日本设立"财团法人畜产环境整备租约协会"，1996 年改名为"财团法人畜产环境整备机构"。同时为了促进家畜粪尿处理技术的开发和普及，日本又设立了"畜产环境技术研究所"。

1999 年，日本制定了"关于促进家畜排泄物管理适当化及利用的法律"，也称"家畜排除法"。2004 年，奶牛粪尿量达 2 405 万 t。按照"家畜排除法"要求，日本进行了家畜排泄物处理，其中 90%(约 8 000 万 t)施肥化、液肥化处理，8%(约 700 万 t)为净化、炭化、燃烧处理。从而，根本上解决了家畜粪尿乱堆乱扔污染环境问题。"家畜排除法"是国家制定的管理基准及基本方针，其中也包含惩罚及补助金等规定。

目前，日本的奶牛粪污作为资源分为 3 种：一是作为耕地肥料还原干燥处理；二是作为肥料堆积化处理(见图 6)；三是作为能源，发电利用、发酵变沼气利用、燃烧炭化利用。日本奶牛养殖中尿污的处理方法主要采用尿污水净化槽活性污泥法。日本在粪尿处理方面更注重采用一些微生物发酵的方法，在达到处理目的的同时也兼顾了环境的保护。

图 6　牛场堆粪场

数据来源：《2013 中国奶业统计资料》。

3　原料乳质量控制与计价体系

3.1　提高原料乳质量的主要技术措施

1955 年在日本首次发生森永砒霜奶粉中毒事件，此后开始对牛奶的质量进行管理。1980 年由全国乳质改善协会牵头负责，开始对原料乳检查进行严格管理，随后于 2006 年由日本奶农乳业协会接管该项工作。2010 年制定了“生乳检查指引书”来管理原料乳检查的每个环节。原料乳在生产和运输过程中必须经过两次的强制质量检查：一次是在牧场送达原料乳储藏罐时，另一次是在工厂接收饲料奶时。值得注意的是，原料乳质量的检测标准，除了感官、理化、卫生、微生物等指标之外，政府还下达了专门的条令强调了抗生素残留的检测标准。目前日本乳制品行业使用最广泛的一种快速简便的检测、筛选方法是酶联免疫快速测试法。酶联免疫快速测试法是由美国爱德士生物科技公司研发的抗生素快速测试系统，其灵敏度和检测项目完全达到日本政府要求的条件。其原理是将酶化学反应和抗原抗体免疫反应结合检测，优点是灵敏度和精确度高、检测速度快、操作简便、仪器稳定性良好，可以快速检出定性结果。

3.2　提高原料乳质量的主要政策措施

现在日本流通的奶类的定义、成份、表示、制造、保存方法是 1951 年由厚生劳动省发布的“乳与乳制品成分标准部级法令”（简称为“乳等省令”）规定的。该法令的最后一次修订时间为 2007 年。该法令对奶牛健康要求，原料乳及乳制品的质量成分和微生物要求及配套检验方法，乳品生产、加工、贮存、经营过程中的卫生控制要求，乳品及乳制品加工设备的设计与材料性能要求，乳制品用包装材料与容器的物理性能、卫生要求及配套检验方法等内容进行了详细、具体和系统的规定，基本涵盖乳与乳制品的各个方面。

其具体内容如下：1951 年，“乳等省令”是在多次修改“食品卫生法”的基础上发布的，其中规定杀菌标准为低温杀菌（62～65 ℃加热 30 min）和高温杀菌（75 ℃以上加热 15 min），但是操作此项技术时须得到当地知事的认可方能进行。1958 年又修订为低温杀菌与高温保持杀菌、短时间加热杀菌等，须得到厚生大臣的认可。1968 年又修订为 62～65 ℃加热 30 min 或使用同等以上杀菌方法加热杀菌（此时废除了厚生大臣认可制度）销售，星期表示改为制造年月日表示。1979 年禁止了牛奶中含有抗生物质及抗菌性物质，并且修改了半脱脂乳、脱脂乳、脱脂乳加工乳的定义和成分规格。1985 年通过了 LL 牛乳类的常温保存规定。1995 年把制造年月日改为期限表示（品质保持期限或消费期限），并设定了乳成分规格土霉素残留基准。1996 年给牛奶、加工乳、半脱脂乳、乳飲料等乳制品依据 HACCP 系统导入了卫生管理制度。2002 年采用了保持式 63 ℃ 加热 30 min 和同等以上有杀菌効果的方法进行加热杀菌。2003 年新修订了成分标准，调整了牛奶、低脂肪牛奶、无脂肪牛奶的定义和成分规格，以取代原先的半脱脂乳和脱脂乳，并把保持期改为保鲜期来标示。2007 年发布了牛奶类的容器使用（PET）许可。

另外，“乳等省令”出台之前也有很多有关政策规定。如 1873 年东京都知事发布的“牛奶挤奶工的心得规则”；1878 年东京警视总署制定了“牛奶营业取缔规则”；1885 年东京警视总署修改了“牛奶营业取缔规则”禁止马口铁锅炉的使用；1900 年内务省发布了“牛奶营业取缔规则”修改挤奶场所构造；1927 年警视厅“牛奶营业取缔规则”禁止修改着色瓶，杀菌的义务化；1933 年内务省发布的“牛奶营业取缔规则”修改制定了低温杀菌（62 ℃～65 ℃加热 30 min）、高温杀菌（95 ℃以上加热 20 min）；1947 年厚生省发布“食品卫生法”等。

3.3 监控原料乳质量的主要方法及惩罚措施

日本厚生劳动省在 2006 年实施了“肯定列表制度”（Positive list system）。此制度是对 799 种食品（含多种乳制品）中农业化学品（农药、兽药及饲料添加剂等）残留强化管理制度。此制度修改了 2003 年“食品卫生法”，在农业化学品残留管理中引入“肯定列表制度”作为依据。该制度的要求是，食品中农业化学品含量不得超过规定的最大残留量标准；对于未包括在此 799 种食品之内的其他食品中农业化学品残留限量，采取统一标准为 0.01 mg/kg 以内。同时该制度还规定有 19 种禁止使用物质和 65 种无潜在危害的使用物质。

日本也相继发生过农药残留问题。政府决定给奶农制作发放“生鲜奶生产管理记录手册（日记）”，以此来加强农业化学品管理，提高原料乳的品质。

3.4 原料乳计价体系

原料乳价格是奶业经济的重要问题，关系到奶业发展的走向和大局。奶价只有符合奶业发展的经济规律才能促进奶业发展。1961 年前实行的是自由化价格。其结果是乳制品价格高低不稳，影响了原料乳价格，进而影响了乳业生产。1954—1961 年间发生了原料乳生产量与需求不平衡，造成原料乳供给时而过剩时而不足的不正常现象。同时，奶农与乳企之间也常发生纠纷。为了解决这种问题，日本于 1961 年发布了“畜产物价格稳定法”，试图稳定牛奶及乳制品价格。但生产者与乳企之间还是纠纷不断，并日趋加深。于是，1965 年发布“不足支付法”。

“不足支付法”政策的目的是在生产者与乳品企业之间形成公平合理的价格。因此，可以说政府直接或间接参与乳制品市场价格调控。原料乳的价格也受“不足支付法”的直接调控。到 2000 年为止，把加工原料奶生产地的奶农经营能维持生产的价格（生产费）设定为保护价格，把乳品企业能支付的价格设定为基准收购价格。当然，维持奶农价格与乳品企业稳定收购原料乳价格会产生差额。两者间的差额政府作为补助金支付给奶农生产者。也就是说，奶农价格（保护价格）＝乳品企业能支付的价格（基准收购价格）＋政府支付的价格（补助金）。因此，奶农及乳品企业是受到政府价格政策的支持发展起来的。

另外，原料乳价格是由奶农生产者组织和原料乳生产者指定团体（指定团体提出生产者最有力地条件）

与乳品企业之间进行交涉而决定的。饮用原料乳的价格是加工原料乳的保护价格加上原料乳运输费的价格。因此,也可以说加工原料奶的补助金支付也影响到了原料乳的价格形成。2000 年以后,保护价格与基准收购价格政策被取消,作为补助金支付极少的金额转变成固定支付。从此,加工原料乳与饮用原料乳一样由指定团体与乳品企业直接交涉来决定。但是,由于近年饲料价格上涨的影响,又引发了奶农生产者及乳品企业之间价格差额问题。所以又有采用补助金支付的政策趋向。

日本奶价“不足支付法”发布之前,奶价是由两个途径来决定的。一是评价法:即乳品企业代表、消费者、有经验的学者根据当时物价和牛奶消费量、牛奶生产费等各种因素来综合研究决定的。二是营养价值法:1959 年日本的乳脂率基准为 3.2%～3.3%(规定乳脂率 3.2%时 1 L 乳价为 40～50 日元),以此推理每增减乳脂率 0.1%时相应地增减 1.2～1.5 日元。1962 年乳脂率的基准改为 3.2%～3.5%,随之加工原料乳保证价格也降低了 4.82 日元(5.5%)。“不足支付法”发布之后的计算公式如下:加工原料乳价格＝上年乳价×基础数据的变化率情报(乳品企业能支付的乳价)±副次的数据情报(需求供给事情、原料乳生产费、内外价格差等要素)±地区性的事情等。其中,乳品企业能支付的乳价＝ $\sum${(乳制品的销售价格 － 批发商的保证金 － 制造业者的收益 － 制造销售经费) ÷ 每单位制造必要奶量 × 原料乳换算重量}。

4　科技推广体系

4.1　主要研究与推广机构

日本在农业研究方面,以 1999 年颁布的“粮食,农业、农村基本计划(基本计划)”为基础,制订了“粮食、农业、农村基本法(新基本法)”,提倡、研究、提高自给率。如在粮食方面提倡、研究、提高粮食自给率,牛奶乳制品方面提倡、研究、提高牛奶乳制品自给率,奶农经营管理方面提倡、研究、提高饲料自给率。

推广机构有如上述所述的生产者组织(奶农组织),也称团体(奶农农协)。日本的生产者组织在乳业发展中发挥着极其重要的作用。日本的奶农或者参加以地区为单位的综合农协(全国农业协同组合联合会)或者参加专门农协(全国奶农业协同组合联合会)。日本农协在县级(相当于我国的省级)单位设立基层组织,被称之为××县经联(××经济农业协同组合联合会)或××县酪联(××县奶农业协同组合联合会)。奶农的原料乳一般由所属的农协单位出售到乳品企业。过去,乳品企业在各地设立收乳所,直接从奶农户收集原料乳。后来奶农参加了组织(团体),原料乳的收集逐渐被奶农团体接管。1965 年以前是代原料乳交易,委托生产者团体(农协、奶农协、经济联、任意的组合、个人等)和乳品企业之间契约交易。如今的团体给成员提供从生产到流通一系列(产前、产中、产后)的服务。他们相互依赖、相互配合、相互信任。奶农团体向奶农提供饲料供应、鲜奶交售、检疫与治疗、农机具的维修与购置、奶牛交易市场、科学信息,提供日常生活服务等项服务工作。另外,政府还设立了奶牛管理中心来管理奶牛有关业务,如负责办理奶牛户口手续,给农户提供生产技术,组织农户进行生产培训,举办优质高产奶牛比赛大会等。

4.2　运作模式

日本的农协分为综合农协和专门农协(奶农农协)。综合农协是进行信用、保险、采购、销售等各种各样的综合业务,而专门农协(奶农农协)是进行饲料的共同购买、生产经营指导、奶牛改良、诊治、共同销售等业务。关于奶农农协运作模式,如同“公司＋农户”的推广模式。例如,政府奶农会议(生产者指定团体及奶农有关全国机关指定的奶农指导团体)由成员出资,每年收取会员费,同时接受农林水产省及独立行政法人农畜产业振兴机构补助金(2010 年)来运转组织业务。每年度必须进行事业计划(营业计划及工作计划)及收支预算业务。协会有 1 名干部和 10 多名职员。这种团体的目的是为了日本奶农的健全发展而作贡献，根据原料乳生产者的协同组合推进生乳委托稳定销售、生乳供给、流通合理化以及品质改善等。

5 促进奶业发展的主要政策

5.1 促进奶业生产政策

促进日本奶业生产方面的政策主要有：1961 年制定的“农业基本法”和 1965 年制定的“不足支付法”。1950 年“家畜改良增殖法”颁布之后，施行了人工授精。1961 年冷冻精液、1982 年体外授精、1983 年胚胎移植等良种改良繁殖技术，振兴了日本的奶牛业生产。

5.2 促进奶业加工政策

促进奶业加工方面采取的主要政策有：1947 年政府颁布的“振兴畜产五年计划”与同年实行的“过度经济力集中消除法（收集排除法）”，使乳品行业之间形成平均分割市场及可享受独自垄断自控、自属社区域的稳定和平发展环境。另外，1961 年颁布的“畜产物价格稳定法”和 1965 年制定的“不足支付法”，作为补助政策对推动给乳品企业的发展起到了不可估量的作用。

5.3 促进奶业贸易政策

1955 年加盟关税及贸易总协定（GATT）之后，日本奶业贸易进入了自由化阶段。1961 年颁布“农业基本法”后，进口乳制品得到控制。1964—1979 年间关税率逐渐减少。从 1984 年开始到 1987 年为止，日本陆续扩大进口范围。鉴于此情况，政府于 1988 年废除了乳制品的限量进口。1995 年加入 WTO 之后，对乳制品实行了新的关税政策。乌拉圭回合后，1996—2001 年的六年间，日本实行了“关税配额的限制”。官方机构的农畜产业振兴事业团（ALIC）获得了脱脂奶粉的数量大、产品多样的关税配额。而私人企业相对于整个日本大市场来说，价格相对较便宜，脱脂奶粉市场中的能力也受到严重制约。在此年间进行了关税减少措施，减少幅度平均 36%，最少的也减少到 15%。

5.4 促进奶业消费政策

日本的促进牛奶扩大消费政策是从 1955 年实行学校午餐提供纯牛奶开始的。1970 年初，由奶农生产者、乳品企业、牛奶销售店捐助成立了全国牛奶普及协会和都、道、府、县的普及协会，利用各种媒体以及研究者的广泛途径，开始宣传普及牛奶利用价值和好处。到 1999 年，牛奶消费达到饱和停滞状态，针对这种现象又采取了如“牛奶好喝，快乐地喝；好喝的咖啡和红茶也得添加牛奶”等多种宣传方式来扩大消费。

6 值得借鉴的主要经验

6.1 经营模式方面的经验

从 20 世纪 70 年代开始，日本奶农为了提高经营效益而开始采用机械化的生产经营方式。如挤奶用自动真空吸奶器，将牛奶直接输入设有衡定温度的密闭贮奶罐中，每头牛槽间装有自动饮水器，使用自动添料机添料。清粪采用电动刮粪机，将粪便刮入搅拌机，发酵之后分装成袋，作为肥料使用。大规模奶农经营户采用机械化经营模式，其设备的购入由政府给予一定的补助。

日本的奶农经营是以高投入来实现高产量发展起来的，所谓的高投入是指依靠进口精饲料来扩大再生产。目前，进口饲料价格高涨和奶价低迷等因素影响了乳业的发展。因此，日本开始提倡、强化自给饲料基础经营模式，以此来降低经营成本。开展多途径多元化经营模式，如集约型放牧经营、农场制 TMR 中心经营等。

我国应借鉴日本的奶业经营模式有两项：第一，对于大规模养殖的奶农采用机械化经营模式。因机械化设备的投入费用比较大，因此我国政府还须增大补贴金额。第二，日本已开始提倡降低经营成本，强化自给饲料基础经营模式。此模式是在粗饲料上下功夫，培育良种营养价值高的草种，来代替精饲料的比例降低经营成本。现阶段我国奶业经营还没发展到此阶段，但是这个模式值得借鉴。

6.2 科技创新方面的经验

首先注重对优良品种的选育选配，并根据牛群发情情况随时进行输精，实行人工授精。现在还有部分奶农实行了胚胎移植技术。

在科技传播方面，农协起着重要作用，如科学信息的提供。农协组织定期召开奶牛会议，召集所管辖区域的奶农通报奶牛生产情况和存在的问题，研究解决办法。并组织他们到先进的奶牛场、户进行参观考察，交流经验。还聘请有经验的专业技术人员举办培训班，传授奶牛饲养管理知识和国内外先进技术、经验，以提高奶农的专业素质。为使奶农在工作之余了解信息，农协还组织编写了农业快报，农业经验杂谈和种植、养殖技术小册子，定期送到奶农家中。

日本从 20 世纪 90 年代末已开发及使用挤奶机器人。

我国应借鉴日本奶农的人工授精及胚胎移植技术。我国的奶农尚未掌握胚胎移植这项技术。日本为了提高技术水平，奶农都有一名人员到国内外大专院校或科研单位进行研修，并获得人工授精师证书等。我国的奶农还未达到此阶段。

另外，如上所述，日本的农协在科技传播起着不可估量的作用。应该借鉴此方法在我国可以利用合作社来传播科技。

6.3 产业政策方面的经验

现在，日本正提倡 6 次产业化。所谓的 6 次产业化是指多角化经营，也就是从生产到加工销售一体化经营，例如，把刚刚挤出的鲜奶进行加工转换成商品来增加附加值。也就是说，生产（第 1 次产业）＋食品加工（第 2 次产业）＋流通/销售（第 3 次产业）＝高附加价值（第 6 次产业）。这就是由东京大学名义教授今村奈良臣提倡的 1＋2＋3＝6，其目的是为了让农民用活自己的资源创造品牌来增加收入。同时，也使农村区域得到活性化。例如，在日本兵库县有一家奶农把自家的原料乳加工成自家品牌的冰淇淋销售获得利益，从而逐年增加收入。在仅仅的五年内，这家奶农收入达到上千万日元，将来的目标是 1 亿日元。6 次产业化不仅使大规模的奶农得到更快地发展，同时让小规模的奶农也能得到更多地生存机遇。

我国应该借鉴日本学者所提倡的 6 次产业化（多角化经营），不仅使大规模的奶农得到更快地发展，同时让小规模零散的奶农也能得到更多地生存机遇。可以说，我国注重大规模奶业发展，却忽视了小规模的以家庭单位经营的奶农。

参考文献

[1]堀江美纪，陆兵兵.日本乳业发展及质量管理.中国奶业，2004(6)：52－53

[2]聂迎利译.日本的奶业政策.农业展望，2005(2，3)

[3]王慧玲，冯存平，丁维华，陆东林.合理、稳定的原料乳价是奶业发展的保证.首届中国奶业大会论文集，2010：87－88

[4]王秀东.日本乳业补贴对中国的借鉴研究.经济研究导刊，2011(3)

[5]云振宇，刘文，蔡晓湛，栾晏.日本乳制品质量安全监管及相关法规标准概述.食品工业技术，2011(1)：345－348

[6]西山太平.奶农经济经营.明德印刷出版社，1959

[7]樱井豊.奶农政策论.农山渔村文化协会，1971

[8]樱井豊.奶农经济的基本视角.农业信用保险协会，1979

[9]鹰尾亨.牛奶・乳制品的实际知识.东洋经济印刷，2001

[10]萨日娜.关于中国内蒙古自治区集约型奶农经营的现状和展开方向的研究.内蒙古农业大学博士论文，2009

[11]矢坂雅充.围绕乳价形成的诸问题及改革方向性.都市问题，2009(1)：72－83

[12]山内一也.日兽会志，2010(63)：649－654

[13]日本乳业年鉴.日本乳业协会，2010

执笔　中国社会科学院农村发展研究所：萨日娜　刘玉满

（国家奶牛产业技术体系产业经济研究室）

附　表

附表1　奶牛头数、单产水平和总产奶量，饲养户数及每户饲养头数(1961—2011)

时间	奶牛头数(千头)	总产奶量(千 t)	经产牛单产(kg/每头)	饲养户数(千户)	每户饲养头数(头)
1961	885	2 110		413.0	2.1
1962	1 002	2 437		415.7	2.4
1963	1 145	2 761		417.6	2.7
1964	1 238	3 020		402.5	3.1
1965	1 289	3 271	4 250	381.6	3.4
1966	1 310	3 408		360.7	3.6
1967	1 376	4 015		346.9	4.0
1968	1 489	4 508		336.7	4.4
1969	1 663	4 761		324.4	5.1
1970	1 804	4 789	4 424	307.6	5.9
1971	1 856	4 819		279.3	6.6
1972	1 819	4 938		242.9	7.5
1973	1 780	4 908		212.3	8.4
1974	1 752	4 868		178.6	9.8

续表

时间	奶牛头数(千头)	总产奶量(千 t)	经产牛单产(kg/每头)	饲养户数(千户)	每户饲养头数(头)
1975	1 787	5 006	4 464	160.1	11.2
1976	1 811	5 369	4 652	147.1	12.3
1977	1 888	5 841	4 859	136.5	13.8
1978	1 979	6 256	4 965	129.4	15.3
1979	2 067	6 464	5 005	123.3	16.8
1980	2 091	6 498	5 006	115.4	18.1
1981	2 104	6 611	5 053	106.0	19.8
1982	2 103	6 848	5 200	98.9	21.3
1983	2 098	7 086	5 356	92.6	22.7
1984	2 110	7 200	5 442	87.4	24.1
1985	2 111	7 436	5 640	82.4	25.6
1986	2 103	7 361	5 677	78.5	26.8
1987	2 049	7 427	5 869	74.5	27.5
1988	2 017	7 717	6 130	70.6	28.6
1989	2 031	8 134	6 380	66.7	30.4
1990	2 058	8 203	6 384	63.3	32.5
1991	2 068	8 343	6 500	59.8	34.6
1992	2 082	8 617	6 724	55.1	37.8
1993	2 068	8 551	6 765	50.9	40.6
1994	2 018	8 388	6 819	47.6	42.4
1995	1 951	8 467	6 986	44.3	44.0
1996	1 927	8 659	7 168	41.6	46.3
1997	1 899	8 629	7 206	39.4	48.2
1998	1 860	8 549	7 242	37.4	49.7
1999	1 816	8 513	7 336	35.4	51.3
2000	1 764	8 415	7 401	33.6	52.5
2001	1 725	8 312	7 388	32.2	53.6
2002	1 726	8 380	7 459	31.0	55.7
2003	1 719	8 405	7 610	29.8	57.7
2004	1 690	8 285	7 732	28.8	58.7
2005	1 655	8 293	7 894	27.7	59.7
2006	1 636	8 091	7 867	26.6	61.5
2007	1 592	8 020	7 988	25.4	62.7
2008	1 533	7 944	8 011	24.4	62.8
2009	1 500	7 881	8 088	23.1	64.9
2010	1 484	7 631	8 046	21.9	67.8
2011	1 484	7 534	8 034	21.0	69.9

资料来源:农林水产省统计信息部。

附表 2　2011 年都道府县养殖户数及头数的排列

养殖户数			养殖头数		
顺序	地区	户数	顺序	地区	头数
1	北海道	7 500	1	北海道	827 900
2	岩　手	1 310	2	栃　木	53 000
3	栃　木	949	3	岩　手	46 900
4	千　叶	895	4	熊　本	43 600
5	宫　城	708	5	群　马	39 200
6	群　马	706	6	千　叶	38 400
7	熊　本	705	7	爱　知	31 100
8	福　岛	548	8	茨　城	29 600
9	茨　城	515	9	宫　城	23 500
10	兵　库	477	10	长　野	19 500
11	长　野	475	11	兵　库	18 400
12	爱　知	404	12	冈　山	18 100
13	冈　山	385	13	福　岛	17 100
14	山　形	379	14	福　冈	16 600
15	宫　崎	331	15	鹿儿岛	16 200
16	埼　玉	327	16	静　冈	15 700
17	静　冈	302	17	大　分	15 200
18	神奈川	295	18	宫　崎	13 800
19	福　冈	294	19	青　森	13 500
20	新　泻	284	20	山　形	13 400
21	青　森	269	21	埼　玉	12 400
22	鹿儿岛	240	22	鸟　取	10 400
23	广　岛	205	23	広　岛	9 970
24	长　崎	196	24	岛　根	9 930
25	大　分	193	25	长　崎	9 690
26	鸟　取	184	26	新　泻	9 220
27	岐　阜	178	27	神奈川	8 870
28	爱　媛	162	28	岐　阜	7 940
29	岛　根	159	29	爱　媛	7 350
30	秋　田	151	30	三　重	6 500
31	德　岛	151	31	德　岛	6 340
32	香　川	120	32	秋　田	6 060
33	佐　贺	94	33	香　川	5 300
34	山　梨	86	34	京　都	4 980
35	冲　绳	86	35	高　知	4 710

续表

养殖户数			养殖头数		
顺序	地区	户数	顺序	地区	头数
36	高　知	85	36	冲　绳	4 660
37	京　都	84	37	石　川	4 330
38	滋　贺	78	38	山　梨	4 140
39	山　口	78	39	佐　贺	4 060
40	石　川	73	40	滋　贺	4 000
41	三　重	67	41	奈　良	3 940
42	奈　良	62	42	山　口	3 680
43	富　山	61	43	富　山	2 570
44	东　京	55	44	东　京	1 870
45	大　阪	43	45	大　阪	1 750
46	福　井	35	46	福　井	1 370
47	和歌山	17	47	和歌山	750
	合　计	21 000		合　计	1 467 000

资料来源：农林水产省统计信息部。

附表 3　乳品企业及生乳处理规模

年份	乳品企业	日生乳处理规模					
		2 t 以上	2～10 t	10～20 t	20～40 t	40 t 以上	小计
1965	2 358	1 991	184	76	57	50	367
1970	1 714	1 248	215	101	68	82	466
1975	1 282	825	208	78	84	87	457
1980	1 118	632	192	85	103	106	486
1985	985	515	175	84	88	123	470
1990	930	473	159	81	68	149	457
1995	836	405	136	69	87	139	431
2000	766	400	105	56	67	138	366
2004	692	378	80	43	59	132	314
2005	688	385	77	42	60	124	303
2006	691	386	79	44	63	119	305
2007	655	367	69	43	54	122	288
2008	622	341	64	38	56	123	281
2009	612	330	70	42	54	116	282
2010	599	324	66	45	47	117	275
2011	628	362	72	30	46	118	266
增加率	－73％	－82％	－61％	－61％	－19％	136％	－28％

资料来源：农林水产省统计信息部及日本乳业年鉴。

附表 4　主要乳制品生产量及比例

t,%

年度	液态奶合计	比例	黄油	脱脂奶粉	炼乳	全脂奶粉	奶酪	调制奶粉	奶油	奶油类合计	比例	冰淇淋（千 L）	比例	总合计
1966	2 516 600.0	92.2	24 595	26 140	58 856	27 937	28 855	47 688	—	214 071	8	—	0	2 730 671.0
1970	3 216 200.0	90.8	42 137	70 117	76 212	36 294	40 429	61 487	—	326 676	9	—	0	3 542 876.0
1975	4 002 500.0	91.3	39 075	74 129	52 692	24 701	54 268	68 732	—	313 597	7	69 800.0	2	4 385 897.0
1980	4 860 300.0	90.2	65 172	127 432	75 145	32 704	66 088	64 887	—	431 428	8	97 100.0	2	5 388 828.0
1985	5 353 600.0	88.9	90 777	186 418	65 061	34 859	69 623	57 345	25 977	530 060	9	138 200.0	2	6 021 860.0
1990	6 302 100.0	90.3	74 722	177 062	63 618	33 692	84 058	55 719	44 718	533 589	8	145 200.0	2	6 980 889.0
1991	6 326 000.0	89.8	79 193	185 842	65 015	35 310	88 199	56 734	49 985	560 278	8	156 400.0	2	7 042 678.0
1992	6 362 500.0	89.4	99 804	213 220	62 176	33 701	95 836	56 045	44 566	605 348	9	151 800.0	2	7 119 648.0
1993	6 385 900.0	89.5	105 300	216 754	57 034	29 294	99 810	58 294	44 016	610 502	9	137 400.0	2	7 133 802.0
1994	6 808 700.0	90.6	76 199	181 165	58 666	29 888	103 035	48 617	51 157	548 727	7	157 000.0	2	7 514 427.0
1995	6 690 200.0	90.4	83 026	194 641	55 781	29 097	106 427	39 063	54 128	562 163	8	151 000.0	2	7 403 363.0
1996	6 836 000.0	90.5	85 958	200 357	51 446	21 808	109 377	37 752	65 061	571 759	8	149 700.0	2	7 557 459.0
1997	6 862 700.0	90.9	87 618	201 997	45 113	18 378	117 081	37 146	69 306	576 639	8	111 900.0	1	7 551 239.0
1998	6 810 500.0	90.8	88 111	198 088	43 288	18 524	123 729	34 615	72 928	579 283	8	109 400.0	1	7 499 183.0
1999	6 824 900.0	90.8	89 562	196 556	42 456	18 215	124 941	34 859	72 396	578 985	8	116 200.0	2	7 520 085.0
2000	6 621 700.0	91.0	79 929	184 650	40 868	17 989	120 557	34 625	79 961	558 579	8	98 400.0	1	7 278 679.0
2001	6 500 700.0	90.8	83 172	177 855	39 483	17 456	116 362	34 006	85 695	554 029	8	105 900.0	1	7 160 629.0
2002	6 587 800.0	90.8	79 598	178 905	39 879	17 021	118 779	36 876	92 100	563 158	8	102 400.0	1	7 253 358.0
2003	6 627 200.0	90.8	81 566	184 372	40 797	15 010	119 342	36 427	91 915	569 429	8	103 900.0	1	7 300 529.0
2004	6 544 400.0	90.6	80 555	182 656	42 714	14 659	119 496	35 269	91 273	566 622	8	112 600.0	2	7 223 622.0
2005	6 443 800.0	90.2	85 467	189 737	40 274	14 523	123 170	31 225	92 053	576 449	8	119 800.0	2	7 140 049.0
2006	6 404 900.0	90.2	78 001	177 036	43 271	13 882	124 186	29 740	97 928	564 044	8	132 300.0	2	7 101 244.0
2007	6 354 200.0	90.1	75 058	171 441	43 598	13 825	125 763	30 561	104 156	564 402	8	132 100.0	2	7 050 702.0
2008	6 117 600.0	90.2	71 898	155 282	45 475	13 573	116 877	30 591	107 521	541 217	8	123 600.0	2	6 782 417.0
2009	5 974 300.0	89.5	81 972	170 179	43 587	12 010	122 997	35 829	103 663	570 237	9	127 600.0	2	6 672 137.0
2010	5 945 588.0	89.8	70 119	148 786	41 761	14 242	127 029	32 015	107 965	541 916	8	131 875.0	2	6 619 379.4
2011	458 400.0	89.3	7 141	14 198	4 237	1 665	9 717	2 133	8 571	47 662	9	7 000.0	1	513 062.0
2012	473 133.0	89.7	6 959	14 050	4 556	1 292	10 549	1 602	9 099	48 106	9	6 288.0	1	527 527.3
累計	5 071 208.0	90.2	49 917	109 926	35 496	10 762	111 220	21 681	95 679	434 680	8	118 636.0	2	5 624 523.9

资料来源:农林水产省统计信息部。

附表 5　人均乳制品消费量

年份	总人口 （千人）	牛奶及乳制品国内生产量 （千 t）	牛奶及乳制品进口量 （千 t）	人均乳制品消费量 （kg）
1960	93 419	1 939	237	22.2
1961	94 287	2 180	276	24.9
1962	95 181	2 526	357	28.4
1963	96 156	2 837	481	32.8
1964	97 182	3 053	486	35.4
1965	98 275	3 271	506	37.5
1966	99 036	3 431	841	41.7
1967	100 196	3 663	964	43.3
1968	101 331	4 140	629	45.1
1969	102 536	4 575	568	47.3
1970	103 720	4 789	561	50.1
1971	105 145	4 841	569	50.7
1972	107 595	4 944	746	51.7
1973	109 104	4 898	1 032	52.6
1974	110 573	4 876	1 038	51.8
1975	111 940	5 008	1 016	53.6
1976	113 094	5 369	1 491	57.3
1977	114 165	5 846	1 295	59.4
1978	115 190	6 256	1 343	61.8
1979	116 155	6 464	1 439	64.7
1980	117 060	6 498	1 411	65.3
1981	117 902	6 612	1 455	68.0
1982	118 728	6 848	1 186	66.9
1983	119 536	7 086	1 508	70.4
1984	120 305	7 200	1 627	71.3
1985	121 049	7 436	1 579	70.6
1986	121 660	7 360	1 637	71.3
1987	122 239	7 428	1 767	75.8
1988	122 745	7 717	2 613	81.3
1989	123 205	8 134	2 175	80.6
1990	123 611	8 203	2 237	83.2
1991	124 101	8 343	2 675	84.8
1992	124 567	8 617	2 444	83.5
1993	124 938	8 550	2 434	83.5
1994	125 265	8 388	2 841	89.8
1995	125 570	8 467	3 286	91.2
1996	125 859	8 659	3 418	93.3
1997	126 157	8 629	3 498	93.2
1998	126 472	8 549	3 507	92.4
1999	126 667	8 513	3 683	93.0
2000	126 926	8 414	3 952	94.2
2001	127 316	8 312	3 896	93.0
2002	127 486	8 380	3 783	92.9
2003	127 694	8 405	3 925	93.0

续表

年份	总人口（千人）	牛奶及乳制品国内生产量（千 t）	牛奶及乳制品进口量（千 t）	人均乳制品消费量（kg）
2004	127 787	8 284	3 995	93.9
2005	127 768	8 293	3 836	91.8
2006	127 770	8 091	3 958	92.2
2007	127 771	8 024	4 020	93.3
2008	127 692	7 946	3 503	86.3
2009	127 510	7 881	3 491	86.4
2010	128 057	7 631	3 528	88.6
2011	127 799	7 534	4 017	85.8

资料来源:农林水产省统计信息部及日本统计年鉴。

附表 6 牛奶及乳制品进出口贸易量

千 t

年份	牛奶及乳制品出口量								
		乳制品							
			全脂炼乳	脱脂炼乳	全脂奶粉	脱脂奶粉	婴儿奶粉	黄油	奶油奶酪
1960	237	237	0	0	0	31	0	1	1
1961	276	276	0	0	0	33	0	4	0
1962	357	357	0	0	0	42	0	5	0
1963	481	481	0	0	0	57	0	7	0
1964	486	486	0	0	0	56	0	8	0
1965	506	506	0	0	0	52	0	11	1
1966	841	841	0	0	2	62	0	21	9
1967	964	964	0	0	7	60	0	23	14
1968	629	629	0	0	0	40	0	27	0
1969	568	568	0	0	0	23	0	31	0
1970	561	561	0	0	0	14	0	35	0
1971	569	569	0	0	0	0	0	35	2
1972	746	746	1	0	0	16	0	35	11
1973	1 032	1 032	1	0	0	20	0	42	25
1974	1 038	1 038	1	0	0	31	0	48	15
1975	1 016	1 016	0	0	0	28	0	48	14
1976	1 491	1 491	0	0	0	28	0	58	17
1977	1 295	1 295	0	0	0	14	0	66	3
1978	1 343	1 343	1	0	0	14	0	71	1
1979	1 439	1 439	0	0	0	12	0	76	1
1980	1 411	1 411	0	0	0	12	0	71	0
1981	1 455	1 455	0	0	0	13	0	74	1
1982	1 186	1 186	0	0	0	16	0	72	4
1983	1 508	1 508	0	0	0	12	0	75	1
1984	1 627	1 627	0	0	0	20	0	81	1
1985	1 579	1 579	0	0	0	11	0	80	1
1986	1 637	1 637	0	0	0	10	0	85	0
1987	1 767	1 767	0	0	0	8	0	97	1

续表

年份	牛奶及乳制品出口量								
		乳制品							
			全脂炼乳	脱脂炼乳	全脂奶粉	脱脂奶粉	婴儿奶粉	黄油	奶油奶酪
1988	2 613	2 613	0	0	0	32	0	117	22
1989	2 175	2 175	0	0	0	15	0	110	8
1990	2 237	2 237	0	0	0	15	0	114	8
1991	2 675	2 675	0	0	0	43	0	124	16
1992	2 444	2 444	0	0	0	21	0	131	1
1993	2 434	2 434	0	0	0	6	0	138	0
1994	2 841	2 841	0	0	0	23	0	145	0
1995	3 286	3 286	1	0	0	41	0	159	1
1996	3 418	3 418	1	0	0	38	0	168	1
1997	3 498	3 498	1	0	0	34	0	173	1
1998	3 507	3 507	1	0	0	22	0	183	1
1999	3 683	3 683	1	0	0	21	0	190	0
2000	3 952	3 952	1	0	0	21	0	209	0
2001	3 896	3 896	1	0	0	14	0	206	0
2002	3 783	3 783	1	1	0	3	0	196	7
2003	3 925	3 925	1	0	0	3	0	204	11
2004	3 995	3 995	1	0	0	3	0	216	8
2005	3 836	3 836	1	0	0	3	0	207	5
2006	3 958	3 958	1	0	0	6	0	214	4
2007	4 020	4 020	1	1	0	2	0	220	13
2008	3 503	3 503	1	0	0	3	0	180	15
2009	3 491	3 491	1	0	0	9	0	192	0
2010	3 528	3 528	1	0	0	3	0	199	2
2011	4 017	4 017	1	0	0	2	0	222	14

年份	牛奶及乳制品出口量								
		乳制品							
			全脂炼乳	脱脂炼乳	全脂奶粉	脱脂奶粉	婴儿奶粉	黄油	奶油奶酪
1960	0	0	0	0	0	0	0	0	0
1961	0	0	0	0	0	0	0	0	0
1962	0	0	0	0	0	0	0	0	0
1963	0	0	0	0	0	0	0	0	0
1964	0	0	0	0	0	0	0	0	0
1965	0	0	0	0	0	0	0	0	0
1966	0	0	0	0	0	0	0	0	0
1967	0	0	0	0	0	0	0	0	0
1968	0	0	0	0	0	0	0	0	0
1969	0	0	0	0	0	0	0	0	0
1970	0	0	0	0	0	0	0	0	0

续表

年份	牛奶及乳制品出口量								
		乳制品							
			全脂炼乳	脱脂炼乳	全脂奶粉	脱脂奶粉	婴儿奶粉	黄油	奶油奶酪
1971	0	0	0	0	0	0	0	0	0
1972	0	0	0	0	0	0	0	0	0
1973	0	0	0	0	0	0	8	0	0
1974	0	0	0	0	0	0	0	0	0
1975	0	0	0	0	0	0	0	0	0
1976	0	0	0	0	0	0	0	0	0
1977	0	0	0	0	0	0	0	0	0
1978	0	0	0	0	0	0	0	0	0
1979	0	0	0	0	0	0	0	0	0
1980	8	8	0	0	0	1	0	0	0
1981	5	5	0	0	0	1	0	0	0
1982	6	6	0	0	0	1	0	0	0
1983	0	0	0	0	0	0	0	0	0
1984	0	0	0	0	0	0	0	0	0
1985	0	0	0	0	0	0	0	0	0
1986	0	0	0	0	0	0	0	0	0
1987	0	0	0	0	0	0	0	0	0
1988	1	1	0	0	0	0	0	0	0
1989	1	1	0	0	0	0	0	0	0
1990	3	3	0	0	0	0	0	0	0
1991	3	3	0	0	0	0	0	0	0
1992	2	2	0	0	0	0	0	0	0
1993	4	4	0	0	0	0	0	0	0
1994	4	4	0	0	0	0	0	0	0
1995	4	4	0	0	0	0	0	0	0
1996	6	6	0	0	0	0	0	0	0
1997	7	7	0	0	0	0	0	0	0
1998	7	7	0	0	0	0	0	0	0
1999	8	8	0	0	0	0	0	0	0
2000	13	13	0	0	0	0	0	0	0
2001	10	10	0	0	0	0	0	0	0
2002	7	7	0	0	0	0	0	0	0
2003	10	10	0	0	0	0	0	0	0
2004	9	9	0	0	0	0	0	0	0
2005	8	8	0	0	0	0	0	0	0
2006	14	14	0	0	0	0	0	0	0
2007	24	24	0	0	0	2	0	0	0
2008	18	18	0	0	0	0	0	0	0
2009	24	24	0	0	0	0	0	0	0
2010	21	21	0	0	0	0	0	0	0
2011	8	6	0	0	0	0	0	0	0

资料来源：农林水产省统计信息部。

附表 7 每千克原料奶的生产成本

日元

年份	物资成本														人工成本	成本合计	生产成本（减去副产物收益）	支付的利息及地租费	全部加算的生产成本
	合计	防疫费	饲料费	牛床垫料费	水电费	其他资费	兽医及医药费	租赁费	税金	奶牛摊销费	建筑费	自动车费	农器具费	生产管理费					
1951	—	—	16.63	—	—	—	—	0.89	1.37	4.92	0.53	—	0.33	—	6.67	30.79	22.41	—	25.01
1952	—	—	18.25	—	—	—	—	1.02	1.36	6.56	0.5	—	0.41	—	6.99	34.74	27.83	—	30.32
1953	—	—	16.87	—	—	—	—	1	1.2	6.95	0.5	—	0.41	—	6.19	32.83	24.56	—	27.32
1954	—	—	17.08	—	—	—	—	1.07	1.17	6.37	0.53	—	0.43	—	6.68	33.04	25.49	—	28.49
1955	—	—	18.15	—	—	—	—	1.1	1.28	4.43	0.57	—	0.55	—	7.06	32.54	26.63	—	29.23
1956	—	—	18.44	—	—	—	—	1.19	1.43	4.05	0.59	—	0.5	—	7.07	32.45	26.05	—	28.64
1957	—	—	18.43	—	—	—	—	1.17	1.34	4.11	0.61	—	—	—	6.66	32.09	25.81	—	28.62
1958	—	—	18.93	—	—	—	—	1.21	1.28	3.99	0.61	—	—	—	7.84	33.79	28.04	—	30.76
1959	—	—	18.09	—	—	—	—	1.19	1.16	3.77	0.58	—	0.58	—	7.52	32.31	26.79	—	29.46
1960	—	—	18.26	—	—	—	—	1.22	1.2	3.85	0.59	—	0.61	—	7.35	32.41	26.62	—	29.31
1961	—	—	19.79	—	—	—	—	1.35	1.24	4.39	0.67	—	0.73	—	7.88	35.34	29.02	—	31.88
1962	—	—	20.28	—	—	—	—	1.28	1.3	4.88	0.58	—	0.79	—	8.14	36.39	30.41	—	33.33
1964	—	—	21.28	—	—	—	—	1.49	—	4.02	0.69	—	0.88	—	9.38	38.19	32.87	—	35.85
1965	—	—	21.29	—	—	—	—	1.57	—	3.4	0.78	—	0.99	—	9.78	38.23	33.05	—	35.11
1966	—	—	21.92	—	—	—	—	1.65	—	3.24	0.74	—	1.01	—	9.46	38.44	32.61	—	35.7
1967	—	—	23.18	—	—	—	—	1.8	—	3.7	0.82	—	1.06	—	9.56	40.55	34.12	—	37.65
1968	—	0.48	15.37	0.61	0.43	—	0.66	0.5	0.52	4.03	0.89	—	1.08	—	9.6	40.28	34.08	—	38
1969	—	0.52	15.31	0.63	0.44	—	0.71	0.49	0.61	4.25	0.93	—	1.13	—	9.76	41.15	35.02	—	38.98
1970	—	0.53	15.76	0.58	0.44	—	0.75	0.54	0.67	4.07	0.92	—	1.21	—	9.93	41.99	36.57	—	40.56
1971	—	0.55	24.25	0.6	0.47	—	0.74	0.57	0.67	3.89	1.02	—	1.23	—	10.45	43.8	38.67	—	42.96
1972	—	0.57	24.63	0.59	0.48	—	0.77	0.63	0.69	3.75	0.95	—	1.28	—	10.45	44.13	38.68	—	43.04
1973	—	0.61	25.89	0.6	0.52	—	0.83	0.69	0.73	3.92	0.94	—	1.38	—	10.99	46.38	36.32	—	40.96
1974	—	0.72	33.29	0.67	0.67	—	1.01	0.84	0.88	4.82	1.45	—	1.5	—	14.13	59.11	49.62	—	55.28
1975	—	0.84	40.77	0.77	0.9	—	1.25	1.08	1	5.43	1.61	—	1.92	—	17.38	71.96	64.87	—	71.16
1976	—	0.95	43.29	0.82	0.96	—	1.41	1.23	1.13	5.53	1.55	—	2.15	—	24.28	82.19	75.49	—	82.34
1977	—	1.01	45.8	0.88	1.07	—	1.48	1.38	1.08	6.01	1.52	—	2.34	—	23.99	85.48	78.84	—	85.8
1978	—	1.11	44.74	0.92	1.12	—	1.45	1.34	1.14	6.16	1.65	—	2.63	—	24.11	85.23	78.12	—	85.35
1979	—	1.18	42.69	0.89	1.2	—	1.65	1.41	—	6.3	1.66	—	2.83	—	24.28	84.09	74.2	—	81.8
1980	—	1.27	46.51	0.87	1.43	—	1.72	1.41	—	6.31	1.8	—	3.13	—	24.96	89.41	75.45	—	83.81
1981	—	1.26	50.19	0.89	1.69	—	1.8	1.15	—	6.64	1.81	—	3.24	—	25.84	94.51	83.28	—	91.77
1982	—	1.21	51.26	0.93	1.84	—	1.81	0.96	—	6.38	1.77	—	3.31	—	26.09	95.56	85.39	—	93.79

续表

年份	物资成本														人工成本	成本合计	生产成本(减去副产物收益)	支付的利息及地租费	全部加算的生产成本
	合计	防疫费	饲料费	牛床垫料费	水电费	其他资费	兽医及医药费	租赁费	税金	奶牛摊销费	建筑费	自动车费	农器具费	生产管理费					
1983	—	1.15	49.49	0.89	1.85	—	1.78	0.79	—	6.17	1.67	—	3.28	—	25.12	92.19	82.48	—	90.49
1984	67.22	1.15	49.82	0.83	1.83	—	1.78	0.75	—	6.15	1.67	—	3.24	—	24.33	91.55	82.39	—	90.23
1985	65.4	1.12	48.03	0.79	1.81	—	1.83	0.68	—	6.19	1.68	—	3.27	—	23.6	89	79.95	—	87.61
1986	60.59	1.08	43.86	0.78	1.77	—	1.77	0.65	—	5.8	1.66	—	3.22	—	22.64	83.23	73.72	—	80.97
1987	62.07	1.12	44.05	0.87	1.85	—	1.93	0.71	—	6	1.86	—	3.68	—	23.56	85.63	71.67	—	79.75
1988	59.54	1.15	41.83	0.88	1.78	—	2.02	0.67	—	5.78	1.8	—	3.63	—	22.85	82.39	65.88	—	73.67
1989	58.19	1.15	41.14	0.79	1.7	—	2.04	0.66	—	5.64	1.7	—	3.37	—	22.19	80.38	63.27	—	70.66
1990	58.47	1.15	41.79	0.75	1.66	—	2.07	0.68	—	5.56	1.68	—	3.13	—	21.61	80.08	62.59	—	69.85
1991	58.08	1.19	41.06	0.77	1.76	—	2	0.76	—	5.92	1.63	—	2.99	—	22.14	80.22	69.32	—	76.17
1992	57.01	1.18	37.04	0.72	1.7	—	1.94	0.81	1.27	8.66	1.47	—	2.1	0.12	24.08	81.09	73.56	75.16	79.99
1993	56.19	1.18	34.94	0.64	1.7	—	1.93	0.89	1.1	10.06	1.44	—	2.16	0.15	23.02	79.21	72.5	74.06	78.77
1994	56.04	1.15	33.78	0.66	1.74	—	1.91	0.94	1.09	11.03	1.44	—	2.15	0.15	22.69	78.73	72.33	73.83	78.39
1995	51.36	1.23	29.86	0.63	1.57	0.2	2	1.03	1.1	9.77	1.45	—	2.35	0.17	23.87	75.23	68.6	70.09	74.13
1996	51.54	1.19	30.92	0.59	1.54	0.17	1.94	1.06	1.12	9.03	1.5	—	2.29	0.19	23.38	74.92	68.46	69.93	73.84
1997	52.44	1.2	32.39	0.59	1.57	0.17	1.96	1.08	1.12	8.43	1.39	—	2.34	0.2	23.49	75.93	69.45	70.72	74.53
1998	52.87	1.22	32.34	0.61	1.59	0.17	1.98	1.08	1.12	8.74	1.4	—	2.41	0.21	25.07	77.94	72.11	73.45	77.15
1999	52.37	1.21	30.94	0.63	1.62	0.18	2.19	1.07	1.15	9.24	1.44	—	2.5	0.2	24.43	76.8	71.57	72.98	76.72
2000	51.62	1.22	30.15	0.63	1.59	0.16	2.22	1.09	1.15	9.22	1.5	—	2.49	0.2	23.3	74.92	69.81	71.18	74.92
2001	51.22	1.21	29.93	0.67	1.68	0.16	2.26	1.14	1.14	8.62	1.55	—	2.65	0.21	22.78	74	67.76	69.08	72.8
2002	52.14	1.2	30.9	0.66	1.66	0.15	2.25	1.14	1.12	8.63	1.58	—	2.63	0.22	22.36	74.5	68.78	70.11	73.78
2003	53.58	1.2	31.36	0.65	1.68	0.15	2.2	1.23	1.12	9.55	1.57	—	2.65	0.22	21.11	74.69	67.95	69.3	72.86
2004	54.25	1.2	31.7	0.66	1.72	0.15	2.27	1.32	1.12	9.65	1.67	—	2.57	0.22	20.18	74.43	67.6	68.9	72.49
2005	55.16	1.17	32.34	0.68	1.85	0.18	2.37	1.43	1.14	9.24	1.78	0.39	2.39	0.2	19.75	74.91	67.84	69.07	72.9
2006	63.81	1.37	36.68	0.79	2.33	0.2	2.78	1.61	1.32	11.21	2.01	0.45	2.81	0.25	22.13	85.94	77.46	78.89	83.16
2007	70.7	1.48	41.14	0.86	2.67	0.22	2.83	1.72	1.34	11.97	2.33	0.51	3.34	0.29	21.08	91.78	83.09	84.52	88.81
2008	74.09	1.44	43.91	0.91	2.78	0.22	2.87	1.75	1.33	12.13	2.4	0.53	3.56	0.26	20.71	94.8	87.16	88.58	92.62
2009	71.31	1.39	40.89	0.94	2.52	0.2	2.94	1.8	1.27	12.8	2.44	0.49	3.36	0.27	20.06	91.37	83.75	85.16	89.01
2010	72.47	1.4	40.86	1.02	2.69	0.19	3.08	1.85	1.26	13.36	2.51	0.5	3.48	0.27	20.04	92.51	83.67	85.05	88.82
2011	74.59	1.42	42.64	1.08	2.82	0.19	3	1.88	1.29	13.53	2.52	0.49	3.46	0.27	19.86	94.45	85.78	87	90.62

资料来源:农林水产省统计信息部。

附表 8　2011 年度按头数规模每千克原料奶的生产成本　　日元

项目			合计	1～20 头以下	20～30	30～50	50～80	80～100	100 头以上
物资成本	合计		7 459	8 617	7 789	7 571	7 161	7 367	7 392
	防疫费		142	183	171	153	146	133	121
	饲料费	小计	4 264	5 295	4 708	4 396	4 058	4 258	4 069
		流通饲料费	3 395	4 388	3 990	3 673	2 972	3 434	3 237
		牧草、放牧及采草费	869	907	718	723	1 086	824	832
	牛床垫料费		108	92	95	74	108	97	139
	水电费		282	318	256	295	265	326	275
	其他诸资费		19	18	23	31	13	13	17
	兽医费		300	355	295	316	274	250	320
	租金费		188	177	200	195	170	162	207
	税金		129	179	132	116	121	115	140
	奶牛摊销费		1 353	1 273	1 192	1 299	1 372	1 397	1 414
	建筑费		252	286	269	232	225	286	268
		摊销	191	246	205	173	171	211	202
	自动车费		49	107	72	73	38	33	30
		摊销	18	28	28	24	16	10	13
	农器具费		346	299	347	357	345	278	369
		摊销	156	141	153	156	151	124	176
	生产管理费		27	35	29	34	26	19	23
		摊销	1	2	1	1	1	0	0
人工成本	合计		1 986	4 318	2 996	2 489	1 922	1 533	1 186
	家族		1 796	4 146	2 845	2 356	1 752	1 192	976
	直接劳动费		1 840	3 972	2 780	2 316	1 773	1 436	1 097
	间接劳动费		146	346	216	173	149	97	89
		自给牧草相关劳动费	112	258	170	131	115	81	68
成本合计	合计		9 445	12 935	10 785	10 060	9 083	8 900	8 578
	购入		5 004	6 112	5 578	5 280	4 463	5 104	4 915
	自给		2 722	5 133	3 628	3 127	2 909	2 054	1 858
	摊销		1 719	1 690	1 579	1 653	1 711	1 742	1 805
副产物收益			867	916	770	785	929	832	899
	犊牛		657	508	521	578	699	659	736
减去副产物收益的生产成本			8 578	12 019	10 015	9 275	8 154	8 068	7 679
支付利息			65	35	39	49	79	55	79
支付地租			57	98	80	62	69	42	36
加算支付利息及地租的生产成本			8 700	12 152	10 134	9 386	8 302	8 165	7 794
自有资本利息			201	231	220	203	187	206	201
自有地租			161	174	138	148	205	195	126
加算资本利息及地租全额的生产成本			9 062	12 557	10 492	9 737	8 694	8 566	8 121

资料来源：农林水产省统计信息部。

注：1.“减去副产物收益的生产成本”也称“第一次生产成本”。

2.“加算资本利息及地租全额的生产成本”也称“第二次生产成本”。

北 美 洲

美国奶业发展报告

摘要：本文主要从奶牛养殖、乳品加工、消费、贸易等方面介绍了美国近50年奶业的发展情况，并阐述了美国奶业的科研进展、典型成果、计价体系、科研推广体系和相关政策制度，在此基础上结合我国奶业的发展现状及不足之处，提出美国奶业值得我国奶业借鉴和学习的经验。

美国位于北美洲中部，是世界最大的农产品生产国之一，虽然美国的农业人口仅占总人口数量的2%，但是农业收入占到国民收入的10%以上。其中畜牧业产值占农业总产值的60%，2011年牛奶产量达到8 900万t，占世界牛奶产量的15%左右，目前平均单产9 t以上，这要归功于美国奶业产业化和集约化的发展模式。经过50年的发展，奶牛场数量由1990年的19.4万个下降到2011年的5.1万个，奶牛存栏由1 724万头下降到920万头，但是平均每个奶牛场存栏奶牛数由51头提高到180头，说明大型牛场的比例不断增加，养殖规模不断扩大。由于美国西部有大面积的土地和草场适于规模化饲养奶牛，20世纪80年代起，美国奶业由东北部的传统奶业带向西部发展，西部和西南部奶业带快速崛起，现美国的奶牛养殖主要集中在加利福尼亚、威斯康星、爱达荷、纽约、宾夕法尼亚、密歇根等州。美国的奶业是以家庭农场为基础、机械化程度极高，一般1个人可以管理100头左右成母牛。几乎所有的奶牛场都采用先进的散栏式饲养方式和TMR饲喂技术。

美国对原料奶质量控制比较严格，形成了一套完整的质量保证体系。使用机械挤奶，牛奶全过程密封冷藏，在原料奶质量监控上有专员不定期检查，对不合格奶有严格的惩罚措施。此外，美国有完善的原料奶计价体系，将原料奶分类，加工厂分别用以制作不同乳制品，将用量上报农业统计局，再由统计局计算出各类别原料奶价格，实现按质论价。

作为一个奶业大国、乳制品加工强国，美国生产的乳制品主要有奶酪、液态奶、黄油、冰淇淋、浓缩产品、乳清粉等，其中加工成奶酪和乳清粉以及液态奶的比重达最大，特别是全脂奶酪产量比50年前提高了6.5倍，其他乳产品产量50年来变化幅度不大。每年美国人均消费乳产品约400 kg，其中脱脂牛奶比例最高，达到250 kg/年，其次是全奶和奶酪，近几年国外乳制品需求的上涨没有影响美国国内乳制品的消费，乳制品消费一直保持在一个稳定的状态，奶酪的人均消费量还在不断上涨。此外值得注意的是，美国政府拨出大量经费补贴扩展美国学生餐和学生奶计划，使得液体奶消费总量中大约7%是通过学校渠道消费的，这样不仅有利于儿童的健康，也增长了乳制品的需求，促进奶业发展。

美国不仅是一个生产、加工、消费大国，也是乳制品出口大国，2011年美国乳制品总出口量（总固体量）为147万t，相当于美国乳固体量总产量的13.3%。加之国际市场需求旺盛，美国乳制品出口量增加，乳制品价格总体上扬，使大部分乳制品产量同比出现不同程度的上涨，2011年生产的乳制品中，49%的脱脂奶粉，55%的乳清粉，69%的乳糖，7.6%的黄油和4.7%的奶酪均用来出口。其中出口的奶酪，全部乳清产品，乳糖和其他乳制品出口创汇达到了创纪录水平的48.2亿美元，墨西哥是美国乳品出口的最大消费国，其次为东南亚、加拿大、中国和中国香港地区、中东和北非地区、日本和韩国。大批量的出口是美国政府在关税上鼓励乳制品出口，控制乳制品进口的结果。

众所周知，科学技术在奶业发展中起着至关重要的作用。美国的科研机构由联邦政府研究机构、企业研究机构、高等院校和社会民间非营利组织构成，不同于其他国家，美国联邦政府没有对科研活动进行统一决策的管理机构，而是将这种集中管理的职能下放到各级部门和社会各界，从而最终形成了多方竞争的长期格局和产权化、自由化、多元化、规范化、民主化的特征。在育种和繁殖技术方面，美国建立了非常完善的奶牛育种体系，除科研机构开展的基础研究外，美国的奶牛育种公司也在奶牛品种的培育上起到了巨大的推动作用，其后裔测定规模是世界上最大的，占世界头数的25%，最后只有10%的候选公牛会成为种公牛，持续改良奶牛品种；此外美国广泛推行人工授精、胚胎移植、克隆技术和全基因组选择技术，奶牛冻精和胚胎除了满足国内需求外，还大量出口至其他国家和地区；在管理上，美国牛场十分重视奶牛饲料组成和日粮配方，基本都采用TMR饲喂方式；在疾病防治上，有完善的疾病管理规范；在奶牛场粪污处理与环境保护技术方面，美国对粪污排放有严格规定，设立了动物饲养环境保护法，现美国对牛粪的使用方向主要有3种：腐熟堆肥后直接还田、固液分离后做垫料以及生产沼气（或发电）。

为了促进科学技术的推广使用，美国联邦政府设有农业部，各州设有州农业厅，来制定法规和政策，进行宏观调控。又有农业技术推广委员会，负责大学、研究所、企业和各咨询服务机构技术推广的协调工作，在大学中还有推广教授，专门负责技术推广。

在政策上，自1933年来，美国就形成了完整的奶业政策，激发农民和乳品加工企业的生产热情，保障农民收入，促进奶业发展，包括促进奶业生产、加工、贸易、销售等各方面政策，对奶业发展进行补贴和保护。

美国不管是在牛奶生产、乳品加工、组织方式、价格协调、质量监督到市场管理，都有一套完整的体系和制度。有很多值得我们学习和借鉴的经验。首先，无论在育种、繁殖、管理等软件方面，还是设施设备等硬件方面，我国与美国奶业还有一定差距。我国在牛场的规模化与集约化水平和美国相比还有差距，提高规模化和集约化水平相当必要，但我国又需要根据国情，在没有丰富的饲草饲料和土地资源情况下，因地制宜，科学理性发展，重视环境的承载力，不可走先污染后治理的老路。其次，应更加重视科研的投入，加大科研技术推广力度，加强产学研的有效结合，行业应该重视牛奶质量控制检测环节，建立长效监督和惩罚机制，在奶牛品种改良上要舍得投入，认真扎实做好奶牛品种登记、生产性能测定、体型鉴定等基础工作。最后应完善奶业原料奶生产、加工、销售政策措施和管理制度，加大促进奶业和相关产业发展的补贴力度，保证奶业健康发展，避免恶性竞争。

关键词：美国　奶业　发展

1　奶业发展基本情况

1.1　奶牛养殖业发展

美国位于北美洲中部，东濒大西洋，西临太平洋，北靠加拿大，南接墨西哥。人口总数超过3亿，居世界第三，国土面积962万km^2，其中农业用地418万km^2，占美国总面积的43.5%。美国的农业人口仅占总人口数量的2%，但是农业收入占到国民收入的10%以上。美国2010年畜牧业产值为1 000亿美元左右，占农业总产值的60%，其中奶牛养殖业产值占畜牧业产值的30%。

2011年美国共有5.1万个奶牛场，存栏奶牛总数的94%以上为荷斯坦牛，4.5%为娟姗牛，1%为瑞士褐牛，其他是爱尔夏牛、更赛牛和短角牛。美国是世界上最大的牛奶生产国之一，牛奶产量超过8 900万t，占世界牛奶产量的15%左右，居世界第二位。原料奶的平均乳脂率为3.7%，乳蛋白率为3.1%。20世纪80年代起，美国由东北部的传统奶业带向西部发展，西部和西南部奶业带快速崛起，在加利福尼亚州和德克萨斯州近些年新建了很多大型牛场（图1）。

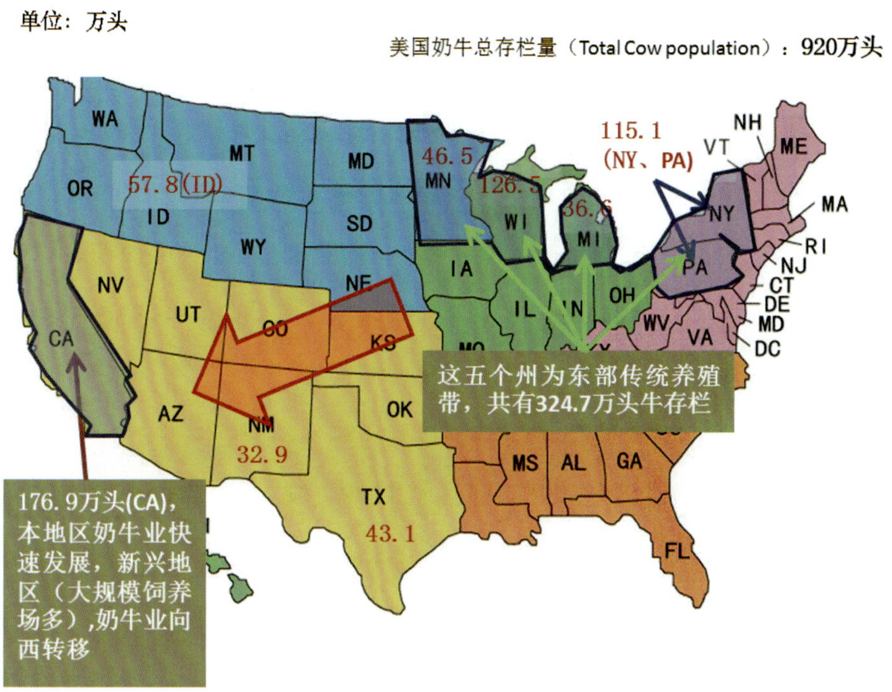

图 1　美国奶业带及其变化情况

资料来源：NASS。

1.1.1　美国奶牛养殖规模及产奶量变化

随着农业机械化程度和管理水平逐步提高，以及劳动力成本的上升，美国的牛场数量和奶牛养殖数量呈下降趋势，由于单产水平不断上升，牛奶总产量保持上升趋势。

1961 年美国有奶牛 1 724 万头，总产奶量 5 701 万 t，单产 3 307 kg，到 1 990 年奶牛存栏减少到 999.3 万头，牛奶总产量增加到 6 700 万 t，单产提高到 6 705 kg。2011 年美国成年母牛数量进一步减少到 920 万头(居世界第二位)，总产奶量提高到 8 902 万 t，成母牛单产达到 9 678 kg。1990 年美国的奶牛场数量为 19.4 万个，平均每个奶牛场存栏奶牛 51 头，经过 21 年的发展到 2011 年美国的奶牛场数量减少到 5.1 万个，减少了 73.7%，平均每个牛场饲养的成母牛头数提高到 180 头，养殖规模增加了 2.5 倍(图 2)。

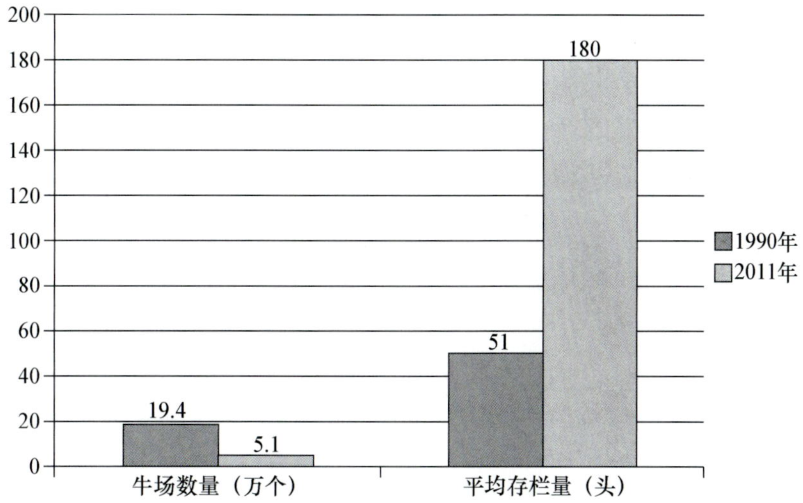

图 2　美国牛场数量及平均存栏量比较(1990 年和 2011 年)

资料来源：FAO，USDA。

从图 3 可以看出，1961 年以来美国奶牛存栏数呈显著下降趋势，但是 1990 年开始下降速度变慢。牛奶总产量和单产从 1961 年开始一直呈上升趋势，并且保持了较快的增长势头。

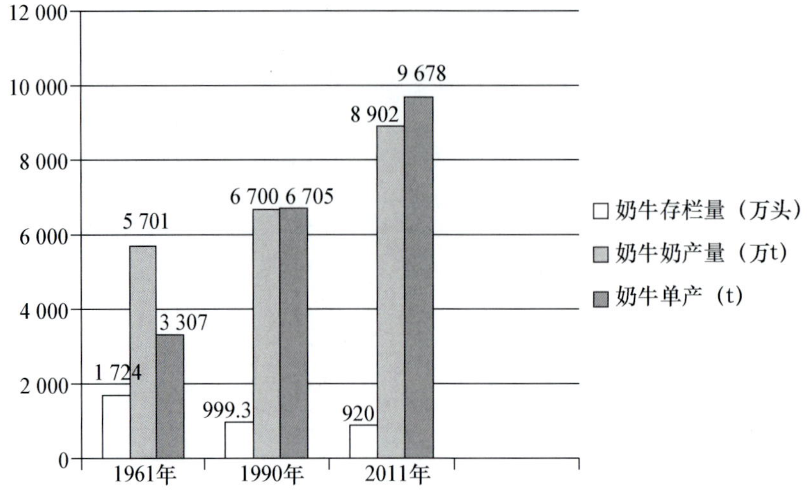

图 3 美国奶牛存栏数量，牛奶总产量及单产变化

资料来源：FAO。

1.1.2 奶牛养殖地区和养殖结构变化

美国的奶牛养殖主要集中在加利福尼亚州、威斯康星州、爱达荷州、纽约州、宾夕法尼亚州、密歇根州、德克萨斯州和明尼苏达州(表 1)。1994—2011 年间，加利福尼亚州和爱达荷州奶牛存栏数明显增加，分别增加了 57.9 万头和 28.6 万头，其他州增加幅度不明显，有的还有所下降，其中威斯康星州下降最多，减少了 24.6 万头。总体来看美国奶牛业发展重心由东北部向西部和西南部转移。

表 1 美国主要奶牛养殖地区 万头

年份	威斯康辛州	加利福尼亚	爱达荷州	纽约州	宾夕法尼亚州	德克萨斯州	明尼苏达州	密歇根州
1994	151.2	118.8	29.2	75.3	65.0	38.6	64.0	33.8
2011	126.5	176.9	57.8	61.0	54.1	43.1	46.5	36.6

资料来源：USDA/NASSMilk Production(1994,2011)。

2011 年美国产奶量前八名的州和奶牛存栏量前 8 名的州相同，各州具体所占比例如图 4，其中奶业发展新兴地区加利福尼亚州产量最高，达到 21.1%，其次是威斯康星，达到 13.3%。

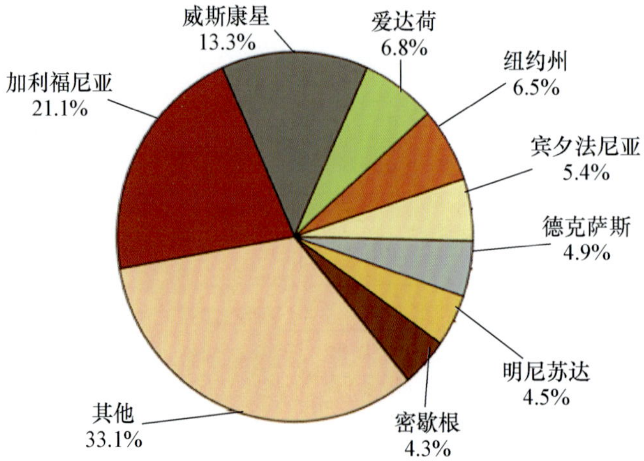

图 4 2011 年美国各州奶产量

资料来源：USDA/NASS Milk Production。

自 2001 年以来，美国奶业的整体趋势是向大规模牛场发展（500 头以上），大规模牛场奶牛存栏数和牛奶产量所占比例在不断提高。2011 年，美国大规模牛场的数量占到总牛场数的 5.7％，但其奶牛存栏占到 58.5％，牛奶产量占总产量的 62.9％（图 5，2012 年基本与 2011 年持平）。存栏数超过 2000 头的超大规模牛场数量增加幅度非常大，在 2001 年只占总牛场数的 0.3％，奶牛存栏和产奶量占 12％和 13％，但是到了 2011 年，超大规模牛场数量增至总数的 1.33％，奶牛存栏和产奶量分别提高到 32.5％和 34.6％。尽管美国的中小型牛场如中西部地区牛奶产量也有增加，但是牛奶生产重心继续向西部移动，牧场规模越来越大的趋势明显。

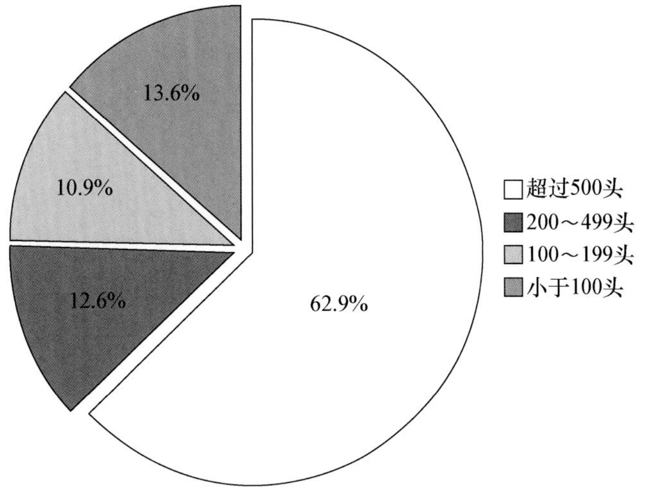

图 5 美国不同规模牛场产奶量分布（2011 年）

资料来源：NASS。

1.1.3 原料奶及饲料价格

2001—2011 年，美国的平均原料奶收购价在 12.18～19.21 美元/100 磅波动，单就价格而言，奶价在 2002 年、2006 年和 2009 年时偏低（图 6）。而料奶比参数比单纯奶价更具有参考价值，料奶比是指 1 磅蛋白质含量 16％的混合日粮的价值和多少磅牛奶的价值相等，即料奶比是指用 1 磅蛋白质水平为 16％的混合日粮可以购买多少磅牛奶。如果这个比率达到 3.0 或者更高，通常认为购买饲料生产牛奶是有利润的。最近一次年平均料奶比在 3.0 以上是 2005 年，此后，平均奶料比一直在下降，这很大一部分原因是由于饲料价格上涨。玉米的价格从 2005—2007 年增加了 110％，同时苜蓿草的价格从 2005 年到 2008 年增加了 59％（图 7）。玉

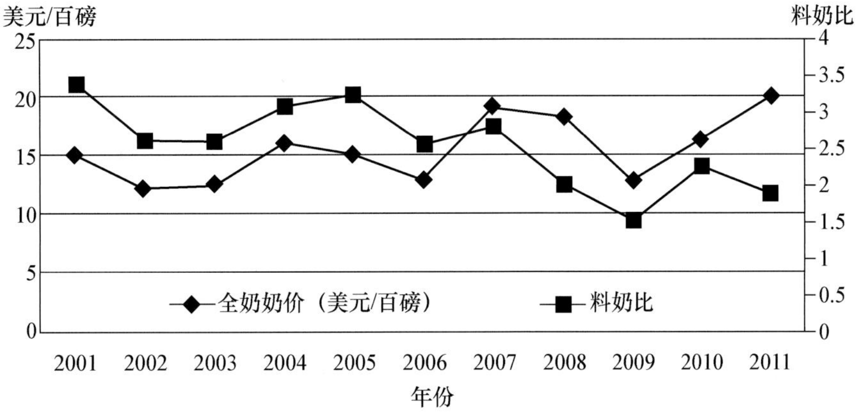

图 6 美国全奶价格和料奶比

数据来源：Overview of the United States Dairy Industry USDA，National Agricultural Statistics Service。

米、苜蓿草和大豆是奶牛传统日粮的常用原料，其中玉米和苜蓿草是用于计算奶料比的主要部分，大豆是这个计算中的较小组成部分。在 2007 年和 2008 年，尽管所有的奶价达到了历史新高，但是由于饲料价格过高，料奶比仍然在 3.0 以下。2009 年料奶比首次低于 2.0，2010 有所上升不过但仍低于 3.0，到 2011 年料奶比只有 1.87。

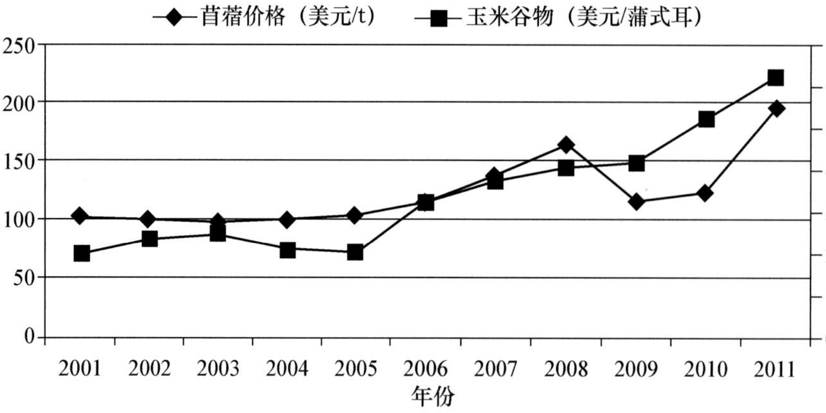

图 7　美国苜蓿草和玉米价格

数据来源：USDA，National Agricultural Statistics Service，FAO。

1.1.4　不同生理阶段奶牛及淘汰牛价格

美国每年屠宰的奶牛占其成母牛总量的 30%左右，2011 年美国共屠宰奶牛 291.4 万头（2012 年为 310.1 万头）。造成高屠宰率的主要原因是奶牛繁殖疾病、乳房炎及肢蹄病，此外后备牛数量较大（性控冻精的使用增加了母犊数量），有充足的牛源补充，在畜舍和挤奶厅等资源紧张的情况下，也加快了成母牛被淘汰的概率。根据牛只生理阶段、体况和怀孕情况，美国淘汰牛市场基本形成了透明和公正的交易价格（见表 2），对于病死牛不允许进入拍卖或销售环节。近年美国农业部（USDA）和食品药品管理局（FDA）加强了淘汰奶牛抗生素残留问题，加大了屠宰场牛只监测比例，有效降低了牛肉抗生素残留发生率，在一定程度上提高了养殖者对抗生素等药物的使用规范及停药期的认知。

表 2　美国不同生理阶段及淘汰牛价格

分类	价格（美元）	备注
产奶牛，体况较好	1.474～1.738/kg	
产奶牛，体况较差	1.21～1.452/kg	
淘汰牛	0.55～0.88/kg	92%，>0.88/kg 3%，0.704～0.858/kg 1%，0.572～0.682/磅 4%，<0.55/磅
经产新产牛	1 150～1 450/头	
头胎新产牛	1 100～1 400/头	
临产青年牛	1 000～1 300/头	
怀孕青年牛	950～1 275/头	
未配种后备牛	600～850/头	
大育成牛	200～550/头	
犊牛	0.88～2.2/kg	2%，2.2～4.378/kg 30%，1.54～2.178/kg 15%，0.88～1.518/kg 53%，<0.88/kg

资料来源：DairyLea，2011。

1.2 乳品加工业发展

美国生产的乳制品主要有奶酪、液态奶、黄油、冰淇淋、浓缩产品、乳清粉等，在 2010 年美国原料奶加工成乳制品的比例中，奶酪和乳清粉、液态奶的比重均达到 36%（表 3）。

表 3　2010 年美国加工成不同乳制品所用原料奶比例 %

乳制品	奶酪和乳清粉	液态奶	脱脂奶粉	冰淇淋类产品	浓缩产品	黄油
加工原料奶比例	36	36	8	5	5	4

资料来源：USDA/NASS。

自 1961 年以来，产量提高最明显的是全脂奶酪（图 8 和图 9），从 74.1 万 t 提高到了 480.6 万 t，产量提高了 6.5 倍。全脂奶粉产量变化相对稳定，由 1961 年的 3.7 万 t 降低到 3.2 万 t，其中 1991 年产量最高，达到 4.8 万 t，2001 年产量最低，只有 1.9 万 t。黄油产量变化也保持了相对稳定，从 1961 年的 69.7 万 t 提高到 2011 年的 82 万 t，1971 年美国黄油产量为最低，只有 52 万 t。脱脂奶酪产量呈现先增加后减少的趋势，由 1961 年的 36.4 万 t 增加到了 1971 年的 49.3 万 t，由此减少到 2011 年的 35.6 万 t。脱脂炼乳产量波动比较明显，最低产量出现在 1981 年的 33.8 万 t，最高产量为 2011 年的 73.1 万 t。脱脂奶粉在 1961 年产量

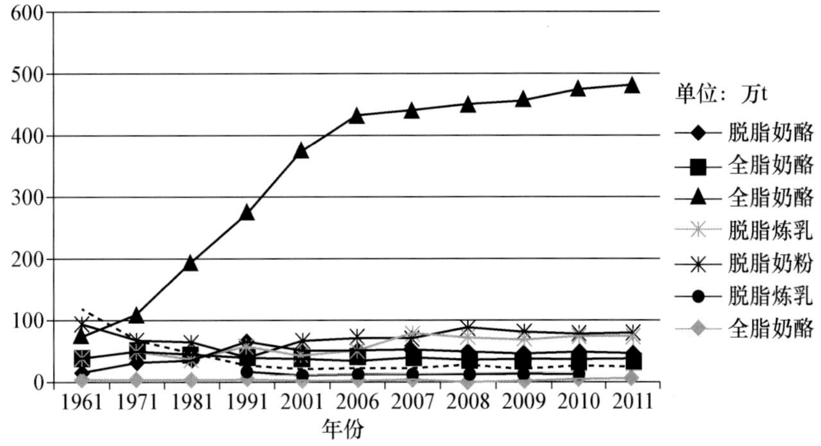

图 8　美国全脂奶酪与其他乳制品产量比较

资料来源：FAO。

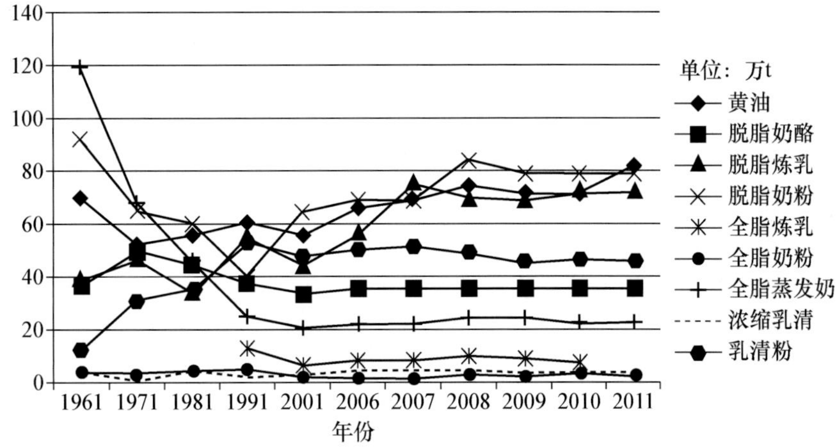

图 9　美国除全脂奶酪外其他主要乳制品产量变化比较

资料来源：FAO。

达到最高的 91.6 万 t,此后一直下降到 1991 年的 40.1 万 t,然后上升到 2011 年的 70.8 万 t。1961 年以来全脂炼乳呈现明显的下降趋势,由 1961 年的 119.3 万 t 下降到 2001 年的 20.5 万 t,又从 2001 年到 2011 年提高到 35.4 万 t。乳清粉呈现先上升后下降,由 1961 年的 12.3 万 t 提高到 1991 年的 52.9 万 t 后下降到 2011 年的 43.1 万 t。

从乳制品分产品产量来看,美国的黄油,全脂奶酪,脱脂奶粉的产量均为世界第一,乳清粉产量为世界第二,浓缩乳清粉产量为世界第三。

2011 年,由于国际市场需求旺盛,美国乳制品出口量增加,乳制品价格总体上扬,使大部分乳制品产量同比出现不同程度的上涨。与 2010 年同期相比,美国干酪、黄油、乳清粉、全脂奶粉、乳糖、浓缩乳清蛋白、乳清分离蛋白等产量同比均有不同程度的增加,脱脂奶粉(食用级)和乳清粉产量同比小幅下降(表 4)。

表 4　2010—2011 年美国部分乳制品生产情况

品名	2011 产量(万 t)	2011/2010 年同比变化(%)
干酪	481.650	1.56
黄油	81.97	15.57
脱脂奶粉(食用级)	69.07	−2.39
全脂奶粉	3.23	0.44
乳清粉	45.87	−0.9
浓缩乳清粉	19.24	2.54
乳清分离蛋白	2.81	0.82
乳糖	44.53	10.5

资料来源:USDA/NASS;北京东方艾格农业咨询有限公司。

1.3　乳品消费发展

自 1961 年以来,美国人均每年消费乳制品从 465 kg 逐步下降到 400 kg 左右,其中黄油、奶油呈缓慢下降趋势,从 1961 年的 3.31 kg 下降到 2010 年的 2.31 kg,1969 年至今,美国人均消费的黄油、奶油从未超过 2.5 kg。而奶酪的人均消费量稳定上涨,由 1961 年的 5.66 kg 上涨到 2010 年的 15.29 kg,除了在 2007 年出现了轻微的波动外(比 2006 年下降了 0.14 kg),一直处于上涨状态(表 5)。脱脂牛奶是美国人均消费量最高的乳制品,人均消费在 250 kg 以上,并且 50 年来消费量保持稳定,全奶消费量自 1961 年以来呈现波动下降趋势,1991 年至今保持在 120 kg/年。

表 5　美国主要乳制品人均消费　　kg/人

年份	奶油黄油	奶酪	脱脂牛奶	全奶
1961	3.31	5.66	265.81	190.63
1991	1.94	12.65	255.89	127.94
1994	2.13	13.22	256.83	125.07
1997	1.82	13.53	250.01	117.44
2000	2.02	14.67	254	119.03
2003	2.02	15.07	257.38	117.25
2007	2.02	14.86	253.8	128.27
2010	2.31	15.29		

资料来源:FAO/USDA。

1.4　乳制品贸易发展

自 1961 年以来,全脂奶酪一直是美国进口量最多的产品,1974 年达到了 50 年来的第一次进口高峰,进口量为13.9万t。随后进口量出现波动，在2002年又一次到达50年来的最高峰18.7万t随后出现下降，到2009年，美国全脂奶酪的进口量为13.5万t。反观其出口情况，美国全脂奶酪的出口量总体保持增长，由1961年的0.4万t增加到2009年的8.1万t，不过在1973年、1988年和1998年出现过突然下降。

黄油、奶油是美国近50年来进口量显著增加的乳制品，1961年美国的黄油、奶油进口量仅为0.039万t，而在2009年已经增加到1.27万t。其中进口的高峰出现在2004和2005年，进口量超过4万t。而美国黄油、奶油出口变化波动比较明显，1961年出口量仅为0.26万t，而在1964年提升至7万t，随后又下降到1966年的5.5万t。20世纪80年代是美国黄油、奶油出口的又一高峰，1981年出口量达到5.4万t，1982年达到6.7万t，随后的十年呈下降趋势。到了1990年黄油的出口量又一次超过5万t，达到5.2万t，经过短暂的下降后到1993年达到创纪录的9.2万t，随后开始下降到2006年的0.9万t，美国黄油在2009年出口量为2.4万t。如果说在奶酪、黄油和奶油上美国进出口差距不大，那么在美国脱脂奶粉进出口上，其出口量要远远多于进口量，1961年，美国脱脂奶粉的进口和出口量分别在0.12万t和33.1万t。2011年进口和出口量分别为0.05万t和43.6万t，其中进口和出口的最高峰分别出现在1974年的12.5万t和1963年的50.7万t。

2011年美国出口的奶酪，全部乳清产品，乳糖和其他乳制品出口创汇达到了创纪录水平的48.2亿美元，比2010年的37.1亿美元增加了30%。在过去8年里，每年增加21%。墨西哥依然是美国乳品出口的最大消费国，2011年美国出口到墨西哥的乳制品价值达到11.6亿美元，其次为东南亚(9.63亿美元)、加拿大(4.96亿美元)、中国和中国香港地区(3.83亿美元)、中东和北非地区(3.75亿美元)、日本(2.77亿美元)和韩国(2.22亿美元)。

2011年乳制品总出口量(总固体量)为147万t，相当于美国乳固体量总产量的13.3%。在2009年和2010年，美国出口的乳固体量分别占到总量的9.3%和12.8%。美国2011年乳制品中，49%的脱脂奶粉，55%的乳清粉，69%的乳糖，7.6%的黄油和4.7%的奶酪均用来出口，其中奶酪和脱脂奶粉的出口创造了最高纪录。

1.4.1 美国乳清出口情况

美国2011年出口乳清蛋白45.14万t，比2010年略有降低。出口的甜乳清下降到了25.05万t，降低了1%。中国和东南亚依然是乳清出口的主要国家地区，占到了出口总量的50%以上，其中出口到中国的数量增加了16%，出口到东南亚的增加了1%。其余部分乳清粉主要出口到墨西哥，加拿大，日本和韩国。

1.4.2 美国脱脂奶粉出口情况

2011年美国农业部报道，美国出口了43.68万t的脱脂奶粉，比2010年增加了13%，出口了21.82万t全脂奶粉，同比减少59%。美国出口到墨西哥的奶粉达到18.09万t，同比增加了44%。出口到东南亚的数量和墨西哥差不多，主要出口到菲律宾，印度尼西亚和越南。墨西哥和东南亚占到了美国奶粉出口量的80%以上。

1.4.3 美国奶酪出口情况

2011年美国奶酪出口达到了22.5万t，比前一年增长了29%。出口对象主要是墨西哥，韩国，日本和中东北非地区。而墨西哥依然是美国奶酪的最大进口国，出口到墨西哥的奶酪达到了4.82万t。

1.4.4 乳糖出口情况

2011年美国乳糖出口比2010年增加了13%，达到了31.23万t。主要出口地区是大洋洲，出口量达到6.14万t，同比增加了75%。其次为中国、东南亚、日本和墨西哥。

2011年美国的乳品进口达到了29.3亿美元，增长了13%。按照乳固体计算，增加了4%，而出口的乳固体是进口的4倍之多。

1.5 美国的学生奶计划

美国政府推广学生奶，既有专门的计划，同时又与学生餐计划密切结合。这是美国实施这两大计划的一个重要特点。1943 年前，美国联邦政府依靠过剩农产品对学生餐、学生奶计划给予支持。1943 年通过立法，政府决定不论农产品是否出现过剩都将专门拨款用来开展这两项计划。1946 年，又对国家学生午餐计划(National School Lunch Program，NSLP)立法。1954 年，为增加学生液体奶的消费量，政府又拨出专款。1961 年，美国国会通过的农业法规定，继续给予补助。1966 年学生餐计划有了进一步发展，除学生午餐外，还根据儿童营养法实施早餐计划并与学生奶计划相配合。1975 年，美国联邦政府制定了长期营养计划。从上述的简要历史回顾看，美国推广学生餐、学生奶均有专门的计划，由政府来大力推动与支持，并通过立法给予保障，这是学生餐、学生奶计划顺利实施的关键。

随着全国学生午餐计划和学生早餐计划的扩展，1981 年以来液体奶消费总量中大约 7%是通过学校渠道消费的。美国奶业通过改进产品和印发营养教育材料来支持这些计划。1998 年，奶业管理公司以小学生为主向儿童销售乳制品的人数约达 1 000 万人。据该公司的报告，1997 年通过学校消费的牛奶达 122.65 万 t，比 1989 年增加 24.9%，其中通过学生午餐计划学生奶消费比重占 76.9%，通过学生早餐计划消费比重占 20.4%，通过专门学生奶计划消费比重占 2.7%。由此可见，学生午餐与早餐计划供奶是美国推广学生奶的主要途径。为了实施学生午餐计划，美国政府拨出大量经费，如 1998 年美国国会批准拨款 42 亿美元(1997 年度拨款 52 亿美元)，在 9.5 万所公立学校、非盈利私立学校和住校儿童关怀机构中实行，每个学习日约有 2 600 万人参加午餐计划，供应的食品达 60 多种。据美国农业部的学生营养与膳食评价研究，参加学生午餐计划的学生所消费的奶及乳制品数量比未参加者增加 1 倍。学生早餐计划的实施亦达到相当规模，目前在 7 万所公立学校、非盈利私立学校和儿童关怀机构中实行，共有 700 万人参加。1998 年度美国政府为此项计划拨款 13 亿美元(1997 年度为 12 亿美元)。值得指出的是，学生午餐与早餐计划是美国儿童营养计划的重要内容，除这两项计划外，还包括儿童与成年人食品关怀计划，每个月参加的儿童为 260 万人，成年人为 5.8 万人。

2 奶业科技进展

2.1 现代奶牛育种与繁殖技术

众所周知，科学技术在奶业发展中的作用占到 80%以上，而美国奶业科技和现代化水平位居世界前列，特别在育种方面。美国农业部建立了非常完善的奶牛育种体系，在 1953 启动了奶牛群体改良计划(Dairy Herd Improvement Program，DHIP)，经过多年的理论与实践探讨，形成了一套奶牛群体的遗传改良技术体系，其主要内容包括四个方面：一是规范的奶牛个体生产性能测定和体型外貌线性评定；二是通过定期的良种登记，培育和选育高产奶牛育种核心群；三是通过公牛的后裔测定和相应的遗传评定技术选育优秀种公牛；四是利用人工授精技术，将优秀种公牛的优良遗传物质推广到整个牛群，高效的改进全群的生产性能。

除了科研机构开展的基础研究外，美国的奶牛育种公司也在奶牛品种的培育和提高上起到了巨大的推动作用，尤其是在种公牛的培育和冻精的生产上。在 2008 年北美公牛 TPI(Total Production Index，总性能指数)排名前 100 名的种公牛中，约 70%来自美国的育种公司(28 头公牛来自 ABS 公司、22 头来自 CRI 公司、21 头来自 WWS 公司)(图 10)。

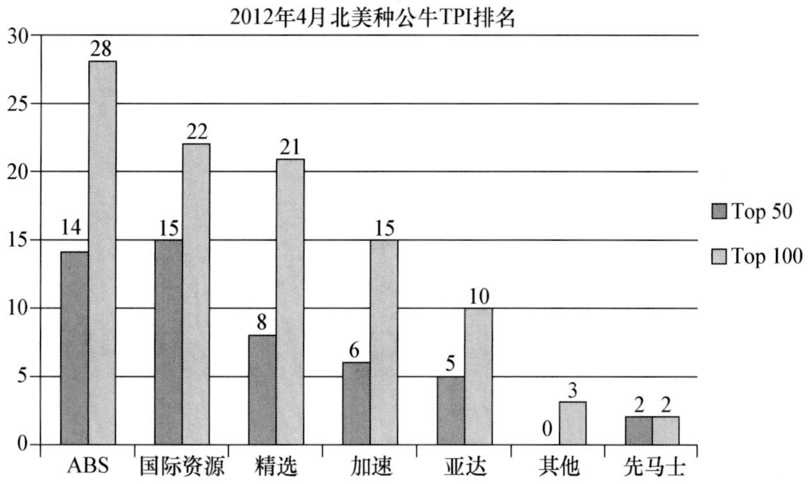

图 10　美国和加拿大育种公司在北美公牛 TPI 前 50 名和 100 名的比例

2.1.1　美国三大奶牛育种公司

ABS 公司成立于 1941 年，1968 年开始为牛场提供全基因组(GMS)选育选配服务，2011 年 ABS 公司在全球 80 多个国家的冻精销量突破 1 400 万剂，被公认为“牛育种的领导者”。2012 年 ABS 中国推广 GMS 选育选配服务，旨在为广大奶农提供更优质的服务，提高牧场的经济效益。ABS 在奶牛育种方面不只追求奶牛的产奶量和乳蛋白等生产指标，也加强了奶牛繁殖力、使用寿命和综合经济效益方面的选育。

美国环球种畜有限公司(WWS)由“精选公司”和“加速公司”投资创立于 1971 年。现有存栏公牛 2 600 多头，是世界最大的动物遗传物质销售公司，也是美国大多数人工授精合作组织的代表。2011 年，环球公司在全球销售冻精 1 900 多万剂，客户遍及全球 90 多个国家和地区，其中在中国销售 20 万剂，占美国出口中国冻精总额的 42%(美国国家动物育种者协会统计数据)。环球公司在奶牛育种、科研、培训等领域居世界领先地位，曾培育出对荷斯坦品种改良产生深远影响的名牛，如艾莱维申 1471007、拜尔 1667366、马克 1773417、黑星 1929410 等。环球公司在美国拥有现役种公牛 291 头，其中荷斯坦种牛 218 头、其他 12 个肉用品种牛 78 头，种牛冷冻精液在美国的市场占有率为 50%。环球公司每年后测 550 头青年公牛，其中荷斯坦牛 470 头、娟珊牛 55 头、瑞士褐牛 16 头、更赛牛 7 头和爱尔夏 2 头。除常规精液外，每年还生产性控冻精 60 万剂，并根据市场的需求不断地提高产量。

美国国际资源育种公司(CRI)由 Genex(有 60 多年历史，是全球久负盛名的四大育种公司之一)、AgSource(有 100 多年历史，是世界著名 DHI 检测中心之一)和 Central Livestock Association(有 85 年历史，是美国著名活畜交易系统之一)三方组成，是世界上最大的综合型家畜育种公司。拥有全美最大的行销市场及技术服务人员，业务范围包括种公牛的选育、常规冻精、性控冻精以及胚胎的生产和销售。提供人工授精、胚胎移植、DHI 检测和奶牛场经营管理技术服务、建立后裔测定系统、建立计算机选种选配系统、各种奶业技术专项培训，以及种畜进出口和其他服务。CRI 常年拥有种公牛 1 500 头，其中现役种公牛 80 余头。每年后测 300 头荷斯坦后备公牛，45 头其他品种公牛，拥有世界上最大的后裔鉴定体系。根据后代女儿表现逐步筛选留种公牛。CRI 有两种育种方式，留种率亦各有不同，常规育种方式是 1∶11；采用 MOET(超数排卵和胚胎移植)方式，因为效率较高，留种率可达 1∶6。CRI 每年生产的冻精中有 450 万支用于美国国内；200 万支用于出口；在印度的合资公司每年还生产 400 万支冻精，供印度国内使用。总体来说，CRI 每年大约生产 1 050 万支冻精，销售和使用范围覆盖全球 60 多个国家。

2.1.2 美国的荷斯坦奶牛

奶牛育种的进展是遗传变异、准确的基因型测定及选择强度的产物。这 3 种要素都存在遗传进展就可以实现，其中任何一种不存在时，就没有育种进展。

长期以来，荷斯坦奶牛一直是美国最主要的奶牛品种，目前在美国 900 多万头奶牛中，荷斯坦奶牛的存栏量已经占到了 94%。1885 年美国育种者联合成立美国荷斯坦—弗里生牛协会(Holstein-Friesian Association of America)，1994 年更名为美国荷斯坦协会(Holstein Association USA，Inc.)，提出了用他们自己的基础牛群改良和培育美国荷斯坦奶牛的目标。

美国荷斯坦牛的登记群体可分为 3 类：

(1)注册的荷斯坦牛：是荷斯坦协会封闭式种畜簿注册过的纯种祖先的后代。经过验证，确认其祖先纯正之后，协会方给公牛和母牛签发官方证件。

(2)确认的荷斯坦牛：是注册过的荷斯坦公牛同已知为美国荷斯坦牛后代的母牛配种所生的母牛。这是纯的美国荷斯坦品种，由荷斯坦协会签发给官方确认报告。

(3)未注册的荷斯坦牛：在美国几乎所有荷斯坦牛都是纯种的，虽然还有许多荷斯坦牛，既未在荷斯坦协会注册也未被确认，但是它们的毛色同具有纯种祖先的荷斯坦牛相同。

2.1.3 美国奶牛的育种性状与评价指标

奶牛群体改良(Dairy Herd Improvement，DHI，国内翻译为生产性能测定)是国际上通常用以代表奶牛生产性能测的体系。奶牛群体遗传改良的基础工作是对个体牛进行生产性能测定，建立完善的牛奶记录体系。DHI 测试每月一次统一采集每头泌乳牛的牛奶样，进行产奶记录、乳成分分析以及体细胞计数等工作，它是奶牛育种工作的基础，通过 DHI 测试的数据，作为评估公牛遗传素质的依据。同时，通过 DHI 测得的数据进行分析，可了解牛群的饲养管理水平和原料奶质量，作为改善饲养管理工作的依据。全美有 440 万头奶牛参加 DHI 测定，占美国奶牛总数的 48.7%，参加 DHI 测定的荷斯坦奶牛的平均产奶量为 9 974 kg、乳脂 3.65%、乳蛋白 3.06%。

动物模型代表了当前计算预期传递力(PTA's)的最佳方法。PTA's 是一头母牛或公牛未来传递给下一代的遗传优越性的估计。PTA's 包括产奶量、乳脂量、乳脂率、蛋白量、蛋白率、体细胞评分、生产寿命和净效益美元值，由美国农业部所属动物改良计划实验室(USDA-AIPL)计算。最终评分的 PTA's 值由美国荷斯坦协会计算。

要考虑年龄、产犊季节、泌乳期数和上一个泌乳期的空怀天数，对生产记录进行标准化。所有记录要调整到两次挤奶、305 d、成年当量的基础上。泌乳期长于 305 d 的，取前 305 d 的产量；泌乳期短于 305 d 的，将其校正为 305 d。理论上，只有那些因为出售、疾病、死亡和淘汰等环境因素导致提前断奶的记录才应该将其校正到 305 d，而那些由于自身遗传素质在 305 d 前断奶的记录，应该将其实际产奶量作为 305 d 产奶量。1983 年美国开始校正那些未达到 305 d 但还留在牛场中的牛只，并将其用于遗传评估中。实际在生产中，往往将所有产奶天数少于 305 d 的产奶量均校正到 305 d。年龄和泌乳阶段对最终评分的影响(Final Score)以及体型鉴定时线性性状产生的效应都被包括在动物模型的日常计算中。

目前有两种遗传评估的来源：美国国内的评估和由国际公牛组织核准的“多性状国家间交叉评估”(Multiple-traitAcross Country Evaluations，MACE)。美国国内验证结果只来源于美国本土的资料信息。其中产量方面的数据由全国奶牛群信息协会(National Dairy Herd Information Association，NDHIA)产奶记录系统提供，而体况评分的信息由荷斯坦协会体型鉴定计划组提供，用于体型方面的遗传评估。MACE 把全世界的遗传评估结合在一起。提供给 MACE 评估的数据既有来自单一国家的，也有多国的(这可能包括美国)。种牛可能因此有一种以上的遗传评估来源。为避免混乱，美国奶牛业已经建立了下述政策，以确定一头种牛的正式(已出版)验证结果：“国际公牛组织的 MACE 验证结果如果既包括了美国也包括外国的女儿,那将是正式的评估。如果国际公牛组织的 MACE 验证结果只含有外国的女儿,而且其可靠性比美国国内的评估结果高,那么国际公牛组织的 MACE 验证结果将是正式的。除此之外的其他所有情况下,美国国内的评估将是正式的验证结果。”

线性体型性状遗传评估是多性状分析的组合。考虑到已知线性性状与其他全部线性性状的遗传相关,多性状分析提高了评估的准确性。线性体型性状的遗传评估以标准传递力(Standard Transmitting Abilities,STA's.)表示。对线性性状采用标准数值是因为每个性状的平均预期传递力(PTA)有差异,并且各个性状的 PTA 范围也不同。STA's.简化解释了线性性状的遗传评估。其结果是全部线性性状都有其平均数“0”(零)值。STA's.值的范围通常是 6 个 STA 单位。中间点或平均值为“0”。每个性状的正负极端值偏离平均数约 3 个 STA 单位。如图 11 表示一个线性性状的 STA 值的分布。这个曲线叫做正态分布或钟形曲线。奶牛中许多生物重要性性状都呈现这样的分布。

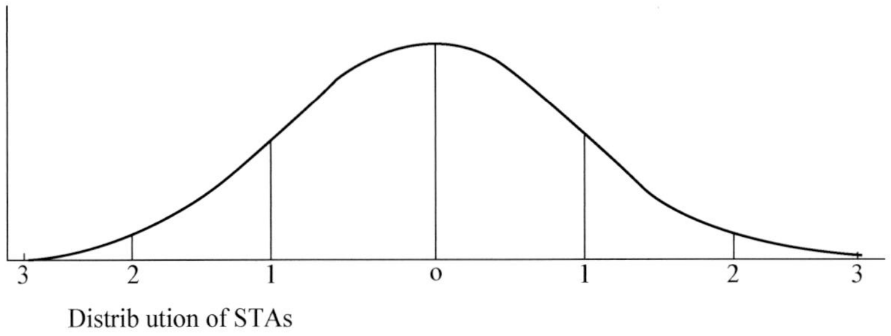

图 11　标准传递力(STA's)的分布

标准传递力(STA)可用来制定牛群的改良目标。育种家可列出其库存精液公牛必须满足的一个条件限度,或列出某一线性性状的平均 STA 作为其牛群育种计划的目标(表 6)。

表 6　2008 年 4 月公牛群体的平均 STA's

性状	平均 STA	方向	性状	平均 STA	方向
体高	0.88	高	前乳房附着	1.13	强
强壮度	0.48	强	后乳房高度	1.38	高
体深	0.60	深	后乳房宽度	1.31	宽
乳用特制	0.87	开	乳房韧带	0.91	强
尻角度	0.12	斜	乳房深度	0.81	浅
髋宽度	0.65	宽	前乳头分布	0.89	近
后肢侧视	0.38	直	后乳头分布	0.77	近
后肢后视	1.20	直	乳头长度	0.10	长
蹄角度	0.87	陡	乳房综合指数	1.05	高
肢蹄评分	1.03	高	肢蹄综合指数	0.97	高

总性能指数(Type Performance Index,TPI):总性能指数是包括几个性状的选择指数,按照这些性状的平衡数值来排列种牛。目前的 TPI 公式包括下列性状:生产寿命、体细胞评分、女儿妊娠率、女儿易产性、女儿产犊死胎率、PTA 蛋白、PTA 脂肪、PTA 体型、PTA 乳用特征和乳房综合指数。TPI 公式由美国农业部的动物改良计划实验室制定,多年来经过大量的改进以反映奶业的变化。最近的变化包括,在计算中增加了生产寿命和繁殖性状。

2.1.4　美国的公牛后裔测定

美国公牛的后裔测定也是世界上规模最大的(表 7),每年有 1 500 头优秀公牛参加后裔测定,占世界头数的 25%。经过 4~6 年的测定,最后只有 10%的候选公牛会成为种公牛。结果是奶牛品种获得持续、较大的改良,单产稳步增加,使美国成为全球最大的优质种公牛遗传物质的提供者。

表 7 主要奶业国家参加后裔测定的公牛数

全球	美国	德国	法国	荷兰	意大利	丹麦	加拿大	澳大利亚	新西兰	英国
6 000	1 400～1 600	850～950	600～650	450～500	300～350	300～350	300～350	200～250	200～250	150～200

资料来源：NAAB(2005)。

目前5个主要人工授精公司每年后裔测定1 400头公牛。后裔测定是人工授精组织最大的发展支出，每头公牛的测定成本在3万～4万美元之间。约有12%的公牛从后裔测定计划中毕业进入验证种牛的行列，由于每头青年公牛的平均投资为3万美元，所以每头验证公牛投入约25万美元。美国人工授精业利用独立的组织，包括美国农业部的动物改良计划实验室(USDA-AIPL)、大学、奶牛群体改良协会(DHIA)、牛奶记录协会、DRPC记录处理中心，奶牛品种协会和全国育种家协会(NAAB)，为全世界的奶牛养殖者提供准确的遗传评估值。这些独立的组织，结合440万头有正式测定的母牛，为持续的遗传进展打下了坚实的基础(表8)。

表 8 美国后测公牛数量(传统后测＋基因组选择) 头

试配年份	传统后测量	基因组选择青年公牛量	所有公牛
1980	750	0	750
1990	1 100	0	1 100
2000	1 050	0	1 050
2008	1 798	0	1 798
2009	1 909	337	2 246
2010	1 827	376	2 203
2011	1 441	467	1 908
2012	1 376	555	1 931

在20世纪90年代，一些人工授精组织利用遗传标记技术，有效地识别了一批出生的全同胞兄弟中哪一头能从父母那里继承更理想的基因样本。此外还提高后裔测定的成功率，比竞争对手有更多的验证公牛毕业。

遗传标记和基因测定可用来测定数量性状和有害的隐性基因：为了更快地筛选种牛，荷斯坦品种在过去的15年中用这些测定方法解决了两项致死隐性基因。牛白细胞黏附缺陷症(BLAD)和犊牛脊椎畸形综合征(CVM)，这两项隐性基因性状可追踪到全球育种计划广泛使用的荷斯坦公牛Carlin-M Ivanhoe Bell。这项具有决定性的基因测定，能使育种家很快地辨认出其牛群的基因型，人工授精公司随即自愿终止携带这两项基因公牛的后裔测定，导致这些基因频率迅速下降。

2.1.5 美国的全基因组选择计划

全基因组选择(Genomic Selection，GS)，即全体基因组范围的标记辅助选择(Marker Assisted Selection，MAS)，指通过检测覆盖全基因组的分子标记，利用基因组水平的遗传信息对个体进行遗传评估，获得更高的育种值估计准确度。美国组建的参考群体包括3 567头荷斯坦公牛，共计38 416个有效SNP用于预测方程，SNP检测采用Bovine SNP50芯片。预测方法与BLUP方法相似，不同之处为假设所有标记效应符合正态分布。针对所有性状基因组育种值平均估计可靠性达到50%，而仅仅利用系谱指数对青年公牛进行预测的平均可靠性仅为27%。

2010年，美国的参考公牛规模已经达到9 300头以上，并于2009年1月和8月在官方正式颁布的公牛育种值中包含基因组育种值，称为GPTA(Genomic Predicted Transmitting Ability)。

2.1.6 奶牛繁育技术

在奶牛繁育技术方面，美国主要采取人工授精和胚胎移植两项措施。

2.1.6.1 人工授精及种公牛培育

在20世纪50年代，在液冷冻和储存技术发展基础上，牛人工授精数量快速增长。在使用冷冻精液技术前都是鲜精加工，需要在1～2 d内给母牛配种。由于鲜精寿命短使得长距离运输困难。到1965年，美国大多数牛场采用冷冻精液技术，70年代趋于稳定。北美荷斯坦精液最早于20世纪60年代出口到欧洲，70年代的精液销售总量为1 431万剂，其中国内1 247万剂，出口184万剂。70年代数据表明，使用北美种牛精液配种出生的奶牛性能显著地超出当地的黑白花牛群体。由联合国粮农组织(FAO)于20世纪70年代在波兰进行的大规模试验确认了这一点，随后美国种牛精液对欧洲的出口大幅度增加。80年代精液销售总量为1 708万剂，其中国内1 277万剂，出口431万剂。80年代和90年代早期是美国人工授精公司的增长期，这些公司对他们的发展和后裔测定计划进行了再投资。90年代精液销售总量为2 094万剂，其中国内1 279万剂，出口815万剂。记录显示，80年代有少量、稳定的增长，90年代乳用品种精液的产量呈现大幅度的增长。随着人工授精业从区域性到全国再到国际性业务的发展，该行业同时经历了各种合并和并购的过程。2012年美国育种企业国内共销售2 300万剂奶牛冻精(同比增长2.13%)，其中荷斯坦奶牛冻精为1 997万剂(占86.8%)。2012年出口冻精1 658万剂，其中荷斯坦奶牛冻精为1 452万剂(占87.6%)。

根据美国动物育种家协会(NAAB)报告数据和美国康奈尔大学调查数据，约78%的成母牛和52%的青年母牛正在使用人工授精配种。由于人工授精种牛"易产性"(产犊难易度)数据的信息增加，在过去几年里用肉用公牛给青年母牛配种的数量减少。

与1981年相比，目前人工授精业的显著变化是，美国主要的人工授精公司的数量减少了。根据NAAB的报告，1981年时90%的精液是由11个人工授精组织生产的，现在同样90%的精液是由5家公司生产。这些公司包括3家大型合作公司：精选公司、遗传加速公司和GENEX合作公司(Select Sires，Accelerated Genetics和Genex Cooperative)，一家私有公司：亚达遗传公司(由荷兰人拥有)和一家上市贸易公司：ABS全球公司(作为GENUS上市公司在伦敦股票交易所交易)。

在20世纪八九十年代人工授精业发展的早期阶段，为了尽力识别出遗传品质在国内外表现都很优良的种牛，人工授精公司扩大了后裔测定计划的范围，这种后裔测定的目的是通过等位基因分离鉴别出能从父母接受到的优良基因样本。这个过程开始于8～10月龄的公牛，这些公牛是超级公牛的儿子，它们的母亲属于本品种最优良的母牛。然后对通过健康测定的青年公牛进行采精。精液随机分发到不同环境条件下多个群体的母牛中并尽快用于配种，这样才能尽可能快地得到验证数据。精液分发后3～4年即可得到遗传评估结果。

美国的人工授精业是自律性的组织，服从精液生产资格服务局(Certified Semen Services)的监督，必须满足动物鉴别、记录保存、疾病控制和精液质量的最低标准。全国动物育种家协会(NAAB)是人工授精业的贸易协会，负责协调会员的活动。

美国人工授精业建立在自律框架内。精液生产资格服务局(CSS)有限公司是NAAB独家拥有的附属机构，它使全国动物育种业能够自我建立规章，不需要政府的直接参与。建立于1976年并从1977年起，CSS一直提出有关精液鉴别的审查或视察计划，在过去的几年中，随着执行条件的变化CSS经过彻底的评审和评估，在精液健康要求和有关精液生产健康、鉴别的操作程序标准上进行了修改。

CSS是这样组织的，任何从事家畜采精和精液处理的人工授精组织，在签署了接受服务的协议后，都有资格参加并受惠于CSS的服务计划。作为会员资格的条件，所有NAAB的会员都被要求与CSS签署协议，但不要求NAAB的会员参加CSS组织。目前有32个人工授精公司参加到CSS，代表32个主要的生产地点和10个次要生产地点，共42个审查地点。这些审查地点位于22个州，另有一个在澳大利亚的维多利亚省。

CSS局长每年至少一次对每个人工授精公司办公室和精液生产设施进行突访视察。视察中，客观地检查精液鉴别、公牛健康有关的程序和记录情况，以确定其是否遵循了协议。同时完成本次检查或视察的报告，提供给该人工授精公司的总裁或经理。报告概述该公司的精液鉴别和公牛健康程序的执行情况，对任何不符合协议的地方提出恰当的整改建议。这份视察报告是保密的，只有CSS和被视察的人工授精公司才能得到。

CSS 还给任何参与 CSS 和其他愿意接受评估的人工授精管理公司提供一项自愿计划—人工授精中心管理实践评估计划(A. I. Center Management Practices Evaluation Program)。这份计划监督"CSS 人工授精中心管理实践指导方针"的执行情况,包括动物福利、饮水、兽医、专职照料和采精。这份计划提供统一的框架,用于监督人工授精公司的管理实践情况,并对参与 CSS 的组织或人工授精站是否关心动物福利提供文献证据。

2.1.6.2 胚胎移植

胚胎移植(EmbryoTransfer,ET)是指将动物的早期胚胎从体内取出,移植到另一头同种并且生理状态相同的雌性动物体内,使之继续妊娠发育为新个体的过程。供给胚胎的母畜通常称为供体,接受和孕育胚胎的母畜称为受体。经胚胎移植出的后代牛的遗传基因是从供体母畜和与供体母畜交配的公畜那里获得。这项技术一般用良种母畜作为供体,将生产性能差的个体作为受体,以"借腹怀胎"的方法最大限度地增加良种后代数量。胚胎移植是生物工程中的核心部分,它具有起点高、发展快,应用广,影响大等特点。世界上许多国家投入了大量的人力和资金,开展这方面的研究工作。20 世纪 70 年代以来,家畜胚胎移植技术在畜牧业中得到了迅速的发展和广泛的应用,现在牛的体外胚胎生产已经是一个相当成熟而且效率极高的技术,大大提高了美国种公牛的培育效率。自 1951 年美国第一头胚胎移植牛诞生以来,1990 年美国荷斯坦核心母牛群的 27.5%和最好种公牛的 44%来自胚胎移植的后代。美国每年参加后裔测定的青年公牛 80%来自胚胎移植。

2.2 现代奶牛饲养技术

2.2.1 奶牛饲养管理及人力配置

美国 20 世纪 50 年代奶牛的养殖方式主要为拴系饲养,进入 70 年代后,由于生产发展,资本积累和养殖规模扩大等,逐步演变为散栏饲养。美国奶牛场十分重视奶牛的科学饲养和管理工作,通过现代的科学饲养管理,提升牛奶产量和质量,获得较好的养殖效益。

美国劳动力市场价格高,牛场十分重视节约劳动力,充分发挥机械的作用。奶牛经营管理人员和饲养人员的数量与成母牛存栏的数量比约为 1∶100。在青贮收获和制作季节,他们也雇用一些临时工。在负有"奶牛之乡"(Dairy Land)盛名的威斯康星州,2011 年成母牛存栏 126 万头,由于劳动力比较昂贵,奶牛场经营者把如何节约劳动力和降低生产成本放在重要位置。牛场生产流程全部采用机械,一人操作多台机器,平均每名工人饲养 100～150 头泌乳牛以及相应的干奶牛、后备牛等。例如在 Leis 牛场,存栏规模为 3 630 头奶牛,其中 1 850 头泌乳牛,总共只有 25 名雇员,但奶牛场的人员配置部署有侧重点,挤奶工 12 名,产房 6 名工人,而只有 3 名工人来饲喂和管理 1 780 头犊牛,无兽医和配种员。高度的机械化和集约化加上科学高效管理措施,降低了生产成本,获得更多经济效益。

牛舍是牛场的基础设施之一,是高效率管理技术得以发挥的重要前提条件。目前美国比较典型的现代牛舍一般宽 30～40 m,檐高 4.0 m,脊高 9.0 m。两侧屋顶在脊中央距离约 60 cm,高大的举架和通透的屋脊起到了良好的通风作用。牛舍侧面多为卷帘,根据天气情况可自动或人工进行升降,为奶牛提供适宜环境温度。宽 6.0 m 的中央饲喂道将牛舍分为左右两侧,每侧 2～3 排牛栏休息区,并用沙子、干牛粪等垫料铺垫,增加了奶牛的舒适度,减少了肢蹄疾病发生;休息区与采食区分开,一般不设运动场,奶牛散栏饲养,自由采食;牛舍一般都安装喷淋和风扇降温设施,可自动控温(根据气温和湿度综合控制)。

奶牛场饲养规模的大小取决于多种因素,需综合考虑当地的气候、饲料原料的供应、管理水平、机械化程度、社会化服务体系等。一般美国西部(如加利福尼亚州,见图 12)和东部(纽约州)牛场规模较大,中部牛场规模较小(如威斯康星州),但总体趋势是大规模牛场数量不断增加。

图 12 美国加州典型牛场外观

近几年，部分牛场考虑到资源合理利用等因素，将后备牛与成母牛分开饲养。即采食初乳后的新生犊牛寄养到专业犊牛饲养场（一般至犊牛断奶或 6 月龄阶段转运回牛场）或饲养于临近自家牛场（饲养时间范围较宽，最长可能临近产犊前 3 周转运回牛场）。该养殖模式主要优点是降低成本，专注成母牛饲养和管理。

2.2.2 饲料组成与品质

美国牛场十分重视奶牛的饲料组成和日粮配方，大部分奶牛场聘请常年技术顾问，根据奶牛的产奶量和生理阶段，及时调整日粮配方。主要粗饲料为青贮玉米、苜蓿、小麦和燕麦等，最大限度地使用棉籽、菜籽、DDGS 等性价比较好的农副产品，并添加一些奶牛必需的添加剂，以满足奶牛对粗蛋白、能量、钙、磷、维生素和微量元素的营养需要。由于美国农业人口仅占 2%左右，而农场主通常拥有大片的农业用地，因而苜蓿草、玉米青贮等奶牛饲料来源十分充沛，价格便宜（一般为自有土地或租赁），而且收割时间比较科学，机械配备完善，因此粗饲料质量较好。

美国青贮饲料（见图 13）制作质量控制非常严格，以玉米青贮为例，要求收割时玉米株整体的水分含量在 65%～70%，切割长度为 0.7～1.4 cm，采用青贮池、地面青贮、袋装青贮等方式制作，用大型机械压紧密封，确保营养物质氧化作用和可溶性蛋白流失降低到最少。青贮使用前，测定其主要营养素含量，并根据此结果制定饲喂计划和饲喂量。

图 13 美国青贮料外观

2.2.3 饲喂技术

美国牛场基本采用 TMR 饲喂方式，以优质的苜蓿干草（或苜蓿青贮）和玉米青贮为主要粗饲料，机械投料，自由采食。牛场技术人员或顾问一般周期性观测饲槽中剩余TMR各组分的比例来评价饲料混合效果，通过检察牛粪便稀稠度及其中饲料残渣评定饲料消化情况，从而及时调整饲料配方。美国奶牛饲料成本约占养牛总成本的30%～65%，通过充沛的饲料来源、严格的质量控制和科学的饲喂方法，进而获得健康高产的奶牛和高质量的牛奶，这是美国奶牛养殖业在高成本经营下仍然获利的主要原因之一。

美国近10年关于犊牛、小母牛和围产期奶牛营养和管理进步较大，主要包括以下几个方面：

(1)注重新生犊牛初乳饲喂和被动免疫能力。为保护犊牛免受疾病感染，2日龄犊牛血液中的IgG浓度至少应为10 g/L或总蛋白52 g/L。出生后1 h内饲喂3.0 L初乳，12 h饲喂2.0 L初乳(不能剩余)或出生后1 h内饲喂4.0 L初乳，12 h饲喂2.0 L初乳(可以剩余)，一般能够使犊牛获得足够的IgG(娟姗犊牛由于出生体重较小，初乳饲喂量可以减半)。若初乳质量较差或饲喂量少于3.0 L，血液中的IgG浓度或总蛋白浓度就会不足，导致犊牛获得被动免疫能力失败。

管理理念较好的牛场不使用抗生素奶饲喂犊牛，可能饲喂经过巴氏消毒的高体细胞数牛奶(测定其常规养分，混合部分代乳粉，保持营养浓度稳定)或奶罐奶经过加热处理后饲喂犊牛，而抗生素奶直接舍弃。

(2)注重犊牛和小母牛营养和管理。建立犊牛和小母牛饲养和管理推荐标准，例如目标死亡率为24 h至60日龄<5%，61～120日龄<2%，121～180日龄<1%。荷斯坦犊牛的目标生长率标准是24 h至60日龄双倍于出生重，61～120日龄平均日增重2.2磅(1.0 kg)，121～180日龄平均日增重2.0磅(0.9 kg)等。

青年牛的抗病力较强，生长发育较快。青年牛饲养管理的主要目标是至13～15月龄能够达到成母牛体重52%～55%，分娩时达到成母牛体重的82%～85%(表9)。青年牛的生长速率直接影响牛场的经济效益。初产体重过小会限制产奶量，并可能降低第一个泌乳期的受胎率，但过量摄入能量可能导致胎儿过大，容易发生难产，并且增加酮病、胎衣不下等疾病的发病率。

表9　后备牛目标生长的理想体重

类别	占成年体重比例(%)	成年体重(kg)		
		409	591	800
初配	55	225	325	440
初产	85	348	502	680
二胎产后	92	376	544	736
三胎产后	96	393	567	768

资料来源：Van Amburgh和Meyer，2005。

(3)关注奶牛围产期饲养和管理。围产期一般指奶牛干奶后期(产前2～3周)至泌乳初期(产后2～3周)。它是奶牛泌乳周期乃至一生中最为关键的阶段，围产期的管理决定了奶牛整个泌乳期的产奶量和健康状况。围产期主要的饲养和管理目标是：满足怀孕和乳腺发育的营养需要；降低产后代谢病和传染病的发病率；为泌乳和再次怀孕做好准备；成本合理化，效益最大化。

围产前期应将饲料原料种类与围产后期尽量保持一致，使用优质粗饲料(全株玉米青贮、燕麦草、小麦草等)，推荐使用TMR饲养工艺，提供营养均衡日粮，避免出现奶牛出现挑食现象。主要管理措施包括提供营养均衡日粮，控制奶牛体况评分为3.0～3.5；提供舒适环境，减少因转群、饲料原料更换、畜舍温度极高或极低带来的应激；奶牛产后1次挤净初乳，建立奶牛产后监控计划。

2.2.4　奶牛饲养标准

美国奶牛营养需要(Nutrient Requirements of Dairy Cattle，USA)是世界奶牛养殖者的工具书之一，为世界奶业发展做出了巨大贡献。现更新至2001版(新版将于2017年出版，已获得美国国家委员会关于出版营养需要的最低经费预算，约40万美元)。奶牛营养需要NRC(2001)是一套关于奶牛各个生长阶段的营养需求和管理的详细饲养标准。NRC(2001)对于经产母牛、初产母牛和犊牛的营养需求有一份很详尽的参考标准。NRC(2001)还包括根据动物营养需要用计算机模型设计的饲料配方系统。是使用范围最广、影响最大的一部奶牛饲养标准。

2.2.5 饲料和添加剂

饲料添加剂在奶牛饲喂中占有重要的位置,包括营养性添加剂和非营养性添加剂两类。营养性添加剂用来补充一般饲料中某种或某些营养元素含量的不足;而非营养性添加剂通常包括生长促进剂、驱虫保健剂、动物产品品质改良剂、饲料保存剂和饲料质量改进剂等。美国常用的饲料添加剂主要有阴离子盐、缓冲剂、烟酸、胆碱、氨基酸、离子载体和一些生物活性制剂。通过对饲料添加剂的合理使用,提高了生产性能,满足了乳产品无药物残留的要求,并且减少了奶牛疾病的发生。Hoards Dairyman(表 10)报道了 2006 年和 2010 年美国牛场主要使用的添加剂及使用比例,这些数据对于了解美国添加剂使用情况具有较好的指导意义。

表 10 美国常用饲料添加剂使用情况

添加剂名称	年份	
	2006	2010
瘤胃缓冲剂	41	42
酵母培养物	28	30
莫能菌素	15	21
烟酸	9	11
益生素	11	13
霉菌毒素吸附剂	11	23
蛋氨酸	6	9
阴离子盐	3	5
不使用任何添加剂	11	9

资料来源:Hoard's Dairyman,2011。

2.2.6 信息化管理

美国奶牛场已基本实现信息化管理,尤其是大规模牧场。牧场管理软件使用较多的为 DC305,约占美国市场 60%以上。美国牛场日粮配方一般聘请营养师制作,其使用的软件种类较多,其中 CPM,AMTS 等市场占有率较高。TMR 应用已经普及的情况下,近年加强了 TMR 监控设备的开发和使用,其中 Feed-Watch 是一款普遍使用的管理软件,可获取动态群体信息。除输入常规的日粮原料及其营养成分外,自动结合群体数据计算不同牛群 TMR 饲料各原料应添加量,减少错误和损失。整体而言,通过挤奶信息管理软件、TMR 监控设备、饲料配方软件和牛场管理软件,美国牛场大大提高了牛场实时监控、动态管理和及时调整的效率,为提高奶牛单产和牛奶质量奠定了坚实的基础。

2.3 奶牛疫病控制技术进展

通常情况下,奶牛饲养密度大,生产负荷重,随之各种应激相应增多,抵抗力下降,疾病发生率提高,但美国牛场疫苗使用规范和免疫程序比较完善。在一定程度上降低了奶牛疾病发生率。如美国奶牛场的乳房炎和蹄病发生率比我国低很多,这与其良好的疾病预防控制工作密不可分。

2.3.1 美国疫苗使用规范及免疫程序

美国牛场一般和兽医签订服务合同,兽医负责奶牛场疾病诊断与治疗,并指导牛场用药(兽医处方制度,我国于 2014 年开始执行)。根据各牛场环境、牛群管理特点和疾病情况制定免疫程序。如哺乳犊牛采食初乳后注射 5 联苗、梭菌疫苗，断奶犊牛期间补打 1～2 次加强针，泌乳牛和干奶牛注射金色葡萄球菌疫苗等。手术类工作一般由兽医完成，输液、灌服等基本工作由牛场技术人员即可完成。

2.3.2　牛场的主要疾病防控管理规范

最值得关注的是称为“100 日规划”的奶牛繁殖疾病管理规范。美国前 3 个泌乳期被动淘汰的奶牛中，不孕牛占 40%，而且繁殖疾病通常又导致其他一系列奶牛健康问题。“100 日规划”重在预防控制，涵盖奶牛整个泌乳期。其主要控制点如下：

(1)奶牛在泌乳开始后第 60～70 d 开始配种，产犊间隔控制在 12～13 个月。干奶前(产犊前 45～60 d)进行疾病治疗，包括乳房炎治疗、修蹄、免疫接种等相关工作，并对奶牛进行体况评分(确认在 3.0～3.5 的最佳体况得分)。

(2)产犊前 3 周饲喂控能日粮(1.3～1.5 Mcal/kg)，包含低能日粮(1.3～1.4 Mcal/kg)自由采食(DMI 为 11～12 kg/d)，或 1.5 Mcal/kg 限饲(DMI 为 10 kg)，大原则为控制总采食能量在 15 Macl/d 左右，此种控能日粮应保持整个干奶期(含围产前期)均使用控能日粮，从而控制体况膘情并减少产后代谢病的发生；临产和产后母牛饲养在干净牛栏内并单独给予特别护理，减少环境应激，同时增加干物质摄入以缓解能量负平衡，使奶牛在泌乳期开始的 45 d 内，恢复能量平衡。

(3)新生小牛与母牛分开饲养，保证环境通风干燥，避免小牛肺炎发生；在小牛出生后 2 h 内饲喂初乳 3.0～4.0 L，使小牛成功获得被动免疫，增强抗腹泻等疾病的能力。在 3～5 d 开始提供开食料，以便让瘤胃充分发育，实现早日断奶，并提供可以防御球虫感染的球虫抑制药；小牛 3～7 d 后用代乳品、发酵牛奶、全脂奶饲喂。第 49～56 天断奶。在饲养方式上逐步由单栏饲养向群体饲养过渡，人工饲喂向自动饲喂系统过渡。在大约 100 d 的精心护理中，新产母牛和新生牛犊都得到良好的照顾，从而能使母牛健康地进入一个新的泌乳期，同时培育了健康的后备牛。

2.3.3　一般疾病防控要点

(1)乳房炎的防治。对乳房炎的综合防治同样体现了美国牛场以预防为主的疾病控制管理方法。由于美国牛舍一般都很高大、通风良好和奶牛休息区全部采用干燥洁净的沙子或干牛粪等作垫料，保证了奶牛行走及起卧的舒适性，增加了奶牛休息时间，同时减少了足部的磨伤及乳房与环境病原微生物的接触几率；严格按照挤奶标准化操作程序(SOPs)进行，减少传染性乳房炎在挤奶过程中传播，管理较好的牛场能够实现通过电导率或产奶量差异(>25%)检查可能患有乳房炎的奶牛，并采样送至牛奶质量实验室(Milk Quality Lab)确认乳房炎类型，根据该检测结果进行治疗。主要的治疗方法为乳头内注射抗生素。通过这些技术措施，美国大部分牛场临床型乳房炎月发病率低于 2%。

(2)肢蹄病的防治。奶牛的肢蹄病是仅次于乳房炎的第二大疾病，肢蹄病的主要病因是细菌类的感染，遗传、营养和环境等因素都会对肢蹄病的发生造成影响。其中遗传因素直接决定奶牛对肢蹄病的易感染程度，不适宜的环境和不合理的日粮也会提高奶牛肢蹄病的发病率。美国牛场标准化操作程序(SOPs)一般都规定了各类牛只的年修蹄次数(一般为两次)，并要求员工发现行为异常的奶牛应做好记录，尽快处理或治疗；

(3)子宫内膜炎的防治。子宫内膜炎是导致奶牛不孕症的主要原因之一，美国因奶牛的不孕症每年损失超过 25 亿美元。造成子宫内膜炎的直接病因是病原微生物的感染，这些病原微生物包括细菌、真菌、支原体、霉形体及病毒。这些微生物可以通过内源途径和外源途径两种途径感染奶牛。除了微生物的作用，奶牛日粮营养价值不全，微生物、微量元素及矿物质缺乏，以及矿物质比例失调均会造成母牛抵抗力下降，导致母牛更容易感染子宫内膜炎。对于子宫内膜炎的治疗方式主要有局部治疗、全身治疗和两种方式结合的治疗。局部治疗的主要方法有冲洗子宫疗法和子宫内灌注疗法。全身治疗主要是通过对奶牛应用大剂量抗菌药物或对奶牛注射高免血液以及前列腺素等方式治疗。美国对于奶牛子宫内膜炎的综合性预防措施主要有：加强产后母牛的监控、加强产后饲养管理、增强奶牛抗病能力、加强围产期奶牛的饲养管理与保健等措施。

(4)主要营养代谢病的防治。奶牛的主要营养代谢病常见于产后，其中乳热症和酮病最为突出。造成乳热症的主要原因是日粮中钙的含量过高或者磷不足造成的钙磷比失衡。预防乳热症的主要措施:注重饲料的质量,控制精料喂量,保证蛋白质的供应;注意产前饲料中钙、磷的合理比例,保持在(1.5～1.0)∶1为宜,尤其要控制日粮钾含量(小于1.3%);在产前4周到产后1周,每天在饲料中添加30 g氧化镁;干奶期补充维生素和微量元素。

酮病是奶牛产犊后几天至几周内最常见的营养代谢病之一,美国每年有4%～5%的奶牛患有临床型酮病,是影响美国奶业的主要疾病之一。对奶牛的酮病诊断主要是通过对奶牛血液和牛奶中的酮体进行检测,健康奶牛血清中的酮体含量一般在1.72 mmol/L(β-羟丁酸小于1.2 mmol/L)。如果超过这个值,就需要对奶牛进行一定的治疗措施。治疗酮病的基本原则是:补糖、减少酮体生成,加速酮体氧化。主要具体措施:在奶牛干奶期饲喂低能量日粮,避免奶牛过度肥胖;在围产期增强奶牛的食欲,增加干物质采食量;在饲料中增加莫能菌素,改变瘤胃微生物菌群,提高瘤胃内的丙酸盐数量;补充胆碱和蛋氨酸等可以预防脂肪肝。针对部分过胖牛只或高产牧场所有奶牛进行产后灌服40 L稀释灌服液,内含丙酸钙(有时伴随丙二醇),氯化钾,酵母培养物,硫酸镁及盐,可同时预防酮病及低血钙(产后瘫痪),快速提高产后食欲。

2.4 现代奶牛场粪污处理与环境保护技术

奶牛饲养管理中的粪污处理,是一个世界性的环境保护难题。美国联邦政府十分重视这一问题的解决,出台了动物饲养环境保护法。按照450 kg为一个标准动物单位计算,大于1 000个标准动物单位的牛场就必须得到联邦政府污染物排放许可,小于1 000个动物标准的要执行地方性标准。

政府根据当地气候、土壤和农作物种植情况,提出每头牛应占有耕地面积的最低指标来消纳奶牛的粪尿。在牛场建设中,远离水源地、河流、湖泊,以防止因粪污渗漏及雨水造成的粪污流失对水源地、河流、湖泊的污染,这也是一种保护环境的重要手段。在美国,农场主一般拥有充裕的土地可以为奶牛粪尿消纳提供充足场所。牧场粪污量与土地需要量匹配是最为经济的途径,一些牧场与高校或研究所合作,采集土地样本进行分析,计算种植不同农作物(如玉米、大豆、苜蓿)所需主要营养素(氮、磷、钾),并利用粪便作为主要肥料,不足部分再购买商业饲料补足,既节省了饲料费用,又解决了粪尿污染问题。

美国牛场对奶牛粪尿的处理方式(见图14)主要分为以下3种:

图14 粪污处理装置

(1)腐熟堆肥,直接还田:通过拖拉机和推粪车将牛舍内的粪便刮出,经过腐熟,用撒肥机或粪便罐车拉到农田和草原施入地表层。

(2)固液分离,分别利用:将牛场粪便和污染物进行固液分离处理,固体经过晾晒或烘干作为奶牛垫料,或作为有机肥出售,液体贮藏一段时间后用地下管道或运输车送到田间使用。

(3)固液分离,沼气发电:粪尿固液分离后,液体部分利用发酵过程产气、发电,供牛场使用,如果能够并入国家电网,将降低环保的成本,是较理想的粪污处理程序,但投资较大。美国主要是USDA和EPA两个部门给予牛场补贴,帮助这些牛场实现粪污资源最大化。截至2011年,美国共计支持130个左右牛场建设沼气发电设施，这一数量正在逐步增加。

3 原料奶质量控制与计价体系

3.1 提高原料奶质量的主要技术措施

美国对牛奶质量控制比较严格，形成了一套完整的质量保证体系。主要包括饲料原料质量控制、日粮组成、日粮配方控制与分群管理等(前面已介绍，不再描述)。管理方面主要包括：异常乳分类管理，如高体细胞乳、乳房炎乳直接废弃不进入奶罐或处理后饲喂犊牛；100%牛场使用机械挤奶，并严格执行挤奶SOPs；牛奶通过管道集中于制冷奶罐，低温贮存(4 ℃左右)；乳品厂当日或隔日到牛场收奶，由制冷贮罐直接泵入制冷的奶槽车，回厂后泵入总贮奶罐。整个过程都是低温、密封，不与外界接触。除了规范的挤奶和适当的保存方法外，及时的清洗及维护挤奶设备，规范抗生素的使用和加强从业人员的培训和监管也是重要的管理措施。

3.2 监控原料奶质量的主要方法及惩罚措施

美国会有专门的检察人员不定期对牛场进行检查，检查之前不通知，如果牛场在检查中不合格或者所生产的牛奶未能达到标准要求，牛奶将被拒收；如果有掺杂使假行为，一旦检出，该农场主将可能会被禁止向乳品加工企业提供牛奶。牧场主对原料奶质量负全责，一旦出现超过美国原料奶收购最低标准，该部分原料奶不能进入销售渠道，即不能出售给乳品厂。不合格原料奶(如抗生素残留)如在进入乳品厂奶仓前发现，该批次原料奶将被废弃或退还给牛场，但该牛场需承担运费，一旦该批次原料奶进入乳品厂奶仓，该牛场将赔付奶仓所有原料奶。

牛奶常规检测指标主要包括常规成分、体细胞数、冰点、细菌数、抗生素等。除此之外，牛奶经常检测的项目还包括大量的有害物质，如多氯联苯(PCBs)、黄曲霉素、重金属及兽药残留。

3.3 原料奶计价体系

美国所采用原料奶定价决策系统是经济学公示系统，其中有 5 个要素。

要素 1：按使用情况对原料奶进行分类：对收购的 A 级标准原料奶按使用情况分成 4 类(A 级原料奶的标准见表 11)，每类奶给予不同的价格。其中，用于制造液体奶的 Ⅰ 类原料奶价格最高，以补偿质量标准高、供应时间紧等成本的付出。

表 11 美国对 A 级原料奶的要求

标准		定义
		能用作生产巴氏杀菌产品的原料奶
质量	总菌数	与来自其他奶农的奶混合前≤100 000/mL 巴氏杀菌处理前≤300 000/mL
	体细胞数	≤750 000/mL
温度		挤奶开始后的 4 h 内冷却到 10 ℃；挤奶操作完成后 2 h 内冷却到 7 ℃；后挤的奶与前挤的奶混合后的温度≤10 ℃
挤奶条件和操作		良好的机械化挤奶设备、设施、环境和操作
2011 年占美国原料奶总量比例		≈90%

资料来源：美国“Grade A Pasterurized Milk Ordinance”。

B 级原料奶是用于制造干酪，冷冻甜点，奶油等制造性乳品的原料奶；与 A 级奶的主要差别在于达不到挤奶条件和操作要求。

要素 2：加工制造企业按法定报告程序报告原料奶使用情况和乳品销售情况：加工制造企业每月向所在经销区的市场管理员(Market Administrator)报告所采购原料奶用于各类乳品的用量；每周向美国农业统计服务局(the National Agricultural Statistics Services，NASS)报告各种乳品销售量和大宗销售的批发价，NASS 将企业报告的数据变成全国的乳品平均价值(加权平均值)。

要素 3：农业部农产品经销服务局计算和发布各类别原料奶价格：农业部农产品经销服务局(the Agricultural Marketing Services，United States)将 NASS 发布的价格带入各组经济学公式，得到各种乳成分和各类原料奶的价格，每月 6 日前发布上个月的Ⅱ、Ⅲ和Ⅳ类原料奶最低价格，23 日前发布当月Ⅰ类原料奶最低价格(表 12)。

表 12 部分原料奶价格计算公式

模型：乳成分价值＝(绑定基础制造性乳品价值－制造成本)×产量因素	
乳成分价计算 (美元/磅)	蛋白质价格＝[(干酪价－0.168 2)×1.383]＋{[(干酪价－1.652)×1.572]－奶油价×0.9}×1.17 乳脂肪价格＝(奶油价－0.120 2)×1.20 非乳脂固体价格＝(脱脂乳粉价－0.157)×0.99 其他乳固体价格＝(乳清粉价－0.195 6)×1.03
最低奶价计算 (美元/白磅)	Ⅰ类奶价＝Ⅲ/Ⅳ类奶价中较高者＋适用Ⅰ类奶价差(1.2～4.18＄/cwt) Ⅱ类奶价＝Ⅲ/Ⅳ类奶价中较高者＋＄0.70 Ⅲ类奶价＝[(蛋白质价×3.1)＋(其他乳固体价×5.9)]×0.965＋(乳脂肪价×3.5) Ⅳ类奶价＝(非乳脂固体价×9)×0.965＋(乳脂肪价×3.5)

资料来源：美国农业部经济研究服务局第 76 号农业信息公报“Milk Pricing in the United States”。

要素 4：经销区市场管理员计算本区域的原料奶混合价和奶农的邮箱价：农业部发布的奶价，由全美 11 个乳品经销区的市场管理员按本区域使用情况计算出所在区域原料奶的混合价，作为本区域奶农共同的奶价(加利福尼亚州采用同样的系统，自主管辖)。在混合价上加上或减去相关项目，成为奶农最终得到的原料奶净价，也叫做原料奶的邮箱价。

要素 5：设立奶农结算基金，每月 27 日前结清上月奶款(Ⅰ类原料奶当月结清)：乳品加工企业在农业部发布最低奶价的 2 日内，将需要支付的奶款(金额为各类别奶量乘以对应奶价后相加的和)支付到经销区奶农结算基金(the Producer Settlement Fund)账户上，由经销区市场监管员开具发票；市场监管员在每月 26 日前从奶农结算基金账户向奶农支付奶款(金额为奶农卖奶量乘以邮箱价的积)。

4 科技推广体系

4.1 主要研究与推广机构

4.1.1 美国的科研机构

从历史和现状来看，美国的科研机构可以概括为 4 种类型：联邦政府研究机构、工业企业研究机构、高等院校和社会民间非营利组织。而美国科研经费的 3 个主要来源为政府(主要是联邦政府)、企业和社会民间团体。

美国联邦政府尚无一个对科研活动进行统一决策的管理机构，这是因为美国的分权体制将这种集中管理的职能下放到各级部门和社会各界，联邦政府下属的各个部门大都有涉及科技的管理机构，作为立法机构的国会两院(参议院和众议院)也有相应的科技决策、咨询机构，来影响有关科技的立法工作。与此同时，美国科学界又具有强烈的自治传统。上述局面的形成，一方面可以归因于美国强大的市场经济传统，形成了多方竞争的长期格局;另一方面,可以归因于美国分权的政治传统和民主机制。在这种环境下,美国科学界和国家权力部门逐渐认识到两个不可避免又同时存在的问题:即官方对科技活动必须进行有力的介入和干预,但与此同时美国社会和个人的自由自治传统也必须得到维护。美国的科技决策管理体系正是在美国这种科研体制下才具有明显区别于其他国家的特征。本文简要将其归纳为如下5个主要特征:产权化、自由化、多元化、规范化和民主化。

(1)所谓产权化,是指美国是市场经济高度发达的国家,科研体制相应地具有产权明晰的特征。在美国,产权化的具体表现是以私有化传统为代表,私有企业是美国科技活动最重要的投资者、承担者和成果占有者。

(2)所谓自由化,是指在美国的科研活动中非常注意维护研究人员的学术自由,强调学术界的独立自治和学术研究的独立自主,不轻易受外界因素干扰。

(3)所谓多元化,是指在美国科研体制中存在多元化的资源配置方式、多元化的科技管理手段,也经常存在多股不同力量间的竞争。同时美国又有一个非常多元化的社会,科研力量也很多元化。联邦政府、产业界、大学和民间非政府组织都有一定的实力和资源开展科研工作,并在很大程度上是相互补充的。

(4)所谓规范化,是指在经过相当长的时期后,美国科研体制已形成相当透明、公开的规范和制度。无论是对科研活动进行管理,还是开展研究活动的过程中,美国都已经具有相当成熟的规则可循。

(5)所谓民主化,是指美国科研课题的设立和批准比较民主,来自政府、产业界、大学等机构都可以参与课题评选,避免了课题重复设置、研究内容脱离生产实践等问题。

4.1.2 美国的推广机构

美国联邦政府设有农业部,各州设有州农业厅,主要职责是制定政策,进行宏观调控。县一级设有农业技术推广委员会,一般5~7人组成,主要负责大学、研究所、企业和各咨询服务机构技术推广的协调工作。美国的农业技术推广是无偿的,主要任务是把大学、研究部门的成果和企业的新技术、新产品及时快速地推广到生产中去。推广经费主要来自税收,一般联邦政府占50%,州政府占25%,县政府占25%。大学中一般都设立推广教授岗位,他们的工作不是在讲台上和实验室里,而是在生产单位中,把研究成果向生产中推广。他们都有一定的服务项目和服务区域,经常到生产单位进行现场咨询和技术指导。企业和各种咨询服务机构主要是针对企业的特点,推广特定技术,而大学和推委会则负责综合技术的推广。

(1)大学。美国各州一般大学都设有动物科学或奶业科学专业,其中在奶业研究方面影响较大的高校有康奈尔大学、威斯康辛大学麦迪逊分校、加州大学戴维斯分校、俄亥俄州立大学、密歇根州立大学、普渡大学、宾州州立大学和伊利诺伊香槟分校等。

(2)学会。美国奶业科学学会(American Dairy Science Association,ADSA)是美国最具影响的学会之一。自1906年举办首届奶业科学年会,世界影响逐步扩大。每年吸引参会人员达到3 000多人,成为世界奶业盛会之一,其主办的奶业科学杂志(Journal of Dairy Science)是行业内最具影响力的杂志之一,每年发表超过500篇高水平论文。

(3)展览会。每年9月底在美国威斯康辛州麦迪逊市举办的世界奶业博览会(World Dairy Expo.)是影响最大的奶业盛会之一,每年来自世界各国的参会人数达6万以上。该博览会的组织注重实效,以技术、设备、产品展示和奶牛选美为主体,小型贸易洽谈为核心,研讨、培训和考察为辅助。博览会的目的在于对外通过专业培训和技术交流等活动,权威展示美国及其他奶业的国家竞争力,全方位推广美国及其他国家奶业的发展模式、技术、设备、产品和服务;对内展示科研机构、大学院校的新成果,解决奶牛生产前沿遇到的难题,特别是一些应用技术的推广。

4.2 运作模式

技术推广的形式,主要是通过电视、技术讲座、报刊等宣传到农户。如果农户有问题,可以打电话进行咨询。美国有许多畜牧兽医方面的咨询机构都是私立的，由颇有名望、技术水平高的人员组成，有偿为有关部门、企业提供经营、技术、产品销售等方面的服务。美国 90%以上的奶牛场使用计算机进行牛场管理，50%的牛场实现了计算机联网。在美国，一种新技术、新产品的问世，需要经过严格的检测，大学是技术权威部门，未经大学认可的新技术、新产品是很难找到市场的。科研成果得以快速推广、转化，主要通过 4 种形式：一是以广告宣传把科研成果、技术信息传递各方；二是信息公司买断新技术的专利，通过付费咨询服务传播新技术；三是由大学设在县技术推广站的技术顾问，直接向农户推广；四是各类协会优先把新技术成果传播推广给广大会员。

在美国的奶业生产中，各种不同的民间协会起着非常重要的作用，较大的协会有美国管理协会、美国饲料谷物协会、美国饲料行业协会、全美养牛人协会、全国奶牛群体改良协会等。这些协会是由从事奶业生产的企业、农场主等自愿组成的非盈利性组织，在本行业的生产服务、科研课题、项目设计、技术培训、制订生产计划、协调各环节关系及产品加工销售等方面起着重要的桥梁和纽带作用。它们通过先进的计算机技术网络随时为各生产农场提供技术、市场信息和产品加工销售等服务，对本行业产品实行统一保护制度，保证本行业产品有一个合理的出售价格，避免发生恶性竞争，同时还负责向政府反映本行业农场主的要求等。

5 促进奶业发展的主要政策

自 1933 年农业调整法建立以来，美国形成了完整的奶业政策。与其政策目标相一致，相关政策手段主要包括国内的支持价格以及相应的对外政策。美国政府对发展奶业采取了各种形式的优惠政策：政府无偿投资、低息或无息贷款，为奶业发展提供空间；对奶农实行价格补贴或实行最低保护价；对奶农饲养的奶牛实行保险；政府参与市场调控，乳制品过剩时，政府进行收购储备或提供学生奶之用，以保护奶农利益；对奶农和相关企业提供全方位的信息服务等。对原料奶和乳制品有严格的质量标准与质量检测、监督体系，此外，对原料奶的使用也有规定，即上市的消毒奶必须使用本土生产的鲜奶。美国农业对外政策的核心是，加强乳制品出口，扩大国外市场，以缓解国内产品的过剩。美国对乳制品采取重关税和非关税壁垒，严格控制进口。

5.1 促进奶业生产政策

牛奶收入损失合同项目：牛奶收入损失合同出台于 2002 年农场法，其基本内容是：为稳定奶农收入，减少牛奶价格波动的市场风险，联邦政府对液体消费牛奶设立目标价。一旦牛奶市场价格低于目标价，联邦政府则向参与该项目的农场主提供部分收入补偿。2002 年农场法牛奶收入损失合同项目规定：全国的奶农都可以参加该项目，但出于保护中小奶农的考虑，奶农的年原料奶生产量不应超过 1 091 t(大约相当于拥有 130 头成母牛的农场规模)；目标价格为波士顿一级液体牛奶 0.333 美元/kg，一旦市场价格低于目标价，联邦政府给予奶农二者差额的 34%收入补偿。相比较 2002 年农场法，2008 年农场法对牛奶收入损失合同项目做了 3 点修改：

(1)支付比例提高：2008 年农场法将目标价格与市场价格之间差额支付比例由以前的 34%的提高到 45%。

(2)支付上限增加：2008 年农场法将奶农的年原料奶生产量上限由 1 091 t 提高到 1 357 t(大约相当于拥有 160 头成母牛的农场规模)。

(3)目标价调整与饲料成本变动挂钩：2008 年农场法将每单位饲料成本设定在 7.35 美元/英担，一旦饲料成本超过 0.145 美元/kg，一级牛奶目标价(0.333 美元/kg)将按照饲料成本与 0.145 美元之间价格差的 45%比例上浮。

5.2　促进奶业加工政策

乳制品支持项目首次出台于1933年农业法，1949年农场法中获得永久性授权。在该项目授权下，美国农业部通过农产品信贷公司购买奶油、脱脂奶粉以及奶酪等乳制品来维持乳制品的价格稳定在一定水平之上，间接地保护奶农的利益。如在2002年农场法中，为保证奶农销售的A级原料奶价格不低于0.195美元/kg，乳制品价格支持项目中奶油、脱脂奶粉以及切达干酪的支持价格分别是：2.31美元/kg、1.76美元/kg、2.486美元/kg。一旦上述乳制品的市场价格低于支持价格，乳制品的加工商可将相关乳制品按照支持价格水平出售给农产品信贷公司。因此，联邦乳制品支持价格充当了该类商品的地板价。

乳制品价格支持项目支出规模取决于乳制品市场状况和乳制品支持价格水平等因素，时间差异较大。20世纪80年代初，由于乳制品市场不景气以及较高的乳制品支持价格水平，该项目的开支曾达到创纪录的26亿美元。联邦政府的收购量占到当年生产量的12%，而在乳制品行业较景气的2007/2008年，该项目几乎没有开支，甚至小有盈余。

5.3　促进奶业贸易政策

5.3.1　乳制品出口激励项目

乳制品出口激励项目出台于1985年，在该项目授权下，美国农业部对销往国外的乳制品，如脱脂干奶、乳脂、奶酪的贸易商提供补贴。

5.3.2　乳制品进口分摊项目

乳制品进口分摊项目是指从进口乳制品中收取一定比例税收，作为促进国内乳制品消费、研究与营养教育的资金来源。

5.4　促进奶业消费政策

5.4.1　联邦牛奶销售规程

联邦牛奶销售规程是美国奶业支持政策重要的组成部分，其基本内容是：为实现牛奶及相关乳制品有秩序的销售，美国农业部在该项目的授权下将全国化分为若干销售区域，并在不同区域内实施差别性的销售价格，从而保护消费者、牛奶加工商以及奶农等相关主体的合理利益。

5.4.2　食品与营养援助项目

食品与援助项目是美国联邦政府救助美国低收入家庭的重要政策工具，也是缓解农产品（包括乳制品在内）过剩的不可或缺的制度安排。当前美国食品与营养援助政策网络包括15个营养项目，2008年该类项目支出607亿美元，占美国农业部总支出的60%以上。

6　值得借鉴的主要经验

奶业在美国是备受关注的产业，从牛奶生产、乳品加工、组织方式、价格协调、质量监督到市场管理，都有一套完整的体系和制度。根据我国国情，可以借鉴美国奶业发展的有关经验。

6.1 经营模式方面的经验

发达国家的奶业一般是产业化程度最高的产业，美国奶业生产的产业化程度高达90%以上。一般来说，奶农都是奶牛生产者协会或奶农生产合作社的会员，协会会长必须是饲养奶牛的农户，充分代表奶农的利益。另外，乳品加工企业与奶农还签订购买合同，将牛奶的生产、加工和销售环节紧密连接起来。

美国的奶业是以家庭农场为基础、以协会或合作社为支架，以公司化生产为枢纽，广泛吸收其他相关企业或组织来构建与运转的。各种合作组织的发展为美国奶业的发展提供了有力的保障，合作组织把分散的农场主集中起来，为他们提供一系列专业化服务，提高他们在市场中的抗风险能力，为他们争取最大的利益。农场主几乎全都参加或入股特定的生产合作社或行业协会。农场主是合作社股东，合作社又是公司股东，同时享受公司提供的服务，三者之间利益对接十分紧密，一方面维护自身权益，另一方面约束自身行为。有些合作社则直接创办加工企业，实行产加销一体化，奶农的利益得到了更好保障。多数合作社为非上市公司，以做好产业，并将利益回馈所有股东。

6.2 科技创新方面的经验

无论在育种、繁殖、管理等软件方面，还是设施设备等硬件方面，我国与美国奶业还有一定差距。我国牛场的规模化与集约化水平和美国相比还远远不够，提高规模化和集约化水平可以提高生产效率，提升产品质量，对奶业发展十分重要。

美国政府十分重视奶业实用技术研究和推广，各类科研机构和大学将研究成果直接用于生产中。如明尼苏达大学和康斯康星大学—麦迪逊分校的教授就直接深入生产第一线服务于奶牛场，把最新的科研成果用于实践中。同时在上课和培训奶农时采用奶农直接提出问题，专家、技术人员现场解答的互动式培训方式，这是美国进行培训的主要方式和特点，既能有效地解决生产实践中的问题，又能使专家和技术人员更好地开发和研究新课题。我国要实现奶业由大变强的战略目标，必须依靠科学养牛，走现代化发展之路。加强技术培训是一项关键措施。在培训奶农时，要由奶农提出问题，技术人员现场解答形成互动，解决生产中的实际难题，让更多的奶农掌握实用技术，这对推动我国奶业发展具有重要意义。

美国的奶牛育种是世界上最先进的国家，无论是理论研究还是实践工作，都走在了世界的前列。在向美国学习的同时，还是要结合自己实际情况，从实际出发，不要盲目的跟从美国。

6.3 产业政策方面的经验

制定完整的保护“原料奶生产者”的政策措施和管理制度。目前我国普遍存在的现象是：当奶源紧张时，收奶价格提高，乳品加工企业对奶源质量要求下降；当奶源过剩时，奶价也随着下降，奶农的利益得不到保障。乳品加工企业和奶农是完全对立的利益群体，尽管有合同制约，在奶源紧缺时，有些奶农往往不遵守合同，谁的价格给得高，牛奶就交给谁；加工企业由于没有稳定的奶源基地，到处设点收奶，竞相抬价。美国政府对原料奶收购实行最低价格保护和补贴政策值得我们研究和借鉴：在原料奶过剩、原料奶收购价格过低时，对原料奶生产者实行价格补贴或实行最低保护价；乳品过剩时，政府收购储备或提供学生奶之用，以保护奶农利益；对出口乳制品给予政策性补贴；对原料奶和乳制品都有严格的质量标准与质量检测、监督体系，此外，规定上市的液态奶必须使用本土生产的原料奶。

6.4 其他方面的经验

6.4.1 依据资源发展适度规模养殖

我国人多地少，没有美国丰富的饲草饲料和土地资源，另外我国奶牛养殖业起步较晚，规模化、集约化水平较低，牛场养殖标准化建设刚刚起步，产业标准化建设、产业一体化建设之路曲折漫长。因此我国养牛业要因地制宜，根据我国国情科学理性发展，不能操之过急，不能一味求大，而忽视环境的承载力、防疫压力以及饲草饲料供给压力。新建牛场的规模要与能够消纳相应规模奶牛粪污的土地相匹配，切不可走先污染后治理的老路。

6.4.2 更新养牛理念，好钢用在刀刃上

目前国内新建牛场一头牛至少投入 2 万元人民币。牛场建设大多从人的角度去思考，以牛为本的设计不多。越来越豪华的办公设施和优越的办公条件，花去了大量资金，却不舍得把钱投在优质奶牛、优质粗饲料和奶牛舒适度上。少数牛场投入大量资金建设了粪污处理系统，但没有有效运转。要借鉴美国奶牛场粪污处理投入不高，却非常实用的经验。在奶牛品种改良上要舍得投入，购买优质冻精。认真扎实做好奶牛品种登记、生产性能测定、体型鉴定等基础工作。今后的奶业发展政策中，应将支持家庭奶牛场放在首要地位，重点建好东北、华北、西北和南方等奶源基地。在稳步增加奶牛养殖数量的同时，还应该加强品种改良，提高整体奶牛单产水平和乳制品质量。在不同区域上，奶源基地的选择应注意资源和市场相结合，采取有主有次，择优帮助的方针。

6.4.3 建立和完善奶业信息化服务系统

根据农业信息化的总体要求，全面推进奶业信息化，使之成为奶业发展的重要支撑。今后重点建设乳制品的市场经济信息、草地信息、饲料信息、疫病信息、兽药信息、技术推广信息、综合服务信息、乳制品质量信息、专业人才管理信息、国际奶业信息等十个信息服务系统，开展奶业信息服务。

6.4.4 加大奶业发展宣传力度

我国大多数居民的膳食营养失衡，缺钙、肥胖、心脏病、高血脂、高血压等疾病已经极为普遍，严重危及全民族的身体健康。因此，中国应更加重视和推行以乳制品为主的膳食革命，重视对奶业生产和消费的宣传，把增加国民牛奶的摄入量作为我国切实改善国民营养、增强国民体质、优化产业结构、增加农民收入、促进国民经济发展、彻底治理生态环境恶化的重大战略措施来抓。

参考文献

[1]U. S Dairy Export Council：http://www.usdec.org/Why/content.cfm? ItemNumber=82367 & navItemNumber=82213

[2]Wisconsin 2011 Agricultural Statistics：http://www.nass.usda.gov/Statistics_by_State/Wisconsin/Publications/Annual_Statistical_Bulletin/page46.pdf

[3]Overview of the United States Dairy Industry(September 2010)USDA，National Agricultural Statistics Service

[4]Milk Production(July 2012)USDA，National Agricultural Statistics Service

[5]Farms，Land in Farms，and Livestock Operations 2011 Summary February 2012

[6]美国的育种系统 http://www.21cfc.com/gjny_mg_fagk/2009-11-13/4779.chtmL
[7]Dairy Herd Size Increases while the Number of Farms Decreases http://thedairymom.blogspot.com/2012/03/dairy-herd-size-increases-while-number.htmL
[8]联合国粮农组织 http://faostat.fao.org/site/339/default.aspx
[9]李胜利，王林昌.从美国奶业发展看中国.中国畜牧杂志.2007,4:2-9
[10]王世群，李文明.奶业支持政策：美国的经验与启示.农业经济 2010,10:28-30
[11]美国农业部网站 http://www.usda.gov/wps/portal/usda/usdahome

执笔 中国农业大学：李胜利 曹志军 徐硕烁 肖鉴鑫 姚 琨

附 表

附表 1 奶牛头数、单产水平和总产奶量(1961—2011)

年份	奶牛头数（千头）	平均单产（kg/每头）	总产奶量（万 t）	年份	奶牛头数（千头）	平均单产（kg/每头）	总产奶量（万 t）
1961	17 243	3 306	5 701	1987	10 327	6 268	6 473
1962	16 842	3 400	5 726	1988	10 224	6 434	6 578
1963	16 260	3 492	5 679	1989	10 046	6 497	6 526
1964	15 677	3 673	5 759	1990	9 993	6 705	6 700
1965	14 954	3 766	5 632	1991	9 993	6 818	6 699
1966	14 071	3 865	5 439	1992	9 826	7 062	6 842
1967	13 415	4 014	5 385	1993	9 688	7 131	6 832
1968	12 832	4 143	5 317	1994	9 581	7 338	6 967
1969	12 307	4 279	5 266	1995	9 494	7 441	7 043
1970	12 000	4 422	5 307	1996	9 466	7 453	6 985
1971	11 839	4 542	5 378	1997	9 372	7 652	7 080
1972	11 700	4 653	5 444	1998	9 252	7 797	7 141
1973	11 413	4 589	5 238	1999	9 158	8 060	7 380
1974	11 230	4 668	5 242	2000	9 156	8 254	7 602
1975	11 139	4 699	5 234	2001	9 210	8 227	7 499
1976	11 032	4 941	5 451	2002	9 115	8 438	7 714
1977	10 945	5 083	5 563	2003	9 141	8 508	7 728
1978	10 803	5 099	5 509	2004	9 084	8 605	7 753
1979	10 734	5 212	5 590	2005	9 010	8 876	8 025
1 980	10 799	5 393	5 824	2006	9 041	9 049	8 246
1981	10 898	5 526	6 022	2007	9 112	9 219	8 418
1982	11 011	5 582	6 146	2008	9 132	9 249	8 615
1983	11 059	5 725	6 331	2009	9 315	9 331	8 585
1984	10 793	5 692	6 143	2010	9 201	9 599	8 745
1985	10 981	5 912	6 493	2011	9 110	9 719	8 869
1986	10 773	6 026	6 492	2012※	9 233	9 862	9 106

说明：此表数据主要来自 FAO，与 USDA/NASS 略有区别；2012※ 来自 USDA/NASS。
资料来源：FAO(1961—2011)USDA/NASS(2011)。

附表 2　美国主要乳制品产量(1961—2011)　　t

年份	黄油	脱脂奶酪	全脂奶酪	脱脂炼乳	脱脂奶粉	脱脂牛奶	全脂奶粉	全脂炼乳	乳清粉
1961	696 629	364 663	741 393	391 035	916 183	13 524 300	37 056	1 193 760	123 143
1962	716 063	368 424	722 115	398 754	1 011 510	14 633 300	39 062	1 092 540	129 203
1963	659 087	375 435	740 173	381 465	955 287	13 963 600	41 283	1 074 530	143 753
1964	66 5704	390 923	781 808	405 759	987 551	14 454 900	39 744	1 086 270	168 711
1965	610 525	391 979	796 261	434 951	901 967	13 610 000	40 198	987 819	183 386
1966	511 776	390 547	840 960	466 953	716 600	11 615 000	42 796	996 299	213 611
1967	561 621	393 714	870 362	425 235	759 686	12 040 000	33 724	855 356	223 536
1968	532 968	408 708	881 779	420 769	741 294	11 679 000	36 206	816 302	224 606
1969	510 955	433 035	902 457	437 649	665 277	10 959 000	31 860	805 546	234 268
1970	518 470	471 100	998 550	452 306	660 442	11 053 000	31 157	686 808	281 695
1971	520 268	493 916	1 076 970	465 624	648 200	10 978 000	32 729	676 933	308 192
1972	499 818	505 800	1 181 430	444 080	560 777	10 077 000	34 130	650 930	345 646
1973	416 678	492 691	1 218 050	403 751	420 170	8 274 000	35 364	607 149	350 371
1974	436 228	443 431	1 332 360	331 496	465 174	8 316 120	30 718	582 734	386 164
1975	446 238	449 509	1 275 230	351 796	457 848	8 350 590	28 615	552 283	270 154
1976	443 897	458 128	1 506 030	360 982	422 790	8 037 520	35 420	545 556	300 168
1977	492 600	461 303	1 523 400	397 638	505 530	8 970 780	31 470	471 282	284 765
1978	451 000	464 342	1 596 490	363 483	420 450	7 918 770	33 846	459 616	322 725
1979	446 609	452 730	1 686 100	352 265	414 963	7 689 710	38 700	469 574	332 455
1980	519 480	455 451	1 806 720	349 982	529 630	8 947 600	37 520	428 567	312 850
1981	557 095	445 291	1 940 260	338 745	599 700	9 639 800	42 059	464 426	353 220
1982	570 146	438 351	2 060 100	332 096	639 650	9 961 750	46 370	466 494	358 560
1983	589 325	434 722	2 186 100	361 165	685 023	10 519 400	50 440	436 461	404 680
1984	500 453	437 897	2 120 000	405 003	529 950	8 937 300	54 260	431 816	407 290
1985	566 000	435 448	2 304 650	421 036	634 635	10 166 800	53 912	443 159	447 616
1986	545 400	440 120	2 362 850	478 086	586 900	9 880 850	55 504	423 544	467 666
1987	500 800	428 800	2 424 000	482 680	488 350	8 689 900	65 660	431 214	475 800
1988	547 500	425 900	2 527 000	501 075	452 900	8 264 500	78 170	421 466	515 726
1989	587 600	396 000	2 547 000	538 202	405 230	7 724 660	79 726	361 093	485 100
1990	590 700	377 600	2 748 500	550 330	409 330	7 777 920	79 437	386 900	518 600
1991	606 000	371 500	2 746 500	565 229	401 310	7 741 020	48 434	246 343	529 500
1992	619 200	356 900	2 943 000	599 871	400 100	7 938 800	76 350	264 043	561 228
1993	596 560	340 000	2 961 000	620 172	433 000	8 177 830	69 780	242 448	542 668
1994	587 810	331 600	3 054 000	630 444	558 000	9 672 220	76 000	243 979	549 657
1995	573 555	356 000	3 137 450	530 538	563 610	9 365 730	78 000	216 207	532 190
1996	532 732	353 000	3 273 820	478 296	484 460	8 285 380	61 000	210 291	506 442
1997	522 000	320 000	3 325 000	476 700	554 680	9 078 670	55 380	249 080	515 650
1998	529 800	330 500	3 398 000	495 128	517 000	8 731 920	64 650	209 343	528 000
1999	578 350	327 450	3 603 500	545 150	627 300	10 124 500	53 520	213 198	534 450
2000	569 727	333 450	3 745 770	479 200	661 000	10 302 400	50 500	200 500	539 000
2001	558 752	336 800	3 746 960	440 000	645 000	9 931 860	18 800	205 400	474 400
2002	614 685	339 490	3 876 980	478 900	727 340	10 950 600	21 500	260 000	505 900
2003	563 524	349 052	3 881 500	427 262	723 317	10 786 600	17 500	262 100	492 223
2004	565 484	353 300	4 024 800	423 900	643 000	9 908 600	18 900	240 363	469 422

续表

年份	黄油	脱脂奶酪	全脂奶酪	脱脂炼乳	脱脂奶粉	脱脂牛奶	全脂奶粉	全脂炼乳	乳清粉
2005	611 153	355 900	4 150 060	490 800	695 400	10 750 100	14 700	239 163	472 000
2006	656 995	352 895	4 320 270	563 279	689 403	11 565 000	13 845	220 280	503 313
2007	695 307	354 709	4 400 070	756 590	683 025	12 238 000	14 400	225 482	514 310
2008	745 613	354 709	4 495 610	697 796	840 000	13 200 000	22 740	242 394	490 754
2009	713 269	354 709	4 569 800	687 067	785 000	13 200 000	27 016	237 840	454 126
2010	709 425	354 709	4 733 660	723 953	785 000	13 200 000	31 732	228 009	459 503
2011	820 891	356 000	4 806 731	731 850	708 746	12 700 000	32 230	354 237	431 304

资料来源：FAO(1961—2011)USDA/NASS(2011)。

附表 3　美国主要乳制品消费量(1961—2010)　kg

年份	奶油黄油	奶酪	脱脂牛奶	全奶	年份	奶油黄油	奶酪	脱脂牛奶	全奶
1961	3.31	5.66	265.81	190.63	1986	2.08	12.24	258.36	140.87
1962	3.32	5.91	256.97	161.64	1987	2.1	12.6	263.48	142.22
1963	3.13	5.97	258.28	177.85	1988	2.02	12.36	254.7	138.6
1964	3.14	6.12	258.59	179.6	1989	1.94	12.24	251.16	131.6
1965	2.94	6.15	254.48	185.94	1990	1.95	12.52	256.34	129.45
1966	2.54	6.23	253.91	193.33	1991	1.94	12.65	255.89	127.94
1967	2.45	6.37	245.96	182.24	1992	1.94	13.01	259.16	125.24
1968	2.62	6.64	246.1	183.65	1993	2.08	13.02	253.73	123.91
1969	2.47	6.89	246.17	178.14	1994	2.13	13.22	256.83	125.07
1970	2.4	7.3	243.25	176.96	1995	1.98	13.46	257.45	125.65
1971	2.3	7.7	244.73	177.79	1996	1.89	13.58	252.32	117.18
1972	2.21	8.18	246.47	152.26	1997	1.82	13.53	250.01	117.44
1973	2.12	8.31	246.93	174.94	1998	1.99	13.65	249.09	116.8
1974	2.02	8.48	237.95	142.06	1999	2.12	14.24	251.49	114.97
1975	2.11	8.43	231.91	143.21	2000	2.02	14.67	254	119.03
1976	1.93	9.01	240.34	151.46	2001	2.03	14.86	256.89	135.46
1977	1.92	9.22	239.87	142.17	2002	2.04	15.04	259.62	115.01
1978	1.95	9.6	240.24	141.06	2003	2.02	15.07	257.38	117.25
1979	2.02	9.7	242.57	158.19	2004	2.11	15.16	253.51	129.64
1980	2.01	9.87	239.13	137.37	2005	2.04	15.26	254	115.05
1981	1.91	10.11	240.18	135.95	2006	2.06	15	249.73	113.73
1982	1.96	10.85	244.64	149.37	2007	2.02	14.86	253.8	128.27
1983	2.22	11.14	249.29	152.4	2008	2.00	15.00	254.00	115.40
1984	2.22	11.57	248.08	137.41	2009	2.00	14.90	255.60	113.30
1985	2.2	12.01	257.14	140.65	2010	2.31	15.29		

资料来源：FAO(1961—2009)USDA/NASS(2010)。

附表 4　主要乳制品进出口贸易量(1961—2011)　t

年份	进口量				出口量			
	黄油	全脂奶酪	脱脂奶粉	全脂奶粉	黄油	全脂奶酪	脱脂奶粉	全脂奶粉
1961	390	34 390	1 200	0	2 597	4 000	331 297	7 926
1962	358	35 205	800	0	5 026	7 661	395 659	6 053
1963	338	37 662	1 180	0	7 609	15 237	507 661	13 522
1964	309	35 692	803	0	70 700	4 122	594 620	6 304

续表

年份	进口量				出口量			
	黄油	全脂奶酪	脱脂奶粉	全脂奶粉	黄油	全脂奶酪	脱脂奶粉	全脂奶粉
1965	361	35 069	662	0	28 031	3 101	391 483	9 088
1966	303	62 093	1 289	0	5 505	2 834	175 856	7 492
1967	429	69 070	492	0	1907	3 272	185 528	5 811
1968	423	79 175	1 111	0	12 687	3 258	180 019	8 456
1969	424	61 598	2067	0	8 263	3 406	150 175	7 086
1970	572	73 525	3 734	0	1 022	3 298	190 106	6 337
1 971	320	61 683	3 188	0	43 006	3 193	163 860	11 332
1 972	340	82 362	1 062	0	19 698	3 099	128 399	17 749
1973	20 500	109 327	125 175	0	1 621	3 491	8 405	22 931
1974	3 474	139 059	79 744	0	1 168	4 212	4 705	20 795
1975	306	81 981	285	0	405	4 141	51 262	16 191
1976	344	94 565	2 061	0	856	4 222	45 606	14 370
1977	484	94 059	2 531	0	1 315	5 212	57 458	10 903
1978	533	112 184	2 875	0	402	4 972	103 264	5 943
1979	526	112 648	1 210	0	431	5 582	68 216	4 435
1980	440	105 511	1 721	0	396	6 171	102 107	35 757
1981	938	111 692	7 314	0	54 207	6 106	93 855	36 430
1982	903	115 144	1 461	0	67 343	18 159	126 721	24 818
1983	813	114 250	0	1 789	32 974	18 004	234 251	24 947
1984	933	122 840	0	2 861	49 952	17 422	264 517	6 394
1985	1 323	118 502	0	3 550	44 366	16 013	304 885	40 683
1986	1 549	113 155	0	3 746	16 429	13 986	347 155	20 525
1987	1 557	110 563	0	4 559	14 185	20 075	298 821	3 966
1988	1 645	97 470	0	4 253	9 083	24 959	218 978	8 705
1989	1 792	106 292	5 693	497	20 818	10 766	117 203	40 213
1990	1 563	116 151	4 131	531	52 465	13 048	7 177	6 505
1991	1 818	102 492	3 948	1 646	16 157	13 856	43 502	8 805
1992	1 715	107 881	5 990	2 096	66 926	17 467	74 696	28 396
1993	1 658	115 521	5 418	2 591	92 329	18 522	76 273	37 640
1994	1 278	123 996	4 645	3 159	45 872	24 761	49 436	29 349
1995	1 237	122 542	2 217	1 275	27 308	31 990	59 634	64 954
1996	2 811	125 000	4 028	2 358	15 402	35 845	18 534	17 741
1997	7 217	112 642	5 829	4 111	11 598	40 157	62 470	48 675
1998	26 153	142 292	6 791	6 718	5 441	40 592	72 946	51 389
1999	18 655	170 537	9 597	6 506	2 426	43 121	120 858	17 790
2000	15 140	160 545	12 203	4 938	2 198	49 865	101 496	29 404
2001	36 016	142 177	3 520	4 573	2 392	45 070	96 215	51 600
2002	25 339	187 728	9 546	6 085	3 458	55 620	74 246	41 716
2003	22 630	184 663	2 808	7 480	5 273	53 700	115 695	29 342
2004	40 206	181 982	1 028	8 277	7 661	62 371	231 696	47 103
2005	40 988	177 536	1 383	13 994	7 293	58 367	280 482	19 104
2006	25 378	171 375	842	15 559	9 021	71 089	286 512	15 205
2007	25 444	166 523	1 714	21 974	35 183	101 190	258 594	24 881
2008	7 965	141 120	962	19 635	81 756	133 489	391 381	40 461
2009	12 754	135 318	336	21 733	23 802	109 963	248 832	23 167
2010	12 042	114 118	231	7 746	46 213	175 216	384 017	53 149
2011	7 077	116 955	472	8 286	52 261	224 306	435 685	21 627

资料来源：FAO(1961—2011)U. S. Dairy Export Council(2011)。

附表 5 主要乳制品进出口贸易额(1961—2011) 千美元

年份	进口额				出口额			
	黄油	全脂奶酪	脱脂奶粉	全脂奶粉	黄油	全脂奶酪	脱脂奶粉	全脂奶粉
1961	391	35 599	213	0	4 492	4 615	72 371	9 806
1962	368	36 345	133	0	6 280	6 282	75 080	7 556
1963	361	37 255	217	0	8 809	10 626	94 116	12 809
1964	368	39 873	150	0	63 691	4 043	112 679	5 654
1965	405	43 018	184	0	29 738	3 498	117 652	8 212
1966	361	60 632	371	0	8 120	3 735	63 274	4 870
1967	442	64 827	163	0	2 297	4 356	80 419	2 811
1968	452	70 373	291	0	23 299	4 640	78 743	3 204
1969	422	67 037	518	0	14 879	4 565	70 980	5 568
1970	685	84 026	1 015	0	684	5 392	102 496	4 200
1971	425	75 865	1 305	0	47 892	5 126	97 497	5 118
1972	473	111 461	568	0	23 045	5 511	78 354	6 295
1973	25 966	156 218	91 132	0	1981	6 689	5 815	9 224
1974	4 104	235 894	76 686	0	1 631	9 420	4 540	11 498
1975	407	168 041	63	0	779	10 422	63 731	8 988
1976	527	208 428	1 281	0	1 396	11 764	50 252	9 395
1977	687	215 204	1 090	0	1 644	14 892	84 110	8 160
1978	898	270 050	1 658	0	829	14 839	73 063	6 888
1979	1 002	294 608	815	0	1 058	17 581	26 357	5 066
1980	1 136	307 373	1 610	0	981	21 264	46 656	37 290
1981	2 431	331 538	8 410	0	90 722	22 423	44 371	46 233
1982	2 590	352 373	1 614	0	116 881	32 660	72 692	28 297
1983	2 447	360 234	0	1 843	50 959	32 686	171 705	27 248
1984	2 532	370 214	0	2 768	74 129	34 624	163 414	6 160
1985	2 880	359 675	0	3 014	71 018	29 422	185 617	13 719
1986	3 347	361 795	0	3 350	26 766	31 147	216 670	14 978
1987	3 297	375 269	0	4 253	15 800	37 533	198 764	4 681
1988	3 507	331 230	0	5 686	10 601	48 152	241 905	12 798
1989	4 382	342 215	11 207	989	36 216	26 755	102 420	70 872
1990	3 851	390 156	7 125	1 126	83 216	44 258	11 679	12 003
1991	4 022	334 853	6 794	2 191	24 297	44 510	65 742	9 936
1992	3 802	369 380	7 945	2 875	109 125	59 697	118 435	45 346
1993	3 569	384 394	8691	4 133	126 283	66 916	133 776	69 549
1994	2 482	411 142	8 230	4 885	61 343	81 853	83 963	48 905
1995	2 799	451 131	4 619	1980	45 678	101 386	115 870	103 282
1996	5 837	485 170	8 637	4 930	31 154	120 599	35 111	21 756
1997	14 501	445 313	13 022	8 697	21 989	136 995	109 999	76 239
1998	56 637	542 290	13 467	12 561	10 936	130 581	120 666	72 414
1999	34 127	606 750	14 847	11 231	3 999	147 795	167 709	21 606
2000	25 768	585 619	13 667	9 691	3 784	148 291	158 380	42 847
2001	65 299	548 433	7 234	10 381	4 216	141 053	189 663	59 789
2002	39 383	643 398	12 679	9 859	5 960	167 325	114 848	47 676
2003	39 635	756 943	4 200	16 759	9 682	157 501	184 275	37 390

续表

年份	进口额				出口额			
	黄油	全脂奶酪	脱脂奶粉	全脂奶粉	黄油	全脂奶酪	脱脂奶粉	全脂奶粉
2004	91 356	839 367	2 748	19 420	15 593	201 410	445 509	78 642
2005	94 451	866 516	3 841	34 954	15 439	204 417	564 274	24 342
2006	56 105	866 358	2 519	35 760	15 270	244 875	588 571	24 145
2007	62 287	926 878	2 174	31 272	99 997	395 121	837 826	49 914
2008	32 490	960 538	2 558	30 432	241 959	578 452	1 380 360	105 037
2009	33 937	817 876	1 147	36 800	64 970	436 989	519 985	47 290
2010	39 301	809 918	962	24 637	161 667	701 854	1 036 354	127 865
2011	37 413	906 326	2 593	35 573	231 242	958 036	1 450 076	57 662

资料来源：FAO(1961—2011)U. S. Dairy Export Council(2011)。

加拿大奶业发展报告

摘要：加拿大是一个农业高度发达的国家，加拿大的牛奶和乳制品因其卓越的品质而享誉世界。在奶牛场和加工厂实行严格的质量安全标准。乳制品产业在加拿大是仅次于谷物、红肉的第三大农业产业。2011 年加拿大全国奶牛基础母牛存栏 142.6 万头，其中青年母牛 44.3 万头，成年母牛 98.3 万头；有 12 746 个奶牛场，平均饲养规模为 74 头泌乳母牛，目前仍以拴系式饲养模式为主。2011 年参加 DHI 测定头数(71.5 万头)占加拿大总泌乳母牛数的 72.6%；2011 年根据 30.3 万头奶牛 DHI 测定结果，奶牛平均产奶量达 9 774 kg (305 d 泌乳量)，平均乳脂率 3.84%，乳蛋白率 3.22%。2011 年 453 个乳制品加工厂的销售额达到 137 亿美元，占加拿大食品和饮料业销售额的 16.4%，人均消费乳制品达 250 kg/年。荷斯坦牛是加拿大最主要的奶牛品种，占奶牛群的 94%。加拿大完善的奶牛育种体系培育的优良遗传物质世界闻名，种畜出口到世界各地。因此加拿大奶牛生产环节在过去的 60 年中呈牛头数不断下降，总产奶量维持稳定，单产逐年提高的状态。

加拿大的奶业实施供应管理体系有 40 年的历史。以加拿大奶业委员会(CDC)为核心，以销定产，牛奶生产、加工实行严格的配额管理制度，配额以乳脂量为计算标准，2009/2010 年度每千克乳脂的配额价格为 25 000 加元/kg 左右。奶农必须获得配额才能进行牛奶生产，在配额范围内，原奶收购价参照平均生产成本，但与牛奶零售价格无关，可确保市场稳定、奶农能获得平均利润。牛奶供应体系以本地消费为基准，不鼓励国际贸易，加拿大 2000 年以后一直是乳制品的净进口国，但贸易总量不大，其产品的国际竞争能力有限，出口贸易伙伴主要是亚洲国家，进口贸易伙伴主要是欧洲国家。不论加拿大美国贸易协定、北美自由贸易协定，还是乌拉圭回合关贸总协定，都未能显著影响加拿大乳品行业的进口保护。

加拿大奶业在食品安全和质量控制的管理方面有上百年的历史，法律法规完善。加拿大的原奶、乳制品价格是全世界较高的，奶农家庭收入高于其他农业生产家庭，甚至高于加拿大平均家庭收入，具有良好的可持续性。

关键词：加拿大　奶业　配额　发展

1　奶业发展基本情况

加拿大国土面积 998 万平方公里，居世界第二位，位于北美洲北部(除阿拉斯加半岛和格棱兰岛外，整个北半部均为加拿大领土)。加拿大是世界上湖泊最多的国家之一。因受西风影响，大部分地区属大陆性温带针叶林气候。东部气温稍低，南部气候适中，西部气候温和湿润，北部为寒带苔原气候。中西部最高气温达 40 ℃以上，北部最低气温低至－60 ℃。1 月份气温－22～5.7 ℃；7 月份气温 10.5～26.8 ℃。年平均气温最高 10.9 ℃，最低 7.7 ℃。年降水(雨＋雪)量为 364～1 485 mm。2011 年人口约 3 448 万，主要为英、法等欧洲后裔，土著居民约占 3%，其余为亚洲、拉美、非洲裔等。现有华人约 271 万人，占加拿大总人口 6.4%。加拿大是一个农业高度发达的国家，农业产值占国内生产总值的 8.4%。主要农作物有小麦、大麦、燕麦、玉米、油菜籽等，粮食产量仅次于美国、中国和印度，居世界第4位，是世界上最大的粮食生产国之一。国内仅消费农产品的1/2，其余全部用于出口，加拿大是仅次于美国的世界第二大小麦出口国。加拿大人少地多，机械化程度高，农业劳动力人均粮食年产量达80 t，人口平均粮食产量名列世界各国之首。加拿大的畜牧业依靠高效的管理制度（部分畜产品实行供给式管理）、廉价的饲料、先进的冷藏技术、严格的检验制度和优良的种畜，在国际市场上具有相当强的竞争力，畜牧业产值占农业生产总值的38%，奶农经济效益仅次于葡萄种植与酿酒农户。

加拿大的牛奶和乳制品因其卓越的品质而享誉世界。在奶牛场和加工厂实行严格的质量安全标准。乳制品产业是加拿大仅次于谷物、红肉的第三大农业产业。全国共有445个乳品加工厂，为国内提供超过22 500个工作机会。2011年453个乳制品加工厂的销售额达到137亿美元，占加拿大食品和饮料业销售额的16.4%。人均消费乳品达250 kg/年。用于生产液态奶（饮用奶和奶油）的原料奶占牛奶总产量的39%，用于加工乳制品（黄油、干酪、酸奶、冰淇淋等）的原料奶占牛奶总产量的61%。2011年全国共有12 746家奶牛场，牛奶生产收入58亿加元，从业人员3.8万人。

1.1　奶牛养殖业发展

据加拿大奶牛工作网（CDN）统计，2012年加拿大全国奶牛基础母牛存栏143.3万头，其中青年母牛47.3万头，成母牛96.0万头；奶牛场饲养规模为平均74头泌乳母牛。2011年根据30.3万头奶牛DHI测定结果，奶牛平均产奶量达9 774 kg（305 d泌乳量），平均乳脂率3.84%，乳蛋白率3.22%。大约有70%的奶牛场分布于安大略省（32.7%）和魁北克省（37.4%），23.86%位于西部省份，其中不列颠哥伦比亚省7.26%、阿尔伯塔省9.14%、萨斯卡切温省2.94%和曼尼托巴省4.52%，以及6%位于大西洋省（图1）。

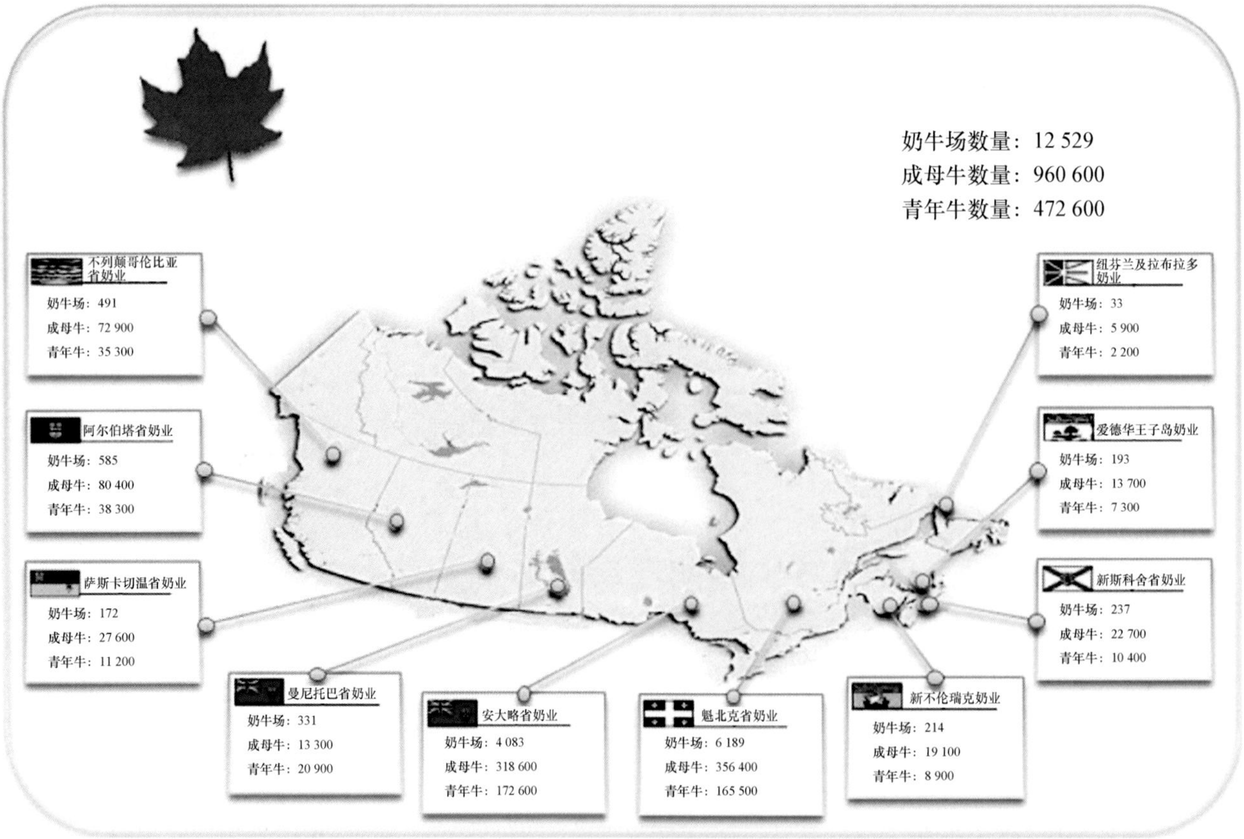

图1　2012年加拿大奶业分布图

资料来源：加拿大奶牛工作网

在加拿大荷斯坦牛(Holstein)是最常见的奶牛品种(占奶牛群的 94%),另外加拿大的奶牛品种还有爱尔夏牛(Ayrshire)、瑞士褐牛(Brown Swiss)、法加奶牛(Canadienne)、更赛牛(Guernsey)、娟姗牛(Jersey)、和乳用短角牛(Milking Shorthorn)(见图 2)。

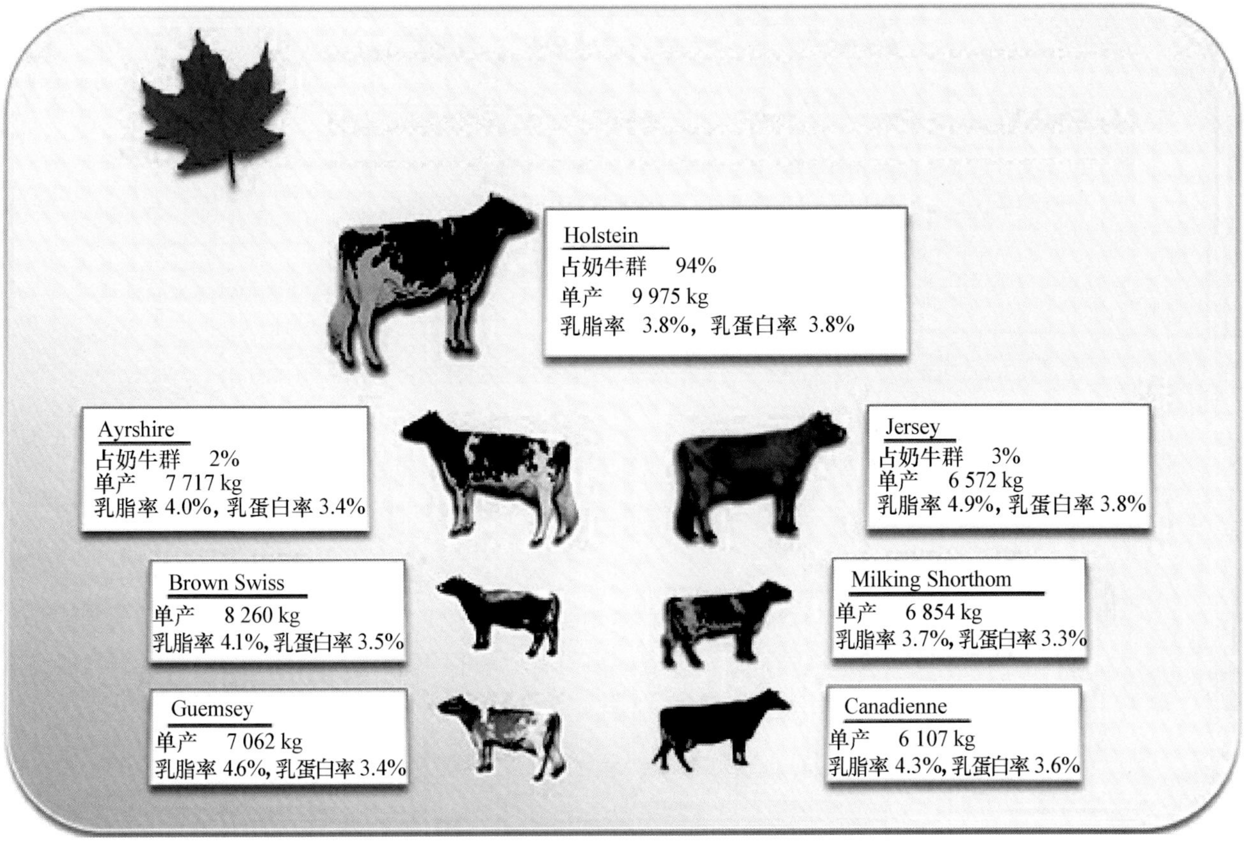

图 2 2011 年加拿大主要奶牛品种存栏及产奶性能统计

资料来源:加拿大奶牛工作网(CDN)

1.1.1 加拿大奶牛养殖规模及产奶量变化

图 3 显示加拿大过去的 50 年内奶牛养殖情况的变化(参见附表 1)。在过去的 50 年中泌乳牛头数从 298.7 万头降低到 96.5 万头,减少了 67.7%;奶牛单产从 1961 年不到 3 t 提升到 2011 年将近 9 t,提高了 212%;50 年内牛奶总产量一直维持在 800 万 t 左右,2011 年 840 万 t,虽然有浮动,但变化幅度在±10%之内。

在过去的 25 年中加拿大奶牛场数下降了 40%。2002 年加拿大有奶牛场 17 931 个,到了 2011 年奶牛场共 12 746 个。同期内加拿大总产奶量小幅度上升,主要原因在于遗传改良研究成果的应用、饲料营养、疾病控制以及管理技术的进步。1980 年加拿大产奶量为 719 万 t,而 2004 年为 759 万 t(乳脂率 3.6%)。伴随这些调整奶牛场的结构发生变化,农场数减少,但加拿大奶牛场平均规模增加,从 1980 年的 31 头泌乳母牛上升到 2004 年的 62 头,2011 年平均规模持续上升到 74 头,最大存栏规模牧场为成母牛 1 500 头。就奶牛养殖者年龄结构而言,目前加拿大农场主的年龄约为 47 岁。

1993—2011 年加拿大奶牛单产、乳脂量和蛋白量的变化趋势如图 4 所示。2011 年头均单产处于世界前列。除持续 20 年的奶牛单产上升趋势外,由于加拿大奶牛选育重视平衡育种,其综合选择指数 LPI,既强调产奶量,又强调乳成分、健康和繁殖,因此乳成分产量指标也一直维持正增长。

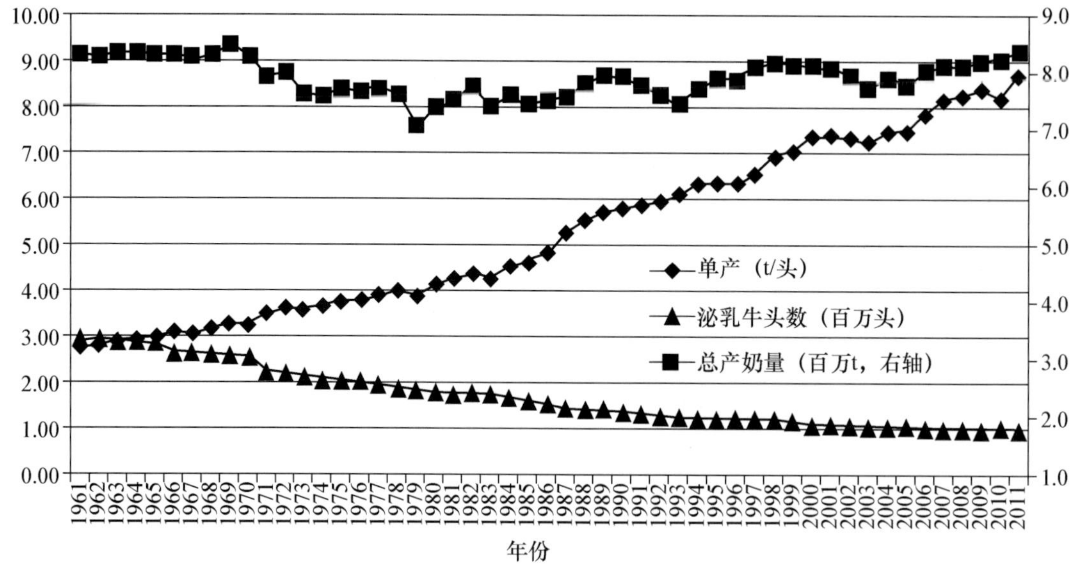

图 3　加拿大 1961—2011 年间泌乳牛存栏、单产及总产奶量变化情况

资料来源：FAO。

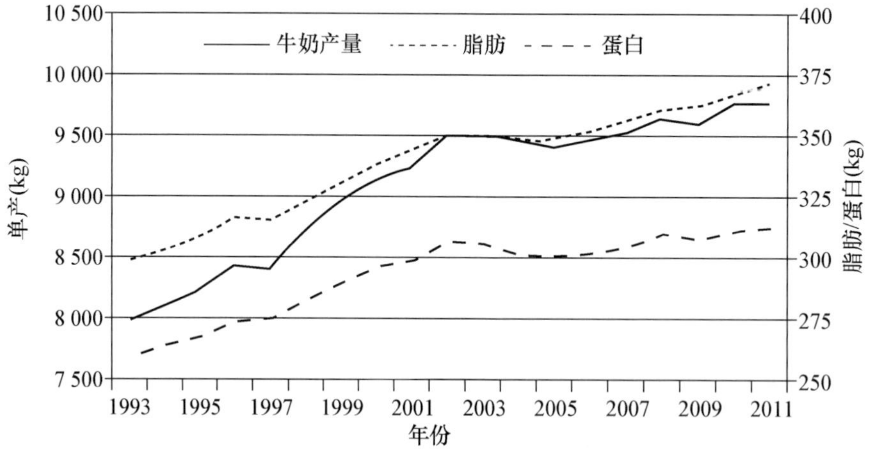

图 4　1993—2011 年加拿大奶牛单产变化趋势

资料来源：CDIC。

根据加拿大统计的各年调查，加拿大奶牛群体规模逐年增加，且分布有地区性特点（图 5）。2011 年全国平均牛群规模为 74.5 头泌乳母牛；西部省份以大规模为主，平均群体母牛存栏 145.6 头，例如阿尔伯塔省、不列颠哥伦比亚省等；东部以小规模为主，平均群体规模 73.6 头，例如魁北克省、安大略省，最小规模 58.6 头泌乳母牛（魁北克省）。

总体上各国奶牛群体规模逐年增加，虽然加拿大奶牛群体规模也是逐年增加，1974 年至 2009 年间年增长率为 3.5％，但是与新西兰和美国相比，平均规模仍然小（加拿大 72 头，新西兰 142 头和美国 376 头），且美国的平均增长速度高于加拿大 50％。出现这种情况的原因与加拿大奶业的供需管理配额制、原奶价格较高（2011 年加拿大鲜奶收购价为欧洲、新西兰和美国鲜奶收购价的 200％左右）以及允许小规模牛场的利润空间有关。然而，随着养殖技术发展，新一代奶农纷纷采取散栏养殖模式，加拿大养殖规模分布可能发生变化。2011 年官方报道加拿大平均奶牛群体规模为 74.5 头，较 2009 年（72.5 头）和 2010 年（72.3 头）的水平有较大幅度上升，可能预示着加拿大奶牛群体规模发展的新趋势。

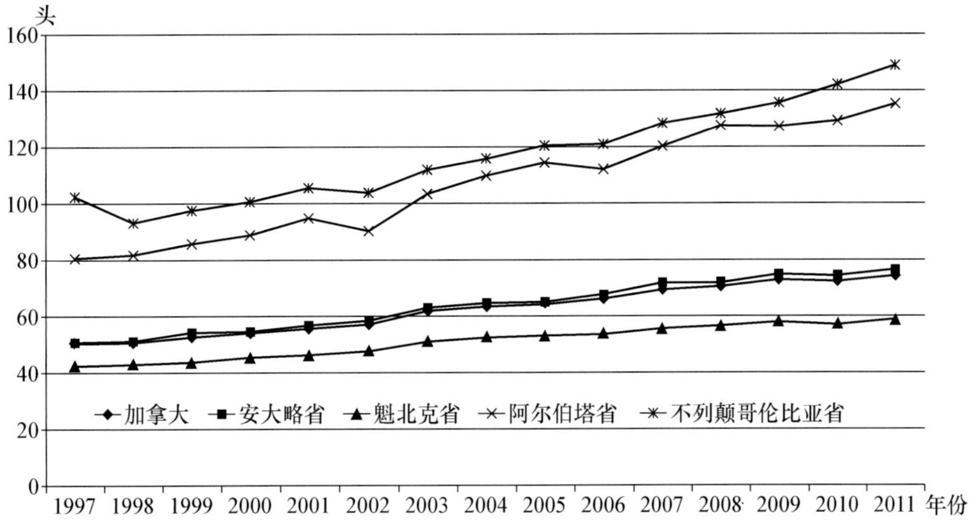

图 5 1997—2011 年加拿大及主要奶牛省份奶牛场规模变化趋势

资料来源：加拿大统计局，详见附表 9。

1.1.2 奶牛养殖结构变化

2011 年根据两大 DHI 测定中心 Canwest DHI 和 Valacta 的数据，统计 9 927 家奶牛场，74.8%的奶牛场(6 812 家)为栓系式饲养，23.5%的奶牛场(2 138 家)为散栏式饲养，另外有 158 家奶牛场(占全国 1.7%)采用机器人自动挤奶(图 6)。目前越来越多的新建牛舍为散栏式饲养。2011 年，加拿大奶牛养殖模式差异较大，养殖历史长、牛群数量大的魁北克省(QC)栓系式比例较高，占 92.1%；类似的情况也发生在安大略省，有 71.9%的农户采用栓系式饲养；而不列颠哥伦比亚省(BC)散栏式比例达 91.3%。机器人挤奶被视为缓解人力短缺问题的一种解决手段，被很多农场主和技术推广人员认可，但目前比例尚低(图 7)。考虑到投资的问题，散栏式和机器人挤奶两种模式在新建牛舍中比例较高，将成为以后的发展模式。

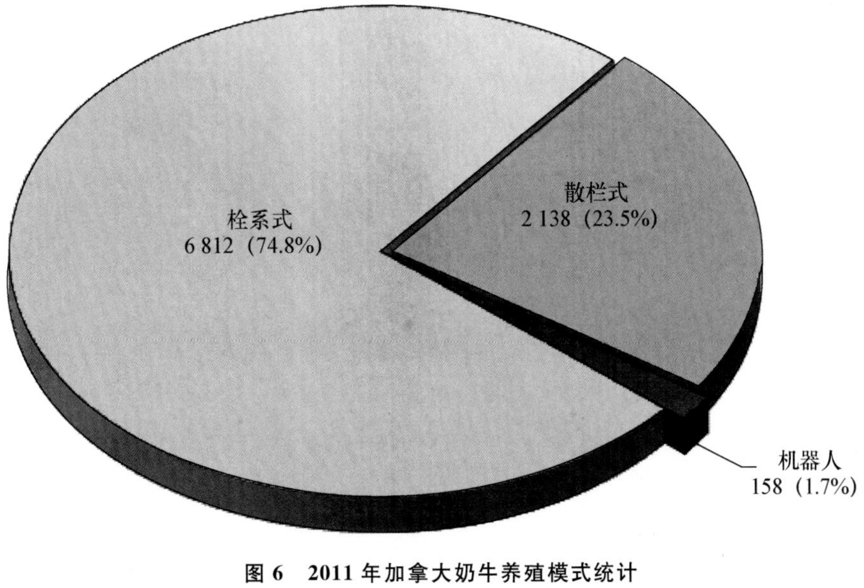

图 6 2011 年加拿大奶牛养殖模式统计

资料来源：Canwest DHI 和 Valacta。

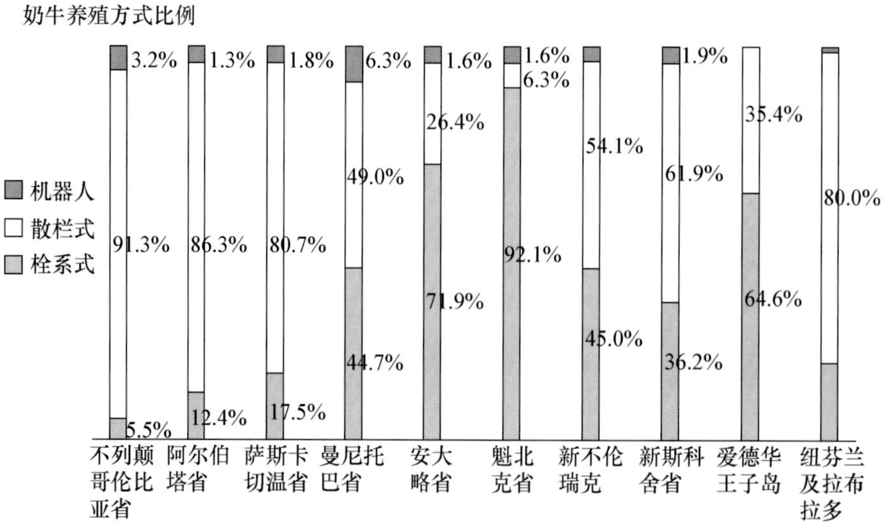

图 7　2011 年加拿大各省的奶牛养殖模式统计

资料来源：Canwest DHI 和 Valacta。

1.1.3　加拿大奶牛遗传物质出口情况及变化

加拿大是一个奶牛遗传物质(胚胎、冻精和活牛)净出口国家。2011 年，其奶牛遗传物质以不同形式共出口到 100 个国家，出口总额 1.21 亿加元。近 10 年来冻精出口贸易额逐渐递增，2011 年出口额达到 8 460 万加元(图 8)，冻精出口量占据了全世界出口量的 20%，美国是其最主要的出口国，占 30.9%，其余出口到荷兰、巴西、西班牙、英国等，出口到中国的冻精贸易额占 2.8%；加拿大活牛主要出口到俄罗斯、哈萨克斯坦、美国等地，2011 年出口活牛 13 321 头，贸易额 2 830 万加元，出口到美国的活牛头数最多，占总出口量的 42.8%。出口到俄罗斯的贸易额最高，占总出口贸易额的 40.2%(图 9)，2011 年将活牛成功出口到欧洲几个国家，例如德国和法国。

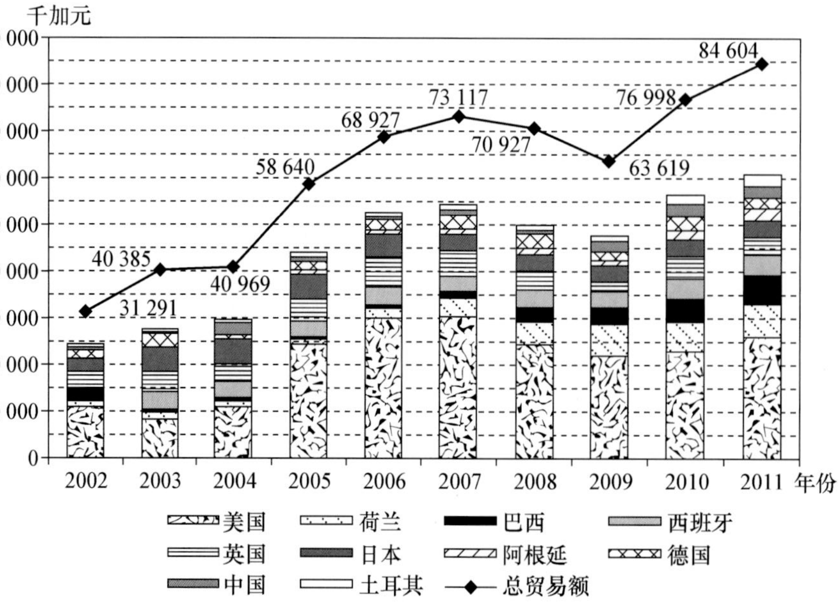

图 8　2002—2011 年加拿大出口冻精贸易额

资料来源：CDIC。

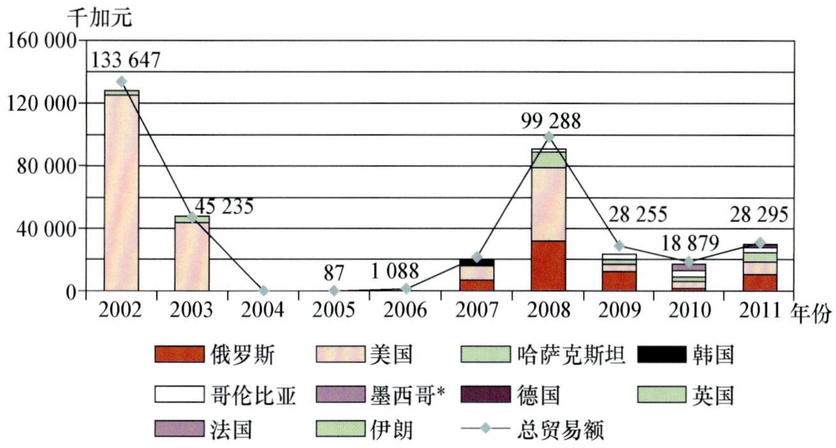

图 9 2002—2011 年加拿大出口活牛贸易额

资料来源:CDIC。

1.2 乳品加工业发展

加拿大的乳制品主要有液态奶产品、奶油、奶酪、黄油、全脂奶粉、脱脂奶粉、干乳酪及炼乳。在过去 50 年间,加拿大的各种乳制品(除奶酪外)产量总体来讲呈缓速下降趋势。据 FAO 统计资料(图 10,详见附表 2),炼乳是起伏变化最激烈的乳制品,在 20 世纪 80 年代,炼乳产量曾有大幅度上升,在 80 年代末又回归到其他几种乳制品的变化趋势中。全脂奶粉是产量最低的产品类别,且亦呈递减趋势。液态奶(包括各种乳脂浓度的巴氏消毒奶、酸奶等)产量从 1961 年到 1976 年的 15 年呈快速下降趋势,由年产近 400 万 t 降至 280 万 t 左右,以后年产量在 250 万～300 万 t 之间徘徊。从 20 世纪 90 年代起,奶油、炼乳、脱脂奶粉和干乳酪三类产品几乎处于同数量级的产量,变化趋势一致,缓慢下降。近 10 年内,炼乳产品再次出现快速下降趋势。黄油主要用做调味品,用于餐饮,在 50 年中产量逐步增加,尤其是在近 15 年增加速度较快,1996 年产量为 16.2 万 t,2011 年达到 30.1 万 t,增幅较大。奶酪产量中包括各种形式的产品,在过去 50 年基本以匀速上升,年递增速度 7 000 t 左右,增长幅度约为 3.8%,这种增长未受到任何因素的影响,甚至是疯牛病爆发。

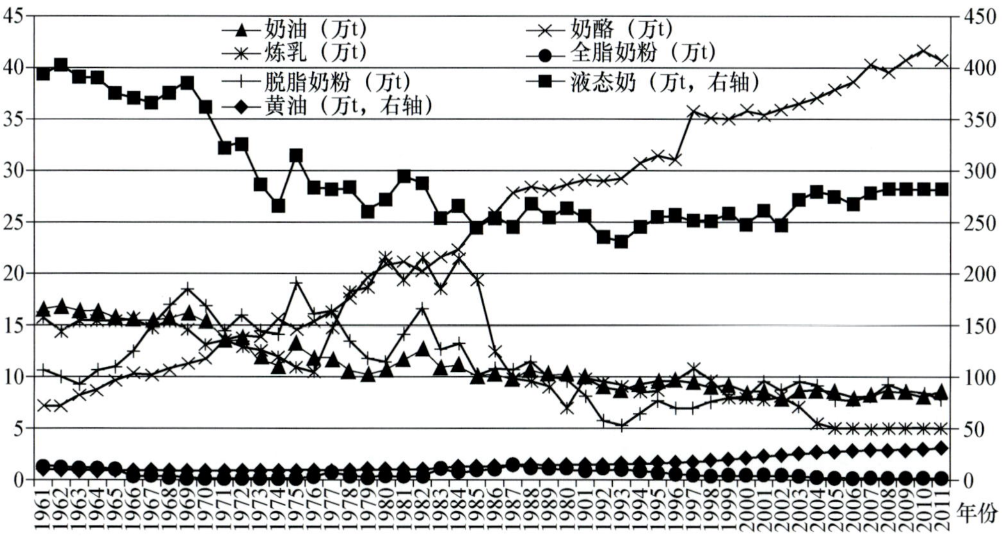

图 10 1961—2011 年加拿大各种乳制品生产量变化趋势

数据来源:FAO。

2011 年加拿大共生产 1 050 种奶酪产品，可分 6 大类，如图 11 所示。硬质奶酪(Firm Cheese)所占比例最大(43%)。软奶酪(Soft Cheese)和半软奶酪(Semi-soft Cheese)，共占了 50%。

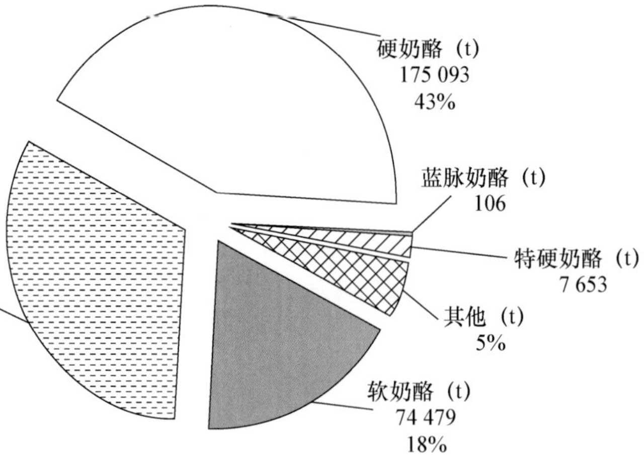

图 11　2011 年加拿大各种奶酪产品的比例

数据来源：Canadian Dairy Information Center(CDIC)。

2011 年加拿大共有 453 家乳制品加工厂，其中 273 家是在联邦政府注册的，180 家是在各省级政府注册的。主要集中在魁北克省和安大略省，加工厂共 308 家，占全加拿大的 68%。从 2002 年至 2011 年的 10 年间，总的加工厂数较稳定(2002 年共有加工厂 469 家，见图 12)；联邦政府注册的乳制品场减少了 20 家，而省级注册的增加 14 家。

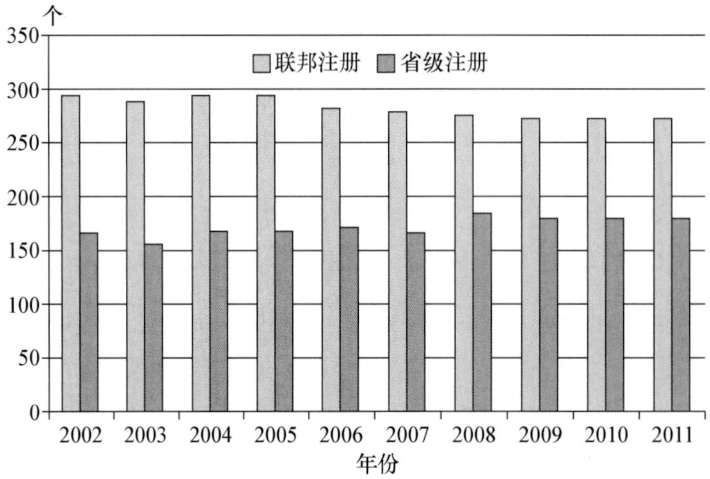

图 12　2002—2011 年间政府注册和省级注册的乳制品加工厂数

资料来源：CDIC。

加拿大的乳品加工业相对集中，15%的加工厂属于加拿大 3 个最大的加工企业(Saputo、Agropur、帕玛拉特)所有，生产接近全国 80%的原料奶。2011 年液体牛奶市场(饮用牛奶和鲜奶油)的销售量为 290 万 t，占牛奶产量的 38%，而如黄油、奶酪、酸奶、冰淇淋等产品的销售量为 480 万 t，占牛奶产量的 62%。牛奶和乳制品的产值约为 100 亿加元。与加拿大丰富的土地资源和多姿多彩的民俗一样，乳制品的种类也十分丰富。从传统的切达奶酪到特质奶酪，冰激凌以及乳饮料，为消费者提供了多种选择。尽管是一个相对较新的产业，但是加拿大的奶酪加工业已进入成熟期，全国各地区可以生产出超过 700 种在传统工艺上加以改进的奶酪，包括：山羊奶酪、母羊奶酪、原料乳奶酪。这些奶酪在世界上因其口感和品质而得到认可。加拿大奶业革新是建立在研究和开发行业专业技术上，科学家是科技进步的领导者。功能性乳制品的开发是加拿大奶业革新一个强有力的例子，有一些产品已经开发出来，如益生菌酸奶和含 Omega-3 脂肪酸的产品。有机奶产品，虽然只占总产奶量的一小部分，2010—2011 年度生产 9 万 t，但产量呈逐年递增趋势，在过去的 5 年中产量翻番。

加拿大乳制品种类繁多，在地区上有大的差异。其中魁北克省生产 477 种乳制品，占 71.7%；安大略省生产 125 种乳制品，占 18.8%；其他省份生产 63 种。一家名为 Agropur Cooperative 的加拿大乳制品销售联合体(Dairy Marketing Cooperatives)，以加拿大为中心，业务涉及北美，仅乳制品的年销售额为 26 亿美元，在美国的乳制品销售联合体中排名第二，年处理鲜奶 18.9 亿 L，在美国前 100 名乳品企业中乳制品销售占总销售 3.2%(CGGC，based on company annual reports，Dairy Field，2006；and Dairy Foods，2008)。

2011 年乳制品生产额占食品饮品生产总额的 14.7%(图 13)，总价值达 136.9 亿加元。如图 14 所示，加拿大乳制品生产额在 2007—2011 年期间不断上升，然而其增长幅度小于其食品饮品生产总额，因此乳制品生产额占食品饮品生产总额的比例基本保持在 15%左右。

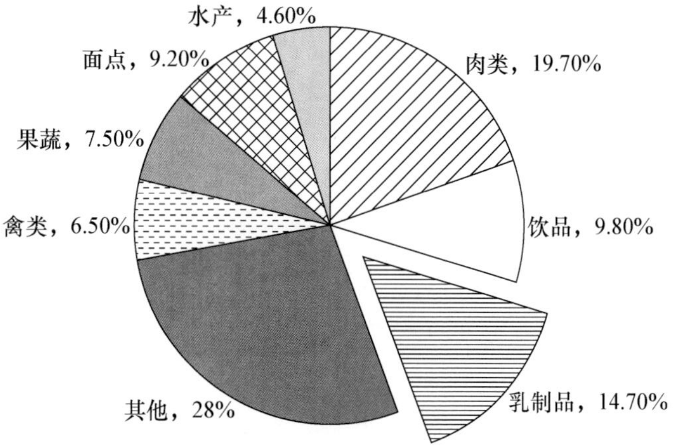

图 13　2011 年加拿大乳品生产额占食品饮品生产总额比例

数据来源：Canadian Dairy Information Center(CDIC)。

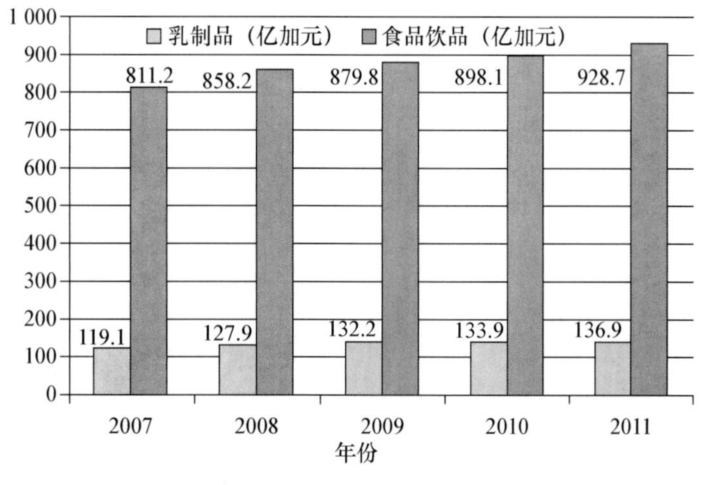

图 14　2007—2011 年加拿大乳品生产额及食品饮品生产总额变化趋势

数据来源：Canadian Dairy Information Center(CDIC)。

1.3　乳品消费发展

随着社会和人口结构的变化，加拿大消费者对于乳制品的需求、口感、喜好有很大影响。尤其是 21

世纪以来，二战期间出生的人口占目前消费者的比例很大，他们对乳制品的喜好对加拿大影响很大。他们更愿意食用的乳制品含有对健康有益的营养元素。同时，加拿大的乳制品消费也受移民人群的影响，在过去的10年里，移民量超过原有人口的自然增长量，因此多样化的人群对于乳品消费更有多样的需求。亚特兰大省受到影响较少，因为该省的移民主要来源于欧洲和美国；而安大略、魁北克和西部省份近年变化较大。例如一种名为 kefir 发酵乳饮料原产于东欧，从1990年开始在加拿大的各大城市，尤其是魁北克销售。

2011年加拿大人均消费液态奶78.70 L、奶油8.78 L、黄油2.79 kg、奶酪12.29 kg、炼乳0.93 L、酸奶8.47 L、冰淇淋4.64 L(附表10)。与2010年相比，分别变化1.0%、6.7%、3.5%、−2.0%、13.1%、2.3%、−15.6%，除冰淇淋消费下降15.6%，下降幅度较大之外，其他各乳制品消费变化不大。如图15，在过去的20年中，奶酪、奶油、酸奶的消费呈上升趋势，冰淇淋、液态奶、炼乳消费呈较明显下降趋势，尤其是冰淇淋，2005年后呈大幅度下降趋势(2005年消费量9.85 L，而2011年消费量仅为4.64 L，下降了52.8%)，冰淇淋消费在四季中呈明显的季节性分布。液态奶消费包括乳脂率3.25%、2%、1%的含脂奶，脱脂奶，巧克力奶和白脱牛奶，其中2%含脂率的牛奶消费量占液态奶消费的50%左右。在1992年至2011年之间，液态奶消费从92.59 L下降到78.70 L，年均下降近0.7 L，四季消费均衡，目前消费水平居世界第10位，主要是由于各种新式能量饮料、运动饮料和碳酸饮料的市场竞争，消费人口下降。黄油消费量在20年中基本持平。加拿大目前是成熟的奶酪生产国，其奶酪消费水平亦逐年提高，2011年消费水平比1992年高1.83 kg，每年递增0.1 kg，消费量中切达奶酪占1/3。奶油和酸奶是消费量增长最快的两种产品，消费没有季节性变化规律，过去的15年中增长速度达到每年0.2 L和0.35 L，在2010年酸奶消费量接近奶油消费量。

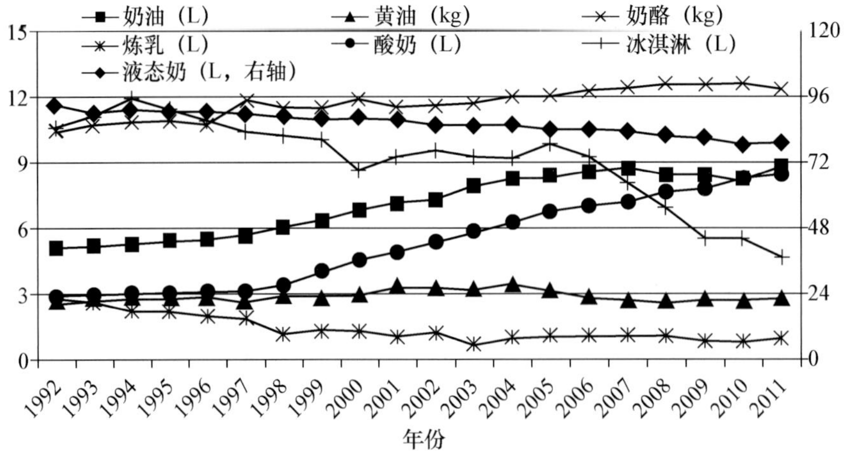

图15　1992—2011年加拿大人均乳制品消费变化趋势

资料来源：CDIC。

随着消费者中单独一人立家、小家庭比例增加，而且劳动力市场女性增加，消费者对半成品和高附加值食品的需求逐渐增加。同时，乳品业也热衷于为消费者提供创新性食品，例如过滤牛奶、各种类型的包装、现存食品标识健康食品等。从消费者角度，有多种乳制品可以选择，在过去的20年中，无数种特殊奶酪、含乳甜点、酸奶和酸奶饮料、美食冰淇淋等新花样充实到牛奶、奶油、黄油和切达奶酪这些传统乳品货架。如图16(详见附表13)所示，加拿大人消费的液态奶中含脂率2%的产品占比例最高，但呈下降趋势，1992年人均年消费近54 L，而2011年仅36 L左右，下降了32.9%。其他几种液态奶产品消费量在过去的20年中较稳定。图17(详见附表13)显示加拿大人均消费奶油量在过去的20年中逐年递增，从1990年人均年消费奶油5.25 L，增长到2012年人均年消费9.65 L，提高83.8%。奶油消费中主要是10%奶油，然而从2000年左右，18%奶油的消费也逐年快速递增，在2007年就超过10%奶油成为最主要的奶油类消费产品。

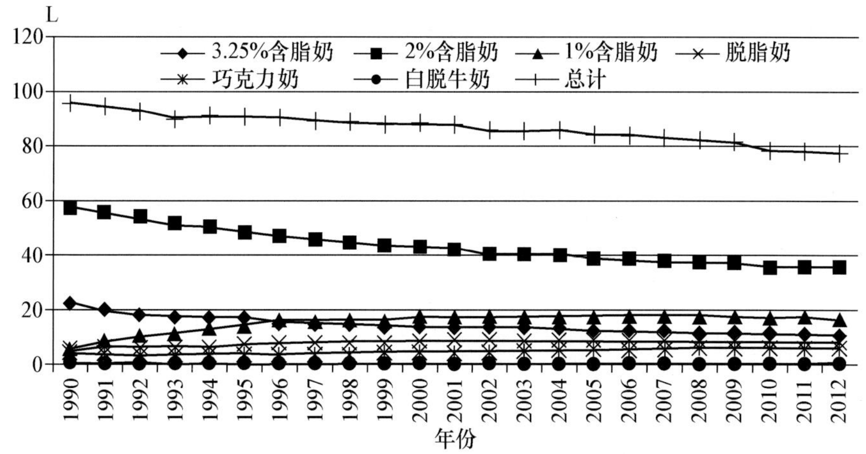

图 16　1990—2012 年加拿大人均年消费各种液态奶量变化趋势

资料来源:CDIC。

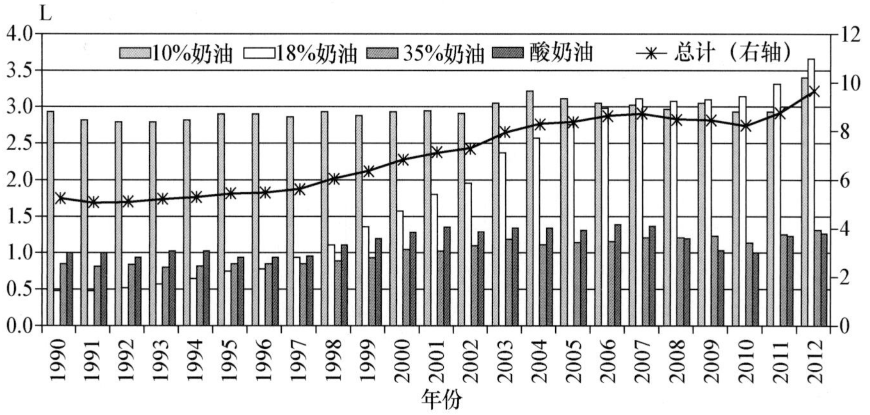

图 17　1990—2012 年加拿大人均年消费各种奶油量变化趋势

资料来源:CDIC。

图 18(附表 14)显示过去 20 多年中加拿大人均消费奶酪的情况，呈现小幅增长的过程，在 20 年间，人均消费量增长 1.28 kg。奶酪总消费量只计算了切达、特制和乡村奶酪，切达奶酪中包含用于融化再制奶酪的部分。其中主要的且不断小幅增长的品种就是特制奶酪。切达和乡村奶酪的消费量几乎没有发生变化。

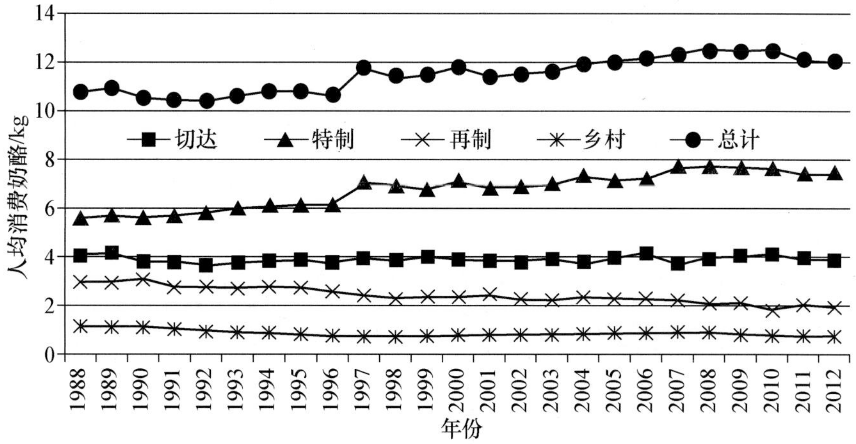

图 18　1992—2011 年加拿大人均年消费各种奶酪量变化趋势

资料来源:CDIC。

1.4　乳制品贸易发展

加拿大自 2000 年以来一直是乳制品的净进口国，在乳制品贸易方面是小国。2011 年，加拿大主要向美国、欧盟和利比亚出口干酪、低脂奶粉和淡炼乳等产品，出口额达到 2.52 亿加元；从欧盟、美国和新西兰进口干酪、酪蛋白和全脂奶粉，进口额为 6.69 亿加元，贸易逆差为 4.17 亿加元。图 19 可见（详见附表 15、附表 16），近 10 年来，乳品进口额呈间歇性上升，而乳品出口额除在 2007 年有小幅上涨之外总体呈趋势下降，造成贸易逆差间歇性增加，在 2003—2011 年间，形成 3 个下降波。与 2002 年相比，2011 年贸易逆差增加 2.45 亿加元，增加 142.4%。

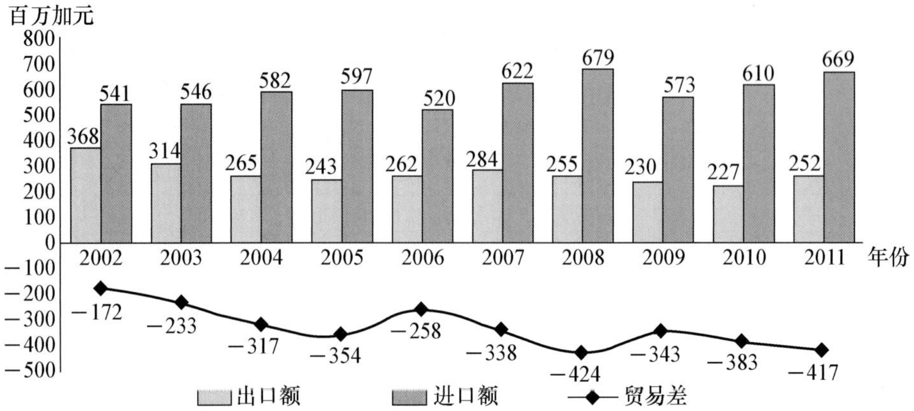

图 19　加拿大近十年乳产品贸易情况

数据来源：Canadian Dairy Information Center(CDIC)。

1.4.1　进口贸易变化趋势

图 20、附表 4 显示了过去 50 年中加拿大进口乳制品变化趋势，从整个 50 年的情况看，主要进口产品为奶酪；在过去的 15 年，除奶酪外，全脂奶粉、黄油是进口的主要产品；然而 2005 年起，黄油和全脂奶粉的进口量大幅度下降，黄油 2008 年进口量达到新低，与最高进口量（2004 年 2.76 万 t）相比，下降了 73.4%，全脂奶粉 2009 年进口量仅为 2 332 t，与最高进口量（2005 年 2.47 万 t）相比，下降90.6%；另外从 2002 年后的近 10

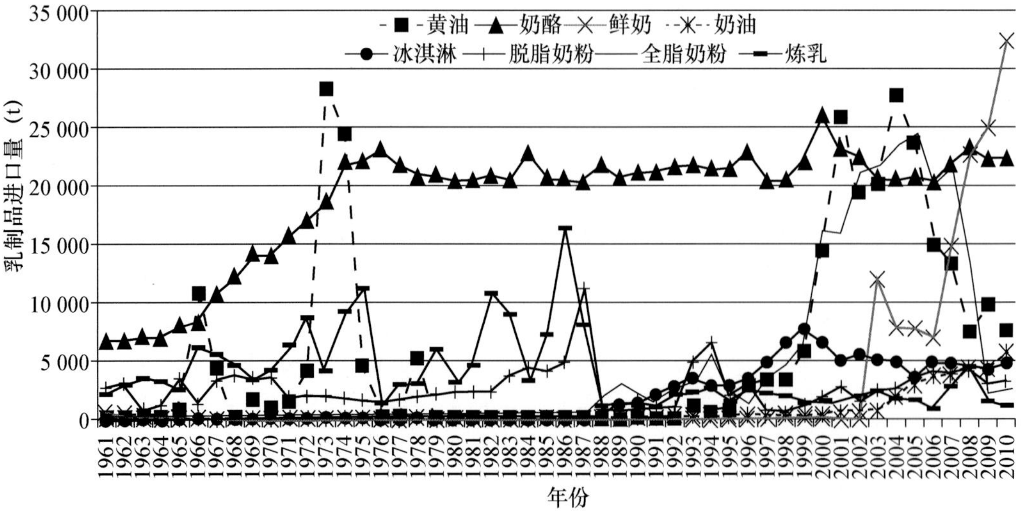

图 20　1961—2010 年加拿大乳制进口贸易量变化趋势

数据来源：FAO。

年来，鲜奶进口量呈大幅度上升趋势。炼乳和脱脂奶粉曾经在20世纪八九十年代也是进口的主要产品之一，但从1988年后几乎停止进口，近10年有再度上升的趋势。冰淇淋是1988年开始进口到加拿大的，近10年进口量稳定，2010年进口量达到4 181 t。

与进口贸易量相比，进口贸易额的趋势简单得多，近50年总进口额呈上升趋势(图21、附表3)。其中奶酪进口额以其单价高、进口量大独树一帜，在过去的50年中呈快速上升趋势，在2008年达到历史最高(2.3亿加元)，从1961年到2008年，平均年增长近5 000万加元。近10年左右，全脂奶粉和黄油是除奶酪之外的贸易额较大的两种产品，其余产品的进口额一直处于5%以下。2008年，奶酪、全脂奶粉和黄油的进口额占总进口额的63.8%、15.3%和7.6%。2008—2009年，加拿大乳制品进口贸易额有巨大变化，贸易总额下降0.86亿加元，下降幅度23.8%，可能与北美和欧洲正在经历的经济危机有关。主要是脱脂奶粉(31.7%)、全脂奶粉(82.4%)和炼乳(67.4%)3种产品进口量大幅度下降。2010年进口贸易额有所恢复，但幅度不大(与2009年相比上升9.8%)，主要表现在除炼乳外的各乳制品进口额呈现增长，增长幅度较大的是鲜奶和奶油。奶酪的进口额2010年比2009年增长11.9%，但是进口量下降24.4%。

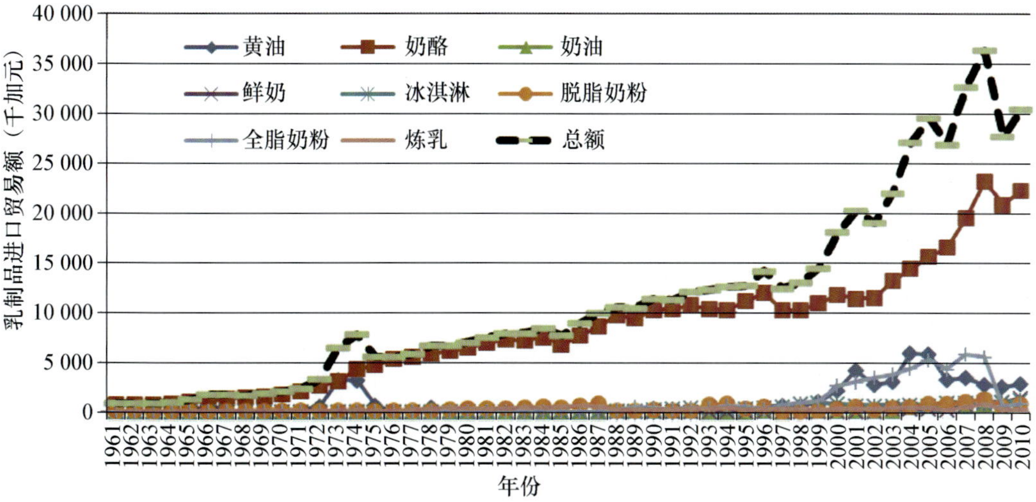

图21 1961—2010年加拿大乳制品进口贸易额变化趋势

数据来源：FAO。

1.4.2 出口贸易变化趋势

图22、图23、附表3、附表4显示近50年来加拿大乳制品出口量及出口额变化趋势。可见，近20年来，乳制品总出口量与20世纪七八十年代相比，大幅度下降。近10年内，出口量较稳定，主要出口产品为冰淇淋、脱脂奶粉和奶酪等。黄油出口量在2005年为近10年最高(2.0万t)，2007—2009年间大幅度下降，到2009年出口量仅为2 836 t，2010年回升至6 892 t。总出口额虽总体上升，但一直起伏跌宕，而且各产品在最近20年内变化趋势非常复杂。奶酪一直是出口额稳定的产品，占出口额的30%左右；2007年至2010年的新一轮出口额下降受脱脂奶粉、炼乳等产品出口量大幅度下降的影响。冰淇淋作为一种特殊变化趋势存在，不论出口量还是出口额在过去的5年中稳定上升。鲜奶、全脂奶粉和炼乳，一直是出口产品中的小角色。

1.4.3 加拿大的乳制品贸易伙伴

据加拿大国家统计局统计，由AAFC-AID，Dairy Section计算出版的《加拿大奶业统计资料》(Statistics of Canadian Dairy Industry)分析乳制品进出口贸易额和贸易量数据，不论在出口还是进口，美国都是加拿

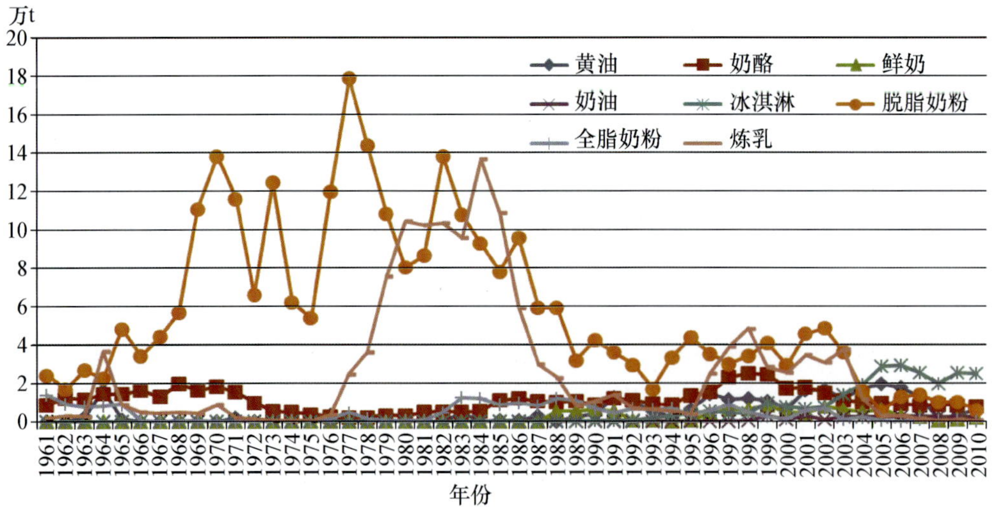

图 22　1961—2010 年加拿大乳制品出口贸易量变化趋势

数据来源:FAO。

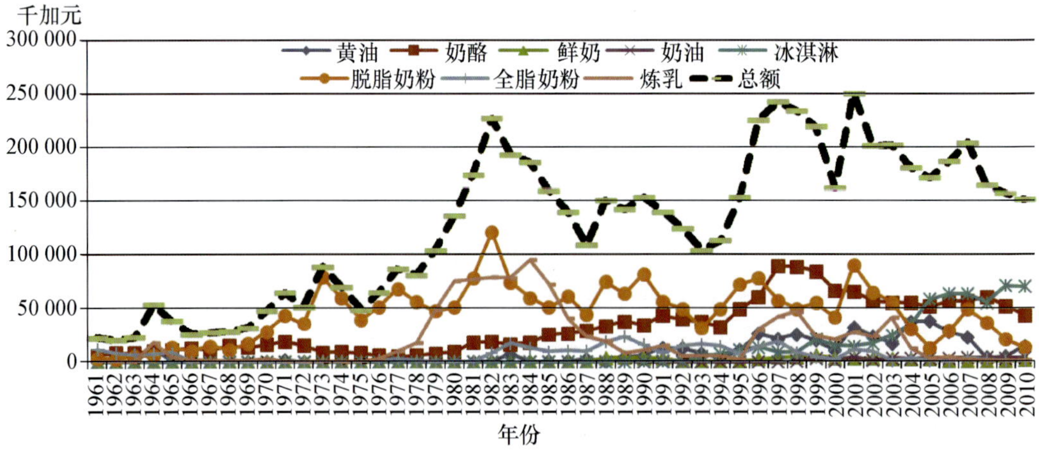

图 23　1961—2009 年加拿大乳制品出口贸易额变化趋势

数据来源:FAO。

大最大的贸易伙伴,除美国外,加拿大乳制品的出口和进口情况呈现出很大差异性。不论进口还是出口,2011 年都比 2010 年贸易额、贸易量有所增加,而 2012 年的贸易额、贸易量再次下降,贸易额虽然高于 2010 年,但贸易量甚至低于 2010 年(附表 15、附表 16)。2010 年加拿大乳制品的出口国 82 个,是 2008—2010 年 3 年中出口国家数最多的年份。2012 年加拿大乳制品的出口总额为 2.37 亿加元(图 24、附表 15),美国占 38.5%,居首位;沙特阿拉伯占 11.8%,位居第二;墨西哥占 4.6%,居第三。据 UNCOMTRADE 数据,2010 年加拿大乳制品出口国中亚洲国家 8 个,总出口额 0.8 亿美元,占加拿大乳制品出口额的 39.8%,是加拿大的重要贸易伙伴群体,其中中国排名第 11,出口额 402 万美元。但 2012 年出口贸易伙伴群体变化很大。

据加拿大国家统计局统计数据,2012 年加拿大乳制品的进口总额 6.77 亿加元(图 25、附表 16),美国占 45.3%,居首位;新西兰占 10.7%,位居第二;法国占 9.2%,居第三。前 10 位国家中欧洲国家 7 个,总进口额2.2 亿美元,占总进口额的 32.9%,是加拿大乳制品进口的最重要贸易伙伴群。据 UNCOMTRADE 数据,2010 年欧洲国家进口额比例曾经更高(54.1%)。新西兰以其优质低价,在很短时间内成为加拿大的主要进口国,虽然欧洲乳制品在加拿大广为消费者喜爱,但价格原因扭转了贸易趋势。

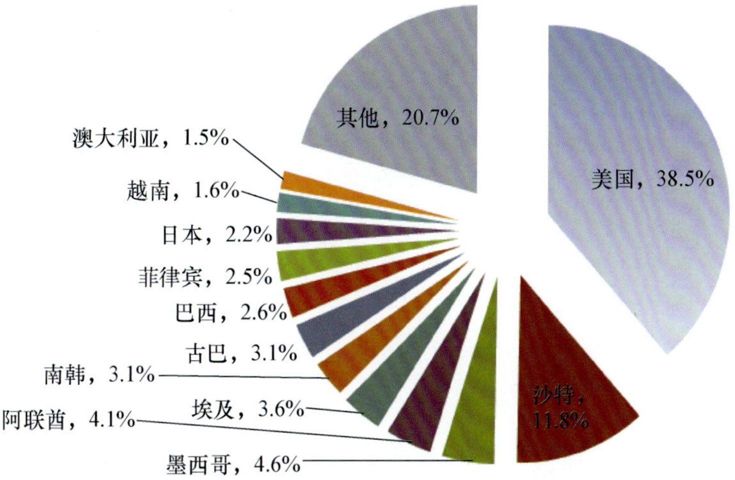

图 24 2012 年加拿大乳制品主要出口国贸易额(加元)比例

数据来源:加拿大统计局。

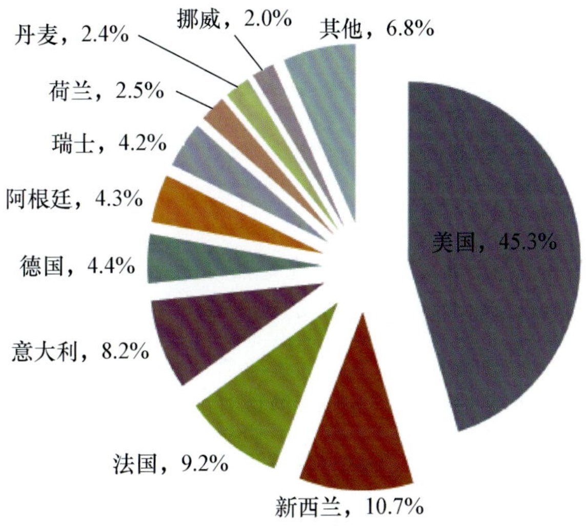

图 25 2012 年加拿大乳制品主要进口国贸易额(加元)前 10 个国家

数据来源:加拿大统计局。

1.4.4 加拿大贸易政策对其乳制品贸易的影响

据 UNCOMTRADE 数据,2010 年加拿大乳制品出口总额为 2 亿美元,出口总额为 3.87 亿美元,相对于其发达的奶业来说是相对低的,这与其奶业实施配额体制有关。

牛奶的供应管理由加拿大乳品委员会负责,它确定全国的牛奶生产配额,并将配额通过农民组成的乳品加工合作社分配给奶牛生产者。加拿大的奶业配额制全面考虑本国消费,原奶收购以牛奶生产成本为基础确保农民收益,因此其原奶价格是世界上较高的,不利于出口,故出口乳制品主要面向亚洲国家。同时,由于本国原奶成本高,为防止外来乳制品冲击本地市场,对于进口乳制品的种类和数量有严格的控制,奶酪是加拿大进口量最大的产品,因此乳制品进口国多为欧洲国家。

2　奶业科技进展

2.1　奶牛育种与繁殖技术进展

自 1955 年起加拿大全国实施牛奶记录系统，并在随后将线性体型外貌评分作为奶牛育种中的一个重要的技术手段来评估奶牛的健康和寿命。加拿大共有 7 个较大的种公牛站，生产的冻精或胚胎主要出口到美国、墨西哥、日本和欧盟。2010 年加拿大奶牛遗传物质出口总额超过 1.01 亿美元，其中冻精出口占总额的 20%。加拿大是奶牛遗传物质的净出口国（胚胎、冻精和奶牛）。加拿大种公牛冻精出口约占世界出口市场的 20%。2010 年，加拿大奶牛优良品种出口的最大市场是美国，占加拿大奶牛出口的 58%。经过 50 多年育种与繁育技术的不断完善，加拿大牛群的遗传素质不断提高。从 1961 年至 2010 年，加拿大泌乳牛存栏数呈现逐年下降的趋势，但实际上奶牛单产却是逐年上升的，这代表牛群生产性能有了很大的提高。

加拿大处于奶牛遗传育种研究的前沿。通过对牛群基因型的研究，育种专家能够描绘出奶牛的遗传图谱，目前正在对 60 种不同性状进行基因组遗传评估。2010 年 10 月以后，加拿大奶牛工作网（Canadian Dairy Network，CDN）发表的基因组遗传评估值是利用基因型填充（3K 和 50K）的方法计算的。奶牛经典的育种体系包括 4 个技术体系：品种登记、性能测定、遗传评估和后裔测定。加拿大奶牛育种体系是世界上较早成熟起来的，并成为其他国家效仿的典型。

2.1.1　个体登记及青年公牛后裔测定

奶牛登记在加拿大有 100 年以上的历史，最开始登记的只有纯种，而 2005 年起，法律规定任何一头奶牛（不论公母）在交易之前必须具有耳标，并且耳号须在国家数据库登记；从 2008 年起，强制执行电子耳标制度（图 26），有利于个体信息的准确登记和方便查阅。个体登记的强制执行不是起始于育种要求，而是考虑疫病暴发和监控的安全性，但同时也为收集个体的信息奠定了基础。因为个体具有终身唯一个体号，是任何性能测定以至于评估的基本条件。个体标识与品种登记还是两个技术层次，有了个体标识为品种登记提供了方便，而品种登记除要求个体标识外，还要记录其亲本信息和基本特征。品种登记的工作一般由品种协会负责。登记牛数量和比例直接反映其奶牛育种水平。

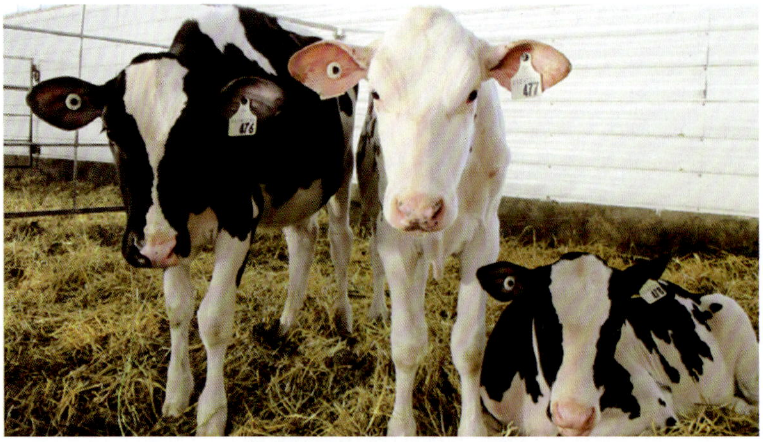

图 26　个体强制性佩戴电子耳标及可视耳标

图片来源：Holstein Canada。

过去的 20 年中加拿大每年登记牛数量不断增加（图 27，附表 11），即使在 2003—2005 年，由于疯牛病造成产业大萧条的时候，登记牛群数量都未见减少，可见加拿大奶农对于品种登记重要性的认识，以及整个行业对波动的耐受能力。登记牛占总头数(青年牛与泌乳母牛之和)的比例逐步增加，2012 年达到 20.1%。登记牛中母牛占 98.2%，且登记牛的主体是荷斯坦牛，2012 年荷斯坦登记牛 27.2 万头，占登记奶牛的94.2%。安大略省和魁北克省的登记牛群占全国的 72.5%。

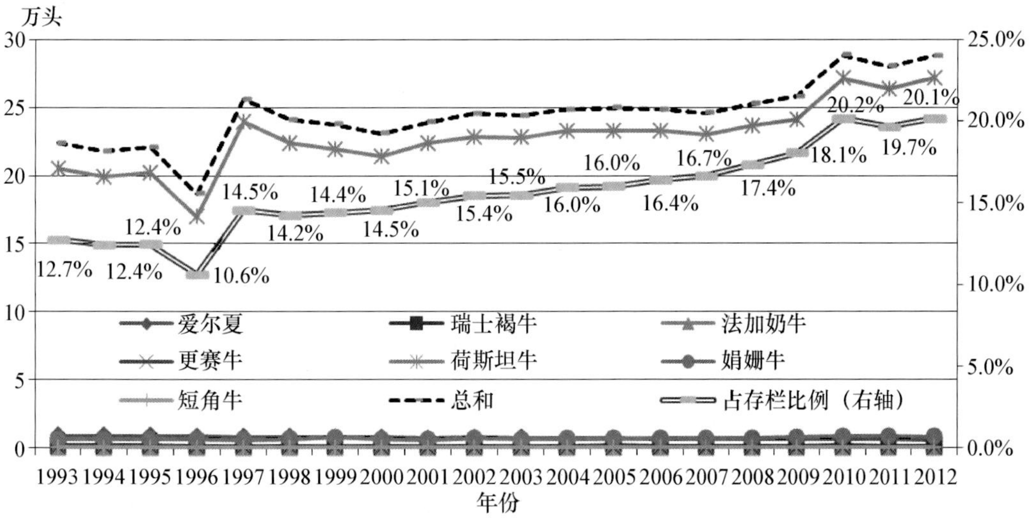

图 27　1993—2012 年加拿大各品种奶牛登记头数变化趋势

资料来源：CDIC。

人工授精技术自 20 世纪 60 年代应用于牛的繁殖后，一直长兴不衰。1935 年加拿大首例利用人工授精技术的犊牛出生，1940 年建立了利用人工授精技术产生的犊牛的品种登记办法。1954 年在安大略省建立第一座人工授精中心，开始使用冷冻精液。目前，更被视为奶牛繁育体系中性价比最高、最成熟的繁殖技术，在广大农户中使用，纯种个体 90%以上使用人工授精。随着技术进步，与人工授精技术相关的其他辅助技术逐步投入使用，例如计算机软件制作选配计划、适时输精、性控冻精、使用激素或栓剂(CIDR)同期发情、预同期发情、发情检测手段(计步器、尾根笔、尾根胶囊)都在目前的奶牛养殖中受到好评。同时加拿大的奶牛专业技术服务人员，例如兽医，在为奶牛场提供技术和技术咨询服务时，重点在于从繁殖角度提高奶牛生产效益，实施个体选配、人工授精和繁殖信息解读方法，成为牛场最受欢迎的技术人员。目前性控冻精在奶牛场的应用依然很有限，鉴于成本高、受胎率低、最好的种公牛性控冻精有限等各种因素，只有意在扩群、提高后备母牛选留强度或者销售后备青年母牛的农户采用性控冻精。然而根据加拿大奶牛活牛市场价格，饲养后备母牛出售利润不高(12 月龄青年母牛 1 000～2 000 加元/头之间)。

如图 28 所示(附表 12)，2012 年登记奶牛中属于人工授精(AI)的后代比例为 90.1%，过去 20 年中这个比例一直很稳定。由于登记牛中荷斯坦牛占绝大多数，荷斯坦牛为 AI 后代比例与总比例类似(2012 年荷斯坦该比例为 90.6%)。1973 年在魁北克省第一头胚胎移植犊牛出生，当年只有 2 头采用胚胎移植技术出生的犊牛获得品种登记，截至目前共登记了 11 000 多头胚胎移植个体。这个发展趋势说明，在奶牛商品生产中人工授精仍将是最重要的繁育技术，而胚胎移植除用于种畜培育外，很少用于商品生产。

图 29(详见附表 8)为 1993—2011 年间奶牛青年公牛完成后裔测定数量的变化趋势，在 1998 年至 2009 年间青年公牛完成后测数量属较高水平，各品种总和在 600 头左右，占世界后测公牛比例 10%左右，显示出加拿大奶牛遗传物质需求旺盛。而从 2006 年起显示出明显的下降趋势。2011 年总测定头数为 520 头，比 2006 年下降了 32.5%，主体是荷斯坦青年公牛(430 头，82.7%)，其次是娟姗牛(22 头，4.2%)，这与新技术——基因组选择的应用有关。2009 年加拿大正式公布基因组育种值估计结果，3 年以来，各种研究结果

显示基因组选择技术可提高青年公牛选择准确性(从系谱信息可靠性的30%提高基因组估计可靠性的60%左右)增加,因此可以通过减少后测规模降低成本,但获得同样的遗传进展。

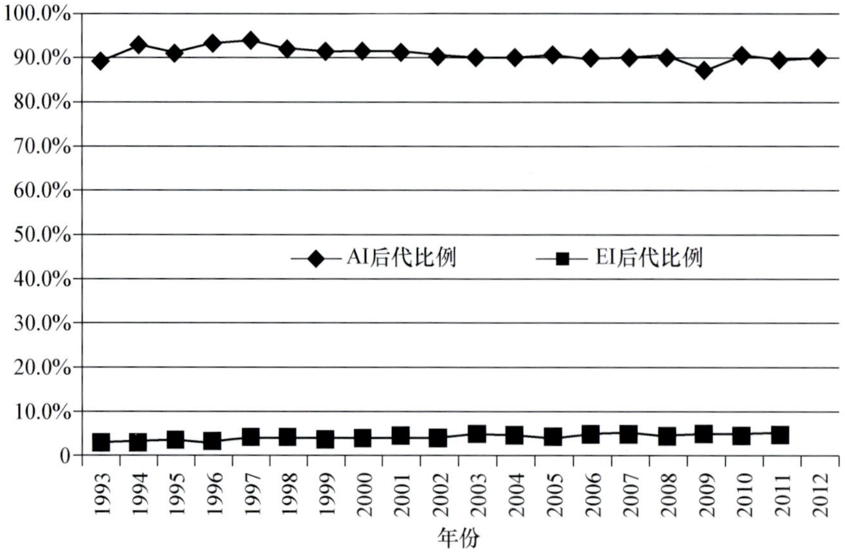

图28　1993—2012年加拿大登记牛中人工授精公牛后代以及胚胎移植后代头数变化趋势

资料来源:CDIC。

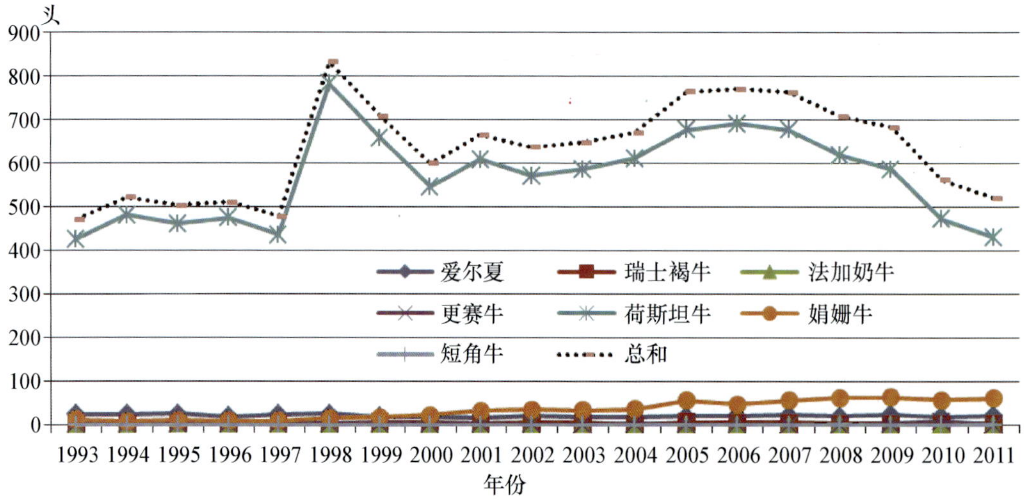

图29　1993—2011年加拿大各品种完成后裔测定公牛头数变化趋势

资料来源:CDIC。

2.1.2　产奶性能测定

奶牛生产性能测定在加拿大起始于1905年的政府工作计划ROP(Records of Performance),由政府补贴,主要用于测定纯种登记牛的性能,协助优秀个体体现其生产性能。20世纪60年代,加拿大的两大奶牛聚集省份,安大略和魁北克省开始了省级的生产性能测定。从1962年起测定计划改名为DHAS(Dairy Herd Analysis Service),由政府部分补贴,但允许非纯种个体参与测定,并开始有技术咨询人员到场指导测定结果如何应用。1970年左右,DHI测定数据开始用于遗传评估。1978年DHI测定由政府资助转向私营、非盈利组织,政府只支付少量补贴以及技术研发费用。20世纪90年代初,加拿大政府决定不再补贴用户DHI测定的任何费用,在3年内行业重新整顿。到目前,原来几十家

DHI测定机构合并为由加拿大DHI协会(Canadian DHI)合作的两家DHI测定机构——Valacta和Canwest DHI。由于有将测定结果用于改善管理的技术服务体系，并且管理水平直接与经济效益相关，DHI测定在加拿大奶业中的推广效果很好，尽管政府不再为测定提供任何补贴，测定比例还在不断提高。

2011年参加DHI测定头数(71.5万头)占加拿大总泌乳母牛数的72.6%，在过去的20年中，测定总头数呈小幅下降的趋势，但占牛群总存栏泌乳母牛比例呈小幅上升趋势(附表7)，与1992年的测定比例59.3%相比，提高了13.3%。这一测定比例居世界前列，同时说明淘汰牛中不参加测定的较多。DHI测定在加拿大有多种形式，其中一个大的区别就是正式DHI测定(有DHI测定专门技术人员到现场采样、测定头日产奶量)和管理用DHI测定(农场主自行记录头日产奶量并自行采样)，其中只有正式DHI测定的数据用于进行平均产奶量和遗传评估，当然这两种测定方法因涉及是否需要技术人员的参与而价格有区别。从图30可见，管理用DHI测定的牛头数在上世纪末与正式DHI测定头数相近，但从1998年起，两种测定牛群总数逐渐拉开差距，参与正式DHI测定牛头数越来越多，2007年起差距超过10万头，2011年正式DHI测定头数41.5万头，与管理用DHI测定头数差距达到11.3万头。2011年参与DHI测定牛场数为9 594个，占全国奶牛场数的75.3%，这个比例比1992年的56.5%上升了18.8个百分点。

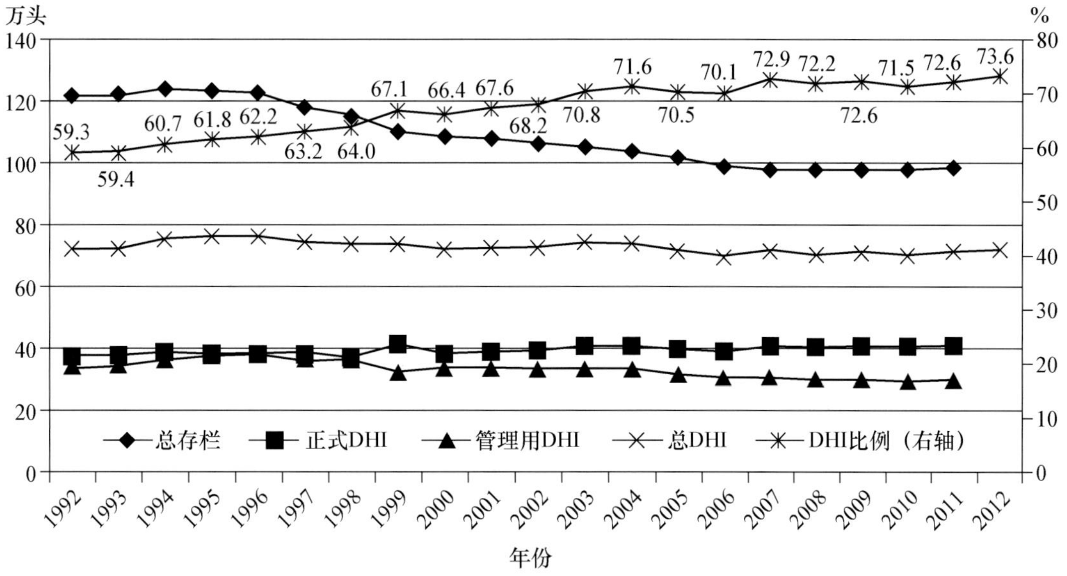

图30 1992—2012年加拿大奶牛参加DHI测定头数及比例的变化趋势

资料来源：CDIC。

2011年参加正式DHI测定牛群平均规模为82.3头，这一数字在过去的20年中一直不断提高，比1992年的48.8头高33.5头，提高68.7%，说明大规模牛场参加正式DHI测定比例逐年增加，同时说明已经参与正式DHI的牛群获利状况好、不断扩群。安大略省和魁北克省不仅是奶牛存栏的大省，也是参加DHI测定头数最多、比例最高的省，2011年参加测定头数分别达到24.1万头和29.6万头，参测比例分别达到74.6%和80.3%，高于全国平均水平(73.6%)。

利用正式DHI的信息，可以准确估计各品种奶牛的产奶水平。如图31所示，据2012年31万头牛正式DHI信息估计，2012年加拿大奶牛产奶量达9 780 kg，乳脂率3.85%、乳蛋白率3.22%，其中荷斯坦牛产奶量达9 979 kg，乳脂率3.80%、乳蛋白率3.19%。可见在平衡育种理论支持下，奶牛单产水平不断提高，同时保持了乳成分水平基本不变。20年间，单产水平提高近2 t。

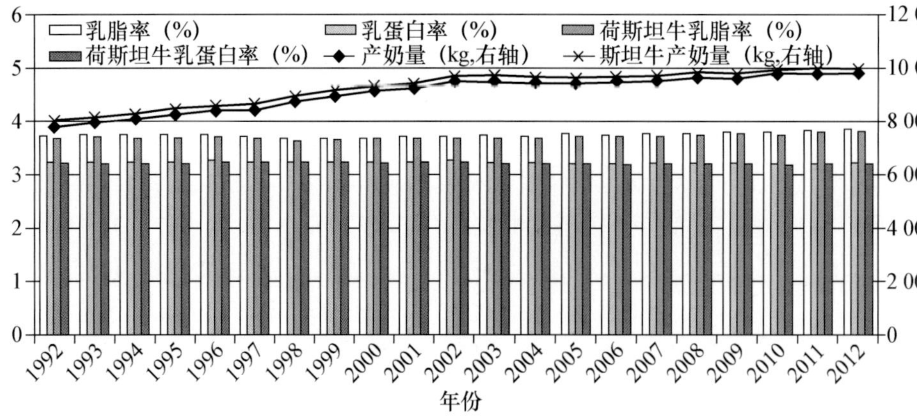

图 31　1992—2012 年加拿大正式 DHI 测定数据估计奶牛生产性能变化趋势

资料来源：CDIC。

2.1.3　奶牛遗传评估与后裔测定体系

加拿大的奶牛品种质量和牛群遗传水平，一直处于国际一流水平和领先地位，已成为世界优质奶牛的育种基地之一，为加拿大本国，同时也为世界奶牛业品种改良做出了巨大贡献。在加拿大奶牛育种遗传评估体系中采用“平衡育种”的原则，不仅考虑了生产性能，同时还考虑了奶牛的长寿性及工作性能等性状，包括：生产、体型、寿命、产犊难易性、排乳速度、泌乳性情和繁殖性能等性状。参加遗传评估的奶牛品种包括荷斯坦牛（占奶牛群的 93%），爱尔夏牛（Ayrshire）、瑞士褐牛、加拿大牛、格恩西牛（Guernsey）、泽西牛（Jersey）和乳用短角牛（Milking Shorthorn）。在选种过程中，1991 年建立闻名世界的 LPI（Lifetime Profit Index），之后不定期对于 LPI 指数中性状的权重进行调整。LPI 包含 3 个部分的性状，生产性状、耐久力性状和健康及繁殖性状，每部分性状需要以其经济重要性（2012 年 4 月最新公布的荷斯坦牛 LPI 三部分权重分别为 51%、34% 和 15%）以及校正因子（2012 年 4 月最新公布的荷斯坦牛 LPI 三部分校正因子分别为 1.522 9、1.464 8 和 1.482 4）。这 3 部分又由多个有经济重要性的性状组成。

20 世纪 70 年代，加拿大的遗传育种科学家开发了利用计算机进行动物模型 BLUP 的遗传评估平台，为奶牛遗传评估奠定了坚实的基础。20 世纪 90 年代，加拿大的奶牛遗传育种科学家又一次刷新纪录，创造了适应于奶牛测定日记录方式的随机回归测定模型遗传评估方法，并在世界上率先将这一学术思想用于奶牛遗传评估。2009 年与美国科学家一道，将基因组选择的评估方法用于奶牛遗传评估，在奶牛育种理论和实践中再次领先。

自 1905 年加拿大政府负责对奶牛纯种登记个体性能进行测定起，加拿大政府同时也负责对于纯种登记的公母牛进行遗传评估，20 世纪 40 年代引入的理念为群内比较，用于区别不同种公牛的遗传水平；20 世纪 50 年代提出校正的比较公式 BCA（Breed Class Average），对于各品种的场、年龄效应进行校正；20 世纪 90 年代初，加拿大政府决定结束对于奶牛行业生产性能测定和遗传评估的资助，给行业 3 年时间以及约 300 万加元的经费重新建立经营式的行业服务机构——私有化。1995 年专门负责加拿大各品种奶牛的所有性状遗传评估的组织——加拿大奶牛工作网（Canadian Dairy Network，CDN）成立，是加拿大政府将遗传评估这一工作完全转入行业自我运行的举措。CDN 同时代表加拿大参与国际联合遗传评估（Interbull，20 世纪 70 年代成立的家畜遗传水平国际比较机构，1993 年采用的 MACE 系统用于比较各国公牛育种值，是由加拿大科学家建立的）的工作。CDN 每年的工作经费约需要 100 万加元，全部来自行业内部。在此之后，加拿大政府不再对行业性的遗传评估进行补贴，只提供少许遗传评估研发经费。

2.1.4 奶牛体型线性评定

体型线性评定是加拿大奶牛育种中的重要技术手段，也是加拿大奶牛育种中平衡育种的具体指标，在过去的80年内，加拿大奶牛体型评定系统趋于完善，是世界上体型性状遗传进展最快、目前遗传水平最高的国家。

2005年由加拿大荷斯坦协会研制了可适用于所有6个奶牛品种的体型评定计算机系统，为每位鉴定员配备手持掌上电脑终端，与全国数据库相联系。目前加拿大60%以上的奶牛群体参加体型鉴定计划。荷斯坦牛协会共有17名专业体型鉴定员，每7个月巡回鉴定一次，鉴定时不挑选个体，以群为单位，所有新产牛参加鉴定，不预算不分组，使体型鉴定保持客观性和公正性。荷斯坦母牛评分达到最高的前提之一是完成3个泌乳期，达到完全体成熟。目前荷斯坦牛鉴定牛群8 000多个，鉴定头数22万头左右，约占泌乳牛群的25%左右。各品种奶牛使用相同的数据收集设备、软件，系统内部对于各品种的信息以及品种内泌乳阶段、挤奶状态和年龄进行校正。

体型线性评定数据由品种协会收集、CDN负责遗传评估。目前采用9分制评估24个性状，其中少数可以通过度量评定，另外39个缺陷性状用于扣分。评分归纳到5个大类，体躯容量、肢蹄、泌乳系统、前乳房、后乳房和乳用性，最后汇总为总评分，并根据总评分定出等级(优秀E、非常好VG、好加G+、好G、一般F和差P)。

体型线性鉴定数据对于牛群管理，尤其是淘汰和选配起到重要作用。另外体型数据是遗传评估体系中健康、长寿和繁殖的重要指示性状，是加拿大奶牛育种的平衡理念的实践基础。

1922年美国开发了“理想型”牛的概念，直至20世纪30年代，加拿大一直使用美国的理想型。之后，由加拿大的艺术家，从二维和三维两个角度，开发加拿大自己的理想型。1973年，理想型模型生产了30 cm长的公母牛模型，1984年生产了46 cm尺寸模型；1988年，开始在30 cm母牛和公牛模型上画画片；1993年46 cm模型母牛也获得其画片。期间模型的制作材料一再发展。2003年加拿大荷斯坦协会的委员会组织奶牛育种专家、体型鉴定员、牛赛裁判员共同研究，将线性体型评定的概念与模型结合起来，更好地将体型外貌标尺可视化，2004年开发了公牛的理想型，之后又建立了青年牛模型(图32)。理想型模型的各部位角度、尺寸都是根据品种的理想标准制定的，源于群体并高于群体。

图32 加拿大荷斯坦理想型母牛、公牛和青年牛(2岁)模型

2.2 奶牛饲料与营养技术进展

加拿大的奶牛饲养多采用家庭牧场为主的专业化、集约化生产经营管理模式。牧场一般占地面积1 000～4 000亩，奶牛头数一般在50～300头之间，有家庭经营管理，机械化程度高，不仅有各种机械化的挤奶设备，还有成套的农业机械如牧草播种机、收割机等。由加拿大NFACC制定的《奶牛保健与管理操作规范》，是加拿大政府主管部门向全国推广实施的。在所有奶牛场的生产中必须执行，目的是为农场动物提供较好的畜舍环境条件和饲养管理技术，保证奶牛养殖业的健康持续发展。加拿大的奶牛饲养真正实现了种养结合，有农场才有牧场，田长饲料，粪肥还田，循环利用，永续发展。同时，为了保护环境，政府还对奶牛的

氮、磷排放指标做出了明确规定。加拿大奶牛养殖中常见的饲料原料包括：全株玉米青贮（干物质含量35%），干玉米秸秆，啤酒糟、榨汁后的玉米颗粒青贮（汁液用于酿造啤酒，粗蛋白含量45%）、提炼玉米糖浆后的玉米渣（粗蛋白含量16%）。这种模式有利于农业、奶牛业的发展。

2.2.1 软件管理

TMR技术在奶牛场的应用已经普及，随之而来的是TMR设备和日粮的管理。FeedWatch是Canwest DHI机构根据目前农场普遍采用TMR饲喂技术制作的一款管理软件，可以与奶牛场管理软件，例如Dairy Comp305，结合并获取动态群体信息。除输入常规的日粮原料及其营养成分外，自动结合群体数据计算不同牛群TMR饲料各原料的添加量，减少错误和损失。如图33所示，对于每一种日粮显示应添加的量，随着添加量增加屏幕上的数据逐渐递减至零，然后显示下一个饲料原料的需求量。

图33　Canwest DHI设计的TMR日粮管理软件

2.2.2 饲养管理和营养调控

（1）在饲槽和槽位空间管理方面保证全天候随时可采食优质饲料，在散栏饲养中，保证每头60 cm以上宽度。

（2）分群饲养。加拿大奶牛养殖中仍有一大部分是拴系式饲养，虽然这种方式需要劳动力强度大，尤其是必须采用管道式挤奶，但是也避免了分群饲养的麻烦，适用于100头泌乳牛以下规模。对于散栏式牛群，尤其是千头泌乳牛以下的饲养场，必须分群，但分群原则可以不同。最新理念为尽量保证青年牛、一胎牛的采食、休息和正常泌乳；对于超过1 000头母牛的大型牛场可以按泌乳阶段分群。

（3）在围产期牛的营养管理和健康方面，通过在饲料中增加谷物成分或添加脂肪提高饲料的营养密度；利用体况评分检测牛群健康状况调整饲料；对接近干乳期的牛只应用低钾饲草或饲喂阴离子盐。

（4）预防瘤胃酸中毒的营养管理方面，注重优质粗饲料的供应，饲料转化缓慢过渡，添加缓冲剂或碱化剂防止瘤胃酸中毒。

2.2.3 牛舍设施设计

（1）牛栏设计和管理。拴系式牛舍的牛床重点是垫料干燥、柔软，不伤关节，而散栏式饲喂方式中牛栏的重要性和灵活性增加。在不同年龄牛群牛栏尺寸设计、垫料等方面不断改善，满足奶牛舒适性。牛床垫料常见沙土和干粪两种，沙土花费取决于原材料成本，对于刮粪系统和固液分离系统伤害大；干粪系统需要投资粪尿分离设备和发酵设备。

（2）地面设置。拴系式牛舍地面对牛的影响相对较小，牛只很少移动，且移动时有人照管。在散栏式牛舍，地面对于牛的蹄腿健康尤为重要，而且牛舍的不同区域地面要求不同，因此地面在牛群频繁到访的区域都有 0.5 cm 直径的凹槽，同时漏缝地板最容易保持牛舍地面清洁，有利于保持牛蹄的干燥和降低蹄病的发生率，虽然地下粪窖的一次性投资大，但省去了舍外的粪污存贮设施。

(3)牛群密度管理。目前 70%左右的牛场采用拴系式牛舍，不存在牛群密度过大的问题，但近年来新建的散栏式牛舍，由于成本等各种原因，多数牛场以超过牛床 10%～25%的密度养牛，虽然成本降低，但存在诸多负面因素，尤其是对弱势牛的生存有很大的影响，应及时进行调整和管理。

(4)根据加拿大气候条件强调牛舍的通风、保暖。加拿大的冷凉气候非常适合于奶牛生产，但夏天、冬天的极端气候仍然给牛舍设计中兼顾通风和保暖带来难度。2010 年加拿大 70%以上的牛场依然使用拴系式饲喂，这种类型的奶牛场存栏规模小，且牛舍老旧，目前几乎所有新建的牛舍都采用卧床设计(图 34)。新建牛舍的优点有以下几个方面：

a)牛舍设计以通风为第一原则。

b)新建牛舍普遍采用卷帘式侧壁，不再有墙。通过温控自动或手动操作卷帘，在不同情况下允许不同量的空气流通，最有利于解决牛舍通风问题。寒冷地区采用充气式卷帘材料增加保暖性。

c)新建牛舍的屋顶采用不同级别的隔离层，防止日光强度过分影响舍内温度，同时防止冬季屋顶滴水(图 35)。

d)新建牛舍屋顶设夹层并增加空气循环装置，有利于屋顶隔热以及冬季冷空气进入牛舍前形成缓冲。

e)与常规牛舍的箱式风扇相比，吊扇是比较安静、空气流通量大的一种选择，近年来受到农户好评。

图 34 加拿大卧床式牛舍侧壁为卷帘式

图 35 加拿大牛舍屋顶设计

2.2.4 犊牛饲喂管理

2010年，据魁北克省115个农场(牛群大小52.5±20.9头泌乳母牛，产奶量8 697±1 153 kg)的1 h调查显示，农户在犊牛饲喂中存在潜在危险，其中严重违反犊牛健康福利的要点为：①51.3%的牛群没有分娩圈；分娩时无人照看，尤其是夜间，可长达12 h。②36.8%牛群新生犊牛脐带不消毒，不及时佩戴耳标，常常是3 d后检测犊牛。③15.6%的牛场要靠母牛自行哺乳提供初乳，并不对初乳质量进行检测，被动免疫效果未知。④去角和去除多余乳头的时间晚(4～6周和6～7月龄)，并且操作时没有采取适当措施止痛。⑤48.2%的牛群采用传统的限制饲喂牛奶的方式喂犊牛，同时将未经处理的废奶饲喂犊牛。⑥16.5%的牛群断奶操作不当。⑦87.9%的牛群犊牛单独饲养，但是大多数犊牛舍不合适(箱式犊牛岛27%，拴系式13.9%，靠墙边栓系5.7%)。

上述调查结果与加拿大奶牛养殖中规模偏小、拴系式牛舍占一定比例有关。新建的散栏饲养牛场，做了改善。①人工饲喂犊牛：增加劳动力成本，但可增加对单个隔离的犊牛的个体照顾，及时发现病弱犊牛给予辅助，最高水平可以达到无意外死伤的境界；②机器人哺乳：在加拿大实施10年有余，部分用户认为节省人力，自动控制犊牛采食量，但初学者或教育水平低的农户难以掌握计算机管理程序，且犊牛群居，增加了犊牛间疾病传染机会，对于牛群疾病控制要求极高；③半自动饲喂：采用自动饲喂的圈舍设计，中心供奶，结合牛奶酸化技术，不限量供应犊牛采食，节省了设备投资和人力，饲喂犊牛牛奶质量要求低，犊牛能自有采食但不能产生个体记录，但对于牛群疾病控制要求极高。

2.3 奶牛疫病控制技术进展

加拿大奶业的疫病控制体系中，以提高奶牛生产效益为宗旨，始终奉行以防为主的原则，在生产良好规范中，建立了各个关键控制点的操作规范。不仅建立起全国联网的个体追溯体系，同时在预防手段的研发方面，将遗传、营养和管理综合考虑。兽医临床实践，更多地从“治病”中解脱出来，培训农场主能够进行简单的诊断甚至简单治疗，定期到场访问，监督、检查疾病预防状况，学会利用农场的健康、繁殖数据协助管理，充分关注奶牛群体繁殖效率，协助奶牛场实现利润最大化。

2.3.1 建立了全国的个体追溯体系

2003年SARS暴发、2005年疯牛病病例暴发，目前为止加拿大共发生过12例疯牛病，给加拿大奶牛的活牛出口带来巨大灾难，也直接导致了强制性个体标识体系的完善。这个计划实施时间为2001年1月1日，从这一日期开始，每一头犊牛在过户时都要打上加拿大食品检疫局(CFIA)批准使用的耳标。此项计划采取推广和通告的方式逐步扩大实施范围，到2002年7月1日，形成法律条文，此时违反者将受到经济处罚。

从2001年7月1日起，所有的屠宰加工企业需要识读标识并把相应的信息转传到胴体上，同时将识别情况保留到胴体检疫时。法规的执行机构为加拿大食品检疫局，该机构负责对确认的违规情况进行处罚。但需要进行处罚的情况很少，因为整个产业对规定的执行较好。现在食品检疫局正在与地方机构进行协商，拟由地方机构承包法律条文的执行，检查、处罚。批准使用的标识要求在试行情况下达到95%的保有率，标签的丢失是允许的，但丢失率不能超过5%，否则将受到经济处罚。

2008年电子个体标识体系建立。目前，任何牛只在出场之前，必须已佩戴耳标，信息在全国奶业信息网(Canadian Dairy Information Center)注册。利用电子耳标信息，牛只才能够交易，同时如果一旦疫情暴发，患病个体的历史、过去曾经接触过的所有个体的信息能在48 h内获得，可用于及时隔离，将疫病风险降至最低。

2.3.2 利用 DHI 测定体系,检测群体/个体健康或常见病状况

加拿大的 DHI 系统起始于 1905 年,发展至今,其业务范围、服务模式不断演化,从专门从事品种登记的纯种个体性能测定,到扩展为一般群体的管理服务,再分化为允许正式 DHI 测定增加服务以及管理用 DHI 测定提供有限量服务等多种形式,到目前已经涉及加拿大 72%的母牛和 75%的牛群,是世界上较为发达的测定系统。在此之上,逐渐推出了各项健康相关检测项目(图 36),包括牛奶尿素氮(Milk Urea Nitrogen,MUN)、副结核病(Johnes)、白血病(Leukosis)等。对于常规疾病能更准确检测病原菌,例如利用 PCR 手段检测 3 种常见的传染性的乳房炎致病菌,金黄色葡萄球菌、无乳链球菌和牛支原体,是乳房炎治疗更有针对性。在新项目启动时,有部分政府项目资助,之后则转向农户自付。每次研发一项检测,附带一个与该检测相关的技术介绍、检测结果解读以及简单的处理策略,并同时向非 DHI 用户提供服务。检测结果一般在 2~3 d 内可以得到。检测结果一般有定性和定量两种,例如阳性个体结果可分为+、++、+++等 3 种。有的检测可以针对群体混合监测,还可以个体检测,灵活性强,允许农户制定自己的检测和监测计划。

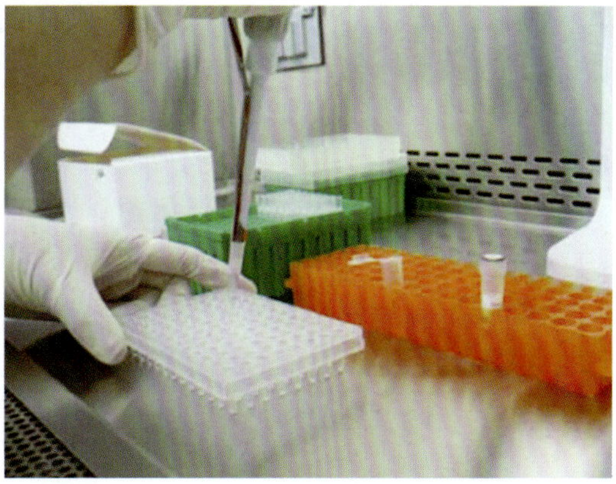

图 36 利用 DHI 奶样可检测几种疾病情况

2011 年 12 月 1 日新推出牛病毒性腹泻(BVD)技术服务。使用 DHI 样品检测主要针对持续感染的个体。这些个体可能终生带毒并通过粪便向环境、牛群传播。由于感染途径主要是母亲妊娠期感染,胎儿期犊牛即带毒,出生后带毒犊牛多早亡,即使能成活也为终生带毒个体,贻害全群。目前通过疫苗以及常规群体防疫措施可根除此病。

2.3.3 隐性遗传缺陷症检测和监测

在品种登记体系中,要求对于登记个体的遗传疾病隐性基因携带情况进行检测,加拿大目前主要检测牛白细胞黏附缺陷症(Bovine Leukocyte Adhesion Deficiency,BLAD)、脊椎畸形综合征(Complex Vertebral Malformation,CVM)、单蹄(Mulefoot,Syndactylism)和尿苷酸合酶缺乏症(Deficiency of Uridine Monophosphate Shynthase,DUMPS)等四种可造成重大经济损失的隐性遗传缺陷症,致病基因可进行准确的基因型检测。

短脊椎症(Brachyspina)是 2011 年新发现并确定的隐性遗传缺陷,目前荷斯坦牛群基因频率约为 6%。检测结果将在所有系谱中标识,以 BYC 代表 Brachyspina 携带者,以 BYF 代表 Brachyspina 非携带者。

2.3.4 其他常见繁殖、消化代谢病

在奶牛生产中,除上述提及的可经过奶样检测的疾病外,由于管理不善常见一些与繁殖、消化代谢相关的疾病,如子宫炎、蹄病、酮症、真胃异位等等。除蹄病、真胃异位等必须专业技术人员(包括兽医)现场处理外,其他主要靠平时累计生产、繁殖等信息,通过数据分析预防疾病,或经过简单培训掌握基本的早期诊断措施,以便兽医等专业技术人员能够及时安排到场处置,降低损失。

2.3.5 疫病区域化管理

现阶段加拿大动物疫病防控工作重点:一是采用区域化管理措施,控制局限在局部地区和野生动物群体的疫病,如局限在不列颠哥伦比亚省一个山谷存在的蓝舌病,局限在温尼伯格附近瑞丁山国家公园野生动物的肺结核,加拿大对这两个地区进行区域化管理,维持全国无疫状况,并逐步在区域内净化。二是建立以区域化管理为主要内容的突发外来重大动物疫病应急防控计划,如加拿大为应对可能传入的口蹄疫等重

大外来动物疫病，制定并实施了将加拿大区划成东西两个部分的区域化管理计划，降低外来重大动物疫病传入造成的损失。

加拿大多学科专家研究认为，区域化管理在最终扑灭动物疫病、控制外来动物疫病、保障国际贸易方面具有极为重要的作用。对于区域化管理的原理，加方认为，从最微观的角度，一个动物在检测某种疫病呈阴性，同其未经检测、疫病状况不明的同群动物区分开，就是区域化管理；从宏观角度，通过持续的全国性监测，将疫病状况不同的动物群体区分开，对易感动物的移动进行控制，建立可追溯管理和疫病应急防控机制，也是区域化管理。因此，区域化管理是涉及风险分析、监测、诊断、预防、检疫、隔离、可追溯管理、应急防控等措施以及兽医科研、能力建设和管理体制的系统工程。

加拿大区域化管理具体做法：

(1)实施区域化管理的动物疫病都是法定报告疫病：加拿大法定报告动物疫病条例规定了 32 种动物疫病，包括全部 OIE 原来规定的 A 类动物疫病和加拿大有控制计划的 B 类疫病(结核病、蓝舌病)。另外，加拿大还规定了紧急通报疫病和年度通报疫病名单，紧急通报疫病包括 41 种疫病(如禽传染性喉气管炎、禽霍乱、马传染性脑炎)为贸易伙伴要求在出口时进行检疫的疫病，其中有些疫病在加拿大存在，但 CFIA 没有控制计划，接到报告后，CFIA 只进行调查；年度报告疫病包括 60 种动物疫病(禽白血病、沙门氏菌病、马病毒性动脉炎等)，大部分是在加拿大存在的疫病，CFIA 不采取防控措施(部分省有控制计划)，只是掌握每年发生情况。

(2)对区域化管理疫病进行持续性监测：加拿大对动物疫病的监测分为主动监测和被动监测。主动监测由 CFIA 根据疫病防控情况每年制定监测计划，并由本系统雇员直接将抽检样品送至系统内实验室进行检测。被动监测由各地、各类兽医实验室或执业兽医、农场主等发现报告病疑似病例时报告当地 CFIA 区域办公室，并由 CFIA 所属实验室进行诊断。其中主动监测所需的全部费用，以及执业兽医或农场主主动报告疫情而发生的相关费用都由联邦政府承担。联邦政府每年用于监测的财政资金大约为 5 亿加元。

目前，加拿大针对开展的监测计划有：①牛和猪的三年调查计划：主要是对布鲁氏菌病、牛的布鲁氏菌病、蓝舌病和结核病等疫病，按照 0.02%的流行率，95%的置信区间，采集 15 000 份样品，进行监测。②特定疫病的监测，如疯牛病的国家主动监测。

(3)结核病的区域化管理：1923 年，加拿大开始执行全国性牛结核病扑灭计划。一是对 CFIA 监管的屠宰场屠宰牛的 90%进行采样检测，对有结核接触风险或是屠宰场采样数量不够的(如鹿科动物)在饲养场进行采样检测。二是一旦确诊发现结核阳性病例，对所有接触过阳性病例的易感动物进行销毁，对阳性病例所在设施被污染的区域进行彻底清洗和消毒，连续 4 年内对该养殖场后续补栏的畜群进行检测，通过流行病学调查发现其他可能存在风险的畜群。经过几十年的努力，加拿大牛结核病逐年下降。2001 年以来，仅在曼尼托巴省发生 7 例结核病例，最后一例发生在 2004 年。目前，结核病只局限在曼尼托巴省温尼伯格附近瑞丁山国家公园的野生动物中，国际社会普遍认可加拿大全国已扑灭结核病。为维持无结核病国家的状况，防止家养动物发生结核病，从 2002 年起，CFIA 对瑞丁山国家公园野生动物结核病实施了区域化管理。

(4)口蹄疫等重大外来动物疫病的区域化管理：CFIA 针对口蹄疫制定了一项区域化管理方案。该方案通过在位于曼尼托巴省和安大略省交界处(西鹰湖)连接东部和西部的唯一一条公路上设卡，将加拿大分成西部(不列颠哥伦比亚省、阿尔伯塔省、曼尼托巴省)和东部(安大略省、魁北克省等)两个部分。目前，CFIA 要求从西部(或东部)所有经西鹰湖地区向东部(或西部)运输活牛，都必须填写一份表格，列明牛的标识编码、原产地和目的地，并通过网络上传牛标识数据库。CFIA 将在西鹰湖检查站对运输的活牛进行检查，对于没有填写上报表格的，补填数据并上传。因此，一旦口蹄疫传入加拿大东部(或是西部)，CFIA 可以追踪到发生口蹄疫地区运往西部(或是东部)的活牛去向，进行追踪处理，从而达到维持西部(或是东部)无口蹄疫状况、保障西部(或是东部)地区出口贸易的目的。该计划自 2001 年开始设计；2005—2006 年，在西鹰湖地区设检查站，健全相应信息填报、上传、管理制度；2007 年初，要求填写活牛移动数据；2007 年 7 月，对该计划进行了测试。下一步,CFIA计划逐步研究对猪、羊等口蹄疫易感动物跨区移动采集信息,并根据区域隔离条件等情况,逐步细化区域化管理方案,将加拿大区分成更多区域。

2.4 奶牛场粪污处理与环境保护技术进展

加拿大畜禽养殖业高度发达,然而该行业也产生了大量废料污染物(如温室气体、粪污等)。针对这些废料的处理问题及其可能造成的环境污染(水体、土壤、空气等),政府非常重视。加拿大政府的环保原则概括起来为:各级政府共同负责,环保方针政策完全透明,实行全国环境监督,动员公民积极参与,积极进行综合治理,生物环境资源共享,坚持走可持续发展之路,严格防止产生污染,谁造成污染谁负责清除。根据这些原则,各级政府和部门制定和明确了各自的环保职责和分工,避免了工作中发生职责不清、推诿扯皮、形式主义等问题。

一方面,支持和鼓励高校、研究机构和企业开展大量的研究,开发出许多有效的废料处理技术。这些技术不仅有效地解决各种养殖模式的废料处理问题,并且由废物处理派生出一系列有用的产品,变废为宝,形成了一套完善的工业处理流程。另一方面,加拿大主要通过立法对畜禽养殖业的污染进行防治和管理。虽然联邦政府还未出台专门的法律,各省分别制定了畜禽养殖业环境管理的技术规范,主要针对水源(包括地表水和地下水)的污染,臭气的散发,土壤中富磷、富氮的污染。畜禽养殖场必须按畜禽养殖业技术规范的要求对养殖场的环境进行管理。畜禽养殖业环境管理技术规范对畜禽养殖场的选址及建设、畜禽粪便的储存与土地使用进行了严格细致的规定。各地政府都有一套健全的废料处理标准和法规,以及相应的监督管理机制,敦促按法行事,采用适当的处理技术,有效地保护了资源和环境。

2.4.1 奶业相关的环境管理法规及规范

近年来加拿大畜禽养殖业环境管理技术规范已成为各畜禽养殖场必须强制执行的技术性文件。畜禽养殖业环境管理技术规范对奶牛场的污染技术指导极为重要,如果奶牛场违反规范要求造成环境污染事故,将由地方环境保护部门依据"联邦渔业法"及本省的有关法规(如安大略省"环境保护法"、"水资源法")的有关条款对产生的污染事故进行处罚。

(1)奶牛场的选址及建设:奶牛场与周围居民建筑之间必须符合最少间隔距离(MDS)。最少间隔距离与奶牛场规模有关,养殖规模越大,最小间隔距离越远;另外还与奶牛场所周围环境的人口密度、环境功能类型等因素有关。

(2)牛场粪污便的贮存:主要从以下3方面提出技术要求。一是粪便贮存场址。其地下水埋深、洪水发生可能、土壤渗透性等应符合规定的要求。二是肥料贮存池。主要是防渗要求,以防止粪肥贮存过程中对地下水污染的影响。三是粪便贮存容积。贮存池的设计容量必须达到能够容纳240 d的粪便的贮存量。

(3)畜禽粪便的土地使用:为了安全使用奶牛粪污,在技术规范中,规定应根据当地土壤性质、肥力状况、水文条件,制定该地区具体的粪污使用方法、使用量、使用次数和使用时期。

2.4.2 奶牛场建设的环境管理

作为一项国策,加拿大政府长期鼓励加拿大先进实用的环保技术向发展中国家的输出。

在奶牛场建设的管理中,关键是畜禽养殖场距邻近建筑的最小间隔距离以及奶牛场必须编制营养管理计划(NMP)。

拟建或扩建奶牛场场主必须向市政主管部门提出申请,由主管部门根据牛场建设规模和养殖场周围的环境状况,确定最少间隔距离,审核是否符合最小间隔距离。如果新建或扩建的奶牛场符合最少间隔距离,农场主还必须制定营养管理计划。其内容主要包括牛场对粪污的贮存、使用所采取措施的计划。肥料贮存池的建设应符合环境管理技术规范要求，必须有充足的土地对产生的粪便在规定的面积范围内消化，并要求在直径 10 km 的土地范围内使用完，如果本农场没有充足的土地消化产生的粪便，必须与其他农场签订使用畜禽粪便合同，以确保奶牛场产生的粪污能得到全部使用。

农场主编制的营养管理计划提交市政主管部门或由第三方进行评审，如果营养管理计划符合规定要求，将同意建设或扩建养殖场，发放生产许可证。

2.4.3　奶牛场污染处理技术

加拿大对奶牛生产污染的治理以奶牛场产生的粪污利用为主。加拿大禁止将畜禽养殖场污水排放到河流中，而是必须将液体肥料还田使用，无需花费大量的资金投入到污水处理上。对畜禽粪便环境污染的管理主要从畜牧业与农业的高度结合，有充足的土地进行消化作为解决畜禽污染的出发点。主要粪污处理技术包括：

(1)牧场及粪池设计要求为防止污染和臭气散发，要求牧场必须远离城镇和村庄，一般要求在 800 m 以上。粪池容积要根据牛场规模而定，一般要求能贮存排粪量 400 d 左右。若黏土层上建粪池，可直接建造土坑，也有用一层不渗水的塑胶膜填在坑内。对沙土建粪池，要求用水泥或玻璃钢做成不渗流的贮粪池。贮粪池一般都为露天，上面无雨篷，这与当地降雨量少有关。

(2)牧场排粪量与农田配套，要求农田是消化粪便的最终去路，也是最直接，最经济的一条途径。加拿大政府已采用计算机管理，要求土地面积与粪便总量相平衡，如果自己无足够土地，可用邻居土地进行调节。

(3)堆肥是为了消化粪便，减少臭味，形成商品肥。目前加拿大牧场使用较多的形式有：①用农作物秸秆作为吸收粪便载体的混合堆肥。选择混凝土沟槽，一般长 70～80 m、宽 2～4 m、高 1.5～2 m，沟槽边上设有通气孔，可用鼓风机通入空气，以调节温度，保持有氧发酵。在沟槽内先填上秸秆(麦草、玉米秸等)，然后用机器在沟槽上一边喷射粪尿，一边翻动秸秆，使其充分拌和，粪尿液体与秸秆的比例为(3～6)∶1，堆肥温度控制在 55～60 ℃；一般经 40 d 可发酵腐熟，变成商品肥。有氧发酵的优点是可减少臭气散发，防止养分损失。②用木屑作载体堆肥。用木屑作牛床垫料，当木屑吸收粪尿后，就可出栏用做堆肥。③用干牛粪作堆肥。牛粪经堆积发酵腐熟后可作为商品肥销售。

(4)固液分离方法。加拿大奶牛散栏饲养中多采用粪尿混合的清粪方法，粪尿冲洗到贮粪池后用机械分离干湿粪，干粪作为商品肥原料，尿液用作堆肥。

(5)防止臭气散发。大多数牧场为防止臭气散发污染环境，主要采用两种方法：一是在贮粪池上喷撒干麦秸，以遮挡臭气，在当地干燥少雨的气候条件下，每季喷撒 1 次，即可达到良好效果。二是在贮粪池内加入适当添加剂，以减少臭味散发。

(6)施肥方法。一般用大型粪便罐装车装运，用犁钩刨开小沟，灌入粪液，这种深施肥法的优点是可减少臭气散发。

(7)粪便及堆肥处理机械主要有堆肥翻滚机、抽粪尿泵、粪尿运载罐、施肥机等。

在加拿大新增奶牛养殖形式中散栏式较普遍。将粪尿收集，发酵后干湿分离，然后干粪用作垫料，节省散栏式饲养中需要购买垫料的成本，同时发酵过程可以产气、发电，如果能够并入国家电网，将有希望进一步降低环保的成本，是较理想的粪污处理程序，但投资较大。传统的栓系式牛舍使用排粪沟，自动链式刮粪板可便捷、定期地将牛粪刮出牛舍后集中，一般经化粪池发酵；而目前新建牛舍越来越多采用散栏饲养，其中一个主要的问题就是垫料，根据垫料不同，粪污后处理都不同。如采用沙卧床，多结合刮粪板，集中在室外的化粪池。经发酵的粪污在最方便的季节(秋天或春秋两次)直接用罐车喷洒于土地。使用锯末或刨花垫料，不利于发酵、粪污污染垫料容易造成乳房炎感染；使用干粪回收做垫料，除成本投入大外，是较理想的整体循环模式。

2009 年加拿大奶农协会，又进一步推荐农户改进农场日常生产活动，减少奶牛生产给环境带来的影响，包括在生产中限制使用能源和水、保护土地、鼓励在农场生产和试验可再生能源、减少奶牛和农场释放的温室气体等措施。

3 原料奶质量控制与计价体系

加拿大奶业以奶牛体型完美、群体遗传水平高而著称，同时也以实施牛奶供需管理体系（Supply Management System）经常招来各种讨论。由于实行了牛奶供需管理体系，比起近邻美国来，加拿大的奶农从出售牛奶中获得了更多而且更稳定的收益。尽管如此，加拿大的消费者并没有为此支付更多钱。由于实行了有效的协调磋商机制，加拿大奶业的效率很高，而且市场稳定带来的成本降低也体现在乳制品价格上，最终消费者会从中获益。消费者获益并不单指经济获益，牛奶供需管理体系也通过在生产者、加工厂及消费者之间建立第三方质量检测监督体系，保证了加拿大原料奶以质论价，以保优质来间接保证效益。

牛奶供需管理体系使牛奶生产者有机会参与原奶定价（详见 3.4 原料奶计价体系），根据消费者需求调整牛奶生产。原料奶的价格根据法律规定的生产加工配额体系，由奶农协会根据生产成本制定，与市场上商品牛奶零售价无关。执行半个世纪来的结果是加拿大牛群遗传素质不断提高，牛奶供应非常稳定，牛奶质量稳定，世界牛奶市场的波动对于加拿大国内市场的影响微乎其微。

加拿大等国在原料乳质量控制领域中进行了深入而实用的研究工作，制定了一套以 HACCP 为基础的有效的质量安全操作规范，极大的促进了原料乳的发展和提高了原料乳的质量。

3.1 提高原料奶质量的主要技术措施

保障原料奶质量，加拿大奶业主要采取的预防性措施，即用科学的手段，鉴别原奶生产中的关键环节，用 HACCP 的理念，设计了有预防作用的操作规程。立意在于从预防入手（图 37），而不从检测产品质量惩罚生产源头的概念出发，降低保证原奶及乳制品质量的投入，向消费者展示产品质量安全的保障。

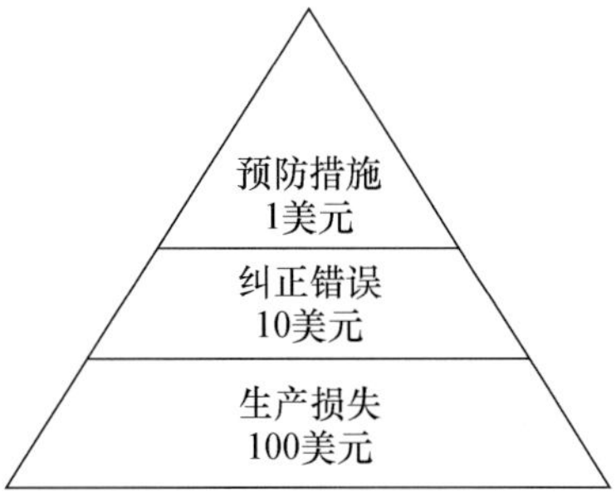

图 37 预防时管理成本最低

在预防措施中每花费 1 元钱，意味着节省了 10 元用于纠正错误的成本、100 元用于挽回生产中损失的成本。

原料奶生产过程中主要的危害性污染源主要来源于化学污染、生物污染和物理污染，其质量控制通过最佳管理实践（Best Management Practices，BMPs）、危害分析和关键控制途径（Hazard Analysis Critical Control Point（HACCP）Approach）、在 HACCP 之内的关键控制点（Critical Control Points（CCPs）within HACCP）和标准化操作程序（Standard Operating Procedures，SOPs）的实施。

（1）最佳管理实践（Best Management Practices，BMPs）：最佳管理实践是被推荐和证明的一系列原则和目的的管理程序，包括食品安全和质量、生产效率、可行性、效益和环境的质量，能够预防牧场食品安全和质量问题的发生。当被用作预防牧场的食品安全和质量问题的控制措施时，最佳管理实践是 HACCP 的基础，是确保质量安全的方法。

(2)危害分析和关键控制途径(Hazard Analysis Critical Control Point(HACCP) Approach):一个原料奶 HACCP 的计划包括对操作的客观而关键的分析,对生产过程中的危害和 CCP 的评估、实际和可靠的记录保持系统、定时评估最好的管理实践、改进的措施和可提供的选择等内容。危害分析和关键控制途径的优势表现在为加工厂和消费者提供一致的优质牛奶、预防问题比解决问题便宜、减少处罚、降低未经加工的和加工后的产品损耗量、增强加工厂和消费者的信任度、有更好的机制对消费者质量安全的要求作出反应、提高生产者和加工者的牛奶生产效率和技术改进、对管理的更好控制(降低成本＝提高利润)、日常工作标准化、增进牛群健康、减少奶业生产对环境的影响、出口贸易的质量安全保证等。

危害分析和关键控制途径主要包括识别原奶安全和质量的危害点、在需重点控制的生产环节规定关键控制点(CCP),贯彻和执行最好的管理实践以防止问题的雏形,设置危害的界限以保证每一个 CCP 是在控制下,为每一个 CCP 建立监控程序,避免减少原奶安全和质量问题。

(3)危害(Hazard):对原奶安全和质量的危害。实质上是化学的、生物的或物理的污染。化学污染主要指兽药、杀虫剂残留、清洁剂残留、饲料和化学药品污染水源;生物污染主要指有害的细菌、寄生虫和其他有机体引发的疾病;物理污染主要指沉淀、尘土、飞虫、头发、玻璃、牛奶的掺假等。

(4)关键控制点(Critical Control Points,CCPs):在原料奶运出农场之前生产过程中危害原奶质量和安全的观察点。忽视或者错误地观察这些危害点会导致在最终的产品中无法挽救的质量问题。原料奶生产过程中经确定的 5 个基本的,也是最为重要的 CCP 为:兽药与其他化学品的使用、牛奶的冷却和存贮、设备卫生(清洁)、清洗容器的水的使用和注射用兽药的管理。

监控 CCP 在一个 HACCP 系统中非常重要。作为监控系统的一部分,必须保留记录。如果五个 CCP 被忽略,那么原奶中无法挽救的危害有以下几种形式:原料奶中的抗生素不能被除去;如果原奶没能适当冷却或贮存,或者设备不洁净,都会使牛奶中细菌数很高;如果不可饮用的水用于清洁并与牛奶混合,牛奶会被污染。

(5)标准化操作程序(Standard Operating Procedures,SOPs):如果所有人员都能保证标准化的操作,则可以稳定生产出优质产品。最佳管理实践是质量保证体系的基础,而建立标准化操作程序是一系列的应用 BMP 的第一个步骤。一种稳定重复且具有连续的操作,例如挤奶,不仅对生产优质的牛奶非常重要,而且对生产效率也很重要。

标准化的操作帮助员工知道哪种牛挤出的奶不能装入大罐,以防止牛奶中的污染物进入奶罐,懂得检测乳房炎以帮助处理和预防乳房炎,应用良好的挤奶技术以保证每一次挤奶都符合操作程序。SOP 需要是可接受的,也需要有规律地更新,雇员需要在一个有规律的基础上被训练和评估以保证操作一致性。

3.2　提高原料奶质量的主要政策措施

加拿大的食品安全管理一直位居世界先进行列。在原奶生产方面,在生产中应该遵循最佳管理实践指导标准化操作程序,避免问题的发生;从监管角度,实施第三方检测,原料奶定价标准公开,并以第三方检测结果为唯一定价依据。这个局面源于加拿大政府从 20 世纪 60 年代起,由政府、奶牛场、乳品加工厂共同成立“加拿大牛奶市场理事会”(Canada Milk Market Board,CMMB),由 CMMB 对全国牛奶生产及加工进行调查了解,管理产品的供应和价格,建立产品配额制管理体系,严格限制配额外进口。不仅通过了解牛奶的生产成本有权定价,允许奶农有中等水平的收入,同时也有权将原料奶以质论价。另外,加拿大政府配合这种供需管理体系,不对外出口乳制品,同时将乳制品列入《进出口许可法》进口控制清单,实行进口控制。进口控制清单中的产品在进口时需要获得进口许可。实行进口控制的产品包括乳制品等,即每年能够进口到加拿大的乳制品种类和数量是由国家控制的,在 WTO 条例允许的范围内,关税配额以内的农产品进口关税最低至零,但是对关税配额以外的进口征收高关税,如对配额外的黄油进口征收 298.5%的高关税(且每公斤不得低于 4 加元),最高关税达 313.5%(如其他类黄油、奶油),避免进口产品冲击国内的消费市场,并且允许国内的奶农根据其拥有的配额，对于本年度的总产奶量有较准确的预计，可以有效安排生产，一方面保证原料奶总量，另一方面保证乳制品市场稳定。

加拿大的政策措施还包括对提高原奶质量的各个环节给予技术支持，例如支持遗传评估、体型评定、DHI 检测等技术环节的研发以及遗传物质的世界市场开拓。

2008 年加拿大政府法律规定的奶牛电子耳标识别体系，是建立健全个体追溯体系的基础，政府从立法层面的支持十分关键，使保障畜群健康、牛奶安全上到了最高技术层面。

为确保第三方检测的有效性，加拿大标准局（Standards Council of Canada，SCC）对加拿大境内检测实验室的资格进行评审，以公正、公平的办法确定其检测水准并公布，例如 Newfoundland Labrador 就是经认证的最高一级检测实验室，可对乳成分、掺水、抗生素、细菌平板计数、沉淀、体细胞计数等指标监测判定。

国家或各省区还制定了与原奶质量相关的法律法规，例如有名的牛奶法案（Milk Act），是 1990 年安大略省制定的规范生产、市场、保证原奶质量的法律条文。

3.3 监控原料奶质量的主要方法及惩罚措施

加拿大优质牛奶计划（Canadian Quality Milk，CQM）是由加拿大奶农协会（Dairy Farmer of Canada，DFC）于 1997 年倡议的计划，旨在设定牛场现场的工作程序，以预防危害发生，确保农场中无食品安全风险或降低风险，让消费者放心；在加拿大全国广泛应用于牛奶和肉类两大高风险行业。该计划是由牛奶生产者自己制定执行的工作体系，是对多年来一直执行的安全生产模式的验证和显示。这个计划通过一个可动态调整的体系，灵活地对现有法规进行补充。其技术上的可靠性得到联邦政府官方（加拿大食品监察署）认可。该组织虽然是行业自发的，但正向约束性组织发展。目前加拿大 98%的奶农已接受培训，符合条件的农场可以正式注册为 CQM 用户。

注册的农户需要满足以下条件：

- 由各农户所在省份授权，可以提交原料奶。
- 至少满足农户所在省份的牛奶生产法律法规规定的最低标准，同时不违反任何相关的联邦政府法规（如饲料法规等）。
- 有永久记录系统检测原料奶生产的所有 CCP。
- CQM 手册中强制执行的最佳管理规范已经执行。
- 根据 CQM 手册，已经指定了本次的标准操作程序，并定时更新。
- 保存所有其他方面的记录。

CQM 的实施基础是 HACCP 程序，制定的最佳管理规范 BMP。它对整个农场食品安全程序起到基础性的重要作用。它的有效性已经得到了证实，它有助于防止牧场食品安全问题的发生，预防和降低食品安全危害发生的风险。CQM 程序将最佳管理规范划分为 8 个部分：①奶牛设施、药剂和营养管理；②饲料；③家畜健康和生物安全；④用于家畜的药物和化学药品；⑤挤奶管理；⑥设施和设备的卫生；⑦对清洗与牛奶接触的表面的水的使用；⑧员工培训和交流。

CQM 的前提计划除了 BMP，还有 SOP。建立 SOP 是长期实施 BMP 的第一步。SOP 是书面程序，它描述了一项活动，如挤奶，该怎样按操作步骤一步步开展。对诸如挤奶这样的需要重复进行的任务，始终如一地按规范操作不仅对生产安全的奶很重要，对高效地生产安全奶也很重要的。因此，如果操作过程中出错了，要重新评价 SOP 来观察它是否能被改进，从而预防问题重新发生。例如，标准操作程序能帮助生产者和他们的员工了解哪些牛产的奶不能进入大罐，以此预防污染大罐奶。SOP 被公布在员工很容易看到的地方并需要定期被更新，同时需要定期培训员工并进行评估，确保连贯性。

农场职工通过监测这些关键点，实施良好操作规范，达到：①有效冷却和贮存牛奶；②谨慎使用检测药品和化学品，防止其在牛奶中存留；③坚持设备消毒并确保冲洗用水是清洁的；④牛只转运中安全。

检测风险还包括确保牛场各项记录的有效、准确性，农场主是与政府的 20 个农业部门一起开发或执行农场现场的食品安全计划。DFC 是具体负责执行这项安全计划的，将致力于持续执行最佳良好操作规范，使农场现场的食品安全状况得到不断地改善。DFC 在各个省有分会，农户可以联系分会的成员进行技术咨询。

如果原奶质量不合格，将受到警告、拒收牛奶、罚款甚至可能失去生产原奶并销售的权利。以安大略省为例，安大略省奶农协会(Dairy Farmer of Ontario)负责本省的原奶质量检测、定价、处罚等工作。其设有专线电话(Milkline)或在网站可查询各场牛奶罐样检测结果，检测规则不断修正。例如 2010 年 6 月，修订结果中：

(1)增加了检测频率：常规乳成分、体细胞数和冰点每次装载测定，细菌每周测定 1 次(原为每月 1 次)，抗生素每月测定 1 次(但每天乳品厂检测大罐抗生素残留)。

(2)修改细菌数罚款标准：原来每月测定 1 次，处罚标准为连续 3 次测定中的 2 次细菌数超过 121 000 TBC/mL；现在每周测定 1 次，任何 1 个 3 个月周期中，第 3 个月的任何一次检测超过 121 000 TBC/mL，而且在这个 3 个月周期中，有 5 次或以上检测结果超过 121 000 TBC/mL。

(3)抗生素检测超标：整车拒收，牛奶样品超标的场负责赔偿整车损失。

(4)乳成分计价：原来计价基于测定结果，但两次检测中间日期的奶价基于前一次测定；现在改为每次装载测定 1 次，计价改为以每次测定为准，每次体细胞测定结果用于计算该群体体细胞数的加权月平均值。

(5)冰点标准：改使用摄氏度记录绝对冰点，－0.524°H＝－0.506 ℃。冰点检测为－0.506 ℃或更高则受罚。－0.515～－0.507 ℃为警告线，－0.517 ℃或更低为正常。

2012 年 4 月 24 日，安大略省奶农协会再次通知调整体细胞标准。根据 2007 年加拿大奶农协会讨论通过的牛奶体细胞数国家标准改为 40 万/mL，安大略省奶农协会全体通过，安大略省奶农交售鲜奶时，牛奶体细胞处罚标准从原来的 50 万/mL 降低为 40 万/mL，决定从 2012 年 8 月 1 日生效。

可以注意到，全国改变牛奶体细胞数受罚标准，在各省并未马上实施，而是认真讨论执行方法、与奶农共同改进，可见处罚标准的设定目的不在于处罚，而是共同监督牛奶安全。在 2011 年 12 月，安大略省奶农协会已经向所有会员发出通知，对于可能由于体细胞指标超标受罚的单位给予警示，并提示在哪一方面需要改进，鼓励农户参加 DHI 测定，确定牛群中影响体细胞水平的关键个体，提高管理效率，避免损失。标准修改后，处罚界定标准不变，当月测定加权平均水平超标并且在过去的 3 个月中 2 个月超标后受罚，受罚有 2 个等级，一个是 3 加元/100 L，一个是 4 加元/100 L。

3.4　原料奶计价体系

对奶业生产实行“配额”制度，是加拿大奶业管理的一个突出特点。牛奶供需管理体系的具体体现是加拿大全国以销定产，实施配额制。在配额制基础上，由政府、奶农和乳制品加工厂三方协商定价。原则是以平均的牛奶生产成本为基础，保证奶农盈利且具备中等收入水平。

3.4.1　加拿大奶业的配额体系历史及评价机制

牛奶生产、加工配额(Quota)体系始建于 1958 年，而其酝酿始于二战结束后。由于战后经济恢复，大量本国居民投资畜牧业，加之廉价土地等条件吸引瑞士、荷兰、日本等国投资移民到加拿大投资奶业，兴办了许多奶牛场，1950—1956 年，加拿大出现了卖奶难问题，许多牛场主不得不把卖不出去的牛奶废弃。很多牛场主开始游行抗议，与政府交涉，终于在 1956—1958 年与政府达成协议，由政府、奶牛场、乳品加工厂共同成立“加拿大牛奶市场理事会”(Canada Milk Market Board，CMMB)，由 CMMB 对全国牛奶生产及加工进行调查了解，确定每年全国预计牛奶消费量，进而确定牛奶加工总量、鲜奶生产量，以牛奶生产配额方式控制全国奶牛饲养头数、牛奶生产总量、牛奶加工总量，以保证奶牛场效益以及乳品加工厂效益，避免价格大战等不正当竞争。同时由该会提出、政府批准，本国不进口也不出口牛奶及其制品，以免国外产品冲击国内市场。CMMB规定，配额有股票的部分特性，可以继承、转让、买卖。如要投资新建奶牛场，除了要购买土地、设备、奶牛、建牛棚外，还要购买配额，一般投资额为：固定投资1万加元/头，配额0.8万加元/头。乳品加工厂同样除了固定投资外也须购买加工配额。原料奶配额和加工配额数量上相当，且有相应的规定，配额数量以年度计算，但要求有均衡的供应量，不得超过月标准或低于月标准的85%，若供应量不足85%时，其所持部分配额自动失效，由CMMB出让给第三方需要配额者。因此要求牛场主安排一年之内均衡生产，不得实施季节性生产，这与很多国家奶牛场安排季节性生产差别很大。

演变至今，加拿大奶业委员会(Canadian Dairy Commission，CDC)是监管这一供需管理体系的组织，是加拿大牛奶供需管理委员会(Canadian Milk Supply Management Committee，CMSMC)的工作机构，负责测定全国消费量并据此设置以黄油为基准的全国牛奶生产总目标。

所谓配额制度，即加拿大奶业委员会规定全国原料奶的总生产量，再根据各省奶牛饲养的历史状况和人口变化，将生产配额分配到各省，各省把配额分到农场。农场主根据分配到的配额进行牛奶生产。配额每月计算1次，每两月调整1次。市场需求每增加1%，则配额相应增加1%，反之，则作相应降低。配额的计算依据为牛奶中的黄油量。按牛奶含脂率3.5%计算，2 000 kg奶含70 kg黄油。在管理上，配额可以流通，农场主可以买卖配额，一般配额价为牛奶产值价的5倍。农场主可以将配额作为遗产传给儿子。如果农场主饲养的奶牛产奶完不成配额，管理部门可以强制要求其卖出配额，以保证牛奶的总产满足市场需求。

加拿大属市场经济国家，按一般理解，生产应由市场调整，“配额”制度是一种由政府控制的“计划”管理。政府为什么要这么做？这是与其奶业发展历史和在农业中的地位相关联的。奶业在加拿大农业中有着突出的地位。农村现金收入中超过40亿加元来自奶业，全国乳制品销售额达到90亿加元，是加拿大农业的传统产业。以主产区安大略省为例，奶业占全省农业的第一位，农村牛奶收入超过14亿加元，乳制品销售额约35亿加元，对于如此重要的一个产业，政府必须要有有效的控制手段。配额制度就是在这种背景下产生的。其目的是平衡供求关系，以避免由于供求失衡产生牛奶过剩问题而付出昂贵的代价，达到有序的市场销售和价格的相对稳定。

实行这种市场的供应式管理，需要采取切实的措施进行控制的有3个方面，或称“三大要素”：控制乳制品进口；通过配额约束原料奶的生产；根据生产成本设定价格，对价格进行严格控制。

● 控制乳制品进口，是在WTO框架内实现的。由于加拿大加入世贸组织较早，在市场准入谈判中取得了较高的关税税率。同类产品其关税税率大大高于中国。以2005年为例，液态奶进口加拿大的关税税率为241%，而中国为15%。酸奶、黄油、奶酪加拿大进口关税税率与中国比分别为237%与10%、298%与10%、245%与12%。高的关税税率有力的保护了本国的奶业。从总体上看，加拿大是一个乳制品既不进口也不出口的国家，为在国内市场实现供应式管理创造了条件，排除了因大量进口乳制品对国内市场平衡的干扰和冲击。目前，这种状况也面临挑战。加入WTO前，由于政府可以保护，每年仅有少量干酪进口，约占国内市场的10%。国内过剩的乳制品也可卖出。加入WTO和北美自由贸易区后，由于美国政府给农场主有补贴，乳制品有竞争力，对加拿大出口增加，目前的管理模式面临挑战。对此，加拿大国内也有不同意见。有的学者认为，将美国乳制品低价买回来对国内市场有利。政府认为不可以，低价进口乳制品构成对国内市场的倾销，会破坏国内市场的平衡。

● 通过配额约束原料奶的生产，有非常具体的措施，本文前面已有叙述。这一措施之所以能够落实，奶农协会扮演了关键角色。加拿大奶农协会是根据“牛奶法案”成立的奶农自己经营和管理的组织，协会领导机构为指导委员会，在奶农中选举产生。协会作为牛奶生产者的组织，在牛奶的生产、运输和销售方面起指导作用，牛奶统一交协会进行销售，加工厂从奶农协会购买牛奶，保证了配额用于供应式管理，约束原料奶的生产。

● 根据生产成本设定价格，对价格进行严格控制，是保证“配额”制度能否实施的又一条重要措施。

加拿大鲜奶价格由奶农协会制定，其定价依据是对生产成本的计算。奶农协会根据本省上、中、下不同单产水平的农场混合取样，计算其净收入，以制定牛奶价格。原料奶按不同用途分为五级，第 1 级为液态奶和稀奶油，定价最高，第 3～5 级为用于生产可贮存产品（奶酪、黄油）等的工业用奶，价格最低。每年 2 月 1 日政府发布支持价，各省依成本计算定出自己的价格，允许有一个浮动范围。原料奶中大约 40%用于生产液态奶，60%用于生产其他乳制品。政府还有一条规定，液态奶、稀奶油限定在本省销售，主要满足本省需求，属第 1 级奶，别省不能进入。酸奶、冰淇淋、奶油、奶粉、干酪等奶制品，由联邦政府保证乳制品供应，各省可以相互流通。根据我们考察时的价格，第 1 级奶价为 70 分/L，而 3～5 级工业用奶价格为 30 分/L。

由于奶价对于加工企业的效益产生直接影响，奶农协会与加工企业往往发生矛盾，这时由政府出面裁决。奶农协会与加工厂之间按实际发生的各级牛奶用量和根据第三方测定的乳成分结果，按质论价，每月一次结算、付款。奶农协会与奶农之间也是按协会交乳品加工厂时测定的乳成分定价标准结算，付给奶农奶款。由于以上各项措施如第三方测定、以质论价等（联邦政府、省政府都有相应的法律规定），协会、奶农和政府之间又有相应的协商机制，协会，加工厂、奶农之间发生矛盾时，政府能依据法律进行裁决，保证了“配额”制度下供应式管理计划的运作，保证了奶业生产的正常秩序。

3.4.2 配额体系运行效果

加拿大自 1961 年至 2011 年奶牛存栏量、奶牛场数量下降，但总产奶量稳定。如果没有配额体系，若奶牛存栏量不变，则全国总产奶量将会有巨幅增长，新增部分势必造成牛奶过剩，仅此一项将会大大冲击全国奶牛场。由此可见，配额体系对于稳定生产、平衡供应、满足人民消费起着至关重要的作用。

1961—2010 年间，加拿大荷斯坦奶牛产奶量由 2 787 kg 上升到 8 202 kg，增长了 194%，乳脂率稳定在 3.6%～3.7%之间，乳蛋白率稳定在 3.2%左右。可见牛场主对育种工作相当重视，在提高产量的同时保证了牛奶质量，充分证明了配额体系间接促进了牛场主采用科学技术提高产量和质量的积极性。

以安大略省所作的调查为例（张月周，1999），共调查了 688 个奶牛场，分为 138 个较差的、138 个最好的、412 个中等水平奶牛场，从中分析可以看出，138 个最好的奶牛场其人均养牛头效，人均销售牛奶量，头均销售牛奶量，净收人及平均饲养量均为最高，而体细胞数、产犊间隔、初产月龄等均较小，说明其劳动效率较高，奶牛单产也高，成本控制有效，牛奶质量在体细胞方面控制有效，经营水产较高。据奶牛场财务咨询人员介绍，在加拿大，奶牛场要盈利的先决条件有 3 个：实行人工授精，采用带自由卧栏的散放式饲养方式，饲喂全混合日粮。在此基础上，据笔者调查，大部分牛场主都愿不断扩大牛群规模，而那些成母牛存栏量低于 30 头的私人牛场已很难维持，足以说明配额体系间接推动牛场主不断采用新技术，增加积累，扩大投资，以提高奶牛场经济效益。

安大略省调查了 1990—1999 年间奶牛场净利润与其他农业企业的比较情况。在奶牛场，育成牛饲养场、肉牛场、羊场、养猪场及经济作物种植场 6 个农业企业中，只有奶牛场有配额体系，其他行业无此体系，生产不限量。这就导致了奶牛场利润一直处于平稳上升状态，而其他行业由于价格杠杆作用的调节，利润情况均以驼峰状发展。

配额体系的实质是在满足市场需求的情况下限量生产，而绝非垄断经营。牛场主们只想获得正当经营所带来的利润而非想取得垄断利润。政府利用配额体系保证投资者的利益。如果投资者投资于奶业，有一定的饲养管理经验和经营能力，肯定能获得利润。

图 38 显示在过去的 10 年中世界主要产奶国家和地区的原奶价格变化趋势。可见加拿大的原奶价格受到本国供需管理体系的保护，价格上升趋势最明显，10 年中几乎翻了一番。同时美国、欧洲和新西兰几个代表性地区牛奶价格变化与加拿大相比幅度较小，美国甚至在 10 年中持平。加拿大原奶价格升高并未使消费者增加负担，加拿大乳品价格一直稳定。

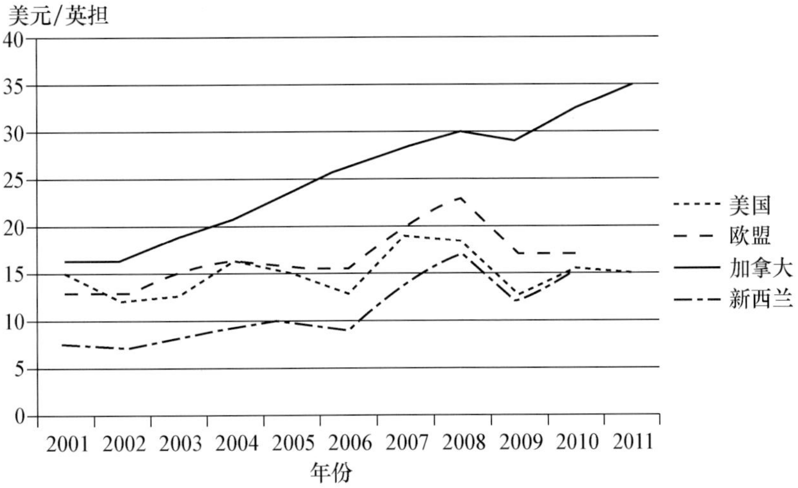

图 38　不同国家原奶销售价格

资料来源：Bruno Larue，2012.5。

2009/2010 年度，加拿大的配额价格为 27 129 加元（每天每千克乳脂价格），在过去的 5 年中，配额的价格一直呈下降趋势（图 39），年下降率 2%左右。与近几年奶业发展有波折、对于配额体系的争论一直持续有关。配额价格低，交易量下降，虽然近几年奶业形势好转，但希望扩大规模的牛场也无能为力。

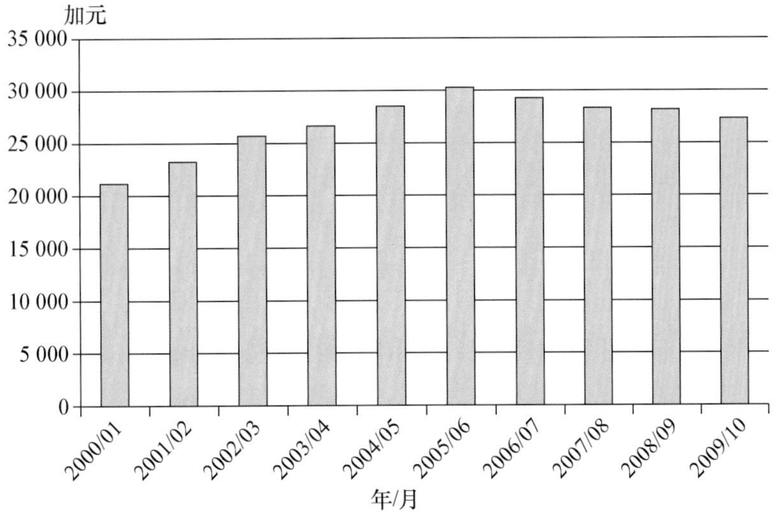

图 39　2000—2010 年加拿大牛奶配额的价格[乳脂价格/(kg · d)]

数据来源：Canadian Dairy Information Center(CDIC)

3.4.3　加拿大原奶定价

支持价（Support Price）是每年 2 月 1 日由加拿大奶业委员会发布的收购、卖出交易价格。各省的奶业市场委员会根据这个支持价制定本省的乳品企业需要支付的价格，在乳品企业购买用于制造不同类型产品（例如用于生产黄油、脱脂奶粉、奶酪、酸奶、冰淇淋等其他产品）原料奶时价格有区别。乳品加工厂需要考虑所有其他的成本然后制定其产品销售价格，然后代理商和零售商决定消费者需要支付的零售价格。支持价当年有效。

图 40 显示 2011 年 2 月 1 日根据加拿大奶业委员会公布的支持价以及在此之上构建的预期价。图 41 显示了过去的 12 年中加拿大政府制定的支持价变化趋势，一来两种产品的支持价平行，再者可见有逐年增加的趋势，增长的趋势在 2005 年之后尤为明显。

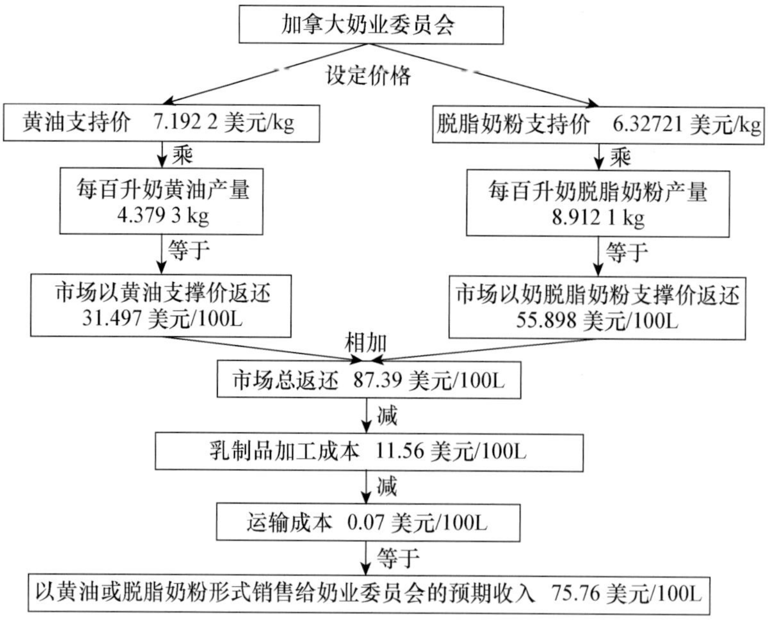

图 40　2011 年 2 月 1 日发布的价格体系(假定牛奶乳脂率 3.6%)

资料来源:加拿大奶农协会。

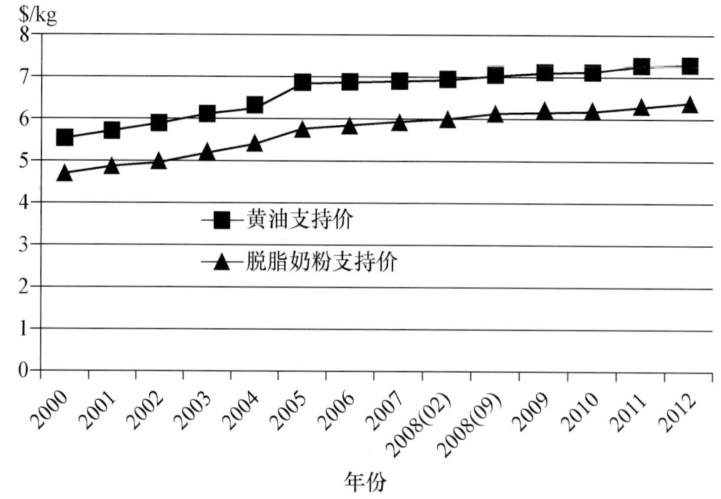

图 41　加拿大黄油和脱脂奶粉支持价的变化趋势

资料来源:Canadian Dairy Commission,CDC。

4　科技推广体系

4.1　主要研究与推广机构

加拿大从奶牛生产、乳品加工、组织方式、价格协调、质量监督到市场管理,都有一套完整的体系和制度,以确保奶业的健康发展。加拿大农业食品部对产业政策、产品配额、市场价格、质量保证等方面实行宏观调控,具体业务管理通过由生产者共同联合组成的组织一协会来协调管理。加拿大奶业体系的主要研究和推广组织有圭尔夫大学(Guelph)、先马士联合体(SEMEX)及其下属种公牛站、品种协会(例如荷斯坦奶牛协会)、加拿大奶牛工作网(CDN)、加拿大奶牛性能测定(DHI)中心、兽医检测实验室、加拿大食品检疫局

(CFIA)、加拿大奶农协会(DFC)、加拿大家畜遗传协会(CLGA)和加拿大奶业委员会(CDC)等。

4.1.1 圭尔夫大学(University of Guelph)

圭尔夫大学安大略省农业学院与安大略省兽医学院(University of Guelph,Ontario Agricultural College & Ontario Veterinary College)自成立伊始,安大略省农业学院通过科研工作站和现场试验来开发新的适合农民的实用知识。通过提供各种专研科学测试的管理办法和技术,致力于作物科学、农业林业、草坪、工程、动物研究科学、水产养殖、环境工程、兽医学、园艺科学等为农民减少经济风险。其在奶业的研究领域主要是营养、繁殖和畜舍,其他在经济等领域的研究活动是生产成本和奶牛管理。1993 年圭尔夫大学著名教授 Larry Schaeffer 首次提出了测定日模型。其原理是利用奶牛泌乳测定日记录直接估计奶牛泌乳测定日育种值,进而得到泌乳期育种值。目前世界上奶业发达国家如加拿大、德国、荷兰等国家均采用测定日模型对奶牛进行个体遗传评定。

4.1.2 先马士联合体(SEMEX)及下属种公牛站

1997 年,加拿大西部人工授精中心、捷安科种公牛站、东部育种中心、魁北克人工授精中心同先马士公司(奶牛肉牛遗传材料营销公司)共同组建先马士联合体,存栏种公牛 1 700 头。其中西部人工授精中心是一个农民合作社,成立于 1944 年,有 10 名董事,全部来自奶农,50 名员工,存栏种公牛 175 头,其主要任务是培育优秀青年公牛,参与公牛后裔鉴定,采集公牛精液,制成细管冻精或胚胎,帮助农户奶牛配种。经后裔鉴定,表明为优秀的公牛,每周采精 3 d,每天采精 2 次,平均每头奶牛每年生产细管冻精 1.5 万支。先马士联合体负责 4 个种公牛站冻精和胚胎的按质标价和统一销售。

4.1.3 加拿大品种协会

(1)加拿大荷斯坦品种协会(Holstein Canada):加拿大荷斯坦奶牛协会是由政府、圭尔夫大学、乳制品加工公司和奶农共同成立的民间育种协会,全国 60%的奶农加入了该协会,其成员数量超过 11 000 名。该协会的历史有 129 年,1881 年第一头荷斯坦奶牛来到加拿大,加拿大荷斯坦品种协会也随之于 1884 年成立。在 1901 年,该协会进行全国性的合并,并成为国家授权注册加拿大荷斯坦牛的唯一组织。该协会的基本目标是为了提高荷斯坦品种的性能。其主要任务是通过体型外貌鉴定改善奶牛形态,培育高产奶牛,提高牛奶产量,延长奶牛寿命。主要工作:一是将加入荷斯坦品种协会的奶牛场进行注册登记、收取会费,奶牛场的奶牛统一编号,逐一记入奶牛系谱卡,同时将奶牛图片复制到奶牛系谱卡上。二是对会员奶牛场中饲养管理较好的高产奶牛逐头进行体型外貌的线性评估,计算出这些奶牛的育种值,数据汇总后通过电脑网络输送到性能测定中心的数据库。2012 年有 80 个工作人员,22 个体型鉴定员,在各省有分支机构,为奶牛场提供技术服务并参与科研活动。每年注册奶牛 27.5 万头,体型鉴定 25 万头,全基因组测定 1.2 万头,每年收入 1 200 万加元。

(2)加拿大爱尔夏品种协会(Ayrshire Canada):19 世纪早期,爱尔夏这一品种从苏格兰来到加拿大,随后爱尔夏魁北克育种者协会及进口商协会随之于 1870 年成立,之后加拿大爱尔夏品种协会于 1872 年在安大略州成立。89%的加拿大爱尔夏牛是分布在安大略省和魁北克省,其中约 69%位于魁北克省。而就在 1898 年 3 月 10 日以上两个协会便合并成为加拿大爱尔夏品种协会。1901 年 1 月 1 日,加拿大爱尔夏品种协会进行重组,开始致力于其成员的福利,以及为确保在全球市场上的个体和整体发展而做出的统筹管理。爱尔夏奶牛的特点是高产奶量和高蛋白质水平。同时它们以功能构成、无遗传性疾病、易产犊以及良好的环境适应能力著称。

4.1.4 加拿大奶牛生产性能测定中心(Canada DHI)

加拿大奶牛生产性能测定中心是一个对所有认证奶牛进行登记测定的组织。该组织由政府成立,从 1985 年开始,逐渐由政府管理向私营企业管理过渡,到 2003 年政府停止拨付工作经费。奶牛性能测定中心负责产奶记录计划的推行和实施，目的是通过对产奶期的每一头纯种奶牛进行测定，向奶农提供真实可靠的信息，以便掌握具有高产遗传基因的种牛，提高奶牛饲养管理水平。主要任务是对工作人员或农户送检的奶样进行乳脂、乳蛋白、体细胞等 8 项指标的测定，并将测定数据与荷斯坦品种协会注册登记的系谱、外貌评估数据以及人工授精中心的奶牛配种情况等一并储存于加拿大奶牛工作网中，提供给相关奶业组织，向社会公布。

奶牛生产性能测定中心下设 CLGA（加拿大家畜遗传协会），DHI 性能测实验室（Canwest DHI 以及 Valacta），CDN（加拿大奶牛工作网）3 个部门。中心主要工作是对全国 9 400 个牛场送检的奶样进行生产性能测定，进行奶样的采集、化验、分析、做出检测报告，将奶牛的配种、受孕、分娩、干奶、淘汰等信息进行整理，同时将测定的所有数据及牛场信息一起与荷斯坦品种协会注册登记的谱系、外貌评估数据以及人工授精中心的奶牛配种情况等一并储存于加拿大奶牛工作网中，用于进行公牛评定。最终将数据反馈给养殖场，有针对性地对奶牛性能改良进行指导。加拿大 DHI 也在国际舞台上起着作用，是加拿大国际动物登记委员会（ICAR）的代表。

4.1.5 加拿大奶农协会（Dairy Farmers of Canada，DFC）

加拿大奶农协会（简称 DFC）成立于在 1934 年，是游说政府、推广政策和乳制品并代表所有加拿大奶农的一个民间组织。它是由各省牛奶销售委员会、奶农、合作社和奶牛品种协会组成的联合会。奶农组织是合作社形式的组织，董事会成员除 1 名政府官员外，其余均来自奶农。

政府授予该组织有原料奶定价权和市场销售经营权，并在政府市场管理委员会的监督下开展工作。该组织为加拿大建立了牛奶供需管理系统，并在 1970 年得到实施，此系统确保了生产者的公平和充分的劳动、管理和投资回报。该组织设有宣传、收奶、信息、财务等部门。宣传部主要负责每月出版 1 期含有各种奶牛生产、技术信息和各种牛奶广告的科普杂志。收奶部主要协调各乳品厂原料奶收购量，监督原料奶质量，为奶农开展技术咨询服务。信息部主要负责调查市场对原料奶的需求量和开拓市场，并发放奶农生产原料奶的配额。财务部主要是每月按时对奶农的奶款进行结算，先从乳品厂收回奶款，再扣除为奶农服务的各项费用，剩余款额交回奶农。

加拿大奶农协会的年度会议是其基本的决策机构，会议的所有代表都有机会参与奶业发展的政策声明，这是基于加拿大奶农的研讨和本年度政府的活动之上而形成的干预草案。

4.1.6 加拿大食品检疫局（CFIA）

加拿大食品检疫局主要负责制定乳制品的质量标准，对乳制品加工厂进行检查，对包装和标签等进行监督管理。此外，还负责实施动物卫生计划，以确保乳制品的安全。加拿大按照世界动物卫生组织的有关规定对动物疫病进行强制性监控，严防动物疫病的发生。食品检疫局实施了“优质牛奶”的农场食品安全计划，从原料奶生产到加工各个环节都实行严格的质量标准制度，奎尔夫食品技术中心负责食品安全研究和检测工作，为数众多的奶厂和农场都获得了 HACCP（危害分析与关键控制点）和 ISO 质量认证，从而确保了全国各地整个产业链上的产品质量。

4.1.7 兽医检测实验室

不列颠哥伦比亚省兽医实验室工作人员 28 名，设首席兽医，拥有农业、食品、动物、渔业方面的专家，开展奶牛、肉牛、禽类、鱼类的疫病检查、检验和诊断，按照世界动物卫生组织的规定标准操作。必检疾病的检查报告要上报联邦政府，同时为各地兽医和农民提供服务。兽医实验室经费由政府承担，开展各类动物疫病的检查；农民自己送样检查收取成本费的 50%，另外 50%由政府补贴；宠物检查全额收费。据了解，农民在动物疫病防治上每花 1 元，可帮农民挣回 12 元，因此农民在动物疫病防治上有较高的积极性。

4.1.8 不列颠哥伦比亚大学奶牛教育研究中心

不列颠哥伦比亚大学奶牛教育研究中心隶属不列颠哥伦比亚大学，负责奶牛科学研究和技术培训工作。该中心奶牛存栏 230 头，平均单产 11 000 kg。有耕地 150 hm^2，1/3 种植玉米，2/3 种植苜蓿。研究内容涉及奶牛疫病防治、饲养管理、人工授精、饲草生产、粪便处理、奶牛心理学等方面，同时开展奶牛技术的有偿教育及培训工作，年均培训农民 8 000 人次，在培训中，将研究成果推广应用到实际生产中。

4.1.9 加拿大奶牛工作网(Canadian Dairy Network, CDN)

在加拿大，所有的奶牛遗传评估的计算和公布是由加拿大奶牛工作网(Canadian Dairy Network, CDN)负责。该全国性非盈利企业是由遗传评定理事会负责管理，该理事会的主要成员组织为各地所有品种协会、牛奶记录机构、人工授精中心和加拿大乳业农场主协会。各成员组织通过有偿服务的付费结构提供每年所需的所有资金。该理事会又设有顾问委员会和技术委员会两个部门。技术委员会的主要职责为研究奶牛育种新手段及部分数据的处理，主要成员为各有关农业大学。顾问委员会由加拿大荷斯坦协会、6 个人工授精中心、7 个奶牛改良协会组成，其主要工作有牛群登记、牛奶记录、外貌鉴定和公牛培育，并协助牧场进行选种选配。

加拿大奶牛工作网对各种品种的种公牛提供遗传评估，参加评估的品种有荷斯坦(Holstein)、爱尔夏(Ayrshire)、娟姗牛(Jersey)、瑞士褐牛(Brown Swiss)、更赛牛(Guernsey)、加拿大牛(Canadienne)和短角乳牛(Milking Shorthorn)。每个品种的所有奶牛要接受全部系列特征的遗传评价，包括生产、体型和功能性状。每头公牛要有足够的后裔分布于不同的牛群中，接受官方遗传评价，有自身生产性能数据的母牛，也接受官方遗传指数评价的奶牛，这些资料将公布在品种协会以及其他业内机构提供的官方文件上。在加拿大境外验证的种公牛，则由国际公牛组织进行遗传评价。对于这些国外种公牛和国外种母牛，加拿大奶牛工作网依据品种和原产国，就多个性状公布评价。青年公牛和母牛则利用其系谱预测其遗传指数评价，反映每个性状的遗传潜力。

4.1.10 加拿大奶业委员会(Canadian Dairy Commission, CDC)

加拿大奶业委员会(简称 CDC)是成立于 1966 年的一个官方机构。CDC 隶属于加拿大农业部及农业食品部，通过议会来参与政府工作。CDC 与加拿大奶农组织、加拿大消费者协会、省级奶业工商管理局、代理商和省级政府有着非常紧密的合作，同时又向农业部提供乳制品行业的相关建议，协助相关政策的实施与设计。CDC 还与地方协会合作来处理一些事务。

CDC 的工作内容有以下几个方面：通过加拿大政府的议会拨款为那些在国家奶业市场计划规定内的奶业生产者提供资金支持；向农业部长提出与奶业政策有关的农产品的建议；确定牛奶和奶油产业的国家需求量来稳定市场分配配额；根据生产数据的成本确定乳制品价格；在购买脱脂奶粉和黄油时对其提供支持价格；支付政府对生产合格的牛奶和奶油生产商的补贴，以降低消费者消费乳制品的成本；通过计算向各省征收从生产者到乳制品营销相关的费用；出口乳制品将不被计划入国内消费的需要；提供出口援助和管理推广营销方案。CDC 的宗旨是：为乳制品生产者提供一个公平回报的平台；为消费者提供足够的高品质乳制品。

4.1.11 加拿大家畜遗传协会(Canadian Livestock Genetics Association, CLGA)

加拿大家畜遗传协会是一个全国性的，不以营利为目的的行业协会。该协会主要促进家畜遗传物质进行市场方面的服务。该行业的主要会员为种公牛站，其他还包括一些行业协会和合资的育种企业，如亚达育种公司、加拿大爱尔夏品种协会等。该协会的功能是为其会员提供如下的服务：一是准备所需的执照和证书；二是定期会与其成员、政府、其他行业协会和研究机构进行沟通；三是协调成员的意见、关注点以及立场；四是代表该行业出席国家级或国际的重要会议；五是协调和代表行业进行资金决策；六是为会员准备好讨论的材料以及咨询的文件，并最终提交给国内外相应的政府或其他机构。

4.1.12 加拿大胚胎移植协会(Canadian Embryo Transfer Association, CETA)

加拿大胚胎移植协会(CETA/ACTE)成立于 1984 年，是一个非营利性国家服务机构，该机构代表其成员及胚胎移植产业的利益。致力于在加拿大和国外进行胚胎移植技术的推广。其主要目的是为了监督该行业的从业者;为成员提供培训、教育以及与当前产业问题相关的信息。该协会的主要功能是联合在加拿大从事胚胎移植产业的组织和个人,参与建立相关法律法规。加拿大胚胎移植协会(CETA/ACTE)同时与加拿大食品检疫局(Canadian Food Inspection Agency,CFIA)有紧密的合作。

4.1.13　加拿大奶业加工者协会(Dairy Processors Association of Canada,DPAC)

加拿大奶业加工者协会是加拿大代表乳制品加工业的公众策略和利益监管的行业协会。该协会的主要职责是促进乳制品业发展,促进乳制品消费,提倡促进乳制品业发展的各项政策。作为乳制品行业代言人,代表加拿大乳制品加工企业与政府、原奶生产环节、奶农协会等进行沟通。在加拿大全国牛奶供需管理委员会(Canadian Milk Supply Management Committee,CMSMC)有固定席位,同时也负责行业的监管。

4.2　运作模式

奶牛协会各相关部门是非营利性组织,经费来自于牛,服务于牛,自收自支,监督引导奶业发展。政府很少参与,在社会化的服务体系中,奶牛协会行业组织起到了巨大的推动作用。图 42 显示了各组织间以信息为纽带的关系。

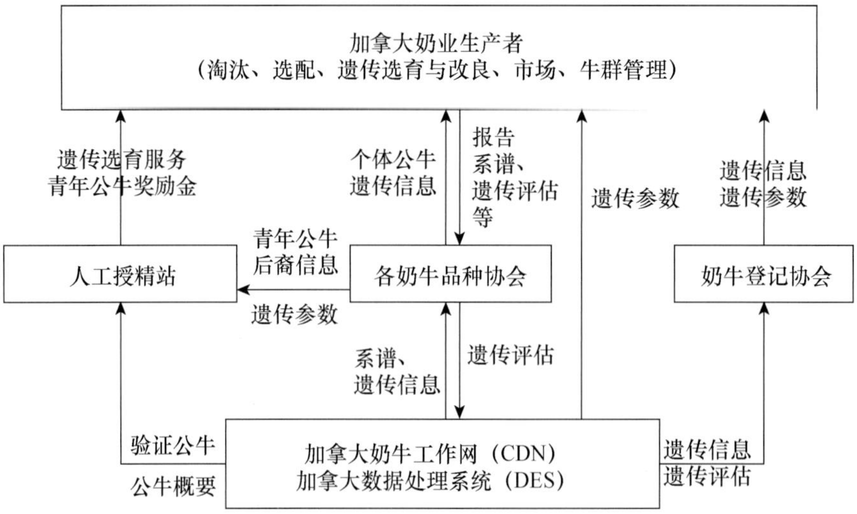

图 42　加拿大奶业各机构间联系示意图

资料来源:加拿大奶业。

加拿大奶业通过供需管理体制稳定奶价,确定奶业的供需关系,平抑生产与加工环节的收益。奶价由政府授权给奶农协会(DFC)制定,原则是保障中等技术水平的奶农能够生产牛奶而盈利。牛奶以质论价,各牛奶加工场以这个定价按定额收购牛奶,奶农生产牛奶需要有配额,管理体制保证配额范围内牛奶的价格。其间接效果就是奶农乐于接受优秀遗传物质、最新科研成果改进营养、管理等的效率,因为在配额管理之下,科技水平越高,越能利用尽量少的个体获得更多的利润。

国际农场比较工作网调查结果显示,牛奶是世界范围内价格最为波动的商品之一。2009 年,欧洲、美国、新西兰和其他国家的奶农经历了奶价同 20 年前一样低迷的痛苦时期,同时伴随着投入成本增加。例如,2008 年 7 月到 2009 年 1 月,全球奶价下降了 56%,然而饲料成本(众多成本之一)却只下降了 35%。与此同时,加拿大奶业却截然相反,由于一直沿用供需管理体系,在过去几年中,乳制品的需求略有增加(而全球其他国家乳制品需求却显著下降),而对于奶农和消费者来说奶价都保持高度稳定和公平。另外,加拿大奶业的供需管理体制没有让纳税人承受过多负担,政府不给奶业任何补贴,不像其他国家的救市计划需要财政上的帮助(或者其他经济部门,包括美国银行和汽车行业)。

在加拿大,有关供需管理体系的存留也一直是争论的焦点,然而反对者们忽视了这样一个事实,在任何供应渠道,如果没有供需管理条例保护供需链条中的小企业或原材料供应商,大型厂商将不得不自己掌控产业链条的前端供应,因为"完美的竞争"只存在于理论之中。欧洲庭审委员会2009年10月15日的报告中指出在2000年(欧盟开始放宽配额管理制度)至2007年之间,生产场一方的牛奶售价下降了6%;而同时,消费价格上涨了17%。2009年夏季,某美国农场基金委员会的一份针对美国农产品价格浮动的报告指出,虽然农产品价格一直在缩水,但是食品的实际价格下降却很少。在欧洲和美国,政府正在关注目前由于在供需管理链条中加工和零售环节的大力调控而导致生产价格和消费价格之间的差价。各国都在2009年10月份宣布针对各自国家奶农的几百万美元的补贴计划。这是竞争和消费者的利益吗?肯定不是。当然,人人都明白这样的农产品收购价是不稳定的。从多个国家的农产品零售价格来看,消费者并没有从生产者的不幸(即成本高昂而售价低廉)中受益,甚至连欧洲、美国和其他国家的各大报纸头条赫然写着:"食品涨价没有转化为农民收入增长","牛奶供过于求,奶农账户空空"(美国),"新西兰奶农负债累累","美国参议员呼吁针对牛奶零售价进行调查"(因为零售价格并没有随着农产品收购价的降低而降低),"欧盟审计委员会警告牛奶配额制度的结束会带来行业风险",此外还有许多。

幸运的是,加拿大的供需管理条例给牛奶生产者、加工企业和消费者带来了稳定的价格。但加拿大奶农们的效益和竞争力在供需管理条例监管下日益增加,而且还会继续。与此同时,他们对于消费者在食品安全、动物福利、环境可持续发展等方面的需求也做出回应。在农业食品工业中,以寻求解决经济问题的角度来看,供需管理条例本身提供了一种解决方案,而不是需要被解决的问题。

5 促进奶业发展的主要政策

牛奶和乳制品行业是跻身加拿大农业食品部门的主要产业,体现在农业生产环节的现金收入、加工产品量、就业、产品附加值和产业对国内生产总值(GDP)的贡献等各个方面。奶业发展是在众多的政策监管下进行的,联邦政府通过两个渠道支持设定目标价格:一个是直接补贴给生产工业原料奶的奶牛场,另一个是干预性采购超出配额之外的黄油和脱脂奶粉。液态奶定价由各省负责,依据各省的生产成本公式,基于全国工业原料目标价,以及最终用途等制定。政府发布政策的领域涵盖乳制品食品安全和质量法规,以及就降低成本和提高产品竞争力的研发项目。

供应管理是加拿大的乳品行业最关键、最有影响的政策。它采用综合控制生产和销售(生产配额),控制进口(关税配额)和指导定价(基于生产成本)的方式稳定和支持牛奶生产环节的收入。目前奶业供应管理系统成功地实现了多数最初设定的目标,例如,区域产能一直保持稳定;绝大多数家庭拥有和经营奶牛养殖场,奶牛养殖家庭的收入超过所有其他类型农场家庭的平均收入(家禽养殖场除外),甚至高于加拿大的家庭平均收入。但是,在坚持供应管理系统的目标原则下,系统中的某些元素致使管理僵化,限制了行业向更富有竞争力的产业结构变化。供应链管理促使行业的稳定,为生产者和加工者带来高水平的回报,同时减少了增长的激励机制,阻止各区域之间生产和加工的有效重新分配,增加了区域内的合理化的成本;限制了行业的总规模,提高了奶牛养殖场的成本和乳制品加工厂原料成本。加拿大牛奶生产成本明显高于美国和荷兰,是爱尔兰的2倍以上,是那些低生产成本国家的3倍多(如新西兰)。

加拿大的整体市场规模相对较小,在一定程度上,被各省的贸易壁垒割裂得零零碎碎,将会限制行业实现规模效益的能力和产能利用率水平的提高。行业结构及各部分之间的联系和发展战略既有积极的一面也有消极的特点。在原料奶生产环节,存在扩大规模产生更高效益以及通过提高技术水平和资源配置提高效率的可能性。在乳制品加工环节,有证据表明类似的规模效应和技术改进提高效率的可能性,而有报告显示,加拿大乳制品厂的产能利用率低于美国。一些规模较大的公司和工厂与他们的美国同行有一定竞争力,一些公司已经成功开发出高附加值的产品出口国外市场。然而,行业主要重视国内和区域内发展,参与更充满活力的市场竞争的机会相对有限；发展国际竞争力的空间有限，表现在面向强有力的竞争对手时，缺乏国际化生产、营销、销售及分销能力。

虽然奶业面临着竞争挑战，但加拿大发展的优势明显，已经找到持续改善的角度。特别值得一提的是，加拿大奶牛遗传育种和良种繁育领域具有优势，在许多产品安全和质量法规方面富有经验。在牛奶生产和乳制品生产方面，改进管理方法和提高技术水平尚有空间。需要改变供应管理系统的运作方式，在加工、产品研发、市场营销方面适当投资，促使高端乳制品市场的形成。原料奶成本高的缺点相对来说不那么重要，当然存在潜在的改进空间。确保目前的行业参与者继续在这些领域投入精力，且其他层面的政策和经济的发展对于奶业发展起到支撑作用。

不论加拿大美国贸易协定、北美自由贸易协定、还是乌拉圭回合关贸总协定，都未能显著影响加拿大的乳品行业的进口保护。最近相关政策的讨论都集中在如何通过相对温和的调整，使现行政策与世贸组织的规则兼容。目前主要的行业调整压力来自于消费者偏好低脂产品和全球范围内更为自由的贸易环境。在加拿大首选逐步调整到新的贸易体制，从政治、社会或经济角度，突然的、完全放松乳制品行业的管制是不可取的。

5.1　加拿大供应管理体系

加拿大原料奶市场可分为两种，一种用于生产液态奶（各种鲜奶产品和奶油），另一种用于生产可长期贮存的乳制品（黄油、奶酪、冰淇淋和酸奶）。采用分类、分级方式政府干涉奶价制定。

每个省都有责任确定本省的液态奶产量，制定本省液态奶价格计算系统、配额和其他的管理规定。联邦政府对于工业的牛奶市场有管辖权，通过联邦政府与省政府之间的协议书（全国牛奶市场计划，National Milk Marketing Plan）具体管理。从 20 世纪 70 年代起，加拿大就实施了牛奶供需管理体系，目的在于使乳制品需求与工业原料奶供给之间建立平衡。由图 43、图 44 可见，近 10 年中加拿大全国配额有小幅增长，基本稳定在 30 万 t 乳脂左右。安大略省（ON）和魁北克省（QC）一直是奶牛最主要传统养殖区域，所占配额比例虽然近 10 年内略有减少，但一直在 70%以上（图 44）。阿尔伯塔（AB）和不列颠哥伦比亚（BC）是新兴奶牛养殖区域，牛群规模大，占全国配额比例 15%以上（图 44）。现在，除了有固定的奶酪进口额度和少量其他种类的乳制品可进入加拿大外，加拿大本地乳制品市场的供给需要源于加拿大奶牛群体。

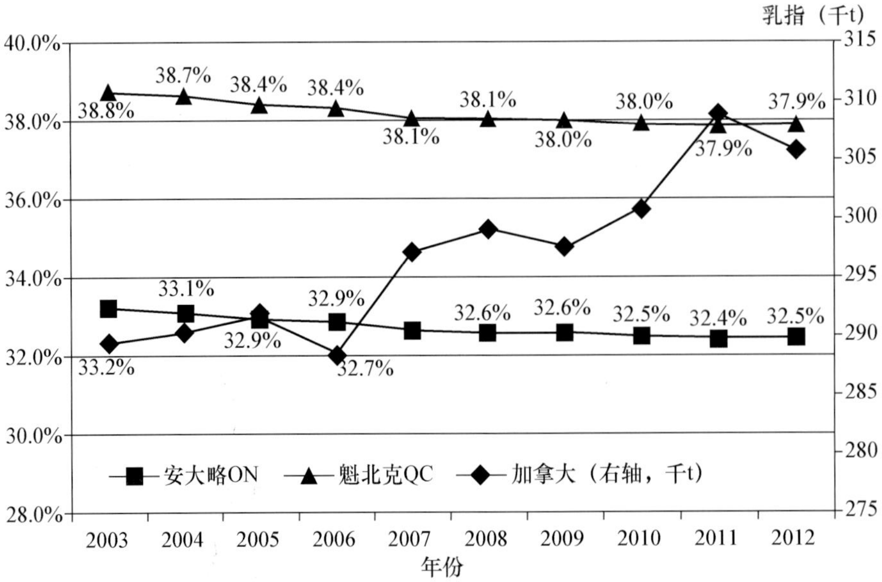

图 43　2003—2012 年加拿大全国牛奶总配额变化趋势

资料来源：Canadian Dairy Commission，CDC。

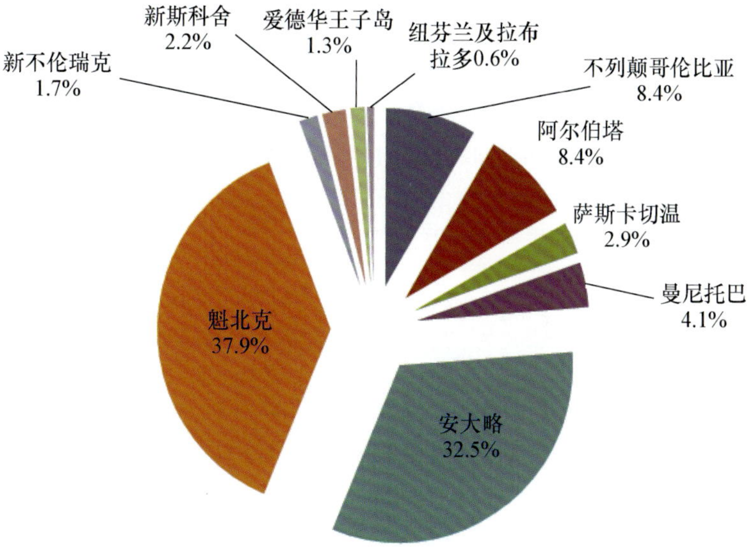

图 44 2012 年 8 月加拿大各省分配的牛奶配额比例

资料来源:CDC。

加拿大牛奶供需管理委员会(Canadian Milk Supply Management Committee,CMSMC),由加拿大奶业委员会(Canadian Dairy Commission,CDC)执掌,是一个永久的机构,由各省与全国牛奶市场计划签订的合约同意构建的,负责决定奶业相关的政策并负责监督该计划的执行。CMSMC 是政策制定和与乳品生产和加工环节进行协调的关键国家机构。全国消费者和生产者组织代表也作为非投票权的成员参与工作。每年举行五次会议讨论,考虑目前影响奶业的生产、经济和市场主要因素,包括国内原料奶生产和奶制品消费的发展趋势,由委员会持有的脱脂奶粉和黄油股票走势,以及贸易和出口市场的相关活动。

CMSMC 监督监察加拿大奶业委员会的营销业务和市场拓展活动(市场回报汇集、各省配额分配和利用率)。每年,CMSMC 设置全国工业原料奶生产目标或市场共享配额(Market Sharing Quota,MSQ)。目标是不断监测和在需要时进行调整,以反映当时工业乳制品的需求变化,如黄油和奶酪的需求变化,都是以乳脂作为衡量指标的。加拿大牛奶供需管理委员会使用全国牛奶市场营销计划的条款建立各省级市场共享配额。每个省根据自己制定的政策以及汇集协议,将各自的配额分配到相应的生产者处。

5.1.1 联邦政府责任

加拿大奶业委员会在全国乳品政策的演变和实施中起关键作用,与各省市场营销委员会、生产者、乳制品厂和出口商紧密合作,为加拿大农业和农业食品部建议有关乳制品的发展政策和方案,以满足业界的需求,同时为加拿大提供足够优质的乳制品。一些联邦政府部门也有责任管理奶业。加拿大农业和农业食品部的任务包括乳制品的研究、畜牧业发展、动物保健、政策的制定、以及市场拓展和农村发展。加拿大农业和农业食品部还管理一些项目,有些对奶农有直接影响。加拿大食品检疫局(CFIA)负责建立乳制品标准、产品定级、工厂检查、规范包装、营养标签、动物健康和乳制品的安全监测。大多数乳制品的进口涉及关税税率配额(TRQ),由加拿大国际贸易部管理。关税配额内的关税和配额以外高关税由加拿大边境服务局管理。加拿大卫生部负责开发乳制品的安全标准和政策,之后由加拿大食品检疫局付诸实施。

5.1.2 省级政府责任

各省市场营销委员会和机构管辖自己省内牛奶的生产和销售。工业原料奶有关的营销活动受联邦和省级共立法规管理。为了有效管理牛奶市场,省政府委托省级分支机构或市场营销委员会管理并赋予法定权力。虽然各省之间各机构职责不同，省级机构或委员会一般负责颁发生产许可，设置支付给奶农的价格；在液体奶的销售中，确定本省需求并向生产者分配配额。在液态奶配额管理之外，指定的省级营销机构管理加拿大牛奶供需管理委员会根据全国牛奶市场计划作出的决定。他们将从全国市场配额中分配到本省的配额再次分配到本省的工业原料奶生产场。有几个省级营销机构是由生产者选举出来的，它们是由生产者资助的机构，虽然也在政府监管之下，但与政府机构的功能相对独立。在大约 1/2 的省份，营销是由政府机构执行。许多省级机构通过与牛奶运输公司的代表谈判建立运费费率。在各省的农业部门负责管理和控制乳品质量计划，并在生产和加工层面建立卫生标准。

5.2 促进奶业生产政策

(1)政府支持奶业技术研发，为高效安全的奶业生产提供技术依托；对于促进奶业生产，除了依靠配额制度稳定生产、提高生产效率外，重点的政策支持在于研发，实施高效、安全的生产体系。

1997 年加拿大奶农协会(DFC)倡议实施 CQM 计划，旨在奶业生产设置标准的、安全的生产操作规范，该计划获得联邦政府、加拿大食品检疫局的同意，为奶业安全生产设置了进一步的管理系统。这项计划政府投资 99.5 万加元。

2011 年加拿大食品检疫局(CFIA)和加拿大奶农协会(DFC)展开合作，准备制定一项针对奶牛场生物安全的国家标准。目前，已经由来自奶农协会、加拿大兽医协会、专业学术团体和加拿大联邦政府以及地方政府代表组成了一个研究小组来负责标准的起草。长期以来，加拿大的牛奶生产者们就做出过承诺，在自己的牧场推广和实施有效地确保生物安全性的计划。新的国家标准应该建立在一个可控的目标之上，它首先应能易于操作并可准确地计量；能有效地降低农场中动物患疾病的风险，保护它们的健康，从而最终使消费者信任和购买加拿大的畜产品。加拿大奶农协会会长 JacquesLaforge 认为，新国家标准的制定，将会鼓励全国各地更多的农场采取最佳的方法，因为农场一级的生物安全是防止奶牛疾病发生的最重要一环。并且加拿大奶农协会很愿意在生物安全性以及其他方面和政府展开合作，以促进加拿大奶业的发展，新标准的实施会解决在生物安全性方面日益面临的许多迫切问题(所谓生物安全性是指能有效降低或减少动物患疾病和传播疾病风险的做法)。

2010 年 2 月 4 日加拿大农业部宣布将给加拿大奶农协会(DFC)投资 1 000 万加元，用于加拿大奶业改革，这笔资金将主要帮助奶农提高牛奶产量、营养及促进食品安全，其中 870 万加元与大学合作致力于通过研究健康和育种提升动物的生产率。

(2)发展有机奶产业：加拿大有机产品法规建立于 2009 年，法规规定凡贴有"有机"、"加拿大有机"的产品必须经过联邦委任的机构 CFIA 认证。加拿大农业食品部 2008 年的调查显示，有机奶销售额 7 090 万美元，占有机认证食品的 18%，主要是有机液态奶和有机酸奶。从 2000 年以来，有机奶的生产稳步增加，2009—2010 年共有 206 家有机奶牛场，生产 8.96 万 t 牛奶，主要分布在魁北克和安大略省。有机产品法规有助于建立消费者信心促进消费。

(3)政府营造公平竞争环境：加拿大作为工业化国家，农业能够如此繁荣，在农产品国际贸易中占据重要位置，与政府在税收、金融、财政政策等方面注重支持和保护农业产业、营造公平竞争环境密切相关。

在税收方面：加拿大实行城乡统一税制。主要包括所得税、商品与劳务税(相当于增值税)和财产税。在公司所得税方面，按小型公司、制造与加工业、一般公司三种类别实行差别比例税率。农业及农产品加工企业适用制造与加工业的税率。税率在各省有所不同，但比一般公司税率平均要低 7～10 个百分点。在资本折旧、经营费用及其他专项费用抵扣上对农业及农产品加工业有特别优惠。如加工业使用机器和设备的折旧率比一般设备高 10 个百分点。农场主的不动产所得中允许扣除购入成本、改良支出、维护、修理等费用。商品与劳务税是对在加拿大境内绝大部分商品和劳务征收的税收(相当于增值税)，联邦政府统一税率为 7%，但对大部分农业和渔业产品免征商品与劳务税，许多农牧业生产的投入品也实行"零税率"，包括牲畜及家禽饲养设备、收割机、饲料搅拌机等。

在金融方面：政府保证农业生产贷款。由政府担保、商业银行统一贷款给信贷合作社，信贷合作社负责向农场主发放生产贷款，还有农民预支方案，即在预计农民种植的粮食售价不高时，联邦政府预付农民一部分借款(无息或低息)用于生产和生活，待行情转好、农产品销售后偿还。

在财政方面：政府对农牧产业的财政支持主要体现在农业科研投入和农民收入保障方面，加拿大农业科研费用占农业生产总值的比例一直大于 2%，联邦政府对自然科学研究总支出中，农业科研方面约占 12%。加拿大建立了农民安全保障体系，设立了农民净收入稳定账户，由农民、联邦和省政府分别按农民净销售收入额的一定比例存入资金。在农民收入下降到特定水平时，农民可以提取资金，在遇到自然灾害、收入低于前 3～5 年平均收入 70%时，政府给予救济，补至平均收入的 70%。

5.3 促进奶业加工政策

加拿大乳品加工业中主要有 3 个乳品加工行业的组织占主导地位。现在加拿大独资企业占工业总产值约 60%。在加拿大的外商独资的跨国企业往往生产多元化的食品和消费品，他们与大小不等的加拿大独资企业共享加拿大市场。最大的乳制品厂，在 2 个或 2 个以上省经营多家工厂，一般为零售和餐饮市场提供全方位的产品线，如包装液体奶、奶油、黄油、奶酪、冰淇淋、酸奶等。越来越多的奶制品，如奶酪、黄油、脱脂奶粉、炼乳、乳清蛋白浓缩物等也作为原料进一步出售给加工厂，纳入到一系列的食品或者非食品产品的生产。其他乳制品厂往往专注于几个产品领域(奶酪、冰淇淋、酸奶、特色配料技术)的某些市场(本地或出口)。

5.3.1 乳品加工业的结构合理化

在加拿大乳品加工行业已经有多年的合理化结构调整进程。从 20 世纪 70 年代开始，多个促进因素促使产业结构变化。首先，奶牛场专业化和运输成本降低(通过规模效应和技术进步获得)使乳制品加工企业的合并成为可能。此外，省政府鼓励整合，对于小加工厂如果主动合并，政府给予资助。最后，某些省份的乳业政策和国家奶业政策也有助于保持重大结构合理化变化的趋势。工业产值不变或下降是导致乳制品厂合并的另一个重要诱因，这样可以提高市场占有率。通过兼并，乳制品加工厂可以减少工厂的产能过剩，大型且高效率的工厂能将资源和技术有效结合起来、降低成本。自 1975 年以来，乳制品厂的数量已减少了 1/2，1988—1995 年之间，乳制品厂数目下降的速度加快，新厂开张数目也下降了25.8%。从液体奶加工厂和加工工业原料奶的工厂比例看，两类加工厂合并的速度基本一致。

零售行业的企业整合是另外一个促使加工业结构变化的主要方面。合并后的零售商要求其供应商具有更大的供应能力。为了满足需求，乳制品厂必须提高产能。此外，由于零售商分支机构跨省，乳制品厂也必须按着这一趋势将自己的市场扩大到几个省份。

最后，市场的全球化也影响结构合理化变化的趋势，因为加拿大公司越来越多地与外国公司竞争本国和海外市场。应当指出的是，公司的兼并和收购是公司和加工厂数量下降的主要原因。在加拿大乳品行业的合理化结构变化过程中，大公司忽略了一些重要的细分市场，包括超专门奶酪产品。这些细分市场由一些非常小的、往往是很个性化的、奶酪生产组织占用。除了大型乳品企业，在联邦一级注册的牛奶加工厂 160 多个，以供应本地市场为主。另外，在过去加拿大的加工企业主要经营区域性市场，通过合理化结构变化，他们将自己的营销版图扩大到省级；近年来，许多加拿大公司收购其他公司或与他省公司结成战略联盟，甚至与加拿大境外公司合作，以获得本国市场和进入国际市场。

在 20 世纪 90 年代初进入加拿大的一些跨国公司似乎已经对于处在合理化结构变化进程中的加拿大公司产生影响，行业的所有权高度集中。目前，前 3 家的大型乳企(帕玛拉特，Saputo，Agropur)拥有 15%的加工厂，加工加拿大 71%的原奶。此外，一些企业已经建立伙伴关系或合作加工，配送和营销特定产品。

伴随着 20 世纪 80 年代后期 90 年代初的快速整合，投资稳步增长，更大规模、更高效的加工厂越来越多。目前，新建加工厂都是规模较大，经营效率更高，在加工和包装设备的自动化程度更高。与加工厂数越来越少、效率越来越高相一致,机械和设备的投资占总投资的最大部分,而工程投资和建筑投资一直相当低。

近年来,投资表现出了较大的波动。2004 年,总投资为 1.78 亿加元,比 2003 年略有下降。机械及设备投资 1.62 亿加元,同比下降 2.91 亿加元。建设费在过去几年中持续下降,2004 年为 0.146 亿加元,同时工程建设仍然相对较低,为 120 万加元。

5.3.2 合作社经营乳品加工厂

合作社是加拿大供应管理体系的产物,合作社经营的乳品加工厂是奶农拥有的乳品加工厂,由专业的管理团队营销运行。这些组织使奶农能参与到市场营销过程中,感受到他们生产的牛奶从农场延伸到消费者。在没有成立牛奶市场营销委员会的省份,合作社充当其会员所生产牛奶的批发商,在加拿大每一个省合作社都是奶业的重要组成部分。2003 年,在加拿大有 33 个奶牛合作社。魁北克的乳制品合作社较多,在大不列颠哥伦比亚省和沿海地区合作社也占有重要地位,从其处理原料奶的总量就可以了解这一点。

直到 20 世纪 90 年代初,合作社主要在当地市场经营。近年来,他们积极参与到奶业合理化结构变化过程中,有的收购其他公司(有些被收购的公司位于其原产地之外),也有以合并形式进行的。2002 年乳品合作社的市场份额增加到 42%。

例如,Agropur,加拿大领先的乳品企业之一,自 1997 年以来已合并了一些加工厂。在收购之前,Agropur 的经营只在魁北克之内,现在已经在魁北克省、安大略省、不列颠哥伦比亚省和阿尔伯塔省建立加工厂。Agropur 在 2000 年底购买了 Lactel,那是魁北克另一个乳制品合作社加工厂,现在在印第安纳购买奶酪厂,甚至向美国购买扩大其业务。

5.3.3 加拿大奶业政策发展过程

加拿大的政府计划与农民的利益联系在一起。通过政府的计划把生产、加工、销售各个环节的利益协调起来,使政府的计划落到实处。政府的农业支持计划也往往和生产计划联系在一起。农场接受政府计划,政府则为农场承担一部分风险,因此政府的意愿和农民的经济行为趋向一致。

在加拿大,联邦政府最早任命的乳业专员是在 1890 年。在第一次世界大战之前,加拿大是向英国出口奶酪和黄油第一大国。1935 年,实施黄油和奶酪的临时补贴。在第二次世界大战期间,联邦给奶农支付补助费,维持生产战时价格管制制度下的生产水平。战后为援助生产工业奶粉,最初打算是过渡性的产品,包括制定支撑价格、出口剩余产品和限制进口等计划。这些计划,最初由农业价格管理委员会管理,随后由成立于 1958 年的农业稳定发展委员会管理。在 1963 年,联邦政府与省政府产业政策之间缺乏协调,缺乏有效的机制来控制牛奶生产,催生了加拿大奶业委员会。1965 年,在安大略省这一关键的乳品市场,牛奶销售委员会成立。根据加拿大奶业委员会法,在 1967 年成立的加拿大奶业委员会(CDC),提供了一个联邦机构与各省合作制定措施进行牛奶供应管理的组织,并提供了实施工业用奶和奶油的供应链管理的立法基础。根据现有的农产品营销管理法(1957 年),液态奶已启用供应管理,允许各省控制液体奶市场。在 1970 年年底,开始利用全国牛奶营销计划来管理乳制品市场。目前,原来由乳品稳定农业局管理的计划现由 CDC 进行管理。

大多数营销委员会追溯到 20 世纪 30 年代,当时在各省的法律保护下成立。在加拿大以市场营销委员会为主要手段,使生产收入转移支付给农民是在 20 世纪 60 年代和 70 年代,特别是供应控制委员会起到很大作用。

在加拿大的奶业政策采用进口限制,以支持该乳制品加工业的发展,并长期的对指定销售量的牛奶进行直接补贴,同时利用配额限制牛奶生产者进入市场。20 世纪 70 年代初以来,根据上述政策建立了牛奶市场共享计划,体现的是联邦和省级政府之间的协议,由加拿大奶业委员会、各省牛奶委员会和政府机构组成的管理委员会管理。

加拿大的乳制品行业管理机构的建立晚于其他发达国家。原因之一是需要在联邦政府与省政府之间进行磋商，同时这一系统也可以看做是在世界市场发生变化之后，由现存的奶业管理体系催生的。与乳制品加工业发展相关的各项法律法规如下：

(1)技术法规：各省级政府和联邦政府制定各种关于健康和安全的要求、标签和成分标准、分级和环境原则及法规，在加拿大的农场和加工厂实施。省级政府负责农场现场的牛奶检测以及监控省级注册的牛奶加工厂产品的质量和安全。联邦政府对于在联邦层面注册的加工厂进行类似的检查活动，加工原奶生产乳制品进入省际和国际贸易。联邦政府和一些省级政府也检测和监控零售乳制品产品，通过对各种包装、标签、组合物、重量和卫生控制，以确保消费者的安全。

(2)研发支持：结合联邦、省、行业对于研发的支持，加拿大 1991—1992 年的研发支出接近 1.3 亿美元，约占乳制品行业在 1991 年销售额的 1.7%。如果加上生产成本研究和牛奶测定计划的金额，接近 164 亿美元，或略小于销售额的 2.2%。研发成果的技术转让效益略高于 1 700 万美元，低于销售额的 0.25%。研发资金中联邦和省级政府占约 5 540 万美元(31%)，行业出资 1.26 亿美元(占 69%)。

政府资助乳制品行业的研究和开发涉及在政府、大学和行业层面进行基础研究和应用研究。加拿大农业和农业食品部在全国设置研究站研究奶牛生产的各种问题。研究方向包括遗传、胚胎操作、动物福利和食品安全。联邦和省级政府也资助 8 所大学进行以大学为基地的乳业相关研究。

(3)直接补贴逐渐减少：直到 1988 年，联邦政府对于奶农生产国内需求的工业用原奶支付直接补贴。从 1988 年到 1989 年，直接补贴支付范围包括国内需求乳制品以及出口乳制品。自 1989 年以来，支付的直接补贴仅限于国内需求范围。

1992 年直接补贴为 6.03 美元/100 L。1993 年 8 月开始，联邦政府补贴下调了 60 美分，至 5.43 美元/100 L。1993 年 8 月 1 日，加拿大奶业委员会(CDC)宣布，提高脱脂奶粉支持价，提高部分他们将全额补贴。事实上，消费者将支付更高的价格，以抵消乳制品补贴下降。

据估计，由 CDC 实施的这些政策，没有对生产或消费产生很大的影响。脱脂奶粉的支持价格上涨，黄油支持价格保持不变，奶酪和其他奶制品价格略有上升是由于工业原料奶价格销售给加工厂的价格上升。由于这些产品价格上涨，脱脂奶粉、奶酪和其他奶制品的消费量略有下降，由于替代效应，黄油消费小幅增加，加拿大国内需求的净工业原料奶产量下降导致牛奶配额(Milk Share Quota，MSQ)减少。

1995 年的联邦预算宣布在未来两年内减少 30%的直接补贴，1996 年该补贴将下降到 1.6 亿美元。剩下的补贴金额将进一步考虑在未来一年内，寻找其他用途，进一步降低。1996 年联邦预算宣布奶牛补贴将完全停止。

(4)交叉载入黄油和脱脂奶粉价格：从历史上看，目标价提升被均分为黄油和脱脂奶粉价格支持。1991 年 8 月 1 日，CDC 开始转向相对权重，对脱脂奶粉的支持价格上涨幅度大于黄油。1993 年 8 月 1 日这一措施进一步延伸和扩展，CDC 宣布将下调黄油的支持价格，同时提升脱脂奶粉支持价格达到维持目标价不变。这一交叉载入的效果是增加黄油的需求和降低脱脂奶粉的需求。

(5)多组分定价：多组分价格(Mutiple Component Pricing，MCP)是一种允许对牛奶的所有成分进行测定和估价的方法，可以反映市场的需求。自 1992 年，有 4 个省(安大略省、魁北克省、曼托巴省和新不伦瑞克省)推出了多个组分的工业原料奶价格。保持平均乳成分原奶的利润不变，先制定乳脂、蛋白质和其他固体物的初始乳成分价格。多组分定价预计不会立即对利润或牛奶供应产生影响。根据相对的价格设定，MCP 将对加拿大生产牛奶的乳成分有长期的影响。如果乳成分价格设定考虑市场需求的话，定价以及由此产生的原奶分配和加工的产品结构将更贴近市场响应模式。如果乳成分价格设置着眼于保持生产者的收入，那么这样的配置效率可能无法实现。

(6)更改税费基础：税款征收由省级委员会或机构负责，之后转交 CDC。最近几年已向奶农征收 3 种类型的税费：配额内税费、液态脱脂奶税费和超配额税费。CDC 使用征收的税费，将国内不需要的乳制品出口。征收税款也用于资助特别项目，旨在提高国内乳脂和脱脂奶粉的利用。

配额内税费(1990 年为 3.40 美元/100 L)历来用于配额内的所有工业原料奶生产范围。液态脱脂奶税费面向液态奶转向加工业部门的对象征收。超配额税费(1990 年为 32.64 美元/100 L)面向超出总配额的奶厂征收,税费设置非常高,目的在劝阻农户不运送超出配额水平以上的产量。

现在配额内税费,适用于液态奶和加工用原料奶生产,液态脱脂奶税费取消。1991—1992 年度开始设置了为期 3 年的缓冲期,1993—1994 年实现完全过渡,期间转换比例不断增加。

这一政策将液态奶和加工乳制品市场的监管并行。液态奶市场提供了大量的脱脂奶油,此征税计划的变化使各部门的融资需求提升计划趋于平衡。净效应似乎是管理体系更综合,更具响应市场的能力。

(7)液态奶和工业原料奶配额合并:萨斯卡切温省、曼尼托巴省、新不伦瑞克省和安大略省的液态奶和工业原料奶目前采用统一的配额管理体系。许多其他省正在考虑转变为单一的配额制度。好处包括:

- 管理简单。
- 所有的奶农以基本上相同的价格销售生产的牛奶——在所有生产者之间平等共享市场。
- 脱脂不再有属于液态奶还是工业原料奶的问题,而是所有的奶农共同面对的。这可能会加强行业内部的合作和协调。
- 更容易向全加拿大统一需求控制体系。
- 总数量和价格没有大的影响,但也有可能显著影响没有按 50/50 分别销售给液态奶和工业原奶的奶农(大多数奶农都没有分别销售)。在每个省如何实施新计划和补偿将影响这些措施的效果。

5.4 促进奶业贸易政策

加拿大政府在已经建立了 40 余年的牛奶供需管理体系之下,对于贸易主要保持稳定,包括利用增加进口税等手段限制进口产品冲击国内市场,例如 2007 年 2 月 7 日政府根据与世贸组织协议 28 号,限制浓缩乳蛋白进口。另外,通过加拿大食品检疫局制定加拿大奶酪产品成分标准,维护国产乳制品市场。

在牛奶供需管理体系之内,自 1995 年制定,并逐渐完善的收入共享计划(Pooling Management)得到各省的响应,作为供需管理体系的附属计划,有利于协调全国的贸易平衡。

5.4.1 农产品销售法与农产品销售协会

随着农产品销售法的颁布,农产品销售协会(Agricultural Products Marketing Council)逐渐成为其执行机构。例如阿尔伯塔省于 1965 年成立了阿尔伯塔农产品销售协会。1972 年,阿尔伯塔省农业部长将协会的成员人数增加为 8 人,同时授权协会可以用省政府的名义及相关政策对外开展工作。协会的 8 名成员多数是农民或大农场主,他们代表全省的农户(场)并在省内拥有自己的企业。该协会是根据农产品销售法组建的官方协会,其主要职责是实施农产品销售法,促进本省农业组织相互协调,提高本省农产品在全球市场的竞争力,并获得更大的利润。协会的中心作用就是利用相关法律,促进和完善农业基础设施,并对其他专业协会(如:大麦协会、野牛协会、油菜生产者协会、阿尔伯塔养牛协会、阿尔伯塔鸡蛋生产者理事会等)的运行情况实施监督。阿尔伯塔乳制品理事会(Alberta Dairy Board)乳制品理事会的主要职责是,对现有乳制品产业结构及其未来需求进行咨询分析,为全省养牛户服务,并根据需要组建新的服务组织。协会的成员由乳制品生产者选举产生,具体负责理事会和政策委员会的工作。协会成员包括生产者、加工者、咨询人员以及行业领导者。

5.4.2 共享协议—全国联合定价机制

受近年来国际和国内市场不断变化影响,导致整个加拿大的牛奶销售计划需要做重大改动,即全国的联合定价机制的变更。加拿大奶业委员会(CDC)代表乳品业,作为全国乳品业的协调人,管理这个联合机制的内容。有 3 条重要的联合机制:①全国牛奶等级体系方面取得一致意见;②所有类别原料奶收入共享体系达成协议;③西部地区所有类别原料奶收入共享体系达成协议。

2005 年的联合定义登记如表 1 所示。

表 1 全国联合定义原料奶类别

类别	分类
液态奶	1(a)
液态奶油	1(b)
乳饮料	1(c)
供应育空、努纳武特和西北地区的液态奶和奶油(这些市场由不列颠哥伦比亚和阿尔伯塔省供应)	1(d)
酸奶、酸奶油和冰淇淋	2
特色奶酪	3(a)
切达奶酪	3(b)
黄油、酥油、用作原料的奶粉和炼乳	4(a)
零售用炼乳	4(b)
本国市场的新产品	4(c)
库存和损失	4(d)
边缘市场	4(m)
为本国和出口市场深加工用的奶酪原料	5(a)
为本国和出口市场深加工用的其他原料	5(b)
本国内和出口的糖果业相关内容	5(c)
计划内出口和其他出口,总量不得超过加拿大加入世贸组织的承诺	5(d)

资料来源:CDC。

(1)全国牛奶等级体系方面取得一致意见:在原有起始于 1995 年 8 月的 5 级顶级体系中,对工业原料奶做了统一分级,可用于乳制品以及含乳成分的其他制品定价。联合协议提供了在全国牛奶市场营销计划中各省签署部分可以共享的机制。这样,针对任何一种牛奶类别,销售给加工厂的收入可以统计到一起。2001 年 8 月 1 日,达成协议将纽芬兰—拉布拉多纳入全国牛奶市场营销计划和全国乳品系统。现在加拿大的每个省都是高度一致的全国联合分类计划的成员。

(2)所有类别原料奶收入共享体系达成协议:已经有 6 个省份接收 5 类定价和共享体系中的收入分享办法。从 1996 年 8 月的汇款开始,曼尼托巴省、安大略省、魁北克省、新不伦瑞克省、新斯科舍和爱德华王子岛省的奶农收入开始汇集共享。2003 年 2 月 1 日曼尼托巴省退出系统。该协议还提供了几个有利于协调的元素,包括多元化的乳成分定价,日配额制度和配额交换,以及乳成分的最终用户定价等。委员会继续协助行业协议的微调,解决系统出现的问题。

(3)西部地区所有类别原料奶收入共享体系达成协议:1997 年 3 月,4 个西部省份(曼尼托巴省、萨斯卡切温省、阿尔伯塔省和不列颠哥伦比亚省)也实施了所有类别原料奶共享收入协议。

(4)乳制品出口激励计划(The Dairy Export Incentive Program,DEIP):加拿大不是世界乳制品市场的主要参与者,但在 WTO 背景下,加拿大政府不实施出口“补贴”。

乳制品出口激励计划(DEIP)支付现金红利,允许乳制品出口商购买美国产品,当国际价格低于国内价格时出口。DEIP 支持将国内乳制品市场的产品转向出口,有助于开拓出口市场,在牛奶支持价格体系中发挥了重要的作用。根据乌拉圭回合世界贸易组织的农业协定,DEIP 限制其数量和金额。DEIP 是使用纳税人的钱资助的。这项计划是通过加拿大 5D 级产品定位实现的。在加拿大的 WTO 承诺的削减出口补贴范围内的计划出口(市场开发)和奶量盈余外销计划都通过 5D 类产品运作。5D 产品的收入与国内其他奶农的收益共享。

5.5　促进奶业消费政策

(1)强制牛奶灭菌的法令促进了牛奶的安全优质，启动了牛奶的稳定消费。加拿大联邦政府婴幼儿福利部门在20世纪的20年代就曾发布首个全国营养方面的技术指南(Canadian Mothers Handbook，1923)，倡导婴儿的母乳喂养，同时鼓励母亲用牛奶等方法让婴儿哺乳9个月，是最早的关于鼓励牛奶消费的政策。在面临乳制品出口和本地消费量下降的形势下，从医学、营养角度鼓励牛奶消费，尤其是液态奶消费，但是当时的情况下，不同省份对于牛奶安全和质量的控制水平有差异，这样的营养技术指南在全国的实施有难度。由于奶业远离城市，长距离运输、无冷链条件，牛奶中携带结核病菌给城市人口带来巨大威胁。1880年开始，经过约40年的发展，安大略省通过了一系列法律法规，实现了供应健康、洁净牛奶的水平，成为加拿大奶业管理法规的发源地。1938年安大略省政府通过了北美第一个州政府级的牛奶巴氏灭菌的强制性法令。

经过对于牛奶营养价值的研究，从蛋白质、脂肪和碳水化合物等营养成分的角度，牛奶被誉为婴幼儿的天然全价食品，而且证实灭菌过程对于牛奶中最有价值的维生素等只有很低程度的破坏，而牛奶中维生素含量的研究获得大量资助，研究结果为大众深信。于是20世纪20年代成为牛奶消费的转折时期。

(2)移民政策导致国家的多元文化，促使乳制品消费的多样化和产品研发。社会和人口结构的变化会影响消费者的需求、口味和消费习惯。在加拿大，二战的婴儿潮时期出生的人群，因为出生量大，对消费趋势有巨大的影响。随着这一代的成长，他们越来越有兴趣获得更多有关营养的知识。他们希望所吃的食物有一定的保健作用。他们推出了健康饮食的理念，这就解释了人造黄油替代黄油的出现，因为在20世纪80年代晚期，商店货架上开始出现含脂率1%的牛奶。加拿大的消费模式也受其移民政策和移民的影响。过去10年中，移民涌入量超过了本地人口自然增长率。随着移民的多样性增加，各种食品需求增加。沿海地区受影响较小，因为这里大多数移民来自欧洲和美国。安大略省、魁北克省和西部省份已经在各种乳制品方面实施创新。例如，酸牛奶(发酵乳饮料，发源自东欧高加索地区)自20世纪90年代初以来已在几个加拿大城市上市，特别是在魁北克。此外，由于一人立家、家庭人口少同时妇女在劳动力市场出现的情况越来越多，速食和高附加值食品的需求上升。

奶业也通过提供创新产品，如过滤牛奶、不同规格的包装，以健康食品的方式呈现产品等方法影响需求。加拿大市场上有很多优质乳制品，包括特制奶酪、冰淇淋、酸奶、餐桌奶油和牛奶。乳制品是平衡饮食的一部分，也是身体发育必不可少的。为了满足他们的需求，消费者可从几种乳制品中选择。消费者的口味正在发生变化，行业必须迅速、随时按需求调整。在过去20年中，众多特色奶酪、乳制甜点、酸奶和酸奶饮料、美食冰淇淋和新品奶油已添加到传统乳制品行列中，如牛奶、奶油、黄油、切达奶酪。

(3)供应管理体系的实施辅以刺激消费的政策，促进加拿大乳制品消费的稳定趋势。在对比加拿大的乳制品消费趋势时发现，与其他国家相比，加拿大的奶酪消费不断提高、液态奶消费下降、黄油消费持平。这个总的发展趋势是受到加拿大的政府政策干预形成的。例如，20世纪90年代提出的促进黄油利用和退税计划有效地促进黄油消费，使其消费趋势保持稳定，旨在解决黄油消费需求下降的问题。促进黄油利用计划是指对于购买黄油的面包店和爆米花制造商支付每千克2.00美元的统一补偿。对于生产各种黄油产品的加工厂补贴，例如无水黄油(1.00美元/kg)、酥油(1.50美元/kg)和分馏黄油(2.75美元/kg)。1992年6月到1993年5月期间，该计划总支出为64亿美元。黄油的支持价格约5.33美元/kg，而当时世界价格约为1.90美元/kg。

为深加工的乳制品厂实施退税计划。提供回扣额相当于加拿大与美国原料奶成本差异的60%，乳制品厂需要说明由于原料成本较高而实际发生或潜在的市场损失份额。在1991—1992年计划费用为320万美元，1992—1993年为730万美元。该计划已延长实施3年，退款比例扩大到两国价差的85%。加拿大奶业委员会评价这两项计划起到了刺激黄油需求的作用，在1993—1994年乳制品MSQ增加了2%，是自1988年以来首次出现增长。这种需求的增长，也有助于缓解过去同期内黄油支持价格一直保持不变的问题。

奶酪的深加工也经历了类似的过程，由于供应管理体系按照生产成本设定原奶价格，加拿大的莫扎瑞拉奶酪远高于从美国进口的，为让比萨饼厂商抵御进口产品，加拿大政府对于比萨饼深加工购买奶酪给予补贴，相当于市价降低 30%。

6 值得借鉴的主要经验

加拿大奶业是世界上非常独特的一个产业，作为农业的一个分支，一个弱势产业，能够在加拿大过去 50 年中稳步发展，不仅奶牛遗传水平稳步提高，稳居世界第一阵营，而且奶农收入稳定，原料奶安全有保障，奶业不受世界奶价的影响，都归功于实施了 40 余年的供需管理体系。然而从这个体系建立的历史看，更应该归功于加拿大政府为乳品安全着想、持续实施诺言、扶持弱势群体、强调科技提高效率的力量，也归功于一代又一代为奶业着想的科学家、科技推广技术人员和奶业的庞大生产者队伍和追逐乳产品的消费者。

在政府的持续支持条件下，加拿大奶业成功的秘诀在于信息，是信息有效地将产业各个环节紧密连接，是信息让各环节信服科技的力量，是信息带来公正、公平，是信息向世界显示其发展的脚步。

6.1 经营模式方面的经验

加拿大奶牛群体规模是世界上水平较低的，如果没有供需管理体系的保护，很多奶牛场都无法生存，这为我国的奶业发展敲了警钟。奶业需要走向专业化发展的道路，头数低于 50 头母牛的单位会在很短时间内消失。需要重点扶持有粗料种植条件、有乳品销售渠道的大型奶牛养殖单位，尽早走向盈利；需要创建新的并购模式，让盈利的奶牛养殖单位吸纳周围小型散户的牛源（注意防疫）、劳动力和资金，组建真正意义上的合作社，倡导正当盈利。

在扩大养殖规模的同时，将信息化建设列入议事日程。因为规模化牛场必须依靠信息和信息的分析与解读。从国家层面，对于品种登记、DHI 测定、体型评定三大块信息要建立专门的数据库并配备专业的技术人员队伍，让数据活起来。中国的各个公牛站、各个奶牛场以及相关政府机关、大学科研机构需要建立起非常紧密的合作关系，同时信息以及数据应该更加公开化、共享化，政府也应为产业信息系统的建立加大投入。

6.2 科技创新方面的经验

加拿大奶业科技创新与产业发展紧密结合的特点值得我国借鉴。作为一个国家，除重视基础技术储备，研发基因工程、营养元素消化模式、克隆技术等基础、高新技术之外，还应针对本国奶业发展中的基础实践问题，研究实用技术，例如我国特有饲料原料营养价值、特有品种营养标准、生产性能测定操作规程、牛群健康良好操作规范、标准化的人工授精技术规范等都是需要在实践中扎扎实实掌握的技术规范。同时，科技与推广之间需要建立定期更新知识的制度，通过一定渠道将技术传播到户、到人。

6.3 产业政策方面的经验

完全效仿加拿大奶业的供需管理体系是不可能的，但需要分析这个体系成功的原因。乳品安全需要国家稳定支持的信息，将国家的支持重点放在行业前端弱势群体（养殖环节），把行业的重点放在乳品加工环节的管理，提高养殖环节的议价能力，公共资金支持第三方检测机构，逐步实施以质论价的收奶体系。

多年来，我国牛奶生产、加工市场处于无序状态，牛奶生产者无法与乳制品厂对话，完全依赖于乳品市场价格调节。因此，建议建立宏观调控机制和行业自律机制，依据市场原辅料（饲料、水、电）及人工费等变化立法规定权威部门定期发布原料奶最高、最低收购价；对于奶制品企业，注意质量监管，将市场问题交给企业。对于已有乳品加工厂进行普查和严格的资格审查，包括对于原奶收购环节的公正性调查。

6.4 其他方面的经验

建议国家授权组建具有市场调查、定价权的功能机构，在调查研究的基础上，定期确定我国鲜奶及奶制品消费量，进而对鲜奶生产量、乳制品进口量进行规划，稳定我国奶牛存栏量，稳定牛奶总产量，逐步提高单产，避免盲目进口、多渠道进口奶粉等乳制品或原材料，冲击国内奶业，使奶业逐渐步入良性循环轨道，以提高奶牛场效益。

在我国奶业发展中，需要从法律层面约束几项对于自然环境、产业发展有不可逆转的影响方面。例如养殖场对环境的污染，必须通过立法约束奶牛场粪污处理以及处理后粪污的还田问题。没有足够土地种植粗饲料和消纳粪污的场址，就是不适合建场的场址。另外，原奶质量安全，必须考虑采取预防式管理体系，对于原奶污染的法律处罚可有效制止其发生。

奶业是高科技行业，人才短缺问题严重，应充分利用国际大公司意欲进入中国市场的机遇，要求其提供培训资源，开设奶农学校，填充大规模奶牛场管理人才队伍，更新技术推广部门人员的知识水平并提高实践能力。

参考文献

[1]Canada's Dairy Industry at a Glance. From http://www.dairyinfo.gc.ca

[2]Canadian Dairy Industry Profile，加拿大政府网站，http://www4.agr.gc.ca/resources/prod/doc/dairy/pdf/dairyprofile.pdf

[3]Code of Practice for the Care and Handling of Dairy Cattle 2009，www.nfcc.ca

[4]Dairy Code of Practice Scientists' Committee：March 2009，www.nfcc.ca

[5]Smith，B. L. Analysis of the Regulatory Framework Affecting Development and Commercialization of Dairy Products in Canada，2005，The Dairy Processors Association of Canada

[6]周贵，肖振铎，David A. Christensen. 加拿大奶牛品种遗传评定体系及指标. 中国奶牛，2011(5)，28-31

[7]Statistics of Canadian Dairy Industry，2011，2012，2013 edition. http://www.dairyinfo.gc.ca

[8]戴旭明. 加拿大牧场的粪便处理技术. 浙江畜牧兽医，2000(1)：42-43

[9]方有生. 加拿大奶业管理的配额制度. 中国奶牛，2004(1)：53-54

[10]胡明. 加拿大安大略省乳品工业概况. 畜牧与饲料科学，2005(5)：43-44

[11]牟海日，于春英，张瑞梅. 加拿大奶牛业现状及其对中国的启示. 中国畜牧杂志，2010，48(18)：33-37

[12]单正军. 加拿大的畜牧业环境保护. 中国牧业通讯，2007(11)：87

[13]褟燕庆. 加拿大农牧产业化的特点及启示. 农村经营管理，2005(5)：44-46

[14]张胜利，石万海. 北美种公牛选育与后裔测定方法简介田. 中国奶牛，2007(S1)

[15]张月周. 加拿大牛奶生产配额体系及运行效果. 中国奶牛，1999(3)，56-57

[16]尹奕.加拿大奶牛业考察报告.中国乳业,2005(6):53-56

执笔　中国农业大学动物科技学院:王雅春　张胜利　俞　英　张　毅

附　表

附表 1　奶牛头数、单产水平和总产奶量(1961—2011)

年份	奶牛头数（千头）	平均单产（kg/头）	总产奶量（万 t）	年份	奶牛头数（千头）	平均单产（kg/头）	总产奶量（万 t）
1961	2 987	2 787	832.6	1991	1 328	5 866	779.0
1962	2 956	2 824	834.6	1992	1 283	5 952	763.3
1963	2 915	2 871	836.9	1993	1 223	6 133	750.0
1964	2 906	2 891	840.2	1994	1 224	6 332	775.0
1965	2 885	2 889	833.6	1995	1 244	6 367	792.0
1966	2 676	3 118	834.5	1996	1 237	6 378	789.0
1967	2 671	3 096	826.7	1997	1 231	6 580	810.0
1968	2 619	3 183	833.7	1998	1 184	6 926	820.0
1969	2 587	3 285	849.5	1999	1 157	7 058	816.4
1970	2 554	3 256	831.4	2000	1 103	7 396	816.1
1971	2 258	3 514	793.2	2001	1 091	7 430	810.6
1972	2 213	3 626	802.6	2002	1 084	7 348	796.4
1973	2 120	3 617	766.7	2003	1 065	7 260	773.4
1974	2 068	3 691	763.3	2004	1 055	7 494	790.5
1975	2 042	3 796	775.1	2005	1 041	7 496	780.6
1976	2 023	3 803	769.3	2006	1 019	7 890	804.1
1977	1 974	3 926	774.9	2007	995	8 188	814.5
1978	1 907	3 997	762.2	2008	984	8 277	814.0
1979	1 825	3 893	710.5	2009	978	8 395	821.3
1980	1 773	4 181	741.2	2010	1 005	8 202	824.3
1981	1 764	4 277	754.5	2011	966	8 699	840.0
1982	1 780	4 391	781.5				
1983	1 736	4 273	741.7				
1984	1 679	4 551	764.2				
1985	1 618	4 622	747.9				
1986	1 547	4 862	752.2				
1987	1 433	5 293	758.4				
1988	1 408	5 559	782.7				
1989	1 394	5 725	798.0				
1990	1 373	5 808	797.5				

资料来源:FAO 网站。

附表 2　主要乳制品产量(1961—2011)　万 t

年份	液态奶	奶油	黄油	奶酪	炼乳	全脂奶粉	脱脂奶粉和干乳酪
1961	394.6	16.5	9.5	7.1	15.7	1.2	10.6
1962	403.1	16.9	8.8	7.2	14.3	1.1	9.9
1963	391.8	16.4	8.8	8.2	15.4	1.0	9.3
1964	390.8	16.4	8.9	8.7	15.5	1.0	10.6
1965	375.2	15.7	9.0	9.6	15.4	1.0	10.9
1966	370.9	15.5	9.0	10.3	15.6	0.4	12.4
1967	366.3	15.3	8.8	10.2	14.7	0.4	14.8
1968	375.1	15.6	8.8	10.6	15.4	0.2	16.9
1969	385.1	16.2	8.7	11.2	14.5	0.1	18.5
1970	362.6	15.3	8.6	11.8	13.1	0.1	16.9
1971	321.9	13.4	8.5	13.5	13.6	0.1	14.0
1972	325.6	13.6	8.5	13.7	12.9	0.1	15.9
1973	286.6	11.8	8.7	13.8	12.5	0.1	14.4
1974	265.7	10.9	8.8	15.5	11.9	0.1	14.0
1975	314.4	13.3	8.0	14.6	10.9	0.1	19.0
1976	283.7	11.9	8.3	15.2	10.4	0.3	16.2
1977	281.4	11.7	8.2	16.2	14.7	0.7	16.2
1978	283.2	10.5	8.7	17.5	18.2	0.3	13.4
1979	259.6	10.1	9.3	19.6	18.7	0.1	11.8
1980	271.3	10.7	9.3	21.0	21.6	0.3	11.3
1981	294.7	11.7	9.5	21.2	19.5	0.3	14.1
1982	287.5	12.6	10.0	20.3	21.4	0.3	16.7
1983	254.0	10.8	10.8	21.6	18.5	1.1	12.6
1984	265.7	11.2	11.8	22.3	21.5	0.8	13.2
1985	245.0	10.0	12.4	24.7	19.4	1.0	10.2
1986	253.6	10.3	13.1	25.8	12.4	1.0	10.8
1987	245.8	9.8	13.5	27.8	9.7	1.3	10.5
1988	267.0	10.9	13.7	28.4	9.6	1.1	11.4
1989	254.0	10.2	13.6	28.0	8.8	1.1	9.8
1990	263.3	10.4	14.8	28.6	6.9	1.1	9.6
1991	255.9	10.1	14.3	29.1	9.8	0.9	8.0
1992	234.9	9.0	14.5	29.0	9.4	1.1	5.7
1993	230.5	8.7	15.0	29.3	9.0	1.0	5.2
1994	244.7	9.3	15.4	30.7	8.4	0.8	6.4
1995	254.8	9.7	16.0	31.3	8.7	0.6	7.7
1996	257.3	9.8	16.2	31.1	9.5	0.5	6.9
1997	252.2	9.4	16.8	35.8	10.7	0.4	7.0
1998	251.1	9.1	18.2	35.2	9.5	0.3	7.5
1999	258.6	9.2	19.3	35.1	8.0	0.4	8.3
2000	247.6	8.3	21.0	36.0	7.9	0.4	8.0
2001	260.9	8.8	22.1	35.4	7.8	0.4	9.5
2002	247.1	7.9	22.8	35.9	8.0	0.4	8.5
2003	271.9	8.7	25.2	36.6	7.0	0.3	9.5
2004	279.4	8.7	26.4	37.2	5.4	0.2	9.1
2005	275.3	8.6	27.0	37.9	5.0	0.1	7.7
2006	267.4	7.9	28.0	38.7	5.0	0.1	7.7
2007	278.7	8.2	29.1	40.4	4.8	0.1	8.1
2008	282.8	8.6	28.4	39.6	4.9	0.1	9.2
2009	282.8	8.6	28.4	40.8	4.9	0.1	8.6
2010	282.8	8.0	28.7	41.8	4.9	0.1	8.4
2011	282.8	8.7	30.1	40.9	4.9	0.1	7.8

资料来源:FAO 网站。

附表 3 主要乳制品进出口贸易额(1961—2010) 千美元

年份	进口数额					出口数额				
	奶油	干酪乳	鲜乳	脱脂奶粉	全脂奶粉	奶油	干酪乳	鲜乳	脱脂奶粉	全脂奶粉
1961	0	7 429	242	251	0	5	6 259	0	3 475	11 817
1962	0	7 120	265	703	0	2	8 324	0	2 759	8 294
1963	0	7 561	19	220	0	1 600	8 391	0	5 369	6 831
1964	0	8 085	9	464	0	11 688	10 379	0	5 714	7 579
1965	409	9 799	0	1 197	0	998	10 846	0	13 484	8 684
1966	6 227	10 330	0	487	0	92	13 153	0	10 296	317
1967	2 328	12 999	0	1 164	0	33	10 649	0	14 568	207
1968	5	14 333	0	1 258	0	4	15 100	0	11 163	363
1969	854	15 678	0	1 620	0	2	13 355	0	16 649	386
1970	429	17 412	0	1 507	0	11	16 011	0	28 553	5
1971	1 605	20 762	0	682	0	1 976	19 028	0	43 061	5
1972	4 746	26 179	0	835	0	16	15 244	0	35 764	2
1973	31 445	30 264	0	977	0	4	8 686	0	79 211	604
1974	31 964	42 339	0	1 192	0	8	9 139	0	59 515	601
1975	5 797	46 752	0	1 248	0	55	8 305	0	39 439	384
1976	19	52 974	0	841	0	2 909	5 737	0	51 317	1 634
1977	71	54 734	0	1 060	0	214	4 940	0	68 259	3 244
1978	4 375	57 906	0	1 304	0	283	5 650	0	56 246	1 216
1979	10	60 523	0	1 878	0	44	7 795	0	47 391	340
1980	19	63 840	0	2 686	0	133	9 285	0	50 808	530
1981	31	68 933	0	2 878	0	134	18 027	0	78 609	641
1982	77	72 207	0	2 690	0	188	18 361	0	121 178	8 229
1983	58	70 842	0	3 988	0	7 044	16 571	0	74 176	17 438
1984	100	74 533	0	4 759	0	114	18 143	0	59 949	12 858
1985	149	66 615	0	4 437	0	832	25 610	0	50 849	9 655
1986	24	76 388	0	5 702	0	718	26 534	0	61 013	10 679
1987	13	84 909	0	7 849	0	2 664	28 592	0	44 084	9 956
1988	196	96 183	18	1 531	2 177	345	33 326	3 187	74 680	18 385
1989	213	93 685	141	979	4 737	4 142	37 561	3 873	63 789	23 547
1990	291	101 961	99	2 596	3 844	6 056	34329	3 574	82 178	16 068
1991	277	102 518	164	1 157	1 777	13 230	43 261	2 783	55 943	8 507
1992	328	106 190	23	1 485	3 739	12 782	39 844	262	49 688	15 206
1993	1 441	102 123	66	6 766	3 285	7 940	37 089	190	31 392	16 351
1994	720	101 915	63	7 757	6 162	2 729	32 805	161	49 744	14 881
1995	1 061	110 383	3	2 966	4 601	10 971	49 246	542	72 407	7 111
1996	5 574	118 869	0	5 331	2 603	26 168	60 840	2 611	78 028	14 242
1997	6 042	101 311	0	408	6 661	21 548	89 353	3 956	57 267	18 808
1998	6 083	101 106	1	116	8 622	25 907	88 790	4 392	49 538	8 774
1999	10 288	108 419	0	1 418	11 142	20 403	84 623	5 561	55 233	4 353
2000	21 874	116 672	15	3 388	26 052	10 953	66 634	3 442	41 747	2 178
2001	41 720	113 146	12	5 349	29 931	32 431	65 703	2 828	90 518	11 921
2002	27 485	113 344	29	2 232	34 519	24 138	57 020	2 676	64 944	9 770
2003	30 583	130 580	104	4 128	37 869	17 358	55 555	1 887	55 824	980
2004	58 674	142 828	104	4 943	43 237	37 755	55 002	2 077	31 027	3 924
2005	57 452	155 521	106	8 092	52 339	38 305	51 670	2 655	12 968	1 019
2006	32 717	164 154	118	7 979	43 160	28 070	56 807	1 245	28 644	427
2007	34 379	193 957	216	10 370	57 887	23 244	56 754	1 305	49 304	4 212
2008	27 296	230 323	180	12 977	55 310	4 083	60 714	208	36 951	2 176
2009	25 138	207 443	125	6 253	6 438	4 878	52 220	817	21 111	1 254
2010	28 047	220 863	164	8 672	8 412	14 787	43 774	1 607	13 401	1 357

资料来源:FAO 网站。

附表 4　主要乳制品进出口贸易量(1961—2010)　　t

年份	进口量					出口量				
	奶油	干酪乳	鲜乳	脱脂奶粉	全脂奶粉	奶油	干酪乳	鲜乳	脱脂奶粉	全脂奶粉
1961	0	6 672	417	2 590	0	3	8 862	0	24 341	13 966
1962	0	6 633	427	2 950	0	2	12 370	0	16 792	9 164
1963	0	6 993	21	390	0	2 544	11 721	0	27 049	7 776
1964	0	6 938	38	920	0	16 582	14 387	0	22 508	8 370
1965	636	8 007	0	3 469	0	1 329	14 550	0	48 390	8 914
1966	10 619	8 277	0	1 234	0	73	16 480	0	34 391	305
1967	4 341	10 736	0	3 256	0	25	12 921	0	44 428	221
1968	7	12 233	0	3 679	0	2	19 902	0	56 980	352
1969	1 524	14 181	0	3 450	0	2	16 460	0	110 927	293
1970	879	13 898	0	3 513	0	20	18 268	0	138 305	4
1971	1 399	15 700	0	1 611	0	2 029	15 569	0	116 225	4
1972	4 060	17 027	0	1 818	0	10	9 881	0	65 878	2
1973	28 411	18 691	0	1 953	0	2	5 489	0	124 428	471
1974	24 388	22 118	0	1732	0	4	5 056	0	62 127	425
1975	4 564	22 081	0	1 597	0	23	3 625	0	53 975	325
1976	16	23 131	0	1 358	0	3 596	2 377	0	119 716	1 441
1977	17	21 811	0	1 479	0	273	1 908	0	178 755	4 686
1978	5 043	20 850	0	1 833	0	239	2 249	0	143 727	1 355
1979	7	21 001	0	2092	0	20	3 250	0	108 355	354
1980	9	20 469	0	2 318	0	63	3 143	0	80 488	513
1981	28	20 570	0	2 260	0	61	4 842	0	86 540	402
1982	48	20 922	0	2 215	0	38	5 111	0	138 016	4 661
1983	25	20 553	0	3 619	0	4 146	4 848	0	107 854	12 441
1984	67	22 813	0	4 263	0	64	5 385	0	93 013	12 213
1985	123	20 693	0	3 972	0	559	11 142	0	78 218	8 637
1986	31	20 583	0	4 840	0	421	12 250	0	95 621	9 593
1987	15	20 244	0	11 205	0	3 131	10 507	0	59 105	8 111
1988	119	21 731	9	1 265	1 864	182	10 211	5 101	59 080	12 159
1989	108	20 618	75	451	3 188	2 327	10 739	4 875	31 990	10 913
1990	147	21 141	62	1 502	2 203	4 077	8 647	6 463	42 520	6 657
1991	164	21 188	123	899	1 324	12 415	12 146	5 123	36 145	4 545
1992	187	21 632	21	734	2 515	9 839	10 990	351	29 616	6 873
1993	942	21 871	59	4 722	3 140	5 962	9 275	340	17 154	6 308
1994	409	21 533	64	6 465	5 492	2 159	8 666	203	33 522	6 762
1995	606	21 451	0	1 949	2 810	6 281	13 816	696	43 852	3 480
1996	2 828	22 831	0	3 062	1 269	14 622	15 458	4 290	35 059	5 977
1997	3 316	20 473	0	271	3 235	11 591	23 312	6 061	30 090	8 688
1998	3 275	20 513	0	65	4 566	12 077	24 926	6 396	34 352	4 694
1999	5 820	22 109	0	983	6 577	10 932	24 483	7 904	41 013	2 635
2000	14 477	26 121	12	1 736	16 216	6 711	17 218	4 564	29 375	1 387
2001	25 831	23 230	9	2 662	15 892	16 492	17 920	4 118	45 810	5 839
2002	19 358	22 430	22	1 337	21 197	16 981	15 182	7 333	48 808	6 711
2003	20 177	20 494	74	2 404	21 689	12 078	10 995	5 876	36 046	976
2004	27 592	20 542	63	2 473	23 430	17 197	10 177	4 760	15 896	2 287

续表

年份	进口量					出口量				
	奶油	干酪乳	鲜乳	脱脂奶粉	全脂奶粉	奶油	干酪乳	鲜乳	脱脂奶粉	全脂奶粉
2005	23 744	20 692	59	3 602	24 722	19 878	9 652	6 227	5 604	545
2006	14 764	20 339	63	3 771	20 378	17 819	9 324	2 939	13 235	210
2007	13 235	21 824	110	2 844	21 490	12 977	8 543	2 345	14 018	941
2008	7 337	23 304	89	4 241	13 196	1 433	8 818	349	10 269	443
2009	9 852	22 336	66	2 897	2 322	2 836	8 538	1 034	10 101	506
2010	7 445	22 432	78	3 130	2 476	6 892	7 799	1 814	6 101	342

资料来源:FAO 网站。

附表 5　1993—2012 年加拿大各省及全国奶牛(泌乳牛十青年牛)存栏各年统计　千头

年度	不列颠哥伦比亚	阿尔伯塔	萨斯卡切温	曼尼托巴	安大略	魁北克	新不伦瑞克	新斯科舍	爱德华王子岛	纽芬兰及拉布拉多	加拿大
2012	107.5	128	44	63.2	481.1	518.1	27.5	32.1	19.9	8	1 429.4
2011	105.5	128.2	46	63	478	516	28.2	32.9	20	8.4	1 426.2
2010	104.5	126	45	68.5	483.5	514.5	28.5	32.6	20	8.6	1 431.7
2009	103.1	124	42	68	486	514	28.2	35	20	8.8	1 429.1
2008	105.8	119.5	41.5	63.5	494	538	28.2	36	20.1	8.8	1 455.4
2007	102.5	114.5	40.5	63	503	560	28.5	34.1	20.5	8.3	1 474.9
2006	105	122	41	64	519	572	28.4	34	20.6	8.2	1 514.2
2005	114	119	45	62	549.8	577	29.3	34.3	20.9	7.9	1 559.2
2004	118	121.5	46	62	553.5	566	29.2	34.7	21.2	7.1	1 559.2
2003	114	122	47	58.5	569	575	29.1	35.1	21.7	6.4	1 577.8
2002	108.5	128	42	60.5	567	594	28.6	35.3	21.4	6.1	1 591.4
2001	108.5	125	47	59	563	594	28.5	35.7	21.7	6.1	1 588.5
2000	108.5	121	45	58.5	560	605	28.5	35.8	21.8	5.8	1 589.9
1999	106	125	49	66	575	636	29.2	36	23.1	5.5	1 650.8
1998	105.5	131	51	70	589	655	29.4	36.2	23	5.2	1 695.3
1997	112	141	52	70	601	692	29.4	36.2	23	5.3	1 761.9
1996	113	140	56	71	597	690	29.2	36.2	23.3	5.3	1 761
1995	112	142	56	73	599	695	29.5	37.5	23.9	5.4	1 773.3
1994	107	138	57	74	597	683	30.2	38.8	24.7	5.3	1 755
1993	103	142	57	74	600	682	31.2	38.8	25.7	5.3	1 759

资料来源:Provincial Milk Boards and Agencies。

附表 6　2003—2012 年加拿大各省及全国总产奶量各年统计　万 t

财政年度	不列颠哥伦比亚	阿尔伯塔	萨斯卡切温	曼尼托巴	安大略	魁北克	新不伦瑞克	新斯科舍	爱德华王子岛	纽芬兰及拉布拉多	全国
2011/2012	63.5	62.2	21.5	30.4	236.9	268.1	12.5	15.8	9.3	4.4	724.4
2010/2011	66.7	65.0	22.5	31.4	250.8	289.0	13.4	17.0	10.1	4.9	770.8
2009/2010	65.8	65.3	22.4	31.2	249.7	287.4	13.4	17.0	10.2	4.9	767.4
2008/2009	65.8	65.6	23.5	32.0	245.8	280.2	13.4	17.0	10.0	4.9	758.0
2007/2008	65.3	65.6	23.0	31.5	249.4	285.1	13.4	17.5	9.9	5.3	765.9
2006/2007	63.1	62.7	21.7	29.9	242.9	281.0	13.1	16.8	9.9	5.1	746.2
2005/2006	63.4	62.4	21.5	30.4	242.5	282.2	13.0	16.7	9.7	4.8	746.7

续表

财政年度	不列颠哥伦比亚	阿尔伯塔	萨斯卡切温	曼尼托巴	安大略	魁北克	新不伦瑞克	新斯科舍	爱德华王子岛	纽芬兰及拉布拉多	全国
2004/2005	64.5	63.7	21.8	29.8	247.7	284.9	13.2	17.0	9.8	4.1	756.5
2003/2004	64.3	63.5	21.6	29.9	250.6	289.3	13.4	17.3	9.8	3.7	763.4
日历年度											
2012	35.2	34.6	11.8	16.9	130.0	148.2	7.0	8.8	5.2	2.4	400.2
2011	67.7	66.0	23.0	32.1	253.9	289.6	13.4	17.0	10.1	4.8	777.5
2010	65.8	65.0	22.3	31.0	249.4	288.0	13.4	17.0	10.2	4.9	767.1
2009	66.1	65.0	23.1	31.6	250.1	284.5	13.6	17.1	10.2	4.8	766.1
2008	66.2	66.8	23.4	32.2	245.0	280.4	13.2	17.1	9.7	5.2	759.1
2007	63.4	63.4	22.1	29.8	248.2	285.4	13.4	17.4	10.1	5.2	758.4
2006	62.9	62.0	21.5	30.3	239.6	280.4	13.0	16.7	9.7	5.0	741.0
2005	64.4	63.5	21.7	30.2	245.9	284.5	13.0	16.7	9.6	4.4	754.0
2004	64.8	64.4	21.9	30.0	250.1	288.9	13.5	17.4	9.9	3.9	764.9

资料来源：Provincial Milk Boards and Agencies，截至2012年6月。

附表7　1992—2012年加拿大所有品种奶牛参加正式DHI测定数量及单产水平

年份	所有品种				荷斯坦牛			
	参测头数	产奶量(kg)	乳脂率(%)	乳蛋白率(%)	参测头数	产奶量(kg)	乳脂率(%)	乳蛋白率(%)
2012	310 695	9 780	3.85	3.22	288 712	9 979	3.8	3.19
2011	303 042	9 774	3.84	3.22	281 157	9 975	3.79	3.19
2010	298 068	9 768	3.79	3.21	276 544	9 970	3.75	3.18
2009	305 746	9 592	3.81	3.22	283 762	9 793	3.76	3.19
2008	295 275	9 642	3.78	3.23	274 687	9 835	3.74	3.20
2007	289 072	9 538	3.77	3.22	268 463	9 733	3.72	3.19
2006	285 379	9 481	3.75	3.21	264 903	9 677	3.71	3.18
2005	285 815	9 422	3.76	3.21	264 762	9 624	3.71	3.19
2004	292 180	9 458	3.72	3.22	271 036	9 658	3.67	3.19
2003	294 747	9 519	3.73	3.23	273 149	9 721	3.68	3.21
2002	293 634	9 519	3.72	3.25	271 531	9 717	3.67	3.22
2001	274 658	9 242	3.72	3.24	254 014	9 440	3.68	3.22
2000	274 795	9 152	3.70	3.23	253 561	9 350	3.67	3.21
1999	286 301	8 960	3.69	3.24	263 502	9 162	3.66	3.22
1998	294 635	8 738	3.70	3.24	270 009	8 946	3.65	3.22
1997	299 119	8 427	3.72	3.24	273 426	8 697	3.68	3.22
1996	300 050	8 424	3.76	3.25	273 795	8 633	3.72	3.23
1995	304 318	8 251	3.74	3.24	277 010	8 461	3.70	3.21
1994	305 549	8 103	3.74	3.26	278 028	8 309	3.69	3.21
1993	296 253	7 988	3.75	3.25	268 842	8 193	3.71	3.21
1992	313 694	7 807	3.73	3.24	284 251	8 028	3.67	3.21

资料来源：加拿大奶牛信息中心(Canada dairy information center)http://www.dairyinfo.gc.ca。

附表 8 1993—2011 年在加拿大进行后测的各品种种公牛数 头

年份	爱尔夏	瑞士褐牛	法加奶牛	更赛牛	荷斯坦牛	娟姗牛	短角牛	总和
2011	22	3	1	1	430	62	1	520
2010	20	3	1	8	472	58	—	562
2009	25	4	1	3	585	65	—	683
2008	21	3	2	—	618	63	1	708
2007	23	6	—	1	676	57	—	763
2006	22	6	1	2	690	49	—	770
2005	21	7	1	2	676	57	—	764
2004	18	2	—	3	610	37	—	670
2003	20	6	1	1	585	35	—	648
2002	21	6	—	2	571	36	—	636
2001	16	5	—	3	608	33	—	665
2000	19	7	—	4	546	23	—	599
1999	20	7	1	4	658	18	—	708
1998	26	4	1	3	781	16	—	831
1997	25	2	1	4	436	10	—	478
1996	20	3	1	2	474	10	—	510
1995	26	1	1	3	461	11	—	503
1994	25	3	1	4	480	9	—	522
1993	25	3	1	4	426	12	—	471

资料来源：加拿大奶牛信息中心(Canada dairy information center)http://www.dairyinfo.gc.ca。

附表 9 1997—2011 年加拿大及各省奶牛场规模统计 头

年份	不列颠哥伦比亚	阿尔伯塔	萨斯卡切温	曼尼托巴	东部平均	安大略	魁北克	新不伦瑞克	新斯科舍	爱德华王子岛	西部平均	纽芬兰及拉布拉多	加拿大
1997	102.3	80.5	66.4	56.7	76.5	50.7	42.6	53.7	55.6	45.5	49.6	79.5	50.6
1998	93.1	81.6	69.1	59.7	75.9	51.2	43.1	54.9	56.0	44.6	50.0	73.4	50.7
1999	97.6	85.7	76.8	64.6	81.2	54.2	43.6	56.0	57.6	47.7	51.8	70.8	52.5
2000	100.3	88.9	82.8	69.9	85.5	54.6	45.4	55.3	60.0	50.3	53.1	69.5	53.9
2001	105.6	94.7	89.6	74.1	91.0	56.8	46.3	56.7	62.6	51.1	54.7	64.6	55.8
2002	103.8	90.2	90.3	75.6	90.0	58.5	47.8	56.8	63.7	53.8	56.1	74.1	57.1
2003	111.9	103.4	105.3	87.5	102.0	63.1	51.3	60.4	67.5	59.6	60.4	71.3	61.8
2004	115.7	109.9	109.1	93.8	107.1	64.7	52.5	64.4	69.8	62.1	62.7	180.0	63.5
2005	120.2	114.3	115.8	108.2	114.6	65.0	53.0	63.2	68.5	61.2	62.2	137.7	64.6
2006	120.9	112.0	122.3	109.5	116.2	67.3	53.7	68.6	75.2	64.2	65.8	161.3	66.0
2007	128.2	120.4	128.1	109.4	121.5	71.8	55.5	71.8	81.8	67.9	69.8	173.0	69.2
2008	131.8	127.5	137.2	121.4	129.5	72.0	56.3	73.0	80.8	69.6	70.3	182.0	70.5
2009	135.7	127.3	145.0	119.6	131.9	74.7	57.9	76.2	82.4	75.0	73.2	254.0	72.5
2010	142.0	129.1	151.7	125.0	137.0	74.4	57.1	78.4	83.6	73.5	73.4	159.6	72.3
2011	148.6	135.2	162.8	135.8	145.6	76.4	58.6	73.8	84.2	75.1	73.6	154.6	74.5

资料来源：加拿大统计局(Statistics Canada)。

附表 10　1992—2011 年加拿大人均消费乳制品变化趋势

年份	液态奶(L)	奶油(L)	黄油(kg)	奶酪(kg)	炼乳(L)	酸奶(L)	冰淇淋(L)
1992	92.59	5.12	2.71	10.45	2.67	2.91	10.51
1993	89.89	5.22	2.89	10.68	2.73	3.04	11.08
1994	90.79	5.33	2.89	10.85	2.23	3.09	11.88
1995	90.32	5.46	2.76	10.87	2.24	3.05	11.39
1996	90.05	5.48	2.87	10.70	1.98	3.17	10.88
1997	89.14	5.62	2.63	11.82	1.91	3.19	10.35
1998	88.77	6.04	2.89	11.48	1.16	3.46	10.19
1999	87.73	6.36	2.85	11.54	1.31	4.05	10.03
2000	88.22	6.83	2.99	11.85	1.28	4.59	8.63
2001	87.20	7.13	3.36	11.48	1.05	4.88	9.23
2002	85.59	7.27	3.29	11.54	1.22	5.39	9.50
2003	85.28	7.95	3.23	11.65	0.71	5.86	9.27
2004	85.59	8.26	3.46	11.96	0.98	6.31	9.15
2005	83.96	8.37	3.15	12.04	1.11	6.77	9.85
2006	83.54	8.60	2.83	12.22	1.10	6.99	9.23
2007	83.02	8.72	2.72	12.39	1.12	7.17	8.03
2008	81.93	8.45	2.67	12.55	1.09	7.67	6.90
2009	81.27	8.41	2.79	12.51	0.85	7.78	5.54
2010	77.90	8.23	2.69	12.54	0.83	8.28	5.51
2011	78.70	8.78	2.79	12.29	0.93	8.47	4.64

资料来源：CDIC。

附表 11　1993—2012 年加拿大各品种奶牛登记牛头数统计表　头

年份	爱尔夏	瑞士褐牛	法加奶牛	更赛牛	荷斯坦牛	娟姗牛	短角牛	总和
2012	5 781	1 474	336	220	271 580	8 255	353	287 999
2011	6 499	1 454	230	225	263 243	8 440	275	280 366
2010	6 382	1 719	251	257	271 280	8 355	275	288 519
2009	6 791	1 528	250	264	241 198	7 900	261	258 192
2008	6 489	1 551	226	221	236 438	7 305	284	252 514
2007	6 407	1 503	230	232	230 283	7 014	245	245 914
2006	6 799	1 564	275	257	232 767	6 829	243	248 734
2005	7 052	2 217	254	298	232 964	6 623	224	249 632
2004	7 217	1 450	194	292	232 754	6 581	210	248 698
2003	7 438	1 465	153	363	227 826	6 346	319	243 910
2002	7 865	1 471	184	460	228 275	7 197	291	245 743
2001	7 197	1 414	153	400	223 739	5 942	248	239 093
2000	7 925	1 421	206	464	214 244	6 513	109	230 882
1999	7 988	1 450	235	700	219 187	7 768	257	237 585
1998	8 218	1 441	144	753	223 593	6 631	265	241 045
1997	8 142	1 420	203	713	239 470	6 011	255	256 214
1996	8 524	1 435	129	751	169 688	6 169	243	186 939
1995	8 812	1 757	207	1 005	202 102	6 565	277	220 725
1994	8 860	1 649	260	1 118	199 396	6 447	237	217 967
1993	8 836	1 811	177	1 050	205 147	6 564	211	223 796

资料来源：Breed associations and Canadian Livestock Records Corporation，CDIC，包括登记的杂种个体。

附表 12 1993—2012 年加拿大各品种奶牛登记牛中人工授精后代头数统计表 头

年份	爱尔夏	瑞士褐牛	法加奶牛	更赛牛	荷斯坦牛	娟姗牛	短角牛	总和	占登记牛比例
1993	7 353	1 262	156	851	184 837	5 558		200 017	89.4%
1994	7 482	1 197	206	897	187 611	5 885		203 278	93.3%
1995	7 432	1 355	153	813	185 934	5 704		201 391	91.2%
1996	7 196	1 173	115	647	160 695	5 467		175 293	93.8%
1997	6 863	1 153	185	635	227 975	5 183		241 994	94.4%
1998	6 971	930	127	646	207 950	5 902		222 526	92.3%
1999	6 442	864	60	542	202 529	6 991		217 428	91.5%
2000	6 754	830	77	377	197 116	5 862	278	211 294	91.5%
2001	6 030	1 110	135	336	205 840	5 349	124	218 924	91.6%
2002	6 500	738	154	407	207 730	6 518	162	222 209	90.4%
2003	6 458	1 154	114	307	207 321	5 610	144	221 108	90.7%
2004	6 423	1 089	148	262	211 806	5 621	120	225 469	90.7%
2005	6 778	1 648	225	274	211 997	5 752	136	226 810	90.9%
2006	6 547	1 273	247	249	210 421	5 763	169	224 669	90.3%
2007	6 162	1 279	183	213	208 867	5 899	191	222 794	90.6%
2008	6 429	1 278	177	204	214 213	5 866	212	228 379	90.4%
2009	6 525	1 215	209	235	211 531	5 971	200	225 886	87.5%
2010	6 076	942	224	237	246 865	7 811	212	262 367	90.9%
2011	5 992	794	196	205	238 498	6 800	170	252 655	90.1%
2012	5 194	834	301	192	246 595	7 640	245	261 001	90.6%

资料来源：Breed associations and Canadian Livestock Records Corporation。

附表 13 1988—2011 年人均年消费液态奶和奶油量变化趋势 L

年份	液态奶消费							奶油				
	3.25%	2%	1%	脱脂奶	巧克力奶	白脱牛奶	总计	10%	18%	35%	酸奶油	总计
1990	21.94	56.97	5.85	6.33	3.90	0.48	95.47	2.92	0.48	0.85	0.99	5.25
1991	19.94	55.80	8.52	6.37	3.42	0.46	94.51	2.81	0.49	0.82	0.99	5.10
1992	18.42	53.98	10.20	6.26	3.28	0.44	92.59	2.80	0.53	0.84	0.95	5.12
1993	17.16	51.62	11.12	6.19	3.38	0.42	89.89	2.80	0.57	0.81	1.04	5.22
1994	16.81	50.16	13.00	6.60	3.81	0.42	90.79	2.81	0.65	0.84	1.02	5.33
1995	15.94	48.32	14.32	7.30	4.03	0.42	90.32	2.90	0.75	0.86	0.95	5.46
1996	15.40	47.09	15.46	7.76	3.95	0.40	90.05	2.89	0.79	0.87	0.94	5.48
1997	15.02	45.48	16.19	8.05	4.02	0.38	89.14	2.86	0.95	0.85	0.96	5.62
1998	14.78	44.69	16.41	8.22	4.25	0.43	88.77	2.92	1.11	0.90	1.11	6.04
1999	14.13	43.59	16.56	8.37	4.67	0.43	87.73	2.88	1.36	0.92	1.20	6.36
2000	14.20	43.24	17.26	8.59	4.54	0.39	88.22	2.92	1.57	1.05	1.28	6.83
2001	14.20	41.80	17.21	8.73	4.87	0.39	87.20	2.95	1.80	1.03	1.36	7.13
2002	13.55	40.59	17.25	8.83	4.94	0.42	85.59	2.92	1.96	1.10	1.29	7.27
2003	13.45	40.33	17.46	8.54	5.07	0.43	85.28	3.04	2.37	1.19	1.35	7.95
2004	13.09	40.11	17.91	8.64	5.40	0.44	85.59	3.21	2.57	1.13	1.35	8.26
2005	12.61	38.82	17.87	8.75	5.48	0.42	83.96	3.11	2.77	1.16	1.33	8.37
2006	12.35	38.43	18.11	8.71	5.51	0.42	83.54	3.05	2.98	1.17	1.39	8.60
2007	11.93	37.93	18.18	8.75	5.78	0.45	83.02	3.02	3.12	1.21	1.37	8.72
2008	11.32	37.31	18.14	8.67	6.06	0.44	81.93	2.96	3.08	1.22	1.20	8.45

续表

年份	液态奶消费							奶油				
	3.25%	2%	1%	脱脂奶	巧克力奶	白脱牛奶	总计	10%	18%	35%	酸奶油	总计
2009	11.14	37.34	18.11	8.58	5.72	0.37	81.27	3.04	3.10	1.23	1.04	8.41
2010	10.55	35.61	17.34	8.30	5.77	0.33	77.90	2.94	3.14	1.14	1.01	8.23
2011	10.42	35.70	17.41	8.18	6.03	0.35	78.08	2.94	3.33	1.24	1.23	8.74
2012	10.32	35.78	16.99	7.88	5.96	0.35	77.28	3.40	3.65	1.33	1.27	9.65

资料来源：加拿大统计局，Statistics Canada。

附表 14　1988—2012 年人均年消费各种奶酪量变化趋势　kg

年份	切达	特制	再制	乡村	总计
2012	3.88	7.47	1.95	0.74	12.09
2011	3.96	7.45	2.02	0.74	12.16
2010	4.12	7.66	1.84	0.76	12.54
2009	4.04	7.69	2.10	0.77	12.51
2008	3.92	7.74	2.12	0.89	12.55
2007	3.74	7.74	2.24	0.91	12.39
2006	4.15	7.22	2.30	0.85	12.22
2005	3.98	7.21	2.25	0.85	12.04
2004	3.78	7.35	2.35	0.82	11.96
2003	3.88	6.99	2.22	0.78	11.65
2002	3.78	6.98	2.24	0.79	11.54
2001	3.84	6.86	2.47	0.78	11.48
2000	3.91	7.15	2.35	0.79	11.85
1999	4.00	6.82	2.39	0.71	11.54
1998	3.85	6.92	2.25	0.71	11.48
1997	3.97	7.13	2.44	0.72	11.82
1996	3.76	6.18	2.58	0.76	10.70
1995	3.90	6.14	2.74	0.83	10.87
1994	3.87	6.11	2.77	0.87	10.85
1993	3.77	6.02	2.71	0.88	10.68
1992	3.66	5.87	2.79	0.92	10.45
1991	3.79	5.69	2.77	1.03	10.52
1990	3.81	5.64	3.05	1.12	10.57
1989	4.16	5.73	2.94	1.11	10.99
1988	4.06	5.59	2.98	1.16	10.81

资料来源：加拿大统计局 Statistics Canada，Tables 002-0010，051-0005。

附表 15　2010—2012 年加拿大乳制品出口量、金额变化趋势

	出口额(加元)			出口量(kg)		
	2010 年	2011 年	2012 年	2010 年	2011 年	2012 年
美国	83 208 527	80 437 255	91 464 276	29 136 052	31 216 142	30 872 247
沙特	22 463 279	25 829 880	27 901 061	5 883 820	6 537 619	6 795 478
阿联酋	18 576 852	17 476 154	9 792 368	4 591 294	4 423 951	2 911 046
埃及	14 472 439	17 110 223	8 434 847	5 225 850	4 824 987	2 717 563
韩国	8 276 108	16 887 304	7 374 782	5 849 106	7 426 823	4 219 865

续表

	出口额(加元)			出口量(kg)		
	2010 年	2011 年	2012 年	2010 年	2011 年	2012 年
日本	7 880 118	6 251 261	5 267 441	2 722 906	1 616 540	1 484 140
古巴	4 151 772	6 140 262	7 284 200	1 588 514	1 815 722	2 062 684
澳大利亚	3 653 848	2 831 244	3 676 476	1 491 569	1 001 601	1 213 333
菲律宾	2 116 039	4757554	6 047 537	2 307 275	2 742 772	2 919 638
越南	731 185	4 344 191	3 902 877	691 678	1 565 616	1 771 166
墨西哥	535 098	8 607 916	10 875 425	160 788	2 708 380	3 644 620
巴西	352 210	221 314	6 171 808	206 446	183 752	1 070 795
其他	60 810 598	61 065 266	49 219 170	27 077 694	24 267 325	19 101 128
总和	227 228 073	251 959 824	237 412 268	86 932 992	90 331 230	80 783 703

资料来源:加拿大统计局。

附表 16　2010—2012 年加拿大乳制品进口量、金额变化趋势

	出口额(加元)			出口量(kg)		
	2010 年	2011 年	2012 年	2010 年	2011 年	2012 年
美国	240 987 023	272 278 234	306 849 087	121 856 520	102 068 935	100 010 253
新西兰	75 174 881	75 559 056	72 284 307	13 175 712	12 936 804	14 222 231
法国	66 075 990	82 274 533	62 507 843	5 790 250	7 647 629	6 046 544
意大利	50 152 095	59 545 987	55 553 237	4 307 374	4 414 023	4 463 828
德国	28 071 930	30 949 973	29 957 123	4 194 520	3 612 948	3 803 621
阿根廷	17 521 088	28 852 671	29 302 912	2 016 512	3 086 348	3 441 246
瑞士	27 144 472	29 636 982	28 465 192	2 332 900	2 508 939	2 362 676
荷兰	16 827 092	18 710 301	16 599 805	2 376 659	2 441 873	2 289 634
丹麦	20 223 439	15 832 075	16 001 149	2 753 546	1 832 869	1 467 849
挪威	12 857 577	14 157 563	13 864 789	1 360 048	1 472 389	1 430 628
其他	55 331 866	42 054 359	45 938 255	8 198 050	7 051 959	7 415 674
总和	610 367 453	669 851 734	677 323 699	168 362 091	149 074 716	146 954 184

资料来源:加拿大统计局。

欧　洲

俄罗斯奶业发展报告

摘要:本报告主要从生产、加工、消费及贸易4个方面阐述俄罗斯奶业近50年的变化情况,并且介绍俄罗斯奶业的主要机构体系、技术措施及相关政策制度,在此基础上结合我国奶业的发展现状及不足之处,总结出我国可借鉴的俄罗斯奶业发展经验。

俄罗斯是一个地广人稀的大国,其地理位置处于亚欧之交,大部分地区地处欧洲。俄罗斯资源丰富,畜牧业发展较早,乳制品的加工技术、工艺等都很成熟。但前苏联解体后,俄罗斯进行了10年的经济体制和国家性质改革,实行了激进的改革措施,即所谓的“休克疗法”,从而引发了深刻的经济危机。20世纪90年代初期开始,受国家总体经济形势影响,俄罗斯的奶牛养殖业总体上开始下滑,奶牛存栏总数一直以每年2%～3%的速度递减。据俄罗斯联邦统计局统计,俄罗斯1992年奶牛存栏量为2 020万头,到2012年只有890万头,减少了55.94%。奶牛存栏数量的减少也直接导致了乳品总产量的下降,在2005年时达到了最低点的3 107万t,当年的牛奶总产量仅达到高峰时期的40%,自2006年起又开始逐年增长。

俄罗斯是世界几大乳品生产国之一,俄罗斯民族历来有食用乳制品的传统,而且由于俄罗斯大部地区处于中高纬度,土地辽阔,人口稀少,具有丰富的饲料资源以及环境条件,很适合发展乳品工业。经过长期的发展,俄罗斯的乳品工业逐渐形成了自己的特色,其生产和消费水平一直居世界前列。2001年全俄乳制品总产量为3 300万t,仅次于印度和美国居世界第三。俄罗斯乳品工业生产主要集中在中央联邦区、伏尔加河沿岸联邦区、西北联邦区等地区。以莫斯科州、列宁格勒州、斯维尔德洛夫斯克州等为主的十几个州(区)生产的乳制品超过全俄总产量的1/3。在俄罗斯各地区中,巴什科尔托斯坦共和国牛的数量和牛奶的产量位居首位,鞑靼斯坦共和国位居第二。

目前俄罗斯乳制品企业大约有3 200多家,其中大中型企业有1 000余家。俄罗斯的牛奶加工企业大体分为三个等级:小型牛奶加工厂、区域性中等牛奶加工厂和大型牛奶加工企业。俄罗斯是国际乳制品贸易的重要进口国,2000年由于牛奶总产量的减少,俄罗斯通过大量的进口来弥补食品工业中乳制品原料的不足,特别是在奶酪、脱脂奶粉和全脂奶粉方面,远远超过预期水平。

俄罗斯乳制品种类很多、生产量大、消费量也大,是进口和出口的大国。2011年俄罗斯共进口了43万多吨乳制品,成为世界上排名第二的乳制品进口大国,俄罗斯黄油的进口量居全球第一,2011年进口黄油近7.7万t。哈萨克斯坦从俄罗斯进口的乳制品最多,占俄罗斯整个乳制品出口总量的70%;其次是立陶宛,它从俄罗斯进口的乳制品占俄罗斯整个乳制品出口的9%;其他有阿富汗、阿塞拜疆和德国等国家。

俄罗斯历来对乳制品领域的研究工作非常重视,目前在俄罗斯涉及乳品工业的研究机构约50家,规模和实力各有差异,归属部门也各不相同,既有农科院下属的,也有属于医学研究部门的,还有股份制及私有企业。在这些研究机构中，规模最大、科研实力最强的当属俄罗斯农科院下属的全俄乳品工业研究所。另外一家规模较大和科研实力较强的科研机构是同样隶属于俄罗斯农科院的全俄奶油、奶酪研究所，这是俄罗斯目前唯一的专门研究奶油及奶酪制品的研究机构。全俄畜牧良种研究所在国内相关领域亦享有极高知名度。除此之外俄罗斯从事乳制品研究的科研院所还有：莫斯科国立实用生物技术大学、全俄牛奶工业科研所、俄罗斯农科院牛奶加工设备试验厂等。俄罗斯政府在提高原料奶质量、促进奶业生产、加工、贸易、消费等方面出台了一系列的法律法规和扶持政策（补贴补偿等措施），俄罗斯奶牛养殖、奶牛单产、乳制品加工等方面都在不断提高，奶业的发展前景良好。

关键词：俄罗斯　奶业　发展

1　奶业发展基本情况

俄罗斯位于亚欧大陆北部，跨亚欧两洲，东西两半球，大部分位于 50°N～70°N，是跨经度最多的国家。其欧洲部分是国家的政治、经济和文化中心，全国约 3/4 的工业和人口都集中在这一区域，包括首都莫斯科和圣彼得堡等大城市。由于主要民族及文化渊源都出自欧洲，所以一般认为俄罗斯传统上是个欧洲国家。在行政区划上俄罗斯联邦共有 89 个联邦主体，其中包括 21 个共和国、1 个自治州、6 个边疆区、49 个州、10 个民族自治区和 2 个联邦直辖市。俄罗斯西临波罗的海，北临北冰洋，东临太平洋，西南临黑海，东北隔白令海峡与北美洲相望，南与哈萨克斯坦、蒙古、中国等国接壤。面积超过 1 708 万 km^2，居世界第 1 位。绝大部分属于北温带，小部分在北寒带。俄罗斯横跨 11 个时区，位于多种气候带（从北极到亚热带），具有寒带、亚寒带和温带的大陆性气候特征，以温带大陆性气候为主，夏季温暖而短暂，南北温差大，冬季漫长而严寒，日短夜长，极为寒冷。除寒带和亚寒带以外，广大的温带地区，雨水丰沛，气候温和，地势平坦，牧草茂盛，适合于发展畜牧业。

俄罗斯是前苏联经济实力最强的国家，在当前世界也属于经济大国。从工农业总产值来看，它占原苏联工农业总产值的 70%。“十月革命”前的俄国是一个落后的农业国，农业人口占全国总人口的 82%，农业产值占工农业总值的 57%。“十月革命”后，原苏联经历了一条曲折的农业发展道路。20 世纪 50 年代前期，原苏联全力发展重工业，加上国内战争、卫国战争和农业全盘集体化政策失误的影响，农业生产发展缓慢；50 年代中期起，农业开始得到重视，旧的农业体制和政策都得到了一定的调整和改革；60 年代，开始实行集约化经营，主要是全盘机械化、电气化、化学化、水利化、科学化和知识化，从而逐步改变以前的粗放经营方式，使农业生产水平有所提高；但是，70 年代到 80 年代初，农业生产几乎处于停滞状态。戈尔巴乔夫执政后实行了扩大农庄农场自主权，改善农村经济关系，采用各种承包制、租赁制，改变农业投资取向，加强基础设施和农业社会改造等措施，试图挖掘农业的发展潜力，提高农民的生产积极性，力争在短期内解决食品供应问题。近几十年来，由于整个国民经济的混乱，从原苏联晚期开始，农业就处于滑坡状态。从 1990 年起，农业产值呈负增长；1991 年，俄罗斯农业产值下降 5%；到 1992 年，农业产值下滑速度更快，下降幅度达 12%，畜产品下降幅度更大。自 90 年代初期开始，受国家总体经济形势影响，奶牛存栏总数一直以每年 2%～3% 的速度递减，20 年时间减少了近 56%（从 1992 年的 2 020 万头减到 2012 年的 890 万头），奶牛存栏数量的减少也直接导致了乳品总产量的下降。自苏联解体后，俄罗斯的牛奶总产量就大幅下滑，在 2005 年时达到了最低点为 3 170 万 t，当年的牛奶总产量仅及高峰时的 40%。

2008 年，俄罗斯是排名位于印度、美国、中国、巴基斯坦之后的世界第五大牛奶生产国。俄罗斯奶业主要分布在中央区、西北区、南方区、伏尔加流域、乌拉尔地区、西伯利亚地区和远东地区。根据产奶量的高低，产奶区主要分布于巴什科尔托斯坦共和国、鞑靼斯坦共和国、阿尔泰边疆区、克拉斯诺达尔边疆区、罗斯托夫州、萨拉托夫州、莫斯科州、鄂木斯克州、奥伦堡州和新西伯利亚州（见图 1 颜色深—浅代表产奶量高—低）。

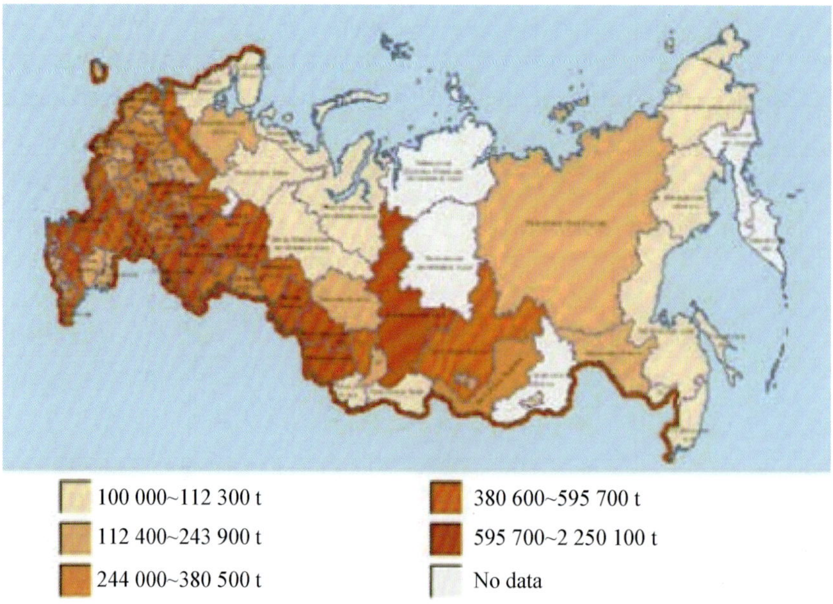

图 1 俄罗斯奶业分布图

注：Distribution of milk production of farms of all categories by region，2007。

1.1 奶牛养殖业发展

俄罗斯的畜牧业在 50 年前是粗放的养殖模式，之后开始实行集约化经营。前苏联解体后，俄罗斯畜牧业是受到打击较大的行业之一，其屠宰的牲畜和家禽数量、总产奶量、单产量均出现下降。由于与畜牧业至关紧要的饲料产量大幅度萎缩，畜牧业（特别是奶牛业）的发展受到了严重的影响。1998—1999 年差不多是俄罗斯农业滑到谷底的时期，1999—2000 年开始有了恢复性的增长，但是很难说已经"摆脱"了危机，至少牛奶总产量还没有恢复增长，其主要原因是前些年饲料短缺，奶牛被大量屠宰，对奶业造成了严重的影响（见表 1）。1992 年奶牛存栏量为 2 020 万头，2012 年奶牛的存栏量只有 890 万头，存栏量减少了 55.94%；1992 年牛奶总产量为 4 700 多万 t，2012 年牛奶总产量只有近 3 200 万 t，总产量减少了 31.91%（见图 2 和图 3）。虽然俄罗斯奶牛的存栏数和牛奶总产量从 1992—2012 年下降严重，但是奶牛平均单产水平稳步提高，与 1992 年比较，2011 年俄罗斯奶牛的平均单产水平上升了 65.68%，提高到 3 857 kg/头 · 年（见图 4）。据有关专家预测，俄罗斯的畜牧业全面恢复到苏联解体前的水平，至少要到 2025 年前后才能完成。从 2006 到 2011 年，俄罗斯新建大约 420 个奶牛场和乳品厂，翻新和进行现代化升级的养殖基地共有 1 371 个。目前俄罗斯的奶牛场大约有 3 000 个，其中有 1/3 牛场的生产力每天不到 50 t。目前俄罗斯的奶牛场有 80%是 500 头以下的，其中有 40%是 100 头以下的。

表 1 俄罗斯 2000—2005 年奶业基本指标的对比

	年份			2001—2005 年平均值
	2000	2004	2005	
牛奶总产量（百万 t）	32.3	31.9	31.1	32.6
奶牛存栏数（百万头）	12.7	10.3	9.5	11.0
年单产量（kg）	2 341	3 090	3 313	2 945
加工奶（百万 t）	13.1	14.8	14.9	14.4
加工奶占奶产量的比重（%）	41	46.3	48	44.8

资料来源：俄罗斯联邦统计局。

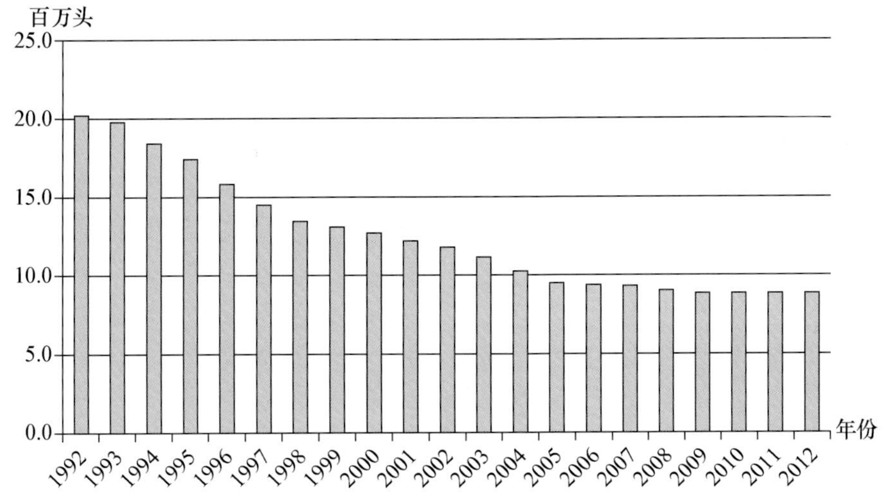

图 2　俄罗斯 1992—2012 年奶牛存栏量

资料来源：俄罗斯联邦统计局。

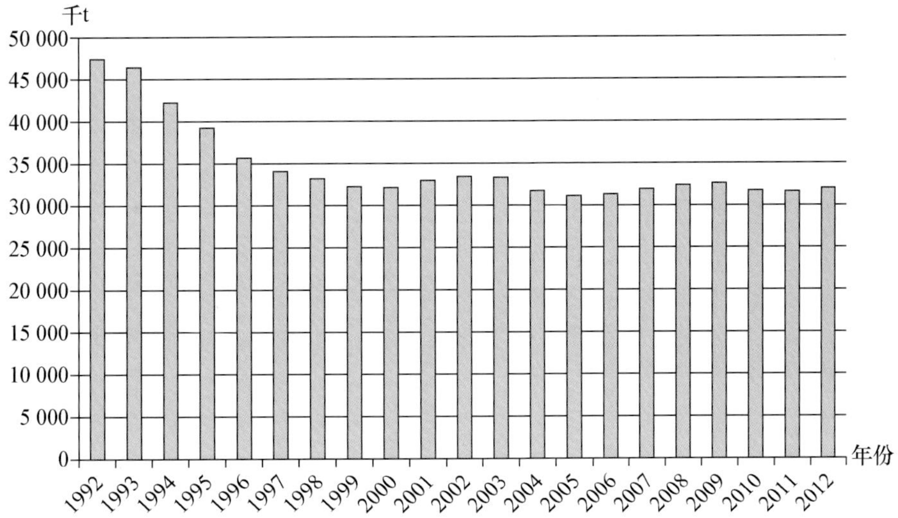

图 3　俄罗斯 1992—2012 年牛奶总产量

资料来源：俄罗斯联邦统计局（1999—2012 牛奶总产量）和 FAO（1992—1998 牛奶总产量）。

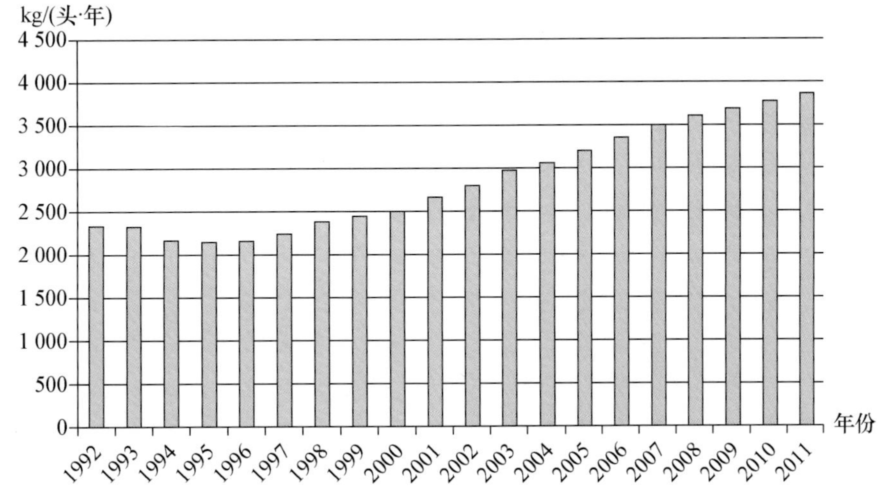

图 4　俄罗斯 1990—2011 年奶牛平均单产水平

资料来源：FAO。

俄罗斯的奶牛养殖业总体上趋于下降，但莫斯科州的情况却不同。该州近几年的奶牛总头数和牛奶总产量不仅保持了相对稳定的情况并有提高的趋势。在莫斯科州生产的牛奶中，很大部分是由优秀的牛奶畜牧业企业（工厂和种畜繁殖场）生产的。这些企业饲养了 5.95 万头奶牛，大概相当于全州总头数的 28%。2000 年，这些优秀企业生产了 31.2 万 t 牛奶，相当于全州总产量的 38%。这在很大程度上得益于标准化的生产条件和国家持续不断地对优秀畜牧业企业的支持。在俄罗斯各地区中，巴什科尔托斯坦共和国奶牛的数量和牛奶的产量位居首位，该共和国拥有 100 万头牛，居第二位的是鞑靼斯坦共和国。2010 年在俄罗斯不同地区又建了 16 个大的养殖场。

1.2 乳品加工业发展

俄罗斯乳品工业生产主要集中在中央联邦区、伏尔加河沿岸联邦区、西北联邦区等地区。以莫斯科州、列宁格勒州、斯维尔德洛夫斯克州等为主的十几个州（区）生产的乳制品超过全俄总产量的 1/3，最大的乳品生产区是伏尔加河地区，其生产量占全俄总产量的 30%。俄罗斯奶牛养殖模式主要有农业企业、家庭农场和私人农场，从 1999 年开始俄罗斯的奶牛养殖模式发生了一些改变，农业企业和私人农场所生产的乳制品在乳品生产总产值中的份额不断增加，农业企业所占份额从 2005 年的 45.1%增长到 2011 年的 45.4%，私人农场所占份额从 2005 年的 3.1%增长到 2011 年的 4.9%，而家庭农场所占份额从 2005 年的 51.8%下降到 2011 年的 49.7%。2003 年俄罗斯乳制品的生产企业分布于俄罗斯的 34 个地区，而在 2002 年其所分布的地区为 46 个。乳制品生产企业不断缩减，主要是由于：①俄罗斯的经济在很长的一段时间一直处于较低走势，甚至后退的状况；②私人所生产的低成本乳制品的份额不断升高. 致使工业化乳制品生产的奶源不足，企业不断的减产甚至倒闭。

在俄罗斯转型的近十年中，很多食品加工行业不是走向繁荣，而是越来越走向萧条，这与原料供应商与产品生产商之间的沟通与联系不畅有关，也与原料和最终产品的差价太大有关，更与缺乏组织有序的销售系统有关，俄罗斯奶业也不例外，近年新建的小型牛奶加工厂就超过了 2 000 家，夺取了原本属于大企业的原料基地，使那些大型加工企业的生产设备不能满负荷运转，影响该行业整体的健康发展。1998 年各种乳制品生产企业的负荷仅为实际能力的 25%～50%（1991 年的平均负荷能力达 66%），生产全脂乳制品的负荷仅是 26.5%，黄油为 23.8%，奶酪为 43%，奶粉为 29.5%；从 1998 年的情况看，牛奶和肉类产量增加；1999 年在明显提高全脂乳制品批发和零售价格的情况下，牛奶的生产成本并没有急剧提高。所有这些都使得牛奶领域成为热门的投资领域，包括发展奶牛基地和完善牛奶加工技术设备和工艺。但是随着俄罗斯经济发展的疲软，从 2000 年开始牛奶领域的情况又开始恶化。分析乳品加工企业签署的牛奶供应合同可以看出，附带的条件经常是一味地单方面强调价格、结算方式的现代化，至于产品质量和农业生产者的兴趣则没人关心，例如：1993 年原料奶在牛奶批发价中所占份额为 52%～56%，加工企业占 15%～17%，流通领域占 16%～18%，1998 年原料奶所占份额降为 20%～26%（比原来低 2 倍），而加工企业和流通领域分别占 42%～44%和 18%～20%。

俄罗斯的牛奶加工企业大体分为 3 个等级：小型牛奶加工厂、区域性中等牛奶加工厂和大型牛奶加工企业。在 20 世纪 90 年代初期到中期建立了很多小型牛奶加工厂，直到今天在莫斯科州还有 77 家这样的小工厂，它们中大部分的生产能力不超过 5 t/班，但也有个别的生产能力可达到 40 t/d。对于这些小型牛奶加工厂来说，由于原料的数量和品质都不能保证，现有的技术设备的保养维修也成问题，而用于单位成品的生产消耗又相对较高，产品的竞争能力相对于装备了现代化工艺设备的大型企业的产品来说就低许多。区域性中等牛奶加工厂的情况虽然略好些，但它们的数量也由 43 家锐减到 27 家。原来它们是向首都莫斯科牛奶加工厂批量供应冷藏奶，换句话说，实际上是起到了冷冻联合加工厂的作用；现在它们正努力使自己的企业转型：首先利用普通消费者能接受的相对便宜的外包装生产瓶装巴氏消毒奶，使产品大量销往地方市场；其次吸引外资，建立了合资企业，补充安装新型技术装备，开发新产品，这对莫斯科的牛奶市场起到了很好的补充作用。现在一个区域性中等牛奶加工厂全脂乳制品的加工能力为 34.6～40 t/班。对于那些大型牛奶加工企业则完全是另一种情景：一方面利用国家政策和资金上的支持参与建立原料市场，即从设备、资金上支持那些有发展前途的原料供应企业，为他们提供包括冷贮设备、挤奶设备等在内的一切；另一方面，他们还购置厂房和基础设备，兼并小企业，将它们纳入自己的牛奶生产、加工和销售流程，使企业更具市场竞争力；或通过实物入股的形式形成大的合作伙伴，完成企业的转型改制和结构调整。他们凭着自己精良的技术装备和技术实力生产高品质的乳制品占领市场，这是那些小企业望尘莫及的。目前在俄罗斯牛奶市场上无论产品产量、品种、技术实力和产品市场占有率都比较靠前的外国公司有：Wimm-Bill-Dann、Campina、Danone 和 Ehrmann，另外还有俄罗斯农业部评选的 40 家全脂乳制品质量信得过企业。这些厂家作为俄罗斯牛奶工业的骨干力量，利用自己的拳头产品，在激烈的市场竞争中占有了一席之地，并获得了丰厚的报偿。

俄罗斯乳制品生产企业主要生产 10 种乳制品，包括黄油、脱脂奶酪、全脂奶酪、奶油、脱脂乳、脱脂奶粉、全脂奶粉、全脂淡炼乳、浓缩全脂乳和罐装乳制品，其中脱脂乳生产量最大，浓缩全脂乳生产量最小。总体来讲，1992—2011 年 20 年间，俄罗斯的黄油、脱脂奶酪、奶油、脱脂乳、脱脂奶粉、全脂奶粉和全脂淡炼乳生产量呈现下降趋势，而全脂奶酪和罐装乳制品生产量呈现增长趋势。2011 年黄油产量 22 万 t，比上年同期增长 1.2 万 t，增长率为 5.8%，但比 1992 年下降 54 万 t，下降率为 71.1%（见图 5）；2011 年脱脂奶酪产量 17 万 t，与上年同期持平，但比 1992 年下降 17 万 t，下降率为 50.0%（见图 6）；2011 年全脂奶酪产量 43.2 万 t，与上年同期基本持平，但比 1992 年增长 13.3 万 t，增长率为 44.5%（见图 7）；2011 年奶油产量 32.9 万 t，与上年同期基本持平，但比 1992 年下降 50.6 万 t，下降率为 60.7%（见图 8）；2011 年脱脂乳产量 634.1 万 t，比上年同期增长 27.1 万 t，增长率为 4.5%，但比 1992 年下降 147.6 万 t，下降率为 69.6%（见图 9）；2011 年脱脂奶粉产量 7.8 万 t，比上年同期增长 1.5 万 t，增长率为 23.3%，但比 1992 年下降 3.7 万 t，下降率为 32.4%（见图 10）；2011 年全脂奶粉产量 5.6 万 t，比上年同期增长 1 万 t，增长率为 22.4%，但比 1992 年下降 9.4 万 t，下降率为 62.5%（见图 11）；2011 年全脂淡炼乳产量 18 万 t，与上年同期基本持平，但比 1992 年下降 40.3 万 t，下降率为 69.1%（见图 12）；2011 年浓缩全脂乳产量 1.3 万 t，比上年同期下降 0.4 万 t，下降率为 22.2%，但比 2005 年增长 1.1 万 t，增长率为 600%（见图 13）；罐装乳制品的产量稳定增长到近 9 亿罐（见图 14）。牛奶总产量由 1992 年的 4 700 多万 t 降为 2005 年的 3 100 万 t，近几年慢慢回升，2012 年为 3 192 万 t。据俄罗斯国家统计局公布，2013 年第一季度牛奶总产量达 620 万 t。2012 年上半年俄罗斯牛奶总产量达 1 600 万 t，同比增长 50 万 t，增幅为 3.2%；个体牛奶生产者的牛奶总产量达 750 万 t，与 2011 年持平；农业企业的牛奶总产量达 770 万 t，同比增长 40 万 t，增幅为 5.3%。

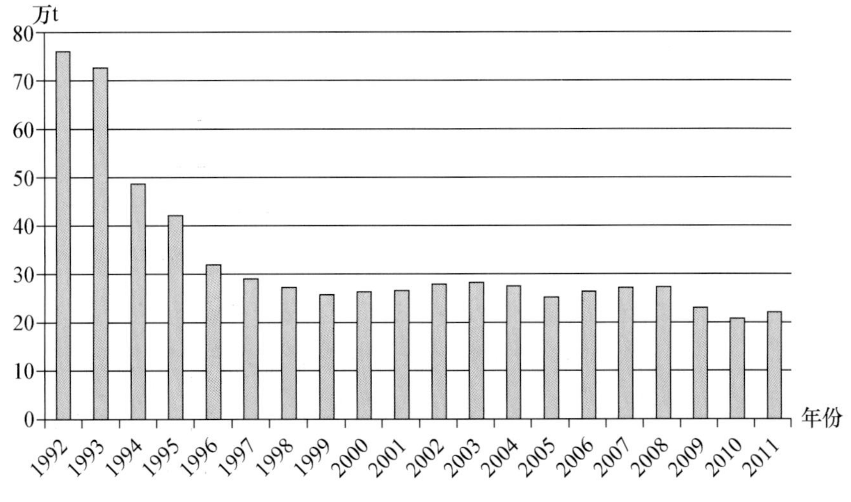

图 5　俄罗斯 1992—2011 年黄油生产量

资料来源：FAO。

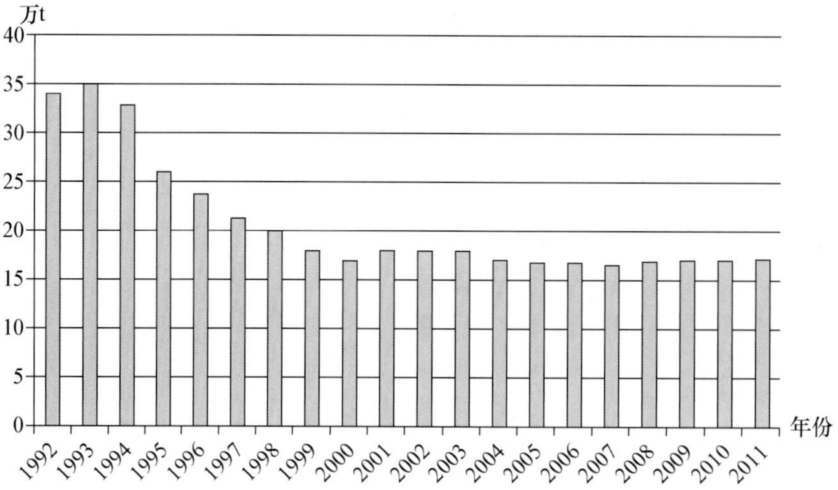

图 6　俄罗斯 1992—2011 年脱脂奶酪生产量

资料来源：FAO。

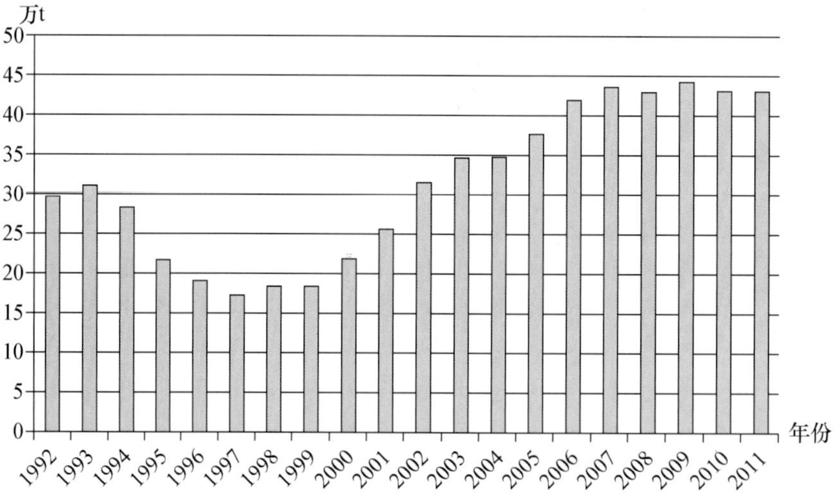

图 7　俄罗斯 1992—2011 年全脂奶酪生产量

资料来源：FAO。

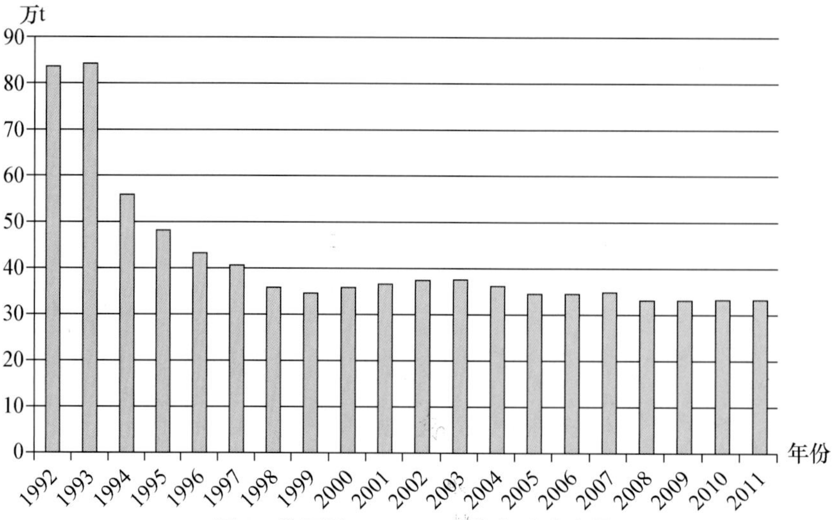

图 8　俄罗斯 1992—2011 年奶油生产量

资料来源：FAO。

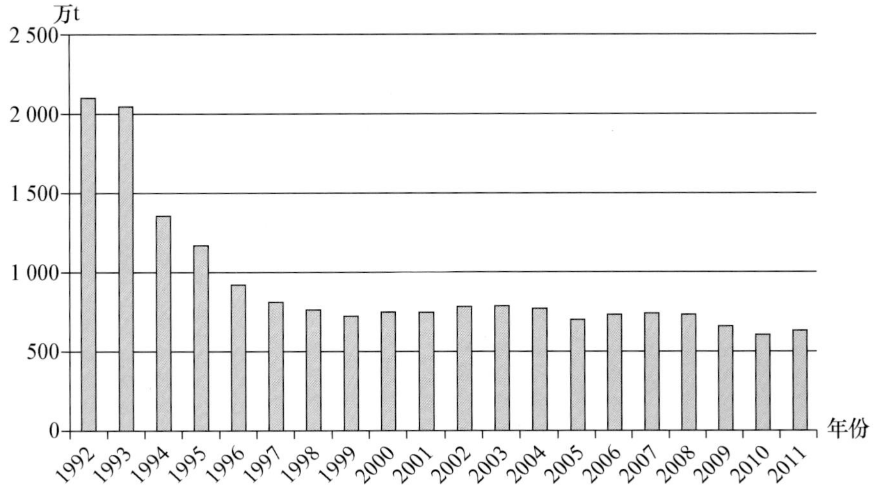

图 9 俄罗斯 1992—2011 年脱脂乳生产量

资料来源:FAO。

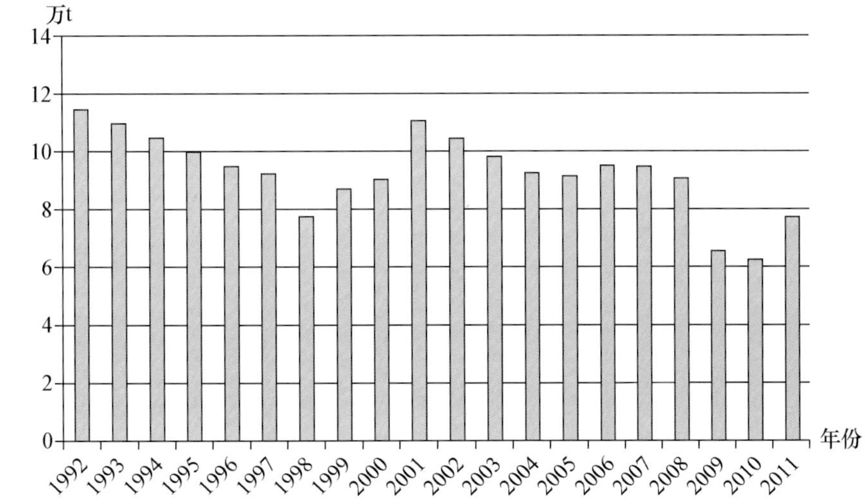

图 10 俄罗斯 1992—2011 年脱脂奶粉生产量

资料来源:FAO。

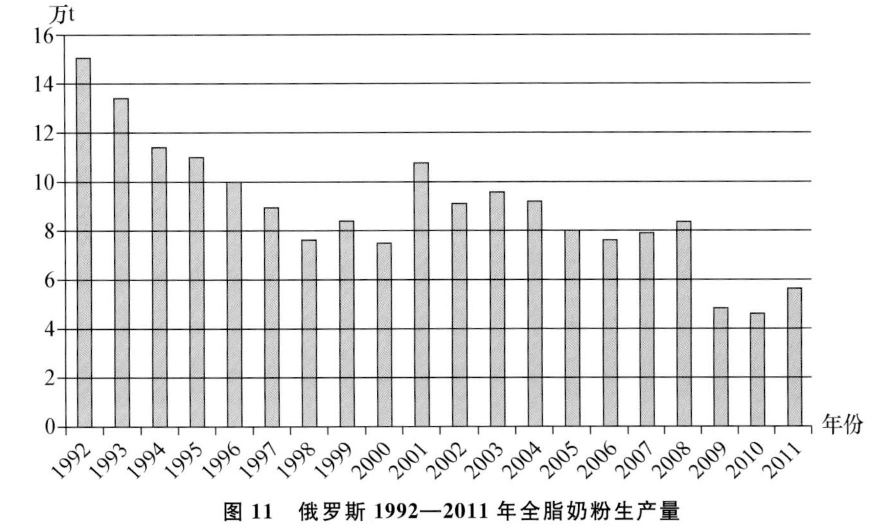

图 11 俄罗斯 1992—2011 年全脂奶粉生产量

资料来源:FAO。

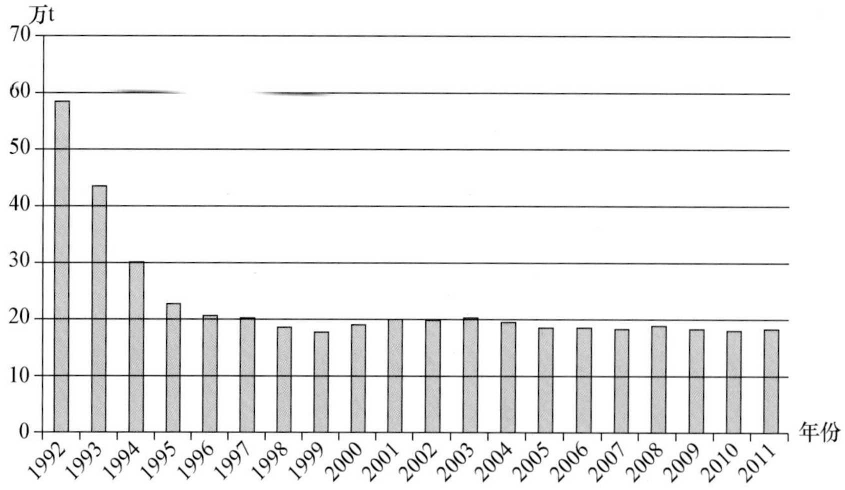

图 12　俄罗斯 1992—2011 年全脂淡炼乳生产量

资料来源：FAO。

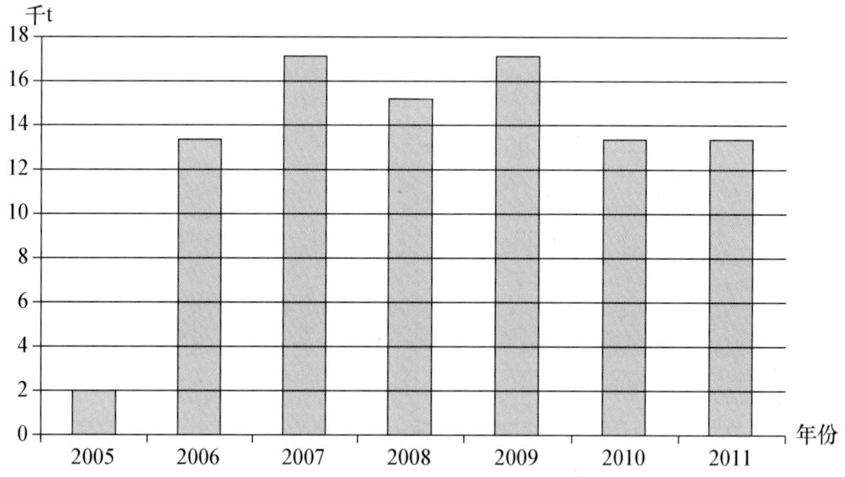

图 13　俄罗斯 2005—2011 年浓缩全脂乳生产量

资料来源：FAO。

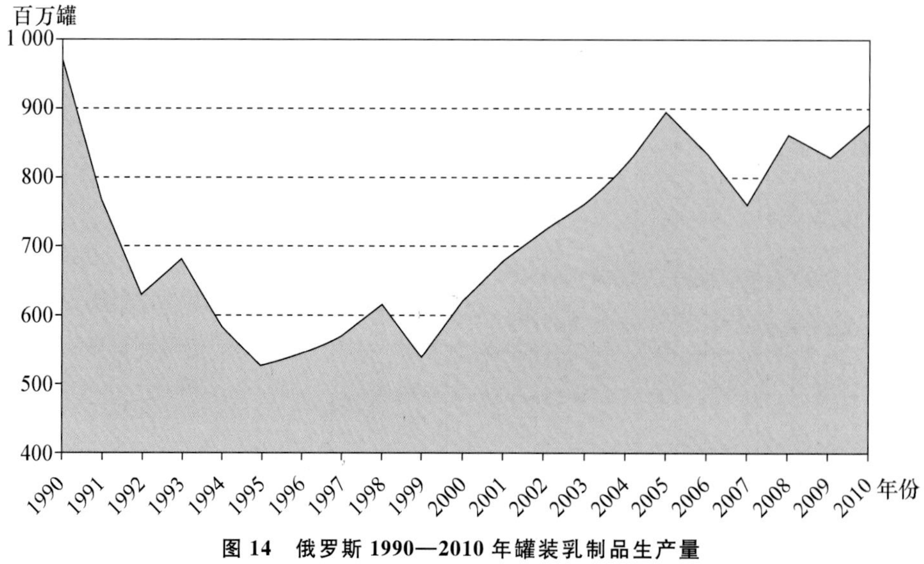

图 14　俄罗斯 1990—2010 年罐装乳制品生产量

资料来源：俄罗斯农业市场研究所。

2010年俄罗斯严重干旱，牛奶总产量比2009年下降2.3个百分点，干旱导致牛屠宰率增加，并且减少了饲料供给，从而对俄罗斯的牛奶供应产生了很大的负面影响，这种状况一直持续到2011年，使俄罗斯的乳制品工业也受到冲击。

俄罗斯的奶酪加工厂相对来说水平较低，奶酪制品的质量次于进口奶酪，因此联邦政府设立了“俄罗斯黄油和奶酪生产发展项目(2011—2013)”，目的在于通过高补贴和资金支持，提高现有工厂的现代化生产技术水平。

1.3 乳品消费发展

俄罗斯历来对奶业非常重视，把它视为国家食品制造行业的基础领域。1990年以前，即前苏联时代牛奶生产总量超过1亿t，居世界第一。俄罗斯占前苏联总购买能力的52%，按人均牛奶需求量来说俄罗斯在全国居第6或第7位，为367 kg/(年·人)。进入90年代后，由于前苏联解体、经济衰退、居民购买力降低、物价飞涨等原因导致这个指标逐渐下降。1990年至1998年俄罗斯的乳制品产量和消费量基本上是一路下滑，到1998年只有220 kg/(年·人)(见表2)。从2001年开始对牛乳及乳制品的需求量以每年4%～5%的速度增长，但2003年人均消费量仍只有230 kg/(年·人)。

表2 俄罗斯1990—1998乳制品主要指标及人均需要量比较 kg/(年·人)

年份	总产量	乳制品产量	动物奶油	动物奶酪	牛乳和乳制品
1990	376	20.1	80.9	45	386
1991	350	18.6	72.9	39	347
1992	318	9.8	76.2	29	281
1993	313	8.4	73.2	31	294
1994	284	7.2	48.8	28	278
1995	265	5.6	41.9	21	253
1996	242	5.3	29.0	19	232
1997	232	5.2	28.9	17	229
1998	220	5.3	27.1	18	220

资料来源：俄罗斯联邦统计局。

1992—2009年，俄罗斯奶酪、非黄油乳制品和全脂乳的需求量不断增加，奶酪从66.2万t增长到82.4万t，非黄油乳制品从1 578.6万t增长到2 512.3万t，全脂乳从745.3万t增长到1 826.2万t；而黄油(酥油)和奶油的需求量不断下降，分别从88.3万t和82.1万t下降到29.0万t和32.8万t(见图15至图19)。2007—2011年间俄罗斯奶酪市场需求逐年增长，截至2011年奶酪需求量为85.96万t；奶酪销售以俄罗斯国内市场为主；2007—2011年俄罗斯奶酪出口份额占出口总需求的平均比例为1.4%，俄罗斯买家是保守的并且偏爱硬质奶酪和加工奶酪，乳酪的需求不是很大，可能与它自身价格的昂贵和俄罗斯消费者不习惯有关；2011年在整个奶酪销售结构中，凝乳酶干酪占83.4%，加工奶酪占16.2%，而乳酪仅占0.4%。俄罗斯近几年奶酪进口量不断增加，基本在28.5万～29万t之间。

1998年俄罗斯的经济危机导致了居民对牛乳及其乳制品的需求量明显减少。每个居民对牛乳和乳制品的需求量(包括国产和进口)与1990年相比降低了174 kg/年，降低了44%，而需求量的降低在很大程度上

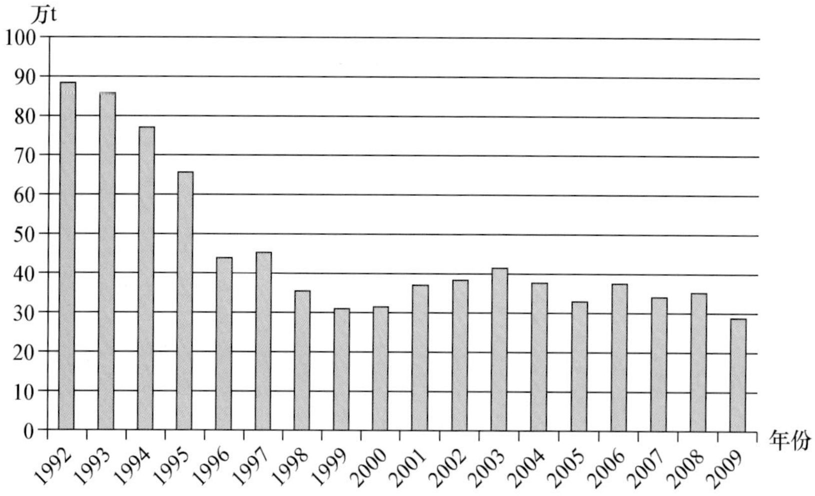

图 15　俄罗斯 1992—2009 年黄油和酥油消费量

资料来源：FAO。

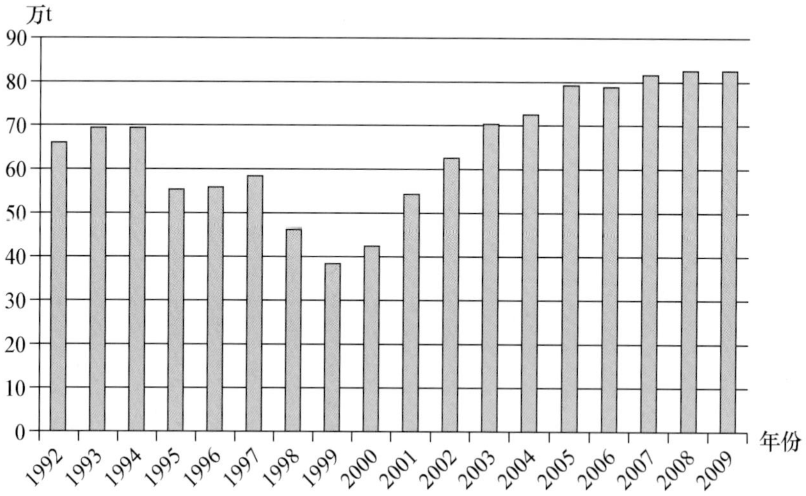

图 16　俄罗斯 1992—2009 年奶酪消费量

资料来源：FAO。

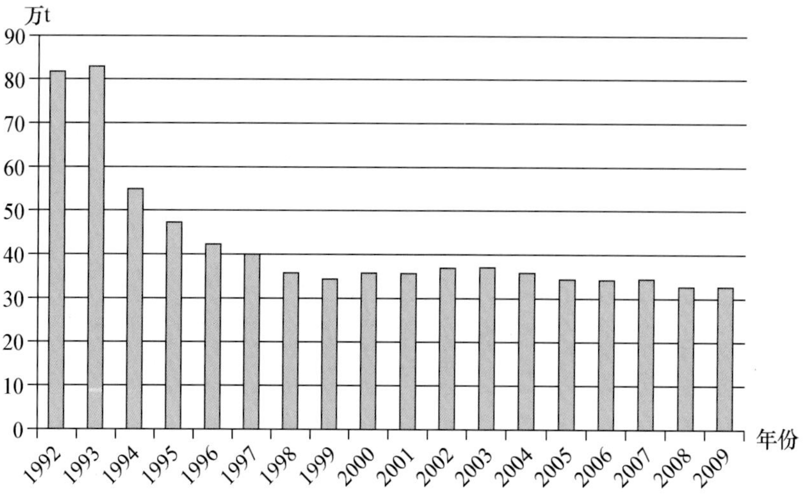

图 17　俄罗斯 1992—2009 年奶油消费量

资料来源：FAO。

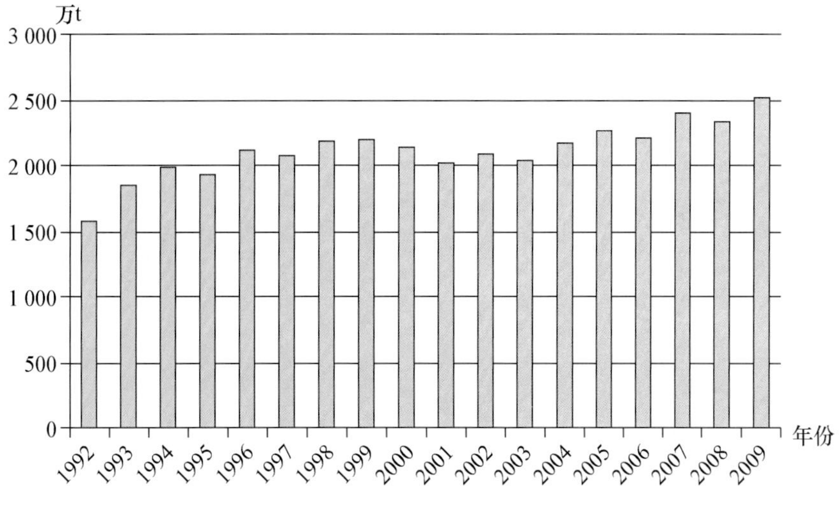

图 18　俄罗斯 1992—2009 年非黄油乳制品消费量

资料来源:FAO。

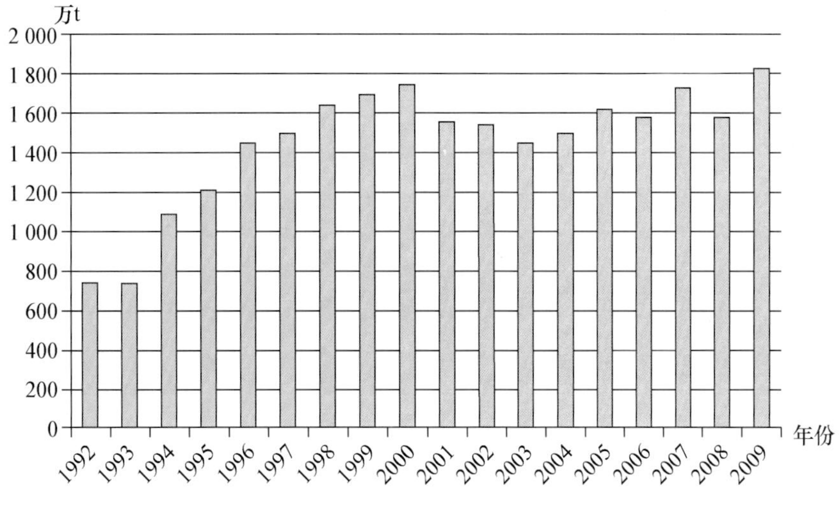

图 19　俄罗斯 1992—2009 年全脂乳消费量

资料来源:FAO。

是由于牛乳及其乳制品价格上涨引起的。如果说 1998 年价格上涨速度还在通货膨胀速度允许范围之内的话,那么 1999 年则完全是飞涨;与此同时,与牛奶生产有关的农产品价格也比前年同期增长了 2～2.4 倍。近几年不论是乳制品产量,还是居民对它的需求量都有了明显增加。现在俄罗斯市场上的乳制品名目繁多,根据加工的工艺方法、添加剂成分、贮藏条件和人们喜欢的口味不同可分为即食鲜奶、贮存鲜奶、酸牛奶、熟酸乳、凝乳、酸奶油、奶渣、乳清、乳液、奶渣泥等,近几年乳制品家庭又添进口新成员,如:布丁、慕斯、西式酸奶等。西式酸奶第一次出现在俄罗斯市场是 90 年代初,那时只在莫斯科和其他少数几个大城市有售,都是进口货,且品种单一。当时因为消费者购买力有限,这种本来物美价廉、营养丰富的食品也成了奢侈品,近年来随着政局稳定,经济逐步回升,居民收入增加,对酸奶的需求量也越来越大,例如 1999 年人均酸奶需求量为 300 g/(年・人),到 2001 年猛增到 1.5 kg/(年・人)。市场的死而复活不仅使俄罗斯本国生产商,也使西方生产商抓住机遇,抢占市场,于是适合不同年龄层次、风味迥然不同的各种酸奶应运而生:既有俄罗斯人喜欢的传统风味(樱桃、马林果、黑果越橘、草莓),又有外国风味的新型产品(带饼干的、带糖球的、带椰蓉的、带巧克力的等),既有孩子们喜欢的"褐发阿波"、大肚酸奶王等,又有有适合大人、老人们喝的酸奶,还有适合糖尿病人喝的酸奶。

近年来，俄罗斯市场对乳品罐头的需求增长，一方面是居民直接的消费增加，另一方面是糖果点心加工业的产量快速增长，促使黄油等乳品的需求量不断上升。在2003—2005年间，俄罗斯乳品罐头的产量呈逐年上升趋势，2003年、2004年、2005年乳品罐头的产量分别同比增长了3.2%、6.9%和4.1%，2005年的产量是85.4万听。产品的种类以全脂甜炼乳、脱脂甜炼乳、无糖炼乳等为主。

据俄罗斯媒体报道，按照由BusinesStat公司在2012年推出的乳制品零售贸易分析数据，2007—2011年俄罗斯的乳制品零售表现出积极动态趋势。2011年俄罗斯的乳制品零售额达到5 686亿卢布，比2010年增长了17.4%。市场销售额的增长是基于产品种类的扩大和价格的上涨。在2007—2011年间，俄罗斯的乳制品平均零售价格上涨了51.7%，达到每千克90.9卢布。

1.4 乳制品贸易发展

俄罗斯资源丰富，畜牧业发展较早，乳制品的加工技术、工艺等都很成熟。产品种类很多、生产量大、消费量也大，是乳制品进口和出口的大国。2011年，俄罗斯的乳制品出口量近8万t，进口量超过43万t。

俄罗斯是国际乳制品贸易的重要进出口国，其进出口乳制品主要有12类，包括黄油、酪乳、全脂奶酪、奶油、天然乳产品、脱脂乳、脱脂奶粉、浓缩全脂乳、全脂奶粉、全脂淡炼乳、全脂鲜乳和酸奶，其中进口量和进口额最大的是全脂奶酪，进口量和进口额最小的是全脂淡炼乳，出口量最大的是酪乳，出口额最大的是全脂奶酪，出口量和出口额最小的是脱脂奶粉。从贸易数量方面来说，1992—2011年这20年间，俄罗斯的黄油、脱脂奶粉和全脂奶粉进出口量均呈现下降趋势，而酪乳、全脂奶酪、奶油、天然乳产品、脱脂乳、全脂鲜乳和酸奶进口量均呈现增长趋势，另外浓缩全脂乳和全脂淡炼乳进口量呈现下降趋势，而出口量呈现增长趋势；黄油的进口量一直大于出口量，1995年进口最多达24万t，1999年进口最少为5万t，而出口量一直在2 000～6 800 t之间波动(见图20)；脱脂奶粉的进出口量波动较大，2003年之前不是进口量大于出口量就是出口量大于进口量，从2003年以后其进口量一直大于出口量，1999年进口最多近11万t，2002年进口最少只有2 396 t，而出口量在2000年之前一直在1万～5万t之间波动，其后持续下降到12 t(见图21)；全脂奶粉的进口量只在2002年、2006年和2007年略微低于出口量，进口量在1992年最大达4万t，2002年进口最少只有1 561 t，出口量只在1994年超过2万t，其后急剧下降到47 t(见图22)；酪乳进口量在2004年之前一直大于出口量，1997年进口量达11万t，但2004年之后出口量一直大于进口量，2007年进口量最大达7万t(见图23)；全脂奶酪的进口量一直大于出口量，只在1997—1999年出现短暂的下滑，其后迅速增长，最高峰近28万t，出口量虽然一直增长，但最大出口量只有1万t(见图24)；奶油进口量除1993—1995年外一直大于出口量，最高峰近1.6万t，出口量一直在100～1 000 t之间波动(见图25)；天然乳产品的进出口量均比较小且波动很大，进口最多只有2 000 t，出口最多不超过700 t(见图26)；脱脂乳进口量在1998—2000年较高，最高近1万t，其他年份最高不超过800 t，而出口量更少，在0～300 t之间波动(见图27)；全脂鲜乳进口量在2000年之前一直大于出口量且稳步增长，最高达7万多吨，2001年迅速下降至1 326 t，其后又稳步增长到1.3万t，而出口量稳步增长到2009年的2万t后又迅速下降到4 166 t(见图28)；酸奶进口量1996—1998年较大，最高近13万t，其他年份均不超过4万t，而出口量从1995—2001年快速增长达1.33万t，随后基本保持在1万t左右(见图29)；浓缩全脂乳1992—1999年出口量均高于2万t，2000—2005年出口量在1万t左右，其后迅速下降到100～200 t，而出口量稳定增长到1.74万t(见图30)；全脂淡炼乳1992—1999年进口量一直大于出口量，2000年及以后进口量急速下降到最低时的1 t，而出口量急剧增长并于2000年超过进口量，最高达2.4万t(见图31)；2011年俄罗斯共进口了43万t左右乳制品，成为世界上排名第二的乳制品进口大国，仅次于中国，而俄罗斯黄油的进口量居全球第一，近7.7万t。

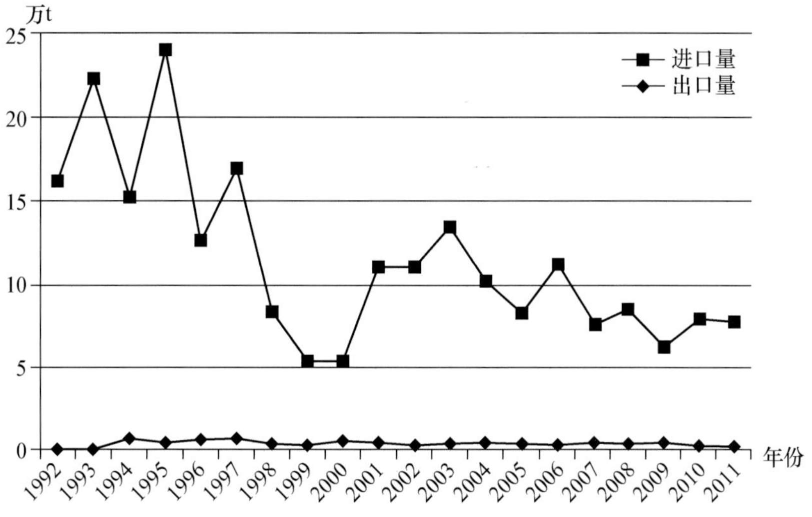

图 20 俄罗斯 1992—2011 年黄油进出口数量

资料来源:FAO。

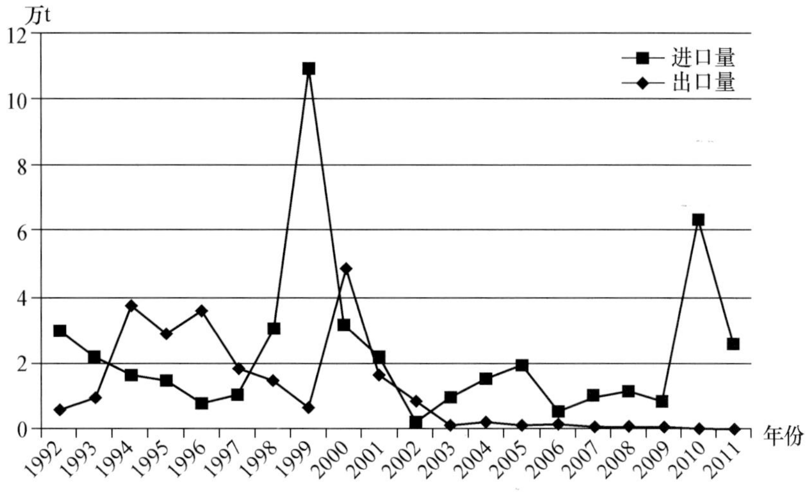

图 21 俄罗斯 1992—2011 年脱脂奶粉进出口数量

资料来源:FAO。

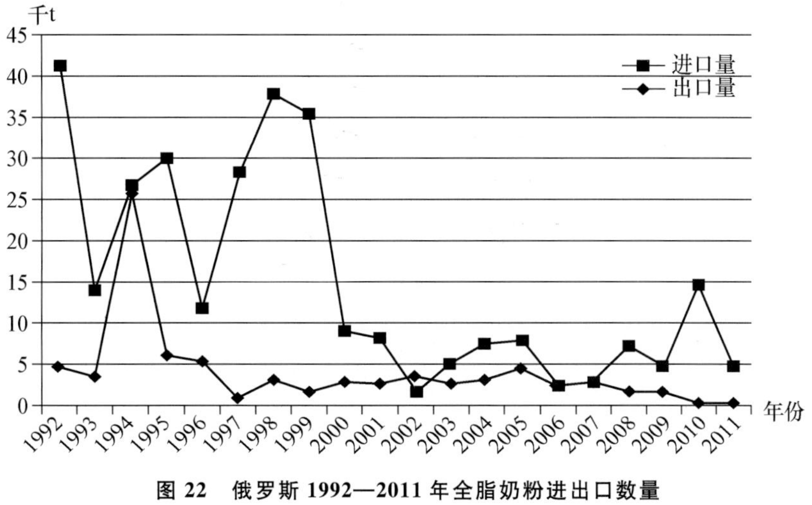

图 22 俄罗斯 1992—2011 年全脂奶粉进出口数量

资料来源:FAO。

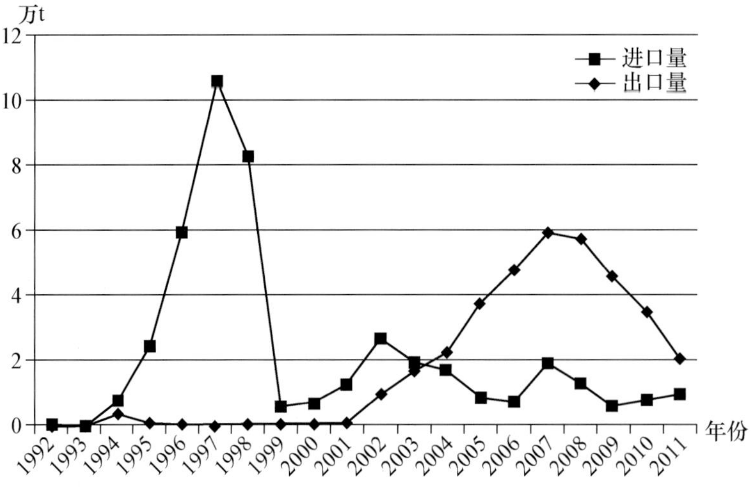

图 23　俄罗斯 1992—2011 年酪乳进出口数量

资料来源:FAO。

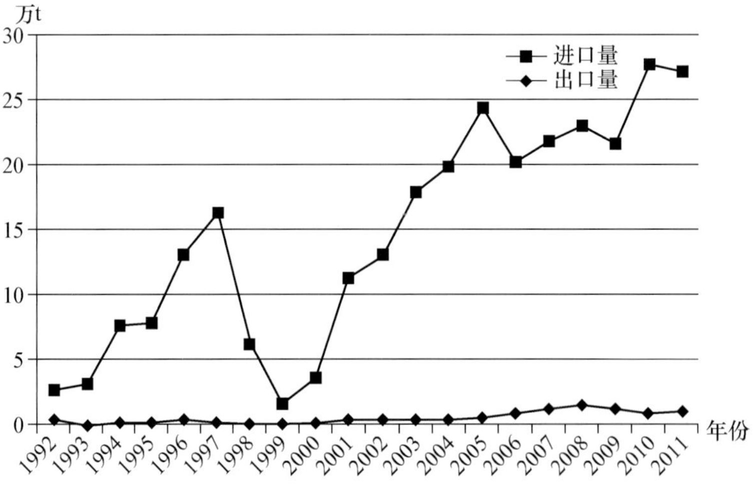

图 24　俄罗斯 1992—2011 年全脂奶酪进出口数量

资料来源:FAO。

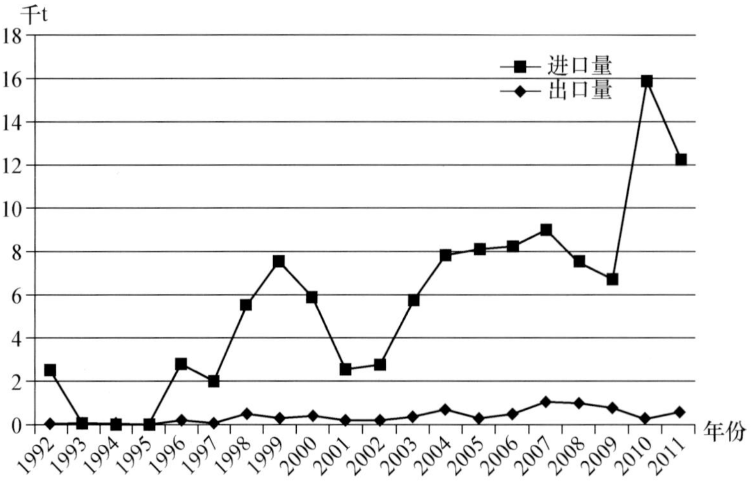

图 25　俄罗斯 1992—2011 年奶油进出口数量

资料来源:FAO。

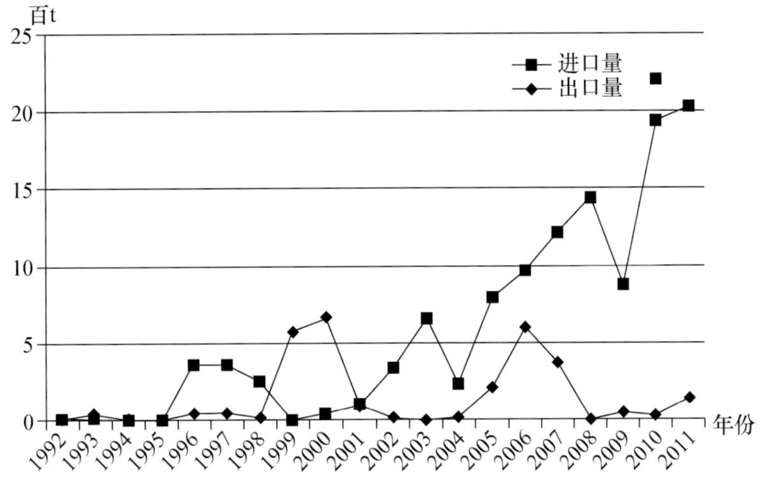

图 26　俄罗斯 1992—2011 年天然乳产品进出口数量

资料来源:FAO。

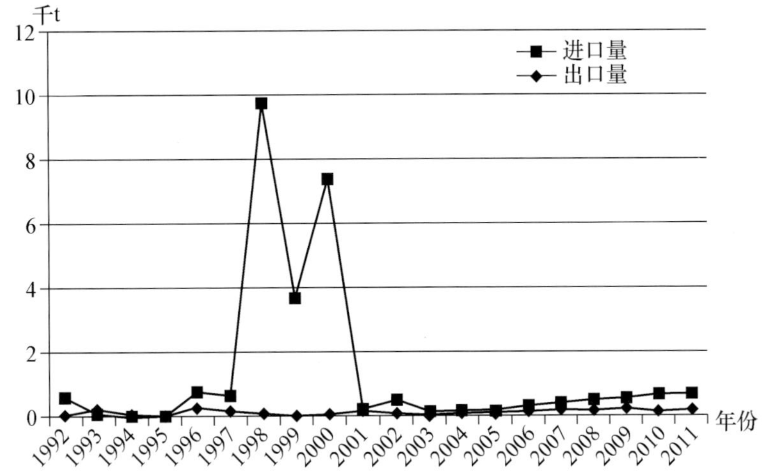

图 27　俄罗斯 1992—2011 年脱脂乳进出口数量

资料来源:FAO。

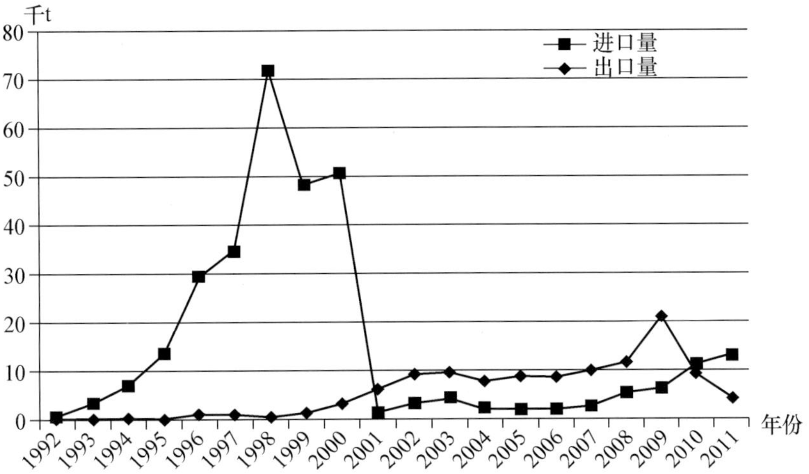

图 28　俄罗斯 1992—2011 年全脂鲜乳进出口数量

资料来源:FAO。

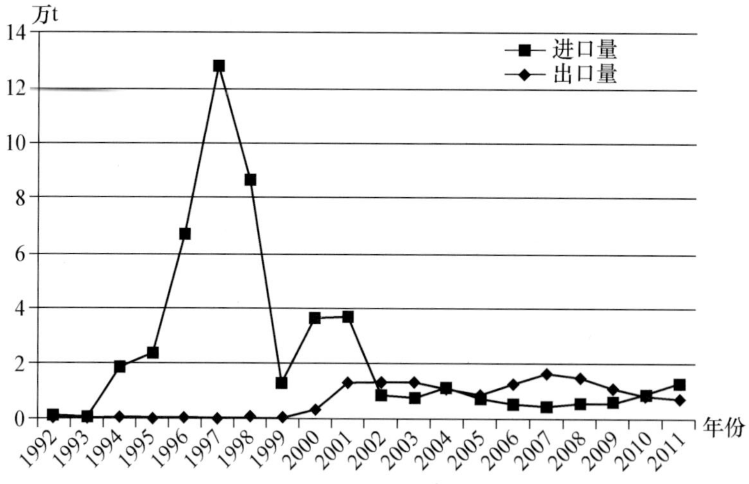

图 29　俄罗斯 1992—2011 年酸奶进出口数量

资料来源:FAO。

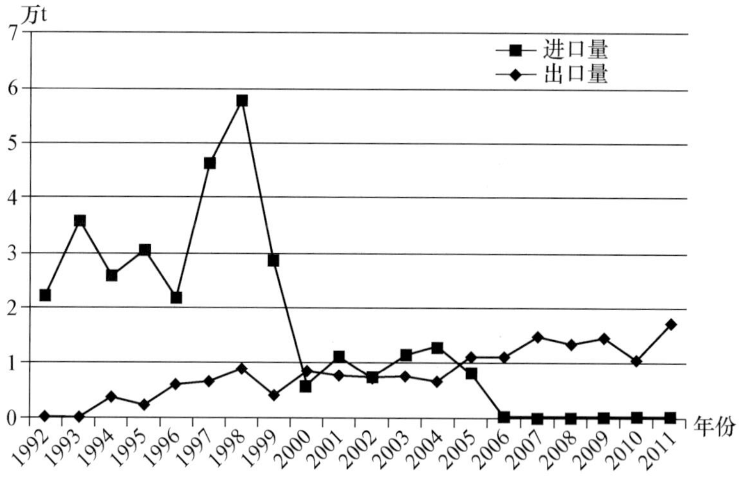

图 30　俄罗斯 1992—2011 年浓缩全脂乳进出口数量

资料来源:FAO。

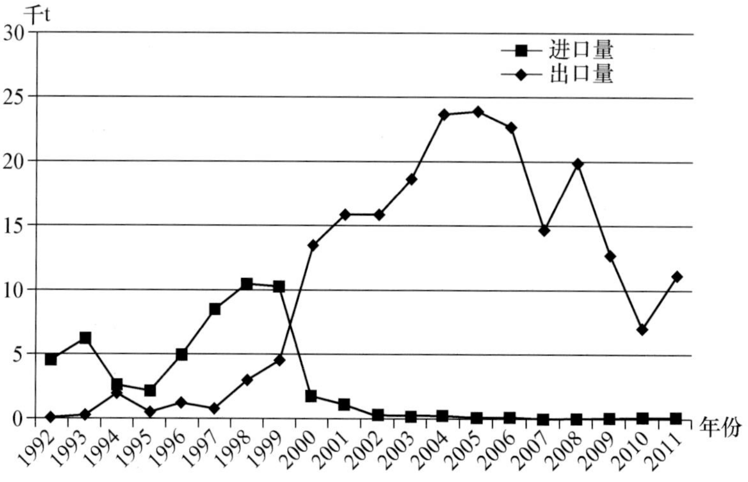

图 31　俄罗斯 1992—2011 年全脂淡炼乳进出口数量

资料来源:FAO。

从进出口贸易额方面来说，1992—2011 年这 20 年间，俄罗斯的黄油和全脂奶粉进出口贸易额均呈现下降趋势(见图 32 和图 33)，而酪乳、全脂奶酪、奶油、天然乳产品、全脂鲜乳和酸奶进口贸易额均呈现增长趋势(见图 34 至图 39)，另外脱脂乳、浓缩全脂乳和全脂淡炼乳进口贸易额呈现下降趋势而出口贸易额呈现增长趋势(见图 40 至图 42)，而脱脂奶粉进口贸易呈现增长趋势而出口贸易额呈现下降趋势(见图 43)；2010 年前 7 个月的俄罗斯进口乳制品总量当中，从白俄罗斯进口的奶酪产量占到了 30%，黄油产品占到了 46%，奶粉产品占到了 75%，而且这一趋势还有扩大的倾向。2010 年 9—10 月召开的俄罗斯、白俄罗斯和哈萨克斯坦三国之间的多次关税会谈中，俄罗斯已经明确拒绝了美国的出口商，没有把他们列入到进口核准名单中；同时，这三个国家从 8 月份起，还提高了从三国之外的国家进口乳制品的进口关税，提高了大约 15%。全球最大的乳制品出口国新西兰总理 John Key 在 2010 年的全球乳业高峰论坛上说："打开俄罗斯市场对世界乳制品贸易非常重要"，2011 年前 8 个月，俄罗斯共进口了 4.42 万 t 黄油，46%从新西兰进口。俄罗斯乳制品的进口，主要受益者是一些不为人所知的出口国如白俄罗斯，而不是乳制品出口大国美国。

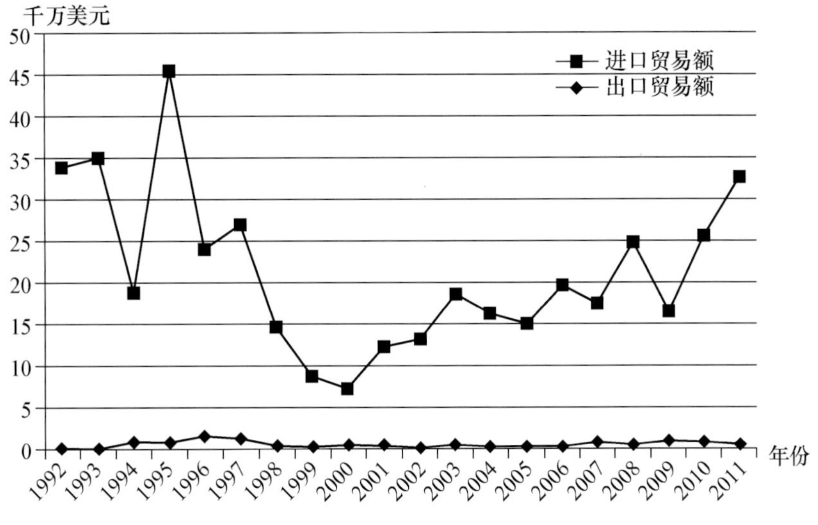

图 32　俄罗斯 1992—2011 年黄油进出口贸易额

资料来源：FAO。

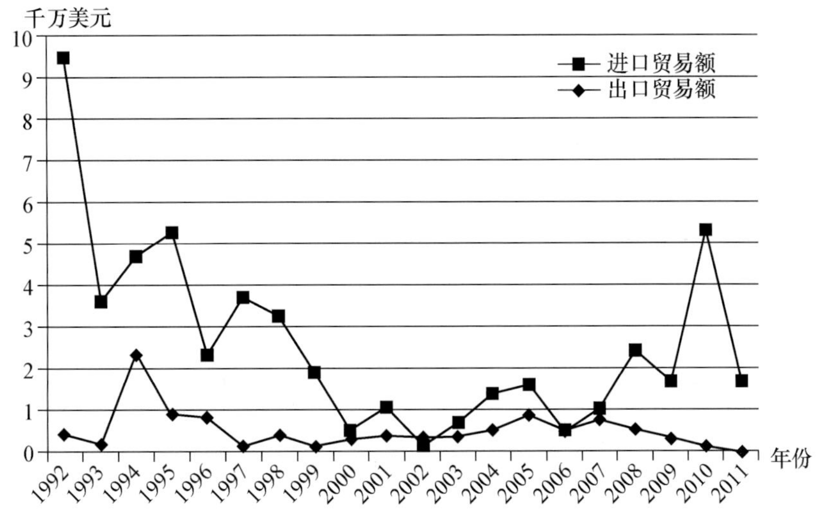

图 33　俄罗斯 1992—2011 年全脂奶粉进出口贸易额

资料来源：FAO。

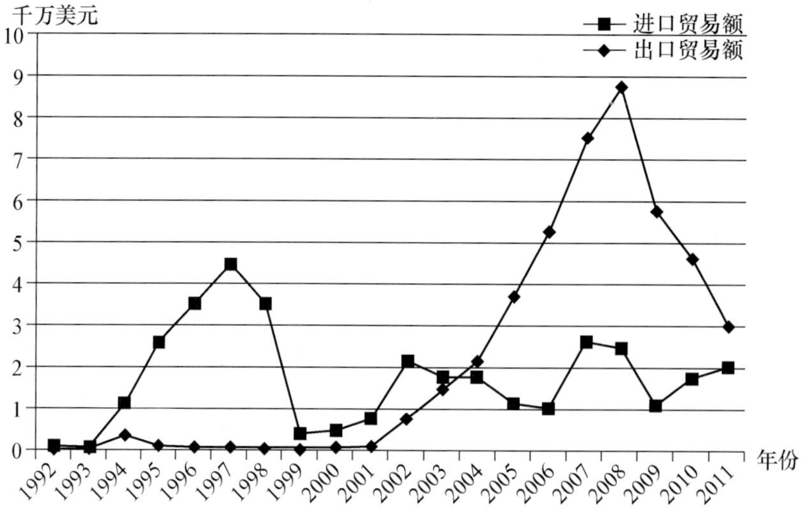

图 34　俄罗斯 1992—2011 年酪乳进出口贸易额

资料来源：FAO。

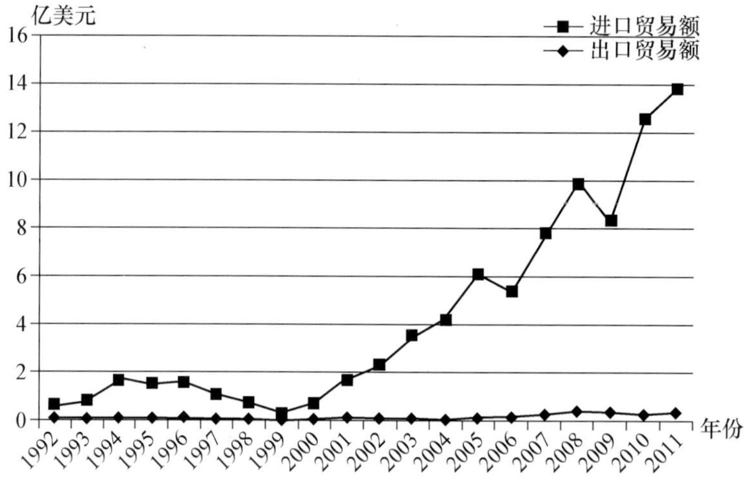

图 35　俄罗斯 1992—2011 年全脂奶酪进出口贸易额

资料来源：FAO。

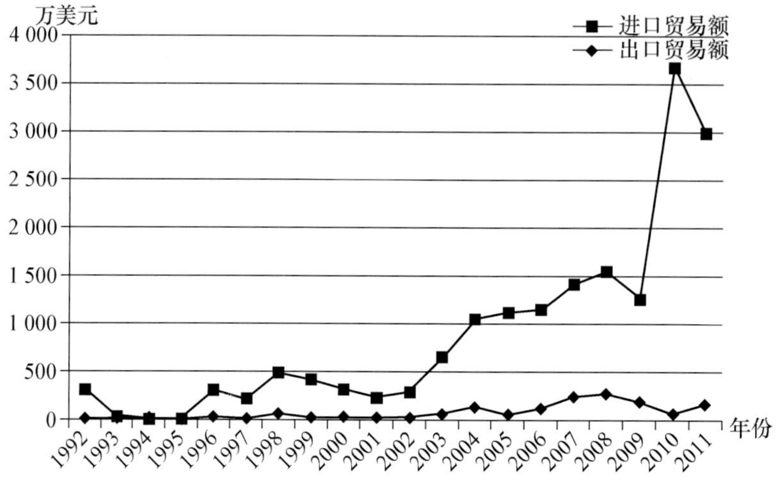

图 36　俄罗斯 1992—2011 年奶油进出口贸易额

资料来源：FAO。

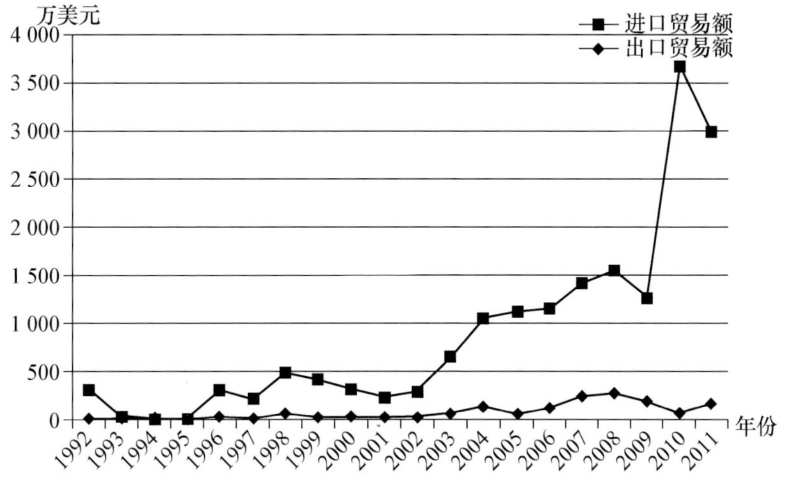

图 37 俄罗斯 1992—2011 年天然乳产品进出口贸易额

资料来源：FAO。

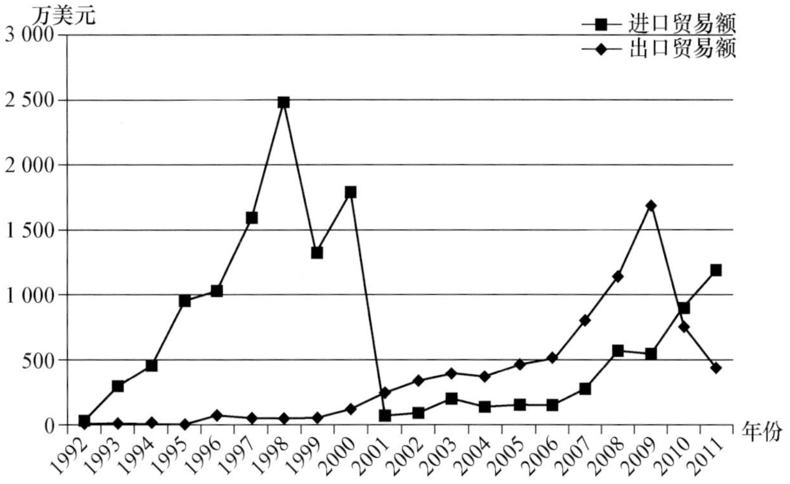

图 38 俄罗斯 1992—2011 年全脂鲜乳进出口贸易额

资料来源：FAO。

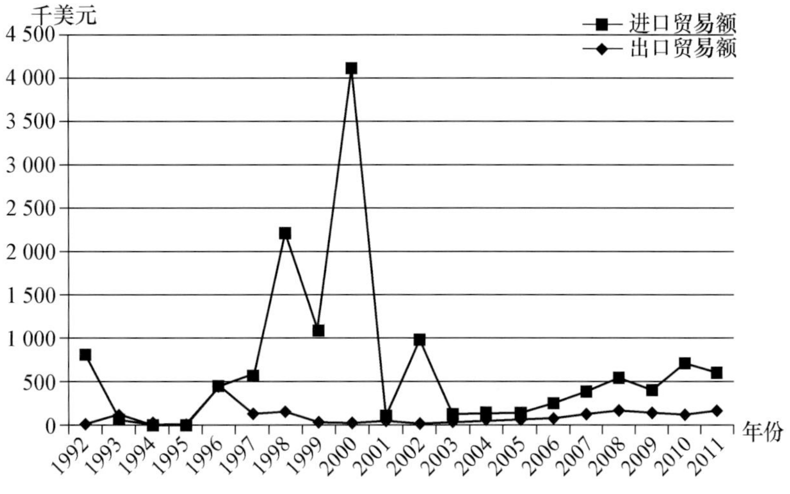

图 39 俄罗斯 1992—2011 年脱脂乳进出口贸易额

资料来源：FAO。

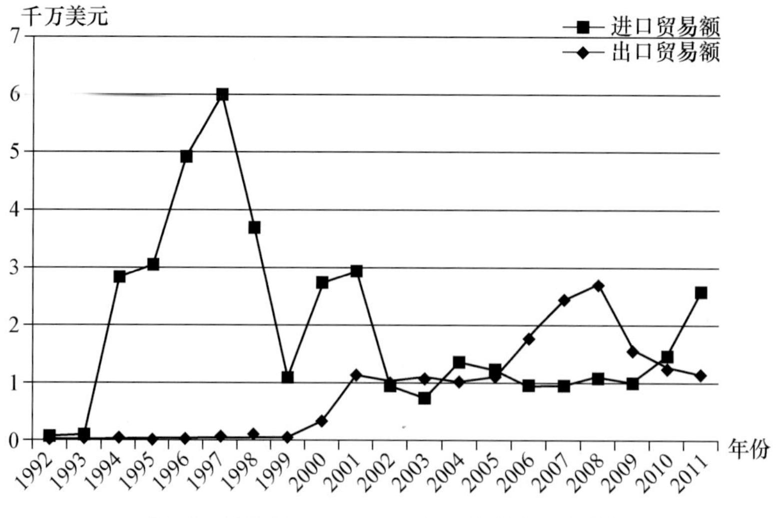

图 40　俄罗斯 1992—2011 年酸奶进出口贸易额

资料来源：FAO。

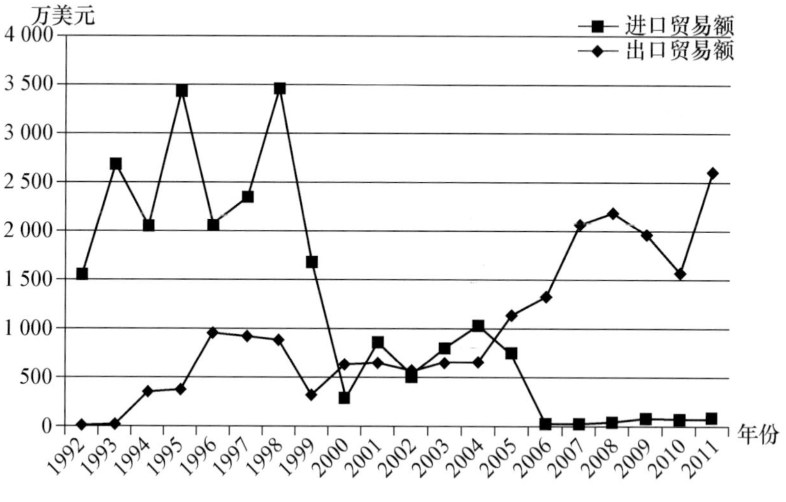

图 41　俄罗斯 1992—2011 年浓缩全脂乳进出口贸易额

资料来源：FAO。

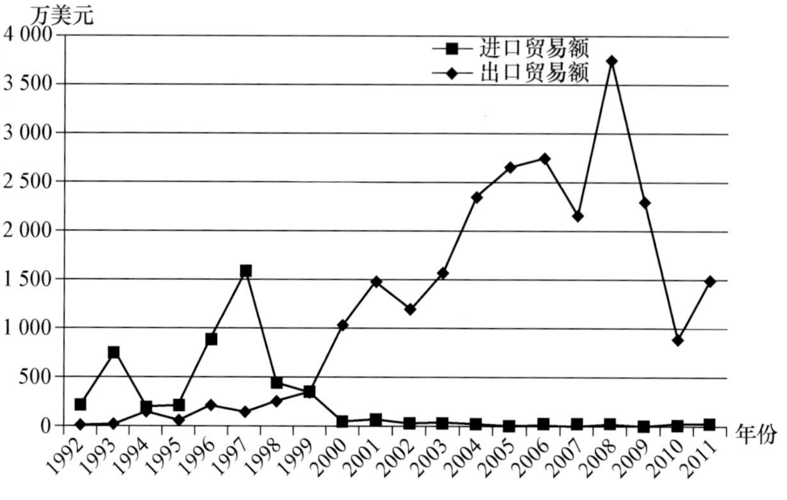

图 42　俄罗斯 1992—2011 年全脂淡炼乳进出口贸易额

资料来源：FAO。

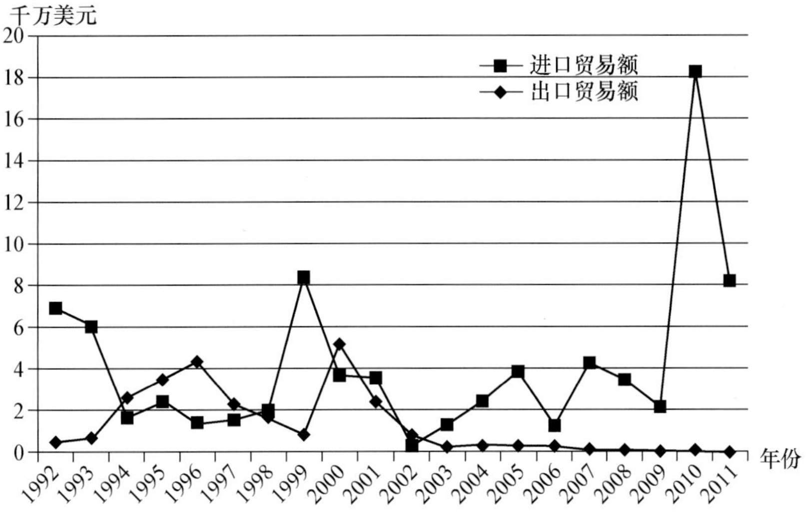

图 43 俄罗斯 1992—2011 年脱脂奶粉进出口贸易额

资料来源:FAO。

俄罗斯近几年液态奶、奶酪、黄油、全脂奶粉、脱脂奶粉的进出口量及消费量见图 44、表 3 至表 7。俄罗斯乳制品出口种类并不多,2003 年以前,罐装浓缩乳的出口量是最大的,2003 年以后,酪乳和全脂奶酪的出口量逐渐增加。据俄罗斯国家统计委员会报道:2003 年 1—11 月份黄油出口 4 400 t,干酪出口量为 3 000 t;而俄罗斯乳制品的出口量在 1998 年为 33 万 t,在 1999 年为 20.8 万 t,2001 年为 60.9 万 t,2002 年为 38.6 万 t。俄罗斯乳制品的贸易伙伴主要有白俄罗斯、新西兰、哈萨克斯坦等。哈萨克斯坦从俄罗斯进口的乳制品最多,占整个俄罗斯乳制品出口总量的 70%;第二位的是立陶宛,它从俄罗斯进口的乳制品占整个俄罗斯乳制品出口的 9%;其次是阿富汗 3%;阿塞拜疆和德国的进口量各占俄罗斯总出口量的 2%。

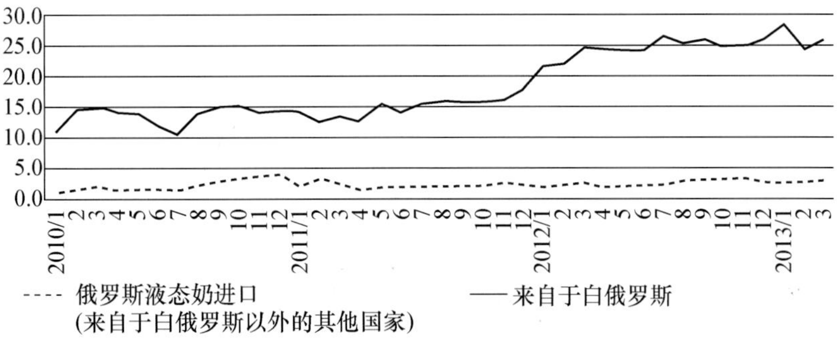

图 44 俄罗斯从白俄罗斯和世界其他国家进口液态奶的比较(单位:千 t)

资料来源:俄罗斯进口统计局和白俄罗斯出口统计局(全球贸易示意图)。

表 3 俄罗斯液态奶的进出口及消费量(据美国官方数据) 千 t

液态奶	2011 年	2012 年	2013 年
产奶牛数量(千头)	8 650	8 600	8 650
产奶量	31 742	32 150	32 350
进口量	206	280	300
总供应量	31 948	32 430	32 650
出口量	5	5	5
国内消费量	11 700	11 205	11 210

续表

液态奶	2011 年	2012 年	2013 年
奶业工厂消费量	17 800	18 775	18 985
国内饲料用奶消费量	2 443	2 445	2 450
国内牛奶总消费量	31 943	32 425	32 645

资料来源:美国农业部官方资料(http://www.fas.usda.gov/psdonline/psdHome.aspx)。

表 4　俄罗斯奶酪进出口及消费量(据美国官方数据)　千 t

奶酪	2011 年	2012 年	2013 年
原有量	11	12	12
产量	425	450	470
进口量	344	350	355
总供应量	780	812	837
出口量	9	10	10
国内消费量	759	790	815
总用量	768	800	825
期末存有量	12	12	12
总量	780	812	837

资料来源:美国农业部官方资料(http://www.fas.usda.gov/psdonline/psdHome.aspx)。

表 5　俄罗斯黄油进出口及消费量(据美国官方数据)　千 t

黄油	2011 年	2012 年	2013 年
年初存量	11	12	10
生产量	217	210	210
进口量	116	130	135
总供应量	344	352	355
出口量	2	2	2
国内消费量	330	340	343
总用量	332	342	345
年末存量	12	10	10
总量	344	352	355

资料来源:美国农业部官方资料(http://www.fas.usda.gov/psdonline/psdHome.aspx)。

表 6　俄罗斯全脂奶粉进出口及消费量(据美国官方数据)　千 t

全脂奶粉	2011 年	2012 年	2013 年
年初存量	11	12	12
生产量	425	450	470
进口量	344	350	355
总供应量	780	812	837
出口量	9	10	10
国内消费量	759	790	815
总用量	768	800	825
年末存量	12	12	12
总量	780	812	837

资料来源:美国农业部官方资料(http://www.fas.usda.gov/psdonline/psdHome.aspx)。

表 7　俄罗斯脱脂奶粉进出口及消费量(据美国官方数据)　千 t

脱脂奶粉	2011 年	2012 年	2013 年
产量	57	55	70
进口量	71	70	70
总供应量	128	125	140
国内消费量	128	125	140
总量	128	125	140

资料来源:美国农业部官方资料(http://www.fas.usda.gov/psdonline/psdHome.aspx)。

2　奶业科技进展

2.1　奶牛育种与繁殖技术

俄罗斯育种与繁殖技术主要在提高荷斯坦牛种性能方面有所突破。俄罗斯主要繁育荷斯坦和爱尔夏两个牛种,其中荷斯坦牛占 74%,爱尔夏牛占 26%。荷斯坦牛在 1990 年平均产奶量 4 116 kg,乳脂率 3.68%,奶油量 152 kg,到 2000 年各项分别为 5 100 kg、3.86%和 197 kg;爱尔夏牛于 1990 年各项分别为 3 682 kg,4.12%和 152 kg,到 2000 年各项分别为 4 700 kg、4.20%和 197 kg。由于加强种公牛选育,良种公牛的女儿在母牛群中的比例迅速提高,1975 年达到了 25%,1984 年达到了 52.6%。在育种选育的过程中,奶牛的产奶性能不断提高。牛的每月龄体重不断增加,体重的增加使初配年龄也相应提早。按个体产奶性能选择初胎母牛是荷斯坦牛生产性能提高的另一重要因素,因此初胎牛在牛群中的比例上升,即犊牛培育得比较好,牛群补偿能力提高。1969 年每百头母牛中初胎牛占 16%,到 1984 年,初胎牛在各农场牛群中的比例占到 27%~39%。人工授精是目前改进牛群品质的主要繁殖手段,人工授精效果达到了较高的水平。

2.2　奶牛饲料与营养技术

奶牛泌乳能力的遗传力仅为 25%~30%,其余为饲养管理因素。饲养管理的内容很多,在饲养中,丰富的营养、日粮合理的搭配及精心的调制是产奶的物质基础。事实证明,同一品种的奶牛,在不同牧场饲养,其产奶量差异很大,这固然与选择有关,但大部分原因是饲养管理的差异。

发展奶牛饲养离不开机械化,俄罗斯奶牛饲养业较为发达,全俄罗斯奶牛饲养机械化程度在 70%以上,在拴牛、分饲喂料、饮水到挤奶、计量、管道清洗和清粪等方面基本上实现了机械化。全俄农业电气化研究所在挤奶机和奶牛场综合机械化方面做了大量的研究工作,拥有一大批适合奶牛场应用的先进成果,如:链条式自动拴系装置、奶牛乳房按摩器、脉冲放气式集乳器、乳房炎监测仪、奶流速度测量仪、自动称重台、分流式牛奶计量器、电子式牛奶计量器、自动脱落与找奶装置、移动和固定式自动喂料装置、奶牛场计算机综合管理系统等。奶牛产奶性能的高低与饲养水平直接有关,俄罗斯在 20 世纪 90 年代就基本实现了移动式的自动化喂料装置,奶牛在传统的大棚中站立于料槽旁,该装置沿料槽缓缓向前,在每个牛位处根据各牛的识别号喂给相应量的饲料。在上述各种自动测量与自动作业装备的基础上,用计算机技术,将上述各部分连接起来,形成计算机综合管理网络系统,计算机根据采集到的产奶量,自动调整喂料量,提高奶牛场的运行效益与管理水平。俄罗斯发展奶牛饲养业的经验是发展机械化奶牛饲养场和适度规模奶牛饲养场。俄罗斯奶牛饲养场规模一般在 600~1 200 头左右,在奶牛场运行的各个环节,西方奶牛业发达国家具有的设备与技术基本上均可在俄罗斯找到(见图 45)。

图 45　俄罗斯牛舍

俄罗斯科研机构对基础研究十分重视，技术人员一丝不苟的进行资料的搜集、分析、检验，及时作出总结。如在畜牧科学及工艺设计研究所的饲料分析室，专家们对各种饲草饲料的营养成分进行认真的分析化验，并保存有历年分析的样品。正是由于这种扎实的基础工作，使他们能对不同生长发育阶段的奶牛、不同季节的饲料配方，提出富有建设性的意见，指导饲养者提高奶产品的产量。在牛奶加工工艺研究所的化验室，专家们利用常规设备，对牛奶的理化性质进行详细分析，通过多年积累的资料，选择乳制品原料，指导乳品生产。

2.3　奶牛疫病控制技术

俄罗斯比较重视奶牛疫病控制，但是有的疫病仍然危害严重，形势恶化，有的疫病是由于进口家畜造成的传播。

牛白血病在俄罗斯是个常见疾病，过去 7 年中该病的发病趋势不乐观。根据俄罗斯兽医局报道，该病病情非常难于控制。每年经过白血病血清学检测的奶牛占总存栏量的 50%，根据实验室检测结果，大约 10% 的奶牛呈阳性，阳性奶牛中仅有 5%被屠宰销毁，例如：2010 年第一季度，291 万头牛经过检测，232 392 头得出阳性结果，6 997 头被屠宰；第二季度，503 万头牛经过检测，345 021 头呈阳性。

2004 年以来，俄罗斯布氏杆菌病在动物当中的疫情持续趋于严重，流行病学发病率显著超过了标准安全水平。例如：2010 年第一季度，兽医局登记了 34 起牛布氏杆菌病；2010 年第二季度登记了 110 起。根据俄罗斯兽医局报道，其疫情严重的原因一方面是由于农业部门不遵守兽医法规，因此这些疾病呈失控状态；另一方面是受经费短缺的影响，有些地区的地方兽医局控制措施欠缺，诊断能力不足。兽医局并不区分流产布氏杆菌 *Brucella abortus*、猪布氏杆菌 *Br. suis* 和牛布氏杆菌 *Br. canis* 的情况尤其处于失控状态。从该病的传播情况看，最严重的地区为 Stavropol 边区、Dagestan 共和国、Astrakhan 和 Rostov 州，以及西伯利亚地区的 Tyva 共和国。

从 1994 年以来，俄罗斯兽医机构还未曾在俄联邦境内记录过蓝舌病，直到最近，第一例蓝舌病阳性病例是 2008 年在进口的牛当中发现的。2010 年第一季度兽医局对 4 194 头牛进行了蓝舌病检测，未发现任何阳性动物；然而，第二季度对 6 116 头牛进行检测之后，在 Kaluga 州的 333 头牛当中发现了 58 例阳性。

俄罗斯是牛结核病的地方性发病国。兽医人员 2010 年第一季度登记了 4 起新发病例，第二季度登记了 6 起。过去 7 年当中该病的总体状况还算良好。

总之，俄罗斯的疫病控制需要加强，造成疫病严重的主要原因有法律法规不健全，经费短缺问题，疾病防控措施问题,缺乏全国性的家畜可追溯机制,小型私营种畜场、农场和小型屠宰加工厂缺乏良好的畜牧生产方式等。

2.4 奶牛场粪污处理与环境保护技术进展

随着社会的发展,人们越来越关心环境问题。各国也逐渐意识到环境治理的必要性,欧盟已明文规定,每年的10月份至来年的4月份禁止牧场排放污水。俄罗斯同我国等许多国家一样,在清粪及粪污处理上基本实现了机械化,粪便的清理主要为机械清粪。机械清粪包括拖拉机推进的刮粪板清粪以及机械式通道刮粪板清粪,目前许多牛场采用刮粪板集中清粪,然后对牛粪进行发酵,生产沼气。俄罗斯目前主要发展工厂化生产的小型、高效沼气发酵装置,不仅解决了农村能源问题,还减少了有害气体的排放,减少了对生态环境的污染,发酵后的粪便残渣用于农业种植。对牛粪的再利用是通过脱水分离进行发酵,干粪集中堆放发酵,分离出的粪便含水率很低,风干就能作为垫料使用,或者直接排放到农田,粪水则输入密闭容器中贮存发酵,这样不仅提高了牛粪的利用率,还有效地防止了牛粪造成的环境污染。

3 原料奶质量控制与计价体系

3.1 提高原料奶质量的主要技术措施

(1)颁布提高原料奶的标准和法律,按照规定进行实施。

(2)加强科学饲养管理,保证各种营养物质平衡供给,给奶牛提供充足的营养物质。降低各种应激因素,例如:通风不良、噪声、饲喂发霉的饲料等。

(3)建立相应的奶牛疾病预防控制体系,做好疫苗和药物的治疗。检测预防为主,防治结合。

(4)降低原料奶微生物等污染的措施和体系。

(5)控制牛舍环境卫生,并建立良好的挤奶程序,进行消毒挤奶。

(6)冷却原料奶,原料奶被挤出后迅速冷却,并做到较低温度保存。

总之,提高原料奶的品质是一项综合性管理技术,在生产中,结合实际情况,通过采取上述措施来提高原料奶的质量。

3.2 提高原料奶产量的主要政策措施

根据新农业法规定,俄罗斯政府于2007年7月颁布了《2008—2012年农业发展、农产品市场调节、农村发展规划》。该规划提出的目标:一是可持续性农村发展,其中包括扩大农村就业和提高农村生活水平;二是改进俄罗斯农业生产的竞争能力,其中包括加大财政支持、实现现代化和加快重点领域发展以替代进口;三是保护和恢复自然资源,其中包括土壤保护。2007—2012年期间,农业生产年均增长率为4%,牲畜生产年均增长率为5%。该规划规定,为了实现上述目标,各级政府将在2007—2012年期间共拨款11 000亿卢布(1卢布约合0.037美元),其中联邦政府和各州政府分别承担5 513亿卢布和5 443亿卢布。政府拨款资金的重点投入方向:一是可持续性农村发展;二是为发挥农业功能创造良好条件;三是发展重点农业领域;四是农业资金可持续性;五是加强农产品市场调节。该规划要求,为了方便各类农业生产者获得贷款,要进一步发展俄罗斯农业银行及其支行网点;为了更新现有的农业机械,要创建鼓励私人投资的良好环境;为了降低自然灾害所导致的收入风险,要强化国家对农作物的保险,将作物保险土地面积占全国耕地总面积的比例从2006年的18%提高至2012年的40%,政府为粮食、油籽、工业作物、饲料作物、马铃薯、蔬菜及多年生作物提供40%的作物保险费;为了减少进口,要将国产食品占国内市场份额从2006年的63%提高至

2012 的 70%，将进口肉类占国内市场份额从 2006 年的 35%降低至 2012 的 25%；为了稳定粮食市场价格、增加生产者收入和促进粮食出口，要通过平衡生产与消费、提供农产品干预信息和支持粮食出口来实现粮食供求平衡；为了帮助农业生产者提高生产效率，要创建"国家农业信息发布系统"；在 2009 年以后将继续对进口肉类实施税率配额制度，废除税率配额制度中的国家分配，提高超配额税率。

这些法律的制定无疑对稳定俄罗斯奶业现状、巩固和发展良种基地、加快繁育高品质的种群并将其推广、保持和完善业已建立的动物和家禽遗传基因库、提高畜种的质量具有重要意义，对于满足畜牧业对饲料中蛋白质含量提高的要求提供了法律和资金上的支持与保证。

3.3　监控原料奶质量的主要方法及惩罚措施

俄罗斯联邦法——乳和乳产品技术操作规程中第二章对原料乳及其加工产品的要求进行了规定，其中第 5 款对原料乳和原料乳脂的安全要求如下：

(1)从农业牲畜获得乳及原料乳和原料乳脂、非工业生产乳制品的运输、销售、有效利用的条件都应该符合俄联邦关于兽医法要求。

(2)原料乳应该从在传染和人畜共患疾病方面安全的地域上、健康的农业牲畜处获得。

(3)在食品中不允许使用产仔前 5 d，停止挤奶期间和产仔后前 7 d 的牲畜和(或)病牲畜和处于检疫的牲畜处获得的原料乳。

(4)生产者应该保证原料乳的安全，在原料乳中没有禁止的、清洗的、消毒的和中和的物质，没有牲畜生长的刺激素(其中包括激素制剂)、在畜牧业中为肥育及治疗牲畜和(或)预防其生病使用的药物(包括抗生素)。

(5)从各类农业牲畜处获得的乳，除牛乳以外，都应符合执行权力的联邦机构制定的标准、规范文件、准则汇编和(或)技术文件规定的指标。

(6)在未加工牛乳中无水脱脂物质的质量组成份额应不少于 8.2%。牛乳的密度，在未加工牛乳中脂肪的质量组成份额为 3.5%、在 20 ℃的温度条件下，每立方米应该不少于 1 027 kg，或对于在未加工牛乳中脂肪的质量份额为另一种的乳，不少于等量数值。

(7)原料牛乳和原料乳脂的化学和放射学安全指标不应该超过本联邦法制定的允许水平。

(8)微生物安全指标和原料牛乳和原料乳脂体细胞的含量不应该高于本联邦法制定的允许水平。

(9)根据俄联邦关于兽医法、俄联邦在保证居民的卫生—传染病安全方面法律和在生态安全方面法律的要求，制造商负责处理潜在危险物质、微生物和体细胞允许含量不符合安全要求的原料乳和原料乳脂。

俄罗斯联邦法——乳和乳产品技术操作规程中第二章对原料乳及其加工产品的要求进行了规定，其中第六款对原料乳和原料乳脂生产、贮藏、运输和有效利用的专业工艺流程的要求如下：

(1)原料乳生产的专用工艺流程包括农业牲畜的饲养、挤奶的条件，原料乳和原料乳脂的采集、冷却和贮藏条件，应该符合俄联邦关于兽医法的要求。

(2)农业牲畜挤完奶后，原料乳应该在 2 h 之内纯化和冷却至 4 ℃(±2 ℃)。

(3)考虑到运输时间，允许制造商在 4 ℃(±2 ℃)情况下原料乳贮藏不超过 24 h，考虑到运输时间，在温度不超过 8 ℃条件下，原料乳脂贮藏不超过 36 h。

(4)在下列情况下允许制造商对原料乳进行初步热处理加工，其中包括消毒：

①原料乳的酸度为 19～21 吉尔里耳度(°T)；②原料乳的贮藏超过 6 h；③原料乳的运输持续时间超过了原料乳的冷却贮藏所允许的时间，但不超过 25%。

(5)原料乳在采用初步热处理加工情况下，其中包括消毒，热处理加工的方法(温度、实施的期限)在附加文件中规定。

(6)农业商品生产者在生产原料乳和原料乳脂时，应该使用在保证居民卫生—流行病安全和保护消费者权力范围内，在检查和监督方面执行职能的执行权力的联邦机构批准的用于与乳制品有接触的设备和材料。

(7)在冷却的原料乳或原料乳脂运往加工地时,直至它们开始加工之前这种产品的温度不应该超过10 ℃。对于温度不符合规定要求的原料乳和原料乳脂必须立即处理。

(8)在保证居民卫生一流行病安全和保护消费者权力范围内,在检查和监督方面执行职能的执行权力的联邦机构批准的在供与乳发生接触用的材料制成的带有密封盖子并加上铅封的容器中实施原料乳和原料乳脂的运输。交通工具应该有本联邦法规定的保证保持温度的冷却系统设备。

(9)原料乳和原料乳脂贮藏和运输应带有证明其安全和本联邦法 36 款 23 和 24 部分规定的信息文件。

(10)在加工前,制造商在产品的保质期范围内,且在 4 ℃(±2 ℃)的条件下,在单独打标号的容器中实行原料乳、受热处理加工乳、原料乳脂、乳加工产品的贮藏。

(11)不符合本联邦法要求的原料乳或原料乳脂的有效利用,这些产品的制造者或销售者依照俄联邦关于兽医法、保证居民卫生流行病安全方面的俄联邦法和生态安全方面的法律规定执行。

3.4 原料奶计价体系

根据乳成分指标、卫生标准、感官指标和稳定性指标等进行计价。按照乳成分的具体数量进行计价,在其他国家应用也比较广泛。同时,按规定采取一定的奖励和惩罚措施,目的在于加强奶牛科学饲养,提高原料乳的质量。

4 科技推广体系

4.1 主要研究与推广机构

由于有食用乳制品的历史传统,俄罗斯(包括前苏联时期)历来对乳制品领域的研究工作非常重视。目前在俄罗斯涉及乳品工业的研究机构约 50 家,规模和实力各有差异,归属部门也各不相同,既有农科院下属的,也有属于医学研究部门的,还有股份制及私有企业。

在这些研究机构中,规模最大、科研实力最强的当属俄罗斯农科院下属的全俄乳品工业研究所。该所成立于 1930 年,距今已有 70 多年的历史,也是到目前为止俄乳品研究领域历史最为悠久的研究机构。另外一家规模较大和科研实力较强的科研机构是同样隶属于俄罗斯农科院的全俄奶油、奶酪研究所,这是俄罗斯目前唯一的专门研究奶油及奶酪制品的研究机构。全俄畜牧良种研究所在国内相关领域亦享有极高知名度。

除此之外俄罗斯从事乳制品研究的科研院所还有:莫斯科国立实用生物技术大学、全俄牛奶工业科研所、俄罗斯农科院牛奶加工设备试验厂等。

4.2 运作模式

全俄乳品工业研究所的主要任务是为俄罗斯乳品工业领域提供科研保障。研究内容涉及乳品新技术、设备、包装、仪器及生产过程控制等方面的基础及应用领域。该所下设微生物、理化检测、卫生、环保、经营、计量及认证等研究部门。研究所除了制定和颁发涉及生产、包装等方面的技术标准文件之外,还向乳品生产企业提供关于完善产品系列、增加新品种、实现自动控制的现代化生产、产品质检方法、选择包装材料以及生产经营等方面的科研实践与咨询服务。此外,研究所自己还参股成立了一些工厂和公司,负责生产和销售自己开发的乳制品。

全俄奶油、奶酪研究所是在 1936 年成立的奶酪研究实验室基础上,合并了其他几个科研机构后,于1944 年组建的,后来获得了全苏研究机构的称号。该所除了下设专业研究部门之外,还拥有为数众多的地方分支机构，在几十年的时间里，为前苏联及俄罗斯乳品业的发展做出了巨大贡献。

全俄畜牧良种研究所科研力量雄厚，下设 24 个研究室。为全俄制定有关畜牧育种工作的各项标准，收集和发布科技信息，为政府提供畜牧生产方面的相关参考资料，并承担国家级重大研究课题。

5　促进奶业发展的主要政策

5.1　促进奶业生产的政策

前苏联采用的是注销债务和提供补贴的方法，目的是弥补和调和农产品与工业产品的差价，也就是国家将从高利润生产领域（比如伏特加、天然气、石油等）获得的收益进行重新分配，以促进所有生产领域产品总量的提高，保证整个国家正常运转。这样的运行模式一直持续到 1998 年，但支持的力度在明显减少。最近几年俄联邦政府也在思考国家应该采取怎样的措施参与农产品的生产和销售，一方面帮助农业劳动者，保护他们的积极性，另一方面又不会造成某些人不劳而获。于是联邦政府通过了一系列法律，并下拨专项资金，支持农业发展。1995 年俄联邦通过了《关于良种畜牧业》的法律，2001 年 4 月通过了《支持从事良种繁育的乳制品生产者》大纲，其他法律还包括：《2001—2004 年发展莫斯科州优良畜牧业基地》、《关于 2001—2004 年国家对从事良种繁育的农业商品生产者的财政支持》、《2000—2003 年莫斯科州对提高农村土地肥力的支持》。除此之外，国家杜马还通过了一系列法律法规，提高农产品的收购价格、给农民提供财政上的支持或减免他们的赋税等。

除此之外，俄联邦政府还给企业提供资金支持：①为繁殖场提供设施设备成本的 30％的补助；②给繁殖场提供种公牛精液的补贴，每剂达 30 卢布；③对于青年牛的补贴，每千克活体重补贴 30 卢布；④对于养殖户消耗的混合料的补偿，2009 年的补偿额达到成本的 26.8％，2010 年达到 31.7％；⑤干涉全脂奶粉市场。

俄罗斯《独立报》报道，俄罗斯在 2011 年对国内奶牛养殖业提高财政补贴，比 2010 年增加 40％。在过去的 5 年内，新建大约 420 个奶牛畜牧场和乳品厂，翻新和进行现代化升级的养殖基地共有 1 371 个。

5.2　促进奶业加工的政策

俄政府引导成立农业消费加工合作社，来帮助发展牛奶加工和奶产品贸易。政府对奶牛场和牛奶加工厂进行建设、重组或现代化改造，提供贷款资金达 31 亿卢布。另外，建设农场和牛奶加工厂的基础设施设备，对首批租金进行补偿，总补偿款达 18.79 亿卢布。俄罗斯根据不同地区居民的要求开发多功能乳制品，除了人们喜欢的传统乳制品外，各种风味酸奶、能够保存时间更长的牛奶、符合各地区不同标准不同功用（比方说军队和医疗单位）的乳制品，特别适于儿童、学生、中年人吃的乳制品和适宜糖尿病人吃的乳制品都应运而生。

5.3　促进奶业贸易的政策

2007 年以来，俄政府通过提高全脂奶粉、黄油、硬奶酪的进口关税来保护国内奶牛养殖户的利益。自 2009 年开始，政府又通过购买干预手段来调节奶产品市场。为了调整供需平衡，政府提高了原奶的销售价格。此外，为规范食品供应商与零售链之间的关系，政府还出台了一个联邦法律。该法律规定：产品供应时应设定付款时限；淘汰其他税费，除了与销售部分的折扣款；取消储存费用；禁止未售完的商品返还给供应商，除非有合同约定或国家法律指定；取消因运输和销售之外产生的消费性退款。然而，这个新法律并未解决所有问题，特别是它没有包括直接的政府定价规定，以及指定价格标高的最大数或界定市场零售的门槛。

5.4 促进奶业消费的政策

在牛奶及其产品的消费方面，政府进行大力宣传，启动公益性广告，以促进公众的牛奶及奶产品消费。政府还大力支持针对性计划的实施，如学生奶计划、穷人支持计划以及敏感体质人群的支持计划。此外，政府规定牛奶及奶产品为安保服务人员膳食中的强制性成分。

6 值得借鉴的主要经验

俄罗斯奶牛饲养机械与技术比较起来相对滞后，但基本上能满足使用要求，价格上比较便宜，较适合于我国的实际情况，可供我们借鉴。加强奶牛场机械的研究，降低奶牛场机械成本，提高其质量与可靠性，是加快奶牛场机械化，大力发展奶牛饲养业的前提。特别是挤奶计量、乳房炎监测、青饲料收获与处理和粪便处理等亟待开发的适合我国国情的产品，可以引进一部分关键样机进行测试与中试，并根据我国的实际情况，双方进行必要的改进.使其更适合我国奶牛场的需要，然后再推广使用，提高我国奶牛饲养业的技术与经济水平，促进我国奶牛饲养业的发展。

养殖分散，组织化程度低是导致俄罗斯的乳品工业生产水平停滞不前，成本高与经济效益差的根本原因之一。所以只有科学规划养殖、加工和销售，形成规模效益，营造品牌效应，增大市场占有率，增强与进口乳制品的竞争能力。

加强科技投入，提高创新能力，细化和精化产品结构，大力提高产品的综合质量。在未来的激烈竞争中，乳制品科技含量的高低和产品结构的完美程度及精细化程度以及综合质量的优劣，决定着乳制品企业的生死存亡。只有提高产品的科技含量，形成特色与“亮点”，不断研究并采用新技术、新工艺和新设备才能立于不败之地。

俄罗斯牛奶业目前仍存在资金短缺、技术基础薄弱、原料奶质量偏低、加工工艺老化、产品品种不够丰富等难题，但俄罗斯政府在促进奶业生产、加工、贸易、乳品消费等方面出台了一系列相关的法律法规、政策措施，通过提供补贴、国家参与生产和销售、鼓励出口等办法保护国有生产者的利益，值得我们借鉴。

参考文献

[1]王会斌.俄罗斯奶粉市场现状.中国奶牛，2007(1):55-56

[2]王会斌.近几年俄罗斯奶业概况.中国奶牛，2007(1):56-58

[3]蒲开夫，王雅静.俄罗斯联邦的畜牧业.草食家畜，2010(4):1-3

[4]鹿波，冯志彪.俄罗斯乳品工业发展现状.中国乳品工业，2006(3):46-50

[5]俄罗斯乳制品及奶业现状.甘肃农业信息网.2006年5月10日.http://www.gsny.gov.cn/kjdt/2006/05/10/1147229850000.html

[6]俄罗斯联邦乳品工业概况 http://www.dairy-business.com/news/news060106_9.htm

[7]郑佳，李诚.俄罗斯和中国食品质量标准比较分析.中国乳业，2010(2):52-56

[8]吴锡飞，王干农.俄罗斯奶牛机械发展概况.农机与食品机械，1997(4):33-34

[9]罗思.俄罗斯牛奶标准.环球博览，2005,08:74-75

[10]杨建梅.俄罗斯市场奶产品消费情况.中亚信息，2006,4:35

[11]中国经济网.俄罗斯牛奶价格创新高.中国畜牧兽医文摘，2010(6):8-8

[12]陈偲.百事与俄乳业巨头闪婚.农产品市场周刊，2010(49):28-30

[13]Luojian. 俄罗斯对高价奶酪的需求增长[EB/OL]. 亚心网. (2007－11－30). http://www. xjjjb. com/html/news/2007/11/10978. html

[14]刘蕊. 2010 年俄罗斯奶酪市场增长 7.5%[EB/OL]. 伙伴网. (2011－03－10). http://www. hlj. gov. cn/zerx/system/2011/03/10/010154101. shtml

[15]中国奶业协会信息网. 俄罗斯乳制品消费结构将发生改变[EB/OL]. 中俄经贸合作网(2008－12－09), http://www. dac. com. cn/view. php? articleid=1667251

[16]王新宇. 俄罗斯可能扩大乳制品进口关税[EB/OL]. 伙伴网(2011－03－24). http://www. hlj. gov. cn/zerx/system/2011/03/24/010159565. shtml

[17]张兴,丁建新. 俄罗斯联邦乳品工业概况. 全球科技经济瞭望,2005(10):49－51

[18]罗思. 俄罗斯牛奶标准. 中国标准化,2005(8):74－75

[19]L Ostroumov A Prosekov A Zheleznov I Smirnova,郑佳,李诚. 俄罗斯和中国食品质量标准比较分析——以奶酪标准为例. 中国乳业,2010(2):52－56

[20]哈巴罗夫斯克经商室. 2008—2011 年间俄共投入 760 亿卢布扶持乳业发展[EB/OL]. 驻哈巴罗夫斯克总领馆经商室子站 (2012－03－31). http://www. mofcom. gov. cn/aarticle/i/jyjl/m/201203/20120308046326. html

[21]姜风涛. 到俄罗斯办牧场去. 饲料博览,2006(12):15－16

[22]俄罗斯乳制品标准化近况. 世界标准化与质量管理,2005(3):63－63

[23]俄罗斯的奶业现状. 奶牛杂志,2006(5):54－56

[24]俄罗斯银行增大信贷限额,大力支持奶业发展. 中国乳业,2012(10):78

[25]俄罗斯牛奶市场供应与需求水平不匹配. 中国乳业,2012(5):87

[26]近年来俄罗斯牛奶的生产及进出口概况. 中国乳业,2005(3):59－61

[27]2010 年奶业市场分析及 2011 年展望. 农业展望,2011(1):2528

[28]俄罗斯联邦统计局官方网站, http://www. gks. ru/wps/wcm/connect/rosstat_main/rosstat/en/main/

[29]俄罗斯农业市场研究所官方网站, http://www. ikar. ru/eng/

[30]美国农业部官方网站, http://www. fas. usda. gov/psdonline/psdHome. aspx

[31]联合国粮农组织, http://www. fao. org/home/en/

执笔　中国动物卫生与流行病学中心:王淑娟　李金明　张永强　刘雨田
王　华　吴鑑三　王志亮
中国农业大学:邓由飞

附　表

附表 1　奶牛头数、单产水平和牛奶总产量(1992—2012)

年份	奶牛头数(百万头)	平均单产[kg/(头·年)]	牛奶总产量(千 t)
1992	20.2	2 328	47 015
1993	19.8	2 329	46 297
1994	18.4	2 163	41 951
1995	17.4	2 162	39 098
1996	15.9	2 145	35 522

续表

年份	奶牛头数(百万头)	平均单产[kg/(头·年)]	牛奶总产量(千 t)
1997	14.5	2 240	33 835
1998	13.5	2 382	32 955
1999	13.1	2 432	32 274
2000	12.7	2 502	32 259
2001	12.2	2 651	32 874
2002	11.8	2 797	33 462
2003	11.1	2 949	33 316
2004	10.3	3 060	31 861
2005	9.5	3 202	31 070
2006	9.4	3 356	31 339
2007	9.3	3 502	31 988
2008	9.1	3 596	32 363
2009	9.0	3 698	32 570
2010	8.8	3 782	31 847
2011	8.9	3 857	31 646
2012	8.9	—	31 917

资料来源:俄罗斯联邦统计局和 FAO(1992—2011 年奶牛平均单产和 1992—1998 年牛奶总产量)。

附表 2 主要乳制品产量(1992—2011) t

年份	黄油	脱脂奶酪	全脂奶酪	奶油	脱脂乳	脱脂奶粉	全脂奶粉	全脂淡炼乳	全脂浓缩奶
1992	761 590	340 000	298 876	834 900	21 099 600	115 000	149 982	582 741	—
1993	732 269	350 000	312 518	841 950	20 521 800	110 000	133 870	433 856	—
1994	487 777	328 000	285 370	559 500	13 662 000	105 000	114 250	298 900	—
1995	421 300	260 000	216 881	480 000	11 742 300	100 000	110 000	225 000	—
1996	323 300	237 000	191 000	429 000	9 313 200	95 000	100 000	205 000	—
1997	292 000	213 000	173 630	405 000	8 226 000	92 414	89 340	202 000	—
1998	276 160	200 000	184 810	360 000	7 740 000	77 493	76 290	185 500	—
1999	261 710	180 000	184 590	345 000	7 267 500	87 449	83 770	178 000	—
2000	267 000	170 000	220 720	361 500	7 560 001	90 397	74 510	190 500	—
2001	269 000	180 000	255 000	364 500	7 569 000	110 709	107 455	200 000	—
2002	279 065	180 000	316 190	375 000	7 830 900	104 200	90 749	202 000	—
2003	284 822	180 000	348 686	375 000	7 947 000	98 363	95 144	203 000	—
2004	276 236	170 000	347 875	360 000	7 678 800	92 914	91 419	192 500	—
2005	253 931	166 000	378 000	345 000	7 114 500	91 804	79 712	185 000	—
2006	267 788	166 000	421 022	345 000	7 393 501	95 016	75 320	185 000	1 900
2007	272 430	166 000	436 646	345 000	7 510 500	94 529	78 826	180 000	13 300
2008	271 804	170 000	432 162	330 000	7 431 300	90 739	83 179	186 000	17 100
2009	232 868	170 000	444 231	329 250	6 592 500	66 042	48 681	180 000	15 200
2010	208 000	170 000	433 375	329 250	6 070 500	63 000	46 000	180 000	17 100
2011	220 000	170 000	432 000	328 500	6 341 400	77 700	56 300	180 000	13 300

资料来源:FAO。

附表 3　主要乳制品消费量(1992—2009)　t

年份	黄油和酥油	奶酪	奶油	非黄油乳制品	全脂乳
1992	882 590	661 876	820 674	15 786 070	7 453 187
1993	856 269	694 341	824 990	18 504 982	7 373 387
1994	772 338	688 314	548 212	19 885 493	10 872 212
1995	657 908	554 053	470 400	19 305 093	12 132 114
1996	443 250	555 255	422 999	21 295 511	14 426 843
1997	455 447	584 424	398 800	20 781 071	14 937 335
1998	356 179	462 913	357 666	21 783 003	16 408 841
1999	312 810	381 953	345 181	21 967 097	17 006 590
2000	315 811	423 567	359 600	21 426 845	17 443 844
2001	373 813	543 280	359 468	20 350 202	15 523 333
2002	386 375	622 094	369 944	20 875 782	15 470 303
2003	415 770	703 527	372 714	20 482 092	14 502 018
2004	372 941	722 652	359 781	21 771 913	14 932 316
2005	332 467	793 214	345 732	22 774 199	16 216 036
2006	376 802	789 733	345 558	22 235 828	15 700 477
2007	343 781	814 388	345 827	24 045 019	17 354 899
2008	352 570	824 958	329 735	23 420 475	15 793 413
2009	290 314	824 483	328 378	25 122 814	18 261 750

资料来源:FAO。

附表 4　主要乳制品进口数量(1992—2011)　t

年份	黄油	酪乳	全脂奶酪	奶油	天然乳产品	脱脂乳	脱脂奶粉	浓缩全脂乳	全脂奶粉	全脂淡炼乳	全脂鲜乳	酸奶
1992	161 000	167	26 000	2 522	25	580	29 400	22 300	41 200	4 500	310	284
1993	224 000	114	32 100	50	20	27	22 190	35 700	13 810	6 300	3 450	379
1994	151 383	7 916	76 426	0	0	0	15 967	25 530	26 766	2 671	7 000	18 582
1995	241 070	24 649	78 780	0	0	0	15 205	30 298	30 115	2 070	13 500	23 208
1996	125 810	58 630	130 550	2 823	364	753	8 166	21 766	11 780	4 857	29 406	66 709
1997	169 698	106 174	162 514	2 000	364	650	10 300	46 033	28 116	8 500	34 483	128 234
1998	83 053	82 666	61 608	5 537	257	9 763	30 910	57 557	37 891	10 520	71 706	86 243
1999	53 200	6 438	16 352	7 512	1	3 672	109 076	28 920	35 355	10 355	48 140	13 602
2000	53 857	6 920	35 528	5 881	54	7 356	31 682	5 712	9 007	1 621	50 581	36 605
2001	109 185	12 475	111 968	2 564	106	165	22 043	11 312	8 002	1 017	1 326	37 523
2002	109 967	26 741	129 301	2 758	334	534	2 396	7 495	1 561	316	3 147	8 900
2003	134 700	19 511	178 345	5 729	659	156	9 742	11 505	5 024	254	4 419	6 798
2004	101 289	16 730	197 881	7 874	236	181	15 233	12 979	7 420	276	2 222	11 387
2005	82 034	8 463	243 467	8 122	794	208	19 437	8 138	7 804	132	2 134	7 494
2006	111 522	7 782	202 315	8 237	961	326	5 394	179	2 417	240	2 098	5627
2007	75 265	19 256	216 992	9 001	1 209	451	10 253	125	2 611	37	2 975	5 417
2008	84 458	13 108	229 729	7 543	1 435	553	11 535	100	7 151	31	5 493	5 685
2009	61 539	5 930	21 5392	6 711	868	514	8 317	201	4 687	1	6 531	6008
2010	78 488	7 801	277 234	15 870	1 938	643	63 742	219	14 757	90	11 228	8 585
2011	76 672	9 357	272 178	12 209	2 022	724	25 839	236	4 652	15	13 058	13 236

资料来源:FAO。

附表 5　主要乳制品出口数量(1992—2011)　t

年份	黄油	酪乳	全脂奶酪	奶油	天然乳产品	脱脂乳	脱脂奶粉	浓缩全脂乳	全脂奶粉	全脂淡炼乳	全脂鲜乳	酸奶
1992	0	16	3 000	0	0	0	5 683	0	4 700	0	1	0
1993	0	60	277	170	43	241	9 726	315	3 070	281	59	0
1994	6 822	3 782	1 482	98	0	0	37 350	3 908	25 593	2 042	0	0
1995	4 462	809	1 608	0	0	0	28 998	2 237	6 017	490	0	197
1996	5 860	398	3 295	188	54	298	35 765	5 931	5 130	1 162	798	213
1997	6 251	175	1 814	60	54	102	18 207	6 829	771	800	608	199
1998	3 034	252	1 318	560	17	126	14 877	8 661	3 184	3 004	637	393
1999	2 100	226	1 431	281	579	54	6 875	4 084	1 363	4 649	1 204	385
2000	5 046	543	2 682	433	672	96	48 739	8 761	2 759	13 433	3 148	3 333
2001	4 372	797	3 688	255	93	145	16 810	7 849	2 473	15 872	6 241	13 275
2002	2 657	9 801	3 397	259	2	63	8 310	7 381	3 389	15 899	9 266	12 955
2003	3 752	16 941	3 504	400	3	51	1 248	7 522	2 502	18 773	9 600	13 262
2004	4 584	22 424	3 397	736	9	97	1 929	6 765	2 999	23 691	7 836	10 987
2005	3 498	37 637	4 958	328	211	97	1 363	11 223	4 628	24 000	8 755	8 898
2006	2 508	47 920	8 120	614	597	138	885	11 338	2 454	22 760	8 378	12630
2007	3 914	58 885	12 630	1 094	372	186	746	15 132	2 660	14 616	10 332	16 448
2008	3 692	56 851	14 335	1 057	4	203	422	13 113	1 646	20 037	11 557	14 906
2009	4 093	45 662	12 608	864	55	211	284	14 495	1 525	12 817	21 201	10856
2010	2 698	34 674	9 342	296	27	171	81	11 017	270	6 991	9 107	8 461
2011	1 953	20 343	10 524	699	143	215	12	17 373	47	11 220	4 166	6 877

资料来源:FAO。

附表 6　主要乳制品进口贸易额(1992—2011)　千美元

年份	黄油	酪乳	全脂奶酪	奶油	天然乳产品	脱脂乳	脱脂奶粉	浓缩全脂乳	全脂奶粉	全脂淡炼乳	全脂鲜乳	酸奶
1992	338 000	828	57 000	3 188	81	812	67 800	15 500	95 233	2 000	300	633
1993	347 200	616	79 300	53	52	47	58 792	26 800	36 608	7 500	3 000	622
1994	188 979	11 220	160 115	0	0	0	15 455	20 277	47 170	2 093	4 700	28 303
1995	451 569	25 947	151 135	0	0	0	23 607	34 584	53 098	2 028	9 500	30 457
1996	240 914	35 010	158 781	2 968	319	444	12 594	20 597	23 674	8 871	10 298	49 224
1997	269 125	44 532	106 396	2 100	319	550	14 062	23 513	37 287	16 000	15 916	59 754
1998	146 701	35 191	70 101	4 934	228	2 210	18 886	34 647	32 943	4 210	24 772	36 863
1999	87 900	3 894	30 060	4 130	1	1 095	82 847	16 842	19 701	3 489	13 197	10 556
2000	74 854	4 588	63 750	3 075	108	4 122	35 200	2 797	5 162	436	17 970	27 481
2001	123 740	7 759	165 639	2 407	346	98	34 592	8 395	11 237	655	645	29 501
2002	132 313	21 076	234 982	2 909	460	992	2 349	4 740	1 757	255	915	9 275
2003	185 027	17 827	355 168	6 568	750	117	12 113	7 903	7 240	186	1 966	7 020
2004	162 382	17 571	420 713	10 447	565	135	22 971	10 389	14 016	228	1 354	13 565
2005	152 456	10 797	612 434	11 202	2 223	150	38 173	7 353	16 190	79	1 444	12 134
2006	197 380	10 320	540 509	11 600	1 713	255	11 002	288	5 255	186	1 617	9 370
2007	173 391	26 341	776 483	14 124	5 269	384	42 445	355	10 711	79	2 652	9 104
2008	248 150	24 601	988 147	15 446	2 517	543	33 550	369	24 783	45	5 695	10 953
2009	162 433	10 672	831 010	12 535	3 057	405	21 937	704	17 114	6	5 335	9 794
2010	257 631	16 947	1 256 247	36 776	7 666	716	183 306	758	53 662	126	8 972	14 599
2011	325 470	20 361	1 384 340	29 851	5 414	603	81 547	913	17 332	114	11 860	25 484

资料来源:FAO。

附表 7　主要乳制品出口贸易额(1992—2011)

千美元

年份	黄油	酪乳	全脂奶酪	奶油	天然乳产品	脱脂乳	脱脂奶粉	浓缩全脂乳	全脂奶粉	全脂淡炼乳	全脂鲜乳	酸奶
1992	0	33	5 238	0	0	0	3 900	0	4 500	0	0	0
1993	0	10	173	194	114	121	6 288	171	1 870	88	6	0
1994	9 248	3 247	2 474	137	0	0	24 886	3 540	23 383	1 467	0	0
1995	9 747	924	3 078	0	0	0	34 672	3 720	9 467	697	0	344
1996	15 458	530	6 169	291	67	443	43 180	9 535	8 458	1 962	663	358
1997	9 986	212	2 651	90	67	130	22 980	9 261	1 485	1 300	502	344
1998	5 587	265	2 193	583	23	150	14 948	8 677	4 087	2 673	400	473
1999	3 571	133	1 872	233	569	25	7 002	3 062	1 575	3 539	535	483
2000	6 997	602	3 506	356	586	35	50 739	6 221	3 392	10 442	1 188	3178
2001	5 139	677	5 874	217	116	50	22 212	6 284	4 152	14 725	2 473	11 261
2002	2 240	7 438	4 862	295	1	21	6 884	5 304	3 504	11 960	3 414	10 010
2003	3 938	14 416	6 279	690	1	19	1 450	6 611	3 962	15 733	3 940	10 888
2004	5 598	21 371	5 342	1 350	5	42	3 072	6 422	5 414	23 524	3 666	10 285
2005	4 642	36 561	8 383	652	140	51	2 748	11 120	9 087	26 695	4 586	10 660
2006	4 208	52 699	15 666	1 273	460	79	2 452	13 110	5 045	27 591	5 191	17 566
2007	8 117	74 679	28 271	2 426	341	130	1 697	20 846	8 022	21 411	7 981	24 212
2008	7 942	87 583	38 419	2 792	5	174	1 197	21 886	5 701	37 648	11 239	26 869
2009	8 898	57 413	31 878	1 964	58	142	447	19 502	3 540	22 973	16 852	15 553
2010	8 429	46 137	21 621	788	40	124	245	15 517	771	8 980	7 523	12 516
2011	5 748	29 777	31 626	1 671	251	170	7	26 000	81	15 098	4 271	11 208

资料来源:FAO。

荷兰奶业发展报告

摘要:20 世纪 60 年代以来,荷兰在奶牛养殖、乳品加工、贸易、消费、科技和政策方面取得了长足的发展。研究发现:自 20 世纪 60 年代以来,①荷兰奶牛饲养业的专业化、集约化水平不断提高;奶牛养殖以规模化家庭农场为主;奶牛总存栏量趋于稳定、家庭养殖规模有所提高;牛奶单产不断提高。②荷兰是世界主要乳制品生产国,乳制品加工业走过了一条由小到大、由分散到集中的道路,呈现菲仕兰和坎皮纳两家乳品企业独大的局面;各类乳制品加工量变化较大,奶酪产量不断提高;合作社是乳制品加工业的主要组织形态。③荷兰是乳制品的主要消费国,人均消费水平高于欧盟,主要消费液态奶、奶酪等。④荷兰是乳制品净出口国家,欧盟是其主要贸易对象,主要贸易品种包括:脱脂奶粉、全脂奶粉、奶酪、黄油、鲜奶等。⑤荷兰奶业科技不断进步,在推动奶业发展方面贡献明显;荷兰奶牛育种和繁殖技术在世界上居于领先地位;荷兰的饲料和营养技术运用较早、发展较快,属于青贮技术运用较早国家;荷兰在奶牛疫病控制、粪污处理方面有着独特而有效的技术应用。⑥荷兰实行严格而有效的牛奶质量控制,并依靠乳脂和乳蛋白进行计价。⑦荷兰主要依靠私营的科研机构和公司加强奶农和研究单位的联系,实现奶业科技推广。⑧荷兰政府在奶业的生产、加工、贸易和消费环节提供政策支持,为奶业发展创造有利环境。研究荷兰奶业发展的基本状况,有助于汲取其中对我国奶业发展有益的经验,使我国奶业取长补短,实现我国奶业发展的远景目标。

关键词:荷兰　奶业　发展

1　荷兰的自然与社会发展

荷兰位于欧洲西部,西北两面濒临北海、东临德国、南接比利时,素有“欧洲海上大门”之称。荷兰国土面积狭小,东西长约 200 km,南北长约 300 km,面积为 4.15 万 km^2,仅相当于我国江苏省面积的 2/5。荷兰又称为尼德兰,意为“低地之国”,其 1/3 的面积仅高于海平面 1 m,近 1/4 的面积低于海平面,陆地面积不到 3.4 万 km^2。荷兰属典型的温带海洋气候,冬温夏凉,年降水量达 650～700 mm。

荷兰全国人口为 1 670 万(2011 年底),人口密度超过每平方千米 400 人(2011),其中 80.9%为荷兰人。荷兰国土狭小,是典型的人多地少的国家,但是,荷兰通过“贸易立国”,大力发展转口贸易,经济十分发达。2010 年荷兰 GDP 为 7 825.89 亿美元,人均 GDP 约为 46 861 美元(2011),是世界上最发达国家之一。荷兰工业发达,主要工业部门有食品加工、石油化工、冶金、机械制造、电子、钢铁、造船、印刷、钻石加工等,工业原料和产品销售主要依靠国外。近 20 年,荷兰又重点发展空间、微电子、生物工程等高技术产业,传统工业主要是造船、冶金等。荷兰自然资源相对贫乏,但近年来在北海发现储量丰富的天然气,2001 年开采天然气约 743 亿 m^3,自给有余。

农业在荷兰国民经济中占有重要地位,荷兰约有 58%的土地用于农业,其中草场面积占 31%,耕地面积占 23.6%。荷兰依据本国自然条件确定农业发展。除粮食依靠进口外，荷兰的农业十分发达，是世界主要农产品出口国之一。荷兰的主要农产品包括花卉、乳制品、肉类和薯类。花卉是荷兰的支柱性产业，享有“欧洲花园”的美称，其花卉出口占国际花卉市场的 60%。荷兰在沙质地上种植马铃薯，并发展薯类加工，其种薯贸易量占世界 1/2 以上。此外，荷金融服务和保险业、旅游业发达。航运业在经济中占重要地位。

荷兰畜牧业产值占农业产值的 70%(2011)左右，是荷兰国民经济的主导产业。在畜牧业中，奶牛及乳制品占畜牧业总产值的 70%以上(2011)，其次是猪、羊及家禽，荷兰是世界上最大的乳品、猪肉出口国①。历史上，荷兰就是一个奶业大国。早在 140 多年前，荷兰建立了第一个乳品加工厂，当时荷兰牛奶的年总产量为 200 万 t，其人口总数才为 400 万。二战结束以后牛奶产量迅速增长，并超过了人口增长的速度。

2 奶业发展基本情况

2.1 奶牛养殖业

奶牛养殖业是荷兰农业的重要组成部分，2011 年奶业产值占荷兰农业总产值的 18%。荷兰有将近 60%的农田被用于奶牛养殖。2011 年奶业总产值为 64.1 亿欧元，较 2010 年的奶业总产值 58.8 亿欧元有所提高。从 1960 年代的家庭小农场，荷兰已经形成了集约化、专业化、规模化的奶业生产模式。

2.1.1 奶牛的集约化、专业化饲养水平

20 世纪 60 年代前期是荷兰奶业农场实行农业机械化作业的发展时期(见表 1)。在“二战”结束后不久，荷兰就开始引进农用拖拉机。但是，当时农用拖拉机的引进仅限于那些大的农机公司和大农场。然而到了 1965 年，几乎所有的农场都拥有拖拉机。播种、田间管理、收割、运输等许多农场作业都由拖拉机完成。70 年代初，拖拉机的用途被扩展到生产加工粗饲料。在整个 60 年代，牧草的收割、晾晒、集堆主要靠人力完成。但是，70 年代，这些作业活动已经完全由机械完成。

表 1 荷兰专业奶牛场的机械化发展(1965—2011)

项目	1965 年	1980 年	1999 年	2011 年
拥有挤奶机农场占比(%)	—	98	100	100
拥有挤奶罐农场占比(%)	0	100	100	100
拥有隔间的农场占比(%)	0	45	80	—
拖拉机(马力/农场)	25	—	172	—
平均每个牛场的产量(1 000 kg)	74.2	256.3	414.6	61.6

资料来源：Peter van Horne and Henri Prins. Development of dairy farming in the Netherlands in the period 1960—2000, June 2002, Agricultural Economics Research Institute, The Hague. ;2011 年数据来自 Dutch Dairy Sector 2012。

1960—1965 年间，手工挤奶是十分普遍的，一名工人可以处理 10～15 头奶牛，这已经是在挤奶机引进之前最大的劳动量了。荷兰引进挤奶机并不算晚，在 1960 前，由于战后劳动力十分廉价以及试验样机技术问题延缓了挤奶机在荷兰国内的推广。1960—1965 年，荷兰挤奶机数量从 39 000 台增加到 63 000 台。这一时期挤奶厅还未应用，桶式挤奶依然还很普遍。挤奶时，奶牛要拴系在牛舍或者一个固定的栅栏上。这时期，生产的牛奶已经可以储存在专用的奶罐里了。

60 年代中后期是荷兰农业走向专业化的时期，许多农场开始只从事一项农业生产活动。荷兰的奶业生产也是在这一时期走上了专业化的发展道路。农场主们不仅购买机械挤奶设备，而且还投资兴建牛舍和专用的挤奶厅，形成了牛舍与挤奶厅齐备的比较现代的奶牛舍饲方式。

① 引自司智陟.荷兰畜牧业生产概况，畜牧与兽医，2011(7).

1971—1975 年，荷兰奶牛场实现了牛舍的现代化，粗饲生产的机械化以及在基础设施方面的进步。这一时期，荷兰的奶牛场基本上从传统的畜棚喂养转变为现代化的牛舍喂养。牛舍开始设置隔间，并开始装备有漏缝地板。这一时期，牛奶冷藏罐大量应用，从 1970 年的 25 000 个增加到 1975 年的 45 000 个。冷藏罐的应用使得乳品厂改变了传统的运输方式，是奶牛场机械化发展的重要一环。

1976—1980 年间，挤奶厅和牧草青贮(图 1)开始引进。这一时期，荷兰几乎所有的奶牛场都采用了挤奶厅。荷兰气候适宜牧草青贮制作，牧草青贮技术的广泛应用使得牧草青贮在奶牛日粮中开始占有十分重要的地位。

图 1　荷兰家庭牧场的牧草青贮

1980—1985 年，欧盟牛奶配额制度开始实施，荷兰奶业开始从注重数量向注重质量的转变。牛奶配额对荷兰奶牛养殖业影响深远，农场主从扩张性生产转向从降低成本中获利。由于牛奶生产成本的降低，每头牛的产量从 1985 年的 5 700 kg 增加到 1999 年的 7 530 kg，而奶牛的饲养成本还保持在同一水平。

1980 年，荷兰开始应用个体识别技术(Individual Cow Identification)，牛奶产量被记录下来，产量信息与集中喂养的奶牛数量有关。计算机开始引入奶牛场的管理，并告知每头牛应饲喂的饲料量。

1995—2000 年间，挤奶机器人的引入成为荷兰奶牛养殖业最引人注目的技术革新。自 1999 年来，大约有 500 台挤奶机器人在欧洲应用，其中在荷兰的有 250 台。2010 年，荷兰采用机器人挤奶的农场由 2001 年的 0.96%增加到 2010 年 3.52%①。挤奶机器人的使用不仅解决了奶头损害和乳腺炎的发生，还增加了牛奶产量。

随着奶牛饲养集约化程度的提高和计算机的普及，荷兰在奶牛饲养管理方面无论是放牧、挤奶还是饲料配比以及清粪方面的现代化、机械化水平不断提高。

2.1.2　奶牛养殖规模演变

荷兰的奶牛养殖业是一种以家庭农场为基本单位的现代奶业生产体系②。小规模的家庭农场的比例正在逐年下降，中等规模的家庭农场的比例也呈下降趋势，而 70 头以上的大规模家庭农场的比例正在逐年提高。奶牛养殖业有较强的规模效应，适度的规模化和集约化饲养有利于形成规模效应，又有利于技术推广与应用，促进质量和效率的提高(见图 2)。

---

① 引自郭爱珍. 荷兰养牛业考察报告. 中国奶牛，2011(19)：28—32.

② 引自刘玉满，李静. 荷兰以家庭农场为基础发展现代奶业. 中国农村经济，2005，71—77.

图 2　荷兰家庭牧场的奶牛养殖

1960—1965 年，荷兰奶牛场的平均面积仅为 10～15 hm^2。1970 年以来，荷兰奶牛场的数量不断减少，每个奶牛场的牧场面积不断增加。1970—2011 年的荷兰奶牛业的发展情况如表 2 所示。

表 2　荷兰奶牛业发展（1970—2011）

项目	1970 年	1980 年	1990 年	1999 年	2010 年	2011 年
奶牛场数量（个）	116 000	67 000	47 000	31 800	19 805	19 247
奶牛总数（头）	1 900 000	2 350 000	1 900 000	1 588 500	1 478 635	1 469 720
牧场饲养数（头）	16	35	40	50	75	76
草场总面积（hm^2）	1 330 000	1 200 000	1 100 000	1 030 000	950 770	938 698

资料来源：Peter van Horne and Henri Prins. Development of dairy farming in the Netherlands in the period 1960—2000，June 2002，Agricultural Economics Research Institute，The Hague。

2000 年来，荷兰奶牛养殖专业化和机械化水平不断提升带动了牛场养殖规模的扩大，70 头以上的大规模家庭农场成为主流。按照荷兰对家庭农村规模的分类标准，饲养规模小于 30 头的为小规模农场，30～70 头的为中等规模农场，70 头规模以上的为大规模农场。

参考表 3 中泌乳牛的数据，1～30 头养殖规模和 70 头以下养殖规模都呈下降趋势，而 70 头以上养殖规模则保持增长，并且是 100 头以上规模的增幅较快。2000 年，70 头以上的养殖规模占比为 21.6%；到 2011 年，这一比重达到 49.7%，几乎占了 1/2。

表 3　荷兰奶牛养殖规模变化（2000—2011）

规模（头）＼年份	泌乳牛数量（头）					所占比重（%）				
	2000	2005	2009	2010	2011	2000	2005	2009	2010	2011
1～30	6 854	4 031	2 351	2 348	2 156	23.3	17.1	11.6	11.9	11.2
30～70	16 231	11 603	8 414	7 870	7 522	55.1	49.3	41.5	39.7	39.1
70～100	4 549	5 238	5 409	5 327	5 236	15.4	22.3	26.7	26.9	27.2
100～150	1 508	2 114	3 101	3 210	3 210	5.1	9.0	15.3	16.2	16.7
150 以上	324	541	993	1 050	1 123	1.1	2.3	4.9	5.3	5.8
总计	29 466	23 527	20 268	19 805	19 247					

资料来源：CBS 农业普查（Landbouwtelling）及 Dutch Dairy Sector 2012。

对荷兰奶业的考察也发现，每个家庭农场的平均饲养规模为74头成母牛，平均单产为7 919 kg/(头·年)，生鲜奶价格为每千克0.270 6欧元，折合人民币每千克2.52元(汇率按照9.316计算)，经营35～40 hm^2(525～600亩)土地。奶牛养殖规模的扩大，意味着劳动的投入减少，资本的投入增长，荷兰奶业实现了由规模数量型的生产模式向质量效益型生产模式的转变。

2.1.3 奶牛养殖总量稳定发展，家庭养殖规模不断扩大

自战后欧洲经济复兴以来，荷兰奶牛的保有量不断提高，并在1983年达到高峰，奶牛总保有量达250万头。自90年代以来，在欧盟奶业生产配额政策以及农场主为提高奶牛养殖效益的背景下，荷兰泌乳奶牛的总保有量不断下降，2000年左右趋于稳定，并根据欧盟奶业配额政策，每年有一定程度的提高(见图3)。

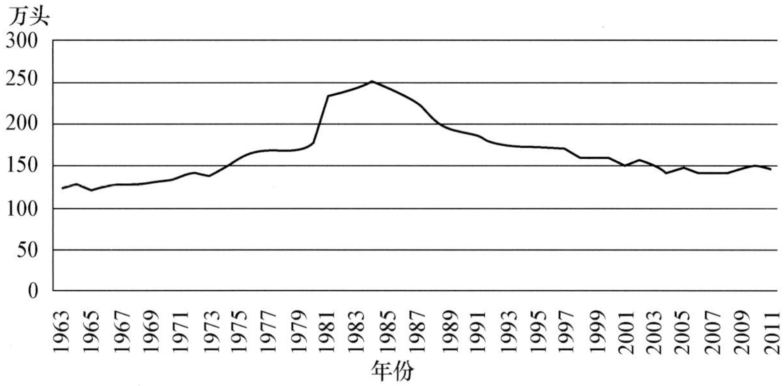

图3 荷兰奶牛数量变化(1961—2011)

在奶牛养殖规模化的养殖模式演变的过程中，家庭农场的数量不断减少。1960—2011年，家庭农场的数量从18.5万个减少到1.9万个。与此同时，家庭农场的饲养规模也在逐年扩大。1960—2011年，家庭农村的平均饲养规模由9头增加到76头(见表4)。

表4 荷兰家庭农场数量和规模变化情况(1960—2011)

	1960年	1985年	2000年	2003年	2011年
家庭农场数(个)	185 000	58 000	29 000	25 000	19 247
家庭农场平均规模(头)	9	41	52	59	76

资料来源：刘玉满，李静. 荷兰以家庭农场为基础发展现代奶业. 中国农村经济，2005，71—77；2011年数据来自Dutch Dairy Sector 2012。

2.1.4 牛奶产量不断攀升

由于奶牛饲养的专业化、机械化以及规模化的发展，1960年之后荷兰牛奶产量开始迅速增长，牛奶总产量、奶牛单产不断提高。荷兰牛奶总产量在1983年达到高峰，超过1 300万t。然而，同期奶牛的单产水平却很低，1983年的奶牛单产仅为5.29 t(见图4和图5)。

以最近10年为例，虽然奶牛的总存栏量不断减少，但奶牛的单产水平和总产量呈稳中有升的态势。其中，牛奶的单产水平变化更为明显，2000年奶牛单产为7.397 t，2011年每头牛的单产达到8.063 t，同比增长9%。而同期奶牛存栏量下降2%，从2000年的150.41万头，下降到2011年的146.97万头。在家庭农场规模扩大的影响下，每个农场平均年产奶量从2000年的37万t增长到现在的将近61万t，增长近63%。2000年以来的荷兰奶牛养殖业情况见表5。

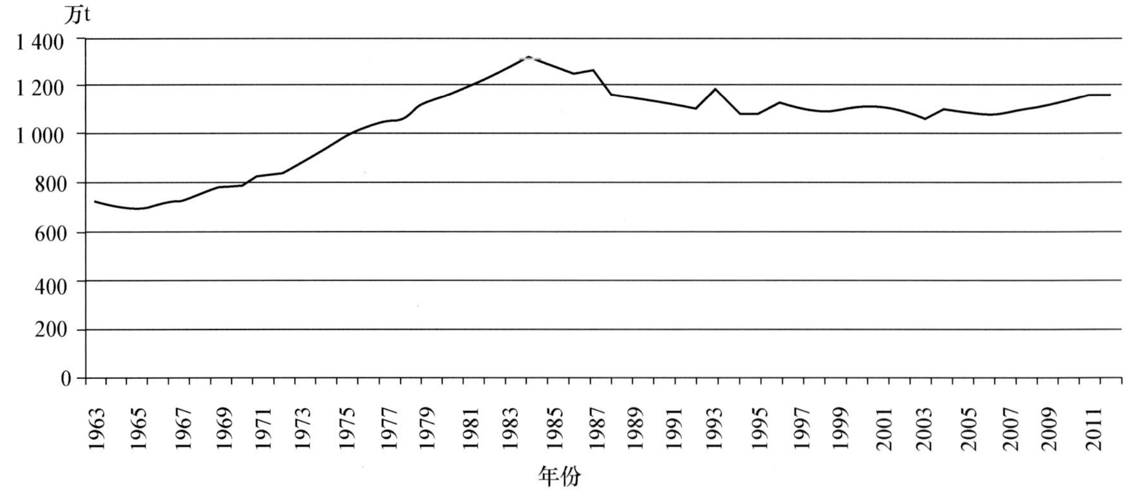

图 4　荷兰牛奶产量变化(1961—2011)

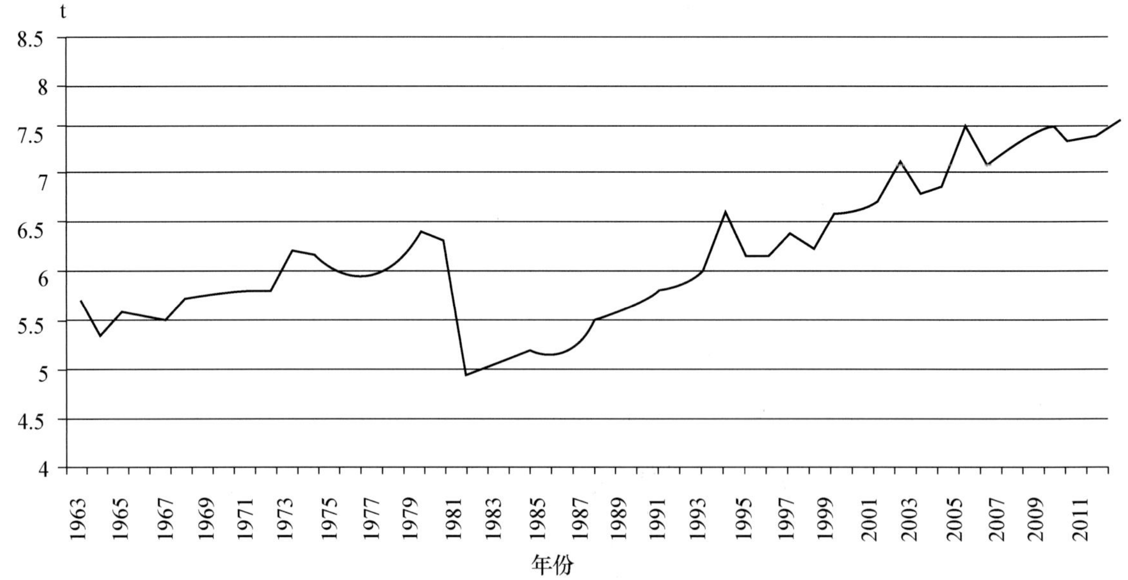

图 5　荷兰奶牛单产变化(1961—2011)

表 5　荷兰奶牛养殖情况(2000—2011)

年份	2000	2005	2009	2010	2011	以 2000 年为 100
奶牛数量(头)	1 504 097	1 433 202	1 489 071	1 478 635	1 469 720	98
每头牛平均产奶量(kg)	7 397	7 560	7 871	8 085	8 063	109
每个奶牛场平均产奶量(kg)	377 555	460 564	578 297	602 904	615 718	62.9

资料来源:CBS 农业普查(Landbouwtelling),2010 荷兰统计年鉴(CRV Jaarsta tistiek 2010),2011 年数据来自 Dutch Dairy Sector 2012。

2011 年荷兰牛奶总产量为 11 642 千 t,各省产量如图 6 所示。其中,产量较高的为上艾瑟尔、海尔德兰、弗里斯兰和北布拉特,产量占比分别为 17.9%、17.0%、15.1%和 13.9%。这与这些省份面积较大、草场众多有关。

图 6 荷兰牛奶产量地域分布(2011)

资料来源:Dutch Dairy Sector。

2.2 乳品加工业

荷兰奶牛养殖业的巨大优势使其能够建立完善、高效、强大的乳制品加工业。1871 年,荷兰第一家乳制品加工厂建立。到 1910 年,荷兰已经拥有黄油加工企业 958 家,奶酪生产企业 291 家,乳制品的专业化和规模化程度不断增强。直到 20 世纪七八十年代荷兰乳制品加工的专业化水平提高和规模扩大仍在加速发展。2011 年,荷兰农场生产的牛奶有 97%直接被送至乳制品加工厂,高度专业化使得荷兰奶业成为当今世界最成熟的产业之一。

2.2.1 乳品加工企业的数量、分布和规模

荷兰的乳品加工业走过了一条由小到大、由分散到集中的发展历程。20 世纪 60 年代,荷兰有大大小小乳品加工企业 600 多家,到 1998 年则只有 73 家乳品加工厂,并分属 19 家乳品公司。到 1999 年荷兰乳制品业进一步整合,共有 14 家乳品加工和销售企业,共经营了 67 家工厂。其中,最大的 3 家乳品公司为 Friesland Coberco,Campina Melkunie 和 Wessanen(Leerdammer)。Friesland Coberco 在 2000 年时拥有 26 家工厂,年加工原料奶达 520 万 t,净销售额为 40.4 亿欧元。Campina Melkunie 则拥有 22 家工厂,2000 年时营业额达 39.02 亿欧元。Wessanen(Leerdammer)规模稍小,有 2 家工厂,2000 年的营业额为 3.11 亿欧元。2008 年,Friesland Coberco 和 Campina Melkunie 合并成立菲仕兰坎皮纳(Friesland Campina)公司。

截至 2011 年 12 月 31 日,荷兰奶业有 20 家乳品公司,共有乳制品加工厂 50 家,其中 1/2 的企业隶属于菲仕兰坎皮纳(Friesland Campina)公司,呈现出菲仕兰坎皮纳一家独大的垄断特征。荷兰 20 家乳品公司如表 6 和表 7。

表 6 荷兰乳制品公司名称及拥有工厂数量列表(2011)

乳制品公司名称	拥有工厂数量(个)
Friselandcampina	26
DOC kaas-Hoogeveen	2
Leerdammer Company	2

续表

乳制品公司名称	拥有工厂数量(个)
Nutricia	2
Rouveen/Bastiaansen	2
Vreugdenhil	2
Arla Foods-Nijkerk	1
CONO kaasmakers-Beemster	1
Farm Dairy-Lelystad	1
Globemilk-Boxmeer	1
Henri Willig-Katwoude	1
Hochwald-Bolsward	1
Hyproca Dairy-Ommen	1
Katshaar Zuivel-Coevorden	1
Nestle-Nunspeet	1
Ozgazi-Etten-Leur	1
Vecozuivel-Zeewolde	1
VIV Buisman-Zelhem	1
De Zuivelhoeve-Hengelo	1
合计	50

表 7 荷兰各省份乳制品工厂的数量及名称(2011)

省份	乳制品加工企业	工厂数
北布拉班特	(den-bosch 斯海尔托亨博斯,veghel 费赫尔,nuenen 尼厄嫩,Eindhoven 艾恩德霍芬,rijkevoort 里克乌特)Cuyk 克伊克,bommeer 博克斯梅尔,molenschot 墨兰斯科特,etten-leur 艾腾吕尔	11
弗里斯兰	(Dronrijp 德龙莱普,Leeuwarden 吕伐登,Gerkesklooster 哲克斯克鲁斯特,Drachten 德拉赫腾,Workum 沃尔科姆)Bolsward 博尔斯瓦德,Scharsterbrug 斯哈吉特布吕赫,	7
上艾瑟尔	Balkbrug 巴尔克布吕赫,Rouveen 劳芬,Kampen 坎彭,Dalfsen 达尔弗森,Hengelo 亨厄洛,Zelhelm 泽尔赫姆	7
南荷兰	(Rotterdam 鹿特丹,Maasdam 马斯丹)Zoetermeer 祖特梅尔,Bleskensgraaf 布莱丝肯格拉夫,Scoonrewoerd 斯洪勒武德,Gorinchem 霍林赫姆	6
海尔德兰	(lochem 洛赫姆,steenderen 斯滕德伦,borculo 博尔屈洛,varsseveld 法瑟菲尔德)Nunspeet 宁斯佩特,zeesolde 泽沃德,nijkerk 奈凯尔克	6
德伦特	(Beilen 拜伦,Meppel 梅博尔)Hoogeveen 霍赫芬,Coevorden 寇沃丁	5
北荷兰	(lutjewinkel 吕特捷文克,Limmen 里蒙)Katwoude 卡特伍德,Beemster 贝姆斯特尔	4
格罗宁根	(Bedum 贝德姆,Noordwijk 诺德维克,Marum 马勒姆)	3
弗莱福兰	Lelystad 莱利斯塔德,Zeewolde 泽伍德	2
林堡	(Born 博恩)Heibloem 海博隆姆	2
乌得勒支		0
泽兰		0

注:括号内为 FrieslandCampina 菲仕兰坎皮纳加工厂。
资料来源:根据《Dutch Dairy Sector 2012》整理。

合作制使菲仕兰坎皮纳公司能够获得稳定的奶源、更加高效的乳制品质量管理以及更大的乳制品市场。2010 年皇家菲仕兰坎皮纳公司成为世界第五大乳制品加工企业,其营业额达 88 亿欧元(见表 8)。

表 8　世界乳制品企业排名(2011)

排名	公司名称	国家	营业额(亿欧元)
1	Nestle	瑞士	212
2	Danone	法国	123
3	Fonterra	新西兰	91
4	Lactalis	法国	91
5	Friesland Campina	荷兰	88
6	Dean Foods	美国	82
7	Dairy Farmers ofAmerica	美国	74
8	Arla Foods	丹麦/瑞典	69
9	Kraft Foods	美国	53
10	Unilever	荷兰/英国	51
11	Saputo	加拿大	43
12	Meiji Daines	日本	41
13	DMK	德国	40
14	Sodiaal	法国	40
15	Parmalt	意大利	39
16	Morinaga Milk Industry	日本	38
17	Bongrain	法国	36
18	Mengniu	中国	34
19	Yili	中国	33
20	Schreiber Foods	美国	30

资料来源:荷兰拉博国际银行 2011 年报告。

2.2.2　产品结构的变化

荷兰的主要乳制品包括液态奶、鲜奶、黄油、奶酪、炼乳、全脂奶粉和脱脂奶粉,其中液态奶、炼乳和奶酪在荷兰乳制品总产量中所占的比重较大。从 1961 年到 1983 年,荷兰各类乳制品的产量都有不同程度的增长,其中奶酪的增长最为明显。1983 年以后,黄油、全脂奶粉和脱脂奶粉的产量变化不大,而奶酪的产量仍呈增长的趋势,并在 1986 年左右超过炼乳成为除液态奶和鲜奶外产量最大的乳制品(见图 7)。

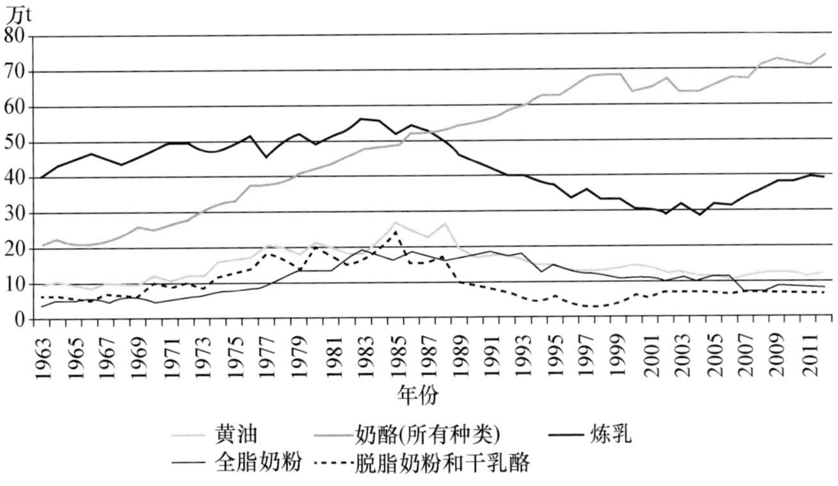

图 7　荷兰各类乳制品产量变化(1963—2011)

2000 年以后，荷兰乳制品产量的排名依次为液态奶、奶酪、炼乳、黄油、全脂奶粉、脱脂奶粉、奶油。其中，奶酪和炼乳一直呈增长趋势，2011 年奶酪产量为 750 千 t，比 2000 年产量 683.6 千 t 增长约 10%，年平均增长约 1.0%。2011 年炼乳产量为 354 千 t，比 2000 年产量 273.5 千 t 增长 29.4%，年平均增长 2.7%。2011 年黄油产量为 187 千 t，比 2000 年产量 143.1 千 t 增长 30.7%，年平均增长 2.8%。2011 年全脂奶粉产量为 131 千 t，比 2000 年产量 96.7 千 t 增长 35.5%，年平均增长 3.2%。脱脂奶粉的产量 10 年间略有下降，而奶油的产量十年间下降幅度较大。液态奶和鲜奶的产量表现出下降趋势，2010 年的产量为 1 142 千 t，但其产量仍具有绝对优势（见表 9）。

表 9　荷兰牛奶和乳制品产量变化（2000—2011）　　千 t

年份		2000 年	2005 年	2009 年	2010 年	2011 年	与 2010 年比
牛奶总产量		10 733.6	10 485.6	11 404.5	11 626.1	11 642	↑
可用于加工量		11 507.4	10 949.6	11 430.4	11 570.8	11 769	↑
乳制品生产量	鲜奶	1 495.2	1 377.6	1 190.0	1 142.0	1 043	
	奶油	46.9	28.9	26.6	19.8		↓
	奶酪	683.6	672.2	720.9	752.6	750	
	黄油和牛油	143.1	166.5	175.7	181.4	187	↑
	炼乳	273.5	291.8	314.5	347.3	354	↑
	全脂奶粉	96.7	107.2	139.7	135.5	131	↓
	脱脂奶粉	69.3	53.2	62.0	63.6	62	↓

资料来源：2010 荷兰统计年鉴（CRV Jaarsta tistiek 2010），Dutch Dairy Sector 2012。

2.2.3　产业组织形式的变化

荷兰的合作社历史悠久，早在 1886 年就创立乳品加工合作社。奶农通过自愿的方式加入合作社，加入合作社后奶农所生产的牛奶必须全部交给合作社乳品加工厂，合作社的乳品加工厂也有义务收购社员生产的牛奶。奶农合作社使奶农和乳品厂之间的整体利益一致，关系易于协调，为促进荷兰奶业的健康稳定发展起到了重要作用。早期的荷兰奶业合作社多为奶牛养殖和生产合作社。1980 年以来，荷兰又发展了多种形式的奶业合作社，如奶牛注册合作社（给奶牛登记注册、存档案）、投入合作社（购置各种农用物资）；产出合作社（销售牛奶及制品）、合作社银行、家畜保健合作社、家畜人工授精合作社和草种筛选和咨询等为发展奶业服务的合作社。在金融支持和技术服务方面，荷兰拉博银行也是农民用自己的力量筹资建立的合作银行，荷兰奶业 90%的贷款都是从拉博银行获得的。在技术服务方面，荷兰皇家养牛总会组织是一个为奶农提供奶牛注册登记、牛奶产量记录、体型评级和人工授精登记服务的合作社。荷兰国家育种公司则是一个为奶牛场提供优质、低价的育种技术的合作社，荷兰 90%的奶牛场应用其成果。

早期，奶牛养殖户以奶业合作社的形式经营奶业，奶业养殖规模的扩大促进了奶业的联合和统一，最终塑造出超大型的合作制企业。2005 年，荷兰大约有 15 家从事乳品加工的公司，其中有 5 家是合作社形式的公司，而这 5 家公司当中有 2 家是大型合作社企业，即菲仕兰和坎皮纳（Friesland Campina）。这两家企业加工的牛奶占荷兰牛奶总产量的 80%，几乎垄断了荷兰的乳品加工业。荷兰每年所产牛奶的 95%是在农民合作社所拥有的工厂里进行加工的。

2.3　乳品消费

荷兰不仅是乳制品的主要生产国，更是乳品的主要消费国。荷兰的自然气候条件适合于牧草生长和奶牛繁育，且荷兰人精于加工乳制品，长期以来荷兰人就具有消费鲜奶和乳制品的传统，荷兰人把消费鲜奶和乳制品看成是他们生活的一部分。

就多数乳制品而言，荷兰的人均消费水平高于欧盟。荷兰人主要消费液态奶、奶酪以及以乳品为原料的甜食,这三类产品是多数荷兰人日常饮食的重要组成部分。荷兰人的午餐一般为三明治夹奶酪,再加一杯牛奶,通常是生鲜牛奶。荷兰人消费的液态奶主要是经过巴氏消毒的半脱脂鲜奶。除了牛奶和乳制品的传统制作模式还在延续外,乳制品的消费模式正在悄然发生变化,尤其是户外消费方式的流行,这促使乳品加工业通过对改造传统产品、开发新产品来推进乳品业的变革。尽管年轻一代人的乳制品消费量有下降的趋势,特别是全脂牛奶产品的消费,但其他乳制品如奶酪的消费量正在逐年增加。

从表 10 可以看出,2010 年乳制品合计总量为 1 784 943 t,人均消费量 107.4 kg/年,自 2000 年以来一直呈下降趋势,与 2000 年相比减少 6.4%。其中,奶酪的消费量有明显的增长,黄油的消费量变化不大,奶油和酸奶的消费量则有明显的降低。2000—2010 年奶酪的总消费量和人均消费量不断增长。2010 年,奶酪人均消费量为 18.6 kg/年,比 2000 年提高 17.7%。2010 年奶油的人均消费量为 1.3 kg/年,与 2000 年相比将少 35%。2010 年黄油的人均消费量为 3.4 kg/年,与 2000 年相比增加 3.0%。酸奶的人均消费量为 2.6 kg/年,与 2000 相比减少 7.1%。2010 年荷兰人均奶酪和鲜奶消费量在欧盟内分别达到 18.6 kg/年和 59 kg/年,分别位列第 2 名和第 6 名。

表 10 荷兰乳制品消费变化(2000—2010)

消费	总消费量(t)				人均消费量(kg/年)				2010 年与2000 年比(%)	
	2000 年	2005 年	2009 年	2010 年	2000 年	2005 年	2009 年	2010 年		
乳制品合计	1 825 862	1 790 050	1 803 331	1 784 943	114.7	109.7	109.1	107.4	—	−6.4
奶油	31 799	28 940	21 872	21 410	2.0	1.8	1.3	1.3	—	−35
黄油	52 476	53 410	56 215	56 504	3.3	3.3	3.4	3.4	3	+3.0
奶酪	251 599	278 957	299 263	309 111	15.8	17.1	18.1	18.6	19	+17.7
酸奶	45 037	53 427	47 948	43 209	2.8	3.3	2.9	2.6	—	−7.1
人口(千人)	15 924	16 321	16 534	16 619	—	—	—	—	—	—

资料来源:2010 荷兰统计年鉴(CRV Jaarsta tistiek 2010)。

2011 年,荷兰在奶酪消费方面人均约 19 kg/年,这一水平自 2005 年以来变化不大。黄油的平均消费量多年来也变化不大,人均消费量为 3～4 kg/年。奶制饮料方面,近年来呈下降趋势。2011 年,荷兰人均消费乳制饮料 49 kg/年,略低于去年。与 2005 年相比,这一数字为 56 kg/年①。

荷兰人均奶酪和牛奶消费量与他国比较见图 8

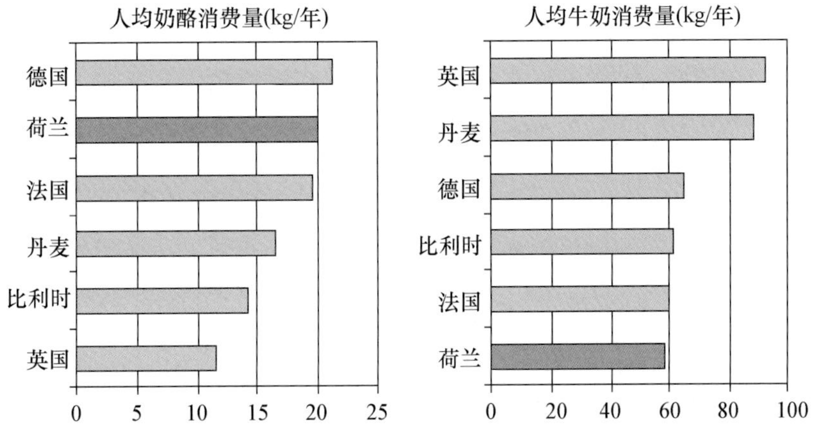

图 8 荷兰人均奶酪和牛奶消费量比较

资料来源:nederlandse zuivel organisatie. Dutch Dairy Industry. EDA General Assembly 24 September 2010。

① 引自 Dutch Dairy Sector 2012。

2.4　乳制品贸易

2.4.1　乳制品贸易

近 50 年来，荷兰乳制品贸易具有较强的市场竞争力，凭借其优良的生产技术、高质量标准，以及悠久的贸易历史，其在国际奶业市场中占据重要的地位。从 1961—2011 年，除了 1987—1999 年 12 年间荷兰的进口量大于出口量，其余的年份荷兰一直是一个乳制品净出口国家。

2011 年，荷兰奶业出口在数量方面有所下降，但由于价格提高奶业出口额却提高了。出口量方面，奶酪、黄油、全脂奶粉均有所下降。相反，脱脂奶粉的出口大为提高（见图 9）。2011 年，荷兰奶业出口额达到 54 亿欧元，比 2010 年提高 17%。由于出口额增幅大大高于进口额，因此，奶业对荷兰贸易账户的贡献提高了 6 亿欧元，达到 30 亿欧元。

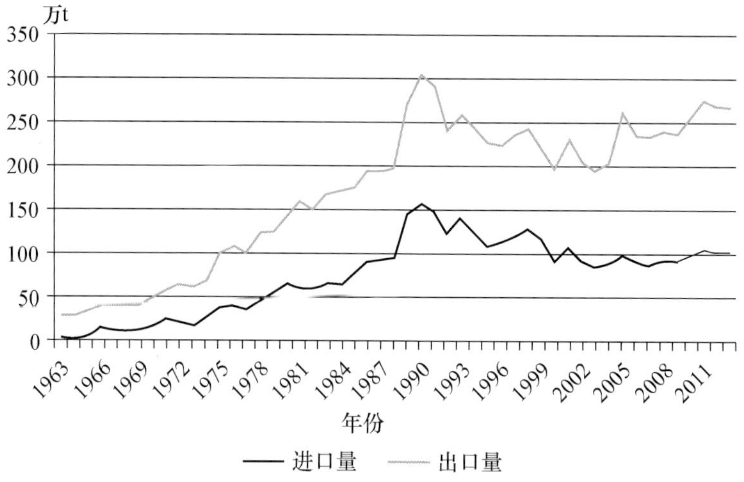

图 9　荷兰乳制品贸易情况(1963—2011)

分析 50 年来荷兰乳制品贸易，呈现出以下特征：

(1)各类乳制品贸易量、贸易额整体呈现波动中上升趋势。分析 50 年来荷兰乳制品出口量和进口量变化(附表 3)，可以看出，自 1961 年来，荷兰乳制品的出口量和进口量在 1985 年前都是处于稳步上升的态势，在 1987 年两者都有小幅的下降，并在 1988 年达到一个高峰，之后则呈现出波动。2001—2008 年乳制品的进口量和出口量都有明显的提高，但在 2008 年之后再次下降。

同样的情况，由荷兰乳制品的出口额和进口额变化可以看出(附表 4)，自 1961—1981 年，乳制品的进口额和出口额呈现出稳步上升的趋势，1981—1985 年贸易额出现下滑，但到 1986 之后贸易额迅速提高并在 1988 年达到高峰。1988—2000 年乳制品贸易额在波动中呈现出下降的趋势，2001 年后贸易额再次大幅提高。2008 年受全球金融危机的影响贸易额有所下降。

(2)荷兰乳制品贸易结构变化明显。从贸易产品的角度来看，1961—2011 年荷兰乳制品的贸易结构比较明确。50 年来，荷兰主要的乳制品贸易产品是全脂奶粉、脱脂奶粉、鲜奶、干奶酪和黄油。无论是贸易量还是贸易额，全脂奶粉所占比重最大，其次为脱脂奶粉、鲜奶、干奶酪和黄油。在贸易量方面，全脂奶粉、脱脂奶粉和鲜奶的比重远远大于干奶酪和黄油。由于奶酪的价格较高，在贸易额方面，全脂奶粉、脱脂奶粉、鲜奶和干奶酪的比重较大。

从 2010 年的情况来看(见表 11)，荷兰出口到欧盟外国家的乳制品主要是奶酪、脱脂奶粉和炼奶，相较于黄油出口量的小幅增长，奶油和全脂奶粉出口量却有所减少。

表 11 2010 年荷兰牛奶与乳制品出口情况

	2010 年(百万 kg)				与 2009 年同比变化(%)		
	欧盟 27 个成员国	欧盟以外国家	合计	欧盟占比(%)	欧盟 27 个成员国	欧盟以外国家	合计
奶酪	478.3	98.0	576.3	82.99	+3.4	+18.1	+5.7
黄油	84.4	30.0	114.4	73.78	+11.0	+1.9	+8.5
牛油	31.4	11.1	42.5	73.88	+12.6	−19.0	+2.2
炼奶	101.1	157.6	258.7	39.08	−14.0	+7.1	−2.3
全脂奶粉	15.7	142.4	158.1	9.93	+16.5	−6.8	−4.9
脱脂奶粉	33.9	55.3	89.2	38.00	+10.2	+25.7	+19.3
脱脂牛奶和奶油	455.4	15.9	471.3	96.63	−3.2	−8.4	−3.4

资料来源:2010 荷兰统计年鉴(CRV Jaarsta tistiek 2010)。

(3)乳制品贸易对象以欧盟为主。荷兰有 40%的乳制品用于国内消费,其余 60%用于出口,且主要出口到欧盟国家。2010 年,荷兰 2/3 的乳制品出口到欧盟,大多是邻近的德国、比利时、法国等其他的欧盟成员国家。2010 年,除全脂奶粉外,欧盟在荷兰乳制品贸易中居于首要地位。对欧盟的乳制品出口在荷兰乳制品出口量中,奶酪占比达 82.99%,脱脂牛奶和奶油占比 96.63%,黄油占比 73.78,炼乳占比 39.08%,脱脂奶粉占比 38%。在贸易额方面,2010 年,荷兰乳制品对欧盟以外国家出口贸易额增加了 6%,对欧盟成员国的出口额增加 4%。欧盟作为荷兰牛奶及其乳制品的重要出口目的地,其贸易额的占比仍保持 64%的水平不变。

2011 年,对欧盟的出口占到了出口总值的 65%。德国、比利时和法国依然是荷兰乳制品出口的主要市场,他们占到了出口总额的 3/4。奶酪、黄油和脱脂奶粉是对外贸易的主要乳制品。除欧盟以外,奶酪的主要出口目的地是俄罗斯、北非、美国和日本。全脂奶粉和炼乳的出口目的地主要是非洲、中东以及东南亚(图 10 和图 11)。

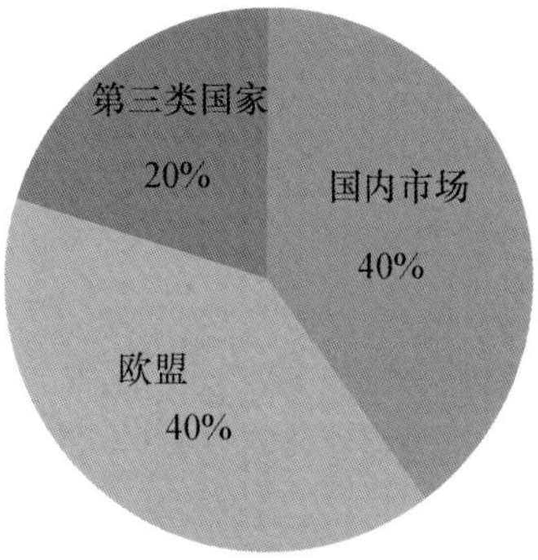

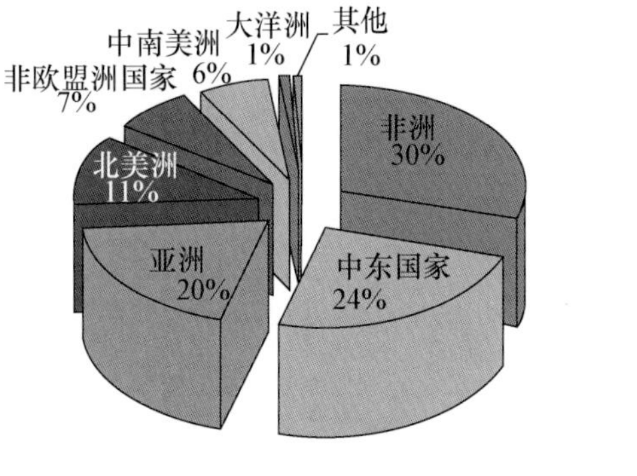

图 10 荷兰乳制品主要销售目的地及向第三类国家出口情况(按销售额计,2010)

资料来源:nederlandse zuivel organisatie. Dutch Dairy Industry. EDA General Assembly 24 September 2010.

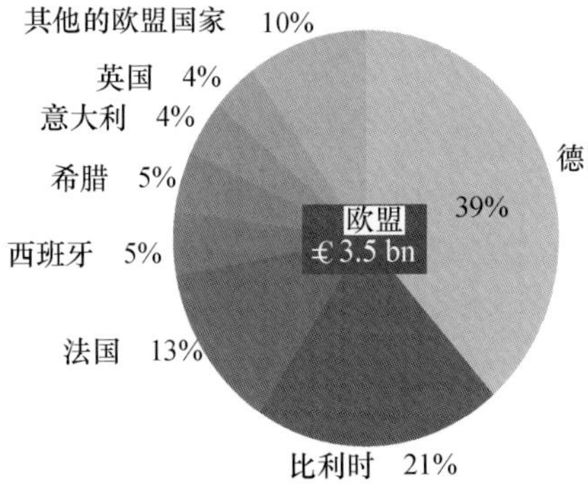

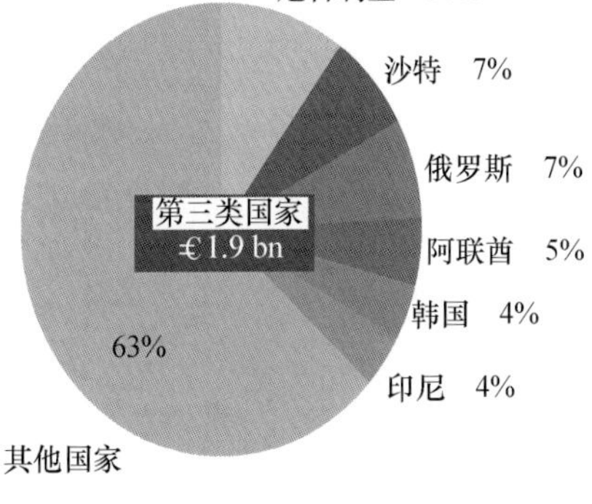

图 11 荷兰乳制品各主要出口地的出口额(2011)

资料来源:Dutch Dairy Sector 2012。

在出口的同时,荷兰还是乳制品的主要进口国。荷兰作为欧洲的重要贸易中心,许多进口产品都可通过荷兰转口进而运到其他地方,这使荷兰成为乳制品进入西欧和世界市场的跳板。2010 年,荷兰乳制品的进口值达 21 亿欧元。到 2011 年,进口值达到了 23 亿欧元,提高了约 10%。进口来源地全部为欧盟国家,主要是比利时、德国,他们占到了进口总额的 60%。进口的主要乳制品包括奶酪、黄油,以及小部分的奶粉。

2.4.2 各类乳制品贸易状况

(1)奶酪进出口量稳步增加,欧盟以外国家市场发展迅速。2010 年,荷兰奶酪的出口量达 57.6 万 t,同比增加 6%(见图 17);出口值将近 22 亿欧元,同比增加 13%。奶酪的出口值占荷兰乳制品出口贸易总值的 47%(图 12)。

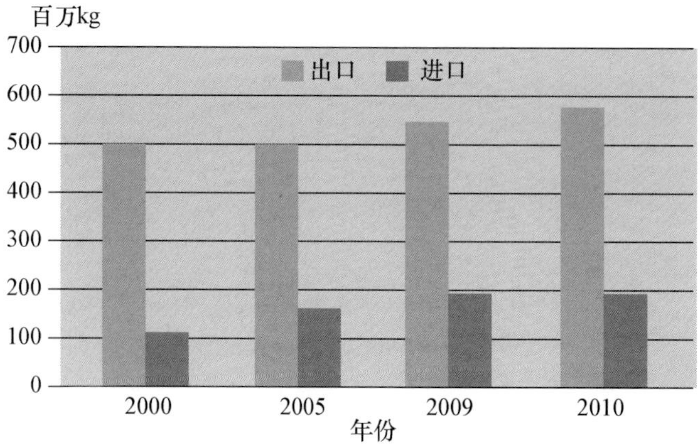

图 12　荷兰奶酪进出口贸易情况(2000—2010)

资料来源:Dutch Dairy Sector 2010。

欧盟成员国是荷兰奶酪的主要出口地,贸易量占 83%;德国是最大出口国,贸易量占比大于 34%。2010 年,与希腊、西班牙和意大利三国贸易量的增加拉动了 3%的出口量增长。荷兰与欧盟以外国家的出口贸易日益增强(增加 18%),其增长动力主要来自除欧盟成员国以外的其他国家,如非洲、中美洲和南美洲国家,俄罗斯和墨西哥(见表 12)。

表 12　荷兰奶酪出口贸易量前五位国家(2010)

	2010(百万 kg)	指数(2009=100)
德国	198.7	101.3
法国	62.4	98.7
比利时	54.7	96.1
希腊	37.8	139.2
西班牙	34.2	119.2
其他	188.5	108.9
合计	576.3	105.7

资料来源:Dutch Dairy Sector 2010。

(2)黄油出口收益增加。2010 年,荷兰黄油的总出口量为 11.4 万 t,比 2009 年增加 8%(图 13)。与此同时,黄油国际市场价格水平的提升也大大增加了出口值,2010 年荷兰黄油实现出口值 36 800 万欧元,同比增长 45%。

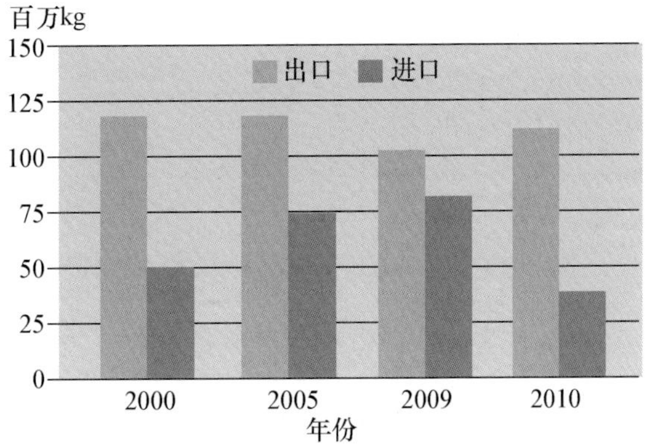

图 13 荷兰黄油进出口贸易情况(2000—2010)

资料来源:Dutch Dairy Sector 2010。

黄油主要出口于欧盟成员国,欧盟的市场份额上升至 74%,其中德国和比利时是主要进口国。黄油出口至欧盟以外国家的总量增加并不多,其中伊朗和新加坡的出口量相对较多。出口至伊朗的黄油增加了44%,而对埃及等其他中东国家的出口量却大为减少(见表 13)。

表 13 荷兰黄油出口贸易量前五位国家(2010)

	2010(百万 kg)	指数(2009=100)
比利时	29.9	138.7
德国	24.7	148.5
法国	20.0	75.9
伊朗	7.8	143.9
新加坡	4.1	122.8
其他	27.8	86.7
合计	114.4	108.5

资料来源:Dutch Dairy Sector 2010。

2010 年,黄油进口量缩减了 1/2,减少至 39 000 t,其主要原因是不再从新西兰进口黄油。

当前,荷兰有 74%的黄油出口至欧盟,德国是主要出口目的地。

(3)全脂奶粉出口量减少,出口额增加。全脂奶粉是传统出口产品,其产量的减少直接造成出口贸易量的下降。2010 年,伴随全脂奶粉产量下降其出口量的明显缩减,减少至 15.8 万 t,出口量下降 5%。2010 年,荷兰用于出口的乳制品比例仍为 85%。尽管总出口量有所减少,但物价水平的普遍提高使得全脂奶粉的总出口额增加 5.09 亿欧元,增幅为 30%。

一直以来,荷兰的全脂奶粉大部分出口到欧盟以外的国家。尽管出口到欧盟国家的贸易量同比增加了17%,欧盟以外的国家仍是主要出口地,出口量占总贸易量的 90%。全脂奶粉在尼日利亚和科威特等主要出口国家的销售量有所增加,但在其他的欧盟以外国家,其销售量急速下降,如表 14 所示。

表 14 荷兰全脂奶粉出口贸易量前 5 位国家(2010)

	2010(百万 kg)	指数(2009=100)
尼日利亚	32.2	121.2
沙特	14.0	89.0
科威特	13.7	168.1
安哥拉	11.1	83.5
阿尔及利亚	9.9	73.3

续表

	2010(百万 kg)	指数(2009=100)
其他	27.8	86.7
合计	158.1	95.1

资料来源:Dutch Dairy Sector 2010。

全脂奶粉进口量延续近几年下降的趋势,2010 年,荷兰全脂奶粉的进口总量为 4.9 万 t,减少了 18%,见图 14 所示。

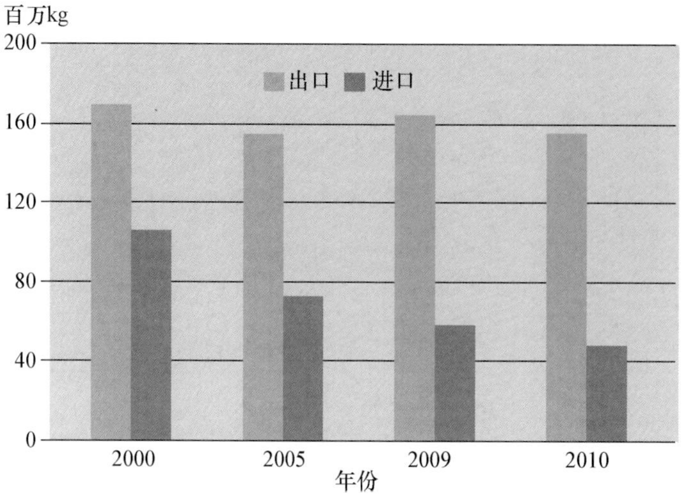

图 14 荷兰全脂奶粉进出口贸易情况(2000—2010)

资料来源:Dutch Dairy Sector 2010。

(4)脱脂奶粉出口贸易量显著增长。荷兰脱脂奶粉的出口量呈逐年增加的趋势,2010 年,脱脂奶粉的出口量超过 8.9 万 t,接近 2003 年的产出水平,如图 15 所示。

出口量的增长源于荷兰原料奶产出的增加,销售价格的上涨也是贸易出口额增加的主要因素。2010 年荷兰脱脂奶粉的出口额超过 18 800 万欧元,增加了 59%。

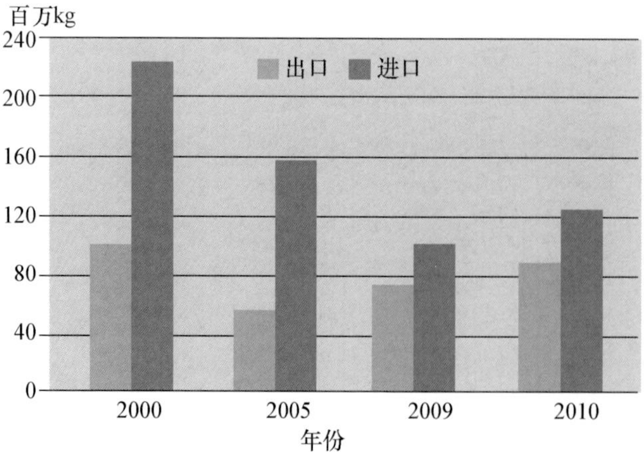

图 15 荷兰脱脂奶粉进出口贸易情况(2000—2010)

资料来源:Dutch Dairy Sector 2010。

2010 年,荷兰脱脂奶粉出口量增加的主要动力来自于欧盟以外国家,对其出口贸易额增加 26%。主要出口目的地的出口量都有增长,这使得欧盟以外的市场份额占比达到 62%(见表 15)。

表 15 荷兰脱脂奶粉出口贸易量前五位国家(2010)

	2010 年(百万 kg)	指数(2009=100)
比利时	12.6	104.5
尼日利亚	11.0	123.1
印度尼西亚	7.8	87.6
德国	6.8	148.5
阿尔及利亚	6.3	151.6
其他	44.7	123.8
合计	89.2	119.3

资料来源:Dutch Dairy Sector 2010。

荷兰脱脂奶粉的进口几乎全部来自欧盟成员国,2010 年进口量增至 127 000 t,增幅为 25%,进口的增长主要来自意大利和法国,从德国进口量却大为缩减。荷兰脱脂奶粉的进口主要集中于几个进口国。

3 奶业科技发展

荷兰奶业的快速发展与奶业科技进步息息相关,每一次新的科学技术的应用都对奶业进步产生了直接影响。自 1960 年以来,50 年间荷兰奶业科技进步路径与奶业效益提升呈正相关关系(表 16)。

表 16 荷兰奶业技术应用与奶业效益提升情况(1961—2000)

时期	土地/农场(hm^2)	产量/头(kg)	奶牛/农场(头)	新技术应用
1961—1965	14	4 120	18	挤奶机的大规模应用 人工授精的应用
1966—1970	16	4 350	22	牧草地的施肥技术 乳制品的专业化生产
1971—1975	20	4 875	34	牛奶冷藏罐的应用 由干草到牧草青贮饲料 装有隔间的散栏喂养系统
1976—1980	22	5 340	48	玉米青贮的饲喂 奶牛浓缩料的饲养
1981—1985	25	5 700	54	个体饲养的奶牛鉴别技术 美国荷斯坦弗里森血统的大规模应用
1986—1990	29	6 575	49	胚胎移植
1991—1995	31	6 975	51	环境保护(例如:施有机肥)
1996—2000	35	7 525	55	挤奶机器人的引进

资料来源:Peter van Horne and Henri Prins. Development of dairy farming in the Netherlands in the period 1960—2000,June 2002,Agricultural Economics Research Institute,The Hague。

3.1 奶牛育种与繁殖技术

荷兰奶业高度重视现代科技在奶牛养殖中的作用,通过不断利用现代化的奶牛育种和繁殖技术逐步改良奶牛种群,实现奶业整体效益的提高。荷兰在奶牛育种方面已经走在了世界前列,荷兰是世界上出口小母牛和公牛精液最多的国家之一。

1945 年后,荷兰的农场主开始利用人工授精技术提高奶牛的生产水平。到 1983 年,荷兰 75%以上的妊娠母牛都是通过人工授精而受孕的。农场主通过广泛利用来自世界各地优秀种公牛的精液,来不断改良自己的牛群,提高牛群的生产能力。荷兰传统的育种观念是乳肉兼用型的奶牛品种,因此在培育奶牛时既重视奶牛的产奶性能又重视奶牛的产肉性能。80 年代人工授精技术广泛应用以来，由于荷兰大多数是从美国引进的荷斯坦奶牛冻精，而荷斯坦奶牛是偏乳用型品种，导致荷兰改良奶牛的产奶性能大人提高，而小牛肉的品质却有一定程度的下降。

从 1986 年开始，荷兰的农场主开始采用胚胎移植技术。通过胚胎移植，母牛的繁殖能力大大提高。一头优秀母牛在自然繁殖条件下每年能生产一头犊牛，而通过胚胎移植，优秀母牛每年可生产 50～60 枚胚胎。胚胎移植技术对于提高荷兰奶牛的群体生产能力至关重要。通过胚胎移植技术，荷兰扩大了核心育种群体的规模，还大幅提高了奶牛个体的生产水平。这一时期，荷斯坦弗里森牛的引入使得牛奶单产进一步提高到 6 575 kg。

荷兰奶牛的品质之所以在世界上居于领先地位，主要归功于其科学统一的育种规划、扎实的基础资料收集和管理以及奶农和管理人员对育种改良的重视。荷兰的育种管理机构为荷兰皇家牛群辛迪加联合体(Royal Dutch Cattle Syndicate)。该组织作为一个政府授权的独立机构，负责开展奶牛育种改良的全部工作。

荷兰的核心育种机构是 CR—Delta，其总部公司为 CRV 牛类育种公司。CRV 公司依据可靠性(Reliability)、生产性能(Production)、健康和繁殖力(Health and Fertility)以及生产寿命(Longevity)四个方面的参数，采用传统技术和分子选育技术相结合进行选种选育研究。

3.2 奶牛饲料与营养技术

荷兰奶牛饲养技术在不断改进。奶农十分重视科学饲养管理奶牛，根据奶牛的生理状况、生产性能和生产季节配置科学合理的饲料配方，使奶牛的生产潜力得到充分发挥。

青贮饲料在荷兰奶牛饲养中占有重要地位。荷兰的海洋性气候十分适宜牧草生长，2010 年，荷兰 200 万 hm^2 的农地中有 50%以上被用作牧场，其中有约 30 万 hm^2 的农地被用来种植饲料作物。在 1960 年左右，大部分的牧草作为干草收获，干草被堆成草垛直接堆放。干草的收获和堆放以及饲喂是一项十分耗费劳力的工作。

在 60 年代中期，青贮技术开始应用，荷兰的湿润气候十分适合青贮草料的制作。由于饲草青贮技术的发明，荷兰奶牛日粮的粗饲料配比发生了显著变化。60 年代，荷兰的奶牛饲养以青干草为主，占 90%(以干物质含量计算)，牧草青贮占 10%；1970—1980 年间，奶牛日粮中的青干草喂养量下降到 70%；80 年代下降到 20%；并进一步发展到 2000 年后以牧草青贮为主，占 60%，玉米青贮占 35%，青干草占 5%(表 17)。

1960—2000 年间，干草和青饲料比例从 9∶1 变为 5∶95，奶牛可消化的有机物质比重从 60%提高到 75%。不仅如此，精饲料初期为混合料，2000 年以后发展为全价配合日粮。

表 17 荷兰奶牛饲料变化(1960—2000)

	1960 年	1970 年	1980 年	1990 年	2000 年
青干草	90	70	20	5	5
牧草青贮	10	28	55	65	60
玉米青贮	—	2	25	30	35

资料来源：杨国荣. 荷兰的奶牛业. 黄牛杂志，2001(2)：70-71。

荷兰青贮饲料种类齐全，除青贮玉米外还有大量的青贮禾本科牧草。青贮的储藏方面，除了用青贮池外，70 年代以来还发展了塑料薄膜青贮。70 年代末，青贮饲料的种植、收割、运输、切碎、压实、取用和饲喂已经全部实现机械化。

玉米并非荷兰的原产作物，20 世纪 70 年代随着养殖业，特别是奶牛业的发展才开始引进种植，荷兰种植玉米的主要用途是作为青贮。在 70 年代后半期，科研人员培育出适合荷兰气候和土壤条件的玉米品种，玉米种植在沙壤土地区非常流行，大批农民开始给奶牛饲喂玉米青贮。在 1976 年至 2000 年之间，荷兰全国的玉米种植面积占天然草地和人工草地总面积的比例由2%提高到18%。

为了提高牧草产量，平均每年要向草地施入大量肥料，折合纯氮量达每公顷250 kg。化肥的大量使用使得牧草的产量由1965年前的每公顷175 kg提高到1970年的230 kg。

3.3 奶牛疫病控制技术

荷兰奶牛的疫病控制主要通过3个层次来进行。基础层级：即私营兽医，向农场主或综合企业提供服务；第二层级：私人实验室、动物健康服务、饲料和兽药公司的教育部门；第三层级：兽医大学、政府、国家参考实验室。第一和第二层次在动物疾病防控中起着非常重要的作用。

1993年荷兰成立了动物健康服务中心(De Genondheidsdienst voor Dieren，GD)，在疫病预防和治理方面发挥了重要作用。GD实验室占地面积2 900 m^2，是世界上最大的兽医实验室之一，每年检测量430万次，从事的主要活动从研发至产品销售到农场服务等各个方面，包括：实验室诊断分析、流行病学调查与新发疫病鉴定、研究与开发新型诊断产品、实验室能力验证、农场疾病状况认证、诊断产品销售、兽医监测、培训和咨询服务等方面。

3.4 奶牛场粪污处理与环境保护技术

1990—1995年间，减少牛场污染被提上议事日程，成为牛场发展的又一挑战。在荷兰，牛场粪污所造成的空气和水污染日益受到欧盟监管部门的重视，并在90年代出台了《硝酸盐指导法》(Nitrate Directive)限制牛场粪污的排放。

在90年代，很多法令对解决牛场粪污进行了指导，例如建设有顶棚的粪污池以减少氨气的排放；秋冬季牛粪被禁止以灌浆形式排放到草地上；牛粪利用也被限制了最大水平；将粪水直接注射到土壤中；政府规定牛舍建设成本的25%为地下粪肥收集处理设施①。

90年代以后，农场主的环保意识也在不断增强，开始利用粪窖等方式更方便地收集储存粪污。2000年以来，荷兰研发了新的粪污处理设备。牛舍的粪便收集和清理有的采用自动刮粪板，有的用自走式清粪机，还有的配备清粪机器人，定时清理牛舍地板上的粪便，保持舍内的清洁。在个别实验牧场，利用牛粪发酵生产沼气进行发电自用，减少电能消耗。

4 原料奶质量控制与计价体系

长期以来，荷兰对其生产的乳制品进行非常严格而有效的质量控制，保障了乳制品的高质量，保证了奶业的正常发展。

4.1 提高原料奶质量的技术措施

荷兰提高原料奶质量的主要技术措施包括提高奶牛品种质量、严格的饲养管理和挤奶消毒处理3个方面。

(1)奶牛品种方面：荷兰传统的奶牛品种有荷兰弗里森牛(Friesian Hollands，FH)、MRIJ(Maas、Rijin、Ijssel)乳肉兼用牛以及格罗宁根牛(Groningen)。荷兰弗里森奶牛呈黑白花纹相嵌，弗里森牛在北美经过

① 引自郭爱珍.荷兰养牛业考察报告.中国奶牛，2011(19)：28—32。

培育，成为荷斯坦弗里森为基础的奶牛品种。今天，荷斯坦弗里森奶牛（俗称黑白花奶牛）成为主流奶牛品种，占荷兰黑白花奶牛的95%以上。MRIJ 牛则为红色斑纹，属于乳肉兼用型品种。1996 年，全国有记录的弗里森奶牛 305 d 产奶量为 7 705 kg，而红白花（MRIJ）奶牛 305 d 产奶量为 6 709 kg。弗里森牛和 MRIJ 乳脂率基本相同，分别为 4.41%和 4.40%（1996 年资料），而 MRIJ 的乳蛋白率为 3.56%，弗里森牛为 3.47%。荷兰的奶牛群体是由通过实施各种先进育种项目而选取的完全健康的奶牛个体组成的。牛奶生产仅限于那些无各种牛属动物疫病的健康个体，包括无肺结核、无布氏杆菌病、无白血病、无钩端螺旋体病。

（2）饲养管理方面：荷兰的奶牛大都采取以放牧为主、补饲为辅的饲养管理方式。牧场都是经过精心维护的人工草场，牧草也是专门为奶牛饲养而选择出来的品种。奶牛冬季日粮的主要成分，即牧草和玉米，都产自自家的农场。为了保证日粮的营养均衡，奶牛需要饲喂具有补充性的优质混合饲料。这些混合饲料是由天然成分配制而成的，不含抗生素，不含产量增长剂，不含任何人工合成的添加剂。

（3）挤奶处理方面：奶牛场在挤奶前对每头牛都进行乳房的清洗消毒，采用机械挤奶，并将挤出的奶通过管道直接泵入冷却储藏罐中。乳品厂用冷藏罐车从储罐中吸奶，整个过程都是在冷藏封闭的条件下进行的，从而大大降低了原奶受外界污染的可能性。

通过奶牛品质的提高，牧草和饲料的严格管理以及挤奶技术的升级，荷兰的原奶质量大为提高。

4.2 提高原料奶质量的政策措施

荷兰提高原料奶质量的政策措施体现在奶牛管理制度、饲料质量管理制度和农场管理制度 3 个方面。

（1）牛群管理制度：荷兰对每头奶牛都实行身份证（Identification）和注册（Registration）管理，简称 I&R 管理体系。奶牛的所有健康记录被存放在耳标的芯片中供查询。对奶牛健康保障和良好健康记录检查的内容有：第一，强制性的奶牛健康证制度实施情况。第二，开展以经常性检查为基础的疫病控制计划落实情况。第三，通过 I&R 管理体系实行对每头奶牛的强制性注册登记制度情况。动物卫生局（Animal Health Service）负责颁发健康证书和疫病跟踪检测。动物卫生局和荷兰皇家奶牛辛迪加（Royal Dutch Cattle Syndicate）共同负责 I&R 管理体系的日常工作。

（2）饲料的质量管理制度：荷兰的奶牛大都采取以放牧为主、补饲为辅的饲养管理方式。只有那些具有良好操作规范（GMP）合格证书的饲料企业才被允许向家庭农场提供混合饲料。饲料企业获得 GMP 认可的依据是 ISO—9002 质量管理标准和危害分析与关键控制点（HACCP）技术标准。这些标准是以一种一揽子要求的方式被实施的，涉及饲料终端产品的配料、混合、防止交叉污染、制粒及产品构成等方面的内容。对饲料加工过程中质量保障的检查内容有：第一，质量管理标准的实施情况。第二，原料成分（有害物质）检测标准的实施情况。第三，检验加工设备的技术要求参数。第四，加工和贮藏的卫生标准的实施情况。第五，饲料（构成及质量）的最终检测标准实施情况。第六，制定配料和终端产品的运输规则。动物饲料商品委员会（The Commodity Board for Animal Feed）负责颁发 GMP 证书。动物饲料行业质量管理局（Animal Feed Sector Quality Service，简称 KDD）和全国畜牧业及肉类检验局（The National Inspection Service for Livestock and Meat，简称 RVV）负责产品检验，以便确保饲料产品质量与质量认可和产品检测的质量保障法规相一致。

（3）家庭农场的质量检测制度：为了保障牛奶质量，确保家庭农场操作的井井有条，荷兰成立了“农场牛奶产业供应链质量保障基金会”（The Foundation for Quality Assurance of Farm Milk in the Dutch Dairy Chain，简称 KKM）。KKM 是由荷兰乳品行业组织和农场主协会共同创办的。获得 KKM 颁发证书的家庭农场，必须在动物健康、动物福利、动物营养、动物卫生和环境等方面遵守要求的技术标准。这些行业技术标准比国家和欧盟的法规更加严格。KKM 对家庭农场开展经常性的检查工作。对牛奶生产的质量保障检查的内容有：第一，舍饲条件和动物管理的技术标准实施情况。第二，严格按照良好兽医规范（DVP）技术标准实施外科治疗情况。第三,全面实施强制性的兽医治疗法规情况。第四,设立中止期,禁止那些正在接受治疗的动物向乳品加工企业提供牛奶。第五,对挤奶厅和牛奶储藏设备的卫生条件制定具体的技术标准。第六,制定设备的清洗和消毒指南。第七,制定环境法规标准。在实践中,荷兰不定期地对各奶牛场的微生物、冰点、氧化物、酸度、乳酸、杂质、体细胞、抗生素以及乳脂、乳蛋白等指标进行抽样分析,以按质论价、不合格处罚的办法保证原料奶的质量。

为了控制和保障原料奶的质量,荷兰不仅要求最终产品必须达到各项标准,而且在产业链的各个环节也必须严格按照质量控制标准去组织生产。为此,荷兰奶业对奶牛、饲料、牧场、牛奶检测等都有严格的书面标准。这些法令、规章是在政府和行业的各个参与者广泛协商的基础上产生的,或以法令或以行业规章的方式颁布,并由政府或行业授权的权威机构监督执行。

4.3 监控原料奶质量的方法及惩罚措施

原料奶质量控制的具体方法体现在 3 个环节:

(1)奶农和全国牛奶检测中心:奶农对自己生产的牛奶进行抽样检测,对照奶牛协会规定的指标,确定牛奶的价格。但关键的定价则需由牛奶检测中心作出。该中心每 14 d 对牛场的牛奶作一次抽样检查,其检测项目包括脂肪、蛋白质、细菌总数、冰点、pH 值、杂质度、体细胞数、抗生素和酸败度,如全部合格,乳品厂可按该 14 d 中 5 份奶样的蛋白质和脂肪含量对牛奶进行定价。荷兰对乳蛋白质含量十分重视,蛋白质价格比脂肪高 1.5 倍。如果被检牛奶出现不合格的情况,奶价就要降低 1/2。

荷兰国家奶农及奶产品检测中心为了提高其检测的准确性,配备了许多先进的仪器设备,其中有牛奶成分红外扫描仪,可以对同一样品检测其蛋白质、脂肪、乳糖、总固体成分和非乳脂固体成分,还可得知奶中水分、矿物质含量。这种仪器每小时可检测奶样 500~600 个。另外还有体细胞检测仪、菌落自动计数仪、自动平皿接种仪等等。这些设备自动化程度高、灵敏度高、重复性好、工作效率高。

(2)运输原料的司机:在荷兰,负责运输原料奶的司机也必须经过专业培训,掌握装卸、化验等知识和技能,并经考核合格才能上岗。司机除驾驶车辆、选择最佳运奶路线外,还需要做取样、记录、收集数据等工作。通常司机在到达牛场后,可直接开启贮奶缸的搅拌器搅拌牛奶,2 min 后,用经过清洗消毒的 250 mm 容器取奶样,并在低温环境下贮存。然后往奶车上抽奶,完毕后清洗奶缸,记录牛奶数量及拉运时间、地点。全部工作均由司机独立完成,不必打扰奶农。

(3)加工厂:运牛奶的司机将收集的数据交给牛奶公司总部。加工厂只做简单的感官检验,但对超过规定温度(2 ℃)的牛奶有权拒收。收奶后要求在最短时间内进行加工。加工前,根据拟加工的产品种类再做一次检验。普通鲜奶,检测蛋白质和脂肪含量;奶粉和浓缩产品,加测干物质含量;酸奶和奶酪,加测抗生素含量。加工厂如果发现掺假牛奶,则整车牛奶均要被废弃,并处以相当于奶牛场全年利润的罚款。由于一车牛奶往往由几家牛场拼装,掺假者除受经济惩罚外,还要受到其他奶农严厉谴责,所以掺杂使假现象基本杜绝。

荷兰对不合格牛奶的处罚措施十分严厉,处罚的对象包括奶农和乳品厂。荷兰规定不合格的牛奶不准进入加工厂和市场,并处以罚款。对牛奶细菌数超标的,每公斤鲜奶要处罚 1~2 分荷兰盾,直到检查合格为止。对抗生素、化学药品残留控制得更严,如有问题,每公斤鲜奶扣罚 50 分荷兰盾。一般标准奶每千克为 80 荷兰盾。除严格的鲜奶监测外,对乳品质量监测更加严格,一般根据乳品厂的产量不同,每年要抽样 6 万个左右的样品进行检测,对不合格的采取 4 种处罚:①警告;②收回进入市场的乳制品;③收回已发放的质量认识标准;④罚款。荷兰对乳制品质量不合格的罚款都由政府决定,罚金也由政府掌握和使用,每年罚金都在几十万荷兰盾[①]。

---

① 引自李海林.荷兰畜牧经济产业化考察报告.黑龙江畜牧兽医,2000(6):37-38。

4.4　原料奶计价体系

荷兰国家奶农及奶产品检测中心不仅负责全国奶及乳制品质量检测和评估工作，还负责质检计价体系，也就是按照质量来确定其价格的体系。其检测的标准、按质论价的体系是统一的。荷兰对其生产的乳制品进行非常严格而有效的质量控制，总体来说都是按乳脂和乳蛋白进行计价。

荷兰的原料奶计价系统是根据每个乳品公司而定，各个公司稍微会有一些变动，但是总体来说都是按乳脂和乳蛋白进行计价。基础价减去 3 欧分，之后，按每千克乳脂 2.7 欧元，每千克乳蛋白 5.6 欧元。乳脂和乳蛋白的价格每月都有变化。例如，如果我们有 4％的乳脂和 3.3％的乳蛋白，那么总的奶价将会是减去 3 欧分之后的，再加上（4％×2.70）＝10.8 欧分和（3.30％×5.60）＝18.48 欧分，最终等于 26.28 欧分/L。体细胞数必须低于 40 万，细菌数低于 15 万。根据欧盟关于生鲜乳质量的最新标准规定，微生物含量（菌落总数）应少于 1×10^5CFU/mL，体细胞数（SCC）少于 4×10^5个/mL，否则就会受到惩罚。

5　奶业科技推广体系

5.1　主要研究与推广机构

荷兰现在已经形成了以私营企业为主要特点的奶业科研与技术推广体系，具体体现在奶牛育种、疫病控制等方面。这些领域的研究机构既是研发机构，又是提供各种服务的科技推广机构，共同构成了荷兰的奶业科技推广体系。

荷兰的核心育种机构是 CR—Delta，它是一家拥有 3 万多名员工的合作制企业，其总部公司为 CRV 牛类育种公司。CRV 则是主要从事牛类育种的跨国公司，为私营合作体制，主要有两个股东单位，一是位于荷兰的 CR-DELTA，另一是位于比利时佛兰德斯的 VRV，共计有 35 000 户荷兰和比利时奶农参加该合作组织。该公司生产和销售遗传产品（包括牛常规精液与性控精液和胚胎）及信息产品等，也为客户提供如繁殖咨询（体型评定，公牛选配计划），产奶登记（MPR），良种登记，胚胎移植（ET）和人工授精（AI）等服务。在信息服务方面，服务项目包括数据收集、育种值估计、牛场管理支持、开发牛场管理和牛群育种领域中的指标化和自动化系统等。荷兰的很多育种信息都可在相关机构网站（www.cr-delta.nl）获取。

荷兰动物健康服务中心（DeGenondheidsdienst voor Dieren，GD）在疫病预防和治理方面发挥了重要作用。GD 是一私营单位，是世界上最大的兽医实验室之一，GD 有 5 万个客户，其中 62％为农民，16％为政府，18％为企业，另 4％为兽医。

5.2　运作模式

荷兰牛场养殖人员素质高，易于接受先进技术，生产自动化程度高，这些均得益于实用型技术的研发和推广，以及技术推广服务体系的有效运作。奶农与技术服务部门的合作完全按照市场机制运作。涉及奶牛育种、动物健康、饲料等方面的科研机构多数为私营公司，各类公司通过市场竞争来提高收益，奶农完全依靠公司所提供的产品和服务来进行选择。

这些技术研发推广工作大部分是私营企业的社会化服务工作。私营企业为了获利和争取客户，不得不提高服务质量，将推广服务工作落到实处。一些有资质的私营企业如 GD 公司，同时还承担了多项政府委托项目，如结核病、布氏杆菌病、副结核病根除计划等。

6 促进奶业发展的主要政策

为了保持奶牛业的持续发展，荷兰政府制订了一系列政策，并通过生产和商业委员会贯彻执行。该委员会下设奶业产业中心、国家畜牧肉品中心、国家饲料中心，它们可以在自己的管辖范围内，根据法律、法规行使权力。荷兰政府制订的关于奶类产品的政策主要体现在生产、加工、贸易和消费 4 个方面：

6.1 奶业生产政策

20 世纪 80 年代，欧盟为了更好的保护自然资源制定了限制各成员国鲜奶生产数量的制度，即牛奶配额制度。根据牛奶配额制荷兰每年的牛奶产量被限定在 1 100 万 t 的水平，每年有一定比例的提高。欧盟的奶业政策确保各成员国的奶农收益，但是近年来，欧盟正在逐步改变其农业政策。

目前，由欧盟补贴出口到欧盟之外的其他国家的干酪产品的整体数量正在逐年下降。WTO 范围内的贸易自由化和欧盟放松生产配额，对具有贸易优势的荷兰奶业来说是较为有利的。目前，欧盟正在逐渐废除一些农业补贴措施。到 2013 年之前，欧盟范围内所有的农业出口补贴都将废除。这对依赖出口贸易的荷兰奶业来说是个利好消息。与此同时，欧盟对其各成员国的牛奶配额限制也将会慢慢取消，牛奶的产量和供应还会有提高的趋势，因此从整体上来看，奶业形势对荷兰奶业是较为有利的。

荷兰奶业发达的主要原因是在注重物质资本投入的同时，也非常注重人力资本的投资。荷兰奶农的素质普遍较高，是荷兰奶业高度发达的基本要素。荷兰十分重视对农民的培训，大部分农场主或农民都是经过高等教育之后才去经营农场。荷兰还有很多职业技能的长、短期培训学校，方便农民继续深造学习，高素质奶农的科学生产和市场竞争意识都十分强烈和先进。

荷兰政府不断增加对奶业的投入。例如，为扶持青贮玉米产业的发展，从 70 年代开始荷兰政府对青贮玉米种植户进行补贴，补贴标准为每公顷 420 欧元(2005 年标准)。荷兰政府为围海造田，改善条件发展畜牧草场，每年用于水利建设投资近 50 亿美元。政府还负担奶业的技术政策研究、教育培训、示范推广、市场开发、出口补贴和国际交流的大额资金。

6.2 奶业加工政策

为了促进奶业加工的发展，荷兰政府制定了鲜奶和乳制品的基本定价，然后通过政府部门确定采取输出收税或输出补贴的措施来平衡价格的波动，对饲料粮的购买、供给，尽量以欧盟确定的最低价格供应，而奶油、脱脂奶粉的收购则有稳定合理的价格。

6.3 奶业贸易政策

欧盟规定凡向欧盟以外国家出口乳制品，均享受补贴，额度随市场销售和价格的变化而变化，但总的趋势是逐年减少。如 1989 年每出口 100 kg 奶酪，欧盟补贴额约 420 荷兰盾，到 1996 年降至 160 荷兰盾；1989 年每出口 100 kg 全脂奶粉，欧盟补贴额约为 300 荷兰盾，到 1996 年降至 250 荷兰盾。

6.4 奶业消费政策

荷兰规定牛奶的品质由养殖户负责，并通过质量监督所对向国内外销售的奶农及其乳制品进行抽检，以确保上市产品质量，维护消费者与养殖户之间的正常交易；制定鲜奶和乳制品和基本定价，然后通过政府部门确定采取输出收税或输出补贴的措施来平衡价格的波动；饲料的购入、供给尽量以欧共体确定的最低价格供给，而奶油、脱脂奶粉的收购以确保养殖户拥有稳定合理的价格为目标。

政府对奶业发展的大力扶持和投入，有力推动了奶业生产条件的改善、产品质量的提高和国际市场的开拓，为荷兰奶业的快速发展并在国际竞争中占据有利地位奠定了基础。

7 值得借鉴的主要经验

7.1 经营模式方面的经验

荷兰以规模在 70 头左右的家庭农场为主要养殖模式，目前的规模家庭农场是在小规模的农户饲养的基础上逐步发展起来的。目前我国的农户饲养奶牛的生产方式大体上相当于荷兰 20 世纪 50—60 年代的发展阶段，将来应该不断扩大规模，朝着家庭农场的方向发展。由农户到农场，荷兰大约经历了半个世纪的时间。在我国，这种转变可能只需要 20 年左右的时间。

7.2 科技创新方面的经验

荷兰奶业依赖科技进步，无论是奶牛育种和繁殖、饲料与营养，还是疫病控制、粪污处理，每一次科技进步都极大地推动了荷兰奶牛养殖业和乳品加工业的效益的提高和乳品质量的飞跃。荷兰把奶业技术研发的服务对象瞄准家庭农场，机械化技术、饲养技术、繁育技术以及现代高科技的研发都是针对家庭农场而设计的。对我国来说，探索出一条政府科技研发和技术推广服务能够直达养殖农户的科研服务道路依然任重而道远。

7.3 产业政策方面的经验

荷兰奶业在国民经济中占有重要地位，奶业政策的倾向性更强，对奶业的扶持力度更大。奶业作为高风险、高投入的现代化农业产业，必须依赖政府在税收、贸易、生产、消费等方面的大力支持。对于我国来说，政府在对大规模养殖场进行强力补贴和政策引导的同时，更要学习荷兰对家庭农场的扶持，这对于发展奶业帮助农民脱贫致富至关重要。

7.4 其他方面的经验

荷兰发展奶业走种草养牛之路。荷兰高度重视发展人工牧草，人工牧草面积占耕地面积的 63%。之所以如此，是因为荷兰的农民已经认识到，种草养牛能够很好地同发展生态农业有机的结合起来，可以真正实现农业的可持续发展。我国近几年来的奶业发展速度很快，但是，人工种草没有相应地跟进。牧草业发展滞后的直接后果有两个，一是造成环境压力，二是奶牛个体单产水平低，甚至最终影响奶质。从长远发展看，我国发展奶业必须要与发展人工种草相结合，走种草养牛的发展道路。

参考文献

[1]陈新. 降低体细胞数对于成就高品质鲜乳的意义. 中国食品卫生杂志，2008(1)

[2]荷兰统计年鉴.2010(CRV Jaarsta tistiek 2010)

[3]荷兰拉博国际银行 2011 年报告

[4]荷兰发展奶牛业的政策及组织.中国牧业通讯,2001(7):60

[5]郭爱珍.荷兰养牛业考察报告.中国奶牛,2011(19):28-32

[6]考博斯特拉.荷兰的奶业发展及乳品加工业.中国乳业,2006(10):16-17

[7]李海林.荷兰畜牧经济产业化考察报告.黑龙江畜牧兽医,2000(6):37-38

[8]刘玉满,李静.荷兰以家庭农场为基础发展现代奶业.中国农村经济,2005(8):71-77

[9]司智陟.荷兰畜牧业生产概况.畜牧与兽医,2011(7)

[10]徐德军等.荷兰青贮饲料生产考察报告.黑龙江畜牧兽医,2002(11):41

[11]杨国荣.荷兰的奶牛业.黄牛杂志,2001(2):70-71

[12]张丹凤.荷兰奶牛业考察.草食家畜,2001(3):16-18

[13]周宪锋,花俊国,晏玲.荷兰奶业发展经验的剖析与启示.中国农业资源与区划,2006(1):52-56

[14]张贞奇.荷兰牧业近况.世界农业,1998(8):35-36

[15]Dutch Dairy Sector 2010

[16]Dutch Dairy Industry. Nederlandse zuivel organisatie. EDA General Assembly 24 September 2010

[17]Peter van Horne and Henri Prins. Development of dairy farming in the Netherlands in the period 1960—2000,June 2002,Agricultural Economics Research Institute,The Hague

执笔　中国社会科学院农村发展研究所:亓宝华　刘玉满　李　静

附　表

附表 1　荷兰奶牛头数、单产水平和总产奶量(1961—2011)

时间	奶牛头数(头)	总产奶量(t)	平均单产(t/头)
1961	1 228 000	6953 000	5.662 05
1962	1 239 000	7269 000	5.866 83
1963	1 280 000	7020 000	5.484138
1964	1 218 000	6956 000	5.711
1965	1 254 000	7142 000	5.695 37
1966	1 275 000	7242 000	5.68
1967	1 271 000	7520 000	5.916 6
1968	1 305 000	7791 000	5.970 11
1969	1 323 000	7915 000	5.982 62
1970	1 374 000	8238 000	5.995 63
1971	1 404 000	8392 000	5.977 21
1972	1 388 000	8951 000	6.448 85
1973	1 463 000	9354 000	6.393 71
1974	1 590 000	9915 000	6.235 85
1975	1 654 000	10 221 000	6.17 956
1976	1 693 000	10 490 000	6.196 1
1977	1 678 000	10 612 000	6.324 2
1978	1 705 000	11 367 000	6.666 86

续表

时间	奶牛头数(头)	总产奶量(t)	平均单产(t/头)
1979	1 776 000	11 562 000	6.510 14
1980	2 340 000	11 785 000	5.036 32
1981	2 380 000	12 148 000	5.104 2
1982	2 430 000	12 708 000	5.229 63
1983	2 500 000	13 231 000	5.292 4
1984	2 425 000	12 782 000	5.270 93
1985	2 354 000	12 525 000	5.320 73
1986	2 247 000	12 710 000	5.656 43
1987	2 043 000	11 717 000	5.735 19
1988	1 946 000	11 430 000	5.873 59
1989	1 888 000	11 321 000	5.996 29
1990	1 855 000	11 226 000	6.051 75
1991	1 775 000	11 047 300	6.223 83
1992	1 739 000	11 901 700	6.843 99
1993	0	10 952 700	—
1994	0	10 872 700	—
1995	1708 000	11293900	6.61235
1996	0	11 012 600	—
1997	0	10 922 300	—
1998	0	10 995 000	—
1999	0	11 174 000	—
2000	1 504 000	11 155 000	7.416 89
2001	1 546 000	10 970 000	7.095 73
2002	1 486 000	10 677 000	7.185 06
2003	1 410 000	11 075 000	7.854 61
2004	1 471 000	10 905 000	7.413 32
2005	1 433 000	10 847 000	7.569 43
2006	1 420 000	10 989 100	7.738 8
2007	1 413 000	11 061 800	7.828 59
2008	1 466 000	11 285 900	7.698 43
2009	1 489 000	11 468 600	7.702 22
2010	1 478 635	11 631 000	7.866 04
2011	1 469 720	11 850 352	8.063 00

注:
1.1961—1992 年奶牛头数数据来自 United States Department of Agriculture
<http://www.indexmundi.com/agriculture/? country=nl&commodity=cattle&graph=dairy-cows-beginning-stocks>。
2.2004 年数据为 dairy and breeding cows。
3.2005—2009 为 dairy and calving cows。
4.2010 年奶牛总产量为 FAOSTAT 粮农组织统计数据库中的"cow milk,whole,fresh"。
5.2011 年数据来自 Dutch Dairy Sector 2011。
资料来源:FAOSTAT 粮农组织统计数据库及 Productschap Zuivel。

附表 2　荷兰各类乳制品产量变化(1961—2011)

年份	奶油	奶酪(所有种类)	炼乳	全脂奶粉	脱脂奶粉和干乳酪
1961	96 600	213 000	408 500	41 000	64 300
1962	101 500	224 500	435 000	51 400	65 000
1963	94 400	211 800	450 000	49 100	58 400
1964	89 500	213 100	465 000	53 100	56 100

续表

年份	奶油	奶酪(所有种类)	炼乳	全脂奶粉	脱脂奶粉和干乳酪
1965	102 500	219 400	453 100	50 200	69 200
1966	99 700	232 800	435 200	57 800	69 000
1967	98 500	260 962	457 500	58 600	64 900
1968	118 500	251 700	476 830	43 000	104 000
1969	111 600	267 200	493 500	54 000	87 800
1970	120 900	277 900	496 100	59 800	96 300
1971	124 400	306 100	479 700	68 500	86 400
1972	163 400	322 000	473 200	71 200	118 300
1973	168 900	332 800	488 800	79 000	127 500
1974	171 700	376 300	516 200	85 900	140 000
1975	204 455	373 770	460 619	89 864	184 897
1976	202 000	379 899	493 595	108 243	168 787
1977	179 000	410 246	521 842	133 347	138 030
1978	211 000	419 336	489 124	134 897	201 830
1979	202 700	432 427	513 829	137 238	179 078
1980	180 509	460 057	533 716	170 900	154 268
1981	183 441	478 797	563 370	190 100	164 478
1982	216 290	483 650	561 581	172 464	197 175
1983	270 572	488 892	519 574	160 490	246 490
1984	240 562	519 171	546 680	184 507	158 483
1985	229 116	517 987	535 294	173 242	152 727
1986	264 946	527 508	502 755	157 807	172 329
1987	199 250	544 775	464 000	171 100	97 600
1988	170 000	551 675	444 000	182 300	86 700
1989	180 200	560 275	424 500	188 200	82 600
1990	178 000	585 490	402 350	170 300	70 400
1991	163 300	602 480	407 142	175 852	52 100
1992	148 500	625 999	386 951	129 721	49 600
1993	146 832	627 910	374 468	142 951	57 800
1994	128 583	648 285	339 781	134 800	37 779
1995	131 837	680 076	359 557	122 400	32 122
1996	127 550	688 053	333 600	123 477	28 942
1997	134 539	693 000	332 000	112 000	39 000
1998	149 000	638 000	308 500	115 200	60 800
1999	139 900	645 600	304 000	110 100	58 600
2000	126 000	671 000	290 000	96 000	69 000
2001	130 000	641 000	317 500	108 000	68 000
2002	119 000	638 000	288 500	99 000	74 000
2003	116 000	658 000	318 000	117 000	72 000
2004	102 000	675 190	317 500	111 000	63 000
2005	115 000	672 180	343 000	67 000	68 000*
2006	125 100	713 000	360 500	73500	68 000*
2007	129 200	730 333	382 500	85 000*	68 000*
2008	124 312	721 699	382 230	85 000*	68 000*
2009	117 180	712 094	393 400	85 000*	68 000*
2010	121 000	740 000	393 400*	85 000*	68 000*
2011	125 475	745 984	393 400	118 000	68 000

注：* 表示粮农组织估计的数值。
资料来源：FAOSTAT 粮农组织统计数据库及 Productschap Zuivel Dutch Dairy Sector。

附表 3 荷兰乳制品进出口量变化情况(1961—2011) t

年份	进口量					出口量				
	黄油	干酪乳	鲜乳	脱脂奶粉	全脂奶粉	黄油	干酪乳	鲜乳	脱脂奶粉	全脂奶粉
1961	216	1 041	3 541	27 140	0	31 133	107 901	68 867	2 220	32 884
1962	84	1 425	239	20 055	355	32 586	109 187	74 608	2358	37 953
1963	2 746	3 451	4 331	62 871	299	40 673	117 517	69834	946	33 351
1964	3 795	5 987	15 958	133 472	2 058	25 224	105 936	71 061	4 740	33 242
1965	210	7 938	18 780	95 730	10 160	35 125	119 868	60 110	40 467	36 318
1966	34	8 092	23 775	93 108	3 844	47 840	135 239	50 863	18 439	33 437
1967	2 766	9 121	24 970	92 000	5 505	55 959	134 244	49 636	3 569	38 599
1968	1 925	8 446	38 039	121 151	9 305	61 681	152 791	45 288	33 282	39 404
1969	1 434	8 055	64 421	178 807	8 962	48 827	163 508	40 506	29 914	51 720
1970	16 095	10 422	80 613	107 908	8 078	142 339	173 301	44 817	25 845	53 415
1971	4 519	9 556	64 021	106 318	6 685	109 834	179 968	62 640	10 750	70 971
1972	8 174	10 327	153 745	102 684	12 072	106 039	183 922	75 791	11 329	54 708
1973	18 349	13 829	165 491	191 494	18 238	182 471	209 618	103 042	48 157	89 459
1974	34 548	16 610	180 065	167 271	8 547	181 851	230 537	95 317	74 411	88 256
1975	35 437	17 408	181 370	145 545	23 186	179 686	225 653	63 578	52 878	101 624
1976	18 597	21 021	218 994	199 553	25 310	189 785	247 780	68 457	149 972	122 319
1977	37 656	20 156	229 829	265 342	27 172	163 759	254 957	63 674	71 886	141 614
1978	54 010	22 149	243 419	319 169	32 153	184 645	249 058	49 354	165 589	138 828
1979	77 405	27 086	199 692	321 107	42 503	264 870	286 183	74 984	193 487	164 781
1980	102 527	28 554	273 854	202 033	53 809	245 637	274 916	65 738	116 690	216 283
1981	129 613	32 911	327 121	173 170	42 262	267 921	307 598	91992	126 000	221 386
1982	128 274	35 489	258 669	233 125	48 452	271 502	317 438	102 441	166 094	202 864
1983	117 221	32 517	204 125	407 302	46 157	266 417	326 398	76 154	142 583	186 639
1984	81 283	34 776	314 545	481 228	55 511	266 326	338 147	100 876	114 415	211 051
1985	74 674	33 763	429 363	393 410	50 589	254 773	355 717	88 324	108 974	204 337
1986	92 692	42 372	484 379	323 530	44 290	234 958	375 914	54 292	182 571	188 611
1987	248 575	45 552	750 242	418 715	108 708	416 718	383 362	52 987	158 011	257 808
1988	313 435	54 049	792 432	399 117	134 632	475 598	400 796	68 402	246 699	314 532
1989	193 317	70 341	919 416	306 987	120 559	366 144	429 252	111 173	227 392	302 098
1990	96 557	70 771	823 268	255 306	78 420	196 261	437 908	132 873	164 715	241 768
1991	92 147	78 616	1 014 882	232 758	49 154	255 944	476 392	145 123	88 733	216 648
1992	93 784	82 743	789 414	275 224	65 126	246 654	502 708	145 708	127 377	202 470
1993	125 659	80 499	603 183	276 318	62 461	240 465	463 398	155 859	94 825	235 669
1994	69 939	89 062	744 144	233 639	78 884	176 914	489 197	182 992	57 531	199 677
1995	79 081	84 708	732 372	297 174	132 020	182 214	466 437	160 178	124 588	240 663
1996	68 782	92 067	904 841	216 085	94 413	163 529	521 330	201 603	59 788	200 747
1997	94 022	84 895	759 700	224 214	77 736	163 065	444 516	166 784	88 810	169 517
1998	69 879	100 869	590 041	162 459	71 736	161 336	437 029	219 726	63 810	188 331
1999	96 933	116 845	639 950	230 438	101 713	167 500	460 431	320 558	86 419	201 106
2000	86 887	122 438	498 005	205 379	89 672	119 076	438 008	294 042	110 937	179 002
2001	95 275	150 339	476 800	145 923	76 517	163 314	428 391	253 901	86 156	155 502
2002	101 349	141 585	458 622	196 705	88 149	159 427	452 494	285 385	87 627	171 845
2003	126 876	160 523	494 712	200 624	86 790	233 013	510 985	608 793	109 540	184 018
2004	99 778	165 247	490 729	159 195	59 705	195 896	489 913	511 194	81 116	177 277
2005	51 479	165 847	503 515	157 825	74 374	176 493	550 544	532 520	59 011	150 780

续表

年份	进口量					出口量				
	黄油	干酪乳	鲜乳	脱脂奶粉	全脂奶粉	黄油	干酪乳	鲜乳	脱脂奶粉	全脂奶粉
2006	79 261	172 713	505 547	164 933	76 980	171 648	581 797	536 254	47 725	15 0002
2007	78 955	191 724	539 944	110 759	56 552	153 658	603 800	518 691	48 178	139 807
2008	56 332	176 032	645 355	106 327	54 630	155 860	629 034	559 928	58 340	157 922
2009	89 168	199 264	663 761	101 551	60 584	178 457	570 668	697 545	81 993	178 736
2010	44 418	216 408	517 353	131 295	51 793	156 900	576 300	485 793	98 635	163 175
2011	42 035	197 288	632 614	115 471	40 979	161 452	642 030	543 676	113 824	144 977

注：
2010—2011 年鲜乳数据来自 http://www.prodzuivel.nl/。
资料来源：FAOSTAT 粮农组织统计数据库及 Productschap Zuivel。

附表 4　荷兰乳制品进出口额变化情况(1961—2011)　千美元

年份	进口数额					出口数额				
	黄油	干酪乳	鲜乳	脱脂奶粉	全脂奶粉	黄油	干酪乳	鲜乳	脱脂奶粉	全脂奶粉
1961	144	813	63	4 723	0	24 502	64 853	9679	889	23 797
1962	81	1 028	5	2 802	137	26 854	65 391	10 564	1 195	25 623
1963	2 304	2 060	20	10 167	127	33 142	70 026	9 839	510	22 970
1964	2 808	4 048	122	27 548	578	26 936	72 017	10 152	1 917	23 735
1965	261	6 394	31	28 405	2 949	31 670	89 101	9 257	13 798	26 692
1966	23	6 771	49	27 852	1 442	34 941	106 012	7 869	6 569	22 887
1967	1 226	7 943	59	29 227	2 829	39 818	113 350	9 407	1 209	29 324
1968	2 536	7 659	658	35 797	5 038	46 453	122 699	9 139	5 326	29 128
1969	1 003	8 821	1 318	66 637	4 865	35 572	143 306	8 380	5 326	39 667
1970	6 469	12 589	1 843	40 495	3 390	139 605	162 088	8 416	6 164	41 787
1971	7 423	11 929	2 583	53 088	2 986	158 390	197 216	7 649	4 726	61 622
1972	13 818	13 475	7 712	63 097	5 185	172 432	227 508	11 921	7 050	57 840
1973	12 050	20 013	13 516	138 269	9 629	241 842	300 227	19 419	33 240	94 371
1974	51 563	27 091	16 976	150 185	5 581	281 742	382 868	21 829	69 481	109 643
1975	66 151	35 656	23 405	157 980	21 190	369 600	445 952	20 194	51 233	147 084
1976	36 214	42 107	32 352	205 917	26 334	40 4210	473 712	19 903	162 192	148 639
1977	99 768	46 836	40 752	220 617	32 695	343 911	555 787	23 421	62 557	194 274
1978	175 890	59 922	50 508	239 615	47 251	460 719	613 427	21 252	214 559	206 089
1979	237 352	83 660	45 153	300 991	66 658	622 147	737 915	28 932	151 460	251 877
1980	414 963	93 302	63 028	314 063	102 928	623 613	802 257	29 621	128 409	380 711
1981	469 343	90 744	65 158	251 279	73 867	766 665	781 683	30 672	154 976	432 218
1982	432 167	89 833	62 316	280 408	88 002	781 435	775 863	43 973	206 545	397 912
1983	379 628	76 953	41 745	288 001	73 707	685 132	745 733	36 399	177 458	316 620
1984	223 459	76 834	59 314	327 468	90 017	535 925	721 519	40 738	130 149	308 720
1985	183 237	75 650	68 750	317 351	81 878	446 745	757 621	32 218	117 949	297 190
1986	282 603	123 395	100 235	425 678	90 111	476 873	1 047 411	30 801	261 536	325 179
1987	519 798	166 132	176 707	754 848	271 693	608 556	1 342 377	35 236	187 400	405 864
1988	765 645	202 347	200 724	976 298	367 138	829 431	1 514 133	56 790	419 328	562 316
1989	624 068	241 425	231 334	680 906	316 759	916 577	1 553 570	71 735	442 850	652 462
1990	347 029	278 970	225 830	558 979	218 682	589 214	1 800 480	93 539	327 031	588 430
1991	388 720	324 043	277 963	519 878	138 367	634 470	1 938 452	98 667	162 138	457 545

续表

年份	进口数额					出口数额				
	黄油	干酪乳	鲜乳	脱脂奶粉	全脂奶粉	黄油	干酪乳	鲜乳	脱脂奶粉	全脂奶粉
1992	381 530	377 093	248 856	720 632	211 732	712 117	2 185 896	105 320	256 535	494 511
1993	433 111	336 105	174 032	548 619	182 531	685 171	1 893 826	131 083	197 678	533 659
1994	252 466	371 102	229 151	545 722	231 802	549 694	2 052 366	188 352	128 120	486 148
1995	332 860	386 374	267 923	821 380	462 502	620 663	2 098 288	187 818	289 308	635 129
1996	248 585	366 629	299 001	517 989	295 213	566 042	2 271 955	232 581	140 835	534 134
1997	281 000	273 248	230 057	486 937	215 448	490 192	1 707 050	174 814	181 830	414 036
1998	230 133	305 893	205 572	323 425	204 016	498 840	1 757 288	174 932	122 705	452 413
1999	300 173	310 946	218 372	447 972	263 837	471 410	1 685 198	207 043	152 349	431 083
2000	183 654	268 082	118 863	396 573	215 405	283 238	1 417 807	167 510	201 678	373 180
2001	200 585	353 702	126 082	277 161	186 145	389 761	1 457 317	133 929	181 398	381 535
2002	195 070	340 779	134 254	323 335	203 446	383 628	1 556 340	122 502	152 190	390 988
2003	299 745	446 948	196 161	409 804	233 949	653 149	2 006 064	323 164	222 737	477 651
2004	285 979	532 710	232 147	370 980	184 199	586 085	2 101 051	320 429	183 276	512 635
2005	162 421	565 769	281 758	381 188	217 151	556 954	2 358 568	366 238	124 324	470 808
2006	187 718	590 901	296 114	403 007	215 773	514 645	2 457 270	362 344	118 884	477 303
2007	244 950	694 585	412 668	399 439	188 318	601 372	2 929 461	427 046	200 783	620 348
2008	207 048	884 498	449 993	317 784	212 088	697 602	3 707 826	483 986	184 833	825 174
2009	236 938	771 395	360 418	230 374	157 101	625 468	2 735 747	492 140	182 811	576 776
2010	127 190	604 341	194 690	255 931	121 042	615 809	2 446 452	181 079	207 277	523 897
2011	157 670	624 368	248 085	241 648	115 329	673 622	2 487 721	219 304	283 834	537 114

注：
2010—2011 年鲜乳数据来自 http://www.prodzuivel.nl/。
资料来源：FAOSTAT 粮农组织统计数据库及 Productschap Zuivel。

德国奶业发展报告

摘要：本文主要从生产、加工、消费及贸易4个方面阐述德国奶业近50年的变化情况，并且介绍了德国奶业的主要机构体系、技术措施及相关政策制度，在此基础上结合我国奶业的发展现状，提出了我国可借鉴的德国奶业发展经验。

德国位于中欧西部，是欧盟最大的农产品生产国之一，超过50%的农业产值来源于动物产品，而动物产品创造的产值中60%来源于与牛有关的工业。德国44%的牲畜为奶牛，22%的牲畜为肉牛。奶牛的主要饲养品种为荷斯坦牛、弗莱维赫（德系西门塔尔）及瑞士褐牛。目前德国荷斯坦奶牛平均产奶量9 t以上，平均乳脂率4.1%，平均乳蛋白率3.4%。由于近年来南部巴伐利亚州的德系西门塔尔牛综合经济收益较高，因此德系西门塔尔正在逐步向德国北部扩张，与北部地区小规模家庭农场的荷斯坦牛进行杂交以获得更好的综合经济效益。

德国奶牛生产经营以中小型家庭农场为主，他们是德国奶业的基础。全德16个州，约有30万个农户，其中养牛户约有9.1万户。农场一般存栏奶牛50～99头左右，平均拥有面积56 hm^2 的农地，牛场及土地由4～5人管理。德国96%以上的奶牛场采用的是世界上先进的散栏式饲养方式和TMR日粮，奶牛生存空间很舒适，并且高产奶牛的代谢疾病、繁殖疾病很少。奶牛谱系登记记录完全，全国85%的奶牛参加了奶牛生产性能测定（DHI）。德国是欧盟产奶量最高的国家，2011年牛奶产量高达3 010万t，占欧盟全部牛奶产量的20%。由于多年对奶牛生产性能的重视和饲养水平的提高，2007—2011年德国的奶牛平均单产达到7 006 kg。

鉴于全球乳制品需求快速增长，德国生产、加工的乳制品数量逐年上升。德国生产的乳制品主要有液态奶产品、奶油、奶酪、黄油、全脂奶粉、脱脂奶粉、干乳酪及炼乳。其中，液态奶产品所占比重最大（约为66%），奶酪（约为12%）位居第二，黄油比重较小（6.5%左右）。由于不断兼并，乳品加工企业数量不断减少，规模不断扩大，年牛奶处理量在30万t以上的企业数量在不断增加，而30万t以下的乳品企业数量则明显缩减。到2010/2011年度，年牛奶处理量在30万t以上的乳品生产商共有20家，其中年处理量在100万t以上的乳品加工企业有5家。目前德国最大的牛奶加工企业是德意志牛奶股份有限公司（Deutsches Milchkontor Kontor，简称DMK），每年处理约690万t的牛奶，2010/2011年度营业额达到46亿欧元。其次按照年牛奶加工量，分别是Unternehmensgruppe Theo Müller、Arla Foods（MUH，Hansa-Milch，Allgäuland）、Hochwald Foods GmbH（好沃德）以及Molkerei A. Müller，这四家乳品生产商2010/2011年度牛奶处理量总共达到761.3万t，共获得39.86亿欧元的销售收入。

随着2011年全球尤其是俄罗斯、中国对乳制品的需求显著上涨，德国销往全球的牛奶达2 950万t。德国对外贸易的乳制品主要是奶酪、鲜奶、脱脂奶粉和黄油，这四种乳制品占整个德国乳制品出口总额的86%，占进口总额的77%，其中奶酪是德国最主要的贸易产品，平均每年出口80万t。德国乳制品贸易国主要集中在欧盟邻邦，近年来也在向非欧盟地区扩展。总体来看，德国是乳制品贸易的净出口国。

国外乳制品需求的上涨不但没有影响德国国内乳制品的消费，反而刺激了德国人对乳制品的消费热情。2011 年德国乳品行业在食品行业中的总消费额比重为 15.91%，是德国第二重要的食品部门。德国人均消费量最大的乳制品是饮用奶（包括鲜奶、酸奶等发酵乳产品及乳饮料）、奶酪、黄油及牛奶中的脂肪产品。2011 年德国牛奶和乳制品的人均消费量达到 121.4 kg，其中鲜奶产品的消费量为 91.8 kg，黄油人均消费量仅为 5.9 kg，而奶酪上升至 23.7 kg。

德国拥有完整的、分工明确的繁育组织，包括德国牛养殖联盟（ADR）、14 家牛奶质量检测机构、地方育种公司和数据中心（VIT）等。广泛应用的先进科学技术极大地推动着奶业的发展。在奶牛育种与繁殖技术方面，德国广泛推行人工授精和超数排卵、胚胎移植及克隆技术。2010 年以来，奶牛育种领域中最大的热点是全基因组选择技术的应用。德国作为最早开展基因技术研究的国家之一，经过几年的发展，可靠性已达到 70%。目前德国高产奶牛的补饲实现了由计算机控制，饲喂由 TMR 机械完成，确保奶牛每天 24 h 都能得到食物和饮水。在奶牛场粪污处理与环境保护技术方面，德国对牛粪的使用方向主要有 2 种：传统的还田与现在逐步推广的用粪便与秸秆生产沼气技术。

德国之所以拥有高品质的乳制品，得益于它对从牛奶（及其他原料奶）到最终的牛奶制品的质量都有着细致的规定及监控。在德国，对原料奶的质量检测工作由一个独立的第三方机构来完成。他们会对每一次牛奶加工厂收到的原料奶进行检验、评测质量，然后根据国家规定的原料奶级别来进行定级。检测站得出的最终数据，将成为加工厂向奶农付款的凭据。德国原料奶定价的核心思想是“按质论价”，对于原料奶的品质，不仅有严格的基本参数要求，还有品质提高的激励，其中最重要的 3 个参数就是奶量、脂肪含量和蛋白质含量。

为了促进奶业的生产、加工及贸易，德国实施了许多方面的政策扶持和政府补贴，激发农民的生产热情，保障农民收入，促进奶业发展。农牧业的补贴资金主要来源于欧盟、联邦、州政府 3 个层面。在畜牧业方面，若养殖者根据动物福利法的要求进行饲养、建造符合相关要求的栏舍，也可以申请补贴。在贸易方面，欧盟使用进口关税配额和出口补贴等贸易政策工具促进奶业贸易发展。这些政策使得德国的牛奶及乳制品产量在可控的范围内。

德国无论是在生产组织形式方面，还是在产业政策方面都有许多值得我们学习及借鉴的经验。首先，我国奶牛养殖的群体规模大、单产水平低，恰恰说明我国在开展奶牛杂交生产方面的潜力巨大。德国的经验表明，通过引进优秀的乳肉兼用品种，在散养农户和普通饲养小区开展杂交，可以帮助奶农大幅度提高奶牛养殖的综合经济效益。我国可以在有条件的地区进行积极探索，在试点和示范的基础上逐步推广。

其次，鉴于德国农产品质量安全管理体系非常完善，我国应进一步建立健全乳制品质量安全法规，对乳制品生产链中的各个环节进行全过程的控制，并深入研究其质量控制指标。

最后，我国应继续健全并不断完善为原料奶生产服务的社会化服务体系，如进一步健全和完善良种繁育、疫病防治、饲草饲料生产、技术推广、鲜奶收储等支持与服务体系。改良草场，调整种植业结构，生产优质牧草和青贮饲料，提高奶牛生产效率和牛奶品质，大力发展“适度规模饲养、集中挤奶、统一服务”的生产模式。

关键词：德国　奶业　发展

1　奶业发展基本情况

德国位于中欧西部，与波兰、捷克、奥地利、瑞士、荷兰、比利时、卢森堡、法国和丹麦等国接壤，北临北海和波罗的海。全德总人口 8 200 多万，国土面积 35.7 万 km^2，其中农业用地 1 900 万 hm^2，超过总面积的 1/2。平均气温 1 月份为 −5～1 ℃，7 月份为 14～19 ℃，年平均气温 8.6 ℃，年平均降雨量为 500～1 000 mm，气候湿润。德国是欧洲最大的农业品生产国，超过 50% 的农业总产值来源于动物产品，而动物产品创造的产值中 60% 来源于与牛有关的工业。

在德国，虽然农业产值在国民经济中的比重不到 0.8%，但发挥着提供食物、加工原料、保护生态的重要作用，与人民的生活息息相关，所以德国政府很重视对农牧业的补贴，资金来源主要是欧盟、联邦、州政府三个层面。按农民人均计算，德国每年每位农民享受的补贴为 1.7 万美元；如果按照耕地面积计算，德国每公顷土地补贴 300 多美元。德国农民的收入中约 1/2 来自各项农业补贴及奖金。农场主只要按相关规定组织生产，就可以按面积直接领取常规补贴，标准为每公顷 250～300 欧元。除去这些常规性补贴，还有一些特殊补贴：如坡度大、气候差的土地，畜牧业方面则根据动物福利法要求进行饲养、建造符合相关要求的栏舍，养殖者也可以申请补贴。另外，在市场低迷时期，比如由于 2008 年世界金融危机的冲击，2008、2009 两年欧洲奶业一直处于亏损状态，养牛者因为饲料成本上升而经营困难，政府会提供无息贷款帮助农民渡过难关。

德国 44％的牲畜为奶牛，22％的牲畜为肉牛，奶牛的主要饲养品种为荷斯坦牛、弗莱维赫（德系西门塔尔）及瑞士褐牛。德国北部传统上是荷斯坦奶牛的饲养区（见图 1 蓝色圈起的区域），存栏量约为 280 万头；而南部主要是德系西门塔尔牛及瑞士褐牛的饲养区（见图 1 紫色圈起的区域），目前约 96 万头。其中黑白花荷斯坦主要饲养在德国北部石勒苏益格-荷斯泰因地区和东部，红荷斯坦奶牛的主要饲养区为西部威悉-爱姆斯地区、北莱茵-威斯特法伦地区和黑森地区。荷斯坦牛属于产奶性能的顶尖奶牛，目前德国荷斯坦奶牛平均产奶量 9 t 以上，平均乳脂率 4.1％，平均乳蛋白率 3.4％。但是由于近年来南部巴伐利亚州的德系西门塔尔牛综合经济收益较高，因此德系西门塔尔牛正在逐步向德国北部扩张，与北部地区小规模家庭农场的荷斯坦牛进行杂交以获得更好的综合经济效益。

图 1　德国主要奶业分布区域

1.1　奶牛养殖业

1.1.1　德国奶牛养殖规模及产奶量变化

随着农业机械化程度、管理水平提高，加之欧洲牛奶生产配额的限制，欧盟奶牛存栏量自配额条例实施以来减少了大约 30％，德国牛群数量及奶牛场数量均呈下降趋势，但是农场奶牛养殖逐渐形成规模化，牛奶总产量一直保持在稳定的水平(见表1)。从1990年开始,德国的奶牛存栏数就开始显著减少,2005年德国牛群数量为4 240群,奶牛场的数量为10.8万个,分别比2000年减少了7%和20%,到2011年牛群数量下降至4 190群,奶牛场的数量下降为87 200个,降幅为1.2%和19.3%,相对来说,2011年奶牛存栏数下降速度放缓,但是下降的趋势仍然没变。

表1 德国牛群及奶牛场数量(2000—2010年)

年份	牛群数量(群)	奶牛场数量(个)
2000	4 560	135 200
2001	4 550	129 900
2002	4 430	125 000
2003	4 330	121 000
2004	4 290	113 500
2005	4 240	108 000
2006	4 050	103 000
2007	4 090	102 000
2008	4 230	99 431
2009	4 170	95 766
2010	4 182	91 550
2011	4 190	87 200

资料来源:联邦统计局(简称BMELV),MIV。

德国是欧盟最大的农产品生产国之一,在欧盟范围内,德国的产奶量最高。从1961年到1977年牛奶总产一直持续增加,从2 479.6万t到2 947.万t,1978年达到3 000万t,在1984年达到峰值的3 409万t,以后到1990年尽管有些年份增加,有些年份减少,但一直维持在3 000万t以上,1991年到2010年一直稳定在2 800万~2 900万t之间,2011年又重新站上3 000万t。其中西德2011年的产奶量比1991年增长了62.1万t,而东德2011年产奶量为642.3万t,比1991年增长了13.4%,增长速度较快(见表2),目前东德萨克森州和巴伐利亚州是德国奶牛的重点生产地。在牛奶总产量中,用于制作乳制品的牛奶数量在不断上升,从1995年的93.7%(约2 670万t)上升至2011年的97.4%(约2 931万t)①。目前德国奶牛的平均年产量在6 000~7 000 kg之间,这个数字大约是中国奶牛的2倍。

表2 德国产奶量 千t

地区	1991年	1995年	2000年	2005年	2006年	2007年	2008年	2009年	2010年	2011
全德	28 916.0	28 620.6	28 332.4	28 453.0	27 995.0	28 402.8	28 656.3	29 198.7	29 628.9	30 336.4
西德	23 253.6	22 897.7	22 043.7	22 015.6	21 696.8	22 088.6	22 207.7	22 741.2	23 286.1	23 875.0
东德	5 662.4	5 722.9	6 288.7	6 405.1	6 266.0	6 314.2	6 448.6	6 419.3	6 342.8	6 422.5

资料来源:联邦统计局,2011年资料来源于MILCH INDUSTRIE VERBAND(简称MIV),详见Milchindustrie Verband Geschäftsbericht 2010/2011。

在过去50年里,随着杂交育种技术地不断提高以及高产奶牛品种的不断引进与培育,德国奶业生产效率大幅提升,与其他发达国家一样,逐步完成了从扩大奶牛养殖规模到提高奶牛单产水平的转变。德国奶牛头数从1961年的589.7万头下降到1997年的502.6万头,37年下降87.1万头,年降低率为2.42%;同时奶牛单产从1961的3 109 kg增加到1997年的5 574 kg,增加了2 465 kg,平均每年增加68.47 kg。从1997年到2011年,奶牛数量不断下降,同时单产水平逐年升高的趋势更加明显(见图2)。奶牛头数由502.6万头下降到2011年的419万头,15年减少了83.6万头,年降低率为5.97%,降幅明显加快。同时单

① 资料来源于Deutscher Raiffeisenverband e. V. Geschäftsbericht 2012。

产由 5 574 kg 增加到 2011 年的 7 200 kg，增加 1 626 kg，年增加 116 kg，增加幅度为前期的 1.7 倍。

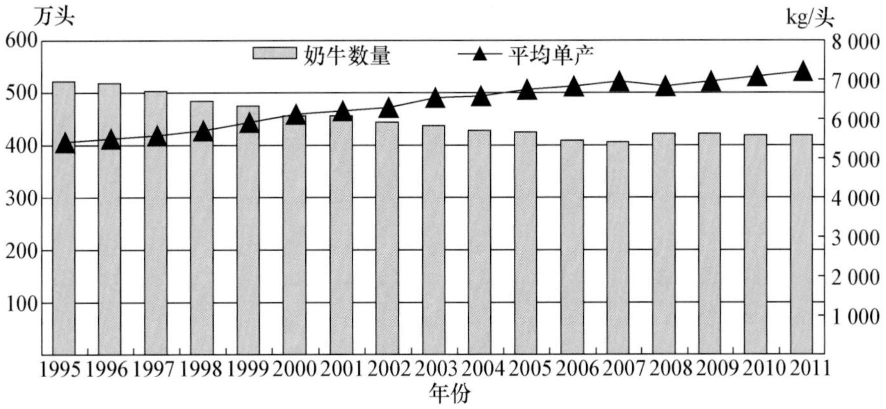

图 2 1995—2011 年德国奶牛数量及每头奶牛平均产奶量

资料来源：联邦统计局。

1.1.2 奶牛养殖结构变化

从表 3 我们可以看出，从 1992 年到 2011 年，1～9 头、10～19 头、20～29 头以及 30～49 头规模的奶牛群数量及其所占比例均不断下降，其中下降幅度最大是 10～19 头以及 20～29 头规模的奶牛群，占比下降幅度分别达到 12.3%及 12.4%。同时，从 1992 年到 2009 年，50～99 头、100～199 头以及 200 头以上规模的奶牛群数量及其所占比例均不断上升，但是从 2009 年到 2011 年，50～99 头规模牛场饲养的奶牛数量及所占比例呈缓慢下降趋势，而 100～199 头以及 200 头以上规模牛场饲养的奶牛数量及所占比例呈快速上升趋势。2011 年，50～99 头规模牛场饲养的奶牛数量为 134.3 万头，占全部存栏奶牛的 32.1%；100～199 头规模牛场饲养的奶牛数量为 78.4 万头，占全部存栏奶牛的 18.7%；拥有 200 头以上奶牛的牛场数量达到 79.2 万头，所占比例为 18.9%。表 3 与表 5 的相同之处在于，存栏规模为 50～99 头的牛场是现在德国奶牛养殖的主要规模水平。

表 3 德国奶牛分类年度数据 个，%

年份	按奶牛头数划分							
	1～9 头		10～19 头		20～29 头		30～49 头	
	数量	比例	数量	比例	数量	比例	数量	比例
1992	352.3	6.6	934.9	17.4	1 093.6	20.4	1 281.6	23.9
1999	160.4	3.4	547.1	11.5	747.3	15.7	1 185.4	24.9
2003	109.0	2.5	400.6	9.2	575.1	13.2	981.5	22.4
2005	86.7	2.0	356.7	8.4	543.8	12.8	897.4	21.2
2007	76.5	1.9	305.6	7.5	460.8	11.3	840.2	20.6
2009	73.6	1.8	255.6	6.2	390.0	9.4	747.1	18.1
2010	69.0	1.6	231.1	5.5	362.0	8.7	698.9	16.7
2011	61.6	1.5	211.7	5.1	335.8	8.0	662.1	15.8

年份	按奶牛头数划分						合计
	50～99 头		100～199 头		200 头以上		
	数量	比例	数量	比例	数量	比例	数量
1992	698.3	13.0	146.5	2.7	856.4	16.0	5363.6
1999	1 129.3	23.7	297.5	6.2	698.3	14.7	4 765.1
2003	1 257.4	28.8	406.7	9.3	641.7	14.7	4 372.0

续表

年份	按奶牛头数划分						合计
	50～99 头		100～199 头		200 头以上		
	数量	比例	数量	比例	数量	比例	数量
2005	1 267.1	29.9	431.9	10.2	652.4	15.4	4 236.0
2007	1 265.0	31.1	468.4	11.5	636.6	15.6	4 071.2
2009	1 343.5	32.5	658.3	15.9	701.3	17.0	4 129.3
2010	1 353.8	32.4	724.2	17.3	731.5	17.5	4 181.7
2011	1 343.2	32.1	784.0	18.7	791.8	18.9	4 190.1

资料来源：MIV 2011—2012 乳制品统计年报。

1.1.3 奶牛屠宰

从图 3 中我们可以明显看到，从 1993 年至 2011 年，德国奶牛屠宰头数在逐年下降，相应地屠宰得到的牛肉数量也在逐渐下降，两者变动的趋势一致。1993 年屠宰奶牛数量为 163.58 万头，相应的屠宰量为 481.8 千 t，2011 年屠宰奶牛数量为 127.18 万头，相应的屠宰量为 396.9 千 t，每年平均减少屠宰奶牛 19 158 头，屠宰量减少 4 468.4 t（见表 4）。

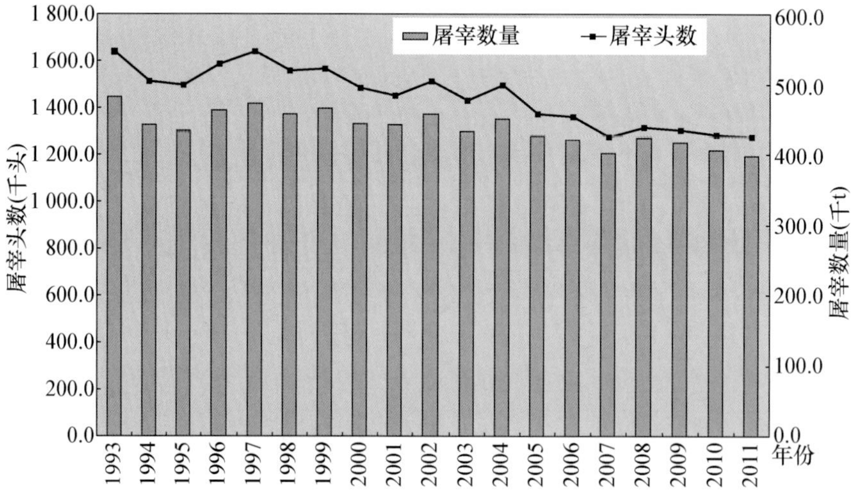

图 3 奶牛屠宰数量（1993—2011 年）

资料来源：德国联邦统计网站。

表 4 奶牛屠宰量

年份	屠宰头数（千头）	屠宰数量（千 t）
1993	1 635.8	481.8
1994	1 510.2	442.5
1995	1 494.1	433.8
1996	1 584.3	462.6
1997	1 635.1	472.2
1998	1 557.0	457.2
1999	1 564.7	464.8
2000	1 481.3	443.4
2001	1 447.9	441.5
2002	1 511.5	457.6
2003	1 428.5	432.9
2004	1 494.3	450.5

续表

年份	屠宰头数(千头)	屠宰数量(千 t)
2005	1 369.6	425.9
2006	1 359.2	420.6
2007	1 275.2	400.9
2008	1 313.9	423.2
2009	1 303.1	416.2
2010	1 282.0	405.5
2011	1 271.8	396.9

资料来源:德国联邦统计网站。

1.1.4 家庭农业企业

德国南部奶牛饲养区主要是由25头规模的小农场组成,北部的畜群平均规模约为60头,东部的牧场规模在240头左右。2010年德国大约有30万家农业企业,与2007年相比,农业企业总数削减了约20 900家,相当于每年减少了2.2%。拥有至少100 hm^2 农业用地的企业数量明显下降,72%的企业拥有面积小于50 hm^2的农业用地。2010年有大约1 680万 hm^2 农业用地由农业企业经营。农业企业平均拥有的农地面积为56 hm^2,与此相比,2007年仅有52 hm^2。55%的农业用地由至少拥有100 hm^2 农地的企业经营。2009/2010年生产牛奶的家庭企业利润平均为31 366欧元,比2008/2009年增加了1.5%。

从表5中我们可以看出,1992年到2011年拥有1～9头奶牛的奶牛场数量从32%下降到16.3%;拥有10～19头奶牛的奶牛场数量从27.9%下降到16.6%;拥有20～29头奶牛的奶牛场数量比例一直变化不大;而拥有30～49头奶牛的奶牛场数量由1992年的14.7%上升至2007年的21.7%,然后开始小幅下降,到2011年为19.7%;拥有50～99头奶牛的奶牛场数量变化最大,从1992年的1.13万个奶牛场上升至1999年1.76万个,增长率为7%,到2003之后该规模的奶牛场数量均达到1.9万个,所占比例逐年缓慢增长,2011年该规模奶牛场数量达到1.94万个,占比为22.3%,50～99头规模奶牛场目前是德国所占比例最大;1992年德国仅有1 100个奶牛场拥有100～199头奶牛,到1999年这个比例增长1倍,数量达到2 300个,到2011年共有6 000个奶牛场拥有100～199头奶牛,该规模的奶牛场比例达到6.9%;拥有200头以上奶牛的奶牛场数量自1992年来变化不大,基本保持在1 800个左右,但是增速较快,2011年该规模奶牛场达到2 000个,同比增长了11%,所占比例为2.4%。

表5 按拥有奶牛头数划分的奶牛场年度数据 千个,%

年份	按拥有奶牛头数划分														合计数量
	1～9头		10～19头		20～29头		30～49头		50～99头		100～199头		200头～以上		
	数量	比例	数量	比例	数量	比例	数量	比例	数量	比例	数量	比例	数量	比例	
1992	75.5	32.0	65.8	27.9	45.9	19.4	34.7	14.7	11.3	4.8	1.1	0.5	1.8	0.8	236.1
1999	30.4	19.9	38.1	25.0	31.1	20.4	31.6	20.7	17.6	11.5	2.3	1.5	1.6	1.0	152.7
2003	20.4	16.8	27.7	22.8	23.8	19.6	25.9	21.3	19.1	15.7	3.2	2.6	1.5	1.2	121.5
2005	15.8	14.3	24.6	22.3	22.5	20.4	23.5	21.3	19.1	17.3	3.4	3.1	1.5	1.4	110.4
2007	14.7	14.5	21.1	20.9	19.1	18.9	22.0	21.7	19.0	18.8	3.7	3.7	1.5	1.5	101.2
2009	16.2	16.9	17.6	18.3	16.1	16.8	19.4	20.2	19.7	20.6	5.1	5.3	1.8	1.9	95.8
2010	15.5	16.9	15.8	17.2	14.9	16.3	18.2	19.9	19.7	21.5	5.6	6.1	1.8	2.1	91.6
2011	14.1	16.3	14.5	16.6	13.8	15.8	17.2	19.7	19.4	22.3	6.0	6.9	2.0	2.4	87.2

资料来源:MIV 2011—2012乳制品统计年报。

1.1.5 原料奶及饲料价格

2009年德国总耕地面积为1 183万 hm^2,粮食种植面积为658万 hm^2,粮食总产量为4 058万t。其中,玉米种植面积为38万 hm^2,产量为356万t。德国饲料价格普遍高于全球饲料价格,间接推动原料奶价格上升。近几年德国饲料和牛奶价格波动幅度相当大,2008年6月德国牛奶生产成本比2006年1月上涨了

60%,从 2008 年 6 月到 2009 年 10 月德国农场家庭基本没有任何增加的收入。而价格和汇率波动是饲料价格上涨的主要因素。

德国原料奶产量不受季节性波动影响,每个月波动幅度并不大,几乎可以保证全年 12 个月原料奶产量均衡,并且每个月内原料奶价格浮动较小。2010 年各月原料奶价格维持在 31 欧元/100 kg 左右,2011 年各月原料奶价格维持在 35 欧元/100 kg 左右,预计 2012 年原料奶价格约 35 欧元/100 kg 左右,这些价格并不包含牛奶运输费用及增值税(见表 6)。整体来看,原料奶价格呈上升趋势,2007 年、2008 年以及 2011 年的个别月份原料奶价格均高于其他年份,2010 年原料奶价格平均比 2009 年增长了 22.48%,而 2011 年原料奶价格平均比 2010 年上涨了 12.83%。从 2004 年到 2011 年的原料奶价格每月平均数来看,2008 年的原料奶价格最高,为 35.11 欧元/100 kg,其次是 2011 年的 34.92 欧元/100 kg,再次是 2007 年的 34.14 欧元/100 kg。

表 6　德国原料奶价格

月份	不同年份德国原料奶价格(单位:欧元/100 kg)							
	2004	2005	2006	2007	2008	2009	2010	2011
1 月	28.64	28.28	27.5	28.2	40.21	27.89	27.74	33.32
2 月	28.12	28.21	27.33	28.22	39.91	26.72	27.79	33.52
3 月	27.71	28.08	27.49	28.32	39.24	25.72	28.19	33.98
4 月	27.65	27.98	27.2	28.56	36.36	25.0	28.73	34.53
5 月	27.7	27.86	27.27	29.24	34.41	24.45	29.82	35.01
6 月	27.72	27.96	27.26	30.14	34.21	24.02	30.79	35.25
7 月	27.83	27.93	27.28	32.19	34.63	23.57	31.88	35.34
8 月	27.73	27.77	27.42	34.78	34.42	23.64	32.55	35.38
9 月	27.91	27.81	27.67	36.98	34.03	24.17	33.02	35.48
10 月	28.04	27.7	27.87	39.47	32.81	25.15	33.35	35.77
11 月	28.32	27.65	27.98	40.6	31.21	26.32	33.76	35.88
12 月	28.33	27.75	28.02	41.01	29.83	26.63	33.78	35.62
平均	27.98	27.92	27.52	33.14	35.11	25.27	30.95	34.92
变化%	−2.94	−0.21	−1.43	20.42	5.94	−28.0	22.48	12.83

资料来源:乳业咨询公司 CLAL 公布的数据信息 http://www.clal.it/en/index.php? xeetion=stat_germania。
注:以上价格是在 3.7%的乳脂肪和 3.4%的乳蛋白质水平下的牛奶价格,均不包含增值税。

1.2　乳品加工业

1.2.1　乳品加工企业以及加工牛奶数量

在欧盟 27 国中,德国牛奶收购量近年来不断上升,从 2006 年牛奶收购量占欧盟的 20.3%上升到 2009 年的 21.2%,同时在牛奶总产量中,用于制作乳制品的牛奶数量在不断上升,从 1995 年的 93.7%(2 670 万 t)上升至 2009 年的 96.2%(2 810 万 t),根据德国赖夫艾森协会(Deutscher Raiffeisenverband e. V.)2012 年年报可知,2012 年德国国内生产的总计 2 970 万 t 的牛奶用于乳制品加工。1960 年德国乳制品生产企业大约有 3 000 家。由于兼并,2000 年这一数字减少至 251 家,到 2011 年仅剩 164 家①,其中 144 家主要进行牛奶加工,约有 20 家加工企业年牛奶处理量在 50 万 t 以上。

2010 年德国最大的乳品生产商是 Nordmilch AG(诺德乳业公司),年加工 435.2 万 t 牛奶,在德国 5 个地区拥有 2 500 名雇员,年销售收入达到 20.3 亿欧元,2010 年以 670 万 t 牛奶加工量位居全球第 11 位,占全球牛奶产量 1%的市场份额。2011 年 4 月,DMK 的全资子公司 Humana Milchunion GmbH(胡玛纳牛奶联盟责任有限公司)经与 Nordmilch(诺德)兼并后成立德意志牛奶股份有限公司(Deutsches Milchkontor Kontor,简称 DMK),一跃成为德国最大的乳制品生产企业,全世界排名第 13 位。拥有 80 年历史的 DMK

① 2011 年资料来源于 ZMP/ZMB,Molkereistruktur。

奶农合作社位于德国西北部的波德平原，与荷兰同属北纬黄金产奶区，占全德牛奶总销量1/4，是德国最大的牛奶加工企业。DMK公司每年处理约69亿kg的牛奶，拥有超过11 000家营运中的牛奶生产商，5 700名员工以及22家工厂。46亿欧元的营业额也使得DMK成为了欧洲乳制品企业的十强之一。Humana Milchunion公司在合并前也是德国较大的乳制品生产企业，年处理27亿kg牛奶，在德国5个地区拥有2 900名员工，2009年达到17亿欧元的销售收入。

按照2010/2011年度牛奶加工量排名，依次是阿拉食品公司，即Arla Foods(包括MUH，Hansa-Milch，Allgäuland)，年处理24.89亿kg牛奶，达到13.03亿欧元的销售收入；Hochwald Foods GmbH(好沃德)年处理20.47亿kg牛奶并且获得11.93亿欧元的营业额；Unternehmensgruppe Theo Müller每年加工约20亿kg的牛奶，并销售10亿欧元的乳制品；以及Molkerei Ammerland eG每年加工10.77亿kg原奶并获得4.9亿欧元销售收入。这4家乳品生产商2010/2011年度牛奶处理量总共达到76.13亿kg，共获得39.86亿欧元的销售收入。此外，Milch-Union Hocheifel公司是欧洲最大超高温灭菌奶生产商，拥有约2 800名来自于德国、比利时和卢森堡的奶农。其2011年的销售额达6.93亿欧元，达到创纪录水平(2010年为6.13亿欧元)，牛奶加工量上涨了6.4%，达13.2亿kg，而销量上涨幅度也超过了3%，共售出14.17亿份。

从表7可以看出，牛奶收购量在5 000 t以上(包括5 000 t)的乳品企业数量不断上涨，到2009年有41家乳品加工企业年收购牛奶量在5 000 t以上，生产加工牛奶、饮用奶、奶酪及黄油的乳品企业数量在不断下降，而生产加工奶粉的乳制品企业的数量从2000年到2003年增加了4家，到2006年下降到39家，下降了17%，从2006年到2009年又增加到44家(增加了11.4%)。

表7 德国乳品加工企业数量 个

年份	负责各项产品加工的乳制品企业数量						
	总数	收购牛奶(收购量5 000 t及以上)	加工牛奶	生产饮用奶	生产奶酪	生产黄油	生产奶粉
2000	251	32	259	178	193	135	43
2003	230	39	230	148	150	109	47
2006	198	37	223	125	154	96	39
2009	196	41	191	113	153	85	44

资料来源：BMELV、BLE(Bundesanstalt für Landwirtschaft und Ernährung)网站，详见Die Unternehmensstruktur der Molkereiwirtschaft in Deutschland，http://www.ble.de/DE/00_Home/homepage_node.html。

从表8可以看出，年牛奶处理量在0～5万t的乳品加工企业数量从1979年的473个开始大幅度迅速地减少，到1997年剩下121个，降幅开始放缓，到2009年牛奶处理量在0～5万t的乳品加工企业只剩99家，并且该规模乳品企业数量所占比例最大(47.4%)；年牛奶处理量在5万～10万t的乳品加工企业除了在1985—1988年3年间数量有明显的上升之外，其余年份几乎处于缩减的状态；与此相像的是年牛奶处理量在10万～30万t的乳品加工企业数量的变化趋势，2009年该牛奶处理规模的乳品企业数量为39个，所占比例为18.7%；处理量在30万t以上的企业数量从1979年到2009年缓慢上升，到2009年达到30个，所占比例为14.4%位于第三位；近13年来，处理量在50万t以上的企业数量变化不大，基本保持在15个左右。总体上，年牛奶处理量在30万t以下的乳品企业数量明显缩减，而30万t以上的企业数量在缓慢增加。

表8 按牛奶处理量划分的乳制品加工企业数量 个

年份	按牛奶处理量划分				
	0～5万t	5万～10万t	10万～30万t	30万t以上	50万t以上
1979	473	79	58	14	—
1982	399	86	61	16	—
1985	351	82	64	18	—
1988	325	123	84	19	—
1991	208	69	79	23	—

续表

年份	按牛奶处理量划分				
	0～5 万 t	5 万～10 万 t	10 万～30 万 t	30 万 t 以上	50 万 t 以上
1994	164	58	69	23	—
1997	121	60	60	28	14
2000	118	47	57	29	13
2003	111	37	53	29	16
2006	99	23	48	28	14
2009	99	25	39	30	16

资料来源：BMELV、BLE(Bundesanstalt für Landwirtschaft und Ernährung)网站，详见 Die Unternehmensstruktur der Molkereiwirtschaft in Deutschland，http://www.ble.de/DE/00_Home/homepage_node.html。

注：—为缺失值。

1.2.2 主要乳制品以及产量变化

德国生产的乳制品主要有液态奶产品、奶油、奶酪、黄油、全脂奶粉、脱脂奶粉、干乳酪及炼乳。液态奶产品的产量在德国主要乳制品产量中所占的比重最大(约占 66%)，从 1961 年(797.6 万 t)开始，德国液态奶的产量一直保持平稳，直到 20 世纪 80 年代末期才有所下降，1987 年下降为 709.6 万 t，1991 年下降至 653.2 万 t，到 2007 年下降到最低值为 407.1 万 t，2011 年有所回升，液态奶产量为 416.3 万 t。其次，奶酪产量在德国主要乳制品产量中所占的比重约为 12%，位居第二。从 1961 年到 2011 年，奶酪产量的增长趋势最为明显，尤其是从 1991 年以后奶酪产量呈直线上升，从 1991 年的 123.67 万 t 上涨到 2011 年的 216.8 万 t，增长了 93.13 万 t，增幅为 75%。

再次，黄油产量所占比重为 6.5%左右，从 1961 年到 1986 年，黄油产量不断上升，1986 年达到最大为 88.73 万 t;1986 年到 1991 年迅速下降，到 1991 年产量降至 55.65 万 t(降幅为 37.3%)；从 1991 年到 2011 年，黄油产量缓慢下降，到 2011 年降至 47 万 t(降幅为 15.5%)。脱脂奶粉、干乳酪与炼乳产量所占比重较小，每年产量比例在 5%左右。从 1961 年到 2011 年，脱脂奶粉与干乳酪的产量变动幅度较大，从 1961 年的 10.37 万 t 开始上升，到 1986 年达到最大(82.23 万 t)，然后开始下降，到 2006 年降至 19.12 万 t，降幅为76.7%，到 2011 年恢复至 28 万 t。炼乳产量变动幅度较小，图 4 中明显看出，炼乳在 1981 年达到最大值，产量为 67.56 万 t。奶油的产量从 1961 年的 12.5 万 t 开始缓慢上升，到 2001 年达到最大为 69.19 万 t，然后开始下降，到 2010 年仅为 55.6 万 t。由于全脂奶粉产量所占比重最小(年均比重在 1%左右)，2010 年所占比重为 1.1%，因此它的产量波动幅度不明显，从图 4 中可以看出，1991 年全脂奶粉产量最高为 17.98 万 t，2011 年下降为 8.62 万 t。

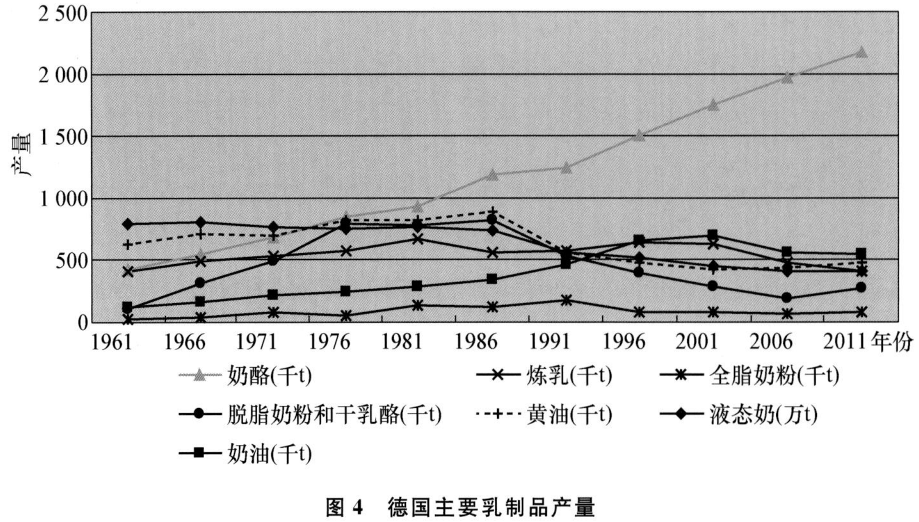

图 4　德国主要乳制品产量

资料来源：BMELV，Eurostat，MIV。

注：具体数值见附表 2。

1.3 乳品消费

2011 年德国乳品行业在食品行业中的总消费额比重为 15.91%，是除了肉及肉类加工行业(23.02%)之外，德国第二大最重要的食品部门。德国牛奶和乳制品的年人均消费量达到 130.1 kg，目前其总体消费量虽然每年约以 1%的速度缓慢减少，但这对乳制品的出口影响很小。一直以来，德国人均消费量最大的乳制品是饮用奶(包括鲜奶、酸奶等发酵乳产品及乳饮料)、奶酪、黄油及牛奶中的脂肪产品。

欧盟 15 个国家的牛奶人均消费量和自给率相当高，而德国的自给率要超过欧盟国家的平均水平。2005 年德国牛奶销售量 2 845 万 t，其中鲜奶制品的自给率达到 108%。2009 年德国生产鲜奶制品(Konsummilch)62.03 万 t，其中消费了 51.37 万 t，自给率达到 121%；到 2011 年德国鲜奶制品的自给率超过了 122%。德国人均消费鲜奶产品数量从 1990 年到 2011 年呈现起伏波动趋势，但是变化幅度不大，人均消费量在 2000 年达到最大数量为 94.3 kg，2011 年的人均消费量为 91.8 kg。在过去几十年里，奶酪的消费量明显增加，从 1990 年人均消费 17.2 kg 上升到 2011 年的 23.7 kg(见表 9)。

表 9 德国主要乳制品人均消费量 kg/人

年份	鲜奶产品[1]	黄油[2]	奶酪[3]	合计
1990	91.5	7.3	17.2	122.8
1995	90.4	7.1	19.8	124.0
1996	89.7	7.3	20.3	117.3
1997	88.0	7.0	20.5	115.5
1998	88.5	6.8	20.6	115.9
1999	89.4	6.7	20.7	116.8
2000	94.3	6.6	21.0	121.9
2005	90.8	6.4	21.5	118.7
2006	91.0	6.5	22.0	119.5
2007	91.7	6.4	22.3	120.4
2008	92.1	6.2	22.5	120.8
2009	91.1	5.8	22.6	119.5
2010	90.6	5.8	23.2	119.6
2011	91.8	5.9	23.7	121.4

资料来源：联邦统计局 BMELV，ZMP，MIV；2000—2011 年数据来自德国乳制品工业协会(MIV)2011/2012 年报。

注：1：包括鲜奶(全脂牛奶、半脱脂牛奶、脱脂牛奶)、黄油牛奶产品、酸奶等发酵乳产品及乳饮料；2：包括黄油及牛奶中的脂肪产品；3：包括硬奶酪、半固体奶酪、软奶酪、奶油奶酪等。

黄油及牛奶脂肪产品的人均消费量呈明显下降趋势，从 1990 年人均消费 7.3 kg 下降到 2011 年人均消费 5.9 kg。由于 2006 年优质黄油的价格比 1980 年低 36%，因此 2006 年黄油的人均消费量为 6.5 kg，比 2005 年高 0.1 kg。2007 年由于饲料成本、能源价格和其他费用的提高，黄油和其他奶制品价格明显升高，其余乳制品如黄油、脱脂奶粉、炼乳以及酪乳粉 2007 年的人均消费量均低于 2006 年。对于许多奶农而言，从 2007 年以来牛奶生产首次摆脱亏损达到收支平衡的状态。此外，从 2000 年到 2011 年人均消费炼乳、全脂奶粉以及脱脂奶粉主要呈下降趋势，而人均酪乳粉消费量在 2009 年及 2011 年两年比较稳定，基本在 0.2 kg 左右。

1.4 乳制品贸易

1.4.1 乳制品进出口平衡

牛奶和奶制品是德国农业及食品经济对外贸易中最为重要的产品。2005 年德国奶业的出口值达到了 20 亿欧元；2007 年德国成为欧盟地区最大的乳制品出口国，其中用于出口的乳制品数量占到了整个德国乳制品行业产品总量的46%，另外38%的乳制品供应给食品零售商进行销售，余下16%的乳制品用于再加工工业和较大的消费团体。2011年全球对德国乳制品的需求显著上涨，德国销往全球的牛奶达2 950万t。

德国对外贸易的乳制品主要是奶酪、鲜奶、脱脂奶粉和黄油，这4种乳制品占整个德国乳制品出口总额的86%，占进口总额的77%。其中奶酪是德国最主要的贸易产品，平均每年向欧洲、亚洲、北美等地区出口80万t的奶酪产品（见图5）。从综合统计数据来看，德国是乳制品的净出口国。

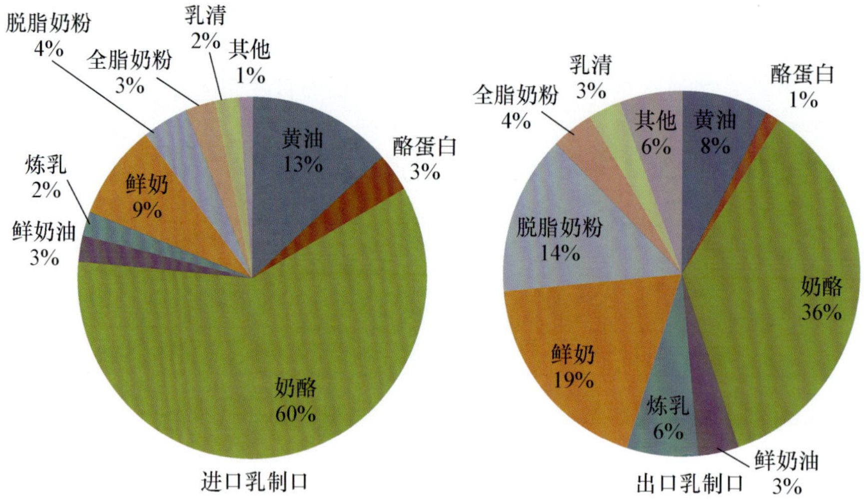

图5　德国乳制品进出口额比例

由图6可看出，德国50年来乳制品贸易进出口量变化情况。在1961—1981年之间，德国奶酪的进口量始终大于出口量，但是二者的差距在逐渐缩小。奶酪的出口量从1997年开始明显高于进口量，并且贸易顺差迅速拉大。2011年奶酪的进口量为65.8万t，出口量为105.2万t，贸易顺差明显，为39.4万t（约为4.16亿欧元）。黄油的出口量在1973—1991年之间明显高于进口量，但是从1991年到2011年进口量大于出口量，近年来进出口差额逐渐减小，从1981年的贸易顺差（21.2万t）变为2011年的贸易逆差（2.7万t）（约为9 214万美元）。

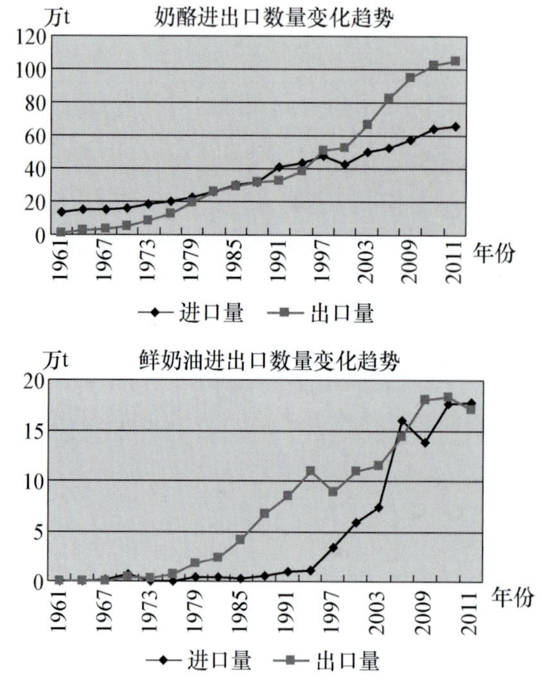

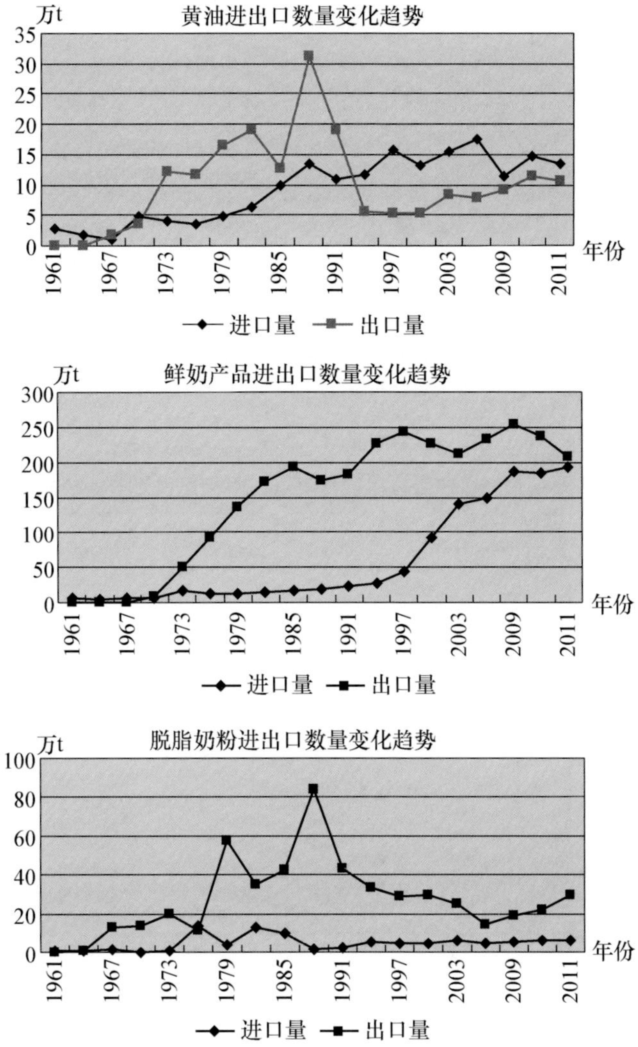

图 6　德国主要乳制品进出口数量变化趋势图

资料来源：根据附表 4 数据整理得到。

从 1961 年到 1968 年，鲜奶(液态奶)产品的进出口量基本保持持平，1968 年以后出口量大幅增加，贸易顺差明显拉大；从 1995 年开始鲜奶的出口量开始下降，而进口量迅速上升，贸易顺差开始缩小，进出口贸易顺差由 1996 年的 201.6 万 t 减少到 2003 年的 71.3 万 t，2011 年该值进一步下降为 15 万 t。鲜奶油的进出口变化趋势与鲜奶产品相似。

脱脂奶粉从 1965 年开始到 2011 年一直保持着出口量大于进口量的贸易顺差优势，并于 1988 年达到贸易顺差的最大值 82.3 万 t(144.7 亿美元)，以后贸易顺差一直在减小，2011 年贸易顺差为 23.1 万 t(5.44 亿美元)。

1.4.2　主要贸易伙伴

德国乳制品贸易国主要集中在欧盟邻邦。在出口方面，荷兰、意大利、比利时、法国、奥地利、丹麦、英国和西班牙等欧盟成员国都是德国乳制品的出口国，德国每年生产的乳制品中 65%～75%都销往这些国家；在进口方面，荷兰、法国、比利时、丹麦、意大利和波兰等欧盟成员国是德国主要的乳制品进口国，每年德国进口的乳制品 80%来自这些国家。但是随着世界各国的乳制品需求逐渐上升，德国也发展了很多非欧盟国家为乳制品贸易伙伴国。据德国统计数据显示，2006 年德国共出口奶酪超过 82 万 t，其中 12 万 t 出口到非欧盟国家，主要出口到俄罗斯，其次为日本，美国，巴尔干国家和沙特阿拉伯；2011 年德国向非欧盟国家出口奶酪 14.8 万 t，占总出口量 6.4%。

在贸易政策方面，德国鼓励乳制品出口，2006 年，德国乳业的出口配额约为 21%，达到了顶峰，乳品行业成为德国食品行业最大的出口部门。对于贸易伙伴的选择，随着世界各国对牛奶和奶制品需求量的不断增加，德国在专注于欧盟市场的同时兼顾世界市场，特别是俄罗斯、北非、东南亚和中国等地区。

从表 10 可以看到，德国奶酪的进口主要来自欧盟国家，比例占到 93%以上，而非欧盟国家仅占到 5%左右。2000 年德国从欧盟国家共进口 45.7 万 t 奶酪，2005 年该数值上升到 47.9 万 t，到 2011 年该数值达到 63.2 万 t，同比增长了 7.8%。相对于奶酪，德国进口的黄油及脱脂奶粉几乎全部来自于欧盟国家。近 10 年，黄油的进口量呈现一个先下降后缓慢上升的过程，2011 年黄油进口总量为 13.3 万 t，比 2005 年增加了 1 万 t，且 99.3%均来自于欧盟国家。2000 年德国 21.6%的脱脂奶粉来自非欧盟国家，到 2005 年这一比例下降为 0.4%，德国从欧盟国家进口脱脂奶粉量迅速增加，从 2000 年的 4.2 万 t 上升至 2011 年的 6.1 万 t，增幅达 45.2%。

表 10　德国从欧盟与非欧盟国家乳制品进口量与进口额

		2000 年			2005 年			2011 年		
		t	1 000 欧元	%	t	1 000 欧元	%	t	1 000 欧元	%
奶酪	欧盟国家	456 947	1 750 832	94.6	478 700	1 930 253	96.0	631 869	2 788 054	93.6
	非欧盟国家	26 127	113 326	5.4	20 196	118 611	4.0	25 646	188 861	6.4
	合计	483 074	1 864 158	100	498 896	2048 864	100	657 914	297 8781	100
黄油	欧盟国家	144 468	448 825	98.5	123 180	379 733	94.8	132 818	526 247	99.3
	非欧盟国家	2 218	5 203	1.5	6 738	16 865	5.2	1 096	3 529	0.7
	合计	146 686	454 028	100	129 918	396 598	100	133 914	529 777	100
脱脂奶粉	欧盟国家	41 575	67 952	78.4	47 710	90 987	99.6	61 059	129 206	99.2
	非欧盟国家	11 463	16 887	21.6	203	373	0.4	63	246	0.8
	合计	53 038	84 839	100	47 913	91 360	100	61 122	130 206	100

资料来源：德国乳制品工业协会 2011/2012 年报。

注：2000 年奶酪的欧盟国家数据指欧盟 15 国，其余欧盟国家均指欧盟 25 国。

相对于乳制品进口来说，德国乳制品不完全是出口到欧盟国家，出口到非欧盟国家的比例也有所上升，尤其是脱脂奶粉产品(见表 11)。奶酪出口量呈不断上升的趋势，从 2000 年的 54.4 万 t 上升到 2005 年的 75.2 万 t，增幅为 38.2%，到 2011 年猛增至 105.2 万 t，增幅为 39.9%。黄油与奶酪一样，近 10 年的出口量都在不断增加，从 2000 年的 5.6 万 t 增加到 2005 年的 8.5 万 t，2011 年该数值上升为 10.7 万 t，增幅为 25.9%。

表 11　德国对欧盟与非欧盟国家乳制品出口量与出口额

		2000 年			2005 年			2011 年		
		t	1 000 欧元	%	t	1 000 欧元	%	t	1 000 欧元	%
奶酪	欧盟国家	454 391	1 361 680	83.5	652 085	1 843 517	86.7	903 681	2 855 629	84.1
	非欧盟国家	89 797	243 751	16.5	99 805	273 139	13.3	148 520	539 035	5.9
	合计	544 188	1605 431	100	751 890	2 116 656	100	1 052 201	3 394 664	100
黄油	欧盟国家	44 563	136 770	79.3	62 418	186 054	73.7	94 441	387 177	88.5
	非欧盟国家	11 602	20 436	20.7	22 296	41 013	26.3	12 423	50 460	11.5
	合计	56 165	157 206	100	84 714	227 067	100	106 865	437 637	100
脱脂奶粉	欧盟国家	245 714	512 871	78.9	196 554	392 571	89.0	188 442	417 330	61.9
	非欧盟国家	72 022	137 373	21.1	28 558	48 536	11.0	103 874	256 874	38.1
	合计	317 736	650 244	100	225 112	441 107	100	292 316	674 204	100

资料来源：德国乳制品工业协会 2011/2012 年报。

注：2000 年奶酪的欧盟国家数据指欧盟 15 国，其余欧盟国家均指欧盟 25 国。

德国脱脂奶粉的出口量呈现一个先下降后上升的过程，从 2000 年的 31.8 万 t 先下降到 2005 年的 22.5

万 t，随着全球对脱脂奶粉的需求不断上升，到 2011 年德国脱脂奶粉出口量达到 29.2 万 t，增幅为 29.8%。德国脱脂奶粉出口到欧盟国家的比例在 2000—2005 年期间不断增加，但是 2005 年到 2011 年脱脂奶粉出口到非欧盟国家所占的比例在不断上升，从 2005 年的 11%上升到 2011 年的 38.1%；相应地 2011 年出口到欧盟国家的脱脂奶粉所占比例(61.9%)比 2005 年(89%)下降了 27.1%。

2 奶业科技进展

2.1 奶牛育种与繁殖技术进展

2.1.1 奶牛育种发展历程

德国奶牛育种具有悠久的历史，拥有最古老的良种登记手册和产奶性能记录。大约在 1847 年，德国北海地区东弗里生的第一个牛饲养者协会就已经组织了奶牛公开评比活动。1876 年，德国就建立了第一个官方注册体制，成立了第一个奶牛育种合作社，并且创立了性能测定和活畜裁制机制。东普鲁士是最负盛名的黑白花奶牛饲养地区。东普鲁士最早的注册体系创建于 1882 年，当时有 6 000 个注册成员和 35 万头注册奶牛，这是欧洲当时最大的奶牛育种组织，它成功地在北海东弗里生地区开创了系统的荷斯坦奶牛育种工作。为了防止口蹄疫疫情传染，1891 年德国政府决定禁止从荷兰进口种公牛。这项禁令促使德国开始独立实施育种计划。自 1989 年以来，各品种的牛在出生 7 d 之后就必须进行登记，而且要打上耳标。同时德国的奶牛系谱中不再出现荷斯坦血统的百分率字样，因为从 1989 年起，年轻一代的黑白花几乎都是 100%的荷斯坦品种了。大约在 1920 年，德国最终统一了育种目标的标准，农场主将育种方向转移到了乳肉兼用的复合型奶牛上，当时对他们来说，产奶价值和产肉价值同等重要。从那以后，奶牛的产奶量变得更加重要，这是德国注重均衡的黑白花奶牛育种的开端，也是逐渐参与国际竞争的开始。现今德国荷斯坦和德国红荷斯坦正在实现年产奶量至少 1 万 kg 的目标，其中奶脂肪含量 4%，且奶蛋白质含量达到 3.5%。

2.1.2 奶牛生产性能测定

欧盟的育种法规规定，必须对奶牛的产奶量进行测定，并且还要对育种价值进行评估，采精公牛需要进行后裔测定。由于欧盟的相关法律相对简单，所以德国又增加了额外的测定条件。对奶牛生产性能的检测和育种价值的评估进行了更加广泛、更加清晰的规定，并且还特别对采精公牛的遗传缺陷作了具体规定。具体来说，在德国开展奶牛生产性能测定不能只测好的奶牛，牛场中所有的奶牛都要进行生产性能的测定，即在每个月的任意一天，对奶牛进行 24 h 产奶量的测量。德国法律规定产奶性能测定必须由独立的监督协会来完成，还规定育种价值的评估也必须由独立的计算机构来完成，而且受政府机构的监督。

在养殖场，农场主只能获得产奶量的数据，其他一些数据需要从实验室中获得，包括乳脂率、乳蛋白率、体细胞数、尿素氮含量，其中体细胞数和尿素氮含量的数据对农场主非常重要。这些数据在 2～3 d 之内，通过电子邮件传给农场主。奶牛产奶性能的测定由德国政府负责，因为这样可以保证测定的公正性和独立性。政府在育种方面拥有自己制定法规和监督的权利，并且负责给牛打耳标以及牛奶的品质保证。在育种竞争非常激烈的情况下，特别是在奶牛性能测定以及育种计划和人工授精方面，政府要保证提供公平、公正的数据。在德国家畜育种行业中，有越来越多的家畜育种组织通过采用 ISO 9001 认证标准，来完成奶牛生产性能测定和育种价值的评估。

2.1.3 育种与繁殖技术

德国早在 1980 年就已经将青年母牛和泌乳牛的产奶性能分开测定，而其他国家在 1996 年以后才开始采取这种方法。1995 年，德国就已经通过奶牛泌乳力的分析对奶牛的生产年龄进行了评定，并且对奶牛的遗传基因、繁殖能力也进行了分析;此外,德国已经意识到,奶牛的泌乳力、持久性、楞角性、育肥及屠宰性能等对育种值的评估也有重要作用,这些均比其他国家要早得多。2005 年德国首次采取了遗传标记辅助措施。自从德国广泛推行人工授精(Artificial Inscmination)和超数排卵和胚胎移植(MOET, Multiple Ovulation and Embryo Transfer)技术后,育种体系不断完善和发展。

2010 年以来,奶牛育种领域中最大的热点是全基因组选择技术的应用。该技术可以对后备种公牛进行早期选择,提高选择准确性和选择强度,降低后裔测定规模和数量,提高育种和选择效率。欧洲的法国、德国、荷兰和北欧合作建立了欧洲奶牛全基因组选择参考群体数据库(1.6 万头左右验证公牛)。德国作为最早开展基因技术研究的国家之一,经过几年的发展,可靠性已达到 70%。由于奶牛基因组选育技术的出现,每年后备青年公牛选择范围从传统后裔测定选育技术的 1 000 头扩大到基因育种技术的 1 万头,选育的时间间隔也大大缩短,由 6 年到 1 年,提高了选择强度,极大的加速了奶牛遗传进展。目前,德国每年通过基因组选择验证的种公牛头数在 150~200 头左右。

德国黑白花荷斯坦以及红荷斯坦基因组估计育种值于 2010 年 8 月在德国首次正式发布,标志着国际公牛组织对德国基因组评估体系的认可。截至 2011 年 12 月,德国有超过 2.3 万头公牛作为样本在开展基因组选择验证种公牛工作。由于基因育种技术出现的时间还比较短,目前德国在应用基因验证公牛时,牧场主的接受程度在 30%~50%之间,相信通过今后的 1~2 年接受程度将会达到 50%以上。目前德国也是世界上掌握和运用基因组数据参考群体最大的国家之一。

胚胎分割和胚胎克隆技术是最新的一项生物技术,虽然在实验室的应用已经接近成熟,达到了应用程度。但是将其应用到生产中还有许多难题没有解决,并且这项技术的应用成本过于昂贵,克隆胚胎移植成功率还不到 30%,所以这项技术在实际生产中大规模应用还存在很大的难度,但是这是一项非常具有应用前景的繁殖生物技术,一旦这项技术大规模应用在育种工作中,对于奶牛的遗传进展肯定具有极大的提高。

2.1.4 德系西门塔尔牛的培育

德系西门塔尔(弗莱维赫)牛存栏总量约 120 万头,主要分布在德国南部的巴伐利亚州,该州饲养弗莱维赫牛约 100 万头,约占该州养牛总数的 80.3%(德国褐牛占 8.2%,荷斯坦奶牛占 6.0%,德国黄牛占 0.5%,其他牛占 5%)。家庭农场是养牛的主要方式,养殖规模不大,平均户养 40 头,超过百头的较少。养牛户均以会员制企业的方式联合建立人工授精站、地方育种协会,授精站和育种协会通过育种推广、信息咨询、活牛市场流通等方式为农户提供服务。政府负责牛的遗传评估和生产性能测定,设立育种评估信息机构,作为公益事业为其提供公开的信息支持。

近 50 年来巴伐利亚州在发展奶业的过程中,在奶牛品种选择上兼顾了产奶和产肉性能,走出了一条采用乳肉兼用型品种发展奶业并保持肉业优势的独特道路。德系西门塔尔牛是由瑞士西门塔尔牛和德系红荷斯坦牛杂交,并引入部分其他品种血液选育而成,有近 150 年的育种历史。德系西门塔尔牛是德国的奶牛育种专家们对原产于瑞士的西门塔尔牛运用定向选育和杂交育种手段,逐步形成的一个乳肉兼用型品系。德系西门塔尔牛的育种最早可以追溯到 18 世纪中期,当时为提高本土牛的生产性能,德国从瑞士引进西门塔尔牛与本地牛种开展杂交,其目的是通过杂交育种,培育出具有地方特色的西门塔尔品系。在培育过程中,始终坚持乳肉兼用的育种方向。为了提高母牛的产奶成绩和乳房质量,在 20 世纪 50 年代后期,引进了原产英国的纯种爱尔夏(Ayrshire)公牛来改良德系西门塔尔牛。由于这次改良的结果,母牛的产奶性能得到提高,乳房结构进一步改善,后代继承了爱尔夏牛早熟、耐粗饲及适应能力强等特征。

经过两次杂交改良和育种方向的调整,德系西门塔尔牛的产奶性能得到了显著提高,但是后代的产肉性能明显下降。为了保持德系西门塔尔牛的乳肉兼用的发展方向。20 世纪 80 年代初,德国又从瑞士引进二元杂交的西门塔尔后代公牛(红荷斯坦牛和西门塔尔牛血缘各占 50%)与肌肉丰满的德系西门塔尔母牛进行级进杂交。这次杂交改良取得了令人满意的结果,后代除了保留良好的产奶性能之外,产肉性能也超过了以往的平均水平。

在最近 20 多年的定向选育过程中,确定把红荷斯坦牛的血统在德系西门塔尔牛中的比例控制在≤6%

的范围，最终育成了目前的乳肉兼用型德系西门塔尔牛品系。1995 年，巴伐利亚州为德系西门塔尔牛制定了新的育种标准，具体标准是：种公牛体高介于 150～158 cm，体重不低于 1 200 kg；育肥公牛平均日增重超过 1 300 g，屠宰率 70%，出肉率 60%；成年母牛体高介于 138～142 cm，体重不低于 750 kg；初胎年平均产奶量≥7 t，乳脂率 3.9%，乳蛋白率 3.7%，初胎产犊年龄为 24～28 月龄。该品系的主要特征是：遗传稳定，母牛产奶性能好，公牛育肥能力强，耐粗饲，抗病力强。目前，德系西门塔尔牛的主要生产性能如下：平均年产奶量为 6.7 t，平均乳脂率 4.15%，平均乳蛋白率为 3.50%。公牛平均初生重为 40 kg，18～19 月龄体重可达 700～800 kg，平均日增重 1.4 kg 以上。平均使用寿命为 4.7 个胎次，最高可达 11 个胎次。

2.2 奶牛饲料与营养技术进展

2.2.1 饲料组成与生产

饲料成本在奶牛养殖业中约占总成本的 40%～45%，这表明了饲料品质的重要性。德国大部分的奶农全年在牛舍内喂养奶牛，因为这种方式能保证稳定的饲料品质，其利用的草场全部为人工草场，每块草场上有 10 种以上牧草，保证了饲草营养的多样性，同时牧草青贮及全株玉米青贮技术得到了普及推广。高产奶牛每年产奶量可超过 10 t。这些奶牛每日摄入 23～25 kg 的干物质。以谷物、玉米（及其加工副产品）、棉籽、大豆饼、糠和其他的植物残渣等为基础的精饲料，保证奶牛的饲料比率，可让奶牛日产奶量提高到 30～40 kg。

德国十分重视奶牛饲料的生产，每一个饲养奶牛的家庭都为奶牛种植各种饲料作物，主要有麦类（包括大麦、小麦、燕麦、黑麦）、玉米、甜菜、饲料萝卜等。麦类一般加工成粉状作为能量饲料。玉米主要用来做青贮饲料，在玉米籽粒蜡熟期，干物质含量在 25%－30%时，用玉米联合收割机收割切碎，然后倒入青贮窖中，同时在倒入同时用拖拉机一层一层压实。青贮窖装满后，上盖内黑外白的塑料薄膜，再用长沙袋将塑料薄膜周围压紧。塑料薄膜表面外加压一层汽车废轮胎。经过一段时间后，即可作为奶牛的基础饲料。甜菜一般是制成颗粒饲料作为补充饲料。甜菜叶也可用来制作青贮饲料，但由于甜菜叶的水分含量高，青贮窖的底面须稍有坡度，便于水分流出。青贮时，先在窖的底部铺一层麦秸，然后再倒入打碎的甜菜叶，可不必用拖拉机压实，装满后上盖塑料薄膜即可。

除以上农作物饲料外，各种牧草的生产也是奶牛基础饲料的重要来源。德国种植的牧草品种主要有三叶草、苜蓿和黑麦草等。一般采用禾本科牧草与豆科牧草混种，以提高牧草的营养价值。在耕地面积较少的养牛家庭，采用青刈牧草喂牛比较普遍。割草采用联合割草机，前面割后面即拾起，装入拖车内，然后直接运入牛舍，通过拖车后面轮子的转动，将牧草卸下，使牧草平铺在牛舍的食槽边。每天早、晚各进行一次，以保证奶牛每顿有优质新鲜的牧草。在草场面积较多的养牛家庭，夏天奶牛完全靠放牧，早、晚挤奶时将牛从草场上赶回。这种草场一般安排在房舍周围近处，按每公顷草场放牧 3 头奶牛，采用电围栏轮牧的方式。

为了保证冬春季节奶牛基础饲料的供应，每一个养牛家庭必须制作大量的干牧草、牧草颗粒或牧草青贮，其中以制作干牧草和牧草青贮较普遍。牧草颗粒因制作成本高，一般养牛家庭不愿制作。干牧草一般在牧草开花以前制作，要求粗纤维含量不超过干物质的 26%。牧草青贮的制作方法主要有两种：一种是青贮窖青贮，其方法与玉米青贮过程相同；另一种是压缩打包密封青贮，这是近几年来出现的一种新型青贮方式。每个家庭牧场对青粗料的生产和保存都十分重视，每家都有青贮设施和干草仓库，每年按牛的需要来生产和保存青粗饲料。每个大家畜单位，一般年保存青贮饲料 10～12 m^3，干草 1～2 t。

2.2.2 现代饲养技术与营养要求

现代饲养技术能够实现提高动物饲料的摄入量。目前德国高产奶牛的补饲实现了由计算机控制，饲喂由 TMR 机械完成，确保奶牛每天 24 h 都能得到食物，这样奶牛就能获得足够的饲料，始终有充足的供水。

对饲料的要求有：①最大限度地让饲料达到有营养、易消化、美味的要求；②青草青贮产奶净能要达到

6.3 MJ/kg 干物质，粗蛋白 16%～19%，粗纤维 23%～24%，干物质含量 30%～40%；③玉米青贮产奶净能要达到 6.6 MJ/kg 干物质，干物质含量 29%～33%，淀粉含量＞32%；④有效的饲料青贮技术；⑤有效地贮存饲料。

对饲养技术的具体要求有：①饲养是一个坚持不懈的过程（在过渡时期需要慢慢转变）；②采用 TMR 技术；③用新鲜的饲料喂养泌乳牛群，每天 2 次；④充足的饲料供应，每天 24 h；⑤尽最大可能保持牛栏卫生条件；⑥牛栏位和牛槽的比例要 1∶1 的设置；⑦用饲料青贮代替大量的饲料储藏（解决过期饲料的问题）；⑧根据干物质计量基础，平衡饲料供给。

2.3 奶牛疫病控制技术进展

在动物防疫方面如果遇到问题，一般会根据欧盟、联邦以及所在州的有关法律法规执行。法定的疫病防疫采取强制性措施，由临床兽医实施；非法定的疫病防疫由企业自行决定和实施。防疫经费主要来自于养殖户上交的动物疫病保险基金。动物检疫方面，肉品加工企业的肉品检疫严格依照欧盟的统一规定标准，在官方兽医（政府派驻企业）的监督之下执行；对市场流通与经营的肉品，警察局负责兽医监督以经济警察随机抽样送兽医检验局检测，一旦不符规定标准，将课以重罚。

一旦发生法定的传染病，政府财政全额补贴扑杀；发生非法定的传染病，参与保险的农户可以向动物疫病保险基金会申请提供帮助。此外，农场通过对于单个牛体的 DHI(Dairy Herd Improvement)项目分析，获得农场管理数据，有助于提高牛奶质量（5%～12%），饲喂优化、预防疾病，使得被感染牛群减少，为选育和剔除打下基础。

在病死畜禽处理方面，德国病死畜禽化制设施由财政资金启动，以后实现由政府补贴与出售产品收益相结合的办法。德国比贝腊赫——瓦尔特豪森畜体清理研究所年支出在 1 350 万马克，包括人员工资、水电费、污染处理及设备维修。此外还有每年 300 万马克基本设备投资。其经费来源，一是受益的 14 个县（市）的税收支持；二是屠宰场、肉店（铺）交纳的下脚料、病变、过期产品的化制费用；三是企业出售加工产品所得收入。农户病死畜禽化制费实行免费（实际上是在所在县的税收支持中），病死畜禽是通过电话报告由化制所派车负责上门无偿收集。该所年产骨肉粉 9 500 t，动物脂肪 5 000 t，大动物皮张 1.5 万～2 万张，效益可观。

2.4 奶牛场粪污处理与环境保护技术进展

2.4.1 粪污处理利用方式

随着德国规模化的肉牛、奶牛养殖场的不断发展，每天养殖场所产生的粪便也越来越多，但是这并不会造成环境污染，对牛粪的使用方向有 2 种：传统的还田（但法律规定每年的 12 月份至次年的 4 月份禁止施用）与现行逐步推广的用粪便与秸秆生产沼气技术。

德国政府一贯倡导生态农业和自然环境保护，对沼气的开发利用不仅解决了农村能源问题，还减少了有害气体的排放，减少了对生态环境的污染；制取沼气的有机废弃物、禽畜粪便经过发酵后所产生的残渣是生态农业种植中的上好肥料。另外，沼气发酵厌氧消化系统，可作为阻断禽畜传染病的重要卫生设施，有利于畜牧业的发展。对于牛粪的再利用是通过脱水分离进行发酵，干粪集中堆放发酵，粪水则输入密闭容器中贮存发酵，这样不仅提高了牛粪的利用率，还有效地防止了牛粪造成的环境污染。

德国的沼气工程大多为混合原料发酵，所用原料为生活垃圾、厨余垃圾、工业废渣和废液、新鲜玉米秸秆等，即所有的有机废弃物都可以作为沼气生产的原料。畜禽粪便（一般来说，1 头 500 kg 牛每天产生 45 kg 有机肥）作为沼气生产原料的不足 20%，这主要与德国的畜禽养殖种类和饲养密度有关。由于德国的农户和养殖场多以养牛为主，饲养规模多在几十头到 300 头之间，除去土地消纳能力以外的粪便多以中心沼气厂的方式进行处理。这些中心沼气厂，集中了周边大小不等规模的养殖农户的牲畜粪便，并联合部分其他加工企业的有机废弃物作为沼气生产原料。德国沼气工程的滞留期一般在18～30 d左右，沼液直接喷施农田。因沼气而获利的农户经营规模在50个大家畜单位以上，一个大家畜单位为500 kg重的标准牛。

2.4.2 可再生能源的利用

目前德国的能源构成中9.3%是生物能(其中林业提供48%，油料、秸秆35%，沼气17%)，预计到2020年生物能源将占总能源的20%。因此，利用动物粪便结合秸秆与或专一的产沼气型全株玉米，生产沼气并进一步发电在德国将有更大发展。2000年德国出台了《可再生能源优先法》等国家鼓励沼气发电上网的一系列优惠政策的出台，为广大农场主建设沼气工程并通过发电上网增加收入创造了很好的法律环境。“发电盈利”成为许多农场主建设沼气工程的主要动力。2004年8月1日生效的《可再生能源法》规定，电力运营商有义务以一定价格向用户提供可再生能源电力，政府根据运营成本的不同对运营商提供金额不等的补助。德国每年生产19 000万t的人畜粪便。农民通过国家的援助项目，安装了沼气设备，很快成了能源的生产者。大多数农户采用可供生产电力和热能的“集团热电装置”，即由一个汽油机驱动的发电机组生产电，由此产生的余热用于供暖。通过这种方式，农户不仅可以满足自己的用电和供暖，而且所产生的每千瓦的电都可以输入公共电网供使用。按法律规定，入网农户可按规定价格获得再生能源补贴。

20世纪90年代以来，德国在间歇式干法沼气发酵技术的研发上又取得了新的进展。1999年春季德国农村中农户共拥有600个沼气设备，至2004年发展到800个。沼气分解出多种产物，如甲烷和一氧化碳。在沼气设备中产生气体，经净化可用于燃烧，这是第一种利用方式。据德国专家计算，1 m^3 沼气相当于0.6 L燃油或0.6 L天然气所做的热功，为6 kW/h。而另一种沼气利用的方法是燃料箱，这一技术利用氢氧的反应，特点是无污染而且有很高的电功率。散放式牛舍的地面为缝隙地板，粪尿通过缝隙可直接流入阴沟，再通过阴沟流入舍外的集粪池。集粪池中的粪便有两种处理方式：一种用粪便清理车直接将粪便抽起，运送到地里，并撒在耕地表面；另一种是进行发酵处理，经过发酵的粪便用干燥机进行干燥，干燥后呈黑色粉末状，无臭味，主要用于养花。

2.4.3 施肥的管理

德国为了防止农业生产对地下水资源的污染，政府在有关法律中规定，严禁施用化肥，即使是施用畜禽粪肥也有严格的施用时间和施用量的限制。在施肥时间上，严格规定每年12月份至次年4月份是禁施阶段，主要是因为植物处于冬眠，吸收粪肥少，一旦施用必然更多地污染地下水。此外，德国政府加强对畜禽粪便排放中氮、磷、硫等含量的严格控制，他们的办法是通过限定每个畜禽生产场一年允许排出的氮、磷、硫的总量来进行调控。如果每头(只)畜禽排出的粪便中氮、磷、硫的含量低，则其畜禽生产的总量就自然可以增多，反之，则其生产总量必然要缩小，这就迫使饲养者不断研究和改进饲料配方和饲养技术，以求得饲料中营养的最高利用率和粪便中氮、磷、硫含量最低化，以此来提高饲料的利用率，增加饲养规模，达到最佳的饲养效益。同时对畜禽生产企业排出气体亦有明确要求。如果生产企业周围80 m范围内有其他企业或居民，则要求生产场排出的空气必须进行净化处理。德国牛舍是全封闭式，采取底层通道吸风过滤、上层进风换气的办法，既保证了畜舍内的空气清新，提高了奶牛的新陈代谢，又减少了牛舍中有害气体及病菌的密集度，保证了对外界环境不造成污染。

在畜禽养殖废弃物的管理上，欧盟出台了一系列政策法规、管理规定、生态补偿标准等，涵盖了生态环境、食品质量安全、动物健康及福利标准各个方面，将与畜禽养殖业挂钩的每个环节有机地联系在一起。如：对畜禽粪便和有机肥施用量、施用时间、某些粪便储存时间的最低限度等要求；定期回顾和更新最初管理计划；按照单位面积牲畜承载量及养殖场牲畜头数等给予直接补贴；按照低密度的草场系统管理、低牲畜生产密度等要求，对实行高标准动物福利的农民进行补贴；补贴的幅度依据采取这种高标准所增加的成本或者减少的收益情况确定，最多每年每个牲畜单位(成牛)可以补贴500欧元。

3　原料奶质量控制与计价体系

3.1　提高原料奶质量的主要技术措施

德国在牛奶的整个生产过程中，即从奶牛饲料到货架上的成品牛奶都受到监控。无污染饲料，干净卫生的畜圈，质优的牛奶和奶制品运输、加工和销售方式都有标准可依。在食品安全管理上，由于采取了上市产品均需提供饲养档案（含品种、饲养期、饲养场名、用药与防疫记录等），饲料与饲料添加剂由专门化公司按严格的标准与有关法规生产，标签完善，从而在源头上保证了奶产品安全；种植业也是如此，施用化肥、农药等均有章可循，谷物生产者同样建立了可追溯体系；再者，所有规模化加工、零售企业与行业协会都拥有快速检测设备，不定期对农、奶产品的农残、药残与霉菌毒素等有害成分进行抽检，因此养牛者与饲料生产者不敢违规滥用农药、药物与有害饲料原料，从而确保上市产品安全。

欧盟委员会建立了在其框架内的食品与饲料快速预警系统（RASFF），使成员国在人类健康风险发生或存在潜在风险时互通消息、快速预警，以便采取统一行动。德国联邦风险评估所负责对德国及欧盟地区的生鲜乳质量安全进行评估，既可预测危害的发生，减少经济损失，保障消费者的健康，也可为政府管理部门制定政策和标准提供支持。

3.2　原料奶质量标准

在以法规体系完善著称的德国，对于从牛奶（及其他原料奶）到最终的牛奶制品的质量都有着细致的规定。更重要的是，他们不仅以联邦立法的方式对牛奶原料的质量底线进行了规定，更为其质量的提升提供了制度上的保障。德国整个乳品安全保障中有两个重要机制，就是如何对从原料（原料奶）到最终的各种奶制品进行质量的管理和监控。首先是对奶农供给工厂的原料奶进行销售级别的规定，即对原料奶的质量进行检查后，根据所处的质量等级付款。这个规范的核心思想是“按质论价”，原料奶的质量越好价格越高。这就意味着对于原料奶的品质，不仅有严格的底线要求（基本的参数），更有品质提高的激励（直接反映在奶农的收益上）。

德国法律规定，每次工厂接收到奶农提供的牛奶时都会对相应的指标进行检验，包括脂肪含量、蛋白质含量、细菌指标、体细胞数、冰点、抗生素和药物残留等等。牛奶实行车载电脑初检测和化验室检测。生产性能指标每 4 周检测 1 次，卫生防疫指标每 7 d 检测 1 次。供奶 200 次取（早、晚）样检测 1 次，检测依据 ISO 17025 标准。根据按质论价的规定，任何牛奶工厂在收购原料奶的过程中，都会依照奶农所提供的牛奶质量来定价付款，其中最重要的三个参数就是奶量、脂肪质量和蛋白质量。如果被检测的原料奶一旦有些指标超过了参数限制，就禁止进入牛奶工厂进行加工，这就意味着奶农将面临损失。

根据联邦法律规定，一级原料奶的细菌含量的限制标准是每毫升低于 10 万（而中国的合格原料奶的细菌含量规定是每毫升低于 50 万），而在大多数进入工厂加工的原料奶细菌的指标都低于每毫升 2 万的水平。德国法律对产品的命名有明确的规定，唯有其产品的生产流程和制成品达到了一定的质量水平，才允许以干酪、牛奶或黄油产品的名称销售这个产品。

3.3　监控原料奶质量的主要方法及惩罚

在德国，对原料奶的质量检测工作是由一个独立的第三方机构来完成，他们会对每一次牛奶加工厂收到的原料奶进行检验、评测质量，然后根据国家规定的原料奶级别来进行定级。检测站得出的最终数据，将成为加工厂向奶农付款的凭据。检测站一般根据体细胞数或者细菌数的高低来惩罚或奖励，惩罚那些往牛奶中掺水、高游离脂肪酸以及抗生素的农户。

位于渥恩扎赫市的巴伐利亚乳品检测站是世界上最大的牛奶检测站之一，在这里每个小时就可以对600个抽样进行检测，每进行一次同类的检验成本只要0.45欧元(相当于人民币4元)。巴伐利亚乳品检测站最主要的任务就是每日对从农户那里收到的原料奶进行检测。他们在运送牛奶的运输车上安装了自动抽样设备，每次抽奶之前就做一次抽样，车上有一个数据管理器把所有的数据和抽样储存在电脑里，系统会记录下每个参数，包括牛奶的温度、牛奶的容量、运奶车的状况等等。样品被运到加工厂里集中起来，用特别的容器储藏后连夜送到检测站。带容器的车把抽样从加工厂运过来是在夜里进行的，而在此之前所有的样品都在容器室里面存放。所有的流程都由电脑控制，非人力可以操纵，对应的每个样品也都有唯一的条码，这样便于对牛奶问题进行追踪。

3.4 原料奶计价体系

德国原料奶定价的核心思想是“按质论价”，原料奶的质量越好价格越高。这就意味着对于原料奶的品质，不仅有严格的底线要求(基本的参数)，更有品质提高的激励(直接反映在奶农的收益上)，其中最重要的3个参数就是奶量、脂肪质量和蛋白质质量。德国奶农对牛奶价格并无发言权，奶农负责向合作社运输牛奶，合作社进行统一销售。

德国的主要牛奶加工商阿拉食品和Muller公司的牛奶定价可以作为参考，根据2010年阿拉食品支付的奶价，每100 kg为32.38欧元，包括补偿支付2.55欧元(2009年奶价是27.52欧元/100 kg，外加补偿支付2.04欧元)，2010年补偿支付是基础奶价的8.6%(2009年是8.1%)。基础奶价是脂肪和蛋白质的价值加上4%的品质补贴。补偿支付里面包含了参与者的投入资本，约0.52欧元/100 kg。

4 科技推广体系

4.1 主要研究与推广机构

德国在畜禽育种、饲养、加工与管理等各个方面都达到了非常发达的地步。德国荷斯坦奶牛大都分布在德国北部的4个州，每个州都有奶牛协会或农民组织，但在奶牛育种上采取的是全国性的联合育种，经费由联合育种组织共同承担，政府也承担部分费用。育种组织根据母牛群体生产情况集体商议决定下一步育种方案，测定功能性指标，针对不同的牛群采取不同的育种方案。育种组织要各自制订一些基本规定来履行自己的任务，育种计划是由各个育种组织自己制订，自己完成，自负其责。

现在德国有完整的、分工明确的育种组织，包括德国牛养殖联盟(ADR)、14家牛奶质量检测机构、地方育种公司和数据中心(VIT，Vereinigte Informations Tierhaltung)等。德国是除美国外世界上第2个验证公牛的国家，有1 100多头验证公牛。德国荷斯坦奶牛育种主要由诺丁林公司和数据中心(VIT)两个机构分工合作进行。其他品种(西门塔尔、瑞士褐牛、德国黄牛)的数据统计分析由位于德国南部城市慕尼黑的BLT机构负责，VIT和BLT均为非盈利组织，是德国最大的关于动物数据统计中心。

4.1.1 德国养牛者联合会

德国养牛者联合会是一个全国性的综合组织，它是由22个养殖者联盟、13个育种和人工授精组织以及14个产奶性能检测组织组成的。德国养牛者联合会是德国养牛业的核心机构，是负责国内外相关机构以及政策的首要平台，为机构制订相关法律时提供帮助，也为相关机构出具兽医证明时提供协助。德国的养殖者协会也是合作性的组织，必须经过政府机构的认定，是唯一被授权开展育种计划的组织。即在德国动物育种法框架下，只有养殖协会能拥有正式进行牛繁殖的批准书，从而经营具体动物品种的育种方案。它的工作范围包括三个方面：一是管理育种登记；二是执行育种计划；三是牛的国内外营销工作。目前，德国的种畜已出口到世界 35 个国家。在德国，荷斯坦奶牛占注册奶牛总数的 60.7%；弗莱维赫占第二位，为 25.5%；红荷斯坦牛占 6.0%。2006 年德国进行牛育种的养殖协会(包括育种公司)共有 33 家，养殖协会注册的牛品种数量为 42 种，在生产系统中重要的牛品种数为 7 个。超过 50%的牛是育种协会登记在册的，80%以上的牛采用人工授精，并且 80%以上的奶牛可以在牛奶记录中被检测到。

4.1.2 数据中心(简称 VIT)

数据中心(VIT)是德国官方的非盈利的数据收集和处理机构。数据中心受政府机构监督，保证公正。中心负责黑白花、红白花荷斯坦、德国红牛和娟姗牛的登记和产奶性能记录(MLP)，是所有系统性育种及奶牛品种的数据库，并保证成功的奶牛育种。数据处理中心共有 130 名职员，他们深入到德国北部荷斯坦牛重点产区，从奶牛场、牧场主那里搜集奶样，经过测试后再把数据反馈到奶牛场和牧场主。中心的费用来自于会费和政府资助两部分，每头牛生产性能测定需要交纳 23 欧元的服务费，州政府每年补贴 50%的经费。该中心管理 350 万奶牛的生产性能记录，并进行数据处理；同时将信息发放给奶牛生产者作为对种畜进行育种值评估的依据。数据中心作为官方指定的奶牛育种评估机构，利用从奶牛场、人工授精中心(公牛站)和牛奶检测中心收集的数据对母牛进行生产性能测定(DHI)，并对公牛进行育种值评估。育种值包括总价值指数、产量育种值(产奶量、乳脂和乳蛋白)、乳用特征指数(乳用特征、体型、肢蹄和乳房)、体细胞指数和遗传育种值等。

4.1.3 诺丁林公司

诺丁林公司是负责德国荷斯坦牛育种的专业公司，德国荷斯坦公牛册由该公司发布，其后测公牛的数据收集与分析由 VIT 负责进行，诺丁林公司制定育种计划，每年将进入后测程序的种公牛各采精 3 000 支细管，随机分散到德国各农场，由 VIT 将公牛女儿的各项生产数据收集分析后计算综合育种值(RZG)，反馈诺丁林公司后将种公牛依据 RZG 育种值进行排名并每季度都发布更新的公牛育种值排名。

诺丁林育种基因产品公司每年对 250 头年轻公牛作后裔测定。他们首先从 41.3 万头有三代系谱的奶牛中选出 350 头各项指标都符合的、性能超群的母牛，用世界上排名靠前的公牛进行配种。受孕率按70%～75%计算，能得到 300 头小公牛。小公牛长到 12 月龄时根据它们的日增重、体型外貌和健康程度对它们进行评估并挑选，最后对 250 头最好的小公牛作后裔测定。每头公牛采精后分配给不同牧场的 650 头母牛配种，待她们产犊后通过新生母牛的产奶性能、乳蛋白、乳脂、乳用特征、体型、肢蹄、乳房及产犊容易程度等对公牛的产量育种值、乳用特征和遗传育种值等进行评估，并通过体细胞数对健康程度作出评估。后裔测定的结果出来后，按照德国的选择标准，只留 5～8 头高质量公牛用于精液生产。

通过合理的育种计划和严格的选育程序，诺丁林公司提高了德国牛群的产奶量、乳脂率和乳蛋白率。通过 20 多年的努力，种群平均产奶量从 1981 年的 5 961 kg 增加到 2006 年的 8 731 kg。乳脂和乳蛋白含量也相应增加，2006 年分别达到 360 kg(4.12%)和 297 kg(3.40%)。

4.1.4 巴伐利亚牛种培育推广联合会(简称 VFR)

德国德系西门塔尔牛的育种组织多是以养牛农户(家庭农场)为基础，由联合会、协会、企业及政府共同参与的联合育种组织体系。巴伐利亚牛种培育推广联合会(VFR)是目前德国最大的育种服务联合组织，它的前身是“上巴伐利亚牛种培育推广联合会”，成立于 1969 年，1999 年联合会更名为 VFR。它由巴伐利亚州 3 家人工授精组织和 5 家育种协会联合组成，它主要任务是协调并规划联合会内部的育种发展方向，针对会员的要求提供及时、有效的服务。除了提供顶级基因产品外，还包括致力于满足会员企业及客户的需求，并提供一系列的相关咨询服务。

4.1.5 宝牛育种中心

德国的人工授精组织是合作性组织，必须要经过政府机构的批准，一些人工授精中心和胚胎移植机构是私人公司或有限责任公司，也可以是具有特殊目的的团体。工作范围为采集及储存冻精、授精服务、国内外的冻精营销工作。德国牛的冻精主要出口到世界上54个国家。

德国宝牛育种中心(BVN)成立于1948年9月22日，是VFR三家人工授精组织之一，同时也是VFR的成员。它是德国目前最大的人工授精站，在乳肉兼用奶牛的育种方面占据绝对主导地位。宝牛育种中心(BVN)总部设在诺伊施耐德市，拥有120名育种技术人员，200名人工配种员和兼职兽医。它属于由农户在自愿前提下建立的会员制企业，目前拥有正式和非正式会员企业2.14万家，平均每家会员牛场(户)存栏40头产奶母牛。农户只要遵照BVN的章程，签订会员协议，无需缴纳会员费即可成为BVN的会员。所有管理者包括会员代表、监察会、董事会均由会员选举产生。会员代表由150人组成，监察会由17人组成，董事会由5人组成。BVN为会员农户提供的主要服务项目有3项，一是开展牛人工授精业务，向农户提供牛冷冻精液。二是为农户提供胚胎移植服务，包括冲胚和移植。三是向农户提供技术服务，包括良种推广、牛场管理和技术培训等，并帮助农户进行计划选配和遗传评定等。

BVN用来采精的种公牛全部来自会员农户。BVN每年都会根据血缘、体型外貌、繁殖性能等指标，从会员农户的青年公牛中测定挑选出后备公牛，并对原有的后备公牛进行部分淘汰，保证340头的后备公牛群体。而后，在340头后备公牛中挑选出120头作为测定公牛，用于奶质和肉质的后裔测定，只有20%通过国家检测的后备公牛才能获得采精许可并成为BVN的验证公牛，最顶尖的3%用于选种选配的育种计划。

4.1.6 荷斯坦牛育种协会

德国的荷斯坦牛育种协会是于1992年由6个育种组织联合组建的，其中种公牛站2个，育种协会3个，另一个是贸易组织。该协会共拥有7 600多个会员，每个会员每年交30欧元的会费。协会本身有74名人工授精员，70名兽医、17名饲养技术员和22名行政管理、登记人员。德国荷斯坦协会是德国养牛者联合会的一个会员，下设14个地区性育种组织。荷斯坦协会是为养殖者提供农业方面服务的组织，而14个地区性的育种组织的具体任务就是进行种畜育种、登记、奶牛的分类以及分级，他们为企业提供人工授精服务、公牛饲养、生物技术、基因组分析和冻精销售。育种计划由这14个地区性的育种组织完成，包括公牛育种计划以及所有的育种咨询。另外，与其他国家的育种组织不同的是，这14个育种组织还做营销工作，他们为养牛者作种畜销售，负责把公牛从一个牛场销售到另一个牛场中，另外还负责种牛的出口。

荷斯坦牛育种协会的育种程序是：首先选择种子母牛(就是生产种公牛的青年母牛)，按照德国荷斯坦牛育种目标中综合产奶量、综合寿命、体型结构、乳房健康、繁殖率等育种值及六个生产性能指标，对所有注册牛建立基因库。其次，在此基础上，育种专业人员从几十万头基础母牛中选择100～200头的种子母牛对其生产性能进行逐个测定。与此同时，采用最优秀的种母牛、生产胚胎、经过胚胎移植，对青年母年及其后代全部进行考察，以此客观地评价种子母牛。再次，德国利用每年4次的种牛拍卖会进行优秀个体的选择。

4.1.7 兽医机构

联邦政府的食品农业部和卫生部都设有兽医局，两个兽医局的工作职责范围有明确的分工。两个兽医局还共同设立了一个兽医研究中心，包括病毒研究所、动物传染病研究所、动物健康研究所和兽用药品研究所。州、区(地区)、县(市)三级均设有兽医机构。在州一级还设有政府资助的化学与兽医检验局，其职能是受政府委托开展检疫、检验，出具检测报告作为处罚依据(自身无行政处罚权)，经费的1/2来自政府补贴，1/2来自社会性服务收入。另设有一个民办的动物疫病保险处(或称基金会)，挂靠兽医检验局。

4.2 运作模式

在德国，农业推广实际上是农村综合咨询，可以说，农村综合咨询服务模式是农业推广发展到一定阶段的必然产物。德国的农村综合咨询服务同其他类型的体系模式有着显著的区别。整个德国的农业推广咨询可以分为3类地区：一是德国南部的官方咨询主要由州农业部组织管理，二是德国北部的官方咨询主要由由州农业委员会组织管理，三是德国东部（即原民主德国）的私人经济咨询。农业推广咨询的内容极其广泛，包括了与农村居民生产和生活有关的各种技术和信息的咨询。目前在德国，参与农业推广的组织类型甚多。主要的推广咨询体系是政府官办的，上至联邦政府和州政府农林食品部，下至县农业局都有相应的机构设置。此外还有生产者自我服务的各种民间组织（例如各种咨询公司、农民协会、合作社、社区服务组织、教会组织等）、大学及科研机构、各种商业企业与公司（如信贷、银行、保险机构以及各种企业集团和个体企业）。这些机构有专职独立的，也有附属兼营的。在各种农业法案中都规定，农民可以免费享受政府的农业推广咨询服务。

5 促进奶业发展的主要政策

5.1 促进奶业生产政策

德国农业发展的一个显著特色，就是多方面的政策扶持和政府补贴，激发农民的生产热情，保障农民收入，促进农业发展。

一是绿箱政策。德国农业税收约占全部税收的1.7%，农业投资却占国家预算的2%。欧盟和德国各级政府依据不同作物的面积和牲畜的头数以及休耕地面积进行补贴，人均高达4.5万马克，占农民年均收入的71.4%，这还不包括直接的农业投入部分以及用于道路等基础设施建设的费用。

二是政府加大对农业企业及项目的补贴和融资支持。成立专门的政策性银行——德国农业养老金银行，为农业企业提供融资便利。对扩大生产规模、降低成本、引进环保措施等投资提供补贴及贴息贷款。投资额1万～10万欧元的小型项目，提供偿还期10年、利率不超过5%的优惠贷款，最高补贴比例为%、不超5万～125万欧元的大项目，可申请利率不超过5%、偿还期20年的优惠贷款。企业还可申请直接补贴，最高补贴比例10%、不超过3万欧元；对山区、低产区及受地理条件限制、种植面积较小的农业企业进行补偿，每公顷补贴额在25～180欧元之间，每个企业最多可领补贴16万欧元。雇用员工2人以上的，每多1个雇员可额外得到8 000欧元补贴。

三是给予农业企业全面的税收优惠。农业企业、合作社可获得免交营业税、机动车辆税的待遇。为农业企业提供咨询、农机出租等服务的合作社免交法人税（25%），农业企业联合体自成立之日10年内，每年享受15 339欧元的法人税免税额度。另外，农产品增值税税率为7%，远低于其他产品的16%。在能源税方面，农业企业用电量超过一定额度，可享受高达80%的减税优惠，如果从可再生能源发电站购电，可予以免税。年用量超过一定标准的，可减掉80%的矿物油税。

欧盟实施干预购买和私人储备援助计划稳定内部市场。为稳定乳制品内部市场价格，欧盟制定乳制品区内市场参考价格。当区内价格低于参考价时，将启动干预购买计划，将产品转入库存。干预购买机构由各成员国政府指定，该机构按照欧盟规定的标准购进产品，并根据“避免扰乱市场平衡”的方式将产品用于加工行业、食品援助、向非营利机构销售、饲料生产以及通过补贴出口。此外，欧盟还有私人储备援助计划。由欧盟确定私人储备产品的标准、数量，并根据储藏成本和可能的价格趋势调整和确定支持水平，以合同的方式对私人储备乳制品给予补贴。

5.2 促进奶业加工政策

欧盟成员国认为，合并建立大规模和高度专业化的奶业合作组织，是增强全球竞争力和市场生存能力，提高生产效率和改善奶农生产、生活条件的重要途径。在大型奶业合作社致力于拓展国际市场的同时，小规模的奶业合作社则主要通过致力于产品多样化，占据当地市场。

在奶业生产方面，欧盟成员国主要通过组建集产加销于一体的奶业合作社促进生产。奶农在自愿基础上组建合作社，在合作社指导下兴办乳品加工厂，奶农既是合作社的主人，也是乳品加工企业的主人，形成了一个利益高度一致的完整产业链。

奶业合作社为奶农提供从饲料、配种、防疫到收奶等一整套服务，出资组建的乳品加工厂不仅实现了利润的增值，还解决了原料奶的市场销路问题。大部分奶业合作社加工厂的利润分为 3 部分，一部分用于加工厂的扩大再生产，一部分作为奶农交奶的红利返还，一部分用于补贴奶业合作社为奶农提供的各类服务。利益返还解决了生产环节利润偏低的问题，促进了奶牛养殖业的可持续发展，进而为加工厂提供了稳定可靠的原料来源。奶业合作社使欧盟小规模奶业发展进入良性循环。

5.3 促进奶业贸易政策

欧盟使用进口关税配额和出口补贴等贸易政策工具促进奶业贸易发展。虽然欧盟是全球最大的乳业生产方，但由于成本偏高产品缺乏竞争力。为避免区内乳业受到进口产品冲击，欧盟乳制品保持较高的进口关税，并通过关税配额限定进口量。

因共同农业政策调整，自 2008 年后，原料奶产量年均增长 2%（约 285 万 t），而国内消费和进口量递减，这将带动乳制品出口。2009 年 1 月，欧盟宣布重新启动对乳制品的出口补贴。为提高效率，欧盟还每月两次调整和确定出口补贴标准和数量。贸易商通过自主选择公共补贴或招标补贴方式，获得出口补贴支持。欧盟的补贴政策及其连带效应使得 2011 年国际市场乳制品价格急剧下降，下降幅度达 30%～50%，另因欧元贬值，导致欧盟 2011 年的出口增长了 37%，出口主要国家是中国、东南亚以及中东国家。由于以上国家乳制品需求保持增长态势，欧盟的乳制品出口依然能保持在较高水平。中国已经成为欧盟脱脂奶粉一个重要的进口方，而欧盟脱脂奶粉的政府储备预计到 2012 年年底将全部售出。

生产配额、干预购买以及严格的进口配额与高关税，使区内乳制品价格通常高于国际市场。为提高欧盟乳业产品竞争力，欧盟根据国际市场价格和区内价格之差、出口产品品种和出口目的地等因素，每月调整、确定出口补贴的水平和数量，并通过欧盟官方期刊公开发布。

5.4 促进奶业消费政策

德国一方面通过各种媒体宣传奶类产品的营养、健康价值，开展乳制品消费宣传活动，扩大消费群体，挖掘乳制品消费潜力，促进广大民众消费乳及乳制品。

另一方面，德国生产加工种类丰富、不同价格等级的乳制品供消费者选择，并对加工原料、生产过程以及成品的特质如味道、营养含量等等有详细的规定。例如，德国有两个黄油产品级别，最高的级别叫做商品黄油，其次是牛奶厂黄油。根据质量检查的结果来判断它所属的产品级别，乳业公司的黄油产品会得到相应的资质证明，唯有优质的产品才能以更高的价格出售，其效益直接反映在乳制品公司的财务报表上，这使得德国 90%以上的黄油都是在商品黄油这个最高级别层面上销售的。

6 值得借鉴的主要经验

6.1 经营模式方面的经验

第一，德国奶牛业合作组织模式值得我们学习借鉴。德国是世界合作社组织的发祥地，距今已有140多年的历史。农业合作社遍布德国农村地区，为农民提供农产品生产、加工、销售以及信贷、农资供应、咨询等服务，成为农业产业化经营的重要组织载体。合作社不仅提高了农业生产和销售的组织化和产业化程度，有利于推进农业结构调整，而且在促进德国农村和地区发展，提高农民收入，缩小城乡差别和地区差别等方面发挥了个体农民和国家都不可替代的作用。

而目前在我国乳业体制的限制下，奶农、奶站及企业三方无法结合成一个利益整体，奶农始终处于一个弱势地位。加之乳业利益分配不均，导致行业屡屡出现牛奶及乳制品质量安全问题。如何协调好“奶农——奶站——企业”三者之间的利益关系，是一个任重道远的命题。

第二，德国科学计算农场最佳经营规模的方法值得我们学习借鉴。在德国，畜禽生产企业几乎没有“巨人”企业，舍饲式管理的奶牛场以饲养奶牛50～60头为适度规模。德国人认为最大获利并不代表最佳收益，只有最佳规模才能获得最佳效益。最佳规模对企业本身而言，取决于基础设施投入、流动资金占用、雇工数量等等，这些都是通过科学的测算来确定，对外界因素而言，取决于加工企业的实际生产能力。而我国目前奶牛养殖模式正在向规模化迈进，不少散户纷纷退出养殖行业，有些省份一味追求超大规模的奶牛场而不顾自身的实际生产能力及市场需求，可能并没有获得其最佳生产规模及经济效益。

第三，德国奶业发展的社会化服务体系值得我们学习借鉴。德国有完整的、分工明确的育种与繁殖组织，包括德国牛养殖联盟（ADR）、14家牛奶质量检测机构、地方育种公司和数据中心（VIT）等。德国奶业的发展经验表明，健全、完善而周到的服务可以使奶农专心养牛，达到高产优产的目的。

目前中国奶业生产经营的社会化服务体系已基本建立起来了，但还存在不够健全和完善之处，如中国始终未建成科学、规范的良种奶牛繁育体系、散养奶农缺乏有效的技术指导、兽医服务等，所以中国应继续健全并不断完善为原料奶生产服务的社会化服务体系，如进一步健全和完善良种繁育、疫病防治、饲草饲料生产、技术推广、鲜奶收储等支持与服务体系。改良草场，调整种植业结构，生产优质牧草和青贮饲料，提高奶牛生产效率和牛奶品质，大力发展“适度规模饲养、集中挤奶、统一服务”的生产模式。

6.2 科技创新方面的经验

无论在硬件设备方面的技术创新，还是在选育、繁殖、营养以及开发等软件技术方面的创新，我国与德国奶牛业已经较成熟的科学技术应用相比，仍然存在着较大的差距。在德国，无论是家庭式的农场，还是在实验基地、试验场及农产品深加工车间，徒手或简单劳动工具式的生产均被高度机械化、自动化及流水线作业式的劳动方式所替代。牛场及土地的管理由4～5个人即可完成，奶牛场普遍采用世界先进的散栏式饲养方式和TMR日粮。我国目前的奶牛养殖虽然在朝着规模化集约化的方向快速发展，但是在奶牛选育等技术创新方面，值得我们学习借鉴的首先是德国利用乳肉兼用品种发展奶业生产的经验。德系西门塔尔在泌乳性能、产肉性能、抗病能力、利用年限等各方面表现得都非常优秀，农场主从奶牛养殖中获益匪浅。我国也有西门塔尔、三河牛、草原红牛、新疆褐牛等乳肉兼用型品种，但是，由于保护、选育、开发等相应技术措施没有跟上，致使其综合生产力水平低下，在综合经济性能方面与德系西门塔尔有相当大的差距。这一方面说明我们与发达国家的差距，但是，另一方面也说明我们在培育和开发乳肉兼用品种方面存在着巨大的潜力和发展机遇。

其次，德国北部开展奶牛杂交生产的经验值得我们学习借鉴。从奶牛存栏量上看，我国目前奶牛存栏

1 400多万头，仅次于印度，已成为世界奶牛养殖第二大国。但是，按泌乳牛计算，我国奶牛平均单产水平仅相当于德国北部农场的65%左右。我国奶牛养殖的群体规模大和单产水平低，恰恰说明我国在开展奶牛杂交生产方面的潜力巨大。德国的经验表明，通过引进优秀的乳肉兼用品种，在散养农户和普通饲养小区开展杂交，可以帮助奶农大幅度提高奶牛养殖的综合经济效益。我国可以在有条件的地区进行积极探索，在试点和示范的基础上逐步推广。

6.3 产业政策方面的经验

欧盟实施统一的农业政策。欧盟对德国等成员国畜牧业产品特别是牛奶实行配额管理，同时限制各成员国对畜牧业基础信息的采用。因受欧洲联盟配额限制，德国政府实行宏观调控，实行配额管理。政府根据农户的土地面积，规定养牛(配额)头数，对配额内肉牛或奶牛产品政府按计划收购并给予补贴。这一政策使得牛奶及乳制品产量在可控的范围内，根据市场的实际情况通过政府补贴和税收进行调节。

此外，德国农产品质量安全管理体系非常完善。德国农产品标准中制定有各种技术、安全以及卫生的标准。如有机农产品的生产技术标准非常严格，动物源食品的质量检测标准是很关键的，而动植物的卫生防疫标准在进出口贸易中是至关重要的。德国农产品标准体系是在市场经济条件下运行的，除法律法规外，一般产品标准都是推荐性的，不做强行的规定。长期以来，德国的生产者、销售者和消费者已经习惯了按市场经济规则获得各自方面的利益。

我国农产品质量安全法于2006年11月1日正式施行，之后初步建立了农产品及食品质量安全标准体系框架，到目前为止我国还没有形成比较完整的体系，有很多标准都是零散分布在不同的部门和不同的生产企业。而发达国家已经普遍使用国际标准化组织制定的系列标准，同时也有自己与国际接轨的完善的国家标准、行业标准及组织标准。我国在建立健全乳制品质量安全法规时，首先对乳制品在整个生产链中各生产环节的相互关系进行研究。采用HACCP方法对乳制品的生产环境、农业投入品的使用、生产管理、加工、贮运等方面进行全过程的控制。其次应当深入研究质量控制指标。同一种产品，通过不同的控制技术，可以达到不同的质量规格和品质标准。最后应当提高农药肥料的研究水平。发达国家对农产品中农药残留量的检测极为严格，我国也应当详细规定农药检测种类，同时科研部门要及时引进并研制相应的检测仪器和工具，研制出先进的农药和肥料以适应先进的质量标准的需要。

参考文献

[1]于洁. 德国生物能源政策规划及发展状况，2006年4月17日，http://www.istis.sh.cn/hykjqb/wenzhang/list_n.asp? id=1610&sid=2

[2]赵宏亮，刘云祥，宋乃社. 德国奶牛育种系统介绍，2009年11月9日，http://www.dairyfarmer.com.cn/kxyn_fzyz/2009-11-09/2682.chtml

[3]德国奶牛育种体系，2009年11月13日，http://www.hesitan.com/gjny_dg_fagk/2009-11-13/4825.chtml

[4]山东省畜牧协会奶业分会考察团. 德国汉诺威国际畜牧展及德国、荷兰、意大利奶业考察报告[J]. 中国乳业，2011(3):55-57

[5]张名臣，张洪涛，李彦彬. DPC21软件和计步器在奶牛场中的应用[J]. 黑龙江动物繁殖，2008，3(16):45-46

[6]荀牧. 德国德系西门塔尔(弗莱维赫)牛育种与管理情况[J]. 黑龙江动物繁殖，2010，1(18):52-54

[7]李胜利，张胜利，刘建新等. 奶牛产业与技术进展[J]. 中国畜牧杂志，2011，47(4):42-46

[8]世界粮农组织网站 http://faostat.fao.org/

[9]欧盟统计网站 http://epp.eurostat.ec.europa.eu/portal/page/portal/eurostat/home/

[10]德国联邦统计网站 https://www.destatis.de/

[11]联邦德国食品营养、农业和消费者保护部(Federal Ministry of Food, Agriculture and Consumer Protection,简称 BMELV)网站 http://www.bmelv.de/EN/Homepage/homepage_node.html.

[12]德国乳制品工业协会(Milchindustrie Verband)网站 http://www.milchindustrie.de/startseite/

[13]德国乳制品工业协会 2010/2011 年报、2011/2012 年报,详见 Milchindustrie-Verband e. V. Beilage zum Geschäftsbericht 2010/2011、2011/2012 Zahlen-Daten-Fakten

执笔　内蒙古农业大学:郭　婷　杜　哲　乔光华

附　表

附表 1　奶牛头数、单产水平和总产奶量(1961—2011)

年份	奶牛头数(千头)	平均单产(kg/头)	总产奶量(万 t)	年份	奶牛头数(千头)	平均单产(kg/头)	总产奶量(万 t)
1961	5 897	3 109	2 479.6	1987	5 077	4 582	3 251.6
1962	5 922	3 099	2 487.1	1988	5 024	4 558	3 202.8
1963	5 835	3 188	2 558.7	1989	4 929	4 707	3 255.9
1964	5 816	3 247	2 587.2	1990	6 355	4 927	3 134.2
1965	5 854	3 351	2 675.8	1991	5 632	5 160	2 906.3
1966	5 859	3 384	2 724.4	1992	5 365	5 217	2 799.1
1967	5 866	3 450	2 775.8	1993	5 301	5 301	2 809.8
1968	5 878	3 542	2 844.4	1994	5 273	5 264	2 786.6
1969	5 848	3 555	2 854.4	1995	5 229	5 424	2 860.7
1970	5 593	3 629	2 806.1	1996	5 195	5 513	2 877.9
1971	5 414	3 591	2 742.1	1997	5 026	5 574	2 870.2
1972	5 466	3 698	2 806.6	1998	4 833	5 707	2 832.9
1973	5 487	3 680	2 803.6	1999	4 765	5 909	2 833.4
1974	5 393	3 759	2 857.4	2 000	4 570	6 122	2 833.1
1975	5 395	3 813	2 868.7	2001	4 549	6 213	2 819.1
1976	5 387	3 891	2 924.6	2002	4 427	6 272	2 787.4
1977	5 417	3 901	2 947.0	2003	4 372	6 537	2 853.3
1978	5 443	4 024	3 049.4	2004	4 285	6 585	2 824.5
1979	5 443	4 112	3 108.0	2005	4 236	6 761	2 845.3
1980	5 469	4 235	3 210.0	2006	4 081	6 849	2 799.5
1981	5 438	4 188	3 203.5	2007	4 071	6 944	2 840.3
1982	5 530	4 099	3 218.3	2008	4 218	6 827	2 865.6
1983	5 735	4 355	3 409.1	2009	4 205	6 977	2 919.9
1984	5 582	4 407	3 378.9	2010	4 183	7 083	2 907.6
1985	5 451	4 466	3 358.8	2011	4 190	7 200	3 010.0
1986	5 391	4 641	3 453.9				

资料来源:联邦统计局 BMELV,MIV。

附表 2　主要乳制品产量(1961—2011)　　t

年份	液态奶	奶油	奶酪	炼乳	全脂奶粉	脱脂奶粉和干乳酪	黄油
1961	7 975 730	125 000	419 600	412 347	31 700	103 702	633 900
1962	8 025 080	133 000	439 700	445 994	33 329	130 642	632 300
1963	8 025 250	140 000	459 450	481 673	35 036	159 242	654 000
1964	7 968 360	146 000	481 670	488 885	38 057	183 839	664 000
1965	7 984 330	153 000	520 995	499 604	44 583	243 819	698 498
1966	8 050 080	166 000	542 335	486 577	43 741	310 370	706 125
1967	8 046 370	172 000	571 700	499 502	45 911	409 344	727 022
1968	8 030 210	186 000	595 250	499 370	53 366	488 259	756 395
1969	8 029 000	199 000	631 750	511 071	64 475	487 932	737 294
1970	7 732 060	211 000	659 700	510 995	76 379	495 252	720 700
1971	7 635 560	217 000	680 400	535 120	80 901	497 787	695 800
1972	7 588 750	221 000	711 350	531 886	88 233	617 512	746 800
1973	7 618 340	229 000	735 745	503 166	90 982	666 367	763 400
1974	7 602 570	238 000	775 096	556 088	61 759	718 196	777 300
1975	7 523 300	245 900	801 332	560 828	55 589	771 887	793 900
1976	7 517 320	252 400	844 865	569 026	54 722	798 201	821 200
1977	7 554 900	272 000	890 769	591 507	67 326	787 875	808 200
1978	7 577 780	291 300	918 255	601 095	87 902	806 796	845 300
1979	7 559 320	306 800	939 078	593 078	96 603	841 374	843 700
1980	7 569 210	277 400	985 343	614 698	127 144	841 576	856 425
1981	7 648 590	286 100	927 169	67 5621	131 407	780 440	816 931
1982	7 852 220	292 600	1 062 079	661 988	133 467	778 077	821 847
1983	7 828 600	302 600	1 095 400	609 169	126 701	890 053	918 005
1984	7 667 190	317 800	1 145 768	633 636	137 154	769 110	881 350
1985	7 520 930	335 900	1 171 213	585 601	122 745	724 423	831 014
1986	7 441 470	347 200	1 187 502	554 671	120 828	822 341	887 318
1987	7 096 260	368 000	1 218 515	504 813	128 601	653 923	774 160
1988	7 027 370	387 900	1 293 679	596 742	154 700	580 821	697 565
1989	6 917 460	404 900	1 338 479	563 394	173 991	566 493	706 554
1990	6 354 500	457 800	1 340 762	543 530	167 900	572 516	648 100
1991	5 632 000	462 800	1 236 707	570 403	179 797	534 075	556 500
1992	5 365 000	560 800	1 291 910	522 783	179 751	399 653	552 600
1993	5 301 000	597 200	1 341 200	598 179	103 227	426 776	482 200
1994	5 293 600	615 100	1 367 357	630 387	94 142	374 400	461 300
1995	5 274 000	633 100	1 419 946	653 700	104 482	398 976	486 200
1996	5 230 000	662 500	1 497 160	641 872	84 070	394 605	480 200
1997	5 194 700	666 500	1 558 035	667 184	82 140	333 813	442 351
1998	4 963 800	663 400	1 569 259	558 996	88 849	326 389	427 428
1999	4 794 800	669 100	1 562 730	567 788	83 548	330 681	427 929
2000	4 628 000	671 400	1 656 035	592 061	84 300	322 000	425 827
2001	4 538 000	691 900	1 742 680	621 812	82 500	289 900	421 179
2002	4 444 000	660 000	1 745 910	550 451	72 600	306 100	435 400
2003	4 365 000	660 400	1 793 392	526 613	73 000	301 980	451 789
2004	4 289 000	545 700	1 843 162	497 209	75 778	219 626	443 907
2005	4 208 000	549 800	1 904 550	480 400	73 200	231 900	450 000
2006	4 081 200	558 400	1 971 066	480 900	71 500	191 200	436 960

续表

年份	液态奶	奶油	奶酪	炼乳	全脂奶粉	脱脂奶粉和干乳酪	黄油
2007	4 071 200	561 100	1 995 141	468 500	86 200	231 800	444 893
2008	4 217 710	554 000	1 991 588	482 500	86 200	231 800	464 501
2009	4 205 490	568 000	2 030 455	481 900	86 200	231 800	452 854
2010	4 183 100	556 000	2 078 360	482 300	86 200	231 800	449 479
2011	4 163 100	546 900	2 168 000	410 000	86 200	280 000	473 900

资料来源：BMELV，Eurostat，MIV。

注：2011 年奶油和黄油产量数据来自德国乳制品工业协会（MIV）2011/2012 年报估计数（详见 Milchindustrie Verband Geschäftsbericht 2011/2012，Tabelle 3_4_7），且在 MIV 年报中奶油和黄油的名称分别为 Sahne 和 Butter。

附表 3　主要乳制品进出口贸易额（1961—2011）　　千美元

年份	进口金额					出口金额				
	鲜奶油	奶酪	鲜奶	脱脂奶粉	黄油	鲜奶油	奶酪	鲜奶	脱脂 奶粉	黄油
1961	0	77 482	4 927	1 201	30 952	0	9 884	47	851	2
1962	0	82 030	4 854	1 611	40 927	0	14 613	78	166	74
1963	0	88 393	4 807	1 985	28 966	0	15 949	43	391	92
1964	0	97 048	4 097	1 902	22 803	0	20 137	81	2 457	183
1965	0	107 342	3 915	6 524	14 848	0	26 813	26	5 985	20 964
1966	1 116	128 734	4 604	9 563	14 443	7	31 745	38	21 266	11 773
1967	636	132 162	4 503	4 578	14 082	0	33 872	56	41 107	17 238
1968	486	100 153	4 897	827	24 006	7	42 395	386	41 652	17 166
1969	857	137 688	5 741	10 672	34 644	678	54 224	2 592	30 791	19 276
1970	1 516	166 780	5 427	1 515	78 283	881	61 756	5 218	41 715	25 941
1971	1 643	201 765	6 168	1 919	75 964	2 911	73 405	17 639	95 571	76 644
1972	736	243 648	11 882	10 279	99 159	362	92 645	30 213	115 002	26 218
1973	649	329 230	26 315	6 628	85 158	2 463	126 534	62 028	151 601	104 904
1974	442	371 180	25 417	3 075	63 533	3 376	186 571	100 552	171 822	238 339
1975	405	436 047	21 186	8 851	65 997	5 059	221 048	116 326	175 726	326 027
1976	401	482 256	20 355	156 443	97 829	8 822	260 594	160 007	122 868	253 564
1977	864	557 620	20 466	22 266	70 419	14 321	324 929	198 373	179 952	324 684
1978	2 882	692 188	28 411	201 662	141 429	16 012	427 040	245 257	285 426	323 389
1979	5 125	779 478	37 639	57 909	184 853	29 378	533 246	340 145	554 074	391 885
1980	8 628	894 523	45 148	31 108	177 303	36 632	617 416	333 032	577 772	671 859
1981	8 211	809 634	45 382	83 453	230 925	37 848	638 602	373 755	322 521	732 660
1982	6 740	765 044	43 753	185 608	196 481	37 550	657 073	419 839	295 876	533 017
1983	6 243	754 292	40 471	278 432	195 768	35 048	644 390	377 079	273 241	356 742
1984	5 167	711 827	38 619	158 284	183 490	42 428	660 114	373 029	359 510	249 864
1985	5 807	784 860	42 751	135 817	228 143	52 539	634 704	446 966	284 935	193 704
1986	9 694	1 056 532	56 501	551 727	280 037	83 420	844 446	542 853	339 283	330 083
1987	13 857	1 340 179	65 132	34 866	361 641	111 235	981 136	646 815	852 659	331 921
1988	13 858	1 433 348	69 592	43 619	461 616	139 092	1108 456	723 734	1490 380	360 121
1989	16 108	1 447 831	69 122	78 152	410 779	138 603	1097 138	701 378	814 072	369 644
1990	19 502	1 850 846	85 740	228 290	40 1051	143 993	1249 736	656 905	587 943	315 582
1991	21 253	1 987 852	94 122	44 402	391 456	166 071	1193 729	763 734	835 012	449 689
1992	22 568	2 304 700	110 169	60 205	473 317	209 771	1 401 916	903 945	1 110 100	226 408
1993	16 887	1 838 158	97 744	81 038	388 992	221 630	1 347 211	911 024	900 511	214 483
1994	22 698	2 077 835	108 512	108 935	421 116	205 426	1 415 060	919 745	712 888	157 748
1995	38 251	2 174 085	140 160	76 410	558 261	199 624	1 482 321	1 010 968	878 075	232 3816

续表

年份	进口金额					出口金额				
	鲜奶油	奶酪	鲜奶	脱脂奶粉	黄油	鲜奶油	奶酪	鲜奶	脱脂 奶粉	黄油
1996	39 037	2 315 797	152 541	93 153	521 890	212 840	1 736 971	1 020 936	843 411	180 567
1997	65 527	2 110 808	164 649	88 559	553 836	167 127	1 672 478	953 227	600 608	151 447
1998	85 751	1 933 856	252 869	65 865	506 591	181 292	1 626 537	1 024 974	512 459	138 121
1999	84 174	1 740 322	267 885	63 495	409 558	145 474	1 378 430	938 410	550 840	139 470
2000	81 167	1 539 751	293 950	69 216	376 613	161 339	1 436 537	856 120	552 856	134 931
2001	73 008	1 620 121	265 477	54 042	313 570	149 122	1 596 430	770 691	546 027	128 087
2002	91 930	1 722 074	359 227	72 716	409 340	135 041	1 496 525	731 784	265 592	115 937
2003	121 782	2 238 050	598 193	113 628	555 311	201 735	2 148 793	980 695	543 512	227 845
2004	222 036	2 596 393	670 672	142 202	463 972	281 595	2 482 016	1 318 061	581 224	277 021
2005	237 215	2 371 751	645 349	111 943	472 456	255 129	2 491 630	1 145 389	512 566	273 907
2006	247 337	2 642 335	733 995	117 815	632 694	247 101	2 899 825	1 175 767	374 338	253 115
2007	341 091	3 327 580	974 055	238 169	838 405	361 109	3 707 698	1 509 359	749 925	403 295
2008	300 221	3 967 532	1 203 911	238 173	613 023	383 302	4 389 164	1 695 824	643 628	454 345
2009	228 711	3 393 183	878 191	132 434	398 147	335 220	3 603 394	1 396 802	461 114	338 391
2010	278 845	2 719 579	766 608	114 262	474 623	293 726	3 074 048	1 551 151	472 962	419 727
2011	324 752	2 978 781	908 671	130 206	529 777	311 853	3 394 664	1 677 848	674 206	437 637

资料来源:BMELV,Eurostat,德国乳制品工业协会(Milchindustrie Verband Geschäftsbericht 2010/2011 年报,2011/2012 年报)。

注:表中的鲜奶油与鲜奶两项在 Eurostat 数据库中的英文名称分别为 Cream Fresh 和 Milk Fresh;在 MIV 年报中的德文名称分别为 Sahne und Rahm,frisch 和 Frischmilcherzeugnissen,其中 Frischmilcherzeugnissen 包括 Konsummilch(饮用奶),Verarbeitungsmilch(加工饮用奶),Joghurt(酸奶),Buttermilch(黄油乳酪),Kefir(酸牛奶),saurer Rahm(酸乳酪),Molke,flüssig(乳清液)。表中各项产品 2010 年和 2011 年进出口数据的单位均为 1 000 €(欧元)。

附表 4　主要乳制品进出口贸易量(1961—2011) t

年份	进口数量					出口数量				
	鲜奶油	奶酪	鲜奶	脱脂奶粉	黄油	鲜奶油	奶酪	鲜奶	脱脂奶粉	黄油
1961	0	129 849	53 995	7 035	28 077	0	11 836	3 273	2 416	1
1962	0	135 637	54 750	9 362	36 789	0	18 054	5 236	277	90
1963	0	143 204	51 713	10 761	24 676	0	18 923	2 145	2 173	117
1964	0	147 826	45 073	7 638	18 791	0	20 996	2 993	9 724	117
1965	0	139 812	45 626	25 677	10 827	0	26 784	933	20 212	14 628
1966	1 647	154 392	53 110	33 452	11 883	15	31 188	781	75 070	11 158
1967	852	145 994	54 877	13 594	10 781	1	33 088	556	129 149	17 343
1968	608	134 045	59 048	2 134	16 372	7	44 341	3 660	140 462	17 413
1969	3 266	137 219	60 875	26 139	21 939	2 939	48 886	39 824	85 057	16 372
1970	6 372	155 897	52 590	3 635	47 558	3 837	51 918	81 297	137 534	34 610
1971	6 825	161 332	61 420	3 812	41 274	7 908	58 184	182 990	209 039	81 518
1972	1 066	170 142	102 725	15 721	50 721	341	64 210	314 053	190 711	28 066
1973	481	186 919	163 902	9 219	40 347	3 037	81 872	509 607	200 553	121 567
1974	284	184 889	151 242	3 108	30 590	2 995	101 473	696 476	179 001	169 928
1975	224	180 317	113 923	7 753	26 790	3 802	105 362	682 358	150 026	161 374
1976	216	202 240	116 760	133 756	36 746	6 968	128 505	933 152	115 006	117 893
1977	670	205 525	107 586	17 453	23 940	10 632	149 992	1 095 359	249 553	145 541
1978	2 761	217 300	111 844	137 143	41 015	9 946	164 214	1 140 685	489 536	134 929
1979	3 618	227 212	125 434	35 928	49 009	17 193	188 302	1 365 274	579 195	163 900
1980	4 604	241 382	130 355	18 543	50 252	21 042	216 645	1 241 371	492 391	271 755
1981	4 530	260 253	145 773	55 839	71 236	24 190	247 665	1 550 299	312 586	283 628
1982	3 573	257 263	150 620	131 079	64 030	23 566	261 418	1 711 987	345 426	189 876

续表

年份	进口数量					出口数量				
	鲜奶油	奶酪	鲜奶	脱脂奶粉	黄油	鲜奶油	奶酪	鲜奶	脱脂奶粉	黄油
1983	2 584	271 932	151 330	210 027	65 646	23 102	272 940	1 599 333	509 869	144 721
1984	2 400	276 407	159 199	119 562	72 019	31 559	305 708	1 626 441	551 558	125 836
1985	2 990	301 445	177 393	99 252	97 673	41 349	287 827	1 928 467	421 691	127 064
1986	3 792	301 596	158 874	295 659	90 112	51 147	296 776	1 768 772	381 275	263 570
1987	5 124	311 160	149 345	15 756	107 312	58 041	303 395	1 862 037	613 081	299 505
1988	5 268	317 366	186 382	17 852	134 850	67 759	315 713	1 745 493	841 190	311 729
1989	7 121	338 358	204 069	34 972	112 118	69 395	315 297	1 686 159	405 614	160 743
1990	7 827	366 980	221 589	93 954	103 499	68 604	320 422	1 470 653	310 850	137 803
1991	9 403	407 236	231 389	21 290	109 328	84 737	326 477	1 817 084	431 212	191 257
1992	9 380	446 436	259 319	24 009	126 332	101 780	344 630	1 862 731	478 450	64 421
1993	8 031	376 529	251 286	34 378	108 267	118 280	357 681	2 024 513	429 168	71 250
1994	10 673	432 740	276 356	50 216	116 982	110 054	386 862	2 256 806	332 409	55 123
1995	16 391	396 723	306 422	29 228	136 373	92 976	377 604	2 141 029	332 632	65 667
1996	18 714	458 261	394 938	47 923	132 955	106 342	466 483	2 410 660	354 876	50 325
1997	34 181	476 361	441 631	47 779	156 822	89 536	510 803	2 437 695	289 868	53 670
1998	44 449	441 518	631 903	37 898	134 930	95 220	497 945	2 530 679	260 404	39 476
1999	52 255	417 503	711 604	40 512	123 476	87 564	445 453	2 366 233	299 366	46 012
2000	58 227	424 721	931 785	48 616	131 121	109 173	529 063	2 270 168	293 717	52492
2001	52 059	442 459	680 966	30 544	113 194	102 916	560 992	1 905 652	343 122	48 167
2002	67 090	444 599	933 855	52 832	137 730	92 773	522 848	1 892 902	149 395	46 617
2003	73 648	498 347	1 404 339	62 861	153 851	1 154 69	664 830	2 117 564	249 723	84 079
2004	122 914	521 924	1 293 383	65 989	118 638	151 319	703 844	2 593 739	244 887	84 444
2005	137 169	458 392	1 250 086	47 007	124 184	144 412	710 166	2 263 180	208 845	82 278
2006	160 244	520 889	1 479 374	48 978	175 884	143 283	824 053	2 321 810	147 538	78 635
2007	156 145	599 249	1 511 365	65 754	175 406	165 099	888 533	2 249 336	194 878	93 625
2008	163 017	599 170	1 864 784	69 700	130 833	173 566	904 402	2 422 352	183 785	98 794
2009	138 891	578 785	1 870 254	56 398	114 019	180 453	949 364	2 535 653	192 471	91 626
2010	177 360	638 625	1 843 267	59 736	145 888	182 990	1 026 298	2 364 500	223120	114 000
2011	177 585	657 914	1 926 680	61 122	133 914	171 383	1 052 201	2077 300	292316	106 865

资料来源：BMELV，Eurostat，MIV。

注：表中的鲜奶油与鲜奶产品在 Eurostat 数据库中的英文名称分别为 Cream Fresh 和 Milk Fresh；在 MIV 年报中的德文名称分别为 Sahne 和 Milchmischerzeugnisse。2010 年奶酪及黄油数据来自德国乳制品工业协会（MIV）2010/2011 年报估计数（详见 Milchindustrie Verband Geschäftsbericht 2010/2011，Tabelle 4_1）。

法国奶业发展报告

摘要:法国是欧洲第一、世界第二大农业国,农产品出口占世界第二位。法国是欧盟第二大奶业生产国,2011 年存栏的 1 897.5 万头牛中,11 个乳用品种的奶牛群体母牛占 366 万头,牛奶总产量 2 434 万 t,牛奶总收购量为 2 390 万 t,为欧盟提供 16.6%的原奶。法国拥有 5 家世界级乳制品加工集团,是世界上主要的、成熟的奶业发达国家。

法国降水充沛,温度适宜,十分有利于牧草生长,为法国草地畜牧业生产提供了良好条件。作为巴氏灭菌法的创始国家,法国在乳品加工研发、生产、消费和贸易上居世界前列。丰富的乳制品使其 2011 年乳制品出口额达到 64 亿欧元,保持着 40 年的乳制品贸易顺差,其中 400 种以上的奶酪制品是原产地命名(AOC),每年出口到世界上 130 个国家。

法国充分利用欧盟农业发展的相关法典,在饲料生产监管、环境保护、健康防疫、畜产品溯源体系以及全国统一家畜信息库的建立方面建立了严格、明确的法律法规。通过第三方检测和以质论价的原奶收购体系,促进了奶牛群体的性能测定、系谱登记和种公牛后裔测定体系的成熟运作,统一信息收集体系确保种牛遗传评估的准确性和公正性,建立以政府监督、行业负责、农民参与的三位一体的奶业系统,为奶农提供一整套的技术服务和培训体系。同时,法国政府大力资助乳业基础研究,奶牛育种技术和育种体系、乳制品工艺和新产品研发水平居世界前茅,科学研究成果与生产实践相对接的技术推广体系是完善的。

法国的溯源体系是世界上最先进的,不仅活畜溯源,畜产品溯源,而且达到饲料原料溯源,疾病溯源,污水处理溯源,环保溯源,保护了环境,增加了畜产品附加值,增加了消费者的信心,保证了奶业的可持续发展。

关键词:法国　奶业　发展

1　地理位置、气候、资源以及农业概况

1.1　地理位置

法国位于欧洲西部,与比利时、卢森堡、德国、瑞士、意大利、西班牙、安道尔、摩纳哥接壤,西北隔拉芒什海峡与英国相望,行政区划将国土划为 22 个大区(图 1)、96 个省、4 个海外省、4 个海外领地、2 个具有特殊地位的地方行政区。主要山脉有阿尔卑斯山脉、比利牛斯山脉、汝拉山脉等。濒临四大海域:北海、英吉利海峡、大西洋和地中海。国土面积 55.16 万 km^2(法国国家统计局),平原占总面积的 2/3。根据法国国家统计局(INSEE)最新公布统计,截至 2010 年 1 月 1 日,法国的总人口数达到了 6 461.29 万人,其中法国本土为 6 276.52 万人。其中农业劳动人口占所有就业人口的 3.5%。

图 1 法国地图

1.2 气候特点

法国西部属海洋性温带阔叶林气候(全年温差较小,终年湿润多雨,日照较少),南部属亚热带地中海式气候(冬季温暖湿润,夏季炎热干燥),中部和东部属大陆性气候(离海较远,夏季炎热多雨,冬季寒冷干燥)。1 月份平均气温北部 1~7 ℃,南部 6~8 ℃;7 月份北部 16~18 ℃,南部 20~23 ℃。除山地外,法国年降雨量在 500~800 mm 之间,蒸腾量不超过 800 mm,降雨量由西至东逐渐减少。法国土地肥沃,降水充沛,温度适宜,十分有利于牧草生长,为法国草地畜牧业生产提供了良好条件。

1.3 农业发展

法国 80%的国土面积地处海拔 500 m 以下的平原及丘陵区,据 FAO 统计数据,2011 年,法国农业占地 2 909 万 hm^2,是整个欧洲农业用地的 6.2%,其农业用地的 96%为家庭所有;2011 年在农业可利用土地中,可耕地(1 837 万 hm^2)占 63.1%,永久草地(970 万 hm^2)占 33.3%,永久耕地(102 万 hm^2)占 3.6%。农业的传统地区结构为中北部地区是谷物、油料、蔬菜、甜菜的主产区,西部和山区为饲料作物主产区,地中海沿岸和西南部地区为多年生作物(葡萄、水果)的主产区。法国是全球农作物生产大国,其中小麦、玉米等主要粮食生产居世界前 5 位,在欧盟十五国中是最大的农产品生产国。

法国畜牧业生产结构的调整直接受欧盟农业政策的影响,养牛业是法国畜牧业的主体,50%以上的土地用于种草养牛,每公顷草场养牛 2~3 头,在人们食物构成中,肉、奶、蛋等动物性食品占 50%以上,肉类以牛肉为主,奶类以牛奶为主。在肉类和奶类产量中,牛肉和牛奶分别占 37%和 95%。1984 年欧共体实行配额生产,对法国养牛业生产影响很大,主要表现在:牛存栏头数大量减少,牛肉总产量下降。法国农业已经由传统的种植农业转变为现代畜牧农业,以畜牧业为主,农林牧并举,三者紧密结合,是现代法国农业生产结构的基本特征。畜牧业产值占农业总产值的 70% 以上。农业和农业食品工业占国内生产总值的比重约为 6%,其中超过 50%的是畜牧业和畜产品加工业的产值。农业食品加工业是法国获取外贸顺差的支柱产业之一,其出口额仅次于美国,居世界第二,占世界市场的 11%。在众多农产品中,奶制品所占比重极大,所生产的奶制品种类繁多,有牛奶、山羊奶、绵羊奶以及其加工制品,其中登记注册的奶酪就有超过 1 000 个品种,是世界第三大奶酪出口国,仅次于德国、荷兰。

2 奶业发展基本情况

2.1 奶牛养殖业

法国的奶牛品种资源丰富，主要包括荷斯坦牛、蒙贝利亚牛、诺曼底牛等11个具备高效选育体系的乳用或兼用品种，法国西部的三个大区是牛奶的主产区，2011年布列塔尼（18.8%）、诺曼底（10.7%）及鲁瓦尔河地区（13.4%）的牛奶产量占全国产量的42.5%（见图2）。

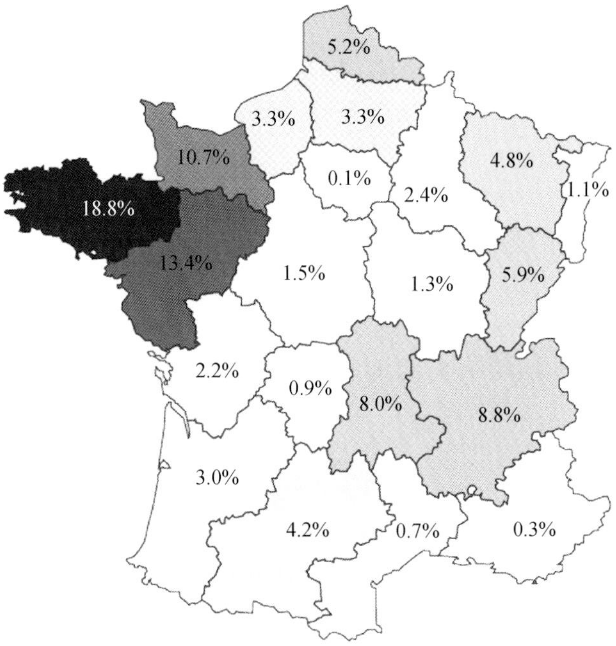

图2　2011年法国牛奶产量分布图（CNIEL，2013）

2011年法国存栏的1897.5万头牛中，11个乳用品种的奶牛群体母牛占366万头（另外有带犊哺乳母牛410.4万头）。2011年牛奶总产量2434万t，交售奶量2390万t，占欧盟27国奶牛群体母牛的22.4%，牛奶总产量的16.6%，交售奶量占欧盟27国总和的17.7%，由全国483家奶站收购，约为荷兰、英国牛奶产量的总和。据美国农业部统计，2011年法国生产的奶酪、黄油、脱脂奶酪和全脂奶粉是欧洲的22%、20%、28%和17%。

据Cniel统计数据，2011年法国原奶销售总量约2390万t，其中225.9万t牛奶用于原产地命名产品的生产，占总奶产量的9.8%；34.5万t牛奶为有机奶，占总奶产量的1.4%。

图3显示了从1961年以来的50年，法国奶牛养殖业经历了牛群数量下降，奶牛单产提高，牛奶总产量上升的过程。与所有奶业发达国家一样，随着科技进步，在奶牛育种、营养、管理等方面的技术进步，奶牛单产不断提高，从1961年的平均2 670.7 kg提升到了2011年的全国平均6 648.5 kg，尤其是从1976年后，单产提高幅度加快，1976年单产3 253 kg，在之后的36年之中，年单产提高94 kg。据Cniel数据，2011年法国奶牛参加DHI测定250万头奶牛，平均胎次产奶量8 395 kg。

据FAO统计，奶牛总存栏数量在过去50年中呈下降趋势（从1961年的714万头降低到2011年的366万头，减少了347万头，只有1961年存栏的51.3%，年减少6.95万头），最明显的下降趋势从1983年开始，年减少12.54万头。尽管奶牛头数下降，但是由于单产的提升，法国牛奶总产量从1961年到1986年前一直处于上升阶段，由1961年的1 907万t上升到1986年的2 833万t。而从1986年之后，由于存栏头数大幅度

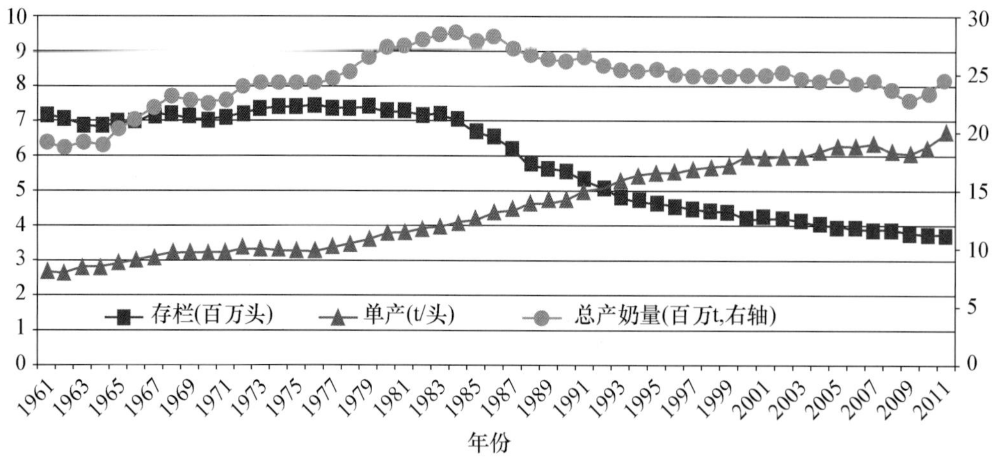

图 3　1961—2011 年法国奶牛存栏及产奶量发展趋势

资料来源：FAOSTAT。

下降，总产奶量呈现降低趋势，到了 2011 年，总产奶量为 2 436 万 t，比 1961 年高 529 万 t，但比 1986 年下降 397 万 t（下降了 14%），从 1986 年起的下降速度为 15.8 万 t/年。这一时间也是欧盟开始实行牛奶生产配额制的时间。

据 Cniel 数据，2011 年共有奶牛场 7.2 万家，在过去的 20 年中约有 65%以上奶牛场退出奶业，而且仍将以每年 1.5%～2%的速度下降。2011 年存栏 11 个品种奶牛成母牛 366 万头，与 20 年前相比下降了 30%左右，与 10 年前相比下降了 15%左右。2011 年 52%左右的奶牛场配额 15 万～40 万 L，2010 年 4 月份至 2011 年 3 月份平均配额 31.6 万 L，2011 年 4 月份至 2012 年 3 月份平均配额 33.3 万 L。2011 年平均每场存栏成母牛 50.3 头，场总产奶量 30 万 L 左右，奶牛平均产奶量 6.67 t，因此 20 年来平均每家奶牛场年总产量提升约 580%（规模增大、单产提高）。

法国奶牛场的经营方式大部分是家庭饲养模式，主要有两种法律承认的经营方式，一种是单一家庭饲养奶牛场（E. A. R. L.：Exploitation Agricole à Responsabilité Limitée），这种有限责任公司的方式将家庭财产与奶牛经营的资产分开；另一种是几家合作经营奶牛场（G. A. E. C.：Groupement Agricole d'Exploitation en Commun.），这种 1962 年立法承认的经验方式鼓励 2～10 个农民联合经营。目前越来越多的农民按照后一种模式经营。联合的形式多种多样，因牛场情况不同而异，有的因为规模大，有的因为地少牛多或地多牛少，需要平衡种养结构。

2011 年据 Cniel 对 4.7 万家奶牛养殖场调查，平均土地面积 88.1 hm^2（1 000～1 500 亩），其中 31.9 hm^2 用于种植牧草，供放牧及收获干草；14.4 hm^2 种植玉米制作青贮；20.8 hm^2 种植小麦、大麦、大豆等，秸秆作为牛的垫草，谷物作为牛的精料（多余谷物出售）。法国饲养的 3 个奶牛品种荷斯坦牛、蒙贝里利亚牛、诺曼底牛 2001 年的 305 d 的产奶量分别为 7 678 kg、6 110 kg、5 410 kg，乳蛋白率分别为 3.15%、3.24%、3.4%，乳脂率为 4.07%、3.88%、4.35%。2011 年品种登记群体的产奶量分别为 10 751 kg、7 924 kg、7 469 kg，乳蛋白率分别为 3.37%、3.44%、3.63%；乳脂率分别为 3.97%、3.91%，4.29%。近 10 年内遗传进展速度较快。

奶牛场多采用散放饲养，一天两次在挤奶厅进行机械化挤奶，小部分在牛棚拴式挤奶，越来越多的奶牛场选择无人全自动挤奶机，2011 年 2 785 个农场使用挤奶机器人，以提高工作效率和管理水平，比 2000 年 94 个农场使用，有大幅度提高。Cniel 调查数据显示，2011 年对平均存栏 92 头（存栏泌乳母牛 52 头）的奶牛场劳动力调查，平均雇佣全时劳动力 1.8 人，平均自有全时劳动力 1.7 人。与 10 年前相比，牛群规模提高 35.6%，单产提高 18.4%，总产奶量提高 59.1%，雇佣（1.6 人）以及自有（1.6 人）的全职劳动力提高 12.5% 和 6%。养殖中，牛 1 天 8 h 在牛棚内舍饲，饲喂由青贮、干草和精饲料组成的全混合日粮，其余 16 h 均在草场上放牧、休息。冬天 4 个月呆在牛棚内饲养。牛场一年四季均有大量的牧草，如有优质的干草，青贮牧草，青贮玉米。干草收割后全由机械来切割、翻晒、打捆、无泥土杂质、质量很好。

法国奶牛生产技术服务体系配套完善。有乳品质量检测控制中心，负责乳品、饲料等的质量检测，根据检测结果定期对奶牛场的牛奶生产、饲养方案提出指导性建议；人工授精中心负责奶牛场奶牛繁殖计划的制定与配种工作；兽医卫生中心，官方兽医负责奶牛场牛只档案与补助的发放，而地方兽医具体负责奶牛的检疫与疾病防治；病死家畜处理中心负责死牛的转运及处理；饲料加工厂为奶牛提供各种精料补充料及添加剂。每个地区都有专业贩牛商负责牛只的引进与出售，他们是奶牛场之间、奶牛场与屠宰场之间联系的桥梁。

如图 4 所示，2011 年欧盟 27 国的总牛奶配额 1.383 亿 t，其中法国配额 0.247 亿 t，是欧盟第二大奶业国，占总配额的 17.857%，仅次于德国(占欧盟总配额的 21.18%)。

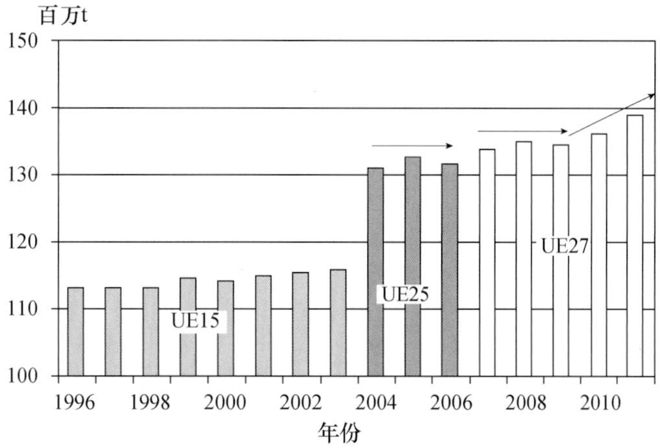

图 4　2011 年欧盟 27 国的牛奶配额情况(Cniel / Eurostat,ZMB)

据 Cniel 和 Agence BIO，2011 年共有 651 个奶畜养殖场处于有机奶场的转型期中，其中奶牛场 569 个，奶用绵羊场 23 个和奶山羊养殖场 99 个。因此 2011 年总共有 3 195 个奶畜养殖场获得有机认证或处于转型期，占法国有机农场的 13.8%。2011 年共交售有机奶 34.48 万 t，比 2009 年(25.55 万 t)提高 31.4%，比 2007 年(24.05 万 t)提高 38.8%。有机牛奶生产历史较长，1998 年已经生产 5.4 万 t，2011 年生产有机牛奶 33.37 万 t，2002 年至 2008 年间保持在 20 万 t，从 2009 年后年增长 2 万 t 以上，速度发展速度很快。2011 年 1831 个奶牛场的有机奶牛 7.94 万头，比 2007 年(1494 个奶牛场的 5.92 万头)提高 34.1%。有机奶生产依赖有机土地认证，生产有机饲料，2011 年法国认证的和正在转化中的有机土地 20.9 万 hm^2，其中 31%是有机草场，26%是粗饲料种植地。用于牛奶生产的有 15.9 万 hm^2。有机奶的主产区有鲁瓦尔河地区(24%)、布列塔尼(22%)、弗朗什孔泰(11%)及诺曼底(11%)。

2.2　乳品加工业

2.2.1　乳制品产量变化趋势

据 FAO 数据，2011 年，法国乳制品工业的生产总值为 253 亿欧元，其中近 1/2(49%)来自奶酪。在法国，36.8%的鲜奶用于奶酪生产。2011 年，法国生产了超过 198 万 t 的奶酪，其中包括 9.3 万 t 的山羊奶酪和 5.6 万 t 的绵羊奶酪。

图 5 显示 1961 年至 2011 年间法国乳制品生产情况(FAO 数据)。法国的主要乳制品是干酪、奶油、酸奶、液体奶制品和冰淇淋等。其中干酪是最重要的乳制品，软质白酶干酪在法国最为普遍，各种硬质干酪产量也很大。还包括以绵羊、山羊、脱脂牛奶和全脂牛奶制作的所有品种的奶酪，炼乳包括甜炼乳和淡炼乳，奶粉包括由脱脂牛奶、全脂牛奶和淡牛奶制作的各种奶粉，奶油指鲜奶油，液态奶指脱脂液态奶。从 1961 年起，法国的奶酪产量就一直呈上升趋势，从 48.4 万 t 提高到 2011 年的 193.1 万 t，年增长 2.9 万 t，50 年内将

近增长了 3 倍。尽管鲜奶油产量基数小，但也一直呈上升趋势，从 1961 年的 4.4 万 t，提高到 2011 年 38.9 万 t，提高 7.8 倍，年提高产量 0.69 万 t。炼乳产量不高，1961 年为 10.5 万 t，1970 年达到产量高峰 19.8 万 t，随后就呈下降趋势，2011 年仅生产 7.7 万 t，是 1961 年产量的 74%。酸奶在法国是占第二位的发酵乳制品，发展迅猛。各工厂不但规模大，而且趋于专业化，这样可提高生产技术水平和效率，也能降低成本。近几年各公司除注意发展传统酸奶外，特别重视新品种的开发，这些新产品质地优良风味好。酸奶在众多的乳制品中一直只占有很小份额，在 50 年中也没有大的变化。液态奶、奶粉和黄油三种乳制品的产量在 50 年间显示类似的变化规律，在 1986 年之前都呈上升趋势，液态奶分别从 1961 的 849.5 万 t 增加到1 400.9万 t，奶粉从 12.3 万 t 增加到 93.1 万 t，黄油从 40.5 万 t 提高到 64.5 万 t，之后呈下降趋势，分别下降到 2011 年的 1 130.4 万 t、47.8 万 t 和 42.4 万 t，这几种产品的下降与欧盟的配额制度实施有关。法国和德国是欧盟境内脱脂奶粉的主要生产国，产量占欧盟的 55%。

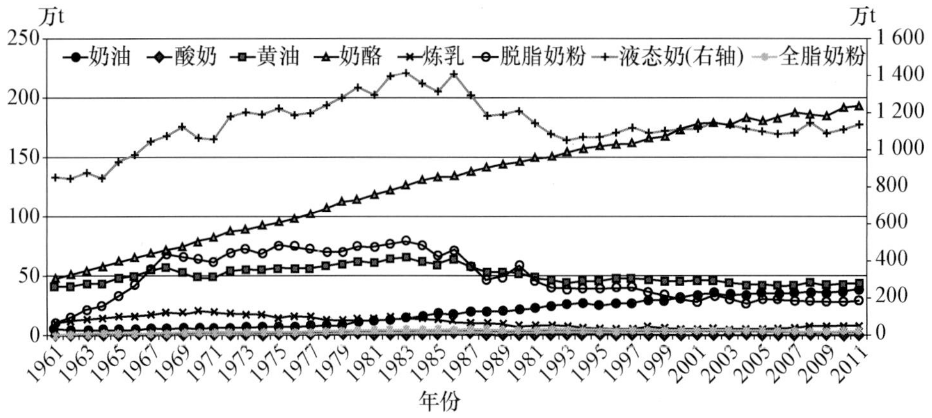

图 5　1961—2011 年法国乳制品产量发展趋势

信息来源：FAOSTAT。

从原奶用途比例中也能看出类似的结果，据 Cniel 数据，2006 年 32%原奶用于奶酪制品，22%用于黄油，13%用于酸奶及甜点，12.2%用于生产奶粉，12%用于生产液态奶，6%用于生产奶油，3%用于生产酪蛋白。2012 年，用于奶酪(36.8%)、奶粉(13.8%)、奶油(7.5%)的生产比例增加，黄油(18.7%)、液态奶(10.6%)、酸奶及甜点(7%)、酪蛋白(1.7%)的生产比例下降，另外 2012 年乳清粉的生产比例上升到显著位置(3.3%)。

2.2.2　乳制品加工企业以及主要加工产品

IFCN 2012 年公布的世界排名前 20 的乳业公司，法国有 4 个，包括拉克塔利兹国际集团(Group Lactalis(Parmalat)，第三名，2011 年占世界奶产量 2.1%，收购鲜奶 1 500 万 t，营业额 169 亿美元)、法国达能集团(Danone，第八名，2011 年占世界奶产量 1.1%，收购鲜奶 820 万 t，营业额 156 亿美元)、法国 Sodiaal 公司(第十六名，2011 年占世界奶产量 0.6%，收购鲜奶 410 万 t，营业额 57 亿美元)、保健然(Bongrain SA，第 20 名，2011 年占世界奶产量 0.5%，收购鲜奶 360 万 t，营业额 55 亿美元)。这 4 家乳业企业的营业额总数达到 437 亿美元，占世界前 20 名乳业公司总营业额(1834 亿美元)的 23.8%。当然，这 4 家乳业企业中除 Sodiaal 公司都属于国际性企业。法国的另外一家乳制品企业 Bel，也具有相当的生产规模，排名在 Cniel 收集的 2011 年世界乳品企业前 25 强，位居第 23 名，2011 年销售额 4 500 亿欧元。

(1)奶酪：奶酪是由牛/羊奶、奶油或者二者混合物通过发酵或不通过发酵后凝固，在进行沥出乳清后获得的物质。除极个别的鲜奶酪之外，奶酪中干物质含量最低 23%。2011 年德国、法国和意大利是欧盟 27 国奶酪生产的核心，占 55%以上。法国产奶酪占欧盟总产的 17%左右。法国是世界上最大的奶酪生产国，依据不同的计算标准，法国奶酪品种在 400～1 000 个之间，2011 年人均年消费奶酪量 26.3 kg，居世界首位。

(2)黄油:法国是欧洲黄油生产第一大国,2011 年产量为 42.4 万 t,占欧盟 25 个国家总产量的 22.4%,世界总产量的 8.7%。2012 年法国原奶的 18.7%用于生产黄油,其黄油产量居于欧洲第一位,但 2011 年与德国产量(42.5 万 t)相当,远远超出北欧的奶制品生产大国,如波兰、爱尔兰和英国。

德国和法国是欧盟 25 国中的主要黄油生产国,2011 年两国产量占欧盟的 44.8%。2012 年德国和法国的黄油产量有望继续提高,欧盟本地的价格高涨是主要原因。法国是黄油的净进口国,产量的提升将主要用于本地市场,同时将导致进口量下降。

(3)乳清:图 6 显示的是法国近 50 年来乳清粉产量的变化趋势,其中包括干燥和浓缩方式处理的乳清粉。乳清是生产干酪或干酪素时的副产品,乳清总固体占原料乳总干物质的 1/2,其主要成分有乳糖、乳清蛋白、矿物质等。乳清蛋白占总乳蛋白的 20%,牛乳中维生素和矿物质也都存在于乳清中。具有很高的营养价值。乳清经过深加工,乳清粉、乳糖、浓缩乳清蛋白、乳清分离蛋白、乳蛋白肽等,其营养价值和保健功能等能得到极大的提高。作为重要的乳基原料产品,乳清产品在仔猪饲料业、乳制品、烘焙食品、保健食品及饮品、药品加工制造业中有广泛的应用。法国在过去的 50 年中乳清产量呈快速递增的趋势,从 1961 年的 5 000 t,到 2011 年增至 65.5 万 t,增幅为每年 1.3 万 t。与奶酪产量增加高度正相关(年增 2.9 万 t)。

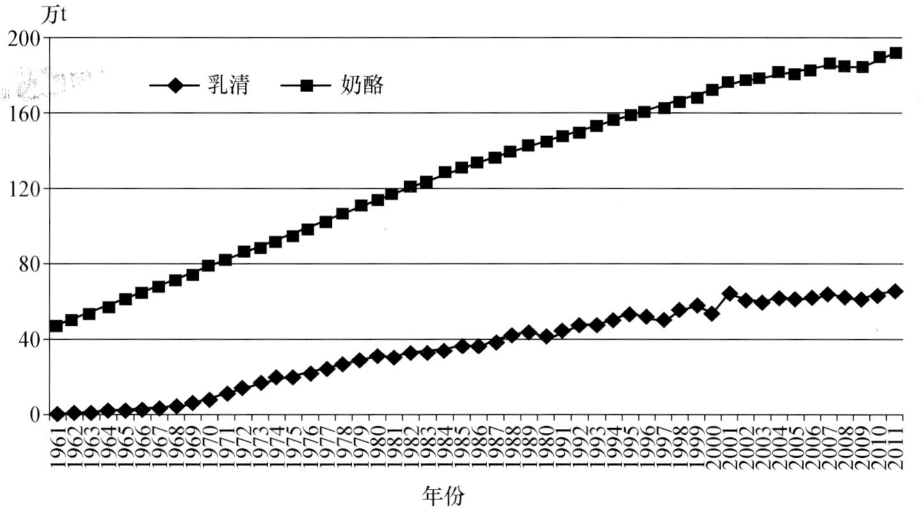

图 6 1961—2011 年法国乳清粉及奶酪产量发展趋势

信息来源:FAOSTAT。

(4)奶粉:2012 年法国用 13.8%的原奶制作奶粉,高于 2006 年的生产比例,但增幅不大,刚刚恢复到 2005 年的水平。奶粉生产处于低利润状态,因此欧盟对于销售给第三世界或作为动物饲料(犊牛或仔猪)的奶粉给予补贴。

(5)有机奶制品:2011 年法国交售有机奶共 34.48 万 t,其中 33.38 万 t 是牛奶(占 96.8%),其余是山羊奶和绵羊奶。2011 年加工液态奶产品 19.49 万 t,酸奶 3.75 万 t,各品种奶酪 1.46 万 t,黄油 6516 t,鲜奶甜点 4 374 t,盒装奶油 1 075 t。前 5 种产品比 2009 年分别提高 40.3%,39.9%,47.1%,40.7%,112.9%,而盒装奶油下降 16.1%;与 2007 年相比,分别提高 77.67%,155.97%,143.3%,93.47%,243.05%,和63.13%。总体上有机奶制品产量逐年提高,且提高幅度较大。奶酪除按原奶种类分牛奶、绵羊奶和山羊奶奶酪外,另外还再分为鲜奶酪和奶酪。

2.2.3 乳制品加工业及其发展变化趋势

法国的乳制品加工业是农业食品工业中的领军者,年营业额 180 亿美元,其中约 1/3 是出口贸易,在乳制品多样性、质量和创新方面世界领先。4 个法国企业(比如 Danone,Lactalis,Bongrain,Sodiaal 等等)跻身世界前 20 强的乳品企业,在鲜乳品领域,排名世界前两名的是法国公司(Danone 和 Yoplait)。另外,Bel 是法国第5大的乳品企业，之外还有15家年销售额在2亿美元以上的乳品企业。乳制品厂一般加工生产多种乳制品。在奶牛养殖场与乳制品之间，有一个环节为收奶企业，有的收奶企业是专营的，有的是加工企业的一部分。2006年与1995年相比，900家从事收奶、加工的乳制品厂消失，破产或并购。

法国的收奶区域与奶牛养殖区域相对应，2011年法国西部的三个大区交售牛奶总量占法国的48.1%，分别是布列塔尼(21.5%)、诺曼底(11.5%)及鲁瓦尔河地区(15.1%)。2011年收奶企业为483个，其中收奶量在1 000～5 000 t的最多(175家，占36.2%，辐射2 132家牛奶交售企业，收购的牛奶占全国的2.1%)，但是收奶量在20万t以上的企业虽然少(27家，占5.6%)，年牛奶收购量(1 532.8万t)占法国总收购量的61.7%，辐射4.47万家牛奶交售企业。与其他地中海国家如意大利、西班牙和希腊相比，法国的乳制品加工业是十分集中的。对照2007年统计数据，收奶企业538个，也是收奶量在1 000～5 000 t的最多(200家，占37.2%，辐射2 712家牛奶交售企业，收购的牛奶占全国的2.3%)，然而收奶量在20万t以上的企业30家(占5.6%)，年牛奶收购量(1 134.6万t)占法国总收购量的50.9%，辐射4.2万家牛奶交售企业。因此，收奶企业的发展趋势为大规模企业越来越多。

法国是欧洲第一大奶酪生产国，生产的众多优质奶酪得益于法国丰富的奶酪生产技术。很多著名干酪厂以地区或村庄命名，各有特色。有许多品种至今仍采用手工制作。有些牧场配有手工制作干酪的全套设备，牧主自制干酪，部分自食，大部分出售。法国的奶酪加工厂分两大类：一方面，大型奶酪加工厂，生产主要品牌的奶酪，一般来讲是私营的，甚至家族拥有的，例如Lactalis，Bongrain和Fromageries Bel；另一方面有很多小奶酪制品厂生产本地的奶酪品种，尤其是生产原产地认证的高端产品。总体发展趋势是奶酪加工厂总数下降，但两种类型的加工厂并存。在法国，虽然大型奶酪加工厂主宰行业，但其特别之处就在于许多小型奶酪加工厂能够存活。这个现象可归结为3方面的原因：第一是本地的特色品种奶酪已经形成了稳定的消费市场，主要是法国消费者对于特色奶酪有极大的偏好；第二是奶酪行业公众影响力较大，乳制品场的消失较慢，尤其有利于小奶酪厂在本地维持一个市场；第三是在软奶酪产业，两种差别很大的技术共存，每种技术有其独特的有效生存空间，一种技术对应于小规模场，生产的产品获利在于品牌，同时另外一种技术是工业化的大规模生产。因此小规模的奶酪场存在的一个原因是小型、中型加工厂都有其各自的最优化规模。

2000年法国农业部调查结果显示，共有673个奶酪加工厂。其中，雇员人数多于20人的加工厂中，少于50人的加工厂最多(占约90%)，生产的产品市场份额占8%。雇员人数多于500人的加工厂最少(约占10%)，生产的产品市场份额占40%。到2011年共有牛奶奶酪加工厂530家，其中包括制作新鲜奶酪的174家，软奶酪的182家，非熟制压制奶酪的191家，熟制压制奶酪的233家等。各奶酪加工厂中51.9%(277家)属于年产100～1 000 t产品的中小型场，同时年产1万t产品以上的大型加工厂只有50家(总加工厂的9.4%)，但产品总量占法国总产的74.1%。奶酪加工厂数量不断下降(1985年约为1 250家，2000年为650家)，但下降率逐渐变缓(图7)，从2007年(545家)到2011年(530家)，加工厂仅减少了15家。

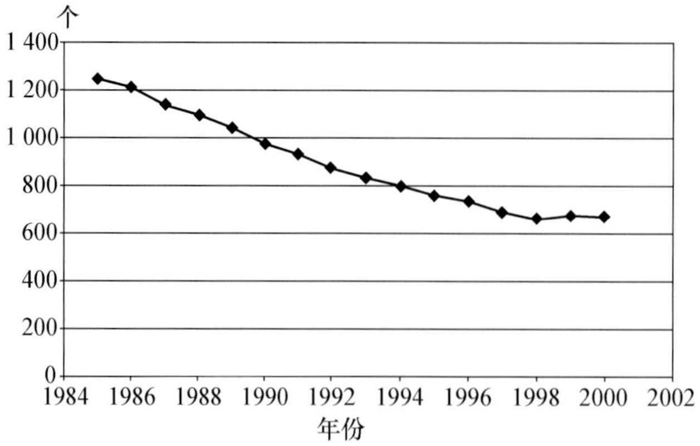

图7　1985—2000年间法国奶酪加工厂数变化趋势

信息来源：Dairy Products Survey，PRODCOM，法国农业部。

此外,2011 年法国有山羊奶和绵羊奶奶酪加工厂 224 家。近年来这两类加工厂数目逐渐增加,可能源于消费市场对于差异化产品的需求。

据美国农业部 2013 年的分析报告,法国的乳制品既包括各大类产品,也包括各种受消费者喜欢的品种。奶粉、黄油和乳清粉是主要针对出口和本地食品加工企业的原料产量,欧盟配额制的取消将对此产生重大影响,由于产奶量可能大幅提升,法国的这几类产品将更多面向出口,满足世界范围内的需求。目前法国干粉类制品的生产能力在扩张,例如奶粉、乳清粉和婴儿奶粉,有 9 家大型干粉类企业建设或改建设备,建设金额达 9 亿欧元。

据 Cniel 数据,2011 年法国黄油加工厂 166 个,与 2009 年相比,减少了 10 家(5.7%)。虽然年产量低于 10 t 黄油的小加工厂最多(87 家,占 52.4%),低于 100 t 的加工厂共 125 家,但此类小加工厂 2011 年总产量(1 172 t)只占法国黄油产量(35.5 万 t)的 0.3%,黄油产品的主宰为年产 1.5 万 t 以上的大型加工厂,共 11 家,其黄油产品占法国总产的 82.8%。对照 2007 年统计数据,年产量低于 10 t 黄油的小加工厂最多(98 家,占 50.5%),低于 100 t 的加工厂共 150 家,但此类小加工厂 2007 年总产量(1 817 t)只占法国黄油产量(33.2 万 t)的 0.6%,黄油产品的主宰为年产 1.5 万 t 以上的大型加工厂,共 9 家,其黄油产品占法国总产的 73.2%。黄油加工厂的发展趋势小加工厂和大型加工厂并存,且逐渐分化,但主要方向为向大规模加工厂发展。

据 Cniel 数据,2011 年法国液态奶加工厂 166 个,与 2009 年相比,减少了 11 家(5.7%)。虽然年产量低于 1 000 t 液态奶小加工厂最多(20 家,占 35.1%),但此类小加工厂 2011 年总产量(1 866 t)只占法国液态奶产量(351.2 万 t)的 0.1%,液态奶产品的主宰为年产 10 万 t 以上的大型加工厂,共 15 家,其液态奶产品占法国总产量的 74.8%。对照 2007 年统计数据,低于 1 000 t 液态奶小加工厂最多(17 家,占 30.9%),但此类小加工厂 2007 年总产量(2 562 t)只占法国液态奶产量(368.1 万 t)的 0.1%,液态奶产品的主宰为年产 10 万 t 以上的大型加工厂,共 7 家,其液态奶产品占法国总产量的 42.8%。液态奶加工厂的发展趋势为小加工厂和大型加工厂并存,且逐渐分化,而且主要是向大型加工厂发展。

据 Cniel 调查数据,从 2007 年到 2011 年法国收购有机牛奶的企业一直保持在 100 个左右,总收购量增加 38.8%;有机液态奶加工厂从 2007 年的 15 个增加到 20 个;随着有机奶酪产量大幅度(143.3%)增长,有机奶酪加工厂数量也有所增加,从 2007 年的 88 个,增加到 2011 年 107 个;同期内有机酸奶加工厂从 23 个增加到 37 个,黄油加工厂从 17 个增加到 20 个,盒装奶油加工厂从 16 个增加到 23 个,有机奶甜品加工厂从 8 个增加到 19 个,总体趋势与常规乳制品场的趋势有差别,处于全面发展阶段。

2.2.4 法国乳制品价格保护体系

在欧盟,与很多农产品一样,乳制品受到欧盟法律法规的管理。这些法规的基本点是对于某种农产品,农户有一个最低保证价。在乳制品这一方面,法国法规的控制面考虑原奶供应以及市场需求两个方面。在原奶供应方面,主要是欧盟 1984 年建立的配额制。每个农户分配一定的配额,而且在法国配额的交易是禁止的。配额不准自由买卖,而是与土地联系在一起。这一做法的后果就是在某些地区的产奶量总量维持恒定,甚至某些牛奶生产成本很高的地区也不例外。这些生产成本高的地区由于与配额制并行的最低保障价格制度,因此可以维持总产量不变。这样,在法国,一些地区的很多农场生产牛奶。因为牛奶的运输成本很高,牛奶加工需要分散在很多地区。因此说,欧盟的配额制管理不利于加工厂的集中。

由于价格干涉制度,黄油和脱脂奶粉的价格是有最低保障的。换而言之,通过各种手段,例如:出口补贴、本地消费补贴、公共及私有存贮制度等,欧盟保障黄油和脱脂奶粉的最低价格。这样加工厂需要按照建议价付原奶价格,也就是说所有的加工厂都需要采用类似的原奶收购价格。

法国的配额管理与欧盟各国是一致的,在各国之间配额是不能买卖的。由于各国的原奶成本不一致,价格稍有差别。在主要的牛奶生产国,奶价基本上是一致的,例如 2012 年法国 0.329 欧元/ kg,德国 0.330 欧元/ kg,荷兰 0.348 欧元/ kg。也就是说奶酪加工厂面对的原奶价格基本一致,但产业链后端的竞争力不同,而加工厂不能依靠压低原奶价格取利。对于奶酪生产来讲,主要的成本是原奶,很多加工厂的生产成本是相同的。这些法规的存在限制了加工厂的收购。图 8 显示法国在过去的 10 年中原奶收购价格(所有等级折合到乳脂率 3.8%,乳蛋白率 3.2%)为 0.267~0.336 欧元/ kg。

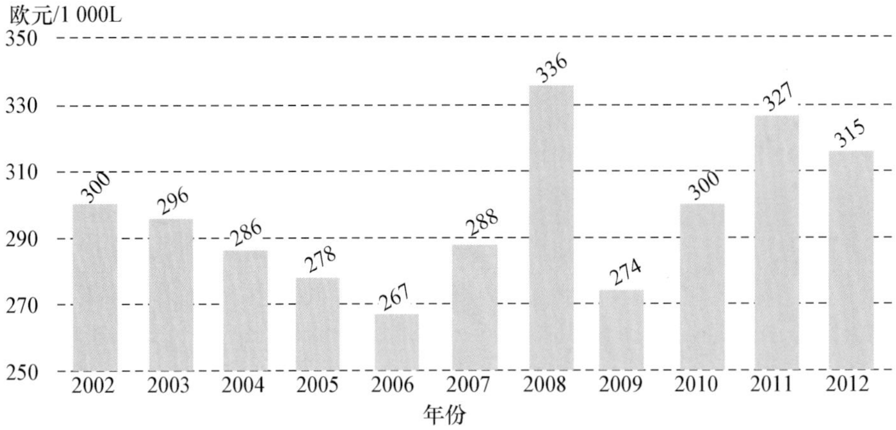

图 8　2002—2012 年间法国原奶收购价格

法国的价格保护体系还体现在乳制品种类划分上。例如,法国的奶酪生产是极其多元化的,在法国生产的 400 种奶酪中,2006 年有 42 种获得了原产地名称保护(Protected Designation of Origin(PDO)),显示产品的独特性和质量。单品种的产量从 56 t(Banon)到 4.66 万 t(Comté)不等,总产量达 20 万 t。根据定义,受原产地名称保护的产品是不能换产地的。这个标志明确指出,由于当地条件的特殊性造成产地的独特特性,才使本地生产的产品具有特殊性。尽管有 PDO 标志的奶酪只占总奶酪品种的 10%,但生产这些奶酪产品的乳制品厂数目很多,也是法国的小型奶酪加工厂数目一直较多的原因之一。

2.3 乳品消费发展

2.3.1　乳品消费发展趋势

法国是欧洲第一农业大国,也是欧洲的乳制品主要消费国之一。据 FAO 统计 2009 年,法国人均乳制品消费 304.3 kg,与 2007 年(260.5 kg)相比,消费量持续增长。生产的乳制品不仅满足本国需要,奶酪、黄油和奶粉还可以供应世界上的其他国家。液态奶制品的主要销售场所为超市、餐厅、宾馆和乳制品专卖店,没有送货上门的销售方式。

据 Cniel 数据,2011 年法国乳品消费主要包括奶酪(人均 26.3 kg,含鲜奶酪)、黄油(7.5 kg)、液态奶(57.3)、酸奶、奶油、奶粉等。从各类奶制品分析,法国的奶类消费中液态奶、奶粉消费稍有降低,而奶酪、鲜奶制品和酸奶消费有小幅升高。据 Cniel 和 FAO 数据,以 2011 年法国人家居消费支出计算,人均奶制品消费 243.63 欧元,比 2008 年消费额提高 1%。按消费额计算,法国消费者家居消费的各类乳制品比例为奶酪(除鲜奶酪外)46.4%、液态奶(只计有包装的)12.7%、黄油 6.2%、奶粉 1.5%、鲜奶制品(酸奶、鲜奶酪和奶制甜品)28.5%和奶油(只计有包装的)4.6%。乳制品中 62%用于零售市场,29%用于工业用途,9%用于餐饮业。据美国农业部调查信息 2013 年报道,法国用户消费型产品,例如奶酪、液态奶、酸奶和黄油,主要在本地和欧盟内消费;13%为高端奶制品(10%为地理标志产品,2%为有机产品,1%表示为山区特产)。

Cidil 调查显示,80%的法国人在就餐时喝鲜奶或酸奶,95%的法国人每天有一餐同时进食奶酪。液态奶一般在早餐时食用,而奶酪一般在午餐或晚餐食用。另据 Baromètre Cidil 调查,法国 17 岁及以下青少年以及 2 岁以下的婴幼儿是乳制品的主要消费者。56 岁及以上人群是奶酪和黄油的主要消费群体,而 17~56 岁之间的人群热衷于甜点和酸奶。

2.3.2 乳制品消费结构和喜欢的乳制品

据加拿大奶业信息中心(Canadian Dairy Information Centre)统计世界各国液态奶消费,2011年法国人均年消费液态奶55.5 kg,是欧洲液态奶消费量较低的国家,只占欧洲27国平均消费量(62.8 kg)的88.4%。过去的5年中(除2008年为86.4 kg之外)一直维持在55 kg左右。法国人购买液态奶中,UHT长货架期制品占液态奶总消费量的84%,其他的消毒奶和原奶、灭菌粉各占10%和5%左右。超高温灭菌UHT奶中80%是半脱脂的。这一液态奶主导结构源于政府在20世纪50—60年代制定的经济策略,青年一代因此越来越熟悉这种经过超高温加工的牛奶的口味。由于欧盟对于液态奶的乳脂含量没有明确规定,同时也没有设置最低蛋白质含量标准,液态奶生产的中心区域逐渐迁移到法国南部,这里原奶的蛋白质含量一直较低。

据加拿大奶业信息中心统计世界各国奶酪消费,2011年法国人均消费奶酪总量26.3 kg,高于欧洲消费量53.8%;2008年以来一直维持在26 kg以上,且2009年以来一直排名世界第一,消费奶酪的种类繁多,例如Camembert,Brie,Comte等。2011年奶酪消费中13.6 kg来自零售业,占总消费量的51.7%。在如此高的消费水平之下,继续增长的可能性不大,但是奶酪作为烹调原料将由可能带来又一个消费量增加的渠道,例如披萨饼中使用的莫泽瑞拉奶酪、沙拉用奶酪、汤或酱汁用奶酪。除奶酪中添加钙等特殊产品外,其他奶酪加工过程使用微孔膜过滤技术的将越来越多。

由于健康原因和价格问题,法国黄油消费下降。2011年的前5个月黄油价格上升5.3%,创造历史新高,同时消费下降5.6%。据加拿大奶业信息中心统计世界各国液态奶消费,2011年法国人均年消费黄油7.5 kg,居世界首位,是欧洲平均消费量的208.3%。在2008年以来,黄油消费量一直维持在7.5 kg左右;法国黄油消费中1/3左右是从零售渠道消费的。据Cniel数据显示,1996年法国人均年消费黄油量为8.8 kg,呈小幅下降趋势,在过去的15年中人均消费量下降6.8%,但依然是世界上最大的黄油消费国家,而西班牙人、巴西人和日本人的人均年黄油消费量远不足1 kg。作为法国烹调技术的基础,几个世纪以来,黄油一直是法国美食和家庭菜肴的必备品。法国人餐桌上每餐必有黄油。在早餐和小吃上,人们喜欢用黄油超过了奶酪。另外,在蔬菜、蒸鱼、面条、土豆泥、沙丁鱼、海鲜、烤肉等菜肴中,黄油也是必不可少。黄油在冷餐会上也是不可或缺的。

法国的鲜奶制品特指酸奶、鲜奶酪和奶制甜品,非常独特,据Cniel数据,2010年,人均消费鲜奶制品37.2 kg,比1996年的33.4 kg有小幅度提高,增幅11.4%。2003—2007年间鲜奶制品消费曾达到40 kg以上。这部分鲜奶制品主要从零售店购买,1996年零售购买比例为89%;而2010年零售购买比例为91%,另外的9%由餐饮业直接提供。据Cniel 2006数据,传统酸奶的消费量在过去几年中有所降低(−10%),而新型产品,例如水果酸奶、搅拌型酸奶和液态酸奶消费量增加。2/3的酸奶是在午餐或晚餐食用,约17%酸奶在早餐时使用,且该比例呈升高趋势。80%的酸奶购自超市。据Cniel数据,法国人在家居消费鲜奶制品量和金额近5年稳定,2012年人均年消费69.52欧元,比2009年提高3.3%,比2008年降低1.1%。2012年家庭消费鲜奶制品人均28.83 kg(过去5年中一直维持在28 kg),其中酸奶16.11 kg,鲜奶酪和奶制甜品各6.05 kg和6.45 kg。

据Cniel数据,2010年奶油人均消费量为6 kg,比1996年提高2 kg,提高幅度大(50%),增幅的主要原因是奶油用于烹调,直接作为食物的一部分用在餐饮业,而从零售市场购买的比例从1996年的80%下降到2010年的62%。2011年产量已达38.9万t,比2000年产量(30.1万t)提高29.2%,居欧洲第二位,位于英国之前,落后于德国(54.7万t)。2012年法国家庭人均消费奶油3.59 kg,这一部分的奶油消费比2008年(3.24 kg)提高10.9%。

法国人的奶粉消费量一直较小,2012年据Cniel数据,人均家庭消费奶粉0.27 kg,较2008年(0.35 kg)降低22%。

有机食品在法国的消费一直呈上升趋势,2010年有机食品总销售额33.8亿欧元,其中15%是有机奶制品。尤其是鲜奶制品的增长更快,2010年比上一年增长19%。在超市中平均的柜台长度达6.19 m。据Agence BIO统计,法国有机奶和有机乳制品的销售中11%直接从有机农场购买,7%由于天然产品专卖店销售,80%经过零售渠道出售。法国本土生产的有机食品不能满足消费,26%的有机鲜奶 24%的有机奶制品是进口的,主要进口国是德国、意大利和西班牙。2012 年有机黄油和鲜奶酪的消费较 2011 年提升 10%和 8.9%。

2.4　乳制品贸易发展

法国是各主要乳制品的净出口国,是世界上乳制品的主要出口国和主要进口国。在过去 50 年间处于贸易顺差,从 1979 年后贸易顺差一直高于 10 亿美元,2010 年乳制品贸易顺差达到 26.4 亿美元。

2.4.1　乳制品进口贸易发展趋势

图 9 显示过去 50 年中法国乳制品进口贸易量的变化趋势。总的来说,近 50 年来,各种乳制品的进口量呈增长趋势。

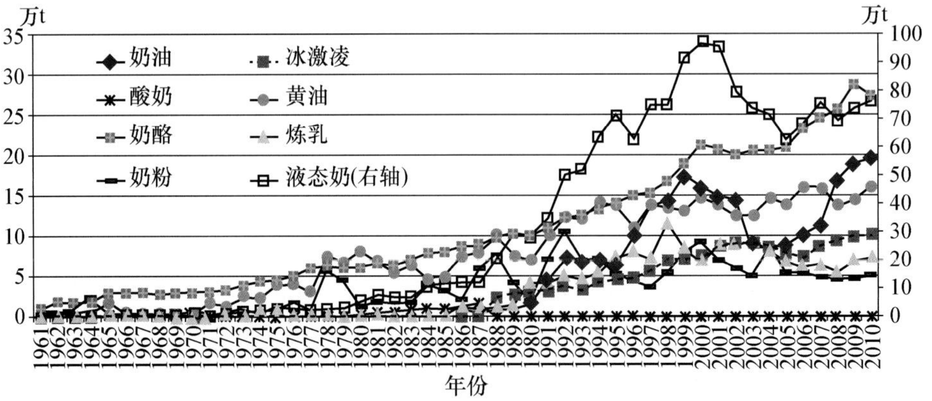

图 9　1961—2010 年法国乳制品进口量发展趋势(单位:吨)

信息来源:FAOSTAT。

在各种乳制品进口的变化趋势中,增幅较大、增长速度最稳定的是奶酪,除 2001 和 2002 年外,一直处于稳步上升状态,从 1961 年进口 1 万 t,发展到 2010 年进口 27.4 万 t,年平均增加 5279 t。

1970 年前黄油进口量低于 1 万 t,但从 1970 年之后,与奶酪进口量保持相似的增加势头(但波动幅度较大),但这个增加趋势只维持到 1995 年,从 1995 年起黄油进口量上下浮动,但基本维持在 12 万~16 万 t 的水平。

奶油进口量在过去 50 年中呈现较大的跳跃式增加趋势,从 1990 年之后,快速增加,1991 年达到 4.5 万 t 以上,1999 年达到进口量 17.5 万 t 的小高峰,之后 2003 年跌至 8.4 万 t 的低谷,2010 年进口量 19.7万 t 再次创出新高。

奶粉(脱脂和全脂奶粉)的进口量 1961 为 3430 t,而后一直处于较大的波动状态,曾在 1992 年达到过高于 10 万 t 进口高峰,但更多时间进口量徘徊在 5 万~10 万 t 之间,总体是缓慢上升趋势,在 2010 年进口量为 4.98 万 t。

冰淇淋是从 1988 年起才统计进口量的产品,虽然进口量小,但在 20 年的时间内上升至 10 万 t,年增幅约 3 500 t 左右。

液态奶一直是进口量大的产品,2000 年达到最高峰 96 万 t,这是一个拐点,之前处于进口量快速增加的状态,增长趋势近似于指数形式,尤其是 1987 年之后,年增长幅度达 6 万 t;2000 年后,迅速下降到 2005 年的 62.5 万 t,之后维持在 70 万 t 左右。

图 10 显示 1961—2010 年间法国各乳制品进口额的变化趋势,2010 年进口额总计 36 亿美元,与 2008 年的 35.7 亿美元持平。总进口额从 1987 年起呈现快速增长趋势,虽然出现数次波动,但总体趋势上升,年

增长幅度约为 9 660 万美元。总进口额中各类产品的比例大小的排队次序基本没有变化，2010 年进口额占总进口额比例从大到小依次为奶酪（38.5%）、黄油（19.4%）、液态奶（17.5%）、奶油（9.4%）、冰淇淋（8.1%）、奶粉（4.2%）和炼乳（3.0%）。

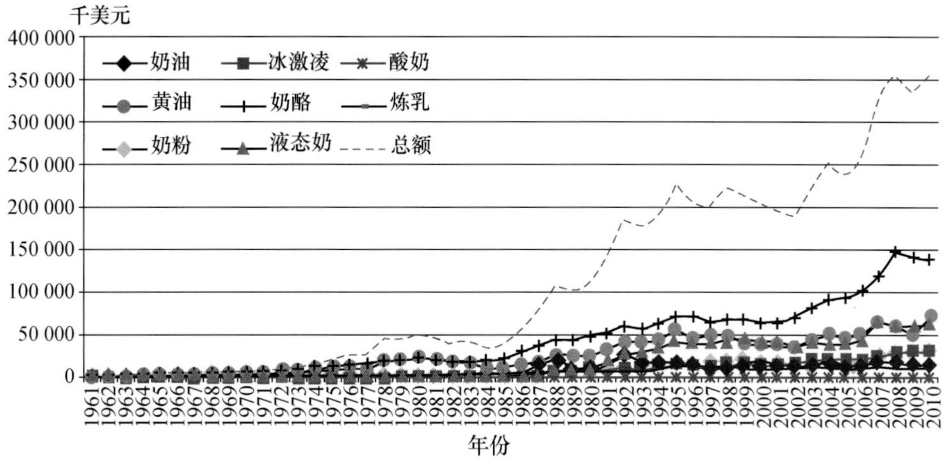

图 10 1961—2010 年法国乳制品进口额发展趋势

信息来源：FAOSTAT。

进口额最大的产品是奶酪，占总进口额比例一直高于 30%；与进口量稳步增长相同，奶酪进口额增长缓慢且平稳，2008 年达到最高峰 14.9 亿美元，占总进口额的 41.7%，2010 年进口额为 13.9 亿美元，与 2008 年相比下降 6.8%，与进口量增加 6.5%的情况相反，说明 2010 年奶酪进口单价偏低。进口额较高的还有黄油和液态奶，在 1995 年后一直维持在 5 亿美元左右。冰淇淋进口额一直较低，从 1988 年统计进口额开始，占从进口额的比例从 5%上升到 2010 年的 8.1%，2002 年至 2010 年间进口额较稳定。奶油在 1991 年后，进口达到总进口额的 5%以上，之后在 1993 年迅速上升至总进口的 7%，1994—2010 年的 15 年间徘徊在 7%～9%之间。炼乳和奶粉是进口额最低的产品，2010 年进口额分别占总额的 3%和 4.1%，呈下降趋势。

2.4.2 乳制品出口贸易发展趋势

图 11 显示 FAO 统计的过去 50 年中法国乳制品出口量变化趋势。产品出口量的次序与生产量次序基本相符，液态奶是出口量最高的，其次为奶酪、奶粉、奶油、冰激凌炼乳、黄油。除奶粉和炼乳外，其他乳制品出口量呈上升趋势。

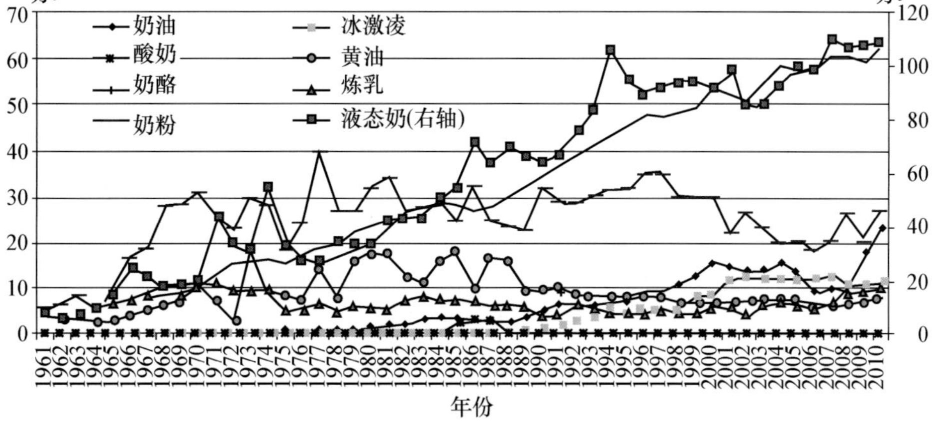

图 11 1961—2010 年法国乳制品出口量发展趋势

信息来源：FAOSTAT。

奶酪出口量呈稳步上升趋势，从1961年的3.9万t提高至2010年的63万t，提高15倍；在1986年左右出口量有减缓趋势，但在1988年恢复至快速上升期；50年间年增长幅度达1.2万t，平均年增长速度6.1%。

液态奶出口量虽然上下起伏较大，但上升趋势明显，50年间平均年增长幅度达2.0万t，平均年增长速度8.3%。从1961年(7.5万t)开始，1971、1974、1986、1994、2007年分别出现新高(转折点)，其中1994年出现出口量小高峰(106.3万t)，2007年(110.5万t)为历史最高，2007—2010年出口量持续较高，在100万t以上。

奶油出口量1961年(3103 t)很低，但50年中处于逐年缓慢提高趋势，而在2006—2008年出口处于低谷；2009年(18.3万t)、2010年(23.6万t)出口量连续大幅上升，两年的增幅分别达到8.2万t(81%)和5.3万t(29%)，2010年是奶油出口量的历史新高。

冰激凌出口从1988年开始统计，22年间出口量增长31.2倍，2010年达11.1万t，年增长幅度达1.4万t，平均年增长速度21.3%。

奶粉出口总趋势为先上升后下降，在1970—2000年间的30年中处于起伏但持平状态，徘徊在30万t左右，从2000年之后，逐年下降至2006年(18万t)，之后徘徊式上升，2010年出口量27.4万t，比2006年高9.4万t(51.9%)。

黄油在1980年至1990年期间是主要出口产品，徘徊与15万t上下，但从1989年后呈现平稳低水平出口，1989—1999年间维持在9万t左右，其后进一步下降至6万t左右(2007年6.2万t)，2009年(7.2万t)和2010年(8.0万t)逐年递增，2010年与2007年出口量相比增加1.7万t(27.8%)。

炼乳在过去50年中一直保持低水平出口状态，始终在10万t之下，从2007年起有增长趋势，连续三年增长，至2010年出口量达10.6万t，比2006年(5.9万t)高6.8万t(116%)。

图12显示FAO统计过去50年中法国乳制品出口额变化趋势。最高出口总额达67亿美元(2008年)，是最高进口额的186%(2010年36.0亿美元)。出口总额在1985年和2000年两次出现低谷，其后再次上升。2010年(62.4亿美元)较2008年的出口总额下降14.1%，与出口量趋势中大部分大宗产品出口量下降趋势相同。2010年较2009年总额上升4.8亿美元(8.4%)，体现出口贸易总体回升。但50年内总趋势是上升的，年均增长幅度1.2亿美元，年均增长速度9.2%。

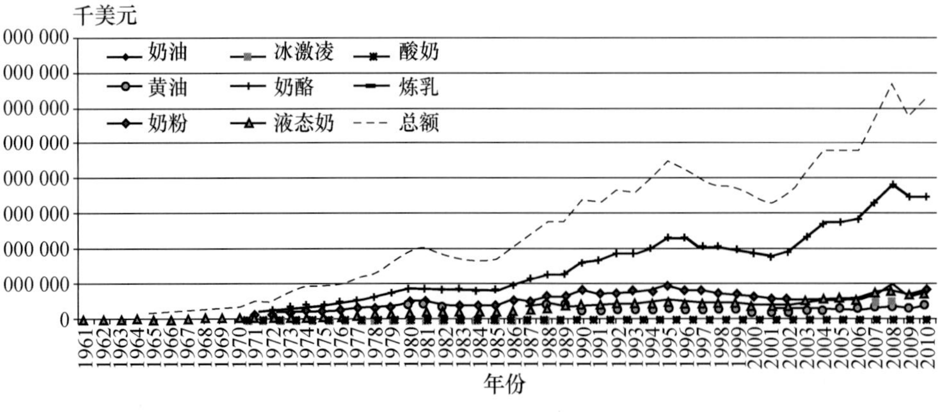

图12　1961—2010年法国乳制品出口额发展趋势

信息来源：FAOSTAT。

奶酪作为主要出口产品，其出口额与总出口额的变化趋势一致，平均占总出口额的46.1%，最高年份占总出口额的60.4%(2009年)；奶酪出口额最高峰在2008年，达38.4亿美元；出口奶酪单价也处于稳步上升状态，在1987年出口单价一直维持在每吨4 000美元左右；2007—2010年出口单价提升达到平均近6 000美元。其他7种产品出口额一直低于单品10亿美元，2010年占出口总额的2.0至13.6%，其中炼乳出口额的份额最低，奶粉出口额的份额最高，其下依次为液态奶(11.4%)、冰激凌(6.6%)、黄油(6.3%)、奶油

(4.5%);除奶粉外,处于稳定增长状态。奶粉出口额1995年达到9.7亿美元,2008年达到第二次高峰达8.7亿美元。2009年各产品出口额都低于2008年,降幅在2%~34%之间,奶油出口额降幅最小,奶粉出口额降幅最大;2010年除奶酪、冰激凌外各出口额都有增长,增幅在6.0%(液态奶)至48.8%(奶粉)之间。冰淇淋出口额增长稳定,2007年达到最高(4.8亿美元),年增长0.2亿美元,之后呈下降趋势,2010年比2007年下降0.7亿美元(15.1%);液态奶出口额50年来持续稳定增长,年增长0.14亿美元。

据Cniel数据,法国2011年总出口额64亿欧元,其中的44%(28亿欧元)为奶酪产品,15%是除奶酪以外的其他即食乳制品,剩余的41%是工业原料。

从1957年开始,法国与欧盟内部国家之间商品可自由转运,因此欧盟国家是法国乳制品贸易的主要区域。据印度政府网站APDEA报道COMTRADE,United Nations数据,2011年法国乳制品进口额数据(附表5),法国进口了43个国家的乳制品;法国进口乳制品原产地国家前8位都是欧盟国家(图13),分别是德国、比利时、荷兰、意大利、西班牙、英国、爱尔兰和瑞士,其余国家所有比例在2%以下。其中德国占总进口额的7%,前四个国家的进口额合计达总进口额的23%。2011年非欧盟国家中出口到法国乳制品额较高的国家有:美国0.19亿美元,新西兰0.15亿美元,占总进口额比例不足1%。2009年、2010年法国进口贸易额排队前8位的次序变化不大,只有英国与爱尔兰之间有小额差异。

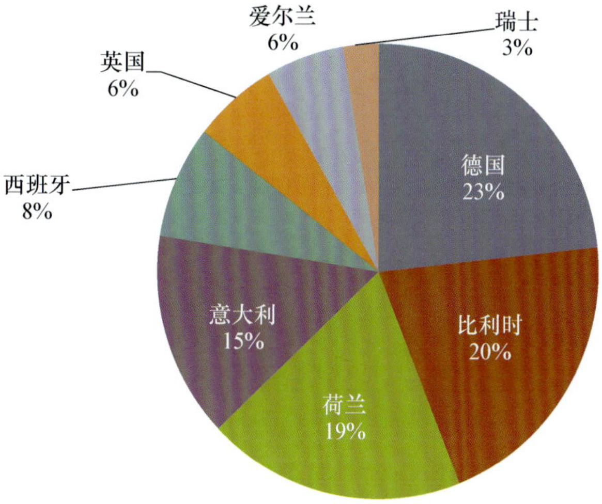

图13 2011年法国进口乳制品主要原产地国家进口额占总进口额比例

信息来源:COMTRADE,United Nations。

据COMTRADE,United Nations统计法国2011年乳制品出口到129个国家和地区。图14显示2011年法国出口国家中前14位国家出口额占总额比例,法国出口这十四个国家的出口额都在1亿美元以上(附表6),前6个国家都是欧盟国家,共占法国乳制品总出口额的66.01%。其中德国、比利时、意大利、西班牙和英国所占比例都在10%以上,是法国的长期贸易伙伴。

2011年阿尔及利亚成为法国的主要非欧盟出口国,出口额比2010年高35.7%,名列第7位。美国也是法国的主要非欧盟出口地之一,2011年出口到美国的乳制品8 411 t,合1.98亿美元,名列第九,但比2009年(3.09亿美元)和2010年(3.10亿美元)的出口量和出口额有大幅度下降;2011年出口美国奶酪达到2.3万t,比2010年同期的1.8万t有大幅度提升。法国奶酪出口俄罗斯2011年继续提升到0.76万t。2009年出口俄罗斯乳制品3.06万t,折合0.72亿美元,占1.15%;2010年增长到4.42万t、1.37亿美元,排名第11位。但2011年出口量(2.84万t)下降、出口额(1.02亿美元)下降。中国2009年从法国进口乳制品1亿美元,进口量4万t,排名第12位;2010年从法国进口乳制品0.95亿美元,进口量4.6万t,排名第13位;2011年进口量(6.1万t)和进口额(1.41亿美元)进一步增长,跃升为第11位。2011年法国出口到中国的乳制品占中国总进口额(51.38亿美元)的2.7%,是中国的第三大乳制品进口贸易国。

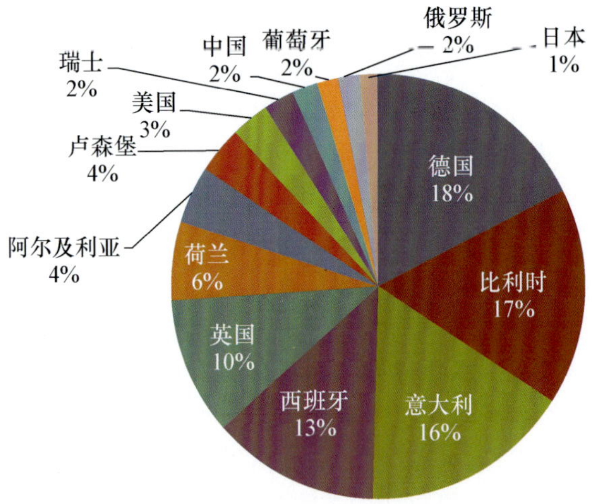

图 14　2011 年法国乳制品出口国家前十四位出口额占总额比例

信息来源：COMTRADE，United Nations。

根据 CLAL. it 网站数据，就奶酪、黄油、全脂和脱脂奶粉四种乳制品，2011 年世界乳制品贸易量 635.8 万 t，比 2009 年（633.2 万 t）、2010 年（552.2 万 t）高 15.1％和 0.4％。2009 年、2010 年和 2011 年法国这四种产品的贸易量分别占世界贸易量的 25.6％、23.4％和 23.98％，是世界上主要的乳制品贸易国。

2011 年世界乳制品贸易量 636 万 t，贸易额 277.3 亿美元。2011 年法国的出口地区按出口量和出口额比例分别为大洋洲（41％、37％）、欧盟 27 国（27％、32％）、北美（12％、10％）、美洲（中南美洲和加勒比海区域，9％、8％）、欧洲其他国家（4％、5％）、非洲（3％、2％）、东南亚（3％、3％）、中东（2％、2％）和亚洲（1％、1％）。

3　奶业科技进展

3.1　奶牛育种与繁殖技术进展

3.1.1　奶牛品种与分布

法国的牛品种资源丰富，主要包括荷斯坦牛、蒙贝利亚牛、诺曼底牛等 11 个具备选育计划的乳用或兼用品种和夏洛莱、利木赞等 9 个具备选育计划的肉牛品种，以及 15 个保种品种。奶业生产的主要品种为荷斯坦牛、蒙贝利亚牛和诺曼底牛。奶牛群体的集中分布在西部。

（1）荷斯坦牛。2012 年西部 3 个省（Côtes d'Armor，Finistère，Ille & Vilaine）存栏 10 万头以上，6 个省（Loire Atlantique，Maine & Loire，Manche，Mayenne，Morbihan，Vendée）存栏 5 万头以上和 4 个省（Calvados，Orne，Sarthe，Deux Sèvres）存栏 2 万头以上；在法国北部（9 个省（Meurthe & Moselle，Meuse，Moselle，Nord，Pas de Calais，Seine Maritime，Somme，Vosges，Bas Rhin 存栏 2 万头以上）和南部（3 个省（Calvados，Puy de Dôme，Pyrénées Atlantiques）存栏 2 头以上）也有重点分布。

据 Institut de l'Élevage，FCEL 数据，2012 年 171 万头荷斯坦牛参加 DHI 测定，成年当量平均产奶量 11 391 kg（374 天），乳脂率 3.93％，乳蛋白率 3.21％。

（2）蒙贝利亚牛。为乳肉兼用型品种，也是法国第二大的乳用牛群，牛群数量每年增长，且增幅在法国各品种中最大，其牛奶是很多原产地命名奶酪的指定原奶，例如 Comte 奶酪。蒙贝利亚牛场约 15 000 个，2012 年存栏成母牛 65.5 万头，主要分布在法国东部，1 个省（Doubs）存栏 68 669 头，5 个省（Ain，Jura，Haute Loire，Haute Saône，Haute Savoie）存栏 2 万头以上，6 个省（Isère，Loire，Puy de Dôme，Rhône，

Saône & Loire,Cantal)存栏1万头以上,5个省(Eure,Haute Marne,Savoie,Vosges,Aveyron)存栏5 000头以上,另外在西部1个省(Ille & Vilaine)存栏5 000头以上。目前,育种方向强调乳用与功能性状的平衡,其中产奶性能(产奶量、乳脂和乳蛋白质)总经济指数的权重为50%,体细胞数为12.5%,长寿性12.5%,繁殖力12.5%,体型12.5%。

1872年,在兰格农业竞赛上,来自COUTHENANS的名叫Joseph GRABER的养殖户所展示的一批精选母牛,其中就有以蒙贝利亚命名的,自此,蒙贝利亚这个名字才被世人所知。1889年得益于大量饲养蒙贝利亚牛区域养殖户的联合行动,蒙贝利亚牛才为官方所认可。经过一个世纪后,蒙贝利亚牛登记牛群几乎遍布整个法国。蒙贝利亚牛已经出口到全世界,成为法国育种界的瑰宝。

1968年建立了由10个奶农联合体组建的种公牛站Umotest,1978年蒙贝利亚牛最大的育种公司Coopex Montbeliarde成立,自1978年起Coopex公司已向40多个国家出口精液、牲畜、胚胎和技术,顶级公牛精液遍布欧洲、北美洲、南美洲、非洲、亚洲。1987年第一次出口250头青年母牛和公牛到中国。2000年开始实施标记辅助选择,目前拥有1.43万头基因组检测的个体。2012年42万头正式参加DHI测定,成年当量331 d平均产奶量8 379 kg,乳脂率3.90%,乳蛋白率3.29%。

(3)诺曼底牛(Normande)。是乳肉兼用型品种,也是法国第三大的乳用牛群。2012年存栏39.6万头,主要分布在法国西北部,1个省(Manche)存栏53 003头,4个省(Seine Maritime,Orne,Mayenne,Ille & Vilaine)存栏2万头以上,2个省(Calvados,Côtes d'Armor)存栏1万头以上,4个省(Morbihan,Eure,Loire Atlantique,Sarthe)存栏5 000头以上。2012年23.2万头正式参加DHI测定,成年当量344 d平均产奶量7927 kg,乳脂率4.29%,乳蛋白率3.63%。被称为"生产乳酪的最适品种"。并以肉质鲜美的犊牛肉,在法国广受欢迎。

有很多法国牧场在荷斯坦牛群中混养10%的诺曼底牛,目的是将其高乳脂、高蛋白含量的牛奶混入荷斯坦牛奶,从而提高牛场整体原奶品质。诺曼底与其他品种杂交饲养,也在不同气候带的牛场都有成功经验。

诺曼底起源于法国的诺曼底地区,所有育种工作皆在法国进行。而在海拔2 000~3 000 m的南美洲,则是诺曼底牛最适宜的生长区域,目前饲养最多的国家是哥伦比亚(百年以上饲养历史,总数超荷斯坦牛),其次是法国,第三则是乌拉圭。

诺曼底牛具有强壮的肢蹄,即使面对恶劣环境也很少会发生肢蹄病,繁殖效率高,配种成功率可达70%~80%,最低也有60%。从潮湿的山区到干燥沙漠,从气温40 ℃以上至-20 ℃以下的环境,都有饲养诺曼底牛的成功实例。诺曼底牛的饲养成本与性价比都较高。

3.1.2 奶牛育种技术和育种体系

(1)遗传进展。在过去的20年中,由于具有完善的育种体系和先进的育种技术,法国各乳用奶牛产奶性能不断提高,产奶量提高80~100 kg/年。20年中荷斯坦牛的提高幅度最大,约2 000 kg;其次是诺曼底、蒙贝利亚等提高约1 200~1 500 kg。

法国在牛育种历史可追溯到上百年,目前不仅建立了成熟的品种登记、性能测定、外貌鉴定、遗传评估的技术手段和完备的后裔测定运作组织,进入20世纪90年代,由荷斯坦牛、蒙贝利亚牛和诺曼底牛育种公司共同参与研发分子育种技术,综合考虑45个分子标记的特征,可以根据12个染色体区域来预测生产力、繁殖力、抵御乳房炎的能力以及功能性状等特征,同时还提出已发现的缺陷基因。2004年开始应用于育种体系不断提高选种效率,2006年,法国荷斯坦牛赢得欧洲荷斯坦牛冠军,2008年进入分子育种技术的最新阶段—基因组选择技术的研究,2010年开始应用基因组选择,研究和应用方面居于世界领先地位。

2011年配种奶牛头数310万头,其中参与DHI测定头数250万头,组织后测牛头数650头,基因组检测头数2.5万头,销售了100头常规后测公牛和230头基因组检测公牛的冻精。

法国参与育种计划的品种11个。除3个主要品种外,其他品种主要是为了适应恶劣的条件(山地放牧养殖等),一些品种主要是用来生产专门的奶酪,包括原产地命名产品。

在育种上的3个主要技术手段：一是注册登记，建立档案。犊牛在生产48 h内编号，并在农业部的全国数据库登记表明身份，种公牛必须注册；二是性能测定和体型评定；三是估计育种值，由设在国家农业研究院的全国信息中心对汇集的大量数据进行统计、分析、计算，确定育种值，指导全国的育种工作。不同的协会组织所做的工作主要有3项：人工授精，牛群选种选配和疫病防治。

(2)奶牛育种目标和选择指数。奶牛的育种理念是以获取最大的经济利益收入为目标的平衡育种。主要考虑以下两点：一是产品的质量和数量的提高。产奶量、乳脂和乳蛋白协调均衡的指数具体在“产奶性能经济指数”(INEL)得以体现；二是功能性状的提高。减少生产成本，在繁殖力，易产性，体细胞水平，生产寿命以及体型评分方面(泌乳系统、肢蹄)等多方面制定单独的指数。

总的综合选择指数—ISU，从经济和遗传学的角度，把上述所有指标都组合在一起。不管饲养户做出任何选择，选择出的种畜都具有经济合理性，并且适用于各种类型的生产模式(集约化养殖，平原或者山前地带养殖，或者山地夏季牧场放牧)。通过对各性状的不同加权指数使得每家养殖户都能达到较高的经济效益，利用这个指数可以轻松实现牛群的选配和选择。该指数及其包含的各性状育种都定期由法国农业部公布，因此无论是在法国还是世界任何地点，养殖户都可以根据自己的情况按照ISU进行选种选配。

(3)后裔测定与育种公司。法国的荷斯坦奶牛选育特别注重血统的多样性。用于后测的公牛主要来源于本国、美国和欧洲。

在应用基因组技术选择公牛之前，每年参加后测的青年公牛950头，其中包括600头荷斯坦牛，160头蒙贝利亚牛和130头诺曼底牛。参配母牛260万头，有正式性能测定成绩，其中190万头参加品种登记，35万头经过体型外貌鉴定。目前最终参加后测的青年公牛头数减少，主要是为了降低后测成本，通过加大预选的强度，达到同样的选择效果。青年公牛培育也经过严密组织，首先选择种子公牛和母牛，然后进行计划选配，需要考虑到了血缘最广泛和基因多样化。

自2002年以后，对荷斯坦牛，蒙贝利亚牛和诺曼底牛不仅依据其估计育种值进行选择，而且还依据45个遗传标记基因型来进行选择，可追踪12个染色体区域，在个体一出生就得到其遗传水平的估计，包括生产性能，繁殖力，对乳房炎的抵抗能力和体型性状与功能性状相关联的部分；也能提前了解种牛携带已知遗传缺陷基因的情况。为了得到80～100头公牛后代女儿的产奶和功能特征方面数据，每头青年公牛需要进行300个后测适配，后测在全法国范围内进行，确保后代女儿在不同养殖地区的代表性，确保遗传评估的准确性，进而确保选种的效率。法国育种机构在数据准确性和遗传评估的质量上得到世界公认。最终成为验证种公牛的概率为10%，选种强度很大。

法国国家农业研究院在对种公牛后裔进行测定之后公布所有品种公牛的指标，包括公牛女儿的各项生产指标和功能性状，评估结果来估计ISU综合指数。

法国的主要育种公司包括以下几个：

a)SERSIA：出口牛、山羊遗传物质量占法国首位，从1961年起，SERSIA FRANCE出口奶牛、肉牛和山羊的冻精、胚胎和种畜，奶牛包括荷斯坦、诺曼底、蒙贝利亚牛、瑞士褐牛等，肉牛包括利木赞、夏洛莱和金黄阿奎登等，通过销售网络远销70多个国家。同时在人工授精、选配以及畜牧业设备等方面提供技术支持。

b)法国吉因斯育种公司(Genes Diffusion)：法国最大的奶牛育种公司，目前与UNECO人工授精中心、FRANCE EMBRYON法国胚胎移植中心和CHAROLAIS OPTIMAL夏洛来肉牛中心一起组建成一个联合体(Genes Diffusion Optimal)，拥有18个人工授精合作社，40名顶级育种专家，700名人工授精技术人员；2007年完成了367头青年公牛的后裔测定；目前饲养种公牛3 000头，其中2 300头荷斯坦公牛，700头夏洛来公牛。年生产各类冻精2 500万支；年配种137万头奶牛，其中113万头荷斯坦奶牛，24万头夏洛来肉牛。基因斯公司每年配种奶牛数占法国奶牛总头数的1/3以上，每年进行后测的青年公牛头数占全国的1/3以上。公司主要产品(包括冻精、胚胎和活畜)出口到世界上40多个国家和地区。在2007年11月的国际公牛组织(Interbull)的排名中，排名前30名公牛中，法国公牛占了9头。

c)Coopex：法国蒙贝利亚牛合作社联合会出口商，公司有着30多年的丰富畜牧业产品出口经验。该公司是唯一经营蒙贝利亚牛基因产品的公司，Coopex 蒙贝利亚公司与法国蒙贝利亚牛协会的发展有着不可分割的关系。Coopex 公司主要产品有活畜、冻精、胚胎；服务项目包括：选配计划、饲养建议、畜群管理。

法国奶牛遗传物质已经出口到世界上 5 大洲的 80 多个国家。每年世界范围内奶牛交易量达到 4 万～5 万头，出售超过 200 万剂后测验证种公牛精液以及几千枚牛胚胎。

3.1.3 品种遗传资源保护

法国畜牧业的健康、稳定、持续发展与其长期坚持不懈地重视地方品种选育密切相关。法国具有严格而详尽的育种条例和严格的认证制度，将畜牧业品种的选育分为猪类、牛类、绵羊和山羊类，对于每一个品种的选育都有专门的法律法规来规范。国家设有配种、人工授精组织的国家品种改良委员会，规范管理畜牧业品种的选育。不仅规定了畜牧业机构和从业人员的严格的资质认证制度，而且对不同畜牧品种的培育和选育分别立法，这样，保证了畜牧业从源头上就有良好的开端。

法国有许多地方品种，例如诺曼底牛等，每个地方品种都设有研究所，育种工作者对畜禽品种选育就是根据品种特性、分布区域、营养水平，应用现代科学育种技术建立品种鉴定、个体注册、人工授精、胚胎移植管理机制和饲养管理体系，制订和实施切实可行的选育方案，目的是获得优质高产低耗高效畜禽产品。法国还设有地方品种展览馆，主要介绍地方品种的历史、饲养方法和质量标准等，有专业讲解员通过文字和图像资料为参观者讲解。

3.1.4 奶牛繁育体系

法国在繁殖技术应用方面已经走在世界的前列。1979 年诞生了第一头胚胎移植牛，并于当年成立了欧洲第一家胚胎移植(ET)公司。目前该公司已拥有 1 00 多名技术人员，每年销售 50 万份奶牛冻精和 1 万多枚奶牛胚胎。2009 年法国共生产了 4 万枚奶牛胚胎，在国内繁殖奶牛 9 000 多头。法国超排技术成熟，每头供体牛每年可生产胚胎 4 次，最高可产胚胎 7 次，鲜胚的移植成功率 60%，冻胚移植成功率为 50%～55%，达到了世界先进水平。

塑料细管输精器的发明者凯苏氏(IMV)就是法国一家很有名的繁殖设备公司。

法国奶牛的配种工作全部实行统一管理。全国有 3 个人工授精中心，分片管理。每个中心在各自辖区内，设立多个服务部，有各自的人工授精技术人员，最直接接触农户，配种工作有品种交叉，是后裔测定工作中非常重要的环节。当奶牛场有奶牛需要输精时，可通过电话、电脑等通知输精员，随后输精员开车赶到。

人工授精收费分为两部分：一是冻精细管的费用，二是服务费用。不同种牛细管价格不同，而每次服务价格相同。

与配种牛的选择，首先是由牛奶质量检测控制中心结合奶牛场奶牛的情况，给每头牛提供 3 头适宜选用的公牛，牛场主再根据需要，考虑种牛在牛奶产量、乳脂率、难产率等方面的遗传影响，选择其中一头来配种。配种结束后，输精员须填好配种记录，包括奶牛场地址、输精员姓名与编号、输精时间、母牛情况(品种、编号、出生日期和胎次)、公牛情况(编号、品种、该母牛配种所用次数)、育种记录(授精、分娩时间、胎次、受胎配种次数、细管等级)、本次配种记录(种牛编号、各项费用)，以便费用结算以及对奶牛繁殖情况进行统计管理。

例如位于法国西部的优赛奥公司，西部畜牧业区域合作组织的简称，该协会创造于 1948 年，是法国比较大的地区性畜牧业合作组织。主要从事良种牛、鸡、兔的选种选育和推广工作，并面向协会成员的广大农户提供良种有偿服务。开展奶牛人工授精是协会的一项主要业务并形成了一套完善的运转机制。人工授精员是协会聘用的正式职员，其主要职责是按照区域分工，承担饲养场、农户(协会成员)的奶牛人工授精工作。按月在协会领取报酬，每个人工授精员每年的工作量在 3 500 头左右。不论每月业务量的大小，每月工资收入相对稳定，平均在 1 500 欧元左右。每天人工授精员根据协会计算机中心收到的信息，到奶牛冻精管理部门领取精液，然后到农场或农户实施奶牛人工授精；收费标准为每头 30 欧元左右，人工授精员不直接收费,费用由农户统一向协会结算。如人工授精使用自己的交通工具,协会给予一定的经费补贴,至于用哪头种公牛的精液,由农户自己指定,这样既保护了农户的利益,又保证了选育提高的效果:据测算,每个人工授精员每年为协会创造 10 万欧元的收入。

3.2 奶牛饲料与营养技术进展

3.2.1 法国和欧盟关于饲料(食品)的有关法规

欧盟成立后先后发布了与饲料(食品)有关的 5 个法规:1970 年发布 70/373"抽样与分析检验的方法";1970 年发布 70/524"添加剂的规定"(允许使用的添加剂清单);1974 年发布 74/63"不允许使用的原料与物质";1977 年发布 77/101"单一食品";1979 年发布 79/373"复合食品"。以上 5 个法规完全适用于法国,法国等同采用和执行欧盟的有关法规,在执行中对法规中部分内容有强化和补充,先后发布了 9 个补充法令和条款:1986 年 9 月 5 日发布了动物饲料的主要原料品种目录;1987 年 8 月 7 日发布了允许使用的高蛋白饲料原料,必须申报批准;1989 年 5 月 5 日发布不允许使用的饲料原料品种;1990 年 7 月发布禁止在牛饲料中使用动物肉粉、肉骨粉;1992 年 2 月 13 日发布了欧共体承认的饲料添加剂清单;1994 年 11 月 24 日发布法令强调允许开发新的饲料添加剂,但具体规定了申报批准程序;1999 年 4 月 8 日发布了以饲养目标(如瘦肉型、肥育型等)对饲料成分的更改条例;2000 年 11 月发布法令,重申禁止在所有动物饲料中使用所有动物性饲料原料,除肉粉、肉骨粉外,包括禁止使用鱼粉(法国比欧盟的规定更加严格);2001 年 1 月 12 日发布了动物饲料中严格控制铅、汞、砷、氟等有毒有害物质的允许量标准。欧盟正在探讨和争论转基因食物(如转基因玉米)的可用性。

3.2.2 法国食品、饲料、兽药的管理机构及其职能

法国政府涉及到农业的两个部是财经和工业部以及农渔部,负责食品、饲料、兽药的管理。财经和工业部下属的公平贸易消费事务和反舞弊总局(DGCCRF)的职责是负责制订有关食品、饲料、兽药的法律法规,保证产品和服务的质量,保障消费者的安全,保护消费者的经济利益,确保市场平稳运行;农渔部下属的食品饲料安全管理总局,下辖兽医监查大队、动物健康处、食品饲料兽药安全处、动物保护处和环境保护处,各职能部门依据所制订的有关法律法规负责实施食品、饲料、动物养殖生产的安全和质量。两个总局是全法国确保食品、动物饲料兽药安全的两个合作部门,并协同开展工作。

法国财经和工业部下属的公平贸易消费事务和反舞弊总局(DGCCRF)设在巴黎,其职责的主要法律依据是欧盟的条约,DGCCRF 有权采取直接行动反对反竞争的企业联合和滥用职权。

法国农渔部食品饲料安全管理总局中央、部的办公室在巴黎,与 DGCCRF 配合工作,在中央和省级都是联合工作,确保动物饲料的安全总局下属的食品饲料兽药安全处,以保护动物饲料及其产品(肉类)的安全为职责。具体工作主要是在生产过程中进行监督管理,检查产品是否满足法规、规范的要求,检查企业的生产全过程、设备、环境是否符合法规和卫生的要求,也就是说,从原料进厂到生产出产品以及在养殖户中的使用情况,进行全程监督。中央授权各省的办公室全权处理本省发生的问题,各省向中央负责。

兽医监查大队直属食品饲料安全管理总局,人员有几十人,在各省也派有代表,所需经费由农渔部直接拨款。大队在任何时间可直接到发生问题或可能发生问题的各省、地区、企业进行突击性检查,在检查前不必通知当地的农渔厅,大队只与派驻当地的总检查官联系,在工作中如有必要可要求当地农渔厅进行配合。大队作出的决定由各省农渔厅具体实施,所作出的预防措施对全国有普遍指导意义。

3.2.3 法国及欧盟关于饲料、兽药管理

法国遵循自由经营的原则,政府只提出不允许使用的原料清单和允许使用的添加剂清单,不在清单内的饲料原料均可以使用,但要在标签中标明所使用的原料,其产品应符合卫生指标,不允许使用的原料清单

和允许使用的添加剂清单由食品质量安全委员会发布，在法国须经财经和工业部、农渔部合签后发布补充规范。

任何企业都可生产符合规范的饲料产品，没有生产经营许可证制度。但如有违法行为，则由农渔部和下属有关机构处理。

新的添加剂必须提出申请，说明比以前的添加剂的优越性，对人和动物无害，对环境无污染，经试验安全后才能获得批准使用。法国设立食品安全检查委员会，对提出的申请进行审批，该委员会是一个独立的中央单位，与法国财经和工业部、农渔部食品饲料安全管理总局动物保护处、动物健康处有业务关系，可发表独立的意见和见解，不受任何部门、市场和企业的影响。经费由中央直接拨款，所研究的内容题目来自相关的部审批新药物添加剂产品，由农渔部组织的专家组进行风险分析，并需要进行新添加剂产品效果和安全试验，通过后规定试用期，如没有发现问题，再审查申请企业的厂房、设备、人员素质、技术、资金等条件，合格后发放新添加剂产品的生产许可证，允许批量生产。对敏感的兴奋剂、抗生素、特殊维生素及其复合物均按新药物添加剂对待，须经农渔部审批。

添加剂预混料和浓缩饲料的生产都要在农渔部的监控下进行，须办理生产许可证。对微量有危险性的成分，在允许生产的产品使用说明中必须注明最高使用量、残留量等数据参数。允许使用的抗生素使用量，限定在规定的停药期后在动物产品中的残留量必须在规范允许量以下。

办新饲料厂须按下述步骤进行申请：①环保部门批准；②将申请的建厂地址报市政府；③在满足有关法规、规范要求的前提下，上报对所生产产品的描述，如配方、原料、产品的使用范围、产品的效果、注意事项等；④政府部门对所发现的问题，如产品中的配方问题等可提出建议。

管理部门要检查肉、奶、饲料的药物量和残留量，如在产品的检查中发现超量残留，则其产品（如肉）要全部销毁，同时检查人员要核查生产操作记录，要追究责任人的相关责任，给以行政处罚或司法处罚，前者有权停产、吊销生产许可证、关厂、销毁产品等，后者有权罚款、判刑等 处罚力度很大，对使用违禁药物的，一旦发现则一定重罚并司法判刑。

检查和处理的费用，企业本身要有自检措施，承担所承诺的日常检查费用。政府派员检查由国家财政拨款。

关于使用来源于动物的饲料原则，欧盟的规定是来源于动物的饲料原料（骨粉、肉骨粉）不能用于饲料的生产，目前羽毛粉和鱼粉（限于使用于水产饲料中）可使用。法国 2000 年 11 月发布法令，规定在动物饲料中禁止使用所有动物性饲料原料，包括鱼粉。

在疯牛病发生后，法国政府对工业化饲料生产企业和养殖企业作出了新的规定：工业化饲料生产企业和养殖企业所使用的原料、饲料的进、发货单据、配料单及其他资料要存档保留至少 5 年以上，以便发现问题后溯源。

动物治疗用的药物和畜产品中药物残留监管由农渔部实施；添加到饲料中的药物由财经和工业部监管。

关于抗生素的使用原则，凡是人用的抗生素，都不能用于动物饲料，目前还在用的将会逐步被取代。1996 年以后研制并批准使用的新药，经核实后赋予生产企业 5～10 年的保护期，因为在找到取代物前如取消抗生素的使用，将会带来更危险的后果。

饲料中允许使用的兽药品种有一系列法规。1999 年 6 月欧盟禁止在动物饲料中使用亚治疗水平的 70/524 法规中规定禁用杆菌肽锌、北里霉素、磷酸泰乐菌素、螺旋霉素、维吉尼亚霉素等抗生素作为生长促进剂。1999 年 10 月，欧盟又禁止了氯氟苄腺嘌呤、二硝甲苯酰胺、异丙硝哒唑 3 种抗球虫药在饲料中的应用。除了几种广泛使用的抗球虫药外，1999 年 1 月起仍允许使用的抗生素只有莫能霉素（莫能霉素钠）、盐霉素（盐霉素钠）、磷酸黄霉素（巴波霉素）、卑霉素（阿美拉霉素）4 种。

主张全面禁止使用激素，但目前还没有形成决议。

法国政府在食品、饲料、兽药方面今后准备要做的工作是：研究微量使用的添加剂及药用性添加剂的使用安全性及其用量控制；研究使用转基因植物可能带来的长期后果；微量成分的监测重点将为抗生素。

3.2.4　奶牛饲养模式与主要饲料组成

(1)饲养模式。法国的奶牛场经营模式大部分是家庭饲养模式。家庭奶牛场一般是世代传下来的，奶牛饲养历史比较长，而目前饲养规模一般在 100～200 头左右，土地面积一般在 700～1 500 亩，土地大部分是家庭的，一小部分是租来的。家庭饲养主要由 2 种形式：一种是单一家庭饲养奶牛；另一种是 2～4 个家庭合作经营奶牛场。还有一种经营模式是教学实验型，它是大学及科研机构进行教学、研究的奶牛场。

奶牛饲养以舍饲为主，但也有些是围栏放牧，分区轮牧等方法，春季、夏季和秋季部分农户在户外放牧奶牛。舍饲主要是散栏饲养，依靠配合饲料、青贮以及牧草饲养。

绝大部分的奶牛场有挤奶厅，装备有鱼骨式或机器人挤奶等设备，还有一小部分拴系式饲养和挤奶。一天二次挤奶，一般都用小毛巾和温水擦洗乳头，1 头奶牛 1 块毛巾，每次挤完奶后毛巾由洗衣机清洗，然后浸在消毒水中消毒备用。消毒挤奶机的热水一般都由电热水器来供应。牛奶冷却到 3℃左右，牛奶中的细菌数一般每毫升在 10 万以下，先进的奶牛场可控制在 5 万以下。

放牧型牛场挤奶结束后奶牛回到草场继续采食，草地养牛 2～3 头/hm^2，草场上混播种植有三叶草、高羊茅、鸭茅、狼尾草、苜蓿草等几种牧草。草场周围设有电栏，防止奶牛逃离草场。法国的奶牛一天除了早晚二次挤奶，每天 8 h 饲喂在牛舍内外，其余 16 h 均在草场上吃草、休息，一年中只有冬天 4 个月呆在牛舍内饲养。

(2)饲料组成。法国人工草场面积大，并已建成围栏。奶牛场一年四季都拥有大量的牧草，收获干草或制作青贮用牧草以意大利黑麦草为主，也有少量为苜蓿草；牛床垫草主要为小麦秸和大豆秸。除种牧草外，也种植青贮玉米、块根和谷类饲料等，全国农用土地中有 70%以上用来生产家畜饲料。法国的青贮玉米一般在 9 月底、10 月初收割，收割较晚，质量好。全部由联合收割机收割，收割时青贮玉米全株高 2.5 m 左右，行距 75 cm、株距 10 cm，拥有饱满的玉米颗粒，干物质含量为 65%时收割，切短长度 1 cm 左右，边切割边由拖拉机运到奶牛场青贮窖内，压结实，最后在青贮玉米表面撒 1%的食盐，然后由二层塑料薄膜覆盖，最上面压有旧轮胎及沙袋。法国的不同地区，奶牛饲喂的主料不同。在法国的西部和南部，主料大部分是饲喂青贮玉米，平均每头每天饲喂 35 kg；在法国的东部，主料是饲喂干草，平均每头每天饲喂 15 kg，不饲喂青贮玉米。

奶牛饲喂的精料主要有两种，一种是颗粒全价料，另一种是自配料。饲喂颗粒料的奶牛场，往往是条件优越的奶牛场，奶牛有电子耳标和电子项圈，当奶牛头伸进料槽内，料自动下来，由电脑记录奶牛吃料量和剩料量。自配料的奶牛场，精料中的能量饲料主要有玉米、大麦，蛋白质饲料有豆饼，矿物质料有优质的常量、微量、维生素添加剂，配料的原则是讲究优质和营养平衡。奶牛场都采用 TMR 饲养工艺。奶牛的饲养方案及饲料配方，由乳品质量检测中心根据每月的检测结果调整并提供。

1978 年法国农业科学院(INRA)提出了反刍动物小肠可消化蛋白质体系(PDI)，是奶牛饲料蛋白质价值评定体系形成过程中的重要概念。

3.2.5　奶牛的饲料生产与加工

法国有饲料生产企业 400 多家，是欧盟最大的饲料生产国，每年生产各类饲料产品 2 300 万 t，其中牛料 400.9 万 t，占 17.4%；除满足本国的需要外，该国是饲料原料和饲料添加剂的出口大国。

(1)高度的规模化和专业化。从饲料业发展趋势看，生产规模不断扩大，生产企业数量逐年减少，社会分工不断细化和专业化。

(2)装备设施化。饲料厂从原料到终产品，基本上全部机械化运作。例如饲料生产采用全封闭管道生产，原料运输车是封闭的，到厂后管道卸车，最后出来的产品是包装好的产品，只有用户饲喂的时候才能见到饲料。特别是饲料生产的后半部分工序全部是机械化作业。在饲料产品包装运输上，根据饲养场规模和饲料产品的类别，采用了小包装、大包装(600 kg)和散装饲料运输车相结合的办法。

(3)产业科技化。法国畜牧业“现代化”关键是科技，体现在现代化的人材，现代化的设备、现代化的工艺、现代化的品种和产品、现代化的管理上。表现在管理人员、科研人员和饲养人员都受过高等教育或进行过专业技术技能培训；饲料厂、饲养场都有先进的设备设施、先进的工艺、现代化的管理；饲料产品是奶牛的“专用饲料”，即不同的奶牛品种、不同的生长阶段设计专用饲料，如液体预混料和颗粒预混料。

(4)生产标准化。按照欧盟建设标准，配套完善，通过了 ISO 9000 系列认证，GMP 和 HACCP 认证。

(5)产品销售国际化。产品立足本国、欧洲，销往全世界。由于欧洲的畜牧业处于稳定发展状态，饲料生产和销售在欧洲继续扩展市场难度相当大，企业和产品的扩展方向是要面向全球，特别是亚洲地区。

(6)企业管理制度化。饲料企业在原料和产品质量监督检验方面非常严格，各厂都设有化验中心，拥有大批的专业技术人员和高精尖的仪器设备。如爱佳丽集团检验中心每年监测的样品达 7 万多批。包括原料进厂检测。爱佳丽饲料厂原料进厂后 2 分钟就可检出蛋白、能量、灰分、水分、杂质五项指标；企业普遍采用近红外技术。通过采集大量的原料样本用近红外技术进行分析，建立该原料在仪器中的数学模型；产品留样观察制度。饲料生产厂对每批原料和产品都用塑料袋按规定取样，标注好原料使用和饲料生产的日期，整整齐齐排列在干燥且通风良好的样品库内，以备查用；商品饲料采用标签管理。一些企业的饲料标签已采用条码技术。

(7)服务社会化。法国农业经济的运作是一个全社会的运作过程。政府负责行业方针、政策、法规的制定、落实，提供信息服务，实施宏观调控；在行业上设有各种行业协会和合作社，如奶牛协会等。利用协会合作的方式把农民和产业连在一起，成为利益共同体，形成经济技术优势，带动整个农业经济的运行；技术服务全社会化。高层次的畜牧科研机构研究出的新成果、新技术由技术服务机构直接服务农民，牧场可直接得到社会快速敏捷的各种服务，如畜种服务、饲料服务、疫病防治服务、设备设施服务、技术服务以及产品销售服务等。如新奥兰公司每天都有 230 辆车为农民提供饲料供应和技术服务。通过政府机构、合作经济组织、技术服务实体三位于一体的社会服务，使养殖户彻底解决了畜牧业产前、产中、产后所面临的实际困难。

3.2.6 主要奶牛饲料生产企业

法国罗纳普朗克公司：具有百年历史，是当今世界上规模最大的化工医药工业集团之一。

法国爱佳丽集团：2001 年生产饲料 610 万 t，产值 7.47 亿欧元，其中一个厂年生产全价饲料 100 万 t，是法国最大的配合料生产厂。

新奥兰公司：法国和欧洲最大的动物营养品生产厂家，年生产动物营养品、代乳料(粉)7.5 万 t，这个厂从 1944 年建厂就生产动物代乳粉。

VITALAC：营养与动物保健公司，产品包括复合维生素和矿物质，添加剂预混料，全价饲料，犊牛专家，奶牛场审计，粗饲料分析及奶牛日粮平衡。

IDENA：动物营养、配方、饲料优化公司，应用创新和新概念来减少肠内甲烷和改善反刍性能，增加酸缓冲提高反刍动物粗饲料消化率。

OLMIX：经营牛、禽、猪等天然生物卫生用品，用于繁育舍或改善舍内卧床和空气卫生质量。

3.3 奶牛疫病控制技术进展

3.3.1 建立溯源制度，保障牛群健康和乳制品安全

1966 年法国颁布实施了《畜牧法》。该法对建立牛的个体识别体系提出了明确要求，关键点就是实行牛的身份证制度。即每头牛在出生后的一定时间内需从有关部门取得一个唯一的身份鉴定号，并通过耳标的形式体现。为将法律条文落到实处，法国国家畜牧研究院承担了相关工作体系和技术体系的研究工作。溯源机制的建立可分为 3 个阶段：

(1)动物性能测定标识阶段(1966—1977 年)。根据家畜遗传改良的需要，1966 年按照《畜牧法》“家畜遗传改良纲领”的要求，开始对牛、羊实施标识制度。但并非所有的牛、羊均实行标识制度，主要对象是实行性能测定的饲养场中的牛羊。

(2)动物防疫标识阶段(1978—1996 年)。1978 年以后,为了控制牲畜口蹄疫、布鲁氏菌病、结核病等,根据国家 78－415 号法令规定,对 6 月龄以上的牛实施防疫标识制度,其动物标识体系的内容包括双标制(牛的双耳需佩戴同号标识以防脱落)和护照制。

(3)形成溯源机制阶段(1997 年至今)。1997 年欧洲疯牛病危机之后,欧盟要求各成员国建立广泛协调一致的机制,以快速、准确地查证动物调运情况,并实行肉制品标签制度。在此期间,法国以动物标识为基础建立了动物及动物产品的溯源机制,国家牛类标识与溯源信息中心应运而生。国家牛类标识与溯源信息中心设在农业部,同时在地方设立 42 个分中心,拥有一个庞大的信息库。2006 年已有 85 万个农场,100 万畜主、6 000 万头牛及 1 亿头次牛的调运登记存于信息库中。通过该信息系统可查到任何一头牛从生到死的全部情况,并能通过溯源手段,快速、准确查找到问题根源。

3.3.2 动物防疫信息网络

(1)动物耳标、护照及健康证明。动物防疫信息网络最基本的要素是动物的耳标、护照及健康证明。

牛的耳标要求:耳标的研究、认证与生产由法国畜牧研究院负责。农业部根据耳标的质量标准,通过认证的方式实行耳标定点生产;牛耳标编码及标准。耳标由大、小两片组成。大、小两片号码均由 2 个英文字母和 10 位阿拉伯数字组成,号码相同,在大片上还有一个条形码,可用手持读码器读取。生产耳标的材质必须无毒、无害,耳标佩带 2 年后掉标率不得超过 2%。畜主每年年底向所在省畜牧养殖协会提供当年耳标使用情况的书面报告,并订购下年度所需耳标数量。省畜牧养殖协会将畜主订购的耳标数量、耳标号通过计算机网络通知指定的生产厂,生产厂按要求生产耳标并寄送给畜主;佩戴耳标。在牛出生后 7 d 内,畜主应为其佩戴双耳标。如果丢失一枚耳标,畜主应向省畜牧养殖协会订购一枚与原编号相同的耳标补戴;如果所佩戴的两枚耳标同时丢失,畜主应将牛隔离,并请省畜牧养殖协会工作人员到场检查牛的身份,经确认后补戴。

牛的护照要求:牛的护照包含护照栏和健康栏,记载牛的品种、父母、出生地、养殖地及养殖者等身份信息,调运及国家规定要求填写的动物卫生状况等信息。28 日龄以上的牛必须拥有护照,护照编号与耳标号相符。在牛出生后 7 d 内,畜主在为其佩戴耳标的同时,须向省畜牧养殖协会申请护照,申报单上应填写牛所佩带的耳标号码及牛的性别、出生日期、父系和母系品种类型、母亲的耳标号等信息,也可通过网络申请。省畜牧养殖协会根据畜主的申请,在 15 d 内核发护照。

健康证明的要求:在核发护照的同时,省动物防疫组织根据已经掌握的动物所在饲养场的总体卫生和健康状况,核发动物健康证明。国家规定对牛必须进行结核、牛流行热、布病、疯牛病的疫情监测,具体监测要求如下:结核,每 4 年检测 1 次;牛流行热,引进牛时进行检疫,平时主要进行观察;布病,1～2 年检测 1 次,买卖时也要进行检疫;疯牛病,引进牛时进行检疫,屠宰时对每头牛进行监测;根据官方兽医与执业兽医签订协议中规定的义务,疫情监测样品由执业兽医负责采集,并送相关实验室进行检测;屠宰牛的疯牛病检测样品由驻厂兽医官采集。监测费用全部由国家承担,以上检测结果要全部进入农业部的信息档案中。

牛调运时标识的管理:所有需要调动的牛,必须具备下列基本条件:一是双耳佩戴符合规定的耳标;二是具有与耳标号码一致的护照,护照随着牛走;三是具有防疫组织出具的动物健康证明。当牛调出时,畜主应在牛调出后 7 d 内向省畜牧养殖协会申报,申报内容包括牛标识号、离场日期、离场原因、买方姓名和地址或牧场号;畜主应保证调出牛的标识和有关文件符合规定。当牛调入时,畜主应在调入后 7 d 内向省畜牧养殖协会申报,申报内容包括牛标识号、调入日期、调入原因、供方畜主姓名和地址或牧场号。畜主保证双标识的一致性,并与护照编号相符。当省畜牧养殖协会收到调入或调出申报后,在护照上增加有关信息。调入和调出时耳标号是不变的。

(2)基层网络终端。农场主或畜主负责订购耳标、佩戴耳标、申请护照、动物调入和调出申报、建立动物饲养日志及诊疗和防疫记录,保证动物标识和有关文件符合国家规定。并将相关资料录入网络终端或交省级养殖协会。

动物经营和运输的组织和个人要保证所经营的动物有完备、符合国家规定的标识;从事肉品经营的组织和个人，要有屠宰场提供的标明动物生前的耳标号的供货单。

省级动物养殖协会负责审核畜主录入的数据或将畜主交来的相关资料录入网络终端并提交给中央数据库。

(3)中央数据库。中央数据库设立在农业部信息管理中心。负责接收网络终端录入的档案资料和网络的运行、维护与管理。

(4)进入屠宰加工后的产品标识。进入屠宰厂的牛，经营者应核实耳标和护照的号码是否一致，有无健康证明，并建立相关的生产信息资料；应在屠宰牛的胴体、内脏等 8 处，标明牛的耳标号、屠宰企业编号和带有驻厂官方兽医编号的检疫章；由屠宰厂将耳标和护照一并回收，并将回收的耳标全部销毁。屠宰厂将当年回收的牛护照于年底移交省畜牧兽医中心保存 1 年，再移交农业部，由农业部保存 1 年销毁；屠宰企业在将牛肉发送给经销商时，要给经销商打印一张记载有牛耳号、屠宰日期、屠宰加工企业、保存温度等信息资料的货单。牛肉进入市场后，经销商无论牛的胴体如何分割，在标签上始终标有牛的耳标号、屠宰企业编号和带有驻厂官方兽医编号的检疫章，直到售完为止；牛肉加工企业生产出的深加工产品的商标上，要标明屠宰厂、牛肉加工厂的编号、官方兽医检疫章号以及生产日期等情况。

(5)动物防疫信息的三段式查询追溯。省畜牧养殖协会在计算机上制作完成各种信息录入后，通过网络传输到中央数据库，自动生成数据库信息；当在护照上增加调入、调出、屠宰、死亡等信息时，同时输入信息库，从而使网上快速、准确溯源得以实现。每个得到中央数据库管理人员授权的人员，可以通过网络查询数据库的每一条信息，了解每一头牛的出生时间、出生地、父母、品种、饲养地、畜主及国家规定要进行的如疫苗接种情况、血清学检查情况、健康检查情况等。

若要通过已加工的牛肉产品追溯该动物的生前饲养情况、疫病情况或产品质量信息，除了需要应用网络中的信息外，还必须要利用经销商、屠宰加工厂和饲养场主的配合，才能获得较详细的全面资料。追溯程序为：首先从经销商(市场)获得的信息，追溯到生产产品的屠宰加工厂；第二步是从屠宰加工厂记录的资料，通过网络可以很快追溯到养殖场，并获得基本的信息；第三步，如需进一步了解动物生前的饲养及诊疗和防疫等情况，可通过查阅该场的饲养日志和健康档案获得详细资料。

3.3.3 动物疫病防治

法国实行现代兽医(预防兽医、保健兽医)体制和机制，实行典型“垂直”的官方兽医管理制度，兽医管理涉及动物饲养——屠宰加工——市场流通和出入境检疫的全过程监控。

农业部公布的动物疫病，卫生兽医部门必须严格实行防疫。真正落实了以防为主的政策，疾病少，疫病更少。几乎消灭了危害较大的口蹄疫、结核、布病等疫病。一旦发生疫情，处理非常迅速严格。比如，报道法国有 2 头牛发生疯牛病，兽医部门发现后立即报告农业部，农业部马上发布命令，扑杀了 200 头病牛和同群牛，还规定在其周围 20 km 范围内禁止牲畜流通，对可疑感染的动物全部淘汰处理，严控扩散蔓延。

法国自 1989 年对控制疯牛病采取了相应措施，并在 1996 年得到了进一步强化，发生疯牛病必须申报，发现一例，全群扑杀焚烧。不得用死、病牛加工肉粉、骨粉作反刍动物饲料，更不得用于产奶牛饲料。自 1995 年 4 月 1 日起，所有在法国生产的冷冻精液必须注明“传染性牛鼻气管炎阴性”字样，此外还要注明公牛的名字、全国工作编号和种牛的精液采集地、采集日期。

3.3.4 家畜淘汰及病死家畜处理

法国对家畜的淘汰及病死家畜处理有严格的规定和管理办法。

(1)牛的屠宰实行定点屠宰。凡是淘汰牛需要出售给屠宰加工厂的，必须要有兽医的健康证明，并连同牛的护照一道，交给屠宰场。凡是不符合屠宰加工的，由兽医鉴定并对其实施“安乐死”后，由病死家畜处理中心收集处理。

(2)病牛的淘汰。国家不实行补贴，意外事故如骨折等非疾病性淘汰，国家给予一定数额的补偿。

(3)法国设有专门病死家畜处理中心，所有病死家畜均由该组织收集并处理，其他任何人没有处理的权利。当家畜饲养场出现病死家畜时，畜主只要电话通知该组织，很快便有专职人员用专用的箱式卡车将其拉走，并填写病死家畜收集通知单，内容包括：所在牛场、牛的耳号、种类（犊牛、产奶牛、育肥牛）、重量、病死原因等。

（4）严格的档案管理，是防止私屠乱宰的保证。国家职能部门定期对牛场牛只进行“户口”检查.并根据检查结果与国家扶持优惠政策挂钩，同时，对不按照规定执行的，实行严厉的惩罚措施，除得不到国家补助外，还有可能被减少产量配额。

3.3.5 兽医机构设置和动物疫情

法国兽医行政机构分为中央、省和地方兽医 3 级，农业部牲畜保护和牲畜卫生处负责国家畜牧兽医政策法令的制订，省兽医卫生科负责动物疫病防治、肉品卫生和出口动物临床检疫，地方兽医在兽医官指导下进行出口检疫，平时负责动物疫病防治。

部属兽医实验室共有 10 个：阿尔弗尔中央兽医实验室，巴黎食品卫生中心实验室，巴黎全国公共食品研究所和学习中心，南锡国家狂犬病研究所，尼斯国家小反刍类和蜜蜂病理实验室，布雷斯特国家水生动物病理实验室，普龙弗拉康国家家禽病理实验室，家禽实验站和猪病实验站，里昂全国牛病理实验室，弗热尔国家兽医药剂实验室。阿尔弗尔中央兽医实验室负责出口牛的实验室检验。

省级兽医实验室有 88 个，属省议会管辖。

据法国农业部兽医处介绍，法国没有牛瘟、蓝舌病、牛结节性疹、口蹄疫、牛传染性胸膜炎、水疱性口炎、非洲猪瘟、捷申病和非洲马瘟等病。各种动物疫病流行情况如下：

（1）结核。1954 年 25％的存栏牲畜受到感染，1965 年 7 月 1 日起法国政府强制消灭该病，每年进行结核普查。1984 年，经检验 99.4％的存栏牲畜未受感染。

（2）布氏杆菌病。1965 年估计有 50％存栏牲畜受到感染，1975 年 10 月 1 日起政府强制消灭该病。1984 年检查结果表明，99.41％的存栏牲畜未受感染。

（3）口蹄疫。强制消灭的疾病。除了执行常规的防治措施外，1961 年规定对所有 4 个月龄以上的牛进行系统的广泛的预防接种（包括 O、A、C 型灭活苗）。1981 年以来没有发生任何口蹄疫病例。

（4）牛地方性白血病。1981 年和 1982 年经农业部兽医处进行两次流行病学调查，动物感染比例为 2％。1983 年政府计划消灭该病，方法是净化输入动物企业和净化已确认患有该病的农场。1986 年开始进行血清学调查，淘汰阳性牛。

（5）狂犬病。1968 年以来大约 2500 头牛患狂犬病，政府鼓励和补贴某些省份进行预防，每年有 250 万头牛接种狂犬病疫苗。

（6）牛鼻气管炎（IBR）。全国 5％的农场 10％的牛血清学检查阳性。

（7）牛病毒性腹泻（BVD）。没有统计数字。约存在于 50％的农场中。据本批牛检验，病毒分离率达 8.7％。

（8）副结核该病。主要发生在西北部和中部。

（9）新生小牛消化系统病。法国小牛出生后头 4 个月特别是头 15 d 易患该病，每年出生的 1 000 万头小牛中，80 万～100 万头死于该病，其中 30 万头属于肠炎，已证实该病病原是大肠杆菌、轮状病毒和冠状病毒。

3.4 奶牛场粪污处理与环境保护技术进展

3.4.1 环境保护型农业提出的客观背景

二次大战以后，法国的农业始终追求的是高效率和扩大生产规模。通过农场之间的激烈竞争，实现了农业的集约化和现代化经营。在欧共体各成员国中，法国农业占有重要地位，尤其是农产品和农业食品对外贸易独树一帜，为弥补外贸赤字作出了重要贡献。随着农业生产规模的扩大，品种改良和化肥、农药使用量的增加，以及畜牧业的"集约化"经营，法国农业地带的自然环境不断恶化，地下水硝态氮污染日趋严重，威胁了人畜健康，引起了公众日益强烈地反映。据1990年法国水资源污染情况的调查结果表明，在农村有30%的抽样点不符合卫生标准，受硝态氮水资源危害的人中，有60%居住在农村，1 500万农村人口中仅有58% 的人饮用净化站的水，地下水中硝酸盐含量增加是过量使用化学制品的结果。2001年，过度提取地表水340亿 t，其中一半用于农业灌溉，而取水又大多发生在降水不足、江河的枯水期，因此对环境带来很大的影响；为了增产粮食而大量使用化肥，这导致法国本土面积的1/5为硝酸盐敏感区。2004年，农业排放的温室气体占全国总排放量的18.85%。在1993—2003年间，本土的草原面积减少了5.7%，高山草甸面积减少了8%；整个20世纪法国的湿地面积减少了67%；农业生产活动也是导致生物多样性减少的重要因素，"在过去的15年中，在农村地区普遍存在的鸟的数量减少了15%"。自然环境状况的恶化也影响到农业生产与广大民众的食品安全，疯牛病、二噁英事件等都是这些问题的集中反映。

1988年，法国成立了全国环保型农业委员会，认为环境保护型农业是克服"集约化"农业的弊端，保护农村环境的有效途径，应当在全法国推广实施。法国环保型农业追求的总目标是：改进现有农业技术，使之更符合环境保护的要求，注重产品质量、环境和资源的保护及管理，改善和提高农民的收入尤其净收入和生活条件。

3.4.2 法国与欧盟环境保护政策的演变

1960年法国就颁布了《国家公园法》，1964年颁布了《水法》，该法具有超前意识，其政策工具建立在污染者付费的基础上。法国是世界范围最早成立部级环境保护机构的国家，其自然环境保护部成立于1971年1月。1981年法国建立了环保试验区，区内的一切农业活动都要以保护环境和自然资源为宗旨。1988年法国成立了全国农业环境保护委员会，并于1991年设立26个地区环境局。世纪之交，环境保护在政府政策中的重要性得到明显提升，环保部门的地位加强，立法工作进展顺利，如1999年颁布了《可持续发展法》，2000年批准了《环境法》。2003年成立了"可持续发展部间委员会"，由总理任主席。2005年，法国批准了《环境宪章》，特别强调了可持续发展和环境权利。在加强国内环境保护工作的同时，法国还积极推动地区间和全球范围内的环境合作，如在欧盟内推动环境保护政策的实施，参与创建了"全球环境基金(GEF)"，积极参与气候变化的相关谈判并承担义务。

欧盟先后共颁布了300多项有关环境的法令，确保了环境政策的法律地位，使欧盟成为世界环境保护领域的领先者。欧盟的环境保护政策是在各个领域展开的，1992年欧盟第五个环境行动计划将农业作为五个优先领域之一，1992年的共同农业政策(CAP)改革将环境保护作为CAP的一个有机组成部分，并颁布了第2078/92号法令(被称为农业环境法)。1999年的CAP改革又提出了"农业的欧洲模式"，其一个重要特点是农业生产符合环境保护标准、产品质量符合公众需要。各成员国根据实际情况制定适合本国的环境要求，包括牛羊最大载畜量、在坡地上的耕作条件、最大化肥使用量、植物保护产品使用、环境、食物安全以及动物福利的特殊条款等，如果农民没有遵守这些要求，对他们的直接收入支持将减少或者取消，这些政策也强制要求农民将他们自己的土地保持好的农业和环境状况。共同农业政策是欧盟一体化程度最深的政策领域之一，它对各成员国都有约束力，其支出占到欧盟总支出的一半，这些支出主要以农业补贴的形式发放给农民并成为农民收入的重要来源。据经合组织的估计，1995年欧盟每个全日制的农业人员，平均得到的补贴高达21 000美元。因此，通过将政府的农业补贴与农民的保护环境活动相结合，农业环境保护政策就能够得到有效的实施。

3.4.3 实施环保农业的方针政策和法规条例

(1)增加财政拨款，保证环保农业的实施。法国农业部为推行环保农业的财政预算逐年增加，1990年的预算为5 300万法郎，1992年为6 200万法郎，1993年达到3500万法郎。在农业发达区，政府鼓励农民采用生物产品、人工操作和机械系统进行农业生产。但与"集约化"生产相比，这种以保护环境为目的粗放式生产的产量有所下降，平均下降20%左右，影响了农民的收入，为了弥补收入上的损失，政府鼓励农民开展多种经营活动，在投资和税收上给予优惠。

（2）推行优质农业食品计划。1980 年 7 月的法国农业指导法确认，生物农业的发展有利于农业生产的多样性，对消费者和生产者及经营者的健康都有益。从事“生物农业 的农民，在过渡时期因产量下降，或不能及时生产出符合”生物农业标准的农产品时，政府给予一定的补贴金。

（3）减少农业经营活动所造成的污染。在山区和自然资源及自然景观受到严重污染威胁的地区，法国政府号召农民发展有科学价值的传统经营方式，发展生物农业、限制大牲畜饲养头数和建立环保试验区等。在经济发达和农业先进地区，加强研究“集约化”农业与自然环境和资源相容的技术措施。1991 年法国明令禁止使用污染严重、残留多的除草剂和杀虫剂。1991 年 3 月农业部和国土治理及工业部共同代表政府与化肥销售行业签订了一项协议，协议中要求化肥供应需更好适应农民耕作需要，减少化肥对农业环境的危害。

（4）建立环保试验区。1989 年法国根据共同体环保条例 19 条中的有关规定，开始建立环保试验区，环保试验区内的农业活动，以尊重环境、保护自然资源为宗旨。在农业活动较少的荒芜地区，鼓励农民发展规模适度的农场和牧场，加强对动植物区系的保护。保护区内对农业活动有严格的限定，如保护区内永久性天然草场上不得进行耕作或挖沟排水，放牧和割草都有一定的限度。

（5）建立农田休耕制度。1985 年共同体制定的农田休耕条例，在于保持谷物生产与市场需求之间的平衡，同时也减缓对自然环境的破坏和恢复农田的地力。土地的休耕期限，分长期和短期两种，最长休耕期为五年。对一个农场来讲，休耕土地总面积要占农场土地经营面积的 15%。为了鼓励农民自愿实行农田休耕制度，国家给予的土地补贴金逐年增加。1991 年每公顷土地每年补贴 800 法郎。据 1989 年的不完全统计，法国农田休耕面积达 1.5 万 hm^2 之多，如果按每公顷施化肥 300 kg 计算，全年可少施化肥 4 500 t，除草剂、杀虫剂等化学制品还尚未列入在内。这种农田休耕制度无疑对农村环境和资源的保护大有好处。

（6）在农业用水的管理上，制定了《地表水指令》、《污水处理指令》和“灌溉标准”等法令法规。《地表水指令》规定，从 2005 年 1 月 1 日起，农民将在过去罚款记录的基础上加以管理，如果农民使用指令中所列出的某种物质而导致地表水污染，同时该责任被证明无误，该农民将被处以罚款，罚款的水平将考虑他们以前在农业生产过程中违反相关法规的情况。《污水处理指令》规定，农民和污水排放者签订排放合同，合同主要包括：污水流经具体地点的详细列表，农民对污水合乎法律规定的使用的正式保证。

（7）在水土保持上。法国政府制定了“最小土壤覆盖物标准”、“作物轮作标准”、“禁止焚烧作物秸秆”等法令法规。“最小土壤覆盖物标准”规定，农场的耕作区域必须留出 3%的面积来播种“环境覆物”。“作物轮作标准”规定，一个农场在同一年内必须最少种植三种不同的作物；种植玉米的农民必须管理好作物秸秆，要将它们埋入土壤中。

（8）在动植物与草场保护上，法国政府制定了《动植物栖息地和野生鸟指令》等法规。在草场保护上，对于草场面积下降速度非常快的地区，地方政府可以采取强制性措施要求农民恢复草场或将耕地变为草场，同时规定了草场的最大载畜量，每公顷草场的最大饲养量不得超过 1.4 头牛。

除上述的农业环境保护政策之外，法国还严格执行了欧盟的动物福利、有机农业、保护性耕作、基因的保护与转基因作物的管理等规定与标准。在政策执行过程中，法国政府主要采用了经济刺激的手段。从 1999 年底开始，“农场土地合同”开始采用，农场主和政府签订合同，合同中规定了农场应达到的环境目标和政府提供的补贴，到 2002 年第一季度，累计有 28 000 个农场与政府签订合同。法国森林面积在 20 世纪 90 年代后平均每年以 1.1%的速度递增；平均每公顷耕地的化肥施用量从 1983 年的 320.7 kg 降至 1990 年以后的300 kg 左右，且保持相对稳定；在 1990—2003 年间，整个法国的农林业排放的温室气体减少了 10.5%。

3.4.4　实施环保农业的技术措施

（1）种植业技术改进措施。针对化肥、农药污染环境问题，除明令禁止使用剧毒农药外，“集约化”农业的消极作用需要综合治理，采用的技术手段有减少化肥和农药的用量、生物防治、积极开发无毒无副作用的产品、加强植物的抗病能力以及科学的耕作制度等。

(2)畜牧业技术改进措施。畜牧业对自然环境的破坏主要来自"集约化"饲养场。由于饲养场的大量粪水漫流导致地下水硝酸盐含量增加。最好的方法就是改善家畜(禽)粪便的贮存方式和降低粪尿的含氮水平。具体减排技术措施包括:①提高贮粪池容量,防止粪水溢出;②对厩肥做适当降氮处理;③合理施用厩肥,提高贮粪池的贮存能力;④平衡日粮,降低日粮中氮的摄入量。

"集约化 饲养场粪池的臭味,严重污染周围空气,一直是公众议论的话题。给贮粪池加盖,一方面可限制臭味向周围空气的排放,另一方面可以起到防止外部水流入粪池的作用。其他措施还有:控制饲养场地面的污水量;牲畜饮水时加强管理不使其过多的跑漏;饮水槽做到不漏水;用高压水泵洗涤饲养设备,不过多的浪费水。

(3)牛粪、尿的处理和使用管理。为确保环境不被污染,各奶牛场粪尿不得直接排到牛场以外的沟、池。法国还规定了粪尿施肥的时间段,雨季不得施肥。有专门组织巡回检查,严禁在非允许时段使用。因此.各奶牛场都建有足够大的贮粪池、贮尿池。

由于法国奶牛牛床以麦秸为垫草,因此,每年都要产出大量的粪草混合物.堆积发酵是促使垫草腐烂、增加肥力的好方法。为防止雨淋,贮粪池大都设有顶棚。清洗管道时,要用到酸或碱制剂,为防止此类"废弃液体"出现偏碱或偏酸,对土地造成不良影响,牛场在冲洗管道时往往两类制剂交替使用(法国实行每天2次挤奶)。

牛棚中清粪系统有3种:一种是在散栏饲养的牛舍,设置漏缝地板,地板下设有畜粪池,牛粪定期用粪槽车装运到农田里喷洒,作为牧草及农作物的肥料。另一种是由于散栏或者栓系式饲养的牛舍,刮粪板自动清粪,牛粪刮到固定的区域存放或者通过漏缝地板刮到牛床下面的储粪池,作为肥料定期用拖拉机喷洒在农田里。第三种是后备牛舍的牛粪大多数是用拖拉机铲车定期清粪。

3.5 原料奶质量控制与计价体系

3.5.1 提高原料奶质量的主要技术措施

法国牛奶产业链的每一个环节都要求控制卫生质量,以便能为消费者提供健康、安全的产品。这种控制从农场开始,一直延伸到加工企业、运输,以及随后的市场销售,实现全部冷链控制。为保护消费者的利益,提高产品的质量,法国政府制定了一系列保证质量的法律法规和生产规程,并由政府相关机构进行监管。

(1) 农场水平的牛奶质量控制技术。牛奶的质量控制首先从牛奶生产的第一车间牛场开始。从牛群的健康监督开始,如疫苗接种、病牛的屠宰、消毒、病源追踪、分析、用药记录等,保障奶牛健康。其次是通过机械挤奶,牛奶直接流入奶罐,迅速冷却到4℃,并及时通过冷藏车运送到加工厂。

经过多年发展,目前法国奶牛养殖中饲养环节控制技术水平很高,不论任何季节,原奶质量稳定,几乎不会出现乳成分不平衡或不能加工的情况。同时各乳品加工企业的技术服务部门积极提供支持,使奶农在挤奶卫生、原奶贮存、挤奶设备清洗、储奶罐清洗、兽医保健等环节遵循标准操作。2000年感染布氏杆菌病、结核病的牛群占总数的0.01%以下。

另外,乳制品加工厂设立一系列奖励措施,鼓励奶农保持牛群全年均衡产犊,从而保持尽可能稳定的原奶供应量,以使加工企业的生产设备的利用效率达到最优化。因此月原奶产量最高季节与最低季节的比例低于1∶4(CNIEL,2006),而澳大利亚这个比例高于1∶10。由于近来全年均衡产犊,全群的乳成分的变化也最小。在过去的10年中原奶乳脂率保持在4.18%(CNIEL,2006),基于20世纪90年代制定的奖励政策,原奶乳蛋白率提高0.1%,2004年达到3.33%。

(2)加工厂的质量控制技术。牛奶从挤奶开始到加工包装完毕,牛奶不会与外界空气接触。加工企业在收购原料奶的同时采集奶样、根据细菌、乳脂和蛋白质等指标计算原料奶价格。质检结果以行业专业实验室为准。法国乳品行业在全国共有29个试验室。试验室不以盈和为目的,只收成本费。全部费用由奶农和加工企业各承担50%。

加工厂也是原奶出场后保证乳制品质量的关键环节。法国的加工厂实行全封闭式管理，非厂方人员一概不准入内。访问者只能通过一条专用的玻璃通道参观。运奶车抵达后，要再度接受厂实验室对营养指标和卫生指标的全面检测。奶车的车身也要彻底“洗澡”三次：卸奶前穿过两道“洗门”，一次消毒，一次清水冲，第三次是在卸奶后。运奶的司机都接受过基础卫生培训。熟悉采样技术和罐装车的清洗，善于把握奶在装卸运输中的温度与卫生条件。原料奶卸车，按规定应在 1.5 h 内完成，这就要求必须统筹安排好每辆车的到达时间。卸到罐里的奶要等温度再降到 0～2 ℃时，才能进入加工程序。

3.5.2 提高原料奶质量的主要政策措施

法国控制奶制品质量的专门机构是法国奶业质量控制署。该机构在全国有 82 家省级或跨省级分支机构，确保牛奶质量。而这些分支机构又通过近 500 家单位来收集控制牛/羊奶质量所需的各种资料，并向加入奶制品控制机构的养牛户提供各种相关咨询，解答各种问题。

(1)奶业质量控制署的技术任务职能。法国的牛奶质量控制由独立于种牛和种羊机构的专业部门进行。法国奶业质量控制署在全国的 82 家分支机构的管理者由加入该组织的全体会员直接选举产生。这 82 家分支机构都是独立自主、自负盈亏的机构，同时它们与法国农会有着密切的合作伙伴关系。这些机构的国家级联盟是法国奶业控制总署，而大区级联盟则由这个大区的省级分支机构联合组成。法国奶业质量控制署的工作由法国政府委托的一个独立的跨行业畜牧研究院进行监督。

其主要任务包括：为各个会员的相互交流提供便利；保证官方数据准确无误；提供各项服务；创新、预测及分析总结。

(2)奶业质量控制署的人员组成。共有 5 500 名职工(其中技术人员有 1 800 名)为其服务的养牛、羊饲养者会员提供服务。定期前往当地农场，通过收集各种不同的信息，如母牛/羊的健康问题、奶的质量、繁殖能力、饲料以及奶产量配额等。全面掌握每个农场的具体情况，成为饲养者在农场经营活动中最重要的合作伙伴。奶业技术员的工作范围还包括对土壤的控制以及农业环境平衡、圈舍等领域。

过秤专员：共有 3 100 名半日制过秤专员，每日早晚挤奶时收集过秤奶业资料。工作时间是早晚两个时间段，一周 5 d 直接与奶业质量控制署的会员接触。每年前往每个会员农场 8～11 次，检查动物的身份与繁殖信息，收集个体产奶数据供给官方，同时负责将牛/羊奶样品送至相应的实验室。这项工作需要有读、写能力以及汽车驾照。

饲养技术顾问：全法国共有 1 800 名饲养技术顾问为饲养者提供现场咨询。奶业质量控制署每年都招聘一定数量的技术顾问。他们和过秤专员一起，向奶农以及供应商提供技术和经济咨询，他们还与相应领域的专业部门建立良好的关系以向饲养者提供更多的服务。饲养技术顾问必须经过专业培训并取得相应的证书，具有农业领域的工作经验和动物养殖的工作经验。在被聘为饲养技术顾问后进行现场的实地培训。

挤奶器顾问：全法国共有 60 名挤奶器顾问，为确保挤奶器的正常运转向饲养者提供服务，包括奶农购买挤奶器前的技术咨询，帮助奶农正确组装机器，教授正确使用方法等。挤奶器顾问除了在受聘前应接受专业培训之外，还要定期到法国畜牧研究院接受培训。

技术人员协调员：全法国共有 200 名具有工程师以上职业资格的技术人员协调员，负责协调奶业质量控制署各种技术人员的工作，其自身也能够担任技术任务，向饲养者们提供改善设备和饲养方法的建议，并监督技术条例的实施。还为改善服务、技术人员培训、拓展奶业质量控制署的业务开展工作。

实验室人员：法国有六大主要实验室负责奶业质量控制的研究，共有 50 多名实验人员负责奶业的各个不同方面的实验研究。

行政人员：奶业质量控制署还有一定数量的行政人员管理奶业质量控制署的日常事务性工作。

(3)奶业质量控制署与其他机构的关系。奶业质量控制工作是由隶属于农业部的省级畜牧组织来完成的，省级畜牧组织自己承担或者委托一家奶业监控机构来完成奶业质量控制工作，一般将省级畜牧组织和其委托的奶业监控机构统称为奶业管理中心。奶业管理中心依据农业部颁布的技术规定对奶制品质量进行监控。其监控程序分为以下几个步骤：①奶业管理中心每年记录牛羊奶产量 8～11 次，并提取牛羊奶样品；②奶业管理中心将数据资料(产量和系谱资料)交给牛羊饲养者所在的大区服务中心(ARSOE,拥有一个本大区所有牲畜身份信息的资料库,每大区设立一个这样的机构),也称大区资料中心；③将牛羊奶样品交给奶样测定实验室,奶样测定实验室将把奶样品的分析结果返回给 ARSOE；④动物饲养及授精中心将动物人工授精的资料转交给 ARSOE；⑤ARSOE 通过法国农科院遗传信息系统所提供的软件和数据信息,对所收集资料进行整理；⑥ARSOE 将所有有关资料交给畜牧研究院进行遗传评估；⑦法国农科院遗传信息数量部分别研究公畜、母畜遗传资料,并记载到卡片中交给 UPRA；⑧畜牧研究院将研究评估结果发送到选种机构和 ARSOE；⑨UPRA 着重对单个的动物卡片进行公畜特征研究,并将结果告知奶业管理中心；⑩奶业管理中心利用所有收集掌握的材料向饲养者提供咨询服务。

3.5.3 监控原料奶质量的主要方法及惩罚措施

(1)质量监控规范性。法国有严格规范的质量监控体系——畜牧业质量监控追踪体系。这个体系组织结构严密,从水质到饲料质量,从种苗到饲养,从疫苗、兽药供应到使用,从活畜禽到屠宰、加工、销售,每个环节都有人跟踪监控,非常严格。这些工作都是由 7 年以上专业院校学习并通过国家考试取得资格证的兽医人员进行的。法国每头畜禽都有标识,一旦出现质量问题,都可以找到责任人。

(2)立法实施原奶收购第三方检测机制。奶牛场与乳品加工厂之间具有相对稳定的供求关系,它们都实行国家配额生产制度。乳品加工厂负责各奶牛场牛奶产量与质量的检测、控制工作,而国家有专门部门对乳品加工厂牛奶收购量和加工量进行监督考核。一般乳品加工厂每 2 d 收奶 1 次,每辆奶罐车容量多在 10 t 以上,每次可同时收购多个奶牛场的牛奶。收奶时随即取样,保存在随车的一个小冰盒内,冰水温度为 0～2 ℃,奶样中不加防腐剂,试管上贴有各个牧场的条形码以利于电脑识别。国家制定了牛奶标准与指导价格,并根据牛奶质量以质论价(详见原料奶计价体系),对于劣质奶在奶价上有惩罚。这个体系是 1969 年建立的,称为 Godefroy 法案,这一法案经常由乳品贸易伙伴之间商定修改。该法案实施之后,法国原奶质量得到显著提高,例如目前法国大多数地区的 90%原奶中微生物计数低于 10 000/mL。

收奶车到乳品厂后进行检查,当发现大奶罐车中有质量问题时,例如抗生素残留或其他污染物问题,再检查各奶牛场奶样,查出问题牛奶及其生产厂家,则该罐牛奶全部由该牛场负责包赔。在一年中,多次出现问题的牛场,很可能面临更严重的惩罚,如降低奶价,甚至停止收购其牛奶。“冰点”测定如果显示有掺水现象,惩罚力度也是很大的。惩罚期限为整个结算期,每个结算期一般为 1 个月。奶样测定检测结果不超过 24 h,通过传真或电子信箱直接反馈到各个牧场和加工厂,所有检测结果资料将在测定试验室中保存 4 个月,抗菌素检测资料保存 1 年。

法国原奶收购按质计价,奶的质量直接影响奶农的声誉和经济效益。因此,奶农自觉遵守规定,严格操作规程。

3.5.4 原料奶计价体系

(1)牛奶标准。乳脂率 3.8%,乳蛋白率 3.2%,微生物计数 50 000～100 000/mL;体细胞计数不超过 300 000/mL;冰点,最高 0.506 ℃;酸度低于 0.17%;每升牛奶含霉菌孢子数不超过 500,病原微生物、抗生素不得检出。

(2)牛奶价格与质量的关系。每个场每月要经过政府授权的专业检测机构检测 3～4 个样品(每次售奶都取样,但测定随机抽取),计算平均值,作为该结算期定价标准的计算基础。法国共有 20 个此类测定中心,统一由位于波尼利的 CECALAIT 中心负责监督,定期验证测定中心设备,各测定中心定期试验CECALAIT 制作的标准样对设备进行校准。在牛奶标准之上,乳成分每增加或降低 0.1 个百分点,在牛奶标准价基础上奖励或惩罚,对于蛋白质的奖惩幅度约为乳脂奖惩幅度的 2～2.5 倍,原因在于国家鼓励奶农生产高乳蛋白的牛奶,更适合于生产奶酪。

乳脂率以 3.8%为基础,每 1 000 L 牛奶增加或减少 1 kg 乳脂(乳脂率变化 0.1 个百分点),价格比标准增加或减少 3.049 欧元。

乳蛋白率以 3.2%为标准，在 3.0%～3.4%之间，每 1 000 L 牛奶增加或减少 1 kg 乳蛋白，价格相应增加或减少 6.098 欧元。

微生物(细菌数)在 5.2 万～3.1 万/mL 范围内。含量在 5 万/mL 以内为优质奶，执行标准价。含量在 5.1 万～10 万/mL，每 1 000 升降价 9.147 欧元。含量超过 10 万/mL，每 1 000 L 降价 24.392 欧元。

体细胞数少于 25 万/mL，实行指导价。25.1 万～30 万/mL，每 1 000 L 降价 3.049 欧元。30.1 万～40 万/mL，每 1 000 L 降价 9.147 欧元；超过 40 万/mL，每 1 000 L 降价 15.245 欧元。

酸度不超过 0.17%，超过上述标准. 每 1 000 L 奶降价 3.049 欧元。但是，如果是由于奶罐出现故障，则只需要及时通知乳品厂尽快将奶拉走并维修即可，此期牛奶损失由乳品厂负担。

霉菌含量。1 000 孢子/L 以内，实行标准价。1001～2 000 孢子/L，每 1 000 L 降价 3.049 欧元。2 001～5 000 孢子/L，每 1 000 L 降价 6.098 欧元。超过 5 000 孢子/L，每 1 000 L 降价 12.196 欧元。

是否存在“不可存在物”。主要包括乳房炎乳、初乳、抗生素乳及病原微生物等。尤其是对抗生素乳的检查与处罚力度最大。收奶车到乳品厂后进行检查，当发现大奶罐车中有质量问题时，再检查各奶牛场奶样，查出问题牛奶，则该罐牛奶全部由该牛场负责包赔。在一年中，多次出现问题的牛场，很可能面临更严重的惩罚，如降低奶价，甚至停止收购其牛奶。

是否有掺水现象。通过“冰点”测定，确定是否有掺水现象及掺水比例。如发现，其惩罚力度也是很大的。每 1 000 L 奶降价幅度都在 76.225 欧元以上。惩罚期限为整个结算期，每个结算期一般为 1 个月。

(3)牛奶的价格计算。法国牛奶款结算以月为单位，一般在每月的 15 号由乳品厂预支大部分，月底根据奶牛场交付牛奶的质、量及其他款项一并核算，补齐奶款。奶款计算方法如下：

由每次收奶重计算总重。

确定每 1 000 L 牛奶的实际价格。它是以牛奶的基准价为基础，根据牛奶的质量，加入各种补贴后计算出来的。

牛奶的质量以各项检查指标的平均值为标准。一般的，每个指标每月最少抽查 3～4 次。各种补贴包括：奶罐制冷费用，每 1 000 L 补助 3.049 欧元：乳品检测控制中心补助，1.524 欧元/1 000 L；季节与市场调节价，由国家根据季节与市情况制订。如 2003 年度，牛奶的标准指导价为：268.26 欧元/1 000 L。季节调节价为：第一季度＋7.5 欧元/1 000 L；第二季度＋1.6 欧元/1 000 L；第三季度＋1.6 欧元/1 000 L；第四季度＋0 欧元/1 000 L。

计算奶款总额。国家对奶牛养殖户实行增值税返还，比例为奶款的 5.5%。即奶款总额＝牛奶款＋增值税返还

扣除各种费用。主要包括：乳品检测控制中心乳品质量化验(相当于国内进行的 DHI 测定)费，按照 0.074%的比例收取，这其中，19.6%为增值税；奶罐租用费，3.049 欧元/1 000 L；从乳品厂购买产品如奶制品、管道洗涤剂等的费用。

各奶牛场的贮奶罐大都是由乳品厂提供，对牛场而言，基本是免费使用。因为牛场交给乳品厂的租金和乳品厂给牛场的补贴是相同的。乳品厂对奶罐使用实行补贴与租金分离的管理办法，可有效防止奶牛场变更乳品厂给自己带来的损失，即奶牛场变更乳品厂后，补贴由新乳品厂提供，自己收取租金。

算出最后的款项。

4 科技推广体系

欧盟各国不断开发新乳制品系列，其中法国是 2009 年仅次于意大利和德国的新产品最多的国家，在奶酪、奶油、乳饮料、酸奶等主要产品类别都开发了新产品，奶酪的新产品最多，达到 218 项，酸奶次之，达到 89 项。这一结果非常好地体现了法国奶业的研发实力及其可持续的研发、应用体系。

4.1 主要研究与推广机构

法国提倡科研教育与生产实际相结合，并大力发展职业教育。在学校学习期间要用较长的时期到工厂实习。科研题目均来自生产中提出的难题。法国农业研究机构分公立和私立两种，公立的分别隶属于政府各部委，私立的研究机构隶属大型企业集团或合作社。法国国家农科院是全国最大的农业科研机构，也是法国农业领域中唯一从事科学研究的公立机关。以下介绍与奶业相关的主要研发机构和推广培训机构：

(1)法国农业科学研究院(INRA)。法国农业科学研究院成立于1946年，从1984年起INRA隶属于法国国家教育研究与技术部和法国农业与渔业部，是法国从事农业科学和技术研究的公共机构。法国农业科学研究院的经费主要来自政府的拨款。法国农业科学研究院的经费占国家公共机构科技预算经费的16%。该机构组织和开展所有与农业、畜牧业、林业及相关领域的研究和开发，协助各部门制定有关政策。

法国农业科学研究院设有17个研究学部，其中包括"畜牧与动物营养"、"动物遗传"、"动物健康"、"动物产品的加工"等与奶业密切的学科。下属有32个牛奶研究中心，分布全国各地，其中一个设在农科院总部，在巴黎市郊。该中心共有工作人员200人，中心主任分管若干研究室，进行各种基础科研工作，其中有加工工艺室、生物化学室、牛奶微生物室、蛋白质化学室、营养研究室、乳脂肪研究室、干酪工艺室、噬菌体研究室及发酵剂研究室等，还设有附属试验车间，可进行产品的中试。

(2)奥里西克干酪研究中心。地区性研究中心，但属农科院领导。1973年根据当地奶农的要求，得到政府支持后，成立了地区性干酪研究中心。专门从事地区性七种干酪的菌种和生产工艺的研究。本地区12家乳业公司非常支持中心工作，希望为企业提供优良的发酵剂和先进的生产技术，以保护当地传统干酪的名气。全中心共有10名研究人员，还有若干不定期的研究人员来自各企业和公司。研究人员的工资，20%由农科院承担，80%由当地12家乳业公司承担。

(3)莱诺牛奶研究中心。位于法国西北部，该中心研究重点是乳制品加工工艺及食品工程。共有职工50人，其中研究人员占50%。着重从事膜过滤在乳品加工中应用的研究。在干酪生产中采用膜过滤可使得率增加20% ，经济效益会明显提高。现在法国已有20%的干酪厂采用了膜过滤技术。

(4)普利尼乳品技术学校。全校共有学生20多人，教师20多人，每年还要从企业和工厂聘请部分教师。学生是由全国乳业委员会从高中毕业生中招考录取，学制两年，课程包括：乳品厂设备自动化控制、分析检测及质量管理、食品工程、乳品加工技术、商业管理和产品销售等。学习期间要抽出大部分时间在学校试验工厂进行实习，经考试合格后发给毕业证书，由学校分配工作。其中70%到工厂参加生产，15%从事乳品商业管理，15%到各类化验室工作。因此，一般在乳品公司工作的人，均具有一定的技术基础，如要进一步深造还要到农业大学再学习3年才能获得高级技术人员文凭。该校还有16名来自泰国、南非等国的留学生。该校还举办各种短期训练班，从工厂选拔有实际经验的工人来学习，提高其理论水平。

法国的农业推广组织比较健全，中央一级设有"全国农业发展协会"，其理事会由政府代表和行业代表各半组成，对纳入国家计划的推广活动给予资助；省一级设有"技术推广委员会"，具体的技术工作由各省农会的技术顾问负责；县区一级有农场主自愿组成的农业推广组织，专门从事农业技术推广工作。农业技术推广最重要的环节是隶属于"农业技术协调协会"的各专业技术研究所和技术中心，他们对科研成果进行适应本地区的中试后，通过各省农会的技术顾问或农场主把科研成果推广出去，各专业技术研究所和技术中心的工作具有承上启下的作用，是中央和地方、基础研究和应用研究、科研和推广、科研和生产紧密结合的重要渠道。此外，私营企业和农业合作社都把推广应用先进的农业科学技术放在重要地位，不仅向合作社成员提供作物和畜禽良种，而且还进行技术指导和技术服务，以及各种形式的技术培训。

4.2 运作模式

法国重视科学技术在农业上的应用，主张科技兴农。法国农业科技工作的特点是：基础研究为国家行业，技术推广全民参与。

法国农业基础性研究为国家财政拨款，主要集中在法国国家农业研究院和高等农业院校，应用技术研究为国家部分资助。在农业领域法国按专业区分共有 16 个研究中心。如水果蔬菜研究中心、粮食研究中心、园艺研究中心、油料作物研究中心、牛研究中心等。如：水果蔬菜研究中心，法国农业部和研究部的政府性资助占 13%，57%来自于农产品批发税，19%为服务收入，11%来自于法国农业发展协会。研究中心的主要任务是将国家基础研究成果进行技术开发，对农民和企业进行技术支持，在农业技术创新和成果推广方面扮演主要角色，他们提出的口号是从种子到商店，从研究到培训。

法国的农业技术推广和服务体系有 4 个层次：

(1)法国成果推广署在法国科技部、工业部的资助和支持下，在科研单位、大学和企业之间架起了一座桥梁。

(2)农业发展署是由农业协会和政府代表共同管理的企业性协会，主要任务是科普宣传、培训农业工作者和科普工程师，促进企业农业协会和研究单位的合作，对地方农业发展提出建议等。

(3)法国农业研究所和专业技术中心在农业部的资助下，都有自己的技术推广和服务队伍，从事技术开发活动。

(4)法国有 15 个国家级农业生产协会，11 个农产品加工协会。其分会遍及全国，深入到农业发展的各个环节，其任务主要是维护农业工作者的利益，进行技术推广和技术服务工作。

法国农业教育的特点是，“国家私人齐办学，职业培训落到家”。高等农业教育以公立为主，农业技校以私立为主。目前法国共有各类农业院校 30 所，其中公立 27 所，私立 3 所，在校学生 11 200 名。农业技校以私立为主，全国共有 858 所农业技校，私立技校 642 所，公立 216 所，技校学生共达 17 万人。法国的农业教育集技术员、高级技术员、工程师和管理人员的培训于一体，使农业生产者能够利用先进的生物农业科研成果，适应国际国内对农产品的需求。

法国还通过相关法律，确保了许多初级和加工农产品，如酒类、奶制品和肉类等具有地名命名权并得到保护，因为地域标记和以产地命名产品能够有效地确认和开发法国具有本地特色的产品。

5 促进奶业发展的主要政策

5.1 促进农业和奶业的生产政策

5.1.1 农业政策

法国农业的发展与政府对农业的政策有着直接作用，从 1947—1953 年的第一个经济发展计划开始，国家就确定了农业政策的目标是发展农业生产，满足国内需求，增加农产品出口，降低农业生产成本和产品销售价格，提高人民生活水平。另外，欧洲经济共同体的“共同农业政策”对法国农业发展也有重要的作用。法国是欧共体的创始成员国，共同农业政策集中体现了国家对农业的支持和保护，法国则是最大的受益者之一。法国的农业政策主要包括以下几方面：

(1)实行以补贴为中心的政策，增加农业投入。法国能成为世界上主要的农产品出口国，政府的农业政策起了决定性的作用。

政府通过国家预算对农业进行财政支援。1962—1986 年期间，政府的农业预算拨款增加了 14 倍，由 76 亿法郎增加到 1 137 亿法郎，在国家民用预算总支出中，农业支出占 13%。

政府通过农业金融制度促进农业发展。长期以来，政府向新的农业经营单位和年轻农民提供贴息贷款，实行优惠的税收政策。并建立了农民社会保障体制，鼓励农民安心务农。优惠贷款主要用于防止各种自然灾害、进行农场结构调整、实现农场现代化、进行土地整治等。这样，既保障了农民的利益，又能有效引导农民按照政府的意图行事。

政府通过农业补贴政策支持农业生产、农村发展和林业持续发展。从 60 年代后期开始，农业补贴政策成为法国农业政策的中心。法国对农业的补贴政策经过了按产品价格补贴、按生产规模直接补贴和按环境、农村发展、农产品质量及动物生存条件直接补贴的演变过程。目前，法国的农业补贴可分为公共财政补贴、税收和社会分摊金减免、农业贴息贷款 3 类。法国还是欧盟农业补贴的最大受益国，农业收入 1/3 以上来自欧盟的补贴。

法国农业补贴归纳起来主要有 3 类：

第一类是农业生产补贴。包括农牧产品生产直接补贴和稳定农牧产品市场补贴。前者补贴是对降低支持价格的补偿，属于对生产和贸易具有直接影响的政策（蓝箱政策）。畜牧产品生产补贴包括养牛及牛肉类补贴、养羊及羊肉类补贴、家禽及鸡蛋补贴等。后者主要用来控制农牧产品供给水平的支出或补贴。如停止生产奶产品的补贴、休耕补贴、出口补贴和通过价格机制维护市场平衡的补贴。

第二类是农村发展补贴。包括农业社会保障福利补贴（含农业社会保障、从事农业停业后的保障和食品援助 3 项补贴）、青年农民安家和农场现代化补贴、农村环境维护补贴、农产品标准培训补贴、农村发展计划补贴、农民转移土地经营权补贴、自然条件恶劣地区补贴。

第三类是林业持续管理补贴。对林业生产行业的补贴和对林地整治与保护的补贴。

从 2005 年开始，法国根据欧盟的政策，用于促进农村发展的资金大幅度增加，范围也将扩大，促进农村发展主要有 4 个方面的内容：

一是鼓励农民生产高质量的更好地满足消费者需求的产品。最高补贴额为每个农场每年 3 000 欧元，最多补 5 年。

二是支持农民按照欧盟标准进行生产。每年每个农场最高补贴额不超过 1 万欧元，时间最长不超过 5 年。

三是对实行高标准动物福利的农民实行补贴。如果农民采取的畜牧饲养方式比一般饲养方式标准高，并且至少连续 5 年实行同样的措施，则可视情况给予补贴。补贴金额依据采取这种高标准所增加的成本或者减少的收益情况确定，每年每个牲畜单位（成牛）最多可补贴 500 欧元。

四是增加对青年人从事农业所进行的投资补贴，目的是鼓励青年人进入农业行业和从事农业生产。

（2）对山区等不发达地区采取特殊政策，促进农村平衡发展。法国政府十分重视山区等不发达地区农村发展，成立了山区发展委员会和海外省农业经济发展促进署，采取多种措施给予扶持。在农业补贴政策中专门制定了对不发达地区的优惠条件。一是补贴前提条件更为宽松；二是补贴金额更大；三是补贴比例更高；四是补贴范围更广。考虑到山区自然条件差，农作物产量仅为平原的 68%，提高了对山区农业补贴比例。据统计，山区农场年经营收入的 73%来自农业补贴，平原农场则为 50%。

（3）实施土地集中政策，扩大农业生产经营规模。土地分散和农场经营规模小，不利于现代农业技术的推广应用，阻碍农业生产率和商品率的提高，给农业机械化和现代化以及农田建设和土地资源开发带来很大困难。法国的法律规定了土地“不可分割”的原则，即农场主的土地不得由一个以上的子女继承。近 20 多年来，法国采取了一系列加速土地集中、扩大农场经营规模的措施。国家建立了“土地整治与农村安置公司”，通过贷款从私人手中购买土地，经过整治，以较低的价格卖给农民，特别是卖给中等规模的农民。法国政府支持中农政策的目的，是促使生产力低下的小农离开农业，提高农业生产率，同时防止两极分化。通过国家对地产市场的直接干预，控制了土地的收购和转卖，改善了农场结构，优先安置达到中等规模的青年农民。法国政府还通过调整土地政策来控制农用土地价格，发放脱离农业的终身补贴，以鼓励老年农场主放弃耕作。法国现有农场 101.7 万个，其中大于 50 hm^2 的农场数量为 17.2 万个，占农场总量的 17%；50 hm^2 以下的中小型农场有 84.5 万个，占农场总量的 83%。法国农业以家庭劳动力为主，农场主及其家属占农业劳动力总数的 92%左右。法国的土地经营方式有三种：租赁经营、土地所有者直接经营和分成制经营。近 10 多年来，前一种经营方式逐渐增多，后两种经营方式呈下降趋势。

（4）发展农用工业，推进农业机械化。从 1950 年开始，法国积极推进农业机械化，到 1970 年就完全实现了机械化。农业的机械化和自动化大大提高了农民的劳动生产率，减轻了劳动强度，使农民有能力开展多种经营。为了不断改进农机性能，法国专门成立了农机科学研究中心。与其他许多市场经济国家不同，法国政府直接插手农业生产资料的生产，在法国市场销售的农业机械必须持有农业与农村发展部颁发的许可证。

(5)重视农业技术的推广和普及，不断提高科技含量。第二次世界大战以后，法国积极采用先进的农业科学技术，在良种、农机、施肥等农业技术方面都达到了较高水平。政府高度重视农业教育、职业培训、开发、研究和技术援助在内的农业智力投资。1982—1986 年，农业智力投资总金额由 35.3 亿法郎增加到 50.9 亿法郎，在农业部预算中的比重由 34.5%上升为 36.8%。法国的中央和地方政府、农业行业组织和工业企业都从各自不同的角度共同参与农业技术的推广和普及，法国全国形成了一个农机、农药、化肥、良种和先进农艺的立体推广网络。1949—1968 年间，法国农民自发组织了 1 300 多个“农业技术研究中心”，学习新的农业技术。此外，国家还设立了“全国农业进步基金”，成立了“全国农业推广和进步理事会” 及各省的委员会，1959 年还颁布了《农业推广宪章》。

(6)重视农村人力资源的开发，提高农民素质。根据规定，相当于高中一年或二年的“农业职业能力证书”和“农业职业文凭”持有者只能在农场或农业企业中当雇工；只有具有高中二年以上学历的“农业技师证书”持有者，或通过农业职业和技术会考的学生，才有资格独立经营农场。为了提高农民的文化素质，法国各地普遍设有相当于高中的农业技术学校。目前，法国农民一般都具有农业技术高中和农业专科大学毕业的文化程度，不但懂耕作，而且有文化，懂科学，会经营。

(7)重视农业环境保护，实行人与自然的和谐发展。无论是法国政府还是国民都有极强的环境保护意识。近几年，环境保护政策与农业政策结合逐渐加强，并提出农业的发展首先必须遵循环境保护政策，对禁止农民所做的一切，而带来的损失，由政府给予补贴，把农业补贴与环境保护挂起钩来。目前，法国执行的是 IS014001 环境质量标准，各种生产水果、酒类的农场都在努力达到这个标准。

5.1.2 奶业政策

(1)政府补贴是奶牛养殖收益的重要部分。以 2003 年为例，法国与奶业相关的补贴情况是：

作物种植的补贴。小麦、大麦、青贮玉米或收获干玉米，348.39 欧元/hm^2；大豆、油菜籽，400.92 欧元/hm^2；休耕地(国家规定，每年必须有至少 10%的土地轮流休耕)348.39 欧元/hm^2；放牧草场补贴根据载畜量情况区别对待，载畜量 1.4 家畜单位/hm^2 以下，每公顷补贴 80 欧元。1.4 以上、1.8 以下，每公顷补助 40 欧元。

养牛的补贴。后备奶牛：40 头以内，每头补贴 250 欧元；40 头以上，每头 226 欧元。公牛：7 个月以内的，每头 210 欧元；7 个月以上的，150 欧元；育肥牛：1～7 个月母犊牛，50 欧元：8 个月以内的公犊牛，80 欧元；8 个月以上的肉用母牛，175 欧元：12 岁以内淘汰奶牛，110 欧元；12 岁以上淘汰奶牛，95 欧元。

税务优惠。国家返还奶款 5.5%的增值税。

(2)实行以政府和合作社为主体的农业社会化服务。法国政府(农业与农村发展部及其下属单位)提供公共的农业服务，包括兴建农业基础设施、发展农业科研与教育推广事业、提供农业信贷、组织与协调全国性的农业服务活动等。法国的农业合作社在欧洲是比较发达和普遍的，农民可以自由选择参加合作社。

法国的农业合作社，历史悠久，种类繁多。早在 1880 年，法国农会组织已有相当基础，这些农会后来逐渐变成合作社。1945 年，法国政府推动成立了全国农业合作社联盟。后来，法国颁布了许多农业法规，如 1960 年的农业指导法，1962 年的农业生产经济组织法，1972 年的农业合作章程法，以及欧盟共同农业政策等，对法国农业合作社的发展影响很大。

合作社是法国农业社会化服务的主体。集体与合作社组织，包括农业供销合作社和服务合作社及其联社、农业工会、专业产品联合会、企业跨行业协会等。从经营活动来看，合作社主要分两类：一是生产性的合作社，主要包括提供技术服务和共同使用生产设备，包括兽医和人工授精、农机修理等。二是流通领域的合作社，主要从事农产品的收购、加工、储藏和销售，并且供应生产资料。流通合作社所占的地位比生产性的合作社更重要，这类合作社的专业化程度较高，如有专门从事牛奶的收购，有的合作社还为农民提供金融和企业管理服务。由农民组织的流通领域的合作社就有四千多家，奶和奶制品加工占23%。从1965到1975年，流通领域合作社的营业额增加3倍，比农业本身大2倍。80%的农民参加了这种类型的合作社。这些合作社在法国农产品流通中起了重要作用。

根据1976年11月号《新经济学家》杂志公布，法国最大的100家农业食品工业企业中有40家是合作社的。1981年，法国共有奶农46.5万户，奶加工工业的劳动力9.9万人，奶加工工业营业额700亿法郎，比法国钢铁工业营业额还多。奶制品进出口额92亿法郎，等于农业食品业销售额的1/3。1980年，全国奶产量310亿L，收购240亿L，合作社收购占46.6%，私人运营乳品公司占58.4%。

合作社在收购和销售农产品中起调节作用。收购合作社是农民在争夺市场斗争的过程中，自愿参加组成的一种组织。合作社的价格规定比较公正，同时合作社收购和加工那些被私营公司抛弃的大量中小农户的产品，使小生产者能生存下去。因此大部分农民的农产品销售是以合作社，农业联益公司或合作社联盟形式进行的。各种各样的合作社组织形式，经营那些对农业来说是生死攸关的项目。他们根据市场需求来规定社员的生产方针，用合同形式把生产者组织起来，在生产和销售之间起着桥梁和平衡的作用。根据1976年调查，法国合作社收购了农民47%的牛奶。法国大多数农业合作社既收购又兼加工。合作社不仅把农业生产与收购协调起来，更重视收购与加工能力的适应。比如1981年春，西部大区由于收购量增加，加工能力不足，因而迅速建立了合作社的新奶酪公司，每天可加工奶20万L。

合作社把产、供、销有机地结合起来。在很长一段时期内，农民还不太明白对产后部门的投资是为了销售其农产品，单个农户在市场上往往处于不利地位，遭受进口和倾销价格的严重打击。为了争得市场、增加竞争力，农民只有组织收购和食品加工合作社，把产后的重要环节掌握在自己手中，而且由合作企业出面组织一体化农业，即建立农业食品业综合体。

为了推进农产品的加工和销售，农民不仅按专业组成了合作社，而且还建立了农业合作社的地区联盟和全国联盟，以便更好地发展一体化农业，同私人工商业组织的一体化公司相对抗。这种合作社联盟可以安排全国或地区的专业计划，集中地体现出农民的利益和愿望。农民通过合作社或者联盟企业同产前、产后部门发生关系，由合作社及其联盟向农民提供技术和保证成员生产者的销售市场。

在全国和地区的决策机构中也都有农业合作社的代表。如经济委员会、跨行业组织等。这些都为农民获得经营工商业的权利，推进农产品流通起到了很好的作用，也是法国农业发展的动力之一。

合作社的地理分布基本上是与农民的供应业务及合同外的某些生产相关联的，而且一般说来在地理上是集中的。如动物饲养、屠宰和加工合作社集中在西部地区。这些专业合作联盟下的基层合作社，一般都同地区联盟发生垂直关系，以适应奶肉等专业化生产的地区市场、全国市场和国际市场的需要。参加由合作社组织的一体化农业的农民，可得到稳定的市场、合理的价格和接受技术培训。合作社的利润一般不分给农民，主要用于扩大再生产、增加就业和对合作社新成员的投资。如果分红，分给社员部分的利润不得超过该合作社总利润的5%。

一体化奶农合作社举例一奶农联盟SODIAAL UNION。SODIAAL UNION是完全属于法国奶农并由奶农独立运作的私有公司，集牧场生产、乳品加工、市场运作一体化，有1.3万个成员牧场，理事会成员全部为奶农，共21名。SODIAAL UNION每4年选举一次。成员牧场遍布法国7个地区，各个区域都设置相应的乳品加工厂，其中西北部的布列塔尼地区和东南部地区比重最大，布列塔尼地区的奶产量占据法国一半以上。SODIAAL UNION年产奶量420万t，位列欧盟第五大原奶供应商，旗下共有9家乳品公司，遍布法国7个地区，共计51家。

SODIAAL UNION的每一个牧场成员均有权利参与公司的市场决策，享有一份投票权。SODIAAL UNION每年春天和冬天举行一次大会，由奶农、乳品公司代表和奶业发展预测专家共同商讨，参与市场定价。奶农和乳企为争取各自利益对奶价进行讨论，一旦决议通过，各成员都必须执行。每一次讨论，乳品公司的利润波动在－5%～＋2%之间。政府不参与市场决策，只遵循生成的文案，如果奶农和乳企之间争执，政府则扮演第三方调解者的角色。

现在 SODIAAL UNION 奶农联盟成员已经处于饱和状态，不再吸纳新成员，除非联盟再收购新乳企来"消化"更多的牛奶。如果要加入 SODIAAL UNION，奶农需联系当地的 SODIAAL 办事处提交申请，并且办理系列相关手续，比如政府授权的牧场合法经营证书等等，时间大概需要 1～2 年不等。因为 SODIAAL UNION 旗下的 9 家乳品公司本身就属于奶农联盟，不存在乳企间高价抢奶的问题。

(3)配额制以及其可持续发展。2015 年欧盟奶业配额制取消。这将大大改变目前欧洲的奶业布局。但法国奶业界人士认为配额制度的改革有利于其发展。2010 年 9 月法国农业部发布了全国奶业发展计划。将在全国设置 9 个牛场生产区管理牛奶生产配额。每年三次，制定地区选出 14 位奶业代表，14 位社会公众代表，共同讨论配额和优先政策。这项改革已经在法国广为接受。在很大程度上，原有配额体制的中止导致欧洲的乳制品企业联合。法国的两个联合体 Glac 和 Euria 将合并，成为仅次于 Sodiaal 的第二大奶业联合体。

5.2　促进奶业加工政策

5.2.1　通过法律法规和设立国家乳业质量控制机构确保原奶质量

法国对乳业法规制定了非常完善，严格的监督体系，使企业在乳制品生产过程中每一步都受到相关法规和标准的约束。也正是法国国家乳业权威机构对乳制品生产的高标准，确保了法国乳制品优异品质。

法国在乳制品质量控制上更是有着独特而严密的体系。法国乳业质量控制由独立于种牛和种羊机构的专门部门——法国奶业质量控制署进行。该机构在法国有 82 家省级或跨省级分支机构，确保了全国的乳品质量。而这些分支机构又通过近 500 家单位来收集，控制牛奶和羊奶质量所需的各种资料，并向加入奶制品控制机构的牛羊饲养者会员提供各种相关咨询，解答各种问题。

5.2.2　鼓励成立奶农合作组织

合作社不仅在生产环节而且在流通环节等发挥作用，越来越多承担乳制品加工，对于平抑生产者与加工者之间的矛盾，稳定发展，增加奶农收益意义重大。法国的合作社(Cooperatif)在畜牧业尤其在奶业生产流通中发挥重要作用。其主要任务一是对养殖户进行计划指导，防止生产过剩，还通过价格基金和养殖保险金，消除养殖户的风险；二是对产业链的整合及协调，减少或消除了产、加、销各方面利益冲突，提高效率和效益，增强其市场竞争力。

5.2.3　促进"标准化"畜牧业

(1)农产品生产环境标准化。法国在生产有机、绿色畜产品及其他畜产品时，对生产环境实施标准化，制定了大量的环保标准。现在，法国农业进入了" 合理发展"的新阶段。1997 年，法国农业部颁布了全国生态农业计划，强调开发农业不忘环境保护，提出了到 2005 年全国从事生态农业的农庄数量达到 2.5 万个，生态农业耕作面积达到 100 万 hm^2 的目标。

(2)生产全过程与工艺的标准化。畜产品生产过程中，严格依据国际统一标准(ISO 9001)、欧盟统一标准(HACCP)、国家标准(BRC)、行业标准(EUR EP /GAP)等，并把标准贯穿于生产、加工、流通全过程，而且其标准覆盖率达到 98%以上。

(3)畜产品质量的标准化。除履行《动植物卫生检疫措施协议》以外，还颁布一系列标准化法规与政策，并采取严厉的惩罚手段。例如，多年以前就制定法规禁止抗生素残留超标牛奶上市(其标准为青霉素类药物残留的限量为千万分之十)，牛奶在上市前必须经过检测，如发现有抗生素的牛奶，该牛场不但要停产和要求追回产品进行销毁，而且要处以罚金。此外，法国是实行质量识别标志制度最严格的国家之一，它对优质产品，使用优质标签；对于载入生产加工技术条例标准的特色产品，使用认定其符合条例的标准合格证书。

(4)不断提高畜产品质量标准。为了抵御发展中国家的蜂蜜等畜产品进入本国市场，法国要求进口国家的蜂蜜中的氯霉素不能超过 0.1 个 PPB，也就是说 1 亿 kg 蜂蜜里不能有 10 克氯霉素含量。

5.3 促进奶业贸易政策

法国非常重视农村商业发展，设有专门一套机制，较好地解决了农村产品进入市场的问题。

5.3.1 农业经营一体化合同

农业经营一体化合同是法国乡村法典为农业生产经营确定下来的有关农工商合作的一种模式。

根据法典 L326—1 条款，一体化合同是指一家农户或农户集团与另一家或多家工商企业，签订的有关双方相互提供产品或服务义务的合同。法典 L326—4 条款解释说，如果 2/3 以上的农户要求与同一家工商企业签订这样的合同，那么这时的合同将变为集体合同。此外，农业部也确定了一个门槛，如果一家企业签订的许多单个合同的农产品产量超过了这个门槛，也将视为集体合同（如肉鸡门槛为肉鸡产量的 50%）。集体合同有固定的模式，它确定合约方的权利和义务，主要有：合约方之间价格确定的方式、付款期限（包括超期应付给生产商的合法利息）、合约的期限、合同项下的产量和生产周期（包括未履约方的赔偿）等。固定模式的集体合同在行政手续方面，须得到农业部部长的核准，先前还需要征求法国农业食品经济指导高级委员会的意见。这表明政府部门参与到农业经营与产品销售有关规则的制定。

固定模式的集体合同，经农业部核准后一年，就可正式启用。之后，相关领域农工商企业签订的所有单一合同，必须符合集体合同模式的要求。法典规定，农业合作社和其会员农民之间的关系不受这种模式的约束，但如果农业合作社是与非合作社农民签订的一体化合同，则按集体合同固定模式进行管理。

法典规定，不论是单个的还是集体的一体化合同，均须确定合约各方产品和服务的特性、价格、质量，以及价格变动的关系，否则，合同将视为无效；此外，合同还有期限、展期、修改和解除条款。

5.3.2 农业生产组织与市场管理机构

近 40 年多来，法国通过立法建立了许多农业生产组织与市场管理机构，这些组织和机构对法国农村商业的发展，起到了很大的作用。在法国相关立法中，值得提及的有：1962 年 8 月 8 日颁布的农业指导补充法，该法令创建的农业生产者集团和农业经济为委员会；1964 年 7 月 6 日颁布的有关农村经济合同管理的法令；1975 年 7 月 10 日颁布的有关农村行业机构管理的法令；1982 年 10 月 6 日颁布的有关创建农产品干预局的法令；1986 年 12 月 30 日颁布的有关农业经济组织的法令；1999 年 7 月 9 日颁布的农业指导法。这些不同年代相继颁布的法令，使法国建立了一个多层次的相互补充的农业经济管理机制。法国立法对农业经济的管理，越来越欧盟化，成为欧盟相关指令下的国家法律。

（1）农业专业经济组织。在法国，农户可以单独地销售自产农产品，也可以加入一些农村专业机构，如农会、合作社或农村集体利益公司等，并借助于这些专业机构的力量销售农产品和进行其他农业经营活动。农业专业经济组织，主要指由农业生产者聚集在一起的生产者组织以及农业经济委员会。法国规定，加入农业生产者组织的会员，在农产品生产和销售方面，须遵守一些规则和纪律的要求，如入会资金、财产、农业生产规定的日期、交易监控、融资手段等。这些组织，根据自身需要和有关法律规定，可以选择农会、协会、合作社或农业集体利益公司的形式，开展活动。生产集团推销农产品，可以通过其建立的商业机构进行推销，也可与农业生产下游机构签订销售合同。

为了稳定农产品价格，农业经济委员会可以确定最低销售价格或回收价格，收购未能出售的农产品，并捐赠给慈善机构、老年人和学校等；其收购费用来自于农业生产组织向委员会调节管理处缴纳的分摊金，包括必要时动用国家补贴。农业经济委员会也参与执行国家农业政策和提供行业政策咨询。

（2）跨行业经济组织。跨行业经济组织，为与农业经济委员会以及生产者组织相平行的机构，其目的是为了寻求农工商之间更加公平的关系。在农业组织的框架下，农业经营者销售农产品，往往会借助于组织的力量，以期获得市场好收益。为保证农业生产商在跨行业经济合作中获得公平待遇，法国颁布了一些相应的法规文件,如农业指导法、经济调节法等。

法国乡村法典 L632—1 条款,专门就跨行业经济组织进行了规范。跨行业经济组织,首先由农业、食品经济指导协调高级委员会提出意见,然后交由政府主管部门确认;跨行业经济组织可以是全国性的,也可以是区域性的。跨行业经济组织达成的协议,主要是为了:确定和方便契约各方成员的活动;实行市场预警监督,使产品生产更加符合数量与质量规划要求,维护市场管理;通过实施跟踪措施,加强食品安全,维护消费者和使用者的利益。

跨行业经济组织的协议,实行行业会员一致通过制;协议签署后,须在实施前,通知农业部、经济部以及竞争委员会;并登载竞争、消费和打假官方公报。

(3)农产品干预局。法国农产品干预局大多数是根据 1982 年 10 月 6 日农业指导法创建的。在这之前,法国已有两个农业机构,一个是 1936 年成立的国家粮食局,另一个是 1968 年成立的食糖市场调节干预基金。

农产品干预局的主要任务是了解市场情况,改善市场运作,在维护消费者利益的基础上,确保农户经营获得公正收入,以及农业各领域生产经营活动的正常化;通过农产品质量政策的实施,强化农业经营效益;贯彻执行欧盟农业政策。

农产品干预局为法国工商领域的公共机构,其领导层基本由农产品生产、加工及农村商业领域的代表组成,其中农业生产代表居多半。农产品干预局,并不会取代已有的农业经济组织;只有在农业经济组织发生倒闭的情况下,农产品干预局才会出面,制定措施,恢复市场秩序。农产品干预局管理农产品的一些工作,可以部分或全部转让给国家认可的农村跨行业经济组织。转让方面最主要的程序首先由农村跨行业经济组织提出申请,然后还要征求法国食品指导协调高级委员会的意见。

5.3.3 合作社的作用

根据法国乡村法典有关条款,农业合作社具有特殊的企业形式,有法人资格,但又不同于民事或贸易公司。农业合作社按其章程运营,年限可达 99 年,可以展期。法国农业合作社经营了法国相当比重的农产品收集、加工和商业销售;此外,法国还拥有 1.3 万多家农业集体服务社(农业机械合作社、畜牧人工授精合作社等)。全国 40.6 万个农业经营户中,90%都是合作社成员。全国 40 家最大的乳品企业中,有 25 家是合作社。大多数合作社的规模较小。随着大型超市以及跨国农食品集团的不断涌现,法国农业合作社的规模也在逐渐扩大。法国农业合作社已有全国性组织、地区组织和行业组织。法国农业合作社,可划分为上游和下游合作社两大类型。

上游农业合作社,主要包括农业机械共同使用合作社、畜牧饲养人工授精合作社;下游农业合作社主要指谷物仓储合作社、农产品加工合作社和农产品销售合作社。

农业合作社对法国落后地区的农业发展,包括农业生产服务和农产品经销,提供了有力的支持。法国 22 个大区中的多数大区,农民生产的农产品,50%以上交给了当地的农业合作社,有的比重超过 70%。此外,农业合作社也很关注全球市场的变化以及消费者的期待,注意帮助农户改进产品质量,指导农户安排农作物生产。

由农民互助成立的农业合作社,在促进法国农业及农业商业的发展,起到了非常大的作用。农业合作社已成为法国农业政策和市场管理一根有力的支柱。

5.4 促进奶业消费政策

(1)政府监督制定原奶收购指导价,并确定原奶定价标准,资助中立质量检测机构,确保原奶价格稳定,有利于乳制品价格稳定,从而稳定消费。

(2)通过补贴政策,积极倡导欧盟标准、环保养殖、高福利养殖和有机养殖,提供更能满足消费者需要、符合消费者心理的产品。

(3)建立乳制品追溯体系和乳制品质量安全监督机构，确保乳制品安全。

(4)国家投入乳制品研发，提高生产效率，延长货架期，不断开发新型乳制品和乳制品新产品。例如奶油和奶酪在近10年消费量增加都有赖于新产品研发。

(5)国家监督产品的原产地命名制度，监督管理此类产品生产、加工和销售，以历史、文化内涵促进消费。

(6)政府鼓励观光农业、绿色农业，使乳制品消费直接与旅游业挂钩，让乳制品的原产地、生产加工过程为更多消费者了解，吸引消费。

6 值得借鉴的主要经验

法国不仅是欧洲最大的农业国，而且由于发展农产品加工，有了强大加工基础，使之一跃成为世界级出口大国。法国之所以有强大的加工基础，农业的专业化公司化起着举足轻重的作用，没有专业化公司，就不可能有农业种植加工业的大规模的发展。同时，法国把农业补贴运用到关键领域，服务环保型农业，巩固了农业的基础地位，增加了农民收入；发育完善的农业合作社成了联结农民与市场、农民与教育科研、农民与政府的组织，真正成了组织农民闯市场的利器。这些措施的落实，使法国农业自1969年实现了农牧产品出口大于进口的局面，农产品出口一路扩大，其农业不仅在国民经济中的位置举足轻重，还提高了法国在欧共体和世界农业中的地位。

6.1 经营模式方面的经验

法国农业经营模式主要有有限责任农业经营、农业共同经营组合、农业经营民事企业、共同轮作。法国注意不断对农业经营模式进行总结，不断完善，以适应农村经济发展的变化。

6.1.1 重视自愿互助合作经营的发展模式—公司制经营

农业受自然条件、生态环境影响，比较收益较低，面临自然风险、市场风险的双重制约。法国的农业互助合作保险组织依附的基础是各种生产者合作组织，法国以经济作物烟叶的互助保险经营最为成功，在所有采取市场化主导型的国家中，法国最具有代表性。由政府提供必要的政策支持，通过商业保险公司进行经营。

法国政府制定了完善的产业政策，国家设有各种资助基金和行业自主性组织来引导、支持畜牧业的规模经营。对传统种植和畜牧业进行调整，粮食、油料种植面积增加，牧草和蔬菜的种植面积减少，同时对粮食作物的耕种面积实行10%的休耕，对部分畜牧业产品实行了存栏头数和产量的限制。农业经营方式也从家庭经营方式向现代化的公司制经营模式转轨。政府扶植的公司制经营主体向新的生产经营公司和个人提供低息贷款和优惠的税收政策，大力推进产业化和机械化。

政府制定的产业法规和产品标准都是通过专业协会贯彻到各个生产环节，专业协会在法国实现畜牧业现代化中发挥了不可替代的导演作用。由专业经营者民主选举产生的专业协会(或合作社)把具有一定素质水平的从业者组织起来，以市场为导向，以效益为目标，以科技为依托，在不打破生产所有制的基础上按照小规模、大群体的模式，以契约方式实行统一供应良种，统一供应标准化饲料，统一按标准化要求进行规范化服务，统一收购产品、销售，结成牢固的产业链条，把生产与市场紧密地连接起来，按照市场需要的畜产品规格标准进行生产。

6.1.2 生产经营组织性

法国的畜牧业已经构成了一个从养殖到餐桌的完整的畜牧业经济体系。畜牧业组织体系的主要优势表现在以下几个方面：首先，实现了产加销一体化，以产业链上的龙头企业为中心，有效地整合各种资源，提高了市场应对能力与综合竞争力。其次，组织化程度的提高，克服了家庭经营制度下的小规模生产与大市场流通的矛盾，实现了整个产业的协调发展。同时，有利于推动技术创新及其成果的推广应用。最后，行业组织以及合作组织作为政府与经营主体之间的联系中介，在实行自我管理与协调、维护市场竞争秩序的同时，作为行业代表，对政府政策产生深刻影响，还为政府政策的实施提供了平台。此外，作为非政府组织在国际交涉与协调方面，可以起到政府难以替代的作用。

6.1.3 鼓励一体化经营

法国没有鲜活市场，畜禽产品均通过屠宰、分割、包装进入超市，牛肉流通主要依靠超市，售量高达70%左右。法国在各种农牧业生产加工运销产业中，奶业及肉鸡生产的一体化是最高的。奶业一体化程度高主要是由于牛奶鲜活易腐，挤奶一日数次，需要及时冷却、收集、储运，以保证鲜奶质量，产加销任何环节的不协调都会影响鲜奶及其制品的质量。

6.1.4 重视“标准化”

在生产、收购、加工、产品质量等各个方面按照标准化生产，确保质量、安全和发展的可持续性。

6.1.5 法国农业组织创新

核心理念是围绕农业再生产链优化和丰富农业产业结构，提高农业生产率和价值水平，主要表现在三个方面：垂直一体化农业、农业产中部门内水平一体化组织和农业的产前、产中和产后部门提供科研、技术、信息及教育培训的中介组织。

6.1.6 “生态农业”促进可持续发展

法国农业进入了“合理发展”的新阶段，农民们正在为寻找和实践有利于环境的、以可持续性发展为最高原则的新型农业发展模式。

可持续农业的基础是提高农产品的产量和质量，力求满足人们对现在和未来的健康食品的需求。保持土地长期肥沃、水质和空气质量优良，保障生物的多样性，鼓励使用可以重复利用的资源。1997 年，法国农业部颁布了全国生态农业发展计划，强调开发农业不忘环境保护。2011 年法国有机土地达到农业土地面积的 17.5%，有机土地面积比例在欧洲位居第四。2011 年获得有机认证以及正在转化之间的奶畜养殖场 3 195 个，其中奶牛场 1 831 个，养殖奶牛 7.94 万头；有机奶生产涉及的土地面积 20 万 hm^2。生态农业禁止使用任何合成化肥和杀虫剂，农田使用绿肥和有机堆肥，以保证土壤的持久肥沃。要求农民以科学的方式进行轮作，利用手工及机械等物理方式除草。法国农民越来越关注两个问题：一是向消费者保障各类产品的产地、质量和从生产到上市的食品安全；二是注意土地管理和在可持续发展的框架范围内保护环境。如今，密集型的农业种植方式已经被摒弃了，农产品实行份额制和对一定比例农田的休耕要求使得种植成为一门科学。也是当代农民面临的挑战。法国开始探讨一种新的、更科学的农业模式，即理性农业。

6.2 科技创新方面的经验

(1)政府投入奶业的研发资金，研究主攻方向定位行业实践中出现的问题，有的放矢。从法国奶业产业链的核心来看，就是奶农。在奶农的背后有强大的科研体系支撑。如法国农科院，主要进行基础科学方面的研究，还有与之相配套的一些实用技术的研究机构。对奶农进行技术培训和教育普及也非常重视。在法国有明确的法律规定，从业者要有相关资格证才能上岗工作，比如奶农必须要有高中学历才可从事该行业工作，在行业中 34%的从业者具有大学学历的，并且很多从业者以此为荣。

(2)家畜中心数据库体系，不仅允许法国依法建立最强大的农产品追溯体系，而且通过制定工作人员进行数据收集，为家畜育种体系提供了最庞大、准确的数据库，带动相关科研项目，促使法国奶业科技水平领先。

[7]法国奶牛胚胎移植考察纪实. 河北畜牧兽医,2002(4):41-42

[8]欧洲奶业统计网站 http://epp. eurostat. ec. europa. eu/statistics_explained/index. php/Farm_structure_in_France

[9]法国农业创新体系,http://www. foods1. com/content/97997/,第一食品网

[10]法国农业科学院,http://www. nsfc. gov. cn/nsfc/gjhzj/xieyi/fgny. pdf

[11]法国畜牧划区轮牧的经验,http://www. yostudy. com/tech/2012-02-17/125. html

[12]何子阳. 法国的农业合作化. 农村经济,1991(7):26-27

[13]胡成波. 法国畜牧业主要特点和成功经验. 辽宁畜牧兽医 ,2004(2):40-41

[14]黄运生. 法国奶牛业和动物疫情考察报告. 中国兽医杂志,1987(13)8:52-53

[15]乐波. 法国的农业环境保护政策及其对中国的启示. 华中农业大学学报(社会科学版),2007,(71)5:44-47

[16]李烈贵. 世界奶业简况及 2000 年后发展趋势. 中国奶牛,1989(3):61-63

[17]李志明. 法国的环境保护型农业. 农牧情报研究,1993(6):22-28

[18]林梅. 国外农业科技推广模式的分析和借鉴. 中国农村小康科技,2009(1):65-69

[19]刘德有. 世界乳品生产及供求发展概况. 中国奶牛,1991(5):60-61

[20]刘贵川. 法国的农业政策. 山西财税,2006(8):42-44

[21]刘振邦. 合作社在法国农产品流通中的作用,世界农业,1985(8):4

[22]马根喜. 驻法国使馆经商参处,法国农业及农村商业发展问题调研,2006,http://www. mofcom. gov. cn/aarticle/s/200609/20060903266052. html

[23]马亚贤. 国外农业科技推广的模式. 农业图书情报学刊,1999(增刊):94

[24]奶业数据统计网站,http://www. clal. it/en/index. php? section=stat_francia

[25]诺曼底牛品种介绍,http://www. normandegenetics. com/about-breed. html

[26]秦志锐. 第九届世界荷斯坦牛会议大会专题发言简介. 中国奶牛,1997(3):61-62

[27]任保忠,孙辉. 法国农业科学技术体系及管理. 粮油食品科技,2004(1):41-43

[28]史菁. 法国奶制品质量控制. 全球科技经济瞭望,2004(2)

[29]孙星,包魁. 国外乳制品行业质量管理经验及对我国的启示. 中国乳业,2009(5):44-49

[30]王云洲,王瑞华. 法国奶牛场的经营与管理模式. 中国奶牛,2004(5):52-56

[31]吴凯锋,张明富,罗健,等. 值得借鉴的法国草地畜牧业,草业科学,2008(25)10:124-127

[32]张志民,朱发成,牛志河. 法国的奶牛业,中国牧业通讯,2002(4):44-46

[33]张瑜. 法国及欧盟饲饵料和添加剂的管理,中国饲料,2002(7):26-28

[34]张洪本,刘文永,马哨山. 赴法国、荷兰畜牧、饲料业考察报告,山东饲料,2003(3):42-45

[35]CLAL,意大利贸易数据网站,http://www. clal. it/en/

[36]Cniel,2013 年法国奶业统计报告,www. cniel. com

[37]EU-27 Dairy and Products Annual(2011),Piotr Rucinski and EU Dairy Analysts

[38] EVALUATION OF THE SCHOOL MILK MEASURE (final), 1999, CEAS Consultants (Wye)Ltd

[39]FAOSTAT. http://faostat. fao. org/site/291/default. aspx

[40]Harari M. Dairy product consumption in France,Bull Acad Natl Med. 2008 Apr;192(4):713-20

[41]Jad Chaaban,Vincent Réquillart and Audrey Trévisiol,The Role of Technical Efficiency in Take-overs:Evidence From the French Cheese Industry,1985—2000

[42]Jean-Louis Maubois,2007,CHAPTER 8 THE FRENCH MILK INDUSTRY-a major and mature market,Mediterra 2007, P213 - 225, INTERNATIONAL CENTRE FOR ADVANCED MEDITERRA-NEAN AGRONOMIC STUDIES ,IDENTITY AND QUALITY OF MEDITERRANEAN FOODSTUFFS

[43]Philippe Ame,ICAR,2011,French livestock genetics and territories. Director of International affairs of French livestock institute

[44]Stephen D. Biggs. A multiple source of innovation model of agricultural research and technology promotion. World Development,1990,18(11):1481－1499

[45]Tabita Corelia ADAMOV,Andrea FEHER,Mihaela Iosefina IANCU,ASPECTS CONCERNING THE MILK AND DAIRY PRODUCTS MARKET IN EU,Lucrări Ştiinţifice-vol. 52,seria Agronomie,P131－136

[46]The French Observatory on the formation of food product prices and margins,2011,Jean-Noël Depeyrot-FranceAgriMer

[47]Uncomtrade,贸易数据网站,http://comtrade. un. org/

[48]WOGAN,R. E. ,Some impression of the French dairy industry,1969,Journal of the Society of Dairy Technology,Vol. 22,No. I,45－52－[49]Les filières laitières biologiques,有机奶生产报告,http://www. agencebio. org/sites/default/files/upload/documents/4 _ Chiffres/BrochureCC/CC2012 _ Chap6 _ 1 _ Lait. pdf

执笔　中国农业大学动物科技学院　王雅春　张胜利　俞英　张毅

附　表

附表 1　奶牛头数、单产水平和总产奶量(1961—2011)

年份	奶牛头数(千头)	平均单产(kg/头)	总产奶量(万 t)	年份	奶牛头数(千头)	平均单产(kg/头)	总产奶量(万 t)
1961	7 140.0	2 670.7	1 906.9	1982	7 164.0	3 899.2	2 793.4
1962	7 060.0	2 628.7	1 855.9	1983	7 176.0	3 954.2	2 837.6
1963	6 850.0	2 808.2	1 923.7	1984	7 007.1	4 064.3	2 847.9
1964	6 810.0	2 771.4	1 887.4	1985	6 679.8	4 163.0	2 780.8
1965	6 960.0	2 897.9	2 017.0	1986	6 508.1	4 353.0	2 833.0
1966	6 970.0	2 999.7	2 090.8	1987	6 173.0	4 427.6	2 733.2
1967	7 170.0	3 079.9	2 208.3	1988	5 727.7	4 649.6	2 663.2
1968	7 190.0	3 209.5	2 307.7	1989	5 621.0	4 690.9	2 636.8
1969	7 090.0	3 210.4	2 276.2	1990	5 533.6	4 723.0	2 613.6
1970	7 000.0	3 211.0	2 247.8	1991	5 322.9	4 977.9	2 649.7
1971	7 080.0	3 207.8	2 271.2	1992	5 059.3	5 087.2	2 573.8
1972	7 191.9	3 319.4	2 387.3	1993	4 788.1	5 288.9	2 532.4
1973	7 331.4	3 302.3	2 421.1	1994	4 692.2	5 396.7	2 532.2
1974	7 385.3	3 278.2	2 421.1	1995	4 611.0	5 516.8	2 543.8
1975	7 392.6	3 280.7	2 425.4	1996	4 540.0	5 530.5	2 510.9
1976	7 441.2	3 253.3	2 420.9	1997	4 453.0	5 595.4	2 491.7
1977	7 352.1	3 353.8	2 465.8	1998	4 391.0	5 655.6	2 483.4
1978	7 329.3	3 447.8	2 527.0	1999	4 376.0	5 688.3	2 489.2
1979	7 400.0	3 587.7	2 654.9	2000	4 202.7	5 948.1	2 499.9
1980	7 264.0	3 757.1	2 729.2	2001	4 213.1	5 910.8	2 490.3
1981	7 261.2	3 775.0	2 741.1	2002	4 197.2	6 003.3	2 519.7

续表

年份	奶牛头数（千头）	平均单产（千克/头）	总产奶量（万吨）	年份	奶牛头数（千头）	平均单产（千克/头）	总产奶量（万吨）
2003	4 134.0	5 954.0	2 461.4	2008	3 863.4	6 099.4	2 356.5
2004	4 005.1	6 104.5	2 444.9	2009	3 747.9	6 045.9	2 265.9
2005	3 957.9	6 287.5	2 488.5	2010	3 716.7	6 278.3	2 333.1
2006	3 877.8	6 239.2	2 419.5	2011	3 664.5	6 648.5	2 436.1
2007	3 845.8	6 337.7	2 437.4				

信息来源：FAO 网站。

附表 2　主要乳制品产量(1961—2011)

万 t

年份	液态奶	奶油	黄油	奶酪	炼乳	全脂奶粉	脱脂奶粉和干乳酪
1961	849.5	4.4	40.5	48.4	10.5	2.3	10.0
1962	844.2	4.5	40.5	50.8	11.6	2.7	14.2
1963	877.0	3.4	43.2	53.5	13.3	3.2	21.4
1964	845.2	3.5	42.7	57.6	14.1	3.9	24.3
1965	933.2	3.6	47.5	61.8	15.5	4.3	33.0
1966	966.6	4.4	49.2	65.1	16.1	4.7	42.1
1967	1 042.5	4.6	53.8	68.1	16.9	5.0	54.6
1968	1 070.8	4.4	57.5	71.5	19.0	5.1	69.1
1969	1 120.2	4.7	51.6	73.9	18.0	6.1	65.7
1970	1 060.0	4.9	48.3	78.8	19.8	7.3	63.7
1971	1 050.5	5.6	47.5	82.4	19.6	8.5	61.4
1972	1 174.9	5.5	53.9	87.0	17.9	10.3	68.8
1973	1 196.5	6.0	55.0	88.5	17.0	10.0	72.3
1974	1 187.3	6.4	54.3	92.1	17.1	9.6	68.5
1975	1 216.5	6.5	55.9	95.0	14.2	9.4	75.9
1976	1 187.2	6.5	55.4	97.6	16.1	9.6	74.8
1977	1 196.9	7.5	55.8	101.9	15.1	11.7	72.8
1978	1 236.8	7.3	57.6	106.6	12.2	15.2	69.8
1979	1 279.2	8.9	59.6	111.5	12.1	18.6	69.7
1980	1 331.3	10.4	61.8	114.4	11.9	21.2	74.7
1981	1 292.4	11.5	60.5	118.0	11.8	23.7	73.9
1982	1 389.8	12.8	64.0	121.9	13.2	18.8	76.0
1983	1 408.5	14.4	65.0	124.9	13.4	17.3	79.1
1984	1 353.9	15.6	61.5	130.0	13.2	21.2	75.6
1985	1 309.6	18.2	59.5	132.8	12.5	22.2	65.9
1986	1 400.9	17.4	64.5	134.1	10.3	22.0	71.1
1987	1 289.1	19.4	57.6	137.9	9.4	24.7	57.2
1988	1 178.8	19.6	52.3	140.6	10.0	25.7	46.1
1989	1 184.9	19.6	51.8	144.0	8.8	24.4	48.4
1990	1 208.0	20.9	52.7	145.9	7.0	21.7	58.0
1991	1 138.0	22.5	48.6	149.0	7.0	28.1	45.2
1992	1 079.0	24.4	45.1	150.5	7.7	28.2	39.7
1993	1 048.1	25.5	43.4	153.7	7.2	23.8	38.1
1994	1 060.9	26.5	44.4	156.9	5.9	27.5	38.9
1995	1 062.4	24.5	45.3	159.3	5.6	25.5	38.1
1996	1 086.4	25.9	47.3	160.5	4.9	27.6	39.8
1997	1 116.3	26.5	46.6	162.2	4.2	26.5	39.9

续表

年份	液态奶	奶油	黄油	奶酪	炼乳	全脂奶粉	脱脂奶粉和干乳酪
1998	1 088.2	27.8	46.3	165.3	7.0	26.3	35.6
1999	1 099.0	28.6	44.8	167.6	5.8	26.5	33.1
2000	1 105.8	30.1	44.8	172.0	5.7	25.8	30.9
2001	1 108.0	31.8	44.9	177.0	5.7	24.1	27.6
2002	1 140.0	33.0	45.0	178.3	5.5	24.4	33.9
2003	1 128.7	32.6	43.5	178.3	5.1	21.6	30.5
2004	1 108.9	34.2	41.5	183.3	4.8	19.8	26.1
2005	1 094.7	33.9	42.0	180.4	4.6	19.3	30.7
2006	1 079.7	35.1	40.8	182.8	4.4	15.8	29.6
2007	1 087.9	35.9	41.1	186.9	4.5	14.5	28.2
2008	1 141.7	35.4	44.2	186.2	7.5	15.0	28.2
2009	1 084.1	35.1	41.5	184.4	6.7	20.0	28.0
2010	1 110.6	36.1	42.3	191.0	7.7	22.9	28.0
2011	1 130.4	38.9	42.4	193.1	7.7	21.4	28.0

资料来源:FAO 网站。

附表 3　主要乳制品进出口贸易额(1961—2010)　　千美元

年份	进口数额					出口数额				
	奶油	干酪乳	鲜乳	脱脂奶粉	全脂奶粉	奶油	干酪乳	鲜乳	脱脂奶粉	全脂奶粉
1961	0	11 016	42	101	3 462	1 916	36 579	7 734	8 070	7 615
1962	0	18 550	72	623	3 444	1 548	34 292	6 813	9 590	5 739
1963	0	18 868	45	210	4 739	1 577	39 222	7 321	14 752	7 147
1964	0	22 885	323	3 829	7343	3 297	49 165	10 857	9 685	9 871
1965	0	35 272	32	201	3 263	2 643	62 032	14 954	22 188	11 444
1966	1	37 073	19	189	2 776	2 190	75 857	24 922	46 434	14 214
1967	4	38 008	6	160	2 113	2 243	85 891	22 870	52 044	17 971
1968	1	35 825	56	73	1 781	716	96 422	17 309	55 805	19 448
1969	10	40 051	106	355	1 698	677	106 498	19 270	85 786	26 415
1970	15	43 362	44	3 082	1 736	693	121 546	21 147	80 197	23 254
1971	7	48 970	137	685	746	1 034	177 639	51 559	102 581	32 820
1972	25	57 446	1 327	3 324	564	854	227 470	48 871	103 114	48 097
1973	167	74 636	2 807	6 624	952	3 543	296 659	53 207	159 626	61 223
1974	306	91 000	2 729	2 681	649	3 525	346 071	99 891	194 486	72 490
1975	498	114 356	5 063	9 678	965	6 741	406 386	81 047	126 446	83 103
1976	504	129 810	7 103	18 177	1 559	4 493	440 046	64 813	156 116	80 396
1977	523	165 416	6 323	8 638	1 573	7 498	512 666	65 782	210 032	106 066
1978	722	203 269	9 109	28 631	2 148	9 522	646 617	99 877	151 588	150 814
1979	519	212 713	10 884	21 451	2 234	14 795	798 434	116 736	137 106	214 204
1980	848	223 746	19 239	16 731	2 750	21 214	879 834	124 625	179 139	330 029
1981	586	210 865	22 880	24 599	2 416	24 606	825 689	140 337	173 921	376 585
1982	487	193 107	18 414	19 024	3 796	25 956	784 614	141 906	149 768	258 168
1983	756	201 046	17 480	13 227	2 105	45 071	772 628	153 610	175 656	193 618
1984	2 623	192 499	23 501	24 446	3 752	40 054	748 003	153 830	154 508	231 890
1985	5 833	212 316	27 527	34 688	4 101	41 178	767 954	163 583	117 068	237 491
1986	11 044	299 810	43 832	29 559	4 922	37 918	962 756	248 124	262 993	285 093
1987	6 417	377 063	44 378	132 502	5 393	52 157	1 151 793	273 756	106 221	362 512
1988	14 052	444 793	78 013	191 775	12 789	50 049	1 239 478	314 119	131 707	474 901

续表

年份	进口数额					出口数额				
	奶油	干酪乳	鲜乳	脱脂奶粉	全脂奶粉	奶油	干酪乳	鲜乳	脱脂奶粉	全脂奶粉
1989	19 236	439 633	115 456	89 712	14 604	64 036	1 274 604	311 758	149 230	492 198
1990	33 123	501 708	132 344	32 472	14 009	98 317	1 605 080	357 427	331 350	506 073
1991	70 974	517 626	179 441	141 329	23 360	102 113	1 645 018	369 500	134 701	559 055
1992	103 174	605 656	277 949	262 785	23 128	103 444	1 862 743	437 386	203 189	543 321
1993	126 449	569 249	313 473	139 165	28 968	89 229	1 850 668	409 910	173 397	568 831
1994	111 890	624 056	346 282	141 005	34 692	102 677	1 976 185	502 478	189 329	619 270
1995	137 560	719 997	430 297	117 897	23 590	138 064	2 240 291	554 271	284 754	688 194
1996	167 840	724 159	398 115	81 948	31 269	150 891	2 290 926	525 001	273 431	510 800
1997	171 251	633 586	407 656	62 408	22 170	144 712	1 999 995	485 572	287 900	543 489
1998	203 019	676 609	445 278	86 526	30 043	153 073	2 012 236	491 595	207 327	491 674
1999	204 604	677 282	467 224	126 274	38 531	159 559	1 957 602	476 825	168 156	471 093
2000	167 448	644 797	423 428	176 341	18 474	138 806	1 863 770	395 444	172 552	452 947
2001	180 724	64 7547	438 785	119 568	28 756	137 516	1 769 547	423 545	111 309	430 577
2002	149 065	682 604	352 515	80 599	29 080	153 988	1 892 855	402 659	182 138	372 047
2003	166 570	818 092	403 842	76 054	37 100	180 725	2 361 924	482 634	194 252	349 784
2004	161 920	906 585	396 258	173 129	43 402	198 048	2 743 772	553 996	150 850	381 411
2005	166 834	929 078	373 736	92 666	37 453	180 028	2 754 685	560 108	188 523	352 268
2006	177 744	1 021 474	425 693	88 771	46 563	155 771	2 858 919	556 241	208 245	285 677
2007	259 025	1 192 886	650 538	114 678	69 322	173 820	3 294 169	754 013	311 725	350 335
2008	304 413	1 488 767	619 916	103 850	64 054	210 579	3 842 479	847 498	408 079	462 436
2009	291 508	1 408 021	589 032	66 674	60 987	206 777	3 475 947	676 538	299 825	269 475
2010	338 039	1 387 230	629 213	72 072	78 339	278 314	3 468 248	717 370	538 419	308 883

资料来源:FAO 网站。

附表 4 主要乳制品进出口贸易量(1961—2010) t

年份	进口量					出口量				
	奶油	干酪乳	鲜乳	脱脂奶粉	全脂奶粉	奶油	干酪乳	鲜乳	脱脂奶粉	全脂奶粉
1961	0	10 019	3 124	150	3 280	3 103	39 349	75 460	49 272	10 618
1962	0	18 321	5 083	3 705	3 195	2 223	36 199	66 360	62 113	8 857
1963	0	17 512	2 163	1 063	5 267	2 110	45 476	70 030	78 897	9 603
1964	0	19 006	4 366	11 333	12 837	3 149	58 543	90 465	40 031	13 889
1965	0	29 470	978	125	2 807	3 254	64 335	137 960	70 777	13 083
1966	34	29 797	601	206	2 231	3 163	76 301	247 518	152 515	17 022
1967	4	29 735	4	251	1 714	3 443	82 260	220 384	165 770	20 001
1968	1	27 663	522	183	1 385	881	89 465	179 522	259 831	20 592
1969	10	30 079	972	652	1 339	2 868	90 873	186 241	257 847	27 292
1970	24	31 050	448	6 940	1 398	4 353	98 062	200 013	283 749	26 794
1971	30	31 270	2 716	1 698	504	6 184	128 921	434 357	227 415	31 665
1972	28	33 611	10 277	5 602	575	5 086	158 174	333 864	175 182	51 098
1973	200	38 666	17 134	9 256	949	7 589	160 631	311 730	226 977	74 835
1974	312	43 370	18 835	3 164	560	5 421	163 195	560 262	224 493	59 942
1975	431	46 199	24 958	8 876	578	7 059	154 024	341 726	118 194	63 061
1976	506	51 116	30 784	17 427	905	4 099	175 222	281 973	179 168	63 818
1977	375	60 425	24 869	7 726	711	8 948	186 169	264 586	323 783	83 926
1978	442	62 557	30 921	57 583	853	7 781	198 037	344 570	171 224	97 633
1979	670	61 031	33 054	44 445	815	10 670	224 756	343 483	134 686	132 541

续表

年份	进口量					出口量				
	奶油	干酪乳	鲜乳	脱脂奶粉	全脂奶粉	奶油	干酪乳	鲜乳	脱脂奶粉	全脂奶粉
1980	439	61 238	54 438	10 746	1 029	12 443	231 853	333 505	141 834	177 249
1981	378	67 123	78 698	17 337	1 024	18 065	252 470	426 499	139 900	201 323
1982	296	63 366	66 788	14 961	1 868	21 403	248 596	440 987	117 581	144 722
1983	561	71 034	70 311	16 767	980	35 101	266 173	436 588	156 103	119 871
1984	8 562	78 967	107 671	40 113	2 106	34 457	286 815	511 433	128 774	156 043
1985	7 590	80 001	116 145	29 834	2 241	36 766	284 736	544 371	86 070	156 007
1986	7 127	86 830	122 684	19 779	2 393	27 412	267 595	717 854	163 963	162 292
1987	3 704	88 785	121 378	59 268	1 603	31 160	277 575	622 827	58 731	187 324
1988	7 832	98 568	204 604	74 400	3 932	27 804	298 258	700 560	50 248	182 177
1989	10 425	103 159	298 274	38 050	4 499	39 821	320 215	658 551	58 541	170 319
1990	17 782	101 172	280 000	13 703	4 946	54 684	341 557	636 192	140 128	180 905
1991	44 885	110 652	348 282	63 400	7 973	63 222	359 729	671 056	57 438	231 674
1992	73 255	122 524	504 959	99 279	7 654	64 751	388 103	758 651	81 352	202 385
1993	69 476	126 855	520 164	59 102	11 053	62 794	413 578	833 225	68 983	231 792
1994	69 579	133 996	635318	59091	12997	66957	438720	1063158	77432	24 0001
1995	63 368	141 584	712 479	44 992	6 868	72 577	457 732	941 349	98 136	216 547
1996	100 395	15 1238	628 554	33 446	10 148	94 553	475 169	892 995	105 339	245 422
1997	136 756	15 3718	745 916	28 453	7 978	95 414	471 489	919 072	125 030	225 926
1998	144 717	16 7326	750 055	42 636	11 558	114 027	481 553	935 877	92 801	203 826
1999	175 072	18 8472	912 109	63 791	15 955	128 540	488 584	947 961	83 682	216 298
2000	160 972	213 138	964 431	84 735	8 218	155 790	537 924	908 603	88 383	212 152
2001	149 228	207 430	953 397	58 716	11 824	141 210	523 092	993 921	48 347	171 300
2002	143 159	199 433	795 904	47 208	12 282	138 902	508 615	829 293	98 768	170 470
2003	84 803	206 054	740 960	36 601	13 373	140 085	538 813	856 077	87 178	147 631
2004	87 181	206 453	717 878	74 485	13 118	155 719	583 320	922 675	59 173	140 284
2005	89 431	210 359	625 621	42 321	11 584	141 374	567 171	994 833	73 386	132 468
2006	101 093	233 115	681 615	38 545	14 971	89 630	579 559	965 640	81 434	98 968
2007	114 077	246 184	757 500	31 501	18 152	98 794	602 911	1 105 073	101 503	103 893
2008	168 333	257 198	690 675	29 247	16 467	101 131	600 648	1 055 041	120 603	147 737
2009	190 509	287 892	739 163	26 641	20 868	183 140	589 953	1 069 897	118 084	86 044
2010	197 105	273 983	765 170	24 898	24 930	236 412	629 779	1 086 413	188 131	85 894

资料来源:FAO 网站。

附表 5　2009—2011 年法国从世界各国进口乳制品情况　　t,百万美元

序号	出口国	2009		2010		2011	
		出口量	出口额	出口量	出口额	出口量	出口额
1	德国	389 325.00	610.00	438 544.00	660.00	441 504.00	815.00
2	比利时	397 742.00	566.00	382 028.00	650.00	371 935.00	706.00
3	荷兰	190 029.00	550.00	167 907.00	536.00	171 311.00	654.00
4	意大利	117 927.00	401.00	140 153.00	444.00	152 152.00	514.00
5	西班牙	112 219.00	224.00	106 725.00	247.00	107 130.00	271.00
6	英国	52 881.00	121.00	84 567.00	151.00	85 740.00	215.00
7	爱尔兰	37 661.00	122.00	43 897.00	165.00	44 743.00	199.00
8	瑞士	59 920.00	79.00	51 627.00	76.00	51 329.00	92.00
9	法国	15 974.00	40.00	13 197.00	43.00	18 730.00	59.00
10	丹麦	16 480.00	53.00	10 204.00	42.00	11 685.00	55.00

续表

序号	出口国	2009		2010		2011	
		出口量	出口额	出口量	出口额	出口量	出口额
11	葡萄牙	10 937.00	35.00	10 149.00	44.00	10 474.00	52.00
12	波兰	12 341.00	25.00	8 906.00	29.00	10 638.00	44.00
13	卢森堡	20 591.00	29.00	25 395.00	36.00	25 396.00	41.00
14	芬兰	10 950.00	38.00	11 311.00	43.00	6 563.00	33.00
15	奥地利	14 477.00	25.00	4 656.00	17.00	5 586.00	20.00
16	美国	91.00	1.00	509.00	2.00	3 993.00	19.00
17	希腊	1 158.00	7.00	1 945.00	12.00	2 284.00	16.00
18	捷克共和国	8 581.00	12.00	7 965.00	19.00	7 082.00	16.00
19	新西兰	8 194.00	26.00	4 636.00	19.00	2 901.00	15.00
20	拉脱维亚	1 921.00	6.00	1 076.00	4.00	1 451.00	7.00
21	立陶宛	1 633.00	3.00	1 642.00	4.00	1 493.00	4.00
22	瑞典	3 775.00	11.00	633.00	3.00	1 267.00	3.00
23	爱沙尼亚	678.00	2.00	420.00	1.00	490.00	3.00
24	斯洛伐克	1 859.00	4.00	1 594.00	4.00	989.00	3.00
25	日本	0.00	0.00	42.00	1.00	49.00	1.00
26	挪威	0.00	0.00	0.00	0.00	126.00	1.00
27	匈牙利	214.00	1.00	602.00	1.00	214.00	1.00
28	冰岛	51.00	0.00	249.00	1.00	122.00	1.00
29	斯洛文尼亚	163.00	1.00	85.00	0.00	150.00	1.00
30	保加利亚	107.00	0.00	161.00	1.00	321.00	1.00
31	墨西哥	0.00	0.00	5.00	0.00	0.00	0.00
32	泰国	0.00	0.00	0.00	0.00	1.00	0.00
33	欧洲其他地区	16.00	0.00	2.00	0.00	0.00	0.00
34	印度	0.00	0.00	0.00	0.00	3.00	0.00
35	中国	0.00	0.00	0.00	0.00	0.00	0.00
36	塞浦路斯	20.00	0.00	12.00	0.00	28.00	0.00
37	越南	0.00	0.00	0.00	0.00	16.00	0.00
38	其他	10.00	0.00	2.00	0.00	3.00	0.00
39	格鲁吉亚	3.00	0.00	1.00	0.00	22.00	0.00
40	纳米比亚	22.00	0.00	0.00	0.00	0.00	0.00
41	印度尼西亚	0.00	0.00	0.00	0.00	0.00	0.00
42	安道尔	2.00	0.00	0.00	0.00	0.00	0.00
43	特里尼达和多巴哥	2.00	0.00	0.00	0.00	0.00	0.00
44	亚洲其他	0.00	0.00	0.00	0.00	3.00	0.00
45	澳大利亚	10.00	0.00	0.00	0.00	1.00	0.00
46	加拿大	107.00	0.00	10.00	0.00	5.00	0.00
47	科特迪瓦	0.00	0.00	0.00	0.00	1.00	0.00
48	以色列	117.00	0.00	28.00	0.00	29.00	0.00
49	伊朗	6.00	0.00	0.00	0.00	0.00	0.00
50	阿联酋	18.00	0.00	12.00	0.00	0.00	0.00
51	土耳其	9.00	0.00	16.00	0.00	15.00	0.00
52	巴西	10.00	0.00	0.00	0.00	0.00	0.00
53	马来西亚	0.00	0.00	3.00	0.00	0.00	0.00
54	罗马尼亚	1.00	0.00	1.00	0.00	0.00	0.00
55	阿拉巴马	150.00	0.00	128.00	0.00	59.00	0.00
56	瑙鲁	1.00	0.00	1.00	0.00	0.00	0.00

续表

序号	出口国	2009		2010		2011	
		出口量	出口额	出口量	出口额	出口量	出口额
57	文莱	1.00	0.00	0.00	0.00	0.00	0.00
58	布基纳法索	2.00	0.00	0.00	0.00	0.00	0.00
	合计	4 464 810.00	8 976.00	4 562 840.00	9 765.00	4 613 954.00	11 586.00

信息来源：COMTRADE，United Nations，APEDA http://agriexchange.apeda.gov.in/inttrade/ImpCtryDetails.aspx? gcode=0404&ctryc=FRA。

附表 6　2009—2011 年法国乳制品出口到世界 50 个国家情况　　t，百万美元

序号	出口国	2009		2010		2011	
		出口量	出口额	出口量	出口额	出口量	出口额
1	德国	263 465.00	962	321 786.00	977	373 201.00	1 206.00
2	比利时	329 676.00	875	348 048.00	959	405 287.00	1 124.00
3	意大利	577 250.00	708	795 206.00	969	901 915.00	1 109.00
4	西班牙	605 426.00	766	567 022.00	768	588 209.00	883
5	英国	574 361.00	1 472	615 876.00	1 487	2 91 335.00	714
6	荷兰	98 587.00	256	171 324.00	327	207 595.00	408
7	阿尔及利亚	47 796.00	137	63 515.00	213	72 723.00	289
8	卢森堡	23 981.00	193	49 844.00	237	48 656.00	248
9	美国	43 280.00	309	37 734.00	310	8 411.00	198
10	瑞士	42 177.00	158	43 308.00	155	40 968.00	164
11	中国	59 888.00	103	45 803.00	95	61 447.00	141
12	葡萄牙	68 890.00	109	78 757.00	114	89 308.00	120
13	俄罗斯	30 581.00	72	44 261.00	137	28 437.00	102
14	日本	9 070.00	73	10 248.00	85	11 334.00	100
15	希腊	18 343.00	60	22 692.00	60	33 171.00	71
16	瑞典	8 747.00	59	9 345.00	57	13 833.00	69
17	印度尼西亚	21 463.00	28	35 167.00	74	29 810.00	67
18	沙特阿拉伯	0	0	23 604.00	107	12 489.00	63
19	加拿大	3 582.00	41	4 070.00	50	5 162.00	60
20	法国	15 974.00	40	13 197.00	43	18 730.00	59
21	新加坡	9 880.00	30	11 284.00	40	15 490.00	57
22	捷克共和国	13 012.00	46	8 434.00	33	19 543.00	53
23	奥地利	6 316.00	36	7 126.00	38	8 625.00	50
24	波兰	7 096.00	24	10 197.00	31	11 947.00	49
25	朝鲜	10 761.00	49	13 744.00	52	11 524.00	44
26	马来西亚	12 101.00	14	15 506.00	27	12 813.00	39
27	丹麦	12 014.00	36	14 553.00	39	16 479.00	39
28	爱尔兰	14 243.00	31	14 778.00	31	15 484.00	35
29	摩洛哥	12 878.00	36	9 827.00	35	7 872.00	31
30	尼日利亚	13 922.00	27	5 560.00	4	10 169.00	30
31	菲律宾	5 320.00	9	10 655.00	28	11 126.00	30
32	黎巴嫩	5 043.00	25	10 186.00	33	4 722.00	29
33	埃及	5 139.00	20	10 251.00	22	12 660.00	29
34	塞内加尔	13 237.00	33	11 832.00	33	9 221.00	28
35	南非	5 405.00	15	4 966.00	15	7 253.00	25
36	泰国	9 831.00	14	12 899.00	22	12 593.00	25
37	越南	2 448.00	9	6 151.00	15	9 726.00	25
38	巴基斯坦	6 041.00	5	12 764.00	10	16 910.00	23

续表

序号	出口国	2009		2010		2011	
		出口量	出口额	出口量	出口额	出口量	出口额
39	挪威	3 225.00	36	3 496.00	38	2 082.00	23
40	新喀里多尼亚	2 359.00	18	2 893.00	19	3 566.00	23
41	芬兰	2 610.00	18	3 247.00	19	2 704.00	21
42	法属波利尼西亚	5 054.00	22	5 302.00	21	5 089.00	20
43	澳大利亚	5 112.00	18	4 823.00	19	4 580.00	20
44	巴西	2 263.00	8	1 631.00	10	3 684.00	20
45	中国香港	2 558.00	13	2 863.00	15	3 274.00	19
46	印度	226	2	1 347.00	4	5 910.00	19
47	毛里求斯	2 236.00	10	2 832.00	12	2 881.00	15
48	玛丽坦尼亚	0	0	5 558.00	8	7 934.00	13
49	突尼斯	5 943.00	12	5 716.00	12	6 301.00	13
50	匈牙利	1 333.00	6	2 057.00	8	4 067.00	13
	其他国家和地区*	71 062.00	203	86 111.00	243	58 265.00	192
	总计	3 111 205.00	7 246.00	3 619 396.00	8 160.00	3 566 515.00	8 247.00

信息来源：COMTRADE，United Nations，APEDA。

*：法国出口国每年在 120 个以上，各年度有变化，其他指 2010 年出口额排名 50 以外的所有其他国家和地区。

附表 7　2010—2011 年按出口额排名前 10 位的乳制品出口国　　t，百万美元

国家	2011 年		2010 年	
	出口量	出口额	出口量	出口额
德国	5 853 689.00	10 514.00	5 699 891.00	9 239.00
法国	3 566 512.00	8 259.00	3 619 399.00	8 167.00
新西兰	1 941 259.00	8 028.00	2 085 375.00	7 082.00
荷兰	2 357 812.00	7 938.00	2 666 313.00	6 768.00
美国	1 300 576.00	3 641.00	2 461 605.00	3 020.00
比利时	1 686 453.00	3 316.00	1 719 100.00	3 002.00
爱尔兰	752 273.00	2 904.00	1 394 774.00	3 402.00
意大利	705 301.00	2 861.00	764 139.00	2 960.00
丹麦	786 438.00	2 709.00	911 710.00	2 969.00
澳大利亚	544 957.00	2 036.00	611 632.00	1 966.00
合计	19 495 270.00	52 206.00	21 933 938.00	48 575.00

信息来源：COMTRADE，United Nations，APEDA http://agriexchange.apeda.gov.in/product_profile/Major_Exporing_Countries.aspx?categorycode=0404。

英国奶业发展报告

摘要：奶业是英国畜牧业的一个重要组成部分。近五十年来，英国奶业在奶牛养殖方面经历了重大的结构调整，奶牛存栏头数逐年降低，但单产产量明显增加，产奶总量总体平稳。1961—2011年间，英国奶牛存栏量从421.5万头下降到181.5万头，个体平均产奶量由2 848 kg/头提高到7 630 kg/头。在20世纪后半叶英国奶牛场数量以2.8%～6.3%的相对稳定的速率下降，但奶牛群的平均规模却在不断扩大，由60年代平均24头增长至80年代末的61头，至2011年英国奶牛群的平均群体规模已达到123头。当前，英国将近1/2的原料奶产量是由100头以上规模牛群所生产。在乳制品加工方面，英国是欧盟第三大乳制品生产国，仅次于德国和法国。英国乳品企业生产的奶制品品种繁多，包括鲜奶、奶油、奶酪、酸奶等上百个产品，而由合作社加工生产的乳制品总量逐年增多。奶业合作社采取产、加、销一体化经营，按合作社的章程实行统一经营、统一核算、利润分成，可以让小规模农户享受到较大资本所带来的利益。在乳制品消费方面，乳制品在英国的市场普及度非常高，随着人们对肥胖的担心，一些低脂乳制品开始出现。几十年以前，半脱脂乳及脱脂乳已开始生产，至今，1%乳脂或更低乳脂牛奶及低脂奶酪仍呈现增长的趋势。近几年，英国推出了很多新型的有机乳制品，包括添加了功能成分的牛奶、风味有机奶等，销售量在未来有可能增加。进出口贸易方面，虽然英国人均消耗乳制品偏高，但有些乳制品不能自给，还需要进口。液态奶在进出口贸易中所占的比例很小，2011年进口的比例小于1%，而其他乳制品如黄油及奶酪等乳制品需大量进口，呈贸易逆差。奶酪主要从爱尔兰、法国、德国、意大利和比利时等欧洲国家进口，而黄油主要从新西兰、丹麦和爱尔兰进口。

英国奶业的发展受多方面的影响，首先离不开科技的进步。在奶牛育种方面，通过验证双亲DNA信息进行个体识别，提高估计准确性；通过公牛繁殖力评估提高母牛妊娠率；通过大规模使用基因组选择，缩短世代间隔，提高选择强度。在奶牛繁殖方面，人工授精、胚胎移植、体外受精和性别控制等四大繁殖新技术的相结合，对英国奶牛业的发展起到了不可估量的作用。饲养管理方面，根据奶牛的生理状况、生产性能和生产季节配置科学合理的饲料配方，使奶牛的生产潜力得到充分发挥。目前全混合日粮饲养技术已在英国广泛应用，饲养方式基本全部实行机械化。在奶牛疾病控制方面，英国建立了一套奶业传染病的监控和预警机制，以减少奶业损失及对人体健康的危害。在粪污处理、环境保护方面，英国在农场、乳品加工及零售链过程中实施了一系列的环境工程，在粪污处理与环保问题方面作出了很多贡献，温室气体排放、水使用量显著降低，粪污循环利用率显著升高。这些遗传育种、繁殖、饲养管理、疾病控制及粪污处理技术，为英国奶业的持续发展提供了强有力的技术支持。其次，英国奶业的发展与其原料奶质量控制和计价体系密不可分。英国通过质量安全法规、质量安全认证标准体系、质量安全追溯体系建设及完善监管职能对原料奶质量进行监控；通过制定动物健康和福利政策、间接对奶业进行补贴、组建集产、加、销于一体的奶业合作社等措施提高原料奶质量、保护奶农利益。英国的原料奶计价体系采用按质论价，以乳成分组成（乳脂肪、乳蛋白和乳糖）和卫生质量（总细菌数、体细胞数）为基础，但没有统一的原料奶付款标准，计价体系由各地的国家性乳品组织制定，不同地区按照不同的原料奶付款系统来执行，但所有的标准都会符合欧盟的规定。最后，英国奶业的发展与其奶业研究与推广机构的资金投入、运作模式及奶业政策的制定息息相关。英国畜牧业研究有着悠久的历史，其畜牧研究主要由环境、食品与农村事务部(DEFRA)，协会、公司、基金会和个人爱好者等资助。DEFRA 每年的研究经费约为 3 亿英镑，主要用于研究、预警和监视。在运作模式方面英国具有完善的奶业技术咨询服务体系，英国政府、乳品行业组织、遗传育种协会、兽医协会及公司等都会在奶牛饲养管理、遗传育种、环境保护、健康与福利、乳品加工生产和消费等方面为奶农或各自的会员提供技术咨询和培训服务，帮助其提高养殖效益。英国奶业协会是一个由有效政策控制的国家团体，它通过一系列的生产、加工、贸易和消费等政策的制定，保障和促进了一个负责任的、创新的乳品行业的利益。这些促进奶业发展政策的制定，是由英国的奶业专家和其他利益相关者，包括 DEFRA、食品标准局、欧盟委员会和其他行业机构等共同完成。以上种种措施保证了英国奶业的长久持续发展，其在经营模式、科技创新、产业政策及其他很多方面的经验值得我们借鉴。

关键词：英国　奶业　发展

1　奶业发展基本情况

1.1　奶牛养殖业发展

英国是位于欧洲西部的岛国。由大不列颠岛(包括英格兰、苏格兰、威尔士)、爱尔兰岛东北部和一些小岛组成(图 1A)。英国属典型的温带海洋性气候，一年四季气候温和，降雨充沛，温差变化小，具有十分优越的发展农业的自然条件。英国的国土面积为 24.4 万 km²，其中耕地面积 6.4 万 km²，约占整个国土面积的 26%。2011 年英国人口约为 6 320 万，其中农业人口仅为 100 万左右，约占总人口的 1.6%。英国地势东南低西北高，其中东南部为平原地带，土壤肥沃，适宜耕种，是英国的粮食主产区，主要发展种植业(包括大田作物和园艺)，约占农业总产出的 40%；北部和西部多为山区和丘陵地带，雨水较多，草木茂盛，主要发展畜牧业，占农业总产出的 60%。农产品主要有谷物(如小麦、大麦)、肉类、奶制品、蔬菜等。畜牧业较为发达，包括养牛、养羊、养猪和养禽等生产部门，其中养牛业产值最大。奶牛场在英国广泛分布，但主要分布在适合牧草生长区域。由图 1B 可以看出牛奶产量优势区域主要集中在英格兰西北和西南及威尔士西部地区。近些年，在苏格兰西南部及北爱尔兰产奶量也呈逐渐增加的趋势。

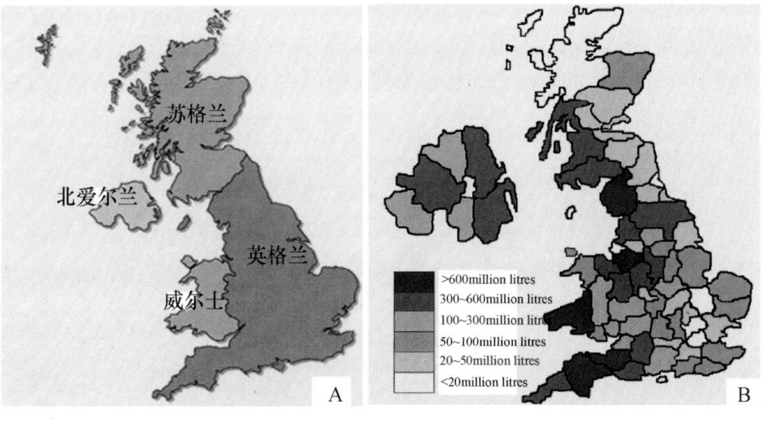

图 1　英国地图(A)及牛奶产量优势区域图(B)

图片 B 来源：Rural Payments Agency。

1.1.1　奶牛繁殖育种

在奶牛繁殖育种方面，英国建立了以弗里生(Friesians)谱系牛为主的繁育体系，广泛实行人工授精技术。奶牛饲养者的奶牛配什么品种，由人工授精站根据该场牛奶的生产额度、奶牛饲养数量和牛群质量来决定。英国60%的牛肉是通过奶牛来生产的。英国培育的高产奶牛品种主要有英国黑白花牛（占75%）、爱尔夏牛（占10%）、乳用短角牛（占5%）和娟姗牛等。

1.1.2 奶牛养殖模式

在英国，奶牛饲养存在3种模式，一种模式是在温暖、潮湿适合牧草生长的季节放牧（约6个月），秋末至冬天寒冷季节进行圈养；第二种是圈养模式（见图2），奶牛只有在干奶期可以在草场自由活动和采食，其他时间饲喂满足营养需要的全混合日粮；第三种模式是放牧模式，奶牛绝大多数时间在草场自由采食，但因为英国气候条件的限制，此种模式在英国存在较少。

图2　圈舍饲养

1.1.3 奶牛养殖规模及产奶量变化

自从20世纪90年代中期，英国奶业经历了重大的结构调整，奶牛场的数量减少了1/2，至今只剩下14 793个牧场。奶牛数量则下降了约1/5。据FAO近50年的统计数据，英国奶牛存栏头数逐年降低，单产量明显增加，产奶总量总体平稳。1961—2011年间，英国奶牛存栏量从421.5万头下降到181.5万头，个体平均产奶量由2 848 kg/头提高到7 630 kg/头（图3）。虽然奶牛头数减少，但由于单头产奶量的提高，80年代以前牛奶总产量反而逐渐升高，1983年以后逐渐降低，至90年代以后总产奶量基本平稳，略有降低（图4）。

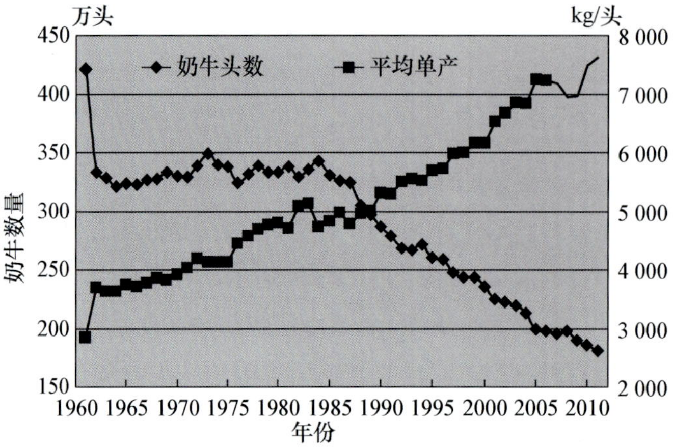

图3　1961—2011年英国奶牛数量及每头奶牛平均产奶量

资料来源：FAO。

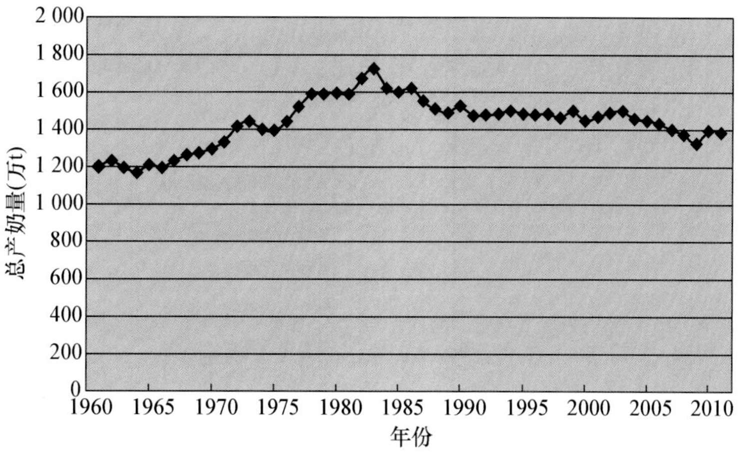

图 4 1961—2011 年英国奶牛总产奶量

资料来源:FAO。

英国奶牛单产水平的提高得益于育种、饲养管理和繁殖技术的进步。英国是近代家畜育种技术发展较早的国家,很早就建立了系统的奶牛选育体系,在依靠系统选育获得优秀奶牛个体的同时,广泛运用人工授精、胚胎移植等技术加快扩大优秀个体在牛群中的影响。在 20 世纪后半叶英国奶牛场数量以 2.8%～6.3%的相对稳定的速率下降。奶牛头数也在逐渐减少,由 1995 年的 260.3 万降低到了 2011 年的 181.7 万。但自 20 世纪 60 年代以来,英国奶牛群的平均规模在不断扩大,由 60 年代的平均 24 头增长至 80 年代末的 61 头,至 2011 年英国奶牛群的平均群体规模已达到 123 头(表 1)。当前,英国原料奶产量的将近一半是由 100 头以上规模牛群生产的。牛群规模的扩大降低了管理和技术运用的成本,提高了奶牛养殖的效益。

表 1 英国平均牛群规模变化

年份	奶牛场数量(个)	奶牛总头数(千头)	平均牛群规模
1995	35 741	2 603	73
2000	28 422	2 336	82
2005	20 313	1 998	98
2006	18 626	1 979	106
2007	17 427	1 954	112
2008	16 592	1 909	115
2009	16 008	1 857	116
2010	15 300	1 847	121
2011	14 793	1 817	123

资料来源:Dafra,DairyCo。

1.1.4 奶牛养殖成本

2010—2011 年间由于玉米原料存货少、需求增加,导致玉米供应紧张,大多数饲料原料价格也随之上涨。2011 年与 2010 年相比,小麦价格每吨增加 41 磅,增加了 31.1%,肥料价格、原油价格及土地租赁费用也都大幅增加。根据欧盟奶农联盟(EDF)和国际牧场联盟(IFCN)2011 年的生产成本比较,英国奶农的生产成本在欧洲是最低的几个国家之一。EDF 的数据显示,英国奶农的生产成本是 27.8 英镑/100 kg(折合 2.79 元/kg),是参与调查国家中最低的。英国在劳动力、资金使用效率和单产方面超过欧盟平均水平。而英国奶牛的淘汰率仅为 20%,排在爱尔兰和瑞士之后居第 3 位。根据 IFCN 通过对 49 个国家 157 个牧场的对比研究,英国的生产成本在欧盟排倒数第 2 位,仅次于爱尔兰,低于全球平均水平,在劳动力和资金的使用效率和饲料价格方面表现出色。

1.2　乳品加工业发展

英国是世界第九大、欧盟第三大乳制品生产国，在欧盟仅次于德国和法国。2011 年英国市场上拥有牛奶约 1 370 万 t，用于液态奶消费的约 690 万 t(图 5)。在英国主要有六大乳制品加工生产机构，分别是 First Milk、Milk Link、United Dairy Farmers、Dairy Crest、Arla Foods 和 Robert Wiseman Dairies，前三个属于合作社形式。合作社形式的企业可以保证奶农获得更多的利润，1994 年由合作社加工生产的乳制品量占全国总乳品量的 3%，2011 年上升到了 18%以上。这些乳品企业生产的奶制品品种繁多，有上百个，包括鲜奶、奶油、奶酪、酸奶等产品，其中鲜奶的脂肪含量有 1%、1.7%、3.6%等多个档次，适合不同的消费群体。

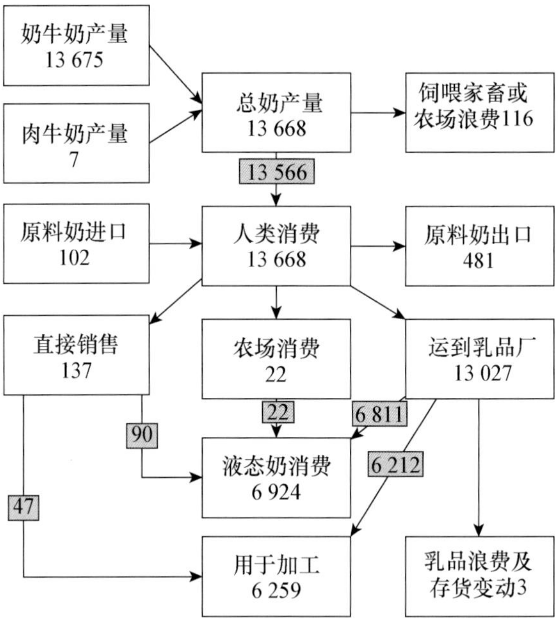

图 5　2011 年英国牛奶流向图(千 t)

资料来源：Defra。

英国各乳制品产量与生鲜乳用于不同乳制品生产的比例密切相关。由 1961—2011 年英国各种乳制品产量(图 6)可以看出，1969 年以前奶酪产量维持在相对稳定的状态，而从 1969—2001 年，奶酪产量波动中快速上升(达 39.5 万 t)，随后产量呈一定的波动状态，但幅度不大。脱脂奶粉和干乳酪、奶油和奶酪产量呈现相似的变化趋势，70 年代以前产量逐渐升高，在 70 年代中期至 90 年代初出现峰值，呈先升高后降低的变化趋势，随后奶油和奶酪产量保持相对稳定的状态，而脱脂奶粉和干乳酪产量逐渐降低。炼乳产量在 1984 年以前产量相对稳定，至 1989 年产量逐渐升高，达到峰值(约 25.6 万 t)，1989—2006 年产量逐渐降低，随后维持在相对稳定的状态(约 12.5 万 t)。全脂奶粉在所有这些乳制品中产量最低，80 年代以前产量稳定，一直维持在 2.5 万 t 左右，1979—1988 年产量逐渐升高，至 2003 年一直维持在 10 万 t 左右。2003—2005 年产量迅速降低，随后至 2011 年一直维持在 5 万 t 左右。

1.3　乳品消费发展

乳制品在英国的市场普及度非常高，2011 年电话调查显示，在英国 99%的人经常食用或饮用乳制品，96%的人经常饮用鲜乳，95%的人经常食用奶酪。高能量食品的摄入会引起过度肥胖，使患糖尿病、心脏病、癌症及中风的风险增加，因此，人们越来越关注饮食的健康。而健康饮食又是驱动乳制品需求的动力，在英国，随着人们对肥胖的担心，一些低脂乳制品开始出现。几十年以前，半脱脂乳及脱脂乳已开始生产，至今，

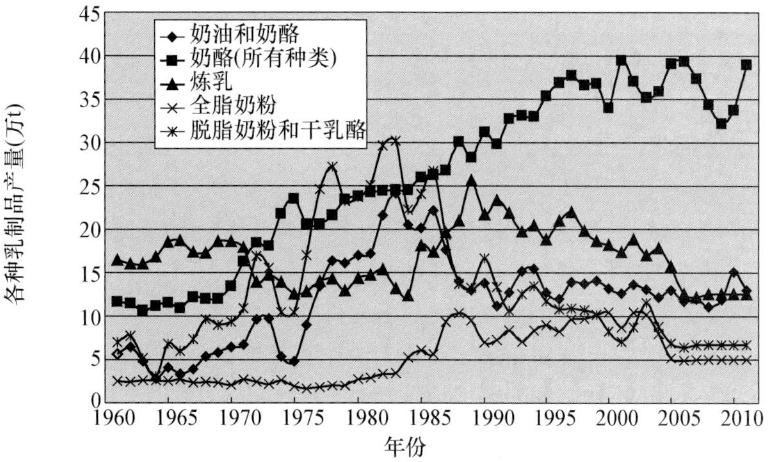

图 6　1961—2011 年英国各种乳制品产量

资料来源:FAO。

1%乳脂或更低乳脂牛奶及低脂奶酪仍呈现增长的趋势。由图 7 不同乳制品所占市场份额可以看出半脱脂乳呈逐渐增加的趋势,至今约占市场份额的 57%。在过去的 15 年脱脂或低脂乳的市场份额由 13%增加到了 19%。而全脂乳所占市场份额在长期降低以后(至 2009 年以前)保持在相对稳定的状态。

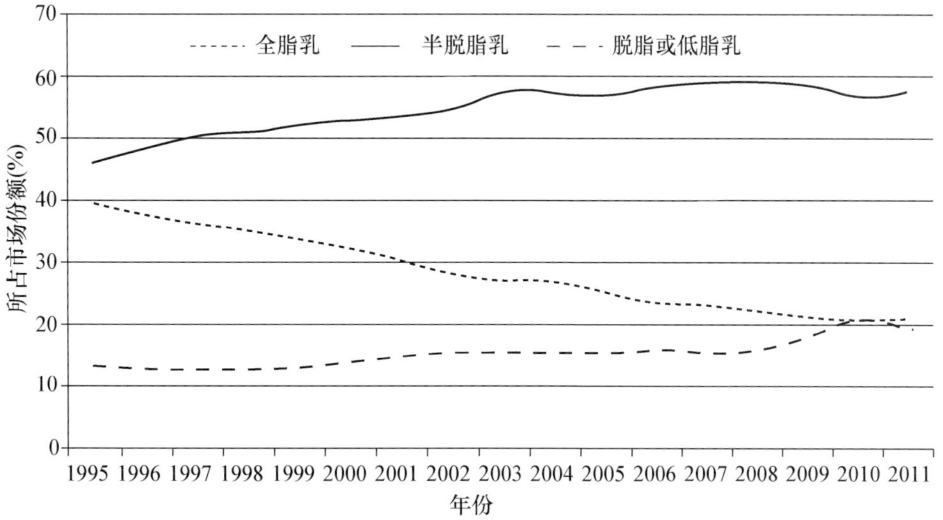

图 7　不同类型乳制品所占市场份额

在各种乳制品产量及所占比例中,70 年代以前以脱脂奶粉产量及所占比例最高,而 70 年代后至今奶酪产量逐年增加,且所占比例居于最高。由表 2 可以看出,酸奶消费量 2000 年为 45 万 t,2011 年增加到 60.9 万 t,增加了 35.3%,酸奶消费量的增加主要归结于功能性食物如益生菌、益生素酸奶及酸奶饮料消耗量的上升。在过去的几年,尽管因经济萎靡而导致功能性食品的快速增长速度开始放缓,但酸奶、酸奶饮料及冷藏甜点的消费量仍然持续增加,2010 年增加了 6.2%,消费额达 21 亿英镑,并且据预测,至 2015 年复合年增长率仍将以 4.4%的比例增加,健康饮食及促销运动是其增加的主要因素。

表 2　英国鲜乳制品年消费量　　万 t

	2000 年	2006 年	2007 年	2008 年	2009 年	2010 年	2011 年
酸奶	45.0	59.2	57.2	59.4	60.5	61.5	60.9
鲜乳酪	5.8	7.2	7.1	7.2	6.9	6.3	6.4

续表

	2000年	2006年	2007年	2008年	2009年	2010年	2011年
奶油	7	7.2	7	6.8	7.6	7.9	7.8
乳品甜点	21	21.8	22.3	23.3	25.3	22.7	23.4

资料来源：Defra。

近几年，英国推出了很多新型的有机乳制品，包括添加了功能成分的牛奶、风味有机奶等。尽管乳制品是最受欢迎的有机食品（价值5.28亿英镑，占有机食品消费量的29%），但2011年有机乳制品销售量下降了8.9%。牛奶销售量下降了9.2%（表3）。为了刺激有机奶的销售，有机奶的零售价降低了1便士/L，但非有机奶的价格降低了5.1%，致使有机奶销售没有达到预期效果。英国监察署（IGD）的调查结果显示2012年与2011年相比，17%的购买者期望买更多的有机食品，仅1%期望买更少的有机食品，因此有机乳制品的销售量在未来有可能增加。

表3　所有品种牛奶及有机奶零售量

年份	所有品种牛奶（百万升）	有机奶（百万升）	有机奶所占比例（%）
2004	4 726.6	71.0	1.50
2005	4 858.5	135.4	2.79
2006	4 838.9	162.5	3.35
2007	4 940.1	166.5	3.37
2008	4 957.7	166.4	3.36
2009	4 977.1	160.1	3.22
2010	5 057.9	156.1	3.09
2011	5 122.5	144.0	2.81

资料来源：Dairy UK（2012年白皮书）。

英国乳品企业所生产的乳制品绝大部分供应给中介机构，主要是大的零售商，小部分有企业通过上门销售的方式直接卖给消费者，其他剩余的主要销售给大的组织机构如餐馆、学校及医院等。图8反映了近些年以上3种销售方式所占市场份额的变化趋势。英国的零售市场主要被四大零售商占据，分别是Tesco，Asda，Aainsbury's and Morrisons。他们占据了英国零售额的77%。Tesco是最大零售商，占市场份额的30.7%，接下来分别是Asda（17.6%）、Sainsbury's（16.6%）及Aainsbury's and Morrisons（12.1%），但是一些折扣店如Aldi及Lidl所占市场份额在逐渐增加。零售方式所占市场份额呈逐渐增加的趋势。虽然上门直销给消费者提供了方便，但自从1984年液态奶零售价格解禁以后，通过商店销售的牛奶价格更为便宜，致使上门销售方式所占市场份额逐渐降低，从1997年的30%左右下降至2011年的5%以下。虽然通过其他途径（大的组织机构如餐馆、学校及医院等）消耗量呈现缓慢降低的趋势，但仍占有相当大的比例（30%左右）。

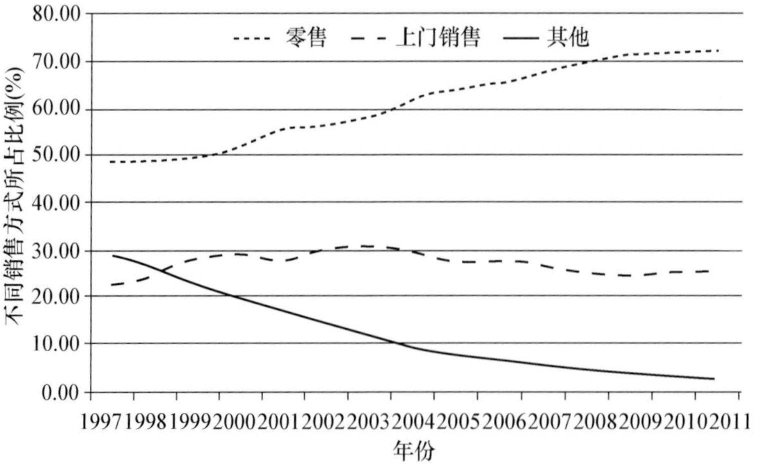

图8　不同销售方式所占市场份额的变化趋势

1.4 乳制品贸易发展

英国人均消耗乳制品偏高，有些乳制品不能自给，还需要进口。液态奶在进出口贸易中所占的比例很小，2011 年进口的比例小于 1%，而其他乳制品如黄油及奶酪等乳制品需大量进口，呈贸易逆差。奶酪主要从爱尔兰、法国、德国、意大利和比利时等欧洲国家进口，而黄油主要从新西兰、丹麦和爱尔兰进口。根据 FAO 统计的英国近 50 年各种乳制品进出口贸易量还是贸易额数据(附表 3 和附表 4)可知，进出口贸易量(图 9)与贸易额呈现相似的变化趋势。干酪乳(奶酪)无论是贸易额和贸易量，进口均多于出口，奶酪进口量在 2008 年以前快速增加(2008 年达到 38.1 万 t)，随后略有降低(2011 年为 36.1 万 t)，但波动不大。鲜奶 2000 年以前进出口基本持平，进出口量都非常少，而 2000 年以后鲜奶出口量大于进口，但占生鲜乳总产量的比例仍非常小(如 2011 年鲜乳进口 12.2 万 t，而鲜乳总产量为 1 385 万 t)。奶油 1987 年以前进出口量只有几百至几千吨，随后出口量快速增加，远远高于进口量，至 1998 年达到高峰，在随后的 5 年一直维持在 10 t 左右，2003 年以后出口量持续降低，至 2011 年降至 7.3 万 t 左右，而奶油进口量从 1995 年开始增加，至 2008 年进出口量基本持平，2009 年达到高峰(6.5 万 t)，随后进口量有所降低(2011 年降至 5.6 万 t)。全脂奶粉 1974 年以前进口量大于出口量，但进出口量都相对比较少，1974 年以后全脂奶粉出口量快速增加，至 1997 年达到峰值(13.6 万 t)，随后逐渐降低，2011 年降低至 5.5 万 t。全脂奶粉进口量从 2001 年开始缓慢增加，2009 年增至 3.7 万 t，但 2011 年又降至 2.0 万 t。脱脂奶粉在 1970 年以前及 2000 年以后进出口量基本持平，1970 年至 2000 年脱脂奶粉出口量先增加后降低，至 1984 年达到峰值(17.5 万 t)，而脱脂奶粉进口量则一直维持在比较低的水平(1 万～5 万 t 左右)。

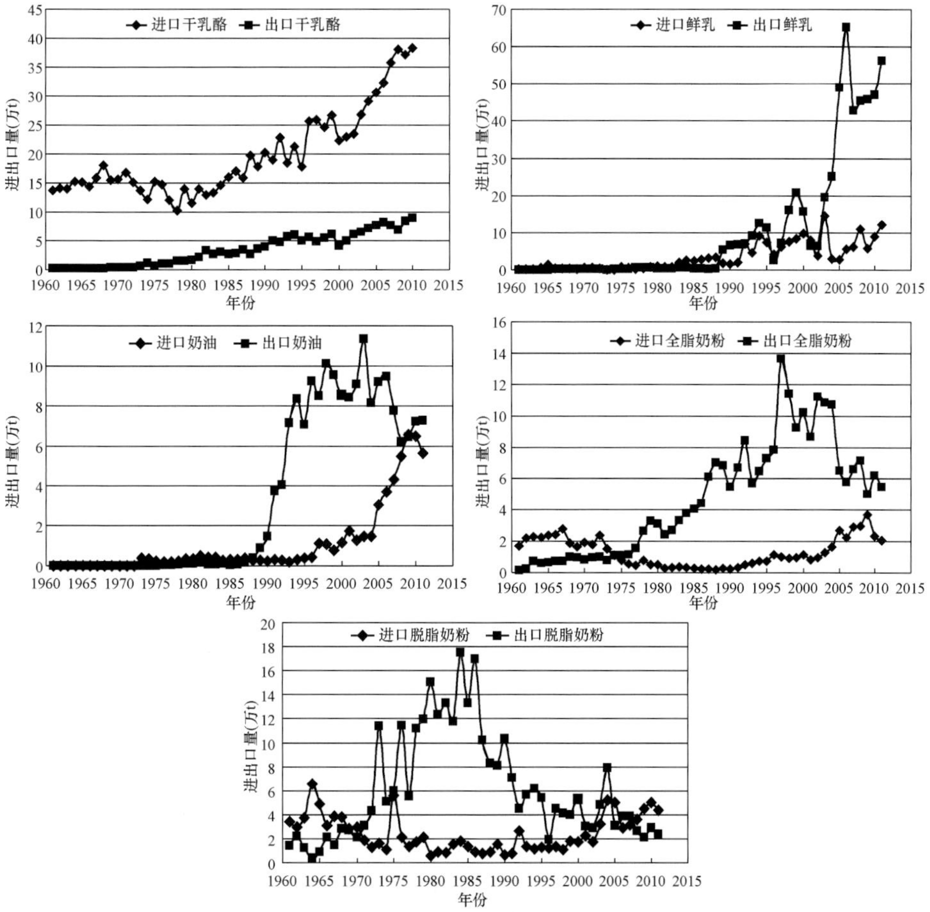

图 9 1961—2011 年英国主要乳制品进出口贸易量

资料来源：FAO。

2 奶业科技进展

2.1 奶牛育种技术进展

英国的畜牧业有一个组织严密、效率高的繁育体系，所有牛的品种都有自己的品种协会。奶牛协会都是以公司化的身份出现的，由奶农自己拥有，服务于奶农。主要工作是进行奶牛品种登记、外貌评定，兼做一些奶牛场用品的销售，都是通过服务收费来支撑协会的运作，当然也有部分的会员会费、政府的补贴等。协会对公牛站的冻精、奶农制作的胚胎销往海外市场给予很大的支持，帮助牵线搭桥，参与市场谈判，努力促成交易。随着大型牧场数量的不断增加。奶牛育种正在遇到前所未有的发展机遇。其中三个重要技术，他们可能带来未来奶牛育种中的重大革新。

(1)通过验证双亲DNA信息进行个体识别，提高估计准确性。大型牧场中经常几十头母牛同时分娩，牧场的工作人员进行个体识别时难免出错，这样会影响个体识别的准确性，从而降低后裔测定的可靠性。解决这一问题的方法很简单。目前普遍使用的是通过DNA鉴定进行双亲信息的验证。现在大型牧场中推广使用毛囊提取基因组进行DNA检测，利用检测后信息对青年公牛送行后裔测定。

(2)公牛繁殖力评估。目前，农场主们希望不断提高奶牛产奶量来获得更高的效益，但是这直接导致的后果是母牛妊娠率的降低，所以提高母牛妊娠率是众多大型牧场最迫切的需求之一。公牛繁殖力评估主要评定依据为泌乳期内母牛首次配种后70 d内的不返情率，但是如何准确记录不返情率是目前繁殖力评估的难点。为了更准确的估计公牛繁殖力，应使用经兽医鉴定后的妊娠率作为评估依据，并且大型牧场为了准确掌握牛群的繁殖情况，母牛配种后都会由兽医进行妊娠鉴定，得到准确的妊娠率，这样就为准确估计公牛繁殖力提供了可能。

(3)大规模使用基因组选择，缩短世代间隔，提高选择强度。基因组选择是奶牛育种新技术，主要目的是缩短奶牛育种的世代间隔。传统的后裔测定至少需要六年，而使用基因组选择世代间隔缩短为一年，比传统的后裔测定方法减少了5年，这将大大降低奶牛育种的成本。通过使用基因组选择，我们可以选择未经配种的青年母牛作为种子公牛的母亲，从而加大对种子公牛母亲的选择强度，加速奶牛育种进展。

2.2 现代奶牛繁殖技术

人工授精、胚胎移植、体外受精和性别控制等四大繁殖新技术的相结合，对英国奶牛业的发展将起到不可估量的作用和产生极其深远的影响。

2.2.1 人工授精技术

人工授精是英国迄今为止应用最为广泛并最有成效的繁殖技术。发情鉴定、精液准备及输精部位和时间的掌握是人工授精的关键步骤。实行人工授精，由于充分利用良种公牛，既可加速牛群改良，提高牛群平均产乳水平，又能提高受胎效果，减少疾病传染，节约费用，有力地促进了乳牛业的发展。

2.2.2 胚胎移植

英国剑桥大学的Walter与Heape于1890年首次报道了家兔胚胎的成功移植，1896年他们又重复了该项胚胎移植实验，亦称受精卵移植或卵移植。它的含义是将一头良种母畜配种后的早期胚胎取出，移植到另一头同种的生理状态相同的母畜体内，使之继续发育成为新个体。胚胎移植技术在奶牛生产的应用，极大地提高了优良个体的繁育能力，便于产生更多的优良后代，有利于良种奶牛群体的建立和扩大，有利于选种工作的进行和品种改良规划的实施，加速了奶牛的品种改良工作。胚胎移植技术改变了供体奶牛的自然繁殖过程,把优良奶牛个体从长期孕育胚胎和胎儿的过程中解脱出来,使优良的奶牛个体能节省出更多的时间来生产优良的遗传物质材料,充分发挥奶牛的繁殖潜能,大大地提高了奶牛的繁殖效率。只有把胚胎移植技术与长期不懈的育种相结合,在奶牛生产中合理应用,这种技术在奶牛生产中才会取得理想的效果。

2.2.3 体外授精

自1982年以来,牛体外受精(IVF)技术发展十分迅速,现已成为动物胚胎工程及细胞工程领域内的一个基本和重要的研究分支,并从20世纪80年代末就开始进入应用阶段。牛IVF技术的主要环节包括:①屠宰牛卵巢卵母细胞的采集、保存和运输;②卵巢卵母细胞的采集:利用注射器吸取或其他方法,将未成熟的卵母细胞从可见卵泡中取出,然后在显微镜下选择卵丘细胞层完整的正常卵母细胞进行体外成熟培养;③卵母细胞的体外成熟培养(IVM):将处于生发泡期的未成熟卵在添加激素或血清的培养基内培养至成熟阶段,进行体外受精;④精子的体外获能处理:体外条件下利用化学药物(IA、咖啡因及肝素等)使精子达到获能状态;⑤受精处理:把培养成熟的卵子和获能处理好的精子放在一起培养,使其在体外条件下完成受精过程;⑥受精卵的体外发育培养:通过一系列培养条件的探索,使受精卵发育到桑椹胚和囊胚阶段;⑦发育胚胎的冷冻保存;⑧胚胎的质量评定;⑨胚胎移植:这是体外受精技术的最终目的;⑩受体牛的妊娠诊断和管理。由于牛IVF技术在养牛业上的巨大应用潜力,英国及世界上许多发达国家均投入大量的人力和财力进行了牛IVF胚的开发性研究,从而促使牛IVF技术从实验研究开始走向商品化应用。采用超声波扫描经阴道活体采集卵母细胞技术的应用加速了IVF在活体家畜上的应用。

2.2.4 性别控制

XY精子分离技术是通过对精子进行染色体分类,提供可以控制性别的精液,从而使得奶牛连续产母牛犊这一梦想得以实现,它是目前最先进的良种繁殖技术。英国Cogent公司是世界上第一家利用分离精子技术投入生产的公司。2000年7月,在英国皇家农业博览会上,Cogent正式宣布为其下属的牧场主提供奶牛分离精子的服务。同时,该公司拥有全英国10头最优秀公牛中的3头。他们从这3头最优秀公牛采集精液,分离X和Y精子并分装冷冻保存。目前,分离精子一是销售给牧场主,由牧场主自行人工授精;二是该公司为其属下牧场主的供体牛作超排处理后,进行人工授精或活体采卵后体外受精,将所生产的预知性别胚胎再移植到该牧场主的受体母牛。

2.3 奶牛饲料与营养技术进展

(1)饲草饲料是发展畜牧业的基础。从土地利用上看,英国是优先发展饲料和牧草生产,英国的牧场面积接近全国总面积的一半,为畜牧业服务的饲料种植面积又占了全国耕地面积的一半,大片耕地用来种植饲草、饲用甜菜和饲用芜菁等。其主要是依靠发展精饲料和提高草地载畜量来实现畜牧业增产的,尽管近年英国畜牧业生产的集约化水平不断提高,至今仍保持以草地为主要饲料来源的传统特色,并已逐步朝着草地牧草与精饲料并重的方向发展。英国对牧草饲料也投入了大量的研究,包括牧草越冬系统、生产和利用、品种选择等。

(2)英国奶牛的饲料利用比较合理,采用全价营养饲料。全混合日粮(TMR)技术是20世纪60年代在英国、美国、以色列等国家首先采用的一种饲养方式。TMR饲养方式与传统的饲养方式相比,避免了传统饲养方式挑食、摄入营养不平衡的缺点,改善了饲料的适口性,增加了奶牛对饲料干物质的采食量,提高了产奶性能。除此之外,该饲养技术还能够增强瘤胃机能,使成年母牛的瘤胃酸中毒、乳热症等营养代谢疾病的发病率明显降低,使前胃弛缓、真胃移位等消化系统疾病的发病率也显著降低。英国目前奶牛营养方面研究的重点是通过优化日粮配合,提高饲料转化率、减少环境污染。其他研究项目还包括如何在保持奶牛健康和生产性能的前提下降低日粮粗蛋白含量、微量元素补充、瘤胃健康的方面。在Defra可持续家畜生产链接项目支持下DairyCo正在参与一种工业酒精副产物DDGS的优化利用研究。

2.4　奶牛疫病控制技术进展

2.4.1　疯牛病的控制技术

疯牛病又称牛脑海绵状病(BSE),系人畜共同传染病。该病病原是具有感染性的蛋白颗粒,存在于染病绵羊山羊脑组织内,经制成肉骨粉喂牛而传染给牛,人误吃该病污染牛肉或其产品,而感染该病。自1986年发现该病以来,英国政府采取一系列措施,对控制该病的蔓延起到十分积极的作用。①对屠宰场实行控制,在处理牛尸体之前把可疑的牛脑和脊髓去掉;②禁止把所有哺乳动物的肉粉和骨粉作为所有牲畜的饲料;③鉴定牛群和跟踪其活动情况,同时登记造册;④扩大屠杀计划范围,把发现有此病的牛群中出生的牛也包括进去。欧盟过去也采用这些措施,很好地控制了疯牛病,该病对奶牛业影响较小。

2.4.2　牛结核病的控制

牛结核病(Bovine Tuberculosis)是由牛分枝杆菌所引起的一种人畜共患的慢性传染病,其病变特征为病牛逐渐消瘦,在组织器官中形成结节性肉芽肿和干酪样坏死。牛结核病是英国当今奶牛业面临的最大挑战,尤其在英国的西部和西南部地区,图10显示了近17年英国新增牛结核病的牛群数,这一数据有呈现上升的趋势。鉴于此,政府采取了相应的综合措施控制,如生物安全措施,獾的屠杀和免疫,以及下一步准备开发牛和獾的口服疫苗。目前,首要的目标是控制疾病的恶化,然后就是阻止疾病的流行蔓延,终极目标是根除该病。1975年以来,在英国有牛群被感染的区域,政府组织了有针对性地捕杀、不捕杀和无针对性地捕杀獾(肺结核携带动物),但这一政策于1998年被暂缓执行。2011年11月,英国政府制定了牛结核病和獾控制的政府政策(文件编号:PB 13691)。2012年1月,英国国务大臣宣布西格洛斯特郡和西萨默塞特郡作为试点,颁发獾捕杀执照,以期望控制牛结核病。在牛结核病的诊断方面,英国动物卫生研究所研制一种新的牛结核病检测方法,可区分疫苗接种牛和感染牛。这种试验最终有益于疾病的准确诊断,可以降低牛结核病的发病率,改善动物健康与动物福利,并且有利于保护饲养员的健康,提高畜牧业的竞争力。

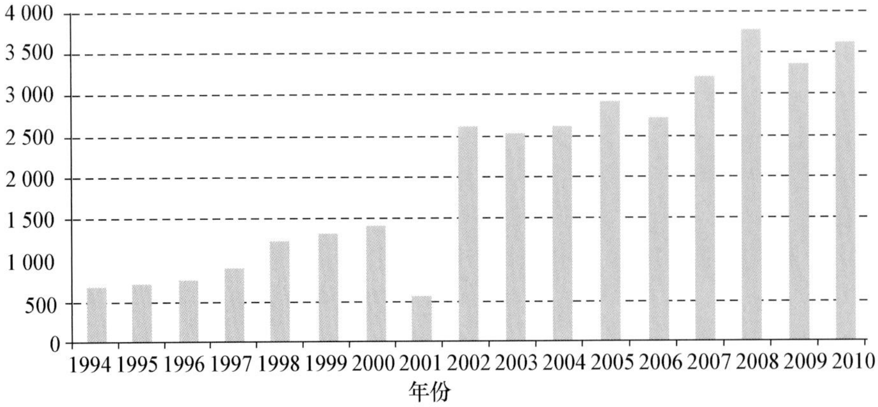

图10　英国每年新发生牛结核病的牛场数

资料来源:英国农业部。

2.4.3　布氏杆菌病的控制

布鲁氏菌病(Brucellosis)又称地中海弛张热,由英国医生布鲁氏于1887年发现该病的病原菌而得名,是一种人畜共患性全身传染病。该病也是英国的法定传染病,一旦存在可疑疫情,需要立即告知农业部有关分区兽医管理人员,利用ELISA、补体结合试验和血清凝集试验等一系列血清学试验进行检疫。英国政府于1962年采用免费免疫计划,所用的疫苗为S19株,随后,在1967年引进畜群自愿检疫计划,以创建无病原核心畜群。英国从1971年开始实施了该病地区强制性根除，直到1979年检疫英国所有畜群并终止了该病的牛疫苗免疫。英国在1985年通过执行强制扑灭政策后，就达到了官方无布氏杆菌病的状态。2006年2月英国将布氏杆菌病纳入新的牛补偿体系，苏格兰和威尔士继续按照市场价格对该病进行补偿。自2007年4月以来，肉牛不再每两年例行抽检血样检测布氏杆菌检测。不过包括进出口检验检疫、流产调查和原料奶的监督和风险管理措施还将维持。

2.4.4 口蹄疫的控制

口蹄疫(FMD)，由口蹄疫病毒(FMDV)所致急性、热性、高度接触性传染病。主要侵害偶蹄兽，尤其是牛、羊、猪和鹿等，骆驼科和大象也能感染。1948年英国人 Brooksby 确定了南非1型(SAT1)、南非2型(SAT2)和南非3型(SAT3)，1954年则发现了 Asia 1型病毒。该病在英国为法定传染病，实施申报制度，如果怀疑是该类疾病，需立即通知当地动物健康兽医实验室机构的责任兽医。2001年英国发生口蹄疫，政府采取了隔离、禁止长途运输动物和宰杀牲畜等多项措施，却没有给牲畜接种疫苗，但英国华威大学的科学家对本次疫情数据分析发现，为疫点附近的农场牲畜接种疫苗，是控制口蹄疫疫情的最佳方式，被宰杀的牲畜中有四分之三就可以幸免。2011年11月，发布了英国口蹄疫控制策略(文件编号:PB13681)，提出口蹄疫的控制方法:疑似病例的早期诊断和及时报道；通过对饲养在受污染场所和认定为“危险接触”的可疑动物进行人为的捕杀，达到迅速而有效地消除疾病的目的；尽早考虑疫苗是否可作为疫区控制和消除该病的额外控制措施；基于流行病学证据进行风险评估及解除限制前的示范；在解除限制前继续阶段性加强受控制场所的监管；在考虑盈亏情况下作出有关控制措施决定；遵循欧盟条款和世界动物卫生组织陆生动物健康法案。

2.5 奶牛场粪污处理与环境保护技术进展

环境污染、气候的变化使人们将环保问题放在了经济、政治及社会议程的首位。近些年英国乳制品行业在农场、乳品加工及零售链过程中实施了一系列的环境工程，在粪污处理与环保问题方面已做出了很多贡献，温室气体排放、水使用量显著降低，废物循环利用率显著升高。

2.5.1 牧场采取的措施

(1)氮的有效利用。肥料为牧草及农作物的生长提供非常重要的营养成分，但同时也产生了一种重要的温室气体排放物一氧化二氮(N_2O)，尽管与甲烷产量相比微乎其微，但其温室效应是CO_2的300倍。N_2O是通过施用粪尿、化工合成肥料及农耕活动产生。因此，向农民提供一种有效的氮利用措施有助于减少农场的环境足迹。良好的粪污、土壤管理及精确肥料应用措施有助于减少农场温室气体排放；

(2)优化奶牛日粮。乳品部门正面临着环境的挑战，一头牛每天产生600 L的甲烷，排放到空气中，一头牛一年能产生150 kg或者说占整个奶牛群温室气体排放量的1%。甲烷是反刍动物瘤胃发酵牧草或其他饲料之后的一种副产物，这种经自然过程发酵所产生的气体是20年短期碳循环的一部分，但是甲烷的温室效应是CO_2的21倍。将科学技术有效的应用到畜牧业可以减少牛污染物排放。日粮配方的优化及良好的育种措施有助于提高牛生产性能，减少污染物排放。研究表明，通过日粮配方优化，至少可以减少甲烷排放量的20%。

(3)粪污循环利用。随着饲养规模的扩大，奶牛粪便处理和环境保护的问题也越来越突出。高产奶牛代谢旺盛，采食量大，随之产生大量的代谢终产物。一般每头高产奶牛每日排粪量为35～47 kg，排尿量为41～65 kg。如果饲养100头高产奶牛，一年内排粪量将达1 300～1 700 t。排尿量将达1 500～2 400 t，形成污染源，若无法消纳，将对环境产生严重影响。奶牛所产生的粪尿，英国传统方法是作为废物或肥料，现在，随着尖端科学技术的应用，牛的粪污一方面进行固液分离(见图11)，被用来产热发电，牛奶的环境足迹进一步减少；另一方面通过厌氧发酵产生大量的生物气体，生物气体可用于发电，发酵后剩余的残渣可以制作理想的肥料。

图 11　固液分离设施

2.5.2　加工过程中采取的措施

(1)优化工厂生产,提高能量利用效率。将原料奶加工成为奶酪、酸奶及饮用乳需要消耗能量。自从英国国营牛奶营销委员会消亡之后,经过十多年的密集重组,小的、陈旧的或低生产效率的企业已经被替代,目前英国拥有世界最有效和最先进的牛奶加工企业,能量利用效率显著提高。

(2)对废物进行回收处理,做到无垃圾堆填。与其他许多制造商一样,英国乳品企业也会产生许多废物,这些废物需要进行有效的处理。过去这些废物经常被放置在垃圾堆填区,造成了环境污染。现在乳品企业已认识到了此问题的严重性,乳品企业正在采取一系列的计划对废物进行回收,涉及从纸板箱到餐厅食物残渣和橡胶手套等。到 2020 年,英国乳品行业承诺将不会再向堆填区运输废物,随着原材料及堆填区成本的增加,这种承诺具有巨大的经济意义,对乳品部门来说将会是一个双赢。

(3)减少包装材料污染。牛奶塑料瓶是乳业生产的主要的废物之一,制造商正在想办法对此问题进行改进。英国现在只有约 49%的牛奶塑料瓶被循环利用,其余的都被送到了垃圾填埋场。消费者希望增加其循环利用率,减少对环境的影响,但期望企业成为改变的推动力。英国现在投入几百万英镑致力于开创性技术的研究,从生活垃圾中收集牛奶塑料瓶,将其回收利用到食品包装行业。到 2020 年,乳品企业承诺减少高密度聚乙烯使用量的 50%,每年消除 6.5 万 t 的废物。在废物以资源行动计划的资助下,英国乳品公司 Dairy Crest 研发了一种无把手的塑料瓶,一品脱和两品脱的瓶子与标准瓶子相比可以节省 10%的塑料,每年将减少 5 000 t 牛奶包装废物。

2.5.3　零售过程采取措施

乳制品在从农场到餐桌的过程中需要一直处于冷链环境以保持其新鲜可口,但冷链过程需要消耗大量的能量。英国比利斯托尔大学食品冷冻与加工研究中心研究结果显示乳品生产链中零售环节耗电量最大。乳制品零售冷链过程每年耗电 4 200 kW·h,相比而言农场牛奶冷却降温每年消耗 200 kW·h,加工消耗 250 kW·h。最近,英国玛莎百货研究出一种新型的冷却橱柜,可节能 70%。英国零售商正在研究使用 CO_2 作为制冷剂,效率更高,并且如果发生泄漏对环境的污染也比较小。

2.5.4　GLF(greener for life)商标认证

英国有一家 GLF 公司,他致力于为现在及将来的子孙后代提供可持续的食物与能源供应,并且与自然和环境和谐共存。由于该公司环保生活计划项目的实施,许多乳制品在销售时带有独特的环境认证标志(GFL 商标)。带有 GFL 商标的乳品说明其在生产、加工及销售过程中严格遵循环境保护准则。在农场,他要求农民实施环境保护和动物福利措施,提高畜群生产性能,并考虑利用小规模的可再生能源。对于制造商和零售商,他要求减少废物填埋,引入更多可持续的包装解决方案,签订可再生能源合同。GFL 长远的目标是通过大规模的厌氧发酵产热发电,为乳制品生产链提供能源,甚至为车辆提供生物甲烷气。

3 原料奶质量控制与计价体系

3.1 提高原料奶质量的主要技术措施

原料奶的质量与现代化科学技术的应用及先进的饲养管理手段密切相关,英国环境、食品和农业事务部(DEFRA)及其他乳品行业组织每年投入大量资金进行奶业科学研究,然后通过前面所提到的现代化的遗传育种、繁殖、饲养管理及疾病控制技术提高奶牛原料奶质量。

3.2 提高原料奶的主要政策措施

(1)提高奶牛健康与福利。动物福利已经成为食品安全领域不可分割的重要组成部分,消费者越来越多地关注动物福利问题,确保消费者能够获得关于动物福利的准确信息,将有助于推动动物福利政策发展。在奶牛养殖过程中只有重视奶牛福利,使奶牛在干燥、干净和舒适的环境中产奶,才能保证奶牛的健康,也只有健康的奶牛,才能产出优质的原料奶。2010 年 DairyCo 奶农意向调查显示蹄病、肺结核、乳房炎和低生育力是农场奶牛存在的最大的健康和福利问题。英国是一个非常注重奶牛福利的国家,在 2004 年就制定了提高动物健康和福利的战略目标。2009 年英国农场动物福利委员会出版了关于奶牛福利的建议。英国在动物福利立法方面有五个显著特点:最早、最多、对世界影响最大、最先提出动物实验的"3R"原则、非政府机构参与执法。欧盟和其他国家制定的动物福利法,大都是以英国动物福利法为基础,结合本国情况制定的。

(2)间接对奶业进行补贴。英国农业补贴资金来源有两个,一是欧盟共同农业政策返还,二是英国本国农业补贴支出,其中来自欧盟的返还占绝大多数(约 90%)。就奶业补贴而言,包括奶业补贴和附加奶业补贴,另外还对奶业税收进行减免。近些年英国农业补贴更鲜明地突出了走环境保护之路的特点。英国引入了所谓的环境许可制度,农场主如果想得到政府补贴,必须保证其农业生产达到一系列环保标准,如果不能达标,就会被从补贴名单中除名。

(3)组建集产加销于一体的奶业合作社。英国的奶业是由市场驱动,并且是高度竞争。供应链上的每一个环节都必须要取得稳定的利润,产业链的紧密合作将成为奶业发展的基本模式。按合作社的章程实行统一经营、统一核算、利润分成,让小规模农户享受到较大资本所带来的利益。2007 年,英国的 First Milk 和 Milk Link 奶业合作社合并,社员增加到 4 250 户。

3.3 监控原料奶质量的主要方法及惩罚措施

(1)质量安全法规建设。英国从 1984 年开始分别制定了《食品法》、《食品安全法》、《食品标准法》、《食品卫生法》、《动物防疫法》等,同时还出台了许多专门规定,这些法律法规涵盖所有食品类别,涉及从农场到餐桌整条食物链的各个环节。完善的法律体系为英国制定监管政策、检测标准及质量认证等提供了有力依据,同时也为乳制品安全监管提供了严密的法律支撑。

(2)质量安全认证标准体系建设。英国在 2000 年将以往纷繁复杂的农产品卫生认证标准整合为以"小红拖拉机"为统一标志的农产品质量认证标准体系,即英国食品标准体系。该体系对 6 大类农产品进行检测认证,包括猪肉、牛羊肉、鸡肉、乳制品、水果蔬菜、农作物(如谷物和甜菜)等,并对每类农产品制定了相应的质量认证标准。此外,英国部分产品还进行有机食品、蛋产品、海(水)产品认证。红拖拉机质量安全保障体系的高标准不仅仅涉及到农田,而是对从农田到包装的全程管理控制,这其中包括农户、加工者、零售商和批发商。牛奶和乳制品必须经过国家牛奶场质量保证体系(NDFAS)认证才能获得红拖拉机标志的使用许可。农户同样需要遵循动物福利的原则,专业的检测人员至少每 17 个月要对奶牛场进行调查以确保标准的严格执行。

(3)完善监管职能。英国政府根据《食品标准法》于 2000 年成立了食品标准署,食品标准署依照法律实施监管活动。依照《食品安全法》、《健康与安全法》对乳制品的生产、加工和销售场所进行检查,检查人员有权检查、复制和扣押有关记录,取样分析。禁止生产、销售不符合食品安全要求的乳制品。法律授权监管机关可以对食品的生产、加工和销售场所进行检查,并规定检查人员有权检查、复制和扣押有关记录,还可取样分析;对于检查中发现的违法产品,监管机关可以采取查封、扣押和禁止移动、禁止销售等强制措施。责任主体违法,不仅要承担对受害者的民事赔偿责任,还要根据违法程度和具体情况,受到相应的行政处罚乃至刑事制裁,对其处罚和制裁非常严厉。

(4)质量安全追溯体系建设。英国从 2000 年开始建立包括乳制品在内的农产品信息可追踪系统,国家建立了统一的数据库,该系统可以从生产到销售的每个环节追踪检查产品,具有溯源功能。一旦发生重大食品安全事故,地方主管部门可立即调查并确定可能受事故影响的范围、对健康造成危害的程度,通知公众并紧急收回已流通的食品;同时将有关资料送交食品安全署,以便在全国范围内统筹安排控制事态,最大限度地保护消费者利益。

3.4 原料奶计价体系

所谓原料奶计价体系,就是由独立的中心实验室、第三方化验机构或者乳品加工厂对原料奶进行各项指标的检验分析,根据所提供原料奶的总体质量,确定原料奶的收购价格。计价体系会影响原料奶供应的质量。根据细菌数、体细胞数、冰点降低(掺水)和抗生素残留等质量指标来对奶农进行惩罚,会激励奶农改善原料奶质量。欧盟规定原料奶收购的最低标准为:细菌含量≤100 000 CFU/mL;体细胞数≤400 000/mL。所有欧盟成员国都要遵守此规定,但不同国家的原料奶计价体系具有不同的组织形式。英国的按质论价体系也是以乳成分组成(乳脂肪、乳蛋白和乳糖)和卫生质量(总细菌数、体细胞数)为基础,但没有统一的原料奶付款标准,计价体系由各地的国家性的乳品组织来制定,不同地区按照不同的原料奶付款系统来执行,但所有的标准都会符合欧盟的规定。

4 科技推广体系

4.1 主要研究与推广机构

英国畜牧业研究有着悠久的历史,其奶业研究与推广主要由政府组织,各种协会、公司、基金会和个人爱好者等资助。

4.1.1 英国环境、食品和农业事务部(DEFRA)

DEFRA 是英国的政府组织,相当于中国的农业部,每年投入 200 万英镑进行奶业科学研究,研究课题主要有通过加强和改善牛奶品质提高公众健康、利用和开发农场动物遗传学资源的潜在价值等。

4.1.2 乳制品行业组织

英国皇家奶农协会(RABDF):RABDF 成立于 1876 年,是一个相对独立的组织,除代表英国奶农进行一系列的游说活动之外,还组织一系列活动对奶农进行培训。另外,它也与乳品委员会(Dairy council)、全国农场主联合会(NFU)及英国奶业协会(Dairy UK)等组织开展广泛的合作。

全国农场主联合会(NFU):NFU 成立于 1908 年,是英国最大的农业组织,总部位于沃里克郡的斯通莱公园,在伦敦、布鲁塞尔和威尔士也有办事处,另外还有 300 多个地区网络办事处。资金来源于会员的捐款,其主要任务是为会员提供专业化的服务。乳业部门是 NFU 下属的 7 个部分之一,在英格兰和威尔士拥有 7 800多个奶农会员,其工作重心是帮助奶农解决实际问题,提高养殖效益。

英国 DairyCo:DairyCo 是英国农业与园艺发展委员会(AHDB)下属的六个部门之一,是一个代表英国奶农利益的非盈利组织,资金来源于牛奶生产者的税收,每升牛奶征收 0.06 便士的税,每年大概有 650 万英镑的收入。其职责是为英国的奶业需求解决问题,其中四个主要的任务是:提供世界一流的信息服务;帮助奶农管理并满足其对环境及法规的要求;通过更好的商业管理帮助奶农增加收益;使大众对乳品行业有一个积极的看法。DairyCo 通过为奶农提供牛奶价格、乳品消费行情、生产与供应情况、加工与贸易、农场资料及农场费用开支等透明的市场信息,帮助其做商业决定;通过 Milkbench+(一种以网络为基础的基准系统,帮助奶农进行利润分析)、乳房炎控制方案、健康肢蹄计划及各种改良计划(包括牧草种植、饲养管理、繁育改良等)给奶农提供技术服务,帮助其提高效益;通过对大学及研究所进行的资助,开展对牧草、奶牛营养、遗传育种、动物健康和福利及环境等方面的研究。

英国奶业协会(Dairy UK):Dairy UK 成立于 2004 年 10 月 1 日,总部设在伦敦,在爱丁堡和贝尔法斯特设有办事处,还有一些地区服务经理,其活动由董事会管理,地区活动有苏格兰及北爱尔兰董事会负责。Dairy UK 代表奶农、合作社、生产商、销售商及消费者等整个供应链的利益,他通过国家和地区的工作人员,向会员提供有价值的培训和建议。其宗旨是引领英国奶业的发展,并为其创造一种竞争、可持续发展的环境。英国牛奶产量的 85%由 Dairy UK 会员进行收集和加工。Dairy UK 2/3 的收入来自会员捐献,其余的来自于投资收入或商业活动。其拥有两个子公司,英国奶酪董事会(负责奶酪促销)和乳制品节能公司(负责部门的气候变化协议),并且从 2009 年开始全额资助奶业委员会(Dairy Council)。Dairy UK 一个重要的工作就是提供商业服务。总部及地区训练有素员工向会员提供从雇佣合同、法律纠纷到 HACCP 认证和仓库安全等各种帮助。同时,其 Dairy UK 作为高效的说客,使成员的意见能够被政府倾听,并且可以从政府核心部分获得重要的信息,在政治层面上保护成员的利益。Dairy Council 是一个非盈利的组织,由 Dairy UK 进行资助。其前身为国家奶业委员会(NDC),它为专业人士、媒体、产业及消费者提供与乳制品相关的健康平衡饮食和生活方式方面的科学信息,这些为专业人士和消费者提供的信息资料可以从其网址中的出版物专区下载。

4.1.3 遗传育种协会组织

英国奶牛品种比较多,遗传育种资源丰富,几乎每个品种都有相应的协会,如格恩西种牛协会(Guernsey Cattle Society)、爱尔夏种牛协会(Ayrshire Cattle Society)、娟珊牛协会(Jersey Cattle Society)、短角牛协会(The Shorthorn Society)及荷斯坦奶牛育种协会(Holstein UK)。其中 Holstein UK 是欧洲最大的育种协会,它于 1999 年由原来的荷斯坦弗里生协会(Holstein Friesian Society)和英国荷斯坦协会(British Holstein Society)合并而成,拥有 8 000 多名会员,在许多主要的奶业委员会及组织都有代表,并且与其他奶牛品种协会有工作关系。各奶牛协会都是以公司化的身份出现的,由奶农自己拥有,服务于奶农。每个协会的主要工作是进行奶牛品种登记、外貌评定,兼做一些奶牛场用品的销售,都是通过服务收费来支撑协会的运作,当然也有部分的会员会费、政府的补贴等。

4.1.4 兽医管理机构

英国实行国家兽医官制度,DEFRA 制定并组织落实动物健康和福利政策;食品标准局(FSA)管理与食品安全相关的动物产品的生产和供应;伦敦大学皇家兽医学院(RCVS)依法监管兽医行业,实行兽医资格认证和注册,规范兽医教育和职业操守;英国兽医协会(BVA)等行业组织维护兽医及相关动物利益并提供信息等服务。

英国兽医协会:英国兽医协会为非官方的全国行业代表性组织,已有 118 年历史。协会目前在全国共设按照动物类别和地区划分的51家分支机构,拥有包括绝大多数执业兽医在内的10 000多名成员。英国兽医协会与政府、议员和媒体保持沟通,发展实施兽医行业政策,保护促进兽医业及相关动物利益,提供信息及其他服务。

奶制品卫生监察处:奶制品卫生监察处行政上隶属运行服务总司的乡村发展服务署(Rural Development Service),但与FSA签有服务协议,代表其执行奶制品卫生法规,FSA为其提供经费。奶制品卫生监察处有37名监察官和13名工作人员,具体工作包括:为奶牛场注册、检查产奶场所、设备和动物、实施统一标准、并将异常情况通知国家兽医服务署和兽药理事会。

4.2　运作模式

(1)各种咨询服务。为了更有效地指导全国农业推广工作,英国政府于1946年在英格兰和威尔士建立了农业发展咨询局(ADAS),直属英国农渔食品部领导,下设农业土地,兽医调查和奶业三个处,主要任务是:向农民和农场主提供有关农业生产、科学技术和农业教育方面的免费咨询。ADAS在1965年时已拥有2 075名经过专门训练的专业咨询推广人员。到现在为止,ADAS主要专注于环境问题的咨询服务。另外,代表不同群体利益的乳品行业组织、协会也会在奶牛饲养管理、遗传育种、环境保护、健康与福利、乳品加工生产和消费等方面为各自的会员提供培训及咨询服务。

(2)技能培训及进展交流。各乳品行业组织、协会及大学和研究机构会定期的举办一些技术培训,将现代的奶牛饲养管理、遗传育种及疾病控制技术应用到实际生产中,帮助奶农提高养殖效益。另外,也会举办一些学术交流会议,对最新的研究成果进行交流。

5　促进奶业发展的主要政策

英国奶业协会(Dairy UK)是一个由有效政策控制的国家团体,它通过一系列的政策保障和促进了一个负责任的、创新的乳品行业的利益。这些促进奶业发展政策的制定,是由英国的奶业专家和其他利益相关者,包括DEFRA、食品标准局、欧盟委员会和其他行业机构,共同完成。

5.1　促进奶业生产政策

奶业生产是奶业系统的一个重要组成部分,主要包括奶牛培育、奶牛饲养、疫病防治和原料奶生产四个环节。在英国,所有从事奶生产的农场主都是牛奶销售协会的会员。这样的商业联合组织事实上在领导国内整个部门的发展。该协会在英国农业、粮食、渔业部的领导下开展工作。除了完成自己销售牛奶的基本职能外,协会对农场的生产业务活动有很大的影响。它组织公牛的后裔测定,进行人工授精,进行良种登记,检测母牛的生产性能和奶的品质。实行兽医和技术服务进行登记和分析生产消耗的大小,并提出怎样缩减开支的建议,以及帮助农场主解决其他生产上的问题。

5.2　促进奶业加工政策

(1)牛奶统一标准和法律约束。英国对牛奶在加工工厂的生产过程,有着完善的监督体系。英国食品安全标准局的工作人员介绍,他们有专门的工作人员到牛奶制品厂进行监督和检查,加工过程中一旦出现违规操作或不达标的情况,加工出来的奶制品就不能出厂。"要经过监督员检查签字后,奶产品才能从工厂里运出来。"英国的《食品安全法》条例也明确规定,奶制品企业如果违规操作,将可能被处以罚款或监禁。

(2)大力实行农业补贴和保护政策。受本国"疯牛病"、"口蹄疫"的影响,以及国外农产品进口的冲击,英国对进口本国的农产品实施了广泛综合的食品安全检测机制，大大提高了外国农产品进入英国的“门槛”，同时也鼓励出口，并制定了出口补贴条款。英国也普遍实行了免费向农民提供技术服务和农产品市场信息服务等政策，并在税收、服务等方面加大了对农村地区的扶持力度。

5.3 促进奶业贸易政策

1962年形成的共同农业政策(CAP)是欧盟最重要的、也是欧盟内实施的第一项共同政策，英国的奶业贸易政策多根据CAP的政策风向来制定，并不断的根据其本国国情进行调整。CAP的基本目标就是提高农业的劳动生产率、确保农业人员的“公平”收入、稳定农产品市场、保持农产品合理的销售价格以及确保农产品供应。其主要内容是对内建立共同农业基金、统一农产品市场和价格、对农产品出口予以补贴，对外则设置随市场供求变化而调整的差价税、配额等贸易壁垒，使欧盟农业免遭外部廉价农产品的竞争。经过几次比较大的改革，过去以价格支持为基础的机制逐步过渡到了以价格和直接补贴为主的机制，CAP转变为“共同农业和农村发展政策”，强调农业的多功能性和可持续性，强调食品安全，动物福利，环境保护等各个方面，确保欧盟农村的全面发展。欧盟CAP当前正在经历着剧烈的变革，为了控制支出，欧盟农业政策开始由目前单纯享受农业补贴逐步转变到依靠市场来引导和调节上来。

5.4 促进奶业消费政策

(1)推行学生饮用奶计划。英国早在1921年就开始推广“学生饮用奶计划”，并在1934年把推广“学生饮用奶计划”写进了《乳品法》。1946年，英国根据《教育法》的相关政策，加入了政府财政补贴内容，开始向全国中小学生免费供应牛奶。20世纪70年代开始，该计划调整为对学生饮用奶进行部分补贴。目前，英国5岁以下儿童由学校或幼儿园订购免费牛奶；5～11岁的少儿实行学生饮用奶补贴计划。2006年，英国向全国1.2万所学校的130万名学生提供牛奶，占全国公立小学学生的24%左右。

(2)提高原料奶价格。尽管英国的原料奶价格在过去几个月中有所提高，但仍然处于欧盟国家中较低的水平，比欧盟的平均价格低32.5便士/L。据英国海洋数据中心(BODC)了解，英国全国农场主联合会将敦促英国的乳制品加工商在年底前提高原料奶收购价格，以增强奶农的信心和增加奶农收入，保障行业的长期发展。

6 值得借鉴的主要经验

6.1 经营模式方面的经验

(1)组建集产、加、销于一体的奶业合作社。中国奶业发展到今天，整个乳业链条最薄弱的环节，也是最重要的环节仍旧是奶源。倒奶杀牛、奶农利益无法保障在中国仍旧非常普遍，究其原因既有饲养奶牛成本攀高，入不敷出的缘故，也有因牛奶品质达不到企业的收购要求而遭拒收限收的因素。在保护奶农利益方面，我国可效仿英国发展奶牛一体化经营，组建集产、加、销于一体的奶业合作社，按合作社的章程实行统一经营、统一核算、利润分成，让小规模农户享受到较大资本所带来的利益。

(2)完善社会化服务体系。随着生产的发展和专业化分工的加强，奶牛饲养场(户)对生产的社会化服务体系的依赖也必然会越来越强。奶业发达的英国具有完善的奶业技术咨询服务体系，英国政府、乳品行业组织、遗传育种协会、兽医协会及公司等都会在奶牛饲养管理、遗传育种、环境保护、健康与福利、乳品加工生产和消费等方面为奶农或各自的会员提供技术咨询和培训服务，帮助其提高养殖效益。由于目前中国奶业生产经营的社会化服务体系还不够健全和完善，如很多地方的奶农根本就得不到饲养管理方面的技术培训和指导；有些地方的奶农即使得到服务，服务质量也不高，一方面导致生产环境差，原料奶的质量得不到保证，另一方面部分服务收费不合理或不透明，压级压价的现象屡有发生。所以我国应建立健全并不断完善奶源基地的社会化服务体系，完善的奶源基地建设应包括良种供应、配种、疾病防疫、饲料供应、技术指导、原料奶收购、储运及市场研究与预测、市场行情通报等等，使奶农或奶牛场能够安心生产、专心生产而不盲目，从而提高生产效率。

(3)适度规模化经营。近些年来，虽然英国奶牛总头数在不断减少，但奶牛群的平均规模在不断扩大，至 2011 年英国奶牛群的平均群体规模已达到 123 头。英国 DairyCo 报告显示，决定奶牛场是否盈利的关键因素不是奶价的高低，而是总生产成本的投入。英国牛群规模的扩大降低了管理和技术运用的成本，提高了奶牛养殖的效益，但这并不意味着牛群规模无限扩大，因为牛群规模的扩大意味着投入也相应增加，并且会伴随一系列环境问题、动物健康和福利问题的产生。目前我国奶牛经营模式主要有两种：散户养殖和规模牧场(包括私人、股份制和企业自有牧场)。全国有 60%～70%奶牛在散户养殖的奶农家中，由于散户养殖的粗放、无序，牛奶质量得不到保证，并且牛只的疾病防疫、粪尿排放、育种改良等均无法按规范要求执行，导致了三聚氰胺事件的发生，环境恶化，水源污染等问题。而规模牧场能达到集约化、现代化、机械化、良种化，能对原奶品质进行有效地监控。由此各大企业集团热衷于建几千头大规模的牧场，甚至超大规模的万头牧场。但这种模式又与通过奶业的发展促使农民增收、农村稳定、促进农业发展的目的不相符，并且会造成严重的污染。因此，我们应该借鉴英国奶牛经营模式，扬长避短，建立适合自己国情的发展模式，进行适度的规模化经营，将种植业和规模适度的奶牛养殖业科学、合理的结合，既能基本满足养殖所需的饲料，又能就地消化利用家畜的粪尿，环保低碳。

6.2　科技创新方面的经验

科技创新是奶业发展的源泉，是加快奶业发展方式转变的主要推动力。近代科学技术对英国奶牛遗传育种、繁殖、饲料和营养、疾病控制、粪污处理及环境保护等方面的发展起到了巨大的推动作用。目前我国奶业科技贡献率不到 50%，远远低于欧美等国 70%～80%的水平。因此，我国也应该重视科技创新，根据奶牛的生理状况、生产性能和生产季节配置科学合理的饲料配方，使奶牛的生产潜力得到最充分的发挥；加强生物技术的应用研究，如胚胎移植、转基因技术、性别控制、人工授精、饲料配方和添加剂及传染病的防治等，推动我国奶业全面发展。

6.3　产业政策方面的经验

(1)建立健全原料奶质量控制体系。原料奶生产位于奶业产业链的最上游，其质量控制直接关系到乳制品的质量与安全。英国通过质量安全法规、质量安全认证标准体系、质量安全追溯体系建设及完善监管职能对原料奶质量进行监控，具有健全的原料奶质量控制体系。我国近年来发生的一系列有关液态奶的质量安全问题，一方面反映了乳及乳制品企业的质量控制能力，另一方面也对政府的监督管理能力提出了全面挑战。我国原料奶的生产正处于向现代奶业转变的过渡期，受资源和环境的双重制约，要根据新的生活方式及生产方式采取适当的质量控制体系，建立和健全原料奶的标准化生产及管理体系，并推广应用到原料奶的生产和经营活动中，利用先进的技术规范奶业生产和经营，建立原料奶质量追溯体系。从源头开始，规范奶源基地的基础操作、技术操作等，确保原料奶的安全、优质，从而提升乳制品的竞争能力，为高附加值乳制品的开发提供基础。

(2)加强宣传，积极开拓乳制品消费市场。为了加强对乳制品的宣传，英国奶业协会(Dairy UK)发起一个名为“奶业的骄傲”的活动，旨在让政府、媒体和大众了解英国奶业，并为之骄傲，为此，英国各个领域的奶业工作者付出了很大的努力。我国也应该借助行业协会、大众媒体、政府等方面的力量，加强健康知识普及教育，帮助消费者增强识别乳制品质量的能力；帮助消费者养成良好的消费习惯，积极开拓乳制品消费市场。目前，我国奶制品营销应把目标适当转向农村，并根据农村消费需求和承受能力制定营销策略，有步骤地推进农村学生奶工程，并以此为切入点，带动农村整体饮用奶习惯的养成。

6.4 其他方面的经验

（1）加强优质饲草生产。奶牛是草食家畜，饲草饲料是奶业发展的基础，没有优质饲草就没有优质原奶。英国从土地利用上是优先发展饲料和牧草生产，牧场面积接近全国总面积的一半，为畜牧业服务的饲料种植面积又占了全国耕地面积的一半，大片耕地用来种植饲草、饲用甜菜和饲用芜青等，为英国奶业发展提供了原料基础。我国由于受传统种植观念的影响，以及国家种粮直补政策的实施，造成现阶段优质粗饲料资源（玉米和苜蓿等）种植面积的减少，因此导致优质牧草缺口较大，进口价格较高。我国 90%的草地发生退化，其中，中度退化以上的草地达 1.3 亿 hm^2，牧区每年缺草约 500 万 t。为了实现奶业的可持续发展，在加快草场改造，种植优质牧草的同时，我国的草地畜牧业必须从数千年传统落后的粗放养殖方式，全面转向建立青贮饲料和人工饲料基地为基础的现代化舍饲养殖方式上。

（2）提高奶牛健康和福利。在奶牛养殖过程中只有重视奶牛福利，使奶牛在干燥、干净和舒适的环境中产奶，才能保证奶牛的健康，也只有健康的奶牛，才能产出优质的原料奶。英国是一个非常注重奶牛福利的国家，在动物福利立法方面有五个显著特点：最早、最多、对世界影响最大、最先提出动物实验的“3R”原则、非政府机构参与执法。欧盟和其他国家制定的动物福利法，大都是以英国动物福利法为基础，结合本国情况制定的。而我国由于经济方面的原因，实行与国际接轨的动物福利保护法还存在一定难度，虽然我国存在保护动物福利的法律法规，但从其立法目的来说，都是以人类更好的利用为根本出发点，而不是从动物本身的利益出发的。

（3）重视环境保护，减少环境污染。粪污处理技术不仅关系到奶牛场内和场外的环境卫生问题，关系到畜牧业在节能减排方面所做的贡献，更制约着奶牛场的可持续发展。近些年英国乳制品行业在农场、乳品加工及零售链过程中实施了一系列的环境工程，在粪污处理与环保问题方面已做出了很多贡献，温室气体排放、水使用量显著降低，粪污循环利用率显著升高。随着我国奶业的快速发展，规模化、集约化程度的提高，所带来的环境污染、产品安全性下降和生态破坏现象也越来越严重，不仅制约了奶业自身的可持续发展，而且严重影响了社会和国民经济的发展。我们应该借鉴英国奶业发展经验，并结合我国现有资源的状况，优化奶业结构，提高牛奶生产效率，在满足人们日益增长的乳制品需求的同时，降低奶业对环境的污染。

参考文献

[1]闻新. 英国提出控制疯牛病的全面计划. 畜牧兽医科技信息，1996(7)：3－4

[2]英国环境、食品及农村事务部(DEFRA)网站 http://www.defra.gov.uk/

[3]英国 2012 年乳业白皮书(Dairy UK，The White Pater 2012)

[4]毕洁颖，聂凤英. 英国农业补贴政策研究. 世界农业，2010

[5]英国乳业协会(Dairy UK)网站 http://www.dairyuk.org/

[6]马宇驰. 2010. 英国食品标准署和食品安全监管机制，商务部驻英国经商参处子站 http://e-nw.shac.gov.cn/wmfw/hwzc/hwzc/201002/t20100224_1261586.htm

[7]邹贤刚. 英国畜牧业以及其研究现状和将来的发展方向 http://www.docin.com/p-19354753.html

[8]乳制品网站(The Dairy Site)http://www.thedairysite.com/

[9]世界粮农组织网站 http://faostat3.fao.org/home/index.html#DOWNLOAD

[10]陈伟超. 英国农业发展对我们的启示. 广西农学报，2004(2)：58－62

[11]罗伯特・华森. 国际奶牛育种新技术. 中国奶业协会 2008 年会论文集

[12]赴欧盟四国环境保护考察团. 欧盟四国奶牛场环境保护考察报告. 中国奶牛，2005. 2

[13]上海农业网. 英国农业发展和农村环境保护政策及启示. http://www.shac.gov.cn/fwzx/hwzc/zcgl/200712/t20071214_200305.htm

[14]Oliver Hawkins. Dairy industry in the UK: statistics. Social & General Statistics Section.

[15]DairyCo 网站 http://www.dairyco.org.uk/

[16]全国农场主联合会(NFU)网站 http://www.nfuonline.com/

[17]英国皇家奶农协会(RABDF)网站 http://www.rabdf.co.uk/

[18]胡克涛. 英国兽医管理体制概况. 驻英使馆经商处. 2005，http://gb.mofcom.gov.cn/aarticle/ztdy/200504/200504 00033939.html

[19]红拖拉机认证(RTA)网站 http://assurance.redtractor.org.uk/rtassurance/global/home.eb

[20]奶业委员会(Dairy council)网站 http://www.milk.co.uk/

[21]农业发展咨询局(ADAS)网站 http://www.adas.co.uk/Home/Whoweare/tabid/207/Default.aspx

执笔　浙江大学奶业科学研究所：刘建新　申军士　熊江林　金晓露　刘红云

附　表

附表 1　奶牛头数、单产水平和总产奶量(1961—2011)

年份	奶牛头数(头)	总产奶量(万 t)	平均单产(kg/头)
1961	4 215 050	1 200	2 848
1962	3 333 880	1 230	3 691
1963	3 286 640	1 194	3 633
1964	3 212 560	1 168	3 637
1965	3 234 910	1 212	3 746
1966	3 224 020	1 197	3 714
1967	3 266 030	1 234	3 779
1968	3 279 890	1 263	3 851
1969	3 329 750	1 275	3 828
1970	3 303 770	1 297	3 926
1971	3 293 660	1 330	4 040
1972	3 385 640	1 417	4 186
1973	3 489 440	1 440	4 127
1974	3 394 240	1 399	4 123
1975	3 381 000	1 393	4 121
1976	3 242 000	1 442	4 447
1977	3 318 000	1 520	4 581
1978	3 392 000	1 590	4 688
1979	3 333 000	1 591	4 774
1980	3 333 000	1 597	4 793
1981	3 377 000	1 587	4 698
1982	3 293 000	1 676	5 089
1983	3 357 000	1 726	5 142
1984	3 428 000	1 623	4 733
1985	3 312 000	1 602	4 838

续表

年份	奶牛头数(头)	总产奶量(万 t)	平均单产(kg/头)
1986	3 257 000	1 623	4 984
1987	3 242 000	1 551	4 783
1988	3 052 000	1 513	4 958
1989	2 975 000	1 491	5 013
1990	2 870 170	1 525	5 314
1991	2 789 650	1 476	5 292
1992	2 683 000	1 478	5 507
1993	2 668 000	1 483	5 558
1994	2 716 000	1 499	5 519
1995	2 603 000	1 484	5 703
1996	2 587 000	1 481	5 724
1997	2 478 000	1 484	5 989
1998	2 439 000	1 463	5 999
1999	2 440 000	1 501	6 153
2000	2 354 000	1 449	6 155
2001	2 251 000	1 471	6 534
2002	2 227 200	1 487	6 676
2003	2 192 300	1 501	6 847
2004	2 132 700	1 456	6 825
2005	1 997 700	1 447	7 245
2006	1 979 000	1 432	7 234
2007	1 954 000	1 402	7 177
2008	1 977 000	1 372	6 939
2009	1 903 000	1 324	6 956
2010	1 864 000	1 396	7 489
2011	1 815 000	1 385	7 630

资料来源:FAO。

附表 2 主要乳制品产量(1961—2011) t

时间	奶油和奶酪	奶酪(所有种类)	炼乳	全脂奶粉	脱脂奶粉和干乳酪
1961	56 200	116 100	164 400	25 100	70 000
1962	64 800	114 100	159 600	24 400	77 500
1963	48 200	106 100	160 100	26 700	51 700
1964	28 000	111 500	168 500	26 400	30 600
1965	40 900	115 100	185 500	25 900	68 200
1966	33 600	108 800	187 500	27 000	60 400
1967	39 300	122 200	173 300	23 300	73 700
1968	53 500	119 900	173 100	24 500	96 100
1969	57 900	120 400	186 300	23 600	89 600
1970	65 000	134 300	186 800	21 000	94 000
1971	67 000	162 300	179 000	27 000	109 000
1972	96 000	184 300	139 400	25 000	169 000
1973	97 000	181 300	147 300	21 900	155 500
1974	54 000	218 300	139 000	26 800	104 900
1975	48 379	235 102	125 800	19 000	104 886
1976	90 098	206 608	128 000	16 300	170 394

续表

时间	奶油和奶酪	奶酪(所有种类)	炼乳	全脂奶粉	脱脂奶粉和干乳酪
1977	135 000	206 300	140 000	18 600	246 408
1978	164 000	216 300	143 000	20 000	272 000
1979	161 000	234 300	129 000	20 000	233 000
1980	170 000	238 300	144 000	27 000	237 000
1981	172 000	242 600	147 000	29 000	251 000
1982	216 000	244 300	154 000	34 000	296 000
1983	241 500	245 300	132 000	35 000	302 000
1984	205 600	245 300	124 000	53 000	223 000
1985	201 900	259 800	181 000	61 000	241 000
1986	222 200	262 900	174 000	56 700	267 700
1987	176 224	267 903	196 748	93 600	193 800
1988	140 376	300 941	209 622	103 800	136 900
1989	130 171	282 529	256 473	95 400	132 900
1990	138 239	311 899	217 000	69 591	166 417
1991	111 712	298 052	233 925	72 649	133 276
1992	127 000	327 000	219 000	84 000	106 000
1993	151 557	331 004	196 983	71 001	125 061
1994	155 000	33 0004	204 111	83 257	134 179
1995	127 000	354 000	188 000	90 000	117 000
1996	120 000	369 000	210 000	83 000	108 000
1997	138 662	377 000	220 000	96 000	109 000
1998	137 000	366 000	198 000	97 000	107 000
1999	141 000	368 000	186 600	102 000	102 000
2000	132 000	340 000	182 000	105 000	83 000
2001	126 000	395 000	174 000	87 000	71 000
2002	136 000	371 000	188 000	105 000	87 000
2003	131 000	352 000	169 800	102 000	115 000
2004	122 000	359 000	177 800	80 000	88 000
2005	130 000	391 000	157 000	52 000	69 000
2006	117 000	393 300	125 500	49 000	65 000
2007	120 000	373 700	121 800	50 000	67 000
2008	111 000	343 400	125 300	50 000	67 000
2009	118 000	360 000	125 300	50 000	67 000
2010	120 000	370 000	125 300	50 000	67 000
2011	130 000	390 000	125 300	50 000	67 000

资料来源:FAO。

附表 3　主要乳制品进出口贸易额(1961—2011)　　千美元

年份	进口数额					出口数额				
	奶油	干酪乳	鲜乳	脱脂奶粉	全脂奶粉	奶油	干酪乳	鲜乳	脱脂奶粉	全脂奶粉
1961	0	88 090	1 200	6 332	7 926	0	2 384	0	5 361	1 121
1962	0	91 728	1 302	5 256	9 745	0	2 395	0	5 672	1 425
1963	0	91 943	1 497	7 361	10 061	0	2 327	53	4 318	4 771
1964	0	107 285	1 633	16 528	10 537	0	2 364	9	3 554	4 008
1965	0	112 224	1 641	16 155	12 340	0	2 651	11	4 606	4 652
1966	0	106 140	1 775	9 478	12 493	0	3 075	218	7 765	5 072
1967	0	116 887	1 691	11 777	14 289	0	2 775	472	5 789	4 948

续表

年份	进口数额					出口数额				
	奶油	干酪乳	鲜乳	脱脂奶粉	全脂奶粉	奶油	干酪乳	鲜乳	脱脂奶粉	全脂奶粉
1968	0	113 099	1 579	8 412	8 806	0	2 209	506	7 281	6 310
1969	0	95 938	1 893	5 712	7 818	0	2 644	513	6 940	5 863
1970	0	103 155	3 395	6 404	9 324	0	2 830	664	6 451	5 417
1971	0	139 931	4 289	7 453	10 205	0	3 547	409	14 680	6 478
1972	0	169 203	3 993	7 413	17 383	0	5 112	469	25 553	9 610
1973	3 713	151 552	329	11 071	12 607	110	7 833	29	61 814	8 133
1974	3 197	178 105	66	8 863	12 238	71	17 444	330	38 125	13 945
1975	2 618	266 349	1 037	58 316	10 000	84	11238	538	56 337	16 392
1976	2 276	229 096	724	20 406	6 964	594	16 537	798	105 152	14 623
1977	2 729	212 143	386	8 002	7 082	320	19 932	1 905	51 161	18 312
1978	4 572	232 815	1 035	15 946	13 816	1 532	32 524	3 105	117 564	36 605
1979	8 095	402 351	2 253	15 136	11 586	2 903	37 986	2 612	126 414	50 361
1980	9 239	393 917	2 670	9 979	14 003	3 156	45 078	2 335	183 195	61 231
1981	11 588	440 685	1 989	18 597	6 727	3 869	55 805	2 555	167 314	44 557
1982	9 620	375 597	1 712	10 933	7 617	1 879	71 754	2 084	174 167	47 529
1983	8 297	349 148	4 211	20 926	7 613	1 590	57 563	2 774	130 883	52 391
1984	5 318	352 772	5 386	22 435	5 929	1 725	54 576	2 369	113 997	49 911
1985	6 102	397 674	5 084	16 481	4 582	1 031	56 878	1 798	132 980	56 068
1986	6 488	489 584	6 714	14 893	4 784	1 363	69 902	1 488	219 775	63 259
1987	7 956	527 851	8 867	14 387	5 554	2 947	92 252	1 431	158 857	95 564
1988	7 386	725 904	9 860	20 753	5 436	7 583	92 973	2 578	163 614	122 819
1989	6 362	636 158	5 691	33 930	7 754	16 627	123 022	21 126	169 014	142 420
1990	6 761	819 497	6 010	15 311	7 193	27 310	151 150	27 066	224 107	126 785
1991	7 920	760 121	9 014	17 812	8 861	74 806	166 414	25 025	147 334	136 702
1992	8 550	961 109	21 982	63 978	14 928	77 595	178 530	26 636	109 072	221 793
1993	3 922	724 841	21 543	35 414	17 758	134 176	183 419	31 385	130 869	136 747
1994	5 915	812 195	43 108	23 243	21 344	158 062	198 399	43 597	139 212	152 443
1995	9 883	715 085	46 218	31 077	23 366	159 649	198 529	48 205	144 293	198 799
1996	11 336	880 346	3 0527	34 339	30 690	183 336	232 031	15 370	51 132	197 748
1997	22 411	864 612	3 0681	34 859	27 182	152 370	189 564	28 645	92 203	253 210
1998	24 999	958 129	3 2056	29 132	24 044	179 877	205 911	53 375	65 733	251 988
1999	21 888	999 468	3 2426	41 731	21 212	148 414	220 801	76 550	78 909	185 975
2000	19 901	752 117	3 2031	33 992	24 349	123 028	147 766	52 459	96 768	186 100
2001	20 883	785 361	29 646	37 438	19 299	119 908	164 297	28 135	44 578	168 568
2002	13 430	790 106	16 997	30 448	17 323	133 606	184 429	30 698	51 354	159 751
2003	26 427	992 614	47 608	45 732	27 450	195 142	227 976	77 087	84 802	216 337
2004	36 751	1 254 135	15 200	61 703	35 271	149 850	292 840	103 405	163 644	241 030
2005	35 235	1 316 207	17 232	61 831	56 425	130 127	322 633	179 368	66 191	140 389
2006	36 157	1 344 840	28 447	64 110	52 713	139 654	334 809	183 050	79 900	114 857
2007	43 233	1 589 939	43 270	102 819	90 442	154 698	389 196	206 676	123 239	181 753
2008	59 912	1 947 815	67 828	116 792	99 336	136 098	410 683	224 920	48 691	271 857
2009	68 502	1 579 602	30 462	108 752	66 993	121 578	353 698	174 910	46 754	117 158
2010	80 993	1 616 228	54 712	124 207	65 578	161 565	430 260	210 847	78 037	178 094
2011	93 673	1 712 566	74 190	105 347	67 947	192 687	546 760	275 486	79 099	179 002

资料来源：FAO。

附表 4　主要乳制品进出口贸易量(1961—2011)　　t

时间	进口量					出口量				
	奶油	干酪乳	鲜乳	脱脂奶粉	全脂奶粉	奶油	干酪乳	鲜乳	脱脂奶粉	全脂奶粉
1961	0	136 618	1 397	33 961	17 063	0	2 979	0	13 827	1 580
1962	0	140 916	1 651	29 460	21 830	0	2 866	0	21 923	2 156
1963	0	139 639	2 006	37 280	22 589	0	2 719	287	12 139	7 287
1964	0	152 006	5 064	65 302	22 131	0	2 499	246	3 975	5 828
1965	0	151 875	13 668	49 167	23 813	0	2 746	216	9 113	6 567
1966	0	143 540	4 588	30 625	24 148	0	3 199	1 008	20 952	7 154
1967	0	159 119	3 264	38 825	27 651	0	3 042	2 122	15 020	7 194
1968	0	180 367	3 049	38 258	18 578	0	2 566	2 685	28 246	9 908
1969	0	155 567	2 823	28 157	16 450	0	3 332	2 710	26 992	9 570
1970	0	156 808	5 067	29 676	19 255	0	3 296	2 650	21 341	8 328
1971	0	167 433	5 597	18 676	17 668	0	3 387	2 291	31 146	9 364
1972	0	151 023	4 718	12 880	23 782	0	4 096	2 193	43 349	9 851
1973	3 919	137 128	559	15 806	15 209	108	6 480	88	113 604	7 694
1974	3 310	121 294	68	10 802	10 775	88	12 065	1 180	50 645	10 864
1975	2 125	151 950	8 288	55 852	7 753	45	6 507	1 593	59 580	11 033
1976	1 775	147 212	6 955	21 525	5 443	410	10 732	2 442	114 559	11 499
1977	1 895	120 324	2 381	13 813	4 741	220	10 807	5 703	55 048	15 423
1978	2 482	101 980	4 306	17 660	7 866	962	15 642	5 826	112 039	26 245
1979	3 606	139 862	8 381	21 362	5 176	1 305	14 933	5 111	119 662	32 911
1980	3 475	115 455	9 659	5 703	4 884	1 127	16 214	4 430	150 738	31 168
1981	4 832	139 776	7 590	8 789	2 511	1 427	22 315	4 335	123 286	24 369
1982	4 400	129 858	7 774	8 392	2 985	743	33 177	4 405	133 051	26 786
1983	4 114	132 764	19 186	15 243	3 810	624	26 876	6 286	117 801	33 244
1984	2 851	145 924	25 386	18 054	3 362	1 024	30 148	6 445	174 859	37 917
1985	3 087	159 965	24 242	13 538	2 683	464	26 348	4 514	133 375	40 478
1986	3 187	169 920	27 274	8 974	2 232	711	27 761	3 222	169 907	44 389
1987	3 821	159 171	31 877	7 858	2 470	1 692	34 301	2 690	102 240	61 077
1988	2 843	197 414	34 534	8 937	1 926	4 012	26 800	4 728	83 014	70 313
1989	2 663	177 740	17 401	15 554	2 933	8 838	35 985	53 714	80 995	68 518
1990	2 420	201 981	16 158	6 538	2 479	14 486	40 192	64 820	103 654	54 666
1991	3 139	190 382	18 995	7 701	3 112	37 384	50 529	67 777	70 882	66 858
1992	2 795	228 440	70 667	26 154	4 961	40 350	47 960	70 290	44 779	84 387
1993	1 960	184 138	45 362	13 422	5 777	71 219	57 221	91 429	56 522	56 983
1994	3 095	212 994	91 076	11 625	7 279	83 337	60 282	125 106	61 554	64 877
1995	3 886	178 642	74 183	12 920	7 248	70 541	49 820	114 594	53 819	72 769
1996	4 280	256 244	41 527	12 394	11 184	92 287	56 738	25 275	19 370	78 308
1997	11 096	259 174	61 953	13 286	9 872	84 973	48 463	71 045	44 796	136 238
1998	10 860	245 702	76 448	11 194	9 152	100 932	54 657	160 914	41 283	114 052
1999	7 848	266 876	84 364	17 823	9 560	95 180	61 007	207 540	39 808	92 348
2000	11 724	223 327	98 243	17 600	11 208	85 117	41 034	158 212	52 671	101 917
2001	17 381	229 759	79 838	22 685	8 331	84 169	50 387	63 298	29 914	86 648
2002	12 920	234 350	37 349	17 449	9 530	90 723	61 416	64 506	29 093	112 162
2003	14 748	268 458	145 896	32 388	12 881	113 557	65 484	195 429	48 518	108 387
2004	14 767	291 034	29 616	51 922	16 579	81 320	71 888	250 359	79 246	107 179
2005	30 656	306 197	27 909	49 981	26 764	91 736	76 503	490 080	30 776	65 412
2006	36 858	322 950	55 909	29 068	22 282	94 412	82 679	651 521	38 347	57 781

续表

时间	进口量					出口量				
	奶油	干酪乳	鲜乳	脱脂奶粉	全脂奶粉	奶油	干酪乳	鲜乳	脱脂奶粉	全脂奶粉
2007	43 194	358 155	61 884	31 221	29 110	77 649	76 550	429 693	38 826	66 062
2008	54 650	380 712	110 235	36 033	29 637	62 056	68 883	45 5656	26 499	71 600
2009	65 489	372 109	58 112	44 963	36 905	64 450	84 240	458 803	21 374	50 296
2010	64 753	383 907	89 855	50 461	23 460	72 058	90 019	471 242	29 218	62 147
2011	56 325	360 953	121 675	44 025	20 479	72 567	103 776	562 433	24 070	54 824

资料来源:FAO。

意大利奶业发展报告

摘要：意大利以奶水牛闻名于世，乳制品以奶酪生产而著称，在世界奶业发展中占有一定的地位。本文从生产、加工、消费及贸易4个方面介绍了意大利奶业近50年的变化情况，列举了意大利奶业的主要机构体系、技术措施及相关政策制度，阐明了在欧盟配额体制下意大利奶业发展的特点，并结合我国奶业的发展现状及不足之处，论述了意大利奶业发展对我国奶业可持续发展的启示。

意大利共和国位于中欧南部，是突出于地中海中的半岛国家。意大利大约有14.5万个养牛场，共有600多万牛，其中奶牛和奶水牛175万头，占总牛数的29%。意大利奶牛集中在北部地区。中部主要为奶水牛集中养殖区域。西西里岛和莎丁岛主要发展奶羊，其生产的奶酪在意大利奶业中也占有重要的地位。

根据意大利农林政治部"畜禽养殖者协会功能性监测规程"，意大利养殖者协会(AIA)按照国际协议规定的标准协调管理奶业生产。意大利养殖者协会从1945年开始选育荷斯坦奶牛，1986年大幅度改变了选育计划，使意大利奶牛平均单产于1991年出现大幅度上升。意大利荷斯坦奶牛选育计划随着市场需求变化而变化，因而其奶牛生产水平和质量一直处于世界前列。意大利奶水牛主要是河流型水牛，其水牛奶产量和质量一直处于世界领先地位，水牛奶产量总体上是稳步上升。

意大利奶牛品种有荷斯坦牛、西门塔尔牛、意大利褐牛、娟珊牛、勒及阿那牛、阿尔皮灰牛等。2011年，意大利养殖者协会注册的奶牛约1 387 679头，平均产奶量8 603 kg/头，乳脂率3.68%，乳蛋白3.32%。意大利的注册奶水牛有54 548头，较十年前增加60.8%，平均产奶量2 223 kg/头，乳脂率8.49%，乳蛋白4.65%。

意大利奶业农牧业家庭牧场规模较小，大部分都有自己的农场。2011年全国奶牛养殖场规模平均为70头，较2000年提高35.3%。

意大利牛奶收购严格按照优质优价。近20年来，消费者物价指数走势平稳，原料奶价格稳中有升。意大利乳制品在意大利食品工业中占有举足轻重的地位。全国拥有牛奶加工厂2 000多家，其中重要的有帕玛拉特乳品有限公司(Parmalat)、考拉乳制品有限公司(CODAP)、布拉扎拉公司(Brazzale)，很多农业合作社，如Granarolo联盟，在市场上也占有一定地位。

意大利奶酪产品有300多种，多为传统生产，具有地方特色，意大利每年生产地方特色奶酪产品(DOP)有40万t，在食品行业中占有重要的地位。意大利对乳制品的消费占农产品消费的比例很高，且有上升趋势。

在对外贸易中，意大利是乳制品的净进口国。奶酪和鲜奶是意大利最主要的贸易产品。值得注意的是，2011年奶酪的进口量为49.0万t，出口量为28.2万t，贸易逆差明显，为20.8万t。而奶酪进出口贸易金额为顺差3.2亿美元，说明意大利品质奶酪出口价格远高于进口价格。

意大利奶牛育种具有悠久的历史，并不断整合最前沿的科研成果。自2010年起，意大利开始将全基因组育种和奶牛常规育种相结合来提高育种值的可靠性，以后有望将更多的参数纳入育种体系，大幅度提高奶牛基因遗传进展。在饲料与营养技术方面将最前沿的研究成果用于生产实践。意大利恩帝思(NDS)配方软件采用美国康奈尔大学CNCPS V6.5系统，并实时更新，给予奶牛营养技术人员和牧场管理者最完美的配方解决方案。意大利过瘤胃技术解决了围产期补充胆碱的困扰，也使理想蛋白质在反刍动物的应用成为可能。意大利司达特公司全混日粮(TMR)生产设备和带有按摩功能的InterPuls集乳器等创新设备，都能有机的整合在奶业生产过程中，加上完善疫病控制体系和粪污处理与环境保护技术，为意大利奶业的健康发展提供了保障。

意大利对农业进行多方面的政策扶持和政府补贴，由于受欧盟牛奶产量配额的限制，意大利的奶业生产政策的主要方向是利用基因改良、优化饲养管理和疫病防控技术，发展资源节约型、环境友好型奶业。"意大利养殖"是意大利品质的象征，以其为核心的地理标识产品成为安全、健康的保证。

意大利农场规模普遍较小，与中国农场规模相似。意大利的奶牛养殖品种、养殖方式、养殖技术和产业政策等方面对中国奶业的发展都有很重要的借鉴意义。首先是要在发挥本国奶牛品种优势的前提下实现奶牛品种多元化，因地制宜，选择适合本地情况的品种和规模。其次是要重视品种的选种选配，并将奶牛日常管理、饲料营养、健康福利等方面技术综合应用，加强技术推广服务，从整体上提高奶业生产水平。再次是意大利奶业形成了自己的特色和优势产品，发展可以带来巨大的"高附加值"的产品。最后还要借鉴意大利对奶业生产和食品卫生检验立法、执法经验，强化监督、从严执法，保证我国奶业朝着健康、可持续的发展方向前进。

关键词：意大利　奶业　发展

1　奶业发展基本情况

意大利共和国位于中欧南部，是突出于地中海中的半岛国家，行政区划为20个大区，总面积30.13万km^2里。2011年全国总人口为6 060万人。人口密度为193人/km^2，自北向南人口密度呈递减之势(北部214人、中部190人、南部170人)。全国耕地面积3 013万hm^2，其中山地耕地1 016万hm^2，占35.21%，丘陵耕地1 255万hm^2，占41.63%，平原耕地698万hm^2，占23.16%。属典型的山地丘陵农业系统。年降雨量600～1 200 mm(自北向南递减)，全年光照时数1 800～2 200 h(北向南递增)。气温自北向南呈递增状态，最冷月1月份平均气温为0～6 ℃，最热月7月份，平均气温15～26 ℃。

意大利农业生产以种植业和养殖业为主体，其次是水果和相关的农业服务体系。养殖业产值约占农业总产值33.1%，其中奶业产值占30.5%左右。意大利奶业生产十分重视国内和欧盟两个水平上的可持续发展。比如为遏制疯牛病的蔓延，意大利政府采取了大力度的财政补贴措施，果断关闭疫区养殖场并屠宰疫区奶牛。同时，加强卫生检疫，禁止使用一切动物性产品作为饲料，结果使意大利疯牛病例明显少于其他欧盟国家。目前，养殖农场因氮、磷排泄而造成的环境污染日益受到关注，意大利正积极进行减少环境污染的研究，并制订了一些法律法规，以切实保护生态环境。

2011年意大利大约有14.5万个养牛场，共有589.8万头牛，其中奶牛和奶水牛175万头，占总牛数的29%。意大利奶牛集中生产地区北部地区(图1中上面圈内区域)，拥有108万头奶牛，占意大利奶牛数量的62%。中部主要为奶水牛集中养殖区域(图1中下面圈内区域)，拥有23万头奶牛，占13%。西西里岛和莎丁岛主要发展奶羊，其生产的奶酪在意大利奶业中也占有重要的地位。

图 1　意大利奶牛、奶水牛集中养殖区域

资料来源：根据意大利养殖者协会 2011 年度报告数据整理。

1.1　奶牛养殖业发展

根据意大利农林政治部"畜禽养殖者协会功能性监测规程"，意大利养殖者协会（AIA）按照国际协议规定的标准协调管理奶业生产。具体数据由各省育种协会（APA）组织统计和提供，AIA 或国家品种育种协会（如意大利国家荷斯坦奶牛育种协会 ANAFI，意大利国家褐牛育种协会 ANAPRI 等）进行汇总和公布。AIA、APA 和各品种育种协会共同形成一个奶业生产管理和质量监控保障体系。

图 2 显示了近 50 年意大利奶牛头数、平均单产和总产奶量的变化。意大利奶牛总产奶量由于欧盟配额的限制，50 年来基本保持一致。平均单产前 30 年稳步提高，但上升缓慢。1991 年后出现大幅度上升，这主要是由于 1986 意大利养殖者协会开始对奶牛开始实行选育计划。与奶牛单产的提高相对应，奶牛的数量也在同时期开始明显下降。

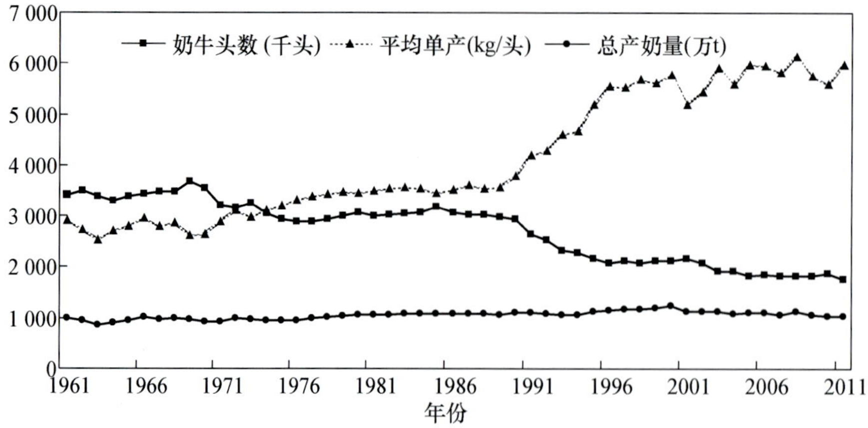

图 2　近 50 年意大利奶牛头数、平均单产和总产奶量的变化

资料来源：根据附表 1 数据整理。

意大利奶水牛主要是河流型水牛，其水牛奶产量和质量一直处于世界领先地位。图 3 显示了近 50 年意大利水奶牛头数、平均单产和总产奶量的变化。虽然奶水牛数量和单产变化波动较大，总水牛奶产量总体上是稳步上升。

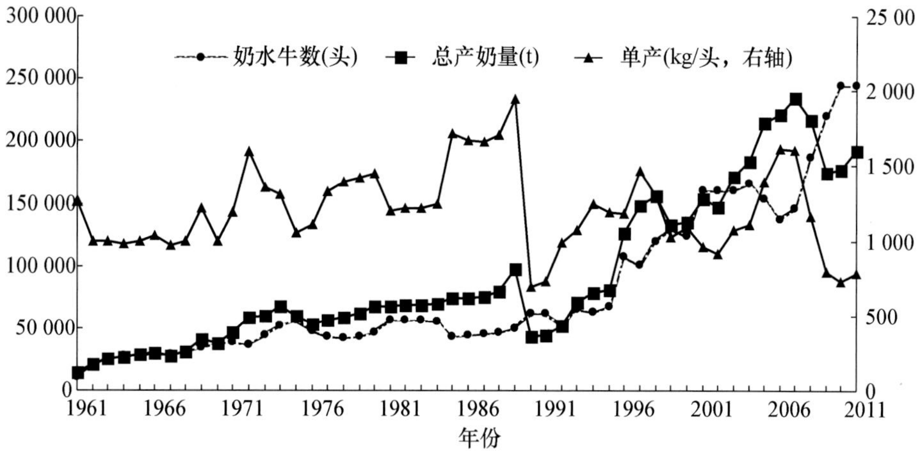

图 3　近 50 年意大利奶水牛头数、平均单产和总产奶量的变化

资料来源：根据附表 1 数据整理得到。

1.1.1　注册奶牛数量和比例不断加大

意大利养殖者协会组织的育种工作在 50 多年的实践中取得了很大进展，养殖户开始自愿在协会注册登记其牛只，意大利的奶牛养殖业发生了变化。2000—2011 年的 12 年中，奶牛场的数量不断减少，牛奶产量则不断增加，AIA 注册的奶牛场和牛奶产量呈现相似趋势，AIA 注册的牛奶产量占全国牛奶总产量的比例持续增加，至 2010 年达到峰值 80.7%(见表 1)。

表 1　意大利奶牛场和牛奶产量变化趋势(2000—2011 年)　　个，万 t

年度	国家统计局普查数据		国家育种协会统计数据		注册牛奶产量占总产量比例(%)
	奶牛场	牛奶产量	注册奶牛场	注册牛奶产量	
2000/2001	67 615	1 067.9	24 976	796.4	74.6
2003/2004	57 187	1 101.5	23 292	818.0	74.3
2006/2007	46 297	1 113.9	21 483	869.4	78.0
2009/2010	40 199	1 087.6	20 208	878.0	80.7
2010/2011	38 442	1 100.2	19 865	860.3	78.2

资料来源：意大利养殖者协会 2011 年度报告。

1.1.2　意大利奶业主要养殖品种

意大利奶牛品种有荷斯坦、西门塔尔、意大利褐牛、娟珊牛、勒及阿那牛、阿尔皮灰牛等。荷斯坦、西门塔尔、意大利褐牛在数量和比例上都占有绝对优势。这 3 个品种的数量和比例自 1957 年开始也发生了很大的变化(见表 2)。主要是由于荷斯坦牛优异的生产性能使其逐渐取代了意大利褐牛。而乳肉兼用品种西门塔尔牛则基本上一直维持较低的水平。

表 2 意大利主要奶牛品种数量和比例变化趋势 头,%

年份	意大利褐牛		意大利荷斯坦牛		意大利西门塔尔牛	
	数量	比例	数量	比例	数量	比例
1957	77 928	48.89	67 695	42.47	13 786	8.65
1967	198 680	37.76	304 319	57.83	23 200	4.41
1970	212 705	31.15	470 050	68.85		
1975	186 312	21.11	659 303	74.69	37 053	4.20
1980	193 669	17.65	85 2137	77.67	51 319	4.68
1985	205 415	14.76	1 118 261	80.35	68 061	4.89
1990	224 595	12.76	1 456 202	82.76	78 857	4.48
1995	215 234	12.25	1 458 918	83.03	82 888	4.72
2000	201 457	10.50	1 628 396	84.85	89 286	4.65
2001	200 746	10.63	1 601 739	84.81	86 246	4.57
2002	195 956	9.90	1 699 109	85.84	84 390	4.26
2003	188 599	9.45	1 721 162	86.27	85 416	4.28
2004	177 788	9.26	1 657 926	86.39	83 414	4.35
2005	167 650	8.54	1 714 055	87.28	82 087	4.18
2006	164 937	8.41	1 708 198	87.14	87 118	4.44
2007	157 727	7.92	1 744 065	87.60	89 181	4.48
2008	159 555	8.43	1 640 155	86.70	92 007	4.86
2009	159 984	8.38	1 654 768	86.67	94 630	4.96
2010	155 690	8.09	1 669 349	86.71	97 420	5.21
2011	151 221	7.72	1 710 191	87.37	95 975	4.03

2011 年,意大利养殖者协会注册的奶牛平均产奶量 8 603 kg/头,乳脂率 3.68%,乳蛋白 3.32%,其主要奶牛品种荷斯坦、西门塔尔、意大利褐牛的生产性能见表 3。

表 3 意大利养殖者协会注册主要奶牛品种及生产性能

内容	荷斯坦牛	西门塔尔牛	意大利褐牛	其他奶牛
注册奶牛数(头)	1128 626	47 105	150 000	113 256
占总数比例(%)	78.4%	3.2%	10.4%	8.0%
主要生产用途	奶、奶酪	奶、肉兼用	奶、奶酪兼用	——
平均产奶量(kg)	9 190	6 081	6 954	——
乳脂率(%)	3.67	3.90	3.96	——
乳蛋白(%)	3.35	3.42	3.50	——

资料来源:意大利荷斯坦奶牛、褐牛、西门塔尔牛养殖者协会。

由于意大利水牛奶制品在国际市场上需求日益增多,意大利的注册奶水牛持续增加,2011 年达 54 548 头,较 10 年前增加 60%,分布于 302 个农场(平均 172 头/农场,较 10 年前增加 45.0%),平均产奶量 2 223 kg/头,乳脂率 8.49%,乳蛋白 4.65%(见表 4)。

表 4　意大利奶水牛数量和比例变化趋势　　头，%

奶水牛	2007 年	2008 年	2009 年	2010 年	2011 年
注册头数	44 430	46 749	48 535	50 240	54 548
养殖场数	290	290	288	292	302
平均产奶量	2 211	2 221	2 182	2 180	2 223
乳蛋白(%)	4.66	4.66	4.61	4.59	4.65
乳脂率(%)	8.18	8.24	8.39	8.45	8.49

资料来源：意大利养殖者协会 2011 年度报告。

1.1.3　意大利奶牛农场规模及养殖结构

意大利奶业农牧业家庭牧场规模较小，但大部分都有自己的农场，拥有 2 hm^2 以下的养殖户只占 6.41%，2～50 hm^2 的养殖户占 82.67%，饲养奶牛 63.76%。50 hm^2 以上的养殖户占 11.92%，饲养奶牛 34.92%(见表 5)。在奶牛饲养方式上，拴系饲养占 72.6%，散栏饲养占 27.4%；挤奶方式手工挤奶占 10.6%，机械挤奶占 89.4%，其中固定挤奶机占 76.9%，移动挤奶机占 23.1%。

表 5　不同占地面积农场和奶牛数量分布

土地面积(公顷)	农场		奶牛	
	数量(个)	比例(%)	数量(个)	比例(%)
0	70	0.11	3 290	0.17
＜2	3 330	5.30	20 800	1.10
2～4.9	10 410	16.58	95 450	5.05
5～9.9	13 040	20.77	159 990	8.46
10～19.9	14 590	23.24	343 920	18.19
20～29.9	6 670	10.62	245 320	12.97
30～49.9	7 200	11.47	360 880	19.08
50～99.9	5 190	8.27	355 360	18.79
＞100	2 290	3.65	30 5900	16.18
合计	62 790	100	1 890 910	100

资料来源：意大利养殖者协会 2010 年度报告。

据意大利 2011 年奶业生产统计，意大利共有 1 387 679 头注册泌乳奶牛，分布于 19 865 个农场。与 2010 年相比，2010 年 200 头以上的牧场继续增加，相应的奶牛数量业增加 5.1%，1～5 头的牧场继续减少，减少比例为 4.7%。2011 年全国养殖场规模平均为 70 头/农场，较 2000 年提高 35.3%。

表 6　2011 年不同规模农场数量和奶牛数量分布

养殖场规模(头)	农场数量(个，%)				奶牛数量(头，%)			
	2011 年	所占比例	数量与去年相差	比例与去年相差	2010 年	所占比例	数量与去年相差	比例与去年相差
1～5	1 907	9.6	－94	－4.7	5 551	0.4	－1 267	－18.6
6～10	2 106	10.6	－16	－0.8	16 652	1.2	289	1.8
11～20	3 159	15.9	－115	－3.5	48 569	3.5	－519	－1.1
21～30	2 126	10.7	－137	－6.1	54 119	3.9	3 150	－5.5
31～60	3 834	19.3	－106	－2.7	167 909	12.1	－3 899	－2.3
61～100	2 503	12.6	－3	－0.1	195 663	14.1	－689	－0.4

续表

养殖场规模(头)	农场数量(个,%)				奶牛数量(头,%)			
	2011 年	所占比例	数量与去年相差	比例与去年相差	2010 年	所占比例	数量与去年相差	比例与去年相差
101～200	2 662	13.4	15	0.6	376 061	27.1	3 810	1.0
201 以上	1 530	7.7	75	5.1	524 543	37.8	3 093	6.3

资料来源:意大利养殖者协会 2011 年度报告。

1.1.4 原料奶价格

图 4 是意大利 36 年来原料奶价格走势。整体来看,原料奶价格呈上升趋势。1976—1982 年间原料奶价格大幅度上升,这与消费者物价指数(CPI)居高不下有密切的关系。1982—1988 年间 CPI 稳步下落,原料奶价格增长趋于平缓。其后原料奶价格基本处于正常波动状态。2008 年和 2011 年的原料奶价格高于其他年份,2008 年的原料奶价格最高,为 39.48 欧元/100 L;其次是 2011 年的 39.63 欧元/100 L。

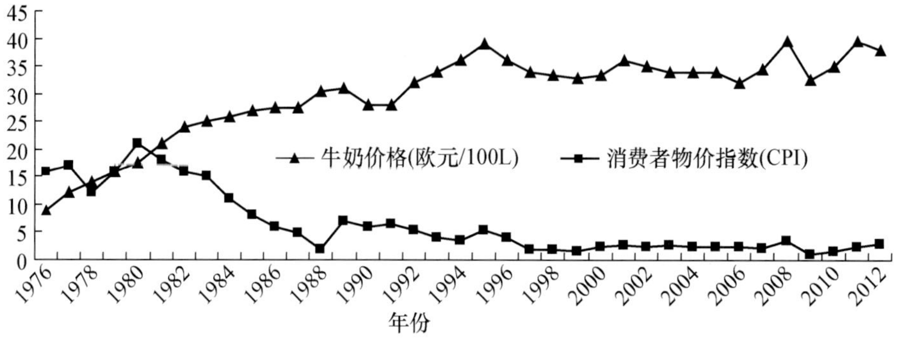

图 4 1976—2012 年意大利原料奶价格和消费者物价指数(CPI)走势

意大利原料奶产量不受季节性波动影响,每个月波动幅度并不大,几乎可以保证全年 12 个月原料奶产量均衡,并且每个月内原料奶价格浮动较小(见表 7)。

表 7 意大利原料奶近 10 年价格波动 欧元/100 L

时间	2002 年	2003 年	2004 年	2005 年	2006 年	2007 年	2008 年	2009 年	2010 年	2011 年
1 月	35.62	35.12	33.57	34.34	32.28	32.80	42.00	36.02	33.16	39.00
2 月	35.62	35.12	33.57	34.34	32.28	32.80	42.00	34.87	33.16	39.00
3 月	35.62	35.12	33.57	34.34	32.28	32.80	42.00	34.54	33.16	39.00
4 月	34.10	33.57	33.57	33.57	32.00	33.16	38.09	31.66	33.16	39.00
5 月	34.10	33.57	33.57	33.57	32.00	33.16	38.09	31.66	33.16	39.00
6 月	34.10	33.57	33.57	33.57	32.00	33.16	38.09	31.66	33.16	39.00
7 月	35.40	33.57	34.09	33.57	32.00	33.16	39.59	30.43	36.60	40.20
8 月	35.40	33.57	34.09	33.57	32.00	33.16	39.59	30.45	37.00	40.20
9 月	35.40	33.57	34.09	33.57	32.00	35.16	39.59	30.73	37.00	40.20
10 月	35.40	33.57	34.09	33.57	32.00	38.00	38.59	31.83	37.00	40.30
11 月	35.40	33.57	34.09	33.57	32.00	38.00	38.09	31.93	37.50	40.30
12 月	35.40	33.57	34.09	33.57	32.00	38.00	38.09	31.78	38.00	40.30
平均	35.13	33.96	33.83	33.76	32.07	34.45	39.48	32.30	35.17	39.63
标准差	0.63	0.70	0.27	0.35	0.13	2.23	1.64	1.83	2.13	0.65

资料来源:乳业咨询公司 CLAL 公布的数据信息。

注:以上价格是在 3.7%的脂肪和 3.25%的蛋白质水平下的牛奶价格,均不包含增值税。

1.2 乳品加工业

1.2.1 乳品加工企业以及加工牛奶数量

意大利乳制品在意大利食品工业中占有举足轻重的地位。全国拥有牛奶加工厂从 2001 年的 3 000 多家减少到 2010 年的 2 000 多家，其中以帕玛拉特乳品有限公司最为著名，帕玛拉特是典型的意大利家族式企业集团，年营业额一度达到数 10 亿欧元，被视为意大利北部成功企业的代表，公司的奶制品主要销往意大利，澳大利亚和加拿大市场。2012 年上半年收入达到 18 亿欧元，在意大利的收入达到了 5.589 亿欧元，而去年同期的收入为 4.99 亿欧元。意大利的奶制品企业——Cola Dairy Products(CODAP)公司建立于 20 世纪的 60 年代，是欧洲第一家生产搅打奶油的制造商，目前每年生产 5 500 万听奶制品罐头，其中产量的 70% 供出口，Brazzale 公司在国内外也占有重要的地位。除了具有国际竞争能力的大企业外，小型企业也通过联盟形式在市场上占有一定的地位，Granarolo 联盟是小企业联盟的一个代表，在意大利有 7 个企业分别生产不同的乳制品目前意大利国内市场占有率已达到 30%。2003 年乳品企业生产 300 万 t 液态奶，17 万 t 酸奶，100 万 t 奶酪，销售额就达到 1 350 万欧元，高于食品工业中任何一个行业。意大利奶酪产品有 300 多种，多为传统生产，具有地方特色，80%的奶酪用牛奶制作，其他为水牛奶酪(8%)、山羊(4%)和绵羊奶酪(8%)。有 42%的奶原料用于生产地方特色产品，如帕尔玛、雷佐艾米利亚干奶酪(Parmigiano Reggiano)、波河平原干奶酪(Grana Padano)、牛奶和水牛奶制成的软奶酪(Mozzarella)，等等。意大利每年生产地方特色奶酪产品(DOP)有 40 万 t，在食品行业中占有重要的地位。目前有 398 家乳品企业通过 ISO 9001 认证，46 家乳品企业通过 ISO 14001 认证，16 家企业通过 EMAS 认证。

1.2.2 主要乳制品以及产量变化

意大利生产的乳制品主要有鲜奶、炼乳、黄油、奶油、全脂奶粉、脱脂奶粉和奶酪(图 5)。意大利鲜奶的产量一直保持平稳，为 1961 年的 1 061.663 万 t，到 2011 年为 1 111.321 万 t，这主要是欧洲配额制度限制了总产量的增长。意大利的主要乳制品为奶酪，从 1961 年到 2011 年奶酪产量的增长趋势较为明显，尤其是从 1989 年以后奶酪产量大幅上升，从 1989 年的 702 194 t 上涨到 2011 年的 1 132 010 t，增长了 429 816 t(增幅为 38%)。

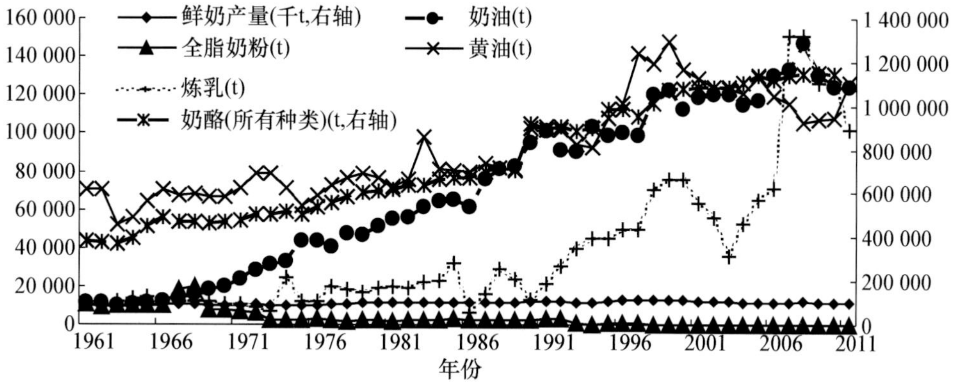

图 5 意大利主要乳制品产量变化

注：奶酪对应的是次坐标轴，其余的对应是主坐标轴。
资料来源：FAO。

黄油产量，从 1961 年(70 800 t)到 2011 年(101 925 t)黄油产量不稳定，总体保持上升趋势，1994—1999 年间产量迅速增加，达到最大产量 147 400 t；随后下降至 101 925 t(降幅为 30.9%)。炼乳与脱脂奶粉产量所占比重较小，每年产量比在 0.3 左右。炼乳的产量变化幅度较大，从 1961 年的 11 067 t 开始，1986 年达到最低值 2 640 t，到 2007 和 2008 年均达到最大值 151 100 t，然后开始下降，到 2010 年降至 126 100 t。全脂奶粉产量变化幅度较小，从图中可以看出，在 1968 年达到最大值，产量为 20 000 t。奶油的产量增长趋势最为明显，尤其是从 1961 年到 1985 年奶油的产量呈直线上升，到 2008 年达到最高值 147 000 t(增幅为 92.0%)。

近几年意大利乳制品的产量变化如表 8 所示。其中，液态奶产量占主要比重(年均约 68%左右)，从 2004 年到 2011 年，液态奶的产量在 2005 年达到最高值 2 941 千 t，之后有所下降。意大利奶牛奶酪产量位居乳制品产量中第 2 位，在 2009 年达到最高值。奶油和黄油产量在所占比重较小(年均分别为 3.1%和 2.7%)，近几年产量变化不明显。

表 8 乳制品的产量变化 千 t

年份	2004	2005	2006	2007	2008	2009	2010	2011
液态奶	2 871	2 941	2 884	2 852	2 760	2 690	2 661	2 653
奶油	107	122	130	133	149	130	128	126
黄油	121	124	120	115	106	107	108	89
奶牛奶酪	1 022	1 054	1 049	1 038	1 063	1 072	1 069	1 002

表 9 显示意大利主要 DOP 奶酪产品产量整体上不断增加，其中最主要的是 Grana Padano 和 Parmigiano Reggiano，2011 年比 2010 年分别增加 8.07%和 12.20%。而 Ragusano 和 Murazzano 均减少 18%以上。

表 9 意大利主要 DOP 奶酪产品产量 t

产品		2006	2007	2008	2009	2010	2011
Grana Padano	V	158 243	158 017	163 341	158 326	163 326	176 500
Parmigiano Reggiano	V	117 410	117 044	116 064	113 436	119 221	133 768
Gorgonzola	V	48 134	48 860	48 721	47 644	48 624	50 335
Asiago	V	23 330	22 649	23 318	23 528	22 669	22 561
Taleggio	V	8 766	8 814	8 800	8 497	8 699	8 542
Montasio	V	7 325	7 144	7 349	7 691	6 871	7 088
Provolone Valpadana	V	9 630	9 637	9 615	8 799	7 742	7 017
Quartirolo Lombardo	V	3 654	3 747	3 693	3 704	3 805	3 732
Fontina	V	3 735	3 556	3 747	3 527	3 588	3 510
Piave	V					1 183	1 870
Valtellina Casera	V	1 400	1 280	1 360	1 400	1 460	1 245
Stelvio	V			1 112	1 186	1 152	1 026
Toma Piemontese	V	1 116	1 216	1 077	1 048	1 065	978
Raschera	V	607	890	780	745	836	801
Caciocavallo Silano	V	1 050	1 008	750	750	738	735
Bra	V	816	740	762	937	783	726
Monte Veronese	V	482	496	589	655	755	688
Casatella Trevigiana	V				467	242	259
Casciotta D'Urbino(70% P)	M	250	245	229	220	235	235
Castelmagno	V	200	198	197	216	227	223
Bitto(10% C)	M	310	275	290	264	237	213
Ragusano(3)	V	155	137	131	165	160	130
Robiola Di Roccaverano	M	94.0	89.0	84.2	88.3	109	104

续表

产品		2006	2007	2008	2009	2010	2011
Formai De Mut	V	58.6	67.1	71.0	72.0	74.5	70.0
Spressa Delle Giudicarie	V	46.1	98.4	150	58.0	60.0	50.0
Murazzano(60% P)	M	28.0	22.877	21.0	15.80	16.0	13.0
Valle D'Aosta Fromadzo	V	6.0	5.060	4.160	4.60	6.0	6.30
Provolone Del Monaco	V	0	0	0	40.0	40.0	0
合计		386 846	386 236	392 254	383 483	393 924	422 425
水牛奶 Mozzarella	B	33 805	35 640	31 960	33 900	36 966	37 446
合计		33 805	35 640	31 960	33 900	36 966	37 446
Pecorino Romano(1)	P	24 470	33 425	29 461	26 746	27 477	24 702
Pecorino Toscano	P	1 965	1 943	2 816	2 933	3 092	3 044
Pecorino Sardo	P	1 800	1 800	1 960	1 860	1 935	1 989
Fiore Sardo(2)	P	620	600	650	712	800	752
Canestrato Pugliese	P	107	104	106	83.7	28.0	25.3
Pecorino Siciliano(3)	P	8.9	15.6	35.0	21.0	24.6	11.8
Pecorino Di Filiano	P			8.0	8.0	8.0	
合计		28 971	37 888	35 036	32 364	33 365	30 524

注:(1)10—7 月,(2)11—5 月,(3)11—12 月;
V:牛奶;B:水牛奶;P:绵羊奶;C:山羊奶;M:混合奶。
资料来源:根据意大利养殖者协会网站整理得到。

在意大利市场上,有适合不同消费者口味的奶类品种。如脱脂奶(脂类含量小于 0.3%);部分脱脂奶(脂类含量 1.5%~1.8%);脱糖奶(除去乳中两种主要糖葡萄糖和半乳糖的 75%)。此外,奶产品中还有奶酪、奶油、酸奶酪,其中奶酪占绝大部分。根据不同的菌种和加工方法,奶酪又分为鲜奶酪、软奶酪、半硬奶酪和硬奶酪。

1.3 乳品消费

意大利对乳制品的消费占农产品消费的比例很高。图 6 显示以 2000 年为参照(100),在农产品总消费量下降的情况下,乳制品的消费量一直上升,说明了乳制品的消费有效替代了其他农产品的消费。

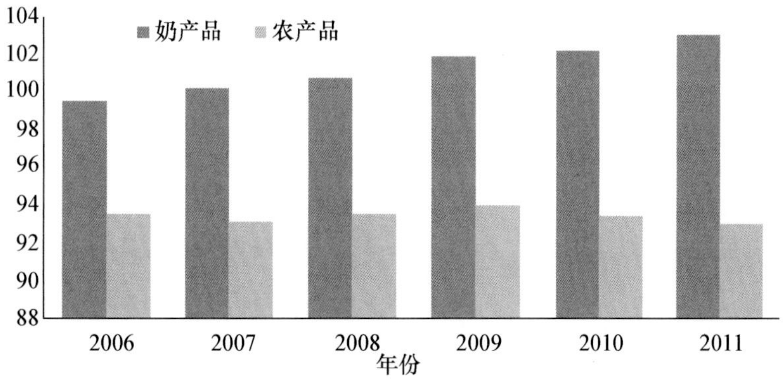

图 6 意大利农产品和乳品家庭购买数量变化(以 2000 年为参照(100))

资料来源:根据意大利养殖者协会网站整理得到。

2004—2011 年,意大利乳制品消费量基本保持不变(表 10)。液态奶人均消费最大,但其比例从64.26%下降到 60.99%。奶酪的消费量数值上略有上升,但和黄油消费量一样基本保持恒定,酸奶的量上升较大,比例也从 2004 年的 6.90%上升到 2011 年的 9.94%。

表 10　意大利乳制品消费量

年份	2004	2005	2006	2007	2008	2009	2010	2011
总消费(万 t)								
液态奶	330	339	335	325	316	312	320	318
酸奶	36.7	44.8	49.9	50.1	50.9	48.9	51.4	52.1
黄油	15.6	15.9	15.9	15.6	15.2	15.0	15.5	13.8
奶酪	131.2	134.0	135.7	134.1	135.4	138.2	137.3	137.5
人均消费(kg)								
液态奶	57	58	57	55	53	52	53	53
酸奶	6.3	7.6	8.5	8.5	8.5	8.1	8.5	8.6
黄油	2.7	2.7	2.7	2.6	2.6	2.5	2.6	2.3
奶酪	22.6	22.9	23.0	22.6	22.6	23.0	22.7	22.6

资料来源：根据意大利乳业咨询 CLAL 网站、EUROSTAT 资料整理得到。

在液态奶的消费(表 11)中，2010 年，超高温处理牛奶占液态奶的比例大于 53%，而巴氏奶比例只有 25%左右，剩下的为高品质巴氏奶。意大利居民倾向于从超市或大型超市总购买液态奶，2010 年占总购买量的 78%左右，而且还有向大型超市进一步转移的趋势，从超市购买的比例从 48.41%降到 45.50%，从大型超市购买的比例从 29.82%上升到 31.66%。意大利不同地区之间消费液态奶的情况也有所差异，以南部地区＋西西里岛最高，西北和中部＋莎丁岛地区次之，东北地区最低。

表 11　意人利家庭购买液态奶情况　　千 L

	2008 年	与 2007 年相比变化	2009 年	与 2008 年相比变化	2010 年	与 2009 年相比变化
总购买量						
总液态奶	2 406 637	+0.62%	2 405 770	−0.04%	2 441 690	+1.49%
巴氏奶	603 266	+4.84%	619 869	+2.75%	632 607	+2.05%
高品质巴氏奶	355 984	−5.12%	338 613	−4.88%	344.052	+1.61%
超高温处理牛奶	1 311 030	−0.23%	1 307 634	−0.26%	1 314 271	+0.51%
不同购买渠道						
大型超市	717 824	+5.92%	743 269	+3.54%	772 967	+4.00%
超市	1 165 193	−0.01%	1 142 380	−1.96%	1 111 059	−2.74%
小型超市	135 852	−7.74%	149 879	+10.33%	170 775	+13.94%
折扣超市	199 641	+7.22%	210 566	+5.47%	226 923	+7.77%
传统零售	188 127	−12.63%	159 676	−15.12%	159 966	+0.18%
不同地区购买量						
西北	595 869	−0.66%	580 238	−2.62%	594 677	+2.49%
东北	450 380	+1.90%	452 056	+0.37%	451 253	−0.18%
中部＋莎丁岛	567 303	+4.84%	567 398	+0.02%	580 514	+2.31%
南部＋西西里岛	793 084	−1.95%	806 078	+1.64%	815 247	+1.14%

资料来源：根据意大利乳业咨询 CLAL 网站、EUROSTAT 资料整理得到。

1.4　乳制品贸易发展

意大利对外贸易的乳制品主要是奶酪和鲜奶，这两种乳制品占整个意大利乳制品出口总额的 96%，占进口总额的 80%。从数量上看，意大利是乳制品的净进口国，从贸易额上看，意大利乳制品的出口也占有重要的地位，特别是奶酪和乳清的出口，占意大利乳制品出口量的绝大多数。图 7 显示了 2008—2012 年意大利主要乳制品出口情况，除了 2009 年比 2008 年下降 18.18%外，以后每年都呈上升趋势。

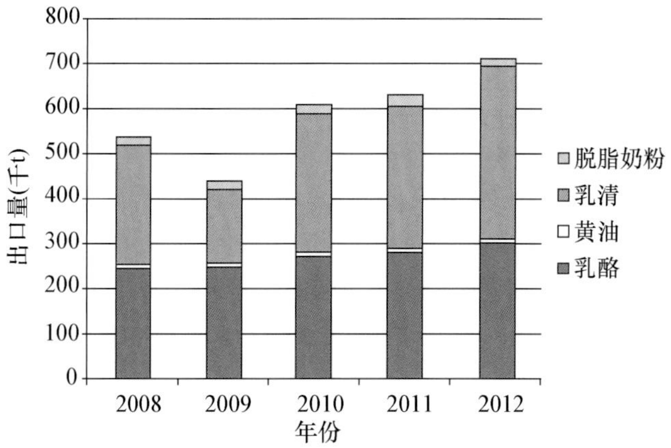

图 7　2008—2012 年意大利主要乳制品出口情况

资料来源：根据意大利乳业咨询 CLAL 网站资料整理得到。

从图 8 中可以看到意大利 50 年来乳制品贸易金额进出口的变化情况。从 1971 年开始到 2002 年，奶酪进口额

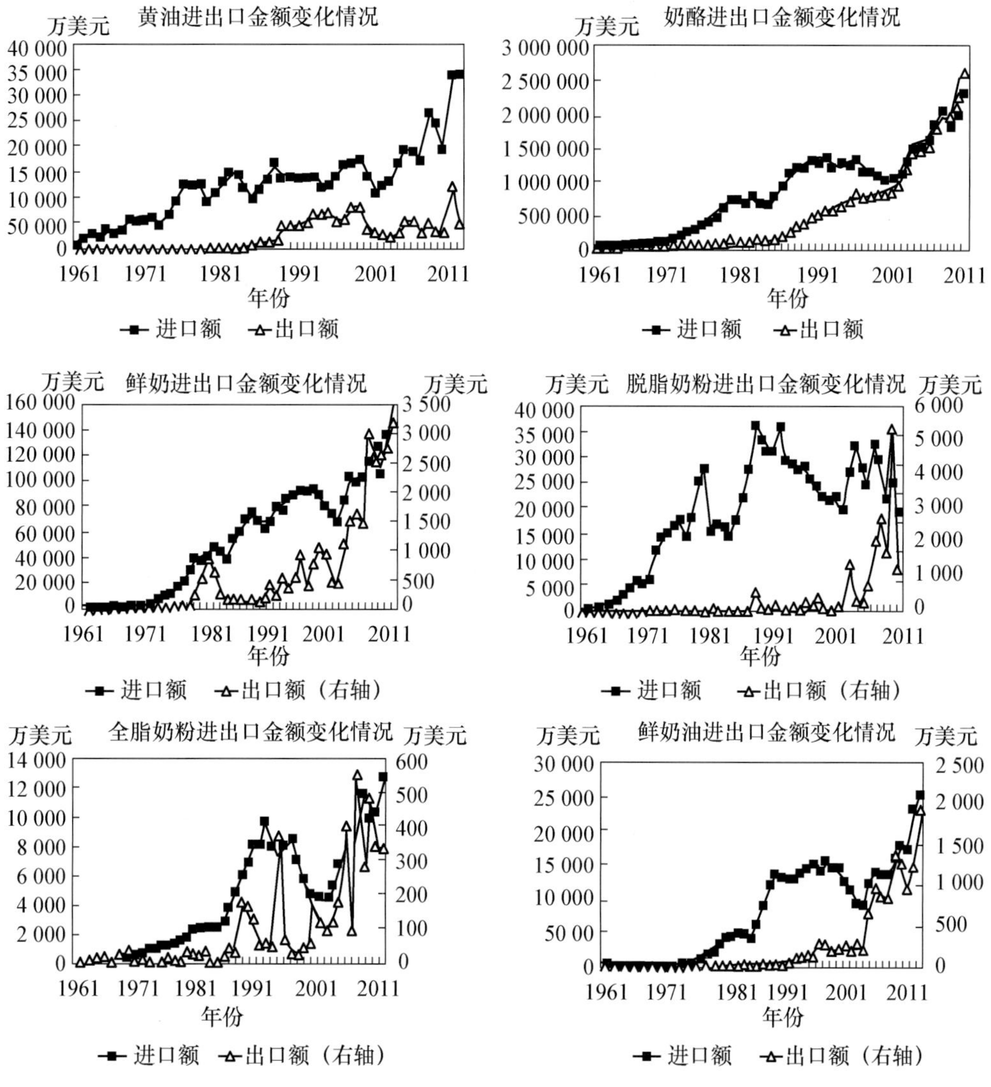

图 8　意大利乳制品贸易金额的进出口变化情况

注：除奶酪和黄油进出口额变化情况图片外，其余图片均是双坐标轴，进口额对应的是主坐标轴，出口额对应的是次坐标轴。

资料来源：FAO。

大于出口额的情况很明显，但是从 2003 年开始，进口额与出口额之间的差距逐渐缩小，并于 2009 年开始出现贸易顺差，到 2011 年意大利的奶酪进口金额为 23.4 亿美元，出口金额为 26.6 亿美元，贸易顺差为 3.2 亿美元。

意大利鲜奶进出口总体呈现上升趋势，但是一直是进口额大于出口额。从 2001 年开始，进出口额的增长速度特别快。出口额 1978 年以后呈上升趋势，2011 年出口额超过 0.3 亿美元。进口额从 1974 年开始逐渐增长，在 2011 年达到最大值 16.1 亿美元，贸易逆差为 15.8 亿美元。

黄油进口额始终高于出口额，进口额在 2010 年达到最大值约 3.5 亿美元，出口额从 1985 年开始有所提高，到 2010 年为 1.2 亿美元。而在 2011 年黄油进出口额都有所下降，其中出口额下降幅度较大，为 58.2%。意大利全脂奶粉从 1972 年开始进出口额差距不断扩大，并于 2008 年达到 1.1 亿美元。之后几年差额有所降低，但是到 2011 年，进口额约为 1.3 亿美元，出口额为 0.03 亿美元，差额达最大值 1.2 亿美元。意大利脱脂奶粉进口额与出口额在 1961 年至 1988 年间差距不断增大，而后随着进口额的减少和出口额的增长差距有所缩小，到 2011 年差值为 1.8 亿美元。鲜奶油进出口额从 1976 年开始差距逐渐增大，从 1997 年开始差距有所缩小。到 2011 年鲜奶油进口额为 2.5 亿美元，出口额为 0.2 亿美元，贸易逆差为 2.3 亿美元。

由图 9 可以看出意大利 50 年来乳制品贸易进出口量的变化情况。在 1961 年到 2011 年间，奶酪进口量

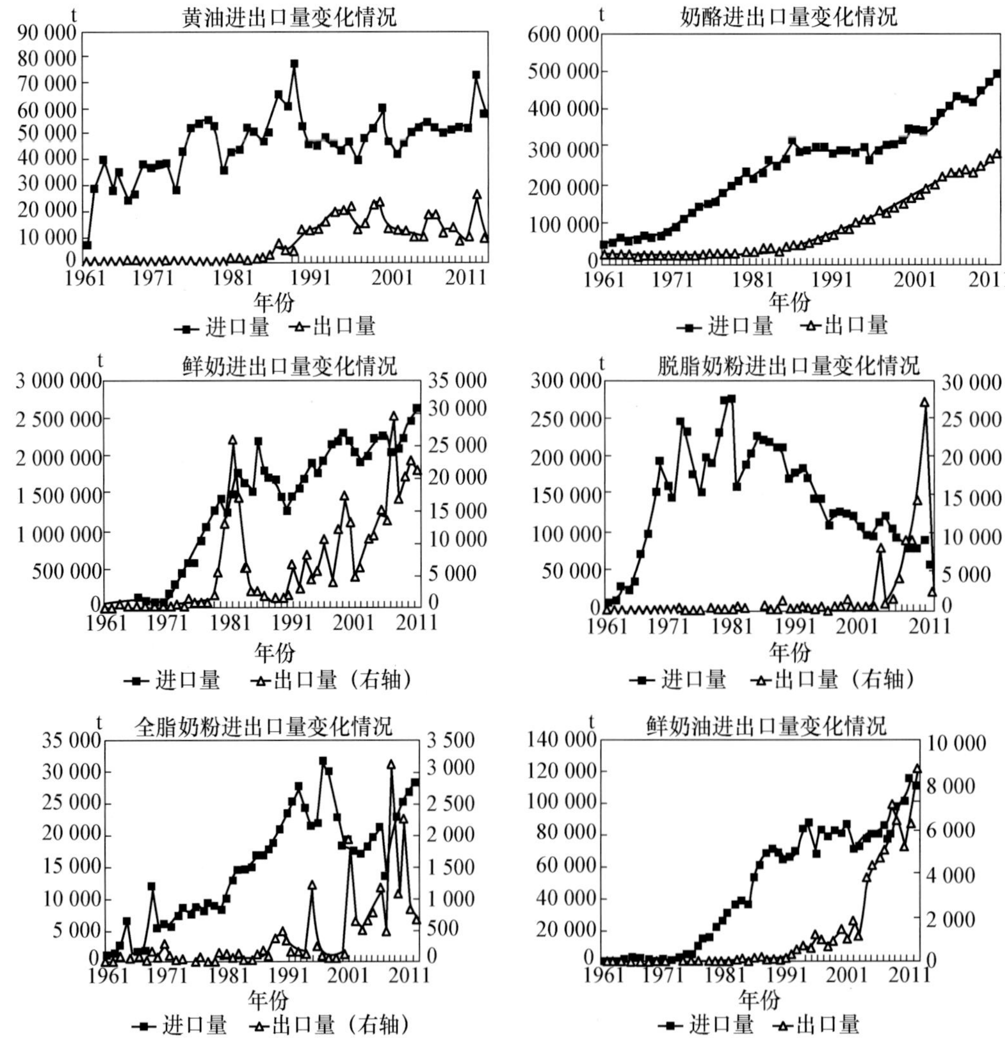

图 9　意大利乳制品贸易进出口量变化情况

注：除奶酪和黄油进出口量变化两个图表外，其余图表均是双坐标轴。进口量对应的是主坐标轴，出口量对应的是次坐标轴。

资料来源：FAO。

始终大于出口量。从1969年开始奶酪进口量明显高于出口量，贸易逆差迅速拉大；直到1985年，意大利奶酪出口量才逐渐加大，缩小与进口量的差距。2011年奶酪的进口量为49.0万t，出口量为28.2万t，贸易逆差明显，为20.8万t。结合图8显示趋势，奶酪出口量是进口量的近57.5%，但出口额超出进口额的13.6%，说明意大利出口奶酪的品质和单价都远高于进口奶酪。

从1961年到2011年，鲜奶的进口量始终高于出口量，呈现贸易逆差。从1961年到1973年，鲜奶的出口量基本保持持平，之后迅速上升，到1981年达到一个较高水平2.6万t，之后又迅速下降，随后呈现跳跃式增长，在2007年又达到一个最高值2.9万t。鲜奶进口量在1965年之前保持稳定，之后迅速上升，在2011年达到最高值约265.0万t。

意大利黄油进口量始终高于出口量，贸易逆差明显，并于1987年达到贸易逆差最大值7.3万t。黄油进口量呈跳跃式增长的方式，在1987年达到最高值7.7万t，2011年进口量为5.8万t。出口量在1961年—1983年间较平稳，从1984年开始逐渐加大，缩小了与进口量之间的差距，2011年出口量为0.9万t。相对于2010年，黄油进出口量都有所下降。

意大利全脂奶粉进口量在1961—2011年之间明显高于出口量。从1980年到1992年，进口量几乎呈直线上升趋势。在1997年达到最高值3.0万t。全脂奶粉出口量在1987年以前较平稳，从1988年开始出口量很不稳定，1996年为最低值63 t，2007年为最高值3117t。意大利脱脂奶粉出口量从1961年到2002年间一直保持平稳，在之后的几年中迅速增长，到2010年达到2.7万t，但是在2011年迅速将至0.3万t。脱脂奶粉进口量在1961年到1980年之间呈现跳跃式增长的趋势，但是从1981年开始迅速下降，到2011年为5.8万t，脱脂奶粉总体贸易趋势为进口量大于出口量。

意大利鲜奶油出口量在1989年以前很平稳，随后数量逐渐增大，2001—2007年呈直线上升的增长方式，并于2007年达到最高值0.7万t。鲜奶油进口量从1974年开始有较快增长。近50年间进口量显著高于出口量，且贸易逆差一直在增大，到2011年进口量为11.2万t，出口量为0.9万t，贸易逆差为10.3万t。

2 奶业科技进展

2.1 奶牛育种与繁殖技术进展

意大利奶牛育种具有悠久的历史，在不断发展的过程中，不断整合最前沿的科研成果，保持拥有最先进的良种登记册和产奶性能记录。在所有进行育种改良登记的国家中，意大利奶牛登记头数占国家养殖头数比例最高，为74%，而且所有的登记牛只都有严格的牛奶监控数据和育种指数排名，保证了意大利奶牛质量和牛奶品质在世界上占据重要的地位。

2.1.1 意大利奶牛育种与繁殖体系发展历程

意大利奶牛育种工作已有60多年的历史，主要有意大利养殖者协会和国家育种协会共同完成。图10显示了意大利奶牛育种体系。意大利基本上每个主要品种都有自己的育种协会，隶属于国家养殖者协会管理，数量较少的品种由国家养殖者协会统一管理。国家养殖者协会下面有56个省级养殖者协会，这些国家省级养殖者协会每月派技术人员到养殖户采集数据并将数据传给国家养殖者协会。国家养殖者协会将生产性能相关数据转给品种育种协会，后者结合自身保存的系谱登记和对奶牛的评分，计算估计育种值，并将数据传递给省级养殖者协会和养殖户，并指导计划奶牛选配工作。

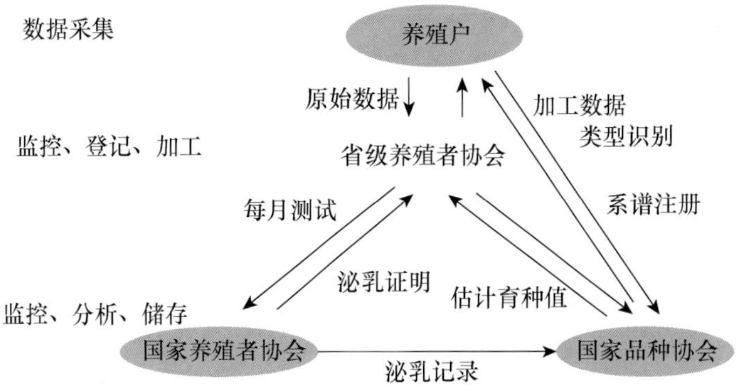

图 10　意大利育种体系

资料来源：根据意大利意大利养殖者协会网站资料整理得到。

意大利养殖者协会和荷斯坦牛育种协会联合制定荷斯坦牛的育种方案，1986 年制定了 ILQ 选育指标，旨在不影响产奶量的前提下提高乳蛋白和乳脂产量，4 年后乳蛋白和乳脂产量显著升高，产奶量也因为与二者正相关而得到提高。与此同时育种专家小组发现急需提高奶牛功能性指标，特别是乳房结构，以降低生产成本。1993 年在 ILQ 的基础上添加了乳房结构指标，成为 ILQM 选育体系。选育指标的改变达到目标，取得了很好的效果，而奶牛健康和体细胞数量、跛蹄功能、使用寿命和被动淘汰等问题日益突出。2002 年育种协会决定改用 PFT 指标(各参数权重：乳蛋白质产量 36、乳脂产量 8、乳脂率 5、品种 4、乳房 13、跛蹄 6、使用寿命 8、体细胞数 10、繁殖力 10)。意大利育种指标的不断调整和变革使意大利奶牛生产水平一直处于世界领先水平。目前全国荷斯坦牛平均产奶量为 9 125 kg、乳脂率 3.70%、乳蛋白率 3.38%；排名前 50 名牧场平均产奶量为 12 717 kg、乳脂率 3.58%、乳蛋白率 3.37%。

2.1.2　现代育种技术的应用

2010 年，全基因组选择技术开始在奶牛育种领域中应用。该技术可以对后备种公牛进行早期选择，提高选择准确性和选择强度，降低后裔测定规模和数量，提高育种和选择效率。意大利最早开始将全基因组育种和奶牛常规育种相结合提高育种值的可靠性。全基因组选育将普遍运用的群体选育转向个体选育，对于低遗传力的指标和中间杂交选育都有极大的推动作用，通过全基因组选育，有望将运动、体况评分、饲料效率、瘤胃效率、饮水量、繁殖性状、行为学特征、乳中尿素氮、乳房炎等参数纳入育种体系，大幅度提高奶牛基因遗传进展。

2.2　奶牛饲料与营养技术进展

意大利饲料与营养技术的优势在于其创新性思维并将最前沿的研究成果用于生产实践。

2.2.1　专业的反刍动物饲料配方系统服务于奶业生产

奶牛场中饲料成本占总成本的比例约为 60%～70%，合理的提高饲料转化效率对奶牛的产奶性能、身体健康、环境保护等方面都有重要的意义。NDS 配方软件是意大利 RUM&N 公司在采用美国康奈尔大学 CNCPS 系统的基础上研发的奶牛专用饲料配方软件，是目前世界上最先进的奶牛配方软件系统。NDS 软件包含了目前最新的 CNCPS 6.1 系统，并做到了实时更新，保证了最新的应用参数和最精确的奶牛生产模型。

NDS 软件能够给予奶牛营养技术人员和牧场管理者最完美的支持，用以做出最科学的牧场管理决定，并保证奶牛最大程度上提高生物利用率，增加牧场效益。对于不同品种、不同年龄和体重、不同温热环境条件、不同饲养方式养殖的动物，利用 NDS 奶牛配方软件可以做到按照：

研究奶牛营养和饲喂方案；
研究为不同牧群配制独特的日粮；
可用于评估原料的营养特性；
最大程度上提高粗饲料的利用效率；
贯彻管理系统方案；
用于生产成本分析；
实时分析碳氮排放；
用于经济和技术结果分析。

2.2.2 过瘤胃产品在奶牛生产中的应用

意大利是最早研究奶牛过瘤胃技术(by-pass)的国家，自20世纪80年代开始就致力于反刍动物专用包被技术的研发，目前已经成功形成独特的反刍动物专用多层包被工艺(MLC technology)，并在欧盟等多国取得专利。通过这种MLC技术形成一系列奶牛专用过瘤胃包被产品，包括过瘤胃胆碱、过瘤胃氨基酸系列、过瘤胃维生素系列、过瘤胃微量元素系列等。奶牛通过使用过瘤胃胆碱，可有效降低围产期营养代谢病的发生率，改善肝脏健康；通过使用过瘤胃氨基酸可以有效改善奶牛日粮氨基酸平衡状态，提高生产性能。

2.2.3 独特的发酵类产品常应用于奶牛养殖生产中

反刍动物已经适应了一个复杂的小生态环境，因为各种瘤胃微生物种群，主要是细菌、原虫及真菌。反刍动物可以将低质量饲料转换为高质量蛋白质，并利用不适宜直接供人类食用的作物作为日粮。但反刍动物将饲料，尤其是纤维性饲料，实际转换为肉和奶的效率非常有限。大约只有10%～35%的能量摄入作为净能被利用，20%～70%的纤维素不能被动物消化。如果反刍动物日粮中牧草的大部分能量均能被利用，那么我们就可以制定成本更低的日粮，进而更有效的利用环境资源。

利用米曲霉、黑曲霉、乳酸马克斯克鲁维酵母等混合发酵而成的培养物，有助于帮助粗饲料的发酵并为动物本身提供更多能量。其作用主要包括：

瘤胃pH稳定：避免乳酸聚集风险；
提高瘤胃生物量：提高瘤胃真菌降解牧草的能力，使得关键的纤维消化细菌能更好的利用牧草纤维素；
提高对NDF(中性洗涤纤维)降解率；
活化瘤胃纤维分解菌群；
增加牧草摄入量

2.2.4 机械设备从技术上和设计上都处于世界领先地位

意大利司达特公司生产全混日粮(TMR)生产设备是最先进入中国市场的意大利农业器械，对世界奶业全面推进规模化养殖、提高原料奶质量有着不可磨灭的贡献(见图11)。意大利司达特公司卧式牵引式TMR饲料制备机、喷草机、多功能伸缩臂叉装车、便携式饲料NZX分析仪和意大利Tonutti集团生产的圆盘割草机BR120、翻晒机GT310、侧列搂草机P 5、中列搂草机RCS 8、方型打捆机

图11 意大利司达特Husky新型TMR混合机

2747 S都代表了世界先进水平。一个5 000头规模的牧场,若是配备3台180马力的拖拉机、3台立式牵引式Dunker TW—250(25 m^3)、2台多功能叉装车,共计投入约300万元,另需雇佣10余人才能完成日常的饲喂工作。现在仅用2位工人操作2台司达特自走式Dobermann(28 m^3),每天工作6 h便可完成5 000头牛的饲喂工作。

另外,意大利生产的 电子型带有按摩动能的 InterPuls 集乳器,能够很好的保护奶牛乳房,具有经济耐用、使用普遍,质量可靠的特点。

2.3 奶牛疫病控制技术进展

意大利一般会根据欧盟的有关法律法规,制定动物疫病控制具体的法律和法规,欧盟、意大利、下属大区的法律法规对养殖户来说具有同等效力。意大利对奶牛疫病防控实行二级监管制度,即企业或自由职业兽医师和官方兽医师共同检测疫病,防止传染病的发生和传播。一般情况下,意大利养殖场都会雇佣自己的兽医师,有的兽医师可能会同时服务于几家养殖场,这些兽医师被国家认定为自由职业者。除了养殖场出资的兽医师外,国家卫生部下属各大区兽医局为每一个养殖场都会指定其分管的官方兽医师。法定的疫病防疫采取强制性措施,由临床兽医实施;非法定的疫病防疫由企业自行决定和实施。

一旦发生法定的传染病,政府财政全额补贴扑杀;发生非法定的传染病,参与保险的农户可以向动物疫病保险基金会申请提供帮助。

2.4 奶牛场粪污处理与环境保护技术进展

2.4.1 粪污处理利用方式

欧盟研究表明奶牛是养殖业中最主要的污染源,意大利奶牛业氮、磷排放分别占养殖业总排放量的54%和48%。意大利规模化奶牛养殖场在北部地区的集中造成了不同地区不同程度的污染,欧盟91/676硝酸盐法规规定在法规执行地区,自2002年起每公顷土地上每年不能撒播超过170 kg的动物粪氮。对牛粪的使用主要有2种方式:作为肥料还田和生产沼气(见图12)。生产沼气的技术早在20世纪70年代就已经得到研发,只是在最近由于对环境污染的重视而得到全面推广应用。虽然肥料还田是一个传统上的概念,现在应用过程中又有了新的内涵。首先是牛粪便干湿分离技术,将液体部分就近施肥,固体部分因为方便运输,可以运到较远的养殖家畜较少的地区。其次是用作肥料的粪便必须经过6个月的成熟期。再次是施肥过程尽可能的避免粪便流失或气味散发。

图12 意大利典型沼气发电设备

在畜禽养殖废弃物的管理上，欧盟出台了一系列政策法规、管理规定、生态补偿标准等，涵盖了生态环境、食品质量安全、动物健康及福利标准各个方面，将与畜禽养殖业挂钩的每个环节有机地联系在一起。如对畜禽粪便和有机肥施用量、施用时间、某些粪便储存时间的最低限度等要求；定期回顾和更新最初管理计划；按照单位面积牲畜承载量及养殖场牲畜头数等给予直接补贴；按照低密度的草场系统管理、低牲畜生产密度等要求，对实行高标准动物福利的农民进行补贴；补贴的幅度依据采取这种高标准所增加的成本或者减少的收益情况确定，最多每年每个牲畜单位（成牛）可以补贴 500 欧元。

3 原料奶质量控制与计价体系

3.1 提高原料奶质量的主要技术措施

意大利非常注重从田间到餐桌的全程化管理，即在牛奶的整个生产过程中，从奶牛饲料到货架上的成品牛奶都受到监控。无污染饲料，干净卫生的畜圈，质优的牛奶（见表 12）和奶制品运输、加工和销售方式都有标准可依。所有的乳制品都建立了可追溯体系，并极力推进整个欧盟乳制品生产地理标示。

表 12 意大利对原料奶的质量要求

要求	原料奶限制（欧盟法规 853/04）	高品质奶限制（部令 185/91）
总细菌数量	≤100 000 UFC/mL	≤100 000 UFC/mL
体细胞指数	≤400 000 mL	≤300 000 mL
抑制剂残留	无	无
冰点	≤−0.520 ℃	≤−0.520 ℃
脂肪指数	/	不低于 3.5%
蛋白质	≥28 g/L	≥32 g/L
黄曲霉毒素	0.05 ppb	0.05 ppb
保存温度	≤6 ℃	≤6 ℃

资料来源：根据意大利乳业咨询 CLAL 网站资料整理得到。

3.2 提高原料奶的主要政策措施

意大利是世界上法律法规体系最多的国家，对于从原料奶到最终乳制品的质量都有着细致的规定。意大利不仅以法规的形式对牛奶原料的质量底线进行了规定，而且严格执行“按质论价”的原则，对奶农供给工厂的原料奶进行销售级别的规定，即对原料奶的质量进行检查后，根据所处的质量等级付款。

3.3 监控原料奶质量的主要方法及惩罚措施

对原料奶的质量检测工作是由一个独立的第三方机构来完成，他们会对每一次牛奶加工厂收到的原料奶进行检验、评测质量，然后根据国家规定的原料奶级别来进行定级。检测站得出的最终数据，将成为加工厂向奶农付款的凭据。检测站一般根据体细胞数或者细菌数的高低来惩罚或奖励，惩罚那些往牛奶中掺水、高游离脂肪酸以及抗生素的农户。

3.4 原料奶计价体系

意大利原料奶定价的核心思想是“按质论价”，原料奶的质量越好价格越高。这就意味着对于原料奶的品质，不仅有严格的底线要求（基本的参数），更有品质提高的激励（直接反映在奶农的收益上），奶农负责向合作社运输牛奶，合作社进行统一销售。

4 科技推广体系

4.1 主要研究与推广机构

意大利在奶牛育种、饲养、加工与管理等各个方面都有相应的研究和推广机构保证意大利奶牛在世界上的先进地位。

意大利奶水牛主要分布在意大利南部，而奶牛大都分布在德国北部的 4 个区，无论是奶牛还是奶水牛的育种都采取全国性的联合育种，经费由政府承担 80%，剩余部分由参建奶牛登记册的养殖户承担。意大利主要育种组织是意大利养殖者协会，下属 18 个大区养殖者协会和 56 个省养殖者协会，对于荷斯坦牛、褐牛、西门塔尔牛、奶水牛都分别有自己的国家品种育种协会。省养殖者协会每月都要派出技术人员到养殖场采集数据，每个养殖场每月至少被访问一次国家品种育种协会根据母牛群体生产情况集体商议决定下一步育种方案，测定功能性指标，针对不同的牛群采取不同的育种方案。育种组织要各自制订一些基本规定来履行自己的任务，育种计划是由各个育种组织自己制订，自己完成，自负其责。

意大利主要的研究和推广机构除了各级养殖者或育种协会之外，还有 14 家牛奶质量检测机构、奶业联盟（Assolatte），乳业咨询公司 CLAL，和多家乳制品联盟（Granarolo 联盟）等。

4.1.1 意大利养殖者协会

意大利养殖者协会（AIA）始建于 1944 年 8 月 20 日，旨在重建二战期间严重破坏的养殖业。1950 年的第 1051 号总统令确立了其地位，使其在很短的时间内延伸到全国各个角落所有养殖环节，AIA 的宗旨是实现所有能快速促进养殖业发展的创新并使动物及其产品的价值得到最有效的评估，AIA 的持续发展使意大利养殖业一直处于世界的前沿。AIA 旗下拥有 28 个国家品种育种协会、18 个大区养殖者协会、56 个省养殖者协会和 11 个相关的操作部门。

AIA 是意大利养殖业的核心机构，是负责国内外相关机构以及政策的首要平台，为机构制订相关法律时提供帮助，也为相关机构出具兽医证明时提供协助。AIA 也是合作性的组织，是唯一被政府机构认定授权开展育种计划的组织。AIA 作为全国育种工作的协调者，主要通过大区养殖者协会和省养殖者协会采集数据，并将这些数据进行加工、处理和分类，将数据传给相应的品种协会。对于群体规模较小的品种则自行根据保管的系谱和动物外貌评分开展育种工作。

AIA 还具有使动物及其产品增值的功能，2010 年成立了“意大利养殖”（ITALLEVA）品牌，旨在树立意大利制造一样的高的品质和价位，先已具有 3 000 多个产品，产品远销 20 多个国家和地区，已初步见到效益。

AIA 正在开发一种集管理、营养、健康和动物与环境相互影响为一体的奶牛场管理软件，方便为提高奶牛场整体效益提供不同方案，同时保证畜禽健康、实时监控环境污染，有利于实现资源节约型、环境友好型奶牛业。

4.1.2 意大利荷斯坦奶牛育种协会（ANAFI）

ANAFI 是负责意大利荷斯坦牛育种的专业公司，荷斯坦公牛册由该公司发布，其后测公牛的数据收集与分析由 ANAFI 负责进行，ANAFI 制定育种计划，每年将进入后测程序的种公牛各采精 3 000 支细管，随机分散到德国各农场，由省养殖者协会将公牛女儿的各项生产数据收集，经 AIA 转到 ANAFI 后计算综合育种值（PFT），ANAFI 定期将种公牛依据 PFT 育种值进行排名并发布更新的公牛育种值排名。

ANAFI 每年对 100 多万头奶牛进行登记、数据监控，占全意大利奶牛数量的 74%，是世界上登记牛群占总牛头数比例最高的国家。意大利荷斯坦牛育种计划如图 13 所示。每月从 4 万头核心母牛群中选最好的 2.5%的母牛计划选配所产的牛犊中收集公牛犊 48 头(每年选 500 头)，6 月龄时运到基因中心，养殖到 12 月龄，监测其生长性能、外貌特征、抗热应激能力、精液品质等指标，每月选出 30～40 头种公牛转入种公牛站，每头公牛采精后分配给不同牧场的 1 000 头母牛配种，进行后裔测定，待她们产犊后通过新生母牛的产奶性能、乳蛋白、乳脂、乳用特征、体型、肢蹄、乳房及产犊容易程度等对公牛的产量育种值、乳用特征和遗传育种值等进行评估，并通过体细胞数对健康程度作出评估。后裔测定的结果出来后，选取最优秀 5%作为种公牛。

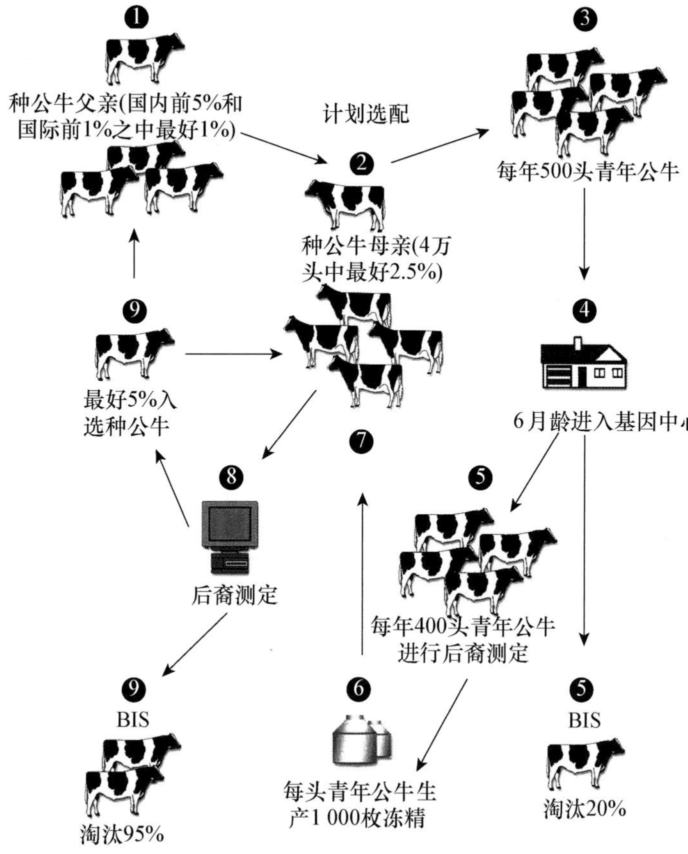

图 13 意大利荷斯坦牛育种体系

资料来源：根据意大利荷斯坦牛协会网站资料整理。

4.1.3 意大利褐牛育种协会(ANARB)

ANARB 成立于 1957 年，主要完成以下目标：改良褐牛使其经济效益最大化；管理系谱册；与相关国家机构和实验研究院合作进行解决特定经济技术问题的研究；管理基因中心；对后裔测定的公牛进行性能测定；展示和宣传基因改良进展。

意大利褐牛有 50 万头，占世界褐牛数量的 5%，ANARB 注册的褐牛有 16 万头，其中 10.4 万头受到功能性检测，90%的母牛实行人工授精。平均规模为每养殖场 21 头褐牛。

意大利褐牛的特点是品质很高，乳制品产出率远高于奶牛平均值，其奶酪产品也独具特色，另外出肉率也很好，适应性好。意大利褐牛平均产奶量为 6 954 kg，乳蛋白率 3.50%，乳脂率 3.96%。ANARB 登记的最好的 20 个养殖场平均产奶量为 10 607 kg，乳蛋白率 3.69%，乳脂率 4.01%。

4.1.4 意大利奶水牛育种协会(ANASB)

地中海水牛无论是产量、乳脂率、乳蛋白率都很有优势，与生产性能低的牛杂交，能明显提高生产性能。

意大利的奶水牛存栏 40 万头，泌乳牛 10 万头(意大利奶水牛协会注册登记)。意大利奶水牛自 1980 年 6 月 23 日开始登记系谱，意大利农业部下属的卫生检查监督机构每年都会到牧场对登记的奶牛进行检查，登记基本信息，信息最后汇总到意大利奶水牛协会的数据库，最后这些数据将用于奶水牛公牛的排名。从 1976 年到 2008 年，意大利奶水牛经过选种选育，平均单产从 1 608 kg 增加到 2 200 kg；乳脂率从 6.43%增加到 8.1%；乳蛋白率从 4.39%增加到 4.8%。

意大利有两家公司生产奶水牛冻精，每年大概生产 5 万～10 万剂，意大利 COFA 种公牛站始建于 1986 年，是 Casali 家族的企业。COFA 冻精 90%出口到其他国家。Chiacchierini 种公牛站自 2000 年开始生产奶水牛冻精。目前最好种公牛产量为 5 600 kg，乳脂率 8.32%，乳蛋白率 4.63%。

4.1.5 基因服务实验室(LGS)

LGS 建于 1980 年，隶属于意大利养殖者协会和农业部，主要负责意大利养殖业所有品种的基因鉴定，为品种选育提供数据。截至 2004 年，该实验室一直被称为血液组型实验室，通过血型的方法鉴定动物并确定亲属关系，自 20 世纪 80 年代，该实验室就开始采用通过 DNA 分析方法提供认定和亲属关系诊断，同时开展影响畜禽生产或繁殖性能的主效基因分析。LGS 自 1992 年加入国际动物基因社团，并按照 UNI CEI EN ISO/IEC 17025 法规确定 ISO 认证。

4.1.6 奶品质监控中心

奶品质监控中心是意大利养殖者协会下属机构，每个大区养殖者协会都设有奶品质监控中心，为官方的非盈利的数据收集和处理机构。所有的奶品质监控中心都经过与 UNI CEI EN ISO/IEC 17025 法规一致的 SINAL 认证，负责本大区内荷斯坦牛、褐牛、西门塔尔牛、娟姗牛、奶山羊、奶绵羊或奶水牛的登记和产奶性能(产奶量、乳脂、乳蛋白、体细胞指数、总细菌数量等)记录，是所有系统性育种及奶牛品种的基础数据库。同时，奶品质监控中心接受就近的 10 个动物实验与疾病防控研究所的监督。

4.1.7 兽医机构

意大利卫生部设有兽医局，大区、省、县(市)三级均设有相应的兽医局。卫生部下属还有 10 个动物实验与疾病防控研究所，分别处于比较重要的大区首府并负责临近没有设相应机构的大区。在动物实验与疾病防控研究所均设有牛奶中心，主要应地方兽医局和兽医防控政策部们兽医师要求进行按照意大利或欧盟法规规定的分析，也少量的应自由职业兽医师的要求。检测项目有按照欧盟 853/2004 法规检查生产授权、按照部令 185/91 检测高品质牛奶、国际指定药物残留指标、按大区控制计划检查鲜奶分销和乳房炎监控。

4.1.8 反刍动物软件设计 RUM&N 公司

意大利 RUM&N 公司是众多致力于将最新科技成果推广应用到生产实践的公司之一。鉴于奶牛场中饲料成本占总成本的比例最高，该公司取得美国康奈尔大学授权，利用其 CNCPS6.1 模型开发出了 NDS 配方软件，并允许将最新的成功实时更新软件，使养殖场能够在友好的界面上，不需要了解太多专业知识的情况下，做出最科学的牧场管理决定，保证牧场效益最大化。目前该产品已广泛在欧盟、美国、日本等奶业发达国家得以推广应用。

4.2 运作模式

意大利养殖业科技推广主要是通过意大利养殖者协会进行，意大利养殖者协会作为政府扶持的半官方机构，经费大部分来源于政府，少部分来自于通过协会给养殖场的服务而收取的费用。国家、大区养殖者协会和国家品种育种协会分别和大学、科研院所合作，个别协会也设有自己的研究所和技术机构，能够直接将最新的科研成果整合到自身育种工作或科技服务体系中，并通过省养殖者协会将科技推广给养殖户。

在科技推广的过程中，农业合作社和自由职业者也起着重要的作用。在奶牛生产发展上，基本实行以家庭牧场为主的农业合作社模式。意大利的牧场规模较小，通过农业合作社，可以产出大量的鲜奶，在出售时能争取更大的利益，而且土地资源与奶牛养殖配比率高、饲养品种和数量灵活、有利于环境保护和生态平衡。有的农业合作社包括了从饲料原料生产、动物养殖到乳产品加工、销售整个产业链，保障了乳产品的质量稳定和食品安全，乳制品销售价格很高，合作社利润达到最大化。自由职业者在意大利奶业生产中起到很大的作用，这些人都经过高等教育，并和大学、科研机构保持密切的联系，有的还是大学的兼职教授，自由职业者在科技创新和养殖场使用过程中强有力的纽带。此外还有生产者自我服务的各种民间组织（例如各种咨询公司、农民协会、合作社、社区服务组织、教会组织等）、大学及科研机构、各种商业企业与公司（如信贷、银行、保险机构以及各种企业集团和个体企业）。这些机构有专职独立的，也有附属兼营的。在各种农业法案中都规定，农民可以免费享受政府的农业推广咨询服务。

5 促进奶业发展的主要政策

5.1 促进奶业生产政策

意大利工业发达，对农业进行多方面的政策扶持和政府补贴，保障农民收入，从而吸引更多的年轻人从事养殖业，保证农业可持续发展。欧盟实施干预购买和私人储备援助计划稳定内部市场。为稳定乳制品内部市场价格，欧盟制定乳制品区内市场参考价格。当区内价格低于参考价时，将启动干预购买计划，将产品转入库存。干预购买机构由各成员国政府指定，该机构按照欧盟规定的标准购进产品，并根据“避免扰乱市场平衡”的方式将产品用于加工行业、食品援助、向非营利机构销售、饲料生产以及通过补贴出口。此外，欧盟还有私人储备援助计划。由欧盟确定私人储备产品的标准、数量，并根据储藏成本和可能的价格趋势调整和确定支持水平，以合同的方式对私人储备乳制品给予补贴。

由于受欧盟牛奶产量配额的限制，意大利鲜奶产量必须保持在很低的水平，意大利的奶业生产政策的主要方向是利用基因改良和优化饲养管理和疫病防控技术，提高奶牛单产水平，降低奶牛饲养头数，发展资源节约型、环境友好型奶业。

5.2 促进奶业加工政策

意大利乳制品，特别是奶酪，质量在世界范围内都有一定的地位，意大利养殖者协会推出的“意大利养殖”是意大利品质的象征。包括了从饲料原料生产、动物养殖到乳产品加工、销售整个产业链的农业合作社大都推出自己代表的地理标识产品（DOP），以保证产品的市场占有率和高的价位，其中最有代表性的就是在全球悄然兴起的慢慢吃（Slow food）运动。最近意大利政府向欧盟建议在欧盟范围内推广地理标识产品政策，以刺激和鼓励意大利农业的进一步发展。如果地理标识产品政策在全欧盟实施，意大利奶业因为最先开展此项认证，其产品和理念都会为意大利奶业取得很高的利润。

5.3 促进奶业贸易政策

意大利奶业贸易政策与欧盟政策保持一致，基本使用进口关税配额和出口补贴等贸易政策工具促进奶业贸易发展。由于意大利奶业生产配额的限制，意大利的生产远不能满足国内消费需求，因此意大利属于乳制品进口国。2011 年欧元贬值导致欧盟 2011 年的出口增长了 37%，出口主要国家是中国、东南亚以及中东国家。由于以上国家乳制品需求保持增长态势，欧盟的乳制品出口依然能保持在较高水平。意大利出口的奶酪主要目标是世界高端产品，因此生存数量虽然不多，但由于有质量和信誉的保证，价格一直较高，相比较而言，给意大利带来了较大的利润。

5.4 促进奶业消费政策

以“意大利养殖”为核心的地理标识产品给意大利居民安全、健康的保证，意大利人在经济条件允许的情况下，也很愿意为此付出较高的价格购买本国的产品。

6 值得借鉴的主要经验

由于意大利农场规模普遍较小，与中国农场规模相似。意大利纬度、地形、地貌(30%是平原，70%)、温度、湿度等都与中国相似。意大利的奶牛养殖品种、养殖方式、养殖技术和产业政策等方面对中国奶业的发展都有很重要的借鉴意义。

6.1 经营模式方面的经验

6.1.1 在发挥本国奶牛品种优势的前提下实现奶牛品种多元化

优良的品种是奶业发展的基础和前提，是衡量现代化奶业发展的重要指标。意大利在奶业良种繁育改良上制定并坚持不懈的执行科学、合理的育种计划，凭借得天独厚的自然条件、饲草饲料条件，培育出世界顶尖的奶牛良种或兼用品种。意大利在动物品种选择上采取多元化战略，很好的适应本国的自然条件、饲草饲料条件和不同管理水平，收到明显效果。就其品种来说，荷斯坦牛由于泌乳性能卓越，在数量上占有绝对的优势。但意大利保持了多元化品种结构。比如在山区养殖适应性强的褐牛，在南部温热地区养殖奶水牛，饲草饲料资源差的西西里岛和莎丁岛养殖奶山羊或绵羊，保证以最低的生产成本取得最大的经济效益。

我国的奶牛发展的品种趋于单一化，没有考虑到各地不同的自然条件、饲草饲料条件和不同管理水平，这可能会造成高投入低产出的不利模式。

6.1.2 适度规模饲养模式

意大利奶牛养殖以家庭牧场为主，全国养殖场规模平均为67.5头。奶业生产高度机械化、自动化及流水线作业式，场及土地的管理由4～5个人即可完成，奶牛场普遍采用世界先进的散栏式饲养方式和TMR日粮。适度规模奶牛养殖能够充分利用当地饲料资源、降低生产成本，同时降低环境污染，有利于养殖场的可持续发展。

由于我国奶业发展空间仍然很大，而我国目前奶牛养殖模式正在向规模化迈进，国内很多牧业集团急剧扩张规模，以北京三元、上海光明、蒙牛、伊利、东营奥亚、现代牧业为代表的集团牧场单场养殖规模为1 000～5 000头。有些省份主张取缔小型牧场，一味追求超大规模的奶牛场而不顾自身的实际生产能力及市场需求，可能并没有获得其最佳生产规模及经济效益。巨大的养殖规模和低下的管理水平、贫瘠的饲料资源形成鲜明的对比，很多大型牧场都从美国、澳大利亚进口苜蓿和燕麦草，造成高投入并不一定高产出的现象。事实上只有美国和中东地区奶牛场实行高投入、高产出模式，加拿大和欧洲奶牛场多为家庭式饲养，牛群小，一般都在300头以内，一些还以放牧为主，而新西兰和澳大利亚的奶牛场多以放牧为主，牛群规模一般控制在500头(泌乳牛)左右。奶业发达国家奶牛养殖各具特点，都形成了与本国国情和自然状况相适应的奶牛饲养模式。因此奶业发展的关键问题不是一定要规模养殖，而是要因地制宜地制定出合理的规模和管理模式，最终实现环境友好型、资源节约型可持续发展奶业。

6.1.3 农业合作社组织模式

意大利奶牛生产发展过程中农业合作社发挥着重要的作用。农业合作社的市场覆盖在80%以上。无论是以生产为主的合作社还是以全产业链为核心的合作社都能在市场上占有更大的主动权,合理的分配了产业链各环节的利润,良好的经济效益、强大的竞争力,确保了合作社的生存和发展。

我国追求规模化的原因之一就是无法协调好"奶农——奶站——企业"三者之间的利益关系,如果政府能够鼓励和保护农业合作社的运行,可能会更有效的配置土地资源与奶牛养殖、更有利于环境保护和生态平衡。

6.2 科技创新方面的经验

6.2.1 良种是奶业发展的前提

在意大利奶业发展的过程中,意大利养殖者协会起到重要的作用,它通过省养殖者协会和国家品种协会联系政府、大学、科研机构和养殖户,负责种群注册登记、生产性能测定,使在整个繁育改良、生产管理各环节都有企业、政府、社会组织共同参与形成完善的服务体系,不断调整和更新奶牛改良方向和技术手段,确保培育出适合本地自然资源和市场需求的优良品种。2010年开始,意大利养殖者协会将全基因组育种和常规育种的有机结合,成为意大利奶业繁育技术上的创新和突破,其成果将会在短时期内推动意大利奶业进一步发展。

我国奶业起步较晚,在奶业发展的初级阶段,引进国外优良种质资源是迅速提升我国奶业生产水平的最佳方法。2010年我国参加DHI测定荷斯坦牛平均胎次产量达到6 999.75 kg(特别是个别牛场单产达11 000 kg以上)、乳脂率3.67%、乳蛋白率3.23%,说明我国奶业已经发展到一定水平,可以考虑选育出适合我国国情的优良种质资源。事实上,世界上奶业发达的国家都有自己适合本国国情的选育体系,虽然世界各国对荷斯坦牛选育指标有趋同现象,但还是有细微差别,这些差别取决于各国国情和市场需求。比如我国大量进口加拿大、新西兰、澳大利亚的奶牛冻精、胚胎或活体,我们不能断言在高寒地区或放牧养殖条件下表现好的牛能在我国热应激普遍存在的地区有很好的表现,事实上新西兰、澳大利亚的奶牛的平均产奶量只有6 000 kg左右,很难进一步提高我国奶牛产奶量。同样道理美国奶牛后裔在中国也不会完全发挥其生产性能,目前我国发布的优秀种公牛系谱大部分都是国外种公牛和优秀母牛、国内大型牧场奶牛使用胎次平均只有2.5胎和大量的繁殖疾病导致被动淘汰率高的事实,在很大程度上限制我国奶业发展,使我国奶业永远落后于发达国家。只有开展针对我国国情的选种选配工作,才能选育出自主创新奶牛个体,才能进一步发展我国奶牛产业。

6.2.2 饲养管理技术综合应用

奶牛产业是技术密集行业,除了需要适合当地环境的优秀种质外,还需要从奶牛日常管理、饲料营养、健康福利等方面进行系统科学的管理。意大利很注意先进技术的整合和应用,无论是不断出新产品的司达特公司生产全混日粮生产设备,还是RUM&N公司的奶牛配方软件,或者电子型带有按摩动能的InterPuls集乳器,都能及时的在奶业生产中推广。意大利奶牛场饲喂系统均采用TMR全混合日粮饲喂技术,全天自由采食,牛床采用橡胶床垫,上面铺垫锯末,自动精料补饲装置根据奶牛信息系统提供的信息补充精料。场内配备各种专用设备,如粪罐车、饲料混合搅拌车、叉车、装载机、拖拉机一应俱全。全部实现机械化挤奶,先进的奶牛场已使用机器人全自动挤奶。先进的机械设备,计算机控制设备的使用,极大提高劳动生产率和盈利率水平。意大利养殖者协会正在设计一个兼容品种、养殖场管理、饲料营养、动物健康和生活环境的多方面、全方位的软件,一旦投入使用,全国养殖场的生产水平、经济效益都有可能进行实时计算机管理。

目前,我国多数奶农还处在技术缺乏、养殖分散、手工挤奶的生产状态,饲养工艺落后,营养结构不合理,奶牛保健与环境控制需要加强,疫病防治依然是困扰我国奶业健康发展的直接威胁。而技术服务部门服务半径过大,难以顾及全面,造成生产效率难以提高。我国在技术推广服务上还需要加强,以便从整体上提高奶业生产水平。

6.3 产业政策方面的经验

6.3.1 地理标示产品

意大利具有深厚的食品文化,其食品文化延伸到奶业生产上表现为追求奶制品的纯正、自然和高品质。意大利80%以上的鲜奶都被制作奶酪,其奶酪的品种很多。具有“特殊产地标示”(DOP)的优质奶酪就有30多种,受到世界很多国家的欢迎。意大利鼓励地方企业、组织推广乳制品的DOP标示,并努力使这一政策在欧盟范围内推广。奶酪生产为意大利乳制品产业带来巨大的“高附加值”利润。我国奶酪生产目前仍处于起步阶段,原料奶和乳制品品质不断出现问题,DOP体系的推出可以保证原料奶的来源,从而保证乳制品的品质和安全。随着牛奶产量的增多和人们生活水平的提高,我国乳制品奶酪生产将会有广阔的市场前景。

6.3.2 法律的制定和执行

意大利作为大陆法系法律最多的国家,对奶业生产和食品卫生检验也颁布了很多法律、法规。继欧盟发表《178/2002号条例》后,意大利制定并修订了一套卫生法规,如原料在养殖场生产阶段的相关卫生、加工转化阶段的相关卫生法规、公共监督体系管理法规等。在实际生产过程中,一般实行生产自控和监控服务相结合的方法。其中,兽医师发挥了相当重要的作用。除国家兽医师要进行检测和监督外,各养殖场都有自己固定的兽医师进行定期和不定期的卫生检疫。意大利法律规定的惩罚力度和执行力度都是很大的,一旦有企业违反规定,一个企业就很难维持下去,主要负责人员也会失去信誉,终身没有机会重新开办企业,甚至是终身工作都交不起罚单。这使得奶业生产过程和乳品质量得以保证。

奶业生产方面我国目前为止虽然已有一些法律法规和标准零散分布在不同的部门和不同的生产企业,但还没有形成比较完整的体系。而且对于违法行为或企业的惩罚力度和执行力度都有待于加强,只有制定完善的法律体系,适当的惩罚力度和强大的执行力度,才能保证我国奶业朝着健康、可持续的发展方向前进。

参考文献

[1]曾庆坤,黄锋,陆阳清等.意大利奶水牛业考察报告.广西畜牧兽医,2010,26(1):33-35

[2]郭凯军.意大利奶业生产对我国奶业发展的启示.《中国畜牧兽医学会养牛学分会2011年学术研讨会》论文集,145-147

[3]李胜利,张胜利,刘建新,等.奶牛产业与技术进展.中国畜牧杂志,2011,47(4):42-46

[4]山东省畜牧协会奶业分会考察团.德国汉诺威国际畜牧展及德国、荷兰、意大利奶业考察报告.中国乳业,2011(3):55-57

[5]欧盟统计网站 http://epp.eurostat.ec.europa.eu/portal/page/portal/eurostat/home/

[6]世界粮农组织网站 http://faostat.fao.org/

[7]意大利荷斯坦牛协会网站 http://www.anafi.it

[8]意大利褐牛协会网站 http://www.anarb.it

[9]意大利奶水牛协会网站 http://www.anarb.it

[10]意大利乳业咨询公司CLAL公布的数据信息 http://www.clal.it

[11]张军民.欧洲奶牛育种考察报告.中国奶业协会2009年会论文集,240-243

执笔 北京农学院:郭凯军 李红

附 表

附表1 奶牛、奶水牛头数、单产水平和总产奶量(1961—2011)

年份	奶牛头数(千头)	平均单产(kg/头)	总产奶量(万t)	年份	奶水牛头数(头)	平均单产(kg/头)	总产奶量(t)
1961	3 414	2 904	991	1961	11 100	1 261	14 000
1962	3 496	2 737	957	1962	21 500	1 000	21 500
1963	3 378	2 532	855	1963	25 100	996	25 000
1964	3 307	2 703	894	1964	27 700	975	27 000
1965	3 387	2 792	946	1965	29 000	1 000	29 000
1966	3 432	2 951	1 013	1966	29 000	1 034	30 000
1967	3 485	2 804	977	1967	29 000	966	28 000
1968	3 479	2 877	1 001	1968	31 500	1 000	31 500
1969	3 679	2 614	962	1969	34 000	1 221	41 500
1970	3 555	2 631	935	1970	37 600	999	37 552
1971	3 214	2 897	931	1971	38 910	1 192	46 400
1972	3 165	3 115	986	1972	36 660	1 596	58 500
1973	3 259	2 973	969	1 973	44 100	1 354	59 700
1974	3 050	3 105	947	1974	51 700	1 311	67 780
1975	2 929	3 204	938	1975	56 600	1 053	59 620
1976	2 882	3 321	957	1976	48 000	1 106	53 082
1977	2 896	3 396	984	1977	42 800	1 332	57 000
1978	2 945	3 426	1 009	1978	42 500	1 393	59 200
1979	3 010	3 476	1 046	1979	43 600	1 417	61 800
1980	3 074	3 463	1 064	1980	46 300	1 447	67 000
1981	3 013	3 496	1 053	1981	56 700	1 196	67 800
1982	3 016	3 548	1 070	1982	56 600	1 219	69 000
1983	3 044	3 567	1 086	1983	56 300	1 215	68 400
1984	3 068	3 553	1 090	1984	55 900	1 245	69 600
1985	3 174	3 449	1 095	1985	43 100	1 712	73 800
1986	3 075	3 531	1 086	1986	44 600	1 666	74 300
1987	3 021	3 608	1 090	1987	45 200	1 662	75 100
1988	3 024	3 547	1 073	1988	46 600	1 708	79 600
1989	2 973	3 557	1 058	1989	50 200	1950	97 900
1990	2 931	3 795	1 112	1990	62 500	688	43 000

续表

年份	奶牛头数(千头)	平均单产(kg/头)	总产奶量(万 t)	年份	奶水牛头数(头)	平均单产(kg/头)	总产奶量(t)
1991	2 642	4 194	1 108	1991	61 800	725	44 800
1992	2 536	4 298	1 090	1992	52 300	989	51 700
1993	2 317	4 598	1 065	1993	65 800	1 070	70 400
1994	2 287	4 668	1 067	1994	63 300	1 246	78 900
1995	2 167	5 194	1 126	1995	67 600	1 191	80 500
1996	2 080	5 565	1 158	1996	107 300	1 179	1264500
1997	2 125	5 530	1 175	1997	101 000	1 464	147 900
1998	2 078	5 694	1 183	1998	120 000	1 300	156 000
1999	2 116	5 622	1 190	1999	130 000	1 025	133 200
2000	2 126	5 790	1 231	2000	124 000	1 090	135 100
2001	2 172	5 191	1 128	2001	161 000	955	153 761
2002	2 078	5 439	1 130	2002	161 000	915	147 260
2003	1 911	5 917	1 131	2003	161 000	1 068	171 870
2004	1 913	5 608	1 073	2004	166 000	1 108	183 881
2005	1 838	5 992	1 101	2005	154 174	1 396	215 228
2006	1 842	5 966	1 099	2006	137 000	1 614	221 069
2007	1 821	5 831	14062	2007	146 000	1 610	234 999
2008	1 839	6 137	1 129	2008	186 937	1 160	216 780
2009	1 831	5 768	1 056	2009	220 138	794	174 875
2010	1 878	5 590	1 050	2010	245 000	724	177 458
2011	1 758	5 961	1 048	2011	244 599	787	192 540

附表 2　主要乳制品产量(1961—2011)　　t

年份	鲜奶	奶油	奶酪(所有种类)	炼乳	全脂奶粉	黄油
1961	10 616 630	11 700	380 957	11 067	10 400	70 800
1962	10 260 390	11 300	377 851	11 057	9 165	70 359
1963	9 247 490	10 100	371 449	12 235	9 600	52 300
1964	9 624 830	10 600	397 275	13 864	9 786	56 145
1965	10 159 890	11 200	447 086	14 557	10 097	64 030
1966	10 832 558	12 000	488 912	12 000	10 330	70 496
1967	10 451 950	14 000	470 176	12 131	18 144	67 700
1968	10 631 606	16 000	468 722	12 000	20 000	67 850
1969	10 288 991	18 000	464 091	12 138	8 000	66 790
1970	10 023 796	20 000	466 338	11 067	7 600	66 920
1971	9 929 488	24 000	478 305	10 398	6 990	71 000
1972	10 486 630	28 000	50 4987	8 925	6 400	78 500
1973	10 321 620	31 600	501 192	6 900	2 400	78 700

续表

年份	鲜奶	奶油	奶酪(所有种类)	炼乳	全脂奶粉	黄油
1974	10 126 430	33 094	518 302	24 694	2 213	71 044
1975	10 031 018	43 494	50 0261	12 431	2 144	62 038
1976	10 232 864	43 717	536 735	12 180	2 799	67 248
1977	10 515 000	40 900	552 942	20 004	2 292	72 474
1978	10 823 840	47 300	582 651	18 061	1 681	76 929
1979	11 230 300	46 990	601 177	17 132	2 242	79 074
1980	11 437 600	51 266	608 138	18 867	1 961	76 400
1981	11 341 400	55 482	613 457	19 545	1 637	72 290
1982	11 488 100	56 077	637 312	19 279	2 581	75 628
1983	11 648 900	61 178	63 6643	22 338	2 474	98 178
1984	11 696 100	64 665	661 473	23 098	2 197	80 794
1985	11 759 200	65 026	667 212	32 471	2 719	80 194
1986	11 674 500	61 522	669 520	5 984	2 640	79 814
1987	11 714 800	75 486	694 466	15 983	2 593	83 828
1988	11 551 100	80 824	714 438	29 407	2 161	82 083
1989	11 420 800	82 586	702 194	23 986	2 308	80 824
1990	11 955 700	95 018	917 399	12 777	2 676	102 945
1991	11 946 300	101 053	889 774	21 303	3 157	103 515
1992	11 873 900	90 723	905 769	30 733	2 983	102 038
1993	11 647 500	90 392	882 231	39 862	683	94 241
1994	11 689 400	103 719	900 278	45 547	237	92 818
1995	12 260 000	98 400	981 824	45 147	900	108 255
1996	12 671 600	100 400	984 538	50 127	840	115 916
1997	12 821 700	99 000	948 825	50 138	500	141 556
1998	12 996 400	120 266	1 012 420	70 746	176	136 039
1999	12 987 000	122 700	1 071 768	76 100	200	147 400
2000	13 299 200	112 800	1 077 507	76 100	200	133 000
2001	1 232 9361	118 300	1 083 611	63 600	200	128 400
2002	12 374 460	120 000	1 085 986	56 100	200	124 115
2003	12 335 570	120 000	1 084 644	36 100	200	123 100
2004	11 632 883	114 900	1 108 608	52 500	0	121 080
2005	11 862 677	117 000	1 138 116	64 850	0	129 500
2006	11 811 479	130 000	1 121 939	71 100	0	119 600
2007	11 480 896	133 000	1 141 041	151 100	0	115 900
2008	12 115 750	147 000	1 147 213	151 100	0	105 970
2009	11 198 435	130 000	1 148 811	126 100	0	106 979
2010	11 134 615	124 000	1 144 505	126 100	0	107 792
2011	11 113 208	124 000	1 132 010	126 100	0	101 925

附表 3　主要乳制品进出口贸易额(1961—2011)　　千美元

年份	进口数额						出口数额					
	黄油	奶酪	鲜奶	脱脂奶粉	全脂奶粉	鲜奶油	黄油	奶酪	鲜奶	脱脂奶粉	全脂奶粉	鲜奶油
1961	4 640	35 760	218	1 300	216	1	34	27 782	58	65	0	7
1962	18 583	38 688	448	1 944	265	163	39	30 116	70	53	23	22
1963	28 137	50 961	696	4 970	722	83	16	31 274	91	50	143	28
1964	22 286	50 379	1 412	5 406	1 567	659	24	34 634	84	62	132	20
1965	42 259	62 187	3 178	10 982	381	808	66	38 981	79	57	187	19
1966	28 773	71 482	12 174	22 359	1 133	1 436	505	37 847	66	184	160	0
1967	36 833	70 585	8 836	31 432	1 161	760	517	35 922	109	135	98	33
1968	59 446	77 257	958	46 022	5 927	77	8	37 259	123	9	278	47
1969	58 182	97 299	6 430	62 440	3 541	347	40	40 300	79	221	166	28
1970	55 915	117 528	7 366	55 084	4 138	74	6	43 262	88	204	393	29
1971	63 177	153 131	24 010	59 849	5 050	1 088	485	46 188	113	283	105	32
1972	48 337	197 132	34 883	121 291	7 017	1 420	161	57 538	193	283	114	54
1973	68 444	239 490	62 921	146 245	9 460	2 428	6	51 195	183	128	45	13
1974	96 705	300 044	100 592	154 596	9 960	4 515	39	66 257	368	139	17	26
1975	132 552	364 920	114 361	168 213	12 771	6 455	379	75 579	259	232	46	38
1976	127 276	414 590	167 081	177 490	12 717	11 117	499	88 635	301	86	150	10
1977	130 238	480 766	210 719	141 540	13 672	16 225	268	99 159	496	381	69	15
1978	94 276	613 596	305 421	182 730	15 575	21 351	348	100 972	775	105	27	65
1979	114 309	741 632	392 785	255 587	18 882	33 028	5 248	150 570	2 253	368	341	130
1980	137 401	730 696	371 558	274 634	23 691	43 002	3 863	136 494	5 449	240	290	228
1981	154 825	695 230	416 389	152 632	24 968	44 901	2 791	147 237	8 822	962	214	134
1982	149 987	783 098	486 204	170 407	25 127	48 173	4 008	157 529	6 398	514	325	149
1983	120 373	706 020	439 113	165 696	24 647	49 560	5 952	149 033	2 361	145	37	305
1984	102 029	667 282	384 963	149 381	24 685	43 308	7 479	158 082	1 363	101	53	114
1985	121 376	783 680	553 305	174 376	28 310	62 749	15 377	178 640	1 614	576	258	225
1986	138 543	954 995	596 968	223 661	38 219	89 091	13 252	223 043	1 373	278	437	556
1987	171 522	1 141 682	703 538	277 000	48 537	119 549	17 228	290 322	711	344	344	268
1988	143 199	1 213 503	753 132	366 258	60 555	134 651	46 323	332 183	1 283	6 340	1 754	402
1989	145 380	1 214 542	684 174	336 258	68 746	130 220	44 788	380 383	1 157	1 058	1 689	353
1990	141 438	1 337 226	632 813	312 954	80 942	129 883	46 182	470 448	1 527	906	1 281	494
1991	141 615	1 276 083	678 038	31 3737	80 117	128 576	54 910	532 007	4 172	1 549	549	793
1992	144 461	1 381 831	796 997	356 946	97 060	138 122	72 167	581 504	2 404	14424	577	1 119
1993	122 696	1 231 544	762 771	291 183	79 841	144 462	69 854	589 053	5 362	670	511	1 667
1994	132 441	1 287 592	864 874	28 8031	69 353	149 043	73 219	652 586	3 351	1 074	3 698	1 273
1995	142 766	1 272 478	885 053	276 026	79 977	140 061	57 820	709 336	5 537	864	702	3 030

续表

年份	进口数额						出口数额					
	黄油	奶酪	鲜奶	脱脂奶粉	全脂奶粉	鲜奶油	黄油	奶酪	鲜奶	脱脂奶粉	全脂奶粉	鲜奶油
1996	169 017	1 334 766	931 932	282 905	84 606	154 517	58 713	845 263	9 295	2 511	283	2 756
1997	170 577	1 146 669	923 571	256 251	71 261	144 263	82 032	766 001	3 810	1 656	277	2 020
1998	178 309	1 149 739	934 659	246 378	56 325	144 365	81 839	792 476	7 616	3 690	436	2 325
1999	142 520	1 091 719	892 281	220 925	47 694	121 709	37 826	814 705	10 283	1 159	545	2 565
2000	111 522	1 020 507	798 655	219 397	45 714	112 704	32 945	793 890	9 020	853	1 863	2 060
2001	125 761	1 062 494	737 940	223 283	44 749	92 703	28 217	867 558	4 503	1 149	1 204	3 079
2002	134 372	1 065 062	673 135	197 360	44 071	90 736	25 083	927 537	4 286	1 400	938	2 108
2003	170 032	1 304 738	844 511	275 365	52 778	121 781	30 382	1 229 562	11 159	14 801	1 191	6 762
2004	196 041	1 500 312	1 018 168	321 886	68 761	138 447	57 788	1 425 075	14 915	3 243	1 786	9 514
2005	193 562	1 521 636	992 498	276 363	71 878	134 173	57 399	1 457 873	16 035	2 797	4 065	8 543
2006	176 832	1 608 030	1 009 944	245 400	47 403	133 599	35 285	1 525 058	14 750	8 346	935	8 506
2007	268 119	1 865 892	1 137 015	323 346	93 856	158 917	51 076	1 807 703	30 129	20 350	5 518	136 05
2008	250 739	2 103 836	1 251 983	303 220	115 811	177 283	34 711	2 068 440	25 043	27 084	2 783	12 688
2009	199 339	1 812 625	1 045 531	218 612	99 304	171 922	32 288	2 000 736	26 406	17 511	4 825	9 390
2010	345 753	1 997 236	1 348 155	252 305	102 821	230 297	121 469	2 201 038	27 127	54 286	3 424	12 323
2011	344 901	2 342 285	1 612 490	191 977	127 439	250 503	50 747	2 656 139	31 930	11 923	3 385	19 126

附表 4　主要乳制品进出口贸易量(1961—2011)　t

年份	进口数量						出口数量					
	黄油	奶酪	鲜奶	脱脂奶粉	全脂奶粉	鲜奶油	黄油	奶酪	鲜奶	脱脂奶粉	全脂奶粉	鲜奶油
1961	6 398	45 241	3 536	9 000	857	2	22	25 321	272	96	0	8
1962	28 008	50 333	5 053	13 685	1 081	330	30	26 675	261	59	20	66
1963	39 348	64 423	6 756	29 635	2 486	179	11	25 573	356	29	80	55
1964	27 232	57 728	7 647	28 671	6 400	2 265	14	22 892	287	93	68	39
1965	35 334	62 902	29 110	35 501	636	1 880	46	22 347	260	80	92	32
1966	23 543	70 009	122 078	72 066	1 687	2 979	663	21 435	205	91	84	0
1967	25 769	66 808	87 005	97 047	1 604	1 573	738	22 454	337	71	52	77
1968	37 873	68 772	11 240	155 627	11 983	392	4	24 514	397	7	167	131
1969	36 729	79 345	59 648	195 421	5 206	618	23	24 331	217	137	99	52
1970	38 148	92 993	70 699	160 542	5 940	136	3	22 905	253	164	301	41
1971	38 833	113 276	202 044	147 946	5 530	924	304	22 352	289	158	112	44
1972	27 595	129 191	283 569	247 132	6 907	1 232	72	24 646	390	343	55	44
1973	42 496	146 223	421 895	231 581	8 530	2 417	2	21 769	559	243	56	16
1974	52 403	152 631	589 141	175 438	7 221	3 791	20	26 738	1 269	148	9	45
1975	54 210	156 198	577 927	153 043	8 606	4 709	239	26 650	591	275	33	30
1976	55 639	183 837	872 962	197 912	7 845	8 808	260	26 804	835	77	94	8

续表

年份	进口数量						出口数量					
	黄油	奶酪	鲜奶	脱脂奶粉	全脂奶粉	鲜奶油	黄油	奶酪	鲜奶	脱脂奶粉	全脂奶粉	鲜奶油
1977	53 613	199 062	1 044 241	191 504	9 019	14 676	99	25 231	1 138	387	32	13
1978	35 623	213 481	1 284 211	233 484	8 813	15 705	112	23 565	1 634	99	7	38
1979	41 948	234 593	1 456 330	272 867	8 082	21 786	1 516	33 998	5 460	203	137	88
1980	44 065	216 424	1 240 966	275 961	9 795	25 568	1 107	32 616	13 145	246	103	88
1981	51 860	231 614	1 482 140	158 625	12 747	31 492	831	38 086	25 715	701	64	59
1982	50 625	266 822	1 760 454	189 055	14 284	37 009	1 209	36 324	17 105	407	117	59
1983	46 863	253 903	1 651 100	203 987	14 517	38 558	2 251	34 922	6 125	85	30	148
1984	50 301	268 418	1 573 667	227 405	14 711	36 961	2 941	42 339	2 805	85	52	66
1985	65 018	315 435	2 206 692	220 118	16 702	55 043	6 308	49 630	2 741	496	124	123
1986	60 417	289 220	1 779 968	217 671	17 047	62 073	3 952	48 455	2 106	138	174	190
1987	77 303	292 431	1 703 012	209 422	17 632	69 702	4 522	54 738	989	136	117	81
1988	52 934	299 983	1 689 067	210 309	18 621	71 620	12 445	61 648	1 781	1 502	390	127
1989	45 729	299 180	1 443 103	172 691	20 674	69 389	11 982	68 323	1 727	407	501	128
1990	45 061	287 419	1 268 336	177 365	23 440	66 216	12 805	72 674	2 017	421	348	186
1991	48 407	288 849	1 444 589	183 014	25 179	67 947	15 010	87 078	6 680	519	148	406
1992	46 090	292 109	1 556 053	171 147	27 864	69 478	19 420	90 731	2 962	353	177	584
1993	43 487	283 048	1 671 295	146 020	24 183	84 605	20 120	108 645	8 018	210	146	794
1994	46 553	296 613	1 893 337	142 701	21 217	88 225	21 504	112 922	4 562	388	1 253	622
1995	38 837	265 004	1 753 606	110 366	21 960	68 367	13 546	111 019	5 728	265	222	1 257
1996	48 315	294 875	1 916 617	126 164	31 811	84 177	15 087	132 833	10 582	532	63	1 058
1997	52 087	305 861	2 139 114	127 504	30 188	79 689	22 505	131 027	3 406	480	76	837
1998	60 124	305 419	2 186 215	126 494	22 845	83 397	23 418	142 326	11 964	1 598	95	918
1999	46 864	318 861	2 280 949	121 779	18 227	82 186	13 180	157 663	17 504	443	143	1 576
2000	41 167	347 233	2 193 210	109 008	19 101	87 384	12 337	169 022	13 126	313	1911	1 065
2001	46 346	342 976	2 021 853	99 496	17 450	72 148	11 390	177 401	4 636	608	644	1 911
2002	50 566	342 245	1 902 973	97 977	17 143	72 952	9 604	193 671	5 580	612	530	1 196
2003	52 661	365 156	1 997 649	116 504	17 955	78 626	9 992	202 580	10 510	8 181	657	3 932
2004	53 948	390 415	2 212 525	122 823	19 693	81 649	18 392	221 184	11 133	981	770	4 383
2005	52 956	404 249	2 218 217	105 668	21 181	81 302	18 588	232 228	14 888	1 581	1 143	4 717
2006	50 337	430 330	2 247 094	93 488	13 365	86 392	11 666	235 221	13 290	4 272	472	5 042
2007	51 629	423 610	2 030 068	85 205	21 881	80 803	13 111	245 033	29 367	9 079	3 117	7 165
2008	52 651	413 425	2 071 557	79 406	23 046	99 261	8 564	237 530	16 452	9 083	1 094	6 421
2009	51 958	447 511	2 226 541	79 780	25 153	102 596	9 622	250 349	20 413	14 316	2 265	5 207
2010	73 409	472 155	2 478 310	90 978	26 471	116 412	27 274	272 281	22 624	26 892	825	6 263
2011	57 869	490 253	2 649 629	58 321	28 141	111 756	9 452	282 434	21 030	2 607	670	8 783

丹麦奶业发展报告

摘要：丹麦奶业和涉奶行业都相当发达，而且几十年来一直保持着较持续、稳定的发展，2010 年丹麦牛奶生产总值达到了 22.15 亿美元，牛奶产量位居丹麦国内商品生产产量的第二位。丹麦奶业已经构成了一个从养殖到餐桌的完整的畜牧业经济体系，其生产以出口为导向，引领了整个欧盟奶业的结构发展。研读丹麦奶业的发展历程可知，丹麦奶业持续稳定的发展虽与丹麦人有良好的牛奶消费习惯有直接关系外，但更重要的原因是在有效需求的刺激下形成了一个科学合理的生产、加工、销售和消费体系。其中，丹麦对奶类产品质量的重视、科学合理的按质论价体系、对科研、培训和技术推广工作的注重及奶类产业生产的产业化经营等奶业发展的成功经验对于我国奶业实现绿色、稳定、可持续发展有着重要的借鉴意义。本文从奶业发展概况入手，介绍了丹麦奶业发展的总体情况；之后以奶业科技进展概况、原料奶质量控制与计价体系、科技推广体系、促进奶业发展的主要政策四个方面为切入点，探究了丹麦奶业发展在科技、质控、技术推广培训及政策方面的优势所在；最后分析总结了丹麦奶业发展带给我们的启示以及值得借鉴的成功经验。

第一部分，奶业发展概况。宏观的介绍了丹麦奶牛养殖业的发展情况、乳品加工业的成长历程、丹麦人乳品消费特征及丹麦乳品贸易五十年来的变化趋势。传统的丹麦牧场多为家庭式牧场，且由于劳动力成本高，丹麦奶牛养殖业高度机械化和智能化，从饲养到挤奶、到牛粪的处理、再到配套土地的耕作以及牧场管理均实现了高度的机械化和智能化。奶牛的饲养模式也由原来的家庭农场占主导模式逐渐向集约式方向发展，奶牛养殖农场的总量逐渐下降，但农场的平均规模不断增大。丹麦奶牛的主要品种为荷斯坦奶牛、红白花牛、丹麦红牛和娟珊牛等，20 世纪六七十年代，丹麦奶牛头数一直保持在 100 万头以上，但由于欧盟限产政策的实施，丹麦开始控制原奶产业，丹麦奶牛养殖总量出现大幅下降，但与此同时，奶牛的单产水平不断攀升，2010 年丹麦奶牛养殖总量为 56.8 万头，而平均单产则达到了 8.64 t。丹麦奶牛业的发展带动了其乳制品产业的发展，随着生产和技术的不断提高，乳品加工产业规模逐渐扩大，竞争也日趋激烈，乳品厂的优胜劣汰使得乳品加工企业的总数不断减少，但专业化程度不断提高。丹麦主要的乳制品包括液态奶、奶油、奶酪、炼乳、全脂奶粉、脱脂奶粉和干乳酪以及黄油，五十年间，丹麦乳品生产的产业结构、人们的奶制品消费习惯和丹麦主要乳制品的贸易额和贸易量均发生了变化，但是其乳制品生产的组织形式仍然采用合作社的模式，世界主要奶制品出口国的身份没有改变。

第二部分，奶业科技进展概况。奶业的成功发展与奶业科技的进步密不可分，此部分从奶牛育种与繁殖技术、饲料与营养技术、疫病控制、奶牛场粪污处理与环境保护技术四个方面阐述了丹麦奶业五十年发展历程中在奶业科技方面的发展成果。丹麦奶牛的育种组织健全，从国家到地方，从行政到业务部门都有一套完整的育种组织机构，把千家万户的家庭牧场牛群纳入到同一水平上，使得奶牛遗传进展较快；其育种方法经历了后裔测定、MOET 育种、联合育种和全基因组选择几个阶段的发展与充实，变得更加成熟，为丹麦奶牛品种改良和生产性能的提高提供了坚实的基础。丹麦地理位置优越，气候湿润多雨，且降雨量平均，土地肥沃，优越的自然条件为奶牛业的发展提供了良好的饲料资源，在丹麦的多数奶牛场中，夏秋季以青牧草为主要的粗饲料，冬春季则以青贮饲料和麦秸为主要的粗饲料，青贮饲料的品种多为玉米秸秆、黑麦草、三叶草和紫花苜蓿。除了优越的自然条件，丹麦人对动物营养也十分关注，尤其是在TMR的应用及秸秆的处理方面已有很长历史，技术已成熟。此外，丹麦饲料的质量检测与控制工作很到位，从立法、行政管理等方面逐步理顺了饲料及畜产品生产各个环节的管理和监控，形成了可追溯的、健全的畜产品生产、流通监管体系。在奶牛疫病控制技术方面，介绍了丹麦在奶牛乳房炎、亚急性瘤胃酸中毒、结核病与副结核病等疾病方面防治心得与取得的成果。在奶牛场粪污处理与环境保护方面，丹麦也做得相当出色。丹麦从1992年开始征收碳税，丹麦奶牛粪污处理的主要方式为沼气厌氧降解和农场自行分离，丹麦是沼气技术最先进的国家之一，也是最早提出联合沼气厂概念的国家，目前已形成一个以粪污和有机垃圾处理、养分循环和可再生能源生产、兼顾农业和环境利益的综合系统。

第三部分，原料奶质量控制与计价体系。丹麦对奶类产品质量的重视、科学合理的按质论价体系是丹麦奶业发展成功的要素之一。文章以丹麦最大的乳品公司阿拉·福兹的乳品保证计划为例，介绍了丹麦提高原料奶质量的主要技术措施以及监管原料奶质量的主要方法和惩罚措施；阐述了丹麦立法提高原料奶质量的主要政策措施。在原料奶计价体系方面，详细地介绍丹麦鲜牛奶的检测项目及如何评级。丹麦的乳品质量保证计划从奶牛成分、食品安全、动物福利及环境四个方面规定了相关的控制标准，使消费者从奶源上对乳品企业建立了信任，自然环境也得到了保护。丹麦的Stain实验室是一个知名的、独立于其他单位的奶产品检测、检验实验室，在奶业上主要从事三种检测，即原奶质量的检测、奶牛生产性能的检测和奶产品质量的检测，实验室拥有先进的技术设备和科学的管理方法，保证了每批次的产品均能够科学、公正地检测、检验，有力的保证了奶业健康、持续的发展。

第四部分，科技推广体系。此部分展示了丹麦奶业主要研究与推广机构及新科技运作模式。丹麦十分注重科研、培训和技术推广工作，奶业上也是如此。科研方面有各类大学、研究所在搞基础性研究，国家和各类协会均有对奶类研究的赞助；各大乳品企业有自己的开发性研究。丹麦为奶业服务的相关行业发展处于世界领先地位，如世界著名的奶产品生产设备厂家APV公司、奶产品生产检测仪器生产厂家——Foss公司、发酵菌种生产厂家——Hanson公司及Stain实验室，这样一批高科技的服务机构，形成了丹麦奶业快速发展和科技创新的坚强后盾。丹麦全国和地方的农业资讯中心约86个，帮助农场主推广、应用新技术，解决难题。丹麦的农业职业学校和各种农技培训中心在全国星罗棋布，农场主和合作社技术人员积极参与，不断进行技术和知识的更新。

第五部分，促进奶业发展的主要政策。国家产业政策积极支持奶业发展，对发展奶业采取各种形式的优惠政策，本部分阐述了丹麦促进奶业生产、加工、贸易和消费方面的政策。其中，丹麦首创牛奶配额交换制，把牛奶配额改为有偿使用，深受奶农欢迎，在一定程度上促进了丹麦牛奶的生产。

第六部分，值得借鉴的经验。通过总结丹麦奶业在经营模式、科技创新、产业政策方面的经验，探讨了在我国奶业发展过程中值得借鉴的经验，指出如何在给予奶业政策和投资优惠的同时注重科研、教育和技术推广工作，在坚持以发展生态畜牧业为前提的条件下，积极探索奶牛健康养殖模式，关注奶牛福利以及如何建立健全奶牛合作组织和社会化服务体系，提高奶业一体化发展程度。

关键词：丹麦　奶业　发展

1　奶业发展基本情况

丹麦国土面积约4.3万km^2，人口约547万，位于欧洲北部日德兰半岛及附近岛屿。南临德国，北临大西洋北海和波罗的海。瑞典和挪威分别位于丹麦以北及西北方向，与丹麦隔海相望。丹麦领土包括了日德兰半岛及405个岛屿。几个世纪以来，农牧业已经成为丹麦的支柱产业。丹麦全境地势平缓，最高点海拔仅173 m，气候温和，夏凉冬潮。现在，丹麦的农牧产品可满足1 500万人的需求，2/3的农牧产品出口到世界上175个国家和地区。畜牧业在丹麦农业中占主导地位，产值约占农业总产值的3/4。1994年，畜牧业产值达到 340 亿克朗，占农业总产值的 73.3%。其中，奶业在畜牧业占有较大的比重，奶业总产值可占农业总产值的 35%。

在丹麦，奶业和涉奶行业都相当发达，而且几十年来一直保持着较持续、稳定的发展，2006 年前丹麦全国牛奶生产总值相对稳定，2006 年到 2008 年之间丹麦牛奶生产总值持续走高，于 2008 年出现一个高峰，达到了 26.09 亿美元，之后出现短暂下降后又呈现出了上升的趋势，2011 年丹麦牛奶生产总值达到了 24.42 亿美元(图 1)，牛奶产量位居丹麦国内商品生产产量的第二位(图 2)。奶业已经构成了一个从养殖到餐桌的完整的畜牧业经济体系，丹麦奶业生产以出口为导向，引领了整个欧盟奶业的结构发展。虽然，自 1984 年欧盟实行牛奶配额制以来，丹麦的奶牛数量呈逐年下降的趋势，但相信随着欧盟逐渐注销牛奶生产配额制(此制度将于 2014/2015 年废止)，丹麦的奶业投资和收益将会呈现出迅猛增长的态势。

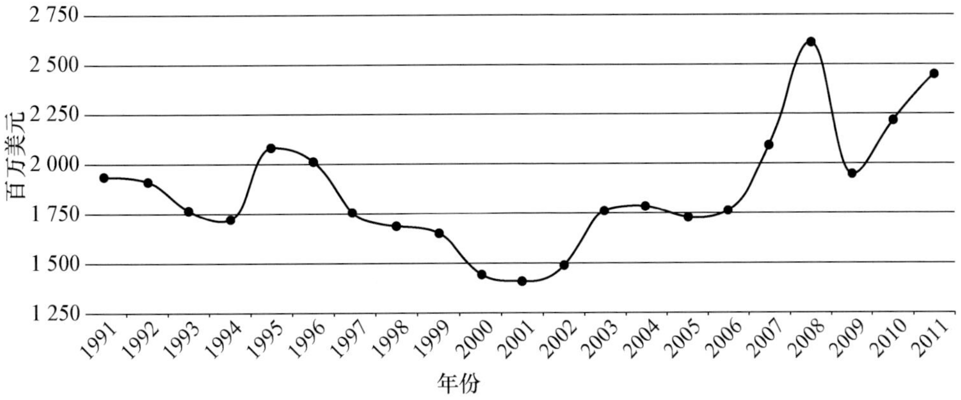

图 1　丹麦奶牛 1991—2011 年牛奶生产总值

注：产值按目前百万美元计；
资料来源于：FAO Statistics。

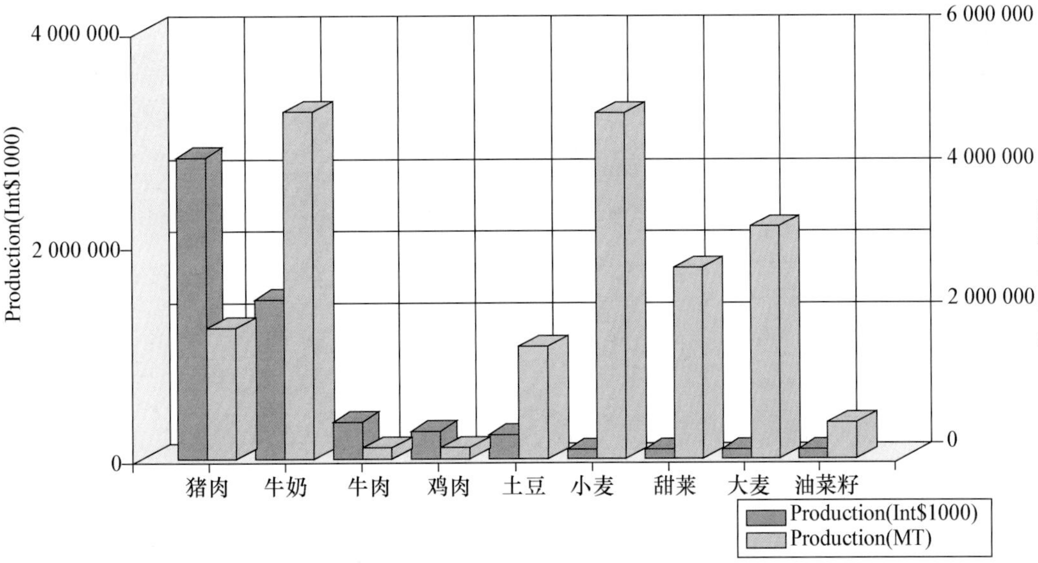

图 2　2011 年丹麦国家商品产量排行

注：production(MT)：指产量按公制吨单位计；
Production(Int ＄1000)：指产量按 Int ＄1 000 单位计。

研读丹麦奶业的发展历程可知，丹麦奶业持续稳定的发展虽与丹麦人有良好的牛奶消费习惯有直接关系外，但更重要的原因是在有效需求的刺激下形成了一个科学合理的生产、加工、销售和消费体系。其中，丹麦对奶类产品质量的重视、科学合理的按质论价体系、对科研、培训和技术推广工作的注重及奶类产业生产的产业化经营等奶业发展的成功经验对于我国奶业实现绿色、稳定、可持续发展有着重要的借鉴意义。

1.1　奶牛养殖业发展

丹麦地理位置优越，气候湿润多雨，夏无酷热，冬少严寒，土地肥沃，优越的自然条件为畜牧业的发展提供了良好的天然条件。养牛业在丹麦所占比重相当大，达到农业总产值的 46%左右，其中奶业总产值可占农业总产值的 35%，其主要的奶牛品种有丹麦红、丹麦黑白花、丹麦红白花、泽西牛及其杂交品种等。从近五十年的发展来看，丹麦奶牛养殖业的发展有以下特点：

1.1.1　奶牛养殖高度机械化和智能化

丹麦的原奶产业经历了巨大的结构变革，奶牛饲养逐渐向集约式发展，目前，丹麦奶农农户的平均规模和先进程度在欧洲位居首位。在丹麦，超过一半的奶牛生活在舒适宽松的现代化棚舍中，奶牛养殖高度机械化和智能化，从饲养到挤奶，都出现了高度智能化和自动化的机器人（图 3）。在饲料生产过程中，全部采用电脑监测、控制、计量投料系统，饲料配送和料场清理无需任何人为参与。图 4 显示了丹麦 SAC 公司生产的自动补料设备。

图 3　丹麦的自动推料机器人

图 4　丹麦 SAC 挤奶设备公司研制的自动补料设备

（引自熊本海，奶牛精细饲养与信息技术研究进展）。

在挤奶设备方面，丹麦在 2005 年北欧农业新技术会上曾展出全自动挤奶机器人，其智能化体现在奶牛乳头与奶杯定位环节。在将每头挤奶牛的乳头分布数据录入配套牧场管理信息系统后，奶牛在挤奶前先识别 ID，待奶牛站立好位置后，机械手结合喷淋头喷洗奶牛乳房，热风吹干，然后套杯预挤弃奶，再次套杯挤奶并分乳区自动刺激按摩奶牛乳头或自动脱杯，最后喷淋药浴。其采用最新的红外线扫描融合影像立体定位引导技术，可快速准确的为 4 个乳头套好挤奶杯组，不但提高挤奶效率，更减少奶牛不适应激。

在牧场管理方面，牧场信息系统会对每头牛的挤奶过程全程跟踪和记录，然后保存并分析牛只饲喂、健康、繁殖等详细信息，配合牧场等管理人员实时监控牛群生产状况。丹麦的牧场都为家庭式牧场，且由于人员劳动力成本高，所以每个牧场管理生产主要依靠高度的机械化和高效率工作来保证。

土地耕作、牧草种植及牛粪处理也完全是高度机械化。收割的麦秆由机械同时打包，并用塑料袋包裹。牛舍内配备有多功能舍内清扫设备、自动清粪设备，机械刮粪，管道输送粪便，并有固体肥撒肥车、液体肥施肥车及其他一些通用机械。这些先进机械设备的使用不仅大大提高了工作效率，也显著降低了能耗。

1.1.2 奶牛饲养由家庭式向集约式发展，奶牛农场总量逐渐下降、平均规模不断增大

丹麦奶业生产的一个显著特点是小规模的家庭农场生产模式占主导。但近年，呈现出饲养模式逐渐向集约式发展，农场平均规模不断增大的特点。奶牛农场的平均规模从1982年的27头增加到1998年的55头。同期牛奶产量大致为470万t，人均牛奶占有量高达890 kg。2006共有5 942个奶牛农场，每个牧群平均拥有奶牛93头，原奶产量份额是834吨。

从表1、表2可以看出，整个20世纪90年代，在丹麦的奶牛场中，以40～75头规模的奶牛场占主导比例；而从2000年至今，100头及以上规模的奶牛场发展逐渐趋于主导地位，2006年时，存栏量大于等于100头奶牛的农场达到2 537个，所占比重达到42.7%；而50～74头奶牛规模的农场总量虽占据第二位，但其所占比重却已大幅下降，仅为15.9%。

表1 丹麦不同规模奶牛场数量的变化

项目	1990—1994年	1997年	1998年
小于20头	6.7%	2.8%	2.0%
20～39头	27.3%	15.0%	13.3%
40～75头	45.9%	45.4%	42.4%
75～100头	10.8%	18.1%	20.1%
大于100头	9.3%	18.7%	22.2%
总计	100.0%	100.0%	100.0%
奶牛总数(千头)	724	670	669
农场总数(个)	19 336	13,190	12 111

表2 丹麦不同规模奶牛场数量变化 个

农场规模	奶牛农场数量					
	2006年	2007年	2008年	2009年	2010年	2011年
1～9头奶牛	430	352	280	140	150	146
10～14头奶牛	133	127	112	62	60	73
15～19头奶牛	117	111	57	70	50	47
20～29头奶牛	255	305	247	179	162	130
30～49头奶牛	834	642	557	416	398	346
50～74头奶牛	942	761	630	597	547	512
75～99头奶牛	695	580	504	370	376	326
100头奶牛及以上	2 537	2 505	2 581	2 546	2 502	2 482
合计	5 942	5 383	4 969	4 380	4 245	4 062

资料来源：StatBank Denmark。

在农场平均规模不断增大的同时，整个丹麦奶牛农场的总量却逐年下降。1998年时奶牛农场总数为12 111个，而2008年农场总数仅为4 969个，减少了2.4倍；而这种下降的趋势仍在持续，2011年，农场总数下降到了4 062个。奶牛农场总量的下降，在一定程度上与之前提到的欧盟对其成员国牛奶产量实行配额制有关。

1.1.3　奶牛养殖总量大幅下降，单产水平不断提高

20 世纪六七十年代，丹麦奶牛头数一直保持在 100 万头以上，最高时达到 149.3 万头。但由于欧盟的限产政策，丹麦也不得不控制原奶产业的规模，80 年代到 90 年代初，丹麦奶牛养殖总量出现大幅度下降，从 1982 年的 100 万头减少 1992 年的 70 万头；而从 1992 年之后，奶牛养殖量虽仍呈下降趋势，但下降趋势较缓和，2007 年奶牛养殖量为 54.5 万头；从 2007 年之后，丹麦奶牛养殖量出现了小幅度的上升。2010 年丹麦全区奶牛养殖总量为 56.8 万头，而 2011 年养殖总量为 56.5 万头，又呈现出回落趋势。在其主要行政区域中，南丹麦大区与中日德兰大区为丹麦奶牛养殖量较大区域，分别为 22.26 万头与 16.69 万头，北日德兰郡次之为 12.57 万头，西兰大区与首都大区奶牛养殖量较小，仅为 2.1 万头与 0.89 万头（见图 5、图 6）。

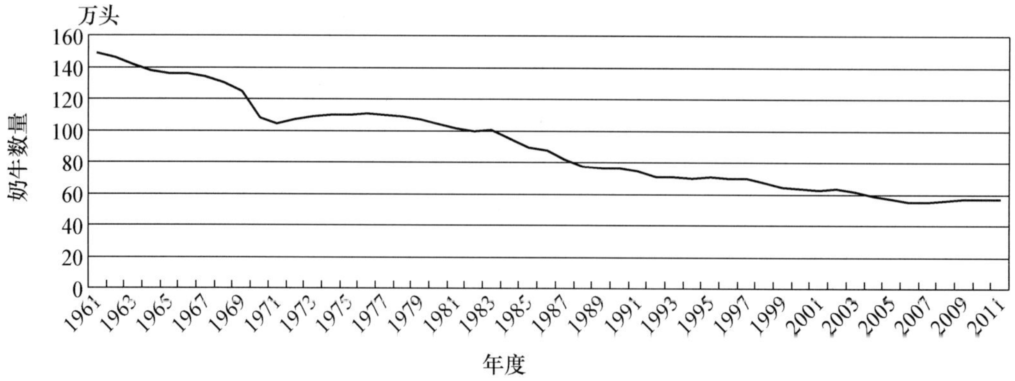

图 5　丹麦奶牛养殖总量变化趋势(1961—2011)

注：此图根据附表 1《丹麦奶牛头数、单产水平和总产奶量(1961—2011)》整理。

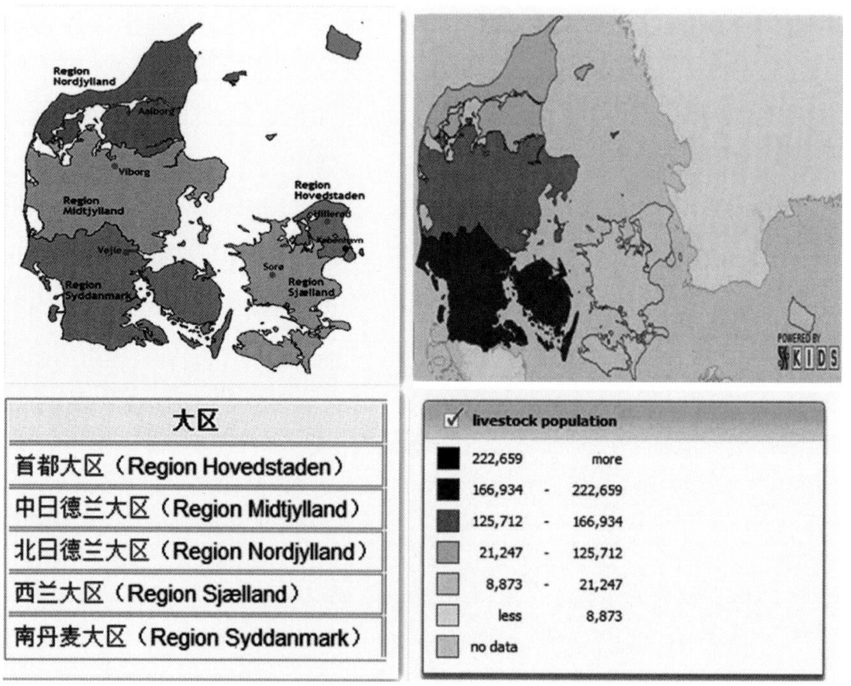

图 6　2010 年丹麦行政区划与奶牛饲养数量

注：此图根据丹麦行政区划与 FAO 全球畜牧生产及卫生地图集(GLiPHA)数据制作。

Livestock species：奶牛；Livestock population：牲畜总头数；时间：2010 年。

在丹麦奶牛养殖数量不断下降的同时，奶牛平均单产则在不断攀升，20 世纪 60 年代丹麦奶牛单产保持在 3.5～3.9 t 左右；70 年代单产逐年攀升，从 4.1 t 增长到 4.8 t；80 年代奶牛单产出现大幅上升，从 1980 年的 4.9 t 达到 1990 年的 6.2 t，同比增长 26.8%；而在 2005 年，丹麦奶牛单产突破 8 t 大关，且仍保持增长势头，2010 年丹麦奶牛单产达到了 8.640 t，2011 年奶牛单产为 8.636 t，与 2010 年单产水平相比基本持平。具体变化情况见图 7。

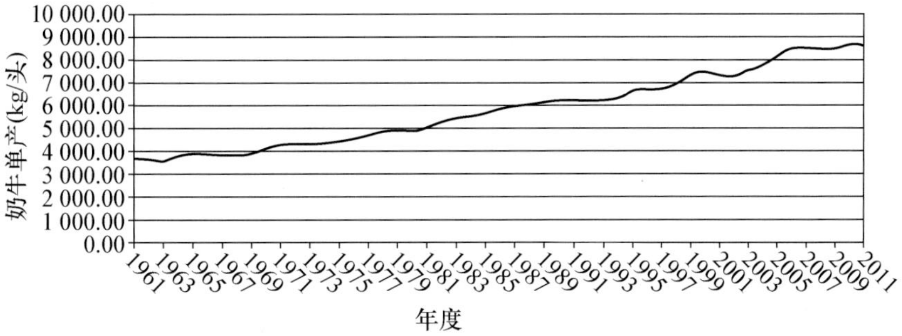

图 7　丹麦奶牛平均单产变化趋势(1961—2011 年)

注：此图根据附表 1《丹麦奶牛头数、单产水平和总产奶量(1961—2011)》数据制作。

牛奶总产量与奶牛总存栏量与奶牛单产密切相关。在近 50 年的发展中，丹麦奶牛养殖总量总体呈下降趋势而奶牛单产则一直保持稳步的增长，二者的综合作用使得这期间丹麦奶牛的总产奶量变化幅度较大。1961 年虽然同时期奶牛单产较低，但由于奶牛养殖总量很大，使得当年牛奶总产量为 50 年中最高，为 552.4 万 t；然而随着奶牛养殖总量的下降，从 60 年代中期至 70 年代初，牛奶总产量总体呈现下降趋势，1971 年丹麦牛奶总产量最低，仅为 440.70 万 t，同比降低了 20.2%；经过 70 年代的短暂上升之后，总产奶量于 1983 年达到高峰值 542.7 万 t；但伴随着 1984 年欧盟奶业配额政策的实施，丹麦开始控制奶牛养殖量，每年奶牛产奶总量大幅下降，于 1995 年之后变化趋势趋于缓和，基本控制在 460 万 t 左右，近两年随着欧盟配额制度的到期，丹麦奶牛年总产奶量呈现出了上升的势头，预计该国的原奶产量仍将继续增加(图 8)。

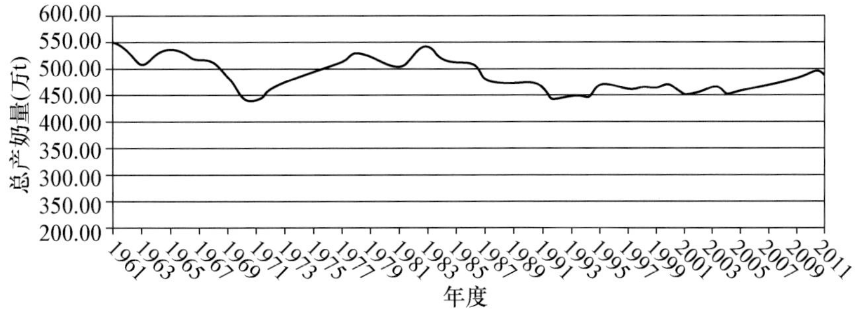

图 8　丹麦奶牛总产奶量变化趋势(1961—2011 年)

注：此图根据附表 1《丹麦奶牛头数、单产水平和总产奶量(1961—2011 年)》数据制作。

1.1.4　根据奶牛养殖规模配备相应的土地

为了保护环境，丹麦立法规定，农场养畜数量要与土地可吸纳牲畜肥料的量成规定比例，不得超额饲养，这样既可避免地下水被污染，又能保证奶牛有足够的饲草(料)基地。在丹麦，配备有面积大栽培土地的奶牛农场数目逐年增多，2006—2008 年均以配备有 75.0～99.9 hm^2 栽培土地的牛场居多，而 2009 年，则以配备有 100.0～124.9 hm^2 种植区域的奶牛农场数目为最多(见图 9)。

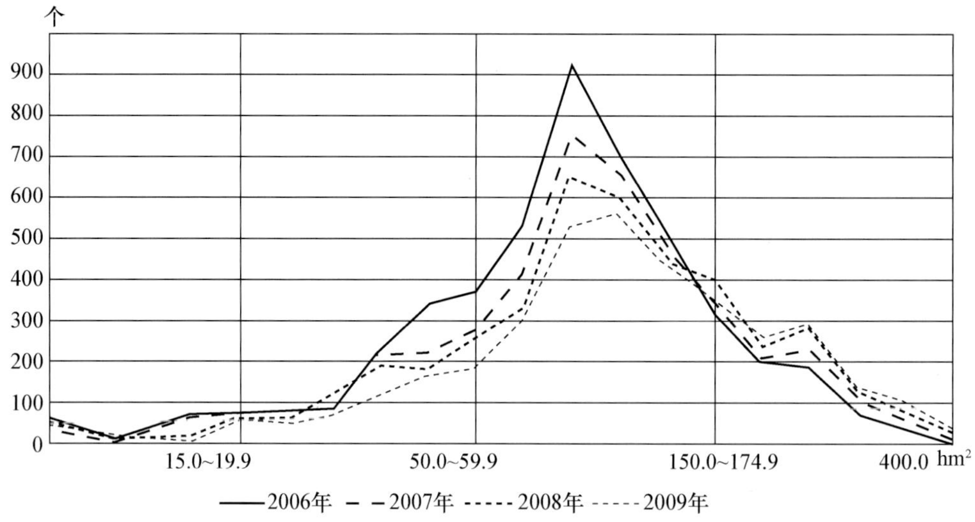

图 9　丹麦配备不同面积栽培土地的奶牛农场数量(2006—2009 年)

注:此图根据 StatBank Denmark 中提供的数据制作。

1.2　乳品加工业发展

奶牛业的发展带动了乳制品产业的发展。丹麦第一个乳品厂始建于 1882 年,到 20 世纪 40 年代,已发展到 1700 家。随着生产和技术的不断提高,乳品加工产业规模逐渐扩大,竞争也日趋激烈,乳品厂的优胜劣汰使得乳品加工企业的总数不断减少,但是丹麦乳制品在国际市场的占有率不断提高,其生产的乳制品除满足本国需求外,2/3 以上可供出口。纵观丹麦乳品加工业五十年的发展历程,具有以下特点。

1.2.1　乳制品加工企业数量逐渐减少,专业化程度不断提高

丹麦 1960 年有 1 350 个乳品加工厂,之后乳品加工厂的数量急剧减少,1998 年丹麦乳制品厂减少至 90 家,而由表 3 可知,发展到 2005—2011 年,丹麦乳品加工企业基本控制在 70 家左右。丹麦的乳制品产业逐渐实现了由小型的家庭作坊式加工厂向规模化的合作社形式过渡,现今已发展成为集团式的生产和销售一体化的大型企业,其中最大的一家合作社性质的公司是 MD FOODS,该公司是欧洲十大乳制品公司之一,拥有 39 个加工厂,生产丹麦 72%的乳制品。该公司由 8 200 个农场提供鲜奶,有雇员 13 200 人,年营业额达 238 多亿克朗(约合 37.3 亿美元),其中国际市场营销占 64%。

表 3　丹麦乳品加工企业数量(2000—2011 年)

年度	乳品加工企业数量	年度	乳品加工企业数量
2000	59	2006	77
2001	58	2007	74
2002	80	2008	75
2003	60	2009	69
2004	65	2010	69
2005	70	2011	69

资料来源:StatBank Denmark。

2000 年 4 月 7 日,丹麦的 MD FOODS 与瑞典的 Arla 乳品合作社合并成立阿拉 · 福兹公司(全称 Arla Foods),总部位于丹麦哥本哈根,成为欧洲最大的乳品公司。阿拉 · 福兹公司是传统农场主合作社模式与现代跨国公司经营模式的完美结合体,公司所需原奶的 80%由阿拉 · 福兹牛奶合作社(Arla Foods Milk

Partnership，简称 AFMP）提供。

阿拉·福兹公司在丹麦的销售额占其总销售额的 16%，在各地区的市场占有率方面，公司占丹麦乳品市场的 90%以上；在生产方面，公司目前年加工牛奶 71 亿 kg，其中，在丹麦的生产力达到 40 亿 kg。凭借百年信誉以及超强研发与创新能力，阿拉·福兹获得了美国航天署（NASA）青睐，成为全球第一家与 NASA 空间技术中心合作的欧洲企业和乳品公司，也是唯一指定乳品供应商。

丹麦的乳品工业由 33 家乳业公司构成，除了跨国乳业集团阿拉·福兹公司以外，还有 32 家规模较小的公司。这些规模较小的公司，合作社形式与私营形式几乎各占一半，他们通常专注于某些特定种类的产品，比如奶酪、黄油或液态奶，大部分将通过专业出口商销售到海外市场。

1.2.2 乳品产业结构的变化

丹麦主要乳制品产量 50 年间变化情况如图 10 所示。丹麦的主要乳制品包括液态奶、奶油、奶酪、炼乳、全脂奶粉、脱脂奶粉和干乳酪以及黄油，其中液态奶、奶酪和黄油在丹麦乳制品生产总量中所占比重较大。50 年的发展历程中，丹麦液态奶的产量变化起伏较大，但呈现的总体趋势是不断降低，其中 1985 年达到产量最高峰为 62.715 2 万 t，而 2003 年，液态奶产量最低，仅为 7.855 1 万 t；在液态奶不断下降的同时，奶酪的产量则呈现出不断增长的趋势，2001 年之后，奶酪超过液态奶成为丹麦产量最大的乳制品，但在 2007 年产量最高峰过后，奶酪产量近两年呈现出下降的趋势；1973 年以前，黄油为仅次于液态奶的丹麦第二大产量乳制品，之后，黄油产量不断下降，2011 年产量仅为 3.72 万 t，与 1961 年产量相比，50 年间同比下降了 78.3%；对于全脂奶粉来说，1977 年以前产量变化不大，而之后的 20 年间则呈现出了缓慢的上升趋势，1997 年产量达到 10.38 万 t，同比增长 44.6%，2008 年全脂奶粉的产量突破了 11 万 t 且仍呈增长趋势；奶油、炼乳、脱脂奶粉和干乳酪的产量 50 年间变化不大。

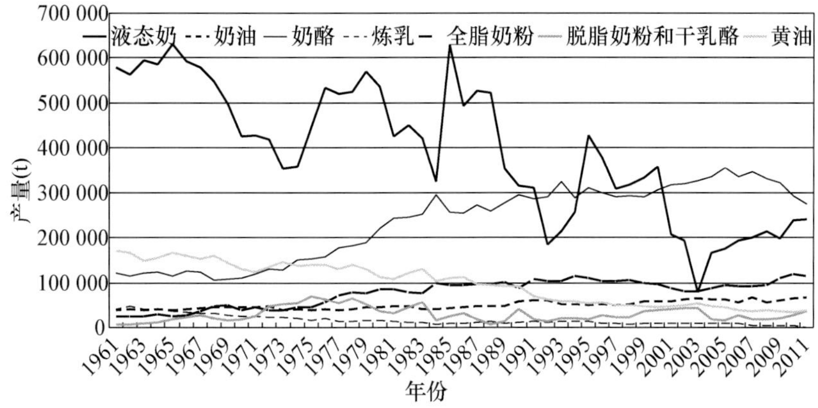

图 10 丹麦主要乳制品产量变化（1961—2011）

注：图根据附表 3《丹麦主要乳制品产量（1961—2011 年）》制作。

1.2.3 乳制品生产的组织形式

丹麦的农民协会和合作社组织很有名气，运作十分良好，人们公认的第一个农民营销合作社便是在 1882 年在丹麦日德兰岛西部成立的耶丁乳品厂。在丹麦，乳品生产企业一半以上是合作社的形式，奶农在自愿的基础上组成各种形式的合作社，按合作社的章程实行统一经营、统一核算、利润分成。奶农既是合作社的主人，也是乳品加工企业的主人，合作社为奶农提供从饲料、配种、防疫到收奶等一套的服务，乳品加工厂则解决了原料奶的销路问题，形成了利益高度一致的完整的产业链。另外，由于牛奶来源稳定可靠，加之合作社成员之间的互相帮助和监督，直接干预牛奶生产过程，为保证牛奶及奶产品质量奠定了基础。

以阿拉·福兹乳品公司为例，2007 年其公司年报指出，阿拉·福兹公司目前由 8 522 位丹麦和瑞典牛奶生产者会员拥有。所有生产者会员按地理位置被划分为 50 个小区，每个小区选举产生小区理事会，并组成区域委员会，由区域委员会选举共计 140 个生产者代表，成立公司的最高权力机构——代表大会，最后由代表大会选举 14 个生产者组成监督委员会(Board of Supervisory)。除此之外，在代表大会中还有 10 名员工代表，而在执行委员会中有 4 名员工代表。这样的组织结构安排使得合作社不论规模有多大，都可以运作有序、沟通顺畅。在合作社章程里规定，农场主会员有义务向阿拉·福兹提供稳定的、高质量的原奶；反过来，合作社组织模式使得阿拉·福兹有动力也有义务向提供原奶的农场主支付有吸引力的价格，并帮助其打通市场渠道。在这种公司所有者同时又是原奶供应者的组织模式下，公司的民主化组织结构既能够使得公司的决策从长远利益出发，而又可以在短期内致力于保持竞争力。

1.3 乳品消费发展

丹麦奶业发展的成功与丹麦人有良好的牛奶消费习惯是分不开的。乳制品是丹麦人的生活必需品，奶类产品的消费在丹麦有良好的传统和悠久的历史，从 1990 年至 2011 年，丹麦牛奶总消费量一直保持在 500 千 t 以上，人均消费牛奶总量则保持在 100 kg 左右(图 11)。

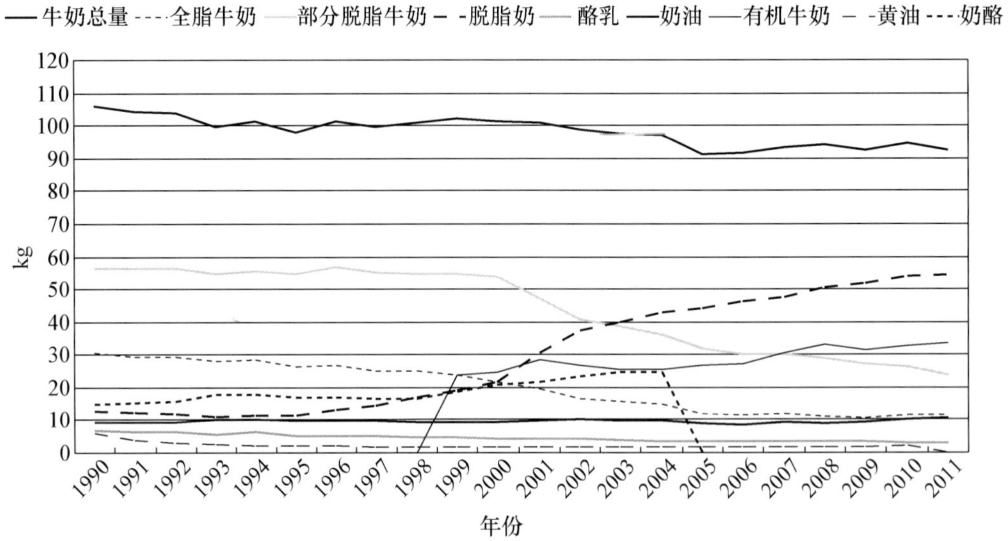

图 11 丹麦主要乳制品人均消费情况

注：此图根据附表 3《丹麦主要乳制品消费情况(1990—2011 年)》制作。

丹麦消费的主要乳制品有全脂牛奶、部分脱脂牛奶(Partly skim milk)、脱脂奶、酪乳(Buttermilk)、奶油、有机牛奶、黄油和奶酪等。2003 年以前，部分脱脂牛奶一直是丹麦乳制品消费中占主导地位的奶制品，2003 年脱脂乳的消费首次超过部分脱脂乳的消费量，达到 21.4 万 t，人均消费达到 39.7 kg，成为丹麦消费量最大的乳品，且脱脂乳的消费量仍在不断增长。2000 年之前，全脂牛奶是仅次于部分脱脂牛奶消费量的丹麦第二大乳品，一直保持在 12 万 t 以上，人均消费量保持在 20 kg 以上，之后丹麦全脂奶的消费量逐年下降，2005 年至 2011 年，丹麦全脂奶的消费量仅维持在 6 万 t 左右，人均消费量降低到 11 kg 左右，同比下降了 47.7%；加之，2011 年 10 月 1 日丹麦开始征收脂肪税，所以全脂奶的消费量未来可能仍将呈下降趋势。虽不如全脂牛奶、部分脱脂乳和脱脂乳消费量大，但是酪乳、奶油、黄油和奶酪也是丹麦人日常生活中不可或缺的乳制品，其中酪乳、奶油和黄油 20 年间的消费量变化不大，而奶酪的消费量则逐年上升，2003 年达到了 13.2 万 t；2010 年丹麦人均消费的酪乳、奶油、黄油的量分别为 3 kg，10.1 kg 和 2 kg。在丹麦乳制品消费发展中，值得一提的是丹麦有机牛奶的消费。乳业部门是丹麦最大的有机食品生产部门，2007 年，全国共生产 16.5 万 t 有机牛奶供应消费，并有 0.2 万 t 黄油和 0.3 万 t 有机奶酪，其有机奶产量相当于丹麦牛奶总产量的 10%；2007 年之后，丹麦有机奶的消费量仍在逐年上升，2011 年人均有机奶消费量达到 33.3kg，且已成为仅次于脱脂奶的丹麦第二大消费量乳品。

1.4 乳制品贸易发展

丹麦农业生产水平在欧盟国家乃至世界都具有先进水平，尽管从量上来讲，其农产品出口虽然在丹麦出口总量中所占比例不高(2006 年占出口总量的 13.25%)，但是丹麦是传统的农业国家，其农产品的 2/3 都用于出口，且许多出口产品占该产品世界贸易量的比重都很高。丹麦是世界主要的奶制品出口国之一，其乳业 2010 年的出口额约 17 亿欧元，丹麦国内的乳制品市场基本被国内产品占据，牛奶除了用于饮用外，更主要是用于制造奶酪和黄油，且均有大量的出口。表 4 统计了 2010 年丹麦主要乳制品出口情况及其在世界同类产品出口贸易中所占的位置。

表 4　2010 年丹麦主要乳制品出口情况

乳制品种类	出口量(t)	出口额(千美元)	世界排位
黄油	56 392	298 914	7
奶酪	259 357	1 329 301	5
鲜奶油	23 377	45 746	11
鲜牛奶	207 083	106 117	9
脱脂奶粉	17 005	53 286	16
全脂奶粉	104 302	396 185	5

资料来源：FAOSATA。

1.4.1 丹麦主要乳制品贸易量变化

分析近 50 年来丹麦乳制品的进、出口量变化(图 12 和图 13)可以看出，奶酪、黄油、鲜奶、脱脂奶粉和全脂奶粉在丹麦进出口贸易中所占的比重变化较大，而鲜奶油所占的比重较稳定。2011 年，在丹麦的进口贸易中，奶酪所占比重最大，其次是黄油和鲜奶；而在出口贸易中，奶酪所占比重最大，其次是鲜奶和全脂奶粉。

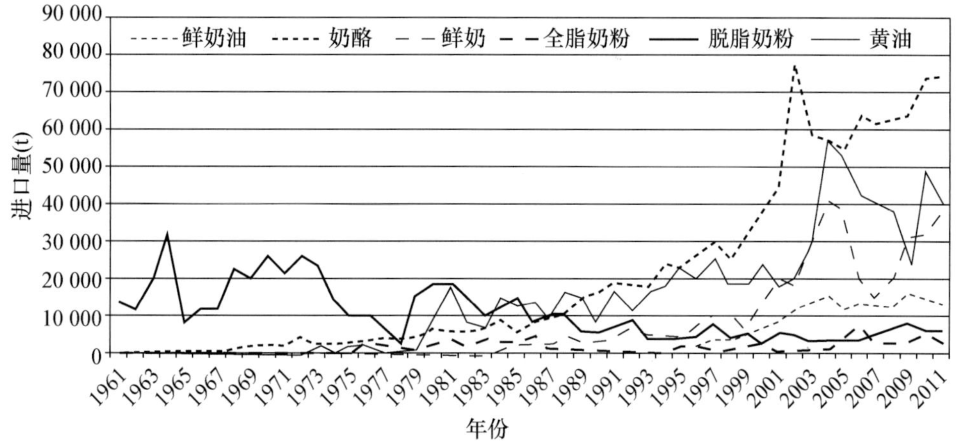

图 12　丹麦乳制品进口量变化

注：根据附表 4《主要乳制品进出口贸易量(1961—2011)》制作。

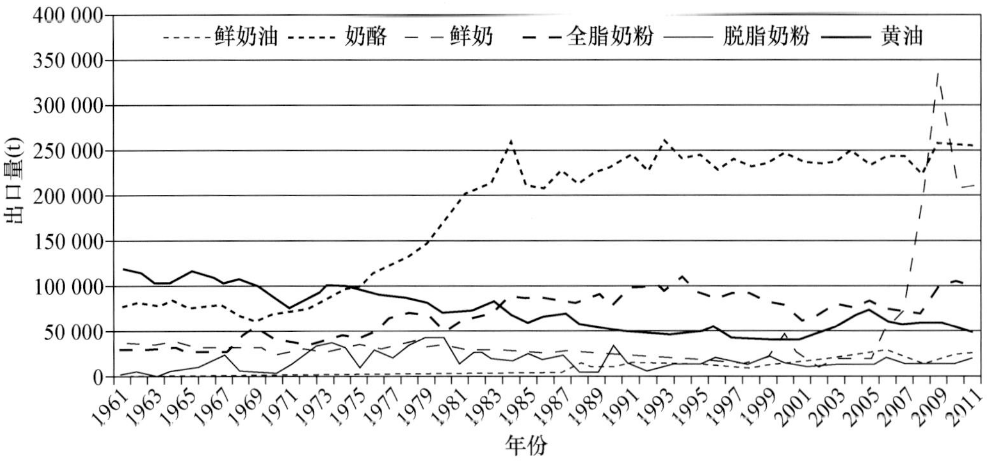

图 13　丹麦乳制品出口量变化

注：根据附表 4《主要乳制品进出口贸易量(1961—2011)》整理。

1984 年以前，丹麦为鲜奶油净出口国，之后，在鲜奶油出口的同时，也开始从国外进口鲜奶油，鲜奶油的进口量逐年递增，而鲜奶油的出口量也在波动中呈现上升趋势；

奶酪一直是丹麦主要的出口产品之一，1972 年以前，丹麦奶酪的出口量比较稳定，基本保持在 7 万 t 左右，之后逐年攀升，于 1984 年达到最大出口量，从 1974 年的 9.5 万 t 到 1984 年的 25.9 万 t，十年间增长了 16.4 万 t，同比增长 173%，之后奶酪出口量一直稳定在 22 万 t 左右，2008 年开始奶酪出口量再次出现大的涨幅；相比出口量，2002 年奶酪进口量的增长呈现出阶段性变化，1961—1967 年为第一阶段，奶酪进口量增幅不大，1968 年陡然增到 1 835 t，比前一年增长了 208%；1968—1988 年为第二阶段，20 年间奶酪进口量从 1 835 t 增加到了 11 401 t，同比增长 521%；1988—2002 年为第三阶段，此阶段奶酪进口量快速攀升，尤以 2001—2002 年幅度最大，一年间增幅达到 32 804 t；2003 年至今为第四阶段，奶酪进口量在 2002 年的高峰后出现短暂下降，后产量稳步上升，并趋于稳定。

液体奶是一种不适于长距离贸易的产品，因为它是易腐产品并且由于高水分含量带来的大容积而造成运输成本过高。因此液体奶的国际贸易量仍然很小，其所占比重不过是牛奶产量的 0.5%～1%，但它在欧盟内部贸易以及美国内部洲际之间的贸易很重要。作为欧盟成员国之一，1983 年以前，丹麦没有鲜奶进口，1984 年鲜奶进口量为 1 003 t，之后在波动中总体呈现上升趋势，到 2004 年，丹麦鲜奶进口量达到了一个高峰，为 41 422 t，20 年间进口量涨幅达到了 40 倍，近两年，进口量趋于平稳，稳定在 3.1 万 t 左右；2006 年以前，丹麦鲜奶出口量一直比较稳定，鲜见大幅增长或跌落，而从 2006 年到 2009 年，丹麦鲜奶出口量大幅增长，3 年间从 5.5 万 t 增长到 34.1 万 t。

全脂奶粉是国际乳产品贸易中最重要的产品，其贸易量增长最快，2003 年全脂奶粉贸易量占全球乳品贸易总量的一半，达 53%，且在国际市场上，欧盟是全脂奶粉的第二大供应商。作为欧盟成员国中主要的奶制品出口国，全脂奶粉也是丹麦主要的乳制品出口产品之一，1994 年以前，丹麦全脂奶粉出口量一直在波动中呈增长趋势，于 1994 年达到 10.75 万 t，之后的十五年时间里，全脂奶粉出口量虽有波动，但均变化不大，2009 年丹麦全脂奶粉出口量呈现出了新的增长势头，2010 年其出口量再次超过 10 万 t，这与 2009—2010 年全球全脂乳粉贸易发展大趋势相吻合，这可能与中国对全脂乳粉持续增加的进口需求有关。全脂奶粉进口量占丹麦主要乳制品进口量的比重很小，除 1976—1986 年和 2005—2006 年两个阶段小的涨幅外，其余时间进口量波动不大。

在国际贸易市场上，脱脂乳粉的数量仍具有较高的份额，2003 年脱脂奶粉贸易量为 130 万 t，占贸易量的 40%。在丹麦，1983 年以前，虽然进口量波动较大，但脱脂乳粉一直占据着丹麦第一大进口量乳制品的位置，之后，经过两年的短暂上升之后，脱脂奶粉在丹麦乳制品进口贸易中所占的比重越来越小，其进口量也在波动中逐渐下降。相对于进口量来说，丹麦脱脂乳粉出口贸易的变化趋势相对较缓，占丹麦乳制品出口贸易的比重较小。但在其50年的变化过程中，有几个特殊的时间点，分别为1967年(2.2万t)、1973年(3.8万t)、1980年(4.1万t)、1990年(3.3万t)、1999年(2.3万t)，从这几个时间点丹麦脱脂乳粉的出口量可以清楚的看出，1980年丹麦脱脂乳粉出口量最大，之后其出口量总体呈现下降趋势。

1973年以前，丹麦黄油进口量为0，而同时期，黄油出口量则一直占据丹麦主要乳制品出口贸易的最大份额，1975年之后，丹麦黄油出口量总体呈下降趋势，而黄油进口量则在波动中逐渐攀升；2001开始，丹麦黄油进口量和出口量同时出现增长，分别于2004年和2005年达到新的高峰；2010年，丹麦黄油进口量较2009年出现大幅增长，达到4.85万t，而其出口量则较2009年出现小幅下降；2011年丹麦黄油的进、出口量均呈现下降趋势。

1.4.2　丹麦主要乳制品贸易额变化

从丹麦主要乳制品贸易额的变化趋势中(图14和图15)可以看出，各乳制品进出口贸易额均在波动上升，在2008年金融危机爆发时，各乳制品的进出口贸易额均受到影响，出现下降；2010年，在进口贸易额中，奶酪进口额所占比重最大，其次为黄油、鲜奶油、鲜奶和脱脂奶粉，全脂奶粉的进口额所占比重最小；而在出口贸易额中，奶酪所占份额仍为最大，其次是全脂奶粉、黄油、鲜奶和脱脂奶粉，鲜奶油所占份额最低。到2011年，除全脂奶粉的进口额下降外，其余乳制品进口额仍保持着增长趋势，而出口额方面各乳制品均保持增长趋势，而各乳制品在进、出口额中所占份额基本保持不变。

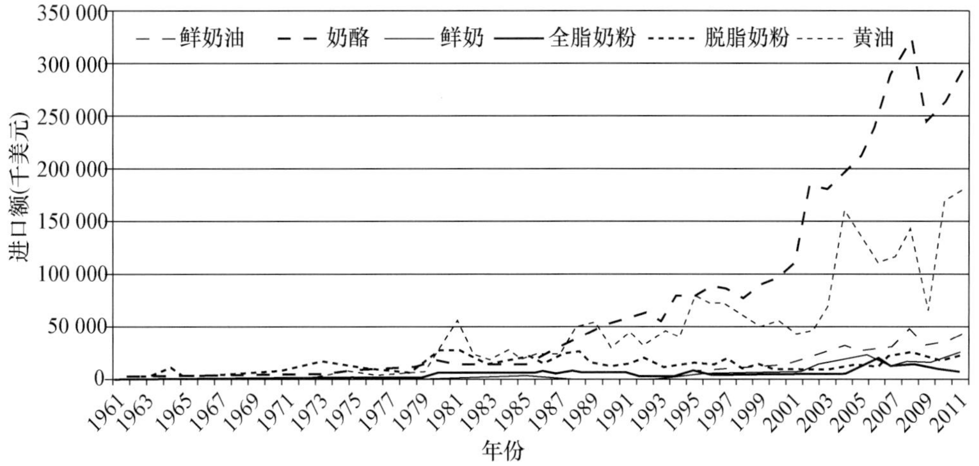

图14　丹麦乳制品进口额变化

注：根据附表5《主要乳制品进出口贸易额(1961—2011)》整理。

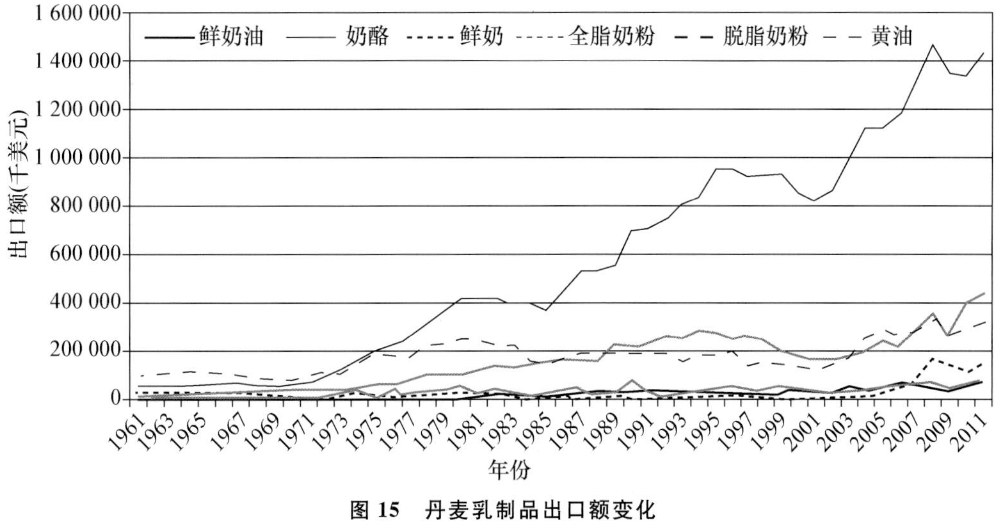

图15　丹麦乳制品出口额变化

注：根据附表5《主要乳制品进出口贸易额(1961—2011)》整理。

2 奶业科技进展

2.1 奶牛育种与繁殖技术进展

丹麦奶牛的育种组织健全，从国家到地方，从行政到业务部门都有一套完整的育种体系，高效而严密地控制每个牛品种的育种进展。全国有养牛业委员会，下设牛育种管理部、产奶记录协会、EDP 系统（计算机处理部），并指导各品种协会、人工授精协会和由这些协会组成的地区联合会。丹麦全国有 40 个地区性育种联合会，是最主要的基层育种组织，每个地区联合会都有专职的技术人员和资料处理系统，负责本地区育种的各项工作与相关育种指标的记录，它们与千万个牧场主相联系，并把收集到的各种资料数据及时输送到全国养牛委员会的 EDP 系统中去，进行统计计算、综合分析，用于指导全国育种工作的开展。丹麦育种组织结构如图 16 所示。

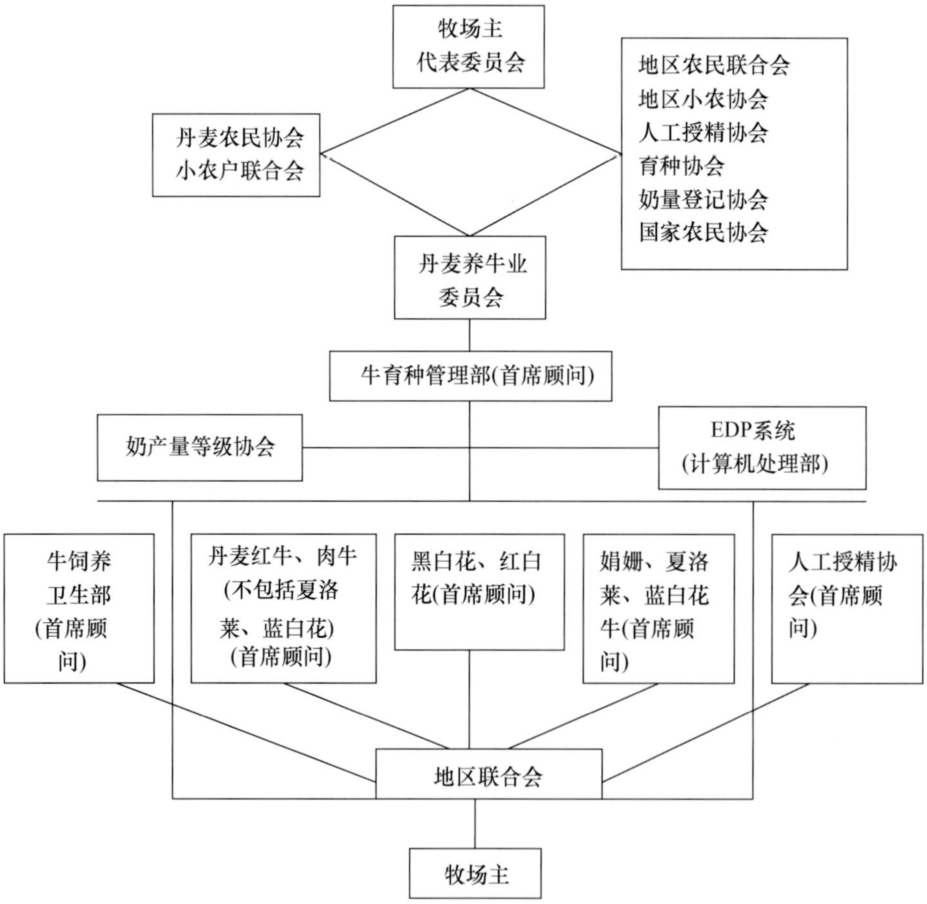

图 16 丹麦养牛业育种组织

2.1.1 后裔测定

20 世纪 50 年代，为了加快家畜生产性能改良的步伐，许多国家纷纷建立了后裔测定育种体系。后裔测定体系是由丹麦首先在猪育种上使用，之后推广到其他国家及其他畜种上，目前在奶牛育种中应用最为广泛。

丹麦奶牛主要分散在家庭农场饲养，由于其育种体系健全，育种方法科学有效，特别是广泛采用电子计算机技术为奶牛服务，将准备留种的小公牛集中在性能测定站进行系统的后裔测定。丹麦牛育种的重点放在选择种子公牛和种子母牛上，其乳用和兼用品种的具体选种方法，是由 EDP 系统提供具有最佳性能指数的种子母牛配种，所生小公牛从 1 月龄到 11 月龄进行 T 值(表示测定公牛与同品种公牛平均日增重差异的相对值)、U 值(表示测定公牛眼肌面积与同品种公牛平均差距的相对值)和 I 值(表示肉用相对性能测定值)测定，不合格者淘汰，合格者到 13 月龄采精 1 000 头份与母牛随机配种，等待后裔测定结果。在此期间采精 2 万头份贮存。当后裔测定结果揭晓后，R 值(表示公牛奶脂量的育种值，是最主要的一项测定值)和 S 值(表示公牛的综合育种值)低于 100%者，与其贮存的精液一起淘汰；R 值和 S 值超过 100%者，用于注册母牛配种，从其中选出最优秀的前几名作为种子公牛。经过如此筛选，周而复始，使牛群质量一代比一代有所提高。丹麦对乳用公牛育种值测定的内容比较全面。主要依据公牛女儿的产奶量、奶脂量、奶蛋白量、排奶速度、产肉性能、性情、体型外貌、犊牛死亡率等，每头公牛需进行以上各项相对育种值的测定。丹麦奶牛育种程序见图 17。

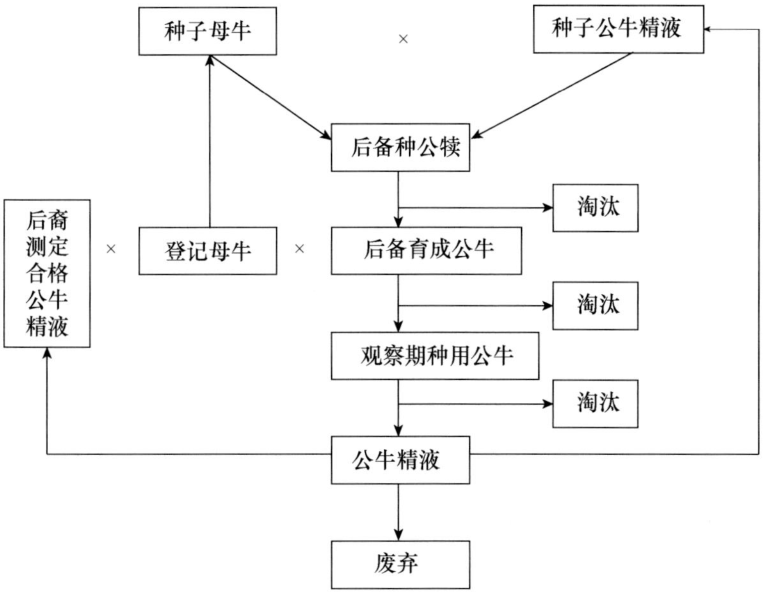

图 17　丹麦奶牛育种程序

1994 年以前，新西兰、荷兰、英国、法国、以色列等国家奶牛选育的目标性状几乎全部是产奶性状；而在丹麦、美国、加拿大、意大利等国开始注意到奶牛持久力的选育，并且部分地加上健康与繁殖性状。到 2000 年，奶牛选育的目标性状发生了较大的变化，性状包括 6 大类，即生产性能、体型外貌、体细胞数、长寿性、繁殖性状和其他。表 5 和表 6 是 2000 年和 2007 年部分奶牛业发达国家奶牛育种目标的比较。

表 5　奶牛育种目标比较(2000 年)　　%

国家	产奶量	体型外貌	体细胞数	长寿性	繁殖性状	其他
新西兰	77	0	0	11	0	12
丹麦	28	34	15	0	15	8
意大利	80	20	0	0	0	0
荷兰	66	0	0	34	0	0
法国	74	21	0	0	0	5
加拿大	56	44	0	0	0	0
美国—TPI	67	33	0	0	0	0
德国	56	20	14	6	4	0

表 6　奶牛育种目标比较(2007 年)　%

国家	产奶量	体型外貌	体细胞数	长寿性	繁殖性状	其他
新西兰	77	0	0	11	0	12
丹麦/瑞典/芬兰	30	20	12	6	22	10
意大利	59	23	10	8	0	0
荷兰	40	22	5	19	14	0
法国	50	12.5	12.5	12.5	12.5	0
加拿大	57	31	3	7	0	2
美国—TPI	50	30	5	8	7	0
德国	50	15	5	25	5	0

2.1.2　MOET 育种技术

随着后裔测定选择的不断进行,单胎动物的母畜繁殖力低下成为限制进一步提高家畜遗传进展的主要因素。而 70 年代发展起来的生物高新技术 MOET 技术则很好地打破了这一限制,为进一步提高家畜育种进程提供新的技术保证。MOET(Multiple Ovulation and Embryo Transfer)即超数排卵与胚胎移植技术,与体外胚胎生产及胚胎分割等技术被认为是能够迅速提高某个国家家畜数量的 3 项技术。80 年代初期,MOET 技术就已显示出其对未来奶牛育种的潜力所在,此技术的重要基础就是建立核心牛群。

丹麦国家动物科学研究所在 1984 年提倡进行大规模的 MOET 育种方案,该项目自 1985 年始,由皇家农业与兽医大学、丹麦人工授精协会联合会和丹麦四个奶牛品种协会共同承担。主要包括:①为保证核心群的遗传水平,制定选择供体的发展策略;②超数排卵与胚胎移植;③生理测定,采集分析血样,估测生理性状的表型值和遗传参数,以及它们与产奶量和其他重要性状的遗传相关;④制定潜在供体母牛的综合性状选择指数。

在开放的 MOET 核心群育种方案中,实验牛场就是核心群。丹麦实施的 MOET 奶牛育种在 1988 年以前所有的胚胎都由外群供体牛提供,供体是从公牛母亲(种子母牛)中挑选其整个泌乳期各项指标符合要求的个体。所有入选的外群供体牛由全国育种组织监测确定,其受精所用的精液选自国家育种计划中的优秀公牛。

1988 年开始选择本群供体,到 1990 年大约 30%(400~500 个)的胚胎由核心群中选出的青年牛和头胎牛提供。到 1992 年及以后的几年,80%的胚胎由核心群中选出的青年牛提供。在当时,丹麦实际通过胚胎移植技术繁殖了 89 头小牛。此后,随着胚胎移植技术的发展,冷冻胚胎的使用率达到了 50%,移植的效率和水平也不断提高。这给丹麦的奶业带来了巨大改观,充分发挥了优良母牛的繁殖潜力,增加了母牛的受胎率,成为了家畜品种改良的重要方法。

MOET 育种方案得到的所有公犊都要在国家育种方案中进行性能测定,之后计算出一个包括双亲最新的综合选择指数以及生长率、肌肉长势和采食量等性能测定结果在内的指数,这个指数就是在传统的人工授精育种计划中选择青年公牛进行后裔测定的主要依据。

2.1.3　联合育种

2002 年 1 月由丹麦奶业联合会、芬兰动物育种协会和瑞典奶业协会以及挪威遗传组织共同建立了北欧牛业遗传评估组织。作为北欧联合育种值评定机构,该组织可以同时使用北欧各家畜的所有数据和关系,且所有奶牛和种公牛都可以直接做比较。数据库里记录了有关疾病与健康方面的数据,丹麦、芬兰和瑞典间的记录系统都比较相似,以丹麦为例。丹麦的数据记录系统开始于 1990 年,由丹麦奶业联合会和丹麦兽医学会合作建立。具体运作方式如图 18 所示。

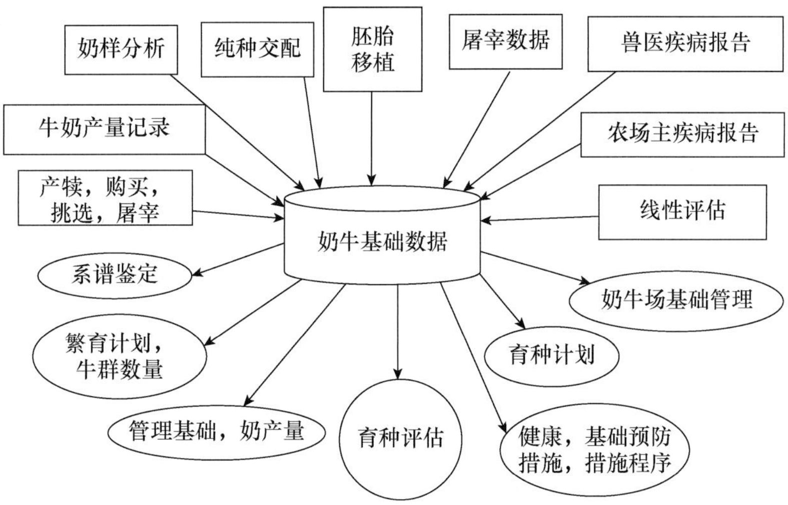

图 18 丹麦联合育种运作方式

在数据记录系统里，以管理和育种为目的的数据通常被分为四类：乳房疾病、繁殖疾病、消化代谢疾病以及足部和腿部疾病。最为重要的附带效益，这些数据可用于育种值的估计。

联合育种是加快动物群体遗传改良，提高育种效益的根本途径，这是现代动物育种理论的精髓。遗传评估是联合育种的核心，丹麦奶牛传统的遗传评估方法主要为动物模型 BLUP 法及测定日模型。

2.1.4 全基因组选择

早在上世纪 90 年代，利用微卫星标记进行亲子鉴定即在奶牛中首次使用。同期，许多影响奶牛重要经济性状的数量性状位点（QuantitativeTrait Locus，QTL）被相继发现，基于 DNA 信息的标记辅助选择（Marker-Assisted Selection，MAS）为奶牛育种提供了新的发展契机。之后，随着基因组计划的不断发展，在奶牛全基因组内发现了数量巨大的单核苷酸多态性（SNP）标记，为奶牛遗传学提供了丰富的数据资源，同时也为奶牛育种实践提供了新思路。在此基础上，全基因组选择（Genomic Selection，GS）作为一种新的遗传选择方法应运而生。

全基因组选择是利用整个基因组的标记信息对个体育种值进行估计，从某种程度上讲是分子标记辅助选择（Marker-Assisted Selection，MAS）的延伸，它弥补了在标记辅助选择中标记数量只能解释一部分遗传方差以及数量性状位点（QuantitativeTrait Locus，QTL）定位困难的缺点。其理论基础是应用整个基因组的标记信息和各性状值来估计每个标记或染色体片段的效应值，然后将效应值加和即得到基因组育种值。全基因组选择的优点是估计值准确性很高，并在动物出生时即能估计其育种值，从而提早对其进行选择，可大大缩短世代间隔。

随着全基因组选择的出现，丹麦的育种方案也需要相应的改变。受限于本国有限的群体规模（特别是优秀验证公牛的后测成绩积累），欧洲部分国家采用联合的形式进行奶牛基因组选择项目的开展，并在此基础上于 2009 年组成了欧洲联合基因组选择体系。丹麦与瑞典、芬兰形成北欧三国联合育种体系，于 2009 年 7 月官方公开发布奶牛基因组评估的记过，其资源群体规模约 3 000 头；且青年公牛的基因组育种值采用分级形式表示，以区别于验证公牛。作为一种新的育种技术，全基因组选择有很多方面需要改善和提高。因此，全基因组选择将是丹麦近期遗传育种的主要研究方向。

2.1.5 丹麦牛改良育种

2.1.5.1 丹麦红牛的改良

丹麦红牛以产奶量、乳脂率和乳蛋白率高而闻名于世。但 50 年代每头牛的平均年产奶量仅约 4 500 kg，产脂量约 180 kg，乳脂率略高于 4%。为了提高丹麦红牛的乳、肉生产性能、生长率和消除由于长期纯繁及近亲繁殖而引起难产、死胎、犊牛死亡率高等缺点，自70年代初期开始引入其他品种的精液。大量的改良试验工作是在1972—1985年间进行的。这些引入的基因主要来自瑞典的红白花牛、芬兰爱尔夏牛、荷兰红白花牛、美国的瑞士褐牛和法国的利木赞等品种。在引入良种基因之后，产奶量得到了明显提升，乳脂率和乳蛋白量均有所增长；丹麦 Egtved 后裔测定站测定结果显示丹麦红牛的产肉性能也颇为良好。

2.1.5.2 丹麦黑白花牛

丹麦黑白花牛主要分布于日德兰半岛，体格中等，乳脂率较高，有一定的肉用性能。近年来，丹麦每年引进美国高产黑白花牛冻精，用以改良丹麦黑白花牛。其女儿牛体型普遍加大，体高增加，产奶量明显提高，但乳脂率有所下降。

2.2 奶牛饲料与营养技术进展

丹麦地理位置优越，气候湿润多雨，且降雨量平均，土地肥沃，这些优越的自然条件为畜牧业的发展提供了良好的天然条件。近年来，丹麦奶牛养殖业的结构发展一直很稳定。在丹麦的多数奶牛场中，夏秋季以青牧草为主要的粗饲料，冬春季则以青贮饲料和麦秸秆为主要的粗饲料，青贮饲料的品种多为玉米秸秆、黑麦草、三叶草和紫花苜蓿。

2.2.1 饲料种类及饲喂效果

丹麦多数牛场为有机农场，采用全混合日粮（Total Mixed Ration，TMR）饲喂，优质饲草在奶牛营养中发挥了极其重要的作用，奶牛的营养几乎完全来自饲草（牧草、干草、青贮）。在保持奶牛产量的前提下尽可能多地利用优质饲草，以干草作为蛋白来源，以一定量精料和玉米等作物的青贮饲料作为能量来源。粗料和蛋白质饲料的主要来源是干草、玉米青贮，补充精料主要成分为大豆饼。

另外，农作物秸秆也是生物质能的重要组成部分，占生物质能的50%以上，丹麦对秸秆的处理利用已有较长的历史，已达到技术成熟，机械设备配套齐备的现代化水平。采用捡拾打捆机，将秸秆捡拾、打捆、注氨、包装，用塑料袋一次完成饲料氨化处理，放在田间地头让其自然氨化，待用时拉回养殖场。氨与秸秆中的有机物发生化学变化形成铵盐，铵盐被分解成氨，被动物瘤胃微生物利用，进而形成菌体蛋白，使蛋白质含量提高1～2倍。另外，氨与水结合生成碱性的氢氧化铵，中和秸秆中的酸，使其纤维素、木质素分解，细胞壁膨松，易于被动物消化。提高秸秆饲料的营养价值。其中有机物消化率可提高8%～12%，甚至更高；秸秆的含氮量能提高0.8%～1%，可减少对粗蛋白的供给量。经处理后的秸秆，基本上相当于中等干草，可作为奶牛主要的粗饲料。

油料籽实也可作为蛋白饲料用来饲喂奶牛，以饲喂不同比例的亚麻籽和菜籽为例，阐述其对荷斯坦奶牛和丹麦娟珊牛生产性能和牛奶中脂肪酸含量的影响：泌乳中期的丹麦荷斯坦奶牛在饲喂添加亚麻籽与菜籽的比例为1∶3的混合日粮后，产奶量，牛奶中脂肪和乳糖的含量并没有影响；但饲喂娟珊牛后各项参数均增加。当日粮中添加过量的油料籽实，两种奶牛的乳蛋白含量均降低；与荷斯坦奶牛相比，娟珊牛乳中饱和脂肪酸含量较高，不饱和脂肪酸含量较低。增加日粮中油料籽实的含量，牛奶中除了 C18:2*n*-6 外的所有C18脂肪酸含量均增加，而C6到C14，C11到C17，尤其是C16的含量降低。与娟珊牛相比，这个结果对荷斯坦牛的影响更为显著。当增加日粮中油料籽实的量，C18:2*n*-6 和 C18:3*n*-3 的表观利用率降低。

为了维持营养的平衡，农场主在饲喂奶牛时在日粮中加入一定量的饲料添加剂，如微量元素添加剂、维生素添加剂及甜味剂等，但在丹麦，抗生素添加剂是被禁用的。丹麦是全世界禁止动物使用抗生素饲料添加剂做得最好的国家，1995年，丹麦禁止在饲料中添加阿伏霉素；1998年1月，丹麦禁止使用抗生素饲料添加剂维吉尼亚霉素；从2000年1月起，丹麦的抗生素只限于按处方购买用于治疗动物疾病。

对于未来饲料种类的更新，尤其是对于精料的变化，现在很难预料，但是可以肯定的是，肯定能在配合料中见到一些新的成分，如同前些年我们还不知道什么是玉米面筋粉和木薯粉，但是现在它们却成了丹麦配合饲料使用的原料；对于粗饲料来说，可能会在现有的基础上出现一些新的豆科和谷实类青贮。此外，随着新的工业生产方法的诞生，一些工业新的副产品也会应用于奶牛饲养中。

2.2.2 饲料的质量检测与控制

瑞典、丹麦的奶牛大都采取以放牧为主、补饲为辅的饲养管理方式。草场都是经过精心维护的人工草场，牧草也是专门为奶牛饲养而选育出来的品种。奶牛冬季日粮的主要成分，即牧草和玉米，都产自自家的农场。为了保证日粮的营养均衡，奶牛需要饲喂具有补充性的优质混合饲料。这些混合饲料是由天然成分配制而成的，不含抗生素，不含产量增长剂，不含任何人工合成的添加剂。只有那些具有良好操作规范(GMP)合格证书的饲料企业才被允许向奶牛农场提供混合饲料。饲料企业获得GMP认可的依据是ISO—9002质量管理标准和危害分析与关键控制点(HACCP)技术标准。这些标准是以一种一揽子要求的方式被实施的，涉及饲料终端产品的配料、混合、防止交叉污染、制粒及产品构成等方面的内容。对饲料加工过程中质量保障的检查内容有：质量管理标准的实施情况；原料成分(有害物质)检测标准的实施情况；检验加工设备的技术要求参数；加工和贮藏的卫生标准的实施情况；饲料(构成及质量)的最终检测标准实施情况；制定配料和终端产品的运输规则。

多年以来，丹麦从立法、行政管理等方面逐步理顺了饲料及畜产品生产各个环节的管理和监控，形成了可追溯的、健全的畜产品生产、流通监管体系。主要特点是：法律法规健全，行政监管体制责任明确，饲料质量安全管理理念先进。此外，行业组织的自律对确保畜产品安全和质量起到了重要作用。

丹麦拥有较为完善的法规体系，严格执行欧盟和国际组织如国际食品法典委员会(Codex Alimentarius Commission，CAC)饲料管理的法律法规，而且出台了一系列的法律法规，如《农业法》、《产品责任法》等。丹麦法律严格禁止在饲料中使用生长激素。同时丹麦还辅以先进、高效的检测技术体系，确保了其饲料的质量安全；采用规范、高效和可追溯性的检测服务，严格检测技术，在确保数据真实可信的前提下提交检测效率。

2.2.3 营养技术进展

在实际生产中，饲养员的饲喂方式及饲料中精粗比的不同对奶牛的影响也是不容小觑的。在泌乳前期，精料和粗料单独饲喂对奶牛的代谢紊影响显著，而全混合日粮中的精粗比对奶牛的代谢紊乱没有影响；另外不同的饲喂方式对奶牛的瘤胃迟缓、酮病、肠炎及真胃移位也有不同程度的影响。

单剂量的维生素D和维生素E对高产奶牛的血浆稳态和瘤胃稳定性均有影响。在瘘管牛瘤胃内添加4 360 mg维生素E、250 mg维生素D_2和250 mg维生素D_3后，瘤胃内维生素的浓度先升高，随后开始降低。取出一部分混合好的样品在体外培养，发现维生素始终处于一个恒定的水平。因此，在高产奶牛的瘤胃及瘤胃内容物中，维生素D_2、维生素D_3及维生素E非常稳定。添加维生素后血浆中维生素的浓度变化表明：维生素D_2对血浆稳态的影响较维生素D_3小，而维生素E对血浆稳态的影响最小。

2.3 奶牛疫病控制技术进展

2.3.1 乳房炎

临床型乳房炎被认为是由一些细菌病原体如链球菌、金黄色葡萄球菌、大肠杆菌和支原体等引起的，然而，在乳腺中病原体并不足于引起临床性乳房炎，通常认为管理和环境因子是形成临床型乳房炎的主要原因，例如：畜舍、营养、奶产品、挤奶程序和干奶牛治疗与临床型乳房炎的发生有很大的关系。

在丹麦，乳房炎是造成奶牛经济损失、影响动物福利的重要原因之一，为研究该类疾病，丹麦和其他北欧三国联合攻关，发挥各科研机构优势，丹麦主要负责奶牛乳房炎的主效基因定位和基因网络调控。Kenji(2008)对丹麦地区2 146头丹麦牛的临床型乳房炎进行了调查，通过回归模型统计分析，认为奶牛单产、蹄病和丹麦地区的劳动力质量与乳房炎发病率呈显著相关性，建议奶农提高对乳房炎和蹄病治疗的重视，从而减少乳房炎发生率。Lund等(1994)报道，在丹麦，由于乳房炎引起的经济损失估计每头奶牛每年225美元，其中大约60%的损失是由产奶量下降引起的。

在丹麦，奶牛场依靠完善的疾病预防和治疗措施，使得牛群发病率很低。对于乳房炎而言，奶牛场中注重通过对乳房炎的检测来控制乳房炎的发生。他们采用MKII在线适时监测仪替代传统的CMT试液隐性乳房炎检测，依靠安装在挤奶设备集乳器与每个奶杯之间的导电率探测极间接反映各个乳区牛奶健康状况。它可以适时显示每个乳区是否不同程度感染隐性乳房炎，在临床乳房炎发病前1～4 d即可预警提示，兽医在亚临床阶段就给予某乳区特殊而且准确的“关照”，将乳房炎尽可能遏止在“萌芽状态”中，避免了临床炎症传染、牛奶质量和产量急剧下降、支付高昂的药物费用等问题。但是，这只是一个监测工具，发现感染后还必须采取治疗和隔离措施，才能发挥预警的意义。在丹麦通常使用青霉素类治疗乳房炎。Bruun等(2003)通过搜集日德兰半岛的18个丹麦牛牛群和7个试验组的奶牛相关治疗数据，经过统计分析，最终的治疗药物组合是：47%青霉素普鲁卡因、13%氨苄西林、10%氧四环素、8%链霉素/青霉素、8%螺旋霉素、7%磺胺类药物和7%阿莫西林。

另外，在北欧国家，已开始通过利用奶牛生产健康记录系统和遗传育种项目，对奶牛的抗乳房炎遗传特性的进行选择性育种。

2.3.2　亚急性瘤胃酸中毒

亚急性瘤胃酸中毒(Sub-acute ruminal acidosis，SARA)会造成严重的经济损失，是高产奶牛场面临的严峻问题。为了有效防治SARA，需尽早诊断出患病动物。J. M. D. Enermark等(2001)通过问卷调查报道亚临床瘤胃酸中毒的主要的诊断表现是酮病(26%)、瘤胃酸中毒(22%)、障碍(16%)、亚临床低钙证(15%)、产乳热(15%)。其中有80%的兽医工作者具有相关的治疗标准，例如注射钙制剂(33%)、注射皮质激素类药物(21%)、反酮病治疗(注射丙酸盐或葡萄糖)(13%)、注射瘤胃兴奋剂(9%)、注射Vb(7%)、其他治疗方式(17%)。

2.3.3　产乳热

产乳热又名产后瘫痪，是高产奶牛因缺钙引起内分泌功能异常而产生的一种营养缺乏症。在丹麦的奶牛场中预防产乳热的治疗方法：

(1)为产犊牛口服容易吸收的钙制剂。Goff和Horst(1993)报道给奶牛提供$CaCl_2$盐溶液，由于渗透作用，刺激食管沟反射，允许从瘤胃支路通过。在瘤胃中钙溶液($CaCl_2$)可以避免被稀释，在皱胃中高浓度溶液有利于被动Ca通过。Queen等(1993)通过在奶牛分娩1 h内添加钙氯化物胶体进行研究钙吸收。结果显示在每5 min内血清总钙呈现显著性增加，在24 h后血清钙水平达到基准线值。因此，血清钙很快获得显著增加。Jönsson和Pehrson(1970)、Simesen和Hyldgaard-Jensen(1971)通过添加3～10倍剂量钙氯化物水溶性胶体试验，试验结果显示预防效果大约达到50%～55%。根据Pehrson等(1989)在胶囊中注入4倍剂量的$CaCl_2/CaSO_4$，其效果达到73%。总之，钙氯化物产品可以提高刺激胃肠黏膜和未得到补偿的系统酸中毒的作用。

(2)在怀孕后几周时，增加阴离子盐的供应量。为了使阴阳离子方法更好地进行下去，至少在产前的10 d饲喂盈余的可吸收的阴离子，从而阻止奶牛的饲料碱化。Horst等(1997)推荐的饲粮阴阳离子差(DCAD)为100 mg/kg。

(3)在怀孕晚期饲喂低钙饲粮和低Ca/P饲粮。此方法效果极佳，达到100%。预防产乳热时，至少在产犊前两周，给奶牛提供的钙日采食量控制在20 g/d以下，最有效的解决方法是在饲粮中添加钙粘合剂。同时要注意Ca/P比率的影响，在日粮中，它的高低决定着钙的含量，对预防产乳热的发生也具有重要的作用。

(4)产前期饲喂添加维生素D、维生素D代谢物及其类似物。大剂量的使用维生素D代谢物及其类似物来预防产乳热仍存在争议。Littledike和Horst(1982)通过试验将维生素D需求量加大到接近中毒最大量，引起的临床症状包括显著的厌食症、体重降低、呼吸困难、心跳加速、身体倾斜、严重的心血管钙化等(Greig 1963；Seekles和Wilson 1964；Payne和Manston 1967；Radostits等，2000)。治疗的添加剂量是很重要的，在分娩前2～8 d注射是最佳时期，如果在第8 d后效果不佳，需要再次注射，或者可以每8 d重复注射

1 次，直到产犊(Radostits 等，2000)。另外使用维生素 D 类化合物的潜在问题是低钙血症和产后 10～14 d 产乳热的临床特征(Hove 和 Kristiansen 1984；Goff 等，1988)。尽管存在这些缺点，但是由于这种方法简单实用，注射维生素 D3 成为预防产乳热通用的方法(Radostits 等，2000)。

2.3.4 结核病与副结核病

丹麦的兽医教授贝恩哈德·邦格(1884—1932 年)提出了防治牛结核病的基本原则：新生牛犊必须立即与患有结核病的牲畜脱离接触，并加以隔离。任何牲畜，不论其临床症状如何，只要结核菌素试验呈阳性，即可认为是患有结核病的牲畜。从 1932 年起，丹麦奶牛场开始应用这一原则，直到 1953 年才完全消灭了牛结核病。到 1959 年，牛结核病的病源在牲畜中已绝迹，但又发现来自人体的结核病新病源。整个七十年代，新的发病率不到 0.01%。畜群新感染结核病后，其中有反应的牛只即被淘汰，如有迹象表明已传染较广，则将整个畜群屠宰。自 1898 年起，法律规定：从牛奶场取回农场饲喂牲畜的牛奶，必须经过巴氏消毒，这也是丹麦防治牛结核病的一个重要措施。

副结核病(Paratuberculosis)是由分枝杆菌引起奶牛和其他反刍动物的慢性肠炎，在过去的 20 年中，丹麦奶牛业的副结核病越来越多，致使牛奶产量、质量和屠宰重量降低，死亡率增加，造成很大的经济损失。Sören Saxmose Nielsen(2002)报道，通过酶联免疫吸附测定检测牛奶和血清中的抗体和粪样中的副结核分枝杆菌的方法，结果显示此方法可用于副结核的检测。

2.3.5 其他疾病

子宫内膜炎在奶牛群中也是一个重要的产科疾病，子宫内膜炎发生后，往往发情不正常，或者发情虽正常，但不易受孕，即使妊娠也易发生流产。影响奶牛的整个生长期的生产性能。治疗奶牛子宫内膜炎主要是控制感染、消除炎症和促进子宫腔内病理分泌物的清除。

从 2002 年 2 月以来，丹麦共发现 15 例疯牛病，最近几年，丹麦奶牛的疯牛病基本上没有出现，控制的较好。丹麦现行的疯牛病监察计划是依据欧洲委员会疯牛病管理条例 No. 999/2001 执行的。

1953 年以前，丹麦口蹄疫流行，全国一半畜群受到感染。1954—1970 年间，全国每年每千头牲畜不超过 0.5 头，1971—1976 年间，全国已无此病。其采用的措施是，每年全部牛只免费注射疫苗，个别因猪群发病引起的消灭方法是有组织的进行屠宰配以周围地区的牛群区域性疫苗接种。

2.4 奶牛场粪污处理与环境保护技术进展

丹麦从 1992 年开始征收碳税，丹麦奶牛粪污处理的主要方式为沼气厌氧降解和农场自行分离，其中农场粪污分离后的沼渣部分，44%直接施肥于田地，31%输送给沼气厂，3%就地焚烧，22%未作处理。动物粪污的厌氧降解可以提高有机肥的质量、减少气味和致病菌、提供了可再生能源——沼气。动物粪污的厌氧降解可以把有机残余物转化成两种有价值的产品：①可再生的燃料，用于发电、供热和汽车燃料；②降解后的剩余物沼渣，经精炼后可为循环提供有机肥、纤维产品和干净的水。

丹麦是沼气技术最先进的国家之一，也是最早提出联合沼气厂概念的国家，即农场收集的粪污与食品或饲料工业的副产物联合厌氧发酵生产沼气的工艺，经过 20 多年的发展，目前已形成一个以粪污和有机垃圾处理、养分循环和可再生能源生产、兼顾农业和环境利益的综合系统。丹麦以工业化的方式使用沼气始于 80 年代末期。目前，丹麦已建立 20 个集中式的中心沼气厂，一年可以处理 100 万 t 的粪和 30 万 t 的有机垃圾；另有 55 个单一的农场式沼气厂。在丹麦比较有代表性的大型集中式中心沼气厂有 Ribe、Lintrup、Lemvig 等，年产沼气在 500 万 m^3 左右。这些沼气厂通过在各地区的合理分布，有效地促进了农业资源综合利用、地区发展和环境保护。在 2025 年之前，丹麦将新建 50 个集中式的中心沼气厂。

从农场的储粪池收集粪污及泥浆粪后运输到沼气厂，与可消化的有机垃圾混合后联合降解发酵。厌氧降解过程在喜温(53～58 ℃)了，或嗜中温(30～40 ℃)的条件下发酵 12～25 d(这个过程会阻止病原菌的繁殖和生成)，降解的生物量运输到储气池中，沼气厂进一步分离出纤维产品和液体部分。降解的生物量被返回到农场，由于储气池处于田间，含有灭活的病原菌和液体肥料直接返回田地。但是，根据丹麦法律要求的施肥量，肥料只能一部分返耕于农田，其余降解的生物量由沼气厂销售给该地区种植农作物的农场。当然生产出的沼气可以用来供热和发电，所产电力由国家电网统一收购再销售给居民或企业。厌氧发酵沼气公司为奶农提供了必备的粪污处理能力，较好地处理了沼渣的利用和再分配问题，为奶农节省了粪污贮存、运输、购买肥料等费用，在丹麦处理 1 t 的粪污的成本为 3 欧元。此外，通过沼气厂每处理 1 t 生物量可以减少 90 kg 二氧化碳的排放，减少 0.11 kg 氮淋溶到净水中。

近年来许多农民对粪污分离技术格外关注，因为如果泥浆粪被较好的分离，其纤维部分很好地用于牧场，因政府法规而造成的土地需求将被缓解。因此，那些想扩大生产的奶农就可以较好地平衡家畜生产和粪污土地需求的关系。然而，不同的粪污分离工艺其参数也不尽相同，具体如表 7 所示。目前，粪尿分流分离系统已经发展起来，由于其成本高还未被采用。

表 7　粪污处理工艺参数

分离效率/%	螺旋压机	分流离心机	高分子带通滤波器
数量	3～5	5～21	15
固体总量	17～32	45～63	89
有机物	7～15	50～80	86
总氮	5～9	11～28	40
磷	7～15	52～80	89
沼气生产潜力(m^3/t)	36～64	40～90	56～80

总之，据统计，1985—2004 年丹麦通过粪污技术处理和立法使氮素盈余减少了 50%，硝酸盐淋溶减少了 50%，化肥氮的使用量减少了 47%，化肥磷的使用量减少了 75%，有效地控制了奶牛粪污的环境问题。

丹麦沼气计划得到丹麦环境部、农业部的经费支持，总预算达到 1 200 万丹麦克朗。1987 年第一个净水行动计划的执行促进了沼气的发展。粪污需要进行 6～9 个月的储存，确保粪肥可以及时的被农作物使用；每公顷使用的粪肥数量是受限的，奶农是每公顷承载 1.7～2.3 个荷斯坦奶牛，确保了动物生产和牧场土地的平衡与和谐；粪中硝酸盐的最低限量及每种作物硝酸盐的配额的规定从根本上抑制了化肥的使用。

1988 年，丹麦实施了丹麦沼气行动项目，其主要目的是调查集中式中心沼气厂在兼顾农业、能源和环境的同时能否在经济上可行，该项目获得国家的大力支持和资金拨款。许多农民意识到集中式中心沼气厂有助于他们服从新规定。一些沼气公司基于这样的原因，投资兴建了必要的贮粪池出租给需要的农民，如果操作得当，经储粪池处理后一部分可以作为有机肥料还田，这样农民就节省了粪污贮存、运输和传播的费用。另外，一个粪污盈余牧场的粪污可以由沼气公司运输给一个粪污较少的牧场，这种重新分配减少了某些牧场对粪污处理土地的使用需求。粪污处理和利用的限制条件形成了政府的规章制度，有力的激发了农民对集中式中心沼气厂的兴趣。

2009 年，丹麦政府又发起了“绿色发展”计划，其主要内容为两方面：丹麦环境与自然计划；绿色农业和食品业发展战略。丹麦集中式沼气厂发展方向：目前存在的沼气厂的设计主要是降解液态粪和一定数量的有机垃圾。近年来，由于有机垃圾的竞争，这种策略面临着挑战。现在新设计的沼气厂配备了必要的装置用来混合和输送浓缩的粪污，沼气的生产需要奶农提供高质量的粪污，尤其是粪污的干物质含量水平。若今后奶农仍愿意把粪污输送给沼气厂，他们将不得不引进这种粪污分离工艺技术。现在大型的屠宰场和奶牛公司均加入了沼气发展计划，因为市场的原因他们努力营造自己绿色的品牌。

丹麦利用沼气厂来处理奶牛粪污处理和解决环境保护问题有许多经验，如地区供热系统较为普及；政府鼓励耕地循环农业；立法推进粪污处理的规章制度；农作物施用有机肥的传统；沼气产业市场的自由竞争以及固定的电价；政府和相关社会团体的支持等。

丹麦在经济和科技高速发展的同时，十分注重生态环境的保护，坚持可持续发展的原则。丹麦环境法规定：农场不可以有超过 500 个单位的牲畜，一个单位等于一头母牛，或三头成年猪，或达到屠宰体重的 30

头猪，或 2 500 只肉鸡。目前，只要农场发展到 250 个牲畜单位，就会对农场环境所受的影响作彻底的评估，评估的结果决定这个农场是否可以扩张。另外，丹麦还根据法律制定了很多有关农业的环保规章，如①农场主的牲畜总数量，必须和他拥有或租来的土地面积相对应，即农场主拥有的牲畜越多，他就必须拥有更多的土地。②在冬季，农场主必须种植至少 65%的农地，以降低土壤中氮的渗透量。③对除草剂和杀虫剂的品种和数量有明确的限制。④农场主必须有肥料施用量的记录，不管是天然肥料还是合成肥料。⑤只要有土地面积超过 2 hm^2，就必须被用来耕作，也就是说，农场主有义务去维护他的土地。

丹麦的每个牧场基本上都配备一套污粪处理设施，包括一个沉淀池，一个暴气池，一套抽送和搅拌设备，一个液体肥施肥车和一个固体肥抛肥车，牛舍内粪便由刮板刮入暗沟后冲入沉淀池，沉淀池为三面封闭的坡形结构，经沉淀发酵后的液体由抽送设备抽入暴气池，固体部分由铲车装入抛肥车拉入田间施肥。暴气池中液体进一步暴气后，抽入液体施肥车拉入田间施肥，该类设备主要有：KIMADAN、SAMSON、JF 等公司产品。丹麦政府规定奶牛场的土地面积不得低于 2.5 hm^2/头。

奶牛舍饲散养工艺(Freestalls)，近年来在欧美等发达国家得到了快速的推广应用，尤其是北欧国家，近年新建的奶牛场基本上采用了这种新的饲养工艺模式。这种饲养模式的突出特点是：采用无运动场体系的全舍饲饲养方式，舍内有采食区、躺卧休息区、挤奶间、清粪区等不同功能区，奶牛可以在舍内自由走动，自我管理。这种饲养工艺可以为奶牛提供清洁舒适的躺卧床面(一般奶牛在这里休息 10～14 h/d，见图 19)；清粪方式一般采用刮板清粪或漏缝地板；采用 TMR 饲料搅拌车将青贮料和精料送到采食通道及食槽处；挤奶间直接与牛舍相连。这种饲养工艺因其具有占地面积少、管理方便、奶牛的饲料转化率高等优点而为愈来愈多的牛场及生产管理人员的喜爱。但采用全舍饲饲养后，舍内的空气状况对奶牛的影响很大。关于舍内的空气状况的研究也得到越来越多的重视。Kroodsma 等(1993)曾对如何减少有漏缝地板的系统的氨气排放进行了研究。Braam 等(1997)对一例有坡度固体地面的系统的氨气排放进行调查。Elzing and Monteny(1997a，1997b)就氨气的排放进行了模型试验。Demmers 等(1998，2001)就氨气排放及自然通风量的问题进行了探讨。尽管如此，目前有关奶牛舍饲散养建筑中空气质量状况的系统调查研究的文献仍然较少。特别是在热环境参数与废气含量及排放量的相关性方面。李保明等(2004)对丹麦的 7 个典型的自然通风奶牛舍进行了研究，对其温度、NH_3、CH_4、N_2O、水汽等分别进行了测试分析，以了解舍饲散养奶牛舍自然通风条件下这些气体的释放和变化规律，以便为该工艺模式下牛舍的管理和环境调控，通风系统设置与管理等提供理论依据，结果表明：全舍饲饲养工艺的自然通风牛舍，其舍内热湿状况主要受舍外温、湿度的影响，采用全舍饲散养工艺进行奶牛生产时，舍内各环境因素相互之间有着非常密切的关系，在适宜的饲养密度和温度(0～25 ℃)下，利用自然通风，基本可以获得较好的环境条件，以满足奶牛生产需要。

图 19　典型牛舍

3 原料奶质量控制与计价体系

丹麦十分重视奶类产品的质量，对于牛奶与其他食品一样都要求对生产者实行溯源制。丹麦的消费者不但要求奶产品质量要健康、营养、安全、卫生，而且更多的关注生产、消费奶产品对环境的影响，并且要求奶产品生产时要保证动物福利，对原料奶更是如此。

在丹麦，有食品法对奶产品进行规范和管理，其次在疾病对奶品质的影响有非常严格的规定，奶农协会约束奶农对每批次的原料奶都进行检验。全部样本都被送往原料奶检测实验室。看这些样本是否符合规定的收购标准。这些收购标准是根据丹麦和欧盟的相关法规制定的。如果某个农场主生产的牛奶未能达到标准要求，那么，该农场主将可能会被禁止向乳品加工企业提供牛奶。牛奶质量检测的内容有：体细胞数、冰点、细菌数、抗菌素的残留及感官度。除此之外，牛奶经常检测的项目还包括大量的有害物质，例如，二噁英、多氯联苯(PCBs)、黄曲霉素、重金属及兽药残留。

3.1 提高原料奶质量的主要技术措施

丹麦的阿拉·福兹(Aria Foods)乳品公司正是一家以合作社方式运作、由众多原奶生产者控制的世界知名乳品企业。阿拉·福兹乳品公司强调农场和原奶对公司经营的重要性，在公司 2007 年年报中明确提出“没有农场就没有牛奶”、“我们最重要的原材料是牛奶”。公司的农场主合作社组织保证了公司的原奶供应。阿拉·福兹公司与合作社会员一起，为农场的运作开发了一套质量保证计划(Quality Assurance Programme Arlagarden)，主要内容是奶源管理的各项质量标准和工作指引(表 8)。通过这套质量保证体系，阿拉·福兹让消费者确信，农场以负责任的方式提供高质量的原奶，同时农场主也能够从质量保证计划中获得技术方面的帮助。

表 8 阿拉·福兹质量保证计划的主要内容

项目	目的	控制标准
牛奶成分	努力使牛奶的成分满足消费者对终端奶制品的需求和愿望。	(1)牛奶中的脂肪、蛋白质、矿物质以及其他成分必须保持正常；(2)牛奶必须新鲜、口感好。
食品安全	从农场开始确保为消费者提供安全的奶制品	(1)牛奶不允许含有有害物质；(2)高卫生标准避免牛奶被污染的风险。
动物福利	努力满足奶牛基本的生理和行为需求，增进奶牛的健康和福利。	(1)奶牛必须处于健康状态；(2)奶牛必须在对动物友好的环境中被饲养、照料。
环境考虑	鼓励农场采取保护环境、尊重自然的措施。	(1)农场必须保护周边环境，维护文化地貌；(2)农场必须优化肥料的使用，并在风险评估前提下，将危险化学品的使用保持在最低水平。

阿拉·福兹的质量保证计划对以下诸多内容进行了详细规定：饲料和水、动物福利和用药、牧场管理(挤奶设备、储存设施、牛棚、牧场员工等)、环境、突发事件处理及补偿、采奶(最低采奶量、采奶频率及时间、原奶冷藏及运输)、牛奶成分和质量、质量保证计划的监督机制。该质量计划除了包含一系列准则外，还有帮助生产者提高原奶质量的大量注释和建议。因此，阿拉·福兹的质量保证计划不仅仅关注原奶质量，而是一个全过程的、可操作的标准化质量控制体系。

例如在采奶的具体安排方面规定，一个新牧场(所谓的新牧场，既包括新建筑的牧场，也包括所有者新更换的牧场)在第一次采奶之前，必须经过公司相应的权力部门验收；牧场在开始或重新开始采奶之前，必须提前 14 d 通知运输经理，如果采奶次数发生明显变化，例如由一天采奶 2 次变为 3 次，则必须提前一个月通知运输经理；奶罐车装有卫星导航系统，帮助安排合理路线，以最少的行程收集最多的原奶，并就近送到牛奶加工厂；每一个奶罐车驾驶员都要经过严格培训，以保证高标准操作运输车，并熟悉原奶装车之前的采奶流程。

借助这样的质量保证计划，阿拉·福兹公司的牛奶加工厂得到了优质的原奶供应，农场主获得了提高原奶质量、降低成本的可行办法，消费者从奶源上对乳品企业建立了信任，自然环境也得到了保护。

此外，丹麦有一个知名的、独立于其他单位的奶产品检测、检验实验室——Stain 实验室。Stain 实验室属于综合性的实验室，在奶业上主要从事三种检测，即①原奶质量的检测，每批次的原奶均要进行检测；②奶牛生产性能的检测，每头奶牛每年约检测 10 次；③奶产品质量的检测。实验室拥有先进的技术设备和科学的管理方法，保证了每批次的产品均能够科学、公正地检测、检验。它不但承担本国奶产品的检测、检验，几乎整个北欧的奶产品都到此检测、检验。这一独立实验室的存在，有力的保证了奶业健康、持续的发展。

3.2 提高原料奶质量的主要政策措施

在丹麦，供应国内市场液态奶的乳牛群的健康和卫生条件的法律规定起始于 1932 年，之后又颁布新的法令规定，指出只有健康和卫生条件符合农业部要求的畜群生产的奶才能供人类使用及制造相应的乳产品。

领先的乳品生产国都支持和实施通过职业培训和教育得到国家资格证书：《牛奶和奶油的处理和储存技术资格证书》，丹麦亦是如此。这个资格认证的目的是确保相关工作人员在接收散装牛奶时确定原料奶或奶油的可接受性，而后将其送入处理系统，从而加强乳制品的质量保证。原料奶或奶油是所有奶制品的主要原料，确保散装牛奶或奶油的质量对最终生产的乳产品的质量至关重要，只有这样才能保证人类食用乳产品的安全性。

3.3 监控原料奶质量的主要方法及惩罚措施

畜牧业生产是丹麦农业的重要组成部分，其产值约占农业生产总值的 80%以上，奶业产值占农业总产值的 35%。其奶业生产的一个显著特点就是小规模的家庭农场生产模式。丹麦对于农场提交的每一批牛奶都进行采样，全部样本都被送往原料奶检测实验室，以便查看是否符合收购标准。如果某个农场主生产的牛奶未能达到标准，该农场主将可能被禁止向乳品加工企业提供牛奶。牛奶质量检测的内容包括体细胞数、冰点、细菌数、抗菌素的残留及感官度等。

瑞典最大的乳业公司 Arla 于 2003 年 10 月 1 日开始在瑞典和丹麦实施 Arla 农场质量保证计划。该计划旨在为消费者提供安全、营养的乳制品。计划对动物福利和牛场环境有严格的要求，所有参与的奶牛场都必须遵守丹麦或瑞典饲料使用准则和动物保护准则，同时还要求奶牛场必须提供文件记录系统，以保证生产的安全性。惩罚措施也是必需的，具体由 Arla 食品负责执行，如果农场在某些方面有严重的不足，惩罚手段可能是罚款、降低牛奶的收购价格和暂时停收牛奶，直到这些不足之处得到改正后，惩罚手段解除。

计划要求产品的溯源性。如果一旦乳品质量出现问题，可以一直追溯到原料奶生产者。具体措施包括：所有牛场使用的饲料原料和配合饲料必须与供应商提供的原始单据一致；所有牛场必须保留兽医用药记录；Arla 食品定期对每个农场提供的原料奶进行采样分析；通过以上的记录系统可以追溯到有问题的农场用哪个奶罐存奶，用哪个奶罐车运输，原料奶最后运到哪家乳品加工厂了。

计划要求乳品的安全性。由牛场提供给 Arla 食品的原料奶必须在生产的每一个环节都控制在准则要求的环境条件。计划的贯彻基于预防性的安全要求，这些安全要求是最优先考虑的是风险评估和风险管理。除了要遵守丹麦或瑞典饲料使用准则和动物保护准则外，Arla 农场质量保证计划还要求：饲喂奶牛的高质量的精饲料必须来自于国家认定的饲料供应商；刚施肥后的粗饲料不能立刻收割；每年对牛场的水源进行化验；为了避免传染病的发生，奶牛场不能进口其他的活家畜；购买的奶罐必须安装警报装置，并且能发出发散性的警报，能显示记录奶罐中的温度和清洗程序；每次挤奶后都要对挤奶设备进行清洗，奶罐排空后必须清洗；奶罐必须放置在干净的地方，并且要与奶牛进出牛棚的通道分开；为了避免传染，如果一个参观者在参观了其他国家的牛场后要参观丹麦、瑞典牛场必须有 48 h 的间隔；原料奶必须持续不断的进行体细胞数、细菌数、抗生素和其他可以观察的指标的分析。

计划对原料奶的口感、气味以及原料质量进行检测。Arla 农场质量保证计划要求不要饲喂奶牛那些会造成原料奶的口感、气味以及原料奶质量发生不良变化的饲料。

计划对动物福利和环境有严格的要求。提供给 Arla 食品的原料奶必须来自注重自然环境和保护动物福利的牛场。为了保护自然环境，奶牛场应该建立一个基于植物营养的营养素平衡，而且，杀虫剂是不主张使用的，除非田间的杂草、病害和真菌的危害已经难以控制。

Arla 食品为使该计划能顺利实施，在丹麦和瑞典有大约 60 个资深的顾问在帮助两国的奶农理解并配合项目的进行。他们计划访问 11 000 个牛场，访问的目的是通过计划的实施过程评估奶农满足计划要求指标的程度，并且帮助奶农如何改正不足。通过专家的访问，评估这些牛场是“合格”还是“合格但需要整改”。整改措施会在下一次的访问中得到落实。如果一个牛场没有合格，食品安全和动物福利做得不好，那么该牛场的牛奶就要被暂时拒收。到 2006 年，所有的奶牛场都要被访问到。

3.4　原料奶计价体系

在丹麦，所有的奶牛场都遵守欧盟的规定，牛奶价格的制定是乳品场和生产商之间的事。但是大部分的乳品场都是遵循丹麦乳业协会的建议。牛奶价格由以下因素决定：脂肪、蛋白质、细菌数、体细胞数、牛奶处理成本、牛奶收购成本、冰点、抑制剂、季节。具体计价情况如表 9 所示。

表 9　丹麦牛奶计价的决定因素

项目	评价等级
脂肪和蛋白质	生产商可以从每千克脂肪中得到 DKK25.54，从每千克蛋白质中得到 DKK34.47。
细菌	牛奶的细菌数每月都要检测一次。牛奶由检测结果划分成四个等级： 优等<30 000，加价； 等级 1<100 000；等级 2<300 000，降价； 等级 3>300 000，降价； 如果细菌数小于 30 000，那么每千克加价 0.05 DKK 如果牛奶被划分到第 2 或第 3 等级，每千克分别要扣除 0.05 和 0.15 DKK。
体细胞	体细胞的测试为每月一次。等级划分如下： 优等<300 000，加价； 等级 1<400 000；等级 2<750 000，降价； 等级 3>750 000，降价； 如果体细胞数不到 300 000，每千克可以增加 0.04 DKK。 如果牛奶被划分到第 2 或第 3 等级，每千克分别要扣除 0.05 和 0.15 DKK。
牛奶处理成本	考虑到牛奶处理成本，每 100 千克牛奶的价格要扣除 DKK 6.00
牛奶收购成本	牛奶的收购和运输成本是从生产商应得的报酬中扣除。相比较而言，小配送商的成本要比大配送商的成本高。为了使之公平化，丹麦乳业协会建议为每个配送商提供一个固定价格，而根据运送的量提供一个可变价格。乳品场根据以下 2 个标准实行： (1)每次收购的固定价格为 DKK 15.00； (2)可变价格根据运送的量定为每 100 千克 6.00 DKK。
冰点	冰点测试为一年 4 次

续表

项目	评价等级
抑制剂	每月测试一次。如果测试发现有抗生素或其他残留，那么牛奶价格将被扣除，并且 4 周之内必须再次进行测试。
季节	为了鼓励牛奶生产的季节均等化，提供了以下不同季节的牛奶价格(根据每个供应商的基本价格计算出的百分比)： 4—6 月份为－13%； 7 月份为 0%； 8 月份为＋15%； 9—12 月份为＋10%； 12—3 月份为 0%。
生产商得到的牛奶价格	1997 年丹麦的生产商平均可以得到 35.67 美元，而欧盟的平均水平是 35.10 美元。

DKK(Dany Kind Ofish Krone)：丹麦克朗。

丹麦奶业发展成功的原因之一就在于其有一套科学、合理、完善的牛奶按质计价体系。乳品公司收购农场主的原奶，有一套完整的办法，充分体现了按质论价的市场经济法则。每批次的原奶均由一个独立的实验室第一天取样，第二天出结果进行抽样检查，按照最初确定的标准奶价格，再根据蛋白和脂肪含量以及细菌数和体细胞数，加上季节差价算出原奶的价格。由于指标设立科学、合理，权数又充分体现了加工企业和消费者对原奶的要求，又有第三方的检查、化验，照顾到了各方的利益，保证了奶业的持续、稳定发展。著名的 Stain 实验室便是这样一个独立于其他单位的综合性实验室，其拥有先进的设备和技术，严格的管理制度，以保证原料奶的质量检测和奶牛生产奶制品质量检测结果准确、公正。鲜牛奶的检测项目包括细菌、体细胞、抗菌素、冰点，并需检测杂质、游离脂肪酸、产气芽孢杆菌、耐热菌、嗜挣苗、芽孢杆菌。然后进行综合评定，如各项指标均为 1 级，则综合评定为 1 级；若有一项为 2 级，则综合评定为 2 级；以此类推。计价时以乳脂、乳蛋白、其他乳固体等 3 项指标为依据，分别计价，再综合评定，以 1 级奶为基准，分别加减奶价。若所交牛奶连续多次均为 3 级奶，则按延续时间加大减价数额，连续 4 周均为 3 级奶，奶价只相当于 1 级奶的 50%。

丹麦的鲜牛奶定价体系以微生物定级，可有效地控制牛奶中微生物数量；规定了脂肪、蛋白质和其他乳固体的单价，使得人为在牛奶中掺水起不到增加奶价的作用；检测体细胞，可及时发现隐性乳房炎，有利于提高牛奶质量，并可及早治疗乳房疾病；规定牛奶中不得含抗菌素，则有利于提高乳制品质量，保证消费者身体健康。

4 科技推广体系

4.1 主要研究与推广机构

丹麦不但奶产品的生产、消费处于世界领先水平，为奶业服务的相关行业发展也处于世界领先地位，主要表现在：

(1)有世界著名的奶产品生产设备厂家 APV 公司，其生产的奶产品设备，如酸奶、消毒奶的生产设备在世界范围内销售，在我国有多家公司应用其设备。APV 公司是此行业内世界几家主要的公司之一，为生产安全、卫生、优质的奶产品提供了良好的技术和设施保障。

(2)有世界闻名的奶产品生产检测仪器生产厂家——Foss 公司。产品有各类奶产品测定仪，生产的检测检验仪器，占世界同类产品总量的 80%以上，其产品 97%用于出口，享有很高的声望，为世界奶业发展提供了科学、合理的检测仪器。

(3)有世界知名的发酵菌种生产厂家——Hanson 公司。这家公司从事发酵菌种的研究已有 126 年的历史，产品有干酪凝乳剂、酸奶发酵剂等多种菌种，年营业净收入达到22.4亿丹麦克朗。该公司无论菌种的研究，还是产品应用，都处于世界领先地位。

(4)知名的、独立于其他单位的奶产品检测、检验实验室——Stain实验室。实验室拥有先进的技术设备和科学的管理方法，保证了每批次的产品均能够科学、公正地检测、检验。这样一批高科技的服务机构，形成了丹麦奶业快速发展和科技创新的坚强后盾。

丹麦1885年成立了奶牛产乳量测定协会。丹麦设全国养牛业委员会，下属有全国和地方育种委员会、牛乳记录委员会、人工授精委员会和种牛测定站，人工授精站等。通过良种登记、产乳测定、后裔测定等措施，对种牛进行选择.合格的发给证书，作为良种繁育，不合格的逐步淘汰，使牛群质量不断提高。此外，为了促进农民对乳牛改良的积极性，每年由政府或农民协会、育种协会举办优良种牛展览会。农民选送种牛在会上由专家鉴定进行评比，中选的给予物质和荣誉奖励。牛乳收购时，进行取样测定，以乳脂和蛋白质含量为依据，实行优质优价。

1912年，在合作制银行的创始人安德斯·尼尔森的积极支持下，成立了丹麦奶类联盟(丹麦乳品协会的前身)。现在，丹麦乳品协会(Danish dairy board)控制MD食品乳品企业、Klover乳品合作企业。这两大乳品公司占了原奶市场87%的份额，拥有11 350个牛奶生产商。

从农民协会的发展历程来看，先有作物农民协会，其次是牛农民协会，再次是财务农民协会。奶农协会发展史要早于奶类合作社。从起初筹集资金发展奶业生产到联合起来建立奶类合作企业，走过了漫长的历史路程。奶农协会的成员是个体奶农，它的宗旨是：①奶农自愿参加协会；②一人一票；③由奶农们每年选出董事会成员；④由董事会代表会议选举理事会；⑤由理事会确定咨询人员，签订合同，规定权利和义务；⑥会员按时交纳会费。作为奶农协会的成员基本上是奶农合作社的成员，即牛奶生产者加乳品加工厂组成了地区奶农合作化组织，牛奶加工厂又联合成为国家奶类合作组织，丹麦的奶类联盟的成立过程(由牛奶生产者成立的协会——协会内有很多乳品厂——乳品厂的人联合成立奶类联盟)便是如此。1972年之后，奶类合作社成立的人员发生了变化，不是一个个人走在了一起，而是一个个乳品厂走在了一起。即单个的乳品厂是奶类合作社的会员。但奶农协会、奶农合作社的精神和原则并没有变，而是越来越趋于完善。

目前，MD公司乳品公司总经理仍是奶农协会聘用的。这一切都是围绕“私营农民的框架结构”进行。现在丹麦的乳品业发展到了可以满足1 500万人对奶制品的消费，这意味着2/3的产品用于出口，使丹麦的乳业在国际市场上举足轻重。丹麦的乳品业未来的趋势是向更大更专业化的方向发展。这种专业化的生产也给小型乳品合作社带来了发展的机遇。

4.2 新科技运作模式

丹麦十分注重科研、培训和技术推广工作。科研方面有各类大学、研究所在搞基础性研究，国家和各类协会均有对奶类研究的赞助；各大乳品企业有自己的开发性研究，例如丹麦的MD公司每年都会开发出200多个新品种进行市场试验。

在丹麦，奶牛场现代化程度很高，很多先进的技术都能很快的应用于生产实践中。目前，丹麦奶牛场已启用装有传感器的视觉跟踪系统，CowDetect系统旨在监测奶牛行为的变化，以便更好地评估它们的健康及其带来的福利。通过监测奶牛的行为，农场主可以准确判断奶牛的哺乳期，从而最大限度地发挥其潜在的产奶量，预计每个农场主可获得的收入为每头奶牛315～355欧元。此外，农场主还可以利用此系统及时发现奶牛的疾病，如酮病，在这种疾病明显发作的前几天，奶牛的进食时间大大减少，该系统可让农场主及时采取相应行动。该系统给每个奶牛携带发射器，发射的信号由安装在牛棚上的传感器接收，然后传感器把信息传送到手持设备和个人电脑上。在挤奶上，实施自动挤奶系统(Automatic Milking System，AMS)来节省劳动力成本，提高奶牛产奶量。自动挤奶系统的挤奶频率高于传统的挤奶系统(Conventional Milking System，CMS)，冬季频率更高，从而提高了奶牛产奶量。

丹麦全国和地方的农业资讯中心约86个，帮助农场主推广、应用新技术，解决难题。丹麦的农业职业学校和各种农技培训中心在全国星罗棋布，农场主和合作社技术人员积极参与，不断进行技术和知识的更新。

5　促进奶业发展的主要政策

5.1　促进奶业生产政策

国家产业政策积极支持奶业发展，对发展奶业采取各种形式的优惠政策。这些优惠政策包括：政府投资、低息或无息贷款、对生产者进行价格补贴、实行最低保护价格、国家参与市场调控（奶品生产过剩时，政府收购储备或免费提供中小学生营养餐）、促进奶及奶制品加工业的发展以及乳制品的对外贸易等。

欧盟对牛奶实行配额制，丹麦于1984年成立了牛奶董事会，负责配额管理、额度交易以及奶业信息的收集、传递。乳品厂都是董事会的成员，董事会则是全国牛奶的买主，奶农通过它将牛奶出售给乳品厂。丹麦农场法规定，农场可买卖或租赁，因此牛奶配额也可以随之转让。经过多年的实践和研究，丹麦首创牛奶配额交换制，把牛奶配额改为有偿使用，按市场买卖交易切割价成交，其定价办法为：出让配额的奶农报出自己的最低卖出价，购买配额的人则报出自己的最高买入价，董事会以坐标曲线的方式划出双方的交汇点，这一价格就是所谓的交易切割价，双方以此价成交，首次定价为每千克牛奶2.28克郎，成交额达17.8万t。这一做法为欧盟首创，受到奶农欢迎。牛奶配额交换制在一定程度上促进了牛奶的生产。

5.2　促进奶业加工政策

在牛奶配额制之后，丹麦推行了配额的市场交易，董事会决定减少三分之一的牛奶配额直接转让交易（即通过农场买卖或租赁的方式转让），使配额进入市场，在一定程度上促进了丹麦的奶业加工。

此外，丹麦拥有世界一流的乳制品生产设备和技术。著名的乳品设备研制、设计和生产厂家APV公司、Niro公司，产品分布在世界各国；奶制品检测仪器方面，FOSS公司的检测仪名列前茅；发酵菌种研究生产方面著名的Hanson公司，生产的酸奶发酵剂、干酪凝乳剂被世界各大乳品企业应用。丹麦的乳品生产实现了全程的机械化和自动化，也为促进奶业加工做出了不可磨灭的贡献。

在新产品的研制和开发方面，丹麦于20世纪80年代末推出有机奶，由于宣传得力、政府支持、价位较低，因此发展很快，年产有机奶40万t，占总产量的9%。在液态乳制品中，有机奶占1/4，约10%的发酵乳制品及3%的干酪、奶油用有机奶生产。有机奶的生产为丹麦奶业加工注入了新的活力。

丹麦科学、合理的按质论价体系也是促进其奶业加工持续、稳定发展的又一保障。乳品公司收购农场主的原奶，有一套完整的办法，每批次的原料奶均由一个独立的实验室第一天取样，第二天出结果进行抽样检查，按照最初确定的标准奶价格，再根据蛋白和脂肪含量以及细菌数和体细胞数，加上季节差价算出原奶的价格。由于指标设立科学、合理，权数又充分体现了加工企业和消费者对原奶的要求，又有第三方的检查、化验，照顾到了各方的利益，保证了奶业的持续、稳定发展。

5.3　促进奶业贸易政策

总体上来说，丹麦属于采取自由贸易政策的国家。由于它是欧盟（EU）成员国及世界贸易组织（WTO）成员之一，在贸易管制方面与欧盟各其他成员国基本上采取相同的措施与步骤。丹麦对进口商品没有限制，但对原产远东地区的某些产品实行进口许可证制度，对包括乳产品在内的农产品，会征收较高的进口消费税或者要求事先领取配额、许可证等，但欧盟各国的平均关税一般为4%～5%，相对来说，还是比较低的。欧盟规定凡向欧盟以外出口奶制品，均享受补贴，额度随市场销售和价格的变化而变化，但总的趋势是逐年减少。丹麦是主要的奶制品出口国，所以在奶业贸易上自然享受欧盟相应的贸易政策。

丹麦立法规定，非丹麦居民也可在丹麦注册公司从事进出口业务，但只有丹麦籍居民的注册公司能享受关税、销售税、增值税支付相关的特殊信用条件。因此，多数外国公司都找一家丹麦公司作为合作伙伴。

此外，丹麦为企业创新提供财政支持，还通过税收优惠鼓励企业研发，用孵化器支持企业创业，加强创业教育，国际研发和科技发展合作。

5.4 促进奶业消费政策

丹麦人有良好的牛奶消费习惯。喝牛奶在丹麦已有很长的历史，而且经过多年的增长，近年来已趋于稳定。有了喝奶的习惯，就有了市场的需要，有了市场的需要，就有了潜在的利润，有了利润，生产厂家就会采用各种方法去满足需求，而政府也就会制定各类相关的政策满足人们的需求，这样的文化背景是丹麦奶业发达的根基，近来丹麦政府又推出了学生奶计划，但是收效甚微，因为喝奶已经成了居民的习惯，一些企业也不愿意将精力再投入到这些项目上。

近年来丹麦在乳制品消费发展的一个特点是由精简的乳制品到高端乳产品的消费。尽管过去低脂肪奶制品持续了很长时间，然而，2010 年高脂肪乳制品有了显著改善。2009—2010 年，液态奶的总消费量上升 2.1%，低脂牛奶的消费量下降了 1.9%，全脂牛奶的消费增长了 6.5%，像奶油和酸奶的消费分别上升了 6.5%和 4%，酸奶酪的消费量增加了 2%。虽然酸奶消费量下降了 7.8%。然而黄油的消费达到了 8.3%。奶酪的消费量相对恒定，在 2010 年的发展大致保持不变。

丹麦没有送奶上门服务业务。所有销售的乳制品都是通过商场或超市出售。各个乳品厂都有自己的冷藏运输车辆和分销渠道，将自己生产的乳品分送至各个食品销售商店。丹麦大部分的食品店是连锁店形式，且多集中在居民区，极大地方便了消费者，也提高了销售量，同时方便了食品的运送。

6 值得借鉴的主要经验

6.1 经营模式方面的经验

6.1.1 丹麦奶业合作组织

奶农在自愿的基础上组成各种形式的合作社，按合作社的规章实行统一经营、统一核算、利润分成。奶农参加各种合作组织，获得财政信贷、畜牧配种、饲养管理、物资供应等各方面的优质服务和产品质量、市场销售等信息。合作联社一般都建有乳品加工厂，从乳品加工的利润中，提留 1/3 用于扩大再生产，其余 2/3 返还给生产者，一部分作为奶农股份和交售奶量的红利，另一部分用于补贴各种免费和优惠的社会化服务。

合作社的职能是代表牧场主向政府反映意见，帮助政府制订奶业方面的有关政策和行业规范并负责组织实施，负责协调牧场主与加工企业的关系，预测市场前景，指导牧场生产经营，参与奶业科研开发。在生产、加工、销售各个环节中的有关技术服务与培训均由各专业化协会或相关的社会化服务组织按要求提供有偿服务。

奶农合作社的灵活运行机制，体现了奶农的根本意愿，实行自主决策，自主经营，产加销一体化，利润共享，保护了奶业的发展。

6.1.2 丹麦奶业经营模式

丹麦奶业经营模式多是以牧场主持有股份组成的乳品加工企业为主的生产、加工、销售为一体的产业化经营模式。这一模式的显著特点是以经济利益为纽带把生产鲜奶的牧场主与乳品加工企业紧紧地联在一起，形成了一个比较牢固的“利益均沾、风险共担”共生、共济、共荣的利益共同体。

丹麦农牧业取得的成就关键在于合作。20 世纪以来，特别是现在，几乎所有的农牧场主都是一个或几个合作组织的成员。同时，在他们自己的技术—经济组织里共同合作。丹麦总产值 75%以上的牛奶是通过合作组织加工上市的。农业器械补给的一半是通过自己的合作组织采购来完成。合作运动的中心目标之一是取消那些不必要的和昂贵的中间商。这不仅使用户同时也使农场主获益。

6.2 科技创新方面的经验

丹麦乳业的发展离不开完善的科研和教育体系。建立和完善农业科技创新体系，是丹麦农业高度发达的成功经验之一，建设和完善农业科技创新体系是一项系统工程，丹麦农业科技创新体系的构成和主体都有自己鲜明的特点。科研方面有各类大学、研究所在搞基础性研究，国家和各类协会均有对此类研究的赞助；拥有高水平的科技人员和现代化科研设备的国家乳品研究所承担开发新产品、研究新工艺、新设备任务，经费由国家给予部分资助；各大乳品企业也有自己的开发性研究。

丹麦从事奶业的农民具有很高的科技素质与丹麦政府和丹麦的农场主组织都十分重视职业教育密不可分。所有从事奶业的人员都要求先进行培训，从农场主到雇工，从乳品加工企业的工人到技术人员，均要在专业学校进行至少 1～2 年的培训，熟练的工人则需经过 3～5 年的业务学习，至少在 2 个有资质的工厂进行实习，考取资格证书后才能成为正式的技术人员，工程师则必须在完成 12 年中学教育的毕业生中招收，入学前先在指定的乳品厂或 Dalum 学校实习，然后才能进入农业大学或技术大学学习，学制 5 年，毕业后获乳品工程师的职称，有资格担任高级管理人员。

在丹麦，为了提高乳品质量，丹麦政府采取了乳业培训计划。这个计划是由丹麦乳品局向成立不久的乳品行业的雇员提供机会。培训是在除丹麦以外的国家，为期 3～12 个月。培训期间，旨在提供除丹麦国家以外的乳制品企业的奶业产品，个人的发展经验和洞察力以及提高语言技能的经验。

6.3 产业政策方面的经验

丹麦政府在欧盟共同农业政策的大环境下，以保护和支持农业为政策取向，根据农业发展的不同阶段和变化，通过立法、经济和行政手段，采取不同的调控措施，政府宏观调控有力有效。

丹麦政府部门和民间组织在农业科技创新体系中发挥着不同的功能和作用，政府的主要职能是支持农业科学研究，其主要原因是丹麦的农业社会化体系比较完善，需要政府参与的事情很少，政府主要集中力量解决科研经费投入、科研计划协调、农民素质提高、农业环境保护等问题。而丹麦农业科研经费的主要来源就是政府的拨款。

丹麦的乳品联合会是一个农民自我管理，在法律范围内行使乳品产业政策、产业发展、产品贸易、产业服务的综合性的权威性的自治组织。丹麦乳品联合会直接代表奶农与政府、议会对话，并同欧盟及世贸组织有政治联系，负责分配牛奶配额，制定产品法规，进行统计，提供各种信息，支持研究与开发，并有牛奶质量监测中心实验室，有自己的偿付体系咨询服务机构，它同所有奶牛场、乳制品企业都有关系。

6.4 其他方面的经验

6.4.1 给予奶业政策和投资优惠的同时注重科研、教育和技术推广工作

丹麦奶业发展的成功，让我们看到，除了要在政策、投资上给予奶业一定的优惠，为奶业发展创造一个良好的外部环境之外，注重奶业从业人员的科研、教育和技术推广工作也是奶业繁荣良性发展必不可少的。纵观现在中国奶业发展中，奶业从业人员技术水平、知识层次相对较低，重大食品质量安全问题时有发生，借鉴丹麦的经验，可以从以下几方面做些工作：政府要支持和引导奶农和乳品加工厂实行产业化经营，形成

多种形式的利益共同体，既减免市场风险和资源浪费，又利润共享，风险共担；加大投资力度，加快奶业各个环节如奶牛育种、奶牛场、加工企业的发展；此外，可以建立一个独立的第三方检验、检测机构，保证对每批次的原料奶及奶产品进行公正的质量评定；提高我国奶业的整体生产水平，对于涉奶行业的农民、工人要进行管理和技术方面的培训，同时加大技术推广力度，促进奶业不断进步和产品质量的不断提高。

6.4.2　坚持以发展生态畜牧业为前提，积极探索奶牛健康养殖模式，关注奶牛福利

丹麦奶业的发展实现了对环境的有效保护，其立法规定农场养畜量与土地可吸纳牲畜的肥料的量成规定比例，且对牛粪的储存条件和时间均有详细要求，丹麦很多奶牛场都坐落在一片片草地与树林之中，如同花园一般。丹麦奶业发展的成功还在于他们是在保障奶牛健康和牛奶品质的前提下尽可能提高奶牛平均单产，而不是单纯追求规模化和机械化程度的提高。

在我国奶牛养殖业快速发展的过程中，存在没有科学合理规划的现象。多数牛场建立没有考虑周边地区土地的粪污消纳能力，加之粪污处理设施的不到位，致使奶牛场成为主要的污染源之一。要实现奶业的生态可持续发展，我国的奶牛养殖业需要借鉴丹麦实行的农牧结合的循环经济之路，科学规划奶牛养殖场的布局，使其与周边农田的承载消纳能力相匹配；继续推广“沼气——发酵——还田”的工艺，减少牛粪露天堆放和直接肥田带来的环境污染；奶业优势区域的规划要按照全国环境保护总体规划、结合本地区的实际，遵循经济效益、社会效益和生态效益相统一、当前利益与长远利益均兼顾的原则；加强奶牛养殖相关自动化设备的研发与应用，提高效率降低能耗的同时提升奶牛福利；注重奶牛养殖中“奶牛——人——设备”三者的平衡关系，追求经济效益的同时，注意养殖方式的转变，关注动物的舒适、健康和产品安全。

6.4.3　建立健全奶牛合作组织和社会化服务体系，提高奶业一体化发展程度

丹麦奶业获得巨大成功除了应当归功于其完善的合作社体系外，其健全的社会化服务体系也功不可没。奶牛养殖是一项技术密集型和资金密集型的行业，需要从优质牧草的种植、加工，青贮的制作，饲料贮备、配制，发情配种，产犊，饲养管理，挤奶，牛奶加工和销售等方面获得技术和资金支持，需要为奶农提供产前、产中和产后的技术服务。建立健全从配种、饲料、防疫、治病到集中收奶等一整套技术服务体系和生产资料供应以及产品流通领域的社会化服务体系，不仅有利于促进奶业生产持续稳定发展，为奶牛规模化、集约化生产所欢迎，也是稳定发展农户分散饲养奶牛的必要条件。奶业产加销任何环节的不协调都会影响鲜奶及其制品的质量，所以建立健全奶业的社会化服务体系，整合和协调好奶业产业链，减少或消除产加销各方利益冲突可以提高整个奶业行业的生产效率和效益，提高其市场竞争力。

参考文献

[1]丹麦乳制品产业概况[EB/OL]. http://www.firsttravel.cn/ma/denmark/denmark-economics023.htm,2012.09.18

[2]荷斯坦. 国际奶业——丹麦[EB/OL]. http://www.hesitan.com/gjny_dm/0/0.chtml,2012.0918

[3]世界粮农组织网站 http://faostat.fao.org/

[4]孙宪如，李清波，何永膑. 赴丹麦参加北欧农业技术会议见闻. 中国奶牛，2005(05):52-54

[5]熊本海. 奶牛精细饲养与信息技术研究进展. 2006 畜禽饲料配方设计高新技术论坛暨中国饲料科技数据共享平台建设交流会，2006，159-170

[6]STATISTICS DENMARK——StatBankDenmark——Agriculture and fishery[EB/OL]
http://www.statbank.dk/statbank5a/default.asp? w=1366,2012.09.20

[7]世界粮农组织网站. 全球畜牧生产及卫生地图集(GLiPHA)[EB/OL]. http://kids.fao.org/glipha/,2012.09.21

[8]三农直通车. 最早获得成功的合作社[EB/OL]. http://www. gdcct. gov. cn/politics/feature/danmainy/cgliqi/201208/t20120831_716947. html#text,2012. 08. 31

[9]赵卓,陆俊飞,于冷. 丹麦阿拉·福兹乳品公司的原奶供应模式、质量保证计划及其启示. 中国畜牧杂志,2008,44(22):45-48

[10]佚名. 丹麦乳业概况. 农业技术与装备,2009(2):58

[11]侯金章. 丹麦奶业发展概况. 中国奶牛,2000(3):48-51

[12]荷斯坦. 丹麦开征脂肪税对乳制品产生重大影响[EB/OL]. http://www. hesitan. com/nnyw_gjny/2011-10-26/39008. chtml,2011. 10. 26

[13]The World Dairy Situation 2010. Bulletin of the International Dairy Federation

[14]丹麦的奶牛育种[EB/OL]. http://www. eedu. com. cn/News/danmailiuxue/ HTML/danmaide-nainiuyuzhong. html

[15]道良佐,克里木·沙来. 丹麦的奶牛合作育种. 草食家畜,1985(1):44-48

[16]唐万寿. 丹麦的奶牛及其育种工作概况. 中国牛业科学,1989(1):83-87

[17]唐万寿. 丹麦的奶牛及其育种工作概况(续). 黄牛杂志,1989(2):70-73

[18]从一次学术研讨会看世界奶牛育种目标的变化[EB/OL]. http://www. dayc. cn/info/detail/111-1366. html,2010. 04. 22

[19]韩凤启,乔绿(译),张沅(校). 丹麦实施 MOET 奶牛育种方案的体会. 中国奶牛,1994(5):33-35

[20]王希朝,王光亚. MOET 技术在家畜育种中的应用. 西北农业大学学报,2000,28(1):92-97

[21]Gert Pedersen Aamand. Data Collection and Genetic Evaluation of Health Traits in the Nordic Countries. British Cattle Conference,2006

[22]赵永聚,李尧峰,郭刚,等. 丹麦动物遗传育种研究热点. 中国畜牧杂志,2011,47(4):54-65

[23]张军民. 欧洲奶牛育种考察报告. 中国乳业,2009(7):76-78

[24]孙宪如,李清波,何永賨. 浅谈奶牛养殖业可持续发展之路——参加 AGROMEK(畜牧养殖技术和设备)2005 有感[A]. // 2005 年中国奶业协会年会论文集[C]. 2005,128～130

[25]李恩普,王静,王瑞国,等. 丹麦饲料质量安全管理的几点启示. 中国饲料,2011,(22):43-44

[26]S. Østergaard, Y. T. Grohn. Concentrate feeding, dry-matter intake, and metabolic disorders in Danish dairy cows[J]. Livestock Production Science,2000,65(1-2):107-118

[27]M. K. Larsen, L. Hymøller, D. B. Brask-Pedersen, et al. Milk fatty acid composition and production performance of Danish Holstein and Danish Jersey cows fed different amounts of linseed and rapeseed[J]. Journal of Dairy Science,2012,95(7):3569-3578

[28]L. Hymøller, S. K. Jensen. Stability in the rumen and effect on plasma status of single oral doses of vitamin D and vitamin E in high-yielding dairy cows [J]. Journal of Dairy Science, 2010, 93 (12): 5748-5757

[29]D. Michael Pugh. The EU precautionary bans of animal feed additive antibiotics[J]. Toxicology Letters,2002,128(1-3):35-44

[30]G. Flachowsky, W. I. Ochrimenko, M. Schneider, et al. Evaluation of straw treatment with ammonia sources on growing bulls[J]. Animal Feed Science and Technology,1996,60(1-2):117-130

[31]K Saro, Paul C Barlett, Lis Alban, et al. Managerial and environmental determinants of clinical mastitis in Danish dairy herds[J]. Acta Vet Scand. 2008;50(1):4

[32]JBruum, AK Ersboll, TW Bennedsgaard. Antibiotic Consumption in Danish Dairy Cows-Is there a "Standard" Treatment for Mastitis? [J]. Acta Veterinaria Scandinavica,2003,44(suppl 1):7

[33]B Heringstad. Gunnar Klemetsdal, John Ruane. Selection for mastitis resistance in dairy cattle: a review with focus on the situation in the Nordic countries[J]. livestock Production Science,2000,64(2-

3):95－106

[34]Enemark,JMD,Jorgensen,RJ. Subclinical rumen acidosis as a cause of reduced appetite in newly calved dairy cows inDenmark:results of a poll among Danish dairy practitioners. [J]. The veterinary quarterly,23(4):206－210

[35]Goff JP,Horst RL:Oral administration of calcium salts for treatment of hypocalcemia in cattle [J]. J. Dairy Sci. 1993,76,101－108

[36]Queen WG,Miller GY,Masterson MA:Effects of oral administration of a calcium-acontaining gel on serum calcium concentration in postparturient dairy cows[J]. JAVMA 1993,202,607－609

[37]Jönsson G,Pehrson B:Trials with prophylactic treatment of parturient paresis[J]. The Vet. Rec. 1970,87,575－583

[38]Simesen MG,Hyldgaard-Jensen C. Klvningsfeber profylakse med CaCl2-gel. (Prophylache treatment of partunent paresis with calcium chloride gel)[J]. Nord. Vet. -Med. 1971,23,35－43

[39] Pehrson B, Jonsson M, Jönsson G: Försög att förebygga kalvningsförlamning genom peroral tillförsel av indkapslade Ca-salter. (An attempt to prevent milk fever by oral application of encapsulated calcium salts)[J]. Svensk Veterinärtidning. 1989,41,923－926

[40]Horst RL,Goff J,Reinhardt TA,Buxton DR:Strategies for preventing milk fever in dairy cattle [J]. J. Dairy Sci. 1997,80,1269－1280

[41]Littledike ET,Horst RL. Vitamin D3 toxicity in dairy cows[J]. J. Dairy Sci. 1982,65,749－759

[42]Greig WA. Hypervitaminosis D in cattle Proceedings,XVIIth World Vet. Congress. 1963,233

[43]Seekles L,Wilson JHG. Is the use of massive doses of vitamin D(Duphafral 1. 000)dangerous? [J]. The Veterinary Record. 1964,76,486－487

[44]Payne JM,Manston R. The safety of massive doses of vitamin D_3 in the prevention of milk fever [J]. The Veterinary Record. 1967,79,214－216

[45]Radostits OM,Gay CC,Blood DC,et al. A textbook of the diseases of cattle,sheep,pigs,goats and horses[J]. Veterinary Medicine. 2000. 9th edition. W. B. Saunders Co. Ltd

[46]Hove K,Kristiansen T:Oral 1,25-dihydroxyvitamin D_3 in prevention of milk fever[J]. Acta Vet. Scand. ,1984,25,510－525

[47]Goff JP,Horst RL,Beitz DC,Littledike ET:Use of 24-F-1,25-dihydroxyvitamin D_3 to prevent parturient paresis in dairy cows. J. Dairy Sci. 1988,71,1211－1219

[48]克拉德森(P. H. Knudsen)著;黄洪涛译. 丹麦的农业[M]. 北京市:农业出版社,1982,86～89

[50]J. B. Holm-Nielsen,T. Al Seadi,P. Oleskowicz-Popiel. The future of anaerobic digestion and biogas utilization[J]. Bioresource Technology,2009:5478－5484

[51]Danish Agriculture & Food Council. Environment—Analyses on environment,nature and energy [EB/OL]. http://www. agricultureandfood. dk/Prices_Statistics/Environment. aspx #. T-Q7zsx ZZqV, 2012. 09. 23

[52]K. Hjort-Gregersen. Danish experience with AD plants and future direction

[53]Kurt Hjort-Gregersen,M. sc. Biogas from Animal Waste and Organic Industrial Waste

[54]李保明,施正香,G Zhan,等. 丹麦舍饲散养自然通风奶牛舍的空气环境分析. 农业工程学报,2004, 20(5):231－236

[55]丹麦牛奶按质论价标准. 中国乳业,2004(5):22

[56]National Certificate:Milk and Cream Handling and Storing[DB/OL]. http://www. saqa. org. za/show. asp? id＝2403,2012

[57]瑞典丹麦的"牛奶经"[DB/OL]. http://www. 116. com. cn/files/424312. shtml,2011

[58]孟宪政.丹麦牛奶质量的检测.甘肃农业,1999(5):31-33

[59]F. W. Oudshoorna, T. Kristensena, Zijppb, et al. Sustainability evaluation of automatic and conventional milking systems on organic dairy farms inDenmark[J]. NJAS-Wageningen Journal of Life Sciences,2012,(59):25-33

[60]陆东林,张毓明,程春萍.丹麦的乳业.草食家畜,2002(1):10-12

[61]宋日,刘利,吴春胜.丹麦农业的成功经验及启示.世界农业,2008(6):59-62

[62]殷成文.丹麦的奶业合作社.中国牧业通讯,1999(4):34-35

[63]林若扬.丹麦农业科技创新体系的特点及启示.生产力研究,2004(12):143-144,223

[64]程广燕,安小宁.世界奶业发展的特点与经验.世界农业,2002(10):56-58

[65]孟宪政.赴丹麦奶业合作组织培训考察报告.甘肃农业,1999(1):22-24

[66]Forbrug Og Eksport[DB/OL]. http://www. lf. dk//media/lf/Tal%20og%20analyser/Aarsstantistikker/Fakta%20om%20Erhvervet/2011/Forbrug%20og%20eksport. ashx,2011

[67]Figures on Danish Cattle,DANISH CATTLE FEDERATION. 2009

[68]欧盟统计网站 http://epp. eurostat. ec. europa. eu/portal/page/portal/eurostat/home/

执笔 河南农业大学:高腾云 王笑笑 廉红霞 李改英

附 表

附表1 奶牛和奶水牛头数、单产水平和总产奶量(1961—2011)

年份	奶牛头数(千头)	平均单产(kg/头)	总产奶量(万 t)	年份	奶水牛头数(千头)	平均单产(kg/头)	总产奶量(万 t)
1961	1 493.000	3 699.90	552.40	1991	747.000	6 211.50	464.00
1962	1 463.000	3 660.30	535.50	1992	708.000	6 221.30	440.47
1963	1 415.000	3 594.30	508.60	1993	711.000	6 273.40	446.04
1964	1 374.000	3 808.60	523.30	1994	700.000	6 346.00	444.22
1965	1 360.000	3 946.30	536.70	1995	702.473	6 656.50	467.60
1966	1 356.000	3 912.60	530.55	1996	701.000	6 697.90	469.52
1967	1 340.000	3 875.50	519.32	1997	694.000	6 674.10	463.18
1968	1 304.000	3 932.30	512.77	1998	669.000	6 977.00	466.76
1969	1 250.000	3 897.80	487.22	1999	640.000	7 273.80	465.52
1970	1 077.000	4 159.70	448.00	2000	636.000	7 421.10	471.98
1971	1 041.000	4 233.40	440.70	2001	623.358	7 304.00	455.30
1972	1 067.000	4 344.40	463.55	2002	628.000	7 308.90	459.00
1973	1 091.000	4 334.90	472.94	2003	613.000	7 626.40	467.50
1974	1 096.000	4 395.90	481.79	2004	589.000	7 757.20	456.90
1975	1 095.000	4 491.70	491.84	2005	564.265	8 123.80	458.40
1976	1 105.000	4 565.60	504.50	2006	550.279	8 408.50	462.70
1977	1 099.000	4 675.60	513.85	2007	545.424	8 525.50	465.00
1978	1 091.000	4 879.70	532.37	2008	557.978	8 459.10	472.00
1979	1 071.000	4 878.80	522.52	2009	563.128	8 548.70	481.40
1980	1 039.000	4 924.90	511.70	2010	568.202	8 640.20	490.94
1981	1 016.000	4957.70	503.70	2011	565.108	8 636.40	488.05
1982	999.000	5 222.20	521.70				

续表

年份	奶牛头数(千头)	平均单产(kg/头)	总产奶量(万 t)	年份	奶水牛头数(千头)	平均单产(kg/头)	总产奶量(万 t)
1983	1 003.000	5 410.80	542.70				
1984	951.000	5 503.70	523.40				
1985	897.000	5 684.10	509.86				
1986	870.000	5 874.30	511.06				
1987	817.000	5 948.10	485.96				
1988	776.000	6 107.20	473.92				
1989	763.000	6 221.90	474.73				
1990	759.000	6 247.60	474.19				

资料来源:FAOSTAT。

附表 2 主要乳制品产量(1961—2011) t

年份	液态奶	奶油	奶酪	炼乳	全脂奶粉	脱脂奶粉和干乳酪	黄油
1961	578 299	39 000	122 100	40 000	24 395	6 107	171 300
1962	563 632	40 000	114 000	47 000	24 489	7 447	166 800
1963	594 521	39 000	121 000	41 000	25 330	9 753	149 300
1964	584 292	40 000	124 100	40 000	29 000	11 000	155 700
1965	630 867	39 000	114 200	36 000	25 284	17 025	166 300
1966	591 515	41 000	125 042	33 193	27 000	23 200	159 800
1967	578 770	42 000	123 487	31 600	36 500	27 100	153 700
1968	546 119	44 000	105 519	30 400	47 700	21 300	159 500
1969	497 380	46 000	108 777	26 600	49 800	15 800	144 300
1970	425 367	46 000	110 906	24 800	38 100	18 900	131 200
1971	426 973	46 000	119 882	24 100	44 200	24 300	123 500
1972	419 539	48 000	130 614	21 700	38 800	47 600	135 900
1973	353 467	39 000	127 450	23 100	37 600	52 000	146 400
1974	356 908	40 000	149 706	20 200	45 000	52 900	137 400
1975	445 043	38 000	152 179	14 900	46 000	69 000	138 700
1976	532 929	40 800	156 900	20 500	56 800	63 400	139 300
1977	519 953	38 000	177 300	14 200	71 800	53 200	131 000
1978	524 031	41 600	182 500	14 600	79 400	64 200	140 300
1979	569 168	43 900	188 800	16 000	76 800	51 900	130 544
1980	536 474	46 000	221 000	15 100	86 300	36 100	113 300
1981	424 350	46 200	242 600	13 100	85 200	31 700	108 500
1982	450 163	48 100	245 200	11 400	79 800	44 600	1204600
1983	420 035	39 400	251 400	10 300	77 500	56 000	131 100
1984	323 341	41 400	295 100	6 300	99 200	15 900	104 400
1985	627 152	42 900	255 500	8 200	94 500	25 200	109 700
1986	493 795	45 000	254 000	8 700	94 200	30 900	112 000
1987	526 753	46 200	272 300	12 200	96 700	18 200	96 200
1988	522 196	48 300	259 600	12 800	96 700	7 400	93 800
1989	353 107	47 900	276 700	8 700	102 300	12 500	92 300
1990	315 346	58 200	295 000	10 200	87 300	40 700	93 300
1991	310 646	61 400	286 700	13 300	108 500	17 000	70 500
1992	184 804	60 400	291 400	11 000	103 400	13 000	62 200
1993	214 494	50 900	323 300	13 100	103 400	20 100	59 400

续表

年份	液态奶	奶油	奶酪	炼乳	全脂奶粉	脱脂奶粉和干乳酪	黄油
1994	255 667	52 000	288 100	13 800	113 900	20 500	59 300
1995	428 131	50 000	311 200	12 600	109 300	18 500	54 400
1996	378 082	50 700	299 200	9 100	102 800	27 700	56 600
1997	308 664	50 000	290 600	9 210	103 800	22 900	50 400
1998	318 435	51 000	291 900	5 700	106 600	22 000	48 700
1999	333 561	58 000	290 000	9 300	98 200	35 300	47 900
2000	358 248	58 000	305 800	9 000	97 400	38 000	45 800
2001	207 387	59 000	317 700	9 000	87 900	40 000	46 600
2002	193 165	62 000	320 400	9 000	80 600	42 400	49 200
2003	78 551	65 000	326 400	9 000	82 100	43 800	53 000
2004	165 638	62 500	335 500	9 000	87 100	17 500	46 700
2005	176 255	62 700	355 100	9 000	93 500	14 800	44 400
2006	193 983	56 200	335 100	9 000	91 300	27 000	37 600
2007	200 169	68 300	345 900	4 000	92 600	19 100	36 100
2008	213 444	57 000	331 600	4 000	95 000	17 700	37 900
2009	197 545	60 900	320 900	4 000	111 000	20 100	37 000
2010	237 500	66 100	292 200	4 000	118 800	27 500	34 200
2011	241 400	66 820	274 800	—	11 4400	35 300	37 200

注:2011 年数据来自 DKstat,为缺失值。
资料来源:FAO,DKstat。

附表 3 丹麦主要乳制品消费情况(1990—2011)

	年份	1990	1991	1992	1993	1994	1995	1996	1997	1998	1999	2000
消费总量(千 t)	牛奶总量	545.4	538.6	536.8	517.1	526.7	512.9	534.2	526.3	535.4	543.3	542
	全脂牛奶	156	151.4	150.2	145.7	147.5	138.2	139.9	132.1	131.9	126	116.3
	部分脱脂牛奶	289	290.6	292.1	284.5	288.2	287.2	298.4	290.5	289.8	290.8	286.8
	脱脂奶	64.8	63.5	61.2	58	58.9	59.9	68.7	75.9	89.3	102.1	116
	酪乳	35.6	33.1	33.3	28.9	32.1	27.5	27.3	27.8	24.5	24.4	22.8
	奶油	47.3	47.6	48.6	52.1	52.2	50	50.7	50.5	50.4	50.7	49.6
	鲜奶油	8.9	9	9.2	9.8	10	9.6	9.7	10.1	9.8	11.1	10.8
	有机牛奶	—	—	—	—	—	—	—	—	—	127	130.5
	黄油	29.8	20.8	15.5	13.4	12.2	10.8	10.6	9.7	9.8	8.8	8.7
	奶酪	75.4	79.2	79.9	92.6	91.4	88.3	88.7	86.8	86.8	98.1	111.5
人均消费量(kg)	牛奶总量	106.2	104.5	103.8	99.6	101.2	98.1	101.5	99.6	101	102.1	101.5
	全脂牛奶	30.4	29.4	29.1	28.1	28.3	26.4	26.6	25	24.9	23.7	21.8
	部分脱脂牛奶	56.3	56.4	56.5	54.8	55.4	54.9	56.7	55	54.7	54.7	53.7
	脱脂奶	12.6	12.3	11.8	11.2	11.3	11.5	13	14.4	16.8	19.2	21.7
	酪乳	6.9	6.4	6.4	5.6	6.2	5.3	5.2	5.3	4.6	4.6	4.3
	奶油	9.2	9.2	9.4	10	10	9.6	9.6	9.6	9.5	9.5	9.3
	鲜奶油	1.7	1.7	1.8	1.9	1.9	1.8	1.8	1.9	1.8	2.1	2
	有机牛奶	—	—	—	—	—	—	—	—	—	23.9	24.5
	黄油	5.8	4	3	2.6	2.3	2.1	2	1.8	1.8	1.7	1.6
	奶酪	14.7	15.4	15.5	17.8	17.6	16.9	16.9	16.4	16.4	18.5	20. 9

续表

	年份	2001	2002	2003	2004	2005	2006	2007	2008	2009	2010	2011
消费总量（千 t）	牛奶总量	541.7	532.1	526.2	524.8	494	497	507.9	517.1	510.9	524.1	515.1
	全脂牛奶	104.1	89.3	83.4	81	64.7	62.8	64.1	61.6	59.2	63	64.5
	部分脱脂牛奶	251	219.4	208.4	193.9	172.6	163.4	165.3	158.9	149.2	147	133.2
	脱脂奶	164.2	201.5	214	231.2	238.4	251.5	260.1	276.9	284.6	297.5	301.5
	酪乳	22.3	21.8	20.5	18.6	18.4	19.3	18.4	19.8	17.8	16.5	15.9
	奶油	51.9	55	53.6	52.1	48.7	46.5	50.9	47.8	52	56.2	57.9
	鲜奶油	10.8	11.7	12	10.7	10.1	10.9	12.9	14.1	13.8	14.2	14.3
	有机牛奶	150.9	143.9	138.1	137.2	143.8	147.8	165.7	182.1	172	181.5	185.5
	黄油	8.7	9	9	9.7	10.5	9.4	9.9	10.2	10.3	10.9	—
	奶酪	116.2	125.6	132	131.9	—	—	—	—	—	—	—
人均消费量（kg）	牛奶总量	101.1	99	97.7	97.2	91.2	91.4	93.1	94.2	92.6	94.5	92.5
	全脂牛奶	19.4	16.6	15.5	15	12	11.6	11.8	11.2	10.7	11.4	11.6
	部分脱脂牛奶	46.9	40.8	38.7	35.9	31.9	30.1	30.3	28.9	27	26.5	23.9
	脱脂奶	30.7	37.5	39.7	42.8	44	46.3	47.7	50.4	51.6	53.7	54.2
	酪乳	4.2	4.1	3.8	3.4	3.4	3.6	3.4	3.6	3.2	3	2.9
	奶油	9.7	10.2	9.9	9.7	9	8.6	9.3	8.7	9.4	10.1	10.4
	鲜奶油	2	2.2	2.2	2	1.9	2	2.4	2.6	2.5	2.6	2.6
	有机牛奶	28.2	26.8	25.6	25.4	26.6	27.2	30.4	33.2	31.2	32.7	33.3
	黄油	1.6	1.7	1.7	1.8	1.9	1.7	1.8	1.9	1.9	2	—
	奶酪	21.7	23.4	24.5	24.4	—	—	—	—	—	—	—

资料来源：StatBank Denmark。

附表 4 主要乳制品进出口贸易量(1961—2011)

t

年份	进口数量						出口数量					
	鲜奶油	奶酪	鲜奶	全脂奶粉	脱脂奶粉	黄油	鲜奶油	奶酪	鲜奶	全脂奶粉	脱脂奶粉	黄油
1961	0	224	0	45	137 23	0	1 569	78 972	37 551	31 308	360	120 043
1962	0	267	0	18	12 180	0	420	81 455	36 668	31 352	4 231	114 717
1963	0	435	0	25	19 232	0	377	78 913	33 979	30 359	1 087	102 358
1964	0	356	0	30	31 829	0	378	82 031	35 728	33 161	6 284	103 916
1965	0	808	0	9	8 326	0	283	74 682	31 033	27 584	8 930	115 541
1966	0	551	0	45	12 186	0	333	77 547	27 498	27 463	13 244	111 842
1967	0	595	0	16	11 933	51	319	78 974	29 688	28 050	22 451	103 824
1968	0	1 835	0	145	22 315	5	228	66 106	29 048	42 422	7 228	107 076
1969	0	2 605	0	71	20 225	1	270	61 916	30 180	50 088	6 501	99 799
1970	0	2 828	0	125	26 207	0	253	67 961	26 764	43 368	3 087	86 950
1971	0	2 161	0	304	22 023	0	286	70 212	26 409	39 355	11 632	76 851
1972	0	4 464	0	45	25 546	0	238	75 404	30 251	33 260	27 808	87 185
1973	0	2 662	0	173	23 435	1 408	240	83 867	25 597	37 356	38 908	99 766

续表

年份	进口数量						出口数量					
	鲜奶油	奶酪	鲜奶	全脂奶粉	脱脂奶粉	黄油	鲜奶油	奶酪	鲜奶	全脂奶粉	脱脂奶粉	黄油
1974	0	2 416	0	428	14 169	522	495	95 089	30 927	43 999	35 837	101 178
1975	0	3 068	0	246	10 455	2 225	390	100 133	32 426	42 276	10 559	98 087
1976	0	3 253	0	2 995	10 223	1993	447	116 199	31 435	50 539	29 928	91 842
1977	0	4 011	0	1 799	6 378	187	569	125 394	32 483	64 972	21 130	89 755
1978	0	4 157	0	1 450	2 587	983	830	131 971	37 910	69 696	33 860	88 487
1979	0	4 675	0	1 459	15 744	1 454	1 358	145 668	33 281	66 089	40 342	82 932
1980	0	7 027	0	2 554	18 799	9 863	1 723	173 063	35 219	50 791	41 535	72 237
1981	0	6 113	0	3 625	18 708	18 116	969	195 547	32 342	60 655	13 133	71 431
1982	0	6 525	0	2 865	14 460	8 037	857	208 219	30 549	67 314	29 603	74 978
1983	0	7 082	0	3 852	9 898	7 729	1 925	214 793	28 768	69 324	19 888	80 925
1984	0	9 193	1 003	3 295	12 910	14 534	1 781	259 351	26 296	89 201	17 494	67 469
1985	8	6 118	3 262	3 045	14 807	13 289	1 478	212 878	25 970	85 208	25 055	59 374
1986	1	8 591	2 899	4 636	8 876	13 779	1 513	209 973	24 179	86 945	18 587	66 167
1987	5	9 779	3 090	1 355	11 289	10 222	1 780	226 260	27 665	84 509	22 232	69 548
1988	7	11 401	4 471	1 519	9 899	16 921	12 686	211 765	26 108	81 499	4 773	59 189
1989	2	15 651	3 154	1 321	6 393	14 619	9 762	228 395	24 119	87 776	4 137	55 016
1990	21	16 730	3 424	1 373	5 951	9 297	10 792	233 450	23 693	75 861	32 636	50 474
1991	228	19 393	4 340	1 272	7 732	16 930	14 587	244 061	23 255	95 386	12 437	48 863
1992	492	18 869	6 678	1 050	9 144	11 951	11 588	226 174	21 377	99 464	7 034	47 722
1993	298	18 403	4 958	532	4 060	16 756	13 314	25 9171	20 454	94 760	12 575	46 900
1994	903	24 052	5 452	992	4 178	18 549	14 040	242 360	19 660	107 503	12 374	49 019
1995	2 228	23 416	4 521	2 407	4 541	22 509	12 879	244 423	16 850	92 443	12 639	48 292
1996	2 541	26 209	8 657	1 995	5 131	20 254	11 662	229 388	16 967	85 813	18 946	54 125
1997	4 164	29 988	10 525	956	7 729	24 781	12 160	238 813	17 168	92 452	16 360	43 770
1998	4 317	25 629	10 008	1 148	4 509	19 819	9 115	234 043	12 941	92 371	12 241	43 050
1999	5 135	32 119	7 060	2 135	5 843	18 268	12 571	236 057	22 104	83 769	22 548	39 663
2000	6 470	37 862	13 437	2 392	3 186	23 809	14 868	247 315	46 160	78 917	14 411	40 132
2001	9 010	44 703	19 684	646	5 781	17 703	13 367	239 587	19 897	63 525	10 063	40 994
2002	12 162	77 507	18 897	478	5 295	20 002	14 891	236 011	10 107	68 549	11 036	48 059
2003	14 208	58 289	30 076	937	2 986	28 346	18 532	238 596	19 526	78 924	12 968	54 862
2004	15 826	56 711	41 422	1 131	3 791	57 132	15 507	248 772	19 753	75 380	12 337	66 136
2005	12 160	54 493	38 816	5 134	3 769	52 032	19 728	235 070	18 326	82 015	12 623	73 421
2006	13 536	63 412	20 120	7 069	34510	42 808	30 230	241 042	55 092	74 707	19 124	61 673
2007	13 520	61 596	15 130	2 749	4 732	40 862	21 894	243 495	71 314	75 331	15 777	56 631
2008	13 235	62 834	20 654	2 935	5 946	38 039	13 898	223 091	193 003	72 524	15 894	59 992
2009	16 254	63 779	31 147	3 728	7 942	24 798	16 866	258 245	341 270	99 663	15 180	60 165
2010	14 511	73 287	31 636	5 582	6 273	48 513	23 377	259 357	207 083	104 302	17 005	56 392
2011	13 395	73 718	38 452	3 401	6 459	40 579	24 348	256 961	211 745	99 729	21 259	50 749

资料来源：FAO。

附表 5　主要乳制品进出口贸易额(1961—2011 年)　千美元

年份	进口数额						出口数额					
	鲜奶油	奶酪	鲜奶	全脂奶粉	脱脂奶粉	黄油	鲜奶油	奶酪	鲜奶	全脂奶粉	脱脂奶粉	黄油
1961	0	247	0	11	1 835	0	1 174	48 476	4 748	17 821	170	91 999
1962	0	309	0	7	1 587	0	268	49 978	4 772	17 414	2 143	95 077
1963	0	412	0	16	3 221	0	262	52 506	4 532	17 125	524	100 312
1964	0	442	0	14	6 222	0	281	55 582	4 757	20 272	2 065	107 456
1965	0	637	0	7	2 096	0	188	55 686	4 422	21 377	3 121	112 783
1966	0	680	0	16	2 982	0	186	60 076	4 306	17 794	5 192	107 910
1967	0	807	0	9	2 956	40	177	61 630	4 871	17 955	10 098	100 678
1968	0	1 232	0	31	3 750	3	156	51 669	4 870	25 986	1 906	87 020
1969	0	1 559	0	21	3 212	1	181	50 626	5 008	29 382	1 511	80 858
1970	0	1 880	0	52	4 997	0	169	57 948	4 302	26 407	872	75 085
1971	0	1 967	0	176	6 818	0	212	66 982	4 418	33 074	5 676	91 921
1972	0	3 537	0	24	10 552	0	189	84 803	5 304	30 853	16 496	106 165
1973	0	3 325	0	194	12 943	1 168	329	125 418	6 097	38 943	26 396	107 090
1974	0	4 352	0	500	10 360	708	543	161 429	8 534	46 218	32 807	148 361
1975	0	6 266	0	330	8 924	3 934	473	198 288	10 773	59 924	10 470	190 443
1976	0	6 693	0	2 536	8 796	3 390	538	223 558	10 678	56 282	29 249	180 798
1977	0	8 433	0	1 997	7 433	280	949	257 500	12 564	72 612	18 625	173 377
1978	0	10 282	0	2 264	3 161	2 223	2 600	307 104	17 594	96 399	29 783	224 050
1979	0	12 528	0	2 582	12 615	3 187	2 126	358 789	17 006	97 504	32 722	233 328
1980	0	17 463	0	3 675	24 847	25 678	2 484	405 920	19 223	95 809	53 026	252 478
1981	0	13 558	0	4 685	24 019	52 443	1 923	411 714	17 981	127 969	15 520	239 989
1982	0	14 196	0	4 199	14 207	21 178	1 838	412 883	15 240	134 644	35 913	217 413
1983	0	13 391	0	4 625	12 118	14 545	2 866	390 390	10 062	126 439	16 551	219 923
1984	2	15 164	282	4 191	15 936	25 186	2 835	395 694	7 835	144 744	13 204	157 090
1985	5	11 978	890	4 303	19 113	16 931	2 155	36 9014	7 686	144 662	14 160	139 256
1986	3	21 948	1 078	6 210	13 230	21 835	2 491	445 992	9 366	166 140	28 766	171 918
1987	12	28 062	1 366	4 176	22 006	22 867	3 172	528 730	12 978	154 078	39 147	184 480
1988	4	34 094	1 967	4 884	24 389	48 989	23 164	527 189	12 927	163 325	8 534	186 386
1989	8	44 433	1 416	4 161	14 077	51 760	17 795	551 287	11 041	220 711	9 269	186 884
1990	66	51 715	1 871	4 715	11 231	28 608	25 348	692 567	12 990	211 917	76 395	186 997
1991	567	58 323	2 058	4 062	12 507	44 240	32 354	702 698	12 678	22 5478	24 685	184 855
1992	981	62 236	2 851	2 079	18 002	30 924	26 028	745 725	13 185	258 316	15 392	191 484
1993	628	55 464	2 005	739	9 473	44 246	28 315	811 404	12 443	245 304	28 095	154 367
1994	1 560	774279	2 248	2 287	10 288	38 545	30 823	834 351	12 618	277 362	28 644	170 158
1995	4 628	78 388	2 103	5 182	13 216	79 326	29 496	952 035	12 507	269 943	36 055	178 160

续表

年份	进口数额						出口数额					
	鲜奶油	奶酪	鲜奶	全脂奶粉	脱脂奶粉	黄油	鲜奶油	奶酪	鲜奶	全脂奶粉	脱脂奶粉	黄油
1996	5 061	86 936	4 078	2 720	12 601	71 298	29 744	949 471	12 175	252 441	45 410	198 298
1997	7 407	84 093	4 353	1 436	16 504	70 912	29 812	918 682	11 220	257 972	38 039	137 532
1998	8 218	76 545	4 347	1 842	9 601	57 971	23 604	923 938	9 117	241 078	28 885	152 453
1999	8 721	91 383	2 865	2 916	11 239	47 303	29 751	920 333	10 958	194 202	44 554	139 663
2000	9 123	95 779	5 043	2 632	6 616	54 350	32 982	844 807	18 288	176 967	29 378	125 256
2001	14 575	109 579	5 890	1 497	8 033	42 564	29 271	811 787	9 871	162 699	23 411	122 628
2002	18 440	185 112	6 028	1 258	8 865	45 025	31 541	858 029	5 626	159 628	22 112	139 863
2003	25 821	180 796	12 467	1 689	6 627	69 027	42 734	998 583	11 075	183 537	30 974	174 376
2004	30 094	197 263	18 611	2 521	8 465	160 251	36 191	1 122 760	12 530	197 726	31 305	256 725
2005	26 904	215 090	19 434	13 714	11 975	138 022	49 630	1 120 000	14 582	23 9797	34 223	284 168
2006	29 572	244 088	12 185	18 034	11 174	109 227	59 664	1 174 560	42 759	212 139	50 169	259 638
2007	32 578	292 849	10 502	11 322	21 517	114 107	57 233	1 306 230	60 052	294 209	58 821	275 689
2008	45 778	327 889	16 754	12 920	25 546	142 640	42 048	1 461 800	159 858	339 184	63 972	345 676
2009	31 601	243 784	16 431	10 178	19 151	63 686	35 932	1 341 191	139 477	277 164	38 171	268 303
2010	31 803	260 738	18 828	6 196	17 154	169 143	45 746	132 9301	106 117	396 185	53 826	298 914
2011	38 193	292 634	23 944	5 268	20 119	177 298	68 868	1 435 742	133 700	425 507	74 552	322 989

资料来源:FAO。

瑞典奶业发展报告

摘要：瑞典位于北欧斯堪的纳维亚半岛东南部，是欧洲十大经济强国之一，不仅是科技高度发达的工业强国，也是农牧林业相当发达的国家。瑞典农业产值约占国内生产总值的 1.1%，其畜牧业是该国农业的重要组成部分，产值约占农业生产总值的 80%以上，产品主要是肉类和乳制品，奶业产值占农业总产值的 35%。瑞典奶业已经形成了一个从养殖到餐桌的完整的畜牧业经济体系，尤其是在原料奶的质量控制、奶牛疫病预防、奶牛福利、行业协会作用的发挥、粪污的处理与环境保护等方面，都有着严格的标准。

瑞典的奶业已经由奶牛的数量扩张型转变为奶牛个体生产力水平提高型。奶牛品种主要为起源于英国和荷兰的可用于选育奶产量更高的品种黑白花奶牛(SLB)，其次为乳肉两用的瑞典红白花牛(SRB)。生产的乳制品主要有液态奶、奶油、奶酪、全脂奶粉等。饮用奶的产量在瑞典主要乳制品中所占比重最大，其变化较为平稳。乳制品贸易主要集中在欧盟邻邦，特别是奶油的进出口基本上限于欧盟地区，是乳制品净出口国。

瑞典奶业的技术进步主要表现在由手工劳动向机械作业的转变、由粗放经营向集约经营的转变、由传统技术向现代科技的转变。1974 年，瑞典就出台了瑞典奶牛育种的索引，并授权不同的育种组织设计、实施并监督记录和育种评价工作。2008 年，瑞典育种组织就开始利用动物的基因组信息筛选幼畜。瑞典的奶牛饲养主要采用以放牧为主、补饲为辅的饲养管理方式。牧草是专门为奶牛饲养而选育出来的优良品种。为了保证日粮的营养均衡，奶牛还需要饲喂具有补充性的优质混合饲料。

为监控全国牲畜疾病的状况，瑞典奶业协会(SBA)建立了全国疾病登记系统及奶牛疾病数据库(DDD)，主要统计奶农对发生疾病的记录与兽医检查时收集的疾病数据，为一些疾病的防控提出预警和策略。

在瑞典，从奶牛的饲养到成品的牛奶都有严格的标准。瑞典一直坚持奶牛饲料纯天然以及饲料企业的高准入标准。所有的饲料坚决不用抗生素和人工添加剂，所有的饲料企业必须要有国家颁发的合格证书，从而在源头上保证了畜产品安全。除了瑞典当局的规定外，瑞典的乳品加工行业组织也制定了质量管理体系，所有的乳品企业都要严格按照质量管理体系进行生产加工。瑞典政府不设科学技术的部级科技管理机构，农业科研和环境保护主要由农业部下属的农林研究理事会负责。目前，瑞典在环保、生态学、分子生物学等研究领域中处于国际先进水平。在奶业领域，拥有全国性组织—瑞典奶业协会、大学、科研单位及咨询机构等。

瑞典的奶业生产主要以小规模的家庭农场生产方式存在和运行的，政府只负责奶业政策的制定和监察，从宏观角度对奶业生产方向、食品安全等进行政策引导。直接进行指导及经营运作的是民间组织—奶牛合作社，奶农在自愿的基础上组成合作社，由合作社统一经营、核算和利润分成，产—供—销链条能够有效运转，奶业生产不断发展；合作社为奶农提供信用贷款、选种选配、饲养管理、农机采购等方面的优质服务，使奶农直接受益。

现代饲养管理技术、先进的农业机械、牛群的智能化管理及最新的环保技术等均应用于瑞典奶业生产，实现了奶牛个体的数字化管理，大大地提高了农场主的管理和决策效率。奶牛合作社是瑞典奶业不断发展的、不可缺少的有效组织形式，它植根于奶业，服务于奶业，依靠奶业来求得生存和发展，实现了乳制品与市场的良好对接，使乳业步入产业化经营轨道，把分散的奶农通过产品集合起来，在高于欧盟标准的原料奶收购标准、质量管理标准指导下，以合力应对市场，强化了国家乳业在世界市场上的地位与竞争力。然而，我国奶农与乳制品企业还未完全形成经济利益共同体的关系，难以发挥产—供—销链条的合力作用。除了执行欧盟的产业政策方面，瑞典奶业在资本税、法人税、能源税、土地税和肥料税等方面均有减免税的优惠政策，来保护以家庭为单位的农牧业生产，并在奶牛屠宰、原料奶、土地使用等多种途径进行补贴，促进了瑞典奶业的持续健康发展，值得我国借鉴。

关键词：瑞典　奶业　发展

1　奶业发展基本情况

1.1　奶牛养殖业发展

瑞典位于北欧斯堪的纳维亚半岛东南部，国土总面积 45 万 km^2，人口 948 万，是北欧最大的国家。西邻挪威，东北接芬兰，东临波罗的海，西南濒临北海，同丹麦隔海相望，约 15%的土地在北极圈内，但受大西洋暖流影响，冬季不太寒冷，大部分地区属温带针叶林气候，最南部属温带阔叶林气候，气候冬长夏短。瑞典是一个私有制占国民经济主导地位的国家，也是一个全球有名的高工资、高税收、高福利国家。

瑞典是欧洲十大经济强国之一，不仅是科技高度发达的工业强国，也是农牧林业相当发达的国家。全国耕地面积约为 300 万 hm^2，仅占整个国土面积的 7.5%；现有草地 1 400 万 hm^2，其中人工草地 800 多万 hm^2；森林总覆盖面积约占全国总面积的 60%。大约 55 万 hm^2 的面积为牧场，占整个国土面积的 1.5%。2009 年，农、林、牧、渔从业者约 3.4 万人，约占总就业人数的 1%。农业产值约占国内生产总值的 1.1%，瑞典的畜牧业是该国农业的重要组成部分，畜牧业在农业中占有重要地位，其产值约占农业生产总值的 80%以上，产品主要是肉类和乳制品，奶业产值占农业总产值的 35%。

瑞典有 21 个省，是瑞典第一级管理及行政区划。地形狭长，海岸线呈锯齿状，西北部多山，北部沼泽，中南部地势平坦。受其狭长而偏北的地理位置以及气候的影响，瑞典全国各地人口分布极不均匀，全国 90%的人口集中在南部和中部地区，瑞典南、北部地区的畜牧业生产也存在很大的差异（见图 1）。

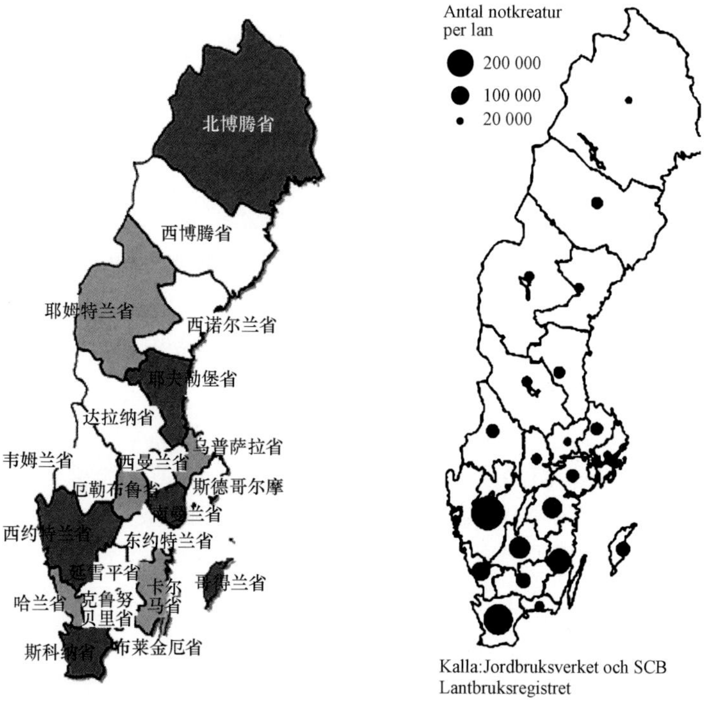

图 1　瑞典奶业分布图

资料来源：瑞典统计局（SCB），瑞典农业局，瑞典奶业协会。

瑞典奶牛品种主要为起源于英国和荷兰的黑白花奶牛(SLB),起源于英国和荷兰,母牛体重约 600 kg,年产奶量约 7 900 kg,可用于选育奶产量更高的品种,占奶牛总量的 52%。该品种于 1860—1907 年作为乳用牛种从荷兰引进,通过与当地的黑白花牛杂交后发展而来。

瑞典红白花牛(SRB)体表多红色,白色较少,占奶牛总数 46%,母牛体重约 550 kg,年产奶量约 7 500 kg,还可用于生产牛肉,是乳肉兼用牛。而瑞典自行繁育的无角奶牛(SKB)由于其产奶量少、乳中脂肪含量较高,在瑞典占有的份额相对较少,低于 1%。

瑞典另一种乳肉两用品种是瑞典红牛(SRP),与挪威红牛很相似,体重 350～450 kg,年产奶量约 5 500 kg。即使在牧草贫瘠的牧场生长,也能生产出口感和质量俱佳的牛奶。在肉类生产过程中,瑞典红牛生长较快,同时也能保证肉的质量。虽有较高的生育率,但受限于较少的遗传信息,很难获得较好后代,仅占奶牛总数的 1%。

瑞典奶业生产的一个显著特点就是小规模的家庭农场生产模式。瑞典养殖奶牛 34.6 万头,牛奶年产量达到了 285 万 t;人均牛奶消费量为 115 L/年,人均奶酪消费量为 17 kg/年。瑞典奶牛的饲养管理方式主要以放牧为主、补饲为辅。所有采食的牧草和玉米大多数产自自家的农场,不含增长剂、人工合成的添加剂等。奶业已经形成了一个从养殖到餐桌的完整的畜牧业经济体系,尤其是在原料奶的质量控制、奶牛疫病预防、奶牛福利、行业协会作用的发挥、粪污的处理与环境保护等方面,都有着严格的标准。

1.1.1　瑞典奶牛养殖规模及产奶量变化

随着农业机械化程度、管理水平提高,瑞典牛群数量及奶牛数量均呈下降趋势,从 1965 年开始,瑞典的奶牛存栏数就开始逐渐减少,2005 年瑞典牛场数量为 6 212 个,比 2000 年减少了 27%,2009 年牛场数量下降至 4 301 个,到 2011 年牛场数量下降至 4 022 个,与 2005 年相比降幅为 35.3%(图 2)。

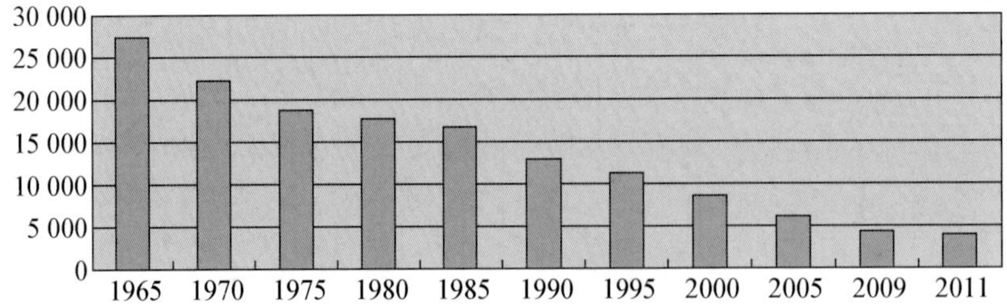

图 2　瑞典牛场数量(1965—2011 年)

资料来源:瑞典统计局(SCB),瑞典农业局,index mundi。

在过去的 20 年中,瑞典农业生产效率大幅提高,瑞典的牛奶生产行业进行了重组,奶农数目削减了1/2,奶牛存栏数也减少 20%,但奶牛的单产却有了明显的提高。1961 年瑞典奶牛头数为 119.5 万头,而随着畜牧业方式的改进,奶牛存栏数逐渐减少,至 1970 年奶牛头数已减至 70 万头左右,但每头泌乳牛单产水平却逐年升高。1976—1985 年期间奶牛头数的变动幅度不大,维持在 66 万头左右,平均单产仍稳步增长。至 2011 年瑞典奶牛单产量达到 8 237 kg,与 1964 年的奶牛单产量 3 446 kg 相比增加了 139%。与 1996 年的奶牛单产量 7 122 kg 相比,增幅达到 16%,这种增加是在存栏母牛数下降的情况下取得的(见图 3)。这就意味着瑞典的牛奶产量的增长,主要是依赖奶牛个体生产力的提高,而不是依赖群体规模的扩张。这表明瑞典的奶业已经由奶牛的数量扩张型转变为奶牛个体生产力水平提高型。目前瑞典奶牛的平均年产量在 8 000～9 000 kg,超过中国奶牛的年产量近 1 倍。

1.1.2　奶牛养殖规模结构变化

从表 1 我们可以看出,从 2001 年到 2011 年,1～24 头、25～49 头、50～74 头以及 75～99 头规模的奶牛群数量的总趋势均为下降,其中下降幅度最大是 1～24 头以及 25～49 头规模的奶牛群,降幅分别达 73.85%

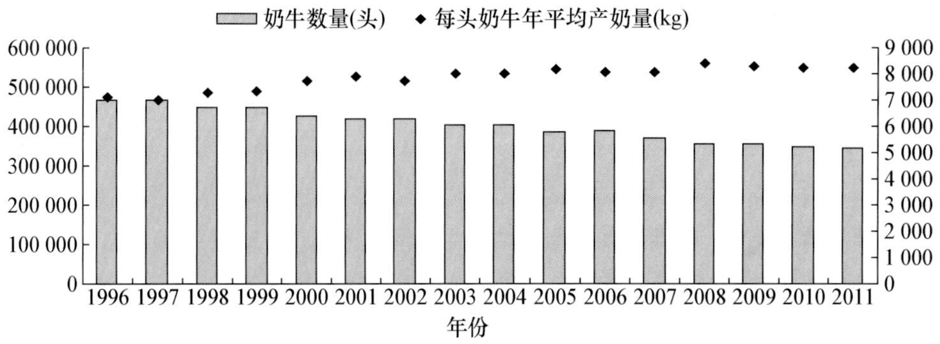

图 3 1996—2011 年瑞典奶牛数量及每头奶牛平均产奶量

资料来源：瑞典统计局(SCB)，瑞典农业局，index mundi。

及 61.65%。同时，100～149 头、150～199 头、200～299 头以及 300 头以上规模的奶牛群数量和所占比例在不断上升，2011 年 100～149 头规模的奶牛群数量达到 51 817 头，比例占到 18.8%；所占比例增加幅度最大的为 300 头以上的牛场，从 2001 年的 1.1%增加到 2011 年的 7.4%，奶牛群数达到 20 339 头。从 2001 年到 2011 年，50～74 头奶牛规模替代 25～49 头奶牛规模而成为瑞典奶牛所占比例最大的规模。

表 1 瑞典奶牛分类年度数据

头，%

年份	按奶牛头数划分							
	1～24 头		25～49 头		50～74 头		75～99 头	
	数量	比例	数量	比例	数量	比例	数量	比例
2001	39 214	11.4	135 264	39.5	76 859	22.4	32 055	9.4
2002	33 957	10.1	125 273	37.4	76 922	23.0	35 435	10.6
2003	29 475	8.9	116 711	35.1	79 745	24.0	36 040	10.8
2004	26 620	8.2	106 365	32.6	79 178	24.3	35 571	10.9
2005	23 197	7.3	99 183	31.1	76 242	24.0	36 382	11.4
2006	18 011	6.0	85 129	28.6	71 217	23.9	35 540	11.9
2007	15 101	2	74 644	25.5	69 227	23.7	35 558	12.2
2008	13 226	4.6	64 400	22.6	65 064	22.8	35 923	12.6
2009	11 771	4.3	58 402	21.2	60 349	21.9	36 274	13.2
2010	—	—	—	—	—	—	—	—
2011	10 253	3.7	51 872	18.9	59 343	21.6	34 048	12.4

年份	按奶牛头数划分								合计
	100～149 头		150～199 头		200～299 头		300 头以上		
	数量	比例	数量	比例	数量	比例	数量	比例	
2001	32 686	9.5	13 049	3.8	9 785	2.9	3 903	1.1	342 815
2002	34 490	10.3	13 025	3.9	10 129	3.0	5 428	1.6	334 656
2003	38 521	11.6	15 369	4.6	10 950	3.3	5 560	1.7	332 367
2004	42 555	13.1	16 697	5.1	11 775	3.6	7 211	2.2	325 972
2005	44 256	13.9	17 633	5.5	13 966	4.4	8 126	2.5	318 984
2006	45 950	15.4	19 196	6.4	14 456	4.8	8 643	2.9	298 142
2007	49 391	16.9	20 722	7.1	17 225	5.9	10 465	3.6	292 333
2008	52 143	18.3	23 464	8.2	19 472	6.8	11 554	4.1	285 246
2009	51 699	18.8	23 043	8.4	19 609	7.1	14 565	5.3	275 713
2010	—	—	—	—	—	—	—	—	—
2011	51 817	18.8	24 685	9.0	22 630	8.2	20 339	7.4	274 987

资料来源：瑞典统计局(SCB)，瑞典农业局，index mundi。

1.1.3　奶牛屠宰情况

从图4中我们可以明显看到，从2002年至2011年，瑞典奶牛屠宰头数在逐年下降。2002年屠宰奶牛数量为17.34万头，2011年屠宰奶牛数量为10.23万头，每年平均减少屠宰奶牛7 110头。

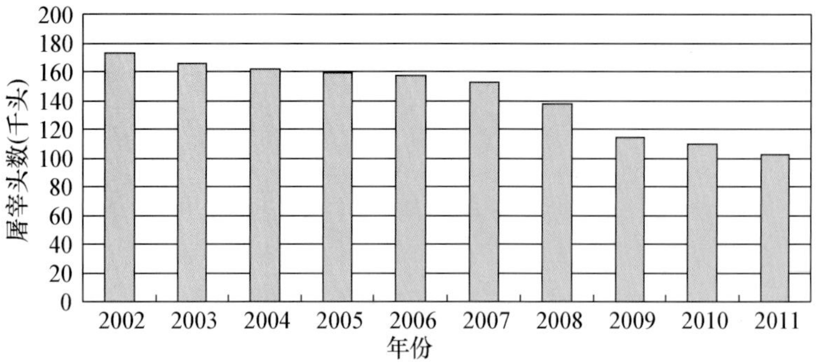

图4　奶牛屠宰数量(2002—2011年)

资料来源：瑞典统计局(SCB)，瑞典农业局，index mundi。

1.1.4　家庭农场企业

受地理和气候因素影响，瑞典全国农业生产主要集中在中南部，并以畜牧业为主，粮食、肉、禽、乳制品自给有余，并有部分出口到周边国家。瑞典农业以家庭农场为主，全国共有11万个家庭农场，其中2/3拥有耕地不足20 hm²。全部耕地的3/4属于更适合现代农业生产的大中型农场。奶业生产的一个显著特点就是小规模的家庭农场生产模式。哈伯牛场是瑞典一个传统的家庭牧场，它独立核算、自负盈亏，拥有近100年的历史。同时，该牛场也是很多技术理念的摇篮。目前，该牛场牛群的淘汰率是25%，有时候每年还会卖掉10%～25%的小母牛。此外，牧场奶牛的长寿性很好，最长寿的一头牛16岁。Torp牧场位于瑞典哥德堡的东南部，是一个现代化的家庭牧场，现存栏数600头，泌乳牛295头，牛奶乳脂率达到4.0%，乳蛋白含量为3.5%，员工仅有6人，拥有全自动投料车、移动式牛舍、矿泉水喂养、全自动机器人挤奶、完整的牛奶冷却系统、干净高效的青贮间。Bjorke牧场位于瑞典的Varberg，是一个家庭牧场。牧场有两幢牛舍，一幢成母牛牛舍，一幢犊牛舍，一天挤两次奶。现有瑞典红牛存栏80头，泌乳牛40头，牛奶乳脂率为4.6%，乳蛋白含量达到3.5%，员工仅有2人。牧场虽然泌乳牛存栏才40头，但整个牛群结构非常好，产量也很高。这3个牛场都是现代化的家庭牧场，从这些牧场可以看到现代化的全自动饲喂系统、VMS挤奶机器人等先进设备(见图5)。

1.2　乳品加工业发展

瑞典奶业合作社的主要代表是瑞典奶业协会(SMR)，它由8个成员社组成。其中最大的成员社是瑞典中南部地区的合作社Arla。这8个成员社拥有50个加工厂。其中28个生产鲜奶，8个生产黄油，27个生产奶酪，13个生产奶粉。8个成员社共有1 600多名雇员，2万多名社员，1.6万多个奶牛场，产奶量占全瑞典牛奶产量的99.7%。除瑞典奶业协会之外，还有4～5个独立的小型奶业合作社，产量很少。瑞典奶业协会每年召开一次代表大会，共有代表50名。名额按照各成员社牛奶产量的多少进行分配。协会董事会有12名董事，其中最大的成员社Arla有4名董事，其他7个小成员社各有1名董事；还有1名董事长，来自成员社但不代表任何一个成员社的特殊利益。董事会设有1名常务董事，全权负责协会的日常工作。协会共有150名雇员，分为3个处：1个处负责市场和公众态度调查；1个处负责奶业政策评价；还有1个处负责产品的研究开发。协会只与成员社发生直接联系，而不与50个加工厂发生直接联系。协会的全部经费由8个成员社提供，并按照成员社的要求开展活动。

图 5　现代化的家庭牧场(全自动投料车、全自动机器人挤奶、移动式牛舍、牛奶冷却系统)

资料来源:http://www.hesitan.com。

瑞典生产的乳制品主要有液态奶产品、奶油、奶酪、黄油、全脂奶粉、脱脂奶粉(见图 6)。从 1982 年到 2011 年,奶酪和脱脂奶粉产量呈上升趋势,奶粉产量相对恒定,其他乳制品产量均明显下降。

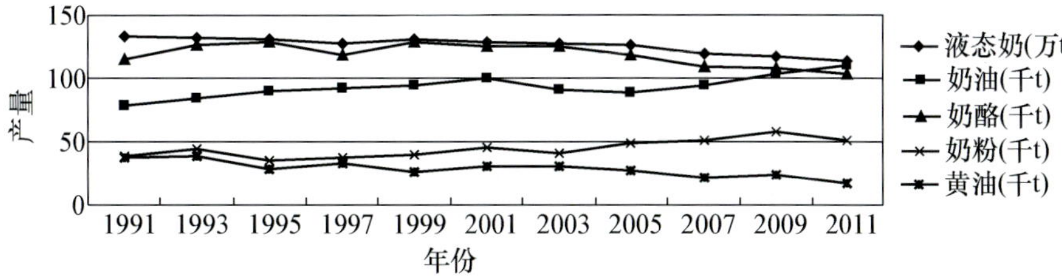

图 6　瑞典主要乳制品产量

资料来源:瑞典统计局(SCB),瑞典农业局,index mundi。

饮用奶产品的产量在瑞典主要乳制品产量中所占的比重最大(约占 44%),1991—2006 年,饮用奶产品的产量变化波动不大,较为平稳,2006 年以后饮用奶与黄油的产量变化趋势较为相近,产量均不断下降。其次,2011 年奶油产量所占比重为 8%左右,从 1990 年到 2011 年,奶油产量不断上升,1990 年的产量为 7.73 万 t,2011 年达到最大,为 10.99 万 t(增幅为 42.2%)。

奶酪产量在瑞典主要乳制品产量中所占的比重约为 7%。从 1964 年到 1994 年,奶酪产量呈增长趋势,从 1981 年的 10.3 万 t 上涨到 1994 年的 13.29 万 t,增长了 2.99 万 t(增幅为 29%)。奶粉变动幅度较大,从 1990 年 5.76 万 t 开始下降,到 1995 年降至 3.48 万 t,降幅为 39.6%,然后开始上升,到 2009 年升至 5.76 万 t,到 2011 年又有所减少,降至 5.07 万 t。2011 年黄油产量所占比重为 1%左右,黄油产量变动幅度较大,1994 年黄油产量为 8 万 t,至 2011 年的产量为 1.73 万 t,减少 6.27 万 t(降幅 78.3%)。

1.3 乳品消费发展

2011 年在瑞典市场上，牛奶和乳制品的年人均消费量达到 149.5 kg，目前其总体消费量以每年约 2%的速度缓慢减少。一直以来，瑞典人均消费量最大的乳制品依次是：饮用奶（包括鲜奶、酸奶等发酵乳产品及乳饮料）、奶油、奶酪、奶粉及黄油。

瑞典人均消费全脂牛奶量从 1990 年开始大幅下跌，从 1990 年人均消费 157.9 kg 下降到 2011 年的人均消费 115 L/年，而酸奶的销售额增长了类似的幅度。在过去几十年里，奶油消费也明显增加，从 1990 年人均消费 8.9 kg 上升到 2011 年的 11.5 kg（图 7）。

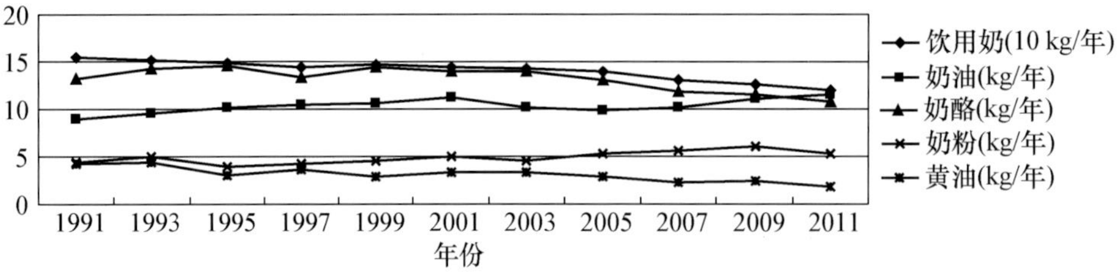

图 7 瑞典乳制品人均消费量

资料来源：瑞典统计局（SCB），瑞典农业局，index mundi。

奶粉的人均消费量呈下降趋势，但降幅不大，从 1990 年人均消费 6.7 kg 下降到 2011 年人均消费 5.3 kg（降幅 21%）。奶酪的人均消费在 1964—1984 年缓慢增长，由最初的 7.4 kg 增至 13.9 kg，然后缓慢减少，从 1994 年人均消费 15.0 kg 降至 1989 年人均消费 12.8 kg。从 1990—2006 年人均消费量一直徘徊在 13 kg 左右，2007 年开始有所减少，至 2011 年奶酪的人均消费量降至 10.8 kg。黄油的人均消费量降幅较大，从 1990 年人均消费 5.7 kg 下降到 2011 年人均消费 1.8 kg（降幅 68%）。

1.4 乳制品贸易发展

瑞典的乳制品贸易国主要集中在欧盟邻邦，特别是奶油的进出口基本上限于欧盟地区（表 2、表 3、图 8）。在出口方面，奶粉是出口量最大的乳制品，其出口量稳定在 4.5 万 t 左右，而奶油和黄油的出口分别从 2007 年的 11 699 t 和 20 392 t 逐年递减至 2011 年的 100 t 和 1 422 t；在进口方面，瑞典奶制品来源主要是欧盟邻邦，奶油是进口量最大的乳制品，奶油和黄油的进口量从 2007 年的 10 629 t 和 3 626 t 递增至 2011 年的 24 839 t 和 9 248 t。从上述数据可以看出，自 2007 年以来，瑞典黄油出口量的锐减和黄油进口量的激增表现出瑞典国内市场对奶油和黄油的需求量逐年增加，且国内黄油生产远远无法满足市场需求。尽管近年来奶油和黄油的进口增多，但从综合数据来看，瑞典仍是乳制品净出口国。

表 2 瑞典对欧盟与非欧盟国家乳制品进口量

		2007 年		2008 年		2009 年		2010 年		2011 年	
		t	%	t	%	t	%	t	%	t	%
奶油	欧盟	10 629	100	9 946	100	13 431	100	18 712	100	24 839	99
	非欧盟国家	0	0	0	0	0	0	0	0	2	1
	合计	10 629	100	9 946	100	13 431	100	18 712	100	24 841	100
黄油	欧盟	3 626	100	3 756	100	5 102	100	6 956	100	9 248	100
	非欧盟国家	0	0	0	0	0	0	0	0	0	0
	合计	3 626	100	3 756	100	5 102	100	6 956	100	9 248	100

续表

		2007 年		2008 年		2009 年		2010 年		2011 年	
		t	%	t	%	t	%	t	%	t	%
奶粉	欧盟	7 808	99.4	7 752	100	8 014	100	6 975	100	6 870	99.9
	非欧盟国家	48	0.6	0	0	0	0	0	0	2	0.1
	合计	7 856	100	7 752	100	8 014	100	6 975	100	6 872	100

资料来源：瑞典统计局(SCB)，瑞典农业局，index mundi。

表 3 瑞典对欧盟与非欧盟国家乳制品出口量

		2007 年		2008 年		2009 年		2010 年		2011 年	
		t	%	t	%	t	%	t	%	t	%
奶油	欧盟	11 698	99.99	5 319	99.6	924	100	4 405	99.99	2 847	99.99
	非欧盟国家	1	0.01	21	0.4	0	0	4	0.01	1	0.01
	合计	11 699	100	5 340	100	924	100	4 409	100	2 848	100
黄油	欧盟	17 515	85.9	4 704	65.5	7 209	97.8	4 093	87.5	1 193	83.5
	非欧盟国家	2 876	14.1	2 483	34.4	162	2.2	587	12.5	230	16.5
	合计	20 392	100	7 187	100	7 371	100	4 680	100	1 422	100
奶粉	欧盟	23 088	54.9	15 459	31.9	17 456	32	18 256	36.9	21 829	45.8
	非欧盟国家	18 980	45.1	32 941	68.1	37 162	68	31 232	63.1	25 817	54.2
	合计	42 068	100	48 400	100	54 618	100	49 488	100	47 646	100

资料来源：瑞典统计局(SCB)，瑞典农业局，index mundi。

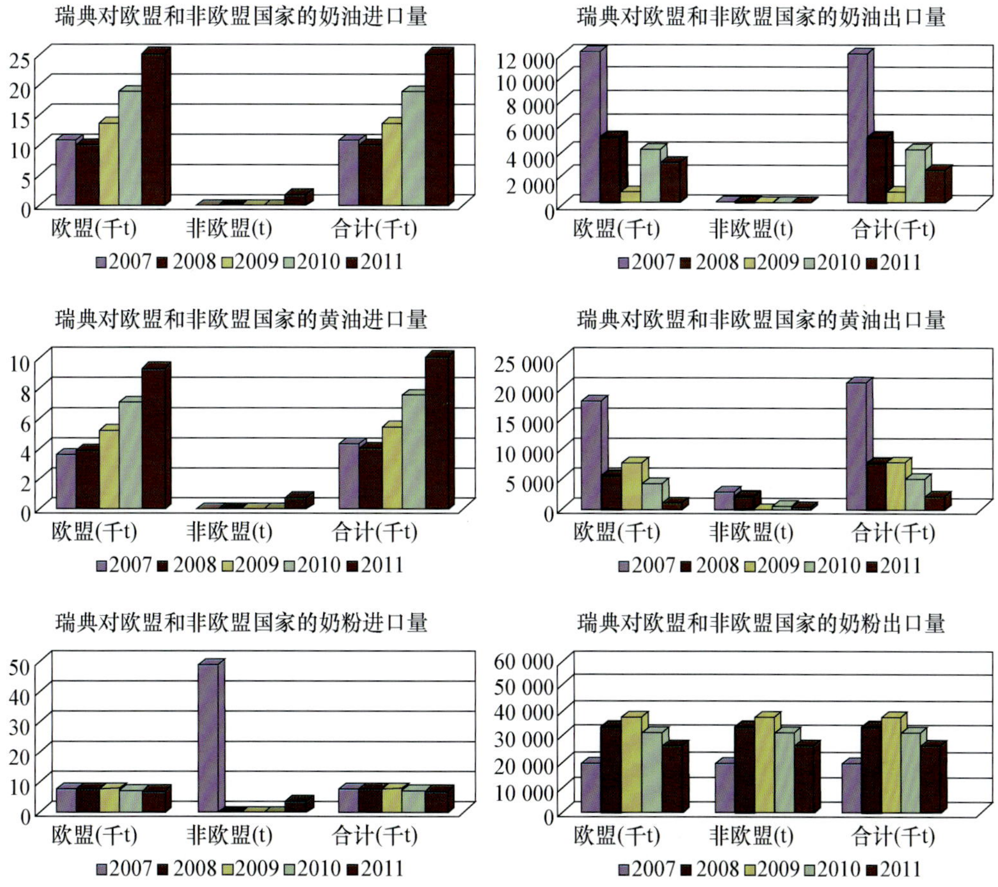

图 8 瑞典主要乳制品进口量变化情况

资料来源：瑞典统计局(SCB)，瑞典农业局，index mundi。

2 奶业科技进展

在过去的几十年中，瑞典的奶业已经完成了由奶牛数量扩张型向奶牛个体生产力水平提高型的根本转变，而这种增长方式的转变是在以技术进步为主要动力的条件下完成的。瑞典奶业的技术进步主要表现在由手工劳动向机械作业的转变、由粗放经营向集约经营的转变、由传统技术向现代科技的转变。

2.1 奶牛育种与繁殖技术进展

2.1.1 奶牛育种历史

瑞典家畜育种生产协会是畜牧协会、种公牛站、牛和猪的良种登记组织以及肉牛生产组织，是一种遍及全国的农民合作组织，其任务是为农民提供各种各样的服务和援助，以提高奶牛的生产效益，协会有很多的仪器设备和各种咨询人员及设计合理的计算机系统、教育和培训设施。1959 年起，该协会就开始组织牛奶记录和人工授精工作。1974 年，瑞典就出台了瑞典奶牛育种的索引，其奶牛育种秉承从整体出发，以长期发展为目标，降低近亲繁殖的危害，保持动物健康以及动物产品产量的增加，表 4 列举了 1990—2011 年前后索引的主要内容。

表 4 1990—2011 年瑞典奶牛育种索引

年份	关注内容
1990	产品蛋白的含量
1993	肉类指数
1995	动物寿命及后代的出生
1996	广泛的育种目标
1998	动物的外形
1999	减轻乳房重量
2005	动物的生育及健康状况
2008	北欧育种目标
2011	全基因组选育

资料来源：瑞典奶业协会。

2.1.2 育种登记

瑞典对每种家畜都设有良种登记组织，其成员主要由国内的奶牛评分专家组成，该组织在品种的推广中起着重要作用。只要农民愿意给自己的牛评分，就可以加入该组织，官方谱系登记包含在奶牛记录服务里，只有小部分成年母牛被评分并有良种登记号，所有良种登记都依赖于奶牛记录机器认定的信息。

20 世纪 90 年代，瑞典在全国实施了“奶牛群健康计划”，该计划注重抗病奶牛的选育，牛奶的体细胞数、发病率和因疾病而遭淘汰的资料等都输入到了计算机中心的数据库中，这些资料被列入评价公牛性能的指标，女儿发病率高的公牛将被淘汰。

2.1.3 育种评价

瑞典法律授权不同的育种组织设计、实施并监督记录和育种评价工作，瑞典家畜育种生产协会负责牛业方面的工作，主要负责建立详细的规则、组织人员教育、实施发展项目、计算育种值、监督记录的准确性和支持有关活动等。每种记录活动都设立一个顾问委员会，委员主要是来自农业部、农业大学以及不同育种组织的代表，奶农如果能够遵守有关规则，也可以参加官方记录活动，但是国家对这些官方记录和育种评价活动不予补贴。育种评价的主要内容有：生产性能、繁育能力、健康状况、蹄健康、基因组信息、产奶量、体型特征、繁殖率和体细胞数等，每年大概进行 6～7 次的评价活动。

蹄健康是评价育种值的一个很重要的因素，蹄健康对经济发展存在很大的影响，瑞典善于收集蹄健康相关数据，截止到 2011 年，已经收集了蹄健康相关的资料约 350 000 份。

基因组信息也是评价传统育种值的一个重要手段，50 000 多个遗传标记的遗传信息对评价动物的育种值有很大的帮助。2008 年开始，瑞典育种组织就开始利用动物的基因组信息筛选幼畜。

2.1.4 育种技术与培训

瑞典的农场主们一直高度重视利用现代科技来发展奶牛业。他们紧跟现代农业科技发展的步伐，及时把最新的农业科研成果运用到奶业的生产实践中去。他们广泛采用人工授精、现代饲养技术、奶牛群智能化管理以及现代环保技术从事奶业生产。人工授精工作主要由农业部负责，畜牧协会下属的公牛站负责具体育种工作的实施，同时向成员提供良种精液，技术人员和奶农自己均可以进行人工授精，但必须依据官方人工授精及胚胎移植规则进行。农场已经普遍采用计算机管理，计算机的使用很大程度上提高了农场主的管理和决策效率。

奶农协会每年定期组织培训，教奶农如何应用先进的管理技术，如何对牛舍进行改良，所有的奶牛饲养者都必须通过专门的考试，拿到奶牛饲养证后才能养殖奶牛。同时，对牛奶质量好的牧场，政府还会进行奖励。

2.2 奶牛饲料与营养技术进展

瑞典的奶牛饲养主要采用以放牧为主、补饲为辅的饲养管理方式。供放牧的草场都是经过精心维护的人工草场，牧草也是专门为奶牛饲养而选育出来的优良品种。奶牛夏季主要在牧场上自由采食，冬季日粮的主要成分是牧草和玉米，都产自奶农自家的农场，为了保证日粮的营养均衡，奶牛还需要饲喂具有补充性的优质混合饲料，这些混合饲料是由天然成分配制而成的，不含抗生素、产量增长剂以及任何人工合成的添加剂。只有那些具有良好操作规范(GMP)合格证书的饲料企业才可以向奶牛农场提供混合饲料，饲料企业获得 GMP 认可的依据是 ISO-9002 质量管理标准和危害分析与关键控制点(HACCP)技术标准。这些标准涉及饲料终端产品的配料、混合、防止交叉污染、制粒及产品构成等方面的内容。对饲料加工过程中的质量也进行严格控制，检查内容主要有：质量管理标准的实施情况；原料成分中的有害物质的检测标准的实施情况；检验加工设备的技术要求参数；加工和贮藏的卫生标准的实施情况；饲料的构成及质量的最终检测标准实施情况；制定配料和终端产品的运输规则。瑞典奶牛的饲养管理包括饲料配方、喂草投料、挤奶等都是用计算机精细操作完成的。

1985 年，利拉伐利用新设备建立新的牛舍，采用散栏饲养模式，带有漏缝地板和机械通风系统，奶牛饲养区的上端有自动喂料系统，可以根据计算机提供的配方直接从饲料仓把饲料送给奶牛(见图 9)。

20 世纪 70 年代至 80 年代，瑞典开始使用蛋白分析仪来检测饲料中的粗蛋白含量。20 世纪 80 年代，瑞典的学者和专家们加工配合饲料的配方，按照饲料的营养特性，用油菜或者油菜、豌豆混合来取代家畜配合饲料里的豆饼和鱼粉。1983 年，在瑞典开始进行工厂化加工谷物，制取酒精、淀粉、颗粒酒糟和碳酸等，用以制备新型的蛋白质饲料。所产饲料与原料相比，蛋白质增加 20%～30%，消化率增加 10%。随后，在瑞典实现了单细胞蛋白质的加工与生产，在此技术基础上，用甲醇培养 *Pseudomonus* 菌得到了原始蛋白质；瑞典农业大学用培养白霉菌的方法，在木质糖蜜上也得到了含粗蛋白 39%的单细胞蛋白质，其能量价值是 21.8 兆卡/kg。但是该产品消化率低，生产投资较高，因此没有推广。

图 9 瑞典的奶牛饲养(全混合日粮 TMR)

资料来源:http://www.hesitan.com。

瑞典农业大学在非传统饲料的研究中取得了很显著的成就,同时确定了瑞典不同树种树叶的饲用价值。

1984 年,瑞典除了采用众所周知的理化方法及仪器分析原料和饲料质量外,又应用红外线光谱分析法确定蛋白质质量,瑞典大部分饲料加工厂和实验室都装备了相应的分析仪。

2001 年开始,瑞典农业管理总局公布,禁止在所有的牛饲料中添加可能传染疯牛病病菌的肉骨粉成分。与此同时,牛饲料将与猪饲料和家禽饲料要完全分开来生产,以避免混合入肉骨粉成分,防止疯牛病的传播。

2004 年,瑞典的奶业已经完成了由奶牛的数量扩张型向奶牛个体生产力水平提高型的根本转变,这种增长方式的转变是在以技术进步为主要动力条件下完成。

乳业公司 Arla 于 2003 年 10 月 1 日开始在瑞典实施 Arla 农场质量保证计划(Arla Farm Quality Assurance Programme),计划要求所有参与的奶牛场都必须遵守瑞典饲料使用准则,所有牛场使用的饲料原料和配合饲料必须与供应商提供的原始单据一致,饲喂奶牛的高质量的精饲料必须来自于国家认定的饲料供应商;刚施肥后的牧草不能立刻收割;每年对牛场的水源进行化验;为了避免传染病的发生,奶牛场不能进口其他的活家畜;购买的奶罐必须安装警报装置,并且能发出发散性的警报,能显示记录奶罐中的温度和清洗程序;每次挤奶后都要对挤奶设备进行清洗,奶罐排空后必须清洗;奶罐必须放置在干净的地方,并且要与奶牛进出牛棚的通道分开;为了避免传染,参观者在参观了其他牛场后必须间隔 48 h 以上,才能参观下一个牛场。

2.3 奶牛疫病控制技术进展

2.3.1 瑞典奶牛疾病登记系统

瑞典奶牛疾病有着很完善的记录,20 世纪 80 年代,瑞典奶业协会(SBA)就负责建立了全国疾病登记系统,主要目的是监控全国牲畜疾病的状态,强制性的要求兽医将奶牛疾病的数据上报 SBA,2003 年至今,瑞典划分的 99 个兽医区域,仍然在承担着向 SBA 上报疾病数据的工作。

2004 年,瑞典开始建立奶牛疾病数据库(DDD),该数据库的建立主要通过奶农对发生疾病的记录与兽医检查时收集的疾病数据进行筛选后,上报 DDD。另外,瑞典官方奶牛登记计划(SOMRS)在奶牛数据资料的记录中也发挥着很重要的作用。在瑞典,奶牛的登记是强制性的,主要有手写登记和计算机登记两种形式。

2003—2004 年,兽医首先通过手写登记,然后再将登记内容输入到内部计算机登记系统中。2005 年,瑞典全国奶牛数据登记显示,大多数兽医人员采用计算机登记,约占国家兽医人员的 84%,但是私人雇佣的兽医中仍然有 26%的数据是通过手写的形式登记入册的。2006 年至 2008 年所有奶牛的登记工作是通过网络分析得到的,主要是按月和按年进行分析,参照分析结果可以对一些疾病的暴发或控制提出预警和策略,同时也可以很好的追寻到与新发生的传染病的相关的企业或者个人,可以很好的控制传染病的危害。

所有疾病登记数据会经常从 SBA 转入到 SDA 中,另外,奶农还可以通过 SMORS 登记奶牛疾病发生的数据,但是该方法使用较少。2007—2008 年,只有 11%乳房炎,7%无奶症状,5%食欲不振,4%其他疾病是通过该方法登记的。

在瑞典,每头奶牛都有"身份证",也就是佩戴在牛耳朵上的芯片耳标,其中就记录了奶牛的个体身份、育种记录、健康记录以及每天的采食量、产奶量等相关信息,这些情况可以直接存储进计算机,一旦牛奶出现问题,能够查找到每头牛的身上。只有"身份"明确的奶牛的疾病才会被登记,如果某个疾病的处理是分群处理的,该处理数据不会被登记。

瑞典奶牛疾病数据可以用来预测不同方法在育种中的价值,可以用于流行病中致病因子的研究,也可以用于比较不同奶牛的健康状况。1985 年,Anderson 和 Emanuelson 就开始利用瑞典奶牛疾病数据进行奶牛研究。2004 年,Carlen 等利用该数据对临床乳房炎的遗传可能性以及哺乳期奶牛体细胞数等进行了预测。

2.3.2 瑞典奶牛疾病与防治

瑞典奶牛的常见疾病主要有乳房炎、产后瘫痪、胎衣不下和酮病以及一些繁殖方面的疾病,主要疾病及发病率如表 5 所示。另外,不同生产水平的牛,发病情况也有所不同,奶产量越高越易发病。瑞典全国范围的奶牛疾病控制由生产协会负责组织实施,对奶牛健康保障和良好健康记录进行检查的内容有:强制性的奶牛健康证制度实施情况;开展以经常性检查为基础的疫病控制计划落实情况;通过身份和注册管理体系对每头奶牛实行强制性注册登记制度的情况,奶协和兽医部门共同负责颁发健康证书和进行疫病跟踪检测。

表 5 瑞典奶牛主要疾病及发病率 %

主要疾病	发病率
乳房炎	19
产后瘫痪	5
胎衣不下	4
酮病	3
蹄病	0.7
真胃扭转	0.2
其他	13.1

资料来源:胡松华等,瑞典奶牛主要疾病与防治。

在各种奶牛疾病中,乳房炎的发病率最高,造成的经济损失也最大,该病在瑞典倍受重视。瑞典控制奶牛乳房炎的重点在于改善环境卫生,同时也注重选育抗病性奶牛。瑞典家畜繁殖和生产协会以及瑞典乳品协会于 1970 年开始联合组织实施一个全国范围的奶牛乳房健康计划,具体工作由区一级的生产协会进行,主要通过以下几方面实施:

一是提供信息和科普教育:奶牛健康计划把向农民和技术人员提供科普教育作为一项重要内容,除了培训和指导外,还以电影、幻灯片和宣传画的形式向农民传播疾病防治知识,农民刊物上也会经常刊登一些疾病相关的科普文章。

二是检查乳房的健康状况:大多数乳房炎病例呈隐性型,奶农们并不十分清楚他们牛群的实际健康状况。因此，检查奶牛乳房的健康是一种有效预防乳房炎发病的方式。1977年以前，奶牛乳房健康计划采用加州乳房炎试验(CMT)检查桶奶的体细胞数。1977年引进了Fossomafic牛奶体细胞计数仪，每个牛群每月分析1次桶奶的体细胞数，牛群乳房的健康状况根据12个月牛奶体细胞含量的几何平均值打分，并分为5个等级。将最近3个月和以前9个月的牛奶体细胞含量进行比较，指出乳房的健康状况有没有发生变化，找出问题比较严重的牛群，根据检测结果，向奶农提出相应的建议。1988年起，奶牛乳房健康计划工作人员对加入牛奶登记系统的每头奶牛每月分析1次牛奶体细胞数，更加及时的掌握每头奶牛的乳房的健康状况。

三是检查挤奶机的工作状态：挤奶机工作状况的好坏不仅影响挤奶效率，而且影响奶牛乳房的健康状况。奶牛乳房健康计划工作人员除了检查奶牛乳房外，也对挤奶机进行检测。

四是修蹄：奶牛乳房健康计划建议奶农每年给奶牛修蹄1～2次。

五是急性乳房炎病例的乳样细菌学检查：奶牛乳房健康计划项目支付对奶牛急性乳房炎病例的乳样细菌学检查费用。细菌学检查可以帮助兽医人员选择合适的防治方法，同时可以指出疾病发生的潜在原因。

六是关注问题严重的牛群：奶牛乳房健康计划工作人员根据下列情况访问乳房炎严重的奶牛场：①牛群牛奶体细胞数升高；②基层兽医提出建议；③农户提出访问请求。工作人员检查现场找出各种易感因素，从所有的奶牛或一些有代表性的奶牛中采集奶样进行细菌学检查。6～12个月之后，进行第二次访问。每次访问的情况整理成报告交送奶农和基层兽医，使他们能够更好的掌握牛群的健康状况。工作人员还将两次访问结果进行比较，找出哪些方面有了改善，同时提出还有哪些方面需要进一步提高。奶牛乳房健康计划每年访问5%～10%的奶牛场。

2010年，瑞典农业机械公司De Laval发明生产了一部专门为奶牛洗浴，擦身的机器，这台“奶牛洗澡机”主要由一个旋转的刷头和水泵组成，它能够以恰当的速度旋转并为各种体形的奶牛擦拭身体，经常用这台机器洗澡可以加速奶牛的血液循环，从而提高它们的产奶量，同时经常使用“奶牛洗澡机”的奶牛患乳房炎的概率要比一般奶牛低34%。

除了奶牛乳房炎外，牛病毒性腹泻(BVD)和地方流行牛白血病(EBL)也被纳入控制之列。

20世纪90年代中期，瑞典全国实施了Friskko计划，即奶牛健康计划，该计划的核心是以疾病和疫病的早期预防为主，治疗为辅，改变了过去“有病治病”的被动思想。奶牛的所有健康记录被存储在互联网的全国奶协数据库中供查询。2004年，瑞典已经有300多个奶农协会为牛奶生产者提供服务，为奶牛场做预防性工作，以确保原料奶生产仅限于那些无各种牛属动物疫病的健康个体。

2.4 奶牛场粪污处理与环境保护技术进展

奶牛饲养业以不同的方式造成环境污染，奶牛粪便在牛舍中的累积以及在耕地中施肥，都会产生氨气向空气中释放；粪便中氮的流失可渗入地下水，特别是饮用水。如果氮的含量超过世界卫生组织规定的标准，地下水的氮污染就会成为问题。因此，瑞典在20世纪90年代开始重视奶牛饲养业所造成的环境污染问题，并制定了专门的法规。该法规要求，牛的粪便不得露天存放，必须存放在带有屋顶的建筑物内，以便减少氨气的释放量。该法规对耕地的最大施肥量也做出了明确限定。此外，不允许在秋季和早冬季节以粪浆的形式对草地施肥。目前，传统开放式的施肥方式已经被灌注的施肥方式所取代，瑞典的牧场达到了清洁化生产标准，粪便全部实现了无害化处理，使牧场周边环境中的异味明显减少(见图10)。另外，储存饲料的青贮袋包装严实，堆放整齐。

沼气作为一种可再生资源，是一种高质量的燃料，2006年的时候，全瑞典沼气池的数目已经达到了200多个，并以每年5个的数量在不断增加。沼气的原料很普遍，有机废料如牛粪、杂草等都可以用于制备沼气；沼气的用处也很广泛，可以用来加热，还可以用来发电，甚至可以作为一种机器燃料，制备沼气后剩下的废料又是一种非常好的作物肥料和土壤调理剂，有机废料经过沼气的循环之后便变成了一种资源，可以再次利用。瑞典在沼气的利用中已经取得了巨大的进步，同时还掌握着沼气净化的世界领先技术，这些都与瑞典政府的大力资助是分不开的。

图 10　奶牛场粪污处理(机器人清粪机、高效污水处理系统)

资料来源:http://www.hesitan.com。

乳业公司 Arla 实施的 Arla 农场质量保证计划对环境也有严格的要求,提供给 Arla 食品的原料奶必须来自注重自然环境的牛场。为了保护自然环境,奶牛场应该建立一个基于植物营养的营养素平衡,而且,不能使用杀虫剂。除非田间的杂草、病害和真菌的危害已经难以控制,才可以使用杀虫剂。另外,瑞典许多研究单位都在开展降低农场对环境的污染、减少浪费及资源利用最大化相关领域的研究。

3　原料奶质量控制与计价体系

3.1　提高原料奶质量的主要技术措施

在瑞典,从奶牛的饲养到成品的牛奶都有严格的标准。为了保证原料奶的质量,瑞典有 300 多个奶农协会为牛奶生产者提供各种服务,并且有 50 多位兽医深入全国,为奶牛进行预防性检查,以确保原料奶生产仅限于那些无各种牛属动物疫病的健康个体。

瑞典一直坚持奶牛饲料纯天然以及饲料企业的高准入标准。所有的饲料坚决不用抗生素和人工添加剂,所有的饲料企业必须要有国家颁发的合格证书,从而在源头上保证了畜产品安全。再者,瑞典对于农场提交的每一批牛奶都进行采样,全部样本都被送往原料奶检测实验室,检测其是否符合瑞典和欧盟的相关法规规定的收购标准。

欧盟委员会建立了在其框架内的食品与饲料快速预警系统,使成员国在人类健康风险发生或存在潜在风险的时候互通消息、快速预警,以便采取统一行动。瑞典最大的乳业公司 Arla 于 2003 年 10 月 1 日开始在瑞典和丹麦实施 Arla 农场质量保证计划。该计划的宗旨是在牛场重视奶牛福利,注重环境保护和具备记录追踪体系的条件下为消费者提供安全、营养的乳制品。

3.2　提高原料奶质量的主要政策措施

在瑞典,为保证及提高原料奶质量,政府及相关组织机构出台了许多的政策措施。首先,瑞典的奶牛防疫工作以疾病和疫病的早期预防为主、治疗为辅,不同于“有病治病”的被动思想。瑞典的奶农协会为牛奶生产者提供奶牛的防疫工作,对奶牛实行健康记录,并将奶牛的所有健康记录储存在互联网上的全国奶协数据库中供查询。

瑞典对奶牛的饲料也有严格规定。除了用精心选育出来的牧草来饲养,还要按时喂一些混合饲料。瑞典饲料企业必须有合格证书才被允许向奶牛场提供混合饲料(饲料企业获得 GMP 认可的依据是 ISO—

9002 质量管理标准和危害分析与关键控制点(HACCP)技术标准),这些混合饲料是由天然成分配制而成的,不含抗生素,不含任何人工合成的添加剂。

瑞典法律规定,对于农场提交的每一批牛奶都进行采样。全部样本都被送往原料奶检测实验室进行检测,看这些样本是否符合规定的收购标准。这些收购标准是根据瑞典和欧盟的相关法规制定的。如果某个农场主生产的牛奶未能达到标准要求,那么,该农场主将可能会被禁止向乳品加工企业提供牛奶。牛奶质量检测的内容有:体细胞数、冰点、细菌数、抗菌素的残留及感官度。除此之外,牛奶经常检测的项目还包括大量的有害物质,例如,二噁英、多氯联苯(PCBs)、黄曲霉素、重金属及兽药残留。

除了瑞典当局的规定外,瑞典的乳品加工行业组织自己也制定了质量管理体系,所有的乳品企业都要严格按照质量管理体系进行生产加工。体系中的标准在许多情况下比欧盟法规要求的还要严格。该体系包括工厂设计、车间管理、筹备和卫生等方面的标准。产品认证和 HACCP 认证体系提供了从农场到产品生产全过程的质量保障。乳品生产过程的质量保障检测内容有:质量管理标准实施情况;牛奶从奶牛场运输到加工厂过程中的技术标准执行情况;原料奶进入工厂后立即实施检测;加工设备的卫生标准执行情况;制定各种乳制品生产过程的议定书。

此外,Arla 公司在瑞典实行农场质量保证计划,要求所有参与的奶牛场都必须遵守瑞典饲料使用准则和动物保护准则,并要求牛场必须提供文件记录系统。计划要求产品的溯源性,一旦乳品质量出现问题,可以一直追溯到原料奶生产者。该计划主要目的是保证乳品的安全性,要求由牛场提供给 Arla 食品的原料奶必须在生产的每一个环节都控制在安全范围内。瑞典奶业协会建立了一个丰富的数据库,在这里,奶农能找到他们想知道的关于奶牛的任何知识。

此外,奶业行业的一些准则和相关政策一般是在一年后就进行修订。

3.3 监控原料奶质量的主要方法及惩罚措施

奶农使用的奶罐必须安装警报装置,并且能发出发散性的警报,能显示记录奶罐中的温度和清洗程序;在运送牛奶的运输车上需要安装自动抽样设备,并配有数据管理器,记录每次抽样的数据,包括牛奶的温度、容量等。牛奶样品应该一直保存在 0～4 ℃的温度条件下,并且样品需要在 30 h 之内送到检测实验室进行检测分析。如果样品的温度有偏差,必须进行评估再实施检测。

在瑞典,对原奶的质量检测工作一般由第三方来完成,他们会对奶农提供的样品进行检验,原料奶的检测样本是按不同的乳品公司的要求提供的。为保证样品具有代表性,需要对自动采样设备进行定期的检测,防止其对分析参数产生影响。

原料奶检测实验室分析检测后的数据都会以书面的形式反馈到奶农,若原料奶样品检测不合格,暂停该农场原料奶的收购,农场采取措施纠正问题,这些都将会在农场和乳品公司进行记录存储。在此期间对农场进行测试,若无问题,则继续原料奶的收购。

此外原料奶检测实验室还可以对奶牛的产奶能力进行检测,帮助奶牛群的改良,包括对奶牛的产奶量和奶中具体的脂肪,蛋白质及体细胞水平进行监控和分析,协助奶农优化生产,并通过原料奶检测实验室提供的详细检测数据来规划奶牛的饲养及繁殖,从而进行产量预测和风险防范。

瑞典一般是根据体细胞数或者细菌数的高低来惩罚或者奖励,惩罚那些在奶里掺水及抗生素的奶农。

3.4 原料奶计价体系

瑞典牛奶价格由 8 个乳品厂制定,他们加工了瑞典 99%的原料奶。每个乳品厂都有自己的价格体系。瑞典原料奶价格制定由以下的因素决定:脂肪和蛋白质、细菌数、体细胞数、孢子数、气味、冰点、质量等级及季节。

脂肪和蛋白质的测试为每月 3 次。表 6 显示了脂肪和蛋白质含量对价格的影响。

表 6 瑞典原料奶计价体系中脂肪、蛋白质含量对价格的影响

乳品公司	平均		加价		减价	
	脂肪(%)	蛋白(%)	超过脂肪平均值 0.1%	超过蛋白平均值 0.1%	低于脂肪平均值 0.1%	低于蛋白平均值 0.1%
Arla	4.2	3.4	2.7	3.3	2.7	2.2
Falkopingsmejeri	4.2	3.4	2.7	3.3	2.7	3.2
Gasene	4.2	3.4	1.7	2.2	1.7	3.2
Skanemejeri	4.0	3.4	2.2	3.3	2.2	3.3

引自李胜利,等瑞典奶业发展情况考察报告。

表 7 瑞典原料奶计价体系中细菌数和体细胞数对价格的影响

项目	测定频率	等级	范围	奖罚比例
体细胞数(1000/mL)	1 次/周	1S	≤200	+2%
		1E	201～300	+1%
		1B	301～400	0
		2	401～500	−4%
		3	≥501	−10%
细菌数(1000/mL)	1 次/周	1E	≤30	+1%
		1B	31～500	0
		2	51～200	−4%
		3	≥201	−10%
芽孢数		1E	≤400	+1%
梭状芽孢杆菌	1 次/月	1B	401～700	0
		2	701～2 000	−4%
		3	≥2001	−10%
蜡状芽孢杆菌	1 次/月	1E	≤200	+1%
		1B	201～350	0%
		2	351～1 000	−4%
		3	≥1001	−10%
抗生素	1 次/月	无		0
		3(有)		−10%
肉眼观察牛奶有无变化	1 次/周	无		0
		3(有)		−10%

引自李胜利等,瑞典奶业发展情况考察报告。

体细胞数和细菌数的检测为每 7 d 1 次,表 7 显示的是牛奶价格的奖罚与每毫升原料奶中的细菌数和体细胞数的关系。从表 7 中可以看出,瑞典原料奶中的体细胞数超过 40 万/mL,就要被罚平均收奶价格的 4%,超过 50 万/mL,就要被罚平均收奶价格的 10%。30 万～40 万不奖不罚,低于 30 万,有 1%～2%的奖励。细菌数超过 5 万 CFU/mL,就要罚款 4%,超过 20 万 CFU/mL,就要罚款 10%。梭状芽孢杆菌超过 700 个/mL,要罚款 4%,蜡状芽孢杆菌超过 351 个/mL,就要罚款 4%。如果检测出抗生素,罚款 10%。

2011 年瑞典 Arla 公司在全国原料奶的平均收购价格为 0.357 欧元/kg。从表 2 中可以看出，瑞典原料奶的收购标准要高于欧盟的标准。欧盟的收购标准为体细胞数＜40 万/mL，细菌数＜10 万/mL，抗生素不得检出。

4 科技推广体系

4.1 主要研究与推广机构

瑞典政府不设科学技术的部级科技管理机构，农业科研和环境保护主要由农业部下属的农林研究理事会负责。国家下拨给的农业科研经费占总科研经费的 2%，部分经费来自企业。政府明确提出“质量低劣的科研工作比没有更糟糕”，要求高质量与高水平的科研。目前，瑞典在环保、生态学、分子生物学等研究领域中处于国际先进水平。在奶业领域，拥有全国性组织一瑞典奶业协会，联合育种体系一微蝌国际育种公司，多个乳业机械、乳业自动化、乳制品加工、乳制品检测分析公司，大学和科研单位、咨询机构等。

4.1.1 瑞典奶业协会(SMR)

瑞典奶业协会是由成员社持股形成的股份公司，是瑞典奶业合作社的主要代表。它由 8 个成员社组成，其中最大的成员社是瑞典中南部地区的合作社 Arla。详细情况在乳品加工业发展概况中已讲述。

瑞典奶业协会收集、开发和交流从奶牛到消费者的整个产业链的信息，包括营养、牛奶质量、环境问题、政策牛奶、牛奶经济、管理、奶牛的数据、饲养、动物福利、育种等。瑞典奶业协会在斯德哥尔摩、埃斯基尔斯蒂娜、乌普萨拉、隆德等设有办事处，大约有 100 名员工。

4.1.2 微蝌国际育种公司(Viking Genetics)

Viking Genetics 北欧三国(丹麦、瑞典、芬兰)形成联合育种体系，是由奶农拥有的北欧最大的育种公司，已有 50 多年历史，有 2 万头注册奶牛，超过 450 头验证种公牛。在瑞典、芬兰和丹麦建有 7 个种公牛站。其中位于丹麦总部的种公牛站是最大的，共有 280 头验证种公牛。于 2009 年 7 月官方公布奶牛基因组评估的结果，其资源群体规模约 3 000 头，青年公牛的基因组育种值采用分级形式表示，区别于验证公牛。

Viking 公司每年生产 400 万支冻精，其中 100 多万支用于出口，美国是其最大的出口市场，其冻精还出口德国、俄罗斯、英国和南非等地。中国也是一个非常重要的市场，2011 年已出口 5 万支冻精至中国。2010 年共生产 21 万支性控冻精。165 名雇员从事公牛站、实验室、管理、育种、信息、市场等方面工作。

4.1.3 欧洲联合基因组选择体系(EuroGenomics)

2009 年秋，EuroGenomics 的 5 个成员 UNCEIA(France)、VikingGenetics(Denmark/Sweden/Finland)、CRV(Netherlands/Belgium)、DHV 及 vit(Germany)同意对基因组 SNP 标记数据进行交换，每个成员提供 4 000 个验证公牛信息，于 2010 年 3 月由合作伙伴共同组建以 Illumina Bovine SNP50 芯片为基因组 SNP 标记检测通用平台，参考群体规模为 1.6 万头验证公牛的联合项目，群体融合北美与欧洲地区的荷斯坦牛遗传血统，构建起几乎完整覆盖荷斯坦牛遗传变异的基因组选择资源群体。资源群体公牛的后代女儿超过 1 900 万，信息完整可靠。初步结果表明，欧洲联合后的基因组育种值估计可靠性将提高约 10 个百分点。该项目的顺利实施与开展，极大提升了欧洲在奶牛基因组选择领域的竞争优势。

4.1.4 梅瑞斯公司(MIRIS)

梅瑞斯(MIRIS AB)公司是一家瑞典高科技上市公司，成立于 2001 年，是一家以研制和生产乳及乳制品成分分析仪为主要业务的公司，主导产品是中红外乳品分析仪。采用经过 AOAC(世界分析化学联合会)

和 IDF(国际乳品联合会)承认的中红外分析技术,可以快速、简单并准确地分析出奶样中乳脂、乳蛋白、乳糖、能量、干物质及非脂固形物含量,以及加水率等各项指标,还可实现乳房炎的检测,并且可精确到每一个乳区,以便采取有效的治疗和预防措施。

目前,梅瑞斯已经实现了检测技术的前端延深,在牧场就可以控制原料奶的质量,下一步,梅瑞斯要实现检测的后端延伸,也就是市场监督和管理部门也可以通过梅瑞斯的便携式检测仪对超市中所销售的乳制品进行即时检测。

4.1.5 爱氏晨曦乳品公司(Arla Foods)

Arla Foods 是丹麦 MD Foods 和瑞典 Arla 两家乳品合作社企业于 2000 年 4 月 17 日正式合并而成,这是合作社历史上的第一次跨国合并。该公司是欧洲最大的乳品集团,成立于 1863 年,总部位于哥本哈根,至今已有近 150 年的历史,是欧洲历史最为悠久、规模最大的乳业公司,也是全球最大的有机乳品生产商。有会员农民约 14 909 户,丹麦 7 921 户,瑞典 6 988 户。年加工牛奶 71 亿 kg,分别为:丹麦 40 亿 kg、瑞典 22 亿 kg、英国 9 亿 kg。瑞典的 Arla 公司占本国市场约 60%。目前,Arla Foods 在全球拥有 2 万多名员工、超过 200 名研发专家,2011 年营业收入 550 亿丹麦克朗(约为 100 亿美元),排名世界第五。

4.1.6 利乐拉伐集团(Tetra Laval)

利乐拉伐集团旗下包括利拉伐(DeLaval)、利乐(Tetra Pak)和西得乐(Sidel)。1883 年由 Gustaf de Laval 和 Oscar Lamm 建立,1991 年,利拉伐从阿法拉法农(Alfa Laval)公司分离出来,该公司是一家乳制品和农业机械的领先制造商。利拉伐生产提供乳业机械,乳业自动化解决方案。为客户提供最新挤奶、饲喂、冷却,以及牛奶处理、管理系统,奶牛护栏、能源回收、粪便处理等一系列相关产品。同时,一直持续地扩展牧场供应体系,如清洗剂、清洁用品、消毒液、奶衬及其他橡胶件,电围栏、牧场设备保养等。

利乐的产品种类繁多,为巴氏消毒和无菌包装产品提供的包装系统不少于 12 种,基本分为纸包装和塑料包装两类。在常温纸盒包装业务领域,利乐公司处于世界领先地位。Tetra Pak 一直被认为是无菌包装及加工技术领域的先驱。西得乐设计、制造、装配、供应及出售采用以下 3 种主要包装类别包装液态食品的配套包装生产线:玻璃瓶(一次性使用并可回收)、塑料(PET、HDPE 与 PP)及饮料罐。

4.1.7 家畜育种生产协会

在 50 年代建立家畜育种生产协会的家畜饲养者认识到综合资料收集对育种和推广工作的重要性。60 年代初,第一台中心计算机用来处理牛奶记录信息,建立奶牛资料中心库,从此,不同来源的信息的综合成为家畜生产的更有效的手段。在该奶牛资料中心库,信息按每头家畜的户头贮存。信息库的关键是官方确认号,它由牛群号、耳号和出生年份组成,这种编号不会重复,也不会改变。如果家畜从某一群移到另一群,计算机将跟踪其行动。自从 1995 年,根据欧共体的规定,瑞典所有的牛只都必须进行登记。信息的主要来源是牛奶记录、人工授精、兽医治疗和诊断。

该系统的目的是建立一个满足各种需要的完善的信息系统,但其资料只需一次性输入。最重要的用处是为奶农的日常工作和生产计划制定提供有价值的信息。另外,它是育种评价、研究、推广、管理和统计的基础。

4.1.8 瑞典畜牧研究中心

瑞典农业科学大学(SLU)的兽医和动物科学学院(VH)正在设定新的畜牧设备,在乌普萨拉(Uppsala)建立瑞典畜牧研究中心。2009 年动工,在 2012 年夏初可看到欧洲研究和检测奶牛、猪、家禽最先进的设施。

瑞典畜牧研究中心的系统设施吸引着来自瑞典和国际上的研究者,其研究包括奶牛、猪、禽类的整个产业链。对数据收集和处理的基础设施已经建立,数据库将不断地收集和储存设备中关键产品参数和个体动物水平的数据,和生产参数相关的动物样本将储存在生物资料库。这些都可以为控制和评估实验性操作提供很好的数据。在SLU的畜牧和食品科学专业的博士研究生可使用瑞士畜牧研究中心的登记数据。

牛舍设备可以供300头奶牛和300头替代动物使用。畜群包括等量的荷斯坦奶牛(SLB)和瑞士红牛(SRB)被散养在畜棚整,用自动旋转室或传统自动系统进行挤奶。因研究、教学和实验等在短时间内将奶牛圈养。新生的牛犊24 h从单围栏中转移到干草棚中,在6个月时,转移到牛棚。小公牛卖掉,小母牛为替代而保留下来。牛舍以外由可耕种的60 hm^2 牧场和90 hm^2 半天然牧场包围。

4.1.9 国家兽医机构(SVA)

国家兽医机构(SVA)是瑞典的一个政府机构,1911年建立于乌普萨拉,处理农业、食品和消费者事务。国家兽医机构是一个专门的兽医学组织,旨在通过预防、诊断和控制动物间传染性疾病提高动物健康。它专门研究病毒学、细菌学、抗生素抗性、寄生物学、化学、食品安全、疫苗学和病理学。为控制接触性传染病提供建议和经授权的调查和程序操作,其中主要授权之一是人畜共患病传染。

4.2 运作模式

在瑞典,奶业的长足发展得益于完善的社会化服务体系。政府引导,多个民间组织协作,多种咨询服务。瑞典有300多个奶农协会为牛奶生产者提供服务,50多位兽医深入全国,为奶牛场做预防性工作。

政府计划引导,政府下设10个部,它们主要为政府起草新的提案、计划、法规并做出宏观决策。计划、法规、政策的贯彻实施由100个在一定程度上独立的中央管理部门和21个省级,289个市级地方政府负责(省、市级政府无权属关系,相对独立)。

根据瑞典法律,建立记录和育种评价条例。法律授权不同的育种组织设计、实施并监督记录和育种评价工作。各种民间组织,如奶业联合体、合作屠宰组织、合作购销组织、奶牛记录及人工授精组织、畜牧协会、良种登记组织。全国性组织,如瑞典家畜育种生产协会、畜牧协会、种公牛站、牛与猪良种登记组织和肉牛生产组织,等,负责官方记录和育种评价工作,设计、支持和运行计算机系统,人员教育,牛的保健服务等。此外,还有多个组织提供咨询服务,如国家雇员的咨询服务、乌普萨拉农业大学的教育及科研工作、畜收生产服务咨询部门的雇员,许多不同专业的人在咨询服务领域从事人工授精及牛奶记录技术工作,他们每天与农民保持联系。奶牛资料中心库记录奶牛信息,官方谱系登记包含在牛奶记录服务中,自记录日起6 d内,奶农就能收到他的每月牛奶记录报告,由此,农民能知道关于生产、繁殖、牛只或牛群健康等方面的信息。农业产业化经营是现代化农业的理想经营模式。在瑞典,这一点通过农协已基本实现,从物流方向看,可概括为两种形式:农产品→农协→市场,或农产品→农协、加工→市场,无论哪种方式,都通过农协实现了农产品和市场的良好对接,使农业步入产业化经营轨道。同时,瑞典农业在运作中非常注重生态环境保护其采取的措施包括制定农业生态环境保护的法律法规;采取行之有效的农业生态环境保护税收政策;生态恢复行动与计划等。

5 促进奶业发展的主要政策

5.1 促进奶业生产政策

瑞典的奶业生产主要以小规模的家庭农场生产方式存在和运行的,瑞典政府只负责奶业政策的制定和监察,从宏观角度对奶业生产方向、食品安全等进行政策引导,不直接介入奶业生产经营。直接进行指导及经营运作的是民间组织,即奶牛合作社,奶农在自愿的基础上组成合作社,由合作社统一经营、核算和利润分成,产—供—销链条能够有效运转,奶业生产不断发展;并为奶农提供信用贷款、选种选配、饲养管理、农机采购等方面的优质服务,使奶农直接受益。合作社一般都建有乳品加工厂,在解决原料奶市场销售的同时实现利润的最大化。而乳品加工的利润，一部分用于扩大再生产，一部分返还给奶农作为股份和交奶量的红利，还有一部分用于补贴为奶农提供各种服务。这种组织形式以经济利益为纽带把奶农与乳品加工场紧密连接在一起，形成了牢固的利益共同体，促进了瑞典小规模牧场的良性发展。

1995年瑞典加入欧盟，欧盟通过采取对部分产品分配配额、实行休耕以及由价格支持转变为直接支持等措施来努力对部分农产品的生产过剩进行解决。另外，欧盟共同农业政策还包括了地区性补贴，其融资部分来自欧盟内的环境补贴。瑞典农民的收入更多的来自欧盟对农民不同形式的直接补贴。据统计，1996—1998年瑞典农民的实际收入分别为47亿、48亿和42亿克朗。瑞典生产的乳制品的配额为330万t，因受配额限制，瑞典政府通过调控实现配额管理，根据农户的土地面积，规定养牛（配额）头数，政府按计划收购配额内肉牛或奶牛产品并给予补贴，超过配额的部分将受高额的税收惩罚。

5.2 促进奶业加工政策

自加入欧盟以来，瑞典政府一直在努力通过政策提升农业生产竞争力，在可持续生产的基础上，打破欧盟内部的贸易壁垒，以便创造更加开放的市场，并有助于建立一个更加全球化的乳制品市场。欧盟实施统一的农业政策，规定了动物福利、环境和补助性等条例，同时提供了欧盟内的法律和立法框架。除了欧盟框架，每个国家都有独立法律、税收、补贴等个别系统。对奶牛场而言，补助和减税可被看作成本的下降，而不是确保最低收入。补贴能使奶牛场维持生产，为奶牛场带来了成本的竞争优势。

在税收方面主要有资本税、法人税、能源税、土地税和肥料税。资本税在瑞典可以低至20%甚至更低。法人税长期以来维持在28%，但在2009年调整为26.3%，取消了重复课税或降低法人税。能源税主要为电力、柴油和燃料油税，对于农业用电，超过0.000 52 Euro/(kW · h)(0.05 SEK)被返还给奶牛场并且不收税；柴油和燃料油除了能源税外，还要附加CO_2税，在2007—2010年间的CO_2税79%返还。在2011年法规已进行了修改，柴油的CO_2税返还率低于70%。在瑞典，农业用地不用交税，并于2010年废除了肥料税。

在补助和支付法规方面，瑞典的农业法律保护以家庭为单位的农牧业生产，确保土地私有化、土地租赁、维护土地质量与环境等。农民可以从商业银行或专门服务于农业的信托银行贷款购买和租赁农场，并通过多种途径获得补贴。在奶牛屠宰方面政府补贴金额如下：成年牛每头补贴80欧元/头，小于7个月或体重低于152.5 kg的牛，每头补贴50欧元/头。对种牛的补助更多，若获得小母牛后代，每头补助111欧元。2007年配额内的原料奶补助为2.27美分/kg。在维护生态环境方面进行补贴，邻近河流的农场补贴为314欧元/hm^2，为减少氮排放，鼓励牧场种植不少于20%的作物并进行补贴，另外，对草原、半天然草原和利用率低的土地的使用均有补贴。在紧急援助方面，在2008年4月1日至2009年3月31日期间，奶牛场主每吨原料奶得到2.35欧元补助，共计获得643万欧元。

为提高产品质量及企业的竞争力，并确保环境和动物福利的提高，瑞典的社会发展计划大力支持农业综合企业的发展，对减少环境影响、提高能源使用效率、可再生资源产品等方面的投资进行补贴，斯堪尼亚地区的投资补助为15.5万欧元，若对奶牛场投资则增加5万欧元。另外，对环保做出贡献的、在环境政策允许范围内的企业，中央政府将给予一定的奖励和返税。

5.3 促进奶业贸易政策

利用进口税收、干预价格收购、出口补贴以及直接补贴等措施，欧盟对其乳产品市场进行保护。瑞典主要的乳产品贸易伙伴集中在欧盟国家中，而与非欧盟国家之间的乳产品贸易受到了欧盟关税和其他保护措施的限制。瑞典的出口企业在出口某些乳产品时可以获得相应的补贴以弥补乳产品在欧盟共同市场与世界市场之间的价格差异。1995年以后，根据新的GATT/WTO协议中乳制品部分的规定，固定的海关关税取代了各种变化的进口关税。此外，根据协议无论对农产品的国内补贴还是出口补贴都规定了最高限额。

5.4 促进奶业消费政策

在奶业消费方面，与欧盟其他成员国一样，实施干预购买和私人储备援助计划。由欧盟制定乳制品市场参考价格，根据市场供需关系的变化决定是否干预购买和私人储备援助计划，一旦启动上述计划，政府将给予相应的补贴，以保障奶农利益及奶业的可持续发展。

6 值得借鉴的主要经验

6.1 经营模式方面的经验

第一，瑞典制定并严格实施质量控制体系，值得我们借鉴。瑞典原料奶的收购标准要高于欧盟的标准，瑞典对于农场提交的每一批牛奶都进行采样，所有样本均进行原料奶检测，判定其是否符合收购标准。若检测的牛奶未能达到标准要求，奶牛场将面临罚款、降低牛奶的收购价格和暂时停收牛奶的处罚。另外，瑞典的乳品加工行业也制定了质量管理标准，这些标准在许多情况下比欧盟法规要求的还要严格。尤为重要的是，瑞典的奶牛场和乳制品加工企业均能够严格执行相应的体系标准，进而生产出优质放心的乳制品。我国虽然也有相应的质量控制体系，但由于受饲养水平、技术条件及利益驱动等诸多因素的影响，乳制品安全事件频发，一些乳品企业为了抢夺市场份额，混淆概念、盲目夸大乳制品的功能，个别企业缺失诚信，误导消费者，给奶业的发展带来巨大的危机。

第二，瑞典精细化小规模养殖模式可为我国的奶牛小区模式提供参考。由于瑞典土地资源有限，奶牛养殖主要采用私人牧场的形式，每个奶牛场平均66头奶牛，采用的是经济学计算的经济利益最大化的模式。奶牛规模化养殖是市场、资源和技术共同支撑的结果，能达到多大规模、如何实现规模化、规模化进程所需要多长时间和采用何种方式，则必须根据国家的实际情况进行探索和创新，不能生搬硬套。我国奶牛养殖方式主要表现为规模化养殖场、奶牛小区和奶农散养三种类型，奶牛小区是我国奶牛养殖业由小户散养向规模化发展的过渡类型，其中奶牛小区、奶农散养方式仍占有相当大的比例并可能长期存在，在饲养管理、选种选配、疫病防治等诸多方面还存在问题，始终面临成本攀升、质量偏低、环境压力大等挑战，需要学习借鉴瑞典等国先进的养殖模式和管理经验，提高我国奶牛小区的竞争力。

第三，瑞典利用现代科技发展奶业值得我们学习借鉴。瑞典奶业的生产经营注重现代农业科技的应用，将最新的农业科研成果应用于奶业生产实际，实现了奶牛的数量扩张型向奶牛个体生产力水平提高型的根本转变。现代饲养管理技术、先进的农业机械、牛群的智能化管理及最新的环保技术等均应用于奶业生产，实现了奶牛个体的数字化管理，大大地提高了农场主的管理和决策效率。而我国奶牛业大多还处于手工劳动、粗放经营的状态。

第四，瑞典奶牛合作社的组织运营模式值得我们学习借鉴。对于瑞典奶业来说，奶牛合作社是奶业不断发展的、不可缺少的有效组织形式，它植根于奶业，服务于奶业，依靠奶业来求得生存和发展，实现了乳制品与市场的良好对接，使乳业步入产业化经营轨道，把分散的奶农通过产品集合起来，以合力应对市场，强化了国家乳业在世界市场上的地位与竞争力。在我国当前的奶业政策和产业结构框架下，乳品企业原料奶不足，仍有一部分原料奶还是来源于奶农分散饲养的奶牛，奶农与乳制品企业的关系必然充斥着对立与博弈。供应充足的时候，企业压价，甚至出现“倒奶”，进而出现奶农杀牛等事件；供应紧张的时候，企业抢奶，并利用单方检测权损害奶农的利益。虽然也有地方性的奶牛合作社或乳品企业的奶牛小区，仅体现于集中养殖、挤奶、销售等阶段，并未与奶农在组织管理、利益等方面有直接的关系，难以发挥产—供—销链条，更难以发挥技术服务、实现奶业产业化的作用。

6.2 科技创新方面的经验

第一,养殖设备的技术创新。在瑞典无论是家庭式牧场还是利拉伐生产示范牛场,人工劳动式的生产已被高度机械化、自动化作业式的劳动方式所替代。从牛舍设计、制冷系统、机械通风饲喂和粪污处理设备、自动喂料系统、挤奶设备及最先进的机器人挤奶系统均取得快速发展,普遍采用先进的散栏式饲养和TMR饲喂。我国奶牛场还多处于机械强度不高,手工劳动、粗放管理的阶段,需要通过先进的技术设备提高生产效益。

第二,瑞典在全国实施奶牛健康计划。该计划的核心是以疾病和疫病的早期预防为主,治疗为辅,根本性改变"有病治病"的被动策略,50余名兽医深入全国参加该计划,为奶牛场作预防性工作,以确保无结核病、布氏杆菌病、白血病等疾病的健康奶牛生产原料奶,确保优质奶源个体。对每头奶牛都实行身份和注册管理,奶牛的所有健康记录被存储在互联网的全国奶协数据库中,可供奶牛场主和乳品加工企业查询。至2004年,瑞典已经有300多个奶农协会为牛奶生产者提供服务,为奶牛场做预防性工作。我国除了口蹄疫及"两病"防控形势严峻外,奶牛业还饱受乳房炎、蹄病、繁殖障碍等多种疾病的困扰,导致奶牛淘汰率升高、生产性能下降。

第三,瑞典的农场质量保证计划。Arla乳业公司于2003年开始在瑞典实施Arla农场质量保证计划。该计划的宗旨是在牛场重视奶牛福利,注重环境保护和具备记录追踪体系的条件下为消费者提供安全、营养的乳制品。计划要求所有参与的奶牛场都必须遵守瑞典饲料使用准则和动物保护准则,同时还要求牛场必须提供文件记录系统,若不能严格执行则进行惩罚;计划要求产品的溯源性,如果一旦乳品质量出现问题,可以一直追溯到原料奶生产者;计划要求乳品的安全性,由牛场提供的原料奶必须在生产的每一个环节都控制在准则要求的环境条件,除了要遵守瑞典饲料使用准则和动物保护准则外,精饲料、粗饲料、水源、奶罐和挤奶设备、参观等均有详细的要求;计划对原料奶的口感、气味以及原料质量进行检测;计划对动物福利和环境有严格的要求;并对计划的实施进行跟踪管理。我国部分企业还不能严格控制每一个环节,管理混乱,并造成多次的奶业危机。

6.3 产业政策方面的经验

欧盟通过采取对部分产品分配配额、实行休耕以及由价格支持转变为直接支持等措施来努力解决部分农产品的生产过剩问题。另外,欧盟共同农业政策还包括了地区性补贴,其融资部分来自欧盟内的环境补贴。通过进口税收、干预价格收购、出口补贴以及直接补贴是欧盟对其乳产品市场进行保护的主要手段。

除了执行欧盟的产业政策方面,瑞典奶业在资本税、法人税、能源税、土地税和肥料税等方面均有减免税的优惠政策。在补助和支付法规方面,瑞典的农业法律保护以家庭为单位的农牧业生产,确保土地私有化、土地租赁、维护土地质量与环境等方面进行了明确的规定,并在奶牛屠宰、原料奶、土地使用等多种途径进行补贴,促进了瑞典奶业的持续健康发展。

参考文献

[1]李胜利,王林昌,柴彤涛、瑞典奶业发展情况考察报告.北方牧业:奶牛,2006(10):54-56

[2]Policies affecting the competitiveness of dairy production inSweden, Denmark and Germany. http://stud.epsilon.slu.se

[3]张名臣,张洪涛,李彦彬.DPC21软件和计步器在奶牛场中的应用.黑龙江动物繁殖,2008,3(16):45-46

[4]李胜利,张胜利,刘建新等.奶牛产业与技术进展.中国畜牧杂志,2011,47(4):42-46

[5]胡松华，瑞典奶牛主要疾病与防治，中国奶牛. 1994(1)：42－43
[6]瑞典农业概况 http://www.iqstap.com/List.asp? ArticleID=577
[7]世界粮农组织网站 http://faostat.fao.org/
[8]欧盟统计网站 http://epp.eurostat.ec.europa.eu/portal/page/portal/eurostat/home/
[9]瑞典统计局官方网站 http://www.scb.se/
[11]瑞典农业局网站 http://www.jordbruksverket.se/swedishboardofagriculture/statistics
[12]瑞典奶业协会网站 http://www.svenskmjolk.se/

执笔　山东省农业科学院奶牛研究中心：何洪彬　宋玲玲　王洪梅　侯佩莉　上官陶
刘晓　杨慧婷　赵贵民　程凯慧

附　表

附表 1　奶牛头数、单产水平和总产奶量(1961—2011)

年份	奶牛头数（千头）	平均单产（kg/头）	总产奶量（万 t）	年份	奶牛头数（千头）	平均单产（kg/头）	总产奶量（万 t）
1961	1 195	—	—	1987	576	6 036	3 477
1962	1 185	—	—	1988	565	6 097	3 445
1963	1 132	—	—	1989	569	6 010	3 420
1964	1 055	3 446	3 636	1990	576	6 111	3 520
1965	987	3 703	3 655	1991	528	6 098	3 220
1966	947	3 742	3 544	1992	526	6 084	3 200
1967	872	3 805	3 318	1993	525	6 261	3 287
1968	838	3 938	3 300	1994	509	6 595	3 357
1969	779	4 096	3 191	1995	482	6 728	3 243
1970	723	4 086	2 954	1996	466	7 122	3 319
1971	686	4 197	2 879	1997	468	7 000	3 276
1972	683	4 351	2 972	1998	449	7 298	3 277
1973	699	4 278	2 990	1999	449	7 347	3 299
1974	691	4 437	3 066	2000	427	7 721	3 297
1975	677	4 679	3 168	2001	418	7 871	3 290
1976	665	4 882	3 247	2002	417	7 736	3 226
1977	654	4 968	3 249	2003	402	7 975	3 206
1978	651	5 066	3 298	2004	404	7 993	3 229
1979	654	5 190	3 394	2005	386	8 194	3 163
1980	656	5 282	3 465	2006	388	8 067	3 130
1981	661	5 289	3 496	2007	370	8 070	2 986
1982	665	5 495	3 654	2008	357	8 367	2 987
1983	661	5 620	3 715	2009	354	8 285	2 933
1984	656	5 785	3 795	2010	348	8 224	2 862
1985	646	5 720	3 695	2011	346	8 237	2 850
1986	600	5 888	3 533				

资料来源：瑞典统计局(SCB)，瑞典农业局，index mundi。
注：一为缺失值。

附表 2　奶牛屠宰量(1961—2011)　　千头

年份	屠宰头数	年份	屠宰头数
1961	0	1987	230
1962	0	1988	213
1963	0	1989	222
1964	0	1990	228
1965	0	1991	221
1966	0	1992	196
1967	0	1993	—
1968	0	1994	—
1969	279	1995	—
1970	279	1996	—
1971	229	1997	—
1972	195	1998	—
1973	207	1999	—
1974	242	2000	—
1975	235	2001	—
1976	239	2002	173.4
1977	230	2003	165.5
1978	220	2004	162.3
1979	226	2005	159.3
1980	236	2006	157.3
1981	239	2007	152.2
1982	245	2008	137.5
1983	263	2009	114.08
1984	245	2010	109.74
1985	263	2011	102.30
1986	245		

资料来源:瑞典统计局(SCB),瑞典农业局,index mundi。
注:—为缺失值。

附表 3　主要乳制品产量(1961—2011 年)　　千 t

年份	液态奶	奶油	奶酪	脱脂奶粉	奶粉	黄油
1961	—	—	—	—	—	—
1962	—	—	—	—	—	—
1863	—	—	—	—	—	—
1964	—	—	57	23	—	80
1965	—	—	59	31	—	80
1966	—	—	59	33	—	75
1967	—	—	60	31	—	65

续表

年份	液态奶	奶油	奶酪	脱脂奶粉	奶粉	黄油
1968	—	—	59	38	—	66
1969	—	—	58	41	—	63
1970	—	—	60	35	—	50
1971	—	—	66	42	—	46
1972	—	—	66	50	—	56
1973	—	—	68	49	—	56
1974	—	—	75	50	—	58
1975	—	—	81	45	—	56
1976	—	—	84	43	—	61
1977	—	—	87	40	—	61
1978	—	—	94	36	—	63
1979	—	—	96	43	—	65
1980	—	—	96	43	—	66
1981	—	—	103	40	—	64
1982	—	—	108	49	—	70
1983	—	—	115	53	—	73
1984	—	—	116	61	—	77
1985	—	—	109	58	—	74
1986	—	—	106	48	—	66
1987	—	—	107	46	—	64
1988	—	—	115	36	—	61
1989	—	—	109	48	—	44
1990	1357	77.3	115.7	51	57.6	49.2
1991	1335	78.6	114.5	31	38.8	37.9
1992	1327	81.2	117.3	30	36.8	36.9
1993	1319	83.6	125.8	37	43.9	38.9
1994	1318	86.4	132.9	34	41.7	32.0
1995	1309	89.4	128.5	35	34.8	28.0
1996	1 310	92.1	127.1	29	37.4	30.1
1997	1 278	92.4	118.4	—	37.7	32.7
1998	1 316	92.6	125	—	38.6	30.9
1999	1 304	94.2	128.4	—	40.3	26.1
2000	1 285	96.2	126.6	—	47.1	29.8
2001	1 281	99.8	124.9	—	45.2	30.2
2002	1 291	92.5	128.3	—	38.8	28.5
2003	1 278	90.7	125	—	40.9	30.2
2004	1 272	90.1	117.8	—	48.1	32.1

续表

年份	液态奶	奶油	奶酪	脱脂奶粉	奶粉	黄油
2005	1 257	89.2	118.2	—	48.5	26.9
2006	1 221	90.4	118.9	—	49.5	26.1
2007	1 191	94.1	108.8	—	51.7	21.4
2008	1 187	96.5	114.2	—	57.0	21.0
2009	1 172	103.9	107.6	—	57.6	23.7
2010	1 178	109.7	103.1	.	48.9	18.6
2011	1 139	109.9	103.3	—	50.7	17.3

资料来源：瑞典统计局(SCB)，瑞典农业局，index mundi
注：—为缺失值。

附表 4　乳制品人均消费量(1961—2011)　kg/年

年份	人均主要乳制品消费量				
	饮用奶	奶油	奶酪	奶粉	黄油
1961	—	—	—	—	—
1962	—	—	—	—	—
1963	—	—	—	—	—
1964	—	—	7.4	—	10.4
1965	—	—	7.6	—	10.3
1966	—	—	7.5	—	9.6
1967	—	—	7.6	—	8.2
1968	—	—	7.4	—	8.3
1969	—	—	7.2	—	7.9
1970	—	—	7.4	—	6.2
1971	—	—	8.1	—	5.7
1972	—	—	8.1	—	6.9
1973	—	—	8.3	—	6.9
1974	—	—	9.2	—	7.1
1975	—	—	9.9	—	6.8
1976	—	—	10.2	—	7.4
1977	—	—	10.5	—	7.4
1978	—	—	11.3	—	7.6
1979	—	—	11.6	—	7.8
1980	—	—	11.5	—	7.9
1981	—	—	12.4	—	7.7
1982	—	—	13.0	—	8.4
1983	—	—	13.8	—	8.8
1984	—	—	13.9	—	9.2
1985	—	—	13.0	—	8.9

续表

年份	人均主要乳制品消费量				
	饮用奶	奶油	奶酪	奶粉	黄油
1986	—	—	12.6	—	7.9
1987	—	—	12.7	—	7.6
1988	—	—	13.6	—	7.2
1989	—	—	12.8	—	5.2
1990	157.9	8.9	13.4	6.7	5.7
1991	154.4	9.0	13.2	4.4	4.3
1992	152.6	9.3	13.4	4.2	4.2
1993	150.8	9.5	14.3	5.0	4.4
1994	149.5	9.8	15.0	4.7	3.6
1995	148.1	10.1	14.5	3.9	3.1
1996	148.1	10.4	14.3	4.2	3.4
1997	144.4	10.4	13.3	4.2	3.6
1998	148.6	10.4	14.1	4.3	3.4
1999	147.1	10.6	14.4	4.5	2.9
2000	144.6	10.	14.2	5.3	3.3
2001	143.7	11.2	14.0	5.0	3.3
2002	144.3	10.3	14.3	4.3	3.1
2003	142.3	10.1	13.9	4.5	3.3
2004	141.1	9.9	13.0	5.3	3.5
2005	138.9	9.8	13.0	5.3	2.9
2006	133.9	9.9	13.0	5.4	2.8
2007	129.6	10.2	11.8	5.6	2.3
2008	128.2	10.4	12.3	6.1	2.2
2009	125.4	11.1	11.5	6.1	2.5
2010	125.1	11.6	10.9	5.1	1.9
2011	120.1	11.5	10.8	5.3	1.8

资料来源：瑞典统计局(SCB)，瑞典农业局，index mundi。

附表 5　主要乳制品进出口贸易量(1961—2011)　　t

年份	进口量					出口量				
	奶粉	奶酪	鲜奶	脱脂奶粉	黄油	奶粉	奶酪	鲜奶	脱脂奶粉	黄油
1961	—	—	—	—	—	—	—	—	—	—
1962	—	—	—	—	—	—	—	—	—	—
1963	—	—	—	—	—	—	—	—	—	—
1964	—	9	0	0	0	—	5	0	3	9
1965	—	9	0	0	1	—	3	0	1	8
1966	—	9	0	0	0	—	4	0	9	7

续表

年份	进口量					出口量				
	奶粉	奶酪	鲜奶	脱脂奶粉	黄油	奶粉	奶酪	鲜奶	脱脂奶粉	黄油
1967	—	10	0	0	0	—	4	0	3	5
1968	—	11	0	0	0	—	4	0	2	7
1969	—	13	0	0	0	—	0	0	9	8
1970	—	13	0	9	0	—	1	0	3	7
1971	—	15	0	16	2	—	2	0	0	6
1972	—	12	0	1	0	—	3	0	19	11
1973	—	11	0	0	0	—	3	0	15	9
1974	—	12	0	0	0	—	3	0	16	12
1975	—	16	0	0	0	—	3	0	5	8
1976	—	17	0	0	0	—	3	0	31	9
1977	—	19	0	0	0	—	3	0	6	9
1978	—	18	0	0	0	—	3	0	15	10
1979	—	16	0	0	0	—	3	0	12	12
1980	—	15	0	0	0	—	1	0	11	10
1981	—	13	0	0	0	—	2	0	15	10
1982	—	11	0	1	0	—	3	0	19	14
1983	—	11	0	1	0	—	3	0	31	15
1984	—	14	0	1	0	—	6	9	29	15
1985	—	15	0	1	0	—	5	10	27	15
1986	—	14	0	1	0	—	4	10	18	8
1987	—	15	0	1	0	—	4	11	29	10
1988	—	16	0	1	0	—	3	10	11	8
1989	—	17	0	1	0	—	4	13	17	18
1990	—	21	0	2	0	—	4	9	31	32
1991	—	23	0	3	0	—	4	2	17	21
1992	—	21	2	2	0	—	2	0	5	17
1993	—	20	2	1	0	—	3	0	9	21
1994	—	24	1	4	1	—	7	0	6	9
1995	—	21	2	0	0	—	9	0	10	14
1996	3.5	25.9	0	3	1	8.9	8	0	8	17.7
1997	3.3	30.8	—	—	—	18.3	11.9	—	—	22.1
1998	3.2	35.4	—	—	—	24.6	16.1	—	—	17
1999	4	39	—	—	—	16.9	16.6	—	—	16.4
2000	2.1	39.4	—	—	—	20.3	18.5	—	—	17.7
2001	2	40.7	—	—	—	15.6	16.9	—	—	18.9
2002	3	45.2	—	—	—	8.9	13.4	—	—	17.1

续表

年份	进口量					出口量				
	奶粉	奶酪	鲜奶	脱脂奶粉	黄油	奶粉	奶酪	鲜奶	脱脂奶粉	黄油
2003	2.8	51	—	—	—	10.1	13.3	—	—	18.1
2004	2	55.8	—	—	—	29.3	16.3	—	—	23.5
2005	2	58.4	—	—	—	35	16.2	—	—	23.9
2006	2.4	65.7	—	—	—	38.8	19.1	—	—	27.2
2007	2.1	64.5	—	—	—	44.5	19.5	—	—	21.3
2008	2.2	—	—	—	—	40	—	—	—	—
2009	3.4	—	—	—	—	32	—	—	—	—
2010	3	—	—	—	—	20.3	—	—	—	—
2011	2.8	—	—	—	—	25.6	—	—	—	—

资料来源：瑞典统计局(SCB)，瑞典农业局，index mundi。
注：—为缺失值。

挪威奶业发展报告

摘要：挪威是北欧岛国，是世界上少数几个最富裕的发达国家之一。农业产值占全国 GDP 的 0.8% 左右，畜牧业和肉类业是农业中的两大产业，其奶业是畜牧业的重要组成部分。经过近 50 年的发展，挪威奶业已经形成了全球独一无二独具特色的挪威红牛育种体系，也逐步建立了以农业合作社和家庭牧场为主的饲养模式。

近 50 年来，挪威奶业在奶牛养殖生产、乳品加工、乳品消费和贸易等方面得到了快速发展。在挪威，奶牛饲养的合作化程度非常高，均加入奶牛合作社 TINE，挪威红牛是奶牛的主导品种。从 1992 年开始的 20 年里，全国奶牛存栏逐渐下降，平均单产呈稳步上升态势，2011 年，全国奶牛存栏数达到 24 万头，分布在 10 952 个农场。全挪威的乳业，从奶农到乳品厂直到乳制品的国内外市场销售均由挪威奶业协会统筹安排。挪威生产乳制品的 1/2 用于出口，液态奶、奶油、奶酪、炼乳、脱脂奶粉等是挪威主要生产品种，奶酪是最重要的出口乳制品，主要出口欧美国家。TINE 是挪威最大的乳品公司，最大加工厂日处理原奶达 600 t。1961—2011 年间，挪威主要乳制品除全脂奶粉和脱脂奶粉产量相对稳定以外，奶酪产量大幅上涨，液态奶呈连续下降趋势。此外，挪威牛奶总消费量持续下降，乳品消费结构变化明显，大部分人过去习惯喝全奶，现在以半脱脂和脱脂奶较为流行。

过去的 50 年间，挪威奶牛业在育种与繁殖技术、饲料与营养技术、疫病控制技术、牛场粪污处理和环境保护技术等领域均取得重要进展。首先，挪威红牛的育种体系在全球独一无二，奶牛健康和繁殖力是主要育种目标，完整的记录系统及对奶牛功能性状的重视为挪威红牛的健康和高产提供了可靠保障。最先由挪威科学家 Meuwissen 于 2001 年提出的基因组选择方法在奶牛育种中的应用对世界奶牛育种产生巨大影响。其次，在饲料供给方面，挪威注重日粮中粗饲料的品质与含量，粗饲料由农场主自己种植，青贮饲料占了极大比例，是挪威奶业的一大特色。奶业生产机械化自动化水平较高，大大提高了奶牛养殖的生产效率和生产水平。再次，挪威岛内形成相对独立的养殖条件。因此，该国奶牛的健康与疾病防控独具优势。挪威奶牛几乎没有传染病，不使用疫苗，传染病主要通过隔离扑杀方式消除，牧场无权使用任何抗生素类药物，只有注册兽医才有权通过处方用药治病。最后，挪威重视生物资源开发利用，在奶牛场粪污处理、环境保护上一般采用发酵处理，做有机肥或沼气发电等方式，有利于环境保护和生态平衡。

挪威通过各种技术措施、政策补贴和监控方法，确保原料奶质量得到有效控制。挪威注重牧场的机械化管理和先进技术的应用，提倡动物福利，促进优质牛奶的生产。对牧场实施财政补贴政策，补贴内容主要包括牧草种植补贴、牛场补贴、奶牛饲养补贴、牧场社会福利补贴和投资补贴。还设立各种研究项目对牧场进行科技支撑和资金支持。通过定期对牧场原料奶气味、乳脂率、乳蛋白率、体细胞数、细菌数、酸度、冰点等指标进行严格检测，对不合格奶进行拒收，保证了原料奶的质量。此外，挪威对牛奶实行配额管理，保证了挪威奶制品市场的供求平衡，也促进了以质论价的原料奶计价体系的建立，在改进原料奶质量方面发挥了重要作用。

挪威奶牛养殖技术先进，科技推广体系完善。挪威基诺育种与人工授精协会是全国唯一的育种组织，为全国奶农拥有，该组织培育出的挪威红牛，其选择强度和后裔测定规模堪称世界之最；挪威生命科学大学动科院重点研究动物福利课题；农业食品部、国家食品安全局、大学研究所实验室对奶牛进行一体监控；此外，挪威皇家发展协会和挪威农业推广服务机构也是重要的农业生产新技术推广机构。在奶牛生产发展上，挪威基本实行以农业合作社和家庭牧场为主的饲养模式，各个农业合作社的市场占有率大都在80%以上。经过长期的努力，奶业合作社已经形成了以奶农为中心的开发研究与推广的一整套体系。

挪威政府出台多项政策措施促进奶业持续健康发展。通过资金扶持和项目科技支撑的方式促进奶业生产和加工，除以直接生产补助和垦荒补助的形式给予支持外，还成立专门的信贷合作社和保险合作社，通过公共贷款和保险体系对设备购买进行资助；在促进奶业贸易方面，挪威政府对乳制品进口采取高关税政策，关税税率根据重量进行征收；通过建立完善的消费促进和保护机制，科学运用货币和税收政策等扩大本国对乳制品的消费需求。

挪威奶牛养殖在经营模式、科技创新、产业政策等方面的很多经验，值得我们学习和借鉴。在奶业生产发展上，基本实行以农业合作社和家庭牧场为主的饲养模式，有利于实现产加销的一体化经营，有效保护了奶农的利益。在奶牛选育、繁殖和饲养方面，挪威注重技术引进和科技创新，挪威红牛育种体系健全，农户、企业、政府、地方育种协会、人工授精组织等共同组织起来，建立联合体系，实施育种工作，促进了挪威红牛等优秀品种的育成；育种过程中，注重应用最新的遗传研究成果和先进的育种手段；在发挥本国奶牛品种优势的前提下，实现了奶牛品种的多元化；在奶牛饲养方面，挪威注意提高日粮中青粗饲料的含量和品质，加大该领域的科技投入。在产业政策方面，通过关税保护、财政补贴和科技支撑促进奶业发展，挪威对内实施奶业扶持政策，对外提高乳制品进口关税，进口乳制品关税高达66.6%，有效促进本国奶业的发展；根据牧场种植面积、奶牛头数等给予牧场主实施补贴；政府还注重对奶业发展的科技支撑，鼓励相关研究机构申报奶牛养殖、加工、消费等领域的课题。此外，挪威十分注重生物能源开发利用，并制定相应的优惠政策，鼓励农场对粪污进行无害化处理，提高利用价值，形成良性循环。

关键词：挪威　奶业　发展

1　奶业发展基本情况

挪威是北欧岛国，位于斯堪的纳维亚半岛西部，东邻瑞典、东北，与芬兰和俄罗斯接壤，南同丹麦隔海相望，西濒挪威海，海岸线长21 192 km^2(包括峡湾)。大部分地区属温带海洋性气候。全国总人口500万，国土面积38.5万km^2(包括斯瓦尔巴群岛、扬马延岛等属地)，年平均气温5.7 ℃，降水量763 mm。80%为森林、山峦和湖泊，可耕地面积1 030万hm^2，其中牧草地660万hm^2。挪威经济发达，是世界上少数几个最富裕的发达国家之一。农业产值占全国GDP的0.8%左右，畜牧业和肉类业是农业中的两大产业。2011年，主要牲畜和家禽存栏数分别为猪10万头、羊100万只、奶牛24万头和鸡5 000万只。挪威奶牛主要分布在罗加兰、鲁姆斯达尔、北特伦德拉格、南特伦德拉格、奥普兰等郡(见图1和表1)，占全国奶牛存栏的61%。渔业是重要的传统经济部门，2008年捕鱼量为210万t，占GDP 0.6%。挪威养殖业发达，以人工养殖大马哈鱼和近海捕捞为主，主要捕捞鱼种是鳕鱼、鲱鱼、鲐鱼、毛鳞鱼等。鱼产品1/2以上供出口，2011年出口额295亿克朗，占挪威商品出口总额的4%。

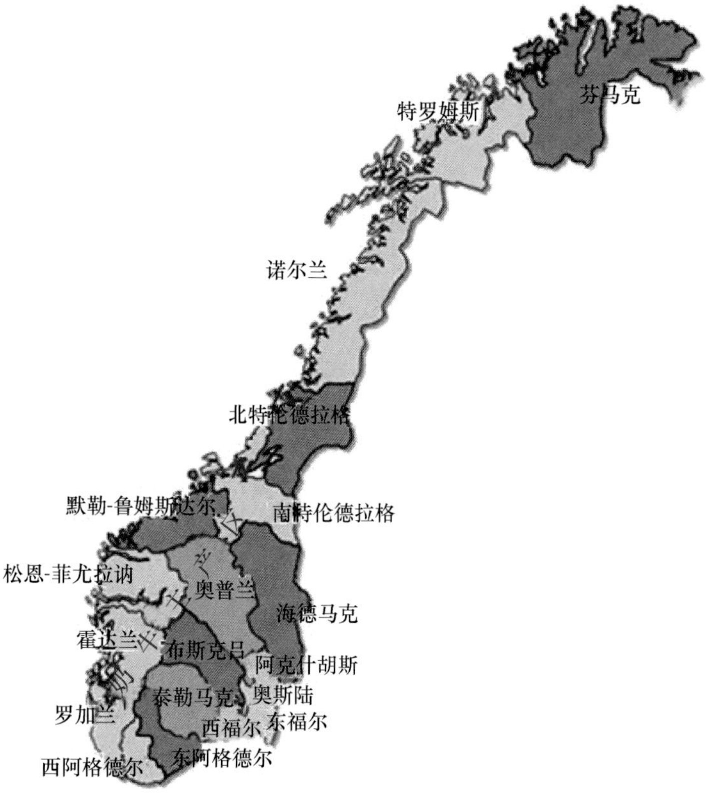

图 1 挪威奶牛主产区分布图

表 1 挪威各郡奶牛分布(截至 2012 年 1 月)

郡	奶牛存栏(头)
东福尔	5 151
阿克什胡斯·奥斯陆	4 424
海德马克	13 919
奥普兰	29 346
布斯克吕	5 023
西福尔	2 507
泰勒马克	2 169
东阿格德尔	1 945
西阿格德尔	5 346
罗加兰	42 263
霍达兰	11 826
松恩-菲尤拉纳	16 916
默勒-鲁姆斯达尔	22 361
南特伦德拉格	23 546
北特伦德拉格	26 864
诺德兰	16 413
特罗姆斯	4 748
芬马克	2 764

资料来源:http://www.ssb.no/english/subjects/10/04/10/jordhus_en/tab—2012-04-16-02-en.html。

1.1 奶牛养殖业发展

挪威农业以畜牧业为主,肉、蛋和奶制品自给,粮食 1/2 需进口,奶业是畜牧业的重要组成部分。

挪威作为欧洲的奶业强国,在奶牛品种上实行多元化战略。根据本国国情,在繁育方面推广其主导品种挪威红牛的同时,加大研究和推广挪威红牛与荷斯坦牛的杂交奶牛,在产奶量不降低的情况下,提高牛奶质量,增加饲养奶牛的寿命,减少死胎现象,降低乳房炎发病率,进一步增加挪威奶业养殖效益。第二次世界大战前,挪威的奶牛大多是地方品种,各地区都有特定的品种,约有 20 个品种,且均为兼用牛。那时他们认为,本地品种总比引入品种好。1935 年,成立了“挪威红牛(NRF)育种协会”,它的目标是尽力提高奶牛产奶和产肉性能。此后,地方品种逐渐减少,1959—1968 年只剩下 7 个品种,后来合并为 1 个品种,即挪威红牛。此后,所有的地方育种协会都加入到该组织,并采用先进的技术进行牛的育种,例如,通过高质量的挪威红白花公牛进行级进杂交,将所有品种合并为一个品种,特别是侧重对毛色和体型外貌等统一标准的选择。由于挪威多为小型家庭牧场,群体小,便于通过引进良种进行遗传改良,引进的品种有瑞典的 SRB 和 SLB,芬兰的爱尔夏和美国的荷斯坦等品种。经过约 30 年的改良,每头牛的产量提高近 1 倍。2011 年,挪威全国奶牛单产达到 7.1 t,乳脂率 4.2%,乳蛋白率 3.4%,体细胞 12.7 万/mL,产犊间隔 373 d,自然无角率 60%。

在奶牛生产发展上,基本实行以农业合作社和家庭牧场为主的饲养模式。挪威的奶业生产比较发达,2011 年挪威的奶产量为 151 万 t。挪威奶牛饲养的合作化程度非常高,均加入奶业合作社 TINE。2011 年奶牛存栏头数达到 24 万头,分布在 10952 个农场。挪威红牛是挪威奶牛的主导品种,其次是娟姗牛。

根据 FAO 数据统计，过去的 50 年里，挪威牛存栏总数逐渐下降，1992 年以后奶牛存栏数呈现同样的趋势，从 33.6 万头下降到 2011 年的 24 万头，减少了 28.3%，可能受牛奶总需求量下降的影响；牛只单产水平不断上升，50 年的时间提高了 3 650 kg/头；总奶产量在 1982 年达到最高峰，之后逐年下降，可能与奶牛存栏数减少有关。近 10 年奶牛养殖情况，见表 2 和图 2。

表 2　2001—2011 年挪威奶牛存栏及生产水平

年度	奶牛数(头)	牛群数(群)	牛群平均存栏数(头/群)	平均单产(kg/年)	乳脂率(%)	蛋白率(%)
2001	299 000	20 500	14.6	6 078	4.17	3.27
2002	286 000	18 775	15.2	6 190	4.14	3.27
2003	278 100	17 803	15.6	6 314	4.16	3.27
2004	280 090	16 900	16.6	6 469	4.17	3.3
2005	275 150	16 440	16.7	6 541	4.2	3.33
2006	265 380	14 700	18	6 586	4.16	3.35
2007	261 800	13 253	19	6 757	4.21	3.38
2008	249 000	12 244	20	6 921	4.19	3.39
2009	249 080	12 270	20.3	7 057	4.22	3.37
2010	244 700	11 527	21	7 125	4.24	3.38
2011	240 500	10 952	22	7 132	4.18	3.37

资料来源：ICAR。

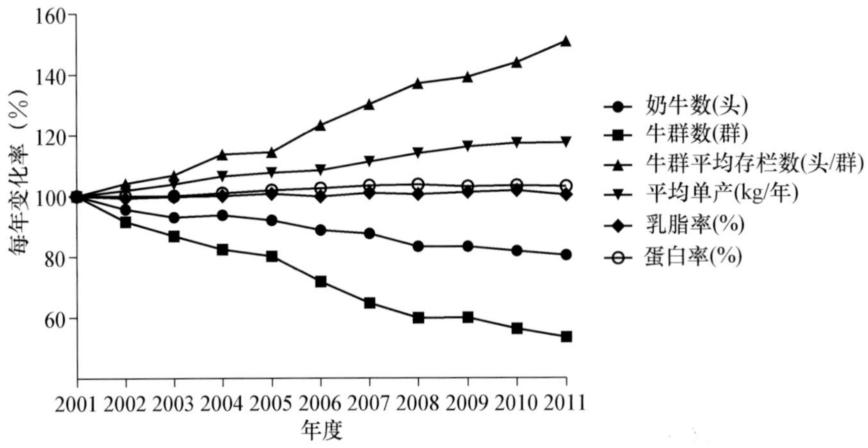

图 2　2001—2011 年挪威奶牛存栏及生产水平每年变化率

由表 2 和图 2 我们可以看出，挪威的奶牛数和牛群数呈现逐年递减的趋势，但是牛群平均存栏数、平均单产却保持小幅增长趋势，乳脂率、蛋白率的情况基本持平。

由表 3 和图 3 可以看出 2001—2011 年挪威参测母牛数、参测牛群数有下降趋势，但是参测牛头数百分比、参测牛群平均存栏头数保持增长的趋势。

表 3　2001—2011 年挪威 DHI 测定情况

年度	参测母牛数	参测牛头数百分比(%)	参测牛群数	参测牛群百分比(%)	参测牛群平均存栏头数
2001	266 000	95.4	18 125	91.9	14.7
2002	261 000	95.9	17 137	96.5	15.2
2003	257 155	96	16 203	95	15.9
2004	248 980	95	15 271	94.2	16.3
2005	241 647	95.4	14 475	94.2	16.7
2006	240 559	96	13 604	96	17.7

续表

年度	参测母牛数	参测牛头数百分比(%)	参测牛群数	参测牛群百分比(%)	参测牛群平均存栏头数
2007	238 745	96	12 740	96	19
2008	233 187	97	11 794	97	20
2009	206 223	98	10 067	98	20
2010	205 400	98	9 591	98	21
2011	197 800	98	8 935	98	22

资料来源:ICAR。

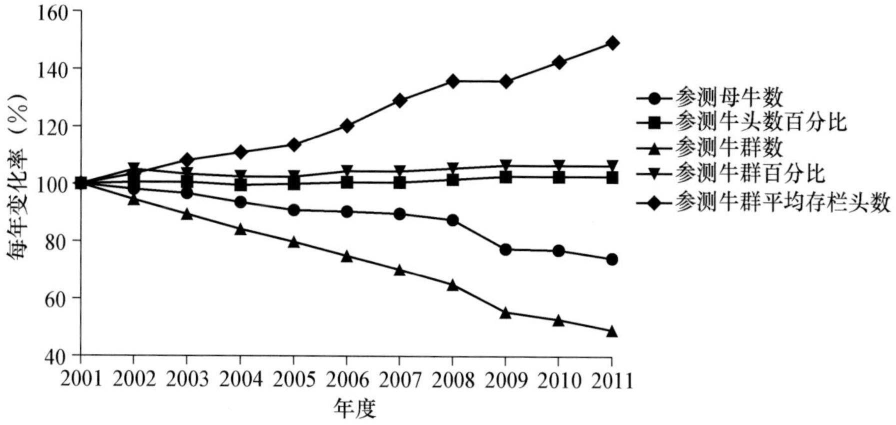

图 3 2001—2011 年挪威 DHI 测定情况每年变化率

资料来源:根据附表 1 数据整理得到。

由表 4、图 4 和图 5 可以看出参测的奶牛品种 2007 年增加了娟姗,头数较少,挪威红牛仍是挪威的主导品种,但娟姗牛产奶量与挪威红牛不相上下,甚至高于挪威红牛,乳脂率明显高于挪威红牛。图 4 显示在 2004 年的时候挪威红牛的产犊间隔时间骤降,2005 年又恢复正常。

表 4 2001—2011 年挪威奶牛生产水平

年度	品种	泌乳牛胎次数	胎次泌乳天数	平均 305 d 产奶量(kg)	乳脂率	蛋白率	产犊间隔
2001	挪威红牛	172 373	299	5 943	4.14	3.2	384
2002	挪威红牛	170 913	297	5 989	4.14	3.23	383
2003	挪威红牛	168231	298	6 079	4.13	3.27	383
2004	挪威红牛	165 647	298	6 213	4.13	3.27	298
2005	挪威红牛	155 922	298	6 332	4.15	3.3	383
2006	挪威红牛	154 221	299	6 374	4.16	3.27	383
2007	娟姗	1 005	293	4 887	5.97	3.87	382
	挪威红牛	152 634	300	6 458	4.14	3.35	382
2008	娟姗	1 047	297	4 971	6	3.9	391
	挪威红牛	150 536	300	6 620	4.17	3.37	381
2009	娟姗	1 006	305	5 290	5.96	3.92	392
	挪威红牛	144 825	299	6 756	4.17	3.38	382
2010	娟姗	966	305	5 376	5.97	3.89	392
	挪威红牛	144 188	299	6 819	4.2	3.37	381
2011	娟姗	953	307	5 499	5.94	3.87	395
	挪威红牛	141 765	299	6 864	4.19	3.37	381

资料来源:ICAR。

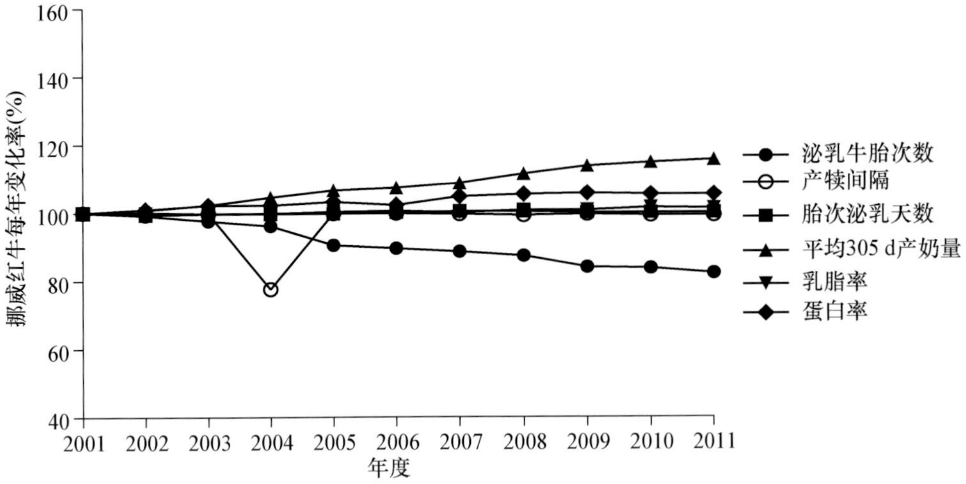

图 4　2001—2011 年挪威奶牛(挪威红牛)生产水平每年变化率

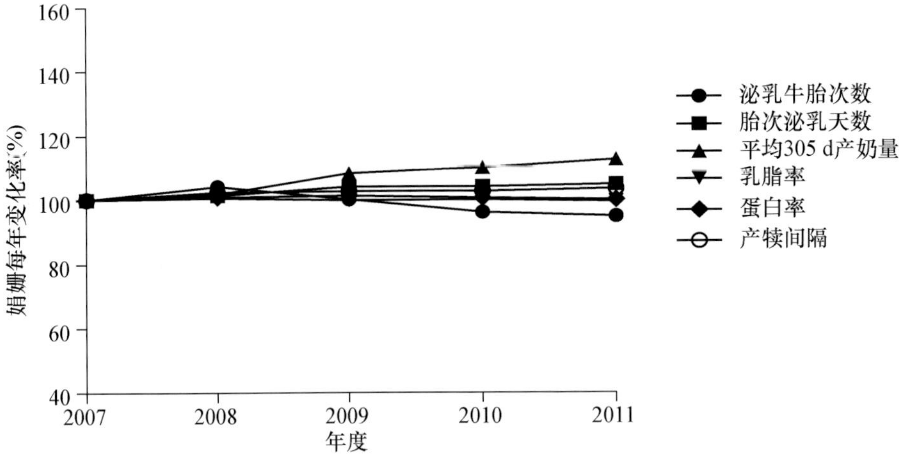

图 5　2007—2011 年挪威奶牛(娟姗)生产水平每年变化率

1.2　乳品加工业发展

挪威每年生产牛奶近 160 万 t,羊奶 2.2 万 t。挪威乳制品约占所有销售食品量的 16%,主要品种约有 200 多种。全挪威的乳业,从奶农到乳品厂直到乳制品的国内外市场销售均由挪威奶业协会统筹安排。

各个乳品厂的年度产品计划由挪威奶制品协会制定。乳品厂每隔 1 d 派出冷藏保温奶槽车到各个奶户收集原料奶,并送到各乳品厂加工。奶协的最主要功能就是每天向全国市场提供鲜奶和各种奶制品,其次在平衡和调节奶制品市场需求和各乳品厂产出量方面亦起着重要作用,还帮助奶农提高原料奶的质量和卫生指标,并向每一户会员以租赁的方法提供 0.6～3 t 容量不等的制冷式牛奶罐。奶农将挤下的牛奶及时贮存在 4 ℃的奶罐中等待乳品厂来车收购。这种措施确保了牛奶质量的稳定。乳品厂收奶车收购时,先从罐中取出样品,标注好奶农的姓名和采奶时间等带回乳品厂化验,并将结果输入计算机贮存。奶协依据挪威政府农业部规定的饮食卫生法规和条款,建立了一整套牛奶质量和卫生指标检测系统,可以做到对每户奶农收购的奶及时进行检测化验,并根据检测结果划分等级付给奶款。目前奶协对奶农的原料奶的成分、细菌数、稳定性、体细胞数等进行检测。在这种质量检测系统控制下,全挪威奶农提供的奶的质量有了很大提高。挪威的干酪品种约有 6 种,可分成几大类,即哥达型、柴达型、埃门托拉型、莫扎瑞拉型及挪威特产的乳清干酪。此外,挪威还十分重视对乳及乳品业的科技研究,并尽可能采用新技术,不断开发新产品。

TINE 为挪威最大的乳品公司，2011 年加工原奶 150 万 t，销售额约 200 亿人民币，利润为 6.3%，在全国拥有 40 个加工厂，最大加工厂日处理是 600 t。TINE 还是一个合作组织，为全国 1.1 万个牧场 1.5 万奶农所拥有，全国 95%的奶农为合作社的成员，公司由 5 个区域 233 个奶农代表选出 14 名董事会成员负责，其中 10 名为奶农代表，4 名为公司管理层职业经理人，董事会决定 5 个区域董事会和所有分公司董事会人选。公司经营目标包括 4 个方面：一是为全体牛奶生产者获得最好的奶价；二是确保公司对员工有吸引力；三是为消费者提供丰富的乳制品；四是为社会提供安全乳品。同时，公司要始终确保奶农所有原奶的收购，并培训牧场奶农专业技术。

从图 6 可以看出，挪威生产的乳制品产品主要有液态奶产品、奶油、奶酪、脱脂奶粉等，从 1961 年到 2011 年，全脂奶粉和脱脂奶粉产量变化波动不大且较为平稳；奶酪产量大幅上升，从 1961 年的 42 056 t 上升到 2011 年的 82 500 t，尤其是在 1989 年之前增长趋势明显；其次是炼乳，1989 年炼乳产量急剧上升，1998 年下降，之后虽有下降但较为平缓；液态奶产量整体呈负增长态势，在 1984—1991 年间降幅最大达到 50%，可能是受消费需求减弱的影响；奶油产量从 1961 年的 19 442 t 开始缓慢上升，到 1983 年达到最大为 26 803 t，然后开始缓慢下降到 2011 年仅为 15 300 t。

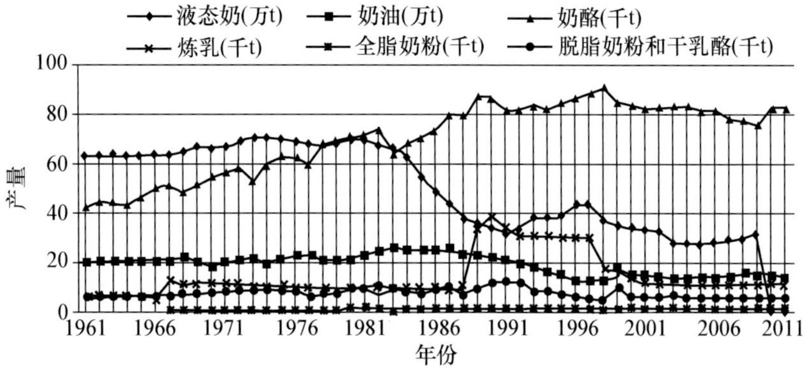

图 6 挪威主要乳制品产量

注：具体数值见附表 6。

1.3 乳品消费发展

消费结构变化明显。挪威市场上奶制品品种相当多，主要品种有全脂乳、低脂乳、脱脂乳、均质奶、酸奶、奶油、酸奶油、牛奶冻及奶酪等。牛奶及各种奶制品在挪威人的日常食品中占有很重要的地位，每天可为人们提供大约 25%的蛋白质、8%的钙和 3%的脂肪需求，也是日常生活中所需维生素的重要来源。大部分人过去习惯喝全奶，但现在半脱脂以及脱脂奶等很流行。挪威全国奶量的 40%用于加工成各种干酪，人均消费量 14 kg。

消费总量呈下降趋势。近 10 年来挪威牛奶总消费量持续降低，其中液态奶的消费量降幅最大，这与挪威液态奶的产量下降存在直接关系，挪威液态奶在 1984—1991 年间降幅最大达到 50%。

1.4 乳制品贸易发展

由于国内牛奶消费量逐年下降，为了降低牛奶产量，政府规定使用配额销售，2002 年大约有 3 470 万 L 配额被拍卖。挪威绝大部分牛奶产地集中在高山和峡湾地带，远离人口集聚区，因此新鲜奶通过批发商分拨，奶酪、黄油、奶酪等通过 Klepp(斯塔万格市附近)和 Heimdal(特龙赫姆市附近)两个储藏站来分拨。挪威奶业合作社也就是“TINE”，既是挪威奶制品知名品牌，也是市场规则的制定者和执行者，控制了挪威绝大部分牛奶和奶制品市场，涉足初级销售和奶制品加工，承担国家义务向其他非液体奶生产者供应牛奶。

挪威各个农业合作社的市场占有率大多都在 80%以上，有的甚至在 90%以上。良好的经济效益、强大的竞争力，确保了挪威合作社的生存和发展。农业合作社和家庭牧场饲养模式和经营方式的优越性很多，例如利益直接、土地资源与奶牛养殖配比率高、饲养品种和数量灵活、有利于环境保护和生态平衡等。

从主要乳制品进出口贸易量和贸易额来看，挪威是乳制品的主要出口国，其奶制品的 1/2 用于出口。奶酪是最重要的出口乳制品，其次是奶油，主要出口欧美国家，享誉国际市场的奶制品是 Jarlsberg 奶酪。近年来，鲜奶出口量迅速增加。2010 年，挪威奶酪、奶油和鲜奶的出口量分别为 13 542 t、2 221 t 和 1 756 t，进口量分别为 9 619 t、146 t 和 26 t。

2 奶业科技进展

2.1 奶牛育种与繁殖技术进展

挪威红牛育种体系可以说是全球独一无二的。首先，挪威红牛育种方法非常独特。每年他们通过数据库初选出 10 000 头最佳受体母牛，通过计划适配，得到约 3 700 头小公牛，在此基础上通过基因组选择技术，选出其中 300 头优秀小公牛，从农户家购回；通过对小公牛体型外貌、产精水平、精液质量进行测定，精选出 125 头青年公牛，进入后备公牛舍开始采精(见图 7)。其次，挪威红牛公牛后裔测定系统非常严格，全国奶牛参与育种。挪威法律规定每个奶农必须配合奶牛育种工作，牧场必须使用后备公牛冻精，且 40%的冻精必须使用青年公牛的冻精。每头后备公牛后测女儿数需达到 250 头，即需要经过 4～5 年的后裔测定，最后确定 10～12 头公牛成为验证公牛，进入冻精生产。再次，保持了对挪威红牛的健康和繁殖性状的表型数据的系统完整的记录。从 1978 年开始，育种人员建立健康性状记录系统，持续 20 多年，该系统保存有每头牛兽医治疗与防治记录，对奶牛健康性状的遗传评估具有非常重要的价值。

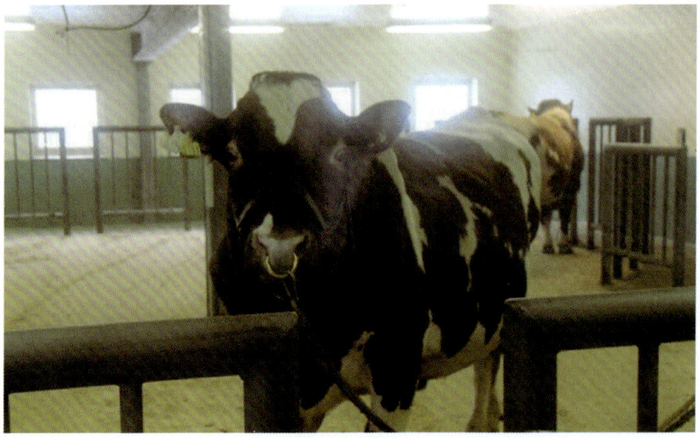

图 7 挪威最顶尖的公牛

挪威国内的育种公司基诺为全国奶农拥有，其育种方向是根据奶农的需求制定的。该公司成立于 1935 年，在全国拥有 1.12 万个牧场成员，全年生产冻精 80 万剂，50%以上供应全球市场。经过近 80 年的选种选育，全国 24 万头泌乳牛中 97%为纯种挪威红牛。过去的 50 年里，所有挪威红牛的生产性能记录均保存在全国统一的数据库中，每头牛拥有固定的健康卡片，为全国性育种工作的实施奠定了良好基础。

在育种工作开展过程中，科技人员和奶牛生产者始终把奶牛健康与繁殖力作为挪威红牛的育种目标。综合选择指数中包括产奶量(28%)、乳房炎抗性(21%)、繁殖力(18%)、乳房结构(15%)等。因此，挪威奶牛的繁殖性能表现优异，自 1985—2005 年的 20 年时间里，奶牛繁殖力逐渐提高并表现相对稳定。1989 年，挪威奶牛的数量为 360 289 头，到 2005 年下降至 309 452 头。奶牛单次人工授精后 60 d 的不返情率(NR60)

从 1985 的 68.1%提高至 2005 年的 72.7%。1985 年，每胎使用冻精数为 1.8 支，而 2005 年降至 1.6 支。夏季与冬季相比，其 NR60 更高。一般而言，炎热的环境会导致奶牛繁殖力下降，而挪威红牛在热应激条件下，情期受胎率比荷斯坦牛高 20%以上，荷斯坦牛在热应激环境下，免疫力差，挪威红牛免疫力却很强，因此，挪威红牛在热带地区可表现出良好的适应性。挪威的科学家，研究出一种可提高冻精存活时间的技术，挪威红牛冻精在输精后可存活 50 h，这一科技成果在提高奶牛繁殖力方面具有很高的实用价值。

挪威红牛既高产又健康的现实证明了一个可持续的育种项目是可以成功地将产量和功能性特征进行平衡的。这一成果得益于有效的记录系统和对功能性状的重视。

此外，挪威的奶牛育种工作还注重新技术的引进。传统的奶牛育种工作是开展公牛后裔测定，使用表型和系谱记录，通过最佳线性无偏预测(BLUP)来估计育种值(EBVs)，并在此基础上进行选择，从而实现对奶牛重要经济性状的遗传改良。随着基因组芯片的上市，挪威科学家 Meuwissen 于 2001 年，最先提出将基因组选择方法应用于奶牛育种，该方法是利用覆盖全基因组的高密度分子遗传标记进行的标记辅助选择，其提出与应用对世界奶牛育种产生巨大的影响。目前奶牛育种已进入“基因组选择时代”。

2.2 奶牛饲料与营养技术进展

二次世界大战之后，挪威精饲料短缺，精料从市场上购买，青粗饲料由农场主自己种植，青贮饲料占了极大比例，这是挪威奶业的一大特色。为保证高质量青贮饲料的供给，提高奶牛的产奶量，挪威学者们曾着力于提高粗饲料质量的研究，设立 GrassProgram 项目(提高青粗饲料研究的项目)。通过研究，他们掌握了添加甲酸的技术。从 1943 年起以后的 25 年间，甲酸青贮对保存饲料营养价值、节约精饲料起到了非常重要的作用。随着机械化的进展，1964 年，挪威国家农业机械化研究所在收割机上设计了直接喷洒甲酸的装置，使得甲酸青贮又一次推向了高潮。70 年代后，甲酸自动添加装置在世界各国已经普及。

建立和使用饲料单位的方法来评定饲料能量营养价值。以 1 kg 大麦喂给奶牛生产牛奶的效果为 1 饲料单位(Feed Unit)。例如 1 kg 豆饼是 1.24 饲料单位，1 kg 干草是 0.4 饲料单位。北欧地区使用的饲料单位主要有大麦饲料单位，1 kg 大麦在试畜体内沉积 173.6 g 脂肪，即为 1 个大麦饲料单位。

挪威的劳动力工资水平高，牛场采用先进的营养技术，自动化程度很高。牛场的饲喂系统均采用 TMR—全混合日粮饲喂技术和青贮自动投料系统，全天自由采食，配备机器人挤奶机(见图 8)。牛群采用全天候自由挤奶，牛床采用橡胶床垫，上面铺垫锯末，自动精料补饲装置(见图 9)，可根据奶牛信息系统提供的信息补充精料。此外，还配备各种专用设备，如粪罐车、饲料混合搅拌车、叉车、装载机、拖拉机等一应俱全，而且性能良好，大大提高劳动生产率和盈利率水平。目前，挪威 Orkel 公司的青贮压缩打包机已在我国上海鼎牛饲料有限公司安装运作。

图 8 挪威的机器人挤奶机

图 9 挪威牛场的自动投料机

2.3 奶牛疫病控制技术进展

全球动物健康与疾病在未来面临 4 方面的挑战：首先是气候变暖，气候变化使疾病发生更具不确定性；其次是全球化加剧，人员和动物流动更加频繁，货物贸易也加大；再次是畜牧产业机构调整，牛群生产区域更集中，牧场规模更大，牧场内实行散栏，奶牛接触更频繁；最后是食品安全关注度提高，消费者更加关注动物安全生产。这些都加大了牛群健康与疾病防控的难度。

挪威奶牛的健康与疾病防控独具优势。挪威岛内环境形成相对独立的动物养殖条件。挪威具有良好的兽医体系和疫病防控政策，做到了农业食品部、国家食品安全局、大学研究所实验与动物间的产业一体监控，不鼓励转群异地饲养与活畜交易。国家对传染病牛扑杀不给予补贴，全国的奶牛均记录在计算机数据库中，如果牧场的哪头奶牛出现异常，国家兽医研究院将对之进行诊断、鉴定、隔离和扑杀，做到及时发现牛场疾病情况及时净化。如果牧场不及时报告，将面临全群隔离，同时，停止原奶和活牛出售，由此产生的损失更加严重，使奶牛场对于出现疫情，能及时上报。

挪威奶牛几乎没有传染病，挪威奶牛不使用疫苗，传染病主要通过隔离扑杀方式消除。在挪威牧场无权使用任何抗生素类药物，只有注册兽医才有权通过处方用药治病。虽然挪威奶牛以前有很多疾病如炭疽、口蹄病、布病、蓝舌病、结核病、BVD 等，但均已扑灭，并多年未发。但是根据国际兽医组织欧盟兽医局和挪威农业食品部畜病目录要求，国家兽医研究院每年都前往全国牧场采取奶样、血样、环境土壤样以及饲料样进行定期化验分析采样检查检测，形成报告，并在网上公布。

2.4 奶牛场粪污处理与环境保护技术进展

挪威在奶业发展中十分注重生物能源开发利用，并制定相应优惠鼓励和政策。在奶牛场粪污处理、环境保护上，中小型牛场一般采用化粪池堆积、塑料薄膜掩盖发酵处理，然后用粪罐车运往草地喷洒施肥，这样既解决环境污染问题又肥沃土地。在较大的规模牛场，一般采取沼气发电的方式处理粪污。特别重要的一点是，挪威鼓励牧场拥有饲料用地，并保持面积的相对稳定，按牧场种植面积进行补贴，补贴标准约为每年每公顷 3 000 元人民币。牛场保有的土地，可有效吸纳处理的粪便、污水等，实现对自然环境的保护，有利于生态平衡。

3 原料奶质量控制与计价体系

3.1 提高原料奶质量的主要技术措施

大部分牧场饲喂系统均采用 TMR 全混合日粮饲喂技术，全天自由采食。牛群采用全天候自由挤奶，先进的奶牛场已使用机器人全自动挤奶。先进的机械设备和计算机控制设备的使用，极大提高了劳动生产率和盈利率，保证了原奶的质量。先进的饲养管理技术、繁育技术、饲料营养技术和 DHI 技术的广泛应用和普及，保证了奶牛饲养过程中泌乳潜力的最大发掘，不仅进一步确保了原料奶质量，而且使奶业生产效益达到最大化。此外，挪威法律规定奶牛每年必须享受两个月放牧生活，强调让牛在愉悦的环境下产奶，产出的牛奶更加优质。

3.2 提高原料奶质量的主要政策措施

挪威牧场总收入的 40%来自政府补贴：一是按牧场种植面积进行补贴，鼓励牧场拥有饲料地，并保持面积的稳定，补贴标准为每年每公顷 3 000 元人民币；二是牛场补贴，挪威牛场基本为家庭牧场，政府按牧场个数每年每个牧场补贴 10 万元人民币；三是奶牛饲养补贴，政府根据牧场饲养的全群奶牛头数，每头每年补助 2 500 元人民币，协会每年统计两次，得出奶牛数量，地方政府每年抽样 5%的牧场进行检查核实；四是牧场社会福利补贴，考虑到牧场以家庭成员为主，365 d 都在牧场工作，政府每年对每个牧场补贴 6 万元人民币，主要用于雇工休假；五是牧场投资补贴，新建牧场牛舍建设总造价政府补贴 30%。

除了对牧场直接补贴，政府设立各种研究项目对牧场进行资金支持，对养殖加工消费等领域的研究项目无论是公司、大学和协会都可以向政府申报课题获得支持。另外，对产业发展提供建设性意见，政府还有专门的支持。

3.3 监控原料奶质量的主要方法及惩罚措施

每个牧场 2～3 d 交 1 次奶，每次交奶留样，每个牧场每月抽检 4 次，奶罐车运到加工厂日常检测项目包括气味、乳脂率、乳蛋白率、体细胞数、细菌数、酸度、冰点等指标。不合格的奶将被拒收，牧场将受到警告，如出现造假行为，将受到严厉处罚。

3.4 原料奶计价体系

挪威从二战时期就实行了“国内奶制品同等基金”，1983 年对牛奶和山羊奶实行配额管理，1997 年挪威 9 个地区进行了首批牛奶配额买卖，经过连续几年的配额管理，目前挪威奶制品市场供求基本平衡。2001 年农产品协议双方同意生产者之间直接进行配额交易，因此政府决定从 2003 年起使用新的牛奶配额交易方案，即一部分配额可在市场上买卖，但奶农在出售配额时必须整体卖给同一个县郡，而不能分散出售。科学的配额管理，建立了原料奶稳定的计价体系。

以 TINE 为例，向奶农支付原奶价格由两部分组成：首先是磋商奶价，每年由政府、全国奶农协会协商制定，配额内实行全额奶价，配额外牧场需付费交奶；其次是红利奶价，年终根据 TINE 公司盈利标准，例如 2011 年磋商奶价为 4.47 克朗/kg，红利奶价为 0.27 克朗/kg，实际支付奶价为 4.53 克朗/kg，全国实行季节差价，冬季低，夏季高。挪威国土窄长，南北跨度为 5 000 km，为了确保牧场奶农利益，全国牧场实行同季同质统一奶价，原奶运费由 TINE 公司支付。

4 科技推广体系

4.1 主要研究与推广机构

挪威是奶业发达国家，奶牛饲养的合作化程度非常高。作为欧洲的奶业强国，挪威在奶牛品种上实行多元化战略。根据本国国情，在繁育方面推广其主导品种挪威红牛的同时，加大研究和推广挪威红牛与荷斯坦牛的杂交奶牛，在不降低产奶量的情况下，提高牛奶质量，增加饲养奶牛的寿命，减少死胎现象，降低乳房炎发病率，进一步增加挪威奶业养殖效益。

挪威基诺育种与人工授精协会是全国唯一的育种组织，成立于1935年。存栏公牛750头，年生产冻精150万剂，出口中国、美国、加拿大、以色列等25个国家，每年出口25万剂冻精。基诺有员工270人，其中博士11人，每年研发投入高达300万美元。基诺培育出的挪威红奶牛是一种高产奶牛，挪威红牛育种项目的选择强度与后裔测定规模堪称世界奶牛之最。占有全国奶牛总存栏的97%。在挪威，好的牛场每个产奶期的产量在10 000 kg以上，其中最优秀的母牛产量在16 000 kg以上。生产能力呈上升的趋势，归因于遗传改良。基诺的主要产品是优质挪威红验证公牛冻精。

冻精协会开发了新的性控精液技术，可大幅度提高性控精液的活性，并降低成本，以X－Y方式分离的挪威红牛冻精已开始在欧洲市场销售；由协会牵头开发的精子保存技术，可使精子在母牛体内保存更长时间，从而降低对配种员发情观察准确率的要求；协会及其合作伙伴将在4年中投入200万美元，开展奶牛基因组选择，该项目已得到挪威研究委员会的经费支持。协会拥有完整的数据库系统，其开展的平衡育种项目已进行了30多年，高产、优质、健康、易繁和长寿是其长期努力的目标。协会定期对犊牛、育成牛、成母牛进行体高、体长、胸围、腹围等项目进行考核，并针对不同阶段的奶牛实行不同项目的考核，例如对犊牛进行初生重、日增重和断奶体重的考核，对育成牛进行日增重和产犊难易的考核，对成母牛进行胎次产奶量、乳成分和产犊难易的考核。

挪威生命科学大学动科院重点研究动物福利课题，制定奶牛福利标准包括最低营养标准，牛舍空间要求，牛床最小尺寸等。挪威兽医体系良好，实现了农业食品部、国家食品安全局、大学研究所实验室与奶牛间的产业一体监控。

挪威皇家发展协会是一个独立的公民社团，是一个非营利组织。该协会目前承担农民合作的组织功能，通过建立农民协会合作社的方式支持现代农业的发展，目前，由该组织成立的全国性的制奶合作社TINE在挪威具有市场领导者的地位。

此外，挪威农业推广服务机构是一个由农民组成且服务于农民的组织，该组织有27 000名成员，都是农民；68个推广小组，每个推广小组都是由自己的成员所拥有和控制的；250个顾问，包括来自一些大学的学者。主要任务是在挪威环境研究院、挪威生命科技大学等研究机构的支持下，为成员提供一些最新的服务，包括咨询服务等。

4.2 运作模式

挪威红牛育种及繁育体系，都有严密的组织。农户、企业、政府、地方育种协会、人工授精组织等共同组织起来，建立联合体系，实施繁育育种工作。挪威基诺育种与人工授精协会是一个合作社公司，由挪威的奶农共同拥有和管理，全体奶农的需求就是挪威红牛的育种方向。目前该公司拥有15 000多名成员，年营业额2.7亿元人民币。

挪威在奶牛生产发展上，基本实行以农业合作社和家庭牧场为主的饲养模式。挪威各个农业合作社的市场占有率大多都在80%以上，有的甚至在90%以上。良好的经济效益、强大的竞争力，确保了挪威合作社的生存和发展。农业合作社和家庭牧场饲养模式和经营方式的优越性很多,例如利益直接、土地资源与奶牛养殖配比高、饲养品种和数量灵活、有利于环境保护和生态平衡等。合作社的资产属于全体社员共同所有,不可分割,按合作社的章程实行统一经营、统一核算、利润分成,这是保证奶业合作社公司快速发展的基础,同时也加强了农民社员对奶业合作社的认同。奶业合作社运行机制灵活,体现了奶农的根本意愿,实行自主决策,自主经营,产加销一体化,利润共享,保护了奶业的发展,经过长期的努力,形成了以奶农为中心的开发研究与推广的一整套体系。

5 促进奶业发展的主要政策

5.1 促进奶业生产政策

挪威政府通过资金扶持和项目科技支撑的方式促进奶业生产。对牧场实行财政补贴,提高奶农养殖的积极性,促进奶业生产,补贴内容主要包括牧草种植补贴、牛场补贴、奶牛饲养补贴、牧场社会福利补贴和投资补贴。还在大学、公司、协会等设立相关领域的研究项目对牧场进行科技支撑,提高奶牛养殖业的科技含量。

5.2 促进奶业加工政策

挪威奶业发展的一个显著特色,就是多方面的财政补贴和政策支持,激发奶农的生产热情,保障奶农收入,促进奶业发展。

国家除以直接生产补助和垦荒补助的形式给予支持外,还通过公共贷款和保险体系对各种机器设备的够买进行资助。挪威成立专门的信贷合作社和保险合作社。5.5 万农民中有 1.1 万人是信贷合作社社员。信贷合作社拥有资产 106 万挪威克朗,信贷量 975 万克朗,为农民提供了大量的长期贷款,解决农民购买农业器械、加工储藏设施的资金困难。挪威保险合作社有 185 个办事机构,分布在全国各地,保金有 1.6 亿挪威克朗,占农业保金 76%,占全国保金 31.2%,成为全国最大的保险公司。

5.3 促进奶业贸易政策

挪威使用关税保护等贸易政策工具促进奶业贸易发展。由于挪威农产品价格高于欧洲其他国家,牛奶价格也高于周边瑞典、丹麦等国家的 30%,所以政府对乳制品进口采取高关税政策。考虑到乳制品种类繁多,关税税率是根据重量进行计算征收,如奶酪进口关税税率为每千克 27.5 元人民币。

5.4 促进奶业消费政策

由于挪威人口总量少,国内消费有限,挪威牛奶的总消费量呈下降趋势。其中,液体奶的消费量降幅最大,从 1982 年的 7.71 亿 L 逐渐降为 2002 年的 5.53 亿 L。

挪威政府一直致力于扩大本国的消费需求。具体措施有,一是建立完善的消费促进和保护机制,目前,消费理事会、消费者协会和国家消费研究院是挪威的主要消费促进和保护机构;二是通过利率等货币政策进行调节,将核心通胀率控制在 2.5%左右,价格增长在正负 1%之间;三是通过税收来调节,挪威的所得税实行级差税率,还征收财产税,达到调节分配作用。

6　值得借鉴的主要经验

6.1　经营模式方面的经验

挪威以农业合作社和家庭牧场为主的饲养模式值得我们学习借鉴。

奶农合作社是挪威奶业发展过程中的产物，是推进奶业实现产、加、销一体化的好形式。1956 年挪威建立了第一个合作社，50 多年来，奶农合作社由数量扩张型向集约型转变，实现了产、加、销一体化经营。经过长期的努力，形成了以奶农为中心的开发研究与推广的一整套体系。奶农合作社的收奶量占市场份额的 95%。奶农合作社不仅提高了农业生产和销售的组织化和产业化程度，而且运行机制灵活，体现了奶农的根本意愿，实行自主决策，自主经营，产加销一体化，利润共享，有利于推进农业结构调整，保护了奶业的发展。合作社在促进挪威农村和地区发展，提高农民收入，缩小城乡差别和地区差别等方面发挥了个体农民和国家都不可替代的作用。目前在国家乳业体制的限制下，我国奶农、奶站和企业三方无法结合成一个利益整体，奶农始终处于弱势地位。加之乳业利益分配不均，导致行业屡屡出现牛奶及乳制品质量安全问题。如何协调好“奶农—奶站—企业”三者之间的利益关系，是一个任重道远的命题。

6.2　科技创新方面的经验

无论在硬件设备方面的技术创新，还是在选育、繁殖、开发等软件技术方面的创新，与挪威奶牛业已经较成熟的科学技术相比，我国仍然存在着巨大的差距。在挪威，无论是家庭式的农场，还是在实验基地、试验场及农产品深加工车间，徒手或简单劳动工具式的生产均被高度机械化、自动化及流水线作业式的劳动方式所替代。牛场及土地的管理由 4～5 人即可完成，奶牛场普遍采用世界先进的散栏式饲养方式和 TMR 饲喂。而我国目前的奶牛养殖虽然在朝着规模化集约化的方向快速发展，但是在奶业科技创新方面与之相差甚远。

第一，挪威奶牛育种经验值得我们学习借鉴。

挪威红牛育种及繁育体系，都有严密的组织。农户、企业、政府、地方育种协会、人工授精组织等共同组织起来，建立联合体系，实施繁育育种工作。挪威基诺育种是挪威全国唯一的育种组织，由全国 1.6 万奶农共同拥有和管理，育种成效切实关系到奶农生产水平和经济收入。这一良好的育种方式，使挪威育成了挪威红牛等优秀奶牛品种，并在全国推广养殖。我国也需要类似的切实关切到养殖场和养殖户利益的育种方案。挪威主要依靠公司进行奶牛育种，在获得良种的同时及时推广，并且经济效益直接决定了育种公司的存亡，所以育种公司只有不断地创新和选育，提供最优秀的种公牛才能立于不败之地。而我国育种工作主要由科研院校负责，收入主要靠政府资金支持，不能最大程度地调动积极性，加之各种原因，国内的奶牛育种公司还没有形成可以走出国门的国际竞争力。

第二，挪威对创新遗传育种手段的及时应用值得我们借鉴学习。

挪威奶业的育种一直在利用最新的遗传研究结果，使用先进的育种手段，包括使用全基因组选择等策略，走在世界奶牛育种的前列。2009 年秋季，基因组选择被应用于挪威红牛的育种。挪威在 30 多年前，就已将繁殖性能、抗病性等功能性状包括在其育种目标之中。这些都值得我国思考借鉴，目前奶牛的繁殖性状、体型性状等功能性状也逐渐被重视并纳入我国奶牛育种规划中。此外，今后我国奶牛育种目标的制定应体现前瞻性和多样性。

第三，挪威在发挥本国奶牛品种优势的前提下实现奶牛品种多元化，值得我们学习借鉴。

优良的奶牛品种是奶牛业发展的基础和前提，是衡量现代化奶业发展的重要指标。挪威制定并坚持不懈的执行科学、合理的育种计划，凭借得天独厚的自然条件、饲草饲料条件，培育出世界顶尖的奶牛良种—

挪威红牛。其优良特点是乳脂率和乳蛋白率非常高，寿命长，繁殖力高。

作为欧洲的奶业强国，挪威推广其主导品种挪威红牛的同时，还加大对挪威红与荷斯坦杂交奶牛的研究和推广，在产奶量不降低的情况下，提高牛奶质量，增加饲养奶牛的寿命，减少死胎率，降低乳房炎发病率，进一步增加挪威奶牛养殖效益。挪威的经验表明，通过引进优秀的挪威红牛等品种，在散养农户和普通饲养小区开展与荷斯坦牛杂交，可以帮助奶农大幅度提高奶牛养殖的综合经济效益。我国可以在有条件的地区进行积极探索，在试点和示范的基础上逐步推广。

第四，挪威注重奶牛日粮中粗饲料的品质与含量，值得我们学习借鉴。

在奶牛饲养方面，挪威注意提高青粗饲料的质量，尤其是青贮饲料在日粮组成中占有了较高的比例。我国由于耕地资源稀缺，优质牧草种植少，畜牧饲料供应紧张，因此，大力提倡“全株玉米青贮＋优质干草”的饲料供应模式，提高青贮饲料收割的机械化水平，是我国发展优质、高产、高效奶牛业的必然选择。

6.3 产业政策方面的经验

挪威政府对奶业的直接和间接支持值得我们借鉴。

第一是关税保护。挪威的奶业无论是劳动力成本、原料奶价格，还是乳制品价格都比欧洲其他国家高30%以上，所以政府对乳制品进口采取高关税政策。我国关税对农业的保护远不如挪威。此外，由于国内奶制品质量和食品安全方面的问题，国外低价格高质量的奶制品对我国奶业具有很大的冲击，关税方面的政策宽松更是加剧了国内奶农和和乳品企业的生存危机。

第二是财政补贴。挪威牧场主总收入的40%来自政府补贴。按牧场种植面积进行面积补贴，给予家庭牛场补贴，给予奶牛饲养补贴，以及牧场社会福利补贴。我国对农业的补助差距很大，主要是牛场自负盈亏，政府的补贴幅度不大，尤其是对家庭养殖户的补助。虽然国家逐年加大财政支农力度，但资金供给不足仍是制约我国奶牛养殖业快速发展的关键因素，为了维护奶农的利益，保证我国奶牛产业的持续健康发展，我国仍需进一步加大对奶农的补助。

第三是政府对研究项目的资金支持，对养殖加工消费等领域的研究项目无论是公司、大学和协会都可以向政府申报课题获得支持。对产业发展提出建设性意见，政府有专门的支持补贴。目前我国对农业的支持力度在不断加大，但是主要集中在关系到国家稳定的粮食方面，对畜牧业的支持力度还需继续提高。政府对研究项目的支持应该需要集中于建立合理健康的乳业体系，形成完整的链条和稳定的产业规模。

6.4 其他方面的经验

挪威重视生物能源的开发利用和环境保护值得我们借鉴学习。

挪威在奶业发展中十分注重生物能源开发利用，并制定相应优惠政策。在奶牛场粪污处理、环境保护上，中小型牛场一般采用化粪池堆积、塑料薄膜掩盖发酵处理，然后用粪罐车运往草地喷洒施肥，这样既解决环境污染问题又肥沃土地。我国环境污染日益严重，奶牛养殖者的环境观念和生态观念普遍较差，从观念上引导和法律法规上规范，可以起到较好的效果，使环境质量得到根本改善。

参考文献

[1]http://faostat.fao.org/

[2]http://www.thecattlesite.com/breeds/dairy/37/norwegian-red/overview

[3]http://www.dairyfarmer.com.cn/xmb_nw/0/0.chtml

[4]http://www.hesitan.com/qymb_nwhn/0/0.chtml

[5]Refsdal AO. Reproductive performance of Norwegian cattle from 1985 to 2005:trends and seasonality. Acta Veterinaria Scandinavica 2007(49):5

[6]Ruane J,Klemetsdal G and Heringstad B. Health Traits Data for Dairy Cattle in Norway-An Overview and New Opportunities. www-interbull. slu. se/bulletins/bulletin15/RUANE. pdf

[7]李兆林,秦学智,索宝. 挪威 荷兰及意大利奶业发展考察报告,2011 年 9 月 22 日 http://www. hesitan. com/kxyn_gjnncytx/2011-09-22/34804. chtml

[8]挪威统计局网站 http://www. ssb. no/

执笔 山东省农业科学院奶牛研究中心:仲跻峰 李建斌 赵秀新

附 表

附表 1 奶牛头数、单产水平和总产奶量(1961—2011)

年份	牛头数(头)	总产奶量(万 t)	平均单产(kg/每头)
1961	1 180 300	160.3	2 652.2
1962	1 158 800	164.1	2 771.5
1963	1 122 000	165.6	2 888.5
1964	1 101 850	164.2	2 973.6
1965	1 059 410	164.3	3 176.7
1966	1 040 900	167.7	3 333.3
1967	995 676	169.5	3 545.2
1968	1 008 350	176.0	3 745.6
1969	973 425	173.1	3 963.2
1970	943 002	170.4	4 016.4
1971	931 691	174.4	4 212.0
1972	940 376	180.7	4 360.0
1973	965 557	180.0	4 353.9
1974	955 234	180.0	4 452.3
1975	914 905	182.0	4 699.4
1976	921 231	187.4	4 859.1
1977	944 920	186.8	4 889.3
1978	953 814	190.2	5 070.8
1979	968 843	187.2	5 028.9
1980	984 700	194.4	5 179.3
1981	1 014 500	196.3	5 166.9
1982	1 009 000	201.9	5 251.0
1983	989 000	199.6	5 244.4
1984	975 600	199.3	5 159.2
1985	970 200	195.2	5 191.5

续表

年份	牛头数(头)	总产奶量(万 t)	平均单产(kg/每头)
1986	967 500	195.5	5 384.2
1987	945 000	198.6	5 713.5
1988	931 900	198.6	5 916.5
1989	949 400	196.1	5 760.0
1990	953 100	196.3	5 984.8
1991	974 185	190.8	5 816.5
1992	335 996	189.8	5 801.0
1993	331 014	189.4	5 891.0
1994	324 701	193.3	6 077.0
1995	324 417	190.8	6 024.0
1996	326 766	190.2	5 979.9
1997	322 349	188.4	5 996.2
1998	322 791	180.4	5 738.8
1999	318 047	197.0	6 295.0
2000	298 709	172.3	5 786.4
2001	—	167.5	5 784.5
2002	286 164	160.0	5 896.6
2003	282 829	157.6	5 665.6
2004	280 091	157.4	5 787.5
2005	272 301	156.6	5 904.2
2006	265 384	155.3	5 995.9
2007	258 719	159.5	6 165.8
2008	262 090	158.4	6 045.5
2009	249 482	155.8	6 245.2
2010	245 001	156.2	6 377.0
2011	240 935	151.5	6 302.1

注:牛存栏数 1991 年以前为全部牛存栏数,来源于 FAO,1992 年后为奶牛存栏数,挪威统计局网站。2001—2010 年的平均单产数据与本文中表 2 不完全一致,表 2 资料来源于 ICAR。

附表 2 主要乳制品产量(1961—2011) t

年份	液态奶	奶油	奶酪	炼乳	全脂奶粉	脱脂奶粉和干乳酪
1961	633 950	19 442	42 056	7 000	—	5 000
1962	633 965	21 113	44 519	7 000	—	6 000
1963	641 150	20 573	44 502	7 000	—	7 000
1964	638 200	20 392	43 616	7 000	—	7 000
1965	639 025	19 793	46 355	6 000	—	7 000
1966	639 828	20 883	49 767	5 000	—	7 000
1967	630 975	20 138	52 053	13 000	1 000	7 000

续表

年份	液态奶	奶油	奶酪	炼乳	全脂奶粉	脱脂奶粉和干乳酪
1968	648 930	23 267	48 045	11 000	1 000	7 000
1969	666 598	20 889	51 605	12 000	1 000	7 000
1970	660 833	18 733	54 252	11 000	1 000	8 000
1971	664 870	19 834	56 217	11 000	1 000	8 000
1972	691 743	20 993	58 625	11 000	1 000	8 000
1973	704 930	22 212	52 259	11 000	1 000	9 000
1974	699 907	19 848	59 329	10 000	575	8 716
1975	703 217	20 258	62 535	10 000	658	7 806
1976	692 691	2 3391	61 541	10 000	668	9 195
1977	681 281	23 845	59 287	10 000	936	6 903
1978	679 562	20 354	68 042	9 600	845	6 901
1979	684 048	20 357	69 588	8 000	751	7 916
1980	706 148	21 700	71 200	10 000	1 768	10 001
1981	697 921	22 990	70 758	10 000	1 655	9 386
1982	676 247	24 495	74 460	7 200	1 765	11 564
1983	660 546	26 803	63 895	10 000	986	10 800
1984	636 400	25 349	68 214	10 000	1 094	7 315
1985	545 038	25 230	69 243	10 000	1 113	7 350
1986	487 420	24 755	73 186	10 000	1 218	9 939
1987	440 979	26 241	79 462	10 000	1 362	10 462
1988	369 751	23 440	79 170	9 635	1 087	6 704
1989	353 883	23 800	86 768	34 000	1 054	8 200
1990	335 928	21 584	87 644	39 000	1 048	12 000
1991	313 239	20 457	82 004	34 000	1 000	13 000
1992	334 012	19 168	81 252	31 000	1 000	13 000
1993	386 949	18 399	83 559	31 000	1 900	8 000
1994	387 925	16 167	81 808	31 000	2 000	8 170
1995	386 412	16 279	84 625	30 000	2 100	6 180
1996	433 673	14 353	86 022	30 105	1 700	5 200
1997	433 561	12 600	87 084	30 105	1 700	6 100
1998	373 849	13 000	90 902	17 285	1 700	5 100
1999	361 617	18 700	84 400	17 350	1 900	10 600
2000	338 560	15 500	83 700	14 250	1 400	5 300
2001	336 041	15 000	82 800	11 450	1 200	6 600
2002	326 856	15 200	83 200	11 650	1 000	5 322
2003	276 400	14 300	83 200	11 350	1 000	7 500
2004	276 589	12 900	83 300	11 350	1 000	6 000

续表

年份	液态奶	奶油	奶酪	炼乳	全脂奶粉	脱脂奶粉和干乳酪
2005	277 424	14 000	81 200	11 350	1 000	6 000
2006	277 851	13 600	81 200	11 350	1 000	6 000
2007	299 289	14 200	78 200	11 350	1 000	6 000
2008	299 182	15 300	77 200	11 350	1 000	6 000
2009	329 271	15 700	76 200	11 350	1 000	6 000
2010	—	15 800	82 500	11 350	1 000	6 000
2011	—	15 300	82 500	11 350	1 000	6 000

资料来源：FAO。

附表 3　主要乳制品进出口贸易额(1961—2011)　　千美元

年份	进口数额					出口数额				
	奶粉	奶酪	鲜奶	脱脂奶粉	全脂奶粉	奶粉	奶酪	鲜奶	脱脂奶粉	全脂奶粉
1961	5	217	0	53	0	4 121	4 864	0	46	0
1962	5	242	0	38	0	4 284	4 827	3	1	0
1963	8	199	0	29	0	3 611	6 870	2	99	0
1964	3	274	0	27	0	6 176	6 694	0	6	0
1965	0	398	0	9	0	3 377	5 940	0	11	0
1966	3	341	0	67	0	2 825	7 408	0	80	0
1967	10	332	0	17	0	2 080	8 822	0	65	0
1968	18	359	0	12	0	691	8 440	0	80	0
1969	439	348	0	195	0	818	8 705	0	80	0
1970	1 962	402	0	485	0	950	10 044	0	20	0
1971	1 706	705	0	65	0	968	12 423	0	757	0
1972	10	932	0	126	0	1 839	15 717	0	1 060	0
1973	8	1 211	0	136	0	282	17 920	0	758	0
1974	696	1 533	0	1 058	13	180	23 616	0	119	0
1975	80	1 965	0	231	11	317	29 430	0	112	0
1976	6	2 301	0	6	16	367	36 808	0	158	26
1977	19	2 962	0	338	6	5 185	37 834	0	120	11
1978	2 458	3 834	0	1 708	9	370	42 970	0	88	7
1979	2 143	5 054	0	1 216	14	399	50 574	0	71	9
1980	4 074	5 191	0	1 125	10	710	47 216	0	81	248
1 981	3	4 116	0	282	5	6 049	51 449	0	155	396
1982	1	4 206	0	16	4	6 985	47 133	0	179	137
1983	0	6 128	0	16	17	12 736	46 656	0	2 299	16
1984	5	6 594	9	11	3	6 194	42 646	0	613	8
1985	10	7 310	1	54	5	5 591	40 210	0	33	5
1986	21	10 779	1	276	47	3 720	46 366	3	46	3

续表

年份	进口数额					出口数额				
	奶粉	奶酪	鲜奶	脱脂奶粉	全脂奶粉	奶粉	奶酪	鲜奶	脱脂奶粉	全脂奶粉
1987	40	12 544	0	40	144	5 740	53 206	8	57	5
1988	107	11 033	7	187	80	7 624	55 244	0	2 402	0
1989	108	11 638	4	1 115	3	9 321	64 080	0	146	2 715
1990	147	15 336	10	37	5	19691	73 567	18	773	844
1991	74	16 061	10	54	8	9 274	66 570	8	151	1 058
1992	97	17 394	27	4	31	8 530	76 147	0	2 399	6
1993	52	16 419	30	43	12	10 025	66 270	9	3 994	61
1994	75	15 992	67	29	7	3 890	64 508	1	749	8
1995	20	18 671	77	62	20	7 985	71 001	0	347	99
1996	10	20 373	95	94	2	4 183	71 713	30	28	7
1997	100	19 209	37	24	1	3 885	69 551	6	75	76
1998	147	19551	15	21	2	3 494	78 737	0	95	4
1999	360	20 700	3	43	4	6 202	74 926	0	380	0
2000	355	18 678	23	9	0	4 408	70 020	0	1 222	29
2001	339	19 746	29	7	1	1 804	65 104	1	0	0
2002	747	26 461	40	2	21	1 372	71 587	3	37	87
2003	634	35 985	47	29	1	1 364	75 065	17	3	62
2004	882	45 792	32	235	9	1 117	88 343	4	0	161
2005	1 038	51 574	111	424	48	2 839	89 910	121	9	119
2006	884	54 671	109	465	4	636	92 712	1 141	5	71
2007	852	67 500	139	745	15	6 358	94 668	1 003	25	163
2008	1 740	79 592	111	1 253	127	9 341	93 901	1 007	93	240
2009	1 277	74 446	57	1 225	204	6 363	86 681	1 040	36	130
2010	785	81 754	25	1 226	187	7 043	90 668	1 130	38	59
2011	—	92 088	—	—	—	—	97 991	—	—	—

资料来源:FAO。

附表 4 主要乳制品进出口贸易量(1961—2011) t

年份	进口					出口				
	奶粉	奶酪	鲜奶	脱脂奶粉	全脂奶粉	奶粉	奶酪	鲜奶	脱脂奶粉	全脂奶粉
1961	6	238	0	150	0	5 425	9 214	0	40	0
1962	7	237	0	100	0	5 134	9 241	25	1	0
1963	11	185	0	80	0	3 798	12 910	13	282	0
1964	3	235	0	80	0	6 467	11 297	0	10	0
1965	0	444	0	20	0	3 851	9 356	0	30	0
1966	3	276	0	189	0	3 529	11 579	0	186	0
1967	15	269	0	30	0	2 540	13 857	0	108	0

续表

年份	进口					出口				
	奶粉	奶酪	鲜奶	脱脂奶粉	全脂奶粉	奶粉	奶酪	鲜奶	脱脂奶粉	全脂奶粉
1968	31	273	0	23	0	1 018	14 860	0	203	0
1969	1 343	262	0	1 016	0	1 259	15 849	0	209	0
1970	4 565	276	0	1967	0	1 427	17 193	0	40	0
1971	1 608	411	0	141	0	886	17 767	0	1 572	0
1972	10	477	0	252	0	1 567	18 046	0	1966	0
1973	8	530	0	223	0	342	16 583	0	1923	0
1974	678	609	0	1 178	30	224	17 279	0	124	0
1975	60	670	0	250	8	352	17 969	0	106	0
1976	3	800	0	17	17	423	19 303	0	273	19
1977	12	957	0	882	2	6 071	18 732	0	99	8
1978	2 162	1 119	0	3 694	3	380	18 283	0	66	5
1979	1 687	1 358	0	2 170	6	340	19 413	0	57	6
1980	1 817	1 323	0	1 333	2	470	17 114	0	57	210
1981	1	1 192	0	292	1	2 796	19 782	0	78	322
1982	1	1 262	0	7	1	3 431	17 939	0	109	52
1983	0	1 877	0	3	5	7 479	19 057	0	2 835	6
1984	3	2 035	6	2	2	4 708	16 116	0	886	2
1985	6	1 983	3	35	3	6 169	17 049	0	10	1
1986	13	2 109	3	100	42	4 542	17 134	4	36	1
1987	21	2 068	0	3	57	6 769	20 892	8	44	1
1988	43	1 791	2	74	25	8 020	20 523	0	2 076	0
1989	46	1 994	7	637	1	6 663	23 395	0	45	1 365
1990	53	2 225	17	11	5	12 439	26 555	25	511	567
1991	29	2 378	15	25	7	7 053	22 654	1	84	355
1992	47	2 428	43	5	7	6 281	26 829	0	1 570	4
1993	20	2 428	54	12	6	7 570	22 226	3	2 712	40
1994	49	2 310	67	11	3	2 992	21 858	1	563	4
1995	7	2 378	96	25	9	4 421	23 054	0	185	47
1996	4	2 584	114	40	1	2 419	22 549	11	13	3
1997	55	2 647	37	12	0	2 518	24 062	2	20	34
1998	64	2 775	8	11	1	1 959	27 043	0	65	5
1999	182	3 070	2	32	0	5 071	23 335	0	277	0
2000	210	3 195	10	6	0	3 794	19 394	0	1 119	14
2001	200	3 325	23	7	0	1 482	18 773	0	0	0
2002	417	4 284	33	1	17	1 060	17 204	4	15	30
2003	288	5 146	34	7	0	997	18 040	10	1	9

续表

年份	进口					出口				
	奶粉	奶酪	鲜奶	脱脂奶粉	全脂奶粉	奶粉	奶酪	鲜奶	脱脂奶粉	全脂奶粉
2004	350	6 258	22	57	2	634	18 360	5	0	17
2005	396	7 432	77	106	12	1 645	18 218	208	6	17
2006	329	7 739	126	110	1	373	17 946	1 872	2	6
2007	281	8 265	145	141	1	2 354	15 154	1 469	3	14
2008	367	8 474	90	206	8	3 228	14 444	1 447	16	32
2009	354	8 717	26	232	12	3 484	13 356	1 681	5	12
2010	146	9 619	26	203	10	2 221	13 542	1 756	12	5
2011	—	10 537	—	—	—	—	14 016	—	—	—

注：—为缺失值。
资料来源：FAO。

大 洋 洲

新西兰奶业发展报告

摘要：新西兰位于太平洋西南部，属温带海洋性气候，水草资源丰富，十分适合奶业发展。因此，奶业是新西兰农业的支柱产业。新西兰奶牛养殖变化趋势是奶牛场（群）数量减少，平均奶牛头数增加。1978/1979 年产奶季节全国牛场（群）数量 17 000 个，平均奶牛头数 121 头，而 2010/2011 年产奶季节全国成年母牛约 452 万头，牛场（群）数量 11 735 个，平均奶牛头数 386 头。

新西兰牛奶总产量持续增长，从 1961 年的 521 万 t 增加到 2011 年的 1 789 万 t，增长 2.43 倍。但奶牛平均单产变化不大，由 1961 年的 2 700 kg/头增加到 2011 年的 3 715 kg/头，增长 37.6%。牛奶固形物产量从 1992/1993 年的 260 kg/头增加到 2010/2011 年产的 334 kg/头。

新西兰乳品加工企业包括奶牛场参股的合作制加工企业和独立加工企业两种形式。目前合作制加工企业主要包括恒天然集团、Westland 公司和 Tatua 公司等，2011 年以上三家企业原料奶收购量占全国总量 95%以上。独立乳品加工企业主要包括 5 个中型和 20 小型独立乳品加工企业。

新西兰乳制品超过 100 个品种，包括消毒鲜奶、冰激凌、黄油、炼乳、乳清、奶粉、奶酪和酸奶等。奶粉是新西兰最主要的乳制品，近年来新西兰全脂奶粉的比例稳步增加，而脱脂奶粉比例减少。国内消费的乳品包括液态奶、奶油、奶酪、奶粉（脱脂和全脂）、酸奶、炼乳等，占其总产量 7%左右。

新西兰鼓励和支持其乳品企业开拓国外市场。1924 年制定的《乳品生产出口控制法》，对建立和保证国内和海外乳品市场和乳品价格起到了重要作用。而 2009 年的《创新的政治策略》对乳制品研发、市场维护与拓展起到了促进作用。新西兰是乳制品净出口国家，每年生产的乳制品 93%以上出口到 190 多个国家和地区，约占世界乳制品贸易量 33%。我国是进口新西兰乳制品量最大的国家，2011 年我国从新西兰进口乳制品占我国乳制品进口总量的 76.12%。

新西兰奶牛品种包括荷斯坦、娟姗、Kiwi-Cross 牛等，其育种目标是在放牧和牛奶固形物计价体系下，培育能够最有效地把饲料转化成利润的奶牛品种。育种主要指标是育种利润指数（BW），即一头种畜所生的后代每年、每单位饲料（4.5 t 干物质）所获得的经济效益。国家遗传评估委员会负责奶牛育种计划的制定，家畜改良公司（LIC）负责执行奶牛育种计划，包括全国奶牛数据库建立和维护，DHI 测定，遗传评估系统模型建立和维护等。LIC 是新西兰最大的育种机构，每年在 400 多个后测牛场测定奶牛种公牛约 300 头。LIC 也是新西兰最大的人工授精机构，每年开展约 300 万头奶牛人工授精，占全国 75%以上。新西兰是最早开展 DHI 测定的国家之一，2010/2011 产奶季节 DHI 测定母牛超过 318 万头，占泌乳母牛 70%以上。

天然草场和人工草场是新西兰奶牛养殖的基础，其特点是划区轮牧，草畜平衡。新西兰有 190 个草品种，人工草场一般以 70%黑麦草和 30%红、白三叶草混播。

新西兰十分重视生物安全和奶牛传染病的控制，建立了完善的动物防疫与卫生体系。新西兰从未发生过疯牛病、口蹄疫、牛瘟、水疱性口炎、牛结节性疹和赤羽病等。新西兰高度重视奶牛养殖中传染病如牛结核病(TB)和流行性白血病(EBL)的防治。TB曾是影响新西兰奶牛最严重的传染病,经过不断努力,TB感染牛群数迅速下降,预计2013年TB发病率降至0.2%以下。

新西兰重视奶牛养殖中粪污处理与环境保护。1991年政府通过了《资源管理法》,2003年环境部、农林部、地区议会与恒天然公司达成《乳业与清洁溪流协议》,对水资源等环境的保护起到了重要作用。

新西兰通过采取一定的技术措施如机器挤奶、冷链贮藏和运输(4 ℃)、DHI测定等保证了原料奶质量。而协调和规范奶牛养殖场和乳品加工企业之间的关系、合理的原料奶价格、公平的第三方检测、健全的质量监管体系、合理到位的惩罚措施等也是保证原料奶质量的重要政策措施。新西兰原料奶价格以牛奶固形物重量计算,每年价格虽有波动,但变化不大,2010/11产奶季节原料牛奶价格为7.89新元/kg牛奶固形物。

新西兰十分重视奶业科学与技术的研究与推广,全国主要研究机构包括8个农业类研究所(占新西兰政府研发投资的26%)、奥克兰大学等8所大学(占新西兰研发投资的37%)等,行业组织与企业也是新西兰奶业科研的重要力量。

我国正处在奶业生产转型期,新西兰奶业发展成功经验值得我们借鉴。

关键词:新西兰　奶业　发展

新西兰是大洋洲岛国,位于太平洋南部,处于南极洲和赤道之间,在南纬34°～47°之间。新西兰由北岛、南岛、斯图尔特岛及其附近一些小岛组成,面积约270万km^2,专属经济区120万km^2,人口440万人(2011年),人口密度16.30人/km^2。

新西兰每年12月份至翌年2月份为夏天,6—8月份为冬天。夏季平均气温25 ℃,冬季平均温度10 ℃,全年温差一般不超过15 ℃。各地年平均降雨量为400～1 200 mm。新西兰境内山地和丘陵占其总面积75%以上,属温带海洋性气候,四季温差不大,植物生长十分茂盛,森林覆盖率达29%,生态环境良好,天然牧场或农场占国土面积的1/2。

新西兰是发达国家,2011年新西兰国内生产总值(GDP)为1 991.13亿美元,人均超过30 000美元。农业在新西兰经济中占有重要地位,农业对全国GDP的贡献率大于12.5%。

1　奶业发展基本情况

新西兰畜牧业发达,畜牧业用地为1 352万hm^2,占国土面积的1/2,农业总产值占全国GDP的25%以上。新西兰畜牧业经济发达,特别是乳业占有特殊重要位置,据统计新西兰畜牧业产值占农业总产值的75%以上,而奶业占农业总产值的比重超过30%(图1)。新西兰的乳制品、羊肉和粗羊毛的出口量均居世界第一位,生产的绝大部分乳制品用于出口,其乳制品出口量占全世界出口量的33%左右。

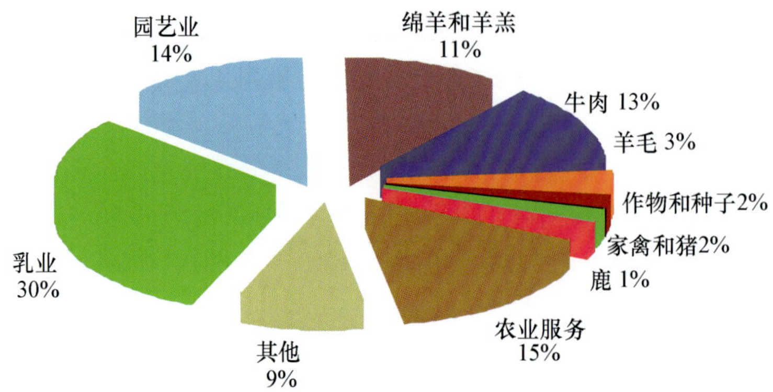

图1　新西兰不同产业在农业总收入中的比重

资料来源:新西兰农林部官网。

1.1 奶牛养殖业发展

新西兰地广人稀，水、草资源丰富，适合发展畜牧业，尤其是奶牛业。据统计，新西兰 2010/2011 产奶季节成年母牛存栏 452 万头，约占全世界奶牛存栏量的 2%。新西兰草地资源非常丰富，草地面积达 1 400 万 hm^2，占国土面积的 51.8%，其中人工草地为 940 万 hm^2，占 34.8%。每公顷草地可饲养泌乳奶牛头数 2.8 头。人工草地主要是黑麦草、三叶草、高羊茅草混播，牧草产量和质量高，牧草干物质产量达到 12～17 t/hm^2。

过去，新西兰奶牛养殖集中在北岛地区，奶牛存栏量占全国存栏总量的 80%，主要分布在怀卡托(Waikato)和塔拉那基(Taranaki)地区。南岛地区奶牛饲养量占新西兰奶牛的 20%左右，主要分布在北坎特伯雷(Caterburry)和南部地区(Southland)。近年来，由于奶牛养殖经济效益较高，南岛一些农场从饲养绵羊和肉牛转而饲养奶牛，因而南岛奶牛饲养量近年来增加较快，例如 2010/2011 产奶季节南岛奶牛饲养量占新西兰奶牛的比例达到 35.8%(表 1 和图 2)。

表 1 新西兰 2010/2011 产奶季节不同地区奶牛存栏比例

地区	总牛群数(个)	牛群百分比(%)	总牛数(头)	牛头数百分比(%)
北岛(North Island)	8 947	76.2	2 905 695	64.2
北部地区	930	7.9	275 070	6.1
奥克兰	446	3.8	110 719	2.4
怀卡托	3 566	30.4	1 135 279	25.1
丰盛湾	600	5.1	192 038	4.2
中部高原	460	3.9	236 648	5.2
西部高地	83	0.7	39 767	0.9
东海岸	9	0.1	4 742	0.1
霍克斯湾	71	0.6	46 632	1.0
塔拉纳基	1 744	14.9	486 915	10.8
马纳瓦图	568	4.8	213 165	4.7
怀拉拉帕	470	4.0	164 720	3.6
南岛(South Island)	2 788	23.8	1 623 041	35.8
纳尔逊/马尔堡	241	2.1	84 779	1.9
西海岸	372	3.2	145 219	3.2
北坎特伯雷	676	5.8	511 862	11.3
南坎特伯雷	246	2.1	184 247	4.1
奥塔戈	381	3.2	212 858	4.7
南部地区	872	7.4	484 076	10.7
新西兰(New Zealand)	11 735		4 528 736	

资料来源：新西兰奶业统计资料，LIC 官网，www.lic.co.na。

图 2　2011—2012 产奶季新西兰奶牛区域分布

1.1.1　奶牛养殖规模及产奶量变化

过去 50 年中，新西兰奶牛存栏呈稳步增长态势。1961 年，全国成母牛存栏 190 万头，2010/2011 产奶季节增加到 452 万头（见图 3），而 2011/2012 年产奶季节则达到 482 万头（包括后备牛、犊牛的总存栏为 620 万头），增长了 2.5 倍。1961—1995 年间，新西兰的奶牛存栏增长缓慢，34 年间增加了 100 余万头，达到 315 万头，年平均增长率为 1.47%。1995 年后增速加快，只用了 9 年的时间就增长了 95 万头，年平均增长率为 2.97%，至 2004 年成母牛存栏首次突破 400 万头，2006 年到 2011/2012 年产奶季节的 5 年间又从 414 万头增长到 482 万头，平均增长率为 3.09%。

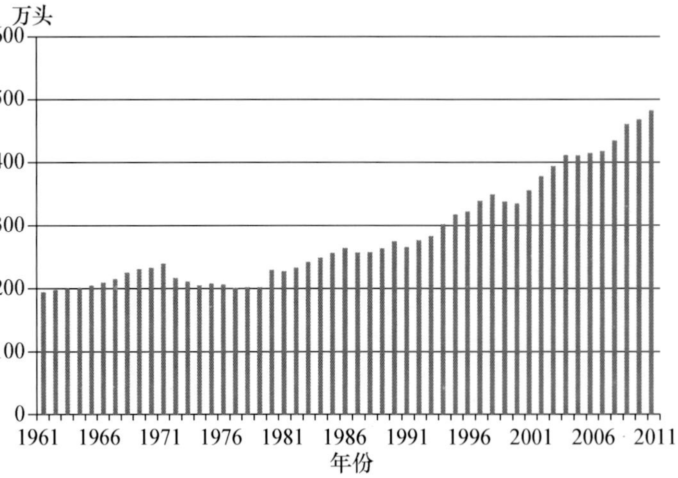

图 3　新西兰 1961—2011 年成年奶牛头数变化趋势

资料来源：FAO 统计资料，2013 年。

过去30年中,新西兰奶牛养殖规模变化的总体趋势是奶牛场(牛群)数量减少,牛群平均头数增加。1978/1979年产奶季节,全国牛场(群)数量为16 907个,至2008/2009年产奶季节降至11 618个,减少了31.3%,但同期牛场平均奶牛头数则由121头增至366头,增加了2倍,2010/2011年产奶季节牛群数量略有增加,达到11 735个,平均每群牛头数增加到386头(图4)。

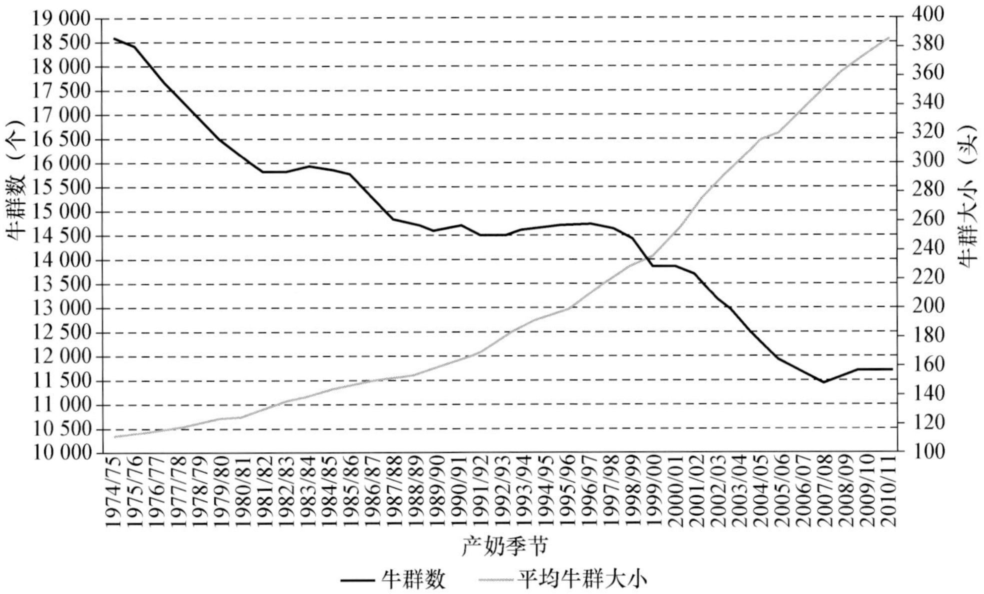

图4 新西兰30个产奶季节奶牛群数和牛群平均规模变化情况

资料来源:新西兰奶业统计,LIC官网,www.lic.co.na。

新西兰奶牛群(场)的主体规模为150～550头之间,据统计,2010/2011年产奶季节此类规模奶牛群(场)占总数的71.0%。存栏950头以上的奶牛场仅有532个,占总数的4.6%(见表2)。

表2 新西兰2010/11产奶季节不同规模牛群数量分布情况

奶牛头数(头)	牛群(场)数量(个)	比例(%)
<150	1 105	9.4
150～249	2 837	26.7
250～349	2 540	21.6
350～449	1 562	13.4
450～549	1 088	9.3
550～649	750	6.4
650～749	454	3.9
750～949	567	4.7
>950	532	4.6
总计	11 735	

资料来源:新西兰奶业统计,LIC官网,www.lic.co.na。

在放牧条件下,新西兰奶牛利用年限较长。2007/2008—2010/2011年产奶季节DHI测定结果表明,4个产奶季4岁以上荷斯坦成年母牛比例均在65%左右,6岁以上成年母牛比例均在35%以上,分别为38.5%、38.6%、36.6%和35.15%(表3)。与荷斯坦比较,娟姗牛和Kiwi杂交牛6岁以上的成母牛比例较高一些。

表 3 不同产奶季节 DHI 测定不同年龄荷斯坦奶牛占测定总头数的比例 %

年龄	2007/2008 年	2008/2009 年	2009/2010 年	2010/2011 年
2 岁	19.3	18.4	20.0	20.2
3 岁	15.8	16.9	16.0	17.3
4 岁	13.5	14.0	14.9	14.4
5 岁	13.0	12.1	12.5	13.2
6 岁	12.0	11.0	10.2	10.3
7 岁	9.0	9.8	8.8	8.2
8 岁	6.2	6.9	7.3	6.4
9 岁	4.4	4.4	4.7	4.8
10 岁以上	6.9	6.5	5.7	5.3
总计	100.0	100.0	100.0	100.0
测定总头数	948 353	954 031	856 914	963 198

资料来源：新西兰奶业统计，家畜改良公司网站，LIC。

在过去的 50 年间，新西兰牛奶总产量持续增长，从 1961 年的 521 万 t 增加到 2011 年的 1 789 万 t，增长了 2.43 倍(图 5)，年平均增长率为 2.50%，尤其是 20 世纪初增速加快，从 2000 年的 1 223.5 万 t 增加到 2011 年的 1 789.3 万 t，11 年增长了 565.8 万 t，年平均增长率达 3.52%。同期，奶牛平均单产增长幅度不大，由 1961 年的 2 700 kg/头增加到 2011 年的 3 715 kg/头(图 6)，增长 37.6%，50 年间奶牛单产增加约 1 000 kg，年平均增长率为 0.6%。因此新西兰牛奶总产量的增加主要依靠奶牛头数的增加，与美国、以色列等国家追求奶牛单产水平形成非常明显的对比。

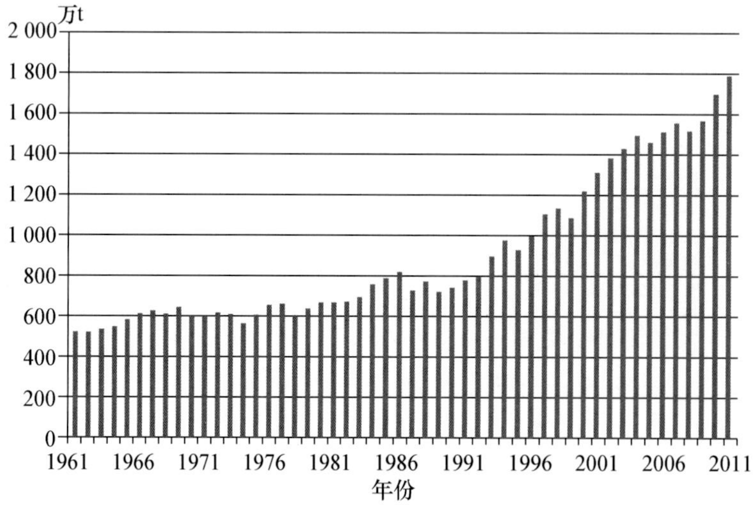

图 5 新西兰 1961—2011 年牛奶总产量变化

资料来源：FAO 统计资料，2013。

新西兰奶牛养殖以放牧为主，虽然平均单产水平提高幅度不大，但牛奶中固形物含量较高。因此，平均每头牛牛奶固形物总量一直是增加的趋势，从 1992/1993 年产奶季节的 260 kg/每头牛增加到 2008/2009 年产奶季节 323 kg/头(图 7)，2010/2011 年产奶季节则达到 334 kg/头。

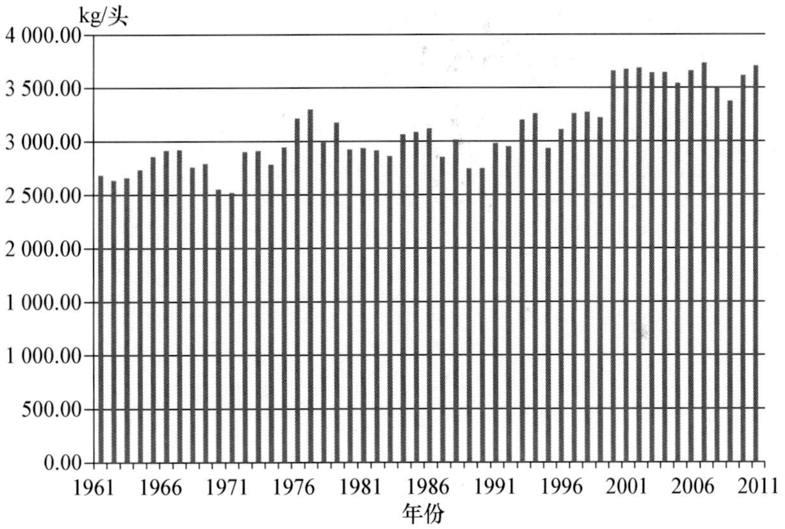

图 6　新西兰 1961—2011 年奶牛平均单产变化示意图

资料来源：FAO 统计资料，2013。

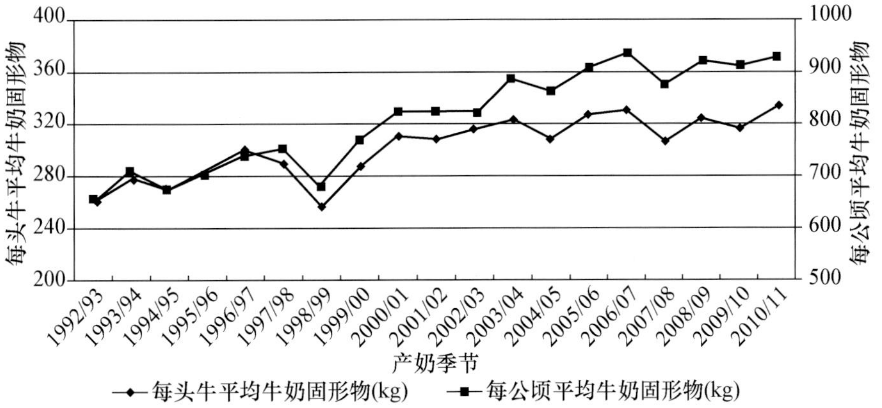

图 7　新西兰不同产奶季节奶牛牛奶固形物产量变化

资料来源：新西兰奶业统计，2011，LIC 官网，www. lic. co. na。

1.1.2　奶牛养殖模式变化

自 1840 年最早的奶牛牧场建立以来，放牧条件下，牛奶生产受牧草生长变化的影响较大，表现出很强的季节性。新西兰约 97％奶牛群的生产季节在每年 7 月份至来年 5 月份之间，即所谓的产奶季节，其中 10 月份达到原料奶收购和加工的高峰。5—7 月份，大部分奶牛进入干奶期。只有约 3％的牛群常年产奶，以满足非产奶季节国内液态奶消费需求。与舍饲比较，放牧饲养具有投资少、原料奶质量高、劳动力成本低和奶牛生活环境舒适等优点，新西兰的奶牛养殖一直是放牧饲养为主的饲养模式（见图 8），近年来奶牛群的平均规模有所增长。

但是为了增加牛奶产量，根据降雨量、牧草生长季以及饲养方式，在放牧的基础上，按照补充饲料的多少分为 5 个生产系统：

第一种是全部放牧，不补充饲料。

第二种是除放牧外，根据雨水多少和气温变化，补充 4％～14％的饲料。

第三种是在产奶期补充 10％～20％的饲料。

第四种是在产奶后期和干奶期饲喂 20％～30％的饲料。

第五种是全年补饲，补饲量占 25％～40％。

图 8　新西兰奶牛放牧饲养

这五个生产系统，因不同地区和季节而异，确保了牛奶干物质含量都很高。

新西兰多采用产奶季泌乳高峰期日挤奶 2 次、产奶季末期产量下降后日挤奶 1 次的挤奶制度。表 4 为新西兰 2011/2012 年产奶季节奶牛饲养和牛奶生产水平情况。

表 4　新西兰奶牛生产水平一览表

项目	2011/2012 年季奶业生产水平
奶牛场(群)数(个)	11 798
平均奶牛头数(头)	393
平均每群奶牛有效土地面积(hm^2)	139
每公顷饲养泌乳奶牛头数(头/hm^2)	2.83
平均产奶量(L/头)	4 128
脂肪产量(kg/头)	206
蛋白产量(kg/头)	158
固形物产量(kg/头)	364

资料来源：新西兰奶业统计资料，2011/12 年。

新西兰经营奶牛场主要有两种形式：农场主式(owner)和参股制式(sharemilker)。第一种形式中农场主拥有奶牛场、奶牛和土地资源，并直接参与奶牛场经营与管理；第二种形式是农场主拥有奶牛场的土地和基础设施，和(或)拥有部分奶牛，但是一般不直接参与奶牛场管理和经营活动，而是雇佣其他人员经营管理。受雇佣人员负责奶牛场日常经营和管理工作，其在牛场的劳动收入可按照投入牛场的投资(奶牛、资金或者机械)，从而占有牛场一定比例的股份，比如 29%或者 50%等，从而逐渐与原农场主(土地和牛场基础设施拥有者)共同拥有奶牛场。

1.2　乳品加工业发展

1.2.1　乳品加工企业规模、企业数量和规模变化

新西兰乳品加工企业主要包括奶牛场参股的合作制加工企业和独立加工企业两种类型。

新西兰早期乳品加工企业主要是私人企业，但是随着奶业发展，私人拥有的乳品加工企业数量逐渐减少，而合作企业数量逐年增加(图 9)，并在 1930 年前后达到 500 家左右。但是随着奶业商业化、规模化和现代化发展，新西兰乳品加工厂数量急剧减少，而加工厂的加工能力大大提高。2008/2009 年产奶季节新西兰

合作制乳品加工企业主要包括恒天然集团(Fonterra Co-operation Group)、Westland 合作乳品公司(Westland)和 Tatua 合作乳品公司(Tatua)等三家企业,2007 年其原料奶收购量占当年全国从奶牛场收集牛奶固形物总量的 97%以上,2011 年约占 95%。同时新西兰还有 5 个中型独立乳品加工企业和 20 个小型独立乳品加工企业。

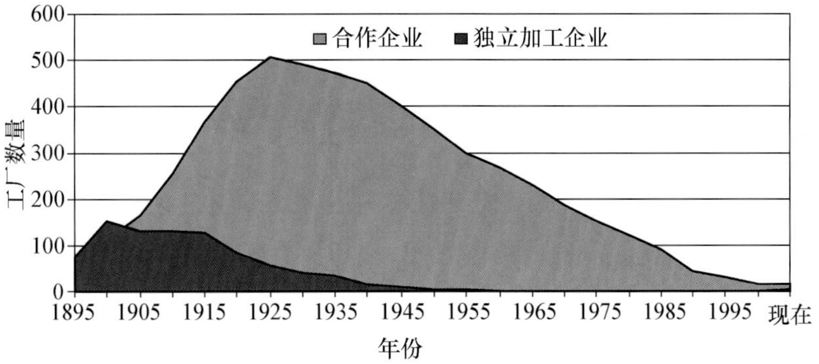

图 9 不同时期新西兰主要乳品加工企业数量变化

1.2.1.1 合作制加工企业

(1)恒天然集团。恒天然集团公司(Fonterra)是股份制大型乳制品加工企业,是世界十个最大乳品企业之一,活跃在全世界 190 多个国家和地区的市场。恒天然集团公司 2001 年由新西兰 Kiwi 乳品合作有限公司和新西兰乳品有限公司合并而成。当时 Fonterra 原料奶由 11 000 多个持股的牧场主供应,原料奶收购量占新西兰总产量的 96%以上。近年来,随着独立乳制品加工企业的不断涌现,其原料奶收购量有所下降,2010/11 产奶季节收购量占总量 92%。

(2)Westland 乳制品有限公司。Westland 是 1937 年成立的合作制乳制品公司,目前有大约 380 个持股牧场主,原料奶收购量占新西兰总产量的 3%左右。Westland 完全属于持有该合作企业票面价值股份的牧场主所共有,持股比例与提供原料奶数量(乳固形物量)相关。Westland 的产品包括奶粉、黄油、蛋白质等。Westland 在南岛西海岸有自己的加工厂,在坎特伯雷有一个烘干设施。Westland 公司的乳产品主要出口,乳产品出口占其总产量的 78%以上。

(3)Tatua 乳品合作公司。Tatua 乳品合作公司成立于 1914 年,目前有 112 个持股牧场主,原料奶收购量占总量 1%左右。Tatua 是个封闭合作企业,目前不接纳新牧场主。Tatua 完全属于持有该合作企业票面价值股份的牧场主所共有,持股比例与提供原料奶数量(乳固形物量)相关。Tatua 有自己的品牌,生产多种消费品、食品和乳产品,以及用于营养补充剂的特殊成分食品和蛋白质。Tatua 是典型的出口型企业,其产品 90%以上供出口。

1.2.1.2 独立加工企业

独立乳品加工企业是新西兰新兴的加工企业,是指企业独立投资建立加工厂,没有奶牛养殖场参股合作,原料奶来源主要与奶牛养殖场(企业)签订原料奶供应合同,或者从恒天然集团收购原料奶。虽然目前独立乳品加工企业原料奶收购量只占新西兰总量的 3%左右,但是近年来此类形式的乳品加工企业数量正在增加,而一些新建立的如美可乳业(主要产品为全脂奶粉、脱脂奶粉、无水奶油)、阿拉普尼牛奶(产品为全脂奶粉)、马陶拉山谷乳业(产品为全脂奶粉)、大洋洲乳业(产品为全脂奶粉)、黛瑞兰迪(产品为全脂奶粉、脱脂奶粉、无水奶油)等预计 2012 年产奶季节即可投产。

(1)Open Country Dairy。Open Country Dairy(OCD)是新西兰主要独立乳制品加工企业之一,目前在新西兰有 4 个加工厂,总加工能力约 8 亿 L。2008/2009 年,OCD 收购的原料奶量(乳固形物量)占全国总产量的 2.4%。OCD 产品主要是奶酪,2004 年 OCD 生产了约 6 000 t 奶酪,目前产量约每年 2 万 t。OCD 同时也生产乳清粉和奶粉。

(2)Synlait 公司 Synlait 在坎特伯雷拥有一家奶粉厂。2008/2009 年生产季原料奶(乳固形物量)收购量全国总量 1%。日本公司 Mitsui & Co 拥有该公司 22.5%的股份。

(3)新西兰乳业有限公司。新西兰乳业有限公司(NZ Dairies)加工厂设在南坎特伯雷,2007 年开始生产。NZ 乳业有限公司是俄罗斯 Nutritek 公司全资公司。在 2008/2009 生产季,NZ Dairies 收购原料奶量(乳固形物量)占全国原料奶总量 0.7%。

1.2.2　乳制品结构变化

新西兰乳制品超过 100 个品种,主要包括巴氏奶(巴氏消毒奶和超高温 UHT 奶)、冰激凌、黄油、炼乳、乳清、奶粉(全脂和脱脂)、奶酪和酸奶等。

从图 10 可以看出,奶粉一直是新西兰最主要的乳制品,近年来新西兰全脂奶粉的比例稳步增加,尤其是 80 年代后急剧增加,占乳制品比例从 1975 年的 10%以下,增加到 2011 年的 40%。

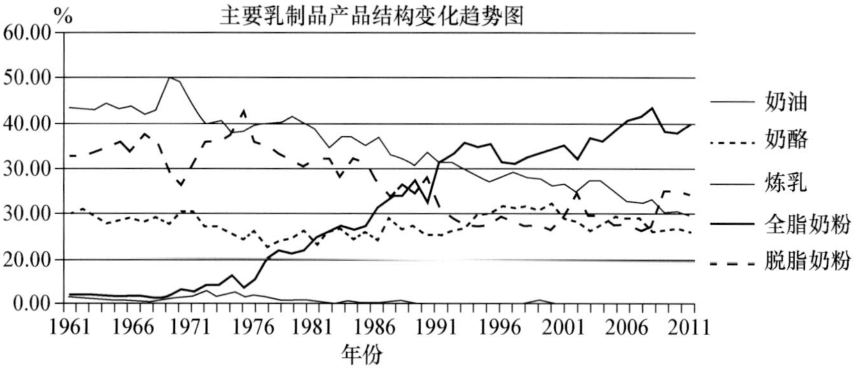

图 10　不同年份新西兰主要乳产品比例变化情况

脱脂奶粉变化幅度较大,从 1961 年的 32%增加到 1975 年的 43%,达到历史最高,但是随后一直处于下降趋势,2002 年约占 18%,2008 年止跌而上升,2011 年达到 25%左右。

奶油所占比例 1970 年曾达到历史最高的 50%左右,但是奶油比例总体呈现下降趋势,2011 年占 20%。

奶酪所占比例变化不大,从 1961—2011 年基本在 12%～20%之间变化。

1.2.3　不同年度主要乳制品产量变化情况

新西兰不同年份主要乳产品产量变化情况(图 11)可见,新西兰主要乳产品奶粉、奶酪、奶油、炼乳等随着时间逐渐增加,全脂奶粉增加速度较快,这主要是新西兰奶粉出口量增加的原因,特别是 2008 年中国一新西兰自由贸易区协定签署后,新西兰对我国奶粉出口量大幅度增加,例如 2011 年 1—5 月份我国就从新西兰进口奶粉 23.1 万 t。

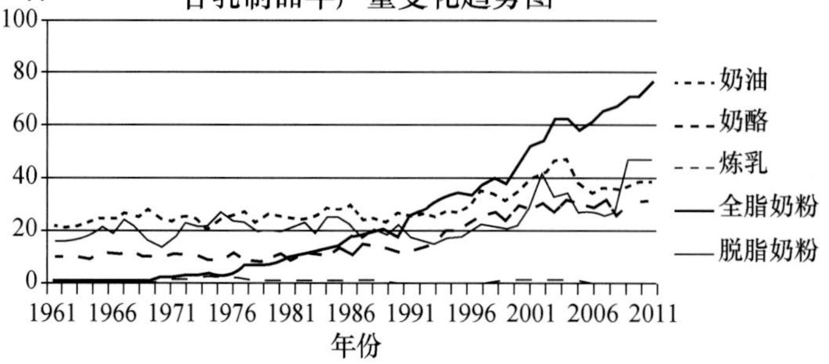

图 11　不同年份新西兰主要乳产品产量变化情况

1.3 乳品消费发展

新西兰是奶业生产大国，不同年份牛奶人均占量变化见图 12。图中数据是当年新西兰牛奶总产量除以当年人口数量得到的。图中结果表明，2012 年新西兰牛奶人均占量约 4.6 t。

国内消费的主产包括液态奶、奶油、奶酪、奶粉(脱脂和全脂)、酸奶、炼乳等。新西兰 1964—2012 不同年份不同乳制品人均消费变化情况见图 12 至图 16。

奶油人均消费水平基本在 100 kg 左右，2012 年达到 120 kg。

奶酪人均消费 2002 年达到最高的 82 kg，随后有所下降，2012 年为 72 kg 左右。

脱脂奶粉人均消费波动较大，但总体呈上升趋势，2012 年为 91 kg 左右。

全脂奶粉人均消费水平呈逐年上升趋势，2012 年达到最高的 287 kg 左右。

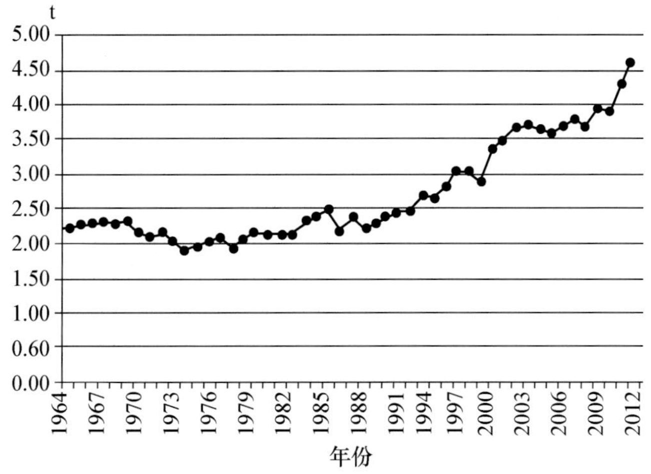

图 12　1964—2012 年新西兰全国牛奶人均占有总量(液态)变化

注：牛奶人均占有量为牛奶产量除以当年人口数量。

资料来源：http://www.indexmundi.com/agriculture/? country=nz&commodity。

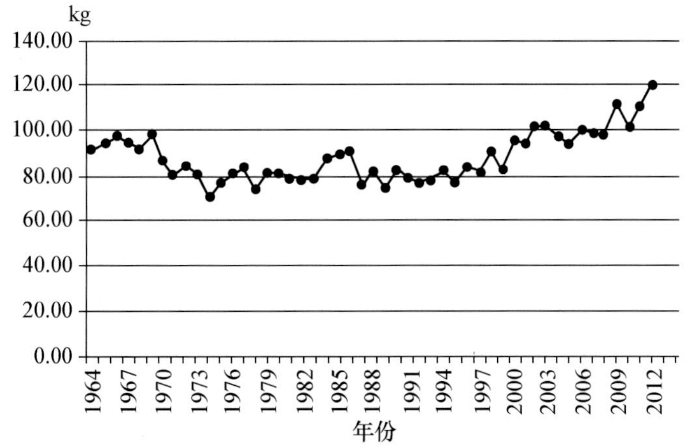

图 13　1964—2012 年新西兰人均奶油消费水平

注：牛油人均消费量为国内奶油消费量除以当年人口数量。

资料来源：http://www.indexmundi.com/agriculture/? country=nz&commodity。

图 14　1964—2012 年新西兰人均奶酪消费水平

注：人口均全奶粉消费量为国内奶油消费量除以当年人口数量。

资料来源：http://www.indexmundi.com/agriculture/? country=nz&commodity。

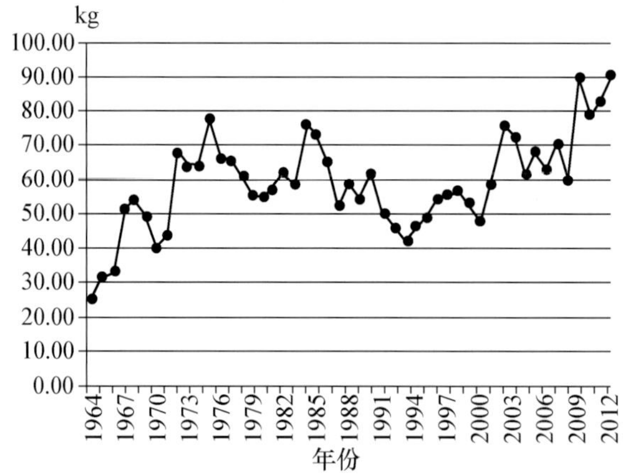

图 15　1964—2012 年新西兰人均脱脂奶粉消费水平

注：人均脱胎奶粉消费量为国内奶油消费量除以当年人口数量。

资料来源 http://www.indexmundi.com/agriculture/? country=nz&commodity。

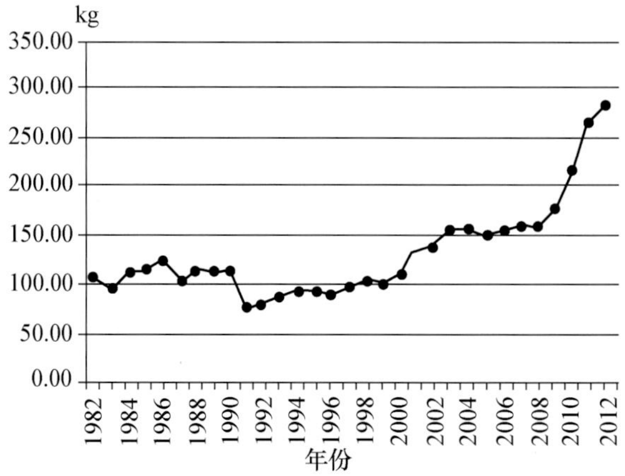

图 16　1982—2012 年新西兰人均全脂奶粉消费水平

注：人口均全胎奶粉消费量为国内奶油消费量除以当年人口数量。

资料来源：http://www.indexmundi.com/agriculture/? country。

1.4 乳制品贸易发展

新西兰奶业是典型的出口型奶业，是乳制品净出口国家，每年生产的乳制品93%以上出口到全世界190多个国家和地区，国内消费只占其生产总量的7%左右。出口主要对象有欧盟国家、美国、中国、日本、马来西亚等，出口产品以奶粉为主。2010/2011年产奶季节新西兰出口到欧盟(25国)、美国、中国、菲律宾、沙特、日本、墨西哥、澳大利亚、印度尼西亚、马来西亚和泰国等11个主要乳制品贸易国家和地区的乳制品量占新西兰出口总量的55%(图17)，其余国家占45%左右。虽然新西兰乳制品生产量只占世界总量的2%左右，但是新西兰乳制品出口量却占全世界乳制品出口贸易量33%以上。

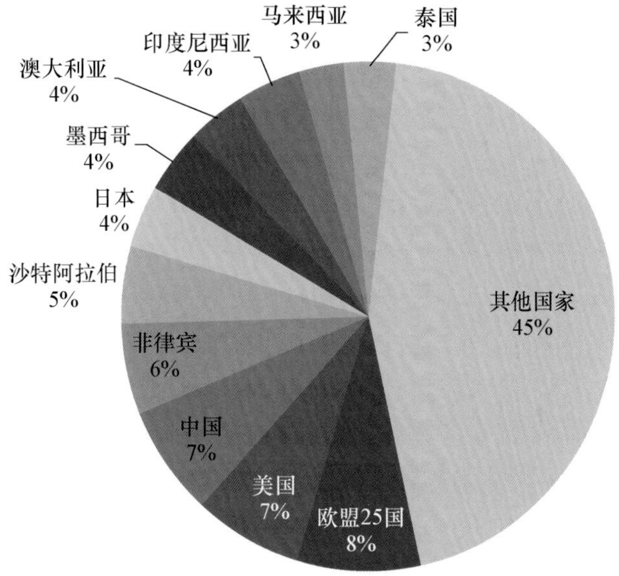

图17 新西兰主要乳品贸易国家及其所占比例

近50年来新西兰主要乳制品出口和进口贸易量变化情况(图18至图22)可见，新西兰鲜奶、奶油、奶酪、脱脂奶粉和全脂奶粉出口量逐年增加，以上5种主要乳产品2011年出口达到154万t，金额达到60亿美元。新西兰乳产品进口数量很少，2011年新西兰进口鲜奶、奶油、奶酪、脱脂奶粉和全脂奶粉等总计不足6 600 t。

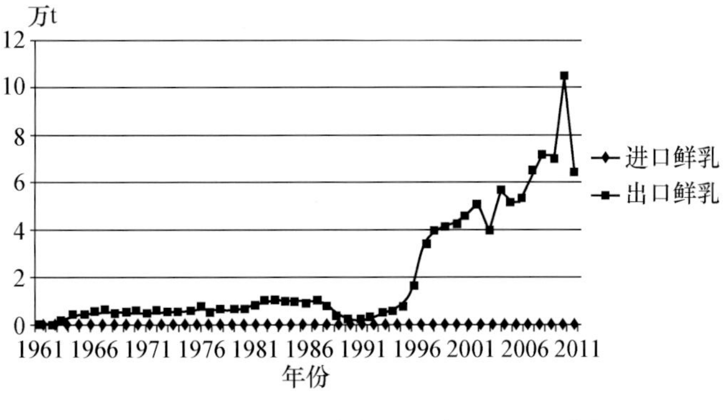

图18 1961—2011年鲜奶进出口贸易量变化

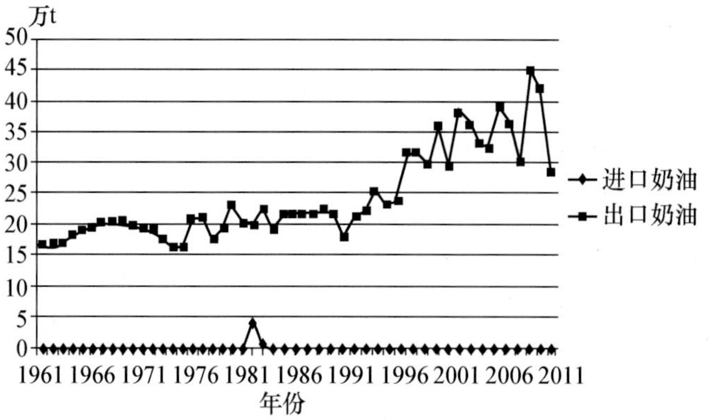

图 19　1961—2011 年奶油进出口贸易量变化

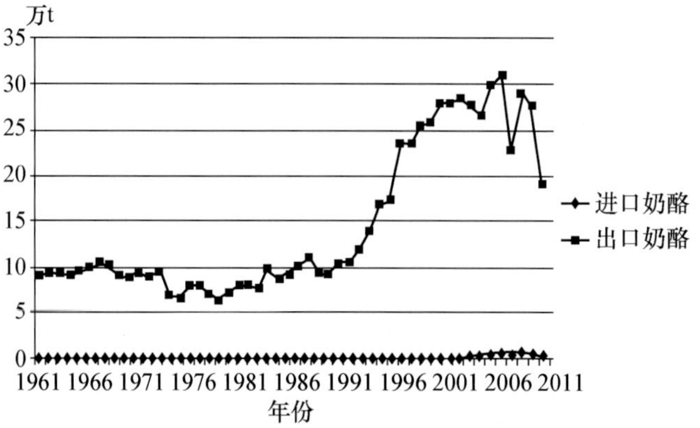

图 20　1961—2011 年干酪进出口贸易量变化

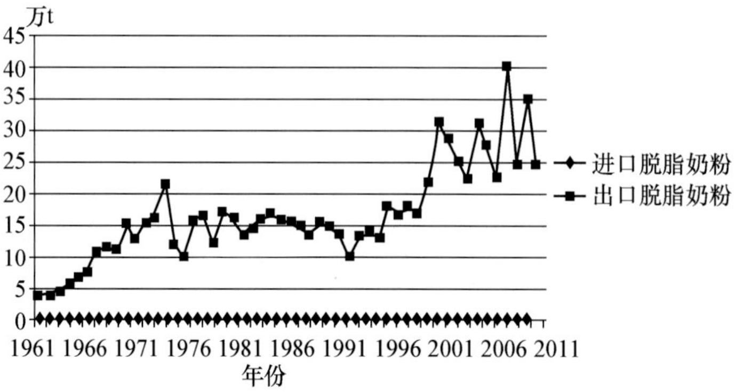

图 21　1961—2011 年脱脂奶粉进出口贸易量变化

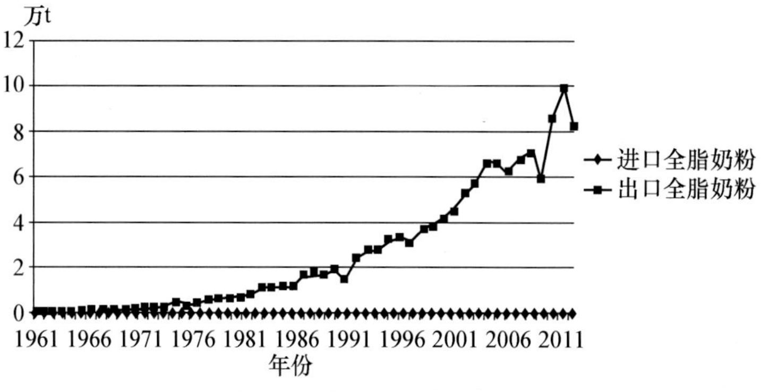

图 22　1961—2011 年全脂奶粉进出口贸易量变化

我国是新西兰乳制品出口的重要目的地，特别是2008年10月1日《中华人民共和国政府和新西兰政府自由贸易协定》生效后，新西兰出口到我国的乳制品数量持续增加。据中国奶业统计资料，自2009年新西兰出口到我国的乳制品连续三年触发特保措施触发标准，而2012年2月17日出口到我国的脂肪含量大于1%未浓缩的乳及奶油进口申报数量已达到2 059.04 t，超过当年1 580 t的特保措施触发标准。

我国2011年从新西兰进口的乳制品的总量约42.93万t，占当年我国乳制品进口总量的76.12%（表5）。

表5　2011年我国从新西兰进口乳制品情况一览表

乳制品类别	我国进口总量(万t)	新西兰进口量(万t)	新西兰进口的百分比(%)
液态奶	4.1	1.72	41.95
奶粉	45.5	36.71	80.68
酸奶	0.3	0.06	20
奶油	3.6	3.13	86.94
乳酪	2.9	1.31	45.17
合计	56.4	42.93	76.12

2　奶业科技进展

2.1　奶牛育种与繁殖技术进展

2.1.1　奶牛品种与育种历史

新西兰奶牛主要包括荷斯坦、娟姗、娟姗与荷斯坦杂交牛，以及少量的瑞士褐牛、更赛牛和荷兰红白花（马斯来茵谢尔牛）等品种。

新西兰最早的奶牛品种是短角牛，1840年建立了短角牛场(群)。由于奶业快速发展对奶牛的需求和对提高产奶水平的需要，荷斯坦奶牛迅速成为奶业生产的主要奶牛品种。1884年高产荷斯坦奶牛被引进到南岛，1888年引入北岛，1902—1903年从美国大量引进荷斯坦奶牛，并于1914年建立了荷斯坦奶牛品种协会，2011年新西兰荷斯坦奶牛占全国奶牛的40%左右。

娟姗牛是新西兰仅次于荷斯坦的第二大奶牛品种，2006年娟姗牛头数达到60万头，2010/2011年产奶季节娟姗奶牛占新西兰奶牛数量14.4%左右，约65万头。娟姗牛1862年首次被引进新西兰，由于娟姗奶牛乳脂肪含量高、颜色好和体型较小而受到奶牛饲养者的欢迎。

为了提高牛奶质量和固形物含量，新西兰从上个世纪末开始利用娟姗奶牛与荷斯坦奶牛杂交培育新的奶牛品种—Kiwi杂交牛(Kiwi Cross)(见图23)，杂交牛数量不断上升。2006年，新西兰有Kiwi杂交牛120万头，约占全国奶牛数量的30%左右，而2007年则达到33%左右。2010/2011年占总牛群数量38.9%，全国有Kiwi杂交牛约175.8万头(表6)。

图 23　新西兰杂交 Kiwi

表 6　新西兰不同年份主要奶牛品种比例变化情况　　%

年份	荷斯坦比例	娟姗比例	KiwiCross 比例
1973	60	38	2
1998	57	16	19
2007	45	14	33
2011	40	14.4	38.9

2.1.2　奶牛育种目标

新西兰奶牛育种目标是在放牧条件和牛奶固形物质(干物质)计价体系下,培育能够最有效地把饲料转化成利润的奶牛品种。

新西兰国家遗传评估委员会负责监督和组织奶牛育种计划的制定,奶牛育种指数中所包括的性状和定期修改各性状的经济加权值必须首先获得国家遗传评估委员会的批准。

新西兰家畜改良公司(Livestock Improvement Corporation,LIC)遗传评估中心负责具体执行奶牛育种计划,包括全国奶牛数据库的建立和维护,奶牛 DHI 测定及其数据分析,遗传评估系统所需的统计模型的建立和维护等。目前新西兰奶牛育种中动物模型正向测定日模型发展,并已用于体细胞的遗传评估。

新西兰奶牛育种的重要指标是育种利润指数(Breeding Worth,BW),其单位是新西兰元,它是通过对 6 个性状的育种值进行经济加权后获得,每个性状的经济权重是根据该性状对农场利润的边际效应来分配的(见表 7)。BW 衡量一头种畜所生的后代每年、每单位饲料(4.5 t 干物质)所获得的经济效益。例如一头 BW=＄200 的公牛所生的后代要比一头 BW－＄0 的公牛所生的后代每年、每单位饲料多获得＄200 纯利润。

表 7　新西兰育种利润指数中包括的目标及其经济权重百分比

性状/单位	权重百分比
蛋白质产量/kg	41
脂肪产量/kg	8
奶产量/L	－17
体重/kg	－19
繁殖率/%	10
生产寿命/d	5

资料来源:《中国奶业年鉴 2012》。

新西兰奶牛育种中把体重纳入奶牛育种指数，在育种指数里取负加权值，显示了新西兰奶业对生产效率的追求。虽然体重和产奶量成正相关，但是维持额外体重所需的饲料价值必须低于多产的牛奶价值才能获得更多的利润。新西兰的大部分牛奶都被加工成乳产品以供出口，因此奶中的水分将增加牛奶运输和加工成本，因而新西兰奶牛育种目标特别注重对牛奶固形物质(脂肪和蛋白质)产量的选择，而产奶量在育种指数里进行负加权，从而限制发展牛奶中固体物质含量低的牛。

新西兰的遗传评估系统还评定每头牛的生产利润指数(Production Worth，PW)，PW 用于衡量每头牛本身的产奶价值，其中包括了杂交优势和永久环境效应等不能遗传给后代的因素。PW 对牛群的淘汰具有很大的指导意义。除此之外，新西兰的遗传评估系统同时包括所有生产性状和 16 个非生产性状的育种值，农场主可以在育种指数为主的基础上，对个别性状按育种值进行重点选择。

2.1.3 种公牛育种方案

研究表明，奶牛育种中，95%以上的遗传进展都是直接或间接地从种公牛的选育和使用上获得。即使在使用胚胎移植技术的情况下，商品牛群从母本那里获得的遗传进展也不足 5%，因此，科学、有效的种公牛育种方案和选择优秀种公牛是决定牛群遗传改良的进展的重要因素。

新西兰家畜改良公司是新西兰奶牛种公牛培育和人工授精主要实施者，以下重点介绍该公司的种公牛育种方案。

新西兰家畜改良公司每年后裔测定奶牛种公牛约 300 头。

具体方案是：首先，LIC 的奶牛育种专家根据育种目标的需要，在世界范围内选择最优秀的公牛作为下一代种公牛培育的父本。

其次，选择种公牛母本。每年从该公司数据库里中约 300 万头母牛的生产纪录中选择 1 000～3 000 头母牛作为下一代种公牛的母本，种用母牛选择强度很高。初步选出的母牛必须通过公司育种专家的严格审查后才能最后作为母本使用，其中包括对许多非生产性状的鉴定。同时，LIC 公司也根据育种需要从国外进口部分奶牛种用胚胎。

第三，开展后裔测定。相同的环境、众多的女儿和均匀的分布可降低后裔测定的偏差，增加后裔测定的准确性。新西兰家畜改良公司在 400 多个合同农场进行后裔测定，要求参与后裔测定农场必须把 90%以上的牛群用于后裔测定，该公司采用优化的配种方案，使每头公牛至少有 80 个女儿，并均匀分布在 60 个以上的牛群。与分散型的后裔测定方法相比，利用专门的牛群从事后裔测定有利于测定方案的实施和数据的准确性。

第四，体型外貌鉴定。新西兰家畜改良公司不但对所有后裔测定公牛的女儿进行生产性能测定，而且公牛后代女儿全部进行严格的体型外貌鉴定，并利用基因组测定来进一步确定亲缘关系。

第五，遗传缺陷检测。该公司还特别注意收集有关后代生长发育、畸形和疾病的数据，以确定公牛可能存在的有害基因，并发现了导致上皮发育缺陷基因。

新西兰家畜改良公司高效的公牛育种方案保证了新西兰牛群的遗传进展持续保持每年 1.3%的速度，在世界上名列前茅。这个数据从表面上看似乎不大，但是遗传改良的最大优点是通过育种所获得的进展是永久的，并且年复一年地累加。最近，世界各国都非常重视对乳蛋白质产量的选育，因此蛋白产量的遗传进展可以比较客观地反映出各国公牛育种的效率。图 24 显示了国际公牛组织公布的不同国家的种公牛的蛋白质育种值的变化趋势。新西兰从 20 世纪 80 年代末期才注重对蛋白质的选育，因此原来新西兰家畜改良公司的种公牛的蛋白质育种值一开始远远落后于其他国家。但是，在短短的 10 年里，公司种公牛的蛋白质育种值迅速赶超了其他国家，跃居首位。

良好的育种方案保证了新西兰家畜改良公司的培育的种牛具有很高的遗传潜力，新西兰家畜改良公司培育的奶牛的高产和高效性能在多个国家(波兰、加拿大、爱尔兰和新西兰)和不同的生产体系(全混合饲料舍饲，半放牧和全放牧)下所做的对比试验中得到了证实。在同样的饲养环境下，新西兰家畜改良公司的荷斯坦牛不但产奶量和欧美国家的牛相比非常接近，更重要的是，由于新西兰奶牛具有较高的生产效率、寿命和繁殖率，因此奶牛终生经济效益较高。

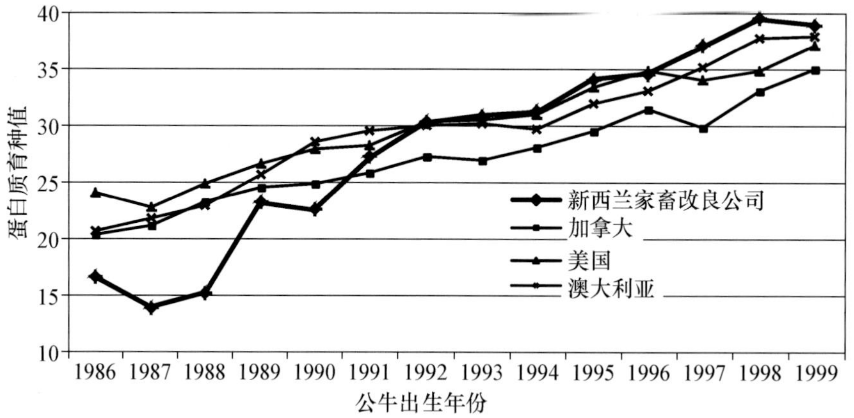

图 24　不同国家不同时间奶牛种公牛蛋白质与育种值进展比较

2.1.4　奶牛生产性能测定

新西兰是最早开展奶牛生产性能测定(Dairy Herd Improvement,DHI)的国家之一,早在 1909 年就开展了有组织的 DHI 测定,1922 年制定了 DHI 测定程序,并成立了奶牛生产性能测定合作组织,1934 年在当时农林部乳品局的领导下建立了奶牛生产性能测定协会(群体遗传改良协会),1989 制定了奶牛群体遗传改良计划。

生产性能测定对提高奶牛生产水平具有重要作用,例如在 1922—1930 年短短 8 年时间,新西兰每头泌乳母牛一个产奶季节的脂肪产量由 79 kg 提高到 102 kg,提高了 29%。表 8 总结了新西兰 1988/1989 年到 2010/2011 年产奶季参加 DHI 测定的牛群数量和奶牛头数及其比例变化情况。

表 8 数据表明,1996/97 年新西兰奶牛参加 DHI 测定达到高峰,当年参加测定的牛群数达到 12 851 个,参测泌乳母牛 274.6 万头数,分别占当年全新西兰奶牛群数和母牛头数的 87.2%和 89.6%。其余年份除 2009/2010 产奶季参加 DHI 测定的母牛头数占泌母牛 64.0%外,新西兰每年奶牛参加 DHI 测定的母牛头数占泌乳母牛 70%以上。

表 8　不同年份 DHI 测定奶牛群数和头数变化情况

年份	存栏泌乳牛总数(头)	奶牛总群数(个)	参测群数(个)	参测泌乳牛数(头)	参测牛群比例(%)	参测牛头数比例(%)
1988/89	2 269 073	14 744	7 932	1 341 000	53.8	59.1
1989/90	2 313 822	14 595	9 213	1 604 000	63.1	69.3
1990/91	2 402 145	14 685	8 918	1 566 000	60.7	65.2
1991/92	2 438 641	14 452	8 661	1 611 000	59.9	66.1
1992/93	2 603 049	14 458	10 843	2 039 000	75.0	78.3
1993/94	2 736 452	14 597	12 372	2 377 000	84.8	86.9
1994/95	2 830 977	14 649	12 446	2 474 000	85.0	87.4
1995/96	2 935 759	14 736	12 620	2 592 000	85.6	88.3
1996/97	3 064 523	14 741	12 851	2 746 000	87.2	89.6
1997/98	3 222 591	14 673	12 510	2 826 000	85.3	87.7
1998/99	3 289 319	14 362	12 059	2 819 000	84.0	85.7
1999/00	3 269 362	13 861	11 521	2 806 000	83.1	85.8
2000/01	3 485 883	13 892	11 472	2 942 000	82.6	84.4
2001/02	3 692 703	13 649	11 113	2 974 000	81.4	80.5
2002/03	3 740 637	13 140	10 113	2 855 000	77.0	76.3
2003/04	3 851 302	12 751	9 772	2 842 000	76.6	73.8
2004/05	3 867 659	12 271	9 306	2 811 000	75.8	72.7
2005/06	3 832 145	11 883	9 082	2 846 000	76.4	74.3

续表

年份	存栏泌乳牛总数（头）	奶牛总群数（个）	参测群数（个）	参测泌乳牛数（头）	参测牛群比例（%）	参测牛头数比例（%）
2006/07	3 916 812	11 630	8 692	2 791 000	74.7	71.2
2007/08	4 012 867	11 436	8 405	2 871 000	73.5	71.5
2008/09	4 250 000	11 618	8 589	3 040 000	73.9	71.5
2009/10	4 397 000	11 691	7 870	2 812 000	67.3	64.0
2010/11	4 259 000	11 735	8 409	3 186 000	71.7	70.4

2.1.5 奶牛繁殖技术

2.1.5.1 人工授精技术

新西兰是世界上最早开始商业应用奶牛人工授精的国家，1949 年在 Waikato 和 Tatanaki 就开始了奶牛人工授精技术的商业应用，1950 年开始应用冷冻精液进行 AI。新西兰奶牛人工授精普及率很高，几乎所有泌乳母牛和后备母牛都利用验证公牛精液进行人工授精。1971 年到 2011 年之间新西兰主要奶牛品种荷斯坦、娟姗、爱尔夏和荷斯坦与娟姗牛杂交后代—KiwiCross 人工授精的比例变化情况见图 25。

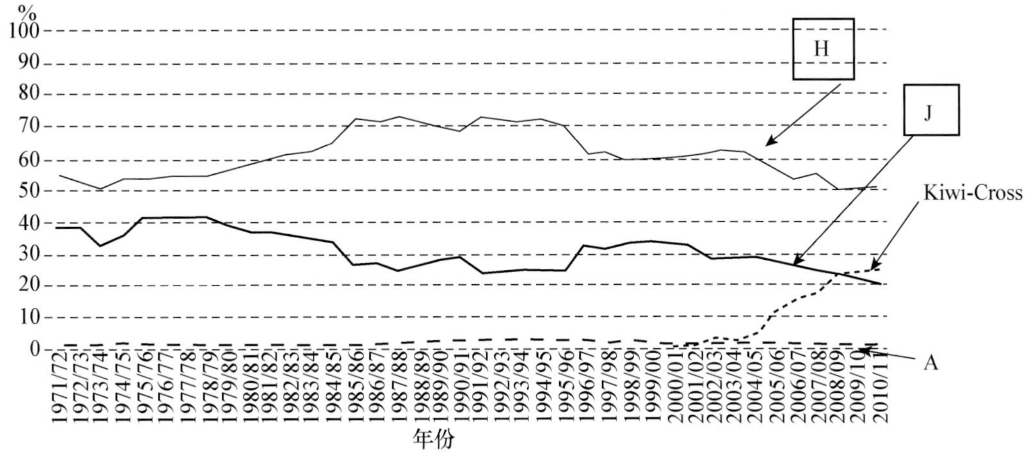

图 25 新西兰不同年份不同奶牛品种 AI 比例变化情况

注：H，荷斯坦奶牛；J，娟姗奶牛；Kiwi，荷斯坦和娟姗杂交牛；A，爱尔夏奶牛。

新西兰家畜改良公司每年开展约 300 万头奶牛 AI，占全国奶牛总数的 75%以上（包括泌乳母牛和后备牛）。新西兰奶牛 AI 不仅开展较早，而且奶牛 AI 水平较高，例如 2011 年 LIC 公司奶牛平均配种妊娠 AI 次数为 1.34（图 26，包括经产牛和青年牛）。

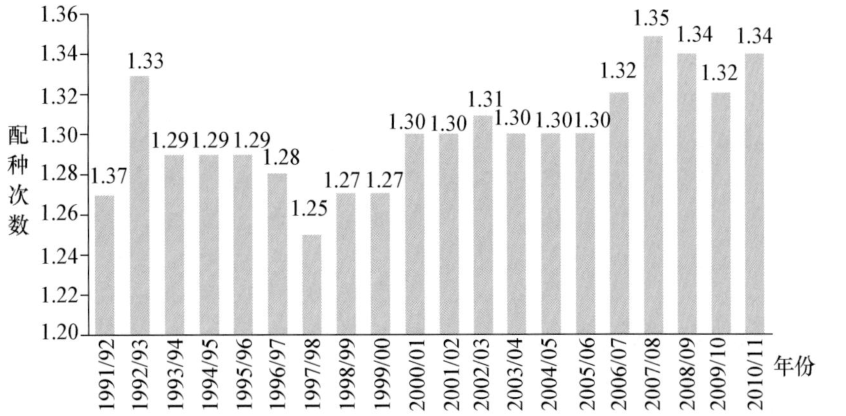

图 26 不同年份新西兰奶牛 AI 次数变化情况（LIC 统计资料，2011）

2.1.5.2　生物技术

随着科技的发展，新的胚胎和基因技术开始在奶牛育种中发挥越来越重要的作用。2003 年新西兰家畜改良公司的科学家们利用先进的活体取卵和体外胚胎技术，在很短的时间内使 30 头顶尖母牛都产出了一头或多头小公牛，从而加大了对公牛母本的选择强度。随着更多的产奶基因和标记基因的发现，新西兰家畜改良公司计划利用胚胎技术使每一对父母本组合产生多头小公牛，然后通过全基因选择技术进行后裔测定，从而提高种公牛培育效率。

新西兰家畜改良公司在体外胚胎生产、基因挖掘和基因测定等领域处于世界领先地位，拥有先进的胚胎生产和基因测定实验室，是世界上仅有的两个在生物技术方面投资的奶牛育种公司之一，已获得了两个产奶基因(GHR—l 和 DGAT)的专利。公司的奶牛基因挖掘实验是世界上规模最大的，有 800 头荷斯坦与娟珊牛的杂交后代参与。公司的基因分析实验室设备优良，具有从事大规模 DNA 测定能力，现在每年测定 8 万多个 DNA 样品。随着更多的基因的发现，预计在不远的将来，基因选择和同胞测定有可能取代传统的后裔测定，成为种公牛育种的主要技术方法。

2.2　奶牛饲料与营养技术进展

2.2.1　草场管理与草畜平衡技术

新西兰的奶牛养殖是以天然牧场放牧为主，补饲饲料(精料)为辅的养殖模式，其突出特点是划区轮牧，草畜平衡。新西兰地处南半球，由南岛、北岛及一些小岛组成，全境山地和丘陵占全国面积的 75%以上，属温带海洋性气候，雨热充沛，适宜草地生长，草地资源非常丰富。据统计，新西兰草地面积达 1 400 万 hm^2，占国土面积的 51.8%，其中人工草地为 940 万 hm^2，约占全国草场总面积的 70%。

天然草场和人工草场是新西兰奶牛养殖的基础，因此如何有效利用草场，维持奶业业可持续发展是新西兰奶牛养殖重要课题。20 世纪早期，新西兰曾因过度放牧而产生了严重的水土流失、草地退化等问题，此后新西兰在发展畜牧业时严格遵从“草畜平衡”原则，即有多少草养多少家畜，使草场的产草能力与家畜所需牧草总量保持平衡。新西兰采取了很多措施保护天然草场：一是根据有关数据，对不同地区分别确定应控制的人口密度和牲畜头数，一旦发现有超载过牧或草场退化现象，立即采取补救措施。二是实行科学轮牧，稳定草场的生产能力。三是对天然草场施肥的同时，补播一些耐贫瘠、竞争性强的豆科牧草，以提高产草量。

新西兰的人工草场每半月即可轮牧一次，每公顷可养羊 15～20 只，高的可达 25 只以上；奶牛 2～3 头，比植被好的天然草场提高了 5～6 倍。

2.2.2　牧草栽培技术

人工牧草及其栽培技术是支撑新西兰奶业发展的重要饲草饲料基础。新西兰有 190 个草品种，近 50 年来每公顷牧草产量增加不多。19 世纪早期，黑麦草籽就从欧洲被带到新西兰，经过多年的选择性培育，20 世纪 40 年代，培育出能够适应新西兰温暖潮湿气候的黑麦草品种。目前，新西兰的人工草场一般以 70%的黑麦草和 30%的红、白三叶草混播，这种科学的混播方法能使草场全年产草量比较均衡。新西兰牧草产量和质量都很高，牧草干物质产量达到 12～17 t/hm^2，粗蛋白含量达到 15%～30%。2006 年，新西兰又从西班牙的西北部引进了适宜冬季种殖的黑麦草种籽。

2.2.3　不同饲养模式的生产系统

新西兰奶牛养殖在放牧的基础上，按照补充饲料的多少分为 5 个生产系统：第一种是全部放牧，不补充饲料。第二种是除放牧外，根据雨水多少和气温变化，补充 4%～14%的饲料。第三种是在产奶期补充

10%～20% 的饲料，为典型的秋季饲喂方式。第四种是在产奶后期和干奶期饲喂 20%～30%的饲料。第五种是全年补饲，补饲量占 25%～40%。通过补饲饲料弥补了草营养物质的不足，提高了奶牛的产奶量，提升了生产性能。这 5 个生产系统，因区域、季节不同而异，从而都能保证牛奶品质。

2.2.4 饲料资源开发技术

近年来，新西兰为了增加奶牛饲草饲料来源，采取了一些措施，包括：①种植饲料作物或轮作饲料，广开饲料来源。②扩大草场，将山林地改为人工草地，用于放牧及为冬春储备干草。新西兰除了 140 万 hm^2 作为奶牛养殖区域的牧场外，还有辅助用地用于放养后备奶牛和干奶牛、种植青贮饲料用的谷物以及种植牧草用于生产干草和青贮饲料。牛场辅助用地来源形式多样，如奶牛场租赁土地所有土地，种植农户、奶牛养殖农户进行合同放养和种植等。

2.3 奶牛疫病控制技术进展

2.3.1 生物安全控制技术

农牧业是新西兰的支柱产业，因此新西兰十分重视动物生物安全和转染疾病的控制，1867 年就通过法案禁止未经检疫的动物输入。由于独特的地理位置和严格的法律控制，新西兰奶牛养殖业没有发生如欧洲、亚洲和美洲那样严重的动物疾病如疯牛病和口蹄疫等，而奶牛放牧的饲养模式，又减少了因精饲料喂养可能带来的代谢疾病等。

新西兰农林部生物安全局负责主管全国的生物安全，其主要职责是监督生物安全系统，收集与公布相关信息，为政府部门决策提供建议、战略性指导，开展合作与协商等。

新西兰在不同阶段和层面实施生物安全风险管理，不仅在所有货物和飞机、船舶入境时进行严格的检疫，而且对每种可能的风险进行评估。

新西兰生物安全管理与评估流程图见图 27。

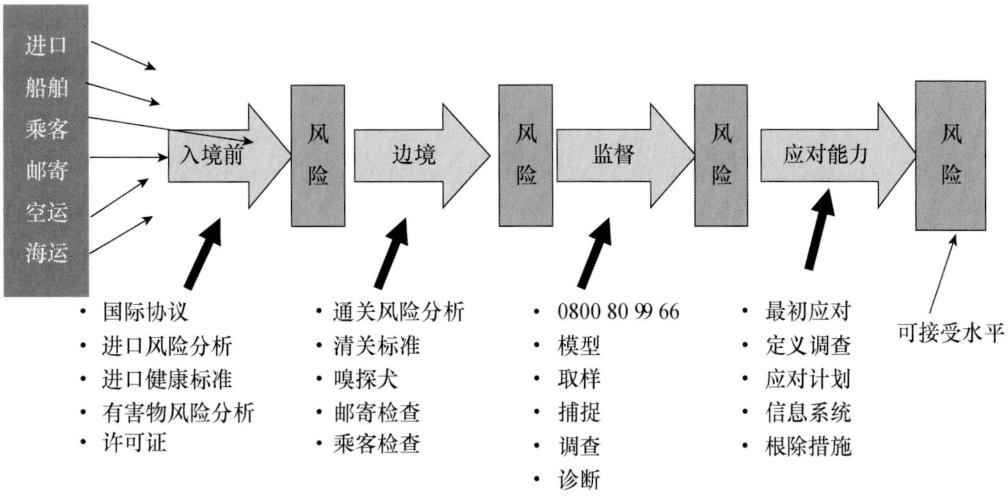

图 27 新西兰生物安全管理与评估示意图

资料来源：中新奶业交流材料，作者 Carolyn Hini，2010。

2.3.2 动物防疫体系

新西兰建立了完善的动物防疫与卫生体系，动物防疫主体包括政府机关、企业、科研单位和公共机构。动物防疫技术标准均符合国际动物卫生组织(Office International Des Epizooties，OIE)的相关规定，动物疫病监测结果信息(包括月报、季报、年报等)及时在网上发布,相关从业人员能够及时了解掌握动物疫病防控情况。

新西兰动物疫病控制的主要特点是:①重视动物卫生与食品安全工作结合;②注重畜牧兽医队伍建设和兽医流行病学知识的传播。

目前,新西兰已形成政府、科研机构、大学和企业有机结合的动物防疫体系,研究和防控动物疾病发生,传播兽医流行病学知识。例如,梅西大学流行病学中心与农林部生物安全局和国家生物安全研究中心等政府部门,以及北帕默斯顿兽医公司等私营企业建立了长期稳定的联系,在相关动物疫病(如牛寄生虫)的监测、预警、诊断和控制方面密切合作,很好地推动了兽医流行病学理论及实用技术的发展。

2.3.3 药品管理

新西兰严格控制奶牛养殖过程中奶牛疾病治疗用药管理,一般不轻易使用抗生素类药品,奶牛生病期间所产的原料奶不能供应给乳品加工厂。提供原料奶的奶牛场实行例行的兽医巡访制度,以确保奶牛健康和科学合理用药,从根本上保证原料奶的质量。

2.3.4 奶牛主要疾病防控技术

新西兰政府、行业协会、企业及奶牛养殖者一直高度重视奶牛生产过程中发生的各种疾病(包括传染性疾病、繁殖和代谢疾病、体内外寄生虫病、中毒等),特别是一些传染病如牛结核病(Bovine tuberculosis,TB)和牛地方流行性白血病(Enzootic Bovine Leucosis,EBL)对奶牛业发展带来的威胁。在新西兰,EBL 的控制主要是由新西兰奶农协会(Dairy NZ)和新西兰家畜改良公司(LIC)共同完成,近年来 EBL 得到有效控制,据 2010—2011 新西兰奶业报告表明,在新西兰已连续 3 年未发生 EBL,其牛群监测数量也在 2011—2012 年减少到 1 500～2 000 头。截止到目前,新西兰从未发生过牛海绵状脑病、口蹄疫、牛瘟、水疱性口炎、牛结节性疹和赤羽病。一些疾病在新西兰已经被扑灭,如传染性胸膜肺炎在 1864 年,羊痒病和炭疽热在 1954 年,牛布氏杆菌病在 1989 年和包虫病在 2002 年已经分别被扑灭。

2.3.4.1 *奶牛结核病防控技术*

在过去很长一段时间里,牛结核病(TB)是影响新西兰奶牛最严重的传染病,每年造成全行业净损失超过 4.35 亿新元,加上交易损失高达 13 亿新元,对奶业生产造成巨大威胁。20 世纪 60 年代末开始,新西兰的奶牛场实施牛 TB 强制检测,TB 得到有效控制,但是由于野生负鼠和白鼬的携带与传播,TB 在新西兰逐渐扩散。1977 年,新西兰牛群大面积暴发牛型结核病,当年约有 1 400 个牛群发现感染者,而 1987—1997 年的 10 年里,TB 一直困扰着新西兰奶业养殖,在此期间,政府不断加大投入资金进行 TB 控制,并加强防疫,感染群数迅速下降,新西兰农林部预计 2013 年牛结核病发病率降至 0.2%以下。图 28 列出了不同时间新西兰奶牛群感染 TB 情况和控制费用支出情况。

新西兰动物卫生委员会(the Animal Health Board,AHB)负责牛结核病防控,该委员会是一个行业组织,其成员由企业和地方政府有关部门组成。AHB 成员主要包括新西兰奶农协会(Dairy NZ)、奶牛牧场主联盟(Federated Farmers Dairy)、肉和毛皮家畜牧场主联盟(Federated Farmers Meat and Fibre)、新西兰肉类和羊毛局(Meat and Wool NZ)、新西兰鹿业协会(Deer Industry NZ)、新西兰鹿牧场主协会(NZ Deer Farmers Association)和新西兰地方政府(Local Government NZ)等。

AHB 的主要职责是负责执行国家牛结核病疫情管理和战略决策,其任务和目标是消除牛结核病,保护新西兰乳品、牛肉和鹿肉行业免受损失和减小市场风险。AHB 在 TB 流行病学、TB 控制传染(牲畜群测定和负鼠控制)、国家牛和鹿动物标识系统以及其他方面开展相应的技术研究和知识传播。

根据风险程度不同,新西兰 TB 控制区域划分为三种类型,风险水平由高到低分别为活动控制区域(Movement Control Area,MCA)、特别检测区域(Special Testing Area,STA)和监督区域(Surveillance Area,SA)。不同风险区域采取不同的控制措施,MCA 区域内所有 3 月龄以上奶牛每年检测 1 次 TB,STA 区域内所有 6 月龄以上奶牛每 2 年检测 1 次 TB,SA 区域内所有 24 月龄以上奶牛每 3 年检测 1 次 TB。

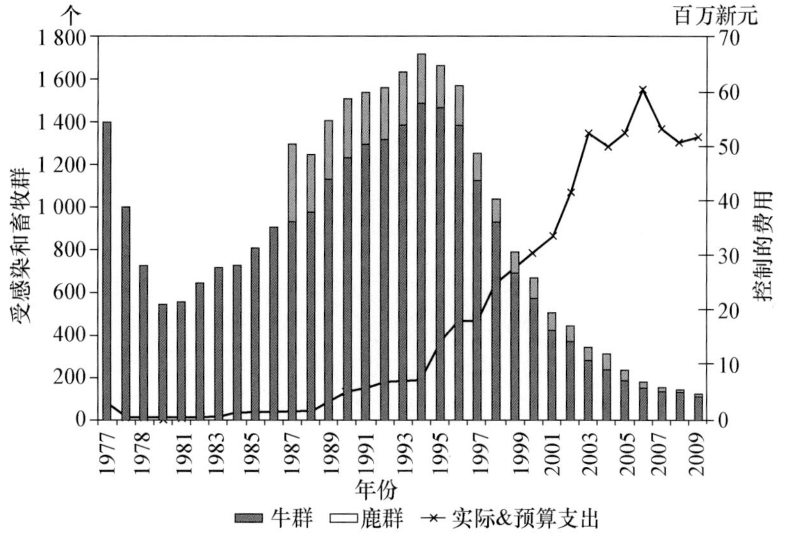

图 28 不同时间新西兰 TB 控制和经费变化情况

资料来源：Alan Cato。

在新西兰，对于未感染的健康牛群，TB 检测工作包括：

(1)评估牧群 TB 风险等级，并对牧群的类型、状态和位置进行记录；

(2)根据不同风险程度确定 TB 检测频率；

(3)TB 较高风险地区，牛群和鹿群年度和转群前都需要检测 TB；

(4)TB 皮肤检测；

(5)如果 TB 皮试呈阳性，则需要进行血液检测。

而对于感染 TB 的牛群，TB 检测工作包括：

(1)每年 2 次检测 TB；

(2)3 月龄以上牛都要进行 TB 检测，3 个月内屠宰或牛群在一年内 100%屠宰例外。

由于野生动物特别是负鼠是牛 TB 传播的重要原因，消灭感染 TB 负鼠成为防止 TB 传播的重要策略。因此新西兰政府和企业特别重视控制和消灭传染 TB 负鼠和雪貂等，采取多种方法如灭鼠剂（如氰化物、溴联苯杀鼠萘、维生素 D_3、氟乙酸钠(1080)，以及捕鼠夹和诱鼠陷阱等消灭负鼠，以减少和阻断 TB 传播途径。

2.3.4.2 *奶牛乳房炎防控技术*

乳房炎是奶牛养殖中影响牛奶产量和质量的一个重要疾病，一直困扰所有奶牛养殖企业。但是由于奶牛乳房炎不仅致病因素众多，而且致病菌种类多、变异快，因此，奶牛乳房炎预防和治疗技术是奶牛场十分重要的技术之一。

新西兰特别重视奶牛乳房炎的研究和控制，并根据奶牛乳房炎致病菌的变化而采取不同的控制措施。在新西兰，奶牛乳房炎致病菌的变化经历了 3 个阶段：第一阶段是在 20 世纪 40 年代致病菌以无乳链球菌为主；第二阶段是在 20 世纪 60 年代中期致病菌以金黄色葡萄球菌为主；第三阶段是在 20 世纪 90 年代中期以后致病菌以乳房链球菌和凝固酶阴性葡萄球菌为主。

乳房炎的控制主要采取防、治结合的办法。保持环境和牛体清洁、卫生，科学挤奶、乳头消毒和定期检测是预防奶牛乳房炎的重要措施，科学、合理、对症用药是治疗乳房炎的重要治疗原则。

2.3.5 其他

新西兰在动物疾病控制、动物福利和可追溯技术方面也开展了积极的研究，并在 1999 年制定颁布了《新西兰动物福利法》。2000 年新西兰立法规定禁止使用反刍动物性饲料饲喂奶牛，2012 年 7 月 1 日起新西兰实施国家动物识别和追溯（National Animal Identification and Traceability，NAIT）体系。

2.4 奶牛场粪污处理与环境保护技术进展

粪污排放是奶牛养殖污染周围环境的重要原因，因此新西兰政府和企业十分重视奶牛养殖过程中的粪污处理，重点研究了奶牛养殖过程中水资源管理、土壤保护、土地利用和分区管理等技术方法，以减轻和预防奶牛饲养产生的粪污排放非点源污染对环境造成的影响。

进入21世纪，新西兰奶牛养殖业进入了新的发展阶段，奶牛场数量下降了21%，但是规模化牛场不断增加，小规模家庭牧场逐渐向大规模牧场过度，据2004年统计，奶牛养殖每年产生的粪污水大约7 000万m^3，对环境的压力尤其是水资源的压力逐渐增大。新西兰环境保护部门的检测表明，在牧区范围内55个被监测的湖泊的总氮、总磷及藻类的含量，高出其他非牧区范围内的湖泊的2～6倍；位于河流和溪流附近的牧场排出的大量携带细菌的牲畜排泄物，直接进入水体后增加了水体的细菌含量。研究表明，直接排入牧场内溪水的奶牛粪便可使溪水细菌含量高出附近其他溪流近50倍。

因此为了防止奶牛场粪污污染水源，新西兰政府和行业组织采取一系列措施。20世纪60年代"拯救马纳波里湖运动"，引发了全体国民对环境保护的重视并最终影响了政府决策，1991年新西兰政府将60多部不完整、不全面甚至相互抵触的法律法规统一成国家法案《资源管理法》，成为新西兰进行自然资源和环境管理的基本法律依据。2003年5月，新西兰环境部(MFE)、农林部(MAF)、地区议会与新西兰最大的乳品企业—恒天然公司达成《乳业与清洁溪流协议》，该协议包括1 0171个牧场，目的是通过使牲畜远离江湖等水体、集中处理牲畜粪便及农场污水、对化肥及其他营养物质的使用进行管理等方法，减少粪污等对牧场周围地表水、地下水及湿地造成的影响，在全国(3个地区除外)牛奶主产区实现清洁健康水源(包括溪流、河流、湖泊、地下水和湿地)。该协议要求2007年50%的奶牛场远离溪流、河流和湖泊，2012年达到90%；乳品加工等污水排放100%符合相关规定。

新西兰根据奶牛养殖方式的不同采取不同的技术处理牛场粪污。以传统围栏放牧为主的牧场对奶牛粪污的处理主要是以堆积发酵后直接返还草场为主；在固定场所集约化饲养奶牛的牧场处理奶牛粪污的方法一般采用粪污固液分离与生物发酵系统，污水经过厌氧塘处理后，作为肥料喷灌回草场。大多牧场的喷灌机站都有专门设施把废水泵到喷灌机站，再喷灌到草场，既避免废水污染水体，又向草场补充了肥料。同时，为避免家畜排泄物影响地下水和地下土壤的质量，新西兰专门建立一个实验室，常年对草场的土壤进行监测，并在各个农场设立报警器。此外，用于清洁、消毒或保养奶牛场的洗涤剂、消毒杀菌剂和其他化学品必须获得新西兰食品安全局批准(列在新西兰食品安全局(NZFSA)网站)。

目前，新西兰牧场的粪污处理系统正在由双塘处理技术向高级(复合)塘系统(Advanced pond systems，APS)处理技术过渡，APS处理系统不仅能够去除粪污污水中总悬浮物(total suspended solid，TSS)和生化需氧量(biological oxygen demand，BOD)，而且能显著去除污水中营养物质(N、P、K等)。如在新西兰Waikato地区使用APS系统处理挤奶厅污水，相比于双塘系统，污水中的BOD_5，TSS、TKN(凯氏氮)减少了50%～60%，TP减少了70%。

新西兰政府和行业组织制定和实施了一系列环境保护法律、法规和标准，包括资源管理法令(1991)、生物安全法令(1993)、有害物质及新生物体法令(1996)、恒天然环境流程与指南、ISO 14000，欧洲良好农业规范—整合农场保证标准(EurepGAP-IFS)。

3 原料奶质量控制与计价体系

3.1 提高原料奶质量的主要技术措施

3.1.1 机器挤奶

新西兰在奶业发展早期也是人工挤奶，虽然人工挤奶设备简单、方便，但是存在很多缺点，其一是劳动效率低，二是牛奶不可避免地受到异物(牛尿、粪和牛毛)和细菌的污染。20 世纪 80 年代欧洲发明了奶牛挤奶机器，随着挤奶机械性能和清洗技术的改进，新西兰大部分牛场使用了机器挤奶，特别是坑道式挤奶机和转盘式挤奶机，乃至机器人挤奶机械在新西兰得到广泛应用，对保障牛奶质量起到了重要作用。

3.1.2 牛奶冷藏

新西兰奶业生产中要求原料奶在奶牛场和从奶牛场到加工厂运输过程中要求必须是冷链贮藏(4 ℃)。在奶牛场，挤奶机挤出的牛奶直接进入预冷的牛奶贮藏罐(4 ℃)，牛奶运输车到牛场后，将牛奶直接泵到运输罐中(4 ℃)，在一定时间内运到乳品加工厂进行加工，这对抑制细菌繁殖和保证牛奶质量至关重要。

3.2 提高原料奶质量的主要政策措施

3.2.1 协调原料奶生产与加工企业关系的政策措施

协调和规范奶牛养殖企业和乳品加工企业之间的关系是新西兰提高原料奶质量的重要政策措施。

由于在奶业生产中原料奶生产企业(奶牛养殖)和原料奶收购企业(乳品加工企业)常常是不同的经济体，因此政府积极协调、平衡和构筑奶牛养殖场与乳品加工企业之间和谐关系，保障奶牛养殖者和乳品加工者合理利益分配，对提高原料奶质量，保障奶业健康发展具有重要意义。2001 年新西兰《奶业重组法 2001》(DIRA)和《奶业重组原料奶管理规定》充分体现了新西兰政府通过政策法规协调原料奶生产者与乳品加工企业之间利益关系，以及乳品加工企业之间利益关系而采取的政策措施。

3.2.2 公平、合理的原料奶价格政策措施

公平、合理的原料奶价格体系是新西兰提高原料奶质量的又一重要政策措施。

合理的利益分配是一个行业健康、可持续发展的基础。因此，公平、合理的原料奶计价体系对奶牛养殖企业与乳品加工企业之间利益合理分配至关重要，是提高原料奶质量主要政策措施。

新西兰原料奶是以每 kg 牛奶固形物计价的，同时参考牛奶脂肪和蛋白质含量，原料奶质量越高价格也越高，并根据市场、生产原料和汇率波动等因素调整原料最终价格，这种以质论价和依据市场波动的计价体系有利于提高原料奶的质量和保证各方的利益。

3.2.3 公平、合理的第三方检测政策措施

第三方质量检测是新西兰提高原料奶质量的另一项政策措施。只有公平、合理、有效的第三方检测结果得到奶牛养殖企业和乳品加工企业双方的共同认可，才能有效保障双方的经济利益，保障原料奶质量，从而保障整个奶业健康和可持续发展。在新西兰，虽然有些牛奶质量检测实验室是乳品公司出资建立的，但是其检测行为独立于出资企业，并受新西兰食品管理局的监管。

3.3 监控原料奶质量的主要方法及惩罚

3.3.1 健全的质量监管体系

新西兰政府特别注重原料奶及其乳制品的质量安全，建立了健全、合理、高效运作的牛奶质量安全监管体系。新西兰食品安全局负责监管原料奶生产奶牛场、乳品加工企业、乳品运输和贮存企业、出口商和乳品质量安全检测机构等涉及奶业生产全过程的企业、机构等，例如在 2009/2010 年产奶季节，其监管 11 600 多个奶牛场(牛群)、172 家乳品生产商、226 家乳品运输和贮藏商、164 家乳品出口商、46 个乳品实验室和 252 个乳品风险管理评估机构。

3.3.2 科学、公正的检测体系

每天定期检测每个奶牛场的牛奶是新西兰监控原料奶质量的主要措施，而科学、公平的第三方检测是奶农和加工厂的利益保障。

在新西兰，奶牛场无论大小每天都必须提供 2 瓶奶样交由第三方检测机构检测。例如南奥克兰独立质检中心(SAITL)是全世界公认的国际领先的牛奶质量检测中心，由恒天然集团、Tatua 乳品公司等共同组建，该中心承担新西兰全国 97%以上的牛奶样品检测，在产奶季节每天平均检测 2.5 万个奶样。

下面以 SAITL 检测牛奶质量为例介绍新西兰原料奶质量监控和检测体系。

恒天然集团、Tatua 等乳品加工企业的奶罐车都有 GPS 定位系统，每天到奶牛场收集牛奶的同时负责采集 2 个奶样，分别装在绿色和白色试管内。绿色试管中的奶样主要是检测乳常规指标(乳脂肪、蛋白和固形物等)，是牛奶定价依据，而白色试管奶样主要用于检测牛奶质量。奶样随奶罐车到达加工厂后立即放入冰箱，并在 2～7 ℃条件下快递(空运)到 SAITL。SAITL 收到奶样后立即开始检测，检测指标包括三大类 13 项，分别是：①指标，包括乳脂肪、乳蛋白、总固形物、体细胞数、冰点等；②质量指标，包括细菌数、违禁添加物、抗生素等；③特别指标，例如黄曲霉毒素及免疫球蛋白等。

SAITL 每天都将检测结果数据进行整理和校正，并通过网络将数据传送给乳品加工企业，同时通过网络、手机短信或者邮寄形式将检测结果及时反馈给奶牛养殖企业。

3.3.3 合理、到位的惩罚措施

SAITL 的原料奶检测结果不仅是牛奶定价依据，也是对出现原料奶质量问题时的处罚依据。SAITL 检测结果如发现某个奶牛场的指标异常(例如细菌数超标)会立即通知奶牛场，乳品加工企业可据此降低该牛场牛奶收购价格。如果 SAITL 检测发现某个牛场抗生素阳性，则原来 10 d 检测 1 次抗生素指标改为每天检测 1 次，直到其达到质量要求为止，而如果抗生素超标，乳品加工企业便会暂时停止收购该牛场牛奶，直到其达标才重新收购。

为了保证原料奶的质量，一般情况下新西兰乳品加工厂会保存奶农信誉记录。如果奶牛质量检测出现问题，牛场可能受到经济处罚。例如，有一个牛场因为贮奶罐制冷系统故障被检测发现一次牛奶质量问题(坏奶)，被恒天然处以 6 500 新元罚款，而另外一个牛场奶罐制冷系统连续 3 d 故障而出现牛奶质量问题，被罚款 30 000 新元。

3.4 原料奶计价体系

新西兰奶业市场商业化机制健全，行政干预较少，原料奶最终价格取决于牛奶质量(固形物含量)以及市场(国内和国际市场)波动和新元汇率波动。

要了解新西兰原料奶计价体系，首先就要了解新西兰乳品加工企业组成情况。传统上，新西兰乳品加工企业是以奶牛饲养者为主的股份制合作企业，奶牛养殖企业(场)与乳品企业是天然的经济利益共同体，因此不存在乳品加工企业压级压价盘剥奶牛养殖企业的问题。例如新西兰最大的乳品加工企业—恒天然集团公司由大约 11 000～12 000 个奶牛场组成，其原料奶收购量占新西兰牛奶的 92%以上(2010 年度)。在新西兰，牛奶价格以牛奶固形物(milk olid)(主要是脂肪＋蛋白质)重量计算，而不是按牛奶液体重量计算，这样可以更好地体现牛奶的数量和质量。牛奶固形物价格是指每千克牛奶固形物的价格，同时，每个产奶季节结束后，乳品加工企业会根据通货膨胀等波动因素调节原料奶的最终价格。

由于恒天然公司在新西兰奶业生产中的霸主地位，其不仅对其他乳品加工企业尤其是独立加工企业具有重要影响，而且其原料奶价格制定对新西兰全国原料奶价格产生决定性影响，并成为其他乳品企业收购原料奶基准价格的参考标准。

下面以恒天然公司收购牛奶价格为例说明新西兰原料奶计价体系。恒天然收购牛奶的价格体系包括

开始支付牛场的原料奶价格和调整后价格。原料奶价格(表示为新元/kg 牛奶固形物)由牛奶固形物价格和价值回报(持股分红型报酬)两部分组成。产奶季节的原料奶最终价格由 Fonterra 管理委员会根据市场、通货膨胀和季节性波动因素在该产奶季节结束时最终确定。

表 9 总结了新西兰 20 个产奶季节乳品加工厂支付牛场原料奶的开始价格和根据波动因素(主要是膨胀)调整的原料奶最终价格。

表 9 新西兰不同产奶季节原料奶价格变化情况(家畜改良公司,LIC Dairy Statistics)

新元/kg 牛奶固形物

产奶季节	乳品加工企业支付价格	乳品加工企业实际支付价格(膨胀调节后)
1991/92	3.34	5.21
1992/93	3.66	5.62
1993/94	3.32	5.04
1994/95	3.40	4.94
1995/96	3.99	5.69
1996/97	3.63	5.12
1997/98	3.42	4.73
1998/99	3.58	4.98
1999/00	3.78	5.15
2000/01	5.01	6.62
2001/02	5.35	6.88
2002/03	3.66	4.33
2003/04	4.25	4.64
2004/05	4.58	5.51
2005/06	4.10	4.75
2006/07	4.46	5.06
2007/08	7.67	7.82
2008/09	5.14	5.14
2009/10	6.37	6.71
2010/11	7.89	7.89

表中结果表明,原料奶最终价格除个别产奶季节如 2008/2009、2010/2011 与初始价格相同外,其余产奶季节原料奶最终价格都高于初始价格,例如 1992/1993 产奶季节原料奶最终价格比初始价格高 53.6%。

4 科技推广体系

新西兰科技推广体系包括公共研究机构和行业组织与企业科技研究推广组织,公共研究机构主要包括农业研究所等 8 个研究所(占新西兰政府研发投资的 26%),奥克兰大学等 8 所大学(占新西兰研发投资的 37%)。行业组织与企业科技研究推广组织包括财团所属的研究机构如 Prevar 和肉类生物制剂联合公司等、私营研究机构如 Fonterra 公司研究中心以及行业协会研究机构如新西兰奶农协会(DairyNZ)等。每年新西兰大约 1.9 亿新元投资于食品和农业相关研究领域。

先进的科学技术为奶业发展提供了有力的技术支撑。为了保证新技术能够及时在生产中得到应用,新西兰在奶业生产中非常重视科学研究与科技推广,虽然其奶业生产科技推广体系包括大学、科研院所和乳品企业等，但是早期科研主体是乳品加工企业。表9列举了不同年代新西兰主要乳品加工企业从事科研人员变化情况，在20世纪50年代以前，新西兰超过220家奶业加工企业开展科学研究和科技推广，但是科技人员数量较少，而2007年3家乳品加工企业科研技术人员达到300人。

除了乳制品公司和奶农合作组织外，新西兰奶业生产中专业公司如DAIRY INSIGHT、DExCEL和家畜改良公司(LIC)等三个机构在科研和技术推广方面也起着非常重要的作用。

4.1　主要研究与推广机构

4.1.1　新西兰乳品企业协会

新西兰乳品企业协会(The Dairy Companies Association of New Zealand，DCANZ)是由恒天然集团、Tatua合作乳品公司、Westland乳产品公司、Mainland产品公司和Goodman Fielder等5家公司在2003年7月发起成立的，后来Open Country干酪公司、新西兰奶业公司和Synlait等三家公司又加入该组织，而恒天然商标公司取代了Mainland产品公司。

该协会成立之初的主要目的是共同应对与奶业公司有关的公共政策，在新西兰政府和海外有关奶制品的事务中争取拥有话语权。公共政策包括影响乳产品生产、制造、贸易和市场等，奶制品份额，环境管理和动物福利也是DCANZ特别关注的领域。

在政策方面，DCANZ重点研究：①贸易自由。包括依据自贸协定和WTO贸易谈判为新西兰乳品加工企业创造新的贸易机会，解决威胁当前贸易争端。②国内和国际环境压力，包括水质量和数量。发布贸易时间表和国际气候与政策变化等。③生物安全、动物健康和福利。包括国内动物追溯体系NAIT，外来生物安全与应对措施，国内控制牛结核病药物管理策略，制定行业和政府动物福利计划。④管理和关税协调。包括食品安全、关税和其他管理事务。

4.1.2　新西兰奶农协会

新西兰奶农协会(DairyNZ)2007年由Dairy InSight公司和Dexcel公司合并组成，DairyNZ是完全独立的、由奶牛场主控制并对牧场主股东负责的组织，由牧场主选出代表和独立人士组成的"管理委员会"管理DairyNZ日常事务，管理委员会每6年1次由所有牧场主投票选举产生。

DairyNZ研究团队由世界级的科学家组成，目前约100人，包括科学家、技术人员和行政人员。主要开展动物科学、动物健康和福利、饲料和牧场生产系统研究，其目的是通过饲草生产和利用、健康动物和有效生产体系为牧场主争取更多的市场回报，减少奶业对环境的影响。

DairyNZ主要研究经费来源是依据《新西兰奶牛场征税法》收取的资金，同时DairyNZ也从其他组织争取经费，例如农林部农场可持续发展基金(SFF)、科学技术部以及国际合作组织等。

DairyNZ经费资助的研究内容主要包括研究奶牛泌乳、繁殖、营养、动物健康和福利、生产与环境间互作关系、饲草生产和利用技术，以及自动化控制与信息技术等。

4.1.3　Dairy InSight和Dexcel

2001年原新西兰乳品局解散时，为了继续开展相关的业务活动，成立了新西兰Dairy InSight和Dexcel两个与奶业生产有关的行业组织，由奶牛场主组成，完全独立。

Dairy InSight代表17 300个奶农，是个咨询管理机构，管理奶牛场主交纳的会费，其主要作用是向会员提供一定的资金，帮助农场主计算其产出和获利情况，确保资金投资有很好的回报率，其经费来源于1990年《商品征税法》下的奶固形物税。

Dexcel由原来奶业研究公司(DRC)和家畜改良公司(LIC)的咨询服务部组成，负责新西兰奶业生产中的科学研究、发展计划研究和奶农现场培训。起初Dexcel资金来源于新西兰乳品局，包括基本建设经费和运行经费。后来 Dexcel 的经费主要是根据 1990 年《商品征税法》从所有牛奶生产者获得的直接税收，但是经费由 Dairy InSight 管理和支付。

4.1.4 新西兰家畜改良公司

新西兰家畜改良公司(Livestock Improvement Corporation，LIC)1990s 初建立，总部在汉密尔顿，分支机构遍及新西兰全国各地。LIC 不仅是新西兰最大的奶牛育种、人工授精公司，而且也是世界最大的育种公司之一。LIC 拥有世界顶尖育种团队，主要开展生物信息、动物育种、数量遗传、繁殖技术和机械应用等方面的研究，也开展全基因组选择和测序方面的研究。同时，LIC 也培养硕士研究生和博士研究生。

新西兰家畜改良公司开展的主要科研与技术推广工作包括：

(1)种公牛培育。新西兰家畜改良公司在新西兰国家遗传评估委员会的监督下具体负责奶牛育种计划的实施，包括遗传评估模型的建立和维护等。LIC 是新西兰最主要的奶牛种公牛培育机构，在新西兰拥有 2 个公牛站，一个在汉密尔顿市郊，一个在马纳瓦图(Manawatu)。

(2)DHI 测定。奶牛生产性能测定(DHI)不仅是奶牛育种的基础，而且是奶牛生产管理的有效技术措施。新西兰早在 1922 年就开始了有计划的奶牛生产性能测定(herd—testing)，目前新西兰 71%以上的牛群开展生产性能测定。DHI 是新西兰家畜改良公司重要的服务内容，该公司建设有世界上最大的奶样分析实验室，发明了奶样自动分析系统，建立了全国服务网络，每年分析近 1 000 万个奶样，超过 90%农场主接受新西兰家畜改良公司的 DHI 服务。

(3)后裔测定。后裔测定是新西兰家畜改良公司培育优秀奶牛种公牛的重要技术手段(目前该公司也开展全基因组选择技术研究)，其制定有专门的后裔测定方案，每年后裔测定 300 头种公牛，后裔测定在 400 多个合同奶牛场农场采用随机配种，要求有效女儿数平均为 80，最低 70，牛群数 60 以上。

新西兰家畜改良公司建设有新西兰唯一的奶牛信息管理系统和新西兰全国奶牛数据库，负责整个新西兰奶牛数据采集、分析和提供管理报告，目前已经采集 1 000 多万个奶样分析记录，400 多万次的配种记录，370 万个产犊记录，1 万多个基因测定数据，1 万多个农场的信息。图 29 是 LIC 公司奶牛信息管理系统运作流程示意。

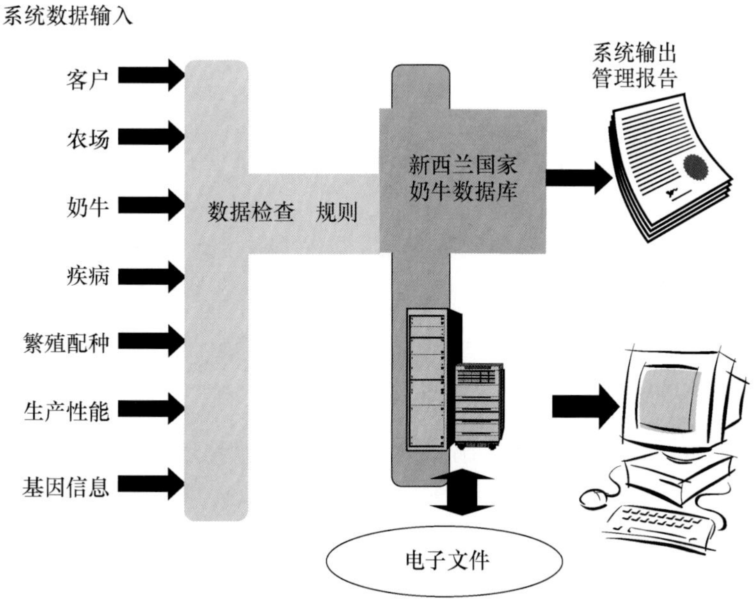

图 29 LIC 奶牛信息管理流程图

资料来源：中新奶业交流材料，作者 LIC 高级科学家徐振忠博士，www.lic.co.nz。

(4)人工授精服务。新西兰家畜改良公司是新西兰最主要的人工授精(AI)服务机构，其占有 75%以上的人工授精市场份额，每年实施 300 万头奶牛 AI，同时，新西兰家畜改良公司研究开发了奶牛鲜精保存技术，在常温下可保存 4 d 而不影响受胎率，不仅不需要液氮，降低了生产和运输费用，而且每次人工授精所需的精子数只有冷冻精液的 1/10，提高了优秀种公牛利用效率。新西兰奶牛 AI 水平较高，据统计，2010/2011 产奶季节全国平均配种妊娠 AI 次数为 1.34 次。

4.1.5 AmBreed 公司

AmBreed 公司是全世界第三大牛育种公司 CRV 在新西兰的分支机构，坐落于新西兰的汉密尔顿，该公司在新西兰主要从事奶牛种公牛培育、常规精液与性控精液生产、人工授精服务，以及奶牛后裔测定等业务，该公司每年约后裔测定公牛 110 头左右，其中公牛育种值估计按照新西兰奶牛育种值估计选择的主要性状指标计算，主要包括：①产量指标，包括乳脂肪、乳蛋白、产奶量等；②体型指标，包括体尺、乳房结构（全乳房、前乳房、后乳房、前后乳头）、体型结构、臀宽和臀角度等；③其他指标，包括产犊难易程度、适应性、挤奶速度、体细胞数、体况评分、寿命、性情等。

4.1.6 林肯大学奶牛研究中心(场)

林肯大学奶牛研究中心（场）是重要研究单位，其主要研究领域包括：

(1)放牧条件下规模奶牛群营养、健康和福利研究；

(2)牧场和牧草水和氮利用效率和牛奶生产技术；

(3)在高质量放牧条件下通过补饲对提高牛奶产量和减少环境影响研究；

(4)减缓奶业生产对土壤、植物和营养素等环境影响的方法；.

(5)不同牧草和放牧方式对奶牛放牧、采食和瘤胃功能的影响；

(6)新牧草和豆科植物及其搭配提高牛奶固形物产量和减少环境影响的研究；

(7)冬季不同饲草对干奶牛营养及体况的影响。

4.1.7 农业研究中心

新西兰农业研究中心（AgResearch）是政府皇家研究所的一个研究机构，重点研究在放牧条件下奶牛养殖科学和技术问题。

在奶业生产方面，AgResearch 主要目标是：

(1)提高奶牛场利润；

(2)提高乳制品国际竞争力，从而提高牛场收入；

(3)提高新西兰奶制品在经济重的贡献。

基于以上目标，AgResearch 的主要研究领域包括：提高牧场生产水平；提高牛群遗传进展；提高牛群健康和牛奶质量；采用牛场管理新技术从而提高产奶量；疾病控制；动物福利和乳产品新产品及其加工新技术。

4.1.8 恒天然研究中心

恒天然研究中心（the Fonterra Research Centre，FRC）前身是新西兰乳品研究所，是恒天然集团重要的研究机构，也是新西兰重要的乳产品研发基地，重点研究乳品生产的科学与技术问题，特别是乳产品开发研究。

4.2 运作模式

政府机构、科研院所和企业（行业协会）科研单位分工协作是新西兰奶业生产中科学研究和技术推广的运作模式，这种模式主要是政府起引导作用，而实施主体是企业和科研院所。新西兰政府主要是制定乳品标准，例如黄油、奶酪等标准指导、规范奶业生产。新西兰政府通过科学技术部和农林部针对奶业生产中重大问题设立科研项目，例如新西兰农林部在《农场可持续发展基金》中每年都设立涉及奶业的科研项目。据不完全统计，在2000—2012年仅该基金就共支持与奶业生产有关的科研项目62项，支持资金约1 100万新西兰元，平均每年支持经费100万新西兰元左右。

新西兰政府也通过委托企业研究和并建立新西兰奶业生产体系并推广相关科学技术和知识，例如委托新西兰家畜改良公司(LIC)负责建立和管理新西兰奶牛信息管理系统和奶牛数据库，负责全国奶牛DHI测定及其数据分析等。

新西兰乳品企业是其科学研究和技术推广的主体，这些企业主要在以下方面开展科学研究和技术推广①奶牛遗传改良；②奶牛放牧和补饲管理；③疾病控制；④挤奶技术；⑤牛奶加工和运输；⑥牛奶贮存技术；⑦乳产品开发；⑧政策和贸易等。新西兰企业的研究费用一般来源于征税(或会员交纳费用)收入，例如新西兰奶农协会(DairyNZ)利用收取的牛奶销售税款项每年都拿出一部分经费支持其会员开展与奶业生产和检测有关的科学研究。

5 促进奶业发展的主要政策

5.1 促进奶业生产政策

新西兰国家层面政策对奶业生产影响最大的是1984年经济改革和2001的《乳品行业重组法2001》。

1984年的经济改革重要特征是取消补贴，包括取消出口退税和对农民直接补贴，以及不实行生产配额等，使市场成为决定农业生产资源配置的基本决定因素。虽然当时这些经济改革措施给奶牛养殖者带来了巨大的挑战，但是以市场为导向的政策受到大多数奶农的支持，这也是当前新西兰奶业能在全世界占有一席之地的重要原因。

2001年乳品加工企业重组成立恒天然集团时制定的新西兰《乳品行业重组法2001》是对新西兰奶业产生巨大影响的又一政策。这一政策不仅影响了乳品加工企业格局，而且由于其中《乳品行业重组原料奶管理规定》，对奶牛养殖和牛奶价格等产生了深刻影响。

新西兰《乳品行业重组法2001》规定，恒天然集团在每个产奶季节必须收购所有奶牛场的所有合格牛奶(包括新增牛场和原有牛场增产部分)，允许现有奶牛场自由退出(离开该合作企业或者减少产量)，而且须在30个工作日以现金形式支付赎回股份的价值。这种“无争议”自由进入和退出机制不仅使奶牛养殖者的风险降到最小，充分保障了奶牛养殖者的经济利益，而且有利于奶牛养殖扩大生产和健康发展。

《乳品行业重组原料奶管理规定》规定了乳品加工企业收购原料奶时根据市场波动调整奶价和支付时间的原则，这对稳定奶牛生产规模和可持续发展，保障奶农经济利益具有重要意义。

新西兰政府和行业协会对奶业生产科研和推广的支持也是促进奶业发展的重要因素。例如新西兰奶农协会(DairyNZ)可以从每千克牛奶固形物中提取3.6分的税款用于奶牛品种改良、DHI、新乳品开发和市场开拓、草场改良和奶农培训等等。同时，新西兰农林部和科技部也设立针对奶牛养殖、乳品加工和牧场管理等方面的科研项目支持奶业科技进步，从而不断为新西兰奶业健康发展提供科学技术助力。

以上政策对新西兰奶业产业发展起到了促进和保驾护航的重要作用。

5.2 促进奶业加工政策

由于牛奶的特殊性，乳品加工企业是奶业维持正常生产和可持续发展的最重要因素。通过制定有效的政策和法规，实行有效宏观调控，使乳品加工企业公平、合理、有序竞争，是一个国家奶业健康发展的重要措施。

新西兰政府在2001年恒天然公司成立时制定的新西兰《乳品行业重组法2001》(DIRA)就是一个非常好的例子。

2001年新西兰Kiwi乳品合作有限公司与新西兰乳品有限公司合并成立恒天然公司时,其原料奶收购量占新西兰原料奶的96%左右,因此,由于恒天然在新西兰奶业生产中的霸主地位,为防止其对其他乳品加工企业尤其是独立加工企业产生不利影响,新西兰农林部制定了《新西兰乳品行业重组法2001》和《乳品行业重组原料奶管理规定》。

DIRA规定恒天然集团在每个产奶季节必须以一定的价格为独立加工企业提供一定数量的原料奶,这对保障其他小型乳品加工厂生存和公平竞争,维护原料奶市场稳定起到了重要作用。这些规定的主要原则包括:

(1)原料奶收购量原则:在一个季度内,每个独立加工企业最多可收购5 000万L原料奶(除古德曼可购买2.5亿L)。

(2)总量原则:在每个产奶季节内,所有独立加工者总计可从恒天然集团购买6亿L原料奶。如果独立加工企业的原料奶需求量超过原料奶管理规定的数量,将依据原料奶总量限制原则按比例核减所有独立加工企业原料奶份额。

(3)原料奶调整价格原则:独立加工企业从恒天然集团收购原料奶时需支付调整后的价格,即在恒天然集团从牛场每公斤牛奶固形物收购价(gate price)基础上增加10%。原料奶牛场收购价反映了恒天然集团支付给奶农的价格。额外增加的10%用来补偿恒天然集团提供原料奶给独立加工者的费用。

(4)"十月规定"原则:在每个产奶季节的泌乳高峰月份(冬季除外)恒天然集团提供给独立加工企业的原料奶总量规定为10月份提供原料奶总量的110%。

(5)预测原则:原料奶管理规定独立乳品加工企业须提前3个月将预订单提交给恒天然集团,并提前7天确认预定单,此时原料奶数量允许在原来预定数量的基础上增加或减少40%。最后,预定单须在开始收购前1天再次确认,此时原料奶数量可以在上次预定数量的基础上有20%增加或减少。在以上双方商定的数量的范围之内,独立加工者只需要支付实际购买原料奶费用,而无需支付预定单中未购买原料奶的费用。

(6)支付时间原则:目前,调整的价格主要基于以前发布的定价系统,作为调整价格的主要因素即恒天然集团支付给农民的原料最终奶价格要到每个产季节结束后(5月份)才能最终确定,因此独立加工企业支付给恒天然集团原料奶的调整价格到8—9月份才能最后确定。

以上政策对新西兰乳制加工起到了重要作用。

5.3 促进奶业贸易政策

新西兰奶业一直是出口型产业,国内乳品消费只占7%左右,因而新西兰政府(包括行业组织)始终鼓励和支持其乳品企业和乳制品开拓国外市场。新西兰乳制品的早期海外市场主要是英国,而目前新西兰乳制品遍及全世界190多个国家和地区。

新西兰政府早在1924年就建立了新西兰乳制品出口控制局(NZ Dairy Export Control Board),制定了《乳品生产出口控制法》(Dairy Produce Export Control Act),这对建立和保证国内和海外乳品市场和乳品价格等起到了重要作用。为了保护奶农免遭世界经济萧条的打击和贸易壁垒,1935年当时的工党政府制定了稳定牛奶的价格政策。随着英国加入欧洲经济共同体(EEC),由于配额限制,新西兰政府又帮助乳品加工企业拓展其他海外市场如泰国、马来西亚、香港、菲律宾,尤其是中国的乳品市场。

新西兰成熟的国内和国际乳品市场还得益于1984年开始的经济改革,由于当时取消了出口退税政策,使得新西兰乳品企业不得不提高产品质量和降低成本,建立稳定的市场,因而新西兰乳品加工企业成熟较早。而2009年制定的《创新的政治策略》(Political Aspects of Innovation,PAI)对乳制品研发、市场维护与拓展起到了重要的作用。

以上政策对新西兰乳制品国际贸易起到了重要作用。

5.4 促进奶业消费政策

早期新西兰居民就有消费牛奶的习惯，例如为了满足殖民者对乳制品的需求，1840 年短角牛被引进新西兰。开始时是一家一户饲养 1～2 头奶牛以满足其全家日常生活中对牛奶的需求。目前在新西兰奶牛和乳制品成为居家生活的日常食品，而且新西兰乳制品主要出口，其国内乳制品消费不足牛奶产量的 7%。

6 值得借鉴的主要经验

6.1 经营模式方面的经验

6.1.1 乳品加工企业与奶牛养殖企业经济联合体的形式

在新西兰，96%以上的奶牛养殖企业与乳品加工企业之间是股份制的经济联合体，因此乳产品销售后，奶牛养殖企业可以与加工企业共同享受销售收入除去各种成本后的利润分成，这样就不会出现乳品加工企业在收购原料奶时“压级压价、短斤少两”的坑害奶农现象，也不会出现奶农往原料奶加水和添加违禁物质的现象。

因此，新西兰乳品加工企业与奶牛养殖企业通过股份制形成经济联合体的经营模式非常值得现阶段我国奶业发展借鉴。

6.1.2 原料奶调控与计价体系

虽然新西兰牛奶生产和奶价主要受市场调控，但是新西兰政府还是利用《乳品行业重组法 2001》(DIRA)以及《乳品行业重组原料奶管理规定》对全国奶业市场进行有效的调控，从而防止了行业垄断，对保证原料奶市场健康、有序竞争起到重要作用，而我国目前原料奶市场混乱，有些乳品企业在奶源紧张时到处抢奶源，而当奶源过剩时就想尽办法拒收奶农牛奶，奶农生产的牛奶只能眼睁睁地倒掉，不仅坑害奶农，而且严重影响了我国奶业健康、可持续发展。

新西兰乳品加工企业收购原料奶时是以牛奶中固形物(milksolid)含量计算价格，这样不仅鼓励了提高牛奶质量(固形物含量)，而且可杜绝向牛奶中加水现象发生。同时，在每个产奶季节结束后，乳品公司会根据通货膨胀等波动因素调节原料奶的最终价格。

因此，新西兰原料奶调控措施和计价体系方面的经验值得我国奶业生产借鉴。

6.1.3 奶牛养殖参股制

在奶牛养殖中，由于奶牛、放牧地等投资较大，养殖技术要求高，因而缺少资本的农户或年轻人开始创业时投资奶牛养殖就十分困难。而奶牛养殖参股制(Sharemilker)有助于解决上述问题。奶牛养殖参股制极大地促进了新西兰奶牛快速发展，如 1972/73 年参股制奶牛养殖企业占总数的 32.4%，而 1995/95 年达到 33.7%。奶牛养殖参股制一般是拥有奶牛场土地和基础设施的农场主(也可能拥有部分奶牛)不直接参与奶牛场管理和经营活动，而是雇佣其他人员经营管理。受雇佣人员负责奶牛场日常经营和管理工作，其在牛场的劳动收入可投入牛场或者将机械设备等作为牛场投资，占有牛场一定比例的股份，比如 29%或者 50%等，从而逐渐与原农场主(土地和牛场基础设施拥有者)共同拥有奶牛场。在开始时，新西兰奶牛养殖参股形式一般是家庭成员(如儿子或女儿)或者亲戚在原有的奶牛场打工，其工资收入可以积累入股奶牛场，这样既学习了奶牛养殖经验，又积累了资本，到一定时间后(或一定奶牛头数后)就可以再分出建立新的奶牛场。

因此，在我国目前奶牛发展阶段，新西兰奶牛养殖参股制对我国奶牛养殖模式探索具有一定的借鉴意义。

6.2　科技创新方面的经验

新西兰奶业历史悠久，十分注重科学技术研究及其奶业发展中的应用，值得我国奶业借鉴的科技创新方面的经验包括：

6.2.1　奶牛生产性能测定

新西兰很早就开展了奶牛生产性能测定(DHI 测定)，目前新西兰 71%以上的泌乳母牛参加 DHI，这对保证新西兰牛奶品质和提高奶牛生产水平起到了十分重要的作用，而目前我国奶牛 DHI 才刚刚开始，测定奶牛头数还十分有限(估计 2011 年约 30 万头)。因此，新西兰奶牛 DHI 测定技术及其实施体系是我国奶业发展值得借鉴的经验。

6.2.2　种公牛后裔测定

在目前 AI 配种繁殖奶牛体系下，种公牛对奶牛群体遗传进展的影响十分明显，新西兰建立了科学的种公牛育种值估计方法，根据不同性状的重要性设定其育种值，目前新西兰奶牛的种公牛都是后裔测定的公牛。因此，新西兰奶牛种公牛选择和培育技术非常值得我国奶业生产借鉴。

6.2.3　杂交改良

虽然荷斯坦奶牛产奶量高，在全世界得到快速发展，但是培育适应本国气候和饲料、水等资源条件的奶牛品种，是提高奶牛养殖效益和乳品质量的有效途径。新西兰在奶业发展早期荷斯坦奶牛占主导地位，但是由于娟姗奶牛良好的产奶性能，其数量持续增加，而近年来荷斯坦与娟姗奶牛杂交后代由于生产性能优越，杂交牛数量大幅度增加，2011 年度占全新西兰奶牛头数的 35%以上。

因此，我国应借鉴新西兰奶牛杂交育种经验，利用娟姗奶牛与中国荷斯坦奶牛杂交，培育适应我国气候和饲料条件的奶牛新品种。

6.3　产业政策方面的经验

6.3.1　政府有效干预、指导奶业市场健康发展

新西兰政府在有效指导国内奶业发展方面作出了卓越贡献，这在 2001 年恒天然公司合并重组时，政府干预和引导作用表现得尤其突出。为此政府依据 1986 年的《商业法》，提供免税和其他政策支持，并制定了《乳品行业重组法 2001》，在支持恒天然合并的同时，政府规定了恒天然集团对奶牛养殖企业、对其他小型和独立乳品加工企业应承担的责任和应尽的义务，包括原料奶定价机制和付款方式等。所有这些规定对新西兰奶业有序竞争和健康发展起到了重要的促进作用。

政府在奶业行业保护奶农利益，预防垄断中的调控作用值得我国借鉴。

6.3.2　政府认真、有效服务，加大科技资金投入

新西兰农林部每年都会编辑出版奶业生产监测报告，非常详细地统计和分析新西兰全国和不同地区的奶牛养殖数量、生产水平、投入与收益等影响奶业生产的因素，为奶业发展提供建设性意见。

新西兰农林部每年设立一定的资金，支持奶牛养殖、饲草饲料种植、繁育等方面的研究。

因此，政府加大科技投入，认真、切实、有效地服务行业是我国奶业值得借鉴的经验。

参考文献

[1]Davidson R. M. ,Control and eradication of animal diseases in New Zealand. New Zealand Veterinary Journal 50(3)Supplement,6-12,2002

[2]Julia M. Lee,et al. Perennial ryegrass breeding inNew Zealand:a dairy industry perspective. Crop & Pasture Science,2012,63,107-127

[3]Lancashire JA. The importance of exotic germplasm to the New Zealand livestock industry. In 'Advances in Pasture Breeding. Papers from the 13th Australasian Plant Breeding Conference'. 2006. Grassland Research and Practice Series No. 12. (Ed. CF Mercer) pp. 5－9. (New Zealand Grassland Association: Christchurch,New Zealand)

[4]N. S. Bolan,et al,Integrated treatment of farm effluents in New Zealand's dairy operations. Bioresource Technology 100(2009)5490-5497

[5]Asurequality 公司网站 http://www. asurequality. com/

[6]Dairy Monitoring Report,2000,2001,2003,2004,2005,2006. http://www. maf. govt. nz

[7]Geoffrey Taylor,A Review of Sharemilking:1972—1996

http://www. mpi. govt. nz/news－resources/publications

[8]Gibble J,New Zealand Dairy Pasture Quality,http://www. mpi. govt. nz/news－resources/publications

[9]Hugh Stringleman and Frank Scrimgeour,Dairying and dairy products,http://www. TeAra. govt. nz/en/dairying-and-dairy-products/

[10] Index of SFF-Funded Projects 2000—2012http://www. mpi. govt. nz/environment-natural-resources/funding-programmes/sustainable-farming-fund/sustainable-farming-fund-search. aspx

[11]New Zealand Dairy Statistics,2007—08,2008—09,2009—2010,2010/2011,http:// www. dairyna. co. nz/;http://www. lic. co. nz/

[12]Review of Raw Milk Regulations,http://www. maf. govt. nz/new-resources/consultations

[13]Stefan Kesting et al,Political Aspects of Innovation in the New Zealand Dairy Industry,http://www2. druid. dk/conferences/papers. php? cf＝43

[14]FAO 官网,http://www. faostat3. fao. org

[15]LIC 官方网站:http://www. lic. co. nz

[16]丁芳,杨秀文,周振峰,刘文娇. 2011 年上半年新西兰奶业报告. 中国奶牛,2011(17):22-28

[17]范云琳. 新西兰奶业考察报告. 当代畜禽养殖业—国外畜牧业,2010(4):54-56

[18]吕中旺. 新西兰奶业访谈拾遗,中国奶牛—庆祝新中国成立六十周年特刊

[19]刘玉满,李胜利. 中国奶业经济研究报告. 北京,中国农业出版社,2011

[20]陆维研. 新西兰农业非点源污染防治政策及启示. 环境保护,2011(21)

[21]新西兰奶业考察报告,中国食品报,2010/4/5

[22]杨振海,张智山,王锋,于书洲,孙飞舟,徐言. 新西兰畜牧业发展概况,世界农业,2011(1):68-70

[23]朱增勇,母锁森. 新西兰奶业分析. 世界农业,2012(2):50-54

[24]从新西兰乳业战略看中国乳业战略,淘牛网 http://www. taoniu. com/ruye/shichang/2011/0117/44192. html

[25]新西兰奶农协会 http://www. dairynz. co. nz/

[26]新西兰乳业概况 http://www. taoniu. com/ruye/haiwai/2010/0322/41612. html

[27]上海国旅网　http://www.000219.com
[28]http://www.21food/ html /news/35/3914382.html

执笔　中国农业科学院北京畜牧兽医研究所：朱化彬　郝海生　赵学明　杜卫华
安徽农业大学：王力生

附　表

附表 1　奶牛头数、单产水平和总产奶量(1961—2011)

年份	奶牛头数、单产水平和总产奶量		
	奶牛头数	总产奶量(万 t)	单产水平(kg/每头)
1961	1 928 790.00	521.70	2 704.81
1962	1 968 090.00	522.47	2 654.71
1963	1 997 250.00	534.65	2 676.93
1964	2 010 870.00	551.88	2 744.48
1965	2 032 230.00	583.61	2 871.77
1966	2 087 870.00	613.37	2 937.76
1967	2 131 360.00	625.14	2 933.07
1968	2 232 480.00	618.02	2 768.32
1969	2 304 250.00	645.89	2 803.03
1970	2 320 640.00	598.62	2 579.54
1971	2 362 000.00	596.24	2 524.32
1972	2 147 990.00	624.21	2 906.04
1973	2 087 610.00	606.98	2 907.53
1974	2 040 700.00	568.89	2 787.74
1975	2 061 590.00	609.66	2 957.24
1976	2 035 850.00	656.31	3 223.77
1977	2 006 820.00	664.88	3 313.10
1978	2 020 400.00	608.11	3 009.86
1979	2 001 860.00	637.43	3 184.16
1980	2 293 000.00	670.05	2 922.14
1981	2 271 000.00	668.40	2 943.18
1982	2 313 000.00	678.19	2 932.09
1983	2 404 000.00	691.60	2 876.85
1984	2 483 000.00	762.43	3 070.58
1985	2 546 000.00	788.40	3 096.62
1986	2 622 000.00	823.50	3 140.73
1987	2 551 000.00	729.20	2 858.49
1988	2 562 230.00	775.10	3 025.10

续表

年份	奶牛头数、单产水平和总产奶量		
	奶牛头数	总产奶量(万 t)	单产水平(kg/每头)
1989	2 621 380.00	725.20	2 766.48
1990	2 723 080.00	750.90	2 757.54
1991	2 641 710.00	787.10	2 979.51
1992	2 723 000.00	805.00	2 956.30
1993	2 808 000.00	900.30	3 206.20
1994	2 994 000.00	981.20	3 277.22
1995	3 153 000.00	928.50	2 944.81
1996	3 220 000.00	1001.00	3 108.70
1997	3 377 000.00	1 105.80	3 274.50
1998	3 467 000.00	1 138.00	3 282.38
1999	3 357 860.00	1 088.14	3 240.58
2000	3 337 490.00	1 223.54	3 666.05
2001	3 556 000.00	1 311.94	3 689.37
2002	3 747 000.00	1 386.59	3 700.53
2003	3 928 140.00	1 434.90	3 652.87
2004	4 103 320.00	1 503.00	3 662.89
2005	4 105 990.00	1 463.79	3 565.01
2006	4 137 700.00	1 517.25	3 666.89
2007	4 167 120.00	1 561.83	3 747.98
2008	4 347 660.00	1 521.68	3 500.00
2009	4 607 000.00	1 566.74	3 400.78
2010	4 680 100.00	1 701.05	3 634.65
2011	4 816 000.00	1 789.38	3 715.50

附表 2 主要乳制品产量(1961—2011) t

年份	主要乳制品产量						
	鲜奶	奶油	奶酪	奶酪(所有物种)	炼乳	全脂奶粉	脱脂奶粉和干酪乳
1961	5 217 000.00	213 500.00	99 100.00	99 100.00	7 700.00	10 000.00	160 000.00
1962	5 224 700.00	210 700.00	100 600.00	100 600.00	6 100.00	10 000.00	159 200.00
1963	5 346 500.00	217 000.00	98 400.00	98 400.00	5 500.00	10 000.00	168 700.00
1964	5 518 800.00	231 500.00	95 100.00	95 100.00	6 100.00	10 000.00	182 700.00
1965	5 836 100.00	245 300.00	106 200.00	106 200.00	3 700.00	10 000.00	201 900.00
1966	6 133 650.00	244 400.00	105 600.00	105 600.00	5 700.00	10 000.00	190 500.00
1967	6 251 430.00	258 900.00	111 500.00	111 500.00	5 800.00	10 000.00	230 700.00
1968	6 180 220.00	251 400.00	111 600.00	111 600.00	5 000.00	10 000.00	208 700.00
1969	6 458 880.00	271 400.00	97 600.00	97 600.00	7 400.00	10 000.00	157 200.00

续表

年份	主要乳制品产量						
	鲜奶	奶油	奶酪	奶酪（所有物种）	炼乳	全脂奶粉	脱脂奶粉和干酪乳
1970	5 986 180.00	239 700.00	100 200.00	100 200.00	7 300.00	16 000.00	131 000.00
1971	5 962 440.00	230 800.00	107 849.00	107 849.00	10 300.00	15 000.00	164 700.00
1972	6 242 140.00	244 200.00	104 298.00	104 298.00	18 300.00	25 400.00	219 490.00
1973	6 069 780.00	237 500.00	101 105.00	101 105.00	10 300.00	25 000.00	211 590.00
1974	5 688 940.00	211 300.00	89 032.00	89 032.00	15 400.00	35 200.00	213 100.00
1975	6 096 620.00	239 400.00	88 609.00	88 609.00	10 400.00	23 900.00	267 900.00
1976	6 563 120.00	252 100.00	104 798.00	104 798.00	12 200.00	35 000.00	231 310.00
1977	6 648 790.00	263 100.00	81 028.00	81 028.00	11 171.00	67 089.00	229 190.00
1978	6 081 130.00	231 200.00	80 727.00	80 727.00	5 864.00	67 336.00	191 400.00
1979	6 374 250.00	254 700.00	90 300.00	90 300.00	4 848.00	69 995.00	196 800.00
1980	6 700 470.00	255 000.00	105 727.00	105 727.00	6 180.00	76 504.00	192 600.00
1981	6 683 970.00	247 200.00	84 342.00	84 342.00	4 969.00	96 754.00	205 810.00
1982	6 781 920.00	239 100.00	111 910.00	111 910.00	4 618.00	113 510.00	223 485.00
1983	6 915 950.00	249 800.00	114 390.00	114 390.00	4 166.00	117 790.00	188 637.00
1984	7 624 250.00	281 800.00	109 255.00	109 255.00	3 833.00	125 394.00	247 719.00
1985	7 884 000.00	277 500.00	127 300.00	127 300.00	3 000.00	137 570.00	245 600.00
1986	8 235 000.00	291 700.00	113 300.00	113 300.00	3 100.00	170 240.00	214 601.00
1987	7 292 000.00	240 900.00	138 400.00	138 400.00	3 700.00	170 000.00	172 400.00
1988	7 751 000.00	243 800.00	127 900.00	127 900.00	3 794.00	184 012.00	198 133.00
1989	7 252 000.00	226 000.00	128 000.00	128 000.00	1 387.00	201 000.00	178 379.00
1990	7 509 000.00	257 842.00	118 109.00	118 109.00	1 300.00	173 661.00	211 044.00
1991	7871 000.00	250 881.00	124 773.00	124 773.00	1 300.00	251 477.00	171 909.00
1992	8 050 000.00	261 653.00	137 405.00	137 405.00	1 300.00	274 668.00	159 439.00
1993	9003 000.00	252 267.00	144 521.00	144 521.00	1 300.00	307 957.00	150 041.00
1994	9 812 000.00	272 086.00	193 348.00	193 348.00	1 350.00	332 773.00	167 524.00
1995	9 285 000.00	265 333.00	197 370.00	197 370.00	1 350.00	341 894.00	171 005.00
1996	10 010 000.00	297 369.00	229 086.00	229 086.00	1 300.00	333 176.00	202 133.00
1997	11 058 000.00	350 887.00	253 638.00	253 638.00	1 400.00	374 016.00	224 977.00
1998	11 380 000.00	343 658.00	265 635.00	265 635.00	2 000.00	396 393.00	215 343.00
1999	10 881 400.00	317 475.00	238 535.00	238 535.00	6 340.00	382 013.00	202 982.00
2000	12 235 400.00	343 831.00	296 745.00	296 745.00	2 000.00	448 717.00	218 395.00
2001	13 119 400.00	391 135.00	280 615.00	280 615.00	2 000.00	515 695.00	291 077.00
2002	13 865 900.00	414 550.00	307 000.00	307 000.00	2 000.00	540 000.00	419 000.00
2003	14 349 000.00	462 000.00	275 000.00	275 000.00	2 000.00	619 000.00	327 000.00
2004	15 030 000.00	473 000.00	305 000.00	305 000.00	2 000.00	628 000.00	339 000.00

续表

年份	主要乳制品产量						
	鲜奶	奶油	奶酪	奶酪（所有物种）	炼乳	全脂奶粉	脱脂奶粉和干酪乳
2005	14 637 900.00	379 000.00	297 000.00	297 000.00	2 000.00	585 000.00	268 000.00
2006	15 172 500.00	341 000.00	292 000.00	292 000.00	1 500.00	611 000.00	265 000.00
2007	15 618 300.00	357 000.00	308 000.00	308 000.00	1 500.00	653 000.00	255 000.00
2008	15 216 800.00	356 000.00	250 000.00	250 000.00	1 600.00	671 000.00	270 000.00
2009	15 667 400.00	376 000.00	305 000.00	305 000.00	1 700.00	712 000.00	468 000.00
2010	17 010 500.00	385 000.00	311 200.00	311 200.00	1 700.00	712 000.00	468 000.00
2011	17 893 848.00	385 000.00	311 200.00	311 200.00	1 700.00	768 000.00	468 000.00

附表 3　主要乳制品进出口贸易额(1961—2010)　千美元

年份	进口额					出口额				
	奶油	干酪乳	鲜乳	脱脂奶粉	全脂奶粉	奶油	干酪乳	鲜乳	脱脂奶粉	全脂奶粉
1961	0	0	0	1	0	108 025	934	0	6 756	3 437
1962	0	0	0	2	0	121 818	1 100	37	7 349	2 900
1963	0	0	0	0	0	126 432	1 340	894	7 378	3 582
1964	0	0	0	1	0	152 373	1 671	2 027	9 667	3 585
1965	1	0	0	0	0	166 370	2 795	2 340	18 207	4 911
1966	0	0	0	0	0	152 352	3 139	2 900	21 170	5 832
1967	1	0	0	0	0	148 114	2 910	3 316	30 849	6 249
1968	22	0	0	3	0	125 628	2 502	2 744	26 242	4 733
1969	1	0	0	5	0	128 530	2 247	2 786	18 452	4 688
1970	27	0	0	3	0	122 917	2 815	3 216	25 039	6 484
1971	10	0	0	6	0	127 597	2 983	3 004	27 577	7 036
1 972	11	0	0	0	0	216 109	4 732	3 665	95 026	14 218
1973	2	0	0	0	0	169 850	5 333	3 178	84 797	17 389
1974	36	0	0	6	0	156 216	9 909	3 626	140 683	34 907
1975	1 576	0	0	2	0	164 954	9 797	3 942	101 012	27 336
1976	1	0	0	72	0	216 243	8 093	4 261	53 157	26 640
1977	27	0	0	8	0	245 257	8 042	2 478	54 809	40 754
1978	4	0	0	130	0	241 182	5 978	3 315	71 667	50 054
1979	1	0	19	1	0	291 905	5 853	4 648	63 902	60 289
1980	1 169	0	1	3	8	354 838	14 569	4 887	117 292	75 126
1981	63	0	0	10	18	375 318	16 916	8 868	158 957	106 566
1982	73 900	0	0	0	39	447 364	18 200	10 404	143 852	151 463
1983	10 811	0	0	2	333	462 333	15 954	9 491	134 459	142 946
1984	152	0	0	30	36	368 383	14 245	9 537	120 612	124 057
1985	15	0	0	1	5	305 527	12 545	6 607	117 807	112 318

续表

年份	进口额					出口额				
	奶油	干酪乳	鲜乳	脱脂奶粉	全脂奶粉	奶油	干酪乳	鲜乳	脱脂奶粉	全脂奶粉
1986	6	0	0	6	2	290 949	15 456	6 166	112 301	164 486
1987	14	0	0	193	166	273 420	21 194	8 179	118 573	179 288
1988	18	0	0	26	511	334 368	19 294	4 391	158 085	199 023
1989	76	0	3	16	257	380 980	30 555	1 687	229 877	305 731
1990	212	0	5	14	105	416 927	29 537	939	284 983	260 470
1991	34	0	0	48	3 384	323 724	29 147	1 034	219 357	399 815
1992	9	0	31	8	2 817	389 404	34 141	2 032	212 641	435 101
1993	14	0	1	133	219	423 743	30 706	2 925	179 468	494 897
1994	89	0	98	174	721	469 569	24 570	3 580	224 093	546 694
1995	102	0	296	349	412	459 518	40 393	5 215	251 009	572 950
1996	260	0	684	1 011	543	574 735	45 933	9 397	284 376	629 600
1997	1 591	0	479	284	1 454	638 589	56 015	20 043	379 897	730 813
1998	1 276	0	607	535	1 932	549 447	47 154	20 849	260 447	599 938
1999	1 004	0	261	1 678	1 051	423 775	39 771	20 721	248 874	572 174
2000	1 139	0	328	951	1 762	514 696	49 301	19 446	276 753	729 089
2001	496	0	445	732	2 165	436 802	66 790	22 081	465 665	1 019 170
2002	2 409	0	416	822	3 734	488 130	48 958	27 648	445 897	812 409
2003	1 069	0	431	803	2 816	549 786	46 191	23 149	462 365	1 062 140
2004	1 049	0	683	1 216	1 559	637 137	66 094	36 479	473 345	1 248 730
2005	5 166	49	1 281	1 447	2 421	661 388	76 345	35 560	476 828	1 299 370
2006	1 672	0	1 154	1 807	5 610	700 885	78 162	36 781	658 893	1 406 010
2007	6 019	0	911	3 919	3 124	879 664	151 136	48 501	948 154	2 047 040
2008	2 467	0	900	3 482	7 264	1 108 500	126 779	61 509	811 135	2 368 820
2009	3 006	43	733	8 510	2 425	958 541	85 387	52 141	836 398	1 892 840
2010	3 700	0	894	10 333	8 523	1 567 891	117 346	79 917	1 038 142	3 119 058

附表 4　主要乳制品进出口贸易量(1961—2010)　t

年份	进口量					出口量				
	奶油	干酪乳	鲜乳	脱脂奶粉	全脂奶粉	奶油	干酪乳	鲜乳	脱脂奶粉	全脂奶粉
1961	0	0	0	2	0	165 690	5 758	0	36 982	6 630
1962	0	0	0	3	0	171 139	8 000	120	35 000	4 000
1963	0	0	0	1	0	167 225	9 140	1 932	45 017	7 039
1964	0	0	0	2	0	184 874	9 944	4 368	55 215	7 359
1965	1	0	0	0	0	192 483	10 800	4 589	67 038	8 748
1966	0	0	0	0	0	193 471	12 761	5 728	76 901	10 037
1967	1	0	0	0	0	203 162	11 836	6 276	109 720	11 286
1968	29	0	0	12	0	204 465	12 399	5 023	115 610	10 697

续表

年份	进口量					出口量				
	奶油	干酪乳	鲜乳	脱脂奶粉	全脂奶粉	奶油	干酪乳	鲜乳	脱脂奶粉	全脂奶粉
1969	1	0	0	9	0	206 377	11 864	5 133	108 892	11 519
1970	34	0	0	8	0	198 019	15 829	5 326	150 005	16 183
1971	11	0	0	27	0	194 463	15 273	5 025	126 180	16 495
1972	8	0	0	0	0	187 860	11 818	5 898	154 510	22 675
1973	1	0	0	0	0	176 624	10 471	4 836	160 650	24 826
1974	30	0	0	3	0	162 147	16 686	4 987	215 520	44 658
1975	873	0	0	2	0	164 170	12 524	5 699	117 964	26 956
1976	0	0	0	82	0	206 786	17 054	7 850	97 097	29 623
1977	24	0	0	5	0	212 928	24 455	4 868	158 548	54 464
1978	2	0	0	276	0	177 267	13 119	6 485	164 892	59 504
1979	1	0	33	0	0	192 201	10 882	5 772	119 970	64 773
1980	765	0	2	2	1	231 001	21 194	6 233	172 435	69 940
1981	27	0	0	2	2	203 058	17 255	8 811	163 433	74 788
1982	43 770	0	0	0	16	199 617	17 425	10 247	135 032	100 477
1983	6 867	0	0	1	188	227 765	17 075	9 468	144 183	100 449
1984	113	0	0	17	14	190 527	18 155	10 406	157 988	105 646
1985	13	0	0	1	2	216 944	18 715	9 746	168 247	108 697
1986	3	0	0	1	1	217 765	21 973	8 766	157 404	154 151
1987	6	0	0	179	144	220 487	27 686	10 550	155 694	163 947
1988	9	0	0	40	530	216 294	18 821	7 461	152 437	158 171
1989	51	0	1	3	245	225 509	20 293	3 548	134 117	178 893
1990	111	0	1	5	89	217 271	18 057	1 907	153 416	134 457
1991	14	0	0	36	2 209	176 148	22 437	1 689	148 781	230 866
1992	2	0	34	3	1 113	212 734	26 506	3 186	137 587	258 639
1993	4	0	0	72	87	221 260	18 808	4 518	96 172	261 594
1994	14	0	92	90	332	256 368	18 042	5 286	133 707	306 443
1995	15	0	256	184	176	234 345	29 234	7 386	138 372	318 045
1996	46	0	549	443	291	237 691	23 402	15 623	127 150	278 132
1997	743	0	393	83	807	315 379	34 061	34 199	183 096	347 221
1998	822	0	629	230	1 544	315 850	33 083	39 627	165 907	357 643
1999	500	0	605	1 455	849	298 034	31 550	41 846	179 116	389 536
2000	652	0	854	704	1 507	358 528	31 780	42 434	165 933	425 673
2001	252	0	830	571	1013	292 345	33 359	45 030	218 182	502 240
2002	1 260	0	540	422	2 122	386 573	51 624	51 852	315 521	528 980
2003	397	0	465	656	1 791	364 340	37 055	39 729	287 265	637 601
2004	308	0	693	1 102	803	329 882	40 494	56 510	249 557	629 130

续表

年份	进口量					出口量				
	奶油	干酪乳	鲜乳	脱脂奶粉	全脂奶粉	奶油	干酪乳	鲜乳	脱脂奶粉	全脂奶粉
2005	2 236	29	1 422	610	685	319 715	39 392	51 290	220 939	585 473
2006	524	0	1 050	630	1 653	391 028	40 563	52 531	315 542	644 578
2007	1989	0	639	1 117	715	363 866	45 835	64 332	280 840	679 695
2008	618	0	603	861	1 116	299 778	33 660	72 285	221 518	547 858
2009	834	36	536	3 986	529	451 179	51 701	69 873	407 993	818 080
2010	803	0	568	3 238	2 027	416 146	40 393	104 839	348 925	964 867

澳大利亚奶业发展报告

摘要：澳大利亚的奶业是仅次于小麦、肉牛的该国第三大农业产业，奶业生产在澳大利亚各州均有着很长的历史，牛奶主产地为东南部地区，包括维多利亚州、南澳大利亚州和塔斯马尼亚州。其奶业的发展以低成本、高质量、高需求、高出口量闻名于全世界。本文首先综述了澳大利亚近50年的奶业发展概况。近50年来，澳大利亚奶牛养殖规模和产奶量都有很大的变化：一方面，奶牛场数量急剧减少，但牛场饲养的奶牛平均群体数量却有了很大的提高；另一方面，成年奶牛存栏量基本处于下降趋势，但是总产奶量处于增加趋势，这与改良品种、牧场、饲料和改善牛群管理技术是分不开的。澳大利亚的气候和自然资源十分有利于奶业生产，本地奶牛养殖主要是以牧场放牧为主，因此，生产效率高，成本低，牛奶质量优良。在澳大利亚，主要由农民拥有的合作社和股份公司进行奶制品的生产与加工。合作社占据主导地位，75%的原奶由合作社进行加工。澳大利亚奶业的发展，源于消费需求旺盛的拉动。国内较高的消费需求，带动着澳大利亚奶业持续稳定发展。近些年，奶业消费结构也发生了变化，由于人们对健康越来越关注，导致了从黄油这种含脂率高的奶制品逐渐向奶粉、奶酪这些含脂率低的奶制品的消费转移。澳大利亚的牛奶生产成本远低于世界上其他主要的牛奶生产国，优良的草场，科学的管理，及最新遗传育种技术的广泛运用，使其奶牛业能够以高效率的方式生产出优质的牛奶，其乳制品在国际市场上具有较强的竞争优势。近几十年来，澳大利亚奶制品出口市场有很大的变化。澳大利亚的两个最大的出口市场是亚洲和中东。伴随着亚洲各国经济的发展，对奶制品的需求不断增长，而当地奶制品生产又不能满足市场需求；再加上澳大利亚与亚洲地理位置接近，又不像欧盟和美国使用奶品贸易保护措施及对奶品出口进行补助，亚洲成了澳大利亚主要的奶制品出口市场。

澳大利亚奶牛育种体系并不是由某个政府机构独立管理的，而是由几方面彼此密切相关的机构合作组成。从其冻精的选择到奶牛的育种都有非常严格的要求。根据不同的草场情况，奶牛场采取不同的放牧和饲料搭配方式。

澳大利亚在发展畜牧业的同时，非常注重对动物及其产品输入的安全问题，生物安全的重点工作是致力于对外来动物的检疫工作。对引进的动物，检疫官必须到原生产地及其周围检查当地的动物疫病情况，引进后还要隔离6个月再次检疫无疫病后方可。政府绝对不允许进口他们认为高疫病风险的动物或从疫病高风险地区进口动物及动物产品，并且对本国的各种疾病都采取了相应的控制措施。在原料奶质量控制方面，采取的措施有控制牛场及牛体卫生、采用先进的挤奶设备、对挤奶设施进行严格的清洗、消毒和杀菌，政策上主要采取定期检验农场牧草灌溉和牛群饮用水、注重奶牛福利、对牛奶饮用前的每一个环节进行详细的规范和指导、保证原料奶降价不降质。并由独立的第三方化验机构或乳品加工企业对原料奶的各项质量指标进行检验分析，根据原料奶的总体质量确定收购价格。而且根据不同的问题和市场实际情况建立了一系列健全的科研和推广体系，其科研转化率几乎达100%。

澳大利亚的乳业在清洁、安全和品质方面拥有世界最高的标准。为了确保牛奶和乳制品的质量和提高牛奶和乳制品的消费，澳大利亚政府及其相关企业制定了一系列的方案和政策。澳大利亚乳品行业是一个完全由市场驱动的行业。在过去的 20 多年里政府逐步取消了限制。而这个进程的最后一步是 2000 年 7 月政府对饮用奶价格的管制的取消。因此，现在除了设立最基本的食品安全要求和食品标准规范之外，政府对乳品行业没有任何形式的干预。与牛奶生产一样，牛奶加工业在不断的进行合理化调整，这就是每个工厂的平均收奶量大幅增加，因为经营规模的增大提高了效率，实现了规模效应。为了增加牛奶和乳制品的消费，澳大利亚制通过 WTO 贸易改革的步伐，奉行了自由贸易的政策。贸易改革将使澳大利亚奶业产业更好的在奶业的生产、加工、和销售方面利用它的全球竞争力，并且通过以更好更稳定的价格来增加奶业的销售市场。澳大利亚政府和企业充分发挥其地理和资源优势来发展奶业，在经营，科技，产业等方面有很多成功经验值得我们学习。

关键词：澳大利亚　奶业　奶农　合作社　科技　模式

1　奶业发展基本情况

澳大利亚地处南半球的澳洲大陆上，北临印度尼西亚和巴布亚新几内亚，东临新西兰和太平洋，西面和东面是印度洋，由塔斯马尼亚州、维多利亚州、新南威尔士、昆士兰州、南澳大利亚、北领地和西澳大利亚组成，总面积 776.4 万 km^2，其中农牧业用地 490 万 km^2，占国土面积的 63.1%。全澳大利亚总人口约2 230万人，其中 24%的人口为外来移民，另外，澳大利亚是世界天然草原面积最大的国家，达 458 万 km^2。

澳洲大陆形成于 2 亿年前，具有独特的地理和气候特点，12 月份至次年 2 月份为夏季，3—5 月份为秋季，6—8 月份为冬季，9—11 月份为春季。澳洲跨两个气候带，北部属于热带气候，每年 4—11 月份是雨季，11 月份到第二年的 4 月份是旱季，由于靠近赤道，1—2 月份是台风期。澳洲南部属于温带气候，四季分明。澳洲内陆是荒无人湮的沙漠，干旱少雨，气温高，温差大；相反在沿海地区，雨量充沛，气候湿润，呈明显的海洋性气候，沿海地区年降雨量为 500～1 600 mm。澳大利亚是全球最干燥的大陆，饮用水主要是自然降水，并依赖大坝蓄水供水。政府严禁使用地下水，因为地下水资源一旦开采，很难恢复。2006 年起，圣婴现象影响扩大，导致降雨大幅减少，各大城市普遍缺水，政府纷纷颁布多项限制用水的法令，以节水渡过干旱。表 1 为澳大利亚主要城市全年平均气温(℃)，图 1 为澳大利亚近 110 年来的降雨量图。

表 1　澳大利亚主要城市全年平均气温　℃

城市	1月	2月	3月	4月	5月	6月	7月	8月	9月	10月	11月	12月
墨尔本	19.9	20.0	18.4	15.3	12.5	10.3	9.5	10.7	12.4	14.4	16.4	18.4
悉尼	22.1	22.0	21.0	18.5	15.5	12.9	11.9	13.2	15.3	17.7	19.5	21.1
布里斯班	25.0	24.8	23.7	21.3	18.3	15.9	15.0	16.1	18.5	20.9	22.9	20.6
佩斯	23.5	23.7	22.2	19.2	16.1	14.1	13.2	13.5	14.8	16.3	19.2	21.7

注：深蓝色阴影部分表示最近 10 年(2002—2011 年)的平均降雨量。
数据来源于澳大利亚气象局(Bureau of Meteorology)网站(http://www.bom.gov.au).

从表 1 可以看出，澳大利亚 1 月份平均气温为 20～25 ℃，7 月份平均气温为 10～15 ℃，2011 年的年平均气温为 21.67 ℃，气候非常适合畜牧业的发展。从图 1 澳大利亚近 110 年来的降雨量图来看，澳大利亚全年平均降雨量基本在 400～600 mm，降雨量多的时候可达 700 mm 之多，整体来说，澳大利亚气候比较湿润。

1.1　奶牛养殖业发展

奶牛业是澳大利亚农业中一项重要的支柱产业，2011 年年产值达 3.9 亿美元，位居小麦和牛肉之后的

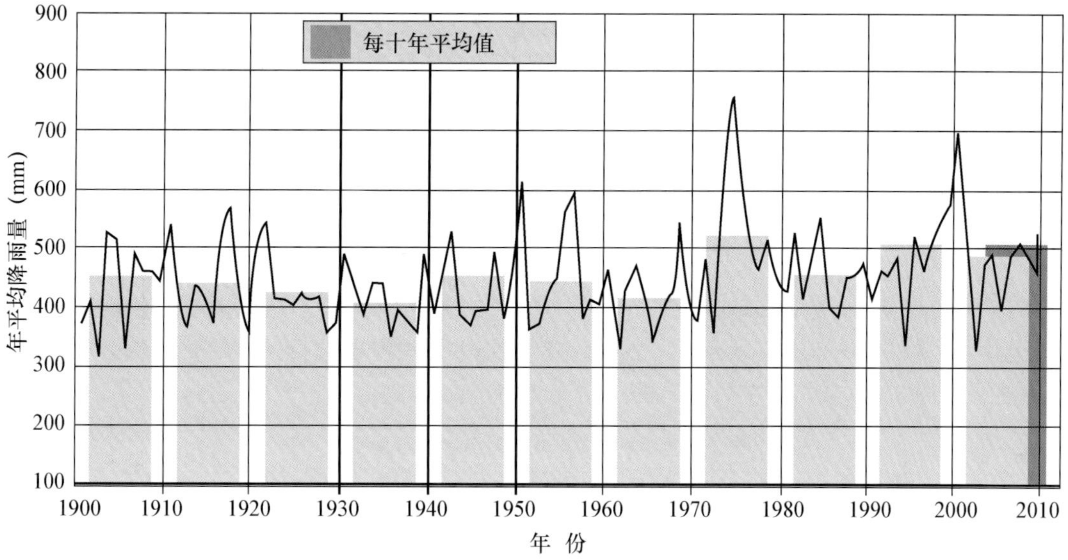

图 1　澳大利亚 1900—2011 年的年平均降雨量图

第 3 位。2011 年澳大利亚国内生产总值为 13 717.64 亿美元，奶牛业总产值占国内生产总值的 0.028%。由于得天独厚的地理和气候条件，澳大利亚的奶牛业主要以放牧为主，近 80%的奶牛是草地放养。因此，澳大利亚的牛奶生产成本远低于世界上其他主要的牛奶生产国，优良的草场，科学的管理，及最新遗传育种技术的广泛运用，使澳大利亚的奶牛业能够以高效率的方式生产出优质的牛奶，使其乳制品在国际市场上具有较强的竞争优势。

奶业生产在澳大利亚各州均有着很长的历史，牛奶主产地为东南部地区，包括维多利亚州、南澳大利亚州和塔斯马尼亚州，其牛奶产量占全国总产量的 82.1%，其中以维多利亚州为最主要的奶牛饲养和牛奶生产区，该州的奶牛饲养数量占全国 62%，牛奶产量占全国的 63.8%，其次为新南威尔士和昆士兰州（如图 2）。

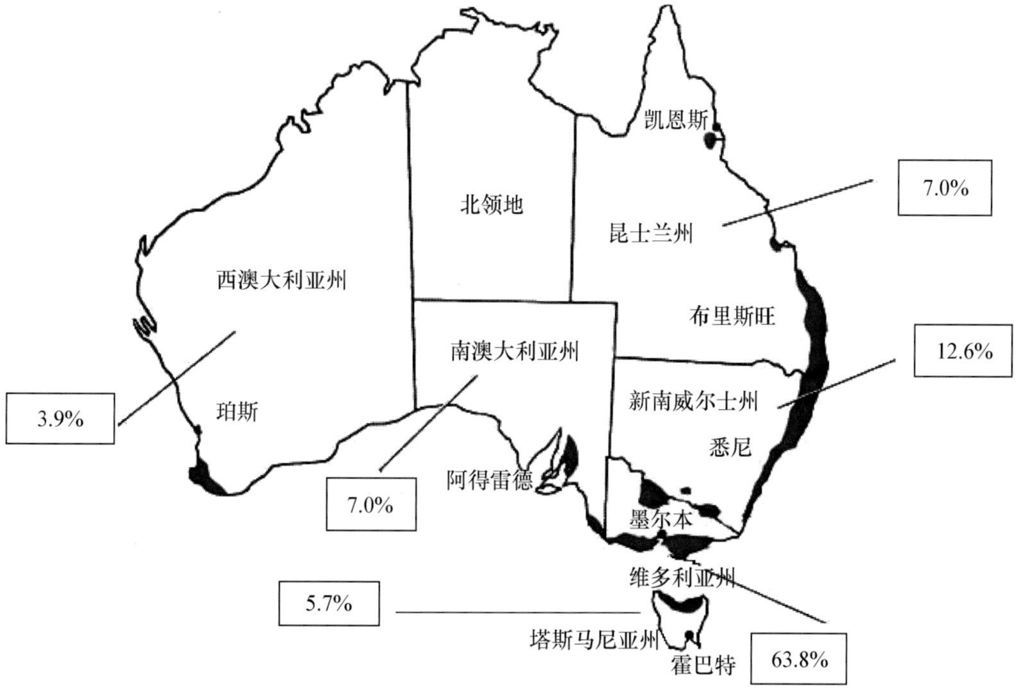

图 2　澳大利亚主要奶业分布区域图

澳大利亚奶业的发展，源于消费需求旺盛的拉动。据澳大利亚奶业数据统计，2010/2011 年度澳大利亚乳制品年人均消费量平均为 126 kg，年乳制品消费量高达 2 250 万 t。国内较高的消费需求带动着澳大利亚奶业持续稳定发展，另外，出口是生产满足国内需求后再增长的重要拉动力。

1.1.1 奶牛养殖规模及产奶量变化

澳大利亚的奶牛饲养大多以家庭农场为主，合伙经营也是一种重要的形式。2010/2011 年度澳大利亚奶牛场总数达 6 883 个，30 年间奶牛场数量减少 2/3(表 2)，但牛场饲养的奶牛平均群体数量却有了很大的提高，奶牛场平均规模从 1979/1980 年度的 85 头增加到 2010/2011 年度的 230 头，比较大的奶牛场通常拥有 6～10 个奶牛群，约 500～1 000 头奶牛。奶牛场主要通过改良牧场、饲料和牛群管理技术来提高生产效率。表 2 为澳大利亚 30 年来的奶牛场数量的详细变化情况。

表 2 澳大利亚 30 年来的奶牛场数量变化

年份	奶牛场数量	年份	奶牛场数量
1979/1980	21 994	2004/2005	9 243
1989/1990	15 396	2005/2006	8 844
1999/2000	12 896	2006/2007	8 055
2000/2001	11 839	2007/2008	7 953
2001/2002	11 048	2008/2009	7 924
2002/2003	10 654	2009/2010	7 511
2003/2004	9 611	2010/2011	6 883

注：数据来源于乳品制造商和澳大利亚乳业局，1979/80 年度表述为 1979 年 6 月至 1980 年 5 月(下同)。

根据世界粮农组织数据库(FAOSTAT)的数据可知(见附表 1)，澳大利亚的成年奶牛存栏量从 1961 年到 2011 年的 51 年内基本处于下降趋势，由 316 万头减少到 161 万头；尽管 1998—2004 年存栏量有所增加，但是至 2004 年存栏量仍只有 200 万头左右，2005 年至今，奶牛存栏量仍然一直在递减。相比之下，澳大利亚的总产奶量处于增加趋势，1961 年的总产奶量为 627.7 万 t，到 2011 年总产奶量为 910.1 万 t。奶牛的单产也在逐年增加，1961 年平均每头奶牛产奶 1 985.136 L，2011 年平均每头奶牛产奶达到 5 652.8 L，平均乳脂率 4.06%，平均乳蛋白率 3.22%。而 1961 年仅为 1 985.136 L，其中荷斯坦奶牛群的平均产奶量达 7 000 L以上。这与品种改良、牧场管理的改善和科学养殖等因素是分不开的。

澳大利亚饲养的奶牛品种以荷斯坦奶牛为主，占 80%之多；其次为娟珊牛，占 17%；其余则为更赛牛(Guernsey)、爱尔夏牛(Ayrshire)、伊拉瓦拉牛(Illawarra)及热带奶牛品种 AFS-澳大利亚黑白花沙希华牛。奶牛主要分布在全澳洲，以维多利亚州最多，占全澳的 61%，新南士威尔州和昆士兰州共占 22%，塔斯马尼亚州 7%，其他州 10%。并且其奶牛繁殖是主要依靠人工授精，因此澳大利亚的奶牛场主能够获得世界上最优秀的品种基因。牛群的记录管理也广泛应用于各个农场，约有 70%的牛群有定期的产奶记录。近 20 年来奶牛养殖情况见图 3。

1.1.2 奶牛饲养方式和特点

家庭牧场从中小型为主逐渐向大中型发展。据不完全统计，澳大利亚有各类农场 12.65 万个，2011 年总产值在 2 万澳元以上的大农场占 94%，64%的大农场从事谷物种植业、养羊业、养牛业或兼营其中两种或 3 种。94%以上的农场是家庭农场，其余为公有或私营公司所有，农场主使用自家劳动力或其亲戚参加经营。农场兼营或兼业的趋势日益明显，而且兼营农场的收益也高于专营农场。

澳大利亚的气候和自然资源十分有利于奶业生产，本地奶牛养殖主要是以牧场放牧为主(图 4)，因此，生产效率高，成本低，牛奶质量优良。奶业生产大多集中在沿海地区，牧草生产依靠天然降雨，也有一些内陆地区是依靠灌溉系统，主要是在维多利亚州北部和新南威尔士州南部。在澳大利亚，依靠饲料养殖奶牛的

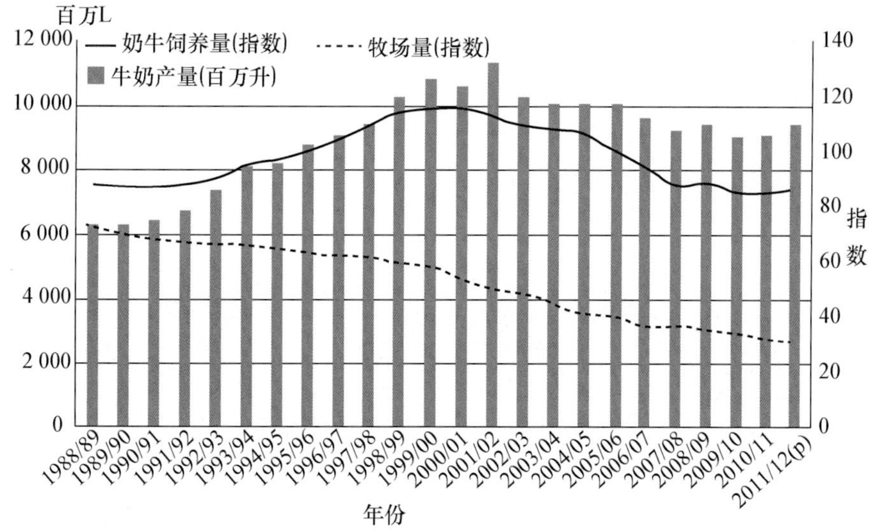

图 3 澳大利亚 20 年来产奶量、奶牛饲养头数指数及牧场数量指数对照图

注：图中奶牛头数指数及牧场量指数都是拿 1979/1980 年度数据作为基期的(即是拿 1979/1980 年度数据作为 100 的)，奶牛头数指数＝各年度奶牛头数比上 1979/1980 年度奶牛头数，再乘以 100，牧场量指数也同理可得到。

图 4 牧场放牧养殖

情况并不多见，但是补充饲料如干草、青贮饲料和谷物的使用近年来越来越普遍(图 5)。根据澳大利亚乳业局(Dairy Australia)的数据，2011 年澳大利亚只依靠牧草放牧(依靠天然降雨)饲养奶牛的牧场数量只占总牧场数量的 5%，牛奶产量占总产量的 2%，平均饲养规模为 186 头；依靠牧草和少量饲料的牧场占总牧场数量的 25%(牧场依靠降雨)，产奶量占总产奶量的 16%，平均规模为 210 头；依靠牧草和大量饲料的牧场占 50%(牧场需要灌溉)，生产的牛奶占 52%，平均饲养规模为 267 头；补充一部分谷物集中饲养的牧场占 16%，产奶量占 25%，平均规模为 340 头；完全依靠饲料舍饲饲养的牧场占 2%，产奶量占 4%，平均规模为 404 头。

澳大利亚畜牧业不仅规模大、科技含量高，而且现代化程度高，最主要特征就是畜牧业各个环节的生产作业都是由机械来完成。每个家庭牧场都有耕作、播种、锄草、喷药、收获、贮藏和运输等农业机械，有的牧场还有草地播种、牧草收割、打捆、青贮、切碎、饲料加工以及剪毛等牧业机械。

通过围栏，对不同畜种、不同生长发育阶段、不同生产性能的家畜进行分群管理。对不同用途的草地进行科学的划区轮牧，使草地得到充分的利用和永久的保护，使草地生产和动物生产合理配置，实现物质和能量在生态系统中的良性循环。因此，对草地实行围栏管理和科学放牧，是畜牧生产中特别是草食家畜生产中应用的现代技术之一，也是澳大利亚畜牧业生产的明显特征之一。

图 5　规模养殖

1.1.3　奶业组织结构和运行模式

(1)牛奶生产和销售。澳大利亚的奶业是完全的私有经营,奶牛场的规模不一,抵御生产风险的能力差别较大。放牧+补饲+机械挤奶为最普通的生产形式。为了使牛奶能顺利销售,每年农场主都将选择一个牛奶收购加工商(相当于牛奶公司)作为自己奶牛生产的依托。牛奶的包装、零售以及进一步的加工和产品开发都由这样的商业公司完成。商业公司间的竞争激烈,为了占领市场,他们非常重视从原奶到加工产品质量。商业公司的利益在很大程度上依赖于奶农提供的优质原奶,原奶质量直接影响公司利益。反之,如果奶农提供了不符合要求的奶源,商业奶业公司可能会放弃它,奶农的牛奶将无法出售,更严重的是信誉问题,这样的奶农将无法再与任何别的公司合作,甚至再也无法在这个行业干下去。澳洲有人把这样的生产形式称为合作社。事实上,奶农是它所依托的商业公司的股东。

(2)繁育。澳大利亚公牛和精液来自大的育种公司。澳大利亚最有影响的育种公司是 Genetics Australia。育种公司在全国不同的区域有代理机构或代理商,可以形象的理解为一级、二级、三级等代理,形成一个覆盖全国的奶牛供精繁殖网络,最后一级代理直接负责母牛的配种,育种公司负责公牛的测定。此外,育种公司还单独或与大学和研究机构合作进行一些基础性和应用性研究,比如胚胎移植等,以提高全国牛奶的平均生产水平。后备母牛的选择,大多由农场主在奶牛协会及相应专家的指导下,按牛的系谱记录、外貌特征和生长发育等综合情况进行。

澳大利亚的奶牛品种以荷斯坦牛为主,荷斯坦牛分为注册牛和非注册牛,注册等级有 5 个,等级标准由澳大利亚荷斯坦-弗里生协会(HFAA)制定。一般情况下,牛的注册与否由农场主自己决定。母牛的注册是其血统和质量优良的标志,对于生产和牛的出售都有好处,所以管理良好的农场,大多希望其奶牛注册。但是,也有少数农场不太注意后备母牛的选育,牛群的质量参差不齐。

很多农场主认为头胎荷斯坦母牛难产高是因为纯荷斯坦牛公牛的体型太大造成的,所以对头胎青年荷斯坦母牛喜欢用娟珊公牛的精液配种,所产杂种一代母牛有留用的,也有全部淘汰的。一些农场主和研究人员认为娟珊公牛与荷斯坦母牛的杂种一代再与荷斯坦公牛杂交所获得的含 1/4 娟珊牛血液的母牛产奶性能很好,虽然产奶量没有纯荷斯坦高,但它们具有娟珊牛奶质优良的特性,很受欢迎。这也是澳大利亚奶牛生产的一大特点。

(3)农场生产组织。澳大利亚的奶牛场大多是家庭式的,生产的组织一般不复杂。奶牛草料的供应、牛奶的销售、疾病的防治等通常都是按家庭方式与外界沟通。在具体生产过程中,为了节省劳动力和保障牛奶的质量，机械化程度比较高。挤奶全部是机械化，一方面节省劳动力，更重要的是能够保证牛奶的质量。一个牧场主需要精心计算草料、人力、药品等成本投入和产出，以保证农场的盈利。

(4)疾病防治。在放牧条件下，奶牛最易发生的疾病是中毒、皮肤病及产后综合症。兽医通常是分片服务制，单个奶牛场没有专设的兽医和兽医诊疗室。重大疫病按政府相关的防疫规程预防，对于一般疾病，农场主直接与兽医联系，并将病牛的发病原因和主要症状告诉兽医，为兽医的出诊提供第一手资料。由于澳大利亚城乡交通网络十分发达，兽医将会在最快的时间内到现场处治病畜。兽医也指导农场日常的疫病预防以及妊娠检查等其他工作。

1.2 乳品加工业发展

1.2.1 乳品加工量和乳品结构

2010/2011年度，全澳共产牛奶910.1万t，其中，维多利亚州591万t，占全国总产量的65%；新南威尔士州104万t，占比11.5%；塔斯马尼亚州72万t，占比8%；南澳、昆士兰州和西澳三州产量不大，在全国的占比分别为6.3%、5.3%和4%。澳大利亚各州均有各自的牛奶加工业，面向各州的城镇供应鲜奶。许多州还生产一系列优质乳产品——从奶酪到各种工业、专业用奶粉，及系列奶酪等。20世纪八九十年代以来，乳制品加工的发展趋势表现为加工生产奶酪和全脂奶粉的数量增加，而脱脂奶粉和黄油的生产数量在逐步减少。2010/2011年度，澳洲用于加工奶制品的牛奶为675万t，占产量的75%(图6)。其中，生产奶酪(Cheese)33.86万t，液态奶231.6万t，脱脂奶粉(Skim Milk Powder)22.25万t，全脂奶粉(Whole Milk Powder)15.13万t，乳清粉(Whey Powder)6.15万t，黄油(Butter)9.63万t。

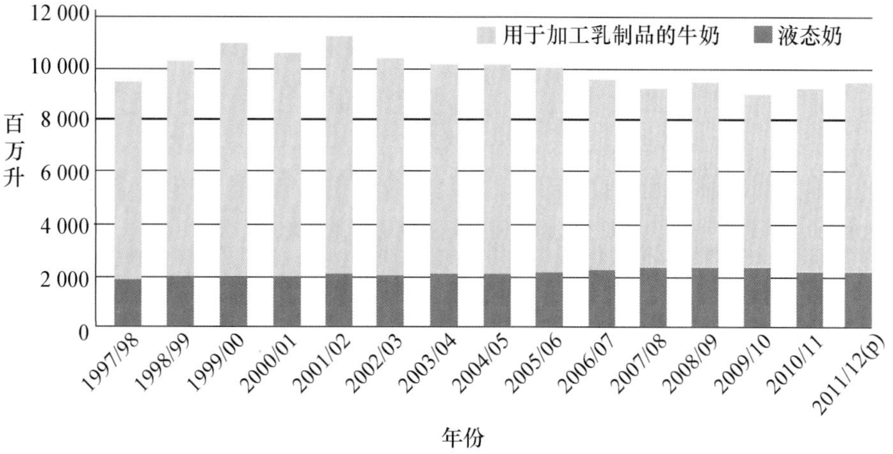

图6 澳大利亚近年来原奶生产构成

澳大利亚生产的乳制品主要有液态奶产品、奶油、奶酪、黄油、全脂奶粉、脱脂奶粉、干乳酪及炼乳。维多利亚州作为澳大利亚最大的奶制品生产地，生产将近64%的奶制品，而新南威尔士州和昆士兰州奶制品生产量则分别为13%和7%。2010/2011年度，原奶生产量的25%以液态奶的形式被直接饮用或出口，33%的原奶被加工成奶酪，27%的原奶被加工成脱脂奶粉和黄油，12%的原奶被加工成全脂奶粉，2%的原奶被加工成酪蛋白，其他乳制品则占1%(图7)。从奶制品的产品结构可以看出，澳大利亚的固体奶制品占了70%以上的份额，而液态奶只有25%左右。

从图8可以看出，从1961年到2011年，除了黄油和炼乳产品产量基本呈下降趋势，其他乳制品产量均明显上升。

近些年来，由于人们对健康食品的关注，人们从大量消费黄油这种含脂率高的奶制品逐渐转向奶粉、奶酪。顺应世界的这种消费趋势，澳大利亚黄油的产量逐渐减少，从1961年的18.21万t减少到1982年的

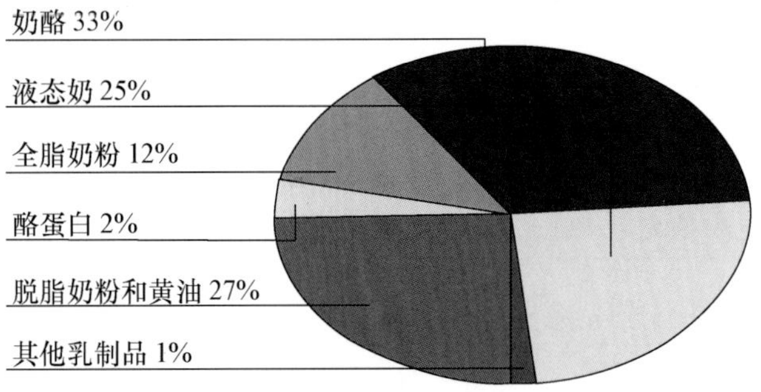

图 7　2010—2011 年度澳大利亚奶制品生产构成

资料来源:澳大利亚乳业局。

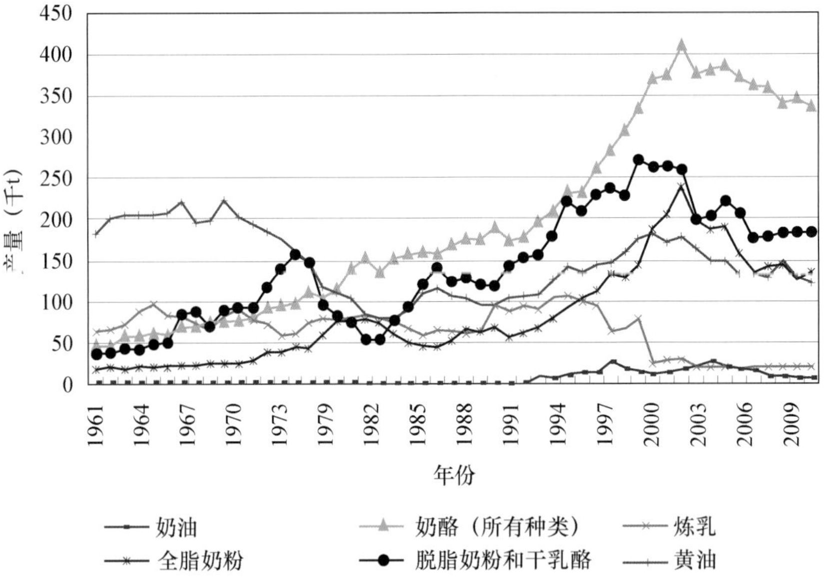

图 8　澳大利亚主要乳制品产量对比图

注:数据来源于世界粮农组织数据库,具体数值见附表 2。

7.64万 t,又从 1983 年的 8.83 万 t 增加到 2000 年的 18.3 万 t,2000 年以后黄油产量更是直线减少,到 2011 年只有 12.25 万 t,虽然中间波动很大,但是总体上处于减少的趋势,51 年间共减少了 6 万 t。炼乳产量的变化和黄油相似,1961—2000 年间波动很大,总体上处于降低趋势,从 1961 年的 6.41 万 t 减少到 2000 年的 2.5 万 t,2000 年之后炼乳的产量仍在减少,但是近几年基本稳定在 1.9 万 t 左右。

1987 年以前,澳大利亚没有生产奶油,奶油的加工是从 1988 年开始的,之后基本呈现稳步增长趋势,从 1988 年的 19 t 增加到 2004 年的 26 796 t,增长了 1 409 倍,2005 年,奶油产量开始减少,到 2011 年,奶油产量减少到 6 500 t。

奶酪产量在澳大利亚主要乳制品产量中所占的比重约为 33%,位居第一。从 1961 年到 2011 年,奶酪产量的增长趋势最为明显,尤其是从 1991 年到 2002 年奶酪产量呈 45° 直线上升,从 1991 年的 17.94 万 t 上涨到 2005 年的 41.2 万 t,增长了 23.26 万 t(增幅为 130%)。2002 年之后奶酪产量略有减少,到 2011 年降至 33.868 万 t。全脂奶粉产量变化和奶酪产量变化比较相似,总体上都处于增长趋势。全脂奶粉从 1961 年至 2002 年直线增长,1991 年为 1.9 万 t,2002 年增长至 23.9 万 t,共增加了 22 万 t,2002 年之后全脂奶粉产量略有减少,到 2011 年降至 13.5 万 t。从 1961 年到 2011 年,脱脂奶粉与干乳酪的产量变动幅度较大,从 1961 年的 3.7545 万 t 开始上升,到 1999 年达到最大(27.22 万 t),然后开始下降,到 2007 年降至 17.8 万 t,降幅为 34.6%,到 2011 年恢复至 18.35 万 t。

显然,人们对健康越来越关注,导致了从黄油这种含脂率高的奶制品逐渐向奶粉、奶酪这些含脂率低的奶制品的消费转移。

1.2.2 乳品加工企业和运作模式

在澳大利亚,主要由农民拥有的合作社和股份公司进行奶制品的生产与加工。合作社占据主导地位,75%的原奶由合作社进行加工。1999 年,全澳大利亚有 100 多家乳品厂,与牧场相辅相成。近 10 年间,乳品生产和加工产业部门经历了重大的调整,其目的是在政府放宽控制政策的情况下增强竞争能力。从投资角度看,在过去的 5 年间这一产业的投资高达 10 亿美元左右。澳大利亚乳品业的生产加工资源和设备均由乳牛牧场主通过合作公司的形式拥有,或由地方和国际食品公司拥有。

澳大利亚三个最大的奶业合作社控制着 60%的鲜奶生产、50%以上的奶制品生产。澳大利亚的牛奶加工企业分为两种形式:一种为奶牛饲养户以合作方式组成的加工企业——农协加工公司;另一种为跨国公司在澳投资成立的乳制品生产公司。其中以第一种形式的公司为主,其奶制品产量约占 75%。澳大利亚三个最大的奶业合作社为双江(MG)合作社、BONLAC 食品有限公司和奶农联盟,他们控制了澳大利亚 70%的乳品加工。最大的乳制品生产企业每年加工 400 万 t 牛奶,而中等规模的企业每年加工 30 万～50 万 t 牛奶。后一种形式较具代表性的公司有雀巢、卡夫、帕玛拉特和雪印等奶制品生产企业,他们都与澳奶业合作社有紧密合作关系,这些世界乳业中的巨头通过新建或收购的方式亦争夺澳大利亚乳制品生产消费市场。

1.3 乳品消费发展

澳大利亚主要消费乳制品是牛奶、奶粉、奶酪、黄油、黄油混合物以及酸奶。随着澳大利亚奶粉的生产和新技术的使用,客户的需求也在不断增加,因而制造规模也在不断扩大。澳大利亚经济的复苏和强有力的市场战略使得 1996 年奶酪零售量比 1995 年高出 5%。奶酪市场的增加主要是由于食品业,特别是比萨饼和汉堡包的快餐业的食品的增长。20 世纪 80 年代中期以来,平均每年人均牛奶消费量稳定在 100L 左右。酸奶是最终的"健康零食",既方便又健康,所以更受快节奏的消费者的青睐,每年的人均消费量基本稳定在 7 kg 左右。据来自澳大利亚乳业局的数据(如表 3,图 9),2005/2006 年度期间,澳大利亚人均消费牛奶 100.2 L,奶酪 11.3 kg,黄油/黄油混合物 4.1 kg 和酸奶 6.6 kg;2010/2011 年度期间,人均消费牛奶 104.4 L,奶酪 13.7 kg,黄油/黄油混合物 3.9 kg 和酸奶 7.3 kg。由此可见,这几种主要乳制品 2010/2011 年度的人均消费量均高于 2005/2006 年度,但是相差不大,这说明澳大利亚近年来主要乳制品的消费量已基本趋于稳定。

表 3 澳大利亚近几年主要乳制品的人均消费量

年度	牛奶(L)	奶酪(kg)	黄油(kg)	酸奶(kg)
2005/06	100.2	11.3	4.1	6.6
2006/07	103.4	12.0	3.8	7.1
2007/08	103.0	12.5	4.1	6.9
2008/09	102.6	12.9	4.0	6.7
2009/10	102.4	13.1	3.8	7.1
2010/11	104.4	13.7	3.9	7.3

资料来源:乳品制造商和澳大利亚乳业局

个别产品的人均消费在过去 50 年的变化趋势相当显著,这些趋势反映在消费者的口味和喜好的变化上,目前,消费者倾向于低脂肪的产品,主要产品为酸奶和鲜奶酪。黄油的消费处于下降趋势,而含奶涂抹品占到餐桌涂抹品的 29%,含奶涂抹品及人造黄油零售数量近几年处于稳定状态,这反映了澳大利亚的消费者越来越重视营养均衡问题了。

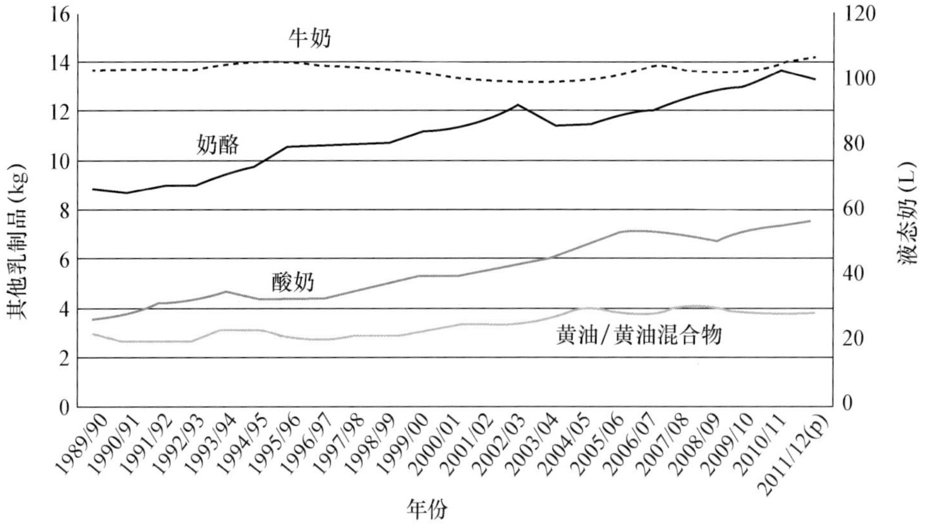

图 9　澳大利亚 25 年来的人均乳制品消费趋势

资料来源:乳品制造商和澳大利亚乳业局。

1.4　乳制品贸易发展

(1)出口市场。澳大利亚乳业属于出口与国内供应并重,是乳制品净出口国。过去 20 年来,澳洲牛奶产量的 40%~60%用于出口,近三年出口约占澳洲牛奶产量的 45%,处于历史低点(图 10)。2010 年澳大利亚在国际乳制品贸易中所占的份额是 8%(按等量的牛奶计算),仅次于新西兰(34%)、欧盟(34%)和美国(11%),位居第四位。而 2011 年,澳大利亚乳制品出口比上年增长 12.4%,达到 27.47 亿澳元。

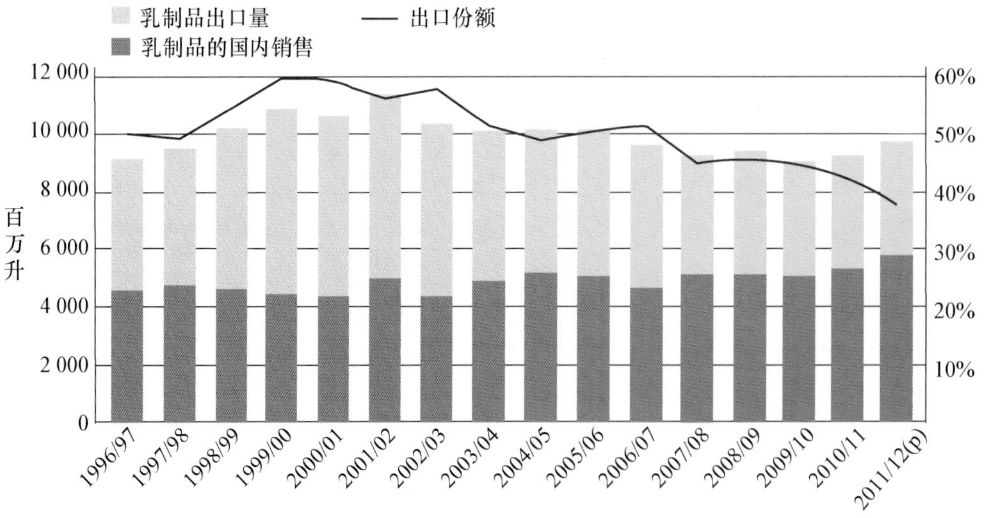

图 10　澳大利亚奶业出口和内销情况

资料来源:乳品制造商和澳大利亚乳业局。

近几十年来,澳大利亚奶制品出口市场有很大的变化。澳大利亚的两个最大的出口市场是亚洲和中东。20 世纪早期英国(以及所属殖民地)一直是澳大利亚奶制品的主要出口市场。1970 年英国加入了欧共体后,澳大利亚不得不寻找其他的海外市场。伴随着亚洲各国经济的发展,对奶制品的需求不断增长,而当地奶制品生产又不能满足市场需求;再加上澳大利亚与亚洲地理位置接近,又不像欧盟和美国使用奶品贸易保护措施及对奶品出口进行补助,亚洲成了澳大利亚主要的奶制品出口市场。2011 年,奶制品 70%以上出口到亚洲。2010/2011 年度期间,澳大利亚乳品产量的 43%用于出口,出口额为 27.47 亿美元,占世界奶业贸易的8%，其主要出口市场是日本10.35万t，中国10.3万t，新加坡8.39万t，印度尼西亚5.41万t，菲律宾4.03万t。2010/2011年度出口日本金额4.49亿澳元，占总出口额的16%，其次是新加坡和中国，出口金额分别为3.60亿澳元和2.22亿澳元，占比为13%和8%。

(2)主要出口产品。奶粉、黄油和奶酪是澳大利亚出口的主要奶制品。2010/2011年度澳大利亚出口奶粉28.13万t，奶酪16.32万t，液态奶7万t，黄油3.35万t，乳清粉3.78万t，其他乳制品5.53万t。澳大利亚的液态奶主要以UHT奶(超高温灭菌奶)的形式参与国际贸易，产品主要出口到中国(包括香港)、新加坡和菲律宾以及太平洋沿岸等亚洲国家。澳大利亚的奶粉主要出口亚洲、中东和美国，出口到亚洲的奶粉量占其奶粉出口总量的80%(2010/2011年度)。澳大利亚黄油也主要出口至亚洲，占到总出口的45%，居于前三名的国家是新加坡、中国和韩国。其次是中东地区和欧洲，分别占到21%和25%。澳大利亚奶酪最重要的出口国是日本，居于其后的是中国和韩国，三国的出口量占到总出口量的比例高达63%。

(3)乳制品进出口变化。澳大利亚近50年来乳制品的出口量大体上处于增长趋势，期间偶尔有波动。根据世界粮农组织数据库(FAOSTAT)的数据(见附表4)可得图11，从1988年奶油出口以来，奶油的出口量增长比较稳定，基本都稳定在3万t左右。黄油的出口波动很大，从2000开始，黄油的出口直线减少，到2011年减少至3.35万t。鲜乳的出口量近50年来稳步增长，从1961年的4 500 t增加到2011年的7.01万t。脱脂奶粉和全脂奶粉出口量的增长趋势比较相似，出口量都是从1961年增长到2002年，2002年以后逐渐减少。

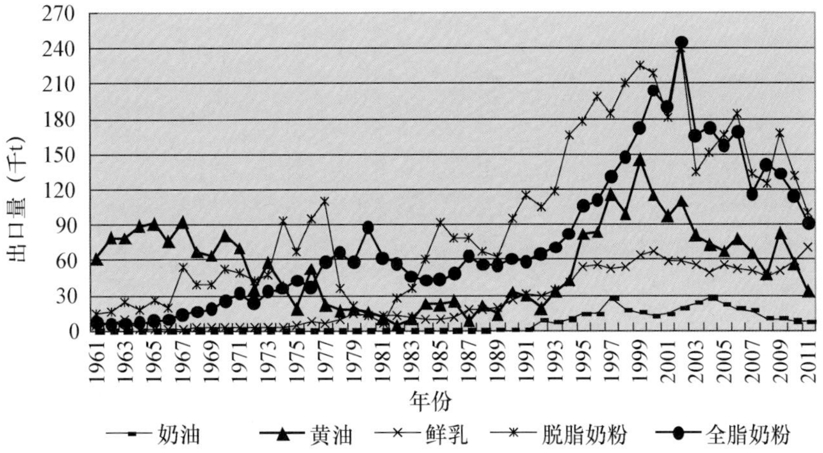

图11 澳大利亚近50年来主要乳制品出口情况

此外，澳大利亚虽然属于奶业出口国，但是也有一定规模的乳制品进口，下图为澳大利亚近50年来的主要乳制品进口情况。各种乳制品进口量的波动都很大，但是总体上都在增加(见图12)。

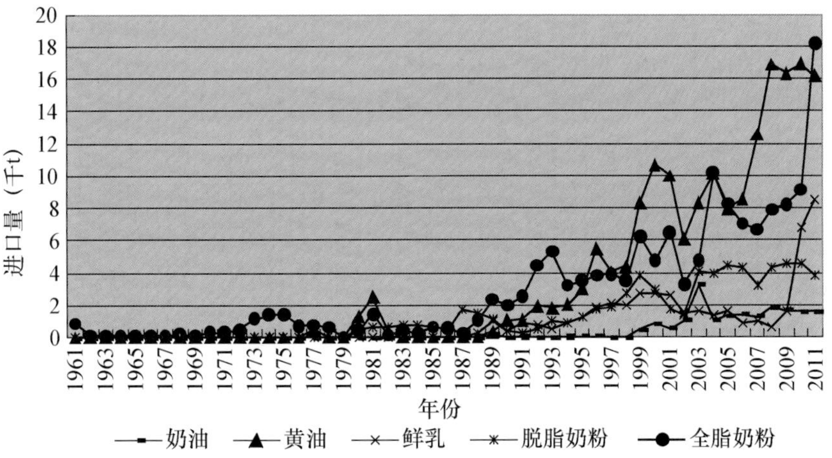

图12 澳大利亚近50年来主要乳制品进口情况

近几年，澳大利亚的乳制品进口主要来自于新西兰，如2010/2011年度从新西兰进口的奶酪量占总进口量的68%，黄油达92%，全脂奶粉达69%，脱脂奶粉达92%，而液态奶则100%从新西兰进口(表4)。50年来的主要乳制品贸易额见附表3。

表4　澳大利亚2009/2010和2010/2011年度乳制品进口情况

乳制品(t)	2009/2010年			2010/2011年		
	新西兰	其他	总计	新西兰	其他	总计
脱脂奶粉	3 781	119	3 900	3 527	293	3 820
酪乳粉	98	1 705	1 803	372	951	1 323
全脂奶粉*	11 648	5 774	17 422	11 438	6 755	18 191
乳清粉浓缩物	2 584	10 217	12 801	3 101	10 842	13 943
炼乳	168	1 318	1 486	31	1 531	1 562
液态奶	7 351	255	7 606	8 485	0	8 485
奶油	1 481	3	1 484	1 553	41	1 594
酸奶	359	67	426	565	54	619
黄油**	16 836	1 275	18 111	14 892	1 317	16 209
乳脂肪	1 065	480	1 545	1 090	495	1 585
奶酪	55 596	15 929	71 525	49 674	23 199	72 873
酪蛋白	501	128	629	749	106	855
酪蛋白酸	209	11	220	252	7	259
乳糖	3 098	7 686	10 784	1 475	13 810	15 285
冰激凌(千L)	3 305	14 582	17 887	3 730	16 360	20 090

注：数据来源于澳大利亚乳业局，*包括婴儿奶粉，**包括黄油混合物，1 kg黄油混合物=0.7 kg黄油。

2　奶业科技进展

2.1　奶牛育种与繁殖技术进展

2.1.1　奶业育种与繁殖相关机构

澳大利亚奶牛育种体系并不是由某个政府机构独立管理的，而是由几方面彼此密切相关的机构合作组成。该行业最基本的机构有：澳大利亚乳业局、澳大利亚荷斯坦协会、澳大利亚奶牛牛群改良机构、地区性奶牛生产记录中心、冻精进口商以及冻精销售中心。

澳大利亚乳业局是行政性机构，负责澳大利亚乳业的行业指导，奶业规范和行业政策的制定。

澳大利亚荷斯坦协会，负责维持种牛登记工作的真实性和完整性。荷斯坦奶牛分两类，纯种牛和商品牛。纯种荷斯坦奶牛必须在澳大利亚荷斯坦协会进行种牛登记。另外还有一个附属认证系统，如果在商品牛的系谱中记录的5代父亲都是被认知和记录的纯种公牛，那么这头牛可升级为纯种牛。还有些商品牛群的父系已经被认证为纯种牛，但是奶农并没有选择加入协会。奶农没有义务必须成为荷斯坦协会的会员。除了进行种牛登记这一项重要工作外，澳大利亚荷斯坦协会还有一个重要的角色，就是评估和收集奶牛个体体型特征，以用于后裔测定工作。协会的专业分级员均受过专门培训，他们独立地对奶牛体型特征进行评估，尤其是后测公牛的女儿们。

澳洲的冻精生产中心或是私营的，或是牧民合作社。他们可以提供多样的服务，有的专门生产后裔测定公牛的冻精，与任何海外公司没有关联；有的既销售海外公司的冻精又生产澳洲后测公牛的冻精；有的就专门销售进口冻精。一般说来，进口商会拥有一个国家生产的或一个国家某个机构生产的冻精的独家销售代理权。

冻精生产中心生产的冻精通过各地区分销网络销售给奶农。这些分销商有的独立经营，与冻精生产中心没有关系，有的是冻精生产中心的一个分支。冻精卖给奶农，分销商取得回扣。奶农从分销商那里可以买到任何一家冻精生产中心的冻精，因为分销商不会局限于仅销售一家冻精生产中心的冻精。

各地的奶牛生产记录中心通过牛场的"现场记录"收集各种数据，如产奶量，配种细节和母牛生产性能等。

2.1.2 奶牛育种与繁殖技术

澳大利亚普遍采用的育种方式为人工繁育，包括人工授精、胚胎移植等。其最大的有利之处在于可以获得世界上最好的遗传物质。作为遗传育种最为基础的畜群性能纪录非常普遍，约有72%的农户对其饲养的牛群进行定期纪录。牧场管理采取DHI，大量而准确的数据为选种选配打好了基础。澳大利亚养牛人育种意识很强，手段也很先进。他们既对引进的良种培育，也培育自己的混血品种。对这些优良品种，既重视生产性开发，用良种奶牛生产优质乳制品，同时也把良种作为商品出口到世界各地。

澳洲的人工授精系统在过去40多年中发生了很大的转变。过去是由州(或省)政府管理冻精生产中心，政府提供从冻精的采集和加工、人工授精服务到育种计划全方位的行业技术服务。为了保护本国不受国外疫情的影响，澳洲设立了严厉的检疫条款，其他国家的冻精极少能进口到澳洲。随着时间的推移，政府停止了州办冻精生产中心的运作，中心转由个人或奶农合作社经营。现在每个冻精生产中心都可以在全澳洲或国外销售冻精。

过去由于进口的限制，青年公牛的挑选只能在国内公牛中进行。澳洲曾从英国进口了一小部分冻精。Linmac Kriss King就是其中一头选用的公牛，该头公牛的冻精对澳洲牛群产生了很大的影响。它的最大贡献就是生产了一批高品质的母牛。另外，从新西兰也曾进口了一些公牛和冻精。

20世纪70年代，澳大利亚政府允许从美国和加拿大进口青年公牛，随后冻精和胚胎也被允许进口。来自北美的遗传物质对澳洲奶牛牛群产生了巨大的影响。在允许进口以前，澳大利亚奶牛产奶量不高，但乳蛋白和乳脂等干物质含量很高。澳大利亚的奶价支付系统和牛奶质量法规对干物质含量的要求相当高。只有乳脂、乳蛋白含量达到一定水平，牛奶才能卖上好价钱。

如今，冻精可以自由地从很多国家进口，当然他们必须符合检疫条款的要求。澳大利亚是一个岛国，这使得它可以远离国外的疫病，澳洲的检疫条款非常严格，目的是保护本国的生物安全。澳大利亚拥有自己的青年公牛测定体系，由国内的各冻精生产中心实施，培育遗传性能优秀的后测公牛。在引进的冻精进口国中，美国、加拿大的遗传物质影响非常大。据澳洲奶牛牛群改良机构(ADHIS)估计，澳洲青年荷斯坦牛已接近100%的北美奶牛基因。

澳大利亚奶牛的育种越来越突出以利润为中心的育种目标。从2001的2月份开始采用最新的指数APR(澳大利亚利润评级指数)。APR将对利润产生影响的生产性状和非生产性状结合在一起。这些性状由ADHIS根据以往计算澳大利亚育种值(ABV)的数据库而选定，并通过一个具有代表性的澳大利亚奶牛群模型计算出各性状的重要性，进而确定每一性状对利润影响力的权重。

APR所包含的具体性状如下：生产性能：根据新修订的ASI指数(澳大利亚选育指数)，既能反映出饲料的成本，同时又可反映牛奶成分含量带来的收益；生存性能：包括影响奶牛在牛群中生存能力及农户喜好程度的类型性状；挤奶速度和脾性：影响到奶牛的管理，进而对利润产生影响。

有时冻精生产中心会与其他国家的同行机构在开展后裔测定时进行对等互换。青年公牛的冻精会送到国外，最终这些公牛的后裔测定数据在国外女儿们的生产性能数据基础上产生，这同时也为国家之间的合作提供了很好的链接。

2.1.3 青年公牛选择

每个冻精生产中心大都采用和他们的竞争对手相近的方法来挑选青年公牛，只在选牛标准上有一些细小的区别，比如对母牛的分级。

青年公牛的父亲都是从世界范围的公牛中选择的，前提是这些父亲的冻精在澳大利亚是可以买到。初选是依据澳大利亚利润评级指数(APR)、体型和反映泌乳性能的澳大利亚育种值(ABV)。对于国外公牛，根据国际公牛组织的数据转换成的 ABV 就会被用到评估中。根据系谱 APR 计算的遗传优点越高，一头青年公牛在后测结果出来后得到的 APR 靠前的几率就越大。依据 APR 数据而圈定的父亲一旦确定，人们就会对他们的每一项性能指标再作进一步的细选。比如一头父亲的 APR 和另外一头相差不多，但体细胞数太高，则会被淘汰。体细胞数对澳洲奶农的经济收入有很重要的影响。只要可能，就要尽力找寻不沾亲的父系，以减少在 APR 顶级公牛排名中的近亲繁殖。

参与后裔测定的后备公牛的母亲在生产性能和体型方面也有严格的要求。通常会从牛群里一贯高产、且产奶指数高的优秀母牛家族中挑选出来。这些母牛自身也必须在澳大利亚荷斯坦协会的体型测评中获得高分。还有非常重要的一点，母牛的非产奶性状如性情和泌乳速度也要考虑其中。一旦候选公牛确定后，还要再次筛选，以便给奶农们提供一个相对平衡的青年公牛组合。

每个冻精生产中心负责管理自己的后裔测定体系。内容包括：选育青年公牛进入后裔测定队伍，采集精液，通过国内的冻精分销网络将精液卖给奶农。因此，整个测定过程不用政府或行业部门监管。参加后裔测定的青年公牛的冻精比验证公牛的冻精便宜，平均价格大概是每支 8 澳元，而国内需求大的验证公牛的冻精价格大约每支 35 澳元，进口冻精则更贵。在后测的过程中，使用验证公牛冻精可以加强牛群之间的联系，使得青年公牛的数据更可信。使用参测青年公牛冻精的奶农必须是某个奶牛生产记录中心的成员，并能够向国家数据处理中心——澳洲奶牛牛群改良机构(ADHIS)提交生产数据。

通常，公牛在 12 月龄时采精，之后冻精用于给母牛配种，然后母牛正常怀孕，2 年后女儿产犊。再等 12 个月后女儿完成第一个泌乳周期，这时才可以得到第一批后测的数据，这时待测公牛已经接近 6 岁。

在一些冻精生产中心，基因组选择被作为最终的挑选方法。这使得挑选可以在该青年公牛的数千个基因标记的基础上进行，它还可以对公牛的 APR 和体型 ABV 做出比较准确的评估。为确保这项技术的可靠性，还需要做更多的研究，才能使青年公牛无需经过后测，就可把冻精投放到市场，并借此避开使用非常昂贵的后裔测定程序，从而降低冻精的生产成本。

2.2 奶牛饲料与营养技术进展

2.2.1 草场种植

澳大利亚有人工草场 2 580 万 hm^2，经过长年探索，现在人工草场一般以 70%的黑麦草籽和 30%的红、白三叶草籽混播。三叶草喜温暖气候，夏季生长量大，起固氮作用，而黑麦草则在冷凉、潮湿的冬、春、秋季都能生长。这种科学的结合能使草场全年产草量比较均衡。牧草一年四季常青，奶牛始终生活在草地上。草地就是奶牛的家，极少有牛舍、房屋避暑挡寒。由于澳大利亚农牧场完全实行私有化，农场主既种草又放牧，时刻注意奶牛的饲养量与草产量的平衡，避免过度放牧造成草场退化。农场主根据不同季节、不同品种，定期测算出不同区域、不同地块牧草的产量，再根据食草量，计算出草场宜放牧头数和放牧时间，进行科学轮流放牧，保证了农牧业的可持续发展。在奶业生产上，澳大利亚十分重视草场建设，以牧草营养组合来实现牛群的营养需求，同时兼顾到牧草生长的季节性；同时考虑到枯草季节的补饲，一般牧场拥有专门生产青贮草和干草的田块和设施。

2.2.2 饲料供给

由于澳大利亚的奶牛饲养基本是放牧，所以其饲料的组织供给有以下 3 个特点：

(1)精饲料由饲料加工商生产：因为不同的农场，不同的季节牧草的质量和数量有差别，所以很难生产统一配方的精料补充料。通常是由奶农自己提供精料补充料的配方，由饲料加工商组织原料为其生产，并直接配送到相应的农场，原料和饲料产品价格主要由市场调节，一般说来，单位精饲料的价格比单位鲜奶价格略高。

(2)牧草淡季的粗饲料：多数情况下，有专门生产粗饲料的农场，刈割牧草，制作成重约 500 kg 的草捆(图 13)，出售给奶牛场。单位草捆的价格因全年水草丰歉而不同，一般的价格为 40～60 澳元/捆。如当年水草好，粗料生产者的效益就会很好。虽然隔年的草也可以出售，但其价格会很低。另一方面，有的奶牛场自己也做青贮料，青贮有玉米青贮、高粱和黑麦草青贮等。

(3)轮牧：奶牛场无论大小都实行轮牧制，保证牧草供给。

澳大利亚奶牛养殖中精料、干草、青贮饲喂数量不多，但近年来用量呈增加趋势，用量多少受牛奶价格和粮食成本的影响。2001—2002 年奶农饲喂精料或谷物的比例比 1991—1992 年提高了 7%，在此期间单个农场购买精料数量也从 53 t 提高到了 83 t。2001—2002 年饲喂的农副产品量是 1991—1992 年间的 3 倍。与 1991—1992 年相比，2001—2002 年间澳大利亚集约化放牧农场数量超过 87%。2001—2002 年，只有 15%的农场有指定的饲料草场区，且在指定的草场区内不到 25%的农场有遮阴棚。每个农场的总干草储存量和总青贮储存量分别从 1999—2000 年的 114 t 和 30 t 增加到了 2001—2002 年的 152 t 和 172 t，农场中干草和青贮储存量的增加反映了从 1991—1992 年到 2001—2002 年之间陆地占用面积的增加。根据 2011 年全澳奶牛养殖调查数据表明，2010—2011 年度 95%的奶牛养殖场每头牛平均的精饲料饲喂量从上一年的平均 1.6 t 上升到 1.7 t。全国大多数奶牛养殖区域的投饲率(Feeding rates)稳步增长。

图 13 人工草捆

2.3 奶牛疫病控制技术进展概况及奶牛疾病防治措施

2.3.1 奶牛疫病控制技术进展

澳大利亚在发展畜牧业的同时，非常注重对动物及其产品输入的安全问题，生物安全的重点工作是致力于对外来动物的检疫工作。政府重要职责之一是检疫工作，而且有严格的控制和检疫措施。对引进的动物，检疫官必须到原生产地及其周围检查当地的动物疫病情况，引进后还要隔离 6 个月再次检疫无疫病后方可。政府绝对不允许进口他们认为高疫病风险的动物或从疫病高风险地区进口动物及动物产品。

澳大利亚存在有牛鞭虫病、巴贝斯焦虫病、囊尾蚴虫病、地方性流行性白血病、传染性鼻气管炎、恶性卡他热、牛毛滴虫病；无疯牛病、牛布鲁氏杆菌病。澳大利亚于 1970 年开始对牛布鲁氏杆菌病实施根除，1989 年 7 月宣布消灭了此病。此后连续进行大量监测未发现一病例，从 1998 年至 2002 年共检查发生流产 4 542 头牛血清及 92 554 份其他牛血清均为阴性。1997 年澳大利亚宣布该国无结核病。

在放牧条件下，奶牛最易发生的疾病是中毒、皮肤病及产后综合症。兽医通常是分片服务制，单个奶牛场没有专设的兽医和兽医诊疗室。重大疫病按政府相关的防疫规程预防，一般疾病，农场主直接与兽医联系，并将病牛的发病原因和主要症状告诉兽医，为兽医的出诊提供第一手资料。由于澳大利亚城乡交通网络十分发达，兽医将会在最快的时间内到现场处治病畜。兽医也指导农场日常的疫病预防以及妊娠检查等其他工作。

2.3.2　奶牛疾病防治措施

(1)全国牛身份标记计划和动物疾病报告系统。身份标记计划是一项确定牛终身身份标记的系统，通过一块微电子芯片以耳标或瘤胃处作一标记的形式，作为一头牛的身份证。有关该牛的身份、迁移情况、疾病状况等均通过记录在澳大利亚牲畜协会管理的一个数据库内。该计划于1991年大规划展开，现在已有23 500生产点有电子身份证的设备，超过八万头牛实施该项计划。维多利亚州制定法规要求2002年出生的牛必须实行电子身份证，并于2005年初对所有牛只实施完毕，其他州也有专门基金用于建设该系统并要求强制执行该计划。该计划优点是饲养点设有一专门设备识别电子身份证并同时将数据及时传输至数据库中心，一旦牛发生迁移，迁移至哪里及与哪些牛在一起便一目了然。在追溯调查时，该系统特别有用。利用该系统，如果知道这些牛来自于某些疾病多发区便在屠宰检疫时对多发病给予特别的重视，如果发现传染病动物，则根据数据库资料，立即准确跟踪其他与其接触过的动物及患病动物的来源。

动物疾病报告系统能准确及时、全面的提供澳大利亚动物疫情包括动物健康状况、特定疾病的监测情况、某些疾病的控治措施等。该系统通过政府机构、非政府组织收集广泛的信息，如对某些疾病的综合评述和控制措施、全国动物饲养数、屠宰数、农兽残留的数据、外来疾病的调查情况、动物健康法规、外来疾病突发时的应急处理方案、重要动物健康状况的控制等。联邦、各级动物卫生部门诊断实验室，疾病监控计划组，疾病根除和鉴定工作组，各大学和研究机构均需向该系统提供动物信息。

(2)全国疯牛病(BSE)监测计划。澳大利亚牛羊无BSE和痒病，根据世界兽医组织(OIE)对无BSE和痒病国家的要求，澳大利亚在全国建立相应的监测体系，通过该计划以确证该国持续无BSE和痒病。该计划于1998年起实施，通过检查有疑似BSE或痒病的临床症状的牛或羊而判断是否为该病；2002年，共检查疑似458头牛，全部为阴性。澳大利亚还制定了防止BSE入侵的其他措施：一是严格控制活畜，遗传物质和动物饲料的进口；二是严禁用肉粉及肉骨粉饲喂反刍动物；2002年州级政府官员加强了饲料生产企业的核查，防止企业用肉粉及肉骨粉作饲料原料，澳大利亚政府实验室已研制并应用PCR方法检测饲料中是否含有反刍动物的DNA，现正在研究更便宜和高效的检测DNA方法。

(3)结核病根除监测计划。1997年底澳大利亚宣布无结核病，本监测计划于1998年开始实施，第一阶段于2002年12月结束，第二阶段于2003年开始2007年结束，目的是在澳大利亚根除了牛结核后，确保澳大利亚无牛结核的新发病例。该项目负责协调牛结核的检测并处理可能发生的结核病例。具体是将全国各地屠宰场收集的来源于牛、水牛、鹿的肉芽组织增生物进行实验室分离培养。2002年共检5 451份样，检出两例结核，一例为水牛，来源于北部地区，所有与该牛密切接触过的牛均单独隔开检测牛结核，另一例来自于昆士兰州南部的小公牛。2003—2007年继续对这两个场进行牛结核检疫，没有新发结核病。

(4)副结核控制计划。澳大利亚绝大多数地方牲畜无副结核，主要发生在奶牛及绵羊，通过对动物实施市场保证计划，确保了屠宰上市动物无副结核。在澳大利亚对副结核高风险区域的绵羊使用副结核疫苗免疫能降低动物死亡率，延迟绵羊向外排菌的时间，且免疫过的羊进入流动领域的机会更多。通过全国范围对副结核控制达到降低副结核对农场和农产品的污染，保护无副结核地区的干净状态，降低了牛副结核对贸易的影响。

(5)牛流行性白血病认证计划。该病在澳大利亚存在，对生产影响很小，对贸易影响较大，在肉牛中该病并不常见，但在奶牛中呈中度流行。昆士兰州于1983年为根除该病实施自愿认证计划，其他州也有类似的计划，2002年查检11 279群奶牛，11 116群(98.6%)为阴性，根据OIE对牛流行性白血病的要求，澳大利亚制定控制牛流行性白血病的标准，每年从监测牛群的贮存奶罐中抽取奶样检测牛流行性白血病。

2.4 奶牛场粪污处理与环境保护技术进展

2.4.1 奶牛场粪污处理技术

过去的50年间，澳大利亚不断的致力于奶牛场粪污处理工作，不断的更新技术。主要采用的粪污处理技术有：

(1)农牧结合，粪污还田。20世纪70年代大力推广粪便污水还田，由水冲式清洗粪尿到传统的稻草或作物秸秆铺垫吸收粪尿，然后制肥还田。奶牛养殖与种植有机结合，既解决了饲草料供应问题，又解决了粪尿及污水的污染问题，还为种植提供了最环保经济的有机肥。同时养殖场都采用先进的粪便和污水处理和循环系统，将养殖污染降到最低点。

(2)自然处理模式。主要采用氧化塘、土地处理系统或人工湿地等自然处理系统对养殖场粪便污水进行处理。在距城市较远、气温较高且土地宽广有滩涂、荒地、林地或低洼地可作污水自然处理系统、经济欠发达的地区，养殖场规模中等的地区实行此种模式。澳大利亚和东南亚一些国家较多的运用此种模式，此模式一般未经厌氧处理而直接进入氧化塘处理畜禽粪便污水，往往采用多级厌氧塘、兼性塘、好氧塘与水生植物塘，污水停留时间长(长达600 d)，占地面积大，多数情况下氧化塘只作为人工湿地的预处理单元。

(3)控制碳排放的措施。自2012年7月1日起澳大利亚奶农将会被征收碳排放税，奶农为了减少任何增加的电力成本，许多牧场已着手提高能源的效率或转化成新能源。澳大利亚政府已提供100万澳元给澳大利亚乳品局用于全国范围内900个牧场改进能源效率。澳大利亚的奶农很快可获得联邦政府的“碳资金支持”，主要是牧场通过一种新的碳排放方法减少奶牛粪污对环境的影响。这种方法提供了一种新的方式，为奶农获得大量的碳资金支持，也为奶农将气体转化成电能或热能提供了机会。

2.4.2 环境保护

在环境保护方面，澳大利亚把草地建设和保护视为畜牧业生存和发展的优先课题，加强草场的改良和建设，合理载畜，防止荒漠化。对国有贫瘠的草场，政府以较低费用长期(一般为99年)租赁给农户，避免了经营者掠夺式利用草场。通过科学围栏放牧和粮草轮作、禾本科和豆科牧草混播、建立永久草地和一年生草场，提高了草地生产能力和畜牧业生产的经济效益。主要措施有：

(1)实行区域性专业生产。年均降雨量380 mm以下地区为畜牧区，主要养牛(羊)。主要利用天然草场实行低密度放养，约3.3 hm^2地养1只羊。年均降雨量380～500 mm地区为农牧区，小麦种植和养羊(牛)两业并行，家畜放牧的密度较高，大约0.33 hm^2地养1只羊(每公顷约养3只羊)。年均降雨量超过500 mm的地区，建设人工草场种植高产作物，以养殖奶牛、肉牛、肉羊和猪、禽为主，种植业则有小麦、甘蔗、水稻、棉花、水果、蔬菜等。该地区实行高密度放牧，每亩可养羊1只左右。这种因地制宜的放牧制度，既能以草定牧，合理利用草原，保持水土肥力，又能种草养畜，防止过牧退化，稳步提高生产能力。

(2)注意保护天然草场。澳大利亚天然草场面积很大，也存在水土流失和沙化问题。该国采取了一些有力措施保护天然草场：一是根据国家专设的研究机构应用遥感监测和实地调查取得的数据，对不同地区分别确定应控制的人口密度和牲畜头数，一旦发现有超载过牧或草场退化现象，立即采取补救措施；二是进行科学轮牧，天然草场也用围栏划分轮牧区，但面积较大，一个围栏往往上千公顷，有些农场采用轮牧和休牧相结合的方法，稳定草场的生产能力；三是施肥，澳大利亚的土壤普遍缺乏磷肥，该国用飞机撒施过磷酸钙和磷钾复合肥，在缺乏微量元素的地区，还要加施硼、硫、铜、锌等，以保证家畜营养的需要；四是对耐贫瘠、竞争性强的耐牧性豆科草进行补播，以提高产草量。

(3)因地制宜进行水利建设。澳大利亚不少地区利用自然地势，在较高处修蓄水池，同时向四周围栏内埋设塑料输水管，在部分围栏内设有自动控制饮水槽，供牲畜饮水用。

(4)建立有效的草场建设机制。澳大利亚对不同地区的草场实行不同的所有制形式和投资办法。凡是自然条件比较好的地方，草场均为农牧场主私人所有，投资建设草场由私人负责，草场自由转卖。干旱、半干旱地区的荒漠草场多为国家所有，农牧场主通过合同租用，或者由国家土地开发公司建成可利用的草场后，再卖给农场主。

3 原料奶质量控制与计价体系

3.1 提高原料奶质量的主要技术措施

随着生活水平的日益提高，乳制品质量备受关注。原料奶作为乳产业的源头，其质量至关重要。在奶业领域处于领先地位的澳大利亚对于提高原料奶质量的主要技术措施如下：

3.1.1 控制牛场及牛体卫生

牛场环境的好坏直接影响奶牛的生长与健康。控制牛体及牛场卫生给奶牛提供一个干净、舒适的牛舍和场地是保证优质原料奶的重要措施，也是控制病原体生长繁殖的主要措施。澳大利亚在保持牛场内外环境整洁，提高奶牛场空气质量，牛粪尿处理设施上要求严格。运粪的道路与运送牛奶、饲料的道路分开，并尽可能减少交叉点。

牛体卫生的控制主要通过刷拭牛体、驱虫修蹄、剪毛等方法实现。这些措施可使牛感到舒适并能及时治疗四肢外科病，减少污物的积累，防止牛毛和污物掉入挤奶桶或挤奶杯中，使奶牛保持良好的健康状态和卫生状况。

3.1.2 采用先进的挤奶设备

在澳大利亚，农场工人一清早起来挤奶的情景几乎绝迹了。现在大部分农场都采用“危害分析和关键点控制系统”和自动化的挤奶设备，安全卫生。一天两次的挤奶时间，牛只排着队进入转盘挤奶厅(图14)，工作人员会按照严格的挤奶规程将奶杯套在牛的乳头上，机器开动后会自动挤奶，挤出的牛奶顺着软管流进冷藏储奶罐中，挤奶结束后，挤奶杯组会自动脱落。牛奶的全封闭输送，最大程度减低牛奶被污染的几率。

图 14 转盘挤奶机

3.1.3 对挤奶设施进行严格的清洗、消毒和杀菌

应用挤奶机挤奶可有效提高原料奶的卫生指标和降低牛乳房炎的发生，但必须先要确保挤奶设施性能的正常运转和在严格的清洗消毒条件下进行，否则，很可能会造成原料奶新的污染。所以，必须按规定对挤奶系统进行检查，确保其正常工作。每次挤奶后，所有与牛奶接触的表面都必须彻底清洗、消毒、再清洗。

3.2 提高原料奶质量的主要政策措施

3.2.1 定期检验农场牧草灌溉和牛群饮用水

澳大利亚地广人稀，大片的荒地可以作为放牧之用，农场面积广阔。农场主根据牧场面积和牧草质量而确定放养奶牛的数量。一直以来澳大利亚人都很做到不违反自然规律，不过度载畜，做到草畜平衡。经过长年探索，现在的人工草场一般以70%的红、白三叶草籽与30%的黑麦草籽混播。三叶草喜欢温暖的气候，夏季生长量大，起固氮作用，而黑麦草则在冷凉、潮湿的冬、春、秋季都能生长。这种科学的植草法能使草场全年产草量比较均衡。基本上，一年四季农场的草都能够满足牛群的需求。如果因天气不佳或牧草一时短缺，则会格外补给牧草而不用饲料喂养。供牛群食用的牧草，一律禁止用除草剂和杀虫剂，以防有毒化学物质腐蚀土地和进入食物链，对人体健康构成潜在的危害。澳洲长期水源不足，常常闹干旱，于是政府资助农场采用先进的“无死角灌溉”系统，使用最小水量低角度喷射，确保全面覆盖，没有灌溉死角。政府有专门的委员会，对农场使用的水源进行检验，确保水质没问题才允许农场用这些水去灌溉草地和喂养牛群。在用水紧张的时期，政府会限制人的用水量，可是对牛群，还是一直提供充足和干净的水源。

3.2.2 奶牛福利

奶牛是农场非常重要的资产，澳大利亚很重视动物的福利，奶牛在澳大利亚享有良好的待遇。它们还拥有“带薪假期”，每隔13个月就能休息2个月，期间尽情吃喝而不用产奶。牛只因疲劳而产奶量下降，农场也会暂停挤奶，以确保牛的健康恢复，从而保证原料奶的质量。农场还会将部分牛奶、牛初乳留起，以用来哺喂小牛。60%以上的奶牛可以享受到放牧时的阳光、绿草地和青绿饲草。舍饲的奶牛卧床都有舒适的垫料。重视动物权利可使商业与自然达到较好的平衡，最终的受益者依然是人。

3.2.3 对牛奶饮用前的每一个环节进行详细的规范和指导

奶制品是澳洲继牛肉和小麦之外的第三大产业，所以政府非常重视奶制品的质量监管，除了实行一般的食物安全监管之外，还格外增加多种监督指导。由澳洲联邦和地方监督机构、农场主和澳大利亚奶制品组织合作推行的“全国奶制品安全规范准则”，对牛奶饮用前的每一个环节进行了详细的规范和指导。

在澳大利亚，牛只进入农场前，农场必须确保牛只健康、牧草和水源干净、喂养和灌溉系统安装完毕，并得到当地食物安全局颁发的运营资格证。给牛使用的抗菌药，都要经过药物局和食品安全局严格测试，安全性要达到“人可食用”的标准，并设有药物残留的最高限度，监管部门还会对牛奶定期抽样检查。注射药物后，一定限期内生产的牛奶必须废弃，不能出售及饮用。假如药物残留超过规定的限度，而又被出售，企业则触犯了法律，会被严惩。特别是生长激素、转基因、荷尔蒙等改变牛的自然生长规律的药物，是一律禁止使用的。

3.2.4 保证原料奶降价不降质

尽管奶业是澳洲古老的产业，可是只有不断开发新技术，才能更好提高牛奶质量。每一年政府都会拨款给相关研究机构，联同农场和奶制品公司共同研发新的技术，例如通过杂交和进口不同品种的牛，以提高牛的品种多样性；改进牛的挤奶和质量监控技术；建立牛奶运输网络，降低牛奶运输的路程；采用更环保的

包装材质，增加对牛奶成分的检测等等。

另外，政府和行业也会举办大大小小的比赛，评选出牛奶品质最好的农场，并颁发奖牌和奖金。对小农场，政府会提供足够的资助，使他们可以产出品质高的有机牛奶，避免恶性竞争。

近年来，澳洲的超市不断打牛奶价格战，鲜奶最便宜时，1 澳币 1 L(1 澳币约为 6.2 元人民币)，奶粉甚至可以 5 澳币 1 kg。但消费者不担心牛奶价格下降的同时，品质也会下降。大多数消费者都觉得，牛奶降价是好事，人人都可以喝上牛奶；他们不担心牛奶质量下降，因为澳洲的食物监管不会放松，企业也不敢得罪消费者。澳洲的农场运营非常透明，人们可以去农场度假、观光，能够亲眼看到农场的运作、牛奶的加工和制作。“对消费者坦诚，更能赢得消费者的欢心。”一位农场主说，“人们愿意为有信誉、有品质的牛奶多付钱。”澳洲消费者对信誉的重视，无形中有效监管了牛奶行业。

3.3　监控原料奶质量的主要方法及惩罚措施

澳大利亚乳品加工企业奖励提供优等奶的奶农，处罚那些牛奶不合格的奶农。对于原料奶的质量监控，主要是通过对牛奶中以下主要指标的检测来实现的。

3.3.1　细菌数

检测牛奶中存活的细菌数量。加工厂把细菌数少于 80 000 的奶定为优等奶；超过 80 000 但少于 200 000 的定为合格奶；而超过 200 000 的定为不合格奶。细菌数高的主要原因有挤奶设备不干净，清洁方式不规范，乳头清洗方式不正确和奶牛患乳房炎。

3.3.2　体细胞数量

检测每毫升牛奶中的体细胞(SCC)的数量。2003—2004 年，澳大利亚平均的体细胞数是每毫升 208 000 个。如果 SCC 较高，一个重要原因就是乳房炎。乳房炎在老龄牛中是比较普遍的，所以奶牛场有效减少牛奶中的体细胞数的最佳方式就是淘汰老龄牛，保持年轻牛群。大多数乳品加工厂对体细胞超过 300 000 个的奶农进行处罚；对于低于此标准的奶农给予奖励。

3.3.3　沉淀物的检测

就是查验奶农的奶桶是否有污垢和沉积物。牛奶奶桶不干净的奶农要受罚。

3.3.4　抗生素检测

检测牛奶中抗生素的含量，抗生素的最高限量是 0.003 μg/mL。优等奶的抗生素含量为零。

3.3.5　温度检测

记录奶农的奶罐的温度。温度须低于 16 ℃，若超出此限，奶农受罚。通过这种方法可以防止奶农把牛奶煮沸再卖。

3.3.6　奶样检测的实验室标准

乳品加工企业利用自己的实验室检测奶农的牛奶样品。这些实验室必须是经过政府认证的，而且必须给奶农提供准确无误的牛奶成分分析报告。奶农可以把乳品加工厂的分析报告和独立实验室的分析报告进行比较。

乳制品加工厂通常根据奶农的牛奶供应量先按基础价每月支付奶资。此外，为了鼓励奶农提高牛奶的质和量，在每一财政年度末根据优等牛奶的乳脂和蛋白质总千克数给予一笔奖金。

3.4 原料奶计价体系

原料奶计价体系就是由独立的第三方化验机构或乳品加工企业对原料奶的各项质量指标进行检验分析，根据原料奶的总体质量确定收购价格。

3.4.1 计价参数

(1)乳成分指标。主要包括乳脂肪、乳蛋白、乳糖和非脂乳固体的含量。

(2)卫生指标。主要包括细菌总数、芽孢杆菌、结核菌和布鲁氏菌等微生物指标和杂质度等非微生物指标。

(3)奶牛健康指数。主要包括体细胞数和药物残留量。药物残留主要指抗生素、兽药和抑制剂等残留。

(4)感官指标。主要包括色、味和状态。最重要的是异味，主要指酸味、氧化味、油脂变质味、化学试剂味、饲料喂等。

(5)稳定性指标。主要包括酒精稳定性和热稳定性两方面。

(6)季节。在气温较低的季节和气温较高的季节采用不同的计价标准。

3.4.2 计价

澳大利亚的原料奶计价的核心是优质优价。乳品加工厂付给奶农的奶价是由两部分组成的：市场基础价和对优质奶的奖励部分。基础价是根据每公斤牛奶的乳脂和蛋白质含量而确定。奖励则是通过一系列的质量检测给牛奶的质量评级。不同等级的牛奶奖励或惩罚不同。另外，乳品加工厂对于那些能够在淡季照样像旺季(冬季)一样都能生产优质牛奶的奶农给予季节性的奖励。

牛奶等级划分为优等、合格和不合格。计价方法如下：

优等奶：每毫升体细胞总数 300 000 以下，奶价由牛奶基础价和奖金部分组成的。

合格奶：每毫升牛奶里体细胞总量 300 000 以上，价格比优等奶低 3%。

不合格奶：每毫升体细胞总量 600 000 以上，价格只是合格奶的 1/2。

可见不合格奶与合格奶和优等奶相比价格上存在很大的差距，仅为合格奶的 50%。因此，通过这样的计价体系可以影响奶农的行为，激励奶农积极生产优质的牛奶，从而提高奶农的收益。同时，由于原料奶质量的提高，乳品加工企业可以生产出高质量的最终产品并从中获益。

4 科技推广体系

澳大利亚有健全的科研和推广体系。其农业科研可分为 3 个类型：一是全国性的联邦科学与产业研究组织，主要承担基础性、理论性较强的研究；二是初级产业部和各州农业部所属的科研所和实验站，主要是研究和解决生产中的实际问题；三是高等院校，主要是科研和教学相结合，其侧重于基础研究。三类科研机构层次分明，都与生产实际紧密联系，其科研转化率几乎达 100%。

4.1 主要研究与推广机构

4.1.1 DA—澳大利亚乳业局

目前，澳大利亚乳业最重要的服务组织为“澳大利亚乳业局”(The Dairy Australia)。该组织成立于 2003 年，前身是澳大利亚牛奶公司和奶业研究发展公司，是奶农持有产权的新型组织机构。其核心职能是促进澳大利亚乳品行业的研发和全面推广，负责乳品业研究、开发国内市场、促进国际贸易和开展信息服务等工作。公司的资金主要来源于奶农缴付的奶业调整税和政府资助。DA 作为奶业产业一体化的桥梁，它的任务就是为纳税人提供持续的利润，做单个农户或公司做不好的事情。DA 为 A 组成员和 B 组成员。A 组成员主要由奶农构成，奶农作为公司的会员有直接的话语权；B 组成员属于行业组织，包括澳大利亚奶农联合会（ADF）和澳大利亚奶制品加工商联合会（ADPF），这两类组织承担管理者职责，不具有投票权，在奶业战略制定和执行方面提供建议。DA 每年制定战略和执行计划都必须咨询这两个组织，确保 DA 关注行业需求，为全国奶农和奶业寻求利益最大化。DA 的董事会有一个奶业专家组，由 ADF 任命和由农户直接选举产生。这些专家在 ADF 奶业政策制定上提出建设性的意见。

4.1.2 ADF—澳大利亚奶农联合会

ADF（Australian Dairy Farmers Federation）是澳大利亚奶农的最高代表，在澳大利亚奶业发展中起着核心作用，真正保证了澳大利亚奶农的话语权。ADF 是农民自我组织，自我服务的合作社，由澳大利亚 6 个州的奶农基层组织组成，代表全国 14 000 户奶牛饲养者的利益。在 ADF 的管理下，各个州的农户团体组织都设有专门的奶农理事会负责当地奶业的发展。

ADF 下辖各个州的奶农理事会，主要作用是保障和代理奶农的话语权，向联邦和州政府反映奶农心声，确保他们的意见得到充分反映，在包括电价、动物健康和自然资源管理等一系列与奶业相关的政策制定上主张利益，提供奶业最新信息和各类商业服务，并进行技术推广。各州的奶农理事会与当地奶牛养殖户保持密切联系，并定期组织他们进行商讨，关注并致力于解决整个乳品行业面临的自上而下的重大问题以及涉及个别奶农的利益问题，以提高整个州的奶业生产力。ADF 主要有七类组织行为：行业自律和利益维护、集体谈判制度、技术审查与推广、奶农培训与教育、行业协调与合作、政策建议与咨询、奶业国际交流与合作。在这些组织行为中，集体谈判制度是一项颇有代表性的制度安排，在提高奶农地位和确保奶农收益方面起着重要作用。集体谈判小组不一定适合每个奶农，但它确实为奶农共同提高市场地位提供了机会。虽然它不是提高牛奶价格的万灵药，但至少是提高奶源市场利润的有效工具，提高了奶农谈判地位，有助于平衡产业链的利益关系。

4.1.3 州政府

各州政府的第一产业部负责奶牛等畜牧业方面的工作，具体职责是帮助农民研究和应用科学技术、为农场主后代提供职业技能教育、制定动物福利和环境保护等方面的政策。他们开展科研和推广工作所需要的经费有 3 个来源：一是联邦政府资助，二是从国家收取牲畜屠宰税建立的基金中提取，三是州政府资助。

4.1.4 教育、科研机构

澳大利亚的农业高等教育和农民专业培训由各个综合大学、职业专科学校、函授教育机构等完成。他们一方面接受政府的委托，从事某一方面农业技术研究和农场管理问题方面的探索；另一方面，也可针对实际情况直接面向农场主进行服务。除了教育机构外，国家还设有各类研究机构，承担技术开发研究、基础研究和技术咨询与推广。他们紧密联系实际，与生产者签订合同，开展合作和研究工作，其成果直接用于实际生产。

澳大利亚涉及奶业的行业性服务组织还有食品安全（三级食品安全组织）、澳大利亚奶制品加工商联合会 ADPF、澳大利亚奶牛种群改良服务机构 ADHIS、谷物饲料行业协会 LFGUG、动物健康协会 AHA、澳大利亚荷斯坦黑白花奶牛协会 HFAA 等等。这些形式多样的协会组织，从不同角度为澳大利亚奶业服务，对推动澳洲奶业的可持续发展起了重要的保障作用。

4.2 运作模式

在澳大利亚科技推广的实际运作中，各研究与推广机构都发挥着重要作用。它们分工明确且相互配合，以各自的模式为澳大利亚奶业的科技发展做贡献。

政府机构统管推广工作，主要由各州初级产业部门负责。各州划分为6～7个大区，大区又分为若干小区，小区设立乡村事业发展中心；负责该区域科技推广的机构为州的派出机构，实行垂直管理。研究部门把研究成果编成材料，由咨询站出售或免费发给农民。而农资公司、银行和食品加工企业等私人机构，他们为农民提供技术服务及经营方面的咨询，实行有偿服务。科研和教育机构则负责推广服务的生产试验和推广性的示范工作。推广人员把生产中存在的问题及时反映到科研和教育机构，然后把研究和试验的成果在生产中推广，再把效果反馈给科研和教育机构。农技推广人员必须是大专院校毕业生，具有独立工作和帮助农民解决实际问题的能力，并以职前培训和在职培训两种方式对推广人员进行培训。澳大利亚的农民也参与农技推广工作，他们必须受过专业教育，有能力参与推广工作。

澳大利亚政府为了鼓励农技科研与生产相结合，实行农业各产业部门联合资助研究和推广的计划，产业部门和政府按1∶1的原则出资（即只要生产者拿出1澳元，政府也拿出1澳元），用于本产业的科研与技术推广。每种农产品销售后都有一定比例提成。用于生产该产品的技术研究与推广。例如，每出售1头牛提取0.35澳元作为科研推广税，由各产业的法定机构在价格中扣除。此外，政府时常采取拨专款的方式强化某方面的研究与技术推广。经费的其他来源还有行业协会和公司的赞助，从受益于新技术的农民收入中提取，以及私人或其他技术推广机构实行有偿服务的收入。

5 促进奶业发展的主要政策

5.1 奶业生产政策

澳大利亚乳品行业是一个完全由市场驱动的行业。在过去的20多年里政府逐步取消了限制。而这个进程的最后一步是2000年7月政府对饮用奶价格管制的取消。因此，现在除了设立最基本的食品安全要求和食品标准规范（如标签和广告等）之外，政府对乳品行业没有任何形式的干预。

在澳大利亚，主要由农民拥有的合作社和股份公司进行奶制品的生产、加工。合作社控制的加工业加工牛奶产量的75%。澳大利亚奶业生产主要以牧草为主，但精饲料的添加量也在逐渐增加，为了提高牛奶质量，目前澳大利亚奶农在广泛地改善牧草质量，提高奶牛饲养管理等技术。

澳大利亚牛奶的产量虽然只占全球总产量的2%，但其乳制品出口量却在全球乳制品贸易中占据重要地位，位于新西兰和欧盟之后居全球第三。只有2 000多万人口的澳大利亚却在执行着堪称全球最高的乳制品清洁、安全和品质标准。在澳大利亚，所有批准成立的奶牛场必须拥有成文的食品安全计划（FSP），各州乳品食品安全管理部门（SDFAS）在奶牛场许可证下发前先批准食品安全计划，同时经过批准的审计员对牧场食品安全计划实施定期审计。之所以澳大利亚乳制品清洁、安全和品质方面拥有世界最高的标准，很大程度上归功于他们完善的《食品安全计划》，该计划对包括牧场在内的各类乳制品企业控制污染、挤奶场所、挤奶卫生条件、水源供应和质量、清洁和消毒、可追溯性、员工能力都有相当明确的规定。计划要求全部奶源动物从出生到死亡都要得到具体识别确认，奶农在注册兽医协助下积极监控动物的健康和福利，从外部购买的动物和饲料还必须伴有供应商声明。

从2001年起，澳大利亚每个州都有一个食品安全机构负责每个加工商和奶农的生产符合食品安全标准。在此之前，由国家鲜奶管理机构负责牛奶的质量标准。各州食品安全组织各出1名代表组成澳大利亚奶业标准管理委员会，负责全国奶制品的质量问题，同时也负责鲜奶残留成分研究。

5.2 奶业加工政策

澳大利亚各州政府制定了严格的加工和销售许可制度，即只有获得加工或销售许可的经营者才有权在某一地区或某一市场进行饮用奶加工和经营。在很多州奶业销售商直接与指定的加工商联合，在一个规定的区域内进行经营。

澳大利亚政府对乳品生产进行政策干预的具体做法是州和联邦政府按照牛奶的最终用途对乳品供给和乳品价格进行政策干预。在 2000 年 7 月 1 日以前，饮用奶的价格由联邦和州政府决定，而制造用奶的价格则由市场，尤其是国际市场对乳制品的需求进行决定。由于受政府价格政策的干预，多年来，饮用奶的价格比制造用奶的价格高出 2 倍，由此而形成"双价格制度"。尽管从 1986 年以来，联邦政府制造业管理部门针对制造用奶提供小规模的价格支持，同时允许可其价格随着出口收入而变动，但这种借助于各种计划对制造用奶实施的价格支持幅度很小，且逐渐的减弱，因而在缩小饮用奶和制造用奶的价格差异方面的作用不大。这种"双价格制度"不仅影响了饮料奶市场真正全国性的发展，而且使进口乳品在国内更加富有竞争力。2000 年 7 月 1 日以后，政府不再对饮用牛奶的价格进行干预。虽然有些奶牛场与商家就收购饮用奶的价格签订了商业合同，但是大多数奶牛场已经不区分饮用奶和制造用奶了，收奶商都是以一个介于制造用奶和饮用奶之间的混合价格进行收购。通常牛奶价格是由原奶中的乳脂和非乳固形物含量决定的。商家和奶农还根据牛奶质量、数量和季节等因素制订奖惩合约，以便对牛奶收购价进行调整。目前，澳大利亚的奶农是在完全没有政府干预的环境下从事经营活动，国际市场价格是决定奶农所能得到的价格的主要因素，其直接的结果是加快了奶牛场数量的下降。

澳大利亚饮用奶农场出场价以及零售价的制定意味着整个产业链中的其他价格也随之固定，因此饮用奶的加工、运送以及销售利润在一开始就固定了，只有当生产成本以及税收政策等发生变化时，整个产业链的利润才会随着农场出场价的改变而改变。

5.3　奶业贸易政策

由于澳大利亚各州之间饮用奶的价格各不相同，因此当某两个市场之间的价格差大于运费时，那么跨州之间的贸易就必然发生。而且这种贸易一旦发生，某些地区先前规定的价格一定会遭到冲击，特别是那些农场出场价过高的地区，最后的结果就是造成当地液态奶生产规模减少，因此各州出于对本地生产的保护，建立了地区间贸易的壁垒，通常的办法是征收地区间的关税。

首先是 Kerin 和 Crean 计划。为了使澳大利亚奶业更具有竞争力，在经过 3 年的讨论后，旨在减少补贴和提高竞争力的 Kerin 计划于 1986 年出台，后来经过修改成为 Crean 计划，对饮用奶生产的补贴也逐渐减少，使得澳大利亚饮用奶价格从超过世界同期价格的 44.2%降低到 1992 年的 22%，并逐步实现对制造用奶提供小规模的价格支持，使得整个行业逐渐趋于合理化。

其次是国内市场扶植计划(Domestic Market Support Scheme)。DMS 计划是由联邦政府制定，由澳大利亚奶业公司执行的对整个澳大利亚国内消费液态奶以及用于制造加工品的原料奶进行税收征集的计划，其收益大部分用来对加工奶产品进行补贴。

DMC 是由 Kerin 计划和 Crean 计划演变而来，这一计划将饮用奶原先超过世界价格 22%的比例降到 10%，许多州将以往对饮用奶生产的补贴逐渐转向制造用奶生产，进一步缩小了两者之间的价格差距。

结构重组计划(De-Regulation Restructure Package)。澳大利亚政府已经在 2000 年 7 月正式取消了所有的补贴政策，虽然这种措施必然引起国内奶业巨大震动，但并没有招致太多的反对意见，这是因为在此之前政府通过一些过渡措施，缓解了其间的矛盾，结构重组计划便是其中一个。结构重组计划许诺为全国各地的饮用奶生产者提供 8 年数额达 12.5 亿澳元的补偿，以逐渐适应饮用奶市场逐渐放开的政策，这就在很大程度上缓解了因政策变动而带来的社会问题。

鉴于通过 WTO 贸易改革的步伐，澳大利亚政府奉行自由贸易协定作为额外的附加条件，并且会迅速的建立打破澳大利亚贸易的壁垒的机制。提供贸易双方协定是自由贸易确保继续增加出口几率的一个重要手段。贸易改革将使澳大利亚奶业产业更好的在奶业的生产、加工、和销售方面利用它的全球竞争力，并且通过以更好更稳定的价格来增加奶业的销售市场。

5.4 奶业消费政策

在澳大利亚，各州政府历来负责保证向本地消费者全年提供新鲜的全脂饮用牛奶。有些州政府为达到此目的而对农场的奶源采用垄断或配额方式，控制从农场到消费者的价格与经销渠道。为了促进牛奶和乳制品消费，澳大利亚各企业及其相关组织实行了以下措施：

(1)增加乳品品种的多样化，以促进消费者需求。在澳大利亚，乳品消费的品种繁多，奶酪、黄油、液态奶、酸奶、奶粉以及冰激凌等构成乳品的 6 大系列，而在每个系列中，又根据加工方法的不同、脂肪含量的多少和是否添加其他成分而分成许多小的品种，如奶酪就有 105 个品种，液态奶有 10 种之多，酸奶也有二十几个品种。这种消费品种的多样性，不仅在提高乳品(如酸奶和奶酪)的整体消费量方面功不可没，而且带动了乳品加工业的进一步发展。

(2)根据人们对乳制品的反应来引导消费。长期以来，澳大利亚乳品行业仍坚持不懈地通过形式多样的活动来影响和引导居民对乳品的消费行为。例如，2003 年 3 月 3 日，Australia Dairy Corporation 发起了一场名为"3 Serves"的活动。该活动倡导每个居民每天消费 3 个单位的乳品，即"一杯牛奶、一杯酸奶和一小块奶酪"，并把 3 个单位的乳品所含营养成分以及对人体的益处借助于各种促销活动广为宣传。这些活动对澳大利亚居民的乳品消费行为产生着潜移默化的影响，从而促使其乳品消费的内部结构发生变化。

6 值得借鉴的主要经验

6.1 经营模式

澳大利亚的农场大多以家庭牧场为主，以专业化、集约化生产为其经营管理模式。澳大利亚的奶业主要实行以牧场主自愿组成的奶牛合作社和各专业协会相结合的行业管理、社会化服务模式，已经形成了内部有机联系的产业组织制度结构，涵盖了奶业的产前、产中和产后 3 大环节。各类组织涉及范围广泛，功能清晰，代表不同组织成员的利益，构成了上下协调的系统组织结构。在原料生产环节有各级奶农合作社、协会(ADF 等)以及澳大利亚奶业委员会(ADIC)；在加工和销售环节有澳奶制品生产商联合会(ADPF)和牛奶销售商联合会(MMFA)；在产后服务环节有澳大利亚奶业公司(DA)。此外，澳大利亚奶业组织类型十分丰富，涉及奶业研发、奶牛养殖谷物饲料种植、动物健康、环境保护、食品安全等。凡是与奶业产业链上相关的主体、客体以及与外界发生联系的因素均可以在澳大利亚找到相关的组织机构。

澳大利亚奶业内部的任何行业组织往往都有一个全国性的组织进行整体协调(图 15)。例如，ADIC 是澳大利亚奶业政策的最高协调者和提出者，致力于协调产业政策，在国内和国际上代表整个产业，包括奶农、奶产品加工企业和分销商。同时，面向奶农的组织涵盖了基层组织、州级组织(SDF)和全国性组织澳大利亚奶农联合会(ADF)三级。而各个合作社、专业化协会均有最高管理机构进行协调，组织之间联系紧密，保证产业链上的各个环节的共同发展。因此，澳大利亚奶业的具体组织制度虽然众多，类型丰富，但各自功能分工清晰，并由 ADIC 统一设定组织之间相互协作的框架，因此整体协作性很强。

从澳大利亚奶业发展的经验来看，独立且关联的奶牛协作组织已成为奶业产业化良好的组织载体，成为奶业产业链中连接龙头加工企业与奶牛养殖户的纽带，它把分散经营的奶农，通过交换相联合，形成规模经济，使农户获取规模效益，有效地提升了奶业产业化的整体水平。

澳大利亚奶农自愿组成和加入各种类型的合作社，一个农场主往往在不同的经营环节上同时参加几个不同的合作社，平均每个农场主参加 2.6 个合作社。在这种情况下，农场主便与合作社形成了一种横向的、扇面型的多层经营体制，其行为贯穿于整个产业链的始终。合作社代表奶农向政府反映意见，帮助政府制定奶业相关政策和行业规范，并负责这些政策的实施。同时，负责协调各个牧场与乳品加工企业的关系，

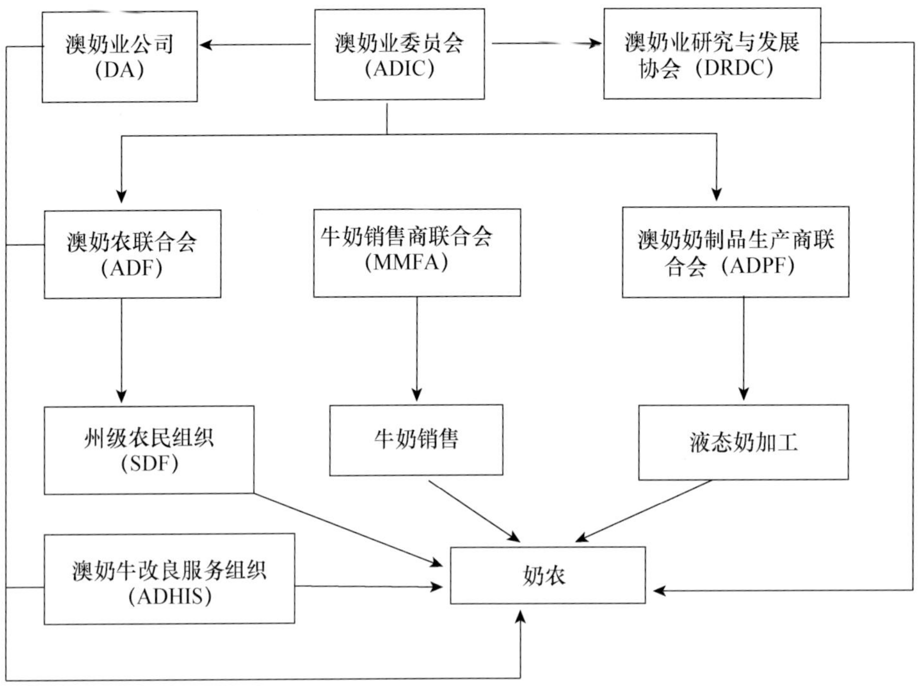

图 15　澳大利亚奶业组织结构框架

预测市场前景，指导奶农生产经营，参与奶业的研究开发。生产、加工、销售各个环节中的技术培训及服务均由各个专业化的协会和有关的社会化服务组织按照要求提供有偿服务。ADF 作为澳大利亚奶农利益的最高代表，通过其有效的制度安排，真正地保障了奶农在奶业产业链上的整体利益。其中的集体谈判制度在保障奶农话语权，提高奶农的谈判地位方面发挥了极其重要的作用。

6.2　科技创新

奶业的发展需要有科技的支撑，技术服务体系的建立与完善是不可缺少的。在澳大利亚，其良种繁育技术的推广大大提高了产奶量，改善饲养管理条件、加强疾病控制后，澳大利亚的奶牛大多处于一种健康的状态，其奶牛的发病率是相当低的。同时制定奶业生产标准并进行严格管理，奶业生产的安全控制和产品质量不仅关系到人的生命和健康，而且还是决定奶业发展前途的关键命脉，故发达国家历来视奶产品质量为整个生产过程的重心，并为此制定了严格的生产标准和法律规范。此外，牛奶加工处理等技术也为其乳制品质量提供了保障。

在澳大利亚奶业的发展过程中，学校和科研机构的作用是非常突出的。澳大利亚的农业高等教育和农民专业培训由各个综合大学，职业专科学校，函授教育机构完成。他们一方面接受政府的委托，从事某一方面农业技术研究和农场管理问题方面的探索；另一方面，也可针对实际情况直接面向农场主进行服务。

除了教育机构外，国际还设有各类研究机构，承担技术开发研究，基础研究和技术咨询与推广。他们紧密联系实际，与生产者签订合同，开展合作和研究工作，其成果直接用于实际生产。

6.3　产业政策

澳大利亚从政策上保证奶业发展的宽松环境。澳大利亚政府对奶业发展无论是以前的管制还是后来的解除管制，都是为了创造比较宽松的环境，给予奶业发展最大程度的支持。这些优惠政策包括政府投资、低息或无息贷款，对生产者进行价格补贴，实行最低保护价格，国家参与市场调控，如奶品过剩时，政府收购储备或免费提供中小学生营养餐，促进奶及奶制品加工业的发展以及乳制品的对外贸易等。

澳大利亚政府不干预牧场主的生产经营活动，其职责是搞好基地设施建设，负责交通、电力、通讯等建设和畜牧业方面的基础科研，提供市场信息。奶业科学知识方面的培训、技术推广、管理经验由各类协会组织实施，并在销售方面发挥重要作用。这些协会的服务都是在牧场主自愿的基础上提供有偿服务。这样，牧场主、加工企业和各类协会都能在这种关系中受益，相互之间的有机结合，推动了奶业产业化的健康发展。

6.4 其他

澳大利亚在品种改良和选育、生产模式与体系、饲养管理方法等方面能因地制宜，合理利用当地资源，努力降低生产成本，并能将科研与奶牛生产紧密结合。

奶业的发展需要建立完善的营销体系，澳大利亚以占世界产量的2%的份额获取了世界销售份额17%的佳绩，除说明其牛奶品质好以外，澳大利亚政府出台的畜牧业保护政策也起了不可低估的作用。澳大利亚畜牧业经济体质的自由化程度不断提高，作为世界贸易组织成员国之一，澳大利亚政府不可能大幅度增加对畜牧业的保护，但这并非意味着澳政府对畜牧业的保护主要是农产品补贴，其目前有两种形式对畜牧业进行补贴，即直接价格补贴和间接价格补贴。由于直接价格补贴易受到国际社会的指责，因此，澳政府对畜产品直接价格补贴率较低，一般为2%～6%，而间接价格补贴则较高，一般为4%～30%。后者可通过向消费者征税(如2000年7月1日实施的GST即消费税)建立产业基金来补贴出口商，这样大大增加了澳畜产品的国际竞争力。

此外，澳大利亚乳业局还致力于提高澳大利亚乳品行业的赢利能力和竞争力，为整个行业的利益进行以下的工作：在研究开发上进行投资，以提高牧场和加工企业的竞争力；在贸易政策如贸易自由化和贸易准入等方面进行工作，以改善出口环境，促进出口的增长；推广乳制品的健康和营养价值，提高澳大利亚国内的乳品消费；解决环境和社区问题；促进行业咨询和沟通等。

中国的奶业在经营模式、科技创新、产业政策等方面都值得向澳大利亚学习。

参考文献

[1]刘晓辉. 澳大利亚奶业. 中国牧业通讯，1999(11)：37

[2]曲东杰，马军. 澳大利亚乳品业巡礼——访澳大利亚乳品局局长格兰姆·唐金先生. 中国食品工业，1999(1)：54

[3]胡冰川，刘玉满，李静. 全球乳制品贸易格局. 中国畜牧杂志，2009，45(22)：52-57

[4]FAOSTAT. http://faostat.fao.org

[5]http://www.dairyaustralia.com.au

[6]DairyAustralia. Australian Dairy Industry in focus 2011. 2011，1-54

[7]DairyAustralia. Australian Dairy Industry in focus 2012. 2012，1-56

[8]DairyAustralia. Dairy Australia Strategic Plan. 2012，1-30

[9]DairyAustralia. Annual Report. 2010/11，1-92

[10]DairyAustralia. The Dairy Australian. 2011，1-14

[11]DairyAustralia. Australian Dairy Industry，Australian Dairy Industry council Inc. and Dairy Australia，2010，1-14

[12]M EGoddard. Advances in dairy cattle breeding research，2010，37-49

[13]Torsten Hemme，Alfred Weers，Karin Christoffers. A Global Review-The Supply of Milk and Dairy Products[M]. International Farm Comparison Network，2005，1-41

[14]澳大利亚乳业局. 澳大利亚乳业简介. 国外乳业，2006(1)：28-30

[15]杨静，李兴稼. 澳大利亚乳业现状及发展趋势. 世界农业，2003(12)，45-46

[16]杨静，李兴稼．澳大利亚乳业现状及发展趋势．世界农业，2003(12)：42－45

[17]张莉，张云涛，庞同现，崔贝生，黄莉芳．澳大利亚的奶业．河北畜牧兽医，2001(7)：39－40

[18]霍尚一，顾国达．澳大利亚的奶业贸易．中国奶牛(世界奶业)，2004(2)：53－55

[19]张宇凌．澳大利亚奶业概况．河北畜牧兽医(国外牧业)，2002(10)：41－42

[20]王伟忠，康涌涛，杨莉萍，许凤侠，徐平．澳大利亚奶业给我们的启示．当代畜牧(国外见闻)，2007(7)：52－53

[21]刘学洪．澳大利亚的奶牛生产模式．中国奶牛(世界奶业)，2004(4)：55－56

执笔　内蒙古自治区农牧业科学院：高　民　杜富林　杜瑞平　马燕芬　胡红莲；
内蒙古农业大学：杨　威

附　表

附表1　奶牛头数、单产水平和总产奶量(1961—2011)

年份	奶牛头数(头)	总产奶量(万 t)	平均单产(kg/每头)
1961	3 162 000	627.7	1 985.136
1962	3 230 000	676.5	2 094.427
1963	3 263 000	687.9	2 108.183
1964	3 078 000	701.4	2 278.752
1965	3 012 000	712.8	2 366.534
1966	2 908 000	727.4	2 501.376
1967	2 881 000	752.1	2 610.552
1968	2 794 000	701.9	2 512.169
1969	2 700 000	718.1	2 659.63
1970	2 673 000	775.6	2 901.609
1971	2 601 000	747.4	2 873.51
1972	2 565 000	729.8	2 845.224
1973	2 532 000	716.8	2 830.964
1974	2 371 000	692.6	2 921.13
1975	2 355 000	669.8	2 844.161
1976	2 345 000	644.2	2 747.122
1977	2 174 000	595.2	2 737.81
1978	2 056 000	566	2 752.918
1979	1 921 000	582.3	3 031.234
1980	1 869 000	556.5	2 977.528
1981	1 819 000	540.6	2 971.963
1982	1 810 000	543.1	3 000.552
1983	1 792 000	569.5	3 178.013
1984	1 809 000	610.7	3 375.898
1985	1 809 000	622.5	3 441.128
1986	1 770 000	622.5	3 516.949
1987	1 716 000	636.3	3 708.042
1988	1 676 000	631.9	3 770.286
1989	1 663 500	648.4	3 897.806

续表

年份	奶牛头数(头)	总产奶量(万 t)	平均单产(kg/每头)
1990	1 652 540	645.6	3 906.713
1991	1 637 330	660.1	4 031.564
1992	1 652 000	694.1	4 201.574
1993	1 697 000	755.4	4 451.385
1994	1 786 440	832.7	4 661.226
1995	1 820 920	846	4 646.003
1996	1 884 120	898.6	4 769.335
1997	1 977 000	931.6	4 712.19
1998	2 060 000	943.9	4 582.039
1999	2 155 000	1 017.8	4 722.97
2000	2 171 000	1 084.7	4 996.315
2001	2 176 000	1 054.7	4 846.967
2002	2 123 000	1 127.1	5 308.997
2003	2 049 980	1 032.8	5 038.098
2004	2 038 140	1 007.6	4 943.723
2005	1 942 000	1 012.7	5 214.727
2006	1 880 000	1 008.9	5 366.489
2007	1 796 000	958.3	5 335.746
2008	1 640 330	922.3	5 622.649
2009	1 676 210	938.8	5 600.73
2010	1 553 000	902.3	5 810.045
2011	1 610 000	910.1	5 652.795

资料来源:根据 FAO 数据统计。

附表 2 主要乳制品产量(1961—2011)

t

年份	奶油	奶酪(所有种类)	炼乳	全脂奶粉	脱脂奶粉和干乳酪	黄油
1961	0	47 700	64 135	18 853	37 545	182 100
1962	0	46 600	64 481	20 560	38 296	200 400
1963	0	59 500	72 185	17 860	43 263	204 500
1964	0	59 200	87 734	19 132	41 789	206 100
1965	0	62 600	96 146	19 808	48 908	206 300
1966	0	59 600	83 308	20 439	50 957	208 800
1967	0	69 800	80 822	21 748	84 779	221 900
1968	0	70 500	69 940	21 442	88 917	196 100
1969	0	74 800	67 633	24 681	71 175	198 200
1970	0	76 300	81 781	24 444	88 735	223 000
1971	0	77 600	93 490	25 634	91 507	203 200
1972	0	80 900	76 026	28 764	92 680	195 400
1973	0	93 400	72 532	37 080	117 576	184 900
1974	0	95 800	57 569	37 369	139 734	175 500
1975	0	98 600	60 088	44 447	157 651	161 300
1976	0	112 600	74 803	41 956	147 963	147 600
1977	0	103 500	79 837	58 634	96 394	118 200

续表

年份	奶油	奶酪(所有种类)	炼乳	全脂奶粉	脱脂奶粉和干乳酪	黄油
1978	0	115 600	77 289	77 352	81 610	111 700
1979	0	141 800	82 104	77 451	74 626	104 800
1980	0	154 200	83 368	79 853	53 865	84 300
1981	0	136 700	79 007	75 000	54 000	79 400
1982	0	153 300	74 146	59 700	76 500	76 400
1983	0	158 200	67 355	50 000	93 000	88 300
1984	0	161 100	59 607	44 052	121 204	111 300
1985	0	159 600	66 245	44 649	141 014	114 000
1986	0	170 100	64 097	51 917	124 337	105 000
1987	0	177 500	60 377	65 283	128 472	103 900
1988	19	176 300	63 404	63 743	120 010	94 200
1989	0	190 784	94 503	68 038	119 136	95 853
1990	160	175 333	86 914	56 476	143 729	104 158
1991	148	179 433	95 434	59 682	153 653	105 869
1992	8 343	198 032	89 460	67 446	157 421	108 048
1993	6 642	210 917	104 207	79 755	178 873	126 456
1994	9 887	233 625	106 506	92 881	221 136	142 761
1995	14 119	234 400	98 552	104 400	210 400	134 400
1996	14 121	264 000	94 075	113 000	229 200	145 000
1997	27 096	285 000	64 000	133 700	237 600	147 000
1998	17 672	307 931	68 000	128 000	230 100	161 000
1999	14 995	335 447	78 000	144 800	272 200	176 000
2000	11 435	373 000	25 000	186 700	264 500	183 000
2001	13 995	376 000	28 000	205 000	264 700	172 000
2002	17 782	412 000	28 000	239 000	260 000	178 000
2003	20 421	379 000	19 000	198 000	199 800	164 000
2004	26 796	384 000	20 300	187 000	205 000	149 000
2005	20 893	388 000	19 200	189 000	222 500	148 000
2006	17 410	373 000	17 900	158 000	207 000	133 000
2007	15 650	363 817	19 400	135 000	178 000	133 100
2008	8 570	360 854	19 900	142 000	179 000	127 618
2009	8 800	342 016	19 300	145 000	183 500	148 495
2010	7 000	349 271	19 300	126 000	183 500	128 379
2011	6 500	338 680	19 300	135 000	183 500	122 486

资料来源:根据 FAO 数据统计。

附表 3 主要乳制品进出口贸易额(1961—2011) 千美元

年份	进口数额					出口数额				
	奶油	黄油	鲜乳	脱脂奶粉	全脂奶粉	奶油	黄油	鲜乳	脱脂奶粉	全脂奶粉
1961	0	0	0	0	851	0	44 017	575	3 053	5 842
1962	0	0	0	0	146	0	52 722	810	2 829	4 813
1963	0	0	0	0	99	0	52 851	1 245	4 349	4 986
1964	0	19	20	0	165	0	61 281	353	3 343	4 795
1965	0	3	60	0	175	0	69 625	150	6 592	6 063
1966	0	0	0	0	63	0	55 988	212	5 973	5 973

续表

年份	进口数额					出口数额				
	奶油	黄油	鲜乳	脱脂奶粉	全脂奶粉	奶油	黄油	鲜乳	脱脂奶粉	全脂奶粉
1967	0	0	0	0	60	0	61 705	335	16 906	8 854
1968	0	0	0	0	115	0	43 808	416	10 632	10 257
1969	0	0	0	0	74	0	38 914	483	6 862	11 140
1970	0	1	0	0	177	0	49 000	463	9 314	12 422
1971	0	0	0	0	212	0	42 743	622	10 286	15 627
1972	0	0	0	0	300	0	36 534	760	16 308	17 402
1973	0	0	0	0	798	0	62 356	1 011	24 310	29 926
1974	0	0	25	0	869	0	40 118	1 066	57 814	38 630
1975	0	0	0	0	834	0	26 707	1 818	59 593	53 705
1976	0	0	0	0	629	0	53 352	4 845	55 648	46 934
1977	0	426	0	0	704	0	29 937	3 053	41 510	56 948
1978	0	1	0	0	784	0	25 577	4 451	15 641	72 079
1979	0	1	0	136	2	0	29 575	7 206	11 236	71 188
1980	0	1 680	0	646	564	0	29 927	6 790	7 927	107 230
1981	0	3 459	0	690	1849	0	24 857	8 667	6 933	112 581
1982	0	634	0	764	465	0	15 486	7 651	28 435	114 709
1983	0	22	0	902	524	0	26 478	6 343	32 041	85 576
1984	0	1	0	940	309	0	37 954	5 645	48 650	78 357
1985	0	45	28	590	575	0	28 325	3 937	61 241	59 970
1986	0	9	4	559	491	0	28 716	4 428	54 513	62 552
1987	0	3	157	1 530	290	0	12 074	5 919	59 191	82 827
1988	26	139	298	1 810	1 279	42	26 732	6 949	69 287	91 074
1989	184	654	1 585	1 625	4 288	147	22 556	9 184	109 879	116 309
1990	41	1 942	565	519	3 670	225	58 376	12 702	155 277	117 741
1991	73	1 895	1 059	314	4 811	112	45 443	16 355	174 876	122 912
1992	0	3 030	915	889	7 218	4 207	30 667	15 556	157 633	124 774
1993	2	2 562	627	1 756	9 088	3 508	46 560	17 485	213 182	146 352
1994	74	2 886	946	1 492	5 429	5 323	57 411	21 526	257 063	147 949
1995	201	4 779	1 514	1 884	6 826	8 762	118 445	28 530	296 691	187 440
1996	72	10 044	2 139	3 069	8 055	9 598	160 703	33 780	403 484	241 780
1997	2	9 700	2 447	3 411	8 241	17 435	182 763	30 503	328 443	273 796
1998	29	10 638	2 326	4 954	7 494	11 330	170 699	27 038	315 009	266 822
1999	739	14 102	2 956	4 912	10 353	11 857	184 704	31 036	298 079	296 724
2000	1 259	16 173	2 457	3 903	7 625	10 900	169 032	32 565	349 958	371 840
2001	930	13 884	2 167	3 283	11 257	12 925	147 930	28 733	360 809	395 102
2002	762	10 502	1 778	2 370	4 452	17 763	143 617	30 999	330 235	425 729
2003	1 333	15 908	2 009	6 681	6 529	24 599	121 248	33 458	206 184	342 518
2004	4 663	20 233	2 429	8 024	15 124	37 908	142 688	35 920	304 847	408 747
2005	6 532	20 180	2 511	9 714	14 491	36 870	161 143	39 785	378 456	411 521
2006	5 329	18 643	1 474	9 017	13 276	29 477	149 419	34 733	397 982	383 236
2007	4 839	33 903	1 888	8 950	21 523	27 264	157 931	39 273	449 113	407 178
2008	5 965	63 334	876	14 146	34 436	26 136	176 652	41 970	437 259	600 542
2009	3 828	39 989	1 735	10 103	21 985	21 153	178 612	44 340	359 145	351 594
2010	3 192	69 071	6 564	15 156	33 715	21 440	226 704	56 960	401 666	408 582
2011	3 332	68 113	8 525	15 780	69 123	19 865	102 935	91 229	361 663	379 903

资料来源：根据 FAO 数据统计。

附表 4　主要乳制品进出口贸易量(1961—2011)　t

年份	进口量					出口量				
	奶油	黄油	鲜乳	脱脂奶粉	全脂奶粉	奶油	黄油	鲜乳	脱脂奶粉	全脂奶粉
1961	0	0	0	0	865	0	62 118	4 500	15 300	7 120
1962	0	0	0	0	124	0	79 257	6 500	16 014	5 916
1963	0	0	0	0	84	0	78 655	10 000	24 252	6 470
1964	0	17	46	0	112	0	89 160	1 630	18 374	6 922
1965	0	3	154	0	114	0	91 734	1 266	25 446	8 860
1966	0	0	0	0	95	0	76 033	1 637	19 059	9 526
1967	0	0	0	0	90	0	93 235	2 125	53 650	13 981
1968	0	0	0	0	162	0	67 419	2 477	39 474	16 542
1969	0	0	0	0	93	0	63 895	3 004	40 033	18 693
1970	0	1	0	0	284	0	81 568	2 553	52 957	25 697
1971	0	0	0	0	296	0	70 526	3 306	49 780	31 599
1972	0	0	0	0	466	0	35 529	3 479	41 884	23 488
1973	0	0	0	0	1 159	0	57 828	3 493	48 030	33 610
1974	0	0	36	0	1 424	0	37 867	3 099	94 114	35 934
1975	0	0	0	0	1 468	0	18 942	4 480	67 031	42 917
1976	0	0	0	0	720	0	52 493	8 195	94 931	37 415
1977	0	459	0	0	771	0	22 580	7 182	110 428	58 678
1978	0	1	0	0	651	0	17 470	9 585	35 770	65 976
1979	0	1	0	66	1	0	17 800	14 540	21 446	58 114
1980	0	1 332	0	537	444	0	16 467	13 056	12 630	87 363
1981	0	2 530	0	596	1 438	0	10 805	13 675	6 501	61 820
1982	0	336	0	599	137	0	5 045	12 460	27 963	56 742
1983	0	8	0	786	426	0	10 297	11 219	36 582	45 893
1984	0	0	0	733	243	0	22 851	10 313	61 487	42 397
1985	0	18	7	613	628	0	22 165	9 482	92 807	43 309
1986	0	6	5	522	530	0	25 279	12 000	78 587	47 968
1987	0	3	30	1 698	278	0	8 549	17 807	78 692	62 933
1988	20	59	203	1 496	1 048	39	21 197	18 212	67 504	55 690
1989	150	348	1 033	1 077	2 366	87	14 263	19 784	61 916	55 489
1990	11	1 045	353	347	1 967	171	32 797	26 408	95 125	60 779
1991	19	1 066	894	213	2 541	167	29 403	31 420	115 306	58 628
1992	0	1 945	726	515	4 461	8 343	19 137	29 057	104 969	64 879
1993	1	1 827	551	1 016	5 312	6 643	33 300	33 931	118 738	70 611
1994	25	2 025	846	902	3 231	9 912	42 643	41 267	166 800	82 361
1995	70	3 000	1 230	1 260	3 500	14 189	81 914	53 431	177 287	105 465
1996	54	5 475	1 883	1 710	3 822	14 175	83 781	56 410	198 169	110 457
1997	0	4 100	2 150	1 900	3 900	27 096	116 184	52 730	183 498	130 484
1998	0	4 400	2 000	2 700	3 500	17 672	99 761	54 180	209 644	147 189
1999	484	8 323	2 766	3 861	6 262	15 479	145 164	63 844	224 646	172 320
2000	855	10 688	2 692	2 911	4 721	12 290	114 849	67 605	219 267	203 915
2001	529	9 993	2 569	1 736	6 494	14 524	97 411	59 235	180 559	189 846
2002	1 038	6 109	1 537	1 368	3 309	18 820	110 117	59 150	240 588	245 229
2003	3 237	8 357	1 633	4 128	4 744	23 658	80 864	55 730	133 994	165 416

续表

年份	进口量					出口量				
	奶油	黄油	鲜乳	脱脂奶粉	全脂奶粉	奶油	黄油	鲜乳	脱脂奶粉	全脂奶粉
2004	1 030	10 152	1 432	3 996	10 161	27 826	73 617	50 002	151 854	172 115
2005	1 352	7 994	1 624	4 484	8 250	22 245	67 559	56 088	165 699	156 701
2006	1 388	8 537	892	4 316	7 032	18 795	78 355	52 615	184 486	168 655
2007	1 262	12 560	975	3 200	6 659	16 908	65 433	50 894	133 689	116 107
2008	1 836	16 871	614	4 342	7 909	10 405	47 515	45 590	125 582	140 887
2009	1 639	16 361	1 675	4 559	8 245	10 393	83 466	50 964	167 435	133 358
2010	1 574	16 934	6 771	4 530	9 137	8 242	56 732	58 469	132 097	114 585
2011	1 594	16 209	8 485	3 820	18 191	7 869	33 500	70 166	99 952	91 490

注：鲜乳为 Milk Fresh 或 milk。

资料来源：根据 FAO 数据统计。

南 美 洲

巴西奶业发展报告

摘要：该报告对近 50 年巴西奶业发展概况、奶业科技进展、原料奶质量控制与计价体系、科技推广体系和促进奶业发展的主要政策进行了综合分析，旨在通过了解巴西奶业的发展情况，借鉴其发展经验，结合我国奶业资源情况，提高我国奶业发展水平。

巴西拥有世界上最优秀的 Zebu 种牛，奶牛品种主要为荷斯坦和 Zebu 的杂交牛，奶牛养殖主要集中在东部和南部地区，以放牧为主，2011 年，巴西奶牛存栏量 2 322.92 万头，年产生鲜乳 3 209.62 万 t，占全球生鲜乳总产量的 4.8%，人均乳制品年消费量 169 kg，属乳制品消费水平较高的国家之一。

巴西乳品加工业以大集团占主导地位，市场上的牛奶及乳制品主要为巴氏消毒奶、超高温杀菌牛奶(UHT)、风味牛奶和奶粉、奶酪，是拉美国家最大的奶粉零售市场。

巴西以乳制品进口和贸易逆差为主。进口乳制品以黄油、脱脂奶粉和全脂奶粉为主，出口乳制品以全脂炼乳和全脂奶粉为主。

巴西控制原料奶质量的措施包括 3 个方面：一是加强奶牛品种选择和培育；二是建立利益共同体、实施第三方检测以及以质优价；三是加大政府投资力度，规范原料奶管理。

纵观巴西奶业的发展，值得借鉴的主要经验如下：

一是良种选育方面。巴西在奶牛品种选择和培育上有自己的特点，96%以上的奶牛都是荷斯坦和 Zebu 的杂交牛，4%以下的为纯种荷斯坦牛。这一成功案例提示在选育和改良奶牛品种时，应综合考虑其产奶性能、养殖效益和适应性等因素。

二是产业发展方面。1)不设第三方经营的生鲜乳收购站，利用合作社将养殖者与乳品企业建立起利益共同体；2)实施第三方检测，构建公正、公开和公平的交易体系。

关键词：巴西　奶业　发展

1　奶业发展基本情况

巴西国土面积 8 511 965 km^2，农业用地 13 703.4 km^2，占全国面积的 16%，在农业用地中，耕地占 21.7%，草地占 78.3%，由于水热条件好，四季常青，牧草生长繁盛，草场面积大，使巴西成为草食家畜最多的国家之一。按照气候条件，巴西分为北部、东北部、东部、南部和中西部 5 个主要畜牧地区。奶牛养殖主要集中在东部和南部地区(见图 1)，奶牛体格小，产奶量低，引进的奶牛主要为黑白花奶牛，另外有更赛牛、爱尔夏牛、瑞士褐牛、娟珊牛等。1991 年，巴西奶牛存栏 1 996.41 万头，全国牛奶产量 1 554.66 万 t，平均每头牛产奶 778.73 kg。2011 年，巴西奶牛存栏增长到约 2 322.92 万头，年产生鲜乳 3 209.62 万 t，占全球生鲜乳总产量的 4.8%；人均乳制品年消费量 169 kg，属乳制品消费水平较高国家。作为正在崛起的国际农业强国，奶业正在成为巴西农业增收的新增长点。

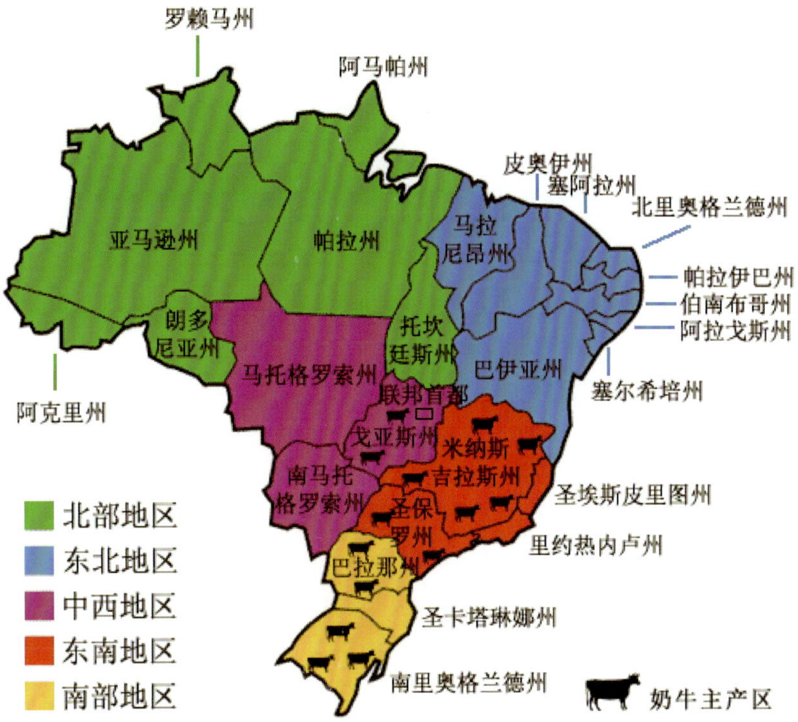

图 1　巴西奶业主产区分布图

资料来源：FAOSTAT。

1.1　奶牛养殖业

(1)奶业优势区域　巴西拥有丰富的土地和草场资源，畜牧业发达，是南美洲第一大牛奶生产国，也是世界主要牛奶生产国之一。奶牛养殖以放牧为主，集中在 5 个州，分别为米纳斯州、戈亚斯州、圣保罗州、南里奥格兰德州和巴拉那州。

(2)饲养模式　巴西饲养规模小于 30 头的牧场存栏接近全国的 90%。饲养大致分为四种方式：灌溉型集中轮牧、粗放型放牧、半封闭式舍饲和封闭式舍饲。其中灌溉型集中轮牧，主要依靠牧草，补饲较少，机械挤奶；粗放型放牧饲养规模较小，通常 30～70 头，以乳肉兼用型为主，产奶量较低，采用手工挤奶；半封闭饲养方式饲养规模较大，约 70～200 头，占总饲养规模 2.2%，在放牧基础上全年补饲轧碎的甘蔗、青贮、精饲料等，常采用人工授精；封闭式饲养方式通常采用散栏式牛舍，以纯种荷斯坦为主，日粮以干草、副产物、精料等配制全混合日粮。巴西发展较快的饲喂模式是半放牧，在早晨挤奶后集中补饲精饲料、干草、矿物质盐等，然后进行放牧。普遍实行轮牧和定额放牧制度，通常采用机械挤奶系统。

(3)育种繁殖　巴西产奶量受季节影响大，个体产奶水平相对较低。为提高奶牛生产性能和对热应激的适应能力，巴西注重奶牛品种选育和改良，其中巴西农业部所属的研发公司 EMBRAPA 和巴西种牛公司积极开展奶牛品种选育和改良，选育出一批优秀种公牛并生产大量的冷冻精液。目前，巴西已经成为拉美种牛冷冻精液的出口基地。巴西有 Zebu(瘤牛吉布)和荷斯坦牛，以及 Zebu 牛与荷斯坦牛杂交后代 Girolando 奶牛。Zebu 适应力强，适宜在热带或亚热带饲养，乳肉兼用，粗放，长寿，产奶期长，饲养成本低。

(4)奶牛生产　从图 2 中可以看出，1961 年至今的 50 年间巴西的奶牛养殖规模总体呈扩大的趋势，1961 年仅有 700 多万头，到 2011 年饲养数量已经达到了 2 323 万头左右。

巴西牛奶产量50年间基本呈现稳定上升的趋势，1995年以后增长的速度要快于前期。1998—2000年连续三年产量超过2 200万t，2001年为2 500万t，2006年达到2 618.56万t，2007年稳定在2 613.73万t，2008年增加到2 844.05万t，2009年2 908.55万t，2010年突破3 071.55万t。

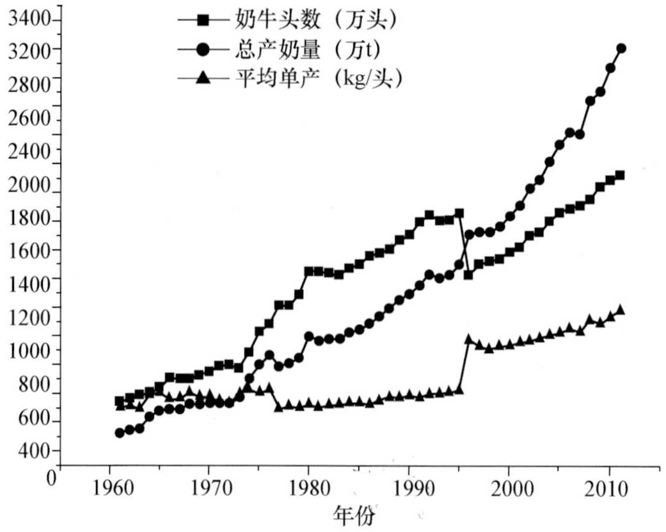

图2 巴西近50年来奶牛养殖基本情况

资料来源：FAOSTAT。

巴西奶牛个体单产水平较低，但50年来单产也呈现上升的趋势，尤其是1995年以后单产上升明显，2003年1 191.53 kg，2004年1 208.75 kg，2005年1 230.69 kg，2006年1 250.34 kg，2007年1 237.43 kg，2008年1 317.59 kg，2009年1 296.42 kg，2010年全年1 339.83 kg，草场较好或采取舍饲的奶牛年单产水平较高，可达5～8 t，表明巴西奶牛的产奶能力在逐步增强。

1.2 乳品加工业

经过近20年的重组，巴西国内形成了大集团占主导地位的格局，10家大集团的牛奶加工量占据整个国家总量的1/2以上。

市场上的牛奶及乳制品主要为巴氏消毒奶、超高温灭菌牛奶（UHT）、风味牛奶、奶粉和奶酪。巴氏消毒奶在巴西又分成A、B、C三种。A类为奶牛场直接加工、消毒和包装的牛奶。B类为牛奶加工厂消毒和包装的牛奶。A类和B类牛奶主要在圣保罗州及里约州的部分地区销售。85%的巴氏消毒奶为C类，在巴西各地销售。巴氏消毒奶的价格往往略高于超高温灭菌牛奶。近几年超高温灭菌牛奶的销售量有超过巴氏消毒奶的趋势。

牛奶及乳制品业的巨大发展潜力吸引了许多世界级企业到巴西投资。雀巢巴西公司是拉美最大的牛奶及牛乳制品加工企业，年销售额超过30亿美元。该公司每年从巴西各地近5万个农场收购近10亿L鲜奶。帕玛拉特巴西公司是拉美最大的超高温灭菌牛奶供应公司，年销售额超过10亿美元。

巴西国内最大的牛奶及乳制品加工企业是Itambe。该企业1948年成立于米纳斯州，由6个合作社和5个奶厂合并而成。Itambe每年从全国近两万个农场收购鲜奶，是巴西第二大奶粉供应商和巴氏消毒奶、超高温灭菌牛奶和黄油的主要供应商。

1.3 乳品消费

巴西属乳制品消费水平较高的国家之一，乳制品消费量逐年增加。1996年至2010年49年间，人均消费乳制品数量翻了一番(图 3),年均增长率达到 1.61%。2010 年,人均年消费乳制品数量达到 136.9 kg。

巴西是拉美最大的奶粉零售市场,市场规模有 30 万 t。炼乳主要用于烹制食品,炼乳的年需求为 25 万 t。巴西人均黄油年消费仅为 0.4 kg。

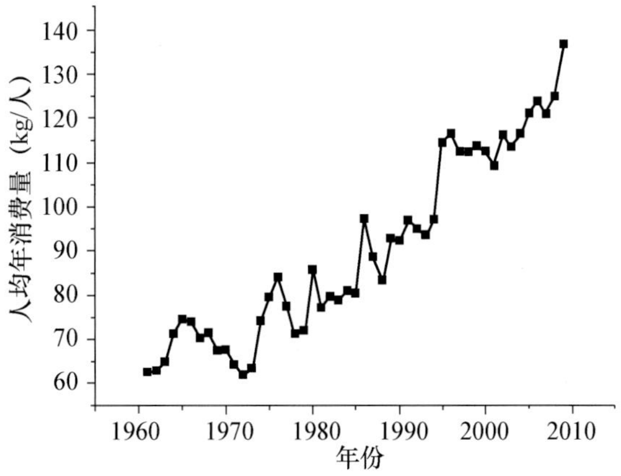

图 3 巴西近 50 年来人均消费乳制品(不包含黄油)情况

资料来源:FAOSTAT

1.4 乳制品贸易

巴西以乳制品进口和贸易逆差为主。1961—2000 年,乳制品主要靠进口,进口乳制品种类以黄油、脱脂奶粉和全脂奶粉为主,进口量虽然不太稳定但每年都要进口;乳制品出口量基本为零,1995 年进口乳制品数量达到最高水平为 46 万 t,1997 年,随着进口奶酪等高附加值乳制品的增加,进口额达到最高历史水平为 949 531 千美元。2000 年后随着巴西国内奶业的发展,进口量逐渐减少,出口逐渐增加,出口乳制品种类主要以全脂炼乳和全脂奶粉为主;随着出口全脂炼乳和全脂奶粉数量的增加,2005 年和 2006 年进出口基本持平;受中国等国家增加进口全脂奶粉数量的影响,2007 年、2008 年巴西全脂奶粉出口量急速增长,导致乳制品出口总量远远超过进口总量。2009 年、2010 年、2011 年,进口又开始高于出口,进口增多出口减少的原因可能是巴西货币不断升值,近 10 年增值达 15%,生鲜乳收购价格每公升平均升到 0.85 巴西币,折合人民币 3.40 元,乳制品出口竞争力下降。

2009 年,美国乳制品创新中心的全球报告将巴西列为可能成为美国乳制品出口主要的竞争者之一,但事实上,巴西在挑战美国乳制品出口市场的道路上遇到了挫折。近两年来,巴西的奶业发展并不尽如人意。恶劣的气候环境和国际金融环境等诸多客观因素,以及乳品质量不高、生产效率低下制约着巴西奶业快速发展的进程。美国乳制品出口协会南美办事处代表索尼亚·阿玛迪欧(Sonia Amade)认为,巴西奶业生产的基础设施并不完善,牛奶生产有两个极端,设施先进的现代化牧场,生产品质优秀的高端奶;而养殖规模少于 25 头的大部分奶农户,奶源质量无法保障。奶源质量问题也影响了巴西的出口,其产品主要出口大部分非洲国家,以及对体细胞数量等质量指标要求不严的地区。不过,专家对巴西奶业的发展前景保持乐观,认为巴西有能力成为一个全球乳制品市场上的主要参与者,只不过需要更长的时间。

2 奶业科技进展

2.1 奶牛育种与繁殖技术

巴西地处热带、亚热带,为了在炎热地区维持乳牛的产奶量,巴西非常注重牛的育种工作,早在 1939 年就成立了巴西 Zebu(瘤牛吉布)牛养殖协会(ABCZ),重点负责改良牛遗传品质,目前拥有会员 1.5 万名,下属几十个专业协会组织,堪称世界范围内最具规模的民间畜牧业组织。70 多年的积累,使巴西拥有世界上最优秀的 Zebu 种牛,每年生产大量的优良种牛冷冻精液,用于改良巴西牛群,并大量出口,已成为拉美种牛冷冻精液的出口基地。巴西在奶牛品种选择和培育上有自己的特点,96%以上的奶牛都是荷斯坦和 Zebu 的杂交牛,4%以下的为纯种荷斯坦牛。Zebu 适应力强,适宜在热带或亚热带饲养,乳肉兼用,粗放,长寿,产奶期长,饲养成本低。目前巴西的牛群有 80%拥有 Zebu 牛的血统。

巴西饲养规模小于 30 头的牧场存栏接近全国的 90%,这些小规模牧场生产水平较低,对于现代的一些新繁殖技术应用较少,即使是人工授精技术也仅在一些饲养规模较大的牧场应用。

2.2 奶牛饲料与营养技术

巴西全境有广阔的草原,水热条件好,牧草生长繁茂,可满足奶牛的放牧和半舍饲养殖。但这些草场长得快,老的也快,直接影响适口性和营养价值,有些潮湿的亚热带草原,每公顷的载畜量为 2~3 头牛,在中部沼泽草原一般 8 km^2 养 1 头牛,而好的草场每公顷可养 0.6 头牛。为弥补天然牧草的不足,巴西积极推广饲草饲料种植,一般在牛场的周边,都有人工草地和种植饲料作物,其中饲料作物有青饲玉米、青饲高粱、青饲甘蔗等。从南非引进的多年生弯叶画眉草,放牧后再生力极强,可持续利用 12 年。

奶牛在放牧饲养时,要补饲矿物质盐以及牧草不足时补饲青贮。20 世纪 70 年代,生产商采用未添加矿物质元素的食盐。后来,一些企业如托尔图加、拜耳、塞拉纳、Manah、普瑞纳等,根据区域和季节的变化,对矿物质盐的配制进行了一系列的变革。矿物质盐的生产主要受磷酸盐的影响,而巴西比较缺乏磷酸盐,磷酸盐市场一度受邦吉(塞拉纳)和嘉吉公司垄断,他们在巴西生产后提供给小公司。巴西的研究机构 EMBRAPA 和 EPAMIG、大学 ESALQ、UNESP 和 Federal Universities of Viçosa and Lavras 在引进和发展青贮制作技术方面发挥了重要作用,开展了一系列玉米品种的开发以及青贮生产技术的研究。巴西前期的青贮生产机械都引自欧洲,由于在使用中存在严重缺陷,20 世纪 90 年代,一些巴西企业研究开发了适合巴西特点的机械,大大提高了设备的产能。

奶牛主产区的精饲料、副产品供应充足,精粗饲料基本可以做到自给自足。在巴西,大型冷冻浓缩橙汁产业的副产物柑橘果浆已被广泛用于大多数牧场。

饲喂机械如 TMR 搅拌设备主要用在一些规模较大的牧场。对于饲养规模小于 30 头的牧场则机械化程度很低,基本没有配置饲喂机械。

2.3 奶牛疫病控制技术

巴西重视疫病防治,兽医部门和科研机构在中心地区都设有兽医诊断实验室和研究所,隶属于巴西农业部的农牧业技术推广公司在全国范围内向农牧民提供技术服务和兽医服务。巴西过去发生过口蹄疫、炭疽、牛结核病、布氏杆菌病等,分别采取疫苗预防注射和宰杀病畜的方法,取得明显效果。

2.4 奶牛场粪污处理与环境保护技术

(1)粪污处理方式　巴西畜产废弃物主要通过直接还田、掩埋和焚烧等方式进行处理。以放牧为主的牧场通常采用轮牧制度,分块放牧,休牧期间待奶牛离开草场后粪便在草场堆积自然发酵,作为粪肥可改善草场土质,提高草场牧草品质。另外,奶牛产生的粪便和死畜是人们关注的焦点。巴西 2010 年奶牛存栏 2 292.5 万头,每天大约产生 125 万 t 牛粪。在巴西,根据牧场用于粪污和病死畜处理费用的多少,来评估牧场与外部环境协调的能力,验证单位生产成本。相对而言,规模小的牧场需要付出更多的粪污处理成本,才能达到环保要求。为避免对环境造成影响,巴西政府采取了一系列措施,如根据农场的耕作面积配套粪便处理设备，减少载畜量，选择适当的作物品种，减少无机肥料的使用，合理施肥等，来提高粪污的资源化利用能力，减轻对环境造成的负面影响。

(2)环境保护　巴西农民关注的主要环境问题是森林覆盖面积的要求以及废弃物、废水的处理。个体农民主要关注森林保护的要求。以圣保罗省为例，73%以上的农民占有的土地面积在 100 hm^2 以下，法律要求森林覆盖面积不低于 20%。依据巴西农业和养牛业联盟的抽样调查，56%的农民认为由于环境保护法导致了收入的降低。

巴西的环境保护立法在世界属于先进行列，然而在实施过程中由于参与到环境保护行列的人员有限，大部分农民缺乏环境保护要求的相关信息而产生了一些问题。2001 年巴西农业与养牛业联盟的另一项调查显示，76%的农民认为环境保护需要利用技术管理、科学知识以及专业的人员才能取得更好的效果，仅有5%的受访者认同政府当前的环境保护政策。

奶牛养殖业冲洗挤奶机械的废水经过 30～45 d 的储存后，用于灌溉草场或其他饲料作物，从而解决了废水导致的环境问题。事实上，巴西的奶牛养殖业以放牧为主降低了废水污染环境的风险。

巴西奶业主要技术发展总体情况见表 1。

表 1　巴西奶业主要技术发展

年代	种类	主要技术进展
1960	饲料	普通食盐、本地品种牧草
	生产系统	放牧无补饲
	遗传育种	未经改良、无专用品种
	兽医	无防治口蹄疫措施
1970	饲料	引入矿物质盐、改良牧草品种
	生产系统	放牧无补饲
	遗传育种	引入欧洲专用品种
	兽医	开始防控口蹄疫
1980	饲料	引入第一个经过改良的牧草品种、利用鸡垫料进行补饲、矿物质盐推广应用、开始使用饲料添加剂
	生产系统	放牧、引入机械挤奶系统
	遗传育种	推广欧洲品种
	兽医	严格控制口蹄疫、开始布病防控
1990	饲料	改进多种牧草品种以适用于开放的牧场以及南方的冬季，冬季采用玉米青贮和干草等，不同区域使用蛋白、矿物质浓缩料配制日粮
	生产系统	放牧＋冬季补饲、开放式牧场季节性生产
	遗传育种	大范围推广遗传改良、人工授精、胚胎移植
	兽医	使用疫病防控系统、南部的非免疫无口蹄疫区、中西部的免疫无口蹄疫区
2000	饲料	副产品如冷冻果汁副产物柑橘果浆等的大量使用
	生产系统	放牧＋冬季补饲、半开放式牧场季节性生产、密闭式
	遗传育种	推广遗传改良、选种选育、人工授精、胚胎移植等
	兽医	南里奥格兰德暴发口蹄疫(2000)，巴西圣卡塔琳娜州为非免疫无口蹄疫区，免疫无口蹄疫区包括朗多尼亚州、阿克里州、帕拉州中南部、南马托格罗索、巴拉那州、巴伊亚州、托坎廷斯州等区域

3　原料奶质量控制

3.1　建立利益共同体，控制原料奶质量

在巴西，奶业合作社建设比较完善，已经形成了以合作社为纽带的乳品生产和加工较为完整的产业链。

通常是几十家或几百家奶牛养殖场组成一个股份合作社，并参股乳品企业，合作社中的养殖会员单位与乳品企业构成了利益共享的联合体，合作社会员承诺将生鲜乳交售给乳品企业，乳品企业除正常支付奶款外，年终还拿出利润的一部分作为股份红利，分发给合作社会员单位。

以乳品企业 Itambe 公司为例，旗下有 8 000 多个小农场为其提供生鲜乳，每个农场每天平均提供牛奶 350 kg，企业通常不直接与农场联系，而是通过 30 多个合作社开展收购工作。合作社负责人组成董事会，每月召开一次董事会议，依据市场情况确定生鲜乳收购指导价，不同农场生鲜乳价格有所差异，主要考虑因素有生鲜乳产量、质量、距离等。乳品企业每月定期发放奶款，年终分红约占企业总利润的 30%，奶农通过合作社与乳品企业形成了利益共同体。

巴西生鲜乳生产者与加工者之间有效对接，不设第三方经营的生鲜乳收购站。生鲜乳及乳制品实施第三方检测，构建公正、公开和公平的交易体系。

3.2 加大政府投资力度，规范原料奶管理

为支持奶业生产，巴西政府加强了对奶业的支持，宣布了一项价值 670 亿元的农业贷款项目。旨在提高原料奶质量的管理规定也已经生效执行，规定要求奶农在等待加工厂来收奶之前必须将原料奶冷藏保管。

3.3 质量标准体系

巴西公共牛奶质量食物等级和标准(G&S)于 1950 年制定，1970 年这个标准才全面试行。在过去的 50 年中，标准在工业发展和市场中发挥了重要作用。1990 年，在一些市场和公司，私人的牛奶安全标准出现。

1990 年，外国投资自由化，导致了外国直接投资和全球著名牛奶公司的进入，如 Parmalat，Royal Numico，MD Foods 和 Nestle。激烈的牛奶价格竞争导致了一系列的新管理规则。例如，Itambee(巴西最大的牛奶公司和第二大的牛奶生产商)采用了新的私人牛奶质量和安全标准，这些私人的 G&S，在牛奶冷藏和微生物方面都有特殊的要求。为了保护消费者的利益，巴西政府实行与私人标准一致的公共标准。

4 科技推广体系

4.1 主要研究与推广机构

巴西的主要研究机构是巴西农业部所属的研发公司 EMBRAPA 公司(巴西农业科学院)。该公司成立于 1973 年，隶属于巴西农业和食品供应部(农业部)，总部位于首都巴西利亚，负责巴西全国的农业科研工作。巴西农业科学院拥有 8 375 名员工，其中，研究人员有 2 198 名，拥有博士学位人员占 68%(其中，12%具有博士后经历)，拥有硕士学位人员占 30%，拥有学士学位人员占 2%。巴西农业科学院按照农业区域和农产品生产特色，在全国各地设有 40 个研究中心，其中，有 11 个国家专业研究中心，14 个国家农产品研究中心，15 个生态区域或农用林业研究中心。40 个研究中心中，有 1 个专业的奶牛研究中心(见表 2)。

表 2 巴西农业科学院研究中心分布情况

区域	研究中心	类型
北部	阿克里研究中心	区域研究中心
	阿玛帕研究中心	区域研究中心
	西亚马逊研究中心	区域研究中心
	东亚马逊研究中心	区域研究中心
	朗多尼亚研究中心	区域研究中心
	罗赖马研究中心	区域研究中心

续表

区域	研究中心	类型
东北部	中北部研究中心	区域研究中心
	热带半干旱研究中心	区域研究中心
	沿海台地研究中心	区域研究中心
	山羊研究中心	农产品研究中心
	木薯与热带水果研究中心	农产品研究中心
	棉花研究中心	农产品研究中心
	热带农用工业研究中心	专业研究中心
中西部	西部区域农业研究中心	区域研究中心
	水稻和食用豆研究中心	农产品研究中心
	咖啡研究中心	农产品研究中心
	稀树草原研究中心	区域研究中心
	肉牛研究中心	农产品研究中心
	蔬菜研究中心	农产品研究中心
	潘塔诺研究中心	区域研究中心
	农业能源研究中心	专业研究中心
	遗传资源与生物技术研究中心	专业研究中心
	技术信息研究中心	专业研究中心
东南部	农业生物学研究中心	专业研究中心
	食品技术研究中心	专业研究中心
	奶牛研究中心	农产品研究中心
	农业信息学研究中心	专业研究中心
	农业设施研究中心	专业研究中心
	环境研究中心	专业研究中心
	玉米与高粱研究中心	农产品研究中心
	遥感研究中心	专业研究中心
	东南部家畜研究中心	区域研究中心
	土壤研究中心	专业研究中心
南部	温带农业研究中心	区域研究中心
	林业研究中心	农产品研究中心
	南部畜牧与绵羊研究中心	区域研究中心
	大豆研究中心	农产品研究中心
	猪与家禽研究中心	农产品研究中心
	小麦研究中心	农产品研究中心
	葡萄与葡萄酒研究中心	农产品研究中心

巴西奶业的主要推广机构是巴西农牧业技术推广公司(Emater)，其主要任务是将农牧业新技术、新成果直接传授给农业生产者。其推广的成果和技术主要来源于巴西农牧业研究公司，少数来源于大学。技术推广方式主要通过分布于全国各地的基层农业技术推广组织(相当于我国的农业技术推广站)，对农民进行技术指导，举办实用技术培训班，发放技术小册子等。此外，农业技术推广站还负责服务区内的一些社会服务事业，如农村环境改造卫生、教育等事宜。

4.2 运作模式

巴西建立了合作社组织的运作模式，通过形式多样的合作社组织推动农业生产、促进产供销一体化，在农业社会化服务方面发挥了巨大作用。巴西合作社组织有四个层次，由高级到低级依次是全国合作社组织、州合作社组织、中心合作社和基层合作社。从合作社类别来看，主要有供销合作社、渔业合作社和农村电气化合作社等。

这些形式多样的合作社，在推动生产实现供销一体化和提供各种服务方面发挥了积极的作用。目前，巴西全国有 4 000 多个合作社，成员 4 000 多万户。合作社主要是为农民供应生产资料，提供农产品的分级、包装、仓储、运输、销售和出口等服务，同时，还提供生产技术市场信息、经营管理、咨询技术培训等服务。奶业合作社将分散的中小农户组织起来，并通过集体和个人两种形式成立经济联合体，不仅促进了奶业生产的发展，也对农村的奶业发展做出了贡献。奶业合作社还提高了小生产者的市场竞争能力，为巴西的农业发展奠定了良好的基础。

5 促进奶业发展的主要政策

5.1 促进奶业生产政策

巴西在制定农牧业扶持政策、引进外资投入草原开发、根据国际市场需求及时调整农牧业生产结构、出口计划以及解决农产品国际贸易争端等方面作出了很大的努力，并取得了一定的成效。

2011 年 7 月 17 日巴西政府发布“粮食与畜牧业发展规划 2011—2012”（又叫“萨夫拉计划”），计划涉及农业生产中的财政支持、利息优惠、投资等内容。要求该年度用于支持商品或出口农业的贷款总额不少于 1 072亿巴西里亚伊，这一支持力度较前一年增长了 7.2%。该计划主要以项目形式给予支持，涉及生产和市场、投资农业或畜牧业、最低价格保障、特别资助等项目。巴西农民从中可以享受到 6.75%的年利率（此利率在考虑通胀的情况下接近负利率），正常情况下的贷款利率约为 18%～22%。机械设备方面的项目可享受 9.5%的利率优惠。

巴西政府针对奶业生产还制定了牧草改良、遗传改良等发展奶牛养殖业的计划，各地州政府为改善小规模农场主的社会、经济状况，出台了一些扶持政策，如巴西中西部和南部的一些州免除了奶农或合作社销售牛奶的附加税。除了联邦政府和州政府的支持政策外，奶农也可以享受来自大型乳企如雀巢的资金支持，这种支持主要是为了提高牛奶产量和品质，目前，这一支持政策仅面向与乳企相关的奶农。

实施“家庭农业”补贴。巴西在反对发达国家对生产者实施高额补贴的同时，根据世贸组织农业协议“特殊及区别对待”条款内容，对本国的“家庭农业”也实行补贴，其中最近一次发放的“家庭农业”补贴是在 1998 年，总额为 4 亿美元。强化政府服务意识和服务功能，巴西加强了反对发达国家贸易保护政策的力度，并把反对贸易保护主义，反对发达国家对生产者实施补贴和推动本国农牧业产品出口作为其外贸谈判的重点。创建农业保险制度，巴西对农业予以金融扶持，开设农业保险。与此同时，为了预防自然灾害，政府还设立了专项农业基金，对受灾农户予以一定的损失补偿。

5.2 促进奶业加工政策

巴西牛奶综合企业系统在 20 世纪 90 年代经历了巨大的制度性改变，对奶业结构产生了重要的影响。如 JANK(2000)所述的“第一次变革”，以市场开放和南方共同体市场的巩固为契机，增强了奶业与进口产品的竞争力。同时政府的角色发生重要改变，经过四十年的联邦政府定价制，乳制品价格自 1991 年彻底放开，奶业产业链各个环节的价格和支出出现了新状况。20 世纪 90 年代中期，奶业又经历了“第二次变革”，这次变革大中型加工企业强制采用新的原料奶收集和运输系统，包括原料奶在牧场进行冷却。新技术使原料奶在牧场水平更为集中，对小型牧场影响巨大。牛奶加工企业也可以获得国家的利率优惠，政府为中等水平生产者提供远低于市场利率的低息贷款，生产和销售贷款和投资信托支持等。

推进乳企合并重组，增强国际竞争力，新建2个乳粉生产企业，另有3个乳粉企业在建，这将进一步提高巴西的奶粉生产能力；制定较高的卫生标准，结合较高的关税抑制奶粉进口，促使跨国企业和本国企业在巴西国内投资建厂，设定阿根廷奶粉进口限额，还增加联邦政府和州政府的资金支持力度，通过这一系列政策促进国内乳制品出口，抑制从阿根廷、乌拉圭的进口。

5.3 促进奶业贸易和消费政策

巴西采用非自由进口执照，设定进口限额，控制从阿根廷和乌拉圭大量进口乳制品，促进国内生产。巴西人均乳制品年消费量169 kg，属乳制品消费水平较高国家。为刺激消费，采取降低乳制品价格、延长产品货架期、开发新产品等措施。从1990到2001年，由于奶牛生产能力提高，市场开放程度加大，及国外乳产品进入巴西市场，导致乳制品价格下降47.5%，促进了巴西国内的消费量增长。由于巴西的乳制品消费量人均还没有达到联合国粮农组织(FAO)推荐的人均年消费量210 L，因而消费需求还有较大的空间。为促进消费，巴西也有意识地延长产品的货架期，UHT奶在巴西液态奶消费中占据相当高的比例。近年来，儿童和年轻人群消费者对便利和营养产品需求的增加，促进了巴西乳制品中风味乳的消费，仅2010年就增长了8%。此外，跨国公司和国内的乳品企业在功能食品领域开发了一些新产品，如活性乳酸菌、钙、大豆组分、ω-3脂肪酸和低胆固醇甾醇类等产品，为促进乳品消费又找到了一个新的增长点。

6 值得借鉴的主要经验

6.1 经营模式方面的经验

巴西主要采用合作经营方式组织广大农户的奶业生产，这些合作社组织自成体系，有完善的规章制度和运作章程，明确地规定了合作组织的权利与义务。因此，在服务农户方面具有较高的效率。此外，以合作社为基础的农业产业化运作模式，使合作社组织已成为农业生产经营者与市场之间进行有效沟通的纽带和桥梁，也是农业社会化服务体系中的一支重要力量，为促进巴西农业发展起到了积极作用。

不设第三方经营的生鲜乳收购站，生鲜乳及乳制品实施第三方检测，建立公正、公开和公平的交易体系。

6.2 科技创新方面的经验

良种是奶业发展的物质基础。巴西在奶牛品种选择和培育上有自己的特点，96%以上的奶牛都是荷斯坦和Zebu(瘤牛吉布)的杂交牛。该品种牛：一是含有荷斯坦高产基因，可改善Zebu低产的缺陷；二是杂交牛含有Zebu强适应性基因，有利于适应巴西以放牧为主的粗放管理和亚热带气候高温高湿的特性；三是杂交牛饲养成本低，养殖效益高；四是杂交牛产肉性能比较好，对肉牛养殖及牛肉生产有一定的贡献。这充分表明，在奶牛品种方面，只要适合本地，就是最好的品种。选育和改良奶牛品种应综合考虑其产奶性能、养殖效益和适应性等因素。

以上经验都值得中国奶业借鉴。

参考文献

[1]陈绍祜，丁芳，杨秀文. 2011年9—11月份国际奶业市场浅析[J]. 中国奶牛，2011

[2]丁芳，杨秀文，周振峰. 2011 年 5—8 月份国际奶业市场浅析[J]. 中国奶牛，2011
[3]张桐，2001 年世界奶类和奶制品形势分析[J]. 中国牧业通讯. 2001
[4]Ridhard o Kellems，卜登攀. 世界奶业形势及影响奶牛饲养的因素[J]. 中国奶牛，2008
[5]丁方. 巴西奶业渴望回归[J]. 中国奶牛. 2011(19)
[6]刘宏，巴西奶业发展情况[J]. 国际奶业. 2006
[7]谷继承，周振峰等，巴西和阿根廷奶业考察报告[J]. 中国奶牛. 2011(19)
[8]龚菊芳. 巴西发展农业的成功做法及启示[J]. 中国农垦经济，2001(8)：38-40
[9]岳德荣. 巴西农业生产与科研推广体系[J]. 农业科技管理，2008(10)：5-7
[10]龚春红. 巴西农业科研推广体系及农业科技政策[R]. 中国科学技术信息研究所研究报告，2006
[11]张若健. 巴西发展农业的基本做法[J]. 新农村，2005(2)：23
[12]朱行. 世界农业强国巴西农业概述[J]. 海外农业，2009(3)：33-45
[13]William D. Dobson，Edward V. Jesse and Ronaldo Braga Reis THE DAIRY SECTOR OF BRAZIL：A COUNTRY STUDY. BABCOCK INSTITUTE DISCUSSION PAPERNO. 2008-3
[14]Embrapa Dairy Cattle. http://www.cnpgl.embrapa.br/. Note：dairy-related statistics can be accessed at http://www.cnpgl.embrapa.br/nova/informacoes/estatisticas/estatisticas.php

执笔　中国农业科学院北京畜牧兽医研究所：王加启
新疆农业大学：余　雄
中国农业大学：施正香

附　表

附表 1　奶牛头数、单产水平和总产奶量(1961—2011)

年份	奶牛头数(万头)	总产奶量(万 t)	平均单产(kg/头)
1961	739.62	522.74	706.77
1962	761.76	545.96	716.71
1963	790.76	555.03	701.89
1964	798.55	634.02	793.96
1965	841.67	677.49	804.93
1966	905.05	688.92	761.19
1967	899.69	690.46	767.44
1968	898.96	723.52	804.84
1969	927.39	725.27	782.06
1970	951.50	735.31	772.80
1971	988.00	734.60	743.52
1972	1 002.00	732.30	730.84
1973	975.00	776.30	796.21
1974	1 083.85	902.20	832.40
1975	1 229.37	997.05	811.03
1976	1 285.20	1 066.67	829.96

续表

年份	奶牛头数(万头)	总产奶量(万 t)	平均单产(kg/头)
1977	1 413.82	986.22	697.56
1978	1 415.02	1 008.54	712.74
1979	1 489.91	1 050.30	704.94
1980	1 651.30	1 195.58	724.02
1981	1 649.17	1 167.50	707.93
1982	1 638.67	1 181.65	721.10
1983	1 627.64	1 181.84	726.11
1984	1 674.29	1 230.28	734.81
1985	1 700.00	1 245.28	732.52
1986	1 760.00	1 287.91	731.77
1987	1 777.41	1 339.94	753.87
1988	1 805.36	1 394.11	772.21
1989	1 867.30	1 453.18	778.23
1990	1 907.29	1 493.34	782.96
1991	1 996.41	1 554.66	778.73
1992	2 047.60	1 627.33	794.75
1993	2 002.31	1 607.42	802.78
1994	2 006.83	1 627.28	810.87
1995	2 057.92	1 698.51	825.35
1996	1 627.37	1 908.94	1 173.02
1997	1 704.82	1 924.47	1 128.84
1998	1 728.06	1 927.34	1 115.32
1999	1 739.57	1 966.12	1 130.23
2000	1 788.50	2 038.00	1 139.50
2001	1 819.40	2 114.58	1 162.24
2002	1 900.52	2 231.47	1 174.14
2003	1 925.56	2 294.37	1 191.53
2004	2 002.27	2 420.24	1 208.75
2005	2 062.59	2 538.41	1 230.69
2006	2 094.28	2 618.56	1 250.34
2007	2 112.23	2 613.73	1 237.43
2008	2 158.53	2 844.05	1 317.59
2009	2 243.53	2 908.55	1 296.42
2010	2 292.49	3 071.55	1 339.83
2011	2 322.92	3 209.62	1 381.70

资料来源:FAOSTAT。

附表 2　主要乳制品进口贸易额(1961—2011)

千美元

年份	奶牛黄油	酪乳、凝固乳及酸酪乳	重制奶酪	全脂牛乳奶酪	奶油	提炼乳组分	脱脂牛乳	脱脂奶粉	全脂炼乳	全脂奶粉	全脂淡炼乳	全脂鲜牛奶	乳清粉	酸奶	总额
1961	0	0	0	2	0	0	0	2 935	0	0	0	0	0	0	2 937
1962	79	0	0	35	0	0	0	3 528	0	0	0	0	0	0	3 642
1963	2 189	0	0	1 549	0	0	0	5 518	0	0	0	0	0	0	9 256
1964	6 643	0	0	45	0	0	0	5 178	0	0	0	0	0	0	11 866
1965	73	0	0	5	0	0	0	6 802	0	0	0	0	0	0	6 880
1966	9	0	0	69	0	0	0	10 329	0	0	0	0	0	0	10 407
1967	23	0	0	174	0	0	0	12 368	63	0	0	4	0	0	12 632
1968	1 843	0	0	538	0	0	0	8 368	162	0	0	17	0	0	10 928
1969	189	0	0	332	0	0	0	6 674	297	0	0	11	0	0	7 503
1970	48	0	0	489	0	0	0	13 510	282	0	0	15	0	0	14 344
1971	81	0	0	476	0	0	0	8 659	72	2172	0	12	0	0	11 472
1972	15	0	0	453	0	0	0	8 233	4	0	0	3	0	0	8 708
1973	5 918	0	0	1 350	0	0	0	29 303	76	8 125	0	8	0	0	44 780
1974	1 503	0	0	1 338	0	0	0	18 717	603	6 133	0	1	0	0	28 295
1975	487	0	0	2 331	0	0	0	9 918	654	3 091	0	13	0	0	16 494
1976	1 489	0	0	11 504	0	0	0	4 803	193	6 999	0	2	0	0	24 990
1977	2 040	0	0	15 667	0	0	0	11 057	139	17 138	0	0	0	0	46 041
1978	66	0	0	14 547	0	0	0	4 952	181	6 630	0	0	0	0	26 376
1979	2 001	0	0	1 951	0	0	0	2 152	58	8 697	0	0	0	0	14 859
1980	10 603	0	0	5 783	0	0	0	45 577	190	27 831	0	0	0	0	89 984
1981	56	0	0	443	0	0	0	3 429	110	16 887	0	0	0	0	20 925
1982	1 718	0	0	3 578	0	0	0	4 844	59	12 409	0	0	0	0	22 608
1983	289	0	0	3 405	0	0	0	16 529	11	7 263	0	0	0	0	27 497
1984	1 479	0	0	777	0	0	0	12 025	0	4 799	0	0	0	0	19 080
1985	4 170	0	0	3 628	0	0	0	13 706	0	2 304	0	0	0	0	23 808
1986	35 739	0	0	60 472	0	0	0	125 511	43	58 376	0	0	0	0	28 0141

续表

年份	奶牛黄油	酪乳、凝固乳及酸酪乳	重制奶酪	全脂牛乳奶酪	奶油	提炼乳组分	脱脂牛乳	脱脂奶粉	全脂炼乳	全脂奶粉	全脂淡炼乳	全脂鲜牛奶	乳清粉	酸奶	总额
1987	19 843	0	0	8 832	0	0	0	79 393	0	4 556	0	0	0	0	112 624
1988	2 080	0	0	14 142	0	0	0	4 563	0	2 267	0	0	0	0	23 052
1989	32 407	0	0	38 006	0	0	51	85 917	0	133 692	0	0	0	0	290 073
1990	15 612	0	726	46 845	0	0	0	45 384	6	59 814	0	256	63	0	168 706
1991	20 726	149	1 070	45 175	0	212	35	72 812	0	74 746	0	2 758	24	0	217 707
1992	9 565	599	263	7 866	0	114	0	18 231	434	38 928	0	745	198	0	76 943
1993	15 286	298	0	24 862	943	135	0	50 705	2 794	56 662	0	3 788	496	0	155 969
1994	23 147	74	0	89 969	1 660	221	0	54 452	2 577	90 904	0	4 251	2 835	1	270 091
1995	32 127	76	0	168 759	2 824	2 792	0	101 298	15 048	276 073	126	29 713	5 058	17	63 3911
1996	21 232	3 004	0	102 433	3 369	3 221	0	86 320	13 989	218 561	858	46 306	11 244	143	510 680
1997	10 988	2 426	2 878	65 836	1 988	4 941	3 644	81 546	10 039	209 501	651	54 978	7 158	212	949 531
1998	20 231	2 172	3 780	55 533	3 258	6 578	3 529	66 179	3 841	253 506	1 488	53 181	19 153	316	920 236
1999	17 652	597	1 802	35 184	949	5 698	2 477	69 156	481	242 691	540	33 808	16 359	97	801 581
2000	16 445	693	952	30 323	782	9 251	1 757	55 929	142	207 741	235	27 671	22 087	82	548 998
2001	2 486	561	848	19 853	577	9 757	645	23 591	116	86 797	145	9 604	19 866	62	413 843
2002	6 947	8 517	529	16 116	16	4 249	446	28 515	50	147 069	21	5 804	20 655	1	348 015
2003	4 361	3 693	433	10 987	27	1 584	71	12 044	0	59 770	0	410	15 700	0	194 173
2004	1 229	1 457	610	11 701	80	3 207	18	8 315	53	43 582	0	158	14 683	0	205 088
2005	435	983	610	10 230	44	5 371	46	11 574	20	65 016	0	647	25 019	0	274 615
2006	1 615	1 324	624	18 495	160	7 864	468	20 332	251	68 890	0	5 188	29 409	0	303 081
2007	1 411	2 274	674	17 807	95	7 670	360	11 205	0	60 147	0	1 579	45 239	0	357 802
2008	3 961	777	1 324	25 940	138	13 239	301	27 339	0	91 839	0	1 414	43 069	0	454 143
2009	13 778	2 878	1 459	43 751	228	5 616	472	23 416	0	123 764	0	3 759	25 681	0	547 076
2010	5 428	1 019	2 755	72 855	91	3 255	322	46 257	0	129 246	0	2 775	38 271	0	828 953
2011	4 958	938	3 801	123 314	58	8 786	22	118 132	0	217 174	0	9 377	40 119	0	526 679

资料来源：FAOSTAT。

附表 3　主要乳制品出口贸易额(1961—2011)

千美元

年份	奶牛黄油	酪乳、凝固乳及酸酪乳	重制奶酪	全脂牛乳奶酪	奶油	提炼乳组分	脱脂牛乳	脱脂奶粉	全脂炼乳	全脂奶粉	全脂淡炼乳	全脂鲜牛奶	乳清粉	酸奶	总额
1961	0	0	0	0	0	0	0	0	0	0	0	0	0	0	0
1962	0	0	0	0	0	0	0	0	0	0	0	0	0	0	0
1963	0	0	0	1	0	0	0	0	0	0	0	0	0	0	1
1964	0	0	0	3	0	0	0	0	0	0	0	0	0	0	3
1965	0	0	0	0	0	0	0	0	0	0	0	0	0	0	0
1966	0	0	0	1	0	0	0	0	0	0	0	0	0	0	1
1967	2	0	0	1	0	0	0	3	0	0	0	0	0	0	6
1968	2	0	0	2	0	0	0	226	0	0	0	0	0	0	230
1969	0	0	0	7	0	0	0	7	0	0	0	0	0	0	14
1970	4	0	0	362	0	0	0	25	0	0	0	0	0	0	391
1971	1	0	0	119	0	0	0	30	0	0	0	0	0	0	150
1972	1 589	0	0	229	0	0	0	56	525	0	0	0	0	0	2 399
1973	51	0	0	0	0	0	0	22	301	0	0	0	0	0	374
1974	8	0	0	0	0	0	0	22	143	0	0	0	0	0	173
1975	15	0	0	0	0	0	0	64	0	36	0	0	0	0	115
1976	108	0	0	0	0	0	0	453	80	415	0	0	0	0	1 056
1977	20	0	0	3	0	0	0	4	0	0	0	0	0	0	27
1978	5 366	0	0	0	0	0	0	12	30	11	0	0	0	0	5 419
1979	349	0	0	564	0	0	0	792	6	0	0	0	0	0	1 711
1980	1 410	0	0	851	0	0	0	12	1 479	1 471	0	0	0	0	5 223
1981	10 901	0	0	144	0	0	0	38	121	106	0	0	0	0	11 310
1982	1 040	0	0	21	0	0	0	160	60	44	0	0	0	0	1 325
1983	4 642	0	0	3	0	0	0	5	53	80	0	0	0	0	4 783
1984	714	0	0	7	0	0	0	118	274	217	0	0	0	0	1 330
1985	126	0	0	111	0	0	0	221	149	428	0	7	0	0	1 042
1986	85	0	0	125	0	0	0	36	36	95	0	23	0	0	400

续表

年份	奶牛黄油	酪乳、凝固乳及酸酪乳	重制奶酪	全脂牛乳奶酪	奶油	提炼乳组分	脱脂牛乳	脱脂奶粉	全脂炼乳	全脂奶粉	全脂淡炼乳	全脂鲜牛奶	乳清粉	酸奶	总额
1987	189	0	0	71	0	0	0	112	417	512	0	87	0	0	1 388
1988	140	0	0	94	5	0	0	2 816	99	333	0	46	0	53	3 586
1989	47	179	0	39	19	0	7	0	2	121	4	29	0	1 004	1 451
1990	0	0	0	54	14	0	20	0	43	64	73	252	0	0	520
1991	72	34	0	709	480	0	7	29	285	97	23	371	0	0	2 107
1992	218	13	0	1 848	3	0	1	2 319	499	5 089	6	28	0	0	10 024
1993	11	25	0	1 224	2	0	0	13 806	601	6 980	11	0	0	2	22 662
1994	1	3	0	871	0	0	3	22	1 134	641	39	1	0	11	2 726
1995	4	1	0	2 998	12	0	0	52	2 165	468	128	11	0	8	5 847
1996	0	10	0	1 821	36	0	0	6	1 797	13 666	19	1	1	1	17 358
1997	3 460	277	0	1 466	41	0	0	99	1 088	2 729	8	37	1	1	9 207
1998	165	345	1 758	1 157	30	0	0	250	1 273	2 434	11	0	1	157	7 581
1999	82	492	1 931	714	120	436	0	323	2 392	218	2	0	18	42	6 770
2000	163	881	5 132	187	418	18	0	18	3 991	588	4	0	19	299	11 718
2001	2 504	4 404	4 873	338	1 746	9	1	808	6 433	1 048	2	0	31	611	22 808
2002	447	5 715	2 872	1 164	3 737	15	4	4 340	18 648	2 093	130	34	14	140	39 353
2003	108	1 519	2 923	2 387	1 462	57	32	5 354	25 509	4 995	0	81	4	143	44 574
2004	134	1 748	4 172	3 816	2 841	6	22	3 204	26 172	44 513	356	25	10	98	87 117
2005	3 041	1 394	5 391	9 299	2 009	67	11	8 717	33 479	51 038	616	173	14	167	115 416
2006	2 085	1 253	7 375	6 092	5 828	29	4	7 769	59 654	36 678	3 486	60	1	1	130 315
2007	9 274	2 840	10 463	6 532	8 541	12	17	15 767	41 361	165 858	1 902	1 825	3	18	264 413
2008	12 605	3 128	14 673	7 579	10 764	7	7	1 857	69 008	377 190	4 576	40	27	1	501 462
2009	5 457	3 861	12 825	6 613	9 463	2	13	2 321	49 065	49 919	6 192	26	2	1	145 760
2010	16 057	3 191	10 186	5 007	18 573	4	8	1	53 663	19 795	887	16	4	457	127 849
2011	4 000	3 108	7 376	4 902	13 969	2	17	0	51 349	5 581	15	40	38	85	90 482

资料来源：FAOSTAT。

附表 4　主要乳制品进口贸易量(1961—2011)

t

年份	奶牛黄油	酪乳、凝固乳及酸酪乳	重制奶酪	全脂牛乳奶酪	奶油	提炼乳组分	脱脂牛乳	脱脂奶粉	全脂炼乳	全脂奶粉	全脂淡炼乳	全脂鲜牛奶	乳清粉	酸奶	总额
1961	0	0	0	3	0	0	0	10 610	0	0	0	0	0	0	10 613
1962	117	0	0	44	0	0	0	12 540	0	0	0	0	0	0	12 701
1963	2 902	0	0	2 191	0	0	0	19 030	0	0	0	0	0	0	24 123
1964	7 965	0	0	56	0	0	0	19 880	0	0	0	0	0	0	27 901
1965	89	0	0	6	0	0	0	21 530	0	0	0	0	0	0	21 625
1966	11	0	0	93	0	0	0	24 553	0	0	0	0	0	0	24 657
1967	20	0	0	164	0	0	0	25 640	160	0	0	11	0	0	25 995
1968	4 472	0	0	483	0	0	0	14 870	469	0	0	57	0	0	20 351
1969	323	0	0	365	0	0	0	12 150	795	0	0	36	0	0	13 669
1970	64	0	0	578	0	0	0	22 003	785	0	0	51	0	0	23 481
1971	80	0	0	491	0	0	0	12 581	195	2 300	0	29	0	0	15 676
1972	9	0	0	434	0	0	0	11 832	10	0	0	9	0	0	12 294
1973	6 309	0	0	972	0	0	0	45 400	63	8 586	0	10	0	0	61 340
1974	1 368	0	0	775	0	0	0	19 220	796	4 338	0	1	0	0	26 498
1975	415	0	0	1 285	0	0	0	11 897	881	2 272	0	9	0	0	16 759
1976	1 515	0	0	8 418	0	0	0	11 487	190	7 012	0	5	0	0	28 627
1977	1 756	0	0	8 429	0	0	0	28 083	144	18 348	0	0	0	0	56 760
1978	41	0	0	6 863	0	0	0	8 571	174	3 189	0	0	0	0	18 838
1979	1 063	0	0	1 024	0	0	0	4 095	50	5 787	0	0	0	0	12 019
1980	6 257	0	0	2 057	0	0	0	46 216	107	15 538	0	0	0	0	70 175
1981	14	0	0	178	0	0	0	2 141	65	5 883	0	0	0	0	8 281
1982	603	0	0	1 378	0	0	0	3 083	42	4 438	0	0	0	0	9 544
1983	108	0	0	1 470	0	0	0	15 942	6	2 780	0	0	0	0	20 306
1984	956	0	0	461	0	0	0	27 744	0	2 022	0	0	0	0	31 183
1985	2 680	0	0	1 547	0	0	0	26 391	0	4 616	0	0	0	0	35 234
1986	32 724	0	0	27 605	0	0	0	173 538	278	40 533	0	0	0	0	274 678

续表

年份	奶牛黄油	酪乳、凝固乳及酸酪乳	重制奶酪	全脂牛乳奶酪	奶油	提炼乳组分	脱脂牛乳	脱脂奶粉	全脂炼乳	全脂奶粉	全脂淡炼乳	全脂鲜牛奶	乳清粉	酸奶	总额
1987	29 560	0	0	4 423	0	0	0	98 240	0	2 837	0	0	0	0	135 060
1988	1 465	0	0	6 842	0	0	0	3 726	0	1 051	0	0	0	0	13 084
1989	15 516	0	0	13 512	0	0	30	41 684	0	63 494	0	0	0	0	134 236
1990	12 702	0	291	29 718	0	0	0	27 151	4	30 557	0	442	82	0	100 947
1991	12 803	131	380	18 238	0	111	16	51 437	0	44 111	0	8 380	20	0	135 627
1992	4 912	546	75	2 435	0	28	0	10 871	349	19 927	0	3 169	202	0	42 514
1993	8 855	234	0	8 047	881	225	0	29 526	2 736	28 835	0	7 415	520	0	87 274
1994	13 735	38	0	34 071	2 147	291	0	31 600	2 366	54 928	0	9 662	5 300	1	154 139
1995	15 893	35	0	89 345	2 584	2 409	0	53 483	11 221	216 913	153	56 565	7 320	16	455 937
1996	10 291	3 372	0	33 866	3 626	3 186	0	68 976	11 224	115 586	353	89 272	18 767	38	358 557
1997	6 186	2 101	673	20 388	1 768	3 667	7 870	37 880	6 596	101 169	456	113 387	9 505	129	311 775
1998	10 396	1 837	1 098	18 379	3 082	4 462	8 651	36 987	2 625	133 742	1744	126 251	27 078	154	376 486
1999	11 373	407	567	14 913	1 299	4 669	8 126	46 122	514	145 983	726	116 072	25 801	79	376 651
2000	10 372	393	303	10 986	868	10 615	5 785	30 430	155	108 609	91	89 939	32 684	39	301 269
2001	1 786	268	311	6 727	635	8 186	2 410	10 640	118	42 838	54	36 077	29 261	23	139 334
2002	7 545	15 265	163	7 798	23	3 463	2 033	17 602	17	96 206	18	25 504	33 168	1	208 806
2003	3 170	6 788	96	4 498	23	819	258	6 765	0	32 667	0	1 651	25 118	0	81 853
2004	642	833	121	3 895	101	1 210	41	4 060	11	21 099	0	570	22 813	0	55 396
2005	203	678	123	3 084	54	1 832	97	5 181	4	28 968	0	2 164	29 942	0	72 330
2006	778	629	117	4 803	191	2 110	1 252	9 107	110	30 733	0	14 082	28 437	0	92 349
2007	455	1 074	133	3 561	90	1 434	959	3 633	0	19 077	0	4 211	28 007	0	62 634
2008	1 158	160	215	3 881	74	2 195	564	7 111	0	22 962	0	2 504	36 179	0	77 003
2009	6 568	2 537	205	10 634	161	1 883	1 110	10 522	0	57 206	0	8 439	26 725	0	125 990
2010	1 671	344	430	13 845	29	1 244	636	14 144	0	37 958	0	4 785	28 905	0	103 991
2011	922	262	435	20 717	12	2 243	20	31 117	0	54 828	0	14 427	22 774	0	147 757

资料来源：FAOSTAT。

附表 5　主要乳制品出口贸易量(1961—2011)

t

年份	奶牛黄油	酪乳、凝固乳及酸酪乳	重制奶酪	全脂牛乳奶酪	奶油	提炼乳组分	脱脂牛乳	脱脂奶粉	全脂炼乳	全脂奶粉	全脂淡炼乳	全脂鲜牛奶	乳清粉	酸奶	总额
1961	0	0	0	0	0	0	0	0	0	0	0	0	0	0	0
1962	0	0	0	0	0	0	0	0	0	0	0	0	0	0	0
1963	0	0	0	1	0	0	0	0	0	0	0	0	0	0	1
1964	0	0	0	4	0	0	0	0	0	0	0	0	0	0	4
1965	0	0	0	0	0	0	0	0	0	0	0	0	0	0	0
1966	0	0	0	1	0	0	0	0	0	0	0	0	0	0	1
1967	3	0	0	1	0	0	0	20	0	0	0	0	0	0	24
1968	2	0	0	3	0	0	0	426	0	0	0	0	0	0	431
1969	0	0	0	10	0	0	0	8	0	0	0	0	0	0	18
1970	4	0	0	333	0	0	0	26	0	0	0	0	0	0	363
1971	1	0	0	105	0	0	0	25	0	0	0	0	0	0	131
1972	1 908	0	0	171	0	0	0	44	1 525	0	0	0	0	0	3 648
1973	65	0	0	0	0	0	0	16	745	0	0	0	0	0	826
1974	4	0	0	0	0	0	0	12	353	0	0	0	0	0	369
1975	7	0	0	0	0	0	0	20	0	17	0	0	0	0	44
1976	55	0	0	0	0	0	0	220	62	205	0	0	0	0	542
1977	7	0	0	1	0	0	0	2	0	0	0	0	0	0	10
1978	6 090	0	0	0	0	0	0	5	19	4	0	0	0	0	6 118
1979	367	0	0	129	0	0	0	324	2	0	0	0	0	0	822
1980	515	0	0	206	0	0	0	4	841	819	0	0	0	0	2 385
1981	4 946	0	0	56	0	0	0	8	68	61	0	0	0	0	5 139
1982	430	0	0	3	0	0	0	43	33	26	0	0	0	0	535
1983	3 265	0	0	0	0	0	0	3	43	24	0	0	0	0	3 335
1984	459	0	0	3	0	0	0	40	261	101	0	0	0	0	864
1985	48	0	0	58	0	0	0	134	132	216	0	8	0	0	596
1986	31	0	0	43	0	0	0	17	31	47	0	46	0	0	215

续表

年份	奶牛黄油	酪乳、凝固乳及酸酪乳	重制奶酪	全脂牛乳奶酪	奶油	提炼乳组分	脱脂牛乳	脱脂奶粉	全脂炼乳	全脂奶粉	全脂淡炼乳	全脂鲜牛奶	乳清粉	酸奶	总额
1987	40	0	0	22	0	0	0	45	234	152	0	150	0	0	643
1988	127	0	0	22	2	0	0	3 069	39	89	0	68	0	14	3 430
1989	32	114	0	6	2	0	3	0	1	38	1	22	0	1772	1991
1990	0	0	0	9	4	0	13	0	12	12	29	84	0	0	163
1991	24	25	0	202	126	0	2	5	219	23	4	238	0	0	868
1992	43	3	0	516	0	0	1	1 341	305	1435	3	48	0	0	3 695
1993	3	26	0	317	1	0	0	9 009	431	4 404	3	0	0	2	14 196
1994	0	4	0	215	0	0	2	7	745	344	13	1	0	7	1 338
1995	3	0	0	954	6	0	0	14	1 229	119	67	15	0	1	2 408
1996	0	12	0	462	15	0	0	1	948	5 340	7	0	1	0	6 786
1997	1 994	245	0	337	14	0	0	28	576	990	2	62	1	1	4 250
1998	84	303	444	284	9	0	0	74	631	974	7	0	0	71	2 881
1999	81	481	613	212	92	146	0	78	2 373	81	1	0	8	29	4 195
2000	99	838	1 909	47	360	13	0	7	4 544	214	2	0	18	423	8 474
2001	2 294	3 743	1 813	118	1 710	8	0	487	7 395	538	2	0	26	235	18 369
2002	370	5 904	1 252	462	4 321	12	2	2 707	23 045	1 376	85	72	14	87	39 709
2003	80	2 110	1 551	972	1 563	27	63	2 802	29 807	2 969	0	177	3	88	42 212
2004	98	2 319	2 099	1 469	2 972	6	42	1 745	31 297	21 923	345	51	7	60	64 433
2005	1 616	1 795	2 499	3 083	1 532	15	22	4 128	32 538	24 512	614	350	8	49	72 761
2006	1 251	1 492	2 996	1 847	4 950	20	5	3 494	49 046	17 448	3 402	71	1	0	86 023
2007	3 365	1 971	3 584	1 567	6 118	7	15	4 360	27 811	41 585	1 660	2 051	1	8	94 103
2008	3 838	1 870	3 749	1 436	5 827	3	11	421	37 798	82 891	2 722	21	5	0	140 592
2009	1 963	2 127	3 782	1 506	5 513	0	17	1 003	30 557	12 923	4 506	12	1	0	63 910
2010	4 502	1 548	2 624	1 049	8 767	4	10	0	28 179	5 071	676	20	2	225	52 677
2011	1 125	1 553	1 707	960	5 572	1	8	0	24 044	1 217	2	30	30	44	36 293

资料来源：FAOSTAT。

阿根廷奶业发展报告

摘要:该报告对近50年阿根廷奶业发展概况、奶业科技进展、原料奶质量控制与计价体系、科技推广体系和促进奶业发展的主要政策进行综合汇总,旨在通过了解阿根廷的发展情况,借鉴其发展经验,结合我国奶业资源、科研等实际情况,提高我国奶业发展水平。

阿根廷以荷斯坦为主要奶牛品种,奶牛饲养方式主要以放牧为主,舍饲为辅。全国约有11 500多个奶牛养殖场,平均存栏150多头,年平均单产近4 500 kg。奶牛养殖主要分布于科尔多瓦省(占全国37%)、圣达菲省(32%)和布宜诺斯艾利斯省(25%),三个省区奶牛存栏占全国的94%。原奶价格偏低,目前阿根廷有15家规模比较大的牛奶加工厂,这15家工厂的产量占全国牛奶产量的60%~65%。没有第三方经营的生鲜乳收购站。阿根廷的乳制品主要是奶酪类,加工量约占牛奶总产量的50%;其次是奶粉,占牛奶总产量的24%;再者是液态牛奶,主要是巴氏杀菌和灭菌牛奶,约占19%;其他占7%。乳制品质量较好、成本较低,出口竞争力强,阿根廷一直是南美洲主要乳制品出口国,出口量约占全国乳制品产量的20%。

在选育和改良中,阿根廷综合考虑了产奶性能、养殖效益和适应性等因素,并结合良好的饲料条件,培育了本土荷斯坦奶牛品种。专门构建了针对阿根廷牧场放牧饲养方式下的奶牛牧草采食量模型,用以指导生产。奶牛养殖卫生保健条件较好,国家和省级卫生部门十分重视疫苗接种工作,大部分养殖场杜绝了结核菌的感染。注重通过农牧结合来解决养殖业的污染问题。

阿根廷的主要科技推广体系有阿根廷牛奶行业中心(CIL),这是一个非营利性质的民间组织,中心的宗旨是加强成员间的合作,促进利于行业发展的相关立法的制定,提高整个行业的科技发展水平,利用各种渠道提升行业生产效率并促进产品销售。阿根廷食品工业协会(COPAL)合作组织,与阿根廷国家工业技术协会(INTI)合作创办"牛奶工业技术研究中心",也是阿根廷重要的科技推广机构。

阿根廷促进奶业发展的主要政策涵盖以下几个方面:一是促进奶业生产政策。奶农通过合作社与乳品企业形成了利益共同体,遇到自然灾害或其他紧急状况,阿根廷会紧急进行财政补贴或援助。二是促进奶业加工政策。阿根廷根据乳制品加工企业的规模,确定其业务范围,确保乳制品质量,建立了严格的乳制品质量管理体系,企业都需通过ISO质量认证,实施HACCP规范。三是促进奶业贸易政策。国家层面,与出口国建立合作关系,为乳制品出口铺平道路。如2011年,中阿签署乳业合作谅解备忘录。四是促进奶业消费政策。保持高度内销。为了控制奶制品价格不断上涨,政府部门提案确保国内乳制品价格稳定,同时设定了乳制品出口最高价格,以及对牛奶加工企业提供财政补贴。

纵观阿根廷奶业的发展,值得我们借鉴的主要经验如下:一是经营模式方面的经验。采用合作经营方式组织广大农户的奶业生产。二是产业政策方面的经验。不设第三方经营的生鲜乳收购站;生鲜乳及乳制品实施第三方检测。通过实施第三方检测,进一步完善对生鲜乳生产及收购环节的监督管理,强化生鲜乳质量安全源头管理;进一步理顺奶农和乳品加工企业的利益关系,逐步实行生鲜乳收购以质优价;有效解决农企双方有关质量判定方面的矛盾和纠纷,维护双方利益,促进奶农主动提高生鲜乳质量,提升乳品企业自身质量控制水平,保障消费者的健康。

关键词:阿根廷　奶业　发展

1　奶业发展基本情况

阿根廷位于南美洲东南部,国土面积 278 万 km^2,位居世界第八位。耕地面积 26.62 万 km^2,农牧业发达,是世界粮食和肉类的重要生产国和出口国,素有"世界粮仓肉库"之称。丰富的土地和饲草料资源为阿根廷奶业发展奠定了基础,2011 年全国奶牛存栏 233.57 万头,生鲜乳产量 1 120.60 万 t,是南美洲第二大牛奶生产国。阿根廷奶业主产区分布见图 1。

图 1　阿根廷奶业主产区分布图

资料来源:FAOSTAT。

1.1　奶牛养殖业发展

1880 年,阿根廷前总统 Julio A. Roca 从荷兰将荷斯坦奶牛带到了阿根廷布宜诺斯艾利斯省的科尔多瓦、圣达菲和佩尔加米诺北部,并于 1890 年在阿根廷皇家农业协会组织的第七届全国奶牛展上展出。过去,阿根廷奶牛的主要品种是乳肉兼用型弗里赛。现在,阿根廷也和世界上其他国家一样,以荷斯坦为最主要奶牛品种。奶牛饲养方式以放牧为主,舍饲为辅,日粮由 60%～70%的粗饲料(放牧、干草或青贮)和 30%～40%的谷物或其他副产物组成,这种饲养方式与遗传改良结合,经过数十年的发展,使得阿根廷荷斯坦奶牛表现出较好的饲料转化效率。

阿根廷近 50 年来奶牛养殖基本情况见图 2。

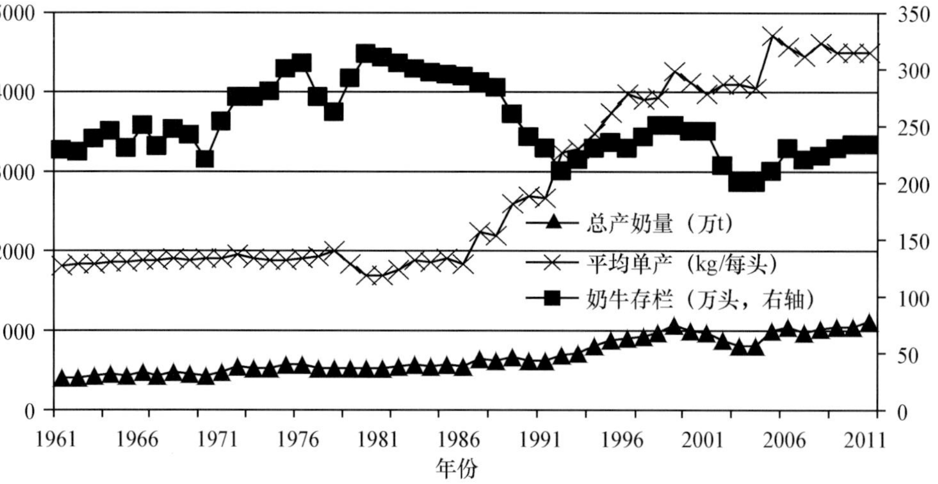

图 2　阿根廷近 50 年来奶牛养殖基本情况

资料来源：FAOSTAT。

阿根廷共有 11 500 多个奶牛养殖场，平均每场存栏 150 多头。奶牛养殖主要分布于科尔多瓦省（占全国 37％）、圣达菲省（32％）和布宜诺斯艾利斯省（25％），三个省区奶牛存栏占全国的 94％。牛奶生产先后经历增长—减少—增长的过程，目前正趋于稳定。据统计，尽管个别年份有些下降，但是从 1961 年开始，阿根廷牛奶产量一直持续增加，1990 年全国生鲜乳产量 628 万 t，增加了 213 万 t，平均每年增幅为 1.72％。从 1990 年到 1999 年进入快速增长的阶段，达到最高峰 1 037 万 t，平均增幅达到 7.26％。2000 年受经济危机的影响，生鲜乳产量持续下降到 2004 年的 810 万 t，近年来逐步恢复增长，2011 年已接近历史最高水平1 120万 t。

在过去 50 年中，阿根廷奶牛存栏经历了先增长后降低的发展模式，自 20 世纪 60 年代至 80 年代，奶牛存栏逐年升高，从 1961 年的 229 万头增至 1980 年的 313 万头；随后，奶牛存栏逐年减少，到 2010 年，阿根廷奶牛存栏 234 万头。奶牛平均单产总体呈现先增加后降低，之后逐步增长的趋势，1980 年单产最低，仅为 1 698 kg/头，2005 年达到最高，为 4 719 kg/头，目前平均单产在 4 500 kg/头左右。从数据可以看出，20 世纪 80 年代初，阿根廷奶牛总数迅速增加，但个体单产较低，总奶产量并未有显著增加。90 年代，奶牛总数有所下降，维持在 210 万～260 万头之间，单产持续增加。

阿根廷奶牛饲养以放牧为主，舍饲为辅，放牧与舍饲的主要牧草是苜蓿。除了苜蓿以外，还使用大量储备饲料，主要是干草和青贮饲料，以及一些精料补充料。总体而言，由于放牧及饲料加工相对粗放，阿根廷奶牛单产水平整体不高。

阿根廷奶业生产的规模化程度较高，多数为大中型规模牛场，生产效率高，技术先进，生产规范。小规模奶牛场，由于生产效率低，正逐渐被淘汰出局。阿根廷是南美 3 个奶业国家中原奶价格偏低的国家，近几年原奶的价格均低于 2.5 元/kg。

阿根廷奶牛养殖业较好的回报促使生产者继续提高管理效率，提高产奶量水平。然而近年来，阿根廷奶业发展起伏不定，虽然养殖规模有所扩大，但养殖技术水平和资本投入没有明显的提高。发展缓慢的另一个原因是牧场面积有下降的趋势。虽然奶牛养殖的回报高于大豆种植，但由于大豆种植的投入较低、管理简单，在很大程度上形成了与奶牛竞争用地的局面，土地使用成本的提高在一定程度上阻碍了奶牛养殖业的快速扩张。

1.2　乳品加工业发展

1.2.1　乳制品产量

阿根廷的乳制品以奶酪类为主，加工量约占牛奶总产量的 50％；其次是奶粉，占牛奶总产量的 24％；再者是液态牛奶，主要是巴氏杀菌奶和灭菌牛奶，约占 19%；其他占 7%。

2010 年奶牛场生产的原料奶 1 050 万 t，其中 7.4%（约 77.7 万 t）的原料奶用作它用，如犊牛饮用、人鲜饮，其余 74.6%与 18.0%的原料奶分别用于加工乳产品与生产液态奶。所加工的乳产品中：奶酪 58.03 万 t，占 32.9%；酸奶 49.08 万 t，占 31.0%，奶粉 23.89 万 t，占 15.1%，炼乳 13.10 万 t，占 8.3%，黄油 5.1 万 t，占 3.1%，其他乳制品 15.12 万 t，占 9.6%。所加工的液态奶中：巴士杀菌奶 11.82 亿 L，占 66.0%，消毒奶 50 600万 L，占 29.1%，巧克力奶 9 200 万 L，占 4.8%。

从附表 2 数据可以看出，自 1951—2011 年期间，阿根廷奶油产量整体呈先降低后增加的趋势，在 20 世纪 80 年代初，奶油产量开始逐步增加，目前已接近 1961 年的产量，近五年来产量比较平稳。脱脂乳的生产与奶油生产趋势相同，近十年来年产量在 80 万 t 左右。而干酪产量在 1961—2002 年期间持续增加，在 2003—2007 年期间略有下降，年产量保持在 36 万 t 左右，2007 年之后年产量继续保持增加趋势。

乳制品加工量及加工比例见图 3 和图 4。

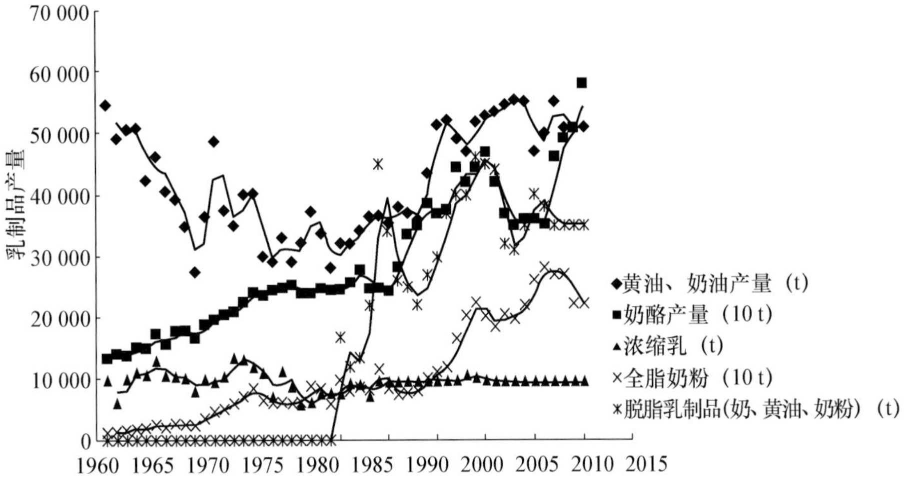

图 3 阿根廷近 50 年来乳制品加工量统计

资料来源：FAOSTAT。

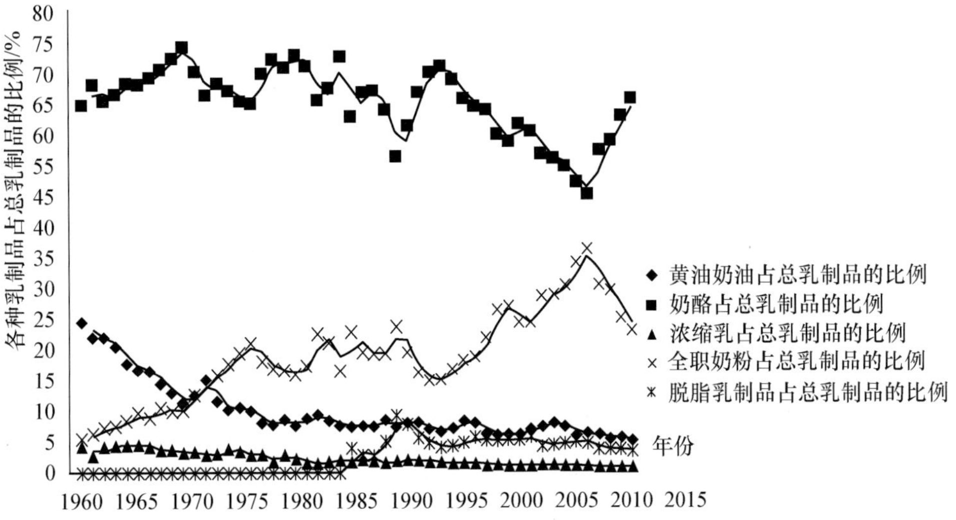

图 4 阿根廷近 50 年来乳制品加工比例

资料来源：FAOSTAT。

1.2.2　乳品加工企业类型

阿根廷共有乳品加工厂 890 家，其中科尔多瓦省 342 家、布宜诺斯艾利斯省 276 家、圣塔菲省 197 家、恩德列里欧省 51 家、拉潘帕省 24 家，分别占总数的 38.43%、31.01%、22.13%、5.73%与 2.70%。

阿根廷有 15 家规模较大的乳品加工厂，加工量占全国牛奶产量的 60%～65%。生鲜乳生产者与加工者之间形成了有效对接，没有第三方经营的生鲜乳收购站。

乳制品加工业由众多加工规模不等的企业组成，大致可以划分成 3 大类：一是由 10～12 家企业组成，每家日加工生鲜乳平均超过 400 t，总计加工量占全国生鲜乳总产量的 50%～55%。这部分企业产品多样化，具有对外出口资格和业务。二是由 90～100 家企业组成，每家日加工生鲜乳平均 40～400 t，总计加工量占全国生鲜乳总产量的 25%。这部分企业主要经营产品是奶酪，大部分都没有出口业务。三是由 1 000 家以上专门从事奶酪生产的乳制品加工厂组成，每家日加工生鲜乳平均 40 t，总计加工量占全国生鲜乳总产量的 20%～25%，这些企业专门从事特色奶制品加工，如奶酪、奶油、炼乳等。

1.2.3　阿根廷乳品加工业的特点

为确保乳制品质量，阿根廷乳制品生产建立了严格的质量管理体系，很多企业通过 ISO（国际标准化组织）质量认证和实施了 HACCP（危害与关键点控制）。同时各企业也根据 ISO、IDF（国际乳业联盟）、AOAC（国际官方化学分析协会）所制定的标准对产品进行严格的检验。最终确保产品质量满足主要进口国的要求。

乳品工业的特点。第一，采用了在拉美国家中最先进的生产工艺技术，生产高附加产值的产品，如奶粉、奶酪与酸奶等乳制品；第二，加强并改善杀菌系统，生产过程高度自动化，包装与运输技术都很先进（龙头企业均拥有大型自动化物流配送中心）；第三，注重产品创新，阿根廷的产品比大部分拉丁美洲其他国家的产品更具特色；第四，生产中严格执行国际标准，产品符合质量标准要求，许多龙头企业都通过了 BMP、ISO 与 HACCP 认证；第五，阿根廷的奶牛所采食的是天然牧草，对有重大动物疫病的牛场，实行扑杀制度；第六，奶酪副产品乳清得到普遍利用。

1.3　乳品消费发展

阿根廷是全球乳制品消费排名最高的国家之一，目前年人均消费 210 kg 牛奶。全国生产的牛奶约有 80%是在国内市场销售。

消费量最高的是各种奶酪产品，主要产品有软质品种（Cuartirolo 夸提洛罗、Cremoso 奶油、PorSalut 波特萨鲁特）、半硬品种（Pategras 派特格司、Gouda 高达、Danbo 丹波、Edam 艾登、Gruyere 格瑞尔以及其他品种）和硬质品种（Reggianito 雷吉亚尼托、Provolone 菠罗伏洛、Sardo 萨尔多）。其次是液态奶产品，主要是巴氏灭菌奶、超高温灭菌奶。再者是奶粉产品。

1.4　乳制品贸易发展

阿根廷的牛奶生产成本较低，均在 1.7 元/kg 以下；同时，由于乳制品质量较好，出口竞争力强，阿根廷一直是南美洲主要乳制品出口国，出口量约占乳制品总产量的 20%。乳制品 25%出口到巴西、16%出口到委内瑞拉，其他有关国家的出口比重分别为：阿尔及利亚 11%、智利 5%、中国 4%、日本 3%、俄罗斯 3%、其余 97 个国家 33%。在开发新的国际市场上，阿根廷特别重视中国大陆市场，在 2010 年就与中国制定了详细的合作计划。阿根廷还是继欧盟、新西兰、澳大利亚、美国、乌克兰之后的第六大奶酪出口大国。

从附表 3 和附表 4 可知，在过去 50 年中，阿根廷奶油的出口量和出口额变化较大，但近 10 年来，奶油的出口量明显增加，2010 年奶油出口量和出口额达历史最高，出口量达到 19 345 t，出口额达到 8 556.4 万美元;全脂牛乳酪出口量和出口额在过去50年也呈现总体的升高趋势;从1961年至1990年液态奶出口量和出口额处于较低水平,从1990年至2000年,液态奶出口量和出口额显著增加,进入21世纪液态奶出口量和出口额减少,但近年有增加的趋势。

在过去50年中,阿根廷奶油的进口量和进口额出现过3次波动,分别为1970年,1980年和1990年,尤其20世纪90年代波动最明显;全脂牛乳酪的进口量和进口额出现过两次高峰期,分别为1980年前后以及1990—2000年阶段,但近年来进口量和进口额有升高趋势;液态奶的进口高峰出现在20世纪90年代,2005年前后也出现过液态奶进口量和进口额的波动,总体来看,液态奶的进口量和进口额较平稳。

阿根廷近50年奶酪净出口情况统计见图5。

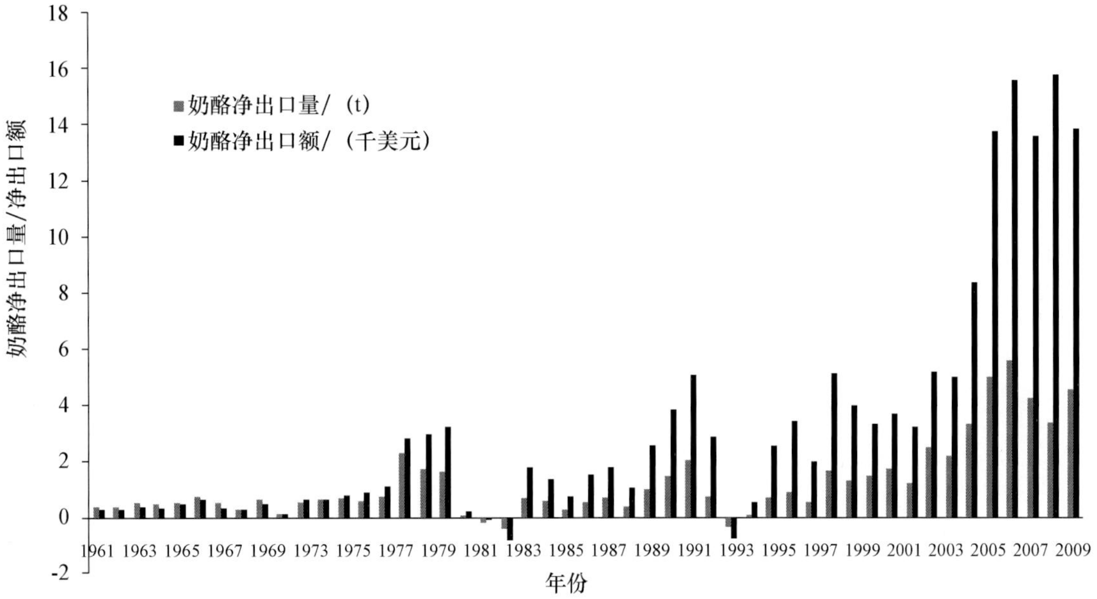

图5 阿根廷近50年牛奶奶酪净出口情况统计

资料来源:FAOSTAT。

2 奶业科技进展

2.1 奶牛育种与繁殖技术

很长一段时间,阿根廷主要奶牛品种是乳肉兼用型弗里赛。1944年,阿根廷荷斯坦奶牛育种协会统筹育种工作,根据自身资源和气候特点,对荷斯坦奶牛进行改良。1981年,政府授权奶牛育种协会对非纯种荷斯坦奶牛进行逐一登记,制定国家牛群改良计划,官方牛奶控制系统在阿根廷荷斯坦奶牛育种协会指导下实施阿根廷的育种工作。对具有连续三代生产记录、系谱清晰的奶牛即可计入荷斯坦牛群手册。目前,95%的奶牛都是荷斯坦及荷斯坦品种的改良牛。经过长时间的努力提高了荷斯坦奶牛的生产性能,并将优良品种出口到其他国家。在选育和改良中,阿根廷综合考虑了产奶性能、养殖效益和适应性等因素,并结合饲料条件,形成的改良品种不仅有较好的产奶性能,而且也表现出较好的饲料转化效率,深受广大牧场主的喜爱。

牛群选育和遗传改良在各个牧场都很普及,据ABIA(2008)统计数据,一半以上的奶牛采用经过选育的公牛的精液,繁殖上主要采用人工授精,人工授精两次失败后,普遍采用种公牛自然交配。此外,为加快奶牛品种改良,还经常引进北美一些高品质的冻精、胚胎等。为生产含有特定功能蛋白的牛奶,阿根廷也开展了转基因技术的研究与应用。另外,针对实际生产中出现的繁殖问题,开展了相关研究,以期提高奶牛繁殖性能，从繁殖上降低饲养成本。在阿根廷，大多数奶牛子宫内膜炎都采用前列腺素（PGF(2alpha)及其类似物治疗，直至痊愈方可进行人工授精。

2.2 奶牛饲料与营养技术

阿根廷潘帕斯草原的自然条件非常适宜奶牛的生长。牛群天然放养，以苜蓿、干草和青贮饲料等青、粗饲料为主，补充少量精料。精料的使用很普遍，约 96％的牧场均采用精料，精料组成包括 47％的商品精料和 28％的玉米（主要为场内种植）以及一些高粱、小麦副产物、棉籽等。由于阿根廷中东部奶牛主要的养殖区域同样是阿根廷的主要粮食产区，奶牛养殖业与粮食作物种植业存在土地上的竞争，一些牧场还采用牧草与农作物轮作制度。由于放牧及饲料加工相对粗放，阿根廷奶牛单产水平整体不高。为提高奶牛单产、牧场载畜量和经济效益，2006 年，Baudracco 等专门构建了放牧饲养方式下奶牛牧草采食量模型，用于指导生产。通过加强奶牛健康状况、遗传水平、饲养管理水平和日粮配制水平，奶牛生产性能正逐步提高。

图 6 可以看出，阿根廷奶牛饲养均采用放牧＋补饲的模式，粗放式约 60％的日粮来自草场，而集约饲养模式下牧场放牧所占的比例低，约 36％。补饲主要以玉米青贮、干草和精料为主。由于受气候环境的制约，阿根廷牛奶产量每年都会出现一些浮动。

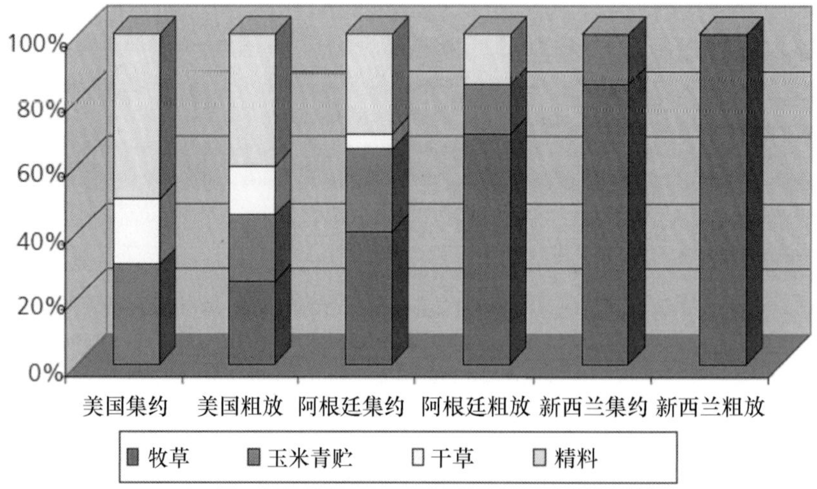

图 6　不同饲养模式奶牛对放牧草场、青贮、干草和精饲料的依赖程度

资料来源：Comeron，2008。

阿根廷奶牛生产中的机械设备包括牧草收割、打捆、干燥、贮存等机械设备以及 TMR 设备，TMR 设备主要有 24 m^3 和 32 m^3 两种规格。意大利饲料机械企业司达特还在阿根廷圣达菲省的 Sunchales 设立专门的分支机构，为保障阿根廷机械设备的正常运行和推广应用提供良好的服务。一些规模较大的牧场采用了奶牛个体识别技术，实现了根据单头奶牛生产性能进行生产的智能化和精细化饲养管理。

2.3 奶牛疫病控制技术

阿根廷的奶牛养殖卫生保健条件较好，国家和省级卫生部门十分重视疫苗接种工作，大部分养殖场已经消灭了结核菌的感染。阿根廷还被国际兽医组织（OIE）宣布为无疯牛病（EEB/BSE）国家。2001 年以来阿根廷未出现新的口蹄疫疫情。

阿根廷农牧渔业部下属的国家农产品和食品卫生质量局（SENASA）在全国设有 14 个地区中心，352 个地方办公室，对动物源疾病监测、预防、控制与消除，建立了健全的卫生信息体系。该体系主要包括：①登记造册。内容包括人员、工厂、生产单位、特别登记、(动物运输)许可。②现有动物情况。内容涉及按照动物种类、级别与生产单位进行逐个认证。③卫生登记。内容涉及主动监测、被动监测、接种计划、(检疫)证书。如在进行动物认证时,就包括国内所有牛群的认证、每个牧场的登记造册。

2.4 奶牛场粪污处理与环境保护技术

阿根廷土地资源丰富,牧场用地 65%为牧场主自有,35%为租用。通常,阿根廷每个牧场奶牛规模 150 头左右,占地 250 hm^2,其中 85%的土地用于放牧,15%用于种植饲草料。

阿根廷十分注重通过农牧结合来解决养殖业的污染问题。大型农场基本都是农牧结合型,从种植制度安排到生产、销售等各个方面都十分重视种植业与养殖业的紧密联系,养殖规模决定种植业结构的调整。牧场周边,除有天然或人工草地外,牧场主多种植苜蓿和禾本科牧草,为奶牛提供丰富、优质的饲草料资源。养殖业与种植业之间在饲草、饲料、肥料 3 个物质经济体系形成相互促进、相互协调的关系,动物粪便通过输送管道或直接干燥固化成有机肥还田,这样使奶牛养殖与种植有机结合,既解决了饲草料供应问题,又解决了粪尿及污水的污染问题,还为种植提供了最环保经济的有机肥。

目前,阿根廷每头成母牛配套的土地面积约 1.6 hm^2,1 hm^2 土地产出的饲料基本能保证 1 头奶牛的需要。由于奶牛养殖都能配套一定数量的土地,粪尿及污水能就地消纳,实现了种养良性生态循环。目前,阿根廷国家农牧研究院正开展研究,试图通过提高单位土地面积的饲草产量,使每公顷土地奶牛养殖的数量达到 1~2 头。

3 原料奶质量控制与计价体系

3.1 提高原料奶质量的主要政策措施

阿根廷农业的进步得益于其农业技术创新体系的健全,有关经验值得发展中国家借鉴。以国家农业技术研究院的创新体系为例,阿根廷国家农业技术研究院是一个从属于农牧渔业和食品部、实行自主经营和核算的分权型公共机构,实施和扶持农业、牧业、食物及农业产业部门的创新行动计划,通过开展科学研究、技术开发和推广等活动,提升农业产业链的竞争力、促进环境安全与生产体系的可持续发展。在阿根廷奶业产业技术发展过程中,国家农业技术研究院发挥了重要作用。

阿根廷生鲜乳生产者与加工者之间有效对接,不设第三方经营的生鲜乳收购站。实践证明有两点好处:一是质量安全责任明确,收购前质量安全责任归奶牛养殖者,收购后质量安全归乳品加工企业,不会因有第三方而相互推诿;二是利益分配相对简单,没有第三方获取利润,同时提高了生产者和加工企业的效益。乳品企业收购生鲜乳主要有两种形式:一是乳品企业自己没有收购运输设施,承租运输公司的设备,但运输公司只提供运输,不参与收购和管理;二是乳品企业自己配备运输设施,直接到奶牛场收购运输生鲜乳。

在阿根廷,奶业合作社建设比较完善,已经形成了以合作社为纽带的乳品生产和加工的产业链,运行比较畅通。在合作社内,会员承诺将牛奶交售给乳品企业,乳品企业按月付给会员奶款,年终按交奶数量给会员分红,合作社与企业间合作机制运行良好,奶农通过合作社与乳品企业形成了利益共同体。

3.2 监控原料奶质量的主要方法及惩罚措施

阿根廷普遍实施第三方检测,承担第三方检测的主体通常是科研单位、高等院校、国家质量检测部门或社会团体等。第三方检测单位定期或不定期到养殖场或乳品企业抽样检测，检测的频率每月至少1次，检测结果被及时反馈到行业主管部门、养殖场和乳品企业。生鲜乳检测的结果是乳品企业收购生鲜乳的依据，若对检测结果存在疑义，可申请复检或申请有终检资格的第三方检测单位重检。乳制品加工企业也有相关检测设备，每次收购时抽样检测，以判定生鲜乳质量是否合格，发现不合格时要送样至第三方检测，由第三方做出最终判定。

3.3　原料奶计价体系

原料奶计价体系由独立的中心实验室、第三方化验机构或者乳品加工厂组成，负责对原料奶进行各项指标的检验分析，根据所提供原料奶的总体质量，确定原料奶的收购价格。计价体系影响着奶农（牛场）的行为，而奶农（牛场）对原料奶的质量起着决定性的作用。优质优价对于不注意挤奶卫生、生奶中掺水造假、混入乳房炎乳或抗生素乳等降低原料奶质量的行为进行处罚，拒收质量不合格的原料乳。目前，阿根廷选用的计价参数基本上涵盖了乳成分指标、卫生指标、感官指标、稳定性指标和奶牛健康指标，此外还考虑季节因素和其他因素。

4　科技推广体系

4.1　主要研究与推广机构

阿根廷奶业研究与推广机构有阿根廷牛奶行业中心（CIL）、阿根廷食品工业协会（COPAL）和牛奶工业技术研究中心。阿根廷牛奶行业中心为主要的研究与推广机构。阿根廷牛奶行业中心成立于1919年，是一个非营利性质的民间组织，目前阿根廷85%的牛奶加工企业都是该中心的会员。中心的宗旨是：加强成员间合作，促进利于行业发展的相关立法制定，提高整个行业的科技发展水平，利用各种渠道推动行业生产效率并促进产品销售。阿根廷牛奶工业技术研究中心是由泛美奶业协会（FEPALE）成员组织、阿根廷食品工业协会（COPAL）合作组织，与阿根廷国家工业技术协会（INTI）合作创办的，主要工作为引进吸收和研发奶业生产加工新技术。

4.2　运作模式

阿根廷牛奶行业中心的运作模式为会员负责制，建立了完善的奶业合作机制，乳品企业与养殖会员单位形成了利益共享体。在这种模式下，各方都明确承担了体系中的责任、义务与权利。以最大的会员SanCor公司为例，有1 410个合作社为其提供奶源，这些合作社分布在6个区域，合作社运行的机构是合作社董事会：设董事长1人，秘书长1人，财务部长1人，普通董事9人，这12人来自6个区域，每个区域2人，由各自区域合作社会员选举产生，董事会人员任期3年，期满后重新选举，最多任期2届，董事会除定期召开会议之外，每年至少召开1次董事会大会，每区域选择5个代表参会。合作社内，会员承诺将牛奶交售给乳品企业，乳品企业按月付给会员奶款，年终按交奶数量等给会员分红，合作社与企业间合作机制运行良好。合作社按照规模化和专业化的模式运作，形成牧场主负责饲养奶牛并提供牛奶、厂家统一收购、专业公司运输、专业化加工、专业国际化销售的网络体系，另外，通过长期的运作，合作社成员之间形成均衡的分配比例与关系，形成了较好的“双赢”模式。

5 促进奶业发展的主要政策

5.1 促进奶业生产政策

阿根廷建立了完善的奶业合作社，乳品企业每年会拿出一部分利润补助奶农，保证了奶农的基本利益，对稳定奶牛产业起到了很好的作用。遇到自然灾害或其他紧急状况，阿根廷政府会紧急进行财政补贴或援助。如 2009 年 8 月 20 日，阿根廷参议院批准了一项紧急农业法案，向阿根廷火地岛、布宜诺斯艾利斯州、圣菲州、卡塔马卡(Catamarca)地区、萨尔塔(Salta)地区、内乌肯(Neuquen)地区、门多萨(Mendoza)地区以及圣地亚哥-德尔埃斯特罗州的受灾农户提供至少 5 亿比索的抗旱援助资金。

5.2 促进奶业加工政策

阿根廷根据乳制品加工企业的规模，确定其业务范围。阿根廷乳制品加工业注重生产工艺的更新和管理过程的标准化。加大在生产设施、设备的投资，支持新建或改造厂房以及新技术的引进。为确保乳制品质量，建立了严格的乳制品质量管理体系，企业都需通过 ISO 质量认证，实施 HACCP 规范。同时，企业也根据 ISO、IDF、AOAC 所制定的标准对产品进行严格的检验，以确保产品质量满足主要进口国的要求。

5.3 促进奶业贸易和消费政策

在发达国家对其农产品出口大力实行补贴的背景下，近年来阿根廷乳制品出口仍得到长足发展，但总体而言，阿根廷的乳制品出口在国际市场所占份额较低(3.5%)。阿根廷最主要的出口产品是全脂奶粉，占国际市场 10%的份额，为全球第五大奶粉出口国。阿根廷一直是巴西、智利、委内瑞拉等南美洲主要乳制品出口国，出口量约占全国乳制品产量的 20%。2010 年全国乳制品出口总量 315 581 t，总额 10.53 亿美元。近年来，中国已成为阿根廷重要的目标市场，双方交流日益紧密，2011 年 7 月中阿签署乳业合作谅解备忘录，开启了乳业领域的合作，为阿根廷向中国出口乳制品打开了通道。

阿根廷政府部门于 2007 年 2 月提出了 61 提案，设定了乳制品出口最高价格，对牛奶加工企业提供财政补贴，从而确保了国内乳制品价格稳定和乳制品的消费市场。

6 值得借鉴的主要经验

6.1 经营模式方面的经验

采用合作经营方式组织广大农户进行奶业生产，是阿根廷采用的一种奶业生产形式。在阿根廷，奶业合作社建设比较完善，运行比较畅通。通常是几十家或几百家奶牛养殖场组成一个股份合作社，并参股乳品企业，奶农在自愿的基础上组成各种形式的合作社，按合作社的章程实行统一经营、统一核算、利润分成。参加各种奶农联合会，获得财政信贷、畜牧配种、饲养管理、物资供应等各方面的优质服务和产品质量、市场销售等信息。经验表明，建立和健全合作经营服务体系，不仅为奶牛集约生产的专业奶农所欢迎，同时也是稳定发展农户分散饲养奶牛的必要条件。

6.2　产业政策方面的经验

6.2.1　不设第三方经营的生鲜乳收购站

与我国不同，阿根廷生鲜乳生产者与加工者之间有效对接，不设第三方经营的生鲜乳收购站。实践证明这样做有两点好处：一是质量安全责任明确，收购前质量安全责任归奶牛养殖者，收购后质量安全归乳品加工企业，不会因有第三方而相互推诿；二是利益分配相对简单，没有第三方获取利润，同时提高了生产者和加工企业的效益。可根据实际情况考虑在我国模仿该运行模式建立试点，若行之有效则大力推广。

6.2.2　生鲜乳及乳制品实施第三方检测

阿根廷普遍实施了第三方检测，通过实施第三方检测可以进一步完善对生鲜乳生产及收购环节的监督管理，强化生鲜乳质量安全源头管理；进一步理顺奶农和乳品加工企业的利益关系，保障养殖与加工企业利益均衡，构建公开、公正、公平交易体系，为奶农和乳品企业提供公正的交易平台，逐步实行生鲜乳收购优质优价；有效解决农企双方有关质量判定方面的矛盾和纠纷，维护双方利益，促进奶农主动提高生鲜乳质量，提升乳品企业自身质量控制水平，保障消费者的健康。

参考文献

[1]陈绍枯，丁芳，杨秀文. 2011 年 9—11 月份国际奶业市场浅析[J]. 中国奶牛，2011

[2]丁芳，杨秀文，周振峰. 2011 年 5—8 月份国际奶业市场浅析[J]. 中国奶牛，2011

[3]张桐，2001 年世界奶类和奶制品形势分析[J]. 中国牧业通讯，2001

[4]谷继承，周振峰，等. 巴西和阿根廷奶业考察报告[J]. 中国奶牛，2011(19)

[5]周振峰，谷继承，等. 阿根廷奶业发展概况[J]，中国奶牛，2011

[6]张吉鹃. 阿根廷的养牛业及其遗传物质[J]. 江西畜牧兽医杂志，2011

[7]蒋英. 阿根廷的畜牧业[J]. 新农村，2005(2)：41-44

[8]谷继承. 巴西和阿根廷奶业考察报告[J]. 中国奶牛，2011(19)：33-36

[9]孙学顺. 巴西农业考察报告[J]. 权威论坛，2007(1)：4-5

[10]林莉. 内蒙古草地管理与牧草种质资源交流考察团赴阿根廷、巴西考察报告[J]. 内蒙古畜牧科学，2003(1)：28-29

[11]谷继承. 巴西和阿根廷奶业考察报告[J]. 中国奶牛，2003(19)：34-36

[12]Mejía ME，Lacau-Mengido IM. 2005. Endometritis treatment with a PGF2alpha analog does not improve reproductive performance in a large dairy herd inArgentina. Theriogenology. 63(5)：1266-76

[13]Gonzalo Ferreira. 2013. Reproductive performance of dairy farms in westernBuenos Aires province，Argentina. J Dairy Sci. 2013 Oct 10. pii：S0022-0302(13)00686-3. doi：10. 3168/jds. 2013-6910

[14]http：//ria. inta. gov. ar/english/？ p＝817

[15]http：//www. reformer. com/ci_9884637

执笔　中国农业科学院北京畜牧兽医研究所：王加启
新疆农业大学：余　雄
中国农业大学：施正香

附　表

附表 1　奶牛头数、单产水平和总产奶量(1961—2011)

时间	奶牛头数(头)	总产奶量(万 t)	平均单产(kg/每头)
1961	229	415	1 813
1962	227	414	1 829
1963	239	436	1 827
1964	245	453	1 851
1965	230	428	1 859
1966	250	473	1 893
1967	231	437	1 890
1968	246	468	1 904
1969	242	456	1 887
1970	220	419	1 905
1971	253	484	1 911
1972	275	538	1 958
1973	275	522	1 899
1974	280	529	1 890
1975	300	565	1 883
1976	305	580	1 901
1977	275	531	1 930
1978	262	521	1 993
1979	291	535	1 837
1980	313	531	1 698
1981	310	528	1 703
1982	305	540	1 772
1983	300	565	1 885
1984	297	554	1 865
1985	295	564	1 913
1986	294	539	1 832
1987	289	644	2 230
1988	283	617	2 180
1989	260	672	2 585
1990	240	628	2 687
1991	230	612	2 661
1992	210	680	3 236
1993	220	722	3 282
1994	230	802	3 486
1995	235	877	3 732
1996	230	914	3 974

续表

时间	奶牛头数(头)	总产奶量(万 t)	平均单产(kg/每头)
1997	240	937	3 905
1998	250	984	3 937
1999	250	1 065	4 260
2000	245	1 012	4 131
2001	245	977	3 987
2002	215	879	4 090
2003	200	819	4 099
2004	200	810	4 050
2005	210	991	4 719
2006	230	1 049	4 562
2007	220	982	4 465
2008	223	1 032	4 628
2009	230	1 037	4 507
2010	234	1 050	4 496
2011	234	1 120	4 497

资料来源:FAOSTAT。

附表 2　土要乳制品产量(1961—2011)　　万 t

年份	奶油	干酪	脱脂乳
1961	5.47	13.36	119.88
1962	4.90	14.07	107.23
1963	5.07	13.86	111.04
1964	5.08	15.17	106.76
1965	4.24	15.04	85.28
1966	4.62	17.40	91.33
1967	4.06	15.70	82.08
1968	3.93	17.80	74.31
1969	3.49	17.93	62.90
1970	2.75	16.70	46.12
1971	3.65	18.85	65.68
1972	4.88	19.71	95.50
1973	3.75	20.55	69.75
1974	3.49	21.09	61.46
1975	4.00	22.61	69.80
1976	4.02	24.02	67.12
1977	3.00	23.61	43.15
1978	2.92	24.49	40.65
1979	3.31	24.81	48.55
1980	2.92	25.39	40.83
1981	3.23	23.96	51.62
1982	3.73	23.92	57.66
1983	3.37	24.77	52.08

续表

年份	奶油	干酪	脱脂乳
1984	2.82	24.43	43.71
1985	3.21	24.59	49.85
1986	3.20	25.76	49.63
1987	3.41	27.75	52.64
1988	3.66	24.89	56.66
1989	3.66	24.85	56.79
1990	3.54	24.36	54.91
1991	3.80	28.30	58.87
1992	3.70	33.62	57.38
1993	3.60	35.00	55.80
1994	4.35	38.50	67.42
1995	5.13	36.90	79.51
1996	5.20	37.60	80.54
1997	4.90	44.50	75.89
1998	4.70	42.00	72.85
1999	5.18	44.50	80.29
2000	5.27	46.80	81.69
2001	5.34	42.00	82.77
2002	5.46	37.00	84.63
2003	5.53	35.00	85.72
2004	5.50	36.00	85.25
2005	5.10	36.00	79.05
2006	5.30	36.00	82.12
2007	5.20	36.00	80.54
2008	5.08	49.06	78.68
2009	5.06	50.81	78.49
2010	5.10	58.03	78.49
2011	5.10	58.03	78.49

资料来源:FAOSTAT。

附表 3　主要乳制品进出口贸易额(1961—2011)　　千美元

年份	进口额			出口额		
	牛乳奶油	全脂牛乳酪	液态奶	牛乳奶油	全脂牛乳酪	液态奶
1961	0.00	5.00	0.00	8 518.00	2 860.00	1.00
1962	0.00	2.00	0.00	7 749.00	2 680.00	0.00
1963	0.00	0.00	0.00	10 837.00	3 470.00	0.00
1964	0.00	0.00	0.00	9 913.00	3 247.00	1.00
1965	0.00	0.00	0.00	6 467.00	4 765.00	0.00
1966	0.00	1.00	0.00	3 890.00	6 358.00	18.00
1967	0.00	2.00	0.00	3 691.00	3 378.00	23.00
1968	602.00	343.00	0.00	924.00	3 238.00	44.00
1969	71.00	29.00	0.00	2 002.00	4 637.00	2.00
1970	3 401.00	775.00	0.00	43.00	1 760.00	0.00

续表

年份	进口额			出口额		
	牛乳奶油	全脂牛乳酪	液态奶	牛乳奶油	全脂牛乳酪	液态奶
1971	29.00	39.00	290.00	6 485.00	6 231.00	0.00
1972	20.00	2.00	37.00	14 989.00	6 186.00	0.00
1973	0.00	30.00	0.00	4 482.00	7 765.00	0.00
1974	0.00	0.00	0.00	2 005.00	9 080.00	0.00
1975	0.00	28.00	0.00	3 180.00	10 832.00	0.00
1976	0.00	0.00	0.00	7 716.00	28 107.00	0.00
1977	437.00	104.00	0.00	5 825.00	29 472.00	0.00
1978	3 144.00	494.00	0.00	1 787.00	32 734.00	0.00
1979	5 443.00	9 757.00	117.00	42.00	11 912.00	0.00
1980	2 797.00	14 322.00	254.00	523.00	13 312.00	0.00
1981	6 766.00	15 736.00	105.00	276.00	7 621.00	15.00
1982	1 128.00	923.00	0.00	11 034.00	18 543.00	31.00
1983	382.00	1 501.00	0.00	12 798.00	14 959.00	5.00
1984	639.00	4 236.00	0.00	1 292.00	11 626.00	9.00
1985	1 198.00	1 278.00	0.00	9.00	16 153.00	13.00
1986	736.00	2 852.00	0.00	37.00	20 429.00	6.00
1987	886.00	4 475.00	0.00	0.00	15 031.00	3.00
1988	1 496.00	578.00	0.00	1 162.00	25 793.00	0.00
1989	0.00	146.00	0.00	10 708.00	38 363.00	0.00
1990	220.00	444.00	0.00	8 581.00	50 832.00	68.00
1991	12 321.00	7 347.00	5 966.00	4 154.00	29 796.00	491.00
1992	21 654.00	20 537.00	11 191.00	212.00	12 911.00	53.00
1993	3 357.00	14 654.00	10 840.00	2 521.00	19 795.00	159.00
1994	3 126.00	19 873.00	7 567.00	2 331.00	45 290.00	3 312.00
1995	1 580.00	16 053.00	3 034.00	13 613.00	50 363.00	17 201.00
1996	541.00	20 547.00	6 993.00	10 375.00	40 295.00	19 869.00
1997	1 898.00	19 092.00	4 966.00	7 372.00	69 987.00	21 653.00
1998	3 655.00	20 594.00	1 118.00	3 787.00	60 124.00	10 093.00
1999	65.00	23 620.00	252.00	9 641.00	56 844.00	9 719.00
2000	200.00	22 536.00	174.00	8 822.00	59 414.00	7 339.00
2001	1 798.00	17 322.00	2 141.00	2 992.00	49 396.00	1 980.00
2002	900.00	2 460.00	43.00	3 877.00	54 183.00	2 446.00
2003	2 451.00	3 458.00	6 112.00	878.00	53 589.00	603.00
2004	132.00	3 965.00	6 523.00	7 287.00	87 383.00	2 522.00
2005	12.00	6 609.00	783.00	3 396.00	143 756.00	4 739.00
2006	16.00	6 859.00	66.00	21 284.00	162 881.00	5 729.00
2007	11.00	10 817.00	43.00	27 987.00	146 700.00	5 382.00
2008	5.00	13 045.00	31.00	49 122.00	171 023.00	15 330.00
2009	7.00	10 587.00	0.00	26 184.00	149 050.00	10 898.00
2010	6 611.00	14 573.00	0.00	40 873.00	191 322.00	11 180.00
2011	1 404.00	17 068.00	6.00	85 564.00	286 444.00	9 845.00

资料来源：FAOSTAT。

附表 4 主要乳制品进出口贸易量(1961—2011) t

年份	进口量			出口量		
	牛乳奶油	全脂牛乳酪	液态奶	牛乳奶油	全脂牛乳酪	液态奶
1961	0.00	8.00	0.00	14 098.00	3 882.00	2.00
1962	0.00	4.00	0.00	11 096.00	3 924.00	0.00
1963	0.00	0.00	0.00	13 321.00	5 412.00	0.00
1964	0.00	0.00	0.00	11 022.00	4 532.00	1.00
1965	0.00	0.00	0.00	6 974.00	5 120.00	0.00
1966	0.00	1.00	0.00	5 722.00	7 283.00	20.00
1967	0.00	1.00	0.00	5 475.00	5 130.00	25.00
1968	1 470.00	852.00	0.00	1 709.00	3 748.00	55.00
1969	150.00	37.00	0.00	3 837.00	6 405.00	15.00
1970	6 263.00	913.00	0.00	76.00	1 767.00	0.00
1971	71.00	40.00	488.00	6 002.00	5 254.00	0.00
1972	20.00	1.00	68.00	17 104.00	6 186.00	0.00
1973	0.00	21.00	0.00	6 435.00	6 737.00	0.00
1974	0.00	0.00	0.00	1 688.00	5 761.00	0.00
1975	0.00	15.00	0.00	3 675.00	7 247.00	0.00
1976	0.00	0.00	0.00	9 109.00	22 842.00	0.00
1977	304.00	55.00	0.00	5 687.00	17 383.00	0.00
1978	2 282.00	220.00	0.00	1 506.00	16 351.00	0.00
1979	3 319.00	4 600.00	286.00	29.00	4 935.00	0.00
1980	1 313.00	5 970.00	508.00	328.00	4 110.00	0.00
1981	2 573.00	6 326.00	200.00	76.00	2 243.00	27.00
1982	413.00	262.00	0.00	5 412.00	7 196.00	128.00
1983	221.00	853.00	0.00	7 329.00	6 667.00	13.00
1984	370.00	2 243.00	0.00	890.00	4 762.00	16.00
1985	668.00	602.00	0.00	4.00	5 840.00	27.00
1986	449.00	1 526.00	0.00	25.00	8 223.00	18.00
1987	607.00	1 921.00	0.00	0.00	5 682.00	9.00
1988	1 085.00	207.00	0.00	1 017.00	9 978.00	0.00
1989	0.00	55.00	0.00	6 355.00	14 494.00	0.00
1990	140.00	127.00	0.00	6 088.00	20 565.00	180.00
1991	8 193.00	2 444.00	33 809.00	3 168.00	9 960.00	264.00
1992	11 629.00	6 551.00	57 785.00	171.00	3 220.00	60.00
1993	2 024.00	4 484.00	60 995.00	1 273.00	5 076.00	190.00
1994	1 886.00	6 121.00	40 983.00	1 187.00	13 035.00	6 947.00
1995	990.00	4 779.00	14 038.00	6 640.00	13 641.00	34 328.00
1996	257.00	5 670.00	29 350.00	5 157.00	11 035.00	36 340.00
1997	1 038.00	5 243.00	20 696.00	4 218.00	21 609.00	43 245.00
1998	1 713.00	6 051.00	4 470.00	1 900.00	19 056.00	22 280.00
1999	38.00	8 640.00	620.00	6 990.00	23 324.00	37 840.00
2000	106.00	7 952.00	430.00	6 039.00	24 955.00	23 499.00

续表

年份	进口量			出口量		
	牛乳奶油	全脂牛乳酪	液态奶	牛乳奶油	全脂牛乳酪	液态奶
2001	1 106.00	5 730.00	6 216.00	2 308.00	17 546.00	6 731.00
2002	899.00	963.00	168.00	3 996.00	25 781.00	10 155.00
2003	1 635.00	1 484.00	32 484.00	558.00	23 208.00	1 902.00
2004	77.00	1 565.00	36997.00	3 900.00	34 823.00	7 423.00
2005	5.00	2 280.00	3540.00	1 675.00	52 081.00	12 735.00
2006	6.00	2 172.00	169.00	12 367.00	58 197.00	15 017.00
2007	2.00	2 793.00	69.00	12 744.00	45 372.00	9 212.00
2008	1.00	2 820.00	49.00	14 557.00	36 213.00	22 343.00
2009	1.00	2 742.00	0.00	14 141.00	48 076.00	21 543.00
2010	1 500.00	3 246.00	0.00	10 477.00	45 547.00	17 430.00
2011	315.00	3 374.00	1.00	19 345.00	60 626.00	13 446.00

资料来源:FAOSTAT。

乌拉圭奶业发展报告

摘要：乌拉圭是南美畜牧业最发达的国家之一，自然条件得天独厚，全国拥有专业牧场 43 605 个，其中奶牛场 4 017 个。奶牛场养殖规模平均 190 头，最大规模 500 余头，主要品种是乌拉圭荷斯坦牛，少量是娟珊牛。近年来，乌拉圭奶牛饲养量、平均单产量逐年递增。目前，奶牛存栏 79 万头，泌乳牛年均单产最高可达 9 000 kg，存栏牛年均单产 2 430 kg。乌拉圭是世界奶牛饲养成本最低的国家之一，绝大多数牧场均采用开放式放牧饲养，奶牛的营养供给主要来源于草场。因此，乌拉圭的奶牛虽然平均单产较低，但因为饲养成本极低，所以奶农仍然有利润。随着国际乳产品价格的不断上涨，乌拉圭政府和奶农加大了对奶业的投资，养殖密度不断提高，规模化的大型牧场越来越多，饲养方式也由全放牧转变为放牧加补饲精料，而且机械化程度进一步加强，生产效率有所提高。

乌拉圭总产奶量虽然只占世界总量的 0.3%，但出口份额占世界总量的 2%；出口产品种类繁多，主要是奶粉和奶酪。乌拉圭人对乳制品的消费量居南美第一，主要以液态奶、奶酪和黄油为主，但与欧美国家相比还有一定差距，全国所生产的原料乳大部分用于加工出口。乌拉圭主要的出口商是奶业合作社，其中最大的奶业合作社是科朗普(CONAPROLE)公司。在 2011 年，该公司加工了该国 65%的原料奶，产品多样，出口到世界 60 多个国家。乌拉圭的奶业由于对世界市场的依赖度很高，所以原料奶的收购价与乳产品国际市场价格密切相关。目前，根据合作社出售到国际市场的价格确定原料奶收购价。近几年，由于乌拉圭的乳制品在国际市场上的知名度愈来愈高，产品出口量愈来愈多，乳制品贸易额年增幅平均为 9%，2011 年的贸易额达到 6.96 亿美元。

乌拉圭奶业发达的原因：一是得益于科学技术和强有力的奶业发展政策。乌拉圭政府高度重视奶业的发展并付诸于行动，制定了一系列促进奶业健康发展的政策，例如：直接拨款补助奶农、减免关税、引入外国资本等各项措施，直接或间接支持本国奶业的可持续发展。二是通过科技创新和应用各种技术方法加强奶牛新品种选育、改善草场质量、改变饲喂方式、提高机械化程度等，以提高劳动生产率，从而获得更大经济效益。三是健全的奶业社会化服务体系为该国奶业发展提供了有力的保障。在乌拉圭各种奶业组织各尽其责，整个奶业链信息通畅；乳制品加工企业自律性强，有序竞争，充满生机。强大而完善的农业推广技术服务体系为乌拉圭奶业的发展提供一条龙、周到的服务，既有效解决奶农的后顾之忧，又为乳制品加工企业的不断发展壮大保驾护航。

从乌拉圭发达的奶业中可学习和借鉴的经验很多，但必须结合我国奶业的实际情况，因地制宜、有的放矢。首先，必须从提高原料奶产量和质量上入手，具体做法可细化为以下 3 个方面：一是从奶业发达国家进口优质奶牛的同时，必须研发和引进各项技术，将我国奶牛育种工作全面有效地开展起来，从根本上解决奶牛品质的问题；二是引入世界先进的奶牛经营、管理经验和技术，对有条件的地区实施“奶业合作社”经营模式；三是加大对原料奶生产链的监管和奖惩力度，从源头上确保原料奶的质量。其次，要做好奶业链下游工作，即乳制品加工和销售的工作，政府必须出台相关措施大力支持乳品加工产业的良性发展，在各种奶业组织的参与下，建立一整套促进乳品加工业发展的具体办法，在全行业建立有序的竞争机制，鼓励有条件的乳品企业做大做强，从而增强我国奶产业在世界市场的国际竞争力。再次，加强和完善我国奶业社会化服务体系建设，充分发挥农业技术推广部门的优势，为我国奶业链提供全方位、周到的服务，切实解决奶农和乳品加工企业所面临的问题。最后，必须有促进奶业发展的产业政策，政府通过直接扶持或间接调控措施，比如对奶业的补贴制度、关税杠杆、可调控的贸易政策、鼓励国民消费乳产品等政策，鼓励和促进我国奶业可持续发展。

关键词：乌拉圭　奶业　发展

1　奶业发展基本情况

1.1　奶牛养殖业发展

乌拉圭总人口 325.15 万，首都蒙得维利亚是其政治、经济、文化中心，官方语言为西班牙语，居民约 90％是白人，多信奉天主教。乌拉圭全境风光秀丽，旅游业发达，被誉为“遍地牛羊的国家”。

乌拉圭全境面积 176 215 km^2，处于南美温带气候带南部、乌拉圭河与拉普拉塔河东岸，北临巴西，西接阿根廷，南临大西洋，境内大部分地区地势平坦，平均海拔 116 m。该国南部是起伏的平原，北部和东北有少数低山分布，西南部土地肥沃，东南部多斜坡草地。夏季（1—3 月份）气温 17～28 ℃，冬季（7—9 月份）气温 6～14 ℃，年均降雨量由南至北从 950 mm 递增到 1 250 mm。乌拉圭经济规模较小，产业结构单一，农牧业在国民经济中占主要地位。对外贸易是乌拉圭国民经济的支柱，依赖出口，目前除与本地区国家发展贸易外还积极开拓北美和亚太市场。

乌拉圭畜牧业十分发达，农业用地占国土面积的 90％，其中 80％是草场和牧场。全国可分为 7 大生态经济养殖区，即肉牛、羊、马区（zone 1 和 zone 4），肉牛、奶牛、羊、马区（zone 2）、奶牛、羊、马区（zone 3 和 zone 5），奶牛、肉牛、羊、马区（zone 6）和高度集中的奶牛饲养与奶加工区（zone 7，图 1）。

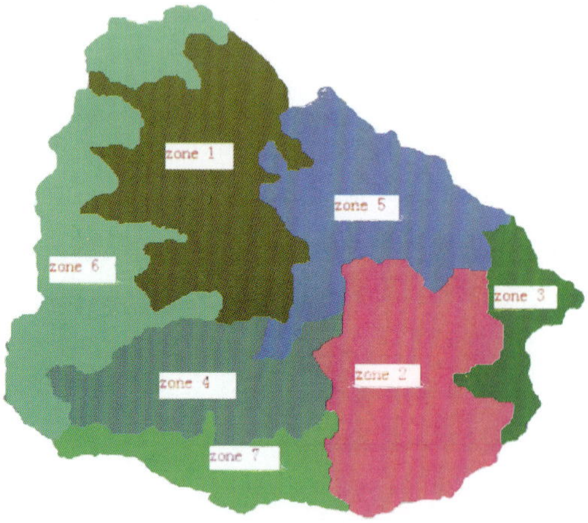

图 1　乌拉圭的生态经济带分布图（Ferreira，2011）

注：zone 1 为肉牛、羊、马养殖区域，zone 2 为肉牛、奶牛、羊、马养殖区域，zone 3 为奶牛、羊、马养殖区域，zone 4 为肉牛、羊、马养殖区域，zone 5 为奶牛、羊、马养殖区域，zone 6 为奶牛、肉牛、羊、马养殖区域，zone 7 为高度集中的奶牛饲养与奶加工区。

乌拉圭拥有专业牧场 43 605 个（占地 1 318 万 hm^2），其中奶牛场 4 017 个（占地 79.8 万 hm^2），每个奶牛场平均饲养 190 头奶牛，规模较大的在 500 头以上，主要品种是乌拉圭荷斯坦牛。奶牛养殖和乳制品生产加工主要集中在西南地区，尤其是圣何塞（San José）和科洛尼亚（Colonia）两省。

在饲养管理方面，奶牛场多数属于天然草地利用型，仅有少数进行了草地改良、制备了干草或青贮。乌拉圭奶牛场数量在过去十几年有下降趋势（表 1），1995 年奶牛场总数为 6 033 个，而到 2011 年已经锐减为

4 017个。虽然奶牛场总数减少了近 2 000 个，但总的奶牛存栏量反而略有增加。例如，1995 年，奶牛存栏量 72 万头，到了 2011 年已增加到 79.3 万头，这也充分说明了通过加强饲养管理、改善草场质量，奶牛场养殖规模不断扩大，从而提高了生产效率。

表 1 乌拉圭奶牛场数量及奶牛存栏总数(1995—2011)

年份	奶牛场数量(个)	奶牛存栏总数(头)
1995	6 033	720 000
1996	5 858	752 000
1997	5 209	783 000
1998	5 522	860 000
1999	5 286	840 000
2000	4 996	700 000
2001	5 125	720 000
2002	5 081	710 000
2003	4 919	721 000
2004	4 600	715 000
2005	4 500	780 000
2006	4 600	795 990
2007	4 600	743 000
2008	4 500	744 000
2009	4 200	710 000
2010	4 519	764 000
2011	4 017	793 000

资料来源：乌拉圭奶业协会(简称 INALE)。

在过去的 50 年内，乌拉圭奶牛无论在养殖总量、年总产奶量还是年均单产量都在稳步上升(附表 1)：奶牛养殖数量也发生了巨大的变化，从 55.2 万头增加到 79.3 万头(图 2)。在 1961 到 1965 年期间，奶牛总养殖数量变动不大，保持在 55 万头左右；但在 1966 后的 15 年间，奶牛总数减少了 10 万头，一直维持在 45 万头左右，主要因为奶牛单产水平有所提高，而国内消费和出口贸易变化不大，虽然总头数有所下降，但乳制品总产量却能够满足国内的消费。

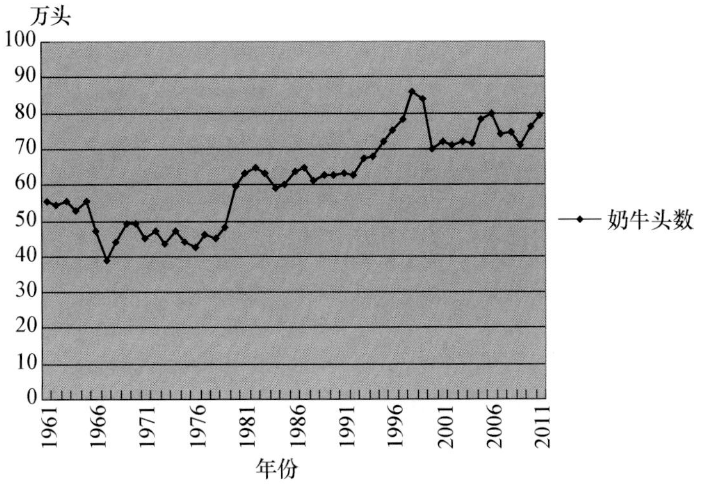

图 2 乌拉圭年奶牛存栏量走势图(1961—2011)

奶牛养殖数量出现增加的时期是从 1980 年开始至今，以年均 1%的速度递增，到 2011 年其总数已近 80 万头，比 1980 年净增了 20 万头。总产奶量比 50 年前翻了一番，即从 77.325 万 t 增加到 205.7 万 t，尤其是在 1980 年后，总产奶量稳步上升，年均增长 0.6%(图 3)，这与国内乳制品消费总量及出口量的不断增加有直接的关系；存栏牛年均单产在近 50 年内也在不断变化，总量增长了近一倍，即从 1400 kg 增加到 2 430 kg。在 1961—1965 年期间，单产维持在较低水平(1 400 kg 左右)，而在 1966—1985 年十年期间，单产发生微小变化，先是出现小幅上升到1 500 kg，并在以后的 5 年都基本维持这个水平，然后上升、又迅速下降。而在 1986 年后，存栏牛单产年均以约2.5%的速度递增，在 2011 年达到 2 430 kg(图 4)。从这些变化可以看出出乌拉圭奶牛养殖方式的悄然微变。在过去的几十年里，奶牛饲养方式发生了一些改变，饲养技术更加科学，从集中养殖到轮换牧场养殖，从单一的天然放牧到辅助放牧(添加优质青贮饲料)。通过耕种豆科类植物，引进大型喷灌设备来改良天然牧场，使得牧草的质量得到很大提高，更多的牧场成为优质牧场。因此乌拉圭的一些地区的牛场平均单产可达到 5 000 kg，特别是新西兰公司经营的牧场，奶牛平均单产往往很高，可达到 8 000 kg。然而总体上整个乌拉圭存栏牛的单产还是相对较低。

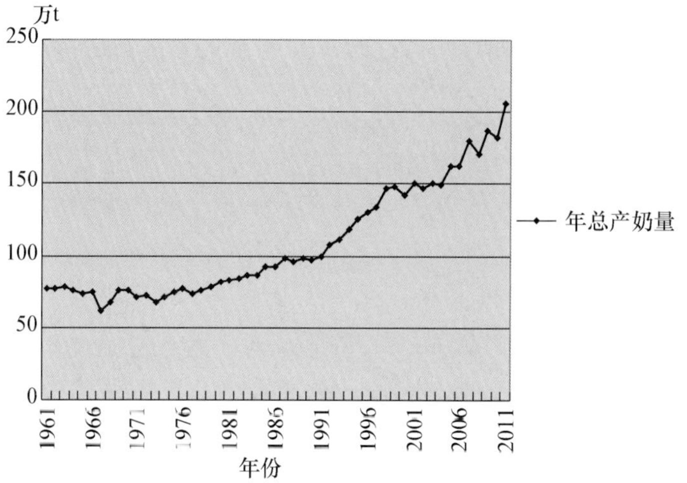

图 3　乌拉圭年总产奶量走势图(1961—2011)

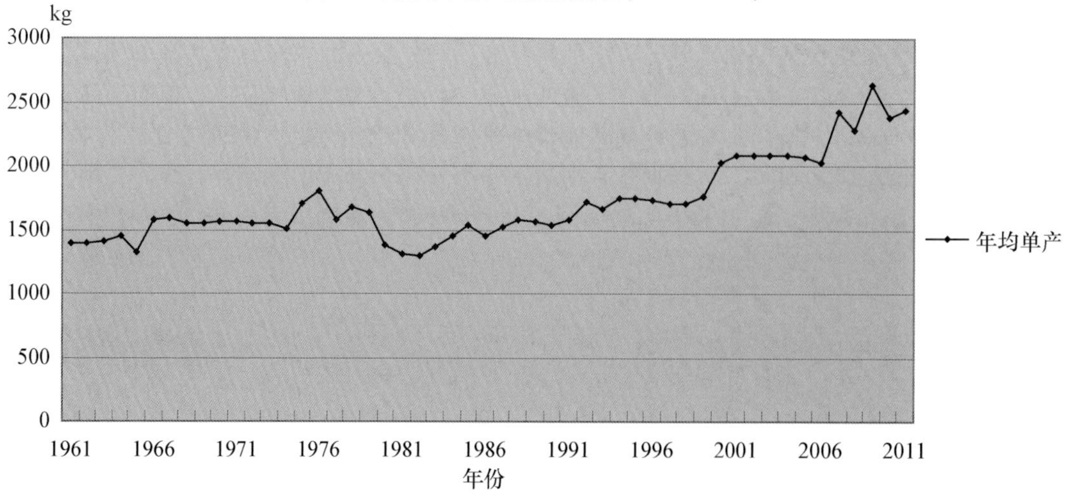

图 4　乌拉圭存栏牛年均单产走势图(1961—2011)

1.2　乳品加工业发展

全国十大奶业及乳产品出口公司分别是科朗普(CONAPROLE)、英拉沙(INLACSA)、伊科拉(ECO-LAT)、佩特拉(PETRA)、皮利(PILI)、都莱(DULEI)、罗扎达(ROZADA. Y COMPANI)、库普(COOP)和色瑞林(CEREALIN)及莱克托斯(LACTOS)(图 5)。在 2011 年，这些公司出口的乳制品总量分别占全国出口总量的 59%、10%、8%、5%、6%、2%、4%、4%、1%、1%，主要通过奶业合作社形式从农户中收购牛奶。科朗普公司从农户中收购的牛奶最多，占全国牛奶总量的 65%。这些公司主要进行乳制品的深加工，产品种类主要为奶粉(包括脱脂奶粉和全脂奶粉)和奶酪,每天的加工能力为 5 000 t,全国 90%的牛奶送交这些工厂加工,其产品用于国内市场销售和出口。另外,还有 63 家小型加工厂,仅加工全国牛奶总量的 3%,所产乳制品主要投放国内市场。在 1961—1980 年间,鲜奶产量没有太大的变化,其产品主要满足乌拉圭本国的需要,加之乳品深加工大型企业较少,所以乳制品出口量很少(附表 2)。在 1980 年后,鲜奶总产量以每年约 4%的速度稳步增长,并出现了上述大型乳品加工企业,不仅企业的加工能力出现了大幅增长,而且生产的乳制品结构发生了显著的变化。在 2011 年,全国生产的奶粉、奶酪、灭菌奶、酪蛋白、黄油、酸奶分别占当年乳制品总量的 43%、39%、8%、4%、3%、2%。能够出口、创汇的乳制品生产份额明显增加,比如奶粉、奶酪、奶油等,尤其是奶粉(包括脱脂和全脂奶粉)和奶酪产量变化非常明显(图 6)。例如在 2011 年,奶酪的产量 6.37 万 t,是 1961 年的 8.8 倍。

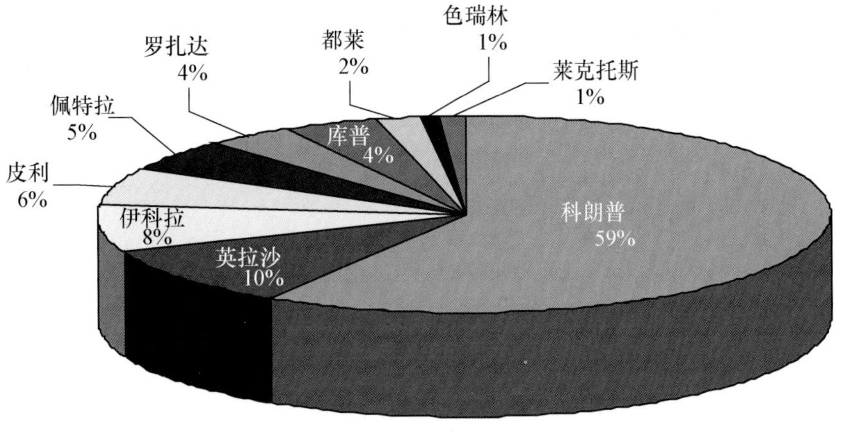

图 5 乌拉圭 2011 年主要乳制品出口企业及所占份额

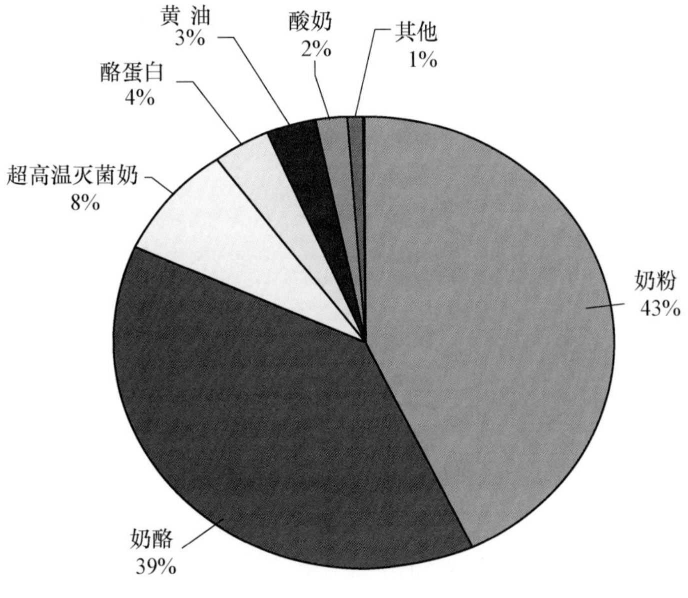

图 6 乌拉圭 2011 年所生产的各种乳制品所占比例

1.3 乳品消费发展

乌拉圭奶产量虽然仅占世界奶产量的 0.3%,但人均年消费牛奶 210 L,接近发达国家水平。虽然国内消费的乳制品种类和数量都在增加,但国内消费总量仅占乳产品总量 32%。国内消费的主要乳制品种类有液态奶、普通奶酪、深加工奶酪、酸奶和黄油，在2011年，这些乳制品国内消费比例分别为47%、23%、11%、11%和8%(图7)。很显然，乌拉圭的乳制品消费以液态奶和奶酪为主。

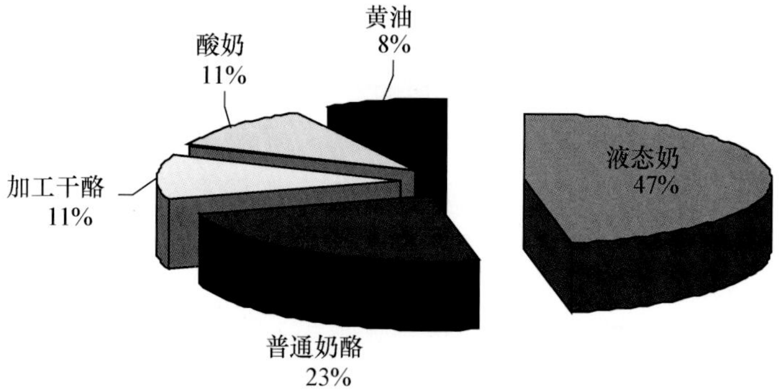

图7　乌拉圭2011年国内消费的主要乳产品类型及份额

在1951—1990年间，乌拉圭每年的乳制品消费总量变化不大，约为43万t；在1991—2001期间，乌拉圭每年乳制品的消费总量呈现稳定的上涨趋势，年均增长2%左右。但在2002年后，乳制品的消费呈现明显的下降趋势，特别是2007年，消费总量仅为26万t，主要因为这些年乳制品出口量迅速增加。

在过去的20年内，乌拉圭乳制品消费结构发生了明显的变化，鲜奶的消费呈下降趋势，特别是在2001年后，下降趋势更明显。2001年，鲜奶的消费总量为54万t，而到2011年消费总量仅为37万t，年均下降约3%(图8)。

消费量排在第二的乳制品——奶酪，在1961—1967年之间消费量呈现稳步上涨的趋势，波动不大，年消费总量较小，在7 000～10 000 t之间；但从1969开始，消费量下降约15%，此后10年期间，奶酪消费基本维持较低的7 000 t水平。1985年后，奶酪消费量又出现明显的上升趋势，特别是2007年，消费总量较40年前翻了3倍，达到顶峰22 000 t，然后平稳下降；到2011年已经达到12 000 t(图9)，这主要与奶酪制品的种类不断增加、风味更加多样、进而满足了不同人群的需求密切相关。

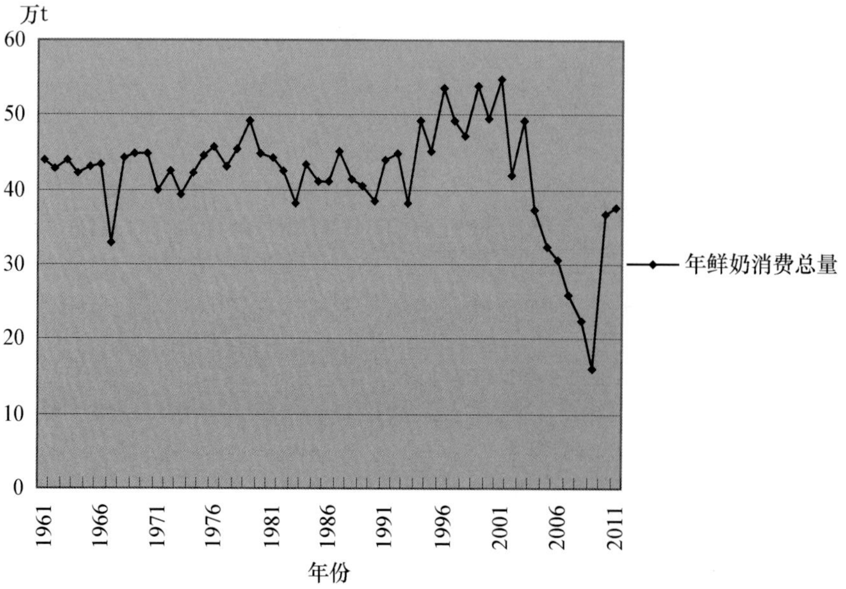

图8　乌拉圭鲜奶年消费总量走势图(1996—2011)

与鲜奶和奶酪相比，奶油的消费更具有特点。奶油的消费在1990年前几乎很少，从1991年开始逐渐增加，特别在1996年后，出现迅速增长的趋势，到2011年已经达到240 t(附表3)。在过去的20年当中可将奶油消费划分为三个阶段(图10)。第一阶段(1990—1996)是平稳过渡期，年均消费量较为稳定，

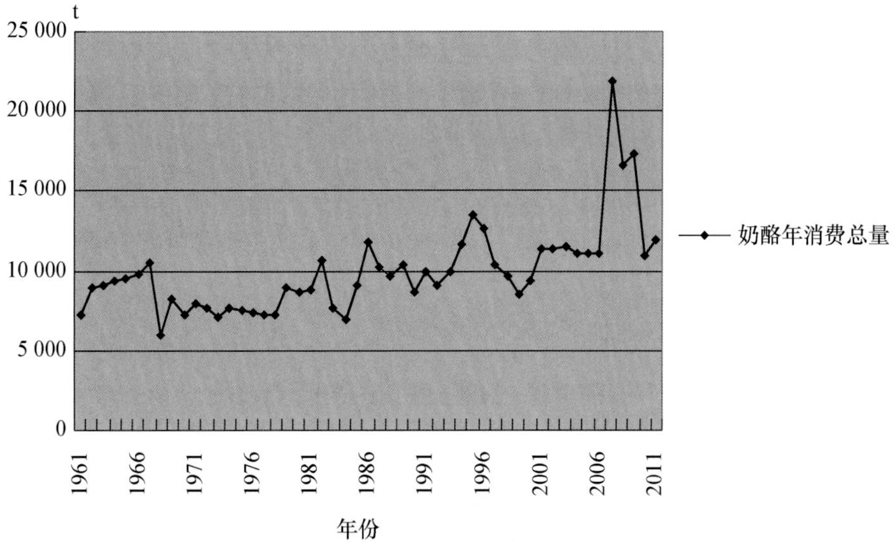

图 9　乌拉圭奶酪年消费总量走势图(1961—2011)

平均为 3 t。第二阶段(1997—2004)是波动发展期，这个时期的奶油消费总量先上升然后又下降，年均消费总量是第一阶段年均消费总量的 10 多倍。第三阶段(2005—2011)是快速上升期，这个时期奶油消费总量陡然上升，特别是 2006—2008 年间，年消费总量以 10 倍的速度递增，最高年消费达到 264 t。然后维持在较高水平。

以上资料表明，乌拉圭国内市场主要乳制品消费结构的变化，是鲜乳消费有所下降，更加青睐新型、风味独特的乳制品。这种情况的出现与越来越多的大型乳品加工出口企业的出现有一定的关系。大型企业为了拓展周边及海外市场获取更大的收益，不断创新、开发出更多类型的乳制品，潜移默化地引导了国内乳制品的消费观念，使人们对乳制品选择更加多样化，从而更加吸引人们对新型乳制品的消费。

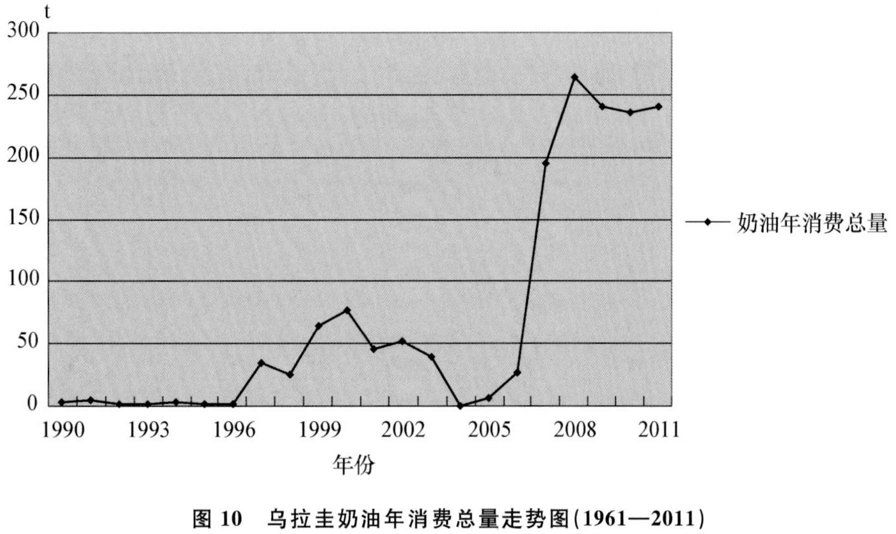

图 10　乌拉圭奶油年消费总量走势图(1961—2011)

1.4　乳制品贸易发展

乌拉圭乳制品进口量很少，除了脱脂奶粉在 1978 年后的进口量和贸易额略有增加外，其他乳产品没有或极少进口。例如，奶油和鲜奶在过去 50 年内几乎没有进口，是乳制品净出口国。

与进口贸易相反，乌拉圭乳制品的出口量及出口贸易额较多，出现三个具有一定特色的阶段(附表 4，附

表5)。第一阶段(1961—1976)为零出口期,没有乳制品(奶油、干酪乳、鲜乳、脱脂和全脂奶粉)出口。在这时期,由于乳制品总产量不高,加上海外市场开发不够成熟,所以各种乳制品主要是为了满足国内市场需求。第二阶段(1977—1992)为开始出口期,出口量和贸易额虽都有增长,但增幅较小,故贸易总量相对较少,例如1992年,奶粉的出口总量(全脂奶粉和脱脂奶粉)仅有3 358 t。第三阶段(1993—2011)为出口增长期,乳制品出口贸易量快速增长,出口量和贸易额是第二阶段的几十倍,奶粉和奶酪的出口量增长更快。例如奶粉(全脂奶粉和脱脂奶粉),在1993年的出口总量为8 712 t,到2011年出口量增加了近10倍,达到76 897 t。

乌拉圭乳制品出口贸易额增长与出口量的增长基本一致(图11),说明乳制品价格基本稳定。在1991—2011年间,乳制品出口贸易额平均每年以9%的速度递增,特别在2002—2011年间,年均增幅达到19%,到2011年贸易额达到6.96亿美元。乳制品出口量及贸易额的增加主要因为国内乳制品生产总量大幅增加,而国内乳制品消费总量上涨幅度较小,再加上各大乳品公司积极地、不断的开拓国外市场,因而使乳制品出口份额大幅增加。

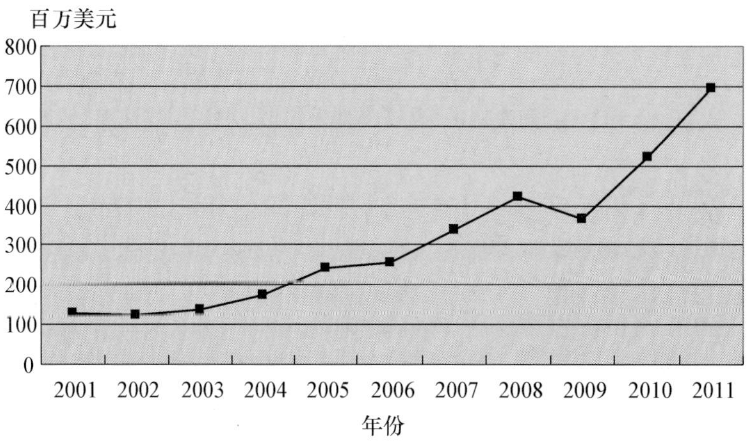

图11 乌拉圭在2001—2011年间的乳制品出口贸易额走势图

乌拉圭的乳制品出口市场以拉美国家为主,辐射到菲律宾、韩国、俄罗斯、中国等亚欧国家,共65个。在2011年,乌拉圭的乳制品出口国有巴西、委内瑞拉、墨西哥、古巴、阿根廷、中国、菲律宾、韩国等(图12)。其中,巴西、委内瑞拉、古巴、阿根廷这4个国家是乌拉圭乳制品的主要出口国,分别占到总出口份额的29%、28%、11%、8%。特别是巴西和委内瑞拉,出口到这2个周边国家的份额已经占到总出口量的57%。

乌拉圭出口的乳制品种类丰富(图13),奶粉和奶酪是出口的主要产品,分别占出口总量45%和34%,其次是黄油(10%)、乳清(8%)和高温灭菌奶(3%)。

2 奶业科技进展

2.1 奶牛育种与繁殖技术进展

乌拉圭奶牛育种已有较长的历史,在较早时期就成立了国家奶牛育种中心,其主要职责是制定和执行乌拉圭统一的育种目标,即通过评估主要经济性状的经济加权值来筛选奶牛个体,以提高乳脂率和乳蛋白含量。另外,采用育种指数和生产利用指数衡量奶牛的繁殖性能和生产性能,从而选育出经济性状更加优秀的奶牛。

由于人工授精技术在奶牛繁育中的广泛使用,使种公牛培育在牛群改良中的作用显得尤其重要。研究表明,95%以上的遗传进展都是直接或间接地从种公牛的选育和使用上获得,所以乌拉圭非常重视对种公牛的选育,制定了一套严格的选育方案。国家育种中心每年后裔测定几百头种公牛,根据育种目标的需求,

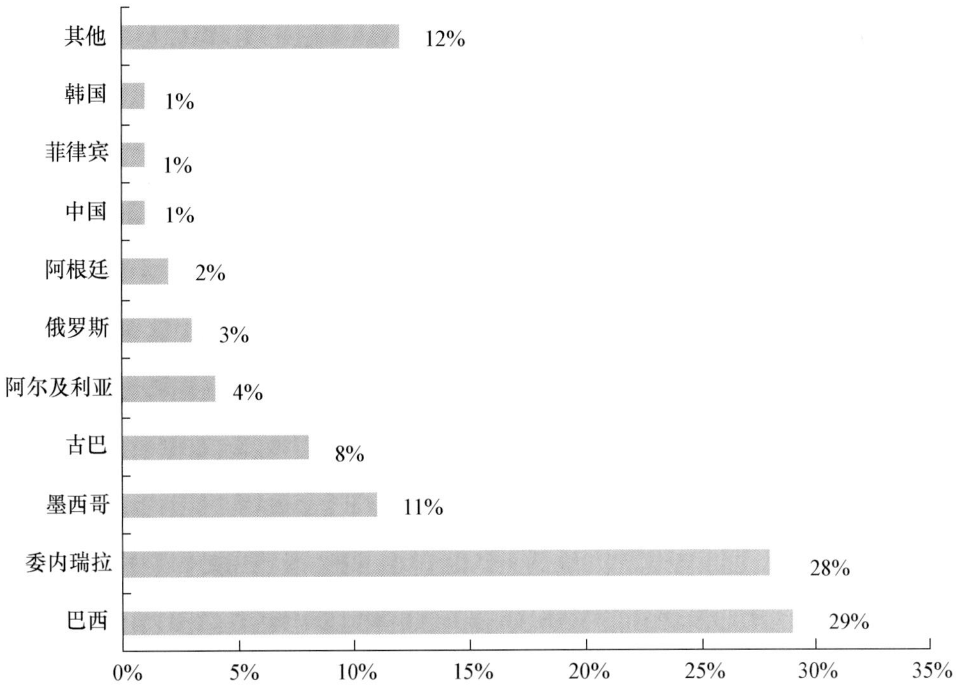

图 12 乌拉圭乳制品主要出口国及所占份额(2011)

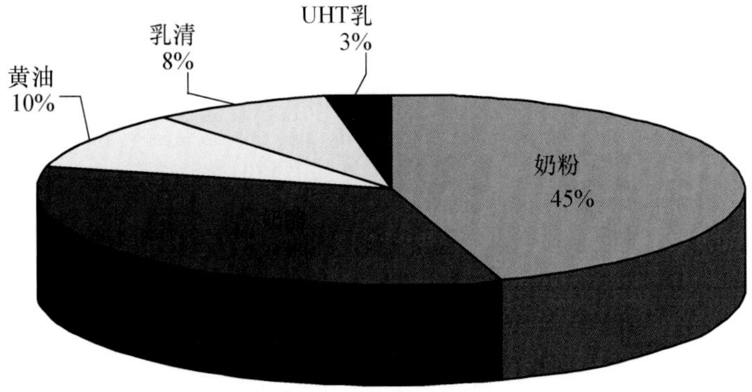

图 13 乌拉圭主要乳制品出口种类及其所占比例(2011)

在世界范围内选择最优秀的公牛作为下一代种公牛的父本,母本主要来自本土。繁育中心的数据库有母牛的详细生产记录,在所有母牛中选择几百头作为下一代种公牛的母本。初步选出的母牛必须通过育种专家严格审查和体型外貌鉴定,才能最后作为母本使用。

大量、完整而且准确的生产性能测定(DHI)是奶牛育种的基础。乌拉圭有全国统一的生产性能测定标准,对整个过程,包括仪器的精密度、奶样采集和分析方法以及数据的结构和收集,都做了详细的规定。绝大部分泌乳牛都参加生产性能测定,在泌乳期间测定 3～4 次,测定间隔约 2 个月,测定指标包括 24 h 产奶量、乳脂率、乳蛋白率和体细胞数,通过 DHI 测定合理淘汰母牛,提高了牛群的遗传品质。

应用繁殖技术可以提高奶牛生产经济效益和优质奶牛的选育效率。在 20 世纪 90 年代之前,乌拉圭奶牛繁殖主要采用自然交配的方式。2000 年后,规模较大的奶牛场开始用从美国和加拿大进口的冷冻精液进行人工授精。此后,人工授精的比例逐年提高。目前,绝大多数奶牛场都采用本国或进口的鲜精或冷冻精液进行人工授精。同期发情—人工授精技术的应用可以很好地控制产犊时间,配种一般集中在夏季,这样可以有效地保证产犊集中在牧草生长旺盛的春夏之间,有效地提高了犊牛的成活率。另外,同期发情—超数排卵—人工授精技术联合应用,使具有优秀生产性状的母牛最大限度地得到扩繁,大大提高了优秀个体的繁育效率。

2.2 奶牛饲料与饲养技术进展

在 1980 年前，乌拉圭奶牛饲养主要靠放牧，奶牛所需所有营养物质来源于牧草，由于草场面积较大、质量较好，放牧密度较小，基本上能够满足奶牛所需的营养，但奶牛平均单产不高，乳中蛋白和乳脂相对较低，加上草场的季节轮换，使产奶量和乳品质问题更加突出。因此，在这时期乌拉圭奶业在国际上的竞争力不强。

1980 年后，奶业形势发生了显著变化：一是奶牛养殖数量逐步上升，二是饲养规模扩大，三是市场对乳品质的要求提高。由于形势变化，迫使农场主在研究机构的协助下改进饲养模式和改良草场，将以前集中放牧的模式转变为轮牧。此外，积极改良草场，种植产量和品质更高的黑麦草和三叶草，并在人工草地上施以少量化肥。在禾本科草场上混播豆科牧草，既满足牧草对氮肥的需求，又满足奶牛的营养需求。为了稳定整个泌乳期的乳品质，目前的做法是在牧草不茂盛的草场和季节里，补喂青贮，以补充营养。因此，在奶牛饲养量上升的同时，提高了奶牛单产和奶品质，进而增强了该国乳品在国际市场的竞争力。

2.3 奶牛疫病控制技术进展

乌拉圭由于奶牛饲养规模和牛群流动较小，所以一些人畜共患的疾病很少流行和爆发。针对口蹄疫(FMD)、布鲁氏杆菌病、疯牛病等人畜共患病，乌拉圭农业与渔业部制定了强制监测和控制计划，所以长期以来很少有这些传染病的发生。但是，随着养殖规模和数量的不断扩大，以及环境气候等诸多原因，有些传染病疫情在加重，尤其牛白血病、结核、口蹄疫。口蹄疫在乌拉圭某些地区依然流行但问题并不严重，为了解决口蹄疫流行的问题，乌政府相关部门积极采取措施，目前的做法是开发针对各种类型 FMD 的快速检测试剂盒，并用 FMD 基因单价或多价疫苗对奶牛进行定期免疫接种、定时检测跟踪疫情的变化。然而牛白血病和结核发病率却呈上升之势，检出率很高，目前针对这些传染病尚无有效的应对措施，这是乌拉圭当前或今后一段时间会严重影响乌拉圭奶业发展的重大问题。

除了流行性传染病之外，直接对乌拉圭奶牛养殖造成严重危害的疾病是隐性乳房炎和蹄病。乌拉圭属于亚热带海洋性气候，全年气候湿润，降雨量充沛，加上奶牛养殖规模增大，环境卫生状况不佳，导致这些疾病的发生。2002 年，该国南部地区隐性乳房炎发病率在 30%以上，使产奶量下降 70%，迫使乌拉圭不得不重视奶牛隐性乳房炎的检测和防治：即用 CMT 检测和 DHI 报告及时掌握乳房炎发病动态，一旦检测呈阳性，则将阳性牛分群饲养、隔离治疗，并用细菌分离检测试剂盒判定感染的优势菌种类，针对病原菌制定相应的治疗方案；另一方面，加强对牛场的环境卫生、特别是整个挤奶环节的彻底消毒，以杜绝乳腺炎病的进一步传播。直接威胁乌拉圭奶牛养殖的另一种疾病就是蹄病，既严重威胁奶牛健康，又影响牛奶的产量。为了防治蹄病，他们采取了一系列措施促进奶牛蹄部的保健。例如，轮换放牧区，将泌乳牛轮换至距挤奶厅较近的区域，以减少奶牛的运动和蹄病的发生；定期修蹄；在挤奶厅旁建药浴池；甚至佩带蹄套。此外，对患有蹄病的奶牛采取措施积极治疗，从而显著降低了蹄病的发生率。

2.4 奶牛场粪污处理与环境保护技术进展

乌拉圭在 1980 年前，奶牛养殖业对环境没有造成明显的影响，这主要源于奶牛存栏量不大，单位面积草场的养殖密度较低(4 头/hm^2)，奶牛排出的粪尿能够被土壤和牧草直接消纳，不会造成对土壤和地下水的污染。此外，由于养殖密度较小，所释放的甲烷对周围环境影响较轻。1980 年后，随着奶牛存栏量和草场放牧密度的增大，奶牛养殖对环境造成的影响在一些高密度养殖地区逐渐显现出来，主要表现为草场退化，奶牛排出的粪尿造成土壤中碳流失，环境中温室气体富集，大量不能被土壤和牧草直接吸收利用的粪尿进入地表、污染地下水资源、造成水资源的富氧化。针对这些问题，乌拉圭政府采取了相应的措施，如轮牧、严格控制养殖密度、人工清理粪便并进行堆贮。为了解决奶牛甲烷气体排放的问题，正在尝试采用饲料添加剂、抗生素和注射疫苗等方法降低消化系统的甲烷排放量。

3 原料奶质量控制与计价体系

3.1 提高原料奶质量的主要技术措施

乌拉圭农业部门已经认识到，要想在竞争激烈的乳品国际市场占有一席之地就必须不断提高原料奶的质量。首先，政府加大了发展奶牛养殖业的投资力度，由政府出资培训农场主，传授先进的奶牛场经营理念和管理技术，从而进一步降低生产成本，提高生产效率和效益；加大高品质奶牛的选育，获得产奶量、乳蛋白、乳脂含量更高的种群，从根本上提高原料奶的品质。

其次，由国家农业推广中心和区域推广服务中心组成的农业技术推广服务中心全面及时地服务于各个牧场，给农场主们提供各种技术支持和指导，及时解决他们所面临的实际问题，帮助农场主改善草场质量，种植蛋白含量较高、粗纤维较多的牧草以便维持乳中乳脂和蛋白的含量，在牧草相对缺乏的冬季补饲优质的干草和青贮，以维持整个泌乳期内牛奶质量的恒定。

另外，政府通过制定更高的原料奶质量国家标准，不断提高鲜奶的检测技术水平，并形成独立的第三方检测机制，进一步保证了原料奶的品质；建立原料奶生产—运输—贮存—加工—销售的可追溯体系，从源头上有效地保障和提升了原料奶的质量。

3.2 监控原料奶质量的主要方法及惩罚措施

实行从原料奶收购源头到运输、最后到乳制品加工公司的全程监管，在运奶车上装备自动取样装置，从牧场储奶罐向运奶车输送原料奶的过程中自动完成取样，用公司开发的 Madcap 软件管理奶样检测数据。每个奶样的样品管上都贴有条形码，检测乳蛋白、乳脂、体细胞数，同时也检测牛奶中细菌数及抗生素残留。每个牧场每隔 4 d 抽样 1 次，测定抗生素残留量，若为阳性，则须每天检测，并依据乳汁中体细胞数和细菌数将奶分为 A、B 和 C 三个等级，分别代表优良、合格和拒收三类。凡在样品检验中发现不符合质量标准要求的给予扣款或罚款处理，从所付奶款中扣除。对于持续不能达到质量控制标准要求的，给予额外罚款处理，直至质量达到标准。如果奶农在某些方面有严重的不足，处罚手段则是罚款、降低牛奶收购价格、甚至拒收牛奶。

3.3 原料奶计价体系

乌拉圭早期原料奶价格由乳品加工商以“质”论价，主要参考三个指标，一是乳成分指标，其中最重要的是乳脂肪和乳蛋白含量；二是卫生指标，主要是细菌总数和杂质度；三是感官指标，主要是乳的状态、颜色、是否有异味。加工商参照以上三类指标将原料乳分级之后定价，分级收购。

为了促进本国奶牛养殖业的发展，保护奶农利益，原料奶价格逐渐由政府决定。政府制定原料奶收购基准价，同时参考乳品加工企业付给奶农的价格综合评估原料奶价格。而“配额乳”完全由政府制定固定的收购价格，但自 2008 年以来，“配额乳”不再由政府部门定价，而由国际市场决定。因为乌拉圭是乳制品出口大国，特别是在近几年，虽然乳产量只占世界总量的 0.3%，但是出口份额却占到世界总量的 2%，即该国所生产的乳产品中 60%用于出口。因此，原料奶收购价格紧随国际市场价格，而作为主要的出口商——合作社，根据国际市场的产品价格确定原料奶收购价格。

4 科技推广体系

4.1 主要研究与推广机构

(1)国家奶业协会(简称 INALE，西班牙文缩写)：成立于 2007 年，旨在组织和发展原料乳生产、乳品加工及销售整个产业链，是非国有公共实体，由乳制品生产和加工企业、事业单位和个体经营者自愿组成的非营利性机构，主要为各个部门提供合理化的建议，并为国外私有企业和公共组织提供所需的服务。

(2)国家农业和畜牧研究所(简称 INIA，西班牙文缩写)：创建于 1990 年，是农业信息和技术交流的平台，主要职责是对国家和农业部门的可持续发展提供建议和技术，同时研究国家政策、社会包容、市场和消费者需求，促进乌拉圭科技部门的创新、以提高农业企业的国际竞争力。

(3)乌拉圭农牧渔业部动物保健局(简称 MGAP，西班牙文缩写)：负责制定和执行卫生政策，开展兽医服务包括奶牛群体健康和疫病防治，同时关注饲料安全、动物福利；并向牛场主提供改善奶牛健康状况和提高生产效率的建议。

(4)乌拉圭技术实验室(简称 LATU，西班牙文缩写)：创建于 1965 年，属于民间组织，最初命名为“分析与检测实验室”，1975 年 8 月更改为现名。该室的主要职责是促进国家经济的可持续发展，通过创新和转让与分析、计量、管理有关的技术，缩小与国际间的差距。

(5)乌拉圭乳品行业商会(简称 CILU，西班牙文缩写)：属于民间组织，由乳品生产企业联合组成，是泛美乳业联合会的成员。商会的主要职责，是协调乳品生产者和供应者之间关系，促进乳品加工企业之间的信息交流与良性发展，提升国际竞争力，同时出台一些政策，以保护国内小型乳品加工企业的利益。

(6)种牛基因及胚胎中心(REPRO GEN)：主要开展优秀奶牛的选育，进行种公牛后裔测定，筛选出全国前 20 名的种公牛，同时开展精液冷冻保存、性控精液生产、体外授精、活体采卵及胚胎移植工作，为乌拉圭牧场主提供人工授精服务和优质胚胎移植服务。

4.2 运作模式

乌拉圭在促进农业发展、提高农产品国际市场竞争力方面制定了一系列详细的法律、法规和行业政策，形成了一套比较完善的法律、法规和制度体系。农业生产、销售以及科研、开发等各项活动均有章可循，依靠各种法律制度来约束和规范各类社会活动，而政府的作用就是积极推动制定各类法律规定并努力帮助这些法律、法规的实施。乌拉圭的农业技术推广体系，充分发挥了社会力量对农业技术推广的投入，基本上形成以政府、农业行业组织、农业企业共同投资的技术推广体系。农业科技的推广实行项目制，每一项科技的推广，都要明确项目主体、项目资金；农业科技推广的渠道和形式多样，其中包括政府举办的大型农业展览会以及农业协会或俱乐部组织的交流推广活动；农业科技推广的主体广泛，其中农业行业组织在农业科技创新体系中发挥了重要作用，既是经费投资者，技术提供者，又是技术推广者。通过政府的大力支持和法律、法规的保护，乌拉圭科研机构、各种行业组织和农业科技推广部门通力合作，相互协调沟通，共同促进乌拉圭奶业的快速发展，提高了生产率，提升了奶产品的质量，使奶牛养殖与加工企业的国际竞争力和产品知名度不断上升。

5 促进奶业发展的主要政策

5.1 促进奶牛养殖政策

乌拉圭奶牛养殖不需要投入较高的饲养和劳动力成本，牧场放牧是主要的饲养方式，因此低成本是乌拉圭奶牛养殖最显著的特色。同时政府鼓励并给予那些购买大型机械设备的牧场给予补贴以提高劳动生产率。另外政府采集积极的贸易政策使得乌拉圭大多数奶产品被出口，从而使得农场主获得巨大收益，从而间接促进了奶牛养殖业的快速发展。不仅如此，政府还不断增加价格低廉的土地用于奶牛养殖，从而直接刺激奶牛养殖的快速发展。

在奶牛繁育和科技服务方面，政府给予专项资金扶持良种繁育和推广，优化奶牛群体结构，提高奶品质和单产水平。优化养殖模式，对草场改良给予技术支持和资金补贴；积极扶持奶农合作社、奶牛协会等农民专业合作组织的发展，使其在维护奶农利益、协商原料奶收购价格、提供技术服务等方面充分发挥作用。政府加强对原料奶收购价格的指导，防止奶价过低损害奶农利益。鼓励乳品加工企业通过订单收购、建立风险基金、返还利润、参股入股等多种形式，与奶农结成稳定的产销关系和紧密的利益联结机制，更好地发挥企业的龙头带动作用。另外实施干预性收购和私人储备援助计划，稳定乳品市场，对奶农按生产配额直接支付补贴，以支持奶牛养殖。

此外，在2002年和2007年乌拉圭政府连续2次发行支持奶业可持续发展的金融基金，为奶业发展提供了强大的资金保障；2008年后，政府采取了一些间接干预方法，比如通过制定奶牛场的卫生标准、颁发奶牛场资质证书、建造一些从养殖场到加工厂的公路以及对进口机器和设备关税的减免等措施，促进奶业的健康发展；同时，乌拉圭政府采取适度引入跨国公司、参与乌拉圭奶业的发展，不仅给乌拉圭奶业带来雄厚的资金支持，还引入了世界先进的牧场管理和乳品加工经验及技术，从而有力地带动了本国企业的发展，促进了整个奶业的发展。

5.2 促进奶业贸易政策

制定奶业贸易相关制度，提高进口乳制品的关税，提高入关乳制品的检验检疫标准，利用进口关税配额和出口补贴等贸易政策平衡乳制品进出口，保护了本国奶农的利益。另外，效仿欧盟国家，给出口乳制品实行价格补贴制度，从而促进本国奶业的良性发展。在政府的监督下，行业协会各尽其职，协调奶牛养殖、乳品加工、销售环节；科研机构积极提供各种先进的技术支持和服务，从而提高了本国乳制品在国际市场中的竞争力。为应对欧、美贸易保护主义措施，乌拉圭调整其自由贸易区谈判对策，加快与印度、中国等乳制品潜在市场谈判进程，与欧、美争夺乳品出口市场。

5.3 促进乳品消费政策

在促进奶及乳制品消费方面，乌拉圭制定了许多有效的政策。例如，对于老人和学生提供政府补贴的奶及乳制品。政府加大对乳制品研发机构和公司的资金支持力度，确保能够开发出种类更多、品质更好、尤其能满足年青人需要的乳制品。政府还通过扩大宣传来引导消费结构的改变，以提高人们生活质量。为了刺激消费，政府鼓励和支持乳及乳制品直销，在城镇或村镇都建有乳制品直销店，经营各种新鲜的乳及乳制品，尽可能方便人们的消费。乳品行业协会坚持不懈地通过形式多样的活动，影响和引导居民对乳品的消费行为，借助于各种促销活动将乳品所含营养成分以及对人体的作用广为宣传。这些活动对乌拉圭居民的乳品消费行为产生着潜移默化的影响。

6 值得借鉴的主要经验

6.1 经营模式方面的经验

牧场主与乳品加工企业的股份合作生产模式，构成合理的产业利益链分配格局，为乌拉圭奶业的健康发展奠定了基础。这种“合作社”模式是一种互惠互利、共同壮大和发展的产业链。在这种体系中，各方明确承担了体系中的责任、义务与权力。对于上游奶农来说，既有效地解决了原料奶销售的问题，保护了奶农的利益，又通过各种奶业组织获得先进的牧场经营管理经验，获得能够促进原料奶生产良性发展和提高奶品质的技术和服务。而对于下游乳品加工企业来说，可获得更多、品质更好的原料奶，为乳品企业做大做强解决了后顾之忧，并使企业能够专注于新产品的研发和销售，从而增强了乳品企业在国际市场的竞争力。目前，我国奶牛养殖、管理水平及奶牛品种质量参差不齐，“合作社”模式推广难度较大，但可以考虑在经济相对发达、奶牛饲养规模较大的地区推广这种模式。

其次，由于乌拉圭的奶业主要以“合作社”的模式进行经营，所以乳制品市场较为规范，没有一些无序的、不正当竞争现象的出现，既保证了奶农的利益，又保证了乳品加工企业的利益，使整个乳产业链能够良性、健康发展。目前我国正处于市场经济的培育发展期，规范的市场竞争秩序还未彻底形成，所以还存在一些无序的、扭曲的从原料奶到乳产品的不正当竞争，造成奶业市场混乱，消费者对乳制品失去信心，最终损害整个行业的发展。这种情况需要政府行政部门牵头，各奶业组织参与制定相关的规章、条例并强制执行到位，加强行业自律和对乳品市场的进一步规范。

再次，乌拉圭健全的奶业发展社会化服务体系，免除了奶农的后顾之忧，强大的科技推广体系能够彻底解决农场主所遇到的所有问题，所有奶牛场没有专职管理人员和后勤服务人员，奶牛场只有饲喂和挤奶两项主要工作。而我国奶业生产经营的社会化服务体系虽已建立起来但不健全，缺乏有效的技术指导和兽医服务，既不利于技术推广，又是不正当竞争的根源。因此，应不断完善为原料奶生产服务的社会化服务体系，大力开展农业科技推广服务工作，进一步健全和完善良种繁育、疫病防控、饲草生产的技术推广服务工作，将奶农从繁重的工作中解脱出来，能够专注养牛，从而推动整个产业的可持续发展。

6.2 科技创新方面的经验

近几年，乌拉圭奶业能够持续快速发展，除了“低成本”之外，就是科技的创新。积极探索和研究奶牛繁育新技术、新方法（比如奶牛的全基因组选育）；在奶牛良种扩繁中不断提高和完善 MOET 技术，继续扩大种公牛联合后裔测定和遗传评估工作及奶牛良种登记与 DHI 测定范围，从而获得具有优秀性状的种公牛；进一步提高冷冻精液及胚胎的质量，开展 XY 精子分离与性别控制关键技术研究；同时乌拉圭政府集中科研力量联合攻关一些奶牛Ⅱ类传染病（口蹄疫、结核、布病）的快速检测诊断、新型疫苗研发以及开展常见疾病如蹄病和乳房炎的综合防治工作。我国目前奶牛繁育技术相对落后，一些奶牛Ⅱ类传染病在某些地区时有发生，蹄病、子宫内膜炎、乳房炎仍然是困扰奶牛健康养殖的主要疾病。因此，除了从奶业发达国家引进优秀品种外，更应加强我国奶牛繁育工作，从根本上解决奶牛品种质量低下的问题；应集中科研力量去攻关一些目前在我国仍然存在的传染病；采取新的诊断手段和综合防治技术，控制和减少蹄病、子宫内膜炎和乳房炎对我国奶牛养殖业造成的危害。

乌拉圭乳品加工企业应用了一些高新技术监控和检测原料奶，确保原料奶的品质。在政府和科研院所的支持下，乳品企业不断研发出更多的新型乳制品，以满足国内不同人群和国际消费市场的需要，不断提升本国乳品企业的知名度和国际竞争力。目前，我国对原料奶的监管还存在缺陷，所以出现了"三聚氰胺"一类的乳品质量安全事件。这些事件的发生给正在发展的中国奶业带来非常沉重的打击；与乌拉圭跨国乳品企业相比，我国的乳产品主要集中在中低端(含乳饮料、超高温灭菌乳、调味乳等)，既缺乏国际市场竞争力，又影响国内市场的开发(多数消费者无法得到优质奶，尚无饮用优质乳的体会)，进而阻碍企业的可持续发展。因此，我们必须在政府的支持和指导下，食品研发机构联合乳产品加工企业研发可出口的乳产品，使乳产品尽可能国际化，从而满足不同消费群体和消费层次的人群，并大力宣传优质产品，培养民众正确的消费理念。

6.3 产业政策方面的经验

(1)加大对奶业生产补贴力度，实施政府干预价格及保护价格，切实和提高乳品生产能力和市场竞争力，同时应该增加用于奶牛养殖的土地供应量，在地价上给予适当补贴。

(2)建立乳制品进口监测与预警保护机制，加强农产品贸易救助，对贸易给我国乳制品企业和其他农业产业带来的影响进行跟踪预警。

(3)规范生产和经营主体，发展规模化养殖(必须有一定规模，但不是规模愈大愈好)，建立奶农及奶业合作社，建立奶农利益长效保障机制，帮助乳品企业做大做强。

(4)制定和实施可调节的贸易政策，促进奶业健康可持续发展。结合我国国情，健全乳品质量标准管理体系，加快奶产业链组织管理，密切原料生产者与加工企业的利益联系。

(5)制定相应政策，改善乳制品生产结构，扩大巴氏杀菌乳生产与消费比例，倡导和宣传乳制品消费的健康理念，继续加大"学生奶"推广力度，试点推出"老年人饮用奶"计划，从而引导全民消费奶及乳制品，最终使奶业走上可持续性发展道路。

参考文献

[1]荷斯坦奶农俱乐部，乌拉圭乳业简介，2009 年.(http://www. hesitan. com)

[2]世界粮农组织网站(http://faostat. fao. org/)

[3]乌拉圭奶业协会网站(http://www. inale. org/)

[4]李胜利，张胜利，刘建新等. 2011 年度奶牛产业发展报告[J]. 中国畜牧杂志，2012，48(6)：37-44

[5]中国奶业年鉴——乌拉圭奶业，2007

[6]Sara Ahlner. Prevalence of sub-clinical mastitis in Uruguay[D]. SLU University Library Electronic Publishing，2003

[7]乌拉圭奶业投资机遇，2010，5(www. uruguayxxi. gub. uy)

[8]乌拉圭奶业投资机遇，2012，7(www. uruguayxxi. gub. uy)

[9]全球综合农业背景分析——乌拉圭，2012，7(http://www. nzte. govt. nz/explore-export-markets/Documents)

[10]乌拉圭农业与渔业部网站(www. mgap. gub. uy)

[11]乌拉圭海关网站(www. aduanas. gub. uy)

[12]乌拉圭中央银行网站(www. bcu. gub. uy)

执笔 华中农业大学：淡新刚 杨利国

附 表

附表 1 奶牛存栏头数、总产奶量及存栏牛单产水平(1961—2011)

年份	奶牛存栏头数(头)	总产奶量(t)	存栏牛平均单产(kg/头)
1961	552 000	773 250	1 400.8
1962	546 000	765 002	1 401.1
1963	553 000	781 498	1 413.2
1964	526 000	762 940	1 450.5
1965	556 000	736 134	1 323.9
1966	470 000	742 320	1 579.4
1967	390 000	618 600	1 586.2
1968	440 000	680 460	1 546.5
1969	490 000	762 115	1 555.3
1970	490 000	762 940	1 557.0
1971	450 000	706 235	1 569.4
1972	470 000	726 855	1 546.5
1973	435 000	675 305	1 552.4
1974	470 000	711 400	1 513.6
1975	438 000	745 413	1 701.8
1976	423 000	765 000	1 808.5
1977	461 000	730 000	1 583.5
1978	450 000	752 630	1 672.5
1979	480 000	783 560	1 632.4
1980	594 000	819 645	1 378.8
1981	632 000	829 955	1 313.2
1982	650 000	843 358	1 297.5
1983	632 000	866 040	1 370.3
1984	592 000	861 916	1 455.9
1985	603 000	921 714	1 528.5
1986	639 000	928 931	1 453.7
1987	650 000	987 700	1 519.5
1988	611 000	959 861	1 570.9
1989	625 000	981 530	1 570.4
1990	627 000	965 944	1 540.5
1991	630 000	992 028	1 574.6
1992	625 000	1073 170	1 717.1
1993	671 947	1114 610	1 658.8
1994	680 000	1190 290	1 750.4
1995	720 000	1254 420	1 742.2
1996	752 000	1302 050	1 731.4
1997	783 000	1339 680	1 710.9
1998	860 000	1467 630	1 706.5

续表

年份	奶牛存栏头数(头)	总产奶量(t)	存栏牛平均单产(kg/头)
1999	840 000	1479 380	1 761.2
2000	700 000	1421 750	2 031.1
2001	720 000	1505 600	2 091.1
2002	710 000	1475 000	2 077.5
2003	721 000	1507 000	2 090.2
2004	715 000	1494 000	2 089.5
2005	780 000	1619 000	2 075.6
2006	795 990	1620 000	2 035.2
2007	743 000	1795 400	2 416.4
2008	744 000	1701 300	2 286.7
2009	710 000	1871 600	2 636.1
2010	764 000	1820 746	2 383.2
2011	793 000	2057 000	2 430.1

资料来源:FAO(2013)及 INALE(2011)。

附表 2 主要乳制品产量(1961—2011) t

年份	液态奶	奶油和奶酪	奶酪(所有种类)	炼乳	全脂奶粉	脱脂奶粉和干乳酪
1961	773 250	—	7 257	—	—	—
1962	765 002	—	9 000	—	—	—
1963	781 498	—	9 071	—	—	—
1964	762 940	—	9 430	—	—	—
1965	736 134	—	9 500	—	—	—
1966	742 320	—	10 000	—	—	—
1967	618 600	—	10 500	—	—	—
1968	680 460	—	6 100	—	—	—
1969	762 115	—	8 500	—	—	—
1970	762 940	—	8 550	—	—	—
1971	706 235	—	8 200	—	—	—
1972	726 855	—	7 800	—	—	—
1973	675 305	—	7 200	—	—	—
1974	711 400	—	7 800	—	—	—
1975	745 413	—	8 200	—	—	—
1976	760 000	—	8 200	—	—	—
1977	730 000	—	8 200	—	—	—
1978	752 630	—	8 200	—	—	1 500
1979	783 560	—	10 941	—	—	840
1980	819 645	—	11 527	—	—	2 770
1981	829 955	—	12 796	—	—	3 420
1982	843 358	—	12 329	—	—	3 090

续表

年份	液态奶	奶油和奶酪	奶酪(所有种类)	炼乳	全脂奶粉	脱脂奶粉和干乳酪
1983	866 040	—	10 393	—	—	4 515
1984	861 916	—	10 917	—	—	4 238
1985	921 741	—	15 967	—	290	2 894
1986	928 931	—	16 756	—	20	3 842
1987	987 700	—	16 233	—	2 740	6 936
1988	959 861	—	16 366	—	455	10 930
1989	981 530	—	18 668	—	4 720	7 100
1990	965 944	9 441	16 480	—	5 300	7 960
1991	992 028	14 149	18 231	—	5 140	7 700
1992	1 073 170	17 976	17 109	—	5 070	7 600
1993	1 114 610	20 505	19 037	5 511	17 181	3 580
1994	1 190 290	19 598	22 630	0	7 865	11 800
1995	1 254 420	18 460	25 358	105.6	9 195	13 800
1996	1 302 050	17 030	24 661	627	8 610	12 920
1997	1 339 680	15 375	25 940	26.4	9 060	15 462
1998	1 467 630	17 024	25 390	1 402.5	15 788	17 535
1999	1 479 380	14 535	22 320	693	20 000	20 000
2000	1 421 750	15 837	24 650	66	18 000	15 000
2001	1 505 600	17 895	28 550	66	22 000	10 000
2002	1 475 000	15 253	26 270	66	33 600	15 500
2003	1 507 000	17 549	28 550	66	23 600	15 500
2004	1 494 000	22 845	34 260	66	27 500	12 200
2005	1 619 000	32 090	42 440	66	42 000	13 500
2006	1 620 000	30 420	41 686	66	42 000	22 000
2007	1 795 400	48 484	47 984	66	37 500	13 700
2008	1 701 300	54 237	53 737	66	43 500	13 600
2009	1 871 600	55 855	55 355	132	58 500	23 500
2010	1 820 746	64 023	63 753	132	58 500	23 500
2011	2 057 000	64 023	63 753	149	58 500	23 500

资料来源：FAO(2013)及INALE(2011)。

附表3　各种乳制品年消费总量(1961—2011)　　t

年份	鲜奶(吨)	奶酪(吨)	奶油(吨)
1961	440 362	7 262	—
1962	427 252	9 000	—
1963	440 623	9 086	—
1964	421 849	9 418	—
1965	432 514	9 520	—
1966	432 948	9 787	—
1967	330 510	10 462	—
1968	441 329	5 990	—
1969	449 624	8 241	—
1970	448 802	7 220	—
1971	398 023	8 003	—

续表

年份	鲜奶(吨)	奶酪(吨)	奶油(吨)
1972	424 080	7 725	—
1973	394 524	7 044	—
1974	420 882	7 693	—
1975	446 231	7 576	—
1976	456 726	7 347	—
1977	431 676	7 264	—
1978	454 556	7 174	—
1979	492 699	8 911	—
1980	448 413	8 615	—
1981	442 277	8 831	—
1982	425 578	10 706	—
1983	381 454	7 698	—
1984	434 337	6 932	—
1985	411 667	9 110	—
1986	410 726	11 758	—
1987	452 650	10 251	—
1988	414 899	9 699	—
1989	404 972	10 419	—
1990	384 036	8 654	3
1991	438 688	9 952	4
1992	448 041	9 159	2
1993	381 365	9 920	2
1994	492 945	11 668	3
1995	450 473	13 512	2
1996	536 383	12 650	2
1997	490 924	10 353	34
1998	472 385	9 702	25
1999	537 703	8 565	65
2000	494 751	9 413	77
2001	546 707	11 419	46
2002	420 045	11 396	52
2003	490 910	11 521	40
2004	371 569	11 016	0
2005	323 756	11 057	6
2006	305 180	11 074	27
2007	259 255	21 940	194
2008	225 150	16 629	264
2009	159 254	17 389	240
2010	368 000	11 000	235
2011	375 000	12 000	240

资料来源:FAO(2013),MGAP(2011)及 INALE(2011)。

附表 4　主要乳制品进出口贸易额(1961—2011)　千美元

年份	进口数额					出口数额				
	奶油	干酪乳	鲜乳	脱脂奶粉	全脂奶粉	奶油	干酪乳	鲜乳	脱脂奶粉	全脂奶粉
1961	0	—	0	0	0	0	—	0	0	0
1962	0	—	0	0	0	0	—	0	0	0
1963	0	—	0	0	0	0	—	0	0	0
1964	0	—	0	0	0	0	—	0	0	0
1965	0	—	0	0	0	0	—	0	0	0
1966	0	—	0	0	33	0	—	0	0	0
1967	0	—	0	0	69	0	—	0	0	0
1968	0	—	0	0	130	0	—	0	0	0
1969	0	—	0	0	85	0	—	0	0	0
1970	0	—	0	0	65	0	—	0	0	0
1971	0	—	0	0	236	0	—	0	0	0
1972	0	—	0	0	219	0	—	0	0	0
1973	0	—	0	0	113	0	—	0	0	0
1974	0	—	0	0	753	0	—	0	0	0
1975	0	—	0	0	699	0	—	0	0	0
1976	0	—	0	0	175	0	—	0	0	0
1977	0	—	0	0	825	0	—	88	0	0
1978	0	—	0	0	1 252	0	—	206	0	0
1979	0	—	0	0	662	0	—	26	1 568	0
1980	0	—	0	0	480	0	—	565	2 739	0
1981	0	—	0	588	0	0	—	590	704	0
1982	0	—	0	178	0	0	—	38	1 804	0
1983	0	—	0	26	0	0	—	0	4 630	0
1984	0	—	0	28	0	0	—	99	2 265	0
1985	0	—	0	18	0	0	—	1 462	2 429	368
1986	0	—	0	21	0	0	—	1402	2 295	25
1987	0	—	0	0	0	0	—	843	4 518	2 451
1988	0	—	0	92	12	0	—	1 333	8 294	438
1989	0	—	0	0	28	0	—	0	13 553	2 438
1990	0	—	0	0	0	520	—	21	12 289	4 627
1991	1	—	0	2	60	5 123	—	7 457	12 275	4 880
1992	0	—	0	0	8	8 858	—	11 571	2 756	4 104
1993	0	—	0	9	0	10 052	—	9 775	7 569	10 171
1994	0	—	0	4	0	6 417	—	10 571	20 124	14 540
1995	0	—	0	10	13	4 611	—	12 919	25 575	10 449
1996	0	56	92	16	5	2 932	10	23 829	21 633	21 006
1997	1	194	17	37	46	591	4 062	33 142	19 994	16 815
1998	0	60	0	280	127	1 386	3 390	43 373	30 533	30 169
1999	0	46	0	78	32	596	1 717	25 354	31 364	27 694

续表

年份	进口数额					出口数额				
	奶油	干酪乳	鲜乳	脱脂奶粉	全脂奶粉	奶油	干酪乳	鲜乳	脱脂奶粉	全脂奶粉
2000	0	13	0	66	69	208	262	24 255	20 884	25 335
2001	0	10	5	47	0	315	337	14 487	14 924	35 112
2002	0	8	1	45	0	41	321	14 322	18 859	43 747
2003	0	23	0	18	47	377	1 089	17 540	23 862	36 130
2004	0	56	0	14	47	475	2 399	20 055	18 740	49 380
2005	0	84	0	22	0	1 058	1 049	18 096	21 982	81 507
2006	0	180	0	24	0	566	1 060	7 875	38 083	82 662
2007	0	185	0	20	0	296	3 449	24 919	30 542	95 403
2008	0	45	0	2	0	13	2 711	3 711	30 809	147 824
2009	0	173	0	253	0	41	6 223	3 760	37 654	118 990
2010	0	52	0	253	0	41	7 949	4 132	31 331	201 287
2011	0	46	0	230	0	41	7 100	4 100	93 654	218 408

资料来源：FAO(2013)，乌拉圭中央银行(2011)及乌拉圭海关(2011)。

附表 5　主要乳制品进出口贸易总量(1961—2011)　t

年份	进口量					出口量				
	奶油	干酪乳	鲜乳	脱脂奶粉	全脂奶粉	奶油	干酪乳	鲜乳	脱脂奶粉	全脂奶粉
1961	0	—	0	0	0	0	—	0	0	0
1962	0	—	0	0	0	0	—	0	0	0
1963	0	—	0	0	0	0	—	0	0	0
1964	0	—	0	0	0	0	—	0	0	0
1965	0	—	0	0	0	0	—	0	0	0
1966	0	—	0	0	29	0	—	0	0	0
1967	0	—	0	0	65	0	—	0	0	0
1968	0	—	0	0	161	0	—	0	0	0
1969	0	—	0	0	75	0	—	0	0	0
1970	0	—	0	0	46	0	—	0	0	0
1971	0	—	0	0	354	0	—	0	0	0
1972	0	—	0	0	267	0	—	0	0	0
1973	0	—	0	0	67	0	—	0	0	0
1974	0	—	0	0	584	0	—	0	0	0
1975	0	—	0	0	667	0	—	0	0	0
1976	0	—	0	0	192	0	—	0	0	0
1977	0	—	0	0	817	0	—	108	0	0
1978	0	—	0	0	1 306	0	—	225	0	0
1979	0	—	0	0	877	0	—	23	1 580	0
1980	0	—	0	0	144	0	—	592	2 372	0
1981	0	—	0	402	0	0	—	525	466	0
1982	0	—	303	94	0	0	—	34	1 329	0
1983	0	—	0	8	0	0	—	0	4 583	0

续表

年份	进口量					出口量				
	奶油	干酪乳	鲜乳	脱脂奶粉	全脂奶粉	奶油	干酪乳	鲜乳	脱脂奶粉	全脂奶粉
1984	0	—	0	33	0	0	—	122	2 235	0
1985	0	—	0	21	0	0	—	1 586	2 321	278
1986	0	—	9	15	0	0	—	1 229	2 075	18
1987	0	—	0	0	0	0	—	1 054	3 704	1 674
1988	0	—	0	60	15	0	—	1 666	6 224	280
1989	0	—	0	0	16	0	—	0	6 788	1 232
1990	0	—	0	0	0	510	—	554	6 194	2 209
1991	1	—	1	0	31	5 136	—	47 338	6 926	2 588
1992	0	—	0	0	2	8 494	—	69 929	1 308	2 050
1993	0	—	0	3	0	10 299	—	68 462	3 576	5 136
1994	0	—	0	2	0	7 215	—	62 373	10 643	7 397
1995	0	—	0	3	5	5 169	—	45 836	10 888	4 348
1996	0	12	304	7	1	3 728	6	76 581	9 539	8 534
1997	1	109	45	14	23	822	1 522	97 508	9 315	7 580
1998	0	26	0	125	53	1 829	1 239	119 407	16 928	14 048
1999	0	26	0	34	21	970	838	92 804	21 602	16 685
2000	0	5	0	29	40	260	146	89 225	12 501	13 789
2001	0	2	11	22	0	449	145	53 805	7 766	17 420
2002	0	8	4	31	0	101	171	51 630	12 995	29 058
2003	0	27	0	8	25	509	572	69 325	14 329	20 214
2004	0	44	0	6	25	585	1 042	80 219	10 239	24 175
2005	0	62	0	8	0	984	392	57 195	10 635	37 080
2006	0	109	0	6	0	693	422	23 473	19 013	38 648
2007	0	109	0	5	0	306	976	57 400	10 447	33 007
2008	0	19	0	4	0	6	708	7 146	9 215	38 877
2009	0	94	0	78	0	30	2 220	7 438	19 349	53 956
2010	0	20	0	78	0	30	2 132	7 438	11 377	60 034
2011	0	17	0	65	0	30	2 030	7 326	24 502	52 395

资料来源：FAO(2013)，乌拉圭中央银行(2011)及乌拉圭海关(2011)。

后　记

2011年初，国家奶牛产业技术体系（以下简称“奶牛体系”）组织召开的内部会议上，李胜利教授等人提出，由于《中国奶业发展史》的编著，奶业同仁对我国奶业的历史和现状已经基本清晰，但对世界主要奶业国家的发展历程并不是十分了解。中国奶业是世界奶业的重要组成部分，虽然近20年国际交流越来越频繁，在网络、杂志和报刊上能够搜索到一些奶业考察报告或奶业发展分析报告，但或多或少还存在以下问题：一是多为近年奶业数据，读者不能从中获得该国奶业发展过程中的重要政策、关键技术、重大事件和奶业发展转折点。二是这类考察或分析报告多从某一个角度（如育种与繁殖、营养和饲养、疾病防控）来谈论问题，缺乏该国奶业整体信息。基于以上两点，奶牛体系利用奶业各研究领域专家齐备、奶业上游和下游横纵联合的优势，组织岗位专家、团队成员及合作专家联合撰写《世界奶业发展报告》，期待能为国家奶业主管部门、行业协会、奶牛养殖企业和乳品加工企业带来一本具有借鉴和指导意义的书籍。

《世界奶业发展报告》从决定撰写到书稿完成可分为三个阶段：

第一阶段为准备阶段。2012年2月成立编写小组，正式拟定撰写提纲，提出奶业数据以“世界粮农组织（FAO）为主，各国奶业报告为辅”，坚持所选国家“代表性强”，内容“全面系统、可鉴可读”。奶牛体系内部经过讨论后，2012年4月正式遴选具有代表性的21个国家作为撰写国别，由16个团队负责完成。

第二阶段为撰写阶段。2012年5月至2013年7月各团队按照既定任务开展调研、资料查询和写作。这一阶段也是全书最为“费力”的部分，因为部分国家数据不全（如俄罗斯、印度）或语言问题（如韩国、日本），资料获取比较困难。但负责撰写该国的专家发挥各自资源优势，奶牛体系内专家保持有效沟通，共享阶段成果，通过不同渠道获取相关数据，高质量的完成了写作任务，充分体现了奶牛体系精诚合作、认真负责的工作态度。

第三阶段为修改和校稿阶段。2013年8月至2014年1月为《世界奶业发展报告》修改、校正稿件期。为了能够将各国奶业发展历程“说的清、讲的明”，编写小组从数据分析、撰写形式、重要转折点等方面对每份报告进行了详细评阅，并邀请1－3名专家进行资料补充、数据分析和报告修改。同时中国农业大学出版社孙勇又认真负责的提出建设性出版修改意见，这都为完善《世界奶业发展报告》奠定了坚实的基础。

《世界奶业发展报告》的撰写工作得到了农业部畜牧业司、科技教育司和奶业管理办公室的大力支持，得到了农业部和财政部支持的国家奶牛产业技术体系（CARS－37）及农业部奶业管理办公室的经费支持，得到了编写人员所在单位中国农业大学、中国社会科学院农村发展研究所、浙江大学、中国农业科学院北京畜牧兽医研究所、华中农业大学、山东农业大学、河北农业大学、东北农业大学、河南农业大学、山东省农科院奶牛研究中心、内蒙古农牧业科学院动物营养所、中国动物与流行病学中心、北京农学院的鼎力相助，在此一并表示衷心感谢。对曾对本书编写与修改给予帮助的扬州大学赵国琦、英联饲料骆雅萍、新西兰贸易发展局王亮亮，在此一并致以诚挚谢意。

《世界奶业发展报告》是奶牛体系献给中国奶业的一部“史书”，期待能够为奶业同仁了解和认识世界奶业提供一些基础知识和数据，为中国奶业发展提供可借鉴经验。本书虽出版在即，但由于多方面原因，内容等方面难免有不足之处，希望读者能多提宝贵意见，不断完善《世界奶业发展报告》。

编者

2014 年 3 月